Lexikon der Betriebswirtschaft
Managementkompetenz von A bis Z

Prof. Dr. Jean-Paul Thommen

3., überarbeitete und erweiterte Auflage

mit Beiträgen von
Prof. Dr. Rudolf Ergenzinger
Dr. Guido Fischer
lic. oec. publ. Judith Henzmann
Dr. Martin Hofacker
Dr. Aldo Schellenberg
Prof. Dr. Tilman Slembeck

Versus · Zürich

Mitarbeitende bei früheren Auflagen:
lic. oec. publ. Marcel Fäh, lic. oec. Felix Fremerey,
Dr. Martin Hanselmann, lic. oec. publ. Stephan Rothmund,
Dr. Marco Rüstmann, lic. oec. publ. Oliver Wasem

Bibliografische Information Der Deutschen Bibliothek

Die Deutsche Bibliothek verzeichnet diese Publikation in der Deutschen Nationalbibliografie; detaillierte bibliografische Daten sind im Internet über http://dnb.ddb.de abrufbar.

Das Werk einschliesslich aller seiner Teile ist urheberrechtlich geschützt. Jede Verwertung ist ohne Zustimmung des Verlags unzulässig. Dies gilt insbesondere für Vervielfältigungen, Übersetzungen, Mikroverfilmungen und die Einspeicherung und Verarbeitung in elektronischen Systemen.

© Versus Verlag AG, Zürich 2004

Informationen zu Büchern aus dem Versus Verlag finden Sie unter
http://www.versus.ch

Umschlagbild und Illustrationen: Michael Wyss · Zürich
Satz und Herstellung: Versus Verlag · Zürich
Druck: Comunecazione · Bra
Printed in Italy

ISBN 3 03909 010 0

Vorwort des Autors

Bei dieser 3. Auflage bin ich einigen Personen zu grossem Dank verpflichtet, die wiederum die inhaltliche Überarbeitung und Ergänzung einzelner Themengebiete übernommen haben. Es sind dies (in alphabetischer Reihenfolge): Dr. Rudolf Ergenzinger (Marketing und Personal), Dr. Guido Fischer (Ökologie), lic. oec. publ. Judith Henzmann (Informationsmanagement und Institutionen), Dr. Martin Hofacker (Börse), Dr. Aldo Schellenberg (Rechnungswesen), Dr. Tilman Slembeck (Volkswirtschaftslehre). Dem Team des Versus Verlags – lic. phil. Anne Buechi, lic. phil. Eliane Degonda, Katarina Hartung, Anja Lanz, Thomas K. Lang M.A. – danke ich nicht nur für die Umsetzung dieses anspruchsvollen Projekts, sondern auch für die wertvolle inhaltliche Mitarbeit.

Ein grosser Dank geht an den Künstler Michael Wyss für die gelungene Umschlagsgestaltung sowie die künstlerische Bereicherung des Textes.

Ein solches Lexikon hätte wohl nie herausgegeben werden können ohne den berühmten «Mut zur Lücke»! Deshalb möchte ich zum Schluss – auch im Namen des Verlags – alle LeserInnen auffordern, uns die aus ihrer Sicht noch fehlenden Stichwörter zu nennen.

Zürich, im Januar 2004

Jean-Paul Thommen

info@versus.ch

Zu diesem Lexikon

Dieses Lexikon will sowohl Führungskräften als auch Studierenden Zugang zum modernen Wissen einer praxisorientierten Betriebswirtschaftslehre vermitteln. Es soll den BenutzerInnen ermöglichen, ihre ▷ Managementkompetenzen zu erhöhen. Diese Kompetenzen sind im umfassenden Sinne zu verstehen. Es geht nicht nur um die Fachkompetenzen in den verschiedenen unternehmerischen Funktionen wie z.B. Marketing, Finanz- oder Personalmanagement, sondern genauso um die heute besonders wichtigen Sozialkompetenzen (z.B. Coaching, Teamarbeit) und Methodenkompetenzen (z.B. Projektmanagement, Balanced Scorecard). Darüber hinaus muss eine Führungskraft auch die gesamtwirtschaftlichen Zusammenhänge und Einflussfaktoren kennen, d.h. über Systemkompetenzen verfügen.

Die über 3200 Stichwörter helfen, Fachartikel und -literatur sowie den Wirtschaftsteil von Tageszeitungen besser zu verstehen und in der täglichen Arbeit ein kompetenter Gesprächspartner zu sein. Der rasante Wandel in der Wirtschaft hat auch in der Betriebswirtschaftslehre seine Spuren hinterlassen und zu vielen neuen Konzepten und Instrumenten geführt, um diesen Wandel erfolgreich zu bewältigen. Es ist deshalb ein grosses Anliegen dieses Lexikons, nicht nur das Standardwissen, sondern auch Begriffe und Konzepte aus neueren Gebieten (z.B. Wissensmanagement, Corporate Governance, systemisches Management) vorzustellen. Spezielles Gewicht wurde auch auf die Zusammenhänge zwischen den einzelnen Stichwörtern gelegt. Deshalb findet man häufig am Schluss des Stichworttextes Verweise auf andere Stichwörter, die angrenzende Inhalte behandeln.

Abbruchoption
▷ Realoption

ABC-Analyse

Die ABC-Analyse ist ein Instrument, um bestimmte Untersuchungsobjekte in drei Klassen einzuteilen und somit Prioritäten setzen zu können. Eingesetzt wird sie hauptsächlich in der Materialwirtschaft, um die wichtigsten Materialarten (A-Güter) oder Lieferanten (A-Lieferanten) zu bestimmen.

Die ABC-Analyse geht von der Annahme aus, dass innerhalb der Vielzahl der betrachteten Objekte nur ein kleiner Teil besonders wichtig ist. Als Entscheidungskriterien dienen Kosten, Einkaufspreise, Umsatz oder eine andere Wertgrösse, je nach verfolgtem Ziel der Analyse. Um z.B. die Möglichkeiten für Kosteneinsparungen beim Materialeinkauf zu evaluieren, werden alle Güter in drei Klassen eingeteilt:

- *A-Güter:* 70 bis 80% des Gesamtverbrauchswerts, 10 bis 20% der gesamten Verbrauchsmenge.
- *B-Güter:* 10 bis 20% des Gesamtverbrauchswerts, 20 bis 30% der gesamten Verbrauchsmenge.
- *C-Güter:* 5 bis 10% des Gesamtverbrauchswerts, 60 bis 70% der gesamten Verbrauchsmenge.

Diese Einteilung lässt sich grafisch mit der *Lorenzkurve* darstellen (▶ Abb. 1). Bei der relativ geringen Anzahl von A-Gütern führen z.B. günstigere Einkaufspreise zu grösseren Kosteneinsparungen als bei den C-Gütern, sodass den A-Gütern erste Priorität bei Preisverhandlungen oder Verbesserungsmassnahmen eingeräumt werden sollte. Durch eine Verknüpfung der ABC-Analyse mit der ▷ XYZ-Analyse können

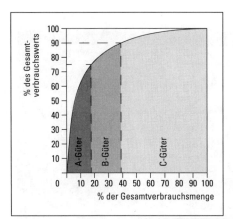

▲ Abb. 1   ABC-Analyse

zusätzliche Erkenntnisse gewonnen werden (▷ Just-in-Time-Konzept, ▷ Lagerhaltung).
In der betrieblichen Praxis hat die ABC-Analyse immer dann ein breites Anwendungsspektrum, wenn Prioritäten bestimmt werden müssen. Dies ist z.B. der Fall bei der Analyse des Absatzprogramms zur Reduktion der Variantenvielfalt, der Analyse von unternehmerischen ▷ Prozessen zur Kosteneinsparung oder der Analyse von Fehlerhäufigkeiten zur Initialisierung von Verbesserungsprojekten (▷ Qualitätsmanagement).

Abgangsinterview

Mit ausscheidenden Mitarbeitenden wird ein Abgangsinterview *(Austrittsgespräch)* durchgeführt, um Informationen über das Unternehmen zu erhalten und die Gründe für die Kündigung zu erfahren. Oftmals wird in einem solchen Gespräch offene Kritik am Führungsstil oder an der Organisation geäussert, da der Mitarbeitende keine persönlichen Nachteile mehr befürchten muss.
▷ Mitarbeitergespräch

Ablauf

Syn. für ▷ Prozess

Ablaufkarte

Die Ablaufkarte *(Arbeitsablauf-* oder *Laufkarte)* ist ein organisatorisches Hilfsmittel zur Arbeitsplanung im Fertigungs- und Montagebereich, um den Arbeitsablauf transparent zu machen (▶ Abb. 2). Sie ist eine spezielle Form des ▷ Ablaufplans.
Die Ablaufkarte enthält Informationen über die verschiedenen Arbeitsgänge (Ablaufstufen), die Art der Verrichtung (Objektbearbeitung, Inspektion, Transport, Stillstand) sowie die an der betrachteten Arbeit beteiligten ▷ Stellen.
Der Vorteil von Ablaufkarten liegt in der leichten Verständlichkeit, die vom betroffenen Mitarbeitenden keine besonderen Kenntnisse erfordert. Sie sind v.a. bei ▷ Serien- und ▷ Sortenfertigung nützlich, wo sie als sog. *Auftragslaufkarten* die Aufträge bis zur Fertigstellung begleiten. Bei komplexen und stark verzweigten ▷ Prozessen sind Ablaufkarten weniger geeignet.

Ablauforganisation

Die Ablauforganisation (▷ Organisation) legt die Reihenfolge von zusammengehörigen Tätigkeiten unter Berücksichtigung von Raum, Zeit, Sachmitteln und Personen fest. Während die ▷ Aufbauorganisation die Verteilung von Aufgaben, Kompetenzen und Verantwortung an ▷ Stellen betrachtet, besteht das Ziel der Ablauforganisation in der Koordination der verschiedenen Stellen. Während früher häufig von der Aufbauorganisation ausgegangen wurde, steht heute vermehrt die Ablauforganisation im Vordergrund. So gliedert z.B. das ▷ Business Reengineering die Gesamtaufgabe in ▷ Kernprozesse, die eine Abfolge von zusammengehörigen Tätig-

Arbeitsablauf		Inhalt																
		Abteilung/Bereich																
Aufgenommen von		Geprüft von																
am		am																
Lfd Nr.	Ablaufstufen	Verrichtung		beteiligte Stellen														
		Objektbearbeitung	Inspektion	Transport	Stillstand	Planungsabteilung	Fertigungsleiter	Lager für Einsatzmaterial	Einkauf	Sägerei	Hobeln	Schleiferei	Montage	Lackiererei	Trockenraum	Beschlaganbringung	Kontrolle	Absatzlager
1	Fertigungsauftrag			x		1												
2	Auftragsbearbeitung durch den Fertigungsleiter	x					2											
3	Materialbereitstellung			x				3										
4	Einkauf der Beschläge	x							4									
5	Zuschnitt der Rohteile	x								5								
6	Hobeln der Rohteile	x									6							
7	Schleifen und Vorbereiten zum Lackieren	x										7						
8	Montage	x											8					
9	Lackieren des Rahmens	x												9				
10	Trocknen				x										10			
11	Eingang der bestellten Beschläge				x											11		
12	Beschläge anbringen	x															12	
13	Kontrolle				x												13	
14	Lagerung				x													14

▲ Abb. 2 Beispiel einer Ablaufkarte (Küpper 1981, S. 63)

keiten umfassen und auf die Schaffung eines Kundennutzens ausgerichtet sind.

Die Ablauforganisation bedient sich verschiedener Instrumente, mit denen die Abläufe visualisiert und kommuniziert werden können, z. B. ▷ Datenflussdiagramme (Flow-Diagramme), ▷ Netzpläne, ▷ Balkendiagramme, ▷ Ablaufpläne oder ▷ Ablaufkarten. Um ideale Abläufe zu finden, werden Zeitmessungen durchgeführt, Dokumentenflüsse abgebildet sowie Aufgaben und Qualifikationen der Mitarbeitenden analysiert (▷ Aufgabenanalyse, ▷ Arbeitsanalyse). Durch Computer-Unterstützung (Workflow-Programme) ist eine dynamische Simulation von Abläufen möglich, mit der Engpässe und Zeitverzögerungen entdeckt werden können. Da nur eine Abstimmung zwischen den technischen Anforderungen und den Mitarbeiterqualifikationen zu idealen Abläufen führt, werden heutzutage Abläufe selten von zentralen (Stabs-)Stellen analysiert und vorgegeben, sondern im Rahmen von

Stellen					Arbeitsablauf: Betriebsmaterial IST		
Dir	Pr	Ei	V	A	Nr.	Aufgaben, Tätigkeiten	Bemerkungen
					1	■ Wöchentliche Bestandeskontrolle ■ Festlegung der zu bestellenden Artikel und Mengen ■ Ausstellung einer Bedarfsanforderung	Lieferantenkartei beim Einkauf
					2	■ Ergänzt Bedarfsanforderung mit Preisen, Lieferbedingungen ■ Eintrag der Kostenstellen-Nummer ■ Schreiben der Bestellung	Produktion
					3	■ Kontrolle der Bestellung, Unterschrift ■ Eintrag der bestellten Menge in Lagerkartei ■ Weiterleitung an Administration	Lagerkartei könnte vom Einkauf geführt werden
					4	■ Kenntnisnahme und Kontrolle ■ Versand, Verteilung der Bestellkopien	Weshalb nicht Einkauf?
					5	■ Eingang der Auftragsbestätigung ■ Kenntnisnahme, Weiterleitung	
					6	■ Kontrolle der Daten ■ Eintragung der Liefertermine ■ Meldung an Produktion	
					7	■ Kontrolle der Daten ■ Eintragung der Liefertermine	Doppelspurigkeit!
					8	■ Eingang der Ware ■ Überprüfung der gelieferten Ware mit Auftragsbestätigung ■ Ausstellen Wareneingangsschein ■ Eintragung in Lagerkartei ■ Weiterleitung der Kopien	

▲ Abb. 3   Beispiel Ablaufplan (Nauer 1993, S. 211)

Verbesserungsprojekten gemeinsam mit den Betroffenen festgelegt. Dadurch soll das Know-how der Mitarbeitenden genutzt und eine leichtere Umsetzung neuer Abläufe erreicht werden (▷ Reorganisation). Ablauforganisatorische Regelungen finden sich in allen Unternehmensbereichen. Es stellt sich aber die Frage, wie detailliert und genau diese Regeln sein sollen. Bei der Massenproduktion (▷ Massenfertigung) steht die Ablauforganisation deshalb stärker im Vordergrund als bei kundenorientierter ▷ Einzelfertigung, wo die Vielzahl der Varianten keine starren Abläufe zulässt. Die Ablauforganisation ist als ein Instrument anzusehen, mit dem Kosteneinsparungen und kürzere Durchlaufzeiten verwirklicht werden können (▷ Simultaneous Engineering).

Ablaufplan

Der Ablaufplan ist ein Instrument der Ablauforganisation. Er zeigt, welche Stellen in welcher Reihenfolge bei der Erfüllung einer bestimmten Aufgabe beteiligt sind (◄ Abb. 3).

Ablaufplanung

Die Ablaufplanung ist Teil der Produktionsplanung und -steuerung (▷ PPS-Systeme) eines industriellen Unternehmens. Sie erstellt zeitlich und mengenmässig genau festgelegte Arbeits- oder Fertigungsaufträge für alle Stellen innerhalb der Produktion.

Ziel der Ablaufplanung ist es, bei einer maximalen Kapazitätsauslastung (▷ Kapazität) die vorgegebenen Termine einzuhalten und die ▷ Durchlaufzeit der Fertigungsaufträge zu minimieren. Da aber eine hohe Auslastung der Kapazitäten besonders bei der ▷ Werkstattfertigung zu längeren Durchlaufzeiten führt, spricht man in diesem Zusammenhang vom ▷ Dilemma der Ablaufplanung. Die Ablaufplanung ist Aufgabe der ▷ Arbeitsvorbereitung (AVOR).

Above-the-Line
Unter Above-the-Line versteht man die klassischen Instrumente der Kommunikationspolitik wie Werbung, Verkaufsförderung, Öffentlichkeitsarbeit und persönlicher Verkauf. Das Gegenteil ist ▷ Below-the-Line.

ABS
Abk. für ▷ Ausserbetriebliche Beschäftigungs-Servicezentren

Absatz
Der Begriff Absatz hat zwei Bedeutungen: (1) Man bezeichnet damit die Schlussphase des betrieblichen Wertschöpfungsprozesses (▷ Wertkette). Häufiger spricht man in diesem Fall aber von ▷ Distribution oder Vertrieb. (2) Er bezeichnet den mengenmässigen Umsatz, seltener den wertmässigen Umsatz *(Erlös)* eines Unternehmens.

Absatzförderung
Syn. für ▷ Verkaufsförderung

Absatzform
Syn. für ▷ Absatzorgan

Absatzhelfer
Absatzhelfer unterstützen den Absatzprozess, ohne ein kommerzielles Interesse am Verkauf zu haben. Sie werden zwar nicht vom Hersteller damit beauftragt, fördern jedoch den Absatz durch ihr Image und ihre Vorbildfunktion (z. B. Film- oder Popstars, deren Mode Jugendliche beeinflusst) oder durch ihre Sachkenntnis (Experten; z. B. Ärzte, die den gesundheitlichen Nutzen des Velofahrens betonen und damit den Fahrradabsatz fördern).
Im Gegensatz zu den Absatzhelfern stehen die beauftragten und bezahlten ▷ Absatzmittler als Glieder innerhalb des indirekten Absatzes.

Absatzkanal
Syn. für ▷ Absatzmethode

Absatzmarkt
Unter dem Absatzmarkt versteht man die Gesamtheit der bestehenden und potenziellen Abnehmer, auf die sich ein Unternehmen mit seinen ▷ Marketinginstrumenten ausrichtet. Um den Absatzmarkt zu beurteilen, stehen folgende Grössen zur Verfügung: (1) Mit der ▷ Marktkapazität wird das maximal mögliche Absatzvolumen eines Guts gemessen. (2) Wird die Kaufkraft der potenziellen Kunden berücksichtigt, erhält man das ▷ Marktpotenzial. (3) Das ▷ Marktvolumen umfasst die tatsächlich abgesetzte Absatzmenge aller Anbieter. Die Differenz zum Marktpotenzial zeigt die Wachstumschancen für ein Produkt. (4) Der ▷ Marktanteil schliesslich

Quantitative Marktdaten	▪ Marktvolumen ▪ Stellung des Marktes im Marktlebenszyklus ▪ Marktsättigung ▪ Marktwachstum (mengenmässig, in % pro Jahr) ▪ Marktanteile ▪ Stabilität des Bedarfs
Qualitative Marktdaten	▪ Kundenstruktur ▪ Bedürfnisstruktur der Kunden ▪ Kaufmotive ▪ Kaufprozesse/Informationsverhalten ▪ Marktmacht der Kunden

▲ Abb. 4 Checkliste zur Analyse des Absatzmarkts (Pümpin 1992, S. 196)

ist der prozentuale Anteil des Unternehmensumsatzes am Marktvolumen.
Bei einer Analyse des Absatzmarkts ist zwischen quantitativen (z. B. Marktvolumen oder Marktanteil) und qualitativen Marktdaten (z. B. Kundenstruktur oder Kaufmotive) zu unterscheiden (◄ Abb. 4).

Absatzmethode

Die Absatzmethode *(Absatzkanal, Distributionskanal, Vertriebskanal* oder *-weg)* ist die Art und Weise, wie die abzusetzenden Güter vom Hersteller an den Konsumenten vertrieben werden (▷ Distribution). Die Absatzmethode beinhaltet insbesondere die Entscheidungen, ob die Distribution über den direkten oder indirekten ▷ Absatzweg erfolgen soll, wer welche Aufgaben im Absatzkanal übernimmt und welche ▷ Absatzorgane daran beteiligt sind.

Absatzmittler

Absatzmittler sind rechtlich und wirtschaftlich selbständige Personen oder Institutionen, die in den indirekten ▷ Absatzweg zwischen Hersteller und Konsument eingeschaltet werden. Hierzu zählen z. B. Geschäfte des ▷ Gross- und ▷ Einzelhandels. Für die Übernahme der Verkaufs- und Transportaufgaben (▷ Distribution) werden sie im Gegensatz zu den ▷ Absatzhelfern vom Hersteller beauftragt und bezahlt.

Absatzorgan

Die Absatzorgane *(Absatzform, Verkaufs-* oder *Vertriebsorgan)* übernehmen die Überführung des Produkts vom Produzenten zum Konsumenten (Vertrieb, ▷ Distribution). Diese Funktion kann von unternehmenseigenen (internen) oder von unternehmensfremden (externen) Organen wahrgenommen werden und über mehrere Stufen verteilt sein (▷ Absatzweg). In Frage kommen die eigene Verkaufsabteilung, Mitglieder der Geschäftsleitung, ▷ Reisende, ▷ Verkaufsniederlassungen, ▷ Handelsvertreter (Agenten), ▷ Kommissionäre oder ▷ Makler sowie der ▷ Gross- und ▷ Einzelhandel. Zusammen mit dem ▷ Absatzweg bilden die Absatzorgane die ▷ Absatzmethode.

Absatzplanung

Unter Absatzplanung versteht man entweder (1) die Planung der zukünftigen Absatzmengen oder -werte (▷ Absatzprognose) oder (2) die *Marketingplanung,* d. h. insbesondere die Planung der ▷ Marketingziele und der ▷ Marketinginstrumente.

Absatzpolitik

Veraltet für ▷ Marketing

Absatzprognose

Als Teil der ▷ Marktforschung macht die Absatzprognose Aussagen über die zukünftige Entwicklung von Absatzmengen und Umsatzwerten. Sie dient im Wesentlichen drei Zwecken:
1. Erkennen von Differenzen zwischen Umsatzziel und zu erwartendem Umsatz bei Verfolgung der bisherigen Strategien. Die Prognose dient dem Aufdecken von Ziellücken (▷ Gap-Analyse).
2. Beurteilung der Wirkungen alternativer Marketinginstrumente, z. B. Preisänderungen, Einführung neuer Produkte. Beurteilt wird, welche Umsatzziele in einer kommenden Periode unter Berücksichtigung externer Gegebenheiten und eigener Massnahmen erreicht werden können.
3. Ermittlung von Vorgaben für die mengenmässige Disposition der notwendigen Ressourcen, insbesondere in den dem Absatz vorgelagerten Bereichen (Fertiglager, Produktion und Einkauf).

Zur Erstellung von Absatzprognosen stehen verschiedene ▷ Absatzprognosemethoden zur Verfügung.

Absatzprognosemethode

Um zukünftige Absatzmengen zu schätzen (▷ Absatzprognose), können zwei Verfahren eingesetzt werden:
1. Bei *qualitativen* oder *heuristischen Methoden* wird der zukünftige Umsatz durch die Geschäftsleitung oder Vertreter im Aussendienst, durch Befragung von Händlern oder der Endverbraucher geschätzt.
2. *Quantitative Methoden* beruhen auf statistisch-mathematischen Verfahren (z.B. Mittelwertbildung, ▷ exponentielle Glättung, Regressionsanalyse, Diskriminanzanalyse).

Absatzprogramm

Das Absatzprogramm eines Industrieunternehmens (*Sortiment* beim Handelsunternehmen) umfasst sämtliche Produkte, die es auf dem Markt anbietet. Grundsätzlich unterscheidet man zwischen der ▷ Programmtiefe *(Sortimentstiefe)* und der ▷ Programmbreite *(Sortimentsbreite)*, mit denen jeweils unterschiedliche Ziele verfolgt werden.

Absatzweg

Der Absatzweg zeigt, wie ein Produkt vom Hersteller zum Käufer gelangt. Zu unterscheiden sind der *direkte* und der *indirekte Absatzweg*. (1) Beim *direkten Absatz (Direktabsatz, Direktverkauf, Direktvertrieb)* verkauft der Hersteller seine Produkte selbst und übernimmt auch den Transport zum Kunden. Es besteht ein enger Kundenkontakt, sodass Kundenbedürfnisse leicht erfasst und befriedigt werden können. (2) Beim indirekten Weg werden Drittfirmen (▷ Absatzmittler) beauftragt, welche die Distributionsfunktionen übernehmen.

Für den *direkten* Absatz sprechen der direkte Kontakt zum Kunden mit direkter Ansprache und Werbemöglichkeit, die Unabhängigkeit von Absatzmitteln, ein kleiner Kundenkreis, erklärungsbedürftige Produkte und das schnelle Erkennen von Marktänderungen. Auf der anderen Seite sprechen folgende Vorteile für den *indirekten* Absatz: Investitionen zum Aufbau eines Distributionsnetzes sind unnötig; die beschränkte Anzahl von Kunden erlaubt eine Spezialisierung, da keine Komplementärprodukte angeboten werden müssen.
Der direkte Absatz kommt v.a. im Grossanlagenbau oder beim Versandhandel vor, der indirekte Absatz v.a. im Konsumgütergeschäft, wo die Kunden praktisch völlig anonym bleiben.
▷ Distribution

Abschlagsspanne
▷ Handelsspanne

Abschöpfungsstrategie

Die Abschöpfungsstrategie *(Skimming Pricing)* ist eine Form der Preisgestaltung. Es handelt sich um eine flexible Preisfestsetzung, indem der Preis eines Produkts sukzessive gesenkt wird. In der Einführungsphase (hohe Stückkosten und niedrige Absatzmengen) eines neuen Produkts wird ein relativ hoher Preis angesetzt, der mit zunehmender Erschliessung des Markts und aufkommendem Konkurrenzdruck sukzessive gesenkt wird. Diese Strategie ist dann sinnvoll, wenn genügend Konsumenten bereit sind, für ein neues Produkt einen hohen Preis zu bezahlen (Abschöpfung der ▷ Konsumentenrente). Diese Bereitschaft ist grösser, wenn ein Produkt rasch veraltet (kurzer ▷ Produktlebenszyklus), wenn es keinen Vergleichsmassstab gibt, um den Wert oder Nutzen eines Produkts zu messen, oder wenn Produktions- oder Vertriebskapazitäten beschränkt sind und nur langsam ausgebaut werden können.

Abschreibung

Abschreibungen widerspiegeln den Nutzenverzehr (Wertminderung) von Werten des ▷ Anlagevermögens und dient damit der Verteilung des gesamten ▷ Abschreibungsvolumens eines ▷ Vermögenswerts (▷ Anschaffungskosten, ▷ Herstellungskosten) über dessen geschätzte ▷ Nutzungsdauer. Es kann sich dabei sowohl um regelmässige (planmässige, ordentliche) als auch um fallweise (ausserplanmässige, ausserordentliche) Entwertungen handeln. *Haupteinflussfaktoren* auf Abschreibungen sind (1) technische Abnützung (Verschleiss, Verderb), (2) Entwertung durch technische Entwicklung, (3) Bedarfsverschiebungen auf dem Absatzmarkt, (4) Fristablauf, Heimfall von Patenten, Lizenzen, Baurechten usw., (5) Gewinnausweisabsichten (Verteilungspolitik) des Unternehmens.

Betriebswirtschaftlich können drei *Funktionen* von Abschreibungen unterschieden werden: (1) Feststellung des Werts von Vermögensteilen in der ▷ Finanzbuchhaltung zu einem bestimmten Zeitpunkt *(statischer Aspekt).* Wertverminderungen schlagen sich als Aufwendungen in der ▷ Erfolgsrechnung nieder und beeinflussen damit den ▷ Gewinn bzw. ▷ Verlust. (2) Ermittlung der ▷ Herstellungs- und ▷ Selbstkosten der erzeugten Produkte und damit des tatsächlichen Erfolgs einer bestimmten Periode *(dynamischer Aspekt).* (3) Sicherstellung der Wiederbeschaffungsmöglichkeiten einer Anlage im Umfang der kumulierten Abschreibungs-

gegenwerte *(Finanzierungs- oder Substanzerhaltungseffekt).* Der Rückfluss der Abschreibungsgegenwerte über die Umsatzerlöse ermöglicht die Substanzerhaltung des Unternehmens.

Die Verbuchung von Abschreibungen kann auf zwei Arten erfolgen:
1. *Direkte* Abschreibungen verkleinern das abzuschreibende Aktivum direkt um den Abschreibungsbetrag.
2. *Indirekte* Abschreibungen erfolgen über das Hilfskonto «Wertberichtigungen». Es handelt sich um ein «Minus-Aktivkonto», das unmittelbar mit dem zugehörigen Hauptkonto verknüpft ist. Das Hauptkonto zeigt somit jederzeit den ursprünglich investierten Gesamtbetrag des Aktivums, das entsprechende Wertberichtigungskonto die Summe der kumulierten Abschreibungen. Um den Informationsgehalt zu verbessern, wird das Wertberichtigungskonto in der Bilanz unmittelbar nach dem Hauptkonto aufgeführt und von diesem in Abzug gebracht. Damit sind Anschaffungskosten, kumulierte Abschreibungen und Buchwert der aufgeführten Anlagen in der Bilanz ersichtlich.

Zur Bestimmung der Höhe der Abschreibungen stehen verschiedene ▷ Abschreibungsverfahren zur Verfügung. Die wirtschaftlich bedingte Wertverminderung wird aufgrund von Risikoüberlegungen und zur Bildung von ▷ stillen Reserven in der Finanzbuchhaltung oftmals höher als unbedingt notwendig angesetzt. Deshalb werden durch die Steuergesetzgebung Höchstgrenzen vorgegeben. Dadurch sollen die Gewinnsteuereinnahmen des Staats gesichert werden, die sich sonst durch zu hohe Abschreibungen und somit einen zu tiefen Gewinn vermindern würden.

Bei den veröffentlichten Bilanzen, die auf Basis der handelsrechtlichen Buchführungsvorschriften (Art. 960 Abs. 2 OR und

Art. 665ff. OR) erstellt werden, versuchen viele Unternehmen, den ausgewiesenen Gewinn durch überhöhte ▷ Wertberichtigungen (Abschreibungen, Delkredere, Rückstellungen usw.) zu verkleinern. Damit soll die wirtschaftliche Leistungsfähigkeit verschleiert und Konkurrenten der Einblick ins Unternehmen erschwert werden. Genauso können auf diese Weise Forderungen nach höheren Gewinnausschüttungen an die Aktionäre oder andere Eigentümer zurückgewiesen werden. Im Handelsrecht existieren aber keine bindenden Vorschriften über die maximale Höhe von Wertberichtigungen, um die Transparenz der veröffentlichten Geschäftsabschlüsse sicherzustellen (Art. 669 OR). Die Höhe der Abschreibungen verändert zwar den rechnerischen Jahresgewinn und dadurch den Steueraufwand, nicht jedoch die ▷ Liquidität und den ▷ Cash Flow. Dies ist auch ein Grund, weshalb der Cash Flow als Kennzahl zur Beurteilung der finanziellen Ertragskraft eines Unternehmens in den letzten Jahren zunehmend an Bedeutung gewonnen hat.

Abschreibungsverfahren

Das Abschreibungsverfahren ist eine Methode, um die jährlichen Abschreibungsbeträge zu berechnen. Grundsätzlich können die ▷ Abschreibungen nach drei Prinzipien berechnet werden:
1. Abschreibungen nach der *Zeit* werden aufgrund der voraussichtlichen Nutzungsdauer der ▷ Betriebsmittel berechnet. Der Abschreibungsbetrag ist daher unabhängig vom Umfang der erstellten Leistung. Allerdings kann durch die Wahl eines entsprechenden Abschreibungsverfahrens der effektive Verlauf des Wertverzehrs über die gesamte Abschreibungsperiode berücksichtigt werden:

■ Bei der *linearen* Abschreibung werden die ▷ Anschaffungs- oder ▷ Herstellungskosten gleichmässig über die angenommene Nutzungsdauer (z. B. Anzahl Jahre) verteilt, wodurch sich jährlich gleich bleibende Abschreibungsbeträge ergeben.

■ Bei der *degressiven* Abschreibung werden die Anschaffungs- oder Herstellungskosten mittels sinkender jährlicher Abschreibungsbeträge auf die geschätzte Nutzungsdauer verteilt. Deshalb ist die Abschreibung im ersten Jahr der gesamten Nutzungsdauer am grössten, im letzten am kleinsten.

2. Bei der Abschreibung nach der *Leistungsabgabe* ergeben sich die Abschreibungsbeträge aufgrund der effektiven Inanspruchnahme der Betriebsmittel, d. h. aufgrund der in einer Abrechnungsperiode mit dem abzuschreibenden Investitionsgut produzierten Leistung (z. B. Stückzahl, gefahrene Kilometer). Dadurch ergeben sich jährlich schwankende Abschreibungsbeträge. Diese verhalten sich proportional zur Ausbringungsmenge pro Abrechnungsperiode und sind somit direkt abhängig vom Beschäftigungsgrad.

3. Wirtschaftsgüter mit einem geringen Wert können im Anschaffungsjahr vollständig abgeschrieben werden *(Sofortabschreibung)*, auch wenn sie über mehrere Jahre hinweg genutzt werden (z. B. Taschenrechner, Bürostuhl).

Abschreibungsvolumen

Unter dem Abschreibungsvolumen werden die ▷ Anschaffungs- oder ▷ Herstellungskosten eines ▷ Vermögenswerts verstanden oder ein anderer Betrag, der an Stelle der Anschaffungs- oder Herstellungskosten im Abschluss angesetzt worden ist, abzüglich seines ▷ Restwerts.

Abschwung
▷ Konjunktur

Absentismus
Syn. für ▷ Fehlzeiten

Abstimmungskollegialität
▷ Kollegialprinzip

Abteilung
Eine Abteilung ist eine organisatorische Einheit und umfasst mehrere ▷ Stellen, die eine gemeinsame Aufgabe (z. B. Herstellung eines Produkts) oder direkt zusammenhängende Aufgaben (z. B. verschiedene Marketingaufgaben) erfüllen und einer gemeinsamen Leitung (▷ Instanz) unterstehen.

Abtretung
Syn. für ▷ Zession

ABV
Abk. für ▷ Aktionärsbindungsvertrag

Abweichungsanalyse
Bei der Abweichungsanalyse werden Ist-Werte mit Soll-Werten verglichen *(Soll-Ist-Vergleich)*. Im strategischen Bereich ist in diesem Zusammenhang die ▷ Gap-Analyse zu erwähnen.
In der ▷ Betriebsbuchhaltung ist die Abweichungsanalyse ein weit verbreitetes Instrument zur Kostenkontrolle.

Abwertung
Bei einer Abwertung der eigenen Währung sinkt deren Wert gegenüber ausländischen Währungen, d.h. man erhält für eine konstante Menge einheimischer Währung weniger ausländische Währung (▷ Wechselkurs). Abwertungen entstehen durch unterschiedliche Entwicklungen der in- und ausländischen Wirtschaft. So führen i.d.R. Aussenhandelsdefizite, d.h. steigende Importe bzw. sinkende Exporte (▷ Zahlungsbilanz), zu einem Abwertungsdruck. Rezessive Tendenzen der Wirtschaft, aber auch Ungleichgewichte auf dem ▷ Geldmarkt und ▷ Kapitalmarkt, wie hohe Inflationsrate oder stark wachsende Staatsverschuldung, können zu Abwertungen führen.
Eine ▷ Notenbank kann versuchen, aufgrund ihrer Zins- und Währungspolitik kurzfristig eine Abwertung zu verhindern oder auch zu beschleunigen. Eine Abwertung erscheint kurzfristig als erstrebenswert, um die Exportchancen zu verbessern (▷ Terms of Trade). Da sich jedoch gleichzeitig die Importe verteuern, wird die Inflation angeheizt. Sie verhindert auch einen u. U. notwendigen ▷ Strukturwandel, wodurch sich die langfristigen wirtschaftlichen Chancen verschlechtern können.
▷ Aufwertung

Abzinsung
Syn. für ▷ Diskontierung

Abzinsungsfaktor
Der Abzinsungsfaktor v_t *(Diskontierungsfaktor)* ist derjenige Faktor, mit dem eine in der Zukunft anfallende Ein- oder Auszahlung auf den heutigen Zeitpunkt abgezinst bzw. diskontiert (▷ Diskontierung) werden kann. Er lautet:

$$v_t = \frac{1}{(1+i)^t}$$

i: Diskontierungszinssatz; t: Zeitindex

Abzinsungssummenfaktor
Der Abzinsungssummenfaktor $a_{\overline{n}|}$ ist die Summe der Abzinsungsfaktoren über n Jahre und dient der Ermittlung des ▷ Bar-

werts Z_0 gleich hoher zukünftiger Zahlungsbeträge Z über n Jahre:

$$a_{\overline{n}|} = \frac{(1+i)^n - 1}{i(1+i)^n}$$

n: Anzahl Perioden (Jahre);
i: Diskontierungszinssatz

Der Abzinsungssummenfaktor wird auch ▷ *Barwertfaktor*, *Kapitalisierungsfaktor* oder *Rentenbarwertfaktor* genannt.

AC
Abk. für ▷ Assessment Center

ACD
Abk. für Automatic Call Distribution
▷ Call Center

Activity-Based Costing
Engl. für ▷ Prozesskostenrechnung

Added Value
Engl. für ▷ Wertschöpfung

Additiver Umweltschutz
▷ Vorsorgeprinzip

Ad-hoc-Publizität
Als Ad-hoc-Publizität wird im Kotierungsreglement (KR) der Schweizer Börse die Pflicht eines Emittenten von Wertpapieren zur Veröffentlichung kursrelevanter, unternehmensinterner Tatsachen, die in seiner Geschäftstätigkeit aufgetreten sind und nicht öffentlich bekannt sind (Art. 72 KR). Als kursrelevant gelten neue Tatsachen, die grosse Auswirkungen auf die Vermögens-, Finanz- und Ertragslage haben und deshalb zu einem erheblichen Steigen oder Sinken der Börsenkurse führen könnten.
Die Ad-hoc-Publizität soll einerseits die Effizienz des Kapitalmarktes erhöhen (Erhöhung der Markttransparenz, Beseitigen von Informationsasymmetrien) und andererseits ▷ Insider-Geschäfte verhindern.

Ad-hoc-Umfrage
Die Ad-hoc-Umfrage ist eine massgeschneiderte Befragung, die für eine ganz bestimmte Problemstellung konzipiert wurde. Sowohl die Formulierung der Fragen als auch die Auswertung der Antworten ist auf den individuellen Untersuchungszweck ausgerichtet. Ihr Vorteil liegt in der grossen Genauigkeit und Problembezogenheit, ihr Nachteil in den hohen Kosten.

Adlatus Schweiz
▷ Seniorexperten

Administration
Als Administration werden vereinfacht alle kaufmännischen Aufgaben in einem Unternehmen bezeichnet. Sie gilt häufig als Sammelbegriff für Rechnungswesen, (Personal-)Verwaltung, EDV und weitere beratende Stabsstellen, die nur indirekt zur Wertschöpfung beitragen (▷ Wertkette). Im Gegensatz zur Produktion bezeichnet man die hier entstehenden Kosten als Overhead (▷ Gemeinkosten), da sie i.d.R. den einzelnen Produkten nicht direkt zugeordnet werden können.

Administrativer Organisationsansatz
Der Franzose *Henri Fayol*, wichtigster Vertreter des administrativen Organisationsansatzes, ging von der Hypothese aus, dass eine optimale Organisation dann erreicht ist, wenn übersichtliche und eindeutige Beziehungen zwischen ihren Elementen bestehen. In den Vordergrund rückte er deshalb die beiden folgenden Grundprinzipien: (1) Prinzip der Einheit

der Auftragserteilung bzw. des Auftragsempfangs (▷ Einliniensystem): Jeder Organisationsteilnehmer soll nur von einem einzigen Vorgesetzten Anweisungen erhalten. (2) Prinzip der optimalen ▷ Kontrollspanne: Keinem Vorgesetzten sollen mehr Mitarbeitende unterstellt sein, als er selbst überwachen kann. Die organisatorische Konsequenz dieser zwei Prinzipien führt zum Einliniensystem.

Administrierter Preis
▷ Preis, administrierter

Adopterkategorien
Im Rahmen der ▷ Diffusionsforschung unterscheidet man je nach Dauer der Übernahme von Innovationen fünf unterschiedliche Adopterklassen (Käufer): Innovatoren, frühe Übernehmer, frühe Mehrheit, späte Mehrheit und Nachzügler. Diese unterscheiden sich durch verschiedene Merkmale wie Risikobereitschaft, Ausbildung, Alter, Status, Einkommen, Bildung, Informationsverhalten usw. Aus Sicht des Marketings gilt es bei Lancierung neuer Produkte zuerst die Innovatoren und die frühen Übernehmer mittels Kommunikationsmassnahmen zu überzeugen.

Adoptionsprozess
Im Rahmen der Ausbreitung neuer Produkte beschreibt der Adoptionsprozess den Übernahmeprozess einer Innovation bzw. die Phase der ersten Wahrnehmung einer Innovation bis zur Annahme bzw. Ablehnung des neuen Produkts (▷ Diffusionsforschung). Er ist dem Kaufentscheidungsprozess ähnlich und unterteilt sich in die Phasen Wahrnehmung (Awareness), Interesse (Interest), Evaluation, Versuch/Probieren (Trial), Adoption (verstanden als Übernahme, Kauf und Wiederholungskauf) und Bestätigung (Confirmation; positive Erfahrungen mit dem Produkt). Aus Sicht des Marketings spielt dabei im Rahmen des Übernahme- bzw. Kaufentscheidungsprozesses die Kommunikation eine bedeutende Rolle, denn die potenziellen Käufer müssen das neue Angebot erst einmal wahrnehmen. Auf jeder der genannten Stufen kann es zur Ablehnung kommen; bei Annahme erfolgt ein Kauf bzw. Wiederholungskäufe.

Adverse Selektion
Adverse Selektion heisst negative Auswahl. Sie tritt auf, wenn es dem Auftragnehmer im Rahmen eines Auftragsverhältnisses (▷ Principal Agent Theory) aufgrund mangelnder Informationen nicht möglich ist, das Risiko eines Vertragsabschlusses richtig zu kalkulieren.
Folge ist, dass die betroffenen Auftragnehmer die sog. schlechten Risiken anziehen und damit eine negative Auswahl treffen. Als Beispiel für das Auftreten von adverser Selektion kann der *Versicherungsmarkt* genannt werden.

AG
Abk. für ▷ Aktiengesellschaft

AGB
Abk. für ▷ Allgemeine Geschäftsbedingungen

Agent
▷ Handelsvertreter
▷ Principal Agent Theory

Agio
Unter einem Agio *(Aufgeld)* versteht man die Differenz zwischen dem Emissionspreis und dem Nennwert eines Wertpapiers. Ein Agio tritt sowohl bei Ausgabe von neuen Aktien als auch bei Emissionen von festverzinslichen Wertpapieren auf,

wobei bei letzteren auch eine Emission unter pari (▷ Disagio) möglich ist.

Ein Käufer neu ausgegebener Aktien kauft sich mit dem Agio in das über das Aktienkapital hinausgehende Eigenkapital des Unternehmens ein. Ein Agio muss deshalb v. a. bei Aktiengesellschaften mit grossen offenen oder stillen ▷ Reserven bezahlt werden. Bei börsenkotierten Gesellschaften wird es zusätzlich durch den aktuellen Aktienkurs beeinflusst.

Gemäss Art. 624 OR kann das *Emissionsagio* nach Deckung der Emissionskosten wie folgt verwendet werden: (1) Zuweisung zur gesetzlichen Reserve, (2) freiwillige zusätzliche Abschreibungen, (3) betriebliche Wohlfahrtszwecke.

In der Praxis wird das Agio meist ohne Abzug der Emissionskosten den Reserven zugeführt und dient damit der Stärkung der Eigenkapitalbasis. Diese Tatsache ist insofern von Bedeutung, als auf diese Weise eine ▷ Kapitalverwässerung vermieden oder zumindest gemindert werden kann.

A-Güter
▷ ABC-Analyse

AHV
Abk. für ▷ Alters- und Hinterlassenenversicherung

AIDA-Ansatz
Bei der Gestaltung eines ▷ Werbekonzepts ist zu berücksichtigen, dass der potenzielle Käufer verschiedene Phasen durchläuft. Je nach Phase sind deshalb die einzelnen Elemente des Werbekonzepts unterschiedlich zu gestalten, da ihnen verschiedene Funktionen zukommen bzw. sie unterschiedliche Wirkungen haben. Das bekannteste Wirkungsmodell ist der AIDA-Ansatz, bei dem der Umworbene der Reihe nach folgende Phasen durchläuft: (1) Attention (Aufmerksamkeit), (2) Interest (Interesse), (3) Desire (Wunsch), (4) Action (Kauf).

AIO-Ansatz
▷ Lebensstil

Akkordfähigkeit
▷ Akkordlohn

Akkordlohn
Der Akkordlohn ist ein unmittelbarer Leistungslohn, der – im Gegensatz zum ▷ Zeitlohn – aufgrund der erbrachten (mengenmässigen) Leistung berechnet wird. Voraussetzungen sind *Akkordfähigkeit* und *Akkordreife*. Eine Arbeit ist akkordfähig, wenn ihr Ablauf im Voraus bekannt ist, sich ständig wiederholt und die dafür aufgewandte Zeit sowie das daraus resultierende Ergebnis gemessen werden können. Akkordreif ist eine Arbeit, wenn sie von einem geeigneten Mitarbeitenden nach einer bestimmten Einarbeitungszeit beherrscht wird und keine störenden Einflüsse (z.B. wenn eine neue Maschine noch nicht richtig eingestellt ist) mehr auftreten. Sobald sich Änderungen im Produktionsprozess oder im Produktionsverfahren (z.B. aufgrund neuer Technologien) ergeben, müssen Akkordfähigkeit und -reife überprüft werden.

Der Akkordlohn wird entweder als ▷ Geldakkord (Stückakkord) oder als ▷ Zeitakkord berechnet.

Akkordreife
▷ Akkordlohn

Akkordrichtsatz
Der Akkordrichtsatz ist der Grundlohn beim ▷ Akkordlohn. Er entspricht dem Verdienst eines Mitarbeitenden im Akkord für eine Zeiteinheit (vielfach Stunde) bei

normaler Leistung. Eingeschlossen ist der *Akkordzuschlag,* der den Mitarbeitenden dafür entschädigt, dass Arbeitsintensität und Beanspruchung beim Akkordlohn grösser sind als beim Zeitlohn.

Um den Lohn eines Mitarbeitenden im Akkord berechnen zu können, muss in einem ersten Schritt festgestellt werden, wie viele Stücke pro Stunde bei einer ▷ Normalleistung produziert werden können oder wie viel Zeit für die Herstellung eines Stückes bei Normalleistung benötigt wird. Ist die Normalleistung bekannt, so bestehen zwei Möglichkeiten der Berechnung:

- Beim *Geldakkord* wird dem Mitarbeitenden für jedes hergestellte Stück ein bestimmter Geldbetrag vergütet.

- Beim *Zeitakkord* wird dem Mitarbeitenden für jedes hergestellte Stück eine bestimmte Zeit gutgeschrieben. Bezahlt wird diese gutgeschriebene Zeit. Arbeitet er schneller als die Vorgabezeit, erhöht sich sein Verdienst gegenüber dem Zeitlohn.

Der Akkordlohn ist zwar leistungsgerecht, birgt jedoch die Gefahr einer Überforderung des Arbeitnehmers in sich. Die Betonung der Mengenleistung kann ausserdem zu einer Zunahme von Fehlern führen und die Qualität negativ beeinflussen.

Akkordzuschlag
▷ Akkordrichtsatz

Akkreditiv

Mit dem Akkreditiv wird im Aussenhandel das Risiko der Zahlungsunfähigkeit eines Kunden abgesichert. Beteiligt sind zwei Geschäftspartner (Exporteur und Importeur) und deren Banken. Es beruht auf dem Prinzip, dass der Lieferant (Exporteur) aufgrund von Dokumenten bezahlt wird, die von den beteiligten Banken überprüft werden. Die Zahlung erfolgt damit im Voraus, bevor der Kunde (Importeur) die gelieferte Ware überprüft und akzeptiert hat. Im Vergleich zu einer reinen Vorauszahlung ist beim Akkreditiv die Sicherheit für beide Parteien wesentlich grösser.

Das Akkreditiv verpflichtet den Exporteur zur Lieferung von Waren und von bestimmten Dokumenten (Verschiffungsnachweis [▷ Konnossement], Luftfrachtbrief, Ursprungszeugnis, Transport- und Versicherungspapiere, Lagerscheine usw.). Die beauftragten Banken sind zur Prüfung der Dokumente und zur Zahlung des Rechnungsbetrags verpflichtet, sofern die Dokumente den Vereinbarungen entsprechen. Der Warenstrom wird somit durch einen parallel laufenden Dokumentenfluss ergänzt, der die erbrachten Leistungen nachweist und die Zahlungen auslöst.

Der Importeur erhält die Dokumente, mit denen er die Waren in Empfang nehmen kann, erst nach Bezahlung des Rechnungsbetrags. Er hat keine Möglichkeit, die Ware vor Bezahlung zu prüfen oder zu übernehmen, sodass er sich mit dem Akkreditiv nicht gegen Qualitätsmängel absichern kann. Da der Importeur jedoch Art und Inhalt der Dokumente bestimmt, kann er sich vor vertragswidrigen Lieferungen weit gehend schützen.

Dem Akkreditiv kommt eine hohe Bedeutung in der Finanzierung von Aussenhandelsgeschäften zu, insbesondere dann, wenn zwischen den Geschäftspartnern noch keine längere Beziehung besteht.

Akquisition

Der Begriff Akquisition hat zwei Bedeutungen:

- Erstens versteht man unter Akquisition die *Übernahme (Take-over)* eines Unternehmens durch eine Kapitalbeteiligung, die i.d.R. 50% des Aktienkapitals über-

steigt. Damit geht die wirtschaftliche Selbstständigkeit des übernommenen Unternehmens verloren. Geht auch die rechtliche Selbständigkeit verloren, spricht man von einer ▷ Annexion. Solche Akquisitionen dienen sowohl zur Expansion in angestammten Märkten als auch zur ▷ Diversifikation in neue Produkte und Märkte. Hauptziele der Akquisition sind Zeitgewinn, Kostenersparnisse sowie die Erlangung von Know-how beim Aufbau einer neuen Wettbewerbsposition oder bei einem Markteintritt. Akquisitionen eignen sich zum Ausbau der Kerngeschäfte, während ▷ strategische Allianzen bei der Erschliessung neuer Geschäftsbereiche zu bevorzugen sind. Falls die Übernahme offen und im Einverständnis mit dem Management des zu übernehmenden Unternehmens geschieht, spricht man von einer freundlichen *(Friendly Take-over)*, andernfalls von einer unfreundlichen Übernahme *(Unfriendly Take-over)*.
■ Die zweite Bedeutung der Akquisition beinhaltet das Gewinnen neuer Kundenbeziehungen oder neuer Kundenaufträge *(Kundenakquisition)*.

Akquisitorische Distribution
▷ Distribution

Akquisitorisches Potenzial
Akquisitorisches Potenzial bedeutet, dass es dem Unternehmen mit Hilfe der Produktgestaltung und dem Einsatz weiterer Marketingmassnahmen gelingt, bei den Konsumenten Präferenzen für das eigene Angebot zu schaffen. Je grösser die Präferenzen sind, desto grösser ist auch der preispolitische Spielraum, innerhalb dessen das Unternehmen den Preis erhöhen kann, ohne Gefahr zu laufen, einen wesentlichen Nachfragerückgang in Kauf nehmen zu müssen.

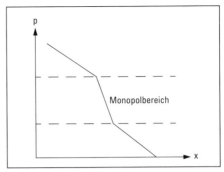

▲ Abb. 5   Akquisitorisches Potenzial

Es besteht somit ein autonomer Bereich, innerhalb dessen ein Unternehmen (ähnlich einem Monopolisten) Konsumenten an sich zu binden vermag (◄ Abb. 5).

Aktie
Die Aktie ist ein ▷ Wertpapier, das einen Anteil am ▷ Aktienkapital der ▷ Aktiengesellschaft verkörpert und dem Inhaber *(Aktionär)* Mitgliedschafts- und Vermögensrechte gibt. Der Betrag, auf den die Aktie lautet, ist der Nennwert. Der Mindestnennwert beträgt in der Schweiz 1 Rappen (in Deutschland € 1.–). Der Nennwert allein lässt jedoch keinen Schluss auf den effektiven Wert (Marktwert) einer Aktie zu, weist aber den Anteil aus, mit dem der Aktionär am gesamten Aktienkapital und somit am gesamten Vermögen einer Aktiengesellschaft beteiligt ist.
Zu den *Mitgliedschaftsrechten* zählen die Rechte auf Teilnahme an der ▷ Generalversammlung (Art. 689 OR), auf Kontrolle (Art. 696 OR), auf Auskunft (Art. 697 OR) und auf Einleitung einer Sonderprüfung (Art. 697a und 697b OR). Mit einer Aktie sind die *Vermögensrechte* auf den Gewinn (▷ Dividende [Art. 660 OR]) und den Liquidationsanteil (Art. 660 OR) sowie auf das ▷ Bezugsrecht (Art. 652 OR) verbunden.

Nach schweizerischem Recht können in Bezug auf die mit einer Aktie verbundenen Rechte drei *Aktienarten* (▷ Stamm-, ▷ Vorzugs- und ▷ Stimmrechtsaktien) unterschieden werden. Nach der Art der Übertragung unterscheidet man zwischen ▷ Inhaberaktien, die rechtlich gesehen ein echtes ▷ Inhaberpapier darstellen, und ▷ Namenaktien, bei denen es sich in rechtlicher Terminologie um ▷ Orderpapiere handelt.

Aktienanalyse

Ziel einer Aktienanalyse ist es, Aussagen über die aktuellen Kurse und über zukünftige Kursentwicklungen zu erhalten. Allgemein wird zwischen fundamentaler und technischer Aktienanalyse unterschieden.
1. Die *fundamentale* Aktienanalyse versucht, möglichst genau den tatsächlichen Wert einer Aktie zu ermitteln (▷ innerer Wert), indem alle verfügbaren Informationen über die Ertragskraft des Unternehmens, über seine Kapital- und Vermögensstruktur, über allgemeine volkswirtschaftliche Entwicklungen sowie Branchentrends herangezogen werden. Aber auch Informationen über potenzielle Aktienkäufer werden ausgewertet, z. B. die Anlagepolitik von Pensionskassen und Anlagefonds oder das Sparverhalten privater Anleger. Die fundamentale Analyse geht davon aus, dass der Preis einer Aktie alle zukünftigen Erträge aus Gewinnausschüttung und Liquidationserlös widerspiegelt (Cash-Flow-Analyse). Da jedoch weder die Gewinnentwicklung noch der ▷ Substanzwert eines Unternehmens von aussen ohne weiteres ersichtlich sind, behilft man sich mit der Analyse von ▷ Kennzahlen und vergleicht diese mit Branchendurchschnitten oder Vergangenheitswerten. Dazu zählen z. B. die Ermittlung des ▷ Kurs-Gewinn-Verhältnisses, der Dividendenrentabilität, der Cash Flow Ratio, des Gewinns pro Aktie. Neben dem unvermeidlichen Informationsdefizit besteht eine weitere Schwäche der fundamentalen Aktienanalyse darin, dass externe Schocks (Krisen) oder psychologische Aspekte (Spekulation) nicht berücksichtigt werden können.
2. Um den Schwächen der fundamentalen Analyse zu begegnen, wird oft die *technische* Analyse *(Chart-Analyse)* herangezogen, die auf den Börsenkursen der Vergangenheit beruht. Diese Analyse unterstellt, dass die vorliegenden Kurse alle relevanten (fundamentalen) Informationen bereits enthalten. Die Darstellung in Liniendiagrammen (Charts) ermöglicht die Ableitung von Trendaussagen und Prognosen. Dahinter steht die Idee, dass die Aktienkursentwicklung gewissen Zyklen folgt, welche sich im Laufe der Zeit wiederholen. Die Analysten bedienen sich verschiedener Verfahren, mit deren Hilfe *Trends*, bestimmte typische *Formationen* oder Unterstützungslinien im Chart gekennzeichnet werden. Die Aussagekraft der technischen Aktienanalyse ist in der Praxis umstritten. Empirische Untersuchungen haben nämlich gezeigt, dass der Kurs einer Aktie zufällig um deren inneren Wert schwankt, ohne einem bestimmten Trend zu folgen *(Random-Walk-Hypothese)*. Da die Informationseffizienz auf den Kapitalmärkten nie vollständig gegeben ist, kann der innere Wert von den Marktteilnehmern nicht genau bestimmt werden. Die Uneinigkeit des Publikums führt deshalb zu (zufälligen) Abweichungen zwischen dem inneren Wert und dem tatsächlich beobachtbaren Kurs der Aktie, was aufgrund von Vergangenheitsdaten nicht voraussehbar ist.

Trotz Schwächen haben beide Analyserichtungen ihre Berechtigung und kommen idealerweise kombiniert zur Anwendung. Die fundamentale Aktienanalyse wird für die mittel- und langfristige Prognose und die grundsätzliche Entscheidung, ob eine Aktie überhaupt kaufenswert ist oder nicht, eingesetzt. Die technische Analyse wird als kurzfristige Ergänzung und zur Ermittlung des Kauf- bzw. Verkaufszeitpunkts eingesetzt (Timing). Ihr Vorteil liegt darin, dass sie herrschende Hausse- oder Baisse-Trends, die sich oft in der Massenpsychologie begründen, berücksichtigt («die Hausse nährt die Hausse»), für die in der fundamentalen Analyse kein Platz ist.

Aktienart
▷ Aktie

Aktien-Beta
Syn. für ▷ Beta-Faktor

Aktienbuch
Im Aktienbuch einer ▷ Aktiengesellschaft werden alle Eigentümer von ▷ Namenaktien mit Namen und Adresse aufgeführt (Art. 986 Abs. 1 OR), sodass das Unternehmen jederzeit weiss, wie sich der Kreis seiner Namenaktionäre zusammensetzt. Sollen unerwünschte Aktionäre von der Ausübung ihrer Mitgliedschaftsrechte ausgeschlossen werden, so kann dies durch die Ausgabe vinkulierter Namenaktien geschehen. Ein Ausschluss von der Eintragung ins Aktienbuch ohne Angabe von Gründen ist jedoch unzulässig (Art. 685 OR).

Aktien, eigene
▷ Aktienrückkauf

Aktiengesellschaft (AG)
Die Aktiengesellschaft (AG) ist eine Gesellschaft mit eigener ▷ Firma, deren ▷ Aktienkapital in Teilsummen (▷ Aktien) zerlegt ist und für deren Verbindlichkeiten nur das Gesellschaftsvermögen haftet. Die Aktionäre sind nur zu den statutarischen Leistungen verpflichtet und haften für die Verbindlichkeiten der Gesellschaft nicht persönlich.

Neben der ▷ Generalversammlung schreibt das Gesetz zwei weitere Organe vor: den ▷ Verwaltungsrat und die ▷ Revisionsstelle. Im Weiteren verlangt Art. 621 OR bei der Gründung mindestens 3 Aktionäre (natürliche oder juristische Personen). Eine AG kann auch für nichtwirtschaftliche Zwecke gegründet werden (Art. 620 Abs. 3 OR).

In der Praxis unterscheidet man folgende Arten von Aktiengesellschaften: ▷ Publikumsaktiengesellschaften, ▷ Kleinaktiengesellschaften und ▷ Einmannaktiengesellschaften.

Aktienindex
Ein Aktienindex gibt Auskunft über die Kursentwicklung an einer Börse. Unterschieden werden Indices für den Gesamtmarkt *(Börsenindex)* und für eine Branche *(Branchenindex)*. Indices setzen sich aus einer bestimmten Anzahl von Wertpapieren zusammen, deren ▷ Börsenkapitalisierung oftmals einen Grossteil des Börsenwerts aller kotierten Gesellschaften ausmacht. Es handelt sich um einen Durchschnittswert, wobei die einzelnen Werte anhand ihrer Börsenkapitalisierung gewichtet werden. Aktienindices beziehen sich stets auf eine Basis, die für ein bestimmtes Jahr festgelegt wird, z.B. 1972 = 100. Kurssteigerungen bzw. -verluste drücken sich durch Addition oder Subtraktion sog. Basispunkte aus.

Aktienindices bilden häufig die Grundlage für derivative Finanzinstrumente (▷ Derivate). Veränderungen von Aktienindices haben eine hohe psychologische Bedeutung für die internationalen Aktienmärkte. Beispiele für Aktienindices sind der

▷ Swiss Market Index (SMI), der ▷ Swiss Performance Index (SPI), der ▷ Deutsche Aktienindex (DAX), der ▷ Dow Jones Index, der ▷ Standard & Poor's 500 Index und der ▷ Hang Seng Index.

Aktienkapital

Das Aktienkapital einer ▷ Aktiengesellschaft entspricht den Kapitaleinlagen, welche die Aktionäre getätigt (einbezahltes Aktienkapital) oder zu tätigen versprochen (nicht einbezahltes Aktienkapital) haben. Es ist eine feste Grösse, die nur unter Einhaltung der strengen gesetzlichen Vorschriften über die ▷ Kapitalerhöhung bzw. die Kapitalherabsetzung verändert werden kann (Art. 652b ff. OR; Art. 732 ff. OR). Das Aktienkapital stellt keinen effektiven Vermögenswert dar und lässt demnach keine Schlüsse über den Umfang, die Zusammensetzung oder die Änderung des tatsächlich vorhandenen Vermögens zu. Das Reinvermögen einer Aktiengesellschaft ergibt sich vielmehr als Saldo zwischen den ▷ Aktiven und dem ▷ Fremdkapital der Aktiengesellschaft. Das Aktienkapital ist Teil des ▷ Eigenkapitals, das sich aus dem Aktienkapital, den offenen und stillen ▷ Reserven sowie dem ▷ Gewinn- bzw. Verlustvortrag zusammensetzt. Es entspricht der Idee der Aktiengesellschaft, dass das Aktienkapital durch den Aktionär nicht gekündigt werden kann und somit dem Unternehmen dauernd zur Verfügung steht. Im Gesetz finden sich dazu verschiedene Vorschriften. Die wichtigsten sind:

▪ Das Aktienkapital einer Aktiengesellschaft muss mindestens Fr. 100 000 betragen (Art. 621 OR).

▪ Mindestens 20% des Aktienkapitals müssen bis zur konstituierenden ▷ Generalversammlung einbezahlt sein, im Minimum aber Fr. 50 000 (Art. 632 OR).

▪ Bei der Gründung der Aktiengesellschaft muss das Aktienkapital vollständig gezeichnet sein (Art. 629 OR).

▪ Die Einzahlungs- oder ▷ Liberierungspflicht kann durch Bareinlage oder durch Sacheinlagen, sog. *Apports,* erfolgen.

▪ Das Aktienkapital ist in einzelne Anteile aufgeteilt (▷ Aktien), deren Nennwert (Nominalwert) mindestens 1 Rappen beträgt. Dieser darf nur in Ausnahmefällen (Sanierung) unterschritten werden (Art. 622 OR).

Aktienkapitalerhöhung

▷ Kapitalerhöhung

Aktienrückkauf

Grundsätzlich ist es Unternehmen erlaubt, *eigene* ▷ *Aktien,* ▷ Partizipationsscheine oder andere Beteiligungspapiere zu erwerben.

Die möglichen Gründe, dies zu tun, sind vielfältig: So können diese Beteiligungspapiere der kurzfristigen Geldanlage dienen oder bewusst zum Zweck der Kurspflege an der ▷ Börse gekauft werden. Durch den Rückkauf eigener Aktien können auch die ▷ Kapitalstruktur sowie die ▷ Kapitalkosten optimiert und zugleich ▷ liquide Mittel an die Aktionäre ausbezahlt werden. Im Zusammenhang mit bedingten ▷ Kapitalerhöhungen oder ▷ Optionsanleihen und ▷ Wandelanleihen muss das Unternehmen zudem in der Lage sein, eigene Aktien auf «Abruf» bereitzuhalten. Der Besitz eigener Beteiligungspapiere stellt jedoch ein Risiko dar: Gerät ein Unternehmen nämlich in finanzielle Schwierigkeiten (▷ Illiquidität, ▷ Überschuldung) sinkt der Marktwert dieser ▷ Wertpapiere sehr rasch. Damit verschlechtert sich aber die finanzielle Situation zusätzlich, weil sich ein Teil des ▷ Vermögens als nicht mehr werthaltig erweist. Deshalb wird der

Erwerb eigener Beteiligungspapiere gesetzlich eingeschränkt.

Für die Schweiz gilt, dass eine Gesellschaft eigene Aktien oder Partizipationsscheine nur dann erwerben darf, wenn frei verfügbare ▷ Reserven in der Höhe des Anschaffungswerts (▷ Anschaffungskostenmethode) der zu kaufenden Beteiligungspapiere vorhanden sind. Ausserdem darf der gesamte ▷ Nennwert dieser Beteiligungspapiere 10% des Aktien- und des Partizipationskapitals nicht übersteigen (Art. 659 OR i.V.m. Art. 656b OR). Die Gesellschaft hat für die eigenen Beteiligungspapiere einen dem Anschaffungswert entsprechenden Betrag als «Reserve für eigene Aktien» (▷ Reserven) auszuscheiden.

Nach IFRS müssen die Beteiligungspapiere, welche sich im Besitz der Gesellschaft befinden, in der ▷ Bilanz vom ▷ Eigenkapital subtrahiert werden. Dies entspricht der ▷ wirtschaftlichen Betrachtungsweise des Sachverhalts.

Aktionär
▷ Aktie

Aktionärsbindungsvertrag (ABV)
Aktionärsbindungsverträge *(ABV)* sind Verträge unter Aktionären, welche die Ausübung von Aktionärsrechten regeln. Typischerweise werden in ABV die gemeinsame Ausübung des Stimmrechts oder die gegenseitigen Kauf- oder Verkaufsrechte vereinbart.

ABV wirken nur unter den beteiligten Aktionären, nicht jedoch gegenüber der Gesellschaft selbst. Wenn ein Aktionär also z.B. an der ▷ Generalversammlung gegen den ABV verstösst, indem er seine Stimmabgabe nicht mit derjenigen der anderen Vertragspartei abstimmt, ist seine Stimme gegenüber der Gesellschaft trotzdem gültig.

In der Praxis wird die Einhaltung der ABV i.d.R. durch die Festlegung hoher Konventionalstrafen für Vertragsverstösse sichergestellt.

Aktionärsdarlehen
Das Aktionärsdarlehen stellt einen Sonderfall des ▷ Darlehens dar. Bei Familien- oder Konzerngesellschaften stellen die Aktionäre der Gesellschaft häufig zusätzliche Mittel in Form von festverzinslichen Darlehen oder Kontokorrentvorschüssen zur Verfügung, wodurch das ▷ Fremdkapital die Funktion des ▷ Eigenkapitals übernimmt. Häufig wird dabei den Aktionären ein höherer Zins vergütet, als das Unternehmen bei einem entsprechenden Darlehen einer Bank bezahlen müsste. Man spricht in diesen Fällen auch von *verdecktem Eigenkapital* sowie verdeckter Gewinnausschüttung. Letztere wird von den Steuerbehörden als steuerbarer Gewinnanteil behandelt.

Aktiven
Als Aktiven (Aktiva) werden die mit Geld bewerteten Vermögensteile eines Unternehmens bezeichnet. Sie dienen dazu, künftigen Nutzen zu stiften, ohne dass Gegenleistungen des Unternehmens erbracht werden müssten. Der Nutzen kann in Form von Geld (z.B. Zahlungen von Debitoren, Rückzahlungen von Darlehen), von Sachleistungen (z.B. Güterlieferungen im Umfang der Anzahlung an einen Lieferanten) oder von Dienstleistungen (z.B. Wohnrecht aufgrund vorausbezahlter Miete, Produktionsleistung von Maschinen) erfolgen. Die Aktiven stehen innerhalb der ▷ Bilanz den ▷ Passiven gegenüber. Während die Passiven aufzeigen, wer dem Unternehmen Kapital zur Verfügung stellt bzw. wer

welche Ansprüche auf das Vermögen des Unternehmens hat, zeigen die Aktiven, wie die Summe der verfügbaren Mittel (Kapital) angelegt bzw. in ▷ Vermögenswerte investiert wurde.
Die Aktivseite der Bilanz wird nach der Zweckbestimmung (Aufgabe) der einzelnen Bilanzposten in ▷ Umlauf- und ▷ Anlagevermögen gegliedert. In der Schweiz ist das «Liquiditätsprinzip» stark verbreitet: In den Aktiven erscheinen bei der Darstellung der Bilanz zuerst das Geld und dann die übrigen Posten in der Reihenfolge ihrer «Geldnähe».
In der Schweiz dürfen die Aktiven einer Aktiengesellschaft höchstens zu den ▷ Anschaffungs- bzw. ▷ Herstellungskosten oder zum tieferen Marktpreis am Bilanzstichtag bilanziert werden (Art. 665ff. OR).

Akzeleratorprinzip

In der makroökonomischen Theorie besagt das Akzeleratorprinzip in seiner einfachsten Form, dass Änderungen der ▷ Nachfrage zu überproportionalen Änderungen der ▷ Investitionen einer Volkswirtschaft führen, wenn die Veränderungen der Investitionen von der Veränderungs*rate* der Nachfrage abhängt. Steigt die Nachfrage z.B. in jeder Periode um 10, so betragen die Nettoinvestitionen 20 bei einem Akzelerator von 2. Steigt die Nachfrage in einer Periode nur um 6, betragen die Nettoinvestitionen bei konstantem Akzelerator in dieser Periode 12. Damit haben die Nettoinvestitionen gegenüber vorher abgenommen, obwohl die gesamtwirtschaftliche Nachfrage weiter gestiegen ist. Weil die Investitionen ihrerseits eine wichtige Komponente der gesamtwirtschaftlichen Nachfrage sind, ergibt sich aus dem Akzeleratorprinzip, dass sich Schwankungen der Nachfrage (zuerst v.a. des ▷ Konsums) in selbstverstärkender Weise auf die ▷ Konjunktur auswirken können. Der Akzeleratoreffekt verstärkt (zusammen mit dem ▷ Multiplikatoreffekt) bestehende Tendenzen zum Auf- oder Abschwung der Konjunktur. So kann bereits ein Rückgang des Konsum*zuwachses* durch einen überproportionalen Rückgang der Investitionen zu einem Abschwung führen. Das Akzeleratorprinzip ist eine wichtige Hypothese des Keynesianismus (▷ Schulen ökonomischen Denkens).

Akzept

▷ Akzeptkredit

Akzeptkredit

Der Akzeptkredit ist dadurch gekennzeichnet, dass der Kunde (Kreditnehmer) einen ▷ Wechsel auf den Namen seiner Bank ziehen kann *(Akzept)*. Die Bank verpflichtet sich damit, dem legitimierten Wechselinhaber den Betrag bei Fälligkeit auszuzahlen. Bezogener ist somit die Bank des Kunden, Aussteller der Kunde selbst. Die Bank legt eine Akzeptlimite fest, die darüber bestimmt, bis zu welchem Betrag sie auf sie selbst gezogene Wechsel akzeptiert. Der Kreditnehmer verpflichtet sich, den Wechselbetrag spätestens auf den Verfalltag bereitzustellen. Die Bank muss keine flüssigen Mittel zur Verfügung stellen, solange der Kunde seine Pflichten erfüllt. Man spricht deshalb auch von einem Verpflichtungskredit im Gegensatz zu einem Geldkredit. Die Bank stellt ihren guten Namen zur Verfügung, weshalb sie den Akzeptkredit nur erstklassigen Kunden gewährt. Der Akzeptkredit spielt in der Praxis als Finanzierungsinstrument nur noch im internationalen Handel eine Rolle. In diesem Fall wird er *Rembourskredit* genannt und eingesetzt, wenn ein Exporteur die Kreditwürdigkeit eines ihm nicht oder nur ungenügend bekannten Importeurs nicht beurteilen kann. In diesem Fall übernimmt eine international angesehene Bank mit ihrem Akzept die Wechselverpflichtung für ihren Kunden (Importeur).

Allgemeine Geschäftsbedingungen (AGB)

Die Allgemeinen Geschäftsbedingungen *(AGB)* ergänzen Verträge zwischen Geschäftspartnern um grundsätzliche Rechts- und Verfahrensfragen. Sie müssen vom jeweiligen Vertragspartner ausdrücklich akzeptiert werden und sind integraler Bestandteil des Vertrags. Unter Kaufleuten können AGB auch stillschweigend gelten *(Usanzen)*. Allgemeine Geschäftsbedingungen müssen klar formuliert sein und dürfen nicht zur Übervorteilung einer Vertragspartei führen.

Allgemeine Reserven
▷ Reserven

Allgemeines Zoll- und Handelsabkommen
▷ General Agreement on Tariffs and Trade (GATT)

Allmählichkeitsschäden

Im Gegensatz zu ▷ Störfällen liegt das Risiko bei Allmählichkeitsschäden *(schleichende Schäden)* darin, dass gleichartige Ereignisse von jeweils geringer Bedeutung nach und nach zu grossen Umweltschäden führen und dementsprechende Schutzmassnahmen erforderlich machen. Beispiel: schleichende Zerstörung der Ozonschicht in der Stratosphäre durch FCKW (Fluorchlorkohlenwasserstoffe), die z.B. aus Kühlaggregaten entweichen.

Allokation von Ressourcen
▷ Ressourcenallokation

Alternativ zulässige Methode
▷ IFRS

Alters- und Hinterlassenenversicherung (AHV)

Die Alters- und Hinterlassenenversicherung *(AHV)* ist eine staatliche Sozialversicherung, die das Risiko eines durch das Alter bedingten Einkommensrückgangs oder Einkommensausfalls (z.B. Tod des Ernährers einer Familie) deckt. Sie ist für alle Erwerbs- und Nichterwerbstätigen obligatorisch. Finanziert wird diese Versicherung über Lohnprozente, die von Arbeitnehmer und Arbeitgeber je zur Hälfte getragen werden. Die Finanzierung der AHV basiert auf dem Umlageverfahren (▷ Generationenvertrag), d.h. die Renten des laufenden Jahrs werden durch die Erwerbstätigen finanziert. Personen, die über das ordentliche Pensionierungsalter hinaus arbeiten, sind verpflichtet, weiterhin Beiträge zu zahlen. Es werden Mindest- und Höchstrenten festgesetzt, die periodisch der Inflation und der Reallohnsteigerung angepasst werden. Mit der Anpassung an die Inflation wird die Erhaltung der Kaufkraft der Renten angestrebt, während die Anpassung an die Lohnentwicklung als Weitergabe der Produktivitätssteigerung der Erwerbstätigen an die Generation der Pensionierten verstanden werden kann. Die AHV entspricht der 1. Säule im ▷ Drei-Säulen-Konzept. Sie wird laufend den gesellschaftlichen Entwicklungen angepasst. So enthält die 10. AHV-Revision (1997 in Kraft getreten) folgende Neuerungen: (1) Erhöhung des Rentenalters der Frauen (von 62 auf 63 im Jahr 2001 und auf 64 Jahre im Jahr 2005), (2) Renten-Splitting statt Ehepaar-Renten (Ehefrau und Ehemann erhalten je eine eigene Rente, zusammen höchstens 150% der maximalen Einzelrente), (3) Erziehungs- und Betreuungsgutschriften, die dem AHV-Konto derjenigen Personen angerechnet werden, die Kinder bis zu 16 Jahren oder pflegebedürftige Personen betreuen, (4) Möglichkeit zum Vorbezug der Rente um 2 Jahre mit Rentenkürzung, (5) Witwerrente für Väter, (6) Beitragspflicht für alle (auch nichterwerbstätige Witwen und nichterwerbstätige Ehepartner).

Altersvorsorge

Die Altersvorsorge in der Schweiz beruht auf drei Säulen (▷ Drei-Säulen-Konzept): AHV/IV (1. Säule), ▷ berufliche (2. Säule) und ▷ private Vorsorge (3. Säule). Das Ziel der Altersvorsorge ist die Sicherung des Einkommens nach dem gesetzlichen Pensionierungsalter. Die AHV-Rente soll den Existenzbedarf decken; zusammen mit der Rente aus der beruflichen Vorsorge sollten 60% des zuletzt erzielten Lohns erreicht werden. Die Beiträge der 3. Säule sollen den Rentnern ermöglichen, den gewohnten Lebensstandard weiterzuführen.

ALV

Abk. für ▷ Arbeitslosenversicherung

Ambulanter Handel

Der ambulante Handel ist eine immer seltener anzutreffende Einzelhandelsform. Früher mehrheitlich durch Hausierer ausgeübt, ist diese Form heute am Aussterben. Ein Beispiel aus der heutigen Zeit ist der Strassen- bzw. Markthandel.

Amerikanische Option

Amerikanische ▷ Optionen beinhalten das Recht (aber nicht die Pflicht), innerhalb einer festgelegten Optionsfrist vom bzw. an den Verkäufer (Stillhalter) eine bestimmte Menge eines definierten Guts zu einem vereinbarten Preis zu kaufen bzw. zu verkaufen. Im Gegensatz zu ▷ europäischen Optionen können amerikanische während der ganzen Laufzeit ausgeübt werden. Aufgrund dieses zusätzlichen Rechts ist der Wert amerikanischer stets höher als derjenige europäischer Optionen.

Amortisation

1. Amortisation nennt man die Rückzahlung oder Tilgung eines geschuldeten Betrags nach einem im Voraus festgelegten Tilgungsplan. Bei vielen mit einem Grundpfand gesicherten Schulden ist eine Amortisation bis zu einem bestimmten Prozentsatz des hinterlegten Pfands üblich (erste Hypothek ca. 60%). Bei ▷ Anleihensobligationen wird, falls eine entsprechende Tilgung vorgesehen ist, diese in den Anleihebedingungen festgehalten.

2. Veraltetes Synonym für ▷ Abschreibung.

Amortisationsrechnung

Syn. für ▷ Pay-back-Methode

Amortisationszeit

▷ Pay-back-Methode

Anderskosten

▷ Kalkulatorische Kosten
▷ Kosten

Andersleistungen

▷ Kalkulatorische Leistungen
▷ Leistung

Andler'sche Losgrösse

Syn. für ▷ Losgrösse, optimale

Anforderungsbereitschaftsgrad

▷ Lieferbereitschaftsgrad

Anforderungsprofil

Das Anforderungsprofil setzt die Höhe einzelner Anforderungen für einen bestimmten Arbeitsplatz (▷ Stelle) fest. Es ermöglicht die Stellenbesetzung (▷ Personalbeschaffung) sowie einen Vergleich zwischen

den für den Arbeitsplatz notwendigen Anforderungen und den Fähigkeiten des Stelleninhabers. Dadurch wird es möglich, sowohl den Stelleninhaber zu qualifizieren als auch die Stelle in Bezug auf die Lohnhöhe zu beurteilen (▷ Personalbeurteilung, ▷ Arbeitsbewertung).
Eine Differenz zwischen gestellter Aufgabe (Anforderungen) und erbrachter Leistung führt zu einer ▷ Unter- bzw. ▷ Überforderung. Beide wirken sich negativ auf die Leistungsbereitschaft (▷ Leistungsverhalten) und ▷ Motivation aus.

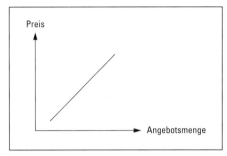

▲ Abb. 6   Angebotskurve

Angebot
Der Begriff Angebot tritt in unterschiedlicher Bedeutung auf:
1. *Volkswirtschaftlich* wird unter Angebot eine Menge von ökonomischen Gütern (▷ Güter, ökonomische) verstanden, die auf einem ▷ Markt zu einem Zeitpunkt gekauft oder getauscht werden kann. Die Höhe des Angebots richtet sich auf einem freien Markt ohne staatliche Regulierung und ohne Zugangsbarrieren (▷ Marktformen) nach dem erzielbaren ▷ Preis. Bei hohem Preis werden tendenziell die Produktionsmengen und -kapazitäten ausgeweitet, und es kommen weitere Anbieter (Produzenten) auf den Markt, sodass das Angebot steigt.
2. *Betriebswirtschaftlich* wird als Angebot das ▷ Sortiment eines Unternehmens bezeichnet, das es auf verschiedenen Märkten zum Verkauf anbietet.
3. Ein Angebot, das ein Unternehmen aufgrund einer Anfrage erteilt, wird (in der Schweiz) als ▷ Offerte bezeichnet.

Angebotsbearbeitung
Syn. für ▷ Offertbearbeitung

Angebotsfunktion
▷ Angebotskurve

Angebotskurve
Die Angebotskurve stellt den Zusammenhang zwischen dem Preis und der angebotenen Menge eines Guts grafisch dar. In einem freien Markt ist die Angebotskurve – mathematisch ausgedrückt – eine *steigende* Funktion des Preises (◀ Abb. 6). Je flacher die Kurve verläuft, desto schneller reagieren die Anbieter auf höhere Preise mit steigenden Mengen (hohe ▷ Elastizität).
In der *Mikroökonomie* (▷ mikroökonomische Theorie) beschreibt die Angebotskurve nur den Markt eines einzelnen Guts, während bei *makroökonomischer* Betrachtung (▷ makroökonomische Theorie) die Angebotskurven für alle Güter einer Volkswirtschaft aggregiert werden. So genannte gesamtwirtschaftliche *Angebotsfunktionen* (▷ Gütermarkt) dienen im Rahmen von volkswirtschaftlichen Modellen als Grundlage für Entscheidungen von Regierung und ▷ Notenbank hinsichtlich der Erreichung volkswirtschaftlicher Ziele (▷ Ziele, gesamtwirtschaftliche). Sie haben eine hohe Relevanz für politische Entscheidungen in Bezug auf Geldmengenwachstum, Vollbeschäftigung und Zinsen.

Anhang (zur Jahresrechnung)
Der Anhang ist der dritte obligatorische Bestandteil der ▷ Jahresrechnung (Art. 662 Abs. 2 OR). Er beinhaltet Informationen über die angewandten Grundsätze der

Rechnungslegung sowie Detailangaben zu wichtigen Positionen der ▷ Bilanz und ▷ Erfolgsrechnung.
Der vom Gesetzgeber vorgeschriebene Inhalt des Anhangs findet sich in Art. 663b OR und enthält folgende Angaben:
- Gesamtbetrag der Bürgschaften, Garantieverpflichtungen und Pfandbestellungen zugunsten Dritter;
- Gesamtbetrag der zur Sicherung eigener Verpflichtungen verpfändeten oder abgetretenen Aktiven sowie der Aktiven unter Eigentumsvorbehalt;
- Gesamtbetrag der nichtbilanzierten Leasingverbindlichkeiten;
- Brandversicherungswerte der Sachanlagen;
- Verbindlichkeiten gegenüber Vorsorgeeinrichtungen;
- Beträge, Zinssätze und Fälligkeiten der von der Gesellschaft ausgegebenen Anleihensobligationen;
- Beteiligungen, die für die Beurteilung der Vermögens-, Finanz- und Ertragslage der Gesellschaft wesentlich sind;
- Gesamtbetrag der aufgelösten Wiederbeschaffungsreserven und der darüber hinausgehenden ▷ stillen Reserven, soweit dieser den Gesamtbetrag der neu gebildeten derartigen ▷ Reserven übersteigt, wenn dadurch das erwirtschaftete Ergebnis wesentlich günstiger dargestellt wird;
- Angaben über Gegenstand und Betrag von Aufwertungen;
- Angaben über Erwerb, Veräusserung und Anzahl der von der Gesellschaft gehaltenen eigenen Aktien einschliesslich ihrer Aktien, die eine andere Gesellschaft hält, an der sie mehrheitlich beteiligt ist; anzugeben sind ebenfalls die Bedingungen, zu denen die Gesellschaft die eigenen Aktien erworben oder veräussert hat;
- Betrag der genehmigten und der bedingten ▷ Kapitalerhöhung.

Anlagedeckungsgrade

Die Anlagedeckungsgrade beschreiben, inwiefern das ▷ Anlagevermögen durch ▷ Eigenkapital bzw. langfristiges ▷ Fremdkapital finanziert ist. Es können drei verschiedene Stufen unterschieden werden:

- Anlagedeckungsgrad 1:
$$\frac{\text{Eigenkapital}}{\text{Anlagevermögen}} \cdot 100$$
Richtwert: 90–120%

- Anlagedeckungsgrad 2:
$$\frac{\text{EK + langfristiges FK}}{\text{AV}} \cdot 100$$
Richtwert: 120–160%

- Anlagedeckungsgrad 3:
$$\frac{\text{EK + langfristiges FK}}{\text{AV + eiserne Bestände des UV}} \cdot 100$$

EK: Eigenkapital; AV: Anlagevermögen; FK: Fremdkapital; UV: Umlaufvermögen

Mit Hilfe der Anlagedeckungsgrade kann geprüft werden, inwiefern ein Unternehmen den Grundsatz der *Fristenkongruenz* in der Finanzierung erfüllt. Dieser besagt, dass die erwartete Überlassungsdauer des Fremdkapitals und die Bindungsdauer des damit finanzierten Vermögens übereinstimmen müssen. Weil zudem das Anlagevermögen im Vergleich zum ▷ Umlaufvermögen ein höheres unternehmerisches Risiko beinhaltet, sollte die Finanzierung primär mit Risikokapital, also Eigenkapital, erfolgen. Reicht dieses nicht aus, so sollte zumindest langfristig zur Verfügung stehendes Fremdkapital vorhanden sein. Die in den Formeln aufgeführten Richtwerte sind nicht allgemein gültig, sondern sollten jeweils den individuellen Unternehmensumständen angepasst werden.
▷ Goldene Bilanzregel

Anlagefonds

Ein Anlagefonds *(Investment-Fonds, Fund)* ist eine spezielle Form des Vermögens, das von einer Vielzahl von Personen zusammengetragen wurde, um gemeinsam eine Anlagestrategie zu verfolgen, die dem Einzelnen aus Kostengründen oder mangels Know-how verwehrt ist. Verwaltet wird das Fondsvermögen von einem professionellen Fondsmanager. Je nach Anlageobjekt unterscheidet man zwischen Immobilien-, Aktien-, Renten- oder gemischten Fonds. Genauere Regelungen finden sich im Bundesgesetz über den Anlagefonds (AGF).

Die einzelnen Anteile sind in Form von Wertpapieren (Fondsanteile) verbrieft und meist an den Börsen handelbar. Ihr Preis berechnet sich anhand des Fondsvermögens, und nicht aufgrund von Angebot und Nachfrage. Offene Fonds geben ständig Anteile aus oder nehmen diese zurück, wodurch sich das Fondsvermögen ständig verändert. Geschlossene Fonds geben nur so lange Anteile aus, bis das angestrebte Fondsvermögen erreicht ist. Diese Form kommt v.a. bei langfristig orientierten Immobilienfonds vor.

Die am Fondsvermögen beteiligten Investoren partizipieren am Ergebnis der getätigten Anlagen in Form von Ausschüttungen oder – falls diese nicht erfolgen (thesaurierende Fonds) – in Form von Preiserhöhungen der Fondsanteile.

Anlageintensität
▷ Investitionsverhältnis

Anlagenbewirtschaftung
▷ Facility Management

Anlagevermögen

Das Anlagevermögen ist neben dem ▷ Umlaufvermögen Teil des Gesamtvermögens eines Unternehmens (▷ Bilanz). Es besteht aus Gütern, die dem Unternehmen zur dauernden oder mehrmaligen Nutzung dienen. Diese Güter werden entweder gar nicht (Grundstücke) oder nur langsam (Gebäude, Maschinen, ▷ Patente) zur Erstellung der Betriebsleistung verbraucht und gehen nur indirekt über ▷ Abschreibungen in das Leistungsergebnis (Produkt, Dienstleistung) ein.

Da die Zugehörigkeit eines Guts zum Umlauf- oder zum Anlagevermögen allein vom Verwendungszweck abhängt, sind die Grenzen zwischen Anlage- und Umlaufvermögen oft fliessend (z.B. bei den Wertschriften).

In Theorie und Praxis unterscheidet man häufig zwischen materiellem, finanziellem und immateriellem Anlagevermögen. Während das *materielle Anlagevermögen* die mobilen und immobilen Sachanlagen umfasst (Fahrzeuge, Einrichtungen, Maschinen, Gebäude usw.), beinhaltet das *finanzielle Anlagevermögen* Werte wie langfristige Darlehen an Dritte oder Beteiligungen. Als Beteiligungen gelten stimmberechtigte Anteile an anderen Unternehmen von mindestens 20%.

Das *immaterielle Anlagevermögen* beinhaltet neben dem ▷ Goodwill v.a. Rechte, die nicht in ▷ Wertpapieren oder anderer Form konkretisiert werden können, sondern primär auf Eintragungen beruhen (z.B. ▷ Lizenzen, Patente).

Anlegerverhalten, antizyklisches
▷ Antizyklisches Anlegerverhalten

Anleihe
Syn. für ▷ Anleihensobligation

Anleihensobligation

Die Anleihensobligation *(Bond, Obligationenanleihe)*, die im täglichen Sprachgebrauch häufig als ▷ *Obligation* oder als *Anleihe* bezeichnet wird, ist eine als ▷ Wertpapier ausgestaltete Teilschuldverschreibung. Rechtlich gesehen besteht sie aus einer Schuldurkunde über einen bestimmten ▷ Nennwert und dem Couponsbogen, der die jährlichen Zinsansprüche verbrieft.

Der Investor hat Anspruch auf Zinszahlungen und die Rückzahlung des Nominalbetrags. Die Höhe des Zinssatzes ist abhängig von der ▷ Bonität des Schuldners, der Laufzeit der Obligation und den Kapitalmarktverhältnissen im Zeitpunkt der Ausgabe einer Anleihensobligation. Die Laufzeiten bewegen sich i. d. R. zwischen 5 und 12 Jahren, wobei auch deutlich längere – sogar unbeschränkte – Laufzeiten zu finden sind. Wird eine bestehende, aber auslaufende Anleihe in eine neue umgewandelt, so spricht man von einer ▷ Konversion.

Zur Berechnung der jährlichen Rentabilität ist neben dem Zinscoupon auch der Kurswert, der vom allgemeinen Zinsniveau und der Bonität des Schuldners abhängt, zu berücksichtigen. Die Rentabilität lässt sich überschlagsmässig aus der laufenden Verzinsung und der Differenz zwischen Kurswert und Rückzahlungswert berechnen:

Rentabilität einer Anleihensobligation

$$= \frac{z}{KW} \cdot 100 + \frac{(RZW - KW)}{n \cdot KW} \cdot 100$$

z: Nominalzins; n: Laufzeit; KW: Kurswert; RZW: Rückzahlungswert

---

Eine spezielle Form der Rentabilität einer Anleihensobligation ist die ▷ Yield to Maturity, die aus den vertraglich vereinbarten Anleihensrückflüssen und dem heutigen Marktpreis ermittelte effektive Verzinsung. Der Nennwert (Stückelung) einer Obligation beläuft sich im Normalfall auf 5000 oder 100 000 Franken. Die Anleihensobligation kann je nach Marktsituation und Interessen des Schuldners verschieden ausgestaltet werden. Die häufigsten Formen sind die «gewöhnliche Anleihe» mit jährlichen Zinszahlungen (engl. ▷ Straight Bond), die Wandelobligation (▷ Wandelanleihe), die das Recht auf einen Tausch in Aktien beinhaltet, die ▷ Optionsanleihe, die das separat handelbare Recht auf einen Bezug von Aktien beinhaltet und der ▷ Zero-Bond, der keine laufenden Zinszahlungen vorsieht und deshalb abgezinst (▷ Diskontierung) ausgegeben wird. *Floating-Rate-Anleihen* stellen eine spezielle Form der Anleihensobligation dar, bei der eine variable Verzinsung vorliegt, die anhand eines Referenzzinssatzes (z. B. ▷ Libor) für den jeweiligen Zinstermin neu festgesetzt wird.

▷ Emission

Annexion

Bei der Annexion als einer Form der ▷ Fusion (Art. 748 OR) wird das übernommene Unternehmen vollständig in die übernehmende Firma integriert und rechtlich aufgelöst.

Annuität

Die Annuität ist ein jährlich gleich bleibender Betrag, der sich aus einem Kapitalrückzahlungsanteil und einem Zinsanteil zusammensetzt. Verwendet wird die Annuität bei der Rückzahlung eines Bank-

darlehens und bei der ▷ Investitionsrechnung (▷ Annuitätenmethode).
Im Fall des Bankdarlehens bezahlt der Kreditnehmer einen jährlich gleich bleibenden Betrag, der sowohl Zinsen auf das ▷ Darlehen als auch einen Tilgungsanteil beinhaltet. Im Laufe der Zeit wächst der Tilgungsanteil, während der Zinsanteil aufgrund der sinkenden Darlehensschuld abnimmt. Im Rahmen der Investitionsrechnung bedeutet die Annuität den jährlich gleich bleibenden Einzahlungsüberschuss, der aus einer Investition resultiert.
Die Annuität lässt sich anhand folgender Formel berechnen:

$$A = K \cdot \frac{(1+i)^n \cdot i}{(1+i)^n - 1}$$

A: Annuität; K: Investitions- oder Kapitalbetrag; i: Zinssatz; n: Anzahl Jahre (Nutzungs- oder Tilgungsdauer)

Annuitätenmethode

Die Annuitätenmethode ist eine ▷ Investitionsrechnung, die den jährlich gleich bleibenden Einzahlungsüberschuss einer ▷ Investition unter Berücksichtigung von Zins und Zinseszins ermittelt. Als dynamische Methode berücksichtigt sie die zeitlich unterschiedlich anfallenden ▷ Ein- und ▷ Auszahlungen.
Die Annuitätenmethode stellt eine Modifikation der Kapitalwertmethode dar. Während bei der ▷ Kapitalwertmethode der Kapitalwert die Einzahlungen und Auszahlungen über sämtliche Perioden der Investitionsdauer wiedergibt, wandelt die Annuitätenmethode diesen Kapitalwert in gleich grosse jährliche Einzahlungsüberschüsse (= ▷ Annuität) um. Damit wird eine Periodisierung des Kapitalwerts auf die gesamte Investitionsdauer unter Verrechnung von Zinseszinsen erreicht:

$$K_0 = \sum_{t=1}^{n} A \frac{1}{(1+i)^t}$$

$$= A \sum_{t=1}^{n} \frac{1}{(1+i)^t} = A \, a_{\overline{n}|}$$

(A: Annuität; K_0: Kapitalwert; t: Zeitindex; n: Nutzungsdauer)

Die Berechnung der Annuität erfolgt in zwei Schritten. Zuerst wird der Kapitalwert K_0 berechnet:

$$K_0 = \sum_{t=1}^{n} \frac{g_t}{(1+i)^t} + \frac{L_n}{(1+i)^n} - I_0$$

(g: Einzahlungsüberschüsse; L_n: Liquidationswert; I: Investitionsbetrag)

Anschliessend wird der Kapitalwert K_0 mit dem ▷ Wiedergewinnungsfaktor multipliziert:

$$A = \frac{1}{a_{\overline{n}|}} K_0$$

Der Wiedergewinnungsfaktor stellt nichts anderes als den Kehrwert des ▷ Barwertfaktors $a_{\overline{n}|}$ dar.
Ein Investitionsprojekt erweist sich dann als vorteilhaft, wenn seine Annuität > 0 ist. Aus mehreren alternativen Projekten wird jenes mit der grössten Annuität gewählt.
Bei einem schwankenden Einzahlungsüberschuss oder beim Vergleich zweier Investitionsprojekte mit unterschiedlicher Nutzungsdauer ist die einfachere ▷ Kapitalwertmethode vorzuziehen.

Anordnung

Unter Anordnung *(Aufgabenübertragung)* versteht man die Übertragung von Aufgaben auf Mitarbeitende zur Lösung einer konkreten Problemstellung. Die Anordnung ist eine Führungsfunktion (neben ▷ Planung, ▷ Entscheidung und ▷ Kontrolle) und somit Teil des Führungsprozesses (▷ Zürcher Ansatz). Im Gegensatz zur ▷ Delegation (generelle Aufgabenübertragung) steht bei der Anordnung eine einzelne Aufgabe mit einem kurzfristigen Zeithorizont im Vordergrund (fallweise Aufgabenübertragung). Genauso wie bei der Delegation gilt aber auch hier das Kongruenzprinzip, nach dem ▷ Aufgabe, ▷ Kompetenz und ▷ Verantwortung gleichermassen übertragen werden müssen.

Die Anordnung entspricht eher einem autoritären ▷ Führungsstil, da sie stärker auf dem Prinzip von Befehl und Gehorsam basiert als auf Überzeugung und ▷ Partizipation. Anordnungen sind jedoch auch in einem partizipativen Führungsstil sinnvoll, um relativ unwichtige Aufgaben schnell zu übertragen. Hierbei müssen vier Grundsätze beachtet werden:

1. *Klarheit:* Anordnungen müssen für den Anordnungsempfänger eindeutig sein.
2. *Vollständigkeit:* Anordnungen sind so gehalten, dass keine Rückfragen und Ergänzungen notwendig sind.
3. *Angemessenheit:* Anordnungen sollten auf den jeweiligen Anordnungsempfänger ausgerichtet sein und dürfen diesen weder über- noch unterfordern.
4. *Begründbarkeit:* Anordnungen müssen begründbar sein, was aber nicht bedeutet, dass jede Anordnung begründet werden muss.

Anordnungsweg

▷ Kommunikationsweg

Anrechtshandel

Als Anrechtshandel bezeichnet man den Handel mit ▷ Bezugsrechten bei einer ▷ Kapitalerhöhung. Der Anrechtshandel findet während der *Bezugsfrist* statt und ist auf die Zeitspanne begrenzt, während der bei einer Kapitalerhöhung oder bei der erstmaligen Aktienausgabe (▷ Emission) die neuen Aktien bezogen werden können.

Anreiz-Beitrags-Theorie

Die auf den Arbeiten von *Barnard* und *Cyert/March* aufbauende Anreiz-Beitrags-Theorie geht davon aus, dass sämtliche Organisationsteilnehmer selbständige Entscheidungsträger sind, die ihre Entscheidungen aufgrund ihrer persönlichen Ziele treffen. Der einzelne Mitarbeitende wägt dabei den Nutzen der vom Unternehmen angebotenen ▷ Anreize mit dem Wert seiner eigenen Beiträge ab. Aus der daraus resultierenden subjektiv empfundenen Nutzendifferenz ergibt sich seine Entscheidung. Da dieses Anreiz-Beitrags-Modell sowohl für potenzielle (externe) Organisationsmitglieder als auch für gegenwärtige (interne) Mitarbeitende gilt, ergeben sich folgende Entscheidungstatbestände: (1) Eintritt in das Unternehmen (Teilnahmeentscheidung), (2) Auflösung des Arbeitsverhältnisses (Austrittsentscheidung) und (3) Leistungsbeitrag zur Erreichung der Organisationsziele und somit rollenkonformes Verhalten (Verhaltensentscheidung).

Die Hauptthesen der Anreiz-Beitrags-Theorie lassen sich wie folgt zusammenfassen: (1) Eine Organisation ist meistens ein System von Personen, die in wechselseitiger Abhängigkeit handeln. (2) Alle Organisationsteilnehmer und alle Gruppen empfangen von der Organisation Anreize, die sowohl monetärer als auch nichtmonetärer Natur sind (z. B. Lohn,

Aufstiegsmöglichkeiten), und leisten dafür gewisse Beiträge (z.B. Arbeitsleistungen, kooperatives Arbeitsverhalten). (3) Die Belegschaftsmitglieder halten ihr Arbeitsverhältnis nur so lange aufrecht, wie die gewährten Anreize den geleisteten Beiträgen entsprechen oder sie übersteigen. (4) Die Organisation befindet sich in einem Gleichgewichtszustand, wenn aufgrund der Beiträge den Arbeitnehmern so viele Anreize gewährt werden, dass sie ihr Arbeitsverhältnis fortsetzen.

Anreize

Anreize *(Incentives)* sind Massnahmen, die eine höhere Leistungsbereitschaft der Mitarbeitenden (▷ Motivation) bewirken (sollen). Anreize lassen den betroffenen Mitarbeitenden immer die Wahl, sich für oder gegen eine Mehrleistung oder einen höheren Einsatz zu entscheiden. Die Mehrleistung erfolgt auf freiwilliger Basis und steht damit im Gegensatz zur Pflichterfüllung im Rahmen von Ziel- oder Budgetvorgaben.

Materielle (monetäre) Anreize lassen sich objektiv messen, während immaterielle (nichtmonetäre) Anreize nur schwer messbar sind und von jedem einzelnen unterschiedlich bewertet werden (▶ Abb. 7). Die Wirkung von Anreizen lässt sich i.d.R. nur schwer vorhersehen. Es sind deshalb unterschiedliche und variable Anreize anzubieten (▷ Anreizsystem).

Anreizsystem

Unter dem Anreizsystem eines Unternehmens versteht man die Auswahl und Kombination verschiedener ▷ Anreize zur Motivierung der Arbeitnehmer. Das Anreizsystem hilft, (1) die Entscheidung eines potenziellen Mitarbeitenden zum Eintritt in das Unternehmen zu beeinflussen, (2) die Bindung an das Unternehmen zu er-

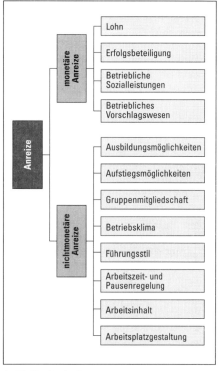

▲ Abb. 7   Anreizarten

höhen und (3) die Austrittsentscheidung zu verhindern sowie (4) die Leistungsbereitschaft der Mitarbeitenden zu erhöhen.

Bei der Gestaltung des Anreizsystems kann das Unternehmen auf verschiedene ▷ Motivationstheorien zurückgreifen (▷ Bedürfnispyramide, ▷ Zwei-Faktoren-Theorie, ▷ Gleichgewichtstheorie), welche die Zusammenhänge zwischen den ▷ Motiven und dem Verhalten der Mitarbeitenden aufzeigen.

Anrufungsweg

▷ Kommunikationsweg

Anschaffungskosten

Anschaffungskosten *(Einstandswert)* sind die Kosten, die der Beschaffung von Fertigerzeugnissen und Materialien unmittelbar zugerechnet werden können. Die Anschaffungskosten ergeben sich aus Kaufpreis zuzüglich direkten *Bezugskosten* abzüglich Rabatte, Skonti und Mehrwertsteuer:

Kaufpreis
+ direkte Bezugskosten (Transport, Zoll, Versicherung, Montage usw.)
− Rabatte, Skonti und Mehrwertsteuer
= Anschaffungskosten

In der Umgangssprache verwendet man den Begriff Anschaffungskosten hauptsächlich für Anlagen und Maschinen, während bei Handelswaren und Halbfabrikaten i.d.R. vom Einstandswert gesprochen wird. Für ▷ Werkstoffe verwendet man häufig den Begriff ▷ Beschaffungskosten. Werden hingegen ▷ Investitionsgüter beschafft, zählen auch die Kosten der Inbetriebnahme zu den Anschaffungskosten. Bei Finanzinvestitionen (Beteiligung an anderen Unternehmen) entspricht der Kaufpreis den Anschaffungskosten.

Anschaffungskostenmethode

Die Anschaffungskostenmethode ist eine Bilanzierungsmethode, bei welcher die Finanzinvestitionen in der ▷ Bilanz zu ▷ Anschaffungskosten angesetzt werden. Die ▷ Erfolgsrechnung zeigt Erträge aus dem Anteilsbesitz nur so weit, wie der Anteilseigner Ausschüttungen aus den seit dem Zeitpunkt des Anteilserwerbs erwirtschafteten Periodenergebnissen des Beteiligungsunternehmens erhält.

Anschaffungs- und Herstellungskosten von Vorräten

▷ Vorräte

Anschaffungswert

▷ Anschaffungskostenmethode

Anschlussfähigkeit

Unter Anschlussfähigkeit versteht man eine Eigenschaft von Wirklichkeitsbeschreibungen. Anschlussfähig sind solche Wirklichkeitsbeschreibungen, die von den anderen Mitgliedern einer Kommunikationsgesellschaft als möglich bzw. als sinnvoll akzeptiert werden. Dies ist meistens dann der Fall, wenn diese Beschreibungen in das Weltbild und das Denken der relevanten Gemeinschaft passen. Die Anschlussfähigkeit ist ein wichtiges Relevanzkriterium für ▷ Wirklichkeitskonstruktionen neben ▷ Viabilität und ▷ Zieldienlichkeit.

Ansprüche Dritter

Syn. für ▷ Minderheitsanteil

Anspruchsgruppen

Anspruchsgruppen *(Stakeholders, Interessengruppen)* sind alle internen und externen Personengruppen (▷ Umwelt des Unternehmens), die von den unternehmerischen Tätigkeiten gegenwärtig oder in Zukunft direkt oder indirekt betroffen sind. Gemäss Stakeholder-Ansatz wird ihnen – zusätzlich zu den Eigentümern (Shareholders) – das Recht zugesprochen, ihre Interessen gegenüber dem Unternehmen geltend zu machen. Eine erfolgreiche Unternehmensführung muss die Interessen aller Anspruchsgruppen bei ihren Entscheidungen berücksichtigen (▷ Social Responsiveness, ▷ Glaubwürdigkeit). ▶ Abb. 8 zeigt die internen und externen Anspruchsgruppen sowie deren Ansprüche und Erwartungen an das Unternehmen.

Anspruchsgruppen		Interessen (Ziele)
Interne Anspruchsgruppen	1. **Eigentümer** ■ Kapitaleigentümer ■ Eigentümer-Unternehmer	■ Einkommen/Gewinn ■ Erhaltung, Verzinsung und Wertsteigerung des investierten Kapitals ■ Selbständigkeit/Entscheidungsautonomie
	2. **Management** (Manager-Unternehmer)	■ Macht, Einfluss, Prestige ■ Entfaltung eigener Ideen und Fähigkeiten, Arbeit = Lebensinhalt
	3. **Mitarbeitende**	■ Einkommen (Arbeitsplatz) ■ soziale Sicherheit ■ sinnvolle Betätigung, Entfaltung der eigenen Fähigkeiten ■ zwischenmenschliche Kontakte (Gruppenzugehörigkeit) ■ Status, Anerkennung, Prestige (ego-needs)
Externe Anspruchsgruppen	4. **Fremdkapitalgeber**	■ sichere Kapitalanlage ■ befriedigende Verzinsung ■ Vermögenszuwachs
	5. **Lieferanten**	■ stabile Liefermöglichkeiten ■ günstige Konditionen ■ Zahlungsfähigkeit der Abnehmer
	6. **Kunden**	■ qualitativ und quantitativ befriedigende Marktleistung zu günstigen Preisen ■ Service, günstige Konditionen usw.
	7. **Konkurrenz**	■ Einhaltung fairer Grundsätze und Spielregeln der Marktkonkurrenz ■ Kooperation auf branchenpolitischer Ebene
	8. **Staat und Gesellschaft** ■ lokale und nationale Behörden ■ ausländische und internationale Organisationen ■ Verbände und Interessenlobbies aller Art ■ politische Parteien ■ Bürgerinitiativen ■ allgemeine Öffentlichkeit	■ Steuern ■ Sicherung der Arbeitsplätze ■ Sozialleistungen ■ positive Beiträge an die Infrastruktur ■ Einhalten von Rechtsvorschriften und Normen ■ Teilnahme an der politischen Willensbildung ■ Beiträge an kulturelle, wissenschaftliche und Bildungsinstitutionen ■ Erhaltung einer lebenswerten Umwelt

▲ Abb. 8 Anspruchsgruppen des Unternehmens (nach Ulrich/Fluri 1995, S. 97)

Anstellung
Syn. für Einstellung eines Mitarbeitenden
▷ Personalbeschaffung

Antizipative Aktiven
Antizipative Aktiven sind Teil der ▷ transitorischen Aktiven und umfassen Leistungen, welche zwar bereits erbracht worden sind, die daraus entstandene Geldforderung wurde jedoch noch nicht als ▷ Ertrag erfasst (z.B. ist ein Kundenauftrag bereits erledigt, jedoch noch nicht in Rechnung gestellt).

Antizipative Lagerhaltung
▷ Lagerhaltung

Antizipative Passiven
Antizipative Passiven sind Teil der ▷ transitorischen Passiven und umfassen Leistungen, welche zwar bereits bezogen wurden, für die der Leistungserbringer aber noch keine Forderung gestellt hat (z.B. wurden im Dezember Neujahrskarten bezogen, die Rechnung des Lieferanten ist am Abschlusstag aber noch ausstehend).

Antizyklisches Anlegerverhalten
Beim antizyklischen Handel werden Kauf- und Verkaufsgeschäfte gegen den allgemeinen Markttrend und somit auch gegen die allgemeine Marktmeinung getätigt.

Anwendungs-Software

Anwendungs-Software unterstützt den Computer-Benützer bei der Lösung spezifischer fachlicher Probleme. Das Spektrum reicht von der Finanzbuchhaltung über die Textverarbeitung bis zur computerunterstützten Steuerung von Produktionsprozessen. Während früher viele Unternehmen ihre Anwendungs-Software selber entwickelten, kommt heute zunehmend *Standard-Software* zum Einsatz. Standard-Software ist Anwendungs-Software, die für den Einsatz in vielen Unternehmen für gleichartige Aufgabenstellungen entwickelt wird und im Rahmen der Einführung an die besonderen Verhältnisse eines Unternehmens angepasst wird.

Anzahlung

Anzahlungen können entweder Vorauszahlungen von Kunden (▷ Kundenkredit) oder Vorauszahlungen an Lieferanten sein, bevor eine Leistung vollständig oder auch nur teilweise erfolgt. Anzahlungen sind v. a. im Anlagen- und Maschinenbau sowie in der Bauwirtschaft üblich, um die Fortschritte der Leistungserstellung zu finanzieren. Anzahlungen werden jedoch auch verlangt, um sich gegen das Bonitätsrisiko des Schuldners abzusichern.

Application Service Provider (ASP)
▷ Application Services

Application Services

Application Services sind neuartige Informatik-Dienstleistungen, die u. a. im E-Business (▷ Electronic Business), elektronischem Zahlungsverkehr, für die operative Datenverarbeitung und alle Unterstützungsprozesse eines Unternehmens verwendet werden. Sie ermöglichen einen flexiblen und globalen Zugriff auf Geschäftsapplikationen mit einer Vielfalt von Geräten (PC, Handheld, Tablet-PC, Mobile). Application Services, die auf Internet-Technologien aufbauen werden als *Web Services* bezeichnet, daneben kommen aber auch andere Techniken des Fernzugriffs auf entfernte Rechner zum Einsatz.

Die Funktionalität einer Geschäftsapplikation wird dabei auf zentral betriebenen Servern konzentriert, der Client dient ausschliesslich der Interaktion mit dem Benutzer. Der auf offenen Standards beruhende Application Server, ein typisches Beispiel von ▷ Middleware, stellt eine Palette von Services zur Verfügung, die den kontrollierten Zugriff auf Transaktions- und Unterstützungssysteme sowie Datenbanksysteme eines Unternehmens unter Einhaltung hoher Ansprüche der Betriebssicherheit ermöglichen. Durch die Standardisierung und gute Skalierbarkeit kann der Betrieb an einen *Application Service Provider* übertragen werden, einen Anbieter von zentralen Server-Dienstleistungen. Meist werden ganze Server-Farmen betrieben.

Die Vorteile von Application Services sind die hohe Sicherheit im Betrieb und auf der Seite des Anwenders sowie die geringen Unterhaltskosten. Sämtliche vorhandenen Transaktions- und Unterstützungssysteme in einem Unternehmen können über eine einheitliche Architektur zentral betrieben, dem Benutzer aber weltweit zur Verfügung gestellt werden. Die Einführung von Application Services in einem Unternehmen als strategische Architektur stellt ein Bestreben der ▷ *Enterprise Application Integration (EAI)* dar.

Apport
▷ Aktienkapital

APT
Abk. für ▷ Arbitrage-Pricing-Theorie

Arbeitgeberorganisation
Arbeitgeberorganisationen *(Arbeitgeberverbände)* sind Interessenvereinigungen der Unternehmen oder der Selbständigerwerbenden zur Durchsetzung wirtschaftlicher und sozialer Interessen ihrer Mitglieder. Sie sind Vertragspartner der ▷ Gewerkschaften bei ▷ Gesamtarbeitsverträgen (Tarifverträgen). Zu den grössten und einflussreichsten Verbänden zählen *Economiesuisse* (entstanden aus dem Zusammenschluss des *Schweizerischen Handels- und Industrievereins* [Exekutivorgan: Vorort] mit der *wf, Gesellschaft zur Förderung der schweizerischen Wirtschaft)*, der *Schweizerische Gewerbeverband*, der *Schweizerische Arbeitgeberverband* und der *Schweizerische Bauernverband*.

Arbeitgeberverband
Syn. für ▷ Arbeitgeberorganisation

Arbeitnehmerorganisation
Syn. für ▷ Gewerkschaft

Arbeitnehmerüberlassung
▷ Personal-Leasing

Arbeitnehmerverband
Syn. für ▷ Gewerkschaft

Arbeitsablaufkarte
Syn. für ▷ Ablaufkarte

Arbeitsanalyse
Die Arbeitsanalyse ist eine Methode bei der Gestaltung der ▷ Ablauforganisation bzw. eine Grundlage für das ▷ Personalmanagement.
■ Bei der Arbeitsanalyse im Rahmen der *Ablauforganisation* steht der zeitliche Aspekt der Aufgabenerledigung im Vordergrund (dynamische Betrachtung). Ziel ist es, einzelne Tätigkeiten in zeitlicher Hinsicht zu untersuchen und schliesslich unter Berücksichtigung von Personen, Sachmitteln und Raum miteinander zu kombinieren (▷ Arbeitssynthese). Notwendig ist diese Analyse v. a. im Produktionsbereich, wo standardisierte Abläufe vorherrschen und die menschliche Arbeit auf die Taktfrequenzen maschineller Betriebsmittel abzustimmen ist. Allerdings verzichtet man heutzutage weit gehend auf detaillierte Zeitvorgaben und räumt den Mitarbeitenden eine höhere Autonomie und Arbeitsvielfalt ein.
■ Im Rahmen des *Personalmanagements* dient die Arbeitsanalyse als Grundlage für die Ermittlung des qualitativen ▷ Personalbedarfs und der ▷ Arbeitsbewertung. Sie dient v. a. zur Festlegung der Anforderungsarten sowie deren Umfang.
Die Arbeitsanalyse – beruhend auf Bewegungs- und Zeitstudien – ist v. a. ein Instrument des ▷ Scientific Management, um eine maximale Produktivität mit einer weit gehenden Spezialisierung zu erreichen. Sie hat im Rahmen des ▷ Simultaneous Engineering und des ▷ Business Reengineering aber aktuelle Bedeutung erlangt.

Arbeitsangebot
Das Arbeitsangebot der Arbeitnehmer richtet sich nach dem am ▷ Arbeitsmarkt bei gegebener Qualifikation zu erzielenden ▷ Reallohn im Verhältnis zur Freizeitpräferenz des Arbeitnehmers. Dies bedeutet, dass er abwägen muss zwischen den Konsum- und Sparmöglichkeiten, die sich einerseits aus Arbeitseinkommen ergeben und andererseits aus dem arbeitsbedingten Verlust an Freizeit. Vereinfachend kann davon ausgegangen werden, dass die angebotene Menge an Arbeit mit steigendem

Reallohn zunimmt; dies gilt insbesondere für nicht vollzeitlich Beschäftigte. Das heisst, dass die Arbeitsangebotskurve analog zur ▷ Angebotskurve in anderen Märkten eine positive Steigung hat. Allerdings kann es bei hohem Lohnniveau auch sein, dass wegen einer steigenden Präferenz für Freizeit weitere Reallohnerhöhungen zu einer Verringerung des Arbeitsangebots führen. Dies ist insbesondere dann der Fall, wenn nicht nur der Reallohn, sondern das effektiv verfügbare ▷ Einkommen, welches sich nach Abzug von Steuern und Sozialabgaben ergibt, betrachtet wird. Aufgrund der Steuerprogression sind Reallohnerhöhungen bei hohem Lohnniveau nicht attraktiv, sodass mehr Freizeit nachgefragt und weniger Arbeit angeboten wird.

Bei sinkendem Reallohn ist das Angebot nach unten häufig inflexibel, d.h. die Arbeitnehmer sind nicht bereit, für einen beliebig tiefen Lohn zu arbeiten. Mindestlöhne sind denn auch Gegenstand vieler tariflicher Vereinbarungen der Sozialpartner. Die Starrheit der Löhne nach unten ist als ein möglicher Grund für ▷ Arbeitslosigkeit zu sehen. Diese Inflexibilität kann im Sozialstaat zudem durch Arbeitslosenversicherungen unterstützt werden, die ein wichtiges Instrument zur Absicherung des Lebensstandards sind, es aber auch ermöglichen, ab einem bestimmten Mindestlohnniveau gänzlich auf ein Arbeitsangebot zu verzichten.

Arbeitsbedingungen

Unter den Arbeitsbedingungen versteht man die allgemeinen Rahmenbedingungen zur Erledigung betrieblicher Aufgaben. Arbeitsbedingungen können durch Massnahmen in Bezug auf Arbeitsinhalt, Arbeitsorganisation und Führungsstil, Arbeitszeit und Pausengestaltung, Arbeitsplatzgestaltung, Arbeitsplatztechnologie, Arbeitsumfeld und Arbeitssicherheit beeinflusst werden. Die Arbeitsbedingungen üben einen starken Einfluss auf die ▷ Motivation, die Leistung, das Engagement und das ▷ Betriebsklima aus. Schlechte Arbeitsbedingungen können zu Leistungsminderung, Krankheit sowie psychischen wie physischen Störungen führen.

▷ Anreize
▷ Anreizsystem
▷ Arbeitsplatzgestaltung

Arbeitsbewertung

Mit der Arbeitsbewertung (*Arbeitsplatzbewertung*) werden die Anforderungen eines Arbeitsplatzes im Verhältnis zu anderen Arbeitsplätzen im gleichen Unternehmen unter Verwendung eines einheitlichen Massstabes ermittelt und bewertet. Sie dient als Grundlage zur Festlegung der Lohnsätze (▷ Lohnsatzdifferenzierung).

Die Arbeitsbewertung umfasst zwei Schritte:

1. In der *qualitativen Analyse* werden alle Anforderungen eines Arbeitsplatzes erfasst (▷ Arbeitsanalyse). Dies erfolgt entweder (a) summarisch, indem die Anforderungen eines Arbeitsplatzes global als Ganzes erfasst werden, oder (b) analytisch, indem jeder Arbeitsplatz in kleine Bewertungseinheiten aufgeteilt wird.

2. In der *quantitativen Analyse* werden die gefundenen Anforderungen bewertet, um den Arbeitswert zu ermitteln. Bei der (a) *Reihung* werden alle zu beurteilenden Arbeiten nach ihrem Schwierigkeits- oder Anforderungsgrad in eine Reihenfolge gebracht, sodass an der Spitze der Rangliste die Arbeit mit den höchsten Anforderungen, diejenige mit den tiefsten Anforderungen am Ende steht. Bei der (b) *Stufung* werden die gefundenen Anforderungen einer Skala zugeordnet. Dies erlaubt, auch

Bewertungs-vorgang / Quantifizierung	summarisch	analytisch
Reihung	Rangfolge-verfahren	Rangreihen-verfahren
Stufung	Lohngruppen-verfahren	Stufenwertzahl-verfahren

▲ Abb. 9   Verfahren der Arbeitsbewertung

inhaltlich unterschiedliche Arbeiten (z. B. produktive und administrative Arbeiten) dem gleichen Skalenwert zuzuweisen.
Aus der Kombination dieser beiden Kriterien und den sich daraus ergebenden Prinzipien (summarisch und analytisch auf der einen, Reihung und Stufung auf der anderen Seite) lassen sich vier Verfahren der Arbeitsbewertung ableiten: das ▷ Rangfolgeverfahren, das ▷ Lohngruppenverfahren, das ▷ Rangreihenverfahren und das ▷ Stufenwertzahlverfahren (◀ Abb. 9).
Da es im Rahmen der Arbeitsbewertung um die Bewertung einer Vielzahl von Tätigkeiten geht, bieten die analytischen Methoden einen genaueren Massstab für die Einstufungen. Sie sind durch eine grössere Objektivität gekennzeichnet, da sich deren Ergebnisse jederzeit und von jedermann nachvollziehen und überprüfen lassen.
Die Arbeitsbewertung abstrahiert von der Person des tatsächlichen Stelleninhabers und von dessen erbrachter Leistung. Grundlage bildet die ▷ Normalleistung eines fiktiven Stelleninhabers und der Grundsatz, dass höhere Anforderungen zu einem höheren Lohn führen. Allerdings wird für die Lohnsatzbestimmung meist noch eine leistungsabhängige Komponente hinzugezogen (▷ Lohngerechtigkeit). Die Ergebnisse der Arbeitsbewertung werden auch zur Bestimmung des ▷ Personalbedarfs, zur Besetzung von offenen Stellen und zur Arbeitsgestaltung verwendet.

Arbeitsfrieden
▷ Friedensabkommen
▷ Friedenspflicht

Arbeitskosten
Die Arbeitskosten *(Lohnkosten)* setzen sich aus dem Stundenlohn und den Lohnnebenkosten (gesetzliche, vertragliche, betriebliche und freiwillige Sozialleistungen) zusammen. Die Arbeitskosten stellen im internationalen Standortwettbewerb, insbesondere in der verarbeitenden Industrie, einen wesentlichen Einflussfaktor dar. Es ist jedoch von entscheidender Bedeutung, die Arbeitskosten nicht isoliert, sondern jeweils im Zusammenhang mit der ▷ Produktivität zu betrachten. So rechtfertigen z. B. hohe Arbeitsproduktivitäten relativ hohe Arbeitskosten.

Arbeitslosenquote
Die Arbeitslosenquote ist eine offizielle Statistik des Staatssekretariats für Wirtschaft (▷ Seco), welche die Verhältnisse am Arbeitsmarkt widerspiegelt. Sie berechnet sich aus dem Verhältnis der beim Arbeitsamt gemeldeten und arbeitsuchenden Personen in Beziehung zur gesamten Erwerbsbevölkerung:

$$\text{Arbeitslosenquote} = \frac{\text{Arbeitslose}}{\text{Erwerbsbevölkerung}}$$

Die Erwerbsbevölkerung umfasst alle Personen, die entweder erwerbstätig sind oder bereit sind, eine Tätigkeit aufzunehmen. Erfasst wird sie durch die sich alle 10 Jahre wiederholende Volkszählung (zuletzt 2000). Durch die Erfassungssystematik gibt die Arbeitslosenquote nicht den tatsächlichen Stand der Arbeitslosigkeit wieder, da die nicht gemeldeten Erwerbslosen nicht erfasst sowie jährliche Schwankungen bei der Erwerbsbevölkerung unberücksichtigt bleiben. Genauere Daten liefert die Schweizerische Arbeitskräfteerhebung (SAKE), die seit 1991 jährlich vom Bundesamt für Statistik (BFS) durchgeführt wird und eine bessere internationale Vergleichbarkeit ermöglicht.

Arbeitslosenversicherung (ALV)

Die Arbeitslosenversicherung *(ALV)* ist seit 1976 eine für alle Arbeitnehmer obligatorische Versicherung zur Erhaltung der Existenzgrundlage bei Verlust des Arbeitsplatzes. Gelingt es einem Arbeitnehmer nach der Kündigung eines Arbeitsverhältnisses nicht, eine neue Erwerbstätigkeit zu finden, so erhält er nach Ablauf der Karenzfrist Arbeitslosengelder, damit seine Existenz ungefährdet bleibt.

Die ALV wird über Beiträge der Arbeitgeber und Arbeitnehmer finanziert. Die Höhe des Taggelds richtet sich nach dem zuletzt erhaltenen Lohn. Die Dauer, während der Taggelder bezogen werden können, ist begrenzt. Nach Ablauf dieser Frist erfolgt die Aussteuerung.

Arbeitslosigkeit

Arbeitslosigkeit liegt vor, wenn eine erwerbsfähige Person erfolglos nach Arbeit sucht, obwohl sie bereit wäre, zu den herrschenden Arbeitsmarktbedingungen eine Stelle anzunehmen. Erfasst wird die Arbeitslosigkeit über die ▷ Arbeitslosenquote, die jedoch aufgrund ihrer Erfassungssystematik nur einen Teil der tatsächlich Arbeitslosen erfasst. Nicht erfasst werden (1) Erwerbslose, bei denen die zeitlich befristete Arbeitslosenunterstützung abgelaufen ist, (2) Personen, die sich ins Privatleben zurückgezogen haben, z.B. Hausfrauen, (3) Personen, die sich vorübergehend weiterbilden oder umschulen, (4) frühzeitig pensionierte Arbeitnehmer und (5) Personen, die sich nicht registrieren lassen wollen.

Arbeitslosigkeit entsteht durch ein Ungleichgewicht zwischen ▷ Arbeitsangebot und ▷ Arbeitsnachfrage, was verschiedene Ursachen haben kann. Einfluss haben das Bevölkerungswachstum, insbesondere die Entwicklung der erwerbsfähigen Personen (Altersaufbau, Erwerbsquote), die Produktivitätsentwicklung, die Entwicklung der Rohstoffpreise, das Wirtschaftswachstum und der Zustrom von Ausländern. Das durch diese Faktoren ausgelöste Marktungleichgewicht wird auch als *konjunkturelle* Arbeitslosigkeit bezeichnet. In einem funktionierenden Markt sollte diese über den Preis der Arbeit, d.h. über die Lohnsätze, ausgeglichen werden. Aufgrund staatlicher Eingriffe und gewerkschaftlicher Aktivitäten herrscht hier jedoch in den meisten Ländern nicht genügend Flexibilität, sodass die ▷ Reallöhne nicht schnell genug sinken, um ein Überangebot an Arbeit auszugleichen.

Zu diesem Marktungleichgewicht treten relativ konstante Ursachen, die zu *natürlicher* Arbeitslosigkeit führen *(Sockelarbeitslosigkeit)*. Diese ergibt sich aufgrund der fortwährenden Freisetzung von Arbeitskräften in einer dynamischen Wirtschaft. Die Arbeitssuchenden finden oft nicht sofort eine neue Stelle und müssen sich requalifizieren. Die natürliche Arbeitslosigkeit resultiert aus einem ständigen ▷ Strukturwandel und ist Zeichen einer anpassungsfähigen Wirtschaft. Zur natürlichen Arbeitslosigkeit gehört auch die *friktionelle* Arbeitslosigkeit (Fluktuationsarbeitslosigkeit), die durch ungenügende Transparenz auf dem Arbeitsmarkt entsteht, weil beim Arbeitsplatzwechsel

zwischen der Aufgabe des alten und dem Antreten des neuen Arbeitsplatzes Zeit vergeht.
Die *strukturelle* Arbeitslosigkeit ist ein Problem mangelnder Flexibilität und Mobilität von Arbeitskräften (▷ Globalisierung, ▷ Rationalisierung). Sie entsteht, wenn Produktionsanlagen veralten, keine Investitionen in Wachstumsbranchen erfolgen oder wenn Arbeitnehmer ungern die Stelle oder gar die Branche wechseln.
Eine weitere Form der Arbeitslosigkeit ist die *saisonale* Arbeitslosigkeit, die bei jährlich schwankender Arbeitsnachfrage auftritt, z.B. Wettereinflüsse im Baugewerbe oder im Tourismus.

Arbeitsmarkt

Auf dem Arbeitsmarkt bieten die privaten Haushalte den ▷ Produktionsfaktor menschliche Arbeit an (▷ Arbeitsangebot), und die Unternehmen fragen diesen nach (▷ Arbeitsnachfrage). Analog zu den übrigen ▷ Märkten bildet sich bei freier Interaktion der Marktteilnehmer ein *Gleichgewicht,* bei dem ▷ Vollbeschäftigung herrscht. Bei diesem Gleichgewicht findet jeder Arbeitsuchende zum aktuellen ▷ Reallohn einen Arbeitsplatz, und jeder Unternehmer findet Mitarbeitende, die bereit sind, zu diesem Lohn zu arbeiten. Arbeitsmarktungleichgewichte führen zu ▷ Arbeitslosigkeit.

Arbeitsnachfrage

Die Arbeitsnachfrage (▷ Arbeitsmarkt) der Unternehmen richtet sich nach dem Verhältnis zwischen ▷ Reallohn und dem *Grenzprodukt der Arbeit.* Letzteres entspricht dem zusätzlichen Umsatz oder Ertrag, der sich durch zusätzliche Arbeit (z.B. durch Einstellen eines zusätzlichen Mitarbeitenden) erzielen lässt. Solange der Reallohn unter dem zusätzlich erzielbaren Umsatz oder Ertrag aus zusätzlichem Arbeitseinsatz liegt, lohnt sich eine Erhöhung der Arbeitsnachfrage, sofern die zusätzlich erstellten Produkte absetzbar sind. Da das Grenzprodukt der Arbeit bei konstantem Einsatz der übrigen ▷ Produktionsfaktoren mit steigendem Arbeitseinsatz sinkt (abnehmender ▷ Grenzertrag bzw. ▷ Grenznutzen), wird ein Unternehmen zusätzliche Arbeit nur dann nachfragen, wenn der Reallohn sinkt. Dies bedeutet, dass die Arbeitsnachfragekurve analog zur ▷ Nachfragekurve in anderen Märkten eine negative Steigung hat.
Da in modernen Industriegesellschaften technischer Fortschritt und zunehmender Kapitaleinsatz (in Form von Maschinen, Computern usw.) die Arbeitsproduktivität erhöhen, wird die Arbeitsnachfragekurve nach rechts verschoben, was bei konstantem Arbeitseinsatz Reallohnerhöhungen möglich macht.

Arbeitsplan
Syn. für ▷ Werkstattpapier

Arbeitsplanung
▷ Arbeitsvorbereitung

Arbeitsplatz
Unter einem Arbeitsplatz ist der konkrete Ort und Raum der Aufgabenerfüllung für einen Mitarbeitenden zu verstehen. Er wird oft synonym zum Begriff Arbeitsstelle (▷ Stelle) verwendet, obwohl damit im organisatorischen Sinn ein abstrakter Aufgabenkomplex für einen oder mehrere gedachte Aufgabenträger gemeint ist.

Arbeitsplatzabbau
Syn. für ▷ Personalabbau

Arbeitsplatzbewertung
Syn. für ▷ Arbeitsbewertung

Arbeitsplatzgestaltung
Mit der Arbeitsplatzgestaltung sollen für die Mitarbeitenden optimale Bedingungen geschaffen werden, um die geforderte Leistung zu erbringen, indem die Arbeit und die ▷ Arbeitsbedingungen an den Mitarbeitenden angepasst werden (Ergonomie). Die Arbeitsplatzgestaltung umfasst folgende Bereiche:
1. *Arbeitsabläufe:* optimale zeitliche und räumliche Reihenfolge der einzelnen Arbeitsvorgänge.
2. *Arbeitsmittel:* optimale Gestaltung der benötigten Arbeitsinstrumente wie Maschinen, Werkzeuge, Arbeitstische und -stühle.
3. *Raumgestaltung:* optimale räumliche Voraussetzungen.
4. *Allgemeine Arbeitsumfeldgestaltung:* Schaffung optimaler Arbeitsbedingungen unter Berücksichtigung der Licht-, Temperatur- und Lärmverhältnisse sowie Schadstoffe.
5. *Arbeitssicherheit:* Vermeidung von Arbeitsunfällen durch Aufklärung und Schulung (der Mitarbeitenden), Massnahmen zum Schutz vor Gefahren.

Arbeitsplatzspezialisierung
▷ Spezialisierung

Arbeitsplatzwechsel
Syn. für ▷ Job Rotation

Arbeitsproduktivität
1. Betriebswirtschaftlich ist die Arbeitsproduktivität (▷ Produktivität) eine Kennzahl für die menschliche Arbeitsleistung. Sie wird pro Mitarbeitenden oder pro Arbeitsstunde berechnet (z. B. Umsatz pro Mitarbeitenden, Stückzahl pro Stunde).
2. Volkswirtschaftlich wird die Arbeitsproduktivität als das Verhältnis zwischen dem Gesamt-Output einer Volkswirtschaft und dem gesamten Arbeitseinsatz in Stunden definiert. Mit Hilfe dieser Kennzahl und ihrer jährlichen Veränderungsrate lassen sich Schlüsse auf die Entwicklung des materiellen Wohlstands eines Landes ziehen.

Arbeitsqualität
Die Arbeitsqualität ist abhängig von der Kompetenz (▷ Managementkompetenz) und der Motivation der Mitarbeitenden sowie der zur Verfügung stehenden Infrastruktur (▷ Arbeitsplatzgestaltung, ▷ Arbeitsbedingungen, Arbeitsinstrumente usw.).

Arbeitssteuerung
▷ Arbeitsvorbereitung

Arbeitssynthese
In der Arbeitssynthese (als Teil der ▷ Ablauforganisation) werden die aus der ▷ Arbeitsanalyse gewonnenen Arbeitsteile unter Berücksichtigung der Arbeitsträger (Person oder Sachmittel), des Raums und der Zeit zu Arbeitsgängen zusammengefügt. Es werden drei Stufen unterschieden:
1. Bei der *personalen Arbeitssynthese* (Arbeitsverteilung) werden einzelne Arbeitsteile zu einem Arbeitsgang kombiniert und einem Mitarbeitenden übertragen.
2. Die *temporale Synthese* (Arbeitsvereinigung) befasst sich mit der Festlegung und Abstimmung der Arbeitsgänge in zeitlicher Hinsicht.
3. Die *lokale Arbeitssynthese* (Raumgestaltung) befasst sich mit der zweckmässigen Anordnung und Ausstattung der Arbeitsplätze.

Arbeitsteilung

Die Arbeitsteilung befasst sich mit der Frage, wie die Gesamtaufgabe in einem Unternehmen auf verschiedene ▷ Stellen bzw. Personen aufgeteilt werden kann. Die ▷ Stellenbildung kann nach verschiedenen Kriterien wie z.B. Verrichtung, Objekt oder Region vorgenommen werden. Die Arbeitsteilung ist neben der ▷ Koordination das zentrale Problem im Rahmen der ▷ Organisation. Es stellt sich immer dann, wenn mehrere Personen an einer gemeinsamen Aufgabe beteiligt sind.
Werden gleichartige Tätigkeiten zu einer Stelle zusammengefasst bzw. einer Person zugewiesen, so spricht man von einer ▷ Spezialisierung. Umgangssprachlich werden die beiden Begriffe Arbeitsteilung und Spezialisierung oft synonym verwendet.

Arbeitsvertrag

Der Arbeitsvertrag regelt das Arbeitsverhältnis zwischen Arbeitnehmer und Arbeitgeber. Nach Art. 319 OR verpflichtet sich der Arbeitnehmer auf bestimmte oder unbestimmte Zeit zur Leistung von Arbeit im Dienst des Arbeitgebers, und dieser zur Entrichtung eines Lohns, der nach Zeitabschnitten (▷ Zeitlohn) oder nach der geleisteten Arbeit (▷ Akkordlohn) bemessen wird. Als Arbeitsvertrag gilt auch der Vertrag, durch den sich ein Arbeitnehmer zur regelmässigen Teilzeitarbeit im Dienst des Arbeitgebers verpflichtet.
Das Gesetz (Art. 319–362 OR) unterteilt die Ausführungen zum Arbeitsvertrag in die vier Abschnitte (1) Einzelarbeitsvertrag, (2) besondere Einzelarbeitsverträge, (3) Gesamtarbeitsvertrag und Normalarbeitsvertrag sowie (4) zwingende Vorschriften.

Im 4. Abschnitt über die zwingenden Vorschriften ist festgelegt, bei welchen Artikeln zum Arbeitsvertrag es sich um absolut zwingende, halb zwingende oder dispositive Bestimmungen handelt, wobei durchaus auch Unabänderlichkeiten zuungunsten des Arbeitnehmers vorkommen können.

Arbeitsvorbereitung (AVOR)

Die Arbeitsvorbereitung *(AVOR)* ist eine Teilaufgabe innerhalb der industriellen Produktion und ▷ Auftragsabwicklung. Sie umfasst die gesamte Planung und Überwachung der ▷ Fertigung und ▷ Montage, um die Produktionskapazitäten optimal auszulasten und die vorgegebenen Termine einzuhalten *(Arbeitsplanung)*. Dazu gehören verschiedene lang- und kurzfristige Aufgaben: (1) Bereitstellung der *technischen Kapazitäten und Mitarbeitenden*, (2) Bestimmung der *technischen Produktionsprozesse*, (3) Bestimmung der *Fertigungsmaterialien*, (4) Planung des *Produktionsprogramms*, (5) Planung des *Materialbedarfs*, (6) *Kapazitätsplanung*, (7) *Terminplanung*, (8) Bestimmung der *Losgrösse*, (9) Erstellung von *Fertigungsaufträgen*, (10) *Arbeitsverteilung* und (11) *Fertigungsüberwachung* (Betriebsdatenerfassung [BDE]).
Die Aufgaben der Arbeitsvorbereitung werden oft in einer eigenen Abteilung oder Stelle zusammengefasst. Dabei werden die einzelnen Aufgaben noch in Arbeitsplanung *(Fertigungsplanung,* ▷ PPS-Systeme) und *Arbeitssteuerung (Fertigungssteuerung, Produktionssteuerung)* gegliedert.
Der AVOR kommt bei der Auftragsabwicklung eine besondere Stellung zu. Vor allem die Bemühungen zur Durchlaufzeitverkürzung im Rahmen des ▷ Simul-

taneous Engineerings und zur Lagerreduktion (▷ Just-in-Time-Konzept) erhöhen den Koordinationsaufwand der simultan und sequentiell ablaufenden Tätigkeiten bei der Auftragsabwicklung.

In der betrieblichen Praxis hängt die Bedeutung der AVOR insbesondere davon ab, ob die Fertigungsaufträge eher zentral (▷ Material Requirements Planning, Manufacturing Resources Planning [▷ Management Resources Planning], ▷ Fortschrittszahlenkonzept) oder eher dezentral ausgelöst werden (▷ Kanban, ▷ belastungsorientierte Auftragsfreigabe).

Arbeitswissenschaft

Die Arbeitswissenschaft – als eine interdisziplinäre Wissenschaft – ist die Lehre von der menschlichen Arbeit, ihren Bedingungen, Voraussetzungen und Auswirkungen auf das Verhalten der Menschen. Der wesentlichste Einfluss auf das Verhalten der Menschen ist die Entwicklung der ▷ Technik. Insbesondere geht es der Arbeitswissenschaft um die menschengerechte Beeinflussung des Systems Mensch–Arbeit nach wissenschaftlichen Erkenntnissen.

Zu den Hauptbereichen der angewandten Arbeitswissenschaft gehören die Arbeitsphysiologie, -psychologie, -soziologie, -pädagogik, -wirtschaft, -medizin und die Anthropometrie.

Arbeitszeit

Gemäss Verordnung 1 (Art. 30, Abs. 1) zum Arbeitsgesetz gilt als Arbeitszeit «die Zeit, während der sich der Arbeitnehmer zur Verfügung des Arbeitgebers zu halten hat; der Weg zu und von der Arbeit gilt nicht als Arbeitszeit.»

Die *Höchstarbeitszeit* ist gesetzlich festgelegt (Art. 9, Abs. 1 des Arbeitsgesetzes). Es besteht aber eine grosse Zahl von Sonderbestimmungen. Beliebte Formen der Ausgestaltung der Arbeitszeit sind die ▷ flexible und die ▷ gleitende Arbeitszeit.

Arbeitszeitflexibilisierung

Unter Arbeitszeitflexibilisierung versteht man eine differenzierte Regelung der Arbeitszeit, die durch die Gestaltung der Lage *(Chronologie)* und der Dauer *(Chronometrie)* der Arbeitszeit – in Übereinstimmung mit wirtschaftlichen, technologischen, sozialen, gesellschaftlichen und rechtlichen Rahmenbedingungen – die Optimierung des individuellen, betrieblichen und gesellschaftlichen Gesamtnutzens aus der Arbeit zum Ziel hat. Durch eine solche Regelung wird eine starre und einheitliche Gestaltung der Arbeitszeit vermieden, und es können die Bedürfnisse von Arbeitnehmern und Arbeitgebern berücksichtigt werden.

Unter das Stichwort Arbeitszeitflexibilisierung fallen z.B. ▷ gleitende Arbeitszeiten, Überstunden, *gleitende* und *flexible Pensionierung,* zeitlich begrenzte Freistellungen von der Arbeit (▷ Sabbatical), Halbtagsarbeit (▷ Teilzeitarbeit), ▷ Job Sharing.

Arbeitszeitgestaltung

Die Arbeitszeitgestaltung *(Arbeitszeitregelung)* ist eine Aufgabe bei der Planung des ▷ Personaleinsatzes im Unternehmen und umfasst alle Fragen in Bezug auf die ▷ Arbeitszeit. Besondere Regelungen betreffen die Festlegung des Arbeitsbeginns und des Arbeitsendes (▷ gleitende Arbeitszeit), die ▷ Teilzeitarbeit oder das ▷ Job Sharing, Regelungen über ▷ Schicht- und ▷ Nachtarbeit sowie Pausenregelungen.

Arbeitszeitreduktion

Syn. für ▷ Arbeitszeitverkürzung

Arbeitszeitregelung

Syn. für ▷ Arbeitszeitgestaltung

Arbeitszeitverkürzung

Unter Arbeitszeitverkürzung *(Arbeitszeitreduktion)* als Mittel zur ▷ Personalfreistellung versteht man eine Reduktion der vertraglich festgelegten Arbeitszeit, die i.d.R. mit finanziellen Einbussen für die Arbeitnehmer verbunden ist. Eine Arbeitszeitverkürzung lässt sich durch ▷ Kurzarbeit, ▷ Teilzeitarbeit oder Abbau von Überstunden erreichen.

Arbeitszeugnis

Der Inhalt von Arbeitszeugnissen und der Anspruch auf ein solches Zeugnis sind rechtlich geregelt: Gemäss Art. 330a Abs. 1 OR haben die Arbeitnehmer das Recht, «jederzeit vom Arbeitgeber ein Zeugnis zu verlangen, das sich über die Art und Dauer des Arbeitsverhältnisses sowie über ihre Leistungen und ihr Verhalten ausspricht».

Arbeitszufriedenheit

Arbeitszufriedenheit ist erreicht, wenn die Erwartungen des Mitarbeitenden erfüllt oder übertroffen werden. Werden die Erwartungen nicht erfüllt, tritt Unzufriedenheit ein.

Das Ausmass der erlebten Zufriedenheit ist abhängig vom persönlichen Anspruchsniveau. Dieses variiert mit der Verarbeitung der Erfahrungen in der Vergangenheit. Eine Befriedigung der Bedürfnisse führt tendenziell zu einer Erhöhung, die Frustration der Erwartungen zu einer Herabsetzung des Anspruchsniveaus.

Die Arbeitszufriedenheit gilt als wichtiges soziales Ziel, das mit organisatorischen Massnahmen zu fördern ist. Vielfach wird davon ausgegangen, dass eine höhere Arbeitszufriedenheit auch zu höheren Leistungen führe. Eine derart starke Mittel-Zweck-Beziehung kann jedoch empirisch nicht eindeutig nachgewiesen werden. Ebenso ist der umgekehrte Zusammenhang denkbar, dass Leistung zu mehr Zufriedenheit führt. Arbeitszufriedenheit kann daher nicht als einzige oder wichtigste Motivation zur Leistung betrachtet werden.

Das Ziel Arbeitszufriedenheit bleibt aufgrund der hohen Korrelation zur Lebenszufriedenheit und zur psychischen und physischen Gesundheit (Stress) erstrebenswert. Positive Einflussfaktoren *(Motivatoren)* sind: Akzeptanz bei Kollegen, mitarbeiterorientierter Führungsstil, befriedigende Aufgabe, gute ▷ Arbeitsbedingungen, persönliche Entwicklungsmöglichkeiten.

▷ Motivationstheorien
▷ Zwei-Faktoren-Theorie

Arbitrage

Unter Arbitrage versteht man die Ausnutzung von Preisunterschieden für dasselbe Gut aufgrund räumlich oder zeitlich getrennter Märkte. Da die Angebots- und Nachfragesituation zur gleichen Zeit nicht auf allen Teilmärkten identisch ist, ergeben sich (zumindest kurzfristig) Arbitragemöglichkeiten. Dabei wird gleichzeitig gekauft und verkauft, ohne allerdings einen längerfristigen Besitz anzustreben (▷ Spekulation). Das Arbitragegeschäft ist deshalb risikolos; es setzt jedoch einen besseren Überblick und mehr Informationen über die Märkte voraus, als es die lokalen Akteure haben. Arbitrage tritt v.a. beim Handel mit Aktien, Obligationen, ▷ Derivaten, Termingeldern (Zinsarbitrage), Devisen oder Gold auf. Die Ausnützung von Arbitragemöglichkeiten führt zu einem einheitlichen Preis für homogene Güter, was aus volkswirtschaftlicher Sicht durchaus wünschenswert ist.

Moderne Informationssysteme ermöglichen sehr schnell durchführbare Arbitragen mit hohen Gewinnen. Für die Marktteilnehmer, hauptsächlich Banken und institutionelle Anleger, lohnt sich das Arbitragegeschäft allerdings nur dann, wenn die erwirtschafteten Gewinne die Kosten für die Informationsbeschaffung und die Kauf- und Verkaufsgebühren decken.

Arbitrage-Pricing-Theorie (APT)

Die Arbitrage-Pricing-Theorie *(APT)* zeigt die Beziehungen zwischen Risiko und Rentabilität auf und ist eine Weiterentwicklung des ▷ Capital Asset Pricing Model (CAPM), versucht aber, die Schwachstellen des CAPM zu eliminieren. Sie basiert auf dem Grundgedanken, dass sich die Rentabilität einer risikobehafteten Anlage aus der Rentabilität für eine risikolose Anlage sowie einer Anzahl von allgemein wirkenden Einflussfaktoren mit entsprechenden Risikoprämien zusammensetzt. Dies ist ein wesentlicher Unterschied zum CAPM, bei dem die Risikokomponente durch einen einzigen Einflussfaktor, den sog. ▷ Beta-Faktor (β) dargestellt wird.

Argumentationswert

▷ Unternehmensbewertung

Artikel

Mit Artikel bezeichnet man (1) eine Zusammenfassung von Sorten, die einheitliche Merkmale bezüglich Farbe, Form, Grösse und Menge aufweisen, (2) das kleinste Element eines Sortiments.

ASP

Abk. für Application Service Provider
▷ Application Services

Assessment Center

Das Assessment Center *(AC)* ist ein Beurteilungsverfahren, um die Eignung und das Entwicklungspotenzial von Bewerbern zu ermitteln. Seine Besonderheit liegt darin, dass mehrere Bewerber und mehrere Beurteiler (Linienvorgesetzte, Psychologen, Mitarbeitende der Personalabteilung) gleichzeitig daran teilnehmen. Ausserdem werden mehrere Beurteilungsverfahren (Interviews, Fallstudien, ▷ Postkorbübungen, führerlose Gruppendiskussionen, Präsentationen, Rollenspiele u. a.) miteinander kombiniert. Ein intensives Assessment Center kann 2 bis 3 Tage dauern. Es ermöglicht den Teilnehmern auch eine Beurteilung der Anforderungen, die an sie gestellt werden.

Das Assessment Center gewinnt im Rahmen der Personalauswahl sowie als Instrument der ▷ Personalentwicklung immer mehr an Bedeutung und beschränkt sich nicht mehr auf die Auswahl von Führungskräften. Empirische Untersuchungen belegen eine äusserst hohe ▷ Validität der Ergebnisse von Assessment Centers, die die hohen Kosten der Durchführung rechtfertigen.

Asset Stripping

Bei einem Asset Stripping werden nach einer Unternehmensübernahme (▷ Akquisition) bestimmte (Vermögens-)Teile des übernommenen Unternehmens sofort wieder verkauft. Dies ermöglicht einerseits eine Finanzierung des Kaufpreises für die Unternehmensübernahme, und andererseits schafft sich das Unternehmen einen finanziellen Spielraum, um sich auf das zukünftige Kerngeschäft zu konzentrieren. Möglich ist dieser Vorgang v. a. bei unterbewerteten Unternehmen, die an der Börse kotiert sind. In diesem Fall ist der ▷ Break-up Value höher als der Börsenwert des Unternehmens.

Asset Swap
▷ Swap

Assoziiertes Unternehmen
Als assoziiertes Unternehmen bezeichnet man im Rahmen der Konzernrechnung ein Unternehmen, auf welches der Gesellschafter ▷ massgeblichen Einfluss ausüben kann und welches weder eine ▷ Tochtergesellschaft noch ein ▷ Joint Venture des Gesellschafters ist.
▷ Equity-Methode
▷ Konzernrechnung

At-the-Money
Mit At-the-Money wird eine ▷ Option bezeichnet, deren ▷ Ausübungspreis gleich hoch ist wie der Kassakurs des Basiswerts.

Audit Committee
Das Audit Committee *(Prüfungsausschuss)* ist ein Führungsinstrument zur Überwachung der Geschäftstätigkeiten, -strukturen und -prozesse in Ergänzung zur ▷ internen und ▷ externen ▷ Revision. Es unterstützt den Verwaltungsrat in der Wahrnehmung seiner Überwachungsfunktion und ist damit ein wichtiges Instrument der ▷ Corporate Governance. Insbesondere hat das Audit Committee folgende Aufgaben:
- Überwachung der finanziellen Berichterstattung auf der Grundlage der Rechnungslegungsvorschriften,
- Sicherung und Weiterentwicklung eines funktionsfähigen internen Kontrollsystems,
- Überwachung der Einhaltung gesetzlicher Vorschriften sowie unternehmensinterner Weisungen,
- Auswahl und Beurteilung des Leiters der internen Revision und Beurteilung des Wirtschaftsprüfungsunternehmens der externen Revision,
- Koordination der internen und externen Revision,
- Beurteilung von Kosten und Nutzen von internen Kontrollen sowie der internen und externen Revision,
- Überwachung und Beurteilung des Risikomanagements (▷ Risk Management);
- Formulierung von Anträgen an den Verwaltungsrat zur Verbesserung der Finanzkontrolle und des Risikomanagements,
- Förderung eines Kontrollbewusstseins (Kontrollkultur) sowie einer sorgfältigen und ethisch korrekten Erledigung von Arbeiten.

Das Audit Committee setzt sich (bei der Aktiengesellschaft) i. d. R. aus Mitgliedern des Verwaltungsrats zusammen, die keine Geschäftsführungsfunktion innehaben.

Auditing
Unter Auditing versteht man die Prüfung von Daten und Vorgängen durch unabhängige Personen, die keinen Bezug zu diesen Daten und Vorgängen haben. Der Begriff des Auditings findet sich v. a. bei der Prüfung von Qualitätssystemen durch Kunden oder durch unabhängige Zertifizierungsstellen (▷ ISO-Zertifizierung, ▷ Öko-Audit).

Auditorenstelle
Syn. für ▷ Zertifizierungsstelle
▷ ISO 9000
▷ ISO-Zertifizierung

Aufbauorganisation
Unter der Aufbauorganisation versteht man die Verteilung von ▷ Aufgaben auf ▷ Stellen. Die Aufbauorganisation regelt neben der Aufgabenverteilung (▷ Zentralisation) die Verteilung der Weisungsbefugnisse (Kompetenzverteilung) und die offiziellen Kommunikationswege (▷ Dienstweg). Sie bildet zusammen mit der

▷ Ablauforganisation die ▷ Organisation eines Unternehmens.
Bei der Bildung einer Aufbauorganisation stehen folgende Fragen im Vordergrund: (1) Nach welchen Kriterien kann die Gesamtaufgabe gegliedert und in Teilaufgaben zerlegt werden (▷ Aufgabenanalyse)? (2) Nach welchen Kriterien können die Teilaufgaben zu Aufgabenkomplexen (Stellen) zusammengefasst und strukturiert werden (▷ Aufgabensynthese, ▷ Stellenbildung)? (3) Nach welchen Kriterien können die einzelnen Stellen in Beziehung zueinander gesetzt werden (▷ Leitungsprinzip)?
Die Kombination dieser Kriterien führt zu verschiedenen ▷ Organisationsformen in der betrieblichen Praxis. Besonders häufig sind die funktionale (Gliederung nach Verrichtungen bzw. Funktionen), divisionale (Gliederung nach Objekten, Sparten) und die regionale Gliederung. Werden zwei dieser Kriterien miteinander kombiniert, erhält man eine ▷ Matrixorganisation.
Die Aufbauorganisation wird in der Praxis häufig mit ▷ Organigrammen dargestellt (und oft mit diesen gleichgesetzt). Diese geben jedoch lediglich einen groben Überblick über die Struktur, die Weisungsbefugnisse und die Aufgabenverteilung.

Aufgabe

Unter einer Aufgabe ist das Erbringen einer bestimmten Leistung zu verstehen. Die Aufgabe besteht aus einer oder mehreren Tätigkeiten, die sich aus einem übergeordneten Ziel ableiten. Sie lässt sich v. a. anhand zweier Merkmale beschreiben:
- *Verrichtungen* (Tätigkeiten, Funktionen, Aktivitäten), die zur Erfüllung einer Aufgabe zu vollziehen sind (z.B. Verkaufen, Schreiben, Bohren).
- *Objekt*, an dem oder in Bezug auf das eine Tätigkeit ausgeübt wird (z.B. Produkte, Materialarten, Kundengruppen, Baugruppen, Teile).

Um eine Aufgabe detailliert zu beschreiben, können jedoch weitere Merkmale herangezogen werden:
- *Sachmittel* bzw. Betriebsmittel, die zur Durchführung einer Aufgabe erforderlich sind (z.B. Anlagen).
- *Ort*, an dem eine Aufgabe erfüllt wird. Zu unterscheiden ist zwischen geografischen (z.B. Absatzgebiete, Produktionsstätten) und innerbetrieblichen Standorten (Anordnung der Betriebsmittel).
- *Stufe* des Führungsprozesses, wobei zwischen Leitungs- und Ausführungsaufgaben unterschieden werden kann.
- *Phase* des Führungsprozesses, wobei vier Phasen unterschieden werden: Planung, Entscheidung, Anordnung, Kontrolle.
- *Zweckbeziehung*, wobei zwischen Primäraufgaben, die dem unmittelbaren Betriebszweck (z.B. Produktion) dienen, und sekundären oder Verwaltungsaufgaben (z.B. Rechnungswesen) unterschieden wird.
- *Zeit*, die zur Erledigung einer Aufgabe notwendig ist, oder der Zeitpunkt, zu dem die Aufgabe erledigt werden soll.
- *Person*, der die Aufgabe übertragen wird.

Gleichartige und sich wiederholende Aufgaben sind Grundlage der ▷ Organisation. Während bei der ▷ Aufbauorganisation gleichartige Aufgaben zu ▷ Stellen zusammengefasst werden (statische Betrachtung), steht bei der ▷ Ablauforganisation die zeitliche Abfolge verschiedener Aufgaben im Vordergrund (dynamische Betrachtung).

Aufgabenanalyse

Die Aufgabenanalyse ist der erste Schritt bei der Gestaltung der ▷ Aufbauorganisation. In dieser Analyse wird die Gesamtaufgabe des Unternehmens so lange in einzelne *Teilaufgaben (Elementaraufgaben)* gegliedert, bis diese nicht weiter zerlegbar sind oder in der anschliessenden ▷ Aufgabensynthese ohnehin wieder zusammengefasst werden müssten und deshalb eine weitere Zerlegung nicht sinnvoll wäre.

Aufgabenbereicherung
Syn. für ▷ Job Enrichment

Aufgabenbild
Das Aufgabenbild präzisiert als Teil der ▷ Stellenbeschreibung die einzelnen Aufgaben und Befugnisse des Stelleninhabers.

Aufgabenerweiterung
Syn. für ▷ Job Enlargement

Aufgabensynthese
Bei der Aufgabensynthese als zweitem Schritt der ▷ Aufbauorganisation werden die in der ▷ Aufgabenanalyse gewonnenen *Teilaufgaben (Elementaraufgaben)* zu zweckmässigen Aufgabenkomplexen zusammengefasst, die auf eine ▷ Stelle (mit einem oder mehreren Aufgabenträgern) übertragen werden können. Zur Bildung dieser Aufgabenkomplexe dienen die Kriterien der ▷ Stellenbildung (z. B. Verrichtung, Objekt, Region).

Aufgabenübertragung
Syn. für ▷ Anordnung

Aufgeld
Syn. für ▷ Agio

Aufschlagsspanne
▷ Handelsspanne

Aufschwung
▷ Konjunktur

Aufsichtsrat
Der Aufsichtsrat ist ein Gremium der deutschen ▷ Aktiengesellschaft, das genauso wie der schweizerische ▷ Verwaltungsrat von den Aktionären gewählt wird. Im Gegensatz zum Verwaltungsrat hat der Aufsichtsrat jedoch die Aufgabe der Überwachung der Geschäftsleitung; er nimmt nicht an der Geschäftsführung teil. In grossen Unternehmen müssen auch Mitglieder des nichtleitenden Personals vertreten sein.

Auftrag
Unter einem Auftrag wird die vertragliche Abmachung zwischen einem Kunden und einem Unternehmen verstanden, eine bestimmte Dienst- oder Sachleistung innerhalb eines vereinbarten Zeitraums zu erbringen. Mit seinem Auftrag spezifiziert der Kunde seine Vorstellungen hinsichtlich Kosten und Qualität der zu erbringenden Leistung. Grösseren Aufträgen geht i. d. R. eine ▷ Offerte voran.
Alle noch nicht abgewickelten Aufträge ergänzen den ▷ Auftragsbestand eines Unternehmens. Dieser wird dann im Rahmen der ▷ Auftragsabwicklung unter Beachtung der ▷ Kapazitäten abgebaut.
▷ Bestellung

Auftragsabwicklung
Die Auftragsabwicklung bezeichnet den innerbetrieblichen Prozess zwischen Auftragseingang und Auslieferung des fertigen Produkts. Die Auftragsabwicklung erfordert die Zusammenarbeit aller an der Leistungserstellung beteiligten Teilbereiche, insbesondere ▷ Konstruktion, ▷ Arbeitsvorbereitung, ▷ Fertigung und ▷ Montage. Bei der Gestaltung von Auftragsabwicklungsprozessen versucht ein Unternehmen, die ▷ Durchlaufzeit und die ▷ Kosten des Auftrags zu minimieren sowie die geforderten Qualitätsanforderungen zu erfül-

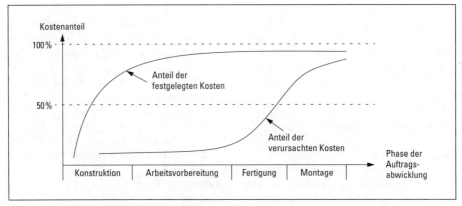

▲ Abb. 10 Kostenfestlegung und Kostenverursachung in der Auftragsabwicklung (Eversheim 1989, S. 5)

len. Dabei ist zu beachten, dass Kostenfestlegung (wo wird bestimmt, welche Kosten anfallen?) und Kostenverursachung (wo fallen die Kosten effektiv an?) im Auftragsabwicklungsprozess auseinander fallen (◄ Abb. 10). Die Konsequenz ist eine stärkere Betonung der Entwicklung und Konstruktion bei der Suche nach Rationalisierungspotenzialen, weil in diesem Bereich bis zu 80% der Produktionskosten festgelegt werden.

Der Auftragsabwicklungsprozess als zentrale Aufgabe eines industriellen Unternehmens hat im Rahmen des sich verschärfenden Wettbewerbs und der gestiegenen Kundenanforderungen (kleinere Losgrössen, grosse Variantenvielfalt) an Bedeutung gewonnen und zu einem Reorganisationsbedarf in diesem Bereich geführt. Entsprechende Massnahmen werden in der Praxis auch unter den Stichworten ▷ Computer-Integrated Manufacturing (CIM), ▷ Simultaneous Engineering, ▷ Business Reengineering und ▷ Total Quality Management (TQM) diskutiert. Besonderes Augenmerk wird auf die Überwindung von Schnittstellenproblemen (datentechnischer oder interpersoneller Art) zwischen den verschiedenen Abteilungen gelegt.

Auftragsbestand

Unter dem Auftragsbestand wird die Summe aller vorhandenen, noch nicht in die Auftragsabwicklung eingegangenen Aufträge eines Unternehmens verstanden. Die Höhe des Auftragsbestands (gemessen in Arbeitswochen bzw. -monaten oder in Geldwerten) gibt Auskunft über die zukünftig zu erwartenden Umsätze eines Unternehmens oder Branche.
Volkswirtschaftlich gelten geringe Auftragsbestände als Signal für eine schwächer werdende ▷ Konjunktur (▷ Frühwarnindikator).

Auftragsbezogene Fertigung

Bei der auftragsbezogenen oder *auftragsorientierten Fertigung (Auftragsfertigung)* entspricht die Produktionsmenge genau den vorliegenden Bestellungen bzw. Kundenaufträgen. Die Absatzmenge stimmt in ihrer zeitlichen Verteilung genau mit der Produktionsmenge überein (Synchronisation), sodass keine Lager gebildet werden müssen. Ein Vorteil ist auch die bestmögliche Berücksichtigung von Kundenwünschen. Nachteilig ist jedoch, dass sich die Kapazitäten entweder am Maximalbedarf ausrichten müssen, sodass die Gefahr von Leerkapazitäten entsteht, oder dass sich bei steigendem Auftragsvolumen die Lieferzeiten verlängern.

Um von den Vorteilen der auftragsbezogenen Fertigung zu profitieren, müssen die entsprechenden Marktbedingungen vorhanden sein. Tendenziell gilt, dass bei hoher Variabilität und hoher Komplexität der Produkte am ehesten eine auftragsbezogene Fertigung möglich ist. Andernfalls beruht die Produktionsmenge eher auf Absatzprognosen mit entsprechender Lagerbildung *(vorratsbezogene Fertigung)*.

In der Praxis findet sich eine rein auftragsbezogene Fertigung selten. Oft wird sie mit einer nicht auf einen bestimmten Kunden bezogenen ▷ Serienfertigung auf vorgelagerten Fertigungsstufen kombiniert (▷ Gemischtfertigung).

Auftragsempfang
▷ Einliniensystem

Auftragserteilung
▷ Offerte
▷ Einliniensystem

Auftragsfertigung
Syn. für ▷ Auftragsbezogene Fertigung

Auftragsfreigabe
Die Auftragsfreigabe ist eine Entscheidung der jeweils verantwortlichen Stelle im Rahmen eines Prozesses zur Durchführung eines Folgeschritts. Auftragsfreigaben sind v.a. in der Produktion anzutreffen, womit der Übergang von der Planungs- und Konstruktionsphase eines Produkts zur Herstellung in der ▷ Fertigung bezeichnet wird. Die Auftragsfreigabe erfolgt ebenso bei der Ausführung des Produktionsprogramms im Rahmen der Produktionsplanung und -steuerung (▷ PPS-Systeme). Eine besondere Form der Auftragsfreigabe ist die ▷ belastungsorientierte Auftragsfreigabe.

Auftragsfreigabe, belastungsorientierte
▷ Belastungsorientierte Auftragsfreigabe

Auftragslaufkarte
▷ Ablaufkarte

Auftragsorientierte Fertigung
Syn. für ▷ Auftragsbezogene Fertigung

Auftragsplanung
▷ Offertbearbeitung

Auftragszeit
Unter Auftragszeit versteht man die Zeit, die nötig ist, um ein ▷ Teil oder eine ▷ Baugruppe physisch herzustellen. Hierfür müssen Maschinen oder Arbeitsmittel bereitgestellt oder eingerichtet werden (▷ *Rüstzeit*) und das Teil muss bearbeitet werden *(Ausführungszeit)* (▶ Abb. 11).

Die Ausführungszeit ist – im Gegensatz zur Rüstzeit – direkt mengenabhängig. Sind Ausführungszeit und Rüstzeit sowie die Anzahl herzustellender Stücke bekannt, so kann der gesamte Zeitaufwand für ein Teil berechnet werden. Diese Informationen bilden zusammen mit den ▷ Stücklisten die Grundlage für die Berechnung der Start- und Endtermine eines ganzen Auftrags oder der einzelnen Arbeitsgänge (▷ Netzplantechnik, ▷ Durchlaufzeit).

Aufwand
Der Aufwand *(Aufwendung)* bezeichnet den wertmässigen Verzehr an Gütern und Dienstleistungen während einer Periode. Einerseits umfasst der Aufwand den Wert des Inputs in den Leistungserstellungsprozess (z.B. Zahlung von Löhnen, Material, Zinsen), andererseits aber auch den Verbrauch an ▷ Vermögenswerten (z.B.

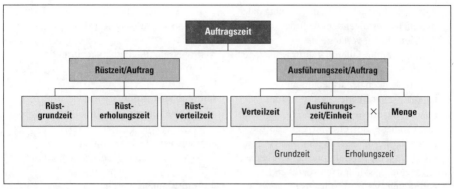

▲ Abb. 11 Gliederung der Auftragszeit

Kursverlust auf Wertschriften, Verkauf einer Maschine unter ihrem Buchwert, Wertverlust einer Maschine durch Nutzung) während einer Periode. Aufwand ist somit periodenbezogen, während ▷ Kosten stets objektbezogen sind. Der Aufwand wird in der ▷ Erfolgsrechnung und damit in der ▷ Finanzbuchhaltung ausgewiesen. Im Gegensatz zu den ▷ Auszahlungen umfasst der Aufwand auch liquiditätsunwirksame Vorgänge (z. B. Abschreibungen, Bildung von Rückstellungen). Der Aufwand kann wie folgt unterteilt werden (▶ Abb. 98 auf Seite 358):

▪ *Betriebliche* Aufwendungen *(Zweckaufwand)* sind betriebstypisch und wiederkehrend. Sie stammen aus der angestammten Geschäftstätigkeit des Unternehmens.

▪ *Nichtbetriebliche (betriebsfremde)* Aufwendungen sind wiederkehrend, aber nicht betriebstypisch. Sie entstehen häufig aus der Nutzung nichtbetrieblicher Vermögenswerte oder durch die Veräusserung von ▷ Anlagevermögen.

▪ *Ausserordentliche* Aufwendungen sind nicht wiederkehrend, da sie aufgrund eines ausserordentlichen Ereignisses auftreten.

Aufwendung
Syn. für ▷ Aufwand

Aufwertung
Von Aufwertung der eigenen Währung spricht man, wenn deren Wert gegenüber ausländischen Währungen steigt, d. h. wenn man für eine konstante Menge einheimischer Währung einen höheren Betrag an ausländischer Währung erhält (▷ Wechselkurs).
Als Konsequenz einer Aufwertung ergeben sich die umgekehrten Effekte einer ▷ Abwertung. Da die Güter für ausländische Käufer teurer werden, verschlechtern sich die Wettbewerbschancen der Exportindustrie (▷ Terms of Trade). Auf der anderen Seite verbilligen sich die Importe.

Aufwertungsreserve
▷ Reserven

Ausbildung
▷ Personalausbildung

Ausbuchen
Im Rechnungswesen spricht man von Ausbuchen, wenn ein ▷ Vermögenswert oder eine Verbindlichkeit vollständig oder teilweise aus der Bilanz eines Unternehmens herausgenommen wird.

Ausfallzeiten
Syn. für ▷ Fehlzeiten

Ausführungszeit
▷ Auftragszeit

Ausgabekurs
Unter dem Ausgabekurs *(Ausgabepreis, Emissionskurs, Emissionspreis)* versteht man den Preis, den man für eine neue ▷ Aktie im Lauf einer ▷ Kapitalerhöhung oder einer erstmaligen Börsenzulassung (▷ Going Public) bezahlen muss. Auch im Rahmen der ▷ Emission einer ▷ Anleihensobligation spricht man vom Ausgabekurs.

Bei einer *Aktienemission* kommt der Festlegung des Ausgabekurses eine besonders grosse Bedeutung zu. Neben der Einhaltung der rechtlichen Vorschriften sind folgende Einflussfaktoren zu beachten:

- *Aufnahmebereitschaft des Markts:* In einer Börsen-Hausse (▷ Hausse) kann der Emissionskurs relativ hoch angesetzt werden, ohne dass dadurch ein Kursdruck auf die Aktien zustande käme.
- *Bilanzwert je Aktie:* Je näher der Ausgabekurs beim Bilanzkurs (= gesamtes Eigenkapital dividiert durch die Anzahl ausgegebener Aktien) liegt, desto kleiner ist die ▷ Kapitalverwässerung.
- *Stille Reserven:* Bei Vorliegen grosser ▷ stiller Reserven ist ein Ausgabekurs über dem Bilanzkurs gerechtfertigt.
- *Börsenkurs:* Primär hat sich der Ausgabekurs nach dem Börsenkurs auszurichten. Je höher dieser über dem Nennwert liegt, desto grösser kann das ▷ Agio gewählt werden.
- *Ertragswert:* Je grösser der ▷ Ertragswert eines Unternehmens, desto höher kann der Ausgabekurs gewählt werden.
- *Rentabilität:* Der Ausgabekurs sollte so gewählt werden, dass der Aktionär auf dem neuen Kapital eine angemessene ▷ Rentabilität erzielt. Ist dies nicht der Fall, werden die Kapitalgeber (zumindest langfristig) alternative Anlagemöglichkeiten suchen.
- *Dividendenpolitik:* Aus psychologischen Gründen wird – v. a. in der Schweiz – der Ausgabekurs so festgesetzt, dass dadurch der Dividendensatz nicht angepasst werden muss.
- *Steuern:* Auch steuerliche Überlegungen können eine Rolle spielen, muss doch der Agio-Erlös in einigen Kantonen (z. B. Glarus, Solothurn) als Ertrag versteuert werden.

Im Rahmen der *Emission einer Anleihensobligation* legt man den Ausgabekurs normalerweise in Prozenten des Nennwerts einer ▷ Obligation fest. Dabei bestehen folgende Möglichkeiten:

- *al pari,* d. h. zu 100 % des Nennwerts,
- *unter pari,* d. h. tiefer als der Nennwert,
- *über pari,* d. h. höher als der Nennwert.

Dieser Festlegung kommt insofern grosse Bedeutung zu, als damit der effektive Zinssatz, mit welchem das eingesetzte Kapital verzinst wird, berechnet werden kann.

Ausgaben
Als Ausgaben bezeichnet man alle Abnahmen der ▷ liquiden Mittel während einer Betrachtungsperiode. Im Gegensatz zu den ▷ Auszahlungen werden bei den Ausgaben Gutschriften (▷ Debitoren) und Verpflichtungen (▷ Kreditoren) aus dem Verkaufsumsatz einbezogen. Beispiele: Kauf von Handelswaren oder Rohstoffen gegen Rechnung, Bildung kurzfristiger Rückstellungen für ausstehende Schadenersatzansprüche Dritter, Rückzahlung eines Darlehens.
▷ Auszahlungen

Ausgaben-Umlageverfahren
▷ Generationenvertrag

Ausgabepreis
Syn. für ▷ Ausgabekurs

Ausgleichsgesetz der Planung
Das Ausgleichsgesetz der ▷ Planung bedeutet, dass sich die Gesamtplanung zwar kurzfristig auf den jeweiligen Engpassbereich (z.B. Finanzbereich) ausrichten muss (▷ Dominanz des Minimumsektors), dass aber langfristig dieser Bereich auf das Niveau der anderen Bereiche angehoben werden muss.

Auslastungsgrad
Syn. für ▷ Beschäftigungsgrad

Ausschlussprinzip
Das Ausschlussprinzip besagt, dass alle jene vom Nutzen (z.B. durch Konsum) eines ökonomischen Guts (▷ Güter, ökonomische) ausgeschlossen werden können, die kein Entgelt für diese Nutzung entrichten. Bei privaten Gütern und bei ▷ Club-Gütern ist das Ausschlussprinzip definitionsgemäss anwendbar, während dies bei rein ▷ öffentlichen Gütern nicht der Fall ist. So kann z.B. jemand, der nicht bereit ist, für den Kauf eines Autos (privates Gut) oder die Benutzung eines Golfplatzes (Club-Gut) ein entsprechendes Entgelt zu entrichten, vom Nutzen ausgeschlossen werden. Jemand, der aber Steuerzahlungen verweigert, kann kaum von der Nutzung äusserer oder innerer Sicherheit des Staats (öffentliches Gut) ausgeschlossen werden. Die Anwendbarkeit des Ausschlussprinzips hängt letztlich vom Aufwand ab, der zu seiner Durchsetzung betrieben wird. So ist z.B. fraglich, ob das Ausschlussprinzip auf die Benutzung öffentlicher Strassen angewandt werden soll (z.B. Strassenbenutzungsgebühren für Tunnels oder Autobahnen) oder ob die Kosten aus allgemeinen Staatsmitteln bestritten werden sollen. Bei rein ▷ freien Gütern ist die Anwendung des Ausschlussprinzips nicht nötig, da diese «frei», d.h. unbeschränkt zur Verfügung stehen und auch keine ▷ Konkurrenz im Konsum besteht.

Ausschuss
Der Begriff Ausschuss wird in zwei unterschiedlichen Bedeutungen verwendet:
1. In der Organisation und Führung sind Ausschüsse Organe, die aus Führungskräften (häufig des Top-Managements) gebildet werden (z.B. geschäftsleitender Ausschuss).
2. In der Produktionstheorie versteht man unter Ausschuss fehlerhafte Zwischen- und Endprodukte, die nicht mehr weiter verwendet werden können. Aus Zeit- und Kostengründen ist die Senkung der Ausschussquoten ein wichtiges Ziel zur Verbesserung der Produktionsprozesse.

Aussendienstmitarbeiter
Syn. für ▷ Handelsreisender

Aussenfinanzierung
Bei der Aussenfinanzierung stammt das Kapital – im Gegensatz zur ▷ Innenfinanzierung – von ausserhalb des Unternehmens stehenden Personen oder Institutionen. Für ein Unternehmen stehen folgende Formen der Aussenfinanzierung zur Auswahl:
■ Wird das Kapital nur für eine bestimmte Dauer zur Nutzung überlassen, liegt eine ▷ *Kreditfinanzierung* vor.
■ Wird das Kapital durch die Eigentümer als Beteiligungskapital zur Verfügung gestellt, so handelt es sich um eine ▷ *Beteiligungsfinanzierung*.

■ Werden hingegen Vermögenswerte veräussert, so handelt es sich um eine reine *Vermögensverflüssigung* ohne Auswirkung auf das Kapital eines Unternehmens.

Aussenhandel

Als Aussenhandel werden die wirtschaftlichen Beziehungen zum Ausland bezeichnet. Die gesamten Importe und Exporte werden in der ▷ Zahlungsbilanz erfasst und in Warenverkehr (Handelsbilanz) und Dienstleistungen unterteilt. Ein hoher Aussenhandel weist auf eine hohe wirtschaftliche Verflechtung und Abhängigkeit vom Ausland hin. In der Schweiz beträgt der Anteil der Exporte am Bruttoinlandprodukt ca. 35%, während die Importe einen Anteil von ca. 30% ausmachen.

Aussenhandelsgleichgewicht

Von einem Aussenhandelsgleichgewicht *(aussenwirtschaftliches Gleichgewicht)* wird gesprochen, wenn der Saldo der Ertragsbilanz ausgeglichen ist. In diesem Fall entsprechen sich die Importe und die Exporte von Waren und Dienstleistungen sowie die Arbeits- und Kapitaleinkommen. In der Schweiz liegt meist ein positiver Saldo der Ertragsbilanz vor, wobei der häufig negative Saldo beim Warenverkehr durch positive Salden der Dienstleistungsbilanz (v. a. Versicherungen und Banken) und der Kapitaleinkommensbilanz ausgeglichen wird (▷ Zahlungsbilanz).
Die Erreichung eines Aussenhandelsgleichgewichts wäre zur Verminderung internationaler Verschuldung binnen- und weltwirtschaftlich notwendig. Eine negative Ertragsbilanz führt langfristig zu einer Abnahme der Währungsreserven und birgt die Gefahr von ▷ Abwertungen.

Aussenrevision
Syn. für ▷ Externe Revision

Aussenwirtschaft
Die Aussenwirtschaft ist derjenige Teil der Volkswirtschaft, der sich aus dem grenzüberschreitenden Handel mit Gütern und Dienstleistungen sowie durch Transfers ergibt (▷ Aussenhandel).

Aussenwirtschaftliches Gleichgewicht
Syn. für ▷ Aussenhandelsgleichgewicht

Aussenwirtschaftstheorie
Die Aussenwirtschaftstheorie sucht nach den Ursachen und Verteilungswirkungen des internationalen Handels. Ihr Aussagegehalt ist jedoch umstritten. Gemäss grundlegenden Ergebnissen sollte sich international das Prinzip des ▷ Freihandels durchsetzen, um die Weltwirtschaft und den Wohlstand aller Länder zu fördern. Die Errichtung zahlreicher Handelshemmnisse zwischen den führenden Handelsblöcken stellt diese Forderung jedoch stark in Frage.

Ausserbetriebliche Beschäftigungs-Servicezentren (ABS)
Bei ausserbetrieblichen Beschäftigungs-Servicezentren *(ABS)* werden Heimarbeitsplätze ausserhalb des Unternehmens eingerichtet, indem ein dezentralisierter Arbeitsplatz mit entsprechender Arbeitsumgebung geschaffen wird. Weder der Arbeitsablauf noch die Kommunikation mit dem Betrieb dürfen aber darunter leiden, ansonsten solche Arbeitsplätze ineffizient sind. Vor allem bei Computer-Firmen sind ABS oft anzutreffen (z.B. bei IBM).

Aussperrung
Die Aussperrung ist eine Gegenmassnahme (Kampfmassnahme) der Arbeitgeber bei Streiks. Dabei wird den am Streik teilnehmenden Arbeitnehmern oder sogar der ganzen Belegschaft die Rückkehr an ihre Arbeitsplätze verwehrt.

Ausstellung
▷ Messe

Austauschverhältnis, reales
Syn. für ▷ Terms of Trade

Austrittsgespräch
Syn. für ▷ Abgangsinterview

Ausübungspreis
Der Ausübungspreis *(Basispreis, Bezugspreis, Exercise Price, Strike Price)* ist derjenige Preis, zu welchem der ▷ Basiswert bei Ausübung einer ▷ Option bezogen oder geliefert wird.

Ausverkauf
Als Ausverkäufe (auch *Sonderverkäufe*) gelten Veranstaltungen des Detailhandels, bei denen dem Käufer durch öffentliche Ankündigung vorübergehend besondere Vergünstigungen in Aussicht gestellt werden. Dabei können die Verkaufspreise sogar unter den ▷ Selbstkosten liegen.
In der Schweiz kannte man bis 1995 im Rahmen von Sonderverkäufen und Preisfestlegungen die Gesetze über den unlauteren Wettbewerb (Art. 16–29 UWG), die Verordnung über die Bekanntgabe von Preisen (Art. 1–19 Preisbekanntgabeverordnung PBV) sowie die Verordnung über Ausverkäufe und ähnliche Veranstaltungen (Art. 1–29 Ausverkaufsverordnung AV). Im Zuge der Liberalisierung erfolgte zur Erhöhung des Wettbewerbs die völlige Freigabe der Ausverkäufe. So ist es seit 1. November 1995 dem Schweizer Detailhandel freigestellt, jederzeit Sonderverkaufsaktionen zu starten und aggressiv dafür zu werben. Die Grossverteiler befürworten eine solche Regelung, kleine Anbieter hingegen befürchten eine aggressive Ausverkaufs- und Preispolitik der grossen Anbieter.

Auszahlungen
Als Auszahlungen bezeichnet man Abflüsse von ▷ liquiden Mitteln während einer Betrachtungsperiode, z.B. Barentnahmen des Geschäftsinhabers aus der Kasse, Gewährung eines Barkredites, Vorauszahlungen für später eingehende Güter oder Dienstleistungen.
▷ Ausgaben

Automatenverkauf
▷ Einzelhandelsformen

Automatic Call Distribution
▷ Call Center

Automation
Syn. für ▷ Automatisierung

Automatisierung
Unter Automatisierung *(Automation)* wird der Einsatz von rechnergestützten Maschinen im Rahmen von ▷ Fertigung und ▷ Montage verstanden. Dabei werden Bedienung, Steuerung und Überwachung des Fertigungsprozesses von einer technischen Anlage übernommen, sodass die eigentliche Fertigung weit gehend unabhängig vom Menschen abläuft.
Verschiedene Funktionen im Fertigungsprozess können automatisiert werden (Antreiben, Steuern, Regeln, Optimieren und Lernen), sodass die Bearbeitung eines

Werkstücks, der Werkstückwechsel, der Werkzeugwechsel, der Transport zwischen verschiedenen Anlagen von der Maschine durchgeführt werden. Je nach Fortschritt der Automatisierung spricht man von Teil- oder Vollautomatisierung.

Durch Automatisierung sollen insbesondere Arbeitskosten gesenkt (▷ Rationalisierung) und die ▷ Produktivität des Unternehmens erhöht werden. Die Automatisierung ermöglicht aber auch eine Verbesserung der Arbeitsbedingungen, indem gefährliche oder gesundheitsgefährdende Tätigkeiten auf Maschinen übertragen werden.

Autonome Arbeitsgruppe

Die autonome oder *teilautonome Arbeitsgruppe* stellt weit gehend eine Ausprägung des Prinzips der Aufgabenbereicherung (▷ Job Enrichment) und der Ausweitung des Entscheidungsspielraums dar. Einer Arbeitsgruppe wird dabei eine relativ umfassende Aufgabe übertragen, für deren Erfüllung sie die Arbeitsverteilung selbst regelt. Die Mitglieder der Gruppe sind gleichberechtigt und haben keine hierarchische Gruppenführung; sie bestimmen jedoch einen nach aussen auftretenden Gruppensprecher. Die autonome Arbeitsgruppe ist ein Konzept zur Humanisierung der Arbeit und dient der Förderung der Selbstorganisation innerhalb des Unternehmens. Ihre Einführung ist oft mit Schwierigkeiten verbunden, da traditionelle Strukturen und Wertvorstellungen überwunden werden müssen. Widerstände treten beim Management, das einen Machtverlust hinnehmen muss, genauso wie bei den Mitarbeitenden auf, da erhöhte Ansprüche an die ▷ Sozialkompetenzen gestellt werden.

Autopoiese

Unter Autopoiese versteht man die Fähigkeit eines ▷ Systems, auf die externe Dynamik der Umwelt so mit der internen Dynamik zu reagieren, dass das System durch die Verknüpfung seiner Komponenten seine Stabilität sichert und sich in einem Gleichgewichtszustand einpendelt.

Autorisiertes Kapital

Syn. für genehmigtes Kapital
▷ Kapitalerhöhung
▷ Eigenkapital

Autoritärer Führungsstil

▷ Führungsstil

Autorität

Unter Autorität versteht man die Macht einer Person, Einfluss auf das Verhalten einer anderen Person zu nehmen (asymmetrische Einflussnahme). Die Autorität beruht in der betrieblichen Praxis auf einer Vielzahl von Ursachen:

■ *Institutionelle* oder *formale Autorität:* Diese Form der Autorität ergibt sich aufgrund der Verteilung der Aufgaben, Kompetenzen und Verantwortung. Als Grundlage kommen rechtliche Vorschriften (Art. 319ff. OR), die ▷ Organisationsstruktur und soziale Normen in Frage.

■ *Fachliche Autorität:* Grundlage der fachlichen Autorität bildet das Fachwissen der Vorgesetzten, sodass die Mitarbeitenden Vertrauen in die Richtigkeit der Entscheidungen und Anordnungen fassen können.

■ *Persönliche Autorität:* Die persönliche Autorität beruht darauf, dass bei zwischenmenschlichen Beziehungen die Gefühle in Form von Zuneigung und Abneigung eine grosse Rolle spielen. Ihr Einfluss ist schwer zu erfassen, da die ursächlichen Faktoren schwer identifizierbar sind. Im

Vordergrund stehen die Ausstrahlung, die Glaubwürdigkeit (Integrität) und das Verhalten des Vorgesetzten. Zusätzlich wird sie auch von der Fähigkeit des Vorgesetzten, Sinn zu vermitteln und Vorbild zu sein, beeinflusst.

überprüft werden können bzw. gar nicht empirisch überprüfbar sind, wie dies z. B. der ▷ Konstruktivismus besonders deutlich zeigt.

Aval

Als Aval bezeichnet man eine Wechselbürgschaft, die dadurch charakterisiert ist, dass der Avalist (Wechselbürge) seine Unterschrift auf dem ▷ Wechsel neben diejenige des Wechselschuldners, des Wechselausstellers oder eines Indossanten setzt und mit dem Zusatz «per Aval» oder «als Wechselbürge» versieht. Der Avalist haftet solidarisch mit der Person, für die er sich verbürgt hat.
▷ Avalkredit

Avalkredit

Der Avalkredit ist eine Kreditform, bei welcher ein Kreditinstitut eine Bürgschaft oder Garantie für den Schuldner übernimmt *(Bankbürgschaft)*. Falls der Schuldner zahlungsunfähig wird, tritt das Kreditinstitut für die Verpflichtungen gegenüber dem Gläubiger ein. Der Kunde des Kreditinstituts erhält also – ähnlich wie beim ▷ Akzeptkredit – keinen Geldbetrag, sondern ein bedingtes Zahlungsversprechen.
▷ Aval

AVOR

Abk. für ▷ Arbeitsvorbereitung

Axiom

Axiome sind empirisch weder überprüfbare noch beweisbare Annahmen (Prämissen). Sie sind in der Wissenschaft im Allgemeinen und in der Betriebswirtschaftslehre im Speziellen von grosser Bedeutung, weil nie alle Aussagen empirisch

B2B
▷ Business-to-Business

B2C
▷ Business-to-Consumer

Backward Integration
Engl. für ▷ Rückwärtsintegration
▷ Unternehmensverbindung

Badwill
Badwill besteht, wenn der ▷ Ertragswert eines Unternehmens kleiner als der ▷ Substanzwert ist. Es handelt sich um einen Unternehmensminderwert, der z.B. auf schlechter Organisation, unqualifiziertem Personal oder schlechter Marktstellung beruht.
▷ Goodwill

Baisse
Baisse nennt man – im Gegensatz zu einer ▷ Hausse – eine lang anhaltende Abwärtstendenz der Kurse an einer ▷ Börse. Sie kann von kurzfristigen Aufwärtsbewegungen unterbrochen werden, ohne dass sich die grundsätzliche Tendenz ändern würde. Die Baisse wird zudem von einer pessimistischen Stimmung der Börsenteilnehmer begleitet.

A la baisse spekulieren bedeutet, Börsengeschäfte zu tätigen, welche auf das Sinken der Kurse ausgelegt sind (z.B. Kaufen von ▷ Put-Optionen, Verkaufen von ▷ Call-Optionen, ▷ Short Positions bzw. Leerverkäufe von Aktien).

Balanced Scorecard (BSC)
Die Balanced Scorecard *(BSC)* ist ein Managementinformationssystem, das sowohl finanzielle als auch nichtfinanzielle

Balanced Scorecard (BSC)

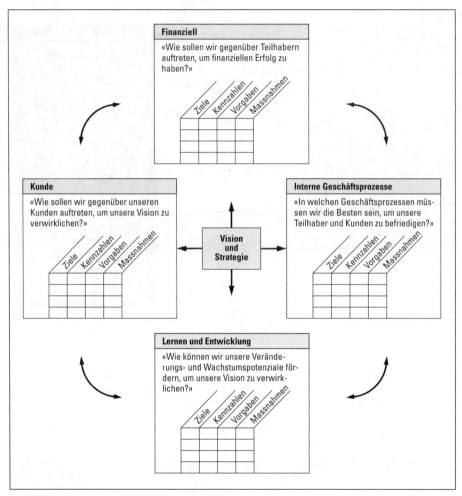

▲ Abb. 12 Balanced Scorecard (Kaplan/Norton 1997, S. 9)

Kennzahlen zu einem umfassenden System zusammenführt. «Balance» weist auf die Bedeutung der Ausgewogenheit hin zwischen
- kurzfristigen und langfristigen Zielen,
- monetären und nichtmonetären Kennzahlen,
- Spätindikatoren und Frühindikatoren,
- externen und internen Leistungsperspektiven.

Die BSC übersetzt die Vision und die daraus abgeleitete Unternehmensstrategie in Ziele und Kennzahlen aus vier Bereichen (◄ Abb. 12):
1. Die *finanzwirtschaftliche Perspektive,* die immer mit der Rentabilität verbunden ist, manchmal auch mit Umsatz- und Cash-Flow-Wachstumskennzahlen.
2. Die *Kundenperspektive,* die Kennzahlen enthält wie Kundenzufriedenheit, Kunden-

treue, Kundenakquisition, Kundenrentabilität, Gewinn- und Marktanteile, kurze Durchlaufzeiten.

3. Die *interne Prozessperspektive*, die den Schwerpunkt legt auf die Identifizierung neuer Prozesse, die ein Unternehmen zur Erreichung optimaler ▷ Kundenzufriedenheit schaffen muss. Sie befasst sich mit der Integration von Innovationsprozessen.

4. Die *Lern- und Entwicklungsperspektive*, die jene Infrastruktur identifiziert, die ein Unternehmen schaffen muss, um ein langfristiges Wachstum und eine kontinuierliche Verbesserung zu sichern.

Die BSC dient aber nicht nur der Erfassung und Verknüpfung der Ziele und Kennzahlen unterschiedlicher Unternehmensbereiche und -aktivitäten, sondern ist auch ein Instrument der Strategieumsetzung, d.h. der Umsetzung der Vision und Strategie in zielführende Aktivitäten (▶ Abb. 13).

Balkendiagramm

Balkendiagramme stellen Zeitbänder in einem Koordinatensystem dar. Auf der Abszisse wird die Zeiteinteilung in Tagen, Wochen oder Monaten eingetragen, auf der Ordinate werden die einzelnen Arbeitsvorgänge untereinander gereiht. Durch einen Balken vom Anfangs- zum Schlusszeitpunkt wird die Dauer der einzelnen Arbeitsvorgänge angegeben (▶ Abb. 14). Balkendiagramme werden im Rahmen der ▷ Kapazitäts- und Zeitplanung eingesetzt, z.B. bei der Projektplanung oder in der Produktionsplanung. Balkendiagramme zeigen hingegen nicht, wie die einzelnen Tätigkeiten miteinander verknüpft sind, wie dies bei ▷ Netzplänen der Fall ist. Zudem sind Planänderungen nur mit relativ hohem Aufwand durchführbar, denn bei Verzögerung einer einzigen Teilaktivität verschieben sich – sofern keine Puffer-

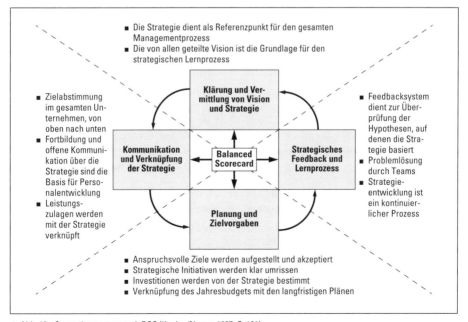

▲ Abb. 13 Strategieumsetzung mit BSC (Kaplan/Norton 1997, S. 191)

Bandbreite   Bandbreitenmodell

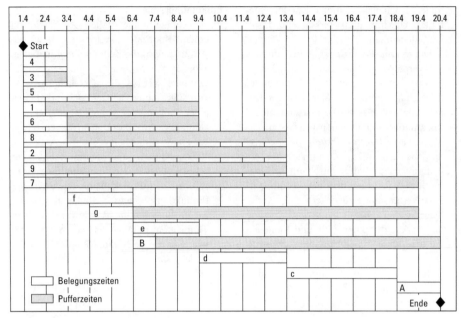

▲ Abb. 14 Balkendiagramm

zeit vorliegt – alle nachfolgenden Teilaktivitäten.

Bandbreite

Unter Bandbreite wird eine Begrenzung von Wechselkursen nach oben und unten im Rahmen von Währungsvereinbarungen verstanden. Innerhalb der festgesetzten Bandbreiten schwanken die Wechselkurse im Prinzip frei, d.h. sie werden allein durch das Marktangebot bzw. die -nachfrage bestimmt. Versuchen die Währungsbehörden, innerhalb dieser Bandbreiten Einfluss auf den Wechselkurs ihrer Währung zu nehmen (z.B. zum Schutz der Exportindustrie), spricht man von «schmutzigem» Floating. Erreicht ein Wechselkurs die obere oder untere Grenze *(Interventionspunkt)*, müssen die beteiligten Zentralbanken mit Devisenankäufen oder -verkäufen eingreifen, um ein Ausbrechen des Kurses aus der Bandbreite zu verhindern (▷ Auf- und ▷ Abwertung). Solche kurzfristigen Massnahmen der Zentralbanken wirken aufgrund der hohen Marktvolumen nur begrenzt, haben jedoch eine psychologische Wirkung, indem das Vertrauen auf die Richtigkeit der gewählten Bandbreite signalisiert wird. Langfristig können sich die Bandbreiten nur bewähren, wenn diese durch die gesamte ▷ Geld- und Währungspolitik sowie die ▷ Wirtschaftspolitik unterstützt werden. Gelingt dies nicht, müssen die Bandbreiten neu festgelegt werden *(Realignment)*.

Bandbreitenmodell

Das Bandbreitenmodell besteht darin, dass zwischen den im Arbeitsvertrag genannten Parteien eine durchschnittliche wöchentliche Arbeitszeit vereinbart wird. Zusätzlich wird ein bestimmter Rahmen fest-

Für eine Arbeitszeit von ... Std.	38	39	40	41	42	43	44
erhalten die Mitarbeitenden bei vertraglichem Ferienanspruch ein Salär von (%)	92,5	95,0	97,5	100	103,5	106,0	108,5
falls sie *eine* Woche mehr Ferien beziehen möchten, reduziert sich das Salär auf (%)		92,5	95,0	97,5	100	103,5	106,0
falls sie *zwei* Wochen mehr Ferien beziehen möchten, reduziert sich das Salär auf (%)			92,5	95,0	97,5	100	103,5

▲ Abb. 15 Entlöhnung beim Bandbreitenmodell

gelegt, in dem der Mitarbeitende seine Arbeitszeit wählen kann. Dabei wird z. B. eine durchschnittliche Arbeitszeit von 42 Stunden pro Woche festgelegt, wobei der Mitarbeitende seine Arbeitszeit in einer Bandbreite von 40 bis 44 Stunden wählen kann. Als Voraussetzung gilt, dass die geleisteten Arbeitsstunden vierteljährlich oder halbjährlich in einer Durchschnittsrechnung mit der vereinbarten wöchentlichen Durchschnittsarbeitszeit übereinstimmen.

Bei diesem Modell steht dem Arbeitnehmer die Wahl offen, durch die Inkaufnahme einer höheren durchschnittlichen Wochenarbeitszeit das Recht auf zusätzliche Lohnprozente oder Ferientage zu erwerben (die wöchentliche Normalarbeitszeit entspricht 100 Lohnprozenten) wie auch durch die Hergabe von Lohnprozenten zusätzliche Freizeit zu «kaufen». Der Arbeitnehmer kann gemäss seiner individuellen Präferenz über das Verhältnis zwischen Lohn, Arbeitszeit und Freizeit entscheiden und dabei in bestimmten Grenzen von einer Normalarbeitszeit abweichen (◄ Abb. 15).

Bank

Eine Bank (Kreditinstitut) ist ein Unternehmen, welches sich gewerbsmässig mit Geschäften des Zahlungs- und Kreditverkehrs beschäftigt. Zudem betreiben die meisten Banken auch Effektengeschäfte.
▷ Bankgeschäfte

Bankbürgschaft
▷ Avalkredit

Bank für internationalen Zahlungsausgleich (BIZ)

Die Bank für internationalen Zahlungsausgleich ist ein supranationales Institut mit Sitz in Basel. Sie hat die Aufgabe, die internationale Zusammenarbeit auf dem Gebiet der Währungspolitik zu fördern und dient als Bank der ▷ Notenbanken. Ihre Aktionäre sind verschiedene europäische und internationale Notenbanken der OECD, die auch den Verwaltungsrat (Notenbankchefs) stellen. Die BIZ arbeitet eng mit der OECD, dem Internationalen Währungsfonds und der Weltbank zusammen.

Bankgeschäfte

Die Bankgeschäfte lassen sich nach der Art der Bankerträge einteilen in ▷ Zinsdifferenzgeschäfte, Dienstleistungsgeschäfte (z. B. Besorgung des Zahlungsverkehrs, Anlageberatung, Vermögensverwaltung) sowie Handelsgeschäfte (z. B. An- und Verkauf von ▷ Wertpapieren und ▷ Devisen auf eigene Rechnung).

Die Bedeutung des ursprünglich wichtigsten Bankgeschäfts, des Zinsdifferenzgeschäfts, nimmt heute bei den meisten Banken ab. Banken konzentrieren deshalb ihre Finanzdienstleistungen auf ihre Kerngeschäftsbereiche, welche das Retail Banking, das Private Banking und Investment

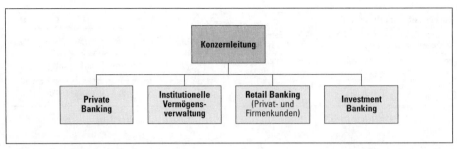

▲ Abb. 16 Beispiel Bankorganisation

Banking sowie die (institutionelle) Vermögensverwaltung umfassen. Entsprechend ist auch die *Bankorganisation* gestaltet (◄ Abb. 16).

Banken unterliegen strengen gesetzlichen Vorschriften (insbesondere bezüglich Eigenkapitalausstattung und ▷ Liquidität) sowie der staatlichen Kontrolle durch die *Eidgenössische Bankenkommission*. Damit sollen v.a. Kleinanleger vor möglichen Verlusten geschützt werden.

Bankorganisation
▷ Bankgeschäfte

Barausgleich
Der Barausgleich ist eine spezielle Art des Börsengeschäfts zur Durchführung eines Kaufes bzw. Verkaufes des ▷ Basiswerts aus einem Derivat-Geschäft (▷ Derivat), bei dem nicht eine effektive Lieferung des Titels, sondern lediglich die Verrechnung des Gewinns bzw. Verlusts erfolgt.

Bardividende
Die Bardividende ist eine Geldzahlung an die Aktionäre. Sie ist die in der Praxis am häufigsten angewandte Form der Dividendenausschüttung (▷ Dividendenpolitik). Sie hat für das Unternehmen den Nachteil, dass die Liquidität geschmälert wird. Deshalb sind in der Praxis auch andere Formen der Dividendenausschüttung zu beobachten (▷ Stockdividende, ▷ Naturaldividende).

Barliquidität
▷ Liquidität

Barmittel
▷ Liquide Mittel

Barrieren
Bei der Durchsetzung von Innovationen und innerbetrieblichen Veränderungen auftretende *Widerstände* werden als Barrieren bezeichnet *(Innovationsbarrieren)*. Nicht darunter fallen Hindernisse, die bereits das Entstehen neuer Ideen verhindern (▷ Betriebsblindheit, ▷ Kreativität, ▷ Innovationsmanagement). Barrieren verlängern die Zeit, bis sich Innovationen durchsetzen, oder lassen diese gänzlich scheitern. Unterschieden wird zwischen technisch verursachten und menschlichen Hemmnissen, wobei letztere im Vordergrund stehen. Zu den technischen oder sachlichen Barrieren zählen ungenügender Personalbestand, mangelnde Finanzmittel und ungeeignete Betriebsmittel. Menschliche Barrieren betreffen das Verhalten eines einzelnen Menschen oder einer Gruppe. Sie entstehen, wenn von gewohnten Ver-

haltensweisen abgewichen werden soll (emotionale Widerstände) oder wenn sich unterschiedliche Interessen gegenüberstehen (rationale Widerstände). Barrieren treten in vielen Unternehmen auf, wenn die Änderungsgeschwindigkeit des Markts das menschliche Anpassungsvermögen übersteigt.

▷ Unternehmenskultur
▷ Organisationsentwicklung
▷ Change Management

Barter-Geschäft

Bei einem Barter-Geschäft erfolgt eine Geschäftstransaktion durch den Austausch von Waren (Tauschgeschäft). Es kommt heute v.a. im Aussenhandel von Ländern mit Devisenknappheit oder eingeschränktem Devisenhandel vor. Das Barter-Geschäft ist eine mögliche Form des ▷ Kompensationsgeschäfts (▷ Nachfrage).

Barwert

Der Barwert ist der abgezinste Gegenwartswert einer zukünftigen Zahlung (▷ Diskontierung). Der heutige Barwert plus Zins und Zinseszins entspricht dem Wert der Zahlung in der Zukunft. Zur Berechnung des Barwerts Z_0 wird die zukünftige Zahlung Z_n mit dem ▷ Abzinsungsfaktor multipliziert:

$$Z_0 = Z_n \cdot \frac{1}{(1+i)^n} = Z_n \cdot v_n$$

Z_n: Zahlung in Periode n; i: Diskontierungszinssatz; v_n: Abzinsungsfaktor für Periode n

Liegen zukünftige Zahlungen über mehrere Jahre vor, so lautet die Formel

$$Z_0 = \sum_{t=1}^{n} Z_t \cdot \frac{1}{(1+i)^t} = \sum_{t=1}^{n} Z_t \cdot v_t$$

Z_t: Zahlung in Periode t, wobei t = 1, 2, ..., n; v_t: Abzinsungsfaktor für Periode t, wobei t = 1, 2, ..., n

Sind diese zukünftigen Zahlungen über mehrere Jahre gleich hoch, so verwendet man den ▷ Barwertfaktor (Abzinsungssummenfaktor) $a_{\overline{n}|}$:

$$Z_0 = a_{\overline{n}|} \cdot Z = Z \left(\frac{(1+i)^n - 1}{i(1+i)^n} \right)$$

Der Barwert wird v.a. zu Vergleichszwecken bei Zahlungen berechnet, die zu unterschiedlichen Zeitpunkten erfolgen (z.B. bei Investitionen [▷ Kapitalwertmethode, ▷ Interner Zinssatz, Methode des] oder bei Kapitalanlagen).

Barwertfaktor

Der Barwertfaktor $a_{\overline{n}|}$ *(Abzinsungssummenfaktor, Kapitalisierungsfaktor, Rentenbarwertfaktor)* ergibt sich als Summe der ▷ Abzinsungsfaktoren v_t bei gleich bleibenden Zahlungsbeträgen über sämtliche Perioden:

$$a_{\overline{n}|} = \sum_{t=1}^{n} v_t = \frac{(1+i)^n - 1}{i(1+i)^n}$$

n: Anzahl Perioden (Jahre); v_t: Abzinsungsfaktor für Periode t, wobei t = 1, 2, ..., n; i: Diskontierungszinssatz

Barwertmethode

Syn. für Gegenwarts- bzw. ▷ Kapitalwertmethode

Säule 1	Säule 2	Säule 3
Mindesteigenkapitalanforderungen	Überprüfung durch Aufsichtsbehörden	Marktdisziplin
■ Kreditrisiko (neue Bemessungsansätze) ■ Marktrisiko (unverändert) ■ Operationelles Risiko (neu)	Nationale Aufsichtsbehörden können nach erfolgter Überprüfung der bankinternen Verfahren und der sich daraus ergebenden Eigenmittelausstattung eine höhere Unterlegung verlangen.	Vermehrte Offenlegung, u.a. bei der Berechnung der Eigenmittelausstattung und den Methoden der Risikobewertung, soll die Marktdisziplin fördern.

▲ Abb. 17 Die drei Säulen von Basel II (Quelle: Credit Suisse 2003, S. 63)

Basel I
▷ Basel II

Basel II
Als Basel II *(Basler Abkommen)* bezeichnet man eine Vereinbarung über die Eigenkapitalanforderungen der Banken. Diese Regelung ist 2003 vom Basler Ausschuss für Bankenaufsicht erlassen worden, der 1975 durch die Präsidenten der Zentralbanken der G-10-Staaten gegründet worden ist.

Seit 1988 sind die Banken aufgrund des *Basel-I*-Abkommens weltweit verpflichtet, 8% eines Unternehmenskredites mit Eigenkapital abzudecken. Mit Basel II – das 2007 in Kraft gesetzt wird – soll diese pauschale Eigenmittelvorgabe aufgehoben und durch die Berechnung aufgrund eines Bonitätsratings ersetzt werden. Damit richtet sich die Eigenkapitalausstattung nach der Bonität des Kreditnehmers: Je höher die Bonität, desto weniger Eigenkapital ist notwendig. ◀ Abb. 17 zeigt die drei Säulen, auf denen das Basel-II-Abkommen aufgebaut ist.

Basic Earnings per Share
▷ Earnings per Share

Basispreis
Syn. für ▷ Ausübungspreis

Basispunkt
Der Begriff des Basispunkts wird im Devisen- und Finanzhandel benützt, um Kurs- oder Zinsveränderungen «nach dem Komma» (Dezimalstellen) anzugeben. Am Geld- und Kapitalmarkt entspricht z.B. eine Erhöhung der Rentabilität von 4,37 auf 4,47% einer Veränderung um 10 Basispunkte.

Basistechnologie
Unter Basistechnologien werden – im Gegensatz zu ▷ Schlüsseltechnologien – Techniken verstanden, die in allen Unternehmen einer Branche beherrscht und angewandt werden. Das notwendige Knowhow steht meist allen Konkurrenten zur Verfügung, sodass aus der Beherrschung einer bestimmten Basistechnologie kein unmittelbarer Wettbewerbsvorteil resultiert.

Basiswert
Als Basiswert bezeichnet man Titel, Indices oder andere Finanzinstrumente, die einem ▷ Derivat zugrunde liegen. Aufgrund dieser Beziehung besteht eine hohe Korrelation der Wertentwicklung von Derivat und Basiswert.

Basler Abkommen
Syn. für ▷ Basel II

Baugruppe

Als Baugruppe bezeichnet man zu einem Zwischenprodukt zusammengefügte Einzelteile (▷ Teil). Baugruppen werden im Rahmen der ▷ Montage hergestellt und sind eine Zwischenstufe im Prozess zum Endprodukt. Baugruppen können auftragsneutral, d.h. nicht für einen konkreten Auftrag, gefertigt sein und dann kundenspezifisch zu Endprodukten montiert werden. Die Baugruppen gehören zu den ▷ Halbfabrikaten.

Baukastenprinzip

Das Baukastenprinzip *(Baukastensystem)* ist ein Konzept im Rahmen der Produktion (▷ Produktionswirtschaft), bei welchem durch Schaffung von möglichst wenigen, standardisierten und kombinierbaren Elementen (▷ Baugruppen und ▷ Teile) eine hohe Anzahl von verschiedenen Endprodukten gefertigt werden kann. Das Baukastenprinzip ermöglicht damit eine hohe Produktdifferenzierung (▷ Produktmodifikation) bei gleichzeitiger Senkung der herzustellenden Teilevielfalt *(Variantenmanagement)*. Merkmale des Baukastenprinzips sind u. a.:
- limitierte Anzahl von Elementen zur Vermeidung von ▷ Komplexität,
- Kombinierbarkeit der Elemente als Basis zur Differenzierung,
- Austauschfähigkeit von Bauteilen,
- Zusammensetzung der Endprodukte ausschliesslich aus Elementen.

Diese Merkmale ermöglichen eine rasche Anpassung an wechselnde Marktanforderungen und die Produktion in wirtschaftlichen Losgrössen (▷ Fertigungslos). Sinkenden Produktionskosten steht jedoch der höhere Konstruktionsaufwand gegenüber. Das Baukastenprinzip hat eine erhebliche Bedeutung in der Elektro-, Fahrzeug-, Maschinen- und Möbelbranche gewonnen.

Produkt A		
Sachnummer	Menge	Fertigungsstufe
c	3	1
1	1	1
Baugruppe c		
Sachnummer	Menge	Fertigungsstufe
d	4	2
2	2	2
8	3	2
9	1	2
Baugruppe d		
Sachnummer	Menge	Fertigungsstufe
e	1	3
1	1	3
6	3	3
Baugruppe e		
Sachnummer	Menge	Fertigungsstufe
f	4	4
5	8	4

▲ Abb. 18 Baukastenstückliste

Baukastenstückliste

Die Baukastenstückliste ist eine Sonderform der ▷ Stückliste. Sie enthält nur Angaben über Art und Menge der Einzelteile und Baugruppen, aus denen sich die jeweilige Baugruppe zusammensetzt, und damit nur Informationen über die Fertigungsstufe, auf der die Baugruppenmontage erfolgt (◄ Abb. 18).
Die Baukastenstückliste ist ein Instrument der ▷ Arbeitsvorbereitung und dient als Grundlage der ▷ Montage und der ▷ Fertigung. Ihr Vorteil liegt in der guten Überschaubarkeit.

Baukastensystem

Syn. für ▷ Baukastenprinzip

Baustellenfertigung

Die Baustellenfertigung ist ein ▷ Organisationstyp der Fertigung, bei welchem alle Produktionsmittel an einen festen Produktionsstandort gebracht und vor Ort montiert werden. Die zu bearbeitenden Werkstücke sind meist sehr gross und schwer und rechtfertigen deshalb den Transport zu einer Werkstätte nicht. Die Baustellenfertigung kommt fast ausschliesslich bei der ▷ Einzelfertigung in auftragsorientierten Unternehmen zur Anwendung, wie z.B. in der Baubranche und im Grossmaschinenbau. Als Nachteil gilt der hohe Planungs- und Koordinierungsaufwand, der sich aus der lokalen Zusammenführung aller Produktionsmittel ergibt.

BAZ
Abk. für ▷ Bearbeitungszentrum

B2B
Abk. für ▷ Business-to-Business

B2C
Abk. für ▷ Business-to-Consumer

BDE
Abk. für ▷ Betriebsdatenerfassung

Bearbeitungszentrum (BAZ)
Unter einem Bearbeitungszentrum *(BAZ)* wird eine Arbeitsmaschine verstanden, die mehrere Bearbeitungsverfahren inkl. automatischem Werkzeugwechsel durchführt. Im Gegensatz zu einer ▷ flexiblen Fertigungszelle erfolgt der Werkstückwechsel noch nicht automatisch, sondern manuell. Ziel der Einführung von Bearbeitungszentren ist die Verkürzung der Rüstzeiten (▷ Auftragszeit, ▷ Durchlaufzeit) und die Verminderung der Zahl der Vorrichtungen (▷ Automatisierung, ▷ Computer-Aided Manufacturing).

Bedarf
Äussern sich ▷ Bedürfnisse in einem wirtschaftlich objektiv feststellbaren, d.h. von Kaufkraft unterstützten, Tatbestand, so spricht man von einem Bedarf.

Bedarfsermittlungszeit
▷ Beschaffungszeit

Bedarfsrechnung
Mit der Bedarfsrechnung (Bedarfsermittlung, *Disposition*) werden die benötigten Mengen aller zu bestellenden oder herzustellenden Materialien ermittelt. Ausgangspunkte sind das vorliegende Produktionsprogramm und die ▷ Stücklisten, von denen die benötigten Mengen abgeleitet werden können (deterministische Bedarfsrechnung). Viele Materialien werden jedoch nicht auftragsweise, sondern aufgrund des durchschnittlichen Verbrauchs der letzten Jahre bestellt und an Lager gelegt (stochastische Bedarfsrechnung). Liegen keine verlässlichen Daten über den vergangenen oder den zukünftigen Bedarf vor, muss er geschätzt werden (heuristische Bedarfsermittlung). Die Wahl der Art der Bedarfsrechnung hängt vom Bedarfsverlauf ab (▷ XYZ-Analyse). Dabei lohnt sich die aufwendige und teure deterministische Bedarfsrechnung v.a. bei einer hohen Prognosegenauigkeit (X-Güter, ▷ XYZ-Analyse) und bei besonders wichtigen Materialarten (A-Güter, ▷ ABC-Analyse).

Bedingte Kapitalerhöhung
▷ Kapitalerhöhung

Bedingtes Fremdkapital
Das bedingte Fremdkapital ist eine mögliche Verpflichtung, die aus Ereignissen der Vergangenheit resultiert und deren Existenz durch das Eintreten oder Nichteintreten eines oder mehrerer unsicherer künftiger Ereignisse bedingt ist, die nur teilweise vom Unternehmen beeinflusst werden können. Es handelt sich z.B. um Verpflichtungen aus Bürgschaften oder Garantieleistungen. Deshalb spricht man

im Rechnungswesen auch von *Eventualverpflichtungen*, die nach schweizerischem Recht im ▷ Anhang zur Jahresrechnung in ihrem Gesamtbetrag aufgeführt werden müssen (Art. 663b Ziff. 1 OR).

Bedingtes Kapital
▷ Kapitalerhöhung
▷ Eigenkapital

Bedürfnis
Als Bedürfnis eines Menschen bezeichnet man das Empfinden eines Mangels, gleichgültig, ob dieser objektiv vorhanden oder nur subjektiv empfunden wird. Bedürfnisse lösen Handlungen aus und geben diesen eine Richtung. Sie erklären, warum etwas gekauft oder produziert wird. Als grundlegende Triebfeder stehen die menschlichen Bedürfnisse somit hinter jeder wirtschaftlichen Aktivität. Ziel des Wirtschaftens ist es deshalb, menschliche Bedürfnisse zu befriedigen.

Bedürfnisse werden oftmals unterteilt in primäre Bedürfnisse, die angeboren sind, und sekundäre Bedürfnisse (Motive), die angelernt sind und sich somit laufend ändern können. Nach der Notwendigkeit der Befriedigung können Existenz-, Grund- und Luxusbedürfnisse unterschieden werden. In einer Krise kann auf letztere am leichtesten verzichtet werden (▷ Elastizität).

Neben den Bedürfnissen, welche der einzelne aufgrund seiner alleinigen Entscheidungen befriedigt *(Individualbedürfnisse)*, können *Kollektivbedürfnisse* unterschieden werden. Diese zeichnen sich dadurch aus, dass deren Befriedigung vom Interesse und von den Entscheidungen einer ganzen Gemeinschaft (z.B. Staat) oder einer Mehrheit davon abhängt (z.B. Ausbau des Strassennetzes, Schulen).

Von besonderer Bedeutung für das Unternehmen sind die Bedürfnisse bisheriger und zukünftiger Kunden. Nur wenn es gelingt, sie zu befriedigen, kann das Unternehmen langfristig überleben, sodass der Bedürfnisabklärung (▷ Marktforschung) und Bedürfnisorientierung (Kundenorientierung, ▷ Marktsegmentierung) eine besonders wichtige Rolle zukommt (▷ Qualitätsmanagement). Genauso wichtig ist aber auch die Kenntnis der Bedürfnisse der Mitarbeitenden, wie sie z.B. in der ▷ Bedürfnispyramide von Maslow unterschieden werden.

Bedürfnispyramide
Um die Vielzahl menschlicher Motive und Bedürfnisse einzuteilen, hat *Abraham Maslow* eine Systematik mit fünf Bedürfnisklassen aufgestellt (▷ Motivationstheorien, ▷ Bedürfnis) (▶ Abb. 19). Handlungsleitend ist immer jenes unbefriedigte Motiv, das auf der jeweils untersten Stufe steht. Erst wenn die Bedürfnisse einer Stufe befriedigt sind, werden die höher stehenden Motive handlungsbestimmend (Hierarchieprinzip). Die einzelnen Stufen der Bedürfnispyramide sind:

1. Die *physiologischen Bedürfnisse* (z.B. Schlaf, Nahrung) haben eine körperliche Grundlage, und ihre Befriedigung ist eine notwendige Voraussetzung für die Lebenserhaltung. Die verschiedenen primären Bedürfnisse treten unabhängig sowohl voneinander als auch von den höher eingestuften sekundären Bedürfnissen auf.

2. Die Bedürfnisse nach *Sicherheit* beziehen sich auf den Schutz vor möglichen Bedrohungen und Gefahren. Ihre Befriedigung erfolgt durch Sicherung eines bestimmten Einkommens, des Arbeitsplatzes, durch Schutz bei Krankheit und Unfall oder durch eine Altersvorsorge.

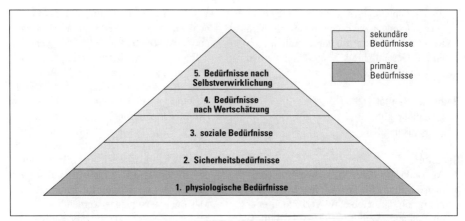

▲ Abb. 19 Bedürfnispyramide von Maslow

3. Die *sozialen* Bedürfnisse äussern sich im Wunsch nach Geborgenheit in der menschlichen Umwelt. Liebe, Freundschaft, Zusammengehörigkeitsgefühl vermögen dieses Verlangen zu befriedigen.

4. Beim Bedürfnis nach *Wertschätzung* verspürt der Mensch das Verlangen nach einer Anerkennung durch seine Umwelt. Soziales Ansehen, Macht und Beachtung befriedigen dieses Bedürfnis.

5. Durch die Bedürfnisse nach *Selbstverwirklichung* («self-actualization») strebt der Mensch danach, die in ihm vorhandenen Möglichkeiten und Fähigkeiten voll auszuschöpfen und zu entfalten.

Die Bedürfnispyramide von Maslow hat eine sehr starke Verbreitung gefunden, obwohl die empirische Forschung eine Vielzahl von Einwänden dagegen vorgebracht hat. So ist weder die Anzahl der Stufen noch ihre Reihenfolge auf alle Menschen übertragbar. Maslow stellte selber fest, dass die Stufen eins bis vier in der westlichen Zivilisation weit gehend erfüllt sind. Damit ist eine Leistungsmotivation nur noch über die fünfte Stufe, die der Selbstverwirklichung (Autonomie, geistige Herausforderung), möglich. Dies trifft für die Mitarbeitenden der oberen Führungsstufen wohl zu, lässt sich aber auf unteren Führungs- und Ausführungsstufen nur schwer erreichen.

Auch wenn eine direkte Anwendung und Umsetzung dieses Modells auf Grenzen stösst, so haben sich seine Grundprinzipien doch bestätigt. Insbesondere trifft zu, dass die Stärke eines Motivs von der subjektiven Bewertung eines Mangelgefühls abhängig ist, sodass verschiedene Personen auf die gleichen Anreize auch unterschiedlich reagieren. Ausserdem stehen die Motive in einer hierarchischen Beziehung, obwohl die Reihenfolge bei jedem Individuum anders ausfällt. Insgesamt hat die Motivationstheorie von Maslow neben der ▷ Zwei-Faktoren-Theorie von Herzberg dazu beigetragen, die Anreizsysteme in den Unternehmen flexibler zu gestalten.

Beeindruckungserfolg
▷ Werbeerfolgskontrolle

Beförderung

Unter Beförderung versteht man die Erweiterung von Aufgaben, Kompetenzen und Verantwortung eines Mitarbeitenden. Verbunden ist damit oft eine höhere hierarchische Stellung, ein neuer Titel (z.B. Prokurist, Direktor) sowie eine höhere Entlohnung. Eine Beförderung enthält sowohl einen materiellen als auch einen immateriellen Anreiz. Damit werden einerseits Bedürfnisse nach Wertschätzung und Selbstverwirklichung befriedigt (▷ Bedürfnispyramide), andererseits Bedürfnisse nach grösserem Wohlstand. Beförderungen können aufgrund verschiedener ▷ Beförderungskriterien (z.B. Leistung, Dauer der Unternehmenszugehörigkeit, Weiterbildung) vorgenommen werden.

Beförderungskriterien

Die zwei wichtigsten Beurteilungskriterien für eine ▷ Beförderung sind die persönliche Leistung, die der Mitarbeitende in der Vergangenheit erbracht hat, sowie die Dauer der Unternehmenszugehörigkeit. Im ersten Fall steht die Leistungsförderung, im anderen die Förderung von Loyalität und Treue gegenüber des Unternehmens im Vordergrund. Daneben gibt es noch andere Kriterien wie z.B. der erfolgreiche Abschluss einer Weiterbildung oder vorbildliches Verhalten.

Befragung

Unter einer Befragung *(Interview, Umfrage)* versteht man im Rahmen der ▷ Marktforschung ein planmässiges Vorgehen, um – im Gegensatz zur ▷ Beobachtung – mit gezielten Fragen subjektive Einschätzungen zu erhalten, die auf andere Weise nicht oder nur schwer zu erhalten sind. Die Befragungsmethoden sind sehr vielfältig und lassen sich in quantitative und qualitative Gruppen unterteilen.

1. Bei *quantitativen* Umfragen werden bei einer relativ grossen Stichprobe von Befragten unter Benutzung vorformulierter Fragen in erster Linie soziodemografische Merkmale (z.B. Alter, Geschlecht, Einkommen, Beruf) und Verhaltensmerkmale (z.B. Kaufanlass, Informationsquelle, Produktbeurteilung) ermittelt.

2. Bei *qualitativen* Umfragen werden bei einer statistisch nicht repräsentativen Zahl von Befragten durch verhaltenswissenschaftlich geschulte Interviewer psychologische, sozialpsychologische und soziologische Merkmale ermittelt (z.B. Bedürfnisse, Motive, Werthaltungen).

Als ▷ Befragungsform kommen die persönliche, die telefonische und die schriftliche Befragung in Betracht. Weitere in der Praxis häufig angewandte Verfahren sind die ▷ Ad-hoc-Umfrage, die ▷ Standarderhebung, die ▷ Omnibusumfrage und das ▷ Panel.

Da sich die Befragung der Sprache bedient, entsteht die Gefahr von Missverständnissen und weiteren Kommunikationshindernissen. Die Gültigkeit (▷ Validität) ist deshalb nicht völlig gesichert, da das, was erfasst wird, aufgrund des Interpretationsspielraums nicht genau dem entsprechen muss, was erfasst werden soll. Hinzu kommt v.a. bei der mündlichen Befragung, dass der Befrager den Befragten beeinflusst, sodass die Zuverlässigkeit (▷ Reliabilität) der Antworten eingeschränkt ist. Durch einen anderen Befrager und/oder zu einem anderen Zeitpunkt können deshalb die Antworten anders ausfallen (mangelnde intersubjektive und intertemporale Stabilität).

Befragungsformen

Die ▷ Befragung kann verschiedene Formen haben:

■ Bei der *persönlichen (mündlichen) Befragung* lassen sich folgende Interviewarten unterscheiden: (1) Beim *standardisierten Interview* sind Wortlaut und Reihenfolge der Fragen für alle Interviews genau festgelegt und immer gleich. Die Aufgabe des Interviewers beschränkt sich auf das Vorlesen der Fragen und das genaue Festhalten der Antworten. Der Vorteil des standardisierten Interviews liegt in der Objektivität der Informationen. (2) Beim *halb-standardisierten (geleiteten) Interview* stützt sich der Interviewer auf einen Fragenkatalog, der ihm lediglich als Leitfaden dient. Für das Gespräch sind nur gewisse Grundlinien vorgegeben. Der Befrager kann die Reihenfolge der Fragen ändern, bestimmte Fragen weglassen oder zusätzliche Fragen stellen. (3) Bei einem *nichtstandardisierten (freien) Interview* sind dem Befrager überhaupt keine Fragen vorgegeben, sondern lediglich ein bestimmtes Thema.

■ Die *schriftliche Befragung* ist ein Sonderfall des standardisierten Interviews. Der Fragebogen wird den Auskunftspersonen zugeschickt oder persönlich überbracht und ohne Anwesenheit einer Kontrollperson ausgefüllt. Zum Einsatz kommen auch geschlossene Fragen, die feste Kategorien von Antworten vorgeben. Die Beantwortung erfolgt dabei nur noch durch Ankreuzen. Der Vorteil dieses Verfahrens liegt v. a. in seiner Einfachheit und in der kostengünstigen Durchführung. Dem steht als Nachteil gegenüber, dass die Quoten der Antwortverweigerung i. d. R. zwischen 80 % und 90 % betragen, sodass vielfach keine repräsentativen Ergebnisse gewonnen werden können.

■ Das *telefonische Interview* ist eine mündliche Befragung und mit dem persönlichen verwandt, weist jedoch einige Besonderheiten auf. Zwischen Interviewer und Auskunftsperson besteht wie bei der schriftlichen Befragung eine räumliche Distanz. Diese birgt die Gefahr in sich, dass der Interviewte das Gespräch jederzeit unterbrechen kann. Deshalb sollte man darauf achten, nur wenige, leicht verständliche Fragen zu stellen, die nicht viel Zeit in Anspruch nehmen. Als Vorzüge des Verfahrens können die relativ tiefen Kosten genannt werden. Dazu kommt, dass nicht verständliche Fragen oder unklare Antworten durch eine Gegenfrage geklärt werden können.

Weitere in der Praxis häufig angewandte Verfahren sind die ▷ Ad-hoc-Umfrage, die ▷ Standarderhebung, die ▷ Omnibusumfrage und das ▷ Panel.

Behavioral Finance

Behavioral Finance versucht, das Verhalten der Teilnehmer auf den Finanzmärkten mit Hilfe verhaltenstheoretischer Modelle der kognitiven Psychologie und der Sozialpsychologie zu erklären. Dabei verzichtet sie insbesondere auf die Annahme der vollständigen Rationalität aller Aktionäre und die Annahme vom eigennützig handelnden Individuum. Stattdessen berücksichtigt sie eingeschränkte Willenskraft und beschränkten Egoismus.

In neuerer Zeit wurde dieser Ansatz auf das wirtschaftliche Handeln insgesamt ausgeweitet. Man spricht in diesem Zusammenhang von *psychologischer* und *experimenteller Ökonomie*. Ausgangspunkt ist nicht mehr das Modell des vollkommenen Markts, auf dem Marktpreise und gehandelte Mengen durch das Gleichgewicht von Angebot und Nachfrage be-

	Reiz	Reaktion	Konsequenzen
Umwelt (Leistung untersteigende Faktoren)	Information • Beschreibung, welche *Performance* erwartet wird • Klare und relevante Hinweise, wie die Arbeit zu erledigen ist • Relevantes und häufiges Feedback zur Angemessenheit der *Performance*	Ressourcen • Werkzeuge, Mittel, Zeit und Materialien, die geeignet sind *Performance* Bedarf zu erfüllen • Zureichendes Personal • Organisierter Arbeitsprozess	Anreize • Angemessene finanzielle Anreize • Nicht-monetäre Anreize • Aufstiegsmöglichkeiten • Klare Konsequenzen schwacher *Performance*
Individuum (individuelle Fähigkeiten zur Leistung)	Wissen • Systematisch gestaltetes Training, um Bedürfnissen beispielhafter *Performer* gerecht zu werden • Möglichkeit zu trainieren	Fähigkeiten • Positionen und Mitarbeitende aufeinander abstimmen • Gute Auswahlprozesse • Flexible Planung, abgestimmt auf die maximale Leistungsfähigkeit der Mitarbeitenden • Künstliche Hilfsmittel oder visuelle Hilfen zur Unterstützung der Mitarbeitenden	Motive • Anerkennung der Bereitschaft der Mitarbeitenden, sich um verfügbare Anreize zu bemühen • Erfassung der Mitarbeitermotivation • Einstellung von Mitarbeitenden, um den Realitäten der Arbeitswirklichkeit zu entsprechen

▲ Abb. 20 Behavior Engineering Model nach Gilbert (1996)

stimmt werden. Durch Laborexperimente ist es gelungen zu zeigen, dass die dabei implizit gemachten Annahmen nicht zutreffen und die Angebots- und Nachfragekurven in Wirklichkeit anders verlaufen, als aufgrund der theoretischen Modelle zu erwarten wäre.

Ausdruck der zunehmenden Verbreitung und auch Anerkennung dieser neuen Forschungsrichtung ist die Vergabe des Nobelpreises für Wirtschaftswissenschaften im Jahre 2002 an zwei Forscher (Vernon Smith, Daniel Kahneman) für ihre Arbeiten auf diesem Gebiet.

Behavior Engineering Model

Im Rahmen des ▷ Performance Improvement Management sind verschiedene Modelle entstanden, die zeigen, mit welchen Instrumenten und ▷ Interventionen ein messbarer Beitrag zum Unternehmenserfolg erzielt werden kann. Ein umfassendes Modell ist das Behavior Engineering Model von Gilbert (1996), welches die Stellgrössen zur Beeinflussung des Leistungserbringungsprozesses und somit der Leistung selbst darstellt (◄ Abb. 20).

Beherrschung

Als Beherrschung (*Kontrollverhältnis*, ▷ Corporate Control) bezeichnet man die Möglichkeit eines Gesellschafters (z. B. Aktionär), die Finanz- und Geschäftspolitik eines Unternehmens zu bestimmen, um aus dessen Tätigkeit Nutzen zu ziehen (sog. *Control-Prinzip*). Eine Beherrschung wird unter den ▷ IFRS immer dann angenommen, wenn ein Gesellschafter (z. B. ▷ Muttergesellschaft) entweder direkt oder indirekt mittels ▷ Tochtergesellschaften über mehr als die Hälfte der Stimmrechte eines Unternehmens verfügt. Eine Beherrschung wird auch dann angenommen, wenn ein Mutterunternehmen weniger als die Hälfte der Stimmrechte an einem Unternehmen hält, sofern auf eine andere Art die Finanz- und Geschäftpolitik bestimmt werden kann (z. B. über ▷ Aktionärsbindungsvertrag, aufgrund sonstiger vertraglicher Vereinbarung oder dank der

Möglichkeit, die Mehrheit der Mitglieder von Geschäftsführung oder Aufsichtsorganen zu ernennen oder abzusetzen).

Beherrscht ein Unternehmen als ▷ Muttergesellschaft ein anderes Unternehmen, so ist dieses im Rahmen der ▷ Konzernrechnung mit der Methode der ▷ Vollkonsolidierung zu erfassen.

Belastungsorientierte Auftragsfreigabe

Die belastungsorientierte Auftragsfreigabe *(BOA)* ist ein Verfahren zur ▷ Fertigungssteuerung in der Produktion. Sie zeichnet sich dadurch aus, dass nicht der genaue Ausführungstermin bei der Teileproduktion vorgegeben, sondern an jedem Arbeitsplatz der Auftragsbestand geregelt wird. Seine Höhe muss knapp die vorhandene Kapazität der Planperiode übersteigen, darf jedoch nicht zu hoch werden. Dadurch wird sichergestellt, dass einerseits ein gewisser zeitlicher Druck aufrechterhalten wird und dass andererseits während der Planperiode die Arbeit nicht ausgeht. In welcher Reihenfolge der Auftragsbestand vom betroffenen Mitarbeitenden abgearbeitet wird, bleibt ihm überlassen, solange die Planperiode (üblicherweise eine Woche) eingehalten wird. Dadurch kann zwar ein einzelner Auftrag

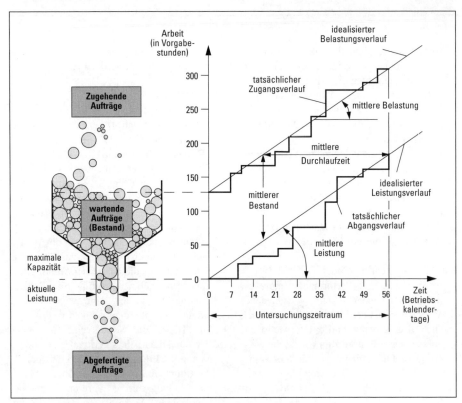

▲ Abb. 21 Belastungsoriente Auftragsfreigabe (Wiendahl 1989, S. 248; 1992, S. 3)

nicht mehr genau verfolgt werden, die durchschnittlichen Durchlaufzeiten und deren Streuung reduzieren sich jedoch im Vergleich zur tagesgenauen Arbeitsgangplanung traditioneller Produktionsplanungs- und -steuerungssysteme (▷ PPS-System) erheblich (◀ Abb. 21).

Die Durchführung der Auftragsfreigabe erfolgt in zwei Schritten:
- Einstufung der Aufträge nach Dringlichkeit *(Terminschranke)* und Durchlaufterminierung. Nicht dringliche Aufträge werden in den nachfolgenden Planperioden berücksichtigt.
- Eingabe des Auftrags in das Produktionsplanungs- und -steuerungssystem (PPS-System) und Freigabe, falls es die Belastung von Fertigung und Montage zulassen *(Belastungsschranke)*.

Angewandt wird dieses einfache und kostengünstige Prinzip in der Werkstattfertigung bei der ▷ auftragsbezogenen Fertigung.

Beleihungsgrenze
▷ Beleihungswert

Beleihungswert
Der Beleihungswert ist der Wert, der einem Grundstück oder einer Immobilie durch eine Bank beigemessen wird. Er dient als Sicherheit im Rahmen eines Hypothekarkredits, wobei die Kreditsumme üblicherweise nur bis zu einem bestimmten Prozentsatz des Beleihungswerts *(Beleihungsgrenze)* gewährt wird.

Below-the-Line
Below-the-Line bedeutet «unter dem Strich» bzw. unterhalb der klassischen Werbe- und Marketingmassnahmen (= nicht klassische Werbung). Darunter sind die neueren Instrumente der Kommunikationspolitik wie ▷ Direktwerbung, ▷ Product Placement, ▷ Sponsoring, ▷ Event-Marketing und Merchandising zu verstehen. Das Gegenteil von Below-the-Line ist ▷ Above-the-Line.

Benchmark
Benchmarks sind Standards, anhand derer der Erfolg (Performance) im Vergleich zu Wettbewerbern gemessen werden kann und deren Grösse sich aus der Definition bzw. Quantifizierung der besten Abläufe und Verfahren *(Best Practices)* der Wettbewerber ergibt (▷ Benchmarking). Benchmarks können qualitativ und quantitativ festgelegt werden. Als beste Verfahren gelten solche, deren Ergebnisse die Erfordernisse der Kunden am besten erfüllen.

Benchmarking
Beim Benchmarking werden eigene Produkte, Dienstleistungen und Prozesse mit den erfolgreichsten Wettbewerbern oder solchen Unternehmen, die als Marktführer gelten, verglichen. Die dabei ermittelten Standards werden als Zielgrössen interner Verbesserungsmassnahmen benützt (▷ Benchmark).

Benchmarking zwingt die Unternehmensleitung zu einer umweltbezogenen Sichtweise, die gewährleistet, dass interne Zielsetzungen an die Erfordernisse von Konkurrenz und Markt angepasst werden. Der Ansatz erfordert einen andauernden Test interner Abläufe gegenüber externen Standards.

Der Benchmarking-Prozess kann in folgende Phasen gegliedert werden:
1. *Planung:* Identifikation von Benchmarks konkurrierender Unternehmen und Festlegung der Kriterien zur Datensammlung.
2. *Analyse:* Festlegung der Erfolgslücke (▷ Gap-Analyse) gegenüber den Wettbewerbern.

3. *Integration:* Kommunikation der gefundenen Benchmarks und Erreichung von innerbetrieblicher Akzeptanz; Festlegung funktionaler Ziele.
4. *Durchführung:* Erarbeitung von Aktionsplänen, Implementierung und Überwachung von Massnahmen und Anpassung von Benchmarks.
5. *Reifestadium:* Führen diese ersten vier Phasen zum gewünschten Ergebnis, ist Marktführerschaft erreicht, und verbesserte Abläufe sind voll ins Unternehmen integriert.

Da es oftmals schwierig ist, sich die benötigten externen Daten zu verschaffen, wird teilweise auch internes Benchmarking betrieben, indem verschiedene Geschäftseinheiten miteinander verglichen werden.

Neben dem Aufdecken von Schwachstellen und deren Ursachen liegt der Hauptvorteil von Benchmarking darin, dass Ziele so gesetzt werden können, dass sie in der bestehenden Wettbewerbssituation auch erreichbar sind. Benchmarking vermeidet zudem die Subjektivität bei der Entscheidungsfindung.

Benchmark-Methode
▷ IFRS

Beobachterperspektive

Unter der Beobachterperspektive versteht man im Rahmen des ▷ Konstruktivismus eine bestimmte Sicht auf Beschreibungen von Wirklichkeit, die deutlich macht, dass die ▷ Selektion, die zu einer bestimmten Beschreibung führt, auch anders sein könnte, sodass die Wahrnehmung dieser ▷ Kontingenz von Wirklichkeit zu einem integrierten Teil der Beobachtung führt. Es können zwei Perspektiven unterschieden werden:
■ Der Beobachter 1. Ordnung beobachtet die «Welt», das «Was», d.h. das Resultat seiner Unterscheidung, die er bei der Beobachtung gemacht hat.
■ Der Beobachter 2. Ordnung beobachtet das Beobachten (oder den Beobachter), das «Wie», d.h. die Frage «Wie kommt eine Unterscheidung, die zu einem relevanten Unterschied führt, überhaupt zustande?». Immer dann, wenn das «Was», d.h. das Resultat einer Beobachtung vom «Wie» des Beobachtens abhängt, ist eine Beobachtung 2. Ordnung erforderlich.
Die Beobachterperspektive spielt insbesondere bei ▷ Interventionen (z.B. ▷ Coaching) eine grosse Rolle.

Beobachtung

6. Unter Beobachtung im Rahmen der ▷ Marktforschung versteht man die Untersuchung und Aufzeichnung des Verhaltens von Personen. Im Gegensatz zur ▷ Befragung findet keine Beeinflussung durch den Befrager statt. Untersucht werden psychische und physische Veränderungen sowie Verhaltensreaktionen. Nach dem Ort der Beobachtung werden ▷ Feld- und ▷ Laborbeobachtungen unterschieden. Beobachtungen werden zur Informationsgewinnung auch unternehmensintern eingesetzt, um z.B. Arbeitsabläufe zu untersuchen.

Beratung
▷ Unternehmensberatung

Berner Übereinkunft

Die Berner Übereinkunft ist ein 1886 geschlossener völkerrechtlicher Vertrag über den internationalen Schutz von Werken der Literatur und Kunst. Sie garantiert einen möglichst hohen Mindestschutz des ▷ Urheberrechts in den angeschlossenen Staaten (z.B. 50-jährige Schutzfrist). Die nationalen Urheberrechtsgesetze können darüber hinaus gehen (z.B. 70-jährige Schutzfrist in der Schweiz und in der EU).

Berufliche Vorsorge (2. Säule)

Die berufliche Vorsorge als 2. Säule (▷ Drei-Säulen-Konzept) der ▷ Altersvorsorge ist seit 1.1.1985 für alle Arbeitnehmer obligatorisch und gesetzlich vorgeschrieben (Bundesgesetz über die berufliche Vorsorge BVG). Von diesem Obligatorium ausgenommen sind einerseits Arbeitnehmer mit einem befristeten Arbeitsvertrag von höchstens 3 Monaten und andererseits solche, die eine niedrigere Jahresbesoldung erhalten als der aktuell gültige Koordinationsabzug. Die Beitragssätze sind altersabhängig. Die Bundesverfassung verlangt vom BVG, dass die Leistungen der beruflichen Vorsorge zusammen mit der AHV (▷ Alters- und Hinterlassenenversicherung) die Fortsetzung der gewohnten Lebenshaltung angemessen ermöglichen.
Die 2. Säule wird nach dem *Kapitaldeckungsverfahren* finanziert (d.h. von den rund 14 000 Pensionskassen werden die Prämieneinnahmen und Kapitalanlagen investiert, aus den Erträgen werden die Renten ausbezahlt). Wer über das Pensionierungsalter hinaus erwerbstätig bleibt, untersteht nicht mehr der Versicherungspflicht gemäss BVG. Anfangs 1995 wurde eine umfassendere Freizügigkeit beim Pensionskassenwechsel eingeführt (das gesamte Sparguthaben bzw. der Anspruch auf die erworbenen Leistungen kann «mitgenommen» werden, was bedeutet, dass kein Mutationsverlust mehr eintritt) sowie die Möglichkeit, das angesparte Vorsorgekapital für den Erwerb oder Bau von Wohneigentum einzusetzen.

Berührungserfolg
▷ Werbeerfolgskontrolle

Beschaffung
Unter Beschaffung i.e.S. versteht man die Ermittlung des Materialbedarfs für die Produktion (▷ Bedarfsrechnung), die Auswahl der Lieferanten sowie die Bereitstellung der benötigten Materialarten. Sie ist neben der Lagerhaltung die wichtigste Funktion der ▷ Materialwirtschaft.
Beschaffung i.w.S. kann sich auf alle Produktionsfaktoren beziehen, also insbesondere auch auf Mitarbeitende, Kapital, Informationen und Investitionsgüter.

Beschaffungsablauf
Als Beschaffungsablauf werden alle Vorgänge verstanden, die der Bereitstellung des benötigten Materials dienen. Unter Einbezug der unternehmerischen *Prozesskette* ergibt sich folgender Überblick über den Beschaffungsablauf:
1. Schätzung des Umsatzes für eine Planperiode, auf dessen Basis das art- und mengenmässige Fertigungsprogramm festgelegt wird.
2. Bedarfsmengenermittlung mit Hilfe von ▷ Stücklisten und Fertigungsplänen, die für die Planperiode bestimmt werden (▷ Bedarfsrechnung).
3. Bestimmung der Beschaffungsmenge für jede Materialart unter Berücksichtigung von Lagerveränderungen (Sicherheitsbestand). Bei Gütern der Eigenfertigung werden die Aufträge an die Produktion (▷ Produktionswirtschaft) weitergeleitet, bei Gütern, die auf dem Beschaffungsmarkt bezogen werden, müssen Bestellmengen und -zeitpunkte ermittelt werden.
4. Festlegung des Beschaffungsprogramms, das mit Hilfe der beschaffungspolitischen Instrumente (▷ Beschaffungspolitik) realisiert wird. Im Mittelpunkt steht die Auswahl der Lieferanten.

5. Definitive Bestellung, Lieferung der Materialien durch die Lieferanten und Warenannahme.
Ziel des Unternehmens ist die Gewährleistung eines reibungslosen Ablaufs, die Vermeidung von Stillständen in Fertigung und Montage und die termingerechte Bereitstellung von Produkten am Markt unter gleichzeitiger Berücksichtigung von Kosten und Qualitätsaspekten.

Beschaffungsarten

Um die zu einem bestimmten Zeitpunkt benötigte Materialmenge bereitzustellen, werden drei Möglichkeiten unterschieden, um den Materialzufluss mit dem Bedarf der Produktion abzustimmen:
1. Bei der *fallweisen Beschaffung* wird der Beschaffungsvorgang ausgelöst, wenn ein entsprechender Materialbedarf festgestellt wird. Die Anwendung dieses Prinzips kommt nur in Frage, wenn das Material jederzeit beschaffbar ist oder der Materialbedarf nicht für längere Zeit geplant werden kann.
2. Bei der *fertigungs-* oder *einsatzsynchronen Beschaffung* erfolgt ein lagerloser Zufluss des Materials (▷ Just-in-Time-Konzept). Dies erfordert eine ausserordentliche hohe Planungsgenauigkeit (deterministische ▷ Bedarfsrechnung). Die fertigungssynchrone Beschaffung kommt v. a. in der Serien- und Massenfertigung vor.
3. Bei der *Vorratsbeschaffung* werden für die verschiedenen Materialien Eingangslager aufgebaut. Die Anwendung dieses Prinzips drängt sich insbesondere dann auf, wenn stochastische (zufallsabhängige) Bedarfsverläufe vorliegen. Die meisten geringwertigen Güter (C-Güter) folgen dem Prinzip der Vorratsbeschaffung. Die Lagerhaltung muss dabei das abgehende Mate-

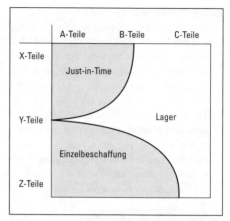

▲ Abb. 22 ABC-XYZ-Analyse zur Ermittlung der Beschaffungsart

rial rechtzeitig ersetzen. Um Bestellmenge und Bestellzeitpunkt zu ermitteln, stehen die Verfahren der optimalen Bestellmenge (▷ Bestellmenge, optimale), das ▷ Bestellpunktsystem und das ▷ Bestellrhythmussystem zur Verfügung (Lagerhaltungsmodelle).
Welche Beschaffungsart das Unternehmen wählt, ist abhängig vom Bedarfsverlauf (▷ XYZ-Analyse) und vom Wert der zu beschaffenden Menge (▷ ABC-Analyse) (◄ Abb. 22). Zusätzlich müssen das ▷ Beschaffungsmarktrisiko, die ▷ Lagerkosten und das Risiko eines Produktionsausfalls berücksichtigt werden. Aufgrund dieser Kriterien werden in der Praxis meist alle Beschaffungsarten miteinander kombiniert.

Beschaffungskommunikationspolitik
▷ Beschaffungsmarketing

Beschaffungskonditionenpolitik
▷ Beschaffungsmarketing

Beschaffungskosten

Die Beschaffungskosten setzen sich aus dem Preis der eingekauften Güter und den Kosten des (internen) administrativen Aufwands für die Durchführung der Beschaffung zusammen. Der *Einstandspreis* (unmittelbare Beschaffungskosten) berechnet sich aus dem Marktpreis abzüglich der Mengenrabatte, zuzüglich der Transport- und Verladekosten, Versicherungen, Zölle und Steuern. Der *administrative Aufwand* (mittelbare Beschaffungskosten) ist unabhängig von der Höhe der Bestellung. Er wird verursacht durch Bedarfsmeldungen, Angebotseinholung und -prüfung, Bestellausführung, Liefertermineüberwachung, Warenabnahme (Kontrolle) und Einlagerung (▷ Beschaffungsablauf).

Eng verbunden mit den Beschaffungskosten sind die Kosten der Lagerhaltung. Höhere Beschaffungsmengen reduzieren zwar aufgrund von Preisrabatten und wenigen Beschaffungsvorgängen die Beschaffungskosten, erhöhen jedoch die Lagerkosten. Um beide Kostenarten zu senken, nehmen Hersteller Einfluss auf ihre Lieferanten und verstärken die Kooperation. Sie überprüfen und verbessern deren Qualitätssicherungssystem (▷ Qualitätssicherung) (Lieferantenbeurteilung, ▷ Auditing), beteiligen die Lieferanten frühzeitig an der Produktentwicklung (▷ Simultaneous Engineering) und reduzieren die Eingangslager (▷ Just-in-Time-Konzept).

Beschaffungsmanagement

Syn. für ▷ Beschaffungsplanung

Beschaffungsmarketing

Aufgabe des Beschaffungsmarketings ist es, (1) den Beschaffungsmarkt zu beobachten und zu analysieren, um Entscheidungsgrundlagen zur Verfügung zu stellen, sowie (2) die Beziehungen auf dem Beschaffungsmarkt mit den Partnern so zu gestalten, dass die Unternehmensziele optimal erfüllt werden. Die erste Aufgabe übernimmt die ▷ Beschaffungsmarktforschung, die zweite Aufgabe fällt den beschaffungspolitischen Instrumenten zu (◂ Abb. 23). Das Beschaffungsmarketing ist Teil der ▷ *Beschaffungspolitik*.

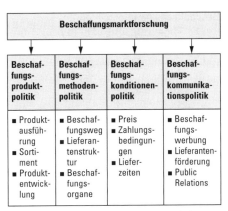

▲ Abb. 23 Instrumente des Beschaffungsmarketings

Beschaffungsmarkt

Auf dem Beschaffungsmarkt versorgt sich das Unternehmen mit den für den Produktionsprozess notwendigen ▷ Ressourcen (Finanzen, Material, Betriebsmittel, Personal u.a.). Diese werden zur Leistungserstellung und -verwertung benötigt und nicht intern hergestellt. Zu unterscheiden sind der ▷ Kapital-, ▷ Arbeits- und Materialmarkt, wobei letzterer im engeren Sinn oft synonym zum Beschaffungsmarkt verwendet wird.

Die Abhängigkeit des Unternehmens von geeigneten Beschaffungsmärkten ist erheblich und kann durch politische und wirtschaftliche Entwicklungen entscheidend beeinflusst werden (▷ Standortwahl).

Beschaffungsmarktforschung

Die Beschaffungsmarktforschung dient der Analyse der Bedingungen auf dem Güter- und Materialmarkt (▷ Beschaffungsmarkt). Dabei spielen folgende Aspekte eine Rolle:

- *Angebots-* und *Nachfragestruktur:* Analyse der Anzahl, Grösse und Leistungsfähigkeit der potenziellen Lieferanten.
- *Preisentwicklung:* Analyse der Preisstruktur und Prognose der Preisentwicklung.
- *Produktentwicklung:* Beobachtung neuer technischer Entwicklungen (▷ technischer Fortschritt) und Substitutionsmöglichkeiten.
- Darüber hinaus ist die Analyse neuer *Lager-* und *Transporttechniken* Gegenstand der Beschaffungsmarktforschung.

Bei den Methoden zur Beschaffungsmarktforschung lassen sich generell *primäre* und *sekundäre* Methoden unterscheiden (▷ Marktforschung). Zu den primären Methoden zählen u.a. die Aufrechterhaltung von Kontakten zu Lieferanten und Verkäufern, Besuche auf Messen und Ausstellungen sowie Einkaufsreisen und Betriebsbesichtigungen. Sekundäre Beschaffungsmarktforschung stützt sich auf vorhandene Unterlagen, z.B. Markt- und Börsenberichte, Fachzeitschriften, Messekataloge.

Der Beschaffungsmarktforschung kommt dann ein hohes Gewicht zu, wenn Unsicherheit auf den Beschaffungsmärkten das ▷ Beschaffungsmarktrisiko steigert.

▷ Beschaffungsmarketing

Beschaffungsmarktrisiko

Unter Beschaffungsmarktrisiko ist die Wahrscheinlichkeit zu verstehen, dass es im Rahmen der Güter- und Materialversorgung zu Störungen kommt, die sich auf die Produktion und u.U. auch auf den Absatz auswirken.

Die Grösse des Beschaffungsmarktrisikos hängt ab von der Kapazität, Struktur und Anzahl der Lieferanten, der Wettbewerbssituation auf den ▷ Beschaffungsmärkten und von der generellen wirtschaftlichen und politischen Entwicklung. Einem hohen Beschaffungsmarktrisiko kann durch eine intensive Kooperation mit den Lieferanten, durch Streuung (▷ Diversifikation) von Beschaffungsaufträgen auf verschiedene Lieferanten und durch eine höhere Lagerhaltung begegnet werden.
Insbesondere moderne Produktionskonzepte wie z.B. das ▷ Just-in-Time-Konzept, welche die Lagerhaltung erheblich reduzieren, nehmen ein hohes Beschaffungsmarktrisiko in Kauf, da im Fall eines Lieferantenausfalls nur schwer termingerecht Ersatz beschafft werden kann.

Beschaffungsmenge

Die Beschaffungsmenge ergibt sich aus dem Materialbedarf der Produktion abzüglich/zuzüglich Lagerveränderungen.

Beschaffungsmethodenpolitik

▷ Beschaffungsmarketing

Beschaffungsplanung

Die Beschaffungsplanung *(Beschaffungsmanagement)* umfasst alle Entscheidungen, welche die Beschaffungsmengen und -zeitpunkte und somit insbesondere die ▷ Beschaffungsart und die gewünschte Lagerhaltung (▷ Lager) betreffen.
Aufgabe einer erfolgreichen Beschaffungsplanung ist die Ausarbeitung eines für das Unternehmen optimalen *Beschaffungsprogramms* unter Berücksichtigung von Zeit-, Kosten- und Qualitätsaspekten. Das Beschaffungsprogramm gibt Auskunft

über die geplanten Bestellungen und die vorhandenen Lagerbestände zu den jeweils aktuellen Zeitpunkten.
▷ Beschaffungsmarketing
▷ Beschaffungspolitik

Beschaffungspolitik

Unter der Beschaffungspolitik versteht man die Festlegung unternehmensweit gültiger Grundsätze, wie auf dem Beschaffungsmarkt aufzutreten und wie das Verhalten gegenüber den Lieferanten zu gestalten ist. Die Beschaffungspolitik ist Teil der ▷ Unternehmenspolitik und beinhaltet folgende Bereiche: Beschaffungsprogramm, Preise und Konditionen, Bezugspolitik, Kommunikationspolitik, Vertragspolitik, Lieferantenauswahl. Damit wird deutlich, dass das ▷ *Beschaffungsmarketing* ein wesentlicher Bestandteil der Beschaffungspolitik ist.

Die Beschaffungspolitik wird, für ein Unternehmen v.a. dann bedeutend, wenn es versucht, Kostensenkungspotenziale auf dem Beschaffungsmarkt auszuschöpfen oder andere ▷ strategische Erfolgspositionen durch eine entsprechende Gestaltung der Zusammenarbeit mit den Lieferanten aufzubauen (vertikale ▷ Unternehmensverbindung).

Beschaffungsproduktpolitik
▷ Beschaffungsmarketing

Beschaffungsprogramm
▷ Beschaffungsplanung
▷ Make-or-Buy-Entscheid

Beschaffungsstrategie

Beschaffungsstrategien legen langfristig fest, in welcher Art und Weise die Bedarfsdeckung der benötigten Materialarten erfolgen soll. Dazu zählen:

- *Abschöpfungsstrategien:* Ist die Bedarfsflexibilität des Unternehmens in Bezug auf die Materialien hoch und das ▷ Beschaffungsmarktrisiko gering, wird eine kostenoptimale Bestellmenge mit aktiver Preis- und Qualitätspolitik angestrebt. Kostenvorteile stehen im Mittelpunkt, nicht die Versorgungssicherheit.
- *Investitionsstrategien:* Verzicht auf kostenoptimale Bestellung zugunsten einer Aufstockung der Sicherheitsbestände. Diese Strategie ist bei hohem Marktrisiko und geringer Flexibilität sinnvoll.
- *Selektive Strategien:* Flexible Festlegung nach Kosten- und Sicherheitsgesichtspunkten, falls Risiko und Flexibilität gleichgerichtet sind, z.B. beide hoch oder beide gering.

Ziel geeigneter Beschaffungsstrategien ist eine kosten- und risikooptimale Beschaffung, die regelmässig anhand festgelegter Kriterien überprüft wird.

Beschaffungszeit

Die Beschaffungszeit umfasst die Zeitdauer zwischen Bedarfsfeststellung und dem Zeitpunkt, zu dem die Ware für die Fertigung zur Verfügung stehen muss. Sie wird folgendermassen berechnet:

	Bedarfsermittlungszeit (Zeit zwischen Bedarfsfeststellung und Entscheid über Bestellmenge)
+	Bestellzeit (Zeit zwischen Entscheid über Bestellmenge und Bestellerteilung)
+	Lieferzeit (Zeit zwischen Bestellerteilung und Versand durch Lieferanten)
+	Transportzeit (Zeit zwischen Versand durch Lieferanten und Eintreffen beim Besteller)
+	Warenannahmezeit (Zeit zwischen Eintreffen beim Besteller und Verfügbarkeit für die Produktion)
=	Beschaffungszeit

Während der *Bedarfsermittlungszeit* wird der Lagerbestand kontrolliert und der zukünftige Bedarf abgeklärt. Die Dauer der *Bestellzeit* hängt stark davon ab, ob es sich um laufende Routinebestellungen handelt. Ist dies nicht der Fall, so müssen Offerten eingeholt und eine Lieferantenwahl getroffen werden. Die *Lieferzeit* hängt vom Lieferbereitschaftsgrad des Lieferanten sowie von dessen organisatorischer Gestaltung der Auftragsabwicklung ab, während die *Transportzeit* von der Entfernung zwischen Lieferant und Besteller, den Verkehrsverbindungen und der Art des Guts (Empfindlichkeit) beeinflusst wird. Die *Warenannahmezeit* schliesslich wird für die Mengen- und Qualitätsprüfung sowie die Einlagerung der Materialien ins Eingangslager benötigt.

Beschäftigung
Syn. für ▷ Beschäftigungsgrad
▷ Vollbeschäftigung

Beschäftigungsgrad
- Als Beschäftigungsgrad im volkswirtschaftlichen Sinn bezeichnet man das Verhältnis der arbeitenden zur arbeitswilligen Bevölkerung (Einbezug der Arbeitslosen).
- Als Beschäftigungsgrad *(Beschäftigung, Kapazitätsausnutzungsgrad, Auslastungsgrad)* im betriebswirtschaftlichen Sinn bezeichnet man das Verhältnis zwischen vorhandener ▷ Kapazität und effektiver Ausnutzung dieser Kapazität. Der Beschäftigungsgrad (BG) ist wie folgt definiert:

$$BG = \frac{\text{Ist-Output}}{\text{Kann-Output}} \cdot 100$$

Der Kann-Output meint jene Kapazitätsauslastung, die unter Berücksichtigung technischer, wirtschaftlicher und sozialer Aspekte über längere Zeit aufrechterhalten werden kann. Deshalb ist es möglich, dass der Kapazitätsausnutzungsgrad kurzfristig über 100% liegt. In diesem Fall spricht man von *Überbeschäftigung*. Ist der Beschäftigungsgrad hingegen < 100%, so liegt *Unterbeschäftigung* vor, ist er genau 100%, *Vollbeschäftigung*.

Beschlussreserven
▷ Reserven

Beschwerdemanagement
Unter Beschwerdemanagement versteht man alle Massnahmen und Aktivitäten eines Unternehmens im Zusammenhang mit unzufriedenen Kunden bzw. Kunden, die sich wegen Unzufriedenheit mit einer Beschwerde an das Unternehmen wenden. Ziel ist es, den Kunden zufrieden zu stellen, Unzufriedenheit abzubauen, Kundenbindung zu erreichen bzw. die Geschäftsbeziehungen zu stabilisieren. Die geäusserten Beschwerden sind Indikatoren für Schwachstellen im Unternehmen.
Wichtige Bestandteile des Beschwerdemanagements sind: (1) Definition einer Beschwerde bzw. das Beschwerdeverständnis innerhalb des Unternehmens, (2) Stimulierung zur Beschwerde bzw. unzufriedene Kunden zur Beschwerde bewegen, (3) Annahme der Beschwerde (Verhaltensgrundsätze für Mitarbeitende), (4) Bearbeitung der Beschwerde (Regeln, Fristen, Vorgehensweise), (5) Analyse der Beschwerden (Konsequenzen für das Unternehmen), (6) Erfolgskontrolle bezüglich Kosten, Zeit, Qualität, Lerneffekte, (7) Integration in ein zentrales Informationssystem (technischer Aspekt).

Beschwerdeweg
▷ Kommunikationsweg

Bestand
Syn. für ▷ Lagerbestand

Bestellmenge

Unter der Bestellmenge ist diejenige Menge eines Materials zu verstehen, die man jeweils vom Lieferanten beziehen will. Grundlage bildet der geplante Bedarf sowie die Beschaffungsmenge in der Produktion (▷ Bedarfsrechnung).
Bei der Ermittlung der Bestellmenge können grundsätzlich zwei Fälle unterschieden werden: Entweder gibt das Unternehmen über die gesamte Planperiode eine im Voraus bestimmte *feste* Bestellmenge in Auftrag (▷ Bestellpunktsystem), oder sie entscheidet sich für eine *variable* Bestellmenge, die sie zu jedem Bestellzeitpunkt neu festlegt (▷ Bestellrhythmussystem). Eine feste Bestellmenge kann sich sowohl aufgrund des Bestellers (Vereinfachung der Bestellabwicklung) als auch des Lieferanten (Vereinfachung der Absatz-, Produktions- und Lagerplanung) oder auch aufgrund technischer Restriktionen (z. B. Container-Transport) ergeben. Durch Minimierung der Beschaffungs- und Lagerkosten kann die kostenoptimale Bestellmenge (▷ Bestellmenge, optimale) berechnet werden.
Eine feste Bestellmenge ist v. a. bei konstantem Bedarf vorteilhaft, während die variable Bestellmenge bei starken Bedarfsschwankungen zweckmässig erscheint. Wird fallweise oder fertigungssynchron beschafft (▷ Beschaffungsarten), entspricht die Bestellmenge genau dem laufenden Bedarf der Produktion unter Berücksichtigung der Lagerveränderung.

Bestellmengenplanung

Ziel der Bestellmengenplanung ist die Ermittlung der optimalen Bestellmenge (▷ Bestellmenge, optimale) sowie des optimalen Bestellzeitpunkts (▷ Bestellpunktsystem, ▷ Bestellrhythmussystem).

Bestellmenge, optimale

Bei der Ermittlung der optimalen Bestellmenge geht es – ausgehend vom Ziel der Kostenminimierung im Beschaffungs- und Lagerbereich – darum, diejenige Bestellmenge zu berechnen, bei welcher die Summe aus ▷ Beschaffungs- und ▷ Lagerkosten pro Stück am tiefsten ist.
Ausgangspunkt des Grundmodells der optimalen Bestellmenge bilden die Annahmen, dass (1) die Beschaffungsmenge in gleich bleibende Bestellmengen während der Planperiode aufgeteilt wird, (2) die Lagerabgangsraten ebenfalls gleich bleiben, (3) die Einstandspreise weder von der Bestellmenge noch vom Bestellzeitpunkt abhängig sind und (4) die fixen Kosten pro Bestellung sowie der Zins- und Lagerkostensatz genau bestimmbar sind und sich während der Planperiode nicht verändern. Die optimale Bestellmenge kann mit folgender Formel berechnet werden:

$$x_{opt} = \sqrt{\frac{2 \cdot M \cdot a}{p \cdot q}}$$

x: Bestellmenge; M: gesamte Beschaffungsmenge pro Jahr; a: auftragsfixe Kosten; p: Einstandspreis; q: Zins- und Lagerkostensatz/Jahr in %

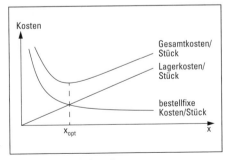

▲ Abb. 24 Optimale Bestellmenge

Grafisch lässt sich die Ermittlung der optimalen Bestellmenge mit ◄ Abb. 24 darstellen.

Bestellpunktsystem

Das Bestellpunktsystem *(Meldebestandssystem, Order Point System)* ist im Rahmen der Vorratsbeschaffung (▷ Beschaffungsarten) ein Verfahren zur Lagerergänzung. Dabei kommt es bei variablen Bestellzeitpunkten zu konstanten Bestellmengen.

Wenn die Vorräte auf einen im Voraus bestimmten Lagerbestand absinken, wird beim Lieferanten eine Bestellung ausgelöst. Dieser wird auch als *kritischer* Lagerbestand (Meldemenge) bezeichnet, da sonst der Bedarf der Produktion nur noch für einen begrenzten Zeitraum gewährleistet ist (► Abb. 25). Ein *Sicherheitsbestand* wird deshalb gehalten, weil der Verbrauch und damit die Lagerabgangsrate nicht immer genau prognostizierbar sind. Bei Erreichen des Sicherheitsbestands sollte auch bei maximaler Lagerabgangsrate eine kontinuierliche Aufrechterhaltung der Produktion gewährleistet sein. Die Bestellmenge richtet sich nach dem Lagerhöchstbestand, der unter Berücksichtigung des Verbrauchs, der Lager- und der Beschaffungskosten festgelegt wird (▷ Bestellmenge, optimale).

Das Bestellpunktverfahren ist die in der Praxis am weitesten verbreitete Methode der Lagerergänzung. Es wird im Kleingewerbe genauso wie in Grossunternehmen eingesetzt und ist manuell oder mit EDV-Unterstützung durchführbar. Es eignet sich für alle Materialien, die einen relativ konstanten Verbrauch aufweisen, führt jedoch leicht zu einer Überdimensionierung der Lager, wenn die Meldemenge aus Sicherheitsgründen hoch gehalten wird oder wenn sich die zu beschaffenden Materialien laufend ändern (Sortimentswechsel). Auf flexible Kundenwünsche lässt sich deshalb mit diesem Verfahren nicht schnell genug reagieren. Das *Pull-*

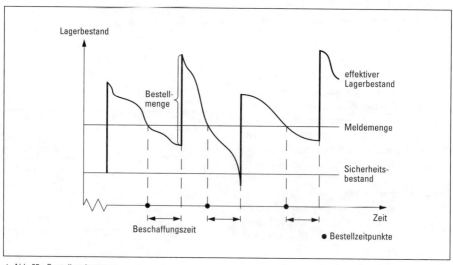

▲ Abb. 25 Bestellpunktsystem

Prinzip des Bestellpunktverfahrens entspricht im Übrigen dem ▷ Kanban-Verfahren der ▷ Fertigungssteuerung.

Bestellquote
▷ Response

Bestellrhythmussystem
Das Bestellrhythmussystem ist im Rahmen der Vorratsbeschaffung (▷ Beschaffungsarten) ein Verfahren zur Lagerergänzung. Kennzeichen sind konstante Bestellzeitpunkte mit variablen Bestellmengen. Der Lagerbestand wird in einem festen Rhythmus kontrolliert, und je nach Verbrauch wird eine Bestellung ausgelöst (▶ Abb. 26).
Das Bestellrhythmussystem ist empfehlenswert, wenn die Kosten der Lagerkontrolle einen erheblichen Anteil ausmachen, wenn die Lagerentnahme dezentral erfolgt und nicht erfasst werden kann oder wenn die Lieferanten auf fixe Bestelltermine angewiesen sind (z.B. aufgrund von Transport- oder Produktionsrestriktionen).

Bestellung
Die Bestellung ist ein Antrag für den Kauf einer Ware zu bestimmten Konditionen. Wird der Antrag angenommen (auch stillschweigend, d.h. ohne Gegenofferte) entsteht eine vertragliche Vereinbarung zwischen einem Unternehmen und seinem Lieferanten. Der Lieferant verpflichtet sich zur Lieferung der gewünschten Menge (z.B. Material) zum vereinbarten Preis, zum vereinbarten Zeitpunkt und zur vereinbarten Qualität. Das Unternehmen verpflichtet sich, die bestellte Menge abzunehmen und zu bezahlen, wenn der Lieferant die Ware zum akzeptierten Preis, in der verlangten Qualität und zum gewünschten Zeitpunkt liefert.
▷ Auftrag

Bestellzeit
▷ Beschaffungszeit

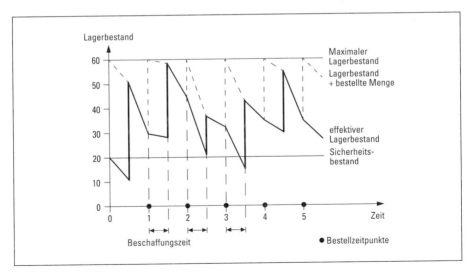

▲ Abb. 26 Bestellrhythmussystem

Best Practices
Engl. für «beste Abläufe und Verfahren»
▷ Benchmark

Beta-Faktor
Der Beta-Faktor (auch *Aktien-Beta*) stellt das Risikomass eines einzelnen Titels in einem Aktien-Portefeuille dar. Er ist ein Massstab für die Veränderung des Kurses einer Aktie im Verhältnis zur Veränderung des Aktienindex. Mathematisch wird der Beta-Faktor durch den Quotienten aus der Kovarianz zwischen der Rentabilität der Anlage i und dem Marktportefeuille einerseits und der Varianz der Rentabilität des Marktportefeuilles andererseits ausgedrückt.

$$\beta = \frac{Cov(R_i, R_m)}{Var(R_m)}$$

β: Beta (als Risikomassgrösse) der Anlage i; R_i: Rentabilität der Anlage i; R_m: Rentabilität des sog. Marktportefeuilles; Cov: Kovarianz; Var: Varianz

Titel mit einem Beta-Faktor von >1 reagieren auf Kursausschläge des Markts stärker als der Index selbst, Titel mit einem Beta-Faktor von <1 entsprechend schwächer. Hat ein Titel einen Beta-Faktor von 1,5, bedeutet dies, dass der Aktienkurs um 15% steigt, wenn der Gesamtmarkt (dargestellt durch den Index) eine Kurssteigerung von 10% aufweist. Der Beta-Faktor bezieht sich nur auf das systematische Risiko (auch Marktrisiko genannt), da sich das unsystematische Risiko (unternehmensspezifisches Risiko) in einem Portefeuille «neutralisieren» lässt. Der Beta-Faktor ist das in der Praxis am häufigsten verwendete Risikomass und findet im Zusammenhang mit dem ▷ Capital Asset Pricing Model (CAPM) breite Verwendung.

Beteiligung
Unter einer Beteiligung versteht man i.d.R. eine Kapitalbeteiligung eines Unternehmens an einem anderen. Die Beteiligung kann verschiedene Ausmasse annehmen. Übersteigt sie 50%, spricht man von einer ▷ Tochtergesellschaft, da die ▷ Muttergesellschaft (▷ Holdinggesellschaft) die unternehmerische Verfügungsmacht über dieses Unternehmen hat. Die Tochtergesellschaft hat somit die wirtschaftliche, nicht aber die rechtliche Selbständigkeit verloren.

Beteiligungsfinanzierung
Bei der Beteiligungsfinanzierung als einer Form der ▷ Finanzierung wird ▷ Eigenkapital von den Eigentümern zur Verfügung gestellt. Dem Unternehmen steht das Beteiligungskapital in Form von ▷ Aktien- oder ▷ Partizipationskapital i.d.R. dauernd (bis zur Auflösung des Unternehmens) zur Verfügung. Die Beteiligungsfinanzierung stellt neben der ▷ Kreditfinanzierung eine weitere Möglichkeit der ▷ Aussenfinanzierung dar.

Beteiligungsumfrage
Syn. für ▷ Omnibusumfrage

Betrachtungsweise, wirtschaftliche
▷ Wirtschaftliche Betrachtungsweise

Betreibung
Syn. für ▷ Zwangsvollstreckung

Betrieb
Der Begriff Betrieb wird in folgenden Bedeutungen gebraucht: (1) synonym zum Begriff ▷ Unternehmen, (2) Unternehmen der Industrie (Industriebetrieb), (3) Produktionsbereich eines Unternehmens.

Betriebliches Vorschlagswesen

Das betriebliche Vorschlagswesen ist ein Instrument zur Förderung und Anerkennung von Verbesserungsvorschlägen aller Mitarbeitenden. Es wird auch als *Ideenmanagement* bezeichnet, wobei das Ideenmanagement oft auch weitere Instrumente umfasst wie z.B. ▷ Qualitätszirkel, Ausbildungszirkel, Mitarbeitergesprächskreise oder Projektgruppen. Den Mitarbeitenden wird die Möglichkeit geboten, über ihren betrieblichen Aufgabenbereich hinaus aktiv, kreativ und engagiert Vorschläge zur Verbesserung und Gestaltung der Organisation, der Prozesse, der Produkte und Dienstleistungen, der Motivation der Mitarbeitenden und der Kundenorientierung einzureichen.

Ziele des betrieblichen Vorschlagswesens sind Wirtschaftlichkeitsverbesserungen, Arbeitserleichterungen, Rationalisierung, Verbesserung des Arbeitsschutzes, des Betriebsklimas, der Produktivität, der Motivation und Entwicklung der Mitarbeitenden sowie Förderung von Innovationen. Damit sich die Mitarbeitenden dieses Instrumentes auch tatsächlich bedienen, sind verschiedene Massnahmen der Kommunikation notwendig, so z.B. Hinweise in der Personalzeitung, am Anschlagbrett oder in speziellen Broschüren.

Eine Anerkennung der Mitarbeitenden im Rahmen des betrieblichen Vorschlagswesens erfolgt in vielen Fällen durch Prämien (Geld, Bonusaktionen), doch stellen neben Geld auch Sachpreise wie Geschenkgutscheine, Verlosungen oder Partys eine weitere wichtige Art der Anerkennung dar. Studien belegen, dass die konsequente Umsetzung von guten Vorschlägen, die umfassende persönliche Information aller Mitarbeitenden, Besprechungen mit dem Ideengeber (z.B. Begründung der Ablehnung) und Anerkennung durch Führungskräfte oft wichtiger sind als die Anerkennung durch Geldprämien, die von den Mitarbeitenden als zweitrangig beurteilt werden.

Beispiel 1: Landesbank Baden-Württemberg. Im Jahr 2000 reichten die Mitarbeitenden rund 1700 Verbesserungsvorschläge ein. Von diesen wurden 1206 begutachtet, davon 316 (26%) realisiert bzw. 439 (37%) mit einer Prämie honoriert. Der Bank brachte dies im ersten Jahr der Umsetzung eine kalkulierte Nettojahreseinsparung von rund 175 000 Euro. Die Mitarbeitenden wurden mit Prämien in Höhe von insgesamt 88 000 Euro belohnt. Die Spannweite lag zwischen 50 und 10 000 Euro, wobei die Bank erfolgreiche Vorschläge mit einer Prämie von 50% der Nettojahreseinsparung im ersten Jahr der Umsetzung honorierte.

Beispiel 2: Deutsche Post AG. Interessant ist in diesem Fall die Entwicklung der Anzahl eingegangener Verbesserungsvorschläge und daraus resultierende Einsparungen der letzten Jahre (▶ Abb. 27).

	1999	2000	2001	2002
Anzahl Vorschläge	17 800	60 700	84 500	93 840
Einsparungen in Euro	3,3 Mio.	12,2 Mio.	38,6 Mio.	52,6 Mio.

▲ Abb. 27 Entwicklung des Vorschlagswesens Deutsche Post AG

Beispiel 3: Heidelberger Druckmaschinen AG. Diese hat im Jahr 2002 von den rund 5500 eingereichten Vorschlägen 4000 umgesetzt. Dank den Mitarbeitervorschlägen verzeichnete das Unternehmen insgesamt 3,2 Mio. Euro an Einsparungen, wovon 1,7 Mio. Euro aus Ideen des vergangenen Geschäftsjahrs resultierten. Je nach Höhe der erzielten Einsparungen erhielten die Ideengeber ein Los des Unternehmens (1. Preis: VW Lupo) und bei höheren Beträgen zusätzlich eine Geldprämie (an die

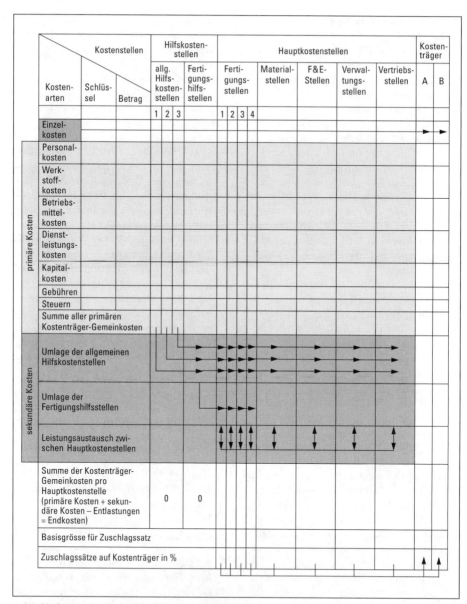

▲ Abb. 28   Betriebsabrechnungsbogen (Schellenberg 2000a, S. 314)

Mitarbeitenden wurden 0,5 Mio. Euro als Prämien ausgezahlt). Gemäss einer bundesweiten Umfrage des Deutschen Instituts für Betriebswirtschaft (Dachorganisation für das Ideenmanagement in Deutschland) wurden im Jahr 2002 rund 1,36 Mio. Verbesserungsvorschläge eingereicht, wovon 70 % in die Praxis umgesetzt wurden. Dabei konnten die Unternehmen Kosten im Umfang von 1,18 Mrd. Euro einsparen. Dafür vergaben sie Prämien in Höhe von 185 Mio. Euro, wobei der Prämiensatz im Schnitt zwischen 15 bis 30 % der Einsparungen im ersten Jahr lag.

Betriebsabrechnung
Syn. für ▷ Betriebsbuchhaltung

Betriebsabrechnungsbogen (BAB)
Der Betriebsabrechnungsbogen ist die *tabellarische Darstellung* der ▷ Kostenstellenrechnung (◄ Abb. 28). Er dient in erster Linie der Kostenverrechnung und der Ermittlung der Endkosten für jede ▷ Kostenstelle. In übersichtlicher Form wird für jede Kostenstelle eine Spalte geführt. Die Zeilen zeigen die ▷ Einzelkosten und die verschiedenen primären ▷ Gemeinkosten. Für jede ▷ Kostenart kann als Zusatzinformation die Schlüsselgrösse angegeben werden, mit der die Kosten auf die Kostenstellen verteilt werden. In den Spalten werden die anteiligen Primärkosten der einzelnen Kostenstellen eingetragen. Als erstes Zwischenergebnis zeigt der BAB die Summe aller primären Kostenträger-Gemeinkosten je Kostenstelle. Die folgenden Zeilen dienen der Sekundärkostenrechnung (innerbetriebliche Leistungsverrechnung). Am Ende der eigentlichen Kostenstellenrechnung werden die Endkosten für jede einzelne Kostenstelle ausgewiesen. Neben den Kostenstellen lassen sich auch die ▷ Kostenträger in Spalten erfassen. Der BAB dient dann zusätzlich der Kostenzurechnung auf die Kostenträger (▷ Kostenträgerrechnung). Die dafür notwendigen kostenstellenspezifischen Zuschlagssätze können ebenfalls im BAB aufgeführt werden.

Der Aufbau des BAB ist stark unternehmensspezifisch. Das Prinzip der Kostenstellenrechnung ist jedoch grundsätzlich gleich, unabhängig von der Branche und eventueller EDV-Unterstützung.

Betriebsblindheit
Betriebsblindheit tritt auf, wenn ein Mitarbeitender aufgrund langjähriger (und erfolgreicher) Zugehörigkeit zu einem Unternehmen aktuelle Probleme nicht mehr erkennt oder wahrhaben will. Sie ist v. a. deshalb zu beachten, weil frühzeitige Signale (▷ schwache Signale) auftauchender Probleme so lange ignoriert werden, bis es für eine Anpassung fast zu spät ist. Zur Vermeidung von Betriebsblindheit dienen die Einstellung neuer Mitarbeiter (▷ Personalpolitik), ▷ Job Rotation, Weiterbildung, gelegentliche Beratung durch externe Unternehmensberater oder ein externes ▷ Coaching.

Betriebsbuchhaltung
Die Betriebsbuchhaltung (auch *Betriebsabrechnung, Kosten- und Leistungsrechnung* oder vereinfachend *Kostenrechnung* genannt) bezieht sich im Gegensatz zur ▷ Finanzbuchhaltung auf die betriebsinternen Vorgänge und erfasst den durch die betriebliche Leistungserstellung bedingten Verbrauch bzw. Zuwachs von Werten. Durch die Gegenüberstellung von Kosten und Leistungen ist die Betriebsbuchhaltung in der Lage, der Unternehmensfüh-

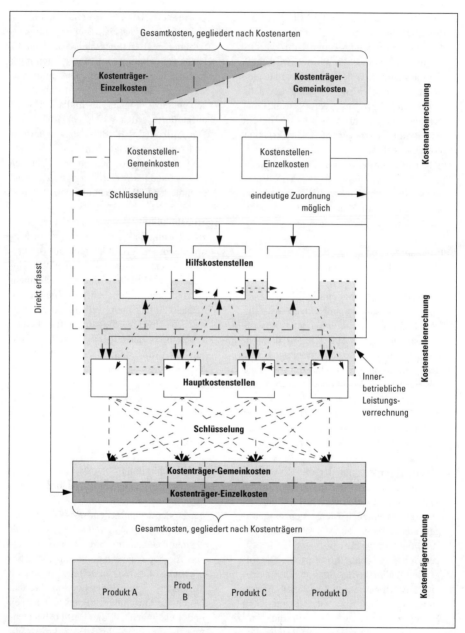

▲ Abb. 29   Grundstruktur der Kosten- und Leistungsrechnung (nach Heinen/Dietel 1991, S. 1230)

rung entscheidungsorientierte, quantitative Informationen zu liefern. Aufgrund wertmässiger, zeitlicher oder inhaltlicher Abgrenzungen entspricht der Erfolg der Betriebsbuchhaltung nicht dem Gewinn der Finanzbuchhaltung. Im Unterschied zu ▷ Bilanz und ▷ Erfolgsrechnung liegt die Ausgestaltung der Betriebsbuchhaltung weit gehend im Ermessen der Unternehmensführung und ist nicht an inhaltliche oder formale Vorschriften gebunden.

Die Betriebsbuchhaltung besteht aus drei zentralen Elementen oder Hauptbereichen: der ▷ Kostenartenrechnung, der ▷ Kostenstellenrechnung und der ▷ Kostenträgerrechnung. Ihre Aufgaben sowie das Zusammenspiel dieser Bereiche wird in ◀ Abb. 29 übersichtsartig dargestellt.

Die Kostenrechnung will die Zusammenhänge zwischen den betriebsinternen Bereichen (Divisionen, Abteilungen, Produktgruppen usw.) aufzeigen und dient der Lenkung der Betriebe sowie der Gestaltung des internen Berichtswesens. Sie liefert Planungs-, Entscheidungs- und Kontrollinformationen für die Produkt- und Prozessbeurteilung:

■ Die *Produktbeurteilung* beschäftigt sich mit Fragen der Preisbeurteilung, Preisbildung und Bewertung der Lagerbestände.

■ Bei der *Prozessbeurteilung* stehen Fragen zur Beurteilung von Fertigungsverfahren und zum ▷ Make-or-Buy-Entscheid im Vordergrund.

Aus diesen Beurteilungen lassen sich die konkreten Aufgaben der Kostenrechnung ableiten:

■ *Detaillierte Erfassung und Darstellung der Kosten* der betrieblichen Leistungserstellung (Ermittlung der Kosten in der ▷ Kostenartenrechnung und Verteilung der Kosten mit Hilfe der ▷ Kostenstellenrechnung auf die einzelnen ▷ Kostenträger oder betrieblichen Leistungen).

■ *Ermittlung des Betriebsergebnisses* (Vergleich der Kosten mit den entsprechenden Erlösen je Kostenträger oder Kostenträgerbereich).

■ *Bereitstellung von Unterlagen für die Kontrolle* der Kosten und der ▷ Wirtschaftlichkeit.

■ *Führungsinstrument im Sinn einer Vergangenheits-, Planungs-, Vorgabe- und Kontrollrechnung.*

Betriebsdatenerfassung (BDE)

Die Betriebsdatenerfassung *(BDE)* ist ein Hilfsmittel zur Überwachung des ▷ Produktionsablaufs. Durch Rückmeldungen von Daten werden Störungen erfasst und anschliessend behoben. Sie bildet damit nicht nur die Basis für die Terminsteuerung und Fortschrittskontrolle (▷ Arbeitsvorbereitung), sondern auch für die ▷ Qualitätssicherung und die Nachkalkulation im Zusammenhang mit der Betriebsabrechnung (▷ Betriebsbuchhaltung). Die zu erfassenden Daten lassen sich folgendermassen unterteilen:

■ Auftragsbezogene Daten: Beginn- und Endtermine von Arbeitsvorgängen, produzierte Mengen und Ausschuss.

■ Personenbezogene Daten: Arbeitszeit gemäss Zeitabrechnung, Nutzung von ▷ Betriebsmitteln durch Mitarbeitende.

■ Zustandsdaten: Durchlaufzeiten, Liegezeiten.

■ Materialdaten: Verbrauch, Verschleiss, Fehler.

■ Prozessdaten: Energieverbrauch, Temperatur.

Die Intensität der Betriebsdatenerfassung hängt in hohem Masse vom ▷ Organisationstyp der Fertigung ab. Während die Fliessfertigung auf einen kontinuierlichen Strom von Informationen angewiesen ist, genügt es bei einer Werkstattfertigung,

wenn die Rückmeldungen fallweise erfolgen.
Die zunehmende betriebliche ▷ Automatisierung erleichtert die Betriebsdatenerfassung erheblich und eröffnet bessere Möglichkeiten für ein effizientes Produktions-Controlling.

Betriebsform
Syn. für ▷ Handelsform

Betriebsgewinn
▷ Gewinn

Betriebsgrösseneffekt
Syn. für ▷ Economies of Scale

Betriebsgrössenvariation
Unter Betriebsgrössenvariation werden Massnahmen verstanden, die zur *langfristigen* Anpassung der Kapazitäten des Unternehmens an die Markterfordernisse beitragen. Hierbei werden zwei Fälle unterschieden:
1. Die *multiple* Betriebsgrössenvariation beinhaltet eine Veränderung des Betriebsmittelbestands in dem Sinn, dass eine Erweiterung durch Maschinen oder Betriebsteile (Abteilungen) mit völlig gleichartiger technischer und personeller Ausstattung geschieht.
2. Bei einer qualitativen Veränderung des Betriebsmittelbestands spricht man von einer *mutativen* Betriebsgrössenvariation. Infolge des ▷ technischen Fortschritts geht eine Betriebsgrössenvariation meist mit einer Veränderung des angewandten Fertigungsverfahrens (▷ Organisationstypen der Fertigung) einher.

Betriebsklima
Das Betriebsklima bezeichnet die Qualität der sozialen Beziehungen innerhalb eines Unternehmens oder einer Abteilung. Es kann nur aus der Sicht der Mitarbeitenden selbst beurteilt werden, denen ein bestimmtes Betriebsklima zusagt oder missfällt. Das Betriebsklima wirkt sich auf die allgemeine Arbeitszufriedenheit aus und kann die Leistungsmotivation beeinflussen. Es kann kaum direkt gesteuert werden, da es keinen objektiven Massstab für ein gutes Betriebsklima gibt. Positiv auf das Betriebsklima wirkt allerdings eine zunehmende Dauer und Regelmässigkeit des gegenseitigen Kontakts, was z.B. durch Projektarbeiten oder ▷ Job Rotation gefördert werden kann (▷ Unternehmenskultur).

Betriebsleiter
▷ Chief Operating Officer

Betriebsmaximum
▷ Kostenverläufe

Betriebsminimum
▷ Kostenverläufe

Betriebsmittel
Betriebsmittel *(Potenzialfaktoren)* sind die langfristig zur Verfügung stehenden Anlagen aller Art (z.B. Maschinen, EDV-System), die ein bestimmtes Leistungspotenzial haben und über einen längeren Zeitraum für die Leistungserstellung genutzt werden können. Im Gegensatz zu den ▷ Werkstoffen (Material) fliessen sie nicht direkt in die erzeugten Leistungen ein.

Betriebsrat
Der Betriebsrat ist die gesetzlich vorgeschriebene Arbeitnehmervertretung in deutschen Unternehmen mit mehr als fünf Mitarbeitenden. Er vertritt offiziell die Interessen der Arbeitnehmer (ohne Kaderangestellte) gegenüber der Geschäftsleitung und muss bei personellen oder orga-

nisatorischen Massnahmen konsultiert werden. Seine Grösse hängt vom Gesamtbestand aller Mitarbeitenden ab.

Betriebsstatistik

Betriebsstatistiken umfassen die Analyse von Bilanz, Erfolgsrechnung, Kapitalflussrechnung und Kostengrössen, indem mit Hilfe von Kennzahlen und Kennzahlensystemen folgende Vergleiche durchgeführt werden:

■ *Zeitvergleich:* Analyse der Entwicklung wichtiger Kennzahlen (z. B. Umsatz, Liquidität) über die Zeit.

■ *Soll-Ist-Vergleich:* Vergleich der budgetierten (geplanten) Zahlen mit den tatsächlichen Ergebnissen und Ausweis der Abweichungen (▷ Abweichungsanalyse).

■ *Zwischenbetrieblicher Vergleich:* Vergleich der Zahlen des eigenen Unternehmens mit denen gleichartiger Unternehmen oder mit den Durchschnittszahlen der Branche.

Betriebsstoffe

Betriebsstoffe sind Materialarten, die nicht in das Produkt eingehen, sondern bei der ▷ Fertigung verbraucht werden (z. B. Schmiermittel, Heizöl). Zusammen mit den ▷ Hilfs- und ▷ Rohstoffen bilden die Betriebstoffe die ▷ Werkstoffe des Unternehmens.

Betriebssystem

▷ System-Software

Betriebstyp

Syn. für ▷ Handelsform

Betriebswirtschaftslehre (BWL)

Die Betriebswirtschaftslehre *(Managementlehre, Business Administration)* ist die Wissenschaft, die sich mit der Führung und Gestaltung von Unternehmen befasst. Im Vordergrund stehen das ▷ Unternehmen als produktives und soziales System und das unternehmerische Handeln, mit dem das Überleben innerhalb der Marktwirtschaft gegenüber der Konkurrenz gesichert wird. Die Aussagen der Betriebswirtschaftslehre betreffen jede Art von Unternehmen, auch wenn spezielle Gebiete der BWL für spezifische Typen von Unternehmen zu finden sind, z. b. für verschiedene Branchen (Industrie-BWL, Bank-BWL, Handels-BWL usw.) oder Grössen (BWL für Klein- und Mittelbetriebe, BWL für multinationale Unternehmen usw.). Die Erkenntnisse können teilweise auch auf andere Institutionen (▷ Non-Profit-Organisationen) übertragen werden (Verwaltungen, Krankenhäuser), in denen ebenfalls mehrere Personen arbeitsteilig ein Ziel verfolgen. Gemeinsam ist aber allen Organisationen das Anbieten bestimmter Güter oder Dienstleistungen auf dem Markt, um bestimmte (Kunden-)Bedürfnisse abzudecken. Im Vordergrund steht die optimale Gestaltung der ▷ Wertkette eines Unternehmens, d. h. die zentralen Funktionen Beschaffung, Produktion und Absatz. Dazu gehören aber auch Fragen der Entscheidungsfindung (▷ Führung), der ▷ Organisation, des ▷ Rechnungswesens, der Informationswirtschaft, der ▷ Finanzierung, der (Mitarbeiter-)Führung und die grundsätzliche «strategische» Ausrichtung (▷ strategisches Management). Da die Unternehmensführung ausserordentlich komplex ist, müssen zur Lösung vieler betriebswirtschaftlicher Probleme häufig auch die Erkenntnisse anderer Fachgebiete herangezogen werden. Zu nennen sind insbesondere die Volkswirtschaftslehre oder andere Sozialwissenschaften (wie Psychologie und Soziologie) sowie die Natur- und Ingenieurwissenschaften.

Betriebswirtschaftslehre, Gliederung der

Die Betriebswirtschaftslehre als Lehr- und Forschungsgebiet kann funktionell, genetisch und institutionell gegliedert werden.

1. Die *funktionelle* Gliederung beruht auf der Einteilung betrieblicher Probleme nach den verschiedenen Funktionen, die sich aus dem betrieblichen Wertschöpfungsprozess ergeben. Dabei kann zwischen Funktionen unterschieden werden, die sich direkt als Teil des güter- und finanzwirtschaftlichen Umsatzprozesses ergeben, sog. *Grundfunktionen,* wie Beschaffung, Lagerhaltung, Forschung und Entwicklung, Produktion, Absatz, Finanzierung, Investition, und solchen, welche sich durch den gesamten Umsatzprozess hindurchziehen, sog. *Querfunktionen* wie Führung, Personal, Rechnungswesen und Informatik.

2. Die *genetische* Gliederung geht vom «Lebenslauf» des Unternehmens aus. Sie erfasst diejenigen betriebswirtschaftlichen Entscheidungen, die einmaliger oder eher seltener Natur sind und das Unternehmen auf längere Zeit prägen. Sie kann in die drei Phasen Gründung, Umsatz und Liquidation gegliedert werden. (a) Die Gründungs- oder Errichtungsphase umfasst die konstitutiven Entscheidungen, die einen langfristig gültigen Rahmen für die nachfolgenden laufenden Entscheidungen zur Leistungserstellung und Leistungsverwertung abstecken (z.B. das Leistungsprogramm, das Zielsystem, die Rechtsform, die Organisation sowie den Standort). (b) In der Umsatzphase stehen – neben den unter (a) genannten – jene Entscheidungen im Mittelpunkt, die der Steuerung des güter- und finanzwirtschaftlichen Umsatzprozesses dienen und die laufenden Änderungen der gesellschaftlichen, ökologischen, technologischen und ökonomischen Umweltbedingungen berücksichtigen. Der Unternehmenszusammenschluss und die Sanierung können als spezielle Ereignisse hervorgehoben werden. (c) In der Liquidations- oder Auflösungsphase findet die Veräusserung aller Vermögensteile eines Unternehmens statt.

3. Die *institutionelle* Gliederung hat die Zugehörigkeit des Unternehmens zu verschiedenen Wirtschaftszweigen als Abgrenzungskriterium. Sie wird i.d.R. als Spezielle Betriebswirtschaftslehre bezeichnet. Untersucht werden jeweils die betriebswirtschaftlichen Probleme einer bestimmten Branche wie Industrie, Handel, Banken, Versicherung, Revision und Treuhand, Tourismus oder öffentliche Betriebe und Verwaltungen.

4. Neben dieser klassischen Einteilung der Betriebswirtschaftslehre findet sich aber immer häufiger eine *problemorientierte* Betrachtung, die den Fokus auf grössere, das Unternehmen stark verändernde Ereignisse legt. Zu erwähnen sind in diesem Zusammenhang z.B. ▷ Unternehmensverbindungen (Mergers & Acquisitions), grundlegende Neuausrichtung des Unternehmens (▷ Change Management), Bewältigung von unvorhergesehenen grossen Krisen (▷ Krisenmanagement).

Betriebszeit

Unter Betriebszeit versteht man die Dauer der Betriebsbereitschaft. Entscheidendes Kriterium ist die Kommunikations- bzw. Geschäftsmöglichkeit mit einem Unternehmen bzw. im Einzelhandel die Ladenöffnungszeit, nicht die Arbeitszeit des einzelnen Mitarbeitenden.

Beurteilungsgespräch

Syn. für ▷ Mitarbeitergespräch

Bewegungsbilanz

Bei Bewegungsbilanzen werden auf der Basis von zwei aufeinander folgenden

▷ Bilanzen die Differenzen zwischen den jeweiligen Bilanzpositionen berechnet und nach folgendem Schema neu gegliedert:
- *Mittelherkunft:* Zunahme von Passiven; Abnahme von Aktiven.
- *Mittelverwendung:* Zunahme von Aktiven; Abnahme von Passiven.

Die Aussagekraft solcher Bewegungsbilanzen ist sehr beschränkt, vermögen sie doch die Ursachen von Veränderungen der Bilanzpositionen nicht zu erklären. Präzisere Informationen erhält man, indem man wichtige Bestandesdifferenzen durch die jeweiligen Kontenumsätze erläutert. Dies ist allerdings nur für die Ersteller interner Rechnungen möglich.

Die Bewegungsbilanz bildet häufig die Grundlage für die Erstellung einer umfassenden ▷ Mittelflussrechnung.

Bewerbungsunterlagen

Zu den Bewerbungsunterlagen im Rahmen der ▷ Personalauswahl zählen neben dem Anschreiben mit der persönlichen Motivation für eine Stelle der ▷ Lebenslauf, die Arbeits- und Schulzeugnisse (▷ Zeugnis) sowie die Referenzen. Die Bewerbungsunterlagen ergeben ein erstes Bild der sich bewerbenden Person. Sie dienen der Vorselektion, ob überhaupt eine weitere, meist sehr zeitintensive und damit kostspielige Prüfung in Frage kommt (▷ Assessment Center).

Bewertung

Unter Bewertung versteht man im Rechnungswesen das Verfahren zur Bestimmung der Geldbeträge, mit denen die Abschlussposten zu erfassen und in der ▷ Bilanz und in der ▷ Erfolgsrechnung anzusetzen sind.
▷ Bilanzierungs- und Bewertungsmethoden

Bezogener
▷ Wechsel

Bezugsfrist
Die Bezugsfrist bezeichnet die Zeitspanne, innerhalb welcher bei einer ▷ Kapitalerhöhung oder bei der erstmaligen Aktienausgabe (▷ Emission) die neuen Aktien bezogen werden können.
▷ Bezugsrecht

Bezugskosten
▷ Anschaffungskosten

Bezugspreis
Syn. für ▷ Ausübungspreis

Bezugsrecht

Das Bezugsrecht gibt dem Aktionär das Recht, zusätzliche Aktien in einem bestimmten Verhältnis zu seiner bisherigen Beteiligung zu erwerben, wenn das Unternehmen weitere Beteiligungspapiere emittiert (▷ Emission). Dieses Recht hat einen eigenen Wert und wird bei börsenkotierten Aktiengesellschaften während eines begrenzten Zeitraums *(Bezugsfrist)* gehandelt (Bezugsrechtshandel, ▷ *Anrechtshandel).* Sind alle Informationen mit Ausnahme des Werts des Bezugsrechts sowie des Kurses nach Kapitalerhöhung gegeben, so kann der Wert des Bezugsrechts berechnet werden:

$$BR = \frac{K_a - K_e}{\frac{a}{n} + 1} = \frac{n \cdot (K_a - K_e)}{a + n}$$

BR: Wert des Bezugsrechts; K_a: Kurs der alten Aktie vor Kapitalerhöhung; K_e: Emissionskurs der neuen Aktien; a: Anzahl alte Aktien; n: Anzahl neue Aktien

Betriebswirtschaftlich gibt das Bezugsrecht einen Anspruch des bisherigen Aktionärs auf eine Entschädigung für die mit einer ▷ Kapitalerhöhung verbundene ▷ Kapitalverwässerung. Verkauft er seine Bezugsrechte, so verkauft er einen Anteil seines Anspruchs auf das Vermögen der Gesellschaft. In der Praxis wird dieses Bezugsrecht als eine Art Bonus betrachtet, v. a. wenn sich der Aktienkurs nach der Kapitalerhöhung wieder auf den Stand vor der Kapitalerhöhung erholt. Dies ist meistens der Fall bei guten Wachstums- und Ertragschancen des Unternehmens und bei einer tendenziell positiven Börsenstimmung. Ein wesentlicher Faktor ist auch die Höhe des ▷ Ausgabekurses, der die Rentabilität der neuen Aktien bestimmt.

Bezugsverhältnis

Das Bezugsverhältnis gibt im Rahmen einer Kapitalerhöhung das Verhältnis zwischen bestehendem und neuem Aktienkapital wieder und zeigt, wie viele alte Aktien zum Bezug einer neuen Aktie notwendig sind. Ein Bezugsverhältnis von 15:1 bedeutet, dass ein bisheriger Aktionär mit 15 alten Aktien eine neue beziehen kann.

B-Güter

▷ ABC-Analyse

Bifurkation

Unter Bifurkation versteht man einen bestimmten Zustand eines ▷ komplexen Systems. Es befindet sich in einem chaotischen Zustand, seine Zukunft kann wegen starken positiven Rückkopplungsprozessen (▷ Rückkopplung) aufgrund kleinster Veränderungen nicht vorausgesagt werden.

BIGA

Das frühere Bundesamt für Industrie, Gewerbe und Arbeit (BIGA) wurde in ▷ Bundesamt für Wirtschaft und Arbeit (BWA) umbenannt und fusionierte 1999 mit dem Bundesamt für Aussenwirtschaft (Bawi) zum Staatssekretariat für Wirtschaft (▷ Seco).

Bilanz

Die Bilanz ist die auf einen bestimmten Stichtag hin erstellte übersichtliche Zusammenstellung aller ▷ *Aktiven* und ▷ *Passiven* eines Unternehmens.
Sie ist obligatorischer Bestandteil der ▷ Jahresrechnung, aber im Gegensatz zur ▷ Erfolgsrechnung keine Zeitraum-, sondern eine *Bestandesrechnung*. Während sich die Aktiven aus dem ▷ Umlauf- und ▷ Anlagevermögen zusammensetzen, weisen die Passiven Umfang und Art der Ansprüche auf diese ▷ Vermögenswerte aus. Entsprechend wird zwischen ▷ Fremd- und ▷ Eigenkapital unterschieden. Innerhalb von Aktiven und Passiven wird die Bilanz nach der Fristigkeit der ausgewiesenen Bestände gegliedert (Realisierbarkeit der Aktiven bzw. Fälligkeit der Passiven).
Die Bilanz dient dem Ausweis der Schuld- und Forderungsverhältnisse sowie der Finanzlage des Unternehmens, indem die kurzfristig verfügbaren Mittel (▷ liquide Mittel), Guthaben und Verbindlichkeiten nach Art, Umfang und Verfall aufgeführt werden.
Die Ermittlung der tatsächlichen ▷ Vermögens-, Finanz- und Ertragslage erfordert eine ▷ Bewertung aller Bilanzpositionen. Hinsichtlich der Bewertungsproblematik ist zwischen Handelsbilanz, Steuerbilanz und interner Bilanz zu unterscheiden:

■ Die *Handelsbilanz* beruht auf den handelsrechtlichen Buchführungsvorschriften

(Art. 957ff. und Art. 662ff. OR), welche die Rechnungslegung zuhanden der Öffentlichkeit regeln. Der Gläubigerschutz steht im Zentrum, weshalb im Aktienrecht *Bewertungsobergrenzen* für die verschiedenen Vermögenspositionen der Bilanz bestehen (Art. 664ff. OR). Bei der Darlegung ihrer wirtschaftlichen Lage darf das Unternehmen kein zu günstiges Bild vortäuschen (Grundsatz der Bilanzwahrheit), sondern muss sich unter dem Aspekt des Gläubigerschutzes in der Jahresrechnung vorsichtig darstellen. Da in der Praxis der Ermessensspielraum für die Bewertung von Aktiven und Passiven aber sehr gross ist (▷ stille Reserven), muss die Aussagefähigkeit von Handelsbilanzen stark in Frage gestellt werden.

■ Die *Steuerbilanz* beruht auf der steuerrechtlichen Gesetzgebung. Sie bildet die Basis für die Erhebung der direkten Steuern (auf Einkommen und Vermögen bzw. auf Gewinn und Kapital). Steuergesetze und entsprechende Vollziehungsverordnungen legen – im Gegensatz zu den handelsrechtlichen Bestimmungen – *Bewertungsuntergrenzen* für die Aktivseite der Bilanz fest, wobei die handelsrechtlichen Höchstbewertungsvorschriften auch im Steuerrecht Gültigkeit haben. Bewertungen unterhalb der handelsrechtlichen Höchstbewertungsvorschriften werden nur in begrenztem Ausmass zugelassen. Bei der Ermittlung des steuerpflichtigen Vermögens und Ertrags wird darum i.d.R. von der Jahresrechnung nach handelsrechtlichen Gesichtspunkten ausgegangen, um anschliessend steuerrechtliche Bewertungskorrekturen vorzunehmen.

■ Die *interne Bilanz* wird auf der Basis bereinigter Wertansätze erstellt, da weder die Handels- noch die Steuerbilanz sich als Grundlage für die Ermittlung unternehmensinterner Führungsinformationen bezüglich Vermögensstatus und Periodenerfolg eignen. Zudem ist es notwendig, dass im Rahmen der ▷ Betriebsbuchhaltung detaillierte, ablauforientierte Zusatzinformationen erhoben werden (z.B. für die Budgetierung und Nachkalkulation von Aufträgen).

Bilanzanalyse
▷ Bilanz- und Erfolgsanalyse

Bilanzgewinn
▷ Gewinn

Bilanzierungs- und Bewertungsmethoden
Unter Bilanzierungs- und Bewertungsmethoden versteht man alle Grundsätze, Grundlagen, Konventionen, Regeln und Verfahren, die ein Unternehmen bei der Aufstellung und Darstellung seiner Abschlüsse anwendet.
▷ Bewertung

Bilanzregel, goldene
▷ Goldene Bilanzregel
▷ Finanzierungsregeln

Bilanz- und Erfolgsanalyse
Die Analyse von ▷ Bilanz und ▷ Erfolgsrechnung hat zur Aufgabe, systematisch Erkenntnisse zur Beurteilung der Vermögens-, Finanz- und Ertragslage des Unternehmens zu gewinnen, welche über die blosse Auflistung und Gegenüberstellung von Bestandes- und Erfolgskonten hinausgehen. Je mehr das der Analyse zugrunde liegende Zahlenmaterial die tatsächlichen Werte wiedergibt (▷ True and Fair View), desto grösser ist der Aussagewert der Bilanz- und *Erfolgsanalyse*. Es ist daher äusserst wichtig, willkürliche, ausserordentliche, perioden- und betriebsfremde Werte

der nach handelsrechtlichen Gesichtspunkten erstellten Jahresrechnung zu bereinigen.

Als Massstab für die Beurteilung der wirtschaftlichen und finanziellen Lage eines Unternehmens sind ▷ Kennzahlen von grosser Bedeutung. Es gilt allerdings festzuhalten, dass «branchenübliche» Richtgrössen für solche Kennzahlen aus verschiedenen Gründen kaum aussagekräftig sind. Letztlich gilt es, jedes Unternehmen individuell zu beurteilen.

Im Rahmen der klassischen Bilanz- und Erfolgsanalyse werden folgende Kennzahlengruppen unterschieden:
- Kennzahlen zur Analyse der Vermögensstruktur (▷ Investitionsverhältnis, ▷ Kapitalumschlagshäufigkeit, ▷ Debitorenanalyse, ▷ Lagerbestand, Lagerumschlag [▷ Lagerumschlagshäufigkeit] und ▷ Lagerdauer),
- Kennzahlen zur Analyse der Kapitalstruktur und der Deckungsverhältnisse (▷ Finanzierungsverhältnis, ▷ Verschuldungsgrad, ▷ Eigenfinanzierungsgrad, ▷ Selbstfinanzierungsgrad, ▷ Kreditorenanalyse und ▷ Anlagedeckungsgrade),
- Kennzahlen zur Analyse der ▷ Liquidität,
- Kennzahlen zur Analyse der Ertragslage (▷ Kapitalumschlagshäufigkeit, ▷ Umsatzrentabilität, ▷ Eigenkapitalrentabilität, ▷ Gesamtkapitalrentabilität) und
- integrierte Kennzahlensysteme (z.B. ▷ Du-Pont-Schema).

Eingesetzt wird die Bilanz- und Erfolgsanalyse von Banken im Rahmen der Kreditgewährung, bei der fundamentalen Aktienanalyse und durch die Geschäftsleitung selbst, um den eigenen Geschäftsgang zu beurteilen.

Bill of Lading
Engl. für ▷ Konnossement

Binnenmarkt
Der Binnenmarkt bezeichnet ein Wirtschaftsgebiet, in dem keine Zölle oder andere Handelshemmnisse auftreten. Als Binnenmarkt wird z.b. der inländische (nationale) Handelsraum bezeichnet. Es gibt jedoch auch grenzüberschreitende Binnenmärkte, z.B. die ▷ Europäische Union (EU) (▷ Freihandel).

Bionik
Unter Bionik wird die Verknüpfung wissenschaftlicher Erkenntnisse aus den Bereichen *Bio*logie und Tech*nik* verstanden. Daraus lassen sich wertvolle Anregungen und Konzepte für die Gestaltung von Unternehmen und Produkten gewinnen.

BIP
Abk. für ▷ Bruttoinlandprodukt

Black-Box-Modell
Das Black-Box-Modell stellt das Grundmodell des Konsumentenverhaltens dar. Der Konsument wird als *Black Box* dargestellt, über die man nichts weiss, ausser dass sich darin irgendwelche Vorgänge abspielen, die zu einer bestimmten (positiven oder negativen) Entscheidung führen. Die Input-Faktoren, die als Reize auf die Black Box einwirken, bezeichnet man als *Stimuli*. Diese Stimuli werden unterteilt in
- *endogene* Einflussfaktoren, die im Konsumenten selbst bereits angelegt sind (z.B. soziale Merkmale), und
- *exogene* Einflussfaktoren, die aus der Umwelt des Konsumenten auf dessen Entscheidungsprozess einwirken (z.B. Marketingmassnahmen).

Zeigen diese Stimuli eine Wirkung, so erfolgt eine Reaktion, die sog. Response (z.B. Kauf einer Ware).

▶ Abb. 30 zeigt dieses vereinfachte Denkmodell, das als Black-Box-Modell oder

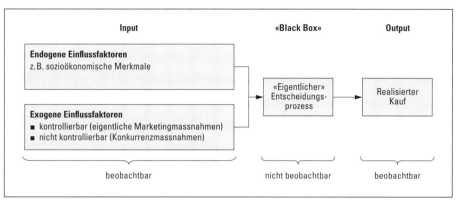

▲ Abb. 30 Grundmodell des Käuferverhaltens (Meffert 1986, S. 145)

Stimulus-Response-Modell (S-R-Modell; behaviouristisches Modell) bekannt ist. Da dieses Modell lediglich die In- und Outputs eines Prozesses oder eines Systems, nicht aber die intern ablaufenden Vorgänge untersucht, wurde es zu sog. *Stimulus-Organismus-Response-Modellen* (S-O-R-Modell; neo-behaviouristisches Modell) weiterentwickelt, die eine beschränkte Anzahl erklärender (sog. intervenierender) Variablen berücksichtigen.

Das Käuferverhalten kann nicht nur durch direkt beobachtbare, sondern auch durch die nicht direkt beobachtbaren Prozesse in der Black Box (Organismus) erklärt werden.

Blake-Mouton-Führungsmodell
▷ Verhaltensgitter

Blankokredit
▷ Kontokorrentkredit

Blockbuster
Blockbuster ist die Bezeichnung für ein Medikament, das einen Jahresumsatz von über 1 Mrd. Dollar bringt.

Blockplanung
Bei der Blockplanung im Rahmen des ▷ Planungsprozesses erfolgt eine Neuplanung erst am Ende der ursprünglichen Planperiode (z.B. alle 5 Jahre bei einer 5-jährigen Planperiode). Ein anderes Verfahren ist die ▷ rollende Planung.

Block-Teilzeitarbeit
▷ Teilzeitarbeit

Blockzeit
Syn. für ▷ Kernarbeitszeit
▷ Gleitende Arbeitszeit

Blue Chip
Als Blue Chip bezeichnet man die ▷ Aktien einer grossen, erstklassigen Publikumsaktiengesellschaft, welche sich durch eine hohe ▷ Bonität, regelmässige Dividendenzahlungen, ein hohes Wachstumspotenzial sowie eine starke Shareholder-Orientierung (▷ Shareholder Value, ▷ Economic Value Added) auszeichnet. Blue Chips weisen i.d.R. ein hohes Handelsvolumen an der Börse auf. Ihre Kursschwankungen weichen nur gering vom Gesamtmarkt ab (▷ Beta-Faktor von ca. 1), weil sie in den Aktienindices der ent-

sprechenden Börse meist stark gewichtet werden. Aufgrund ihrer relativ geringen ▷ Volatilität eignen sie sich zur langfristigen Kapitalanlage, sodass sie auch von institutionellen Anlegern besonders gern gekauft werden.

BOA
Abk. für ▷ Belastungsorientierte Auftragsfreigabe

Board of Directors
Als Board of Directors wird im angelsächsischen Raum die als Kollegium ausgestaltete ▷ Spitzenorganisation des Unternehmens bezeichnet, die – ähnlich wie der ▷ Verwaltungsrat – die Überwachungs- und Führungsaufgaben wahrnimmt. Ihm steht ein Chairman vor, der als ▷ Chief Executive Officer (CEO) selbst die Leitung übernehmen kann.
▷ Verwaltungsrat

Bombenwurf-Strategie
Bei einer Bombenwurf-Strategie erfolgt die Umsetzung neuer Strategien oder Organisationsmassnahmen durch die Vorgesetzten ohne ▷ Partizipation der Betroffenen und ohne vorherige Ankündigung. Damit wird eine kurze Entwicklungs- und Umsetzungszeit für eine neue Massnahme angestrebt; auch können Geheimhaltungsgründe für diese Strategie sprechen. Man erhofft sich, dass durch die rasche Schaffung vollendeter Tatsachen den internen oder externen Betroffenen keine Zeit bleibt, eventuelle Nachteile zu entdecken oder Widerstände und Gegenmassnahmen zu entwickeln. Ob diese Vorteile umgesetzt werden können, hängt sehr stark von den Erwartungen der Betroffenen, dem Grad ihrer Betroffenheit und von der Verfügbarkeit möglicher Alternativen ab.

Vor allem interne organisatorische Änderungen lassen sich mit der Bombenwurf-Strategie schlecht durchsetzen, da das stärker werdende Bedürfnis nach Mitbestimmung und Selbstverwirklichung stark beeinträchtigt wird (▷ Wertewandel). Mangelnde Identifikation sowie der fehlende Lernprozess der Mitarbeitenden sind gewichtige Nachteile dieser Strategie. Ein konträres Vorgehen bildet die Strategie der ▷ Organisationsentwicklung.

Bond
Engl. für ▷ Obligation

Bond-Markt
Unter dem Bond-Markt versteht man den internationalen Markt, auf dem ▷ Obligationen (Bonds) gehandelt werden.
▷ Euromarkt

Bond with Warrant
Engl. für ▷ Optionsanleihe

Bonität
Die Gewährung eines Kredits hängt i.d.R. sowohl von der *Kreditfähigkeit* als auch von der *Kreditwürdigkeit* ab, die zusammengefasst als Bonität eines Schuldners bezeichnet werden.
■ Die Kreditfähigkeit von Unternehmen wird durch die Überprüfung der Zahlungsfähigkeit aufgrund der Vermögens-, Finanz- und Ertragslage bestimmt. Dabei werden die ▷ Liquidität, die ▷ Rentabilität sowie die ▷ Eigenfinanzierung beurteilt.
■ Kreditwürdig sind solche Unternehmen, deren Geschäftsleiter dank ihrer Charaktereigenschaften als Kreditnehmer das Vertrauen verdienen.
Je höher die Bonität, desto günstigere Konditionen erhält der Schuldner, da ein geringes Ausfall- bzw. Kreditrisiko besteht. Das gilt sowohl für Bankkredite als

auch für die Begebung (▷ Emission) von Anleihen durch industrielle oder institutionelle Schuldner. Die Bonität von Unternehmen und der öffentlichen Hand wird durch ▷ Ratings gemessen.

Börse

Die Börse ist der Ort, an dem ein regelmässiger, nach festen Regeln organisierter Handel mit Wertpapieren, Devisen oder Rohstoffen stattfindet. Besonderes Merkmal der Börse ist die freie Preisbildung, die den Einfluss des wechselnden Angebots und einer schwankenden Nachfrage widerspiegelt. Je nach Art der gehandelten Güter unterscheidet man Aktienbörsen, Warenterminbörsen, Baumwollbörsen, Kaffeebörsen, Devisenbörsen u.a. Im Gegensatz zum traditionellen «physischen» Markt müssen zwar die Käufer und Verkäufer bzw. deren Vertreter während der Handelszeit anwesend sein, nicht hingegen die Waren. Die örtliche Konzentration von Angebot und Nachfrage verliert jedoch durch den zunehmenden Computer-Handel (▷ Schweizer Börse SWX) an Bedeutung. Gehandelt werden nur vertretbare (fungible) Sachen, die gegenseitig austauschbar sind. Ursprünglicher Zweck der Börse war die Zusammenführung der gesamten Nachfrage und des gesamten Angebots, um einen möglichst objektiven Preis sicherzustellen.

Die Börse steht unter staatlicher Aufsicht. Für die Zulassung zum Börsenhandel bestehen sowohl für die Händler als auch für die gehandelten Waren oder die zu kotierenden Wertpapiere strenge Zulassungsregeln. Börsenaufsichtsgremien überwachen den Handel (bei Wertpapierbörsen auch die dahinter stehenden Unternehmen), um Betrugsversuche zu verhindern und die Transparenz sicherzustellen (▷ Insider-Geschäfte).

Börsenkapitalisierung

Die Börsenkapitalisierung entspricht dem Wert eines Unternehmens aufgrund der Börsenbewertung (▷ Börse) an einem bestimmten Stichtag. Sie errechnet sich als Multiplikation der Anzahl ausstehender Beteiligungspapiere (▷ Aktien, ▷ Partizipationsscheine) mit deren ▷ Kurs am Stichtag. Da die Börsenkapitalisierung oft grossen Schwankungen unterliegt, ist sie im Rahmen der ▷ Unternehmensbewertung nur ein bedingt geeignetes Instrument.

Bossing

Bossing ist eine Form des ▷ Mobbings, bei dem der Vorgesetzte der Schikanierer ist.

Bottom-up-Planung

Die Bottom-up-Planung ist eine Form der Unternehmensplanung (▷ Planungssystem), bei der die einzelnen Teilbereiche (z.B. Finanzen, Absatz, Personal) für ihren Verantwortungsbereich die Pläne zusammenstellen und sie der Unternehmensleitung weitergeben. Diese fasst die Teilpläne zusammen und stimmt sie aufeinander ab, bis ein integrierter Gesamtplan für das gesamte Unternehmen vorliegt.

Die Stärke der Bottom-up-Planung liegt darin, dass die Planungsdaten an der operativen Basis gewonnen werden und somit meist einen hohen Realitätsbezug aufweisen. Allerdings muss die Bottom-up-Planung normalerweise durch eine ▷ Top-down-Planung ergänzt werden, wenn es um die Verteilung knapper Ressourcen geht. Die an der Basis gewonnenen Daten bieten jedoch eine zuverlässige Grundlage und ermöglichen die Partizipation mehrerer Führungsstufen an der Gesamtplanung.
▷ Top-down-Planung

Boutique

▷ Einzelhandelsformen

Brainstorming

Beim Brainstorming werden – ausgehend von einem genau umschriebenen Problem – in einer ungezwungenen Atmosphäre Ansätze zur Problemlösung diskutiert. Konkrete Problemlösungen sind nicht Ziel des Brainstormings. Seine Stärke liegt in einer umfangreichen Sammlung kreativer Ideen, die in einem nächsten Schritt überprüft und konkretisiert werden müssen. Der Ablauf des Brainstormings ist durch Regeln stark strukturiert. Die Gruppe umfasst maximal 5 bis 7 Personen, hat einen Gruppenleiter und einen Protokollführer, und die Sitzung dauert etwa 30 bis 40 Minuten. Die Beiträge der Teilnehmer werden aufgezeichnet und während der Sitzung grundsätzlich nie kritisiert, können aber aufgegriffen und weiterentwickelt werden. Der Phantasie soll vollkommen freier Lauf gelassen werden, um möglichst unkonventionelle Ideen zu entwickeln. Dabei ist die Quantität wichtiger als die Qualität, um möglichst viele Ansätze zu erhalten.

Branche

Als Branche wird eine Gruppe von Unternehmen bezeichnet, die Produkte herstellen oder anbieten, die sich aus Sicht des Kunden gegenseitig ersetzen können (▷ Substitutionsgut) bzw. einen ähnlichen Nutzen stiften, oder deren Produkte auf ähnlichen Rohstoffen basieren (z.B. Chemiebranche, Stahlbranche).

Branchenanalyse

Die Branchenanalyse, oft synonym für ▷ Wettbewerbsanalyse, umfasst die Untersuchung des für ein Unternehmen relevanten Wirtschaftszweigs (◀ Abb. 31). Von besonderer Bedeutung ist die ▷ Konkurrenzanalyse, um deren strategische Ausrichtung zu erkennen und gegenüber der eigenen Position abzugrenzen. Einen möglichen Ansatz zeigt die ▷ Wettbewerbsanalyse von Porter.

Branchenstruktur	■ Anzahl Anbieter ■ Heterogenität der Anbieter ■ Typen der Anbieterfirmen ■ Organisation der Branche (Verbände, Absprachen usw.)
Beschäftigungslage, Wettbewerbssituation	■ Auslastung der Kapazität ■ Konkurrenzkampf
Wichtigste Wettbewerbsinstrumente/ Erfolgsfaktoren	■ Qualität ■ Sortiment ■ Beratung ■ Preis ■ Lieferfristen ■ usw.
Distributionsstruktur	■ Geografisch ■ Absatzkanäle
Branchenausrichtung	■ Allgemeine Branchenausrichtung (Werkstoffe, Technologie, Kundenprobleme usw.) ■ Innovationstendenzen (Produkte, Verfahren usw.)
Sicherheit	■ Eintrittsbarrieren für neue Konkurrenten ■ Substituierbarkeit der Leistungen

▲ Abb. 31 Checkliste zur Branchenanalyse (Pümpin 1992, S. 195f.)

Branding

Branding bezeichnet die Marketingstrategie, einen Markenartikel einzigartig zu machen, d.h. als Brand zu positionieren. Er zeichnet sich durch vier Eigenschaften aus: (1) Differenzierung durch bestimmte Merkmale, (2) klare Zielgruppenorientierung, (3) Wertschätzung, (4) Vertrautheit. Beispiele: Coca-Cola, Toblerone, Lego, Swatch, Nivea.

Break-even-Analyse

Mit der Break-even-Analyse *(Nutzschwellenrechnung)* wird die Absatzmenge ermittelt, bei der die Erlöse die entstandenen Kosten gerade decken. In diesem Punkt, dem ▷ Break-even-Punkt (Nutzschwelle), entsteht daher weder ein Gewinn noch ein Verlust. Steigt der Umsatz aufgrund höherer Preise oder höherer Absatzmengen über den Break-even-Punkt, erzielt das Unternehmen einen Gewinn.

Die Break-even-Analyse ermöglicht es dem Unternehmen auch festzustellen, welchen Preis es pro Stück verlangen muss, um bei einer bestimmten (geschätzten) Absatzmenge sein Gewinnziel zu erreichen. Ebenfalls nützliche Informationen liefert sie hinsichtlich der Kapazitätsauslastung, kann doch die Preissenkung berechnet werden, die nötig ist, um einen drohenden Absatzrückgang zu vermeiden (▶ Abb. 32).

Die Break-even-Analyse geht i.d.R. von (idealisierten) linearen Gesamtkosten- und Erlöskurven aus. Ausgangspunkt bildet die Grundgleichung:

Periodengewinn (G) = Periodenerlös (E) – Periodenkosten (K)

Im Fall eines Einproduktunternehmens und eines linearen Kostenverlaufs lautet diese Gleichung:

(1) $G = p\,x - k_{var}\,x - K_{fix}$

p: Preis (Stückerlös); x: produzierte Menge; k_{var}: variable Kosten; K_{fix}: fixe Kosten

Gleichung (1) kann übergeführt werden in:

(2) $G = x(p - k_{var}) - K_{fix}$

Da $(p - k_{var})$ dem ▷ Deckungsbeitrag pro Stück entspricht, ist der Bruttogewinn G abhängig von der abgesetzten Menge x,

Ausgangslage

- Maximale Produktionskapazität pro Periode: 60 000 Stück
- Fixkosten pro Periode (K_{fix}): 50 000 Fr.
- variable Kosten pro Stück (k_{var}): 2 Fr.
- Gewinnziel: 50 000 Fr.

a) Das Unternehmen schätzt den Absatz der nächsten Periode auf 50 000 Stück. Wie hoch muss es den Preis festsetzen?

$$p = \frac{50\,000\,\text{Fr.} + 50\,000\,\text{Fr.}}{50\,000\,\text{Stück}} + 2\,\text{Fr.} = 4\,\text{Fr./Stück}$$

b) Wie stark darf die abgesetzte Menge zurückgehen, bis ein Verlust eintritt?

$$x = \frac{G + K_{fix}}{p - k_{var}} = \frac{0 + 50\,000\,\text{Fr.}}{4\,\text{Fr.} - 2\,\text{Fr.}} = 25\,000\,\text{Stück}$$

Das Unternehmen muss somit mehr als 25 000 Stück produzieren, um einen Gewinn zu erzielen.

c) Wie stark darf der Bruttogewinnzuschlag verkleinert werden, damit – ohne einen Verlust einstecken zu müssen – ein drohender Absatzrückgang über eine Preissenkung aufgefangen werden kann?

$$p - k_{var} = \frac{G + K_{fix}}{x}$$

$$= \frac{0 + 50\,000\,\text{Fr.}}{50\,000\,\text{Stück}} = 1\,\text{Fr./Stück}$$

Der kritische Preis ist somit bei 3 Fr. erreicht. Bei diesem Preis kann das Unternehmen die geplante Kapazitätsauslastung von 50 000 Stück aufrechterhalten, wobei es weder einen Gewinn noch einen Verlust erzielt.

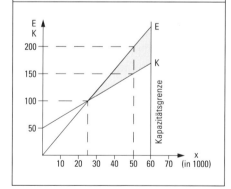

▲ Abb. 32 Break-even-Analyse

dem Deckungsbeitrag und den Fixkosten. Der Preis kann wie folgt berechnet werden:

$$(3) \quad p = \frac{G + K_{fix}}{x} + k_{var}$$

Das Problem dieses Verfahrens besteht darin, dass der Preis aufgrund des geschätzten Absatzes bestimmt wird, obschon der Absatz wiederum vom Preis abhängt. Die Nachfrageseite, insbesondere die Preiselastizität (▷ Elastizität) der Nachfragefunktion, wird bei diesem Preissetzungsverfahren nicht berücksichtigt. Der festgesetzte Preis kann zu hoch oder zu tief angesetzt sein, um die produzierte Menge aufgrund des geschätzten Absatzes auch tatsächlich verkaufen zu können.

Die Break-even-Analyse gelangt oft im Rahmen einer ▷ Kostenvergleichsrechnung oder ▷ Gewinnvergleichsrechnung zur Anwendung und ist auch im Fall nichtlinearer ▷ Kostenverläufe (z.B. S-Kurvenverlauf) empfehlenswert.

Break-even-Punkt

Der Break-even-Punkt *(Nutzschwelle)* ist derjenige Punkt der ▷ Break-even-Analyse, bei dem die Kosten durch den Erlös genau gedeckt werden, d.h. weder ein Gewinn noch ein Verlust resultiert. Nach Überschreiten des Break-even-Punkts gelangt das Unternehmen in die Gewinnzone.

Break-up Value

Unter Break-up Value versteht man den Wert der einzelnen Teile eines Unternehmens, wenn diese im Rahmen eines ▷ Asset Stripping verkauft werden. Oft ist der Break-up Value höher als der Börsenwert des Unternehmens.

Breitband-Netzwerk

Breitband-Netzwerke ermöglichen die flächendeckende Vernetzung einer Vielzahl von Anschlüssen mit einer Übertragungstechnik, mit der grosse Datenmengen digital übertragen werden können. Als Übertragungsmedium kommen herkömmliche Telefonleitungen, das Kabelnetzwerk, Stromleitungen, Funk, Satellit und die Technologien der Mobiltelefonie zum Einsatz. Breitband-Netzwerke übertragen Multimedia-, d.h. audiovisuelle Daten und ermöglichen eine schnelle Netzwerkverbindung von Computern. Damit werden Dienstleistungen wie interaktives Fernsehen, Video-on-Demand und andere Multimedia-Anwendungen möglich.

Briefing

Das Briefing enthält die Informationsgrundlagen, mit denen eine Werbeagentur oder die interne Werbeabteilung ein ▷ Werbekonzept erstellt. Zu den wichtigsten Informationen gehören (1) die ▷ Werbeziele und die übergeordneten ▷ Marketingziele, (2) die Konkurrenzsituation, (3) Daten über das beworbene Produkt bzw. Unternehmen (z.B. bisherige Entwicklung, Verwendungszweck), (4) die Beschreibung der ▷ Zielgruppe sowie die grundlegende ▷ Werbebotschaft, (5) das ▷ Werbebudget, (6) die Zeitplanung und (7) die unternehmensintern beteiligten Stellen und Personen.

Briefkurs

Der Briefkurs bezeichnet allgemein den Kurs, zu dem Wertpapiere oder Devisen «zum Verkauf» angeboten werden. Der Briefkurs ist also vom Kunden zu bezahlen, wenn er den «Brief» (z.B. eine Aktie) kaufen will. Der ▷ Geldkurs umschreibt hingegen den Kurs, zu dem Wertpapiere oder Devisen von einem Händler «zum

Kauf» gesucht werden. Im Devisenhandel werden Brief- und Geldkurs für Geschäftsabschlüsse stets verrechnet, um die kurzfristigen Kursrisiken abzugelten (▷ Wechselkurs). Der Briefkurs bezeichnet in diesem Fall den Kurs, zu dem die Bank oder der Devisenhändler die Devise verkauft (Verkaufskurs).

Broadening

Unter dem Begriff Broadening versteht man die Ausdehnung des Marketings auf ▷ Non-Profit-Organisationen und öffentliche Betriebe. Darunter fallen im Speziellen das Politmarketing und das ▷ Sozio-Marketing.

Browser

▷ World Wide Web

Bruttoerfolgsrechnung

▷ Erfolgsrechnung

Bruttogewinn

▷ Gewinn

Bruttogewinnquote

Syn. für ▷ Handelsmarge

Bruttogewinnzuschlag

Als Kennzahl bei Warenhandelsbetrieben stellt der Bruttogewinnzuschlag das Verhältnis zwischen Bruttogewinn (▷ Gewinn) und Warenaufwand dar:

$$\text{Bruttogewinnzuschlag} = \frac{\text{Bruttogewinn}}{\text{Warenaufwand}} \cdot 100$$

Bruttoinlandprodukt (BIP)

Das Bruttoinlandprodukt *(BIP)* einer Volkswirtschaft entspricht dem Wert aller *im Inland* während einer Periode hergestellten ökonomischen Güter (▷ Güter, ökonomische) (= Wertschöpfung im Inland). Diese Güter werden hauptsächlich mit ▷ Produktionsfaktoren hergestellt, die Inländern, aber z. T. auch im Ausland wohnhaften Personen gehören. Das BIP misst also die *inländische* ▷ Wertschöpfung und beruht auf dem *Inlandkonzept* (▶ Abb. 33). Es setzt sich gemäss folgender Formel zusammen:

$$BIP = C + I + G + (X - M)$$

C: privater ▷ Konsum; I: ▷ Investitionen; G: ▷ Staatskonsum; X: Exporte; M: Importe

Im Unterschied dazu beruht das ▷ Bruttosozialprodukt (BSP) auf dem *Inländerkonzept* und misst die Wertschöpfung der Inländern gehörenden Produktionsfaktoren (welche nicht nur im Inland eingesetzt sind). Will man aus dem BIP das BSP berechnen, muss also der Wert der *Faktorimporte* (importierte Arbeits- und ▷ Kapitalleistungen, d.h. v.a. Löhne der Grenzgänger sowie Zinsen und Dividenden an das Ausland) abgezogen und der Wert der *Faktorexporte* (exportierte Arbeits- und Kapitaldienstleistungen) addiert werden (▶ Abb. 33).

Das BIP ist ein Mass für die *wirtschaftliche Leistungsfähigkeit* eines Landes. Für internationale Vergleiche der durchschnittlichen Arbeitsproduktivität wird z.B. das BIP pro Kopf herangezogen. Das BSP misst den *Wohlstand* eines Landes. Das BSP pro Kopf wird für internationale Wohlstandsvergleiche herangezogen. Als weiteres Mass für den Wohlstand wird das ▷ Volkseinkommen (Nettosozialprodukt zu Faktorkosten) verwendet. Das BIP der Schweiz zählt – pro Person berechnet – zu den höchsten der Welt (2002 ca. Fr. 57 000 pro Einwohner).

Inlandkonzept (Brutto-)Wertschöpfung der im Inland eingesetzten Produktionsfaktoren, die aus aller Welt stammen = **Bruttoinlandprodukt**	**Faktorexport** Wertschöpfung der im *Ausland* eingesetzten Produktionsfaktoren, die *im Inland wohnhaften* Personen gehören (Arbeits- und Kapitalleistungsexporte).	*Inländerkonzept* (Brutto-)Wertschöpfung der in aller Welt eingesetzten Produktionsfaktoren, die im Inland wohnhaften Personen gehören = **Bruttosozialprodukt**
	Wertschöpfung der im *Inland* eingesetzten Produktionsfaktoren, die *im Inland wohnhaften* Personen gehören.	
	Faktorimport Wertschöpfung der im *Inland* eingesetzten Produktionsfaktoren, die *im Ausland wohnhaften* Personen gehören (Arbeits- und Kapitalleistungsimporte).	

▲ Abb. 33   Bruttoinlandprodukt und Bruttosozialprodukt

Bruttopersonalbedarf
▷ Personalbedarfsermittlung, quantitative

Bruttosozialprodukt (BSP)
Das Bruttosozialprodukt *(BSP)* entspricht dem Wert aller erzeugten Güter und verkauften Dienstleistungen abzüglich der jeweils erhaltenen Vorleistungen (Bruttowertschöpfung, ▷ Bruttoinlandprodukt) inkl. dem Saldo der Arbeits- und Kapitaleinkommen aus dem Ausland. Eingeschlossen sind die Güter, die zwar produziert, nicht jedoch verkauft wurden (Lagerbestandsveränderungen). Im Gegensatz zum ▷ Bruttoinlandprodukt beruht das BSP auf dem Inländerkonzept: Es misst die Wertschöpfung der Inländern gehörenden Produktionsfaktoren, die nicht nur im Inland eingesetzt werden (◄ Abb. 33). Das BSP wird auch als Bruttovolkseinkommen zu Marktpreisen bezeichnet.
Das BSP berücksichtigt nur alle gegen Entgelt erbrachten Leistungen. Dies hat zur Folge, dass z.B. Haushaltarbeit kein Bestandteil des BSP ist, aber reine Wiederherstellungskosten (z.B. der Umwelt nach Unfällen) das BSP erhöhen.
Die Ermittlung des BSP stellt hohe Anforderungen an die statistischen Grundlagen.

Insgesamt muss auf eine Vielzahl von Quellen zurückgegriffen werden (Einkommenssteuerstatistik, Volks- und Betriebszählung, Mehrwertsteuerstatistik).

Bruttosubstanzwert
▷ Substanzwertmethode

BSC
Abk. für ▷ Balanced Scorecard

BSP
Abk. für ▷ Bruttosozialprodukt

Buchführung
▷ Finanzbuchhaltung

Buchgeld
Im Gegensatz zu Bargeld in Form von Münzen oder Banknoten handelt es sich bei Buchgeld *(Giralgeld)* um eine finanzielle Forderung auf Sicht (d.h. sofort verfügbar) gegenüber einer Bank oder Finanzgesellschaft, die *nicht* in Form einer Urkunde verbrieft ist. Buchgeld stellt eine wichtige Form des *Kreditgelds* dar, welches sich dadurch charakterisiert, dass es nicht durch Edelmetall gedeckt ist.

Buchhaltung

Der Begriff Buchhaltung wird in der Literatur unterschiedlich verwendet: (1) Einerseits wird die Buchhaltung als veraltetes Synonym zum Begriff ▷ Rechnungswesen betrachtet, (2) andererseits steht der Begriff Buchhaltung für eine organisatorische Einheit (Buchhaltungsabteilung), welche sich mit den Aufgaben des Rechnungswesens beschäftigt.

Buchwert

Als Buchwert bezeichnet man den Betrag, mit dem ein ▷ Vermögenswert nach Abzug aller kumulierten ▷ Abschreibungen und kumulierten ▷ Wertberichtigungen in der ▷ Bilanz angesetzt wird.

Budget

Unter einem Budget wird eine systematische Zusammenstellung der während einer Periode erwarteten Mengen- und Wertgrössen verstanden. Das Budget ist ein Teil der ▷ Finanzplanung.
Die *Budgetierung* hat die Aufgabe, den unternehmerischen Erfolg auf der Basis von Annahmen über die zukünftige Entwicklung der Umwelt und des Unternehmens zu schätzen. Sie dient in zweifacher Hinsicht als Entscheidungsgrundlage für Eigentümer, Management und Gläubiger:
1. Mit Hilfe von Budgets können die finanziellen Auswirkungen (z.B. Gewinn, Liquidität, Investitionen) verschiedener Annahmen über die erwartete Umweltentwicklung, insbesondere Annahmen über geschätzte Absatzzahlen, untersucht werden. Dies erlaubt eine quantitativ abgestützte Entscheidung über die zu verfolgenden ▷ Unternehmensziele und die zu wählenden Massnahmen.
2. Das Budget wird in der modernen Managementlehre als eines der wichtigsten Führungsinstrumente begriffen, das verbindliche quantitative (mengen- und wertmässige) Zielvorgaben und Restriktionen aufstellt. Es umfasst in diesem Sinn
- die Gesamtheit von Ressourcen (Finanzen, Personal, Betriebsmittel usw.),
- die einem organisatorischen Verantwortungsbereich (z.B. Abteilung, Stelle)
- für einen bestimmten Zeitraum (langfristig, mittelfristig, kurzfristig)
- zur Erfüllung der ihm übertragenen Aufgaben
- durch eine verbindliche Vereinbarung zur Verfügung gestellt wird.

Unterschieden wird zwischen starren und flexiblen Budgets. Starre Budgets enthalten Grössen, die während einer Budgetperiode unbedingt eingehalten werden müssen, während flexible Budgets mit Vorgaben arbeiten, die bei veränderten Rahmenbedingungen (z.B. Beschäftigungsschwankungen) angepasst werden können. Ein *Budgetierungssystem* besteht aus einer Anzahl zusammenhängender Teilbudgets (Produktlinienbudget, Filialbudget, Beschaffungsbudget, Absatzbudget, Investitionsbudget, Personalbudget usw.). Die Zusammenfassung aller Teilbudgets führt zum *Unternehmensbudget* (Planbilanz, Planerfolgsrechnung, Planmittelflussrechnung, Planliquiditätsrechnung). Durch die Budgetierung werden die Führungskräfte gezwungen, ihre Annahmen über die Umweltentwicklung sowie die angestrebten Ziele und Massnahmen so weit offen zu legen und zu operationalisieren (d.h. zu konkretisieren und zu präzisieren), dass sie in wertmässigen Grössen ausgedrückt werden können. Das genehmigte Budget wird zu einer Zielvorgabe (▷ Management by Objectives) und bestimmt damit das Verhalten der Führungskräfte.
Volkswirtschaftlich spricht man vom *Haushaltsbudget* einer Staats- oder Kantonsregierung. Es stellt die Zusammenfas-

sung aller geplanten Staatseinnahmen und -ausgaben während einer Periode dar.

Budgetdefizit, staatliches

Von einem staatlichen Budgetdefizit wird gesprochen, wenn die Ausgaben des Staats die Einnahmen übersteigen. Man unterscheidet zwei Arten von Budgetdefiziten:
1. *Konjunkturelle* Defizite entstehen, wenn im Abschwung der ▷ Konjunktur die Steuereinnahmen bei weit gehend konstanten Ausgaben zurückgehen.
2. Als *strukturelles* Defizit werden Ausgabenüberschüsse bezeichnet, die auch über den Konjunkturzyklus hinweg bestehen. Solche Defizite ergeben sich aufgrund permanent zu hoher Ausgaben im Verhältnis zu den Einnahmen. Der strukturelle Anteil am gesamten Defizit hat in vielen Industrieländern in den letzten Jahren ständig zugenommen, weil neue Gesetze erlassen wurden, die zu zusätzlichen Ausgaben (z.B. im Sozialbereich) verpflichten (sog. Leistungsgesetze), ohne dass eine entsprechende Finanzierung sichergestellt wurde. Dauerhaft können Budgetdefizite nur durch Kürzungen der Staatsausgaben oder durch Erhöhung der Staatseinnahmen (v. a. Steuern) bekämpft werden. Eine Erhöhung der Steuern führt aber meist zu einer höheren ▷ Staatsquote und damit zu einem ▷ Crowding-out. Eine Reduktion von Budgetdefiziten durch Monetisierung der Staatsschulden (d.h. durch die Notenpresse) führt lediglich zu mehr ▷ Inflation. Budgetdefizite sind aus volkswirtschaftlicher Sicht nicht per se schädlich. Zwar führen Budgetdefizite einerseits zu *Staatsverschuldung,* diese führt aber andererseits zu Guthaben der Bürger beim Staat, weil die Verschuldung üblicherweise über den ▷ Kapitalmarkt erfolgt. Somit werden sowohl Schulden als auch entsprechende Guthaben auf künftige Generationen ver-

erbt. Negativ zu beurteilen ist eine zunehmende Verschuldung aufgrund von Defiziten nur insofern, als dadurch der *Handlungsspielraum* zukünftiger Generationen aufgrund eines wachsenden Anteils des Zinsaufwands an den Gesamtausgaben eingeengt wird.

Budgetdefizite werden gelegentlich mit dem Verfolgen einer antizyklischen ▷ Fiskalpolitik gerechtfertigt. Dieses Argument hat sich in der Vergangenheit meist nicht als stichhaltig erwiesen, weil ein entsprechender Budget*überschuss* in Phasen des Aufschwungs oder der Hochkonjunktur (▷ Konjunktur) regelmässig nicht realisiert wird.

Budgetierung
▷ Budget

Bundesamt für Umwelt, Wald und Landschaft (BUWAL)

Das Bundesamt für Umwelt, Wald und Landschaft *(BUWAL)* ist die Umweltfachstelle des Bundes und gehört zum Eidgenössischen Departement für Umwelt, Verkehr, Energie und Kommunikation (UVEK).

Nationale und internationale Aufgaben des BUWAL sind:
- Schutz von Klima, Artenvielfalt und Wasser,
- Erhaltung von Landschaft und Wald,
- Vorsorge gegen Naturgefahren,
- Verminderung der Lärmbelastung,
- Risikobegrenzung der Gentechnologie,
- Engagement für saubere Luft.

Umweltschutz wird so weit wie möglich mit freiwilligen Massnahmen und Anreizen sowie unter Anwendung des Verursacherprinzips realisiert. Die Tätigkeiten im Einzelnen: Das BUWAL
- stellt Grundlagen für Umweltschutzmassnahmen bereit,

- entwirft Gesetze und Verordnungen,
- fördert die nachhaltige Entwicklung,
- setzt mit Kantonen, Wirtschaft, Nichtregierungsorganisationen (NGOs) und anderen Akteuren Massnahmen zum Umweltschutz um,
- stellt Vollzugshilfen für Kantone und Gemeinden bereit,
- informiert und berät die Bevölkerung,
- fördert die weltweite Zusammenarbeit durch Engagement in internationalen Umweltgremien.

Bundesamt für Wirtschaft und Arbeit (BWA)

Das Bundesamt für Wirtschaft und Arbeit (*BWA*, früher Bundesamt für Industrie, Gewerbe und Arbeit, BIGA) war zuständig für wirtschaftspolitische Fragen der schweizerischen Binnenwirtschaft und fusionierte 1999 mit dem Bundesamt für Aussenwirtschaft (Bawi) zum Staatssekretariat für Wirtschaft (▷ Seco).

Burn-out-Syndrom
Syn. für ▷ Innere Kündigung

Bürokommunikation

Unter Bürokommunikation versteht man die Gesamtheit der in einem Unternehmen für Büroarbeitsplätze zur Verfügung stehenden Kommunikationsmittel wie Telefon, Telefax, Videokonferenzsystem, hauptsächlich aber computerbasierende Netzwerkdienste wie ▷ Electronic Mail, zentrale Terminplanung und Kontaktverwaltung, Lexika, Glossare, zentrale Verzeichnisse aller Mitarbeitenden (Directory) usw.

Business Administration
Engl. für ▷ Betriebswirtschaftslehre (BWL)

Business Angel

Das European Business Angel Network (EBAN) definiert Business Angels bzw. *informelle Investoren* als Privatpersonen, die Start-ups und wachsenden Unternehmen zusätzlich zu dem zur Verfügung gestellten Kapital ihre Erfahrung in der Geschäftsentwicklung anbieten. Im Gegensatz zu ▷ Venture Capital werden solche «informellen» Investitionen direkt und ohne Beizug von Venture-Capital-Gesellschaften oder anderen Vermittlern getätigt. Vergleicht man zudem die Investitionsstrategien von Venture-Capital-Unternehmen mit denjenigen von Business Angels, so können zwei Unterschiede festgestellt werden: (1) Business Angels haben nicht nur rein wirtschaftliche Motive, sondern wollen eine aktive Rolle im Unternehmen spielen. (2) Sie investieren kleinere Beträge und sind in einer früheren Phase der Unternehmensentwicklung involviert (oft bei der Gründung).

Business Intelligence

Unter Business Intelligence versteht man alle Verfahren und Technologien, bei denen aus Unternehmensdaten und externen Informationen Regeln zur Unterstützung von Entscheidungen gewonnen werden. Business-Intelligence-Lösungen umfassen ▷ Decision Support System, Analyse und Reporting, ▷ Online Analytical Processing, statistische Auswertungen und ▷ Data Mining, Planung und Prognosen sowie Risikomanagement. Allen diesen Lösungen gemein ist die Aufarbeitung und Verdichtung einer Vielzahl von Daten und die Gewinnung eindeutiger Geschäftsregeln.

Business-Plan

Der Business-Plan (auch *Unternehmensplan, Geschäftsplan* genannt) zeigt im Sinn eines ausführlich kommentierten

Budgets die gegenwärtige Situation des Unternehmens, die erwartete Entwicklung (Unternehmen/Umwelt), die kurz- bis mittelfristigen Ziele des Managements (Zeithorizont ca. 3 bis 5 Jahre), die geplanten Massnahmen zur Zielerreichung (z. B. Darstellung des Projekts) sowie die daraus resultierende finanzielle Situation bezüglich Erfolg und Kapitalbedarf.

Ein Business-Plan ist immer dann von grossem Nutzen, wenn eine wichtige strategische Entscheidung ansteht (z. B. Neugründung, Aufbau einer neuen Produktlinie, Expansion ins Ausland, Akquisition eines anderen Unternehmens). Er zeigt in einer solchen Situation die Chancen und Risiken des zukünftigen Erfolgs.

Business Reengineering

Ausgehend von einer ausgeprägten Kundenorientierung bedeutet Business Reengineering ein fundamentales Überdenken und radikales Redesign von Unternehmen oder wesentlichen Unternehmensprozessen. Das Resultat sind ausserordentliche Verbesserungen in wichtigen und messbaren Leistungsgrössen in den Bereichen Kosten, Qualität, Service und Zeit. Im Gegensatz zum ▷ Total Quality Management geht es nicht um die kontinuierliche Verbesserung Schritt für Schritt, sondern um die gänzliche Neugestaltung organisatorischer Prozesse. Deshalb sollen organisatorische Massnahmen fundamental und radikal geschehen. «Fundamental» bezieht sich auf die Frage des «Was?», d. h. welches sind die wesentlichen Aufgaben eines Unternehmens. Um das festgelegte Ziel zu erreichen, wird die bestehende Struktur nicht nur angepasst, sondern «radikal», d. h. völlig neu oder umgestaltet. Es geht nicht lediglich um eine Verbesserung, Erweiterung oder Modifizierung der bestehenden Strukturen, sondern um eine neue prozessorientierte Rahmenstruktur. Das Schwergewicht dieses Ansatzes liegt in der Identifikation von Kernprozessen im Rahmen der ▷ Wertkette eines Unterneh-

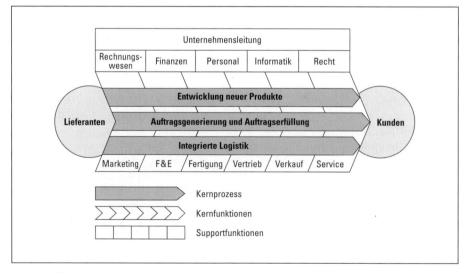

▲ Abb. 34   Wertkette mit Kernprozessen

mens (◄ Abb. 34). Solche Kernprozesse bestehen aus einem Bündel funktionsübergreifender Tätigkeiten, das darauf ausgerichtet ist, einen Kundenwert zu schaffen. Je nach Grösse des Unternehmens sollte die Anzahl von fünf bis acht Kernprozessen nicht überschritten werden.
Während Unternehmen ihre Organisationsstrukturen lange Zeit und z.T. auch noch heute hauptsächlich nach den Gliederungsmerkmalen «Verrichtungen» bzw. «Objekte» gestaltet haben bzw. gestalten, werden im Business Reengineering Prozesse zur Grundlage der Unternehmensstruktur. Dadurch soll der Kunde schneller und kostengünstiger beliefert und mögliche Schnittstellenprobleme zwischen den verschiedenen Stellen sollen vermindert oder sogar verhindert werden.

Business-to-Business (B2B)

Als Business-to-Business *(B2B)* bezeichnet man Geschäftsbeziehungen zwischen Unternehmen. Dabei geht es einerseits um Investitionsgüter und investive Dienstleistungen, die in direktem Kontakt zwischen Anbieter und Nachfrager gehandelt werden. Andererseits umfasst B2B die Geschäftsbeziehungen zwischen Gross- und Einzelhandel. Daneben behandelt B2B eine besondere Form des elektronischen Handels zwischen Unternehmen über das Internet mit speziellen E-Business-Lösungen, sog. E-Procurement (▷ Electronic Procurement).

Business-to-Consumer (B2C)

Als Business-to-Consumer (oder *Business-to-Customer, B2C)* bezeichnet man Geschäftsbeziehungen zwischen Unternehmen und individuellen Privat- oder Endkunden. Dabei werden hauptsächlich Konsumgüter bzw. konsumtive Dienstleistungen gehandelt, i.d.R. auf anonymen Massenmärkten, entweder via Direktlieferung durch den Hersteller oder via Handel. Im Zusammenhang mit dem Vertriebskanal Internet bezeichnet B2C die Geschäftsbeziehung eines Unternehmens mit seinen Endkunden über spezielle Shop-Lösungen.

Business-to-Customer

Syn. für ▷ Business-to-Consumer (B2C)

BUWAL

Abk. für ▷ Bundesamt für Umwelt, Wald und Landschaft

Buying Center

Das Buying Center *(Einkaufsteam)* ist ein Team, das für den ganzen Ablauf von Kaufprozessen verantwortlich ist. Ein Buying Center besteht aus etwa fünf bis sieben Mitgliedern, die verschiedene Rollen einnehmen. Die Kenntnis dieser verschiedenen Rollen ist v.a. für den Partner des Buying Center, das *Selling Center,* von Bedeutung: der Verwender, der Einkäufer, der Kaufbeeinflusser, der Entscheider und der *Gatekeeper* (kontrolliert und steuert den Informationsfluss). Für das Selling Center besteht das Problem darin, die Rollenverteilung der Mitglieder sowie die Macht- und Autoritätsstruktur im Buying Center zu erkennen, um ein genaues Bild über die Verantwortlichkeiten und Einflüsse der jeweiligen Personen bezüglich des Kaufentscheidungsprozesses zu gewinnen. Sind diese Strukturen bekannt, kann der Kaufprozess vereinfacht und möglicherweise stärkerer Einfluss auf die Kaufentscheidung gewonnen werden.

BWA

Abk. für ▷ Bundesamt für Wirtschaft und Arbeit

CAD
Abk. für ▷ Computer-Aided Design

CAD-CAM-Integration
▷ Computer-Aided Manufacturing

CAE
Abk. für ▷ Computer-Aided Engineering

Cafeteria-System
Das Cafeteria-System ist ein relativ neues, aus den USA stammendes Konzept zur Ausgestaltung innerbetrieblicher ▷ Anreize bzw. ▷ Anreizsysteme. Dabei kann ein Mitarbeitender aus einem Angebot unterschiedlicher monetärer und nichtmonetärer Anreize eine Kombination von Leistungsentschädigungen wählen. Dadurch soll den unterschiedlichen Bedürfnissen der Mitarbeitenden Rechnung getragen werden. Ob der Mitarbeitende eine Urlaubsreise, einen Geschäftswagen, ein Arbeitgeberdarlehen, einen Beitrag zur Lebensversicherung, einen vergünstigten Bezug von Firmenleistungen oder eine bestimmte Anzahl von Urlaubstagen wählt, hängt von seinen Präferenzen und dem ihm zugesprochenen Budget ab, dessen Höhe aufgrund einer Leistungsbeurteilung bestimmt wird. Für den Arbeitgeber bleibt das gesamte Angebot an Wahlmöglichkeiten kostenneutral.

Die am meisten verbreitete Variante des Cafeteria-Systems geht von einem Kern von Sozialleistungen aus, der ein gewisses Minimalniveau – unter Einschluss der rechtlichen Regelungen – sichern soll. Darüber hinaus kann der Mitarbeitende aus einer Vielzahl von zusätzlichen Leistungen bis zur Höhe des ursprünglichen Betrags wählen (z.B. Zusatzurlaub oder höhere Altersversorgung). Solche Systeme

sind v.a. in den USA verbreitet. Sie können nicht ohne weiteres auf Schweizer Verhältnisse übertragen werden, da die rechtlich geregelten Sozialleistungen um einiges fortschrittlicher und sozialer ausgestaltet sind als in den USA.
Die Anwendung des Cafeteria-Systems stösst in der Praxis trotz einfacher Grundidee auf Widerstände, da die Verwaltung des Systems kompliziert ist und mit steuerlichen oder tarifpolitischen Vorgaben abgestimmt werden muss.

CAL

Abk. für Computer-Assisted Learning
▷ Electronic Learning

Call

Syn. für ▷ Call-Option

Call Center

Ein Call Center ist eine zentrale Stelle, bei der telefonisch vorgebrachte Anliegen von Kunden direkt und effizient bearbeitet werden. Die Mitarbeitenden des Call Center *(Call Center Agents)* nehmen z.B. Bestellungen entgegen, geben Auskünfte über Produkte oder reagieren auf Beschwerden. Call Centers nutzen einzig das Medium Telefon. Werden weitere Kontaktkanäle (z.B. Electronic Mail, Web-Portale) für die Interaktion mit den Kunden eingesetzt, spricht man von ▷ Customer Care Centers. Externe Call Centers stellen einem Unternehmen eine Palette von Leistungen im Kundendienst zur Verfügung und können in seinem Namen gegenüber den Kunden auftreten.
Wesentliche Elemente eines Call Center sind:
■ *Telekommunikation,* indem ein Telefonanbieter über sein Festnetz die Anrufe an das Unternehmen schickt,
■ *Automatic Call Distribution (ACD-System):* Das ACD-System leitet die eingehenden Anrufe entsprechend der Auslastung der einzelnen Bildschirmarbeitsplätze weiter.
■ *Interactive Voice Response (IVR):* Mit Hilfe eines Sprachverarbeitungssystems soll der Dialog zwischen Kunde und Call Center Operator optimiert werden. Ein IVR-System ermöglicht, dass der Kunde an einen für sein Problem spezialisierten Operator gelangt.
Zusätzlich zu diesen Elementen müssen auch das Management (z.B. Kapazitätsplanung, Kostenminimierung bei gleichzeitig hoher Gesprächsqualität), die Organisation (z.B. produkt- oder funktionsorientiert) sowie Auswahl, Einsatz und Schulung der Mitarbeitenden berücksichtigt werden. In der Praxis sind Call Centers v.a. als Hotlines, Bestellannahme, Help-Desk-Anwendungen und ▷ Electronic Banking bekannt.

Call Center Agent
▷ Call Center

Call-Geld
▷ Geldmarkt

Call-Option

Eine Call-Option *(Call)* ist ein Finanzgeschäft, das den Käufer berechtigt, zu einem bestimmten Zeitpunkt oder während einer bestimmten Frist vom Verkäufer (Stillhalter) eine bestimmte Anzahl des Basistitels (z.B. ▷ Aktien, ▷ Devisen, ▷ Obligationen, ▷ Index) zu einem im Voraus festgesetzten Preis zu erwerben. Der Käufer einer Call-Option spekuliert auf steigende Kurse oder verwendet sie zur Absicherung eingegangener Verpflichtungen (z.B. von Leerverkäufen; ▷ Short Position).
▷ Option
▷ Put-Option

CAM
Abk. für ▷ Computer-Aided Manufacturing

CAP
Abk. für ▷ Computer-Aided Planning

Capital Asset Pricing Model (CAPM)

Das Capital Asset Pricing Model *(CAPM)* ist ein theoretisches Modell zur Erklärung von Rentabilitätsunterschieden am Kapitalmarkt. Auf diesem Markt stehen sich v. a. Kapital suchende Unternehmen (Risikokapital) und Anlage suchende Kapitalgeber (Portfolio-Selektion) gegenüber. Kapitalangebot und -nachfrage wird über Kauf und Verkauf von ▷ Obligationen, ▷ Aktien sowie über eine Vielzahl weiterer Kapitalmarkttransaktionen ausgeglichen. Gemäss CAPM widerspiegelt die Rentabilität (und damit der Preis) einer Kapitalanlage stets das Risiko des möglichen Kapitalverlusts (▷ Risiko). Da beide Seiten versuchen, ihre Rentabilität zu optimieren, bildet sich am Kapitalmarkt ein Gleichgewicht, in dem höhere Risiken mit einer höheren Rentabilität abgegolten werden. Als Kapitalanlage gilt dabei der Kauf eines Wertpapiers genauso wie der Kauf einer Maschine (Investition) oder eines gesamten Unternehmens. Mit Hilfe des CAPM lässt sich die an eine Anlage zu stellende, risikogerechte Rentabilitätsforderung berechnen:

$$E(R_i) = R_f + \{E(R_m) - R_f\} \cdot \beta_i$$

R_f: Rendite eines risikolosen Wertpapiers; $E(R_i)$: erwartete Rendite des Wertpapiers i; $E(R_m)$: erwartete Rendite eines diversifizierten Portefeuilles; β_i: Risikofaktor des Wertpapiers i

Die erwartete Rendite eines Wertpapiers i in einem diversifizierten Portefeuille entspricht dem ▷ risikolosen Zinssatz R_f zuzüglich einem Risikozuschlag $\{E(R_m) - R_f\} \cdot \beta_i$ (▷ Marktrisikoprämie). Der Risikogehalt einer Anlage wird dabei durch den ▷ Beta-Faktor (β) ausgedrückt. Dieser bestimmt die ▷ Volatilität der Rendite eines Wertpapiers im Vergleich zur Rendite des diversifizierten Portfolios (Marktrendite). Allerdings ist gemäss dem CAPM nicht das Gesamtrisiko des Einzeltitels relevant, sondern nur das sog. «systematische» oder «Marktrisiko». Die andere Komponente des Risikos, das unternehmensspezifische Risiko, lässt sich gemäss diesem Modell durch eine geschickte Titelselektion «neutralisieren».

Das CAPM findet in der Praxis breite Verwendung, und zwar im Bankenbereich (Investment Banking) wie auch als branchenunabhängiges Hilfsmittel im Rahmen der Investitionsrechenverfahren (zur Bestimmung des risikogerechten Zinssatzes). Trotz der Akzeptanz in der Praxis wird das Modell sowohl von Theoretikern als auch von Praktikern kritisiert. Beanstandet wird insbesondere, dass die im CAPM benötigten Daten nur für wenige börsenkotierte Grossunternehmen tatsächlich zur Verfügung stehen oder nicht für alle Marktteilnehmer zugänglich sind. Die dem Modell zugrunde liegenden Annahmen zum Verhalten der Investoren sowie bezüglich den Eigenschaften des Kapitalmarkts werden zudem oft als wirklichkeitsfremd bezeichnet.

Capital Turnover
Engl. für ▷ Kapitalumschlagshäufigkeit

CAPM
Abk. für ▷ Capital Asset Pricing Model

CAQ
Abk. für ▷ Computer-Aided Quality Assurance

Carry-over-Effekt
Unter dem Carry-over-Effekt versteht man die Tatsache, dass sich die Wirkung von Marketingmassnahmen einer Planperiode auf spätere Perioden verschieben kann. Dies führt zu zeitlichen Interdependenzen im ▷ Marketing-Mix.

CASE
Abk. für ▷ Computer-Aided Software Engineering

Cash and Carry
Cash and Carry ist eine Form des ▷ Grosshandels, bei der Grosshändler an billigen und verkehrsgünstigen Standorten Lagerhallen errichten, in denen Einzelhändler und Gewerbetreibende ihre Waren in Selbstbedienung und gegen Barzahlung einkaufen können. Der Grosshändler benötigt weder Verkaufsreisende noch einen eigenen Lieferdienst; er gewährt auch keine Debitorenkredite. Darum können die Preise bis zu 5% unter den sonst handelsüblichen Preisen liegen.

Cash Cows
▷ Portfolio-Management

Cash Flow
Der Cash Flow entspricht dem Mittelzufluss aus der Geschäftstätigkeit (Funds Provided by Operations). Er stellt damit für ein Unternehmen eine wertvolle Grösse zur *Planung und Kontrolle der* ▷ *Liquidität* dar, vermag er doch aufzuzeigen, ob und in welchem Umfang es dem Unternehmen in der vergangenen Geschäftsperiode gelungen ist, über Herstellung und Vertrieb seiner Güter und Dienstleistungen einen positiven Beitrag zur Vergrösserung der Liquidität zu leisten.

Zur Ermittlung des Cash Flows gibt es zwei Berechnungsmethoden:

1. *Direkte Berechnung* (ausgehend vom Umsatz)

    liquiditätswirksamer Ertrag
− liquiditätswirksamer Aufwand
= Cash Flow

2. *Indirekte Berechnung* (ausgehend vom Gewinn)

    Jahresgewinn
+ nicht liquiditätswirksamer Aufwand
− nicht liquiditätswirksamer Ertrag
= Cash Flow

Welche Positionen der ▷ Erfolgsrechnung konkret als liquiditätswirksam bzw. nicht liquiditätswirksam gelten, hängt davon ab, welcher ▷ Fonds im Rahmen der ▷ Mittelflussrechnung ausgeschieden wird. Der Cash Flow ist damit inhaltlich nicht von vornherein eindeutig definiert, sondern fondsspezifisch. Um der wörtlichen Übersetzung des Begriffs Cash Flow (Geldfluss) gerecht zu werden, sollten eigentlich nur Einzahlungs- und Auszahlungsströme betrachtet werden. Diese Ansicht wird auch in den bedeutendsten Rechnungslegungsstandards (▷ US GAAP, ▷ IFRS) vertreten, deren Cash-Flow-Definitionen auf dem Fonds «flüssige Mittel» basieren. Der Cash Flow entspricht daher den durch die Geschäftstätigkeit generierten flüssigen Mitteln (Cash Provided by Operations).

Wie ▶ Abb. 35 schematisch zeigt, führen beide Berechnungsarten zum gleichen Resultat. Für die interne Planung und Kontrolle ist die *direkte Berechnungsmethode* geeigneter, weil fondsrelevante Einflussfaktoren unmittelbar sichtbar gemacht werden und damit für die Planung und Kontrolle besser zugänglich sind. Sie wird auch von den Fachgremien empfohlen, sollte aber durch die *indirekte Methode*

Cash Management

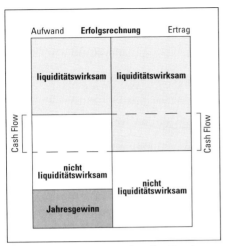

▲ Abb. 35 Direkte und indirekte Cash-Flow-Berechnung

ergänzt werden, weil sonst die Gefahr besteht, dass wertvolle Informationen verloren gehen. So ermöglicht die indirekte Methode z. B. einen Vergleich von Abschreibungen und Investitionen. Ein weiterer Vorteil dieser Methode ist die vergleichsweise einfache Berechnung.

In der Praxis wird der Cash Flow oft wie folgt berechnet:

Cash Flow =
Jahresgewinn + Abschreibungen

Man muss sich bei dieser vereinfachten Berechnung jedoch bewusst sein, dass diese immer dann falsch ist, wenn ausser Abschreibungen noch weitere nicht liquiditätswirksame Aufwendungen und/oder Erträge vorhanden sind. Auch der EBITDA (▷ Earnings Before Interest, Tax, Depreciation and Amortization) ist in diesem Sinn als verkürzte Form der indirekten Cash-Flow-Berechnung anzusehen.

Um sein Überleben langfristig zu sichern, muss ein Unternehmen fähig sein, aus der eigenen Geschäftstätigkeit heraus Investitionen zu finanzieren, Schulden zu tilgen und Gewinne auszuschütten. Der Cash Flow ist daher zur Beurteilung des *finanzwirtschaftlichen Potenzials* eines Unternehmens unerlässlich, zumal er im Vergleich zum Gewinn schwieriger zu «manipulieren» ist. Externen Analytikern dient der Cash Flow (insbesondere auch der ▷ Free Cash Flow) oft als Grundlage zur ▷ Unternehmensbewertung.

Cash Management

Das Cash Management (*Liquiditätsmanagement*) ist ein Teil der finanziellen Führung des Unternehmens. Das Ziel des Cash Management besteht darin, Zahlungsein- und -ausgänge zu planen und zu überwachen, um die ▷ Liquidität sicher zu stellen. Neben diesem grundsätzlichen Ziel kann das Cash Management durch eine optimale Verwaltung überschüssiger Liquidität einen bedeutenden Beitrag zum finanziellen Erfolg des Unternehmens leisten. Das Cash Management sollte zudem auf eine optimale Ausnutzung der Zahlungsfristen bedacht sein. In grösseren und multinationalen Unternehmen bestehen weitere Aufgaben des Cash Management in der Beschleunigung der Zahlungsabwicklung und in der Absicherung von Währungsrisiken. Durch die zentrale Verwaltung aller flüssigen Mittel (*Pooling*) entstehen Grössenvorteile, sodass am Geldmarkt mit besseren Konditionen agiert werden kann. Durch die gegenseitige Verrechnung von Forderungen und Verpflichtungen (*Netting, Clearing*) innerhalb einer Firmengruppe können die üblichen Transferzeiten des Bankensystems und damit verbundene Zinsverluste vermieden werden.

Cash Ratio

▷ Liquidität

Catalog Showroom
▷ Einzelhandelsformen

Category Management (CM)
Category Management *(CM, Warengruppen-Management)* wird oft als Sammelbegriff für die drei ECR-Basisstrategien ▷ Efficient Store Assortment, ▷ Efficient Promotion und ▷ Efficient Product Introduction verwendet (▷ Efficient Consumer Response). CM bezieht sich auf die Marketingseite (Demand-Side) bzw. verkörpert die nachfrageorientierte Perspektive des ECR-Konzepts. Dabei werden die Warengruppen als ▷ strategische Geschäftseinheiten (SGE) betrachtet, für die in enger Kooperation zwischen Hersteller und Handel Ziele, Strategien und Massnahmen erarbeitet werden.

Kategorien werden nach den Bedürfnissen der Konsumenten, deren Suchverhalten am ▷ Point of Sale (POS) und den logistischen Erfordernissen gebildet. Beispiele von Categories bzw. Warengruppen sind Alkoholfreie Getränke, Haarwaschmittel, Tierfutter, Party-Abteilung, Alles für die Urlaubsreise, Alles für das Kind, Kaffee (Kaffee, Instantkaffee, Kaffeefilter, Kaffeemilch, Kaffeerahm usw.). Es bestehen vielfältige Möglichkeiten der Sortimentsstrukturierung, so z. B. nach Käufergruppen (Familie, Studierende, Singles, Kinder), nach Essens-Anlässen (Frühstück, Mittagessen, Abendessen) oder nach Ereignissen (Party, Feiertage).

Zentrale Komponenten des CM sind die Zusammenfassung von Einkauf und Verkauf, die Koordination der Marketingaktivitäten und der Informationsaustausch zur Verbesserung der Kundenansprache.

CAx-Komponenten
Der Begriff CAx-Komponenten umfasst sämtliche «Computer-Aided-...»-Komponenten, z. B. CAE, CASE, CAD, CAM (▷ Computer-Integrated Manufacturing [CIM]).

CBT
Abk. für Computer-Based Training
▷ Electronic Learning

C/D-Paradigma
▷ Confirmation-Disconfirmation-Modell

CEN
Abk. für Comité Européen de Normalisation
▷ Europäische Norm (EN)

CEO
Abk. für ▷ Chief Executive Officer

CFO
Abk. für ▷ Chief Financial Officer

C-Güter
▷ ABC-Analyse

Chairman
Engl. für ▷ Vorsitzender

Chancen-Gefahren-Analyse
▷ Umweltanalyse

Change Management
Der Begriff Change Management wird im Bereich Unternehmensführung und Informationsmanagement unterschiedlich angewandt.

1. Unter Change Management *(Management of Change)* versteht man im Rahmen der ▷ Unternehmensführung die Anpassung und Veränderung des Unternehmens an neue Anforderungen der Umwelt bzw. des Markts. Im Vordergrund stehen die Veränderung der «weichen» Faktoren und die Lösung der menschlichen Probleme

(▷ Barrieren), die durch die erhöhte Dynamik der Umwelt hervorgerufen werden. Vor allem in älteren Unternehmen haben sich vielfältige Gewohnheiten und feste Traditionen gebildet, die oft nur schwer an neue Anforderungen angepasst werden können. Für ein erfolgreiches Change Management gibt es kein allgemein gültiges Erfolgsrezept, doch können drei grundsätzliche Ansätze unterschieden werden:

(a) *Empirisch-rationale Strategien* basieren auf Erklärung der Zusammenhänge und Konsequenzen einer Veränderung. Sie appellieren an die Einsicht und Selbständigkeit der Mitarbeitenden und bauen durch intensive Diskussion und Mitbeteiligung mögliche Widerstände frühzeitig ab. Sie sollen zu einer Veränderung per sönlicher Ziele und Motive führen.

(b) *Normativ-reedukative Strategien* operieren über soziale Normen und Identifikation. Dabei werden gezielt Einstellungen verändert, z.B. nach dem Phasenmodell «Unfreezing – Moving – Refreezing» von Lewin, oder indem änderungsfördernde Kräfte unterstützt und änderungsfeindliche gehemmt werden. Solche Strategien nehmen Einfluss auf die persönlichen Ziele, indem sie die formale Macht der Unternehmensleitung durch soziale Macht (sozialer Druck) ersetzen. Sie sind eher langfristiger Natur und beteiligen die Mitarbeitenden am Veränderungsprozess. Im Gegensatz zu den empirisch-rationalen Strategien wirken sie stark auf das Unterbewusstsein und gelten deshalb als manipulierend.

(c) Die *Macht- und Zwangsstrategien* agieren über die Androhung negativer Konsequenzen. Sie basieren auf einem Befehl- und-Gehorsam-Prinzip, wie es in starren Bürokratien oder militärischen Strukturen über Dienstweg und Amtshierarchie üblich ist. Die Drohung wird oft nicht verbalisiert und auch nicht unbedingt sofort umgesetzt, sondern zeigt sich eher mittelfristig in Nichtbeförderung oder fehlender Lohnerhöhung. Zu diesen Strategien gehört die ▷ Bombenwurf-Strategie, die auf Überraschungseffekte und das Schaffen von unveränderlichen Tatsachen ausgerichtet ist, ohne die betroffenen Mitarbeitenden zu beteiligen oder frühzeitig zu informieren. Persönliche Motive werden nicht berücksichtigt, da diese den unternehmerischen untergeordnet werden müssen. Dadurch soll die Entstehung von Widerständen von vornherein verhindert werden, da den Mitarbeitenden kaum Alternativen bleiben.

2. Im Rahmen des ▷ Informationsmanagements versteht man unter Change Management ein genau festgelegtes Verfahren, mit dem beantragte Änderungen an einer operationellen IT-Infrastruktur initialisiert, implementiert, kontrolliert und überwacht werden. Systematisches Change Management stellt die Konsistenz der Systeme sicher und ermöglicht es jederzeit, einen bestimmten Systemzustand zu reproduzieren. Change Management richtet sich an sämtliche an einem Service-Management-Prozess (▷ Service Management) im Unternehmen Beteiligten.

▷ Business Reengineering
▷ Organisationsentwicklung

Chaostheorie

Die Chaostheorie versucht zu erklären, warum ein ▷ System, das sich im Gleichgewicht befindet, aufgrund minimaler Störungen in eine völlige Unordnung geraten kann (▷ Schmetterlingseffekt, ▷ komplexes System). Dabei spielen positive ▷ Rückkopplungen, die ein System zum Explodieren bringen können, eine grosse Rolle. Ein solches Chaos ist – im Gegensatz zum Alltagsverständnis – deterministisch definiert, weil sich das Chaos in einem Modell generiert, das von genauen deterministischen Regeln beherrscht wird und somit nicht zufällig zustande kommt. Man spricht deshalb auch von einer «geordneten Unordnung».

Chapter 11

Das Nachlassverfahren im amerikanischen Konkursrecht wird im sog. Chapter 11 geregelt. Nach amerikanischen Recht tritt die Stundung (▷ Nachlassstundung) automatisch mit dem Einleiten des Verfahrens ein, im Gegensatz zum schweizerischen ▷ Nachlassverfahren. Der amerikanische Schuldner führt die angestammten Geschäfte in eigener Regie weiter, als *«Debtor-in-Possession»*, im Gegensatz zum schweizerischen Verfahren der Nachlassstundung, bei dem ein Sachwalter die Geschäftsführung übernimmt.

Charge

▷ Chargenfertigung

Chargenfertigung

Die Chargenfertigung *(Partiefertigung)* ist eine besondere Ausprägung der ▷ Serien- und ▷ Sortenfertigung. Als *Charge* oder Partie bezeichnet man diejenige Menge, die in einem einzelnen Produktionsvorgang hergestellt wird. Bei diesem ▷ Fertigungstyp können die Ausgangsbedingungen und der Produktionsprozess selbst nicht absolut konstant gehalten werden, und somit kann das Produkt unterschiedlich ausfallen (▷ Differenzierung). Ursache sind Unterschiede in den verwendeten Rohmaterialien oder nur teilweise beeinflussbare Produktionsprozesse (z.B. chemische Prozesse). Innerhalb einer Charge sind keine oder nur geringe Produktunterschiede feststellbar, hingegen können zwischen den einzelnen Chargen grössere Abweichungen auftreten. Eine einzelne Charge wird in ihrer Menge begrenzt durch die vorhandenen Rohstoffe (z.B. Wein) oder durch die Kapazitäten der Produktionsmittel (z.B. Weinfass). Typische Beispiele für die Chargenfertigung sind die Textilindustrie, Bierbrauereien oder die Weinherstellung.

Chart

Ein Chart (Diagramm) ist eine grafische Darstellung mengen- oder wertmässiger Entwicklungen über einen gewissen Zeitraum. Allgemein kann zwischen Zeitreihen-Charts und der Darstellung von Beständen unterschieden werden. Gängige Darstellungsformen sind u.a. Pie-Charts (Kuchendiagramm) für prozentuale Verteilungen, Balken-Charts und Linien-Charts für Zeitreihen (z.B. Kursverläufe von Aktien) sowie Flächen-Charts und Säulen-Charts.

Charts sind überall dort sinnvoll, wo Informationen über Datenreihen vermittelt werden sollen. Sie dienen jedoch auch als Analyseinstrument, um auf grafischem Wege Tendenzen zu entdecken (▷ Aktienanalyse).

Chart-Analyse

▷ Aktienanalyse

Cheapest-to-deliver Bond

▷ Conf Future

Chief Executive Officer (CEO)

Der Chief Executive Officer *(CEO)* ist im angelsächsischen Raum der geschäftsführende Manager des Unternehmens. Er ist Mitglied und Vorsitzender (Chairman) des obersten Überwachungs- und Führungsorgans der Gesellschaft (▷ Board of Directors). Obwohl der Board of Directors als Kollegialbehörde gestaltet ist, verfügt der Chief Executive Officer im Allgemeinen über eine Machtstellung, die eher dem ▷ Direktorialprinzip entspricht. Seine Funktion kann mit dem schweizerischen Delegierten des Verwaltungsrats verglichen werden.

Chief Financial Officer (CFO)

Die Bezeichnung Chief Financial Officer *(CFO)* stammt aus dem angelsächsischen Sprachgebrauch und entspricht dem Titel eines Finanzchefs eines Unternehmens. In den meisten Fällen ist der CFO auch Mitglied der Geschäftsleitung. In grossen Unternehmen unterstehen dem CFO mit dem ▷ Treasurer und dem Controller (▷ Controlling) zwei ▷ Instanzen, die die Aufgaben des ▷ Finanzmanagements wahrnehmen. In diesem Fall kommen dem CFO insbesondere Repräsentations-, Koordinations- und Konfliktregulierungsaufgaben zu.

Chief Operating Officer (COO)

Der Chief Operating Officer *(COO)* ist innerhalb der Geschäftsleitung eines Unternehmens verantwortlich für Unternehmensprozesse und das Tagesgeschäft und weniger für Strategie-Entwicklung und -Definition, für die der ▷ Chief Executive Officer zuständig ist. In der europäischen Unternehmenskultur gibt es kein Synonym für den Chief Operating Officer. Auf Betriebsebene lautet die entsprechende Bezeichnung *Betriebsleiter.*

Christlichnationaler Gewerkschaftsbund (CNG)

▷ Gewerkschaft
▷ Travail Suisse

Chronologie

Unter Chronologie versteht man die zeitliche Lage der Arbeitszeit während des Tages oder eines anderen Zeitraums (▷ Arbeitszeitflexibilisierung).

Chronometrie

Unter Chronometrie versteht man die Dauer der Arbeitszeit pro Tag oder einer anderen zeitlichen Bezugsbasis (▷ Arbeitszeitflexibilisierung).

Churn Analysis

▷ Customer Relationship Management (CRM)

«Churner»

▷ Variety-Seeking Behaviour

CIM

Abk. für ▷ Computer-Integrated Manufacturing

CIM-Förderung

Ziel der nationalen und internationalen CIM-Förderung (▷ Computer-Integrated Manufacturing) ist die Erhöhung der Wettbewerbsfähigkeit von Industrieunternehmen und des aktiven Informationsaustauschs zwischen Forschung und Praxis. Gefördert werden v. a. kleinere und mittelgrosse Unternehmen, deren Forschungsbudgets im Vergleich zu Grossunternehmen beschränkt sind.

In der Schweiz wird die CIM-Förderung von mehreren regionalen CIM-Zentren organisiert. Diese sind Ansprechpartner und Geldgeber für industrielle Forschungsvorhaben im Bereich des Produktionsmanagements. Die Europäische Union (EU) förderte CIM im Rahmen des *ESPRIT*-Programms. Die Förderprogramme wurden in der ersten Hälfte der 90er Jahre als Konjunkturbelebungsmassnahmen und zur Steigerung der Wettbewerbsfähigkeit durchgeführt.

CIM-Investition

CIM-Investitionen sind ▷ Investitionen in integrierte Fertigungskonzepte (▷ Computer-Integrated Manufacturing) mit dem Ziel, die Wettbewerbsfähigkeit des Unternehmens entscheidend zu verbessern. Die Verwirklichung von Computer-Integrated Manufacturing (CIM) ist mit erheblichen Kosten und Risiken verbunden. Das Grundproblem einer CIM-Investition liegt darin, dass diese leicht eine Grössenordnung erreicht, die eine Abwicklung im Rahmen normaler Entscheidungsprozesse und Genehmigungsverfahren von betrieblichen Investitionen nicht mehr zulässt. Die Einführung von CIM durch schrittweisen Austausch von Produktionsmaschinen oder Computern ist nicht möglich. Vielmehr müssen ganze Produktionslinien gleichzeitig ausgetauscht werden, sodass eine CIM-Investition schnell ein Mehrfaches einer herkömmlichen Rationalisierungsinvestition erreichen kann. CIM-Investitionen sind damit – ähnlich wie Standortentscheidungen oder Unternehmensakquisitionen – von hoher Komplexität. Sie können mit herkömmlichen Investitionsrechenverfahren (z.B. ▷ Kapitalwertmethode) meist nicht befriedigend beurteilt werden.

Zusätzliche Probleme entstehen durch die im Vergleich zu vorgängigen Rationalisierungsinvestitionen längere Nutzungsdauer der Investition. Je höher der geforderte Zinssatz ist, desto eher besteht die Gefahr, dass eine rein finanzielle Bewertung zu einem negativen Investitionsentscheid führt. Neben dem quantitativ erfassbaren Investitionsbetrag, dem Schulungsaufwand und den höheren Wartungskosten einerseits und den Kosteneinsparungen im Personalbereich müssen auch nichtmonetäre Faktoren wie Flexibilitäts- und Qualitätssteigerung sowie die Verkürzung der Durchlaufzeit berücksichtigt werden. Im Prinzip stellt sich die Frage, ob der hohe Investitionsbetrag durch zusätzliche Erlöse zu rechtfertigen ist. Durch CIM sollten Kundenbedürfnisse flexibler und schneller befriedigt und kleinere Serien in höherer Qualität gefertigt werden können. Diese (strategischen) Vorteile sollten nicht nur den Absatz grösserer Mengen ermöglichen, sondern auch zu Preisvorteilen gegenüber der Konkurrenz führen.

CIM-Ketten

CIM-Ketten sind rechnergestützte Informationsflüsse im Rahmen des Produktionsmanagements (▷ Computer-Integrated Manufacturing). Dabei können folgende CIM-Ketten unterschieden werden:
- CIM-Kette «Produkt»,
- CIM-Kette «Produktionsplanung»,
- CIM-Kette «Produktion».

Kennzeichen einer CIM-Kette ist der Austausch spezieller Informationen zwischen den eingesetzten Systemen. Je nach Informationstyp, Grafik oder Text, müssen angepasste Lösungen gefunden werden.

CIM-Konzept

▷ Computer-Integrated Manufacturing

CIM-OSA

CIM-OSA war ein mehrjähriges Projekt im Rahmen der CIM-Förderung der Europäischen Union mit dem Zweck, eine offenen Systemarchitektur (OSA) für ▷ Computer-Integrated Manufacturing (CIM) zu schaffen. Das Modell ermöglicht verschiedene Blickwinkel (Views), die eine differenzierte Betrachtungsweise auf das Unternehmen nach den Kriterien Funktionen, Ressourcen, Organisation und Information erlauben.

Mit Hilfe des CIM-OSA-Frameworks lassen sich die innerbetrieblichen Auswirkungen von CIM deutlicher als bisher darstellen und Alternativen besser beurteilen. Ausserdem leistete das Projekt einen wichtigen Beitrag zur Festlegung von CIM-Begriffen.

City-Marketing
Engl. für ▷ Stadtmarketing

Clearing
▷ Cash Management

Clearing House
Mit Clearing House wird die Institution einer ▷ Börse für ▷ Derivate bezeichnet, die zwischen die beiden Parteien eines Derivat-Geschäftes tritt und damit die Einhaltung der Verpflichtungen garantiert.

CLTV
Abk. für ▷ Customer Lifetime Value

Club-Güter
Club-Güter nehmen eine Zwischenstellung zwischen rein ▷ öffentlichen Gütern und rein ▷ privaten Gütern ein. Dies bedeutet, dass bei Club-Gütern das ▷ Ausschlussprinzip zwar anwendbar ist, dass aber bis zu einer gewissen Menge von Konsumenten *keine* ▷ Konkurrenz im Konsum besteht. Typische Club-Güter sind alle Güter (▷ Güter, ökonomische), die durch mehrere Konsumenten gleichzeitig genutzt bzw. konsumiert werden können. So kann z.B. der Betreiber eines Golf-Clubs nichtzahlende Personen ausschliessen (Anwendbarkeit des Ausschlussprinzips), aber es besteht bis zu einer gewissen Mitgliederzahl keine oder nur eine geringe gegenseitige Beeinträchtigung der Nutzungsmöglichkeiten durch die Mitglieder.

Club-Systeme
Club-Systeme sind eine Form des Handels (▷ Absatzorgane). Kunden, die Mitglieder eines solchen Clubs sind, bezahlen eine Club-Gebühr und sind damit berechtigt oder auch verpflichtet, zu günstigen Konditionen Leistungen in Anspruch zu nehmen bzw. regelmässig bestimmte Güter zu beziehen (z.B. Europaring).
▷ Warehouse Club

Cluster-Analyse
Die Cluster-Analyse ist ein statistisches Verfahren, bei dem bestimmte Daten in Gruppen geordnet werden. Die Elemente einer Gruppe sollen möglichst ähnlich sein, die einzelnen Gruppen jedoch stark unterschiedlich.

CM
Abk. für ▷ Category Management

CMS
Abk. für ▷ Content Management System

CNC
Abk. für ▷ Computerized Numerical Control

CNG
Abk. für Christlichnationaler Gewerkschaftsbund
▷ Gewerkschaft
▷ Travail Suisse

Coachee
Der Coachee ist die Person, die beim ▷ Coaching eine Beratung in Anspruch nimmt.

Coaching
Coaching ist die professionelle Form individueller Beratung im beruflichen Kontext.

Als Instrument der ▷ Personalentwicklung dient es dazu,
- die Problemlösungs- und Lernfähigkeit der Mitarbeitenden zu verbessern,
- gleichzeitig die individuelle Veränderungsfähigkeit zu erhöhen und
- schliesslich das Spannungsfeld zwischen den persönlichen Bedürfnissen, den wahrzunehmenden Aufgaben (Rolle) und den übergeordneten Unternehmenszielen auszubalancieren (▶ Abb. 36).

In der Praxis haben sich im Verlauf der Zeit verschiedene Ansätze und Arten von Coaching entwickelt (▶ Abb. 37). Die verschiedenen Konzepte unterscheiden sich v. a. in ihrer Zielsetzung und Methodik. In Bezug auf die Zielsetzung werden drei Ausrichtungen unterschieden:
- Beim *Defizitansatz* soll mit Hilfe des Coachings eine bestimmte aktuelle Problemsituation behoben werden. Durch diese Unterstützung sollen die vorgegebenen Leistungsstandards besser erreicht werden.
- Mit dem *Präventivansatz* sollen bestimmte, als störend empfundene Verhaltensweisen oder Situationen in Zukunft verhindert werden.
- Beim *Potenzialansatz* geht es nicht nur um die effektive Nutzung vorhandener, aber noch nicht ausgeschöpfter Potenziale, sondern oft sogar um deren Entdeckung. Es sollen neue Wege und Möglichkeiten aufgezeigt werden, solche Potenziale zu erschliessen. Dieses Coaching wird häufig eingesetzt, wenn es um die Vorbereitung auf neue Aufgaben, insbesondere Führungsaufgaben geht.

Die Coaching-Methode legt das prägende Grundverständnis und somit die grundsätzliche Arbeitsweise in einem Coaching-Prozess fest. Zwei Formen werden unterschieden:
1. Beim *Experten-Coaching* – auch *Fach-Coaching* genannt – steht die inhaltliche

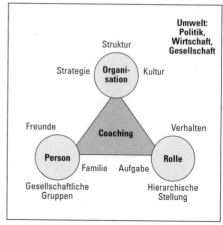

▲ Abb. 36 Spannungsfeld Coaching

Beratung im Vordergrund. Mit anderen Worten, Coach und ▷ Coachee erarbeiten gemeinsam eine Problemlösung, wobei der Coach aufgrund seiner grossen Erfahrung bzw. Fachexpertise Lösungsvorschläge macht und Ratschläge erteilt. Dieser Form ist auch das ▷ Mentoring als eine spezielle Form des Coachings zuzurechnen.

2. Das *Prozess-Coaching* ist eine Hilfe zur Selbsthilfe, d.h. der Coach unterstützt den Coachee darin, sich in dem komplexen Umfeld, in dem er arbeitet und lebt, selber orientieren und handeln zu können.

Die Wahl einer bestimmten Methode hängt sehr stark von der jeweiligen ▷ Coaching-Kultur in einem Unternehmen ab.

Darüber hinaus kann zwischen *internem* und *externem* Coaching sowie zwischen *Einzel-* und *Gruppen-Coaching* unterschieden werden.

▷ Coaching-Prozess
▷ Coaching-Kultur
▷ Systemisch-konstruktivistisches Coaching

1. Phase	2. Phase	3. Phase	4. Phase	5. Phase	6. Phase
Der Ursprung	Erweiterung	Der «Kick»	Systematische Personalentwicklung	Differenzierung	Populismus
Entwicklungs-orientiertes Führen durch den Vorgesetzten	Karrierebezogene Betreuung	Einzelbetreuung von Top-Managern durch externe Berater / Interne Beratung von mittleren und unteren Führungskräften / Entwicklungs-orientiertes Führen durch die Vorgesetzten		■ **Gruppen-Coaching:** Beratung in Seminaren durch die anderen Teilnehmer ■ **Coaching im Führungskräfte-Training:** Transferunterstützung durch den Trainer nach dem Seminar ■ **Coaching als intensives Selbsterfahrungstraining** ■ **Team-Coaching:** (gemeint ist die Teamentwicklung einer Gruppe zum besseren gemeinsamen Verständnis, Konfliktverhalten und damit zu einer verbesserten Zusammenarbeit) ■ **Projekt-Coaching:** Begleitung eines Projekts, inhalts- und/oder prozessbezogen ■ **EDV-Coaching:** Beratung bezüglich verschiedener IT-Fragestellungen	■ **Vorstands-Coach:** Im Vorstand vertritt ein Vorstand ein laufendes Unternehmensprojekt politisch bzw. verantwortlich. ■ **Jeder Berater ist ein Coach:** Jeder Unternehmensberater «coacht» einen Gesprächspartner (nach Selbsteinschätzung) schon dann, wenn er mit ihm redet. ■ **TV-Coaching:** Training des Verhaltens vor der Kamera ■ **Konflikt-Coaching:** Beratung, wie man sich in Konflikten richtig verhält → Fast jede beliebige Tätigkeit kann zum Coaching gemacht werden, wenn sie eine anspruchsvollere Form des Gesprächs oder der Beratung umfasst.
70er bis Mitte der 80er Jahre in den USA	Mitte der 80er Jahre in den USA	Mitte der 80er Jahre in Deutschland	Ende der 80er Jahre in Deutschland	Anfang der 90er Jahre	Mitte/Ende der 90er Jahre

▲ Abb. 37 Entwicklung des Coaching-Begriffs (Böning 2002, S. 25)

Coaching-Kultur

Unter der Coaching-Kultur versteht man die grundlegende Einstellung, die in einem Unternehmen gegenüber dem Einsatz von ▷ Coaching vorherrscht. Aufgrund der beiden Aspekte «Art des Coachings» und «Akzeptanzgrad des Coachings» können vier verschiedene Coaching-Kulturen unterschieden werden (▶ Abb. 38):

- In der *Nachsitzkultur* kommt Coaching zum Einsatz, wenn fachliche Defizite festgestellt werden. Die Akzeptanz dieses Coachings ist relativ gering, weil es demjenigen verordnet wird, der die geforderte Leistung nicht (selber) erbringen kann.
- In der *Therapiekultur* wird Coaching als Therapie gesehen. Der Begriff Coaching wird verwendet, um eine unangenehme Situation für den Betroffenen so angenehm wie möglich zu machen und somit eine Stigmatisierung zu verhindern – was letztlich aber doch nicht gelingt. Oft gehen die Kollegen davon aus, es handle sich um psychische Probleme, die von einem psychologisch geschulten Therapeuten «behandelt» werden müssen.
- In der (kurzfristigen) *Performance-Kultur* soll der Coachee zu Höchstleistungen motiviert und geführt werden. Dieses Coaching weist eine hohe Akzeptanz auf, weil es (finanziell) stark erfolgsorientiert ist und häufig ältere, erfahrene Führungskräfte als Vorbilder in der Rolle des Coachs oder Mentors (▷ Mentoring) eingesetzt werden.
- Die *Lern- und Veränderungskultur* stellt bewusst das Nachdenken, das Infragestellen, die Selbstreflexion in den Vordergrund. Dies ermöglicht sowohl dem Individuum als auch der ganzen Organisation, im Sinn des Double Loop Learning (▷ organisationales Lernen) zu lernen und sich zu verändern. Diese Kultur ist durch eine offene und transparente Kommunikation gekennzeichnet.

Coaching-Prozess

Unter dem Coaching-Prozess versteht man den strukturellen, inhaltlichen und zeitlichen Ablauf eines ▷ Coachings. Die logische Struktur mit den einzelnen Phasen – auf der Grundhaltung einer systemisch-konstruktivistischen Perspektive – zeigt ▶ Abb. 39. Trotz der linearen Anordnung der einzelnen Phasen läuft der konkrete Prozess nicht linear, sondern schleifenförmig ab und die einzelnen Phasen werden immer wieder durchlaufen. Dieser Prozess dreht sich inhaltlich in einem sich wiederholenden Kreislauf um fünf zentrale Fragen:

1. Was soll erreicht werden? (Vision und Werte)
2. Woran ist ein Erfolg zu erkennen? (Erfolgsindikatoren)
3. Womit ist das Thema vernetzt? (Einflussfaktoren)
4. Wer sollte in dem Veränderungsprozess involviert sein? (▷ Anschlussfähigkeit)
5. Welches sind die nächsten Schritte? (▷ Zieldienlichkeit)

In Bezug auf den zeitlichen Ablauf interessiert v.a. die Dauer eines Coachings. Grundsätzlich kann keine Norm angegeben werden, hängt doch sowohl die Anzahl der Sitzungen als auch der Zeitraum

Coaching-Methode	Integrationsgrad tiefe Akzeptanz	hohe Akzeptanz
Prozess-Coaching	Therapiekultur	Lern- und Veränderungskultur
Experten-Coaching	Nachsitzkultur	(kurzfristige) Performance-Kultur

▲ Abb. 38 Kulturtypen des Coachings (Backhausen/Thommen 2003, S. 236)

Aufbau einer positiven Arbeitsbeziehung (Rapport)
- Herausarbeiten des Anliegens (Problem bzw. Vorhaben)
- Festlegung des Ziels im Klientensystem
- Bestimmung des relevanten Lösungssystems
- Klärung des Auftrags
- Betrachtung der Kriterien und Implikationen bisheriger Wirklichkeitskonstruktionen und Markteinschätzungen
- Hypothesenbildung
- Analyse der Auswirkungen und Anschlussfähigkeit von Veränderungen
- Planung strategischer Interventionen und Zieldienlichkeitsprüfung

Versuch der Umsetzung im Heimatsystem durch Kontextsteuerung

▲ Abb. 39   Struktur eines Coaching-Prozesses (Backhausen/Thommen 2003, S. 158)

vom Ziel, Problem bzw. Anliegen sowie von den allgemeinen Rahmenbedingungen ab. Trotzdem hat sich in der Praxis gezeigt, dass es sich i.d.R. um zwei bis sechs einstündige Sitzungen handelt, die über einen definierten Zeitraum in mehr oder weniger regelmässigen Abständen stattfinden. Ausserdem hängt die Dauer auch stark von der eingesetzten Methode ab (▷ Coaching).

Co-Branding

Unter Co-Branding i.e.S. versteht man die systematische Markierung einer Leistung durch mindestens zwei Marken (z.B. Langnese und Milka). Es erfolgt ein (horizontaler) Zusammenschluss zweier Marken verschiedener Unternehmen mit dem Ergebnis eines neuen Produkts. Ob ein Produkt als Co-Branding angesehen wird oder nicht, hängt davon ab, ob der Konsument dieses als Kombinationsprodukt zweier Marken wahrnimmt (mehrere Marken, z.B. Walt Disney Company, Visa International und Bank One Corporation, die eine eigene Kreditkarte herausgeben).

Unter Co-Branding i.w.S. versteht man die Verbindung bzw. den gemeinsamen Auftritt zweier selbständiger Marken *(Dual Branding* oder *Markenallianzen)*. Dazu gehören auch Kooperationen im Kommunikationsbereich wie z.B. Co-Promotion (McDonald's und Disney) und Co-Advertising. Eine solche Verbundstrategie soll bewirken, dass sich die Marken gegenseitig stärken und neue Absatzpotenziale erschlossen werden können.

Ziel eines Co-Branding ist es, allen Beteiligten einen zusätzlichen Erfolgsbeitrag zu verschaffen. Der Nutzen ist je nach Institution bzw. Beteiligten (beim Beispiel Kreditkarte sind dies Kreditkartenherausgeber, Partner, Kunden usw.) unterschiedlich; jedoch ergeben sich folgende Nutzenpotenziale:

- Für den Co-Brand-Partner: höhere Kundenloyalität, neues Kundenpotenzial, erhöhte Aufmerksamkeit gegenüber der Marke, Daten über Kaufmuster der Kunden, Möglichkeiten des ▷ Cross Selling, Wettbewerbsvorteile.
- Für den Kartenherausgeber: geringe Marketing- und Akquisitionskosten für Neukunden, Karten- und Volumenwachstum, höhere Loyalität der Kunden.
- Für den Kunden/Karteninhaber: Zusatznutzen wie Rabatte, spezieller Service, Aufmerksamkeit, Mehrnutzen innerhalb einer Karte.

Mit Co-Branding sind Synergieeffekte zwischen einer bestehenden Marke und einer weiteren, durchaus auch artfremden Marke (Produkt oder Dienstleistung) zu erzielen. Die Anbieter der Karten erhalten durch Co-Branding eine Menge von Kundeninformationen, eine stärkere Markenbindung und können somit ein zielgruppenorientiertes Marketing betreiben. Beispiele finden sich bei Banken (Chase Manhattan Bank mit Wal-Mart, mit Shell, mit Toys 'R' Us), bei Kreditkartenorganisationen (zusammen mit Unternehmen aus den Bereichen Handel, Industrie oder Dienstleistung), bei Automobilherstellern (zusammen mit Versicherungsunternehmen), bei Modeherstellern, Reiseunternehmen (TUI mit Visa) oder bei Fluggesellschaften (Lufthansa mit Avis). Neuerdings ergeben sich auch Kooperationen im Bereich des Sports: Fussballvereine (Borussia Dortmund, 1. FC Kaiserslautern) zusammen mit Banken (Co-Branding Card inklusive Stadionunfallversicherung).

Collaboration Solution

Als Collaboration Solution bezeichnet man eine webbasierte Methode, mit der alle Personen oder Stellen, die gemeinsam an einem Projekt arbeiten, über das Internet Ideen und Resultate entwickeln, austauschen und präsentieren können. Sie ersetzt bis zu einem bestimmten Grad die klassischen Projektsitzungen oder -meetings. Zu einer Collaboration Solution gehören Applikationen für Brainstorming, Projektplanung und -überwachung, Prioritätensetzung und Abstimmungen, Präsentation, Dokumentation und Reporting, Videokonferenzen, asynchrone Meetings, Online-Umfragen und Online-Chatrooms.

Collaborative Planning, Forecasting and Replenishment (CPFR)

Collaborative Planning, Forecasting and Replenishment *(CPFR)* bedeutet «kooperative Planung, Prognose und Bestandsmanagement (Wiederauffüllung)». Mit anderen Worten: CPFR soll aufgrund einer kontinuierlichen Warenversorgung die Regaldefizite (Fehlbestände, Out of Stocks) reduzieren und die Regalverfügbarkeit erhöhen. Damit sollen unzufriedene (abwandernde) Kunden vermieden und gleichzeitig die Lagerkosten entlang der Lieferkette

– an allen Schnittstellen wie Vorlieferant, Hersteller, Spediteur, Grosshändler, Zentrallager, Einzelhändler – reduziert werden. Der Impuls für den Nachschub soll zunehmend von der tatsächlichen (prognostizierten) Nachfrage in den Verkaufsstellen ausgehen.

ECR Europe definiert CPFR als eine branchenübergreifende Initiative, die das Verhältnis zwischen Vorlieferant, Hersteller und Händler durch gemeinsam erarbeitete Planungsprozesse und geteilte Informationen verbessern soll. Eine stärker integrierte Versorgungskette mit effizientem und effektivem, zielgenauem und papierlosem Informationsfluss, gekoppelt mit einem kontinuierlichen Warenfluss, der genau dem Konsum entspricht, stehen im Fokus von CPFR.

CPFR ist eine Weiterentwicklung des ECR-Konzepts (▷ Efficient Consumer Response) auf der Supply-Side und bedingt einen weiteren kooperativen Strategieansatz. Dieser erfordert Verbesserungsprozesse nicht mehr auf einseitiger Basis, sondern in einer dauerhaften Zusammenarbeit. Dadurch lassen sich auch die Probleme des Mangels an zuverlässigen Absatzprognosen und mangelhafter Datenkommunikation zwischen Hersteller und Handel lösen.

Comité Européen de Normalisation (CEN)
▷ Europäische Norm (EN)

Commercial Due Diligence
▷ Due Diligence

Commodities

Commodities ist das englische Wort für Rohstoffe. Damit werden Stoffe bezeichnet, die direkt aus der Natur gewonnen und nicht in einem industriellen Verfahren hergestellt werden. Dazu gehören u.a. Öl,

Gas, Edelmetalle, Holz und Papier. Sie werden u. a. an Rohstoffbörsen (Commodity Exchanges) gehandelt.

Commodity Future
▷ Future

Common Object Request Broker Architecture (CORBA)
Die Common Object Request Broker Architecture *(CORBA)* ist eine objektorientierte ▷ Middleware, mit der verteilte, plattformübergreifende Applikationen in heterogenen Umgebungen programmiert werden. CORBA dient der Vereinheitlichung der Informatikstrategie eines Unternehmens zur ▷ Enterprise Application Integration und unterstützt bestimmte ▷ Application Services, die besondere Anforderungen an die Sicherheit stellen.

Compliance
Unter Compliance i. e. S. versteht man Strategien und Instrumente für das korrekte Verhalten eines Unternehmens im Einklang mit dem geltenden Recht. Neben der Einhaltung von Gesetzen geht es i. w. S. aber auch um die Befolgung von Regeln, die durch gesellschaftliche, politische und ethische Wertvorstellungen geprägt sind (▷ Glaubwürdigkeit). Compliance ist ein wichtiges Instrument der ▷ Corporate Governance.

Comptant-Geschäft
Syn. für ▷ Kassageschäft

Computer-Aided Design (CAD)
Unter Computer-Aided Design *(CAD)* versteht man das Erstellen von Konstruktionszeichnungen und Stücklisten mit Hilfe spezieller Software am Computer-Bildschirm (▷ Konstruktion). Mit Hilfe von CAD-Programmen sind zwei- und dreidimensionale Darstellungen möglich. Die erstellten Daten können der Fertigung und Montage online zur Verfügung gestellt werden, womit eine wichtige Voraussetzung für die Verwirklichung von ▷ Computer-Integrated Manufacturing (CIM) geschaffen wird. Bei vollständiger Verwirklichung ist mit CIM eine automatische Programmierung vom CAD-Arbeitsplatz aus möglich, wodurch die Grenzen zwischen Entwicklung und Produktion durchlässiger werden. Durch den Einsatz von CAD sollen die Konstruktionsarbeiten schneller erfolgen und die Fehlerquote deutlich verringert werden. Besondere Vorteile ergeben sich dann, wenn sich die Produkte laufend ändern und Anpassungen an Kundenwünsche nötig sind. CAD-Programme unterstützen zudem das Auffinden von ▷ Baugruppen, die mehrfach verwendet werden können.

Die computergestützte Konstruktion lässt sich in *drei* Phasen gliedern:

1. *Konzipieren:* Funktionsfindung (Klären der Aufgabenstellung, Teilfunktionen, Funktionsstrukturen, Stand der Technik, Erstellung eines Anforderungsprofils) sowie Prinziperarbeitung (Suche nach Lösungsprinzipien, Prinzipskizzen, Gestaltungsvarianten, Lösungskonzept).

2. *Entwerfen:* Erarbeitung von Entwürfen, Kostenermittlung und Alternativen, technisch-wirtschaftliche Bewertung, Bau erster Funktionsmuster und Versuchsmessungen.

3. *Ausarbeiten:* Detaillieren, Einzelteiloptimierung, Erstellung von Fertigungsunterlagen, Erstellen von Modellen und Prototypen (▷ Rapid Prototyping), Fertigungsfreigabe.

Die mit Hilfe von CAD erstellten Daten werden nach Beendigung der Konstruktionsphase an die ▷ Arbeitsvorbereitung weitergeleitet.

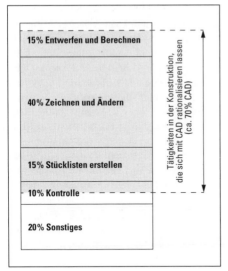

▲ Abb. 40 Rationalisierungspotenziale durch CAD

Durch den Einsatz von CAD-Systemen lassen sich im Rahmen der Konstruktion erhebliche Rationalisierungseffekte erzielen (◄ Abb. 40), welche die direkten Kosten (z. B. Personal) senken und dem Unternehmen entscheidende Vorteile im Zeitwettbewerb (▷ Time-to-Market) verschaffen. Einsparungen ergeben sich besonders durch eine Vereinfachung des Zeichnens und Änderns (40% der Durchlaufzeit), der Stücklistenerstellung (15%) sowie des Entwerfens und Berechnens (15%).

Die Vorteile von CAD liegen in der beliebigen Manipulierbarkeit von Konstruktionszeichnungen, sodass verschiedene Ansichten und Abänderungen möglich sind, ohne dass die Zeichnung völlig neu erstellt werden muss. Nachteile sind der hohe Schulungsaufwand und die noch hohen Kosten leistungsfähiger CAD-Systeme. Ausserdem besteht die Gefahr, dass sich Konstruktionsfehler ohne Zwischenkontrolle direkt auf die Produktion auswirken. CAD wird v. a. in der Elektronik (Chip-Herstellung), in der Maschinenbauindustrie, bei der Möbelherstellung und im Architekturbereich angewandt.

Computer-Aided Engineering (CAE)

Das Computer-Aided Engineering *(CAE)* fasst die vorwiegend *technischen* Aufgaben der Produktionsvorbereitung zusammen. Im engeren Sinn bezieht sich CAE nur auf die Erstellung des Produktentwurfs im Rahmen der ▷ Konstruktion.

Computer-Aided Manufacturing (CAM)

Unter Computer-Aided Manufacturing *(CAM)* wird die computerunterstützte Steuerung und Überwachung der Betriebsmittel im Fertigungsprozess verstanden. Dazu zählen Werkzeugmaschinen, verfahrenstechnische Anlagen, Handhabungsgeräte sowie Transport- und Lagersysteme. CAM führt zu einem hohen Automatisierungsgrad, wobei sich die menschliche Tätigkeit fast nur noch auf die Programmierung und Überwachung beschränkt (▷ Automatisierung).

CAM wurde aus der Numerical-Control-Technik (▷ Numerical Control) heraus entwickelt und umfasst heute:

■ Numerical Control (NC), ▷ Computerized Numerical Control (CNC) und ▷ Direct Numerical Control (DNC),

■ Werkstück- und Werkhandhabungssysteme (▷ Industrieroboter),

■ automatisierte Transport- und Lagersysteme (▷ fahrerloses Transportsystem),

■ automatisierte Montagesysteme (▷ flexible Fertigungssteuerung, ▷ flexible Fertigungssysteme und ▷ Bearbeitungszentren),

■ Prozesssteuerung und Prozessüberwachung.

CAM erschliesst erhebliche ▷ Rationalisierungspotenziale. Noch effizienter ist CAM im Rahmen eines CIM-Gesamtkonzepts durch eine Koppelung mit ▷ Computer-Aided Design *(CAD-CAM-Integration)*.

Computer-Aided Planning (CAP)

Als Computer-Aided Planning *(CAP)* bezeichnet man die Computer-Unterstützung der ▷ Arbeitsvorbereitung (AVOR). Es handelt sich um Aufgaben, die auf den Ergebnissen der ▷ Konstruktion aufbauen und entweder konventionell oder mit Hilfe von ▷ Computer-Aided Design ausgeführt werden. CAP unterstützt die Arbeitsvorbereiter bei der Erstellung von Teilefertigungs- und Montageanweisungen. Ausserdem werden Arbeitsvorgänge und Arbeitsgangfolgen festgelegt, eine Auswahl von Verfahren und ▷ Betriebsmitteln vorgenommen und Daten für das ▷ Computer-Aided Manufacturing bereitgestellt. Dem CAP lassen sich folgende Funktionen zuordnen:
- Arbeitsplanerstellung,
- Betriebsmittelauswahl,
- Erstellung von Teileverwendungsnachweisen,
- Erstellung von Montageanweisungen,
- NC-Programmierung (▷ Numerical Control).

Die durch CAP bereitgestellten Daten werden im Rahmen des Auftragsabwicklungsprozesses (▷ Auftragsabwicklung) an die ▷ Fertigung und an die ▷ Montage weitergeleitet.

In der betrieblichen Praxis lassen sich nicht alle Tätigkeiten der Arbeitsplanung vollständig auf CAP übertragen. Mit Hilfe von Expertensystemen und interaktiver Arbeitsweise sollen jedoch bestehende Mängel beseitigt werden.

Computer-Aided Quality Assurance (CAQ)

Unter Computer-Aided Quality Assurance *(CAQ, Computer-Aided Quality Control)* versteht man die computerunterstützte Planung und Durchführung der technischen ▷ Qualitätssicherung. Dabei steht die Erstellung von Prüfplänen, Prüfprogrammen und Kontrollwerten im Mittelpunkt, um Fehler frühzeitig zu erkennen, zu beheben und in Zukunft zu verhindern. Darüber hinaus werden rechnerunterstützte Mess- und Prüfverfahren (Statistical Process Control) beim CAQ eingesetzt. CAQ umfasst auch Prüfgeräte und Prüfvorrichtungen, um Produktions- und Produktdaten automatisch zu ermitteln, Abweichungen festzustellen und evtl. auch grafisch auszuwerten.

In der industriellen *Praxis* gewinnt die computerunterstützte Qualitätssicherung zunehmend an Bedeutung, da heute bereits bis zu 50% der Fertigungskosten auf die Qualitätssicherung entfallen.

Computer-Aided Quality Control

Syn. für ▷ Computer-Aided Quality Assurance

Computer-Aided Software Engineering (CASE)

Unter den Begriff des Computer-Aided Software Engineering *(CASE)* fallen alle Methoden einer computerunterstützten Software-Entwicklung. Diese Methoden vereinfachen und beschleunigen die Programmentwicklung durch benutzerfreundliche Programmiersprachen, helfen, Programmierfehler zu entdecken, und ermöglichen, den Programmumfang zu reduzieren.

Computer-Assisted Learning (CAL)

▷ Electronic Learning

Computer-Based Training (CBT)
▷ Electronic Learning

Computer-Integrated Manufacturing (CIM)
Unter Computer-Integrated Manufacturing *(CIM)* wird ein Produktionskonzept verstanden, bei dem verschiedene Bereiche eine gemeinsame Datenbasis benützen. Ziel ist es, Produktionsdaten, Auftragsdaten, Stücklisten und weitere technische Informationen so zu verwalten, dass sowohl Forschung und Entwicklung (F&E), Fertigung und Montage als auch die Arbeitsvorbereitung (AVOR) mit Hilfe der Produktionsplanung und -steuerung darauf zugreifen können. Diese Datenintegration soll Schnittstellenprobleme zwischen verschiedenen Produktionsmaschinen oder zwischen Produktion und Entwicklung beseitigen. Der CIM-Gedanke löst die isolierte Optimierung einzelner Aufgabenbereiche durch eine gemeinsame Verbesserung aller in der Wertkette miteinander verbundenen Funktionen ab. Möglich wird dies durch die verbesserte Speicherung und Verwaltung riesiger Datenmengen, was bisher vernachlässigt wurde und zu sog. Insellösungen (Dateninseln) geführt hat. Durch die Datenintegration sind technische Daten, die in der Produktentwicklung entstehen (▷ Computer-Aided Design) praktisch zeitgleich in der Fertigung oder in der Fertigungsplanung verfügbar. Besondere Vorteile entstehen auch durch die fehlerfreie und schnellere Durchführung von Änderungen.
Verbunden mit der Datenintegration ist meist auch eine Funktions- oder Vorgangsintegration. Dabei werden Tätigkeiten in Produktion oder produktionsnahen Bereichen nicht mehr isoliert betrachtet wie bei der tayloristischen Arbeitsteilung (▷ Scientific Management), sondern als Teil eines übergeordneten Leistungserstellungsprozesses. Die Prozessbetrachtung führt zu einer Reduktion der Arbeitsteilung bei Maschinen und Menschen (▷ Job Enlargement). Sie ermöglicht eine Steuerung der Durchlaufzeiten sowie eine Reduktion der Zwischenlager und Liegezeiten von Material oder Zwischenprodukten.
Die Vorteile von CIM liegen in der höheren Flexibilität, sodass Produktionsumstellungen schneller erfolgen und Kundenwünsche besser befriedigt werden können. Gleichzeitig können auch kleinere Seriengrössen kostengünstig gefertigt werden.
Allerdings ist die Verwirklichung von CIM mit sehr hohen Kosten verbunden. Meist ist eine schrittweise und allmähliche Einführung von CIM wie bei herkömmlichen Rationalisierungsinvestitionen nicht möglich. Vielmehr müssen Maschinen, Transportsysteme und Computer zur Datenerfassung und -verwaltung gleichzeitig ausgetauscht werden, wodurch die negativen Konsequenzen einer möglichen Fehlentscheidung grösser werden (▷ CIM-Investition). Über die Hardware-Kosten hinaus fallen oft hohe Software-Kosten sowie Kosten für die Personalschulung an. Die Einführung von CIM bringt aufgrund der hohen Komplexität meist ein kurzfristiges Sinken der Produktivität mit sich, da Software-Lösungen nicht immer völlig ausgereift sind oder nach der Einführung spezifische Anpassungen nötig werden.
Insgesamt stellt CIM neuartige und hohe Anforderungen an Personal und Technik sowie an Organisation und Führung (Produktionsplanung und -steuerung [▷ PPS-Systeme], ▷ Computer-Aided Design, ▷ Computer-Aided Planning, ▷ Computer-Aided Engineering, ▷ Computer-Aided Manufacturing) (▶ Abb. 41).

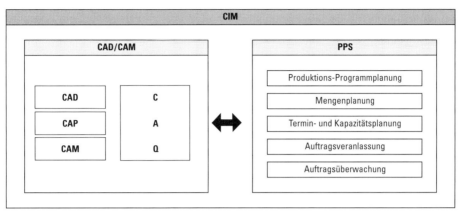

▲ Abb. 41 CIM-Konzept

Computerized Numerical Control (CNC)

Computerized Numerical Control *(CNC),* die CNC-Steuerung von Arbeitsmaschinen, ist eine Weiterentwicklung der Numerical-Control-Technik (▷ Numerical Control), die eine *rechner*gestützte Steuerung von NC-Maschinen ermöglicht. Damit entfällt die bei konventionellen NC-Maschinen typische Steuerung durch elektronische Bauelemente zugunsten einer Steuerung durch Rechnerprogramme.

Mit CNC kann im Produktionsbetrieb die Eingabe von Werkstückprogrammen an der Werkzeugmaschine realisiert werden. Man spricht in diesem Zusammenhang auch von *Werkstattprogrammierung.* Durch CNC kann die ▷ Flexibilität der Leistungserstellung verbessert werden. Die CNC-Technik ist zusammen mit ▷ Computer-Aided Design (CAD) eine wichtige Voraussetzung zur Verwirklichung von ▷ Computer-Integrated Manufacturing (CIM).

Conf Future

Der Conf Future, auch nur Conf genannt (Conf ist die Abkürzung für Confoederatio Helvetica), ist ein ▷ Future, dessen Basiswert eine Anleihe ist. Dieser Basiswert ist aus Liquiditätsgründen – und um Manipulationen zu vermeiden – nicht eine tatsächlich emittierte, sondern eine fiktive Anleihe mit einem Coupon von 6% und einer Restlaufzeit zwischen 8 und 13 Jahren. Der Conf Future ist ein standardisierter Terminkontrakt mit vorgegebenen Fälligkeitsdaten (März, Juni, September, Dezember). Der Käufer eines Conf erwirbt einen Kontrakt, d.h. das Recht, bei Verfall vom Verkäufer des Conf eine Staatsanleihe mit einem Nominalwert von Fr. 100 000 zu beziehen. Dabei hat der Verkäufer die Wahlfreiheit, welche Bundesobligation er liefern möchte. Da er sich stets für die für ihn billigste Anleihe entscheidet, spricht man auch vom *Cheapest-to-deliver Bond.* Der Conf ist in erster Linie ein Instrument zur Absicherung eines Obligationenportefeuilles vor Kursverlusten. Er hat auch eine Barometerfunktion in Bezug auf die Zinsentwicklung und kann darüber hinaus aus rein spekulativen Gründen gekauft oder verkauft werden.

Confirmation-Disconfirmation-Modell

Zur Erklärung der ▷ Kundenzufriedenheit existieren verschiedene Theorien und Konzepte, so u.a. das sog. Confirmation-Disconfirmation-Modell (auch *C/D-Paradigma* genannt), das besagt, dass die Kundenzufriedenheit aus dem Vergleich zwischen subjektiver Erwartung (Vergleichstandard = Soll-Leistung) und tatsächlich wahrgenommener Leistung (wahrgenommene Leistung = Ist-Leistung) entsteht. Stimmt die wahrgenommene Leistung (Ist-Leistung) mit den Erwartungen des Kunden (Soll-Leistung) überein, so spricht man von Konfirmation (Bestätigung, d.h. die Zufriedenheit liegt auf dem Konfirmationsniveau). Besteht zwischen Ist- und Soll-Leistung eine negative Diskrepanz, spricht man von Diskonfirmation (Ist-Leistung < Soll-Leistung, mit dem Ergebnis Unzufriedenheit und Enttäuschung). Besteht jedoch eine positive Diskonfirmation (Ist-Leistung > Soll-Leistung), so entsteht eine hohe Zufriedenheit (diese liegt beträchtlich über dem Konfirmationsniveau).

Consulting
Engl. für ▷ Unternehmensberatung

Consumerism
Engl. für ▷ Konsumerismus

Consumer Marketing
▷ Vertikales Marketing

Consumer Promotion
Engl. für ▷ Verkaufsförderung

Content Management System (CMS)
Ein Content Management System *(CMS)* ist ein System, mit dem im Internet zu publizierende Inhalte (Texte, Bilder, Applikationen) zentral verwaltet werden. Kern eines CMS ist i.d.R. eine ▷ Datenbank. Mit einem CMS werden
- Inhalte durch eine Redaktion aktualisiert und in einem Change-Management-Prozess (▷ Change Management) publiziert sowie versioniert abgelegt,
- dynamisch Web-Seiten generiert durch die Kombination von vordefinierten Templates (Vorlagen) und variablen Daten,
- Inhalte abhängig von bestimmten Ereignissen oder Nutzerverhalten präsentiert,
- Nutzerrechte verwaltet.

Contingency Approach
Engl. für ▷ Situativer Ansatz

Continuous Improvement
Engl. für «fortlaufende Verbesserung» ▷ Kaizen

Controlling
Unter Controlling versteht man die ergebnisorientierte Steuerung des Unternehmensgeschehens. Beim Controlling handelt es sich um eine Kernfunktion der Führung, die sich aus verschiedenen Teilfunktionen wie z.B. Planungs-, Kontroll-, Koordinations- und Informationsversorgungsfunktionen zusammensetzt. Eine grosse Bedeutung kommt der Koordinationsfunktion zu. Diese Funktion koordiniert das Planungs- und Kontrollsystem mit dem Informationsversorgungs- und dem elektronischen Datenverarbeitungssystem.
Ausgehend von den Daten des ▷ Rechnungswesens werden Informationen bereitgestellt, um die gegenwärtige Situation mit der geplanten Entwicklung zu vergleichen und um notwendige Massnahmen ergreifen zu können. Das Controlling umfasst deshalb folgende Aufgaben:

- Zuerst wird eine *Standortbestimmung* anhand von relevanten Daten und Rechnungen des finanziellen und betrieblichen Rechnungswesens vorgenommen.
- In einer *Abweichungsanalyse* wird nachfolgend ermittelt, inwieweit man das gesteckte Ziel erreicht hat.
- Anschliessend wird eine *Ursachenanalyse* für aufgetretene Abweichungen gemacht.
- Sind die Abweichungen und deren Ursachen ermittelt, so werden *Massnahmen* vorgeschlagen, um aus der gegenwärtigen Situation das angestrebte, in der Zwischenzeit revidierte Ziel zu erreichen.

Im Mittelpunkt des Controllings mit Betonung der finanzwirtschaftlichen Führung stehen v.a. (1) die ▷ *Rentabilität* und ▷ *Liquidität* sowie weitere ausgewählte Finanzkennzahlen, (2) die *Kostenstruktur* und die ▷ *Deckungsbeiträge* sowie die damit verbundene (3) *Sortimentsgestaltung*. Wichtige Instrumente sind neben der ▷ Finanzbuchhaltung (▷ Bilanz, ▷ Erfolgsrechnung, ▷ Mittelflussrechnung) und der ▷ Betriebsbuchhaltung (insbesondere der ▷ kurzfristigen Erfolgsrechnung) v.a. die Budgetierung (▷ Budget), die Deckungsbeitragsrechnung (▷ Direct Costing), die ▷ Kalkulation sowie die ▷ Investitionsrechnungen.

Wie der ▷ Treasurer ist im Normalfall auch der Controller direkt dem ▷ Chief Financial Officer unterstellt.

Das Konzept des Controllings als Koordinations- und Steuerungsinstrument der Führung wurde auch auf das strategische Management *(strategisches Controlling)* sowie auf einzelne Teilbereiche des Unternehmens (z.B. *Marketing-Controlling, Investitions-Controlling, Personal-Controlling*) übertragen.

Control-Prinzip
▷ Beherrschung

Convenience Store
Der Convenience Store ist eine Form des ▷ Einzelhandels. Er führt ein begrenztes (schnell drehendes) Sortiment an Lebensmitteln und Waren des (kurzfristigen) täglichen Bedarfs. Man findet ihn heute v.a. bei Tankstellen, die den Vorteil haben, nicht an Ladenöffnungszeiten gebunden zu sein. Es besteht aber die Tendenz, diese Vertriebsform auch auf traditionelle Einzelhandelsformen auszudehnen. Beispielsweise bieten Bäckereien neben ihrem eigentlichen Sortiment weitere Lebensmittel an oder führen eine Imbissecke.

Convertible Bond
Engl. für ▷ Wandelanleihe

COO
Abk. für ▷ Chief Operating Officer

Co-opetition
Die Strategie der Co-opetition verbindet die Vorteile der Konkurrenz (Competition) mit denjenigen der Kooperation (Cooperation). Co-opetition bedeutet, dass ein Unternehmen in seinen Stärken, d.h. ▷ Kernkompetenzen auf Wettbewerb setzt, in seinen Schwächen aber auf Kooperation, d.h. auf Auslagerung (▷ Outsourcing) bestimmter Funktionen und Aufgaben. Handelt es sich bei einer solchen Partnerschaft um eine langfristige strategische Ausrichtung, so geschieht dies meist in Form einer ▷ strategischen Allianz oder eines ▷ Netzwerks.

Copyleft
▷ Open-Source-Software

Copyright
Engl. für ▷ Urheberrecht

CORBA
Abk. für ▷ Common Object Request Broker Architecture

Core Process Redesign
▷ Kernprozess

Corporate Behaviour
Unter Corporate Behaviour als Teil der ▷ Corporate Identity versteht man das Verhalten des Unternehmens oder seiner Mitglieder nach innen und aussen. Wichtig ist ein konsistentes Verhalten des Unternehmens und seiner Mitarbeitenden mit den im ▷ Leitbild festgelegten Grundsätzen, um in der Öffentlichkeit und bei den ▷ Anspruchsgruppen ▷ Glaubwürdigkeit und Vertrauen zu schaffen.

Corporate Communications
Unter Corporate Communications versteht man den Einsatz verschiedener Kommunikationsinstrumente, um Botschaften der ▷ Corporate Identity an interne und externe ▷ Anspruchsgruppen zu vermitteln. Dazu zählen Leitbild, Pressemitteilungen, Generalversammlungen, Geschäftsberichte, Werbung oder der persönliche Umgang mit Kunden und mit der Öffentlichkeit. Im Vordergrund steht der Aufbau eines klaren und einheitlichen ▷ Images zur Unterstützung der Unternehmensziele.
▷ Kommunikationspolitik

Corporate Control
Unter Corporate Control versteht man die ▷ Beherrschung eines Unternehmens. Diese kann ein einzelner Aktionär erringen, indem er ein grosses Aktienpaket einer Publikumsaktiengesellschaft erwirbt. Voraussetzung ist, dass die Aktien frei gehandelt werden und es keine Beschränkung des Kapitalanteils einzelner Aktionäre gibt. Ein funktionierender Markt für Corporate Control setzt das Management der betroffenen Firma unter Druck, um eine drohende Übernahme abzuwehren, und wirkt somit im Sinn der ▷ Corporate Governance.

Corporate Culture
Engl. für ▷ Unternehmenskultur

Corporate Design
Unter Corporate Design als Teil der ▷ Corporate Identity versteht man das äussere Erscheinungsbild eines Unternehmens. Darunter fallen alle visuellen Ausdrucksformen, die von der Gebäudearchitektur über die Gestaltung der Werbung bis hin zum Briefpapier, zum Firmenlogo oder zu Schriftzügen reichen. Damit soll der Bekanntheitsgrad des Unternehmens selbst sowie seiner Produkte gesteigert werden. Gleichzeitig wird eine Verbesserung des Unternehmens- und Produktimages (▷ Image) angestrebt. Das Corporate Design ist ein wichtiges Element der ▷ Kommunikationspolitik.

Corporate Finance
Unter Corporate Finance versteht man die betriebliche Finanz- und Investitionswirtschaft. Dabei werden die betrieblichen Fragestellungen aus einer finanzwirtschaftlichen Perspektive betrachtet. Man untersucht, welchen Einfluss betriebliche Entscheidungen auf zukünftige Einnahmen und Ausgaben haben. Konkret stellen sich zwei übergeordnete Fragen: Wie kann sich ein Unternehmen finanzieren und wie soll es die beschafften Mittel einsetzen? Die Corporate Finance geht dabei nicht auf technische, produkt- und marktbezogene Sachverhalte ein, sondern betrachtet die

Auswirkungen von Finanzierungen und Investitionen in finanzieller Hinsicht (Finanzbedarf für Investitionen, spätere Geldrückflüsse aus Investitionen, Auswirkungen auf den Unternehmenswert).

Corporate Governance

Corporate Governance umfasst die Regeln und Grundsätze in Bezug auf Organisation und Verhalten, mit Hilfe derer ein Unternehmen geführt und kontrolliert wird. Im Vordergrund stehen die Beziehungen zwischen dem ▷ Verwaltungsrat und seinen verschiedenen ▷ Anspruchsgruppen im Innen- und Aussenverhältnis.

Durch eine hohe Transparenz soll den Anspruchsgruppen ermöglicht werden, das unternehmerische Verhalten und dessen Resultate jederzeit anhand dieser Regeln und Grundsätze zu überprüfen. Corporate Governance dient deshalb dazu, Unsicherheit bei den Anspruchsgruppen zu reduzieren und unethisches Verhalten des Managements zu verhindern. Im Rahmen einer Corporate Governance stellt sich für ein Unternehmen somit die Frage, wie solche Regeln und Grundsätze formuliert werden sollen und wie es sich zu verhalten habe, damit es den Anforderungen seiner Anspruchsgruppen gerecht wird. Dabei spielt die ▷ Glaubwürdigkeit eine entscheidende Rolle.

Es sind verschiedene Richtlinien von Behörden und aufgrund privatwirtschaftlicher Initiative entstanden, um die Corporate Governance zu verstärken (z.B. ▷ Sarbanes-Oxley Act, ▷ Swiss Code of Best Practice in Corporate Governance, ▷ Deutscher Corporate-Governance-Kodex). Manche dieser Richtlinien wurden in die Kotierungsreglemente der Börsen aufgenommen und gelten für die börsenkotierten Unternehmen. Das Schwergewicht der Regelungen liegt auf finanziellen Aspekten. Die wichtigsten Ziele der verschiedenen Kodizes lassen sich wie folgt zusammenfassen:

■ Die Zusammensetzung des Verwaltungsrats soll zu einer guten Corporate Governance beitragen (durch Bildung von Committees [▷ Audit Committee], Trennung von operativem Management und strategischem Controlling, Beizug unabhängiger Persönlichkeiten).

■ Eine transparente Finanzberichterstattung und aufschlussreichere Daten aus dem internen Controlling sollen die Corporate Governance verbessern.

■ Gehalts- und Bonuszahlungen an das Management (▷ Management Compensation) sollen so gestaltet werden, dass sie im Sinn der Corporate Governance wirksam sind.

■ Die Stellung der Aktionäre gegenüber Management und Verwaltungsrat soll gestärkt werden. Die Teilnahme an Aktionärsversammlungen soll auch via Internet-Technologien möglich sein (Online-Stimmabgabe).

■ Die institutionellen Investoren, die einen immer grösseren Aktienanteil besitzen, sollen ihre Überwachungsrolle aktiver wahrnehmen, da eine grosse Zahl von Kleinaktionären nur beschränkt dazu fähig ist.

■ Der Markt für ▷ Corporate Control (Unternehmensübernahmen) soll besser spielen, damit Druck auf das Top-Management von Publikumsgesellschaften entsteht.

■ Fremdkapitalgeber (Banken, Kapitalmarkt, Obligationäre) sollen besser informiert werden, was auch die Beurteilung durch Rating-Agenturen verbessert.

Corporate Identity

Unter Corporate Identity, auch *Unternehmensidentität* oder *Unternehmenspersönlichkeit* genannt, versteht man die Selbstdarstellung (Selbstbild) und das Verhalten des Unternehmens aufgrund widerspruchsfreier und eindeutiger Werte. Sie gibt Antwort auf die Fragen «Was ist unser Unternehmen?» und «Welches ist der Sinn unserer wirtschaftlichen Tätigkeit?». Damit sind alle Unternehmensaktivitäten gemeint, die das Unternehmen als Ganzes gegenüber der Konkurrenz profilieren und gegenüber den internen und externen ▷ Anspruchsgruppen Identität vermitteln.

Zu den einzelnen Elementen der Corporate Identity zählen das Verhalten (▷ Corporate Behaviour), die Kommunikation (▷ Corporate Communications) und das Erscheinungsbild (▷ Corporate Design).

Je deutlicher die Corporate Identity von aussen als einheitliches und widerspruchsfreies Erscheinungsbild wahrgenommen wird, desto mehr Wirkung kann sie entfalten. Es entstehen Vertrauen und ▷ Glaubwürdigkeit, welche die Bekanntheit und Akzeptanz des Unternehmens und seiner Produkte steigern und sich positiv auf den Absatz der Produkte auswirken. Gleichzeitig werden die Motivation und die Identifikation der Mitarbeitenden mit dem Unternehmen gesteigert.

Corporate Image
▷ Image

Corporate Incubator
Unter Corporate Incubator («firmeneigene Brutstätte») versteht man die Unterstützung von Mitarbeitenden mit viel versprechenden Ideen, die zu Innovationen und neuen Geschäftsfeldern führen können. Für diese Mitarbeitenden werden die entsprechenden Freiräume geschaffen, d.h. insbesondere die notwendigen Ressourcen (Geld, Personal, Räume usw.) zur Verfügung gestellt. Zudem erhalten sie die Möglichkeit, unabhängig von der Hierarchie des Unternehmens ihre Ideen in einer innovativen Kultur umzusetzen.

Corporate Social Responsibility
Unter Corporate Social Responsibility versteht man die Übernahme der Verantwortung für die Auswirkungen der Unternehmenstätigkeiten gegenüber allen ▷ Anspruchsgruppen (Stakeholders), d.h. sowohl gegenüber den unmittelbar betroffenen Gruppen (wie Mitarbeitende, Konsumenten, Kapitalgeber, Staat) als auch gegenüber den nur mittelbar betroffenen Gruppen der Gesellschaft (wie Anwohner, Umweltschützer). Kriterium für die Beurteilung der Wahrnehmung der sozialen Verantwortung bildet beispielsweise die ▷ Glaubwürdigkeit.

Cost-Center-Organisation
Von einem Cost Center spricht man, wenn eine organisatorische Einheit mit Hilfe der Kosten kontrolliert und koordiniert wird. Ein Cost Center entspricht im Prinzip einer grossen ▷ Kostenstelle, wobei die gesamten Kosten (als ▷ Budget) vorgegeben sind. Dem Cost Center werden normalerweise keine Einnahmen zugerechnet, sodass Mehrkosten nicht mit Mehreinnahmen kompensiert werden können. Angewandt wird dieses Prinzip als Steuerungsinstrument in divisional organisierten Unternehmen (▷ Divisionalorganisation), bei einzelnen Stabsstellen und bei internen Dienstleistungen, z.B. Forschung und Entwicklung oder Informatik. Ein Einsatz ist auch in der öffentlichen Verwaltung möglich. Der Vorteil des Cost Center liegt in der Einhaltung und Senkung von Kostenvorgaben. Es spornt jedoch nicht zu Mehrleistungen an und wirkt eher negativ auf die Motivation der Mitarbeitenden.

Cost Driver
▷ Prozesskostenrechnung

Cost-per-Order (CPO)

Die Cost-per-Order (*CPO*, Kosten pro Bestellung) ist eine wichtige Kenngrösse für die Planung und Erfolgsbewertung einer Direktmarketing-Aktion (▷ Direktmarketing).

CPFR

Abk. für ▷ Collaborative Planning, Forecasting and Replenishment

CPM

Abk. für ▷ Critical Path Method und ▷ Customer Process Management

CPO

Abk. für ▷ Cost-per-Order

Critical Path Method (CPM)

Die Critical Path Method *(CPM)* ist ein in den USA entwickeltes Verfahren der ▷ Netzplantechnik, welches Vorgangspfeile *(Vorgangs-Pfeil-Netzplan)* zur Darstellung und zeitlichen Kalkulation von Projekten verwendet. Bei der Erstellung eines CPM-Netzwerks wird folgendermassen vorgegangen:
1. Zeitschätzung: Jedem geplanten Arbeitsgang wird eine fixe Zeitdauer zugeordnet, die aufgrund von Vergangenheits- oder Erfahrungswerten geschätzt wird.
2. Festlegung der Symbolik: Der CPM-Netzplan ist in der Weise aufgebaut, dass die Aktivitäten durch Pfeile und die abgrenzenden Vorgänge durch Knoten dargestellt werden (▶ Abb. 42). Dem Startereignis wird der Zeitpunkt t_0 zugeordnet, die weiteren Ereignisse werden gemäss ihrer logischen Reihenfolge hintereinander oder parallel miteinander verknüpft.
3. Ermittlung des Endzeitpunkts: Der frühestmögliche Endzeitpunkt eines Projekts ergibt sich aus der Summe der Dauern der einzelnen durchzuführenden Tätigkeiten.
4. Festlegung des *kritischen Pfads:* Der oder die Wege mit der längsten Zeitdauer zwischen Start- und Endtermin werden als kritischer Pfad (Weg) bezeichnet. Alle Aktivitäten auf dem *kritischen Weg* haben keine Zeitreserven (Pufferzeiten).
5. Berechnung der spätestmöglichen Ereigniszeitpunkte: Durch Zurückrechnen des Netzplans vom Endtermin in Richtung Starttermin können die spätesterlaubten Zeitpunkte für einzelne Ereignisse berechnet werden.
6. Ermittlung der Pufferzeiten: Durch Berechnung der spätestmöglichen Ereigniszeitpunkte kann sich zwischen dem frühest- und spätestmöglichen Starttermin eines Vorgangs eine Differenz ergeben. Man spricht dann von einer Pufferzeit. Pufferzeiten erhöhen die Flexibilität der Festlegung des Starttermins. Vorgänge auf dem kritischen Pfad haben stets eine Pufferzeit von null.

Nach Erstellung des CPM-Netzplans stehen Beginn- und Endtermine, früheste und späteste Anfangs- und Abschlusstermine aller Teilvorgänge sowie die jeweiligen Pufferzeiten fest. Für die Projektverantwortlichen ist aus dem CPM-Netzplan ersichtlich, welche Vorgänge aufgrund ihrer Pufferzeit als kritisch einzustufen sind.
In der betrieblichen Praxis werden CPM-Netzpläne i.d.R. wochengenau erstellt, wobei jeweils auf volle Wochen aufgerundet wird. Stellt sich heraus, dass der kritische Pfad zu lang ist, kann für einzelne Aktivitäten zu einer tag- oder stundengenauen Planung übergegangen werden, um das Projekt zu beschleunigen. Alle Berechnungen können heute mit Hilfe von EDV-Programmen vorgenommen werden. Anwendungsgebiete finden sich im ▷ Projektmanagement, bei der Terminplanung in der Produktion (▷ Arbeitsvorbereitung) oder im Transportwesen.

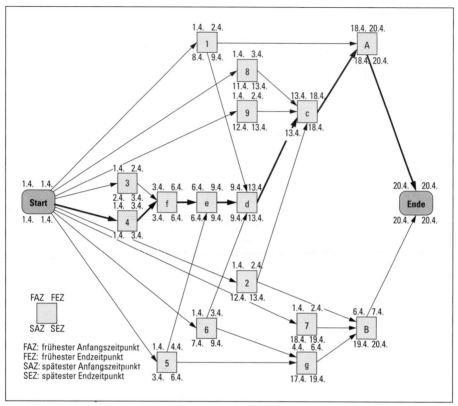

▲ Abb. 42 CPM-Netzplan

Der Vorteil von CPM-Netzplänen liegt in der Möglichkeit, relativ komplexe Zeitplanungen durchzuführen. Ihre Güte hängt jedoch stark von der richtigen Einschätzung der Vorgangslängen ab. Sind diese nicht determiniert, empfiehlt sich die Anwendung stochastisch orientierter Verfahren wie der ▷ Project Evaluation and Review Technique (PERT).

CRM

Abk. für ▷ Customer Relationship Management

Cross Buying

Von Cross Buying – als Gegenstück zum ▷ Cross Selling – spricht man, wenn ein Kunde zusätzlich zu seinen bisherigen Käufen beim gleichen Anbieter weitere Produkte aus anderen Geschäftsbereichen kauft. Beispiel: Ein Abonnent einer Touristikzeitschrift kauft Bücher, die vom selben Verlag herausgegeben werden, oder er bucht eine Reise, die vom Verlag für die Abonnenten organisiert wird.
▷ Kundenzufriedenheit

Cross Selling

Unter Cross Selling (auch *«Überkreuz»- Verkauf*) versteht man den gezielten Anreiz für bereits bestehende Kunden, zusätzlich zum Kauf bestimmter Produkte weitere Produkte (Zusatzprodukte) zu erwerben (▷ Cross Buying). So werden Informationen über bereits existierende Kunden oder über bekanntes Konsumentenverhalten genutzt, um zusätzliche Käufe anderer Produkte zu begünstigen, z.B. durch eine besondere Aufteilung eines Supermarkts, indem Produkte, die oft zusammen erworben werden, nahe beieinander platziert werden. Oder im Bankbereich: Als Einstiegsprodukt wird das Privatkonto angeboten, daneben werden dem Kunden noch weitere Serviceangebote für Erbschafts-, Steuer-, Versicherungsangelegenheiten, Hypotheken usw. unterbreitet. Ziel ist, neben den umsatzbezogenen Vorteilen auch eine stärkere ▷ Kundenbindung zu erzielen.

Crowding-in

Crowding-in ist der umgekehrte Vorgang von ▷ Crowding-out.

Crowding-out

Crowding-out *(Verdrängungseffekt)* ist ein makroökonomisches Phänomen, welches eine Verdrängung privater Investitionen und privater Nachfrage durch staatliche Ausgaben beschreibt. Erhöht der Staat seine Ausgaben, um z.B. die Konjunktur und Beschäftigung zu erhöhen (keynesianische Nachfragesteuerung), besteht die Gefahr der Zinserhöhung und damit der Verteuerung privater Investitionen. Durch die Zinserhöhung steigt gleichzeitig der Anreiz zu sparen anstatt zu konsumieren. Insgesamt lässt sich Crowding-out dadurch nachweisen, dass das Bruttoinlandprodukt nicht im gleichen Mass wie die Staatsausgaben steigt. In diesem Fall wächst nur der Staatsanteil, während sich die private Nachfrage reduziert.

Crown Jewel Option
▷ Raider

Cultural Due Diligence
▷ Due Diligence

Current Ratio
▷ Liquidität

Customer Bonding
Syn. für ▷ Kundenbeziehungsmanagement

Customer Care
Engl. für Kundenbetreuung
▷ Kundenbindung

Customer Care Center
Ein Customer Care Center ist eine zentrale Organisation, die alle eingehenden Kundenanliegen koordiniert und bearbeitet. Es ist ein wichtiges Instrument zur ▷ Kundenbindung. Im Gegensatz zu ▷ Call Centers, die nur telefonisch kontaktiert werden können, sind Customer Care Centers auch über jedes andere mögliche Kontaktmedium erreichbar (▷ Multichannelling). Die Mitarbeitenden werden mit Telefonieanlagen, Datenbanken, Ticketing-Systemen usw. im gesamten Kundendienstprozess durchgängig unterstützt, damit sie jederzeit rasch und kompetent Auskunft geben und die Kundenanliegen befriedigen können.

Customer Focus
Ziel des Customer Focus *(Kundenorientierung)* ist es, sich bei allen Entscheidungen und Handlungen des Unternehmens an den Auswirkungen auf den Kunden zu orien-

tieren. In der ▷ Beschaffung kann der Customer Focus als übergeordnetes Konzept zum ▷ Total Quality Management, ▷ Time-Based Management und ▷ Supply Chain Management verstanden werden, das eine vollständige Befriedigung der Kundenwünsche erreichen soll. Neben dem Kunden sind auch die Anstrengungen der Konkurrenz (▷ Benchmarking) ein wichtiger Massstab für das Ausmass an Customer Focus, welches das Unternehmen erreichen muss, um wettbewerbsfähig bleiben zu können.
▷ Lean Production

Customer Lifetime Value (CLTV)

Unter dem Customer Lifetime Value *(CLTV, Kundenwert)* versteht man den zukünftigen Einzahlungsüberschuss, den ein Unternehmen mit einem Kunden über mehrere Perioden hinweg bzw. über die gesamte Dauer der Beziehung erzielt. Als Rechenmethode dient die dynamische Investitionsrechnung (▷ Kapitalwertmethode), bei der mittels ▷ Diskontierung aller zukünftigen Ein- und Auszahlungen ein ▷ Barwert (Kapitalwert) ermittelt wird. Übertragen auf den CLTV heisst dies, dass die erwarteten Einnahmen und Ausgaben der Geschäftsbeziehung über die prognostizierte Dauer der Kundenbeziehung abdiskontiert werden.

Der CLTV entspricht dem Kapitalwert der Geschäftsbeziehung. Nur ein positiver Kapitalwert (grösser als null) lässt die Investition und damit die Geschäftsbeziehung positiv bzw. vorteilhaft erscheinen. Der CLTV resultiert aus der Anzahl und der Art der mit einem Kunden getätigten Transaktionen und der Dauer der Kundenbeziehung. Hieraus errechnet sich dann der Nettobarwert der Kundenbeziehung nach Abzug der mit dem Kunden verbundenen Akquisitionskosten (diese sind irrelevant, sobald der Kunde gewonnen worden ist). Messgrössen und -methode zur Ermittlung des Kundenwerts sind z.B. eine Umsatz-Betrachtung über die Dauer der Kundenbeziehung (Umsatz/Kunde), die Deckungsbeitrags-Perspektive (▷ Deckungsbeitrag/Kunde) oder die Rentabilitäts-Betrachtung (▷ Rentabilität/Kunde).

Die Verfolgung des CLTV als Zielgrösse im Marketing ist ein Konzept, das sich nicht am kurzfristigen, in einer Periode mit einem Kunden erzielbaren Erfolg, sondern am langfristigen Wert der Kundenbeziehung mit all seinen Ein- und Auszahlungsströmen orientiert. Der CLTV ist i.d.R. umso höher, je höher die Kundenzufriedenheit ist, schafft eine nachhaltige profitable Kundenbeziehung und bildet die Basis zur Steigerung des Unternehmensgewinns.

Customer Process Management (CPM)

Mit Customer Process Management (CPM) bezeichnet man die auf den Kundennutzen abgestimmte Gestaltung der gesamten internen und externen Unternehmensprozesse. CPM erweitert damit das klassische ▷ Business Reengineering, welches primär die interne Organisation im Fokus hat, um den Gedanken des ▷ Customer Relationship Management. Bei der Gestaltung der Kundenprozesse werden deshalb – ausgehend vom Kundennutzen – auch der Ressourceneinsatz, die Einbindung des Kunden in den Leistungserstellungsprozess (Kundenintegration), die Leistungsqualität sowie die Wahrnehmung dieser Qualität aus Kundensicht berücksichtigt.

Customer Relationship Management (CRM)

Unter Customer Relationship Management *(CRM)* versteht man eine Neuorientierung des traditionellen, klassischen produkt- und transaktionsorientierten Marketings (auf Massenmärkten) hin zu einem ganzheitlichen ▷ Kundenbeziehungsmanagement (kundenorientierte Unternehmensstrategie). CRM hat den systematischen Aufbau, die Pflege und Erhaltung langfristiger (profitabler) Kundenbeziehungen zum Ziel. Sortiments-, Distributions- und Kommunikationspolitik werden konsequent an den Bedürfnissen der Kunden ausgerichtet. Abteilungsübergreifend werden alle kundenbezogenen Prozesse in Marketing, Verkauf und Service integriert und optimiert, was zur Steigerung von Kundenzufriedenheit und Umsatz führt und die Kundenprofitabilität verbessert.

Komponenten des CRM sind:
- Herstellung langfristiger Kundenbindung *(Retention Management)* und Analyse der Kundenfluktuation *(Churn Analysis)*.
- Ermittlung der Kundenprofitabilität zur Fokussierung auf Kundensegmente mit hohem Deckungsbeitrag.
- Intensivierung der Kundenbeziehung durch Maximierung der Anzahl der in Anspruch genommenen Produkte und Dienstleistungen (▷ Cross Selling).
- Segmentierung der Kundschaft mit individualisierter Kundenansprache, Produkt- und Konditionenpolitik.
- Ermittlung von gegenwärtigen und zukünftigen Kundenbedürfnissen, um diese schnell, effizient und flexibel abdecken zu können.
- Optimierung des Marktauftritts im Hinblick auf Maximierung der Kundenloyalität.

Der Gedanke des Beziehungsmarketings hat seinen Ursprung im Investitionsgüterbereich (▷ Key Account Management) und wird im CRM auf das klassische ▷ Konsumgütermarketing übertragen. CRM basiert auf der Individualisierung der Kundenbeziehung (One-to-One-Marketing) und auf deren Analyse, auf der Interaktion mit dem Kunden (Analyse von Präferenzen und Wünschen durch kontinuierlichen Dialog) und schliesslich auf der Integration des Kunden (in Zusammenarbeit mit dem Kunden erfolgen z.B. Produkt- oder Prozessverbesserungen).

Mit Hilfe moderner Informations- und Kommunikationstechnologien (▷ Data Warehouse, ▷ Data Mining) sollen auf lange Sicht Gewinn bringende (profitable) Kundenbeziehungen aufgebaut werden. Diese Techniken dienen als Grundlage für weitere Bereiche im CRM wie z.B. die Personalisierung von Web-Inhalten, die Profilerstellung von Kunden und Mitgliedern von Communities und das Zielmarketing.

Im Unternehmen vorhandene historisierte und konsolidierte Informationen und Geschäftsdaten (Data Warehouse) werden mit den Methoden der Statistik und des Data Mining analysiert, um Kundensegmente mit hoher Profitabilität und Kontraktwahrscheinlichkeit zu identifizieren. Eine Fokussierung auf dieses Segment in der Kundenansprache vermeidet Streuverluste und maximiert die Effizienz der Marketingmassnahmen.

Instrumente des CRM sind v.a. der persönliche Kundenkontakt, Direktmarketing-Massnahmen, Kundenzeitschriften, Kundenclubs, Kundenkarten, kundenbezogene Events, ▷ Beschwerdemanagement, ▷ Cross Selling.

CRM kann unterteilt werden in analytisches, operatives und kollaboratives (kommunikatives) CRM. *Analytisches CRM* umfasst Funktionen und Prozesse, die mittels datenanalytischer Ansätze

Kundenbedarf, -kontakte, -verhalten und -wert sowie die zukünftige Entwicklung der Kundenbeziehung prognostizieren (Instrumente dazu sind Data Warehouse und Data Mining). Es geht dabei um Tätigkeiten im Hintergrund aufgrund der Analyse vorhandener Kundendaten. *Operatives* CRM betrifft alle Anwendungen, die im direkten Kontakt mit dem Kunden stehen (Front Office). Ziel ist der Kontakt mit potenziellen und aktuellen Kunden, um diesen Kontakt effizienter gestalten zu können und damit eine aktive Kundenbetreuung und -pflege zu erzielen. *Kollaboratives* bzw. *kommunikatives* CRM beinhaltet schliesslich die Nutzung klassischer und moderner Kommunikationskanäle in Interaktion mit Kunden, Lieferanten, Partnern, Mitarbeitenden (Instrumente sind Internet und ▷ Call Centers).

Customer Satisfaction Index
▷ Kundenzufriedenheit

Customer Service Audit
▷ Kundenzufriedenheit

Customer Support
▷ Call Center
▷ Customer Care Center
▷ Helpdesk
▷ Hotline

Customized Marketing
Unter Customized Marketing oder *One-to-One-Marketing* versteht man die Planung und Abstimmung sämtlicher Massnahmen und Instrumente, die auf eine gezielte und individuelle Ansprache einzelner Kunden ausgerichtet sind. Es bedeutet eine radikale Abkehr vom Massenmarketing.
▷ Direktmarketing

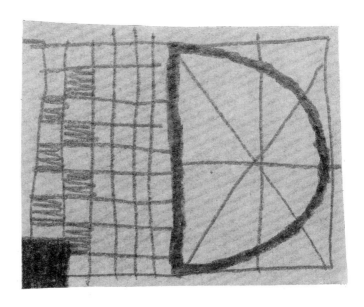

Darlehen

Beim Darlehen leiht der Gläubiger dem Darlehensschuldner einen bestimmten Geldbetrag aus. Die Rückzahlung erfolgt in festgesetzten Raten oder am Ende der im Voraus vereinbarten Laufzeit. Im Geschäftsverkehr, insbesondere bei einem Darlehensvertrag mit einer Bank, ist das Darlehen auch ohne besondere Verabredung stets zu verzinsen, wobei die Zinsen i.d.R. vierteljährlich, halbjährlich oder jährlich zu bezahlen sind. Neben Banken kommen beim Darlehen auch andere Kreditgeber wie Verwandte, Bekannte, (Geschäfts-)Freunde, Lieferanten oder Mitarbeitende in Frage. Es besteht auch die Möglichkeit, auf dem Inserateweg unbekannte private Kapitalgeber anzusprechen.

Art. 312ff. OR enthalten die rechtlichen Grundlagen für ein Darlehensgeschäft. Die Darlehensbedingungen werden in einem Darlehensvertrag festgehalten (▷ Vertrag). Da die meisten gesetzlichen Regelungen dispositiver Natur sind (▷ dispositives Recht), kann der Darlehensvertrag weitgehend nach den Vorstellungen und Bedürfnissen der beteiligten Partner ausgestaltet werden. Falls über die Kündigungsfrist nichts festgehalten wird, ist nach Art. 318 OR das Darlehen sechs Wochen nach Kündigung zurückzuzahlen, womit der mittelfristige Charakter dieser Finanzierungsform zum Ausdruck kommt.

Eine Sonderform des Darlehens ist das *partiarische Darlehen,* bei welchem dem Darlehensgläubiger neben einer festen Verzinsung auch ein Anteil am Geschäftsgewinn zusteht. Oft ist in solchen Fällen kein fester Zins oder nur ein Zins in bescheidener Höhe vorgesehen.

Vom partiarischen Darlehen ist die ▷ *stille Gesellschaft* zu unterscheiden, bei welcher der Kapitalgeber nicht nur am Gewinn, sondern auch am Verlust beteiligt ist. Die Unterscheidung zwischen partiarischem Darlehen und stiller Gesellschaft ist im Fall eines Konkurses des Unternehmens von grosser Bedeutung. Ein Darlehensgeber (gewöhnlich oder partiarisch) kann seine Forderungen genauso geltend machen wie die übrigen Gläubiger, während der stille Gesellschafter als mitbeteiligter Gesellschafter zumindest mit seiner Einlage haftet.

Kleinere und mittelgrosse Unternehmen, insbesondere Familienunternehmen, bedienen sich bei der mittelfristigen Finanzierung hauptsächlich des Darlehens.

Data Mart

Ein Data Mart ist ein Teil eines ▷ Data Warehouse, der nur eine spezifische Funktion oder die Bedürfnisse nur einer Abteilung abdeckt, während das Data Warehouse selbst eine unternehmensweite Datenbasis ist. Der Data Mart dient wie dieses als konsolidierte Informationsquelle für Lösungen der ▷ Business Intelligence zur Entscheidungsunterstützung. In einem Data Mart wird häufig mit aggregierten Daten gearbeitet, um aussagekräftigere Informationen zu erhalten. Das System sollte es aber gleichzeitig erlauben, wieder auf die disaggregierten Daten zurückzugreifen (sog. *Drill-down-Analysen*).

Data Mining

Unter Data Mining (oder auch *Knowledge Discovery in Data Bases*) versteht man das Erkennen und Entdecken von Regelmässigkeiten, interessanter und nützlicher Datenmuster oder -strukturen innerhalb grosser Datenmengen unter Anwendung statistischer Methoden.

Data Mining ist eine spezielle Form der Analyse grosser Mengen von Geschäftsdaten, bei der – ohne Kenntnis der inhaltlichen Bedeutung der Daten – mit mathematisch-statistischen Methoden Trends und Anomalien identifiziert und Prognosen erstellt werden. Die zugrunde liegende Datenbasis ist meist ein sog. ▷ Data Warehouse oder ein spezieller ▷ Data Mart. Durch Data Mining sucht man nach Beziehungen und Mustern in Unternehmensdaten, um bisher unbekannte Zusammenhänge zu identifizieren und die Geschäftsstrategie und -prozesse zu optimieren. Typische Anwendungsbereiche des Data Mining sind das Risikomanagement (▷ Risk Management), ▷ Direktmarketing, *Warenkorbanalyse,* Identifikation unlauterer Transaktionen sowie Betrug usw.

In fast allen Unternehmen werden grosse Datenmengen gespeichert: So speichert der grösste Einzelhändler der Welt – Wal-Mart – mehr als 20 Millionen Transaktionen täglich. Das in diesen Daten verborgene Wissen wird jedoch nur in geringem Umfang genutzt. Data Mining zielt somit auf die Gewinnung impliziter, bislang unerkannter und potenziell nützlicher Informationen aus Daten ab, bzw. es werden neue, bisher unbekannte/versteckte Zusammenhänge abgeleitet. Es ist ein induktives Verfahren, welches das System Wissen über die Zusammenhänge aus den Daten selbst generiert, und bei dem das Erkennen und nicht das Erklären von Zusammenhängen im Vordergrund steht.

Im Handel erstellen etablierte Systeme wie z.B. ▷ Warenwirtschaftssysteme, ▷ Scanning eine Fülle von Daten. Data Mining ist dort Bestandteil eines umfassenden ▷ Data Warehouse, indem es Verhaltensmuster von Kunden aufzeigen und neue Kundentypen evaluieren kann und somit entscheidend für das Dialog-Marketing ist. Weiter

unterstützt es die Sortimentsoptimierung, induziert Aktivitäten im Rahmen der Warenpräsentation (auf Kundentypen fokussiert) oder erleichtert allgemein die Ausrichtung der Marketingpolitik auf bestimmte Kundentypen. Data Mining fördert die Kundenorientierung und dient zur Analyse von Verhaltensmustern. Damit steht nicht mehr das Produkt, sondern der Kunde mit seinen Präferenzen, Anforderungen und seinem Kaufverhalten im Vordergrund. Analysiert man z. B. den Kassabon der Kunden, so lassen mathematisch-statistische Methoden erkennen, dass bestimmte Artikel in ganz bestimmter Kombination immer wieder eingekauft werden (sog. Assoziationsregeln zur Beschreibung von Verbundkäufen). Beispiel: Wenn ein Kunde Brot und Wein kauft, dann kauft er in 70% aller Fälle auch Käse. Damit lassen sich z. T. noch unbekannte Zusammenhänge identifizieren und analysieren.
Eingesetzt wird Data Mining oft im Zusammenhang mit dem ▷ Customer Relationship Management zur Optimierung des Marketing-Mix und im Rahmen der Sortimentspolitik sowie zur Artikel- bzw. Regalanordnung und Präsentation der Ware. Aufgrund der Analysen lassen sich Kundengruppen (Segmente) evaluieren. So kann es sein, dass ein bestimmter Kundentyp am Freitagabend für einen sehr hohen Betrag einkauft, bestimmte Warengruppen (Abteilungen) bevorzugt aufsucht und eher hochpreisige Güter präferiert. Mit dieser Erkenntnis kann ein Handelsunternehmen versuchen, die Kundenbindung für dieses Segment durch Aktionen und andere Massnahmen (z. B. verkaufsfördernde Werbemassnahmen) zu erhöhen oder die Ware besser zu platzieren. Aber auch bei Kreditkartenunternehmen, Airlines, im Telemarketing oder in der Banken- und Versicherungsbranche findet Data Mining Anwendung, indem es z. B. der Frage nachgeht, welche Kunden unzufrieden sind und zur Vertragskündigung neigen.
Data Mining unterstützt folgende Aspekte: Verstehen der Kundenwünsche und Bedürfnisse, Kundensegmentierung und Kundenwertbestimmung, Identifikation rentabler Kunden bzw. Kunden besser kennen zu lernen und damit eine gezieltere Kundenansprache, spezifische Kundenwerbung, Ausschöpfen von Umsatzpotenzialen, Erhöhung der Kundenloyalität, Erkennen von Trendwechseln und Verhaltensänderungen, Warenkorbanalysen zur Aufdeckung von Kaufwahrscheinlichkeiten und Verbundeffekten, Sortiments- und Preisoptimierung, Analyse der Kundenprofitabilität, Stärkung und Pflege der Kundenbindung, Trend-Analysen von Absatz-, Erlös- oder Kostenentwicklungen. So gefundenes Wissen kann in den Unternehmen Gewinn bringend u. a. im Marketing, Service, Vertrieb usw. genutzt werden.
Die englische Lebensmittelkette «Safeway» erkannte z. B. dank Data Mining, dass ein bestimmter Käse, der nur auf Platz 209 der Verkaufsliste lag, hauptsächlich von den besten, umsatzstärksten Kunden gekauft wurde. Wäre nun aufgrund des Rankings eine Produktelimination veranlasst worden, hätte man die besten Kunden von Safeway enttäuscht bzw. gar verärgert. Auch der weltweit grösste Lebensmittelhändler Wal-Mart bedient sich des Data Mining, um mehr über das Kaufverhalten der Kunden zu erfahren. Wer Grusskarten kauft, so fand man heraus, kauft auch Kosmetika. Wal-Mart stellte daher seine Läden gezielt um und platzierte Grusskarten neben Kosmetika, was zu einer 30-prozentigen Umsatzsteigerung bei beiden Produktgruppen führte.
Für den Händler ist deshalb eine Warenkorbanalyse sehr wichtig, denn diese gibt

ihm die Möglichkeit zu erkennen, welche Artikel mit welchen anderen Artikeln gemeinsam in welcher Häufigkeit verkauft werden (90% der Käufer von Brot und Butter kaufen auch Milch). Eine solche Abfrage ist über herkömmliche Datenbanken oder Berichte nicht möglich. Daher bietet Data Mining gute Analysemöglichkeiten und liefert wertvolle Informationen für das Verständnis der Kunden sowie wertvolle Hinweise für die Platzierung der Waren (Regaloptimierung).

Data Warehouse

Das Data Warehouse ist eine von den operativen Datenverarbeitungssystemen isolierte Datenbank, die als unternehmensbezogene Datenbasis eine Sammlung von Informationen zur Entscheidungsunterstützung des Managements bildet. Es ist durch folgende Merkmale charakterisiert:
- Das Data Warehouse ist *themenorientiert* aufgebaut, während die operativen Informationssysteme i.d.R. funktional (z.B. Materialwirtschaft, Finanzbuchhaltung) ausgerichtet sind.
- Die gesammelten Informationen werden zu einem einheitlichen homogenen Datenbestand *integriert*.
- Es besteht eine *zeitliche Varianz* der Daten, d.h. es kann auf historische, gegenwärtige oder zukünftige Informationen zugegriffen werden.
- Es handelt sich um eine *dauerhafte* Sammlung von Informationen, d.h. es können Informationen nur zugeführt oder abgefragt, nicht aber verändert werden.

Der Nutzen eines Data Warehouse liegt in folgenden Punkten:
- Die Bereitstellung einer integrierten Datenbasis ermöglicht Entscheidungsträgern, bereichs- und unternehmensübergreifende, komplexe Zusammenhänge zu erkennen und zu analysieren.
- Informationen für Entscheidungsträger werden in qualitativer, quantitativer und zeitlicher Hinsicht effizient bereitgestellt.
- Die operativen Datenverarbeitungssysteme werden entlastet.

Die Daten im Warehouse stammen aus praktisch allen operativen Systemen des Unternehmens und von externen Datenanbietern. Damit liegen sie in verschiedenen Formaten und Typen vor, sodass sie konsolidiert und transformiert werden müssen, bevor sie ins Data Warehouse geladen werden können. Diese Datenaufbereitung und der Import ins Warehouse sind Aufgaben des ETL-Prozesses (▷ Extract/Transform/Load).

Das Data Warehouse dient als Grundlage für die Anwendung von Lösungen der ▷ Business Intelligence und schafft damit die Informationsgrundlage für fundierte Entscheidungen, für die Planung sowie für strategische und operationelle Unterstützungsfunktionen. Es kann als eine einzige Datenbank erheblichen Umfangs implementiert sein oder aus verschiedenen verteilten kleineren Systemen bestehen, sog.
▷ *Data Marts*, die jeweils einheitlich ein Spezialgebiet (Marketing, Finanzwesen, Einkauf usw.) abdecken.
▷ Decision Support System

Datenbank

Eine Datenbank ist eine gut strukturierte Ansammlung von Daten, die wie ein Archiv oder ein Lexikon benützt werden kann. Datenbanken werden mit Hilfe von Computern angelegt und mit spezieller Software gepflegt. Die Leistungsfähigkeit von Datenbanken hängt von Umfang, Qualität und Vollständigkeit der gespeicherten Daten sowie von der Zugriffsgeschwindigkeit ab. Durch die verbesserte Hard- und Software sind in den letzten Jahren grosse, öffentlich zugängliche Datenbanken entstanden, die gegen eine Gebühr genutzt werden können, z.B. Literaturdatenbanken, wirtschaftliche Datenbanken, technische Datenbanken.

Datenbank, relationale

Relationale ▷ Datenbanken sind nach einem Prinzip aufgebaut, das eine Redundanz der gespeicherten Daten weit gehend verhindert und flexible Abfragemöglichkeiten eröffnet.

Datenflussdiagramm

Ein Datenflussdiagramm ist eine EDV-orientierte Darstellungstechnik. Er zeigt den Fluss der Daten durch ein informationsverarbeitendes System (▶ Abb. 43). Dieses System zeigt die Eingabe- und Ausgabedaten, während die Verarbeitung selbst nur angedeutet wird.
Datenflussdiagramme werden primär für EDV-Fachleute erstellt und ermöglichen einen raschen und zuverlässigen Überblick über die Struktur des Datenflusses.

DAX

Abk. für ▷ Deutscher Aktienindex

DCF

Abk. für Discounted Cash Flow
▷ Discounted-Cash-Flow-Methode

Dealer Promotion

▷ Verkaufsförderung

Debitoren

Unter Debitoren werden die ausstehenden Zahlungen von Kunden *(Forderungen aus Lieferungen und Leistungen)* verstanden bzw. die Kunden selbst bezeichnet, die ihre Rechnungen noch nicht bezahlt haben. Debitoren entstehen durch die im Geschäftsverkehr üblicherweise gewährten Zahlungsfristen von bis zu drei Monaten,

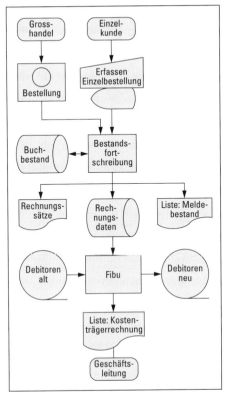

▲ Abb. 43 Beispiel für ein Datenflussdiagramm (Schmidt 2000, S. 398)

weshalb die Debitoren dem ▷ Umlaufvermögen angehören.

Die Debitoren belasten die ▷ Liquidität, weil damit trotz verkaufter Ware oder Dienstleistungen kein unmittelbarer Zufluss von Finanzmitteln erfolgt. Eine Reduktion der Debitoren durch pünktliche Rechnungsstellung, Überwachung der Zahlungseingänge und rechtzeitige Mahnungen ist Aufgabe der *Debitorenbuchhaltung* (▷ Cash Management, ▷ Liquidität). Von grosser Bedeutung für die Beurteilung der Debitoren ist die ▷ Debitorenanalyse, die aufgrund von Kennzahlen Aussagen über die Debitorenbewirtschaftung erlaubt.

Debitorenanalyse

Bei einer Debitorenanalyse wird anhand der drei Kennzahlen *durchschnittlicher Debitorenbestand, Debitorenumschlag* und *Debitorenfrist* geprüft, ob die effektive durchschnittliche Kreditfrist in Einklang mit den Zahlungsbedingungen steht.

- ø Debitorenbestand (Fr.) =
$$\frac{\text{Anfangsbestand} + \text{Schlussbestand}}{2}$$

- Debitorenumschlag =
$$\frac{\text{Nettoerlöse aus Kreditverkäufen}}{\text{ø Debitorenbestand}}$$

- ø Debitorenfrist (Tage) =
$$\frac{360}{\text{Debitorenumschlag}}$$

oder:

ø Debitorenfrist (Tage) =
$$\frac{\text{Debitorenbestand}}{\text{ø Tagesumsatz an Kreditverkäufen}}$$

Im Rahmen der ▷ Bilanz- und Erfolgsanalyse kommt der Debitorenanalyse eine grosse Bedeutung zu, vermag sie doch Aussagen über die Effizienz der Debitorenbewirtschaftung zu machen. Besonders aussagekräftig sind die aufgeführten Kennzahlen im Vergleich mit denjenigen der ▷ Kreditorenanalyse, insbesondere die Gegenüberstellung von *Debitorenfrist* und Kreditorenfrist.
▷ Debitoren

Debitorenbestand
▷ Debitorenanalyse

Debitorenbuchhaltung
▷ Debitoren

Debitorenfrist
▷ Debitorenanalyse

Debitorenumschlag
▷ Debitorenanalyse

Debtor-in-Possession
▷ Chapter 11

Debt Ratio
Engl. für ▷ Verschuldungsgrad

Decision Support System (DSS)

Ein Decision Support System *(DSS)* analysiert und präsentiert Geschäftsdaten aus einem ▷ Data Mart oder einem ▷ Data Warehouse, damit Führungskräfte ihre Entscheidungen fundierter treffen können. Typische Informationen, die von einem DSS gesammelt und ausgewertet werden, sind:

- vergleichende Umsatzzahlen (Tages-, Wochen-, Monats-, Jahreswerte),
- Erlösprognosen für neue Produkte,
- Konsequenzen von Entscheidungsalternativen, d.h. Szenarien *(What-if Analysis)*.

Ein Decision Support System kann als Expertensystem ausgebildet sein oder Elemente künstlicher Intelligenz enthalten.

Deckungsbeitrag

Als Deckungsbeitrag, auch *Deckungsspanne*, bezeichnet man die Differenz zwischen dem Verkaufspreis und den ▷ variablen Kosten einer Verkaufseinheit. Es handelt sich also um denjenigen Beitrag, den ein einzelnes Produkt (bzw. eine Produktgruppe) zur Deckung seiner ▷ fixen Kosten und zur Erzielung eines Gewinns leistet. Der Deckungsbeitrag ist ein wichtiges Entscheidungskriterium für die Preisfestsetzung (▷ Konditionenpolitik) und die Sortimentsgestaltung. Er wird im Rahmen der ▷ Teilkostenrechnung durch die ▷ Kostenträgerrechnung ermittelt (▷ Direct Costing).

Deckungsbeitragsrechnung
Syn. für ▷ Direct Costing

Deckungsspanne
Syn. für ▷ Deckungsbeitrag

Deepening
Seit den 70er Jahren des letzten Jahrhunderts erfuhr das Marketing eine Vertiefung (Deepening). Dabei fand eine Erweiterung der Zielinhalte auf gesellschaftliche, ethisch-moralische und ökologische Inhalte statt. Ein solches Marketing wird auch als Verpflichtung begriffen, Marktentscheidungen nicht ausschliesslich nach ökonomischen Kriterien auszurichten, sondern auch ökologische und ethische Kategorien zu berücksichtigen.

Deflation
Deflation bezeichnet den umgekehrten Vorgang der ▷ Inflation. Die Preise fallen, was zu einem Angebotsrückgang mit nachfolgender Arbeitslosigkeit führen kann.

Delegation
Unter Delegation *(Entscheidungsdelegation, Entscheidungsdezentralisation)* versteht man die zielgerichtete und systematische Übertragung von klar definierten Aufgaben. Die Delegation ist ein zentrales Führungsprinzip des Managements, bei dem bestimmte Aufgaben, insbesondere Führungsaufgaben, auf unterstellte Mitarbeitende bzw. auf eine nächsttiefere Hierarchiestufe übertragen werden. Sie dient der Entlastung des Vorgesetzten und muss immer mit einer gleichzeitigen Delegation der Entscheidungskompetenz und der Verantwortung verbunden sein (Kongruenzprinzip der Delegation). Der Mitarbeitende muss in der Lage sein, alle Entscheidungen, die zur Ausführung einer Aufgabe notwendig sind, selbst zu treffen, ohne sich mit dem Vorgesetzten absprechen zu müssen. Die Übertragung von Verantwortung bedeutet, dass Erfolg oder Misserfolg der Aufgabenausführung vom Mitarbeitenden selbst getragen werden muss.

Die Delegation führt dazu, dass Problemlösungen dort bearbeitet werden, wo die Fähigkeiten, das Wissen und die Kapazitäten vorhanden sind, sodass die Qualität und Effizienz der Aufgabenerledigung steigt. Sie führt neben der Entlastung der Vorgesetzten zu einer erhöhten Motivation der Mitarbeitenden. Die Anwendung des Prinzips der Delegation wird oft als *Management by Delegation* bezeichnet. Nachteile der Delegation sind eine mögliche Überforderung der Mitarbeitenden und in der Folge die Gefahr, dass suboptimale Entscheidungen ohne Berücksichtigung des Gesamtzusammenhangs getroffen werden.

Delegierter des Verwaltungsrats
Delegierte des ▷ Verwaltungsrats sind Personen, denen vom Verwaltungsrat die Geschäftsleitung einer Aktiengesellschaft übertragen wird. Sie besitzen Weisungsbefugnisse gegenüber allen anderen Angestellten im Unternehmen und sind gegenüber dem Gesamtverwaltungsrat für die Geschäftsleitung verantwortlich. Aufgrund der allgemeinen Weisungsbefugnis und des Informationsvorsprungs durch ihre Tätigkeit als Geschäftsleiter verfügen die Delegierten i.d.R. über eine starke Machtstellung im Unternehmen.

Delkredere
Das Delkredere stellt eine Wertberichtigungsposition zum Konto ▷ Debitoren dar. Nachdem am Bilanzstichtag sämtliche als uneinbringlich beurteilten Forderungen aus dem Debitorenbestand eliminiert worden sind (über das Aufwandskonto «Debi-

torenverluste»), wird durch das Delkredere eine weitere Bewertungskorrektur vorgenommen. Im Gegensatz zu den tatsächlichen Debitorenverlusten ist das Delkredere eine blosse *Pauschalwertberichtigung* («Vorsichts-Konto») und soll der latenten Gefahr Rechnung tragen, dass auch auf zum Bilanzierungszeitpunkt scheinbar einwandfreien Forderungen Verluste eintreten können. In diesem Sinn soll das Delkredere das allgemeine Kreditrisiko und zu erwartende Mindererlöse aufgrund von Skonti und anderen Preisnachlässen berücksichtigen.

Die Bemessung des Delkredere beruht weit gehend auf brancheninternen Erfahrungen und beträgt je nach Konjunkturlage zwischen 0% und ca. 5% der Summe aller Debitoren-Forderungen.
▷ Wertberichtigungen

Delphi-Methode

Die Delphi-Methode ist eine Analyse- und Prognosetechnik aufgrund von Expertenbefragungen. Sie weist folgende Merkmale auf:
- Jedes Mitglied der Expertengruppe beschäftigt sich mit *anderen Facetten* des Problems.
- Die Experten nehmen *unabhängig voneinander* Stellung.
- Die Prognosen werden *in mehreren Runden erarbeitet*, wobei nach jeder Runde die statistisch ausgewerteten Informationen den Experten mitgeteilt werden.
- Dieser Prozess wird so lange angewandt, bis sich eine *übereinstimmende, von allen Experten geteilte Meinung* ergibt.

Delta-Faktor

Der Delta-Faktor *(Optionsdelta)* beschreibt die absolute Veränderung des Optionspreises aufgrund einer Kursänderung des ▷ Basiswerts (z.B. Aktie) um eine Geldeinheit. Bei ▷ Call-Optionen kann das Delta Werte zwischen 0 und 1 annehmen, im Fall von ▷ Put-Optionen variieren die Werte zwischen -1 und 0. Der Wert des Deltas einer ▷ Option ist davon abhängig, wie nahe der Ausübungspreis der Option beim Kurs des ▷ Basiswerts liegt.

Demografie
▷ Umwelt des Unternehmens

Deregulierung

Als Deregulierung bezeichnet man allgemein den Abbau staatlicher Massnahmen und Vorschriften. Dazu zählt häufig auch die Privatisierung staatlicher oder halbstaatlicher Monopolbetriebe (z.B. Post, Telekommunikation, Eisenbahnen, Elektrizität). Weil diese Staatseingriffe in der Praxis meist nicht vollständig abgeschafft, sondern nur graduell geändert oder durch andere ersetzt werden, spricht man besser von «Re-Regulierung». Diese steht im Dienste der ordnungspolitischen Verbesserung der wirtschaftlichen Rahmenbedingungen (▷ Ordnungspolitik).

Derivat

Ein Derivat ist ein Finanzmarktinstrument, das von Finanzmarktprodukten wie ▷ Aktien, ▷ Obligationen, ▷ Devisen usw. abgeleitet ist. Diese einem Derivat zugrunde liegenden Anlageformen werden ▷ Basiswerte genannt.

Auch Derivate selbst können als Basiswert zur Ableitung eines weiteren Finanzmarktinstrumentes herangezogen werden. Ein Derivat ist folglich etwas völlig Neues und kann im Prinzip stets mit seinem Basiswert repliziert werden, was bedeutet, dass das Preisverhalten des Derivats und das damit verbundene Risiko durch eine entsprechende Position im Basiswert nachgeahmt werden kann (▷ Replikation).

Derivate dienen im Gegensatz zu den Basiswerten nicht direkt der Kapitalbeschaffung, sondern zur Kontrolle der Risiken der Basiswerte, indem diese Risiken zwischen Investoren transferiert werden. Vom Charakter her sind Derivate verbriefte ▷ Termin- oder Zukunftsgeschäfte. Die bekanntesten Derivate sind ▷ Optionen, ▷ Futures und ▷ Swaps.

Design
Der Begriff Design steht als Verkürzungsform für ▷ Corporate Design und ▷ Produktdesign.

Design of Experiments (DOE)
Die Methode Design of Experiments *(DOE)* oder *Taguchi-Methode* dient der Qualitätssicherung in Konstruktion und Fertigung. Es werden nur die Prozessparameter ausgewählt, die aus technischen oder wirtschaftlichen Gründen auch gesteuert werden können oder sollen. Durch diese Einschränkung lässt sich die Anzahl der durchzuführenden Versuche erheblich reduzieren.

Desk Research
Engl. für Sekundärmarktforschung ▷ Marktforschungsmethode

Detailhandel
Syn. für ▷ Einzelhandel

Detailhandelspanel
Unter einem Detailhandelspanel versteht man die wiederholte Befragung von Detailhändlern, die über die Umsatzbewegungen bei ausgesuchten Produkten oder Produktgruppen berichten. Als Detailhandelspanel wird in der Schweiz z. B. der sog. «Lebensmittelhandelsindex» berechnet, der Einkäufe, Lagerbewegungen und Verkäufe von 240 Lebensmittelgeschäften durch Kontrolle der Abrechnungsformulare und des Inventars erfasst.

Deutsche Industrienorm (DIN)
Bei den Deutschen Industrienormen *(DIN)* handelt es sich um Regelungen oder Standards im technischen Bereich, die vom Deutschen Institut für Normen herausgeben werden. *DIN-Normen* tragen zur Vereinheitlichung von Produkten, Baugruppen oder Verfahren bei, sodass die Kompatibilität zwischen verschiedenen Herstellern gesichert ist. Heute wird versucht, neue Normen auch stets international zu verankern (▷ International Organization for Standardization, ▷ Europäische Norm).

Deutscher Aktienindex (DAX)
Der Deutsche Aktienindex *(DAX)* ist der wichtigste deutsche ▷ Aktienindex und umfasst die 30 umsatzstärksten deutschen Aktien. Er wird als Basis von ▷ Derivaten (▷ Optionen, ▷ Futures) verwendet.

Deutscher Corporate-Governance-Kodex
Der Deutsche Corporate-Governance-Kodex soll die in Deutschland geltenden Regeln für Unternehmensleitung und -überwachung (▷ Corporate Governance) für nationale wie internationale Investoren transparent machen. Damit wird beabsichtigt, das Vertrauen in die Führung deutscher Gesellschaften zu stärken. Der Kodex berücksichtigt alle wesentlichen – v. a. internationalen – Kritikpunkte an der deutschen Unternehmensverfassung, nämlich

- mangelhafte Ausrichtung auf Aktionärsinteressen,
- duale Unternehmensverfassung mit Vorstand und Aufsichtsrat,
- mangelnde Transparenz der Unternehmensführung,

- mangelnde Unabhängigkeit der Aufsichtsräte,
- eingeschränkte Unabhängigkeit der Abschlussprüfer.

Die Regelungen des Kodex beachten dabei – wie in anderen Ländern auch (▷ Swiss Code of Best Practice for Corporate Governance) – die gesetzlichen Rahmenbedingungen. Der Kodex behandelt aber nicht jedes Thema in allen Einzelheiten, sondern gibt lediglich den Rahmen vor, innerhalb dessen jedes Unternehmen seine Corporate Governance gestalten muss.

Devisen

Auf fremde Währungen lautende und im Ausland zahlbare Geldforderungen werden als Devisen bezeichnet. Devisen sind im Gegensatz zu den *Sorten* (ausländische Münzen und Banknoten) kein Bar-, sondern ▷ Buchgeld. Der Preis der Devisen wird durch den Devisenkurs (▷ Wechselkurs) ausgedrückt.

Devisenbilanz

▷ Zahlungsbilanz

Devisen-Future

▷ Future

Dezentralisation

Die Dezentralisation *(Dezentralisierung, Entscheidungsdezentralisation)* ist ein Prinzip zur Gestaltung von Organisationsstrukturen. Sie bezeichnet die Verteilung von gleichartigen Aufgaben auf verschiedene Stellen oder Standorte, sodass gleichartige Aufgaben (z.B. Marketingaufgaben) – im Gegensatz zur ▷ Zentralisation – von verschiedenen Stellen wahrgenommen werden. Entsprechend der Aufgabengliederung (▷ Aufgabe) sind verschiedene Dezentralisationskriterien möglich wie z.B. Raum (Ort), Produkt, Verrichtung (Funktion) oder Kunde. Jegliche Dezentralisierung nach einem bestimmten Kriterium bedeutet gleichzeitig eine Zentralisierung nach einem anderen Kriterium, sodass beide Phänomene immer gleichzeitig auftreten.

Der Vorteil der Dezentralisation liegt in der Flexibilität, da Entscheidungen schneller («vor Ort») getroffen werden können. Dezentrale Strukturen sind besser in der Lage, die Vielfalt der Kunden- und Mitarbeiterbedürfnisse zu befriedigen oder auf Konkurrenzdruck zu reagieren. Als Nachteil gilt die damit verbundene Redundanz von Tätigkeiten oder Betriebsmitteln mit dem Verzicht auf Spezialisierungsvorteile.

Dienstleistung

Dienstleistungen sind im wesentlichen immaterielle Produkte oder Leistungen und weisen im Vergleich zu Gütern (materiellen Leistungen; ▷ Produkte) folgende Besonderheiten auf:
- Die Herstellung und der Verbrauch finden gleichzeitig statt.
- Es besteht oft ein direkter Kontakt zwischen Anbieter und Nachfrager.
- Der Kunde wirkt häufig bei der Herstellung der Dienstleistung mit.
- Dienstleistungen sind nicht lagerbar.

Neben den eigentlichen Dienstleistungsunternehmen bieten auch viele Industrie- und Handelsunternehmen Dienstleistungen (▷ Zusatzleistungen) zusammen mit ihren ▷ Produkten an.

Dienstleistungsabkommen

▷ General Agreement on Trade in Services (GATS)

Dienstleistungsmarketing

Das Dienstleistungsmarketing behandelt die Fragen des ▷ Marketings in Bezug auf

▷ Dienstleistungen. Spezifische Merkmale des Dienstleistungsmarketings sind:
- Dienstleistungen sind in hohem Masse individuelle Leistungen und deshalb nur schwer standardisierbar.
- Dienstleistungen sind wenig transparent, weil sie immateriell, komplex und meist individuell sind.
- Die Qualität von Dienstleistungen kann vor dem Kauf nicht beurteilt werden.
- Dienstleistungen können nicht gelagert werden.
- Dienstleistungen können nicht gehandelt werden, sondern nur vermittelt. Deshalb sollte der Standort in der Nähe der Nachfrage sein.

Da nicht nur das Produkt verkauft wird, sondern die Kompetenz und das Image des ganzen Unternehmens, ist einem einheitlichen Erscheinungsbild besondere Aufmerksamkeit zu schenken (▷ Corporate Identity). Das Ziel des Dienstleistungsmarketings besteht v. a. in einer starken Kundenbindung. Durch die Verlängerung einer Kundenbeziehung können die hohen Akquisitionskosten, um einen neuen Kunden zu gewinnen, amortisiert werden.
▷ Konsumgütermarketing

Dienstweg

Der Dienstweg bezeichnet die formalen Kommunikationswege (▷ Verbindungswege) zwischen verschiedenen ▷ Stellen oder Hierarchiestufen, die eingehalten werden müssen. Der Dienstweg schafft klare Ansprechpartner, verhindert jedoch oft eine schnelle Information der jeweils betroffenen Stelle oder ein rasches Reagieren auf Kundenwünsche.

Der Dienstweg spielt v. a. in starren Organisationsstrukturen eine grosse Rolle (z. B. Militär, Kirche, öffentliche Verwaltung). In flexiblen und kooperativ geführten Organisationen werden häufig auch informale, d. h. vom Dienstweg abweichende, Kommunikationsbeziehungen zugelassen.

Differenzierung

Der Begriff Differenzierung hat zwei Bedeutungen:
- In *organisatorischer* Hinsicht bedeutet Differenzierung die Zerlegung der von einer Organisation zu erfüllenden Gesamtaufgabe in Teilaufgaben (▷ Arbeitsteilung). Diese Teilaufgaben werden im nachfolgenden Schritt zu sinnvollen Aufgabenkomplexen zusammengefasst (Integration) und auf Stellen und Personen zugeordnet.
- In *unternehmenspolitischer* oder *strategischer* Hinsicht bedeutet Differenzierung die Abgrenzung von der Konkurrenz (▷ Differenzierungsstrategie). Dabei müssen Produkte und Dienstleistungen so gestaltet werden, dass sie beim Kunden Präferenzen gegenüber der Konkurrenz schaffen (▷ Marktsegmentierung).

Differenzierungsstrategie

Die Differenzierungsstrategie (▷ Differenzierung) gestaltet das Absatzprogramm so, dass unterschiedliche Kundenbedürfnisse durch unterschiedliche Produkte abgedeckt werden. Dadurch erfolgt eine Abgrenzung von den Massen- bzw. Standardprodukten der Konkurrenz. Sie basiert auf der gründlichen Analyse der Kundenbedürfnisse und die Zusammenfassung ähnlicher Bedürfnisse in Marktsegmente (Nischenpolitik). Durch eine geschickte ▷ Marktsegmentierung sinken zwar die jeweiligen Stückzahlen, Preisaufschläge können jedoch leichter durchgesetzt werden. Die Differenzierungsstrategie ist die wichtigste Wettbewerbsstrategie neben der Strategie der ▷ Kostenführerschaft (▷ Strategie).

Differenzinvestition

Differenzinvestitionen sind ▷ Investitionen, die aus dem Einsatz derjenigen finanziellen Mittel getätigt werden oder getätigt werden könnten, die sich aufgrund unterschiedlicher Laufzeiten und Kapitaleinsätze beim Vergleich mehrerer Investitionsvorhaben ergeben.

Diffusion

Diffusion bezeichnet die Verbreitung einer ▷ Innovation. Es stellt sich die Frage, wie lange es in einem bestimmten sozialen System dauert, bis sich eine Innovation ausgebreitet hat. Dabei zeigt sich, dass die Verbreitung von Neuerungen bei Produkten oder Technologien einen typischen Verlauf hat, der mit einer Normalverteilung vergleichbar ist. Eine kleine Anzahl von Käufern oder von Technologie-Anwendern reagieren bei Innovationen entweder sehr schnell (Frühadopter) oder sehr langsam (Nachzügler). Die grosse Mehrheit benötigt jedoch eine mittlere Zeitspanne, bis sie sich für eine Neuerung entscheidet. Der *Diffusionsprozess* kann durch geeignete Informationen und den Einsatz von Marketinginstrumenten beschleunigt werden, wobei der grundsätzliche Phasenablauf bestehen bleibt.
▷ Diffusionsforschung
▷ Adopterkategorien

Diffusionsforschung

Die Diffusionsforschung beschäftigt sich mit dem ▷ Adoptions- und Diffusionsprozess im Rahmen einer ▷ Diffusion. Der Diffusionsprozess bezieht sich auf den Prozess der Verbreitung neuer Produkte und Dienstleistungen. Basis dazu bildet der Adoptionsprozess. Bei erfolgter Übernahme neuer Produkte (Adopter bzw. Kauf) bzw. Innovationen unterscheidet man verschiedene ▷ Adopter- bzw. Übernahmekategorien (Käufertypen). Die Dauer des Diffusionsprozesses ist u. a. von der Risikobereitschaft, der Ausbildung, dem Status, der Bildung, dem Informationsverhalten der einzelnen Adopterklassen abhängig. Dabei spielen endogene wie exogene Einflussfaktoren eine Rolle.

Diffusionsprozess

▷ Diffusion
▷ Diffusionsforschung

Dilemma der Ablaufplanung

Das Dilemma der Ablaufplanung besteht im Widerspruch zwischen der gleichzeitigen Minimierung der Materialdurchlaufzeiten einerseits und der Maximierung der Kapazitätsauslastung andererseits. Eine optimale Abstimmung dieser beiden Forderungen kann durch ablauforganisatorische Massnahmen (▷ Ablauforganisation) oder durch die Wahl geeigneter ▷ Organisationstypen der Fertigung (▷ belastungsorientierte Auftragsfreigabe) erreicht werden.

Diluted Earnings per Share

▷ Earnings per Share

DIN

Abk. für ▷ Deutsche Industrienorm

Direct Costing

Das Direct Costing *(Deckungsbeitragsrechnung)* ist ein Kostenrechnungssystem, bei dem in der ▷ Kostenträgerrechnung den ▷ Kostenträgern nur die ▷ variablen Kosten zugeordnet werden (▷ Teilkostenrechnung). Die Differenz zwischen diesen Kosten und dem Verkaufspreis entspricht dem ▷ Deckungsbeitrag, welcher zur Deckung der ▷ fixen Kosten und zur Er-

	Unternehmen				
	Kostenträgerbereich I			Kostenträgerbereich II	
	Kostenträgergruppe			Kostenträgergruppe	
	Kostenträger **A**	Kostenträger **B**	Kostenträger **C**	Kostenträger **D**	Kostenträger **E**
Erlös − variable Herstellungs-, Verwaltungs- und Vertriebskosten					
= **Deckungsbeitrag I** − Erzeugnisfixkosten (den Produkten zurechenbare Fixkosten)	x	x	x	x	x
= **Deckungsbeitrag II** − Erzeugnisgruppenfixkosten (den Produktgruppen zurechenbare Fixkosten)	x	x	x	x	x
= **Deckungsbeitrag III** − Bereichsfixkosten (einer Abteilung zurechenbare Fixkosten)	x		x	x	
= **Deckungsbeitrag IV** − Unternehmensfixkosten (dem ganzen Unternehmen zurechenbare Fixkosten)	x			x	
= **Erfolg**	x				

▲ Abb. 44 Deckungsbeitragsstufen

zielung eines Gewinns dient. Das Direct Costing basiert im Gegensatz zur ▷ Grenzplankostenrechnung auf tatsächlich entstandenen Kosten (Istkosten).

Der Verzicht, die fixen Kosten auf die Kostenträger zu verrechnen, wird im *einstufigen* Direct Costing dadurch begründet, dass in der ▷ Vollkostenrechnung teilweise willkürliche Verrechnungssätze für die Fixkosten angewandt werden müssen. Eine verursachergerechte Zuordnung der Kosten auf die Kostenträger ist nur bei direkt mengenabhängigen (variablen) Kosten möglich.

Das einstufige Direct Costing weist den Makel einer undifferenzierten Behandlung der Fixkosten auf, weshalb keine Informationen über die Zuordnung der fixen Kosten zu Teilen der Leistungserstellung verfügbar sind. Dieses Problem wird duch das mehrstufige Direct Costing gelöst, das durch eine Gliederung der gesamten Fixkosten in einzelne Fixkostenblöcke verschiedene Deckungsbeitragsstufen unterscheidet (◀ Abb. 44). Durch die Einteilung der Fixkosten (z. B. in Erzeugnisfixkosten, Erzeugnisgruppenfixkosten, Bereichsfixkosten, Unternehmensfixkosten) lässt sich der Informationsgehalt im Vergleich zum einstufigen Direct Costing wesentlich erhöhen.

Direct Mail

Als Direct Mail oder *Mailing* bezeichnet man eine Werbesendung im Rahmen der ▷ Direktwerbung.

Direct Marketing

Engl. für ▷ Direktmarketing

Direct Numerical Control (DNC)

Direct Numerical Control *(DNC)* ist ein Verfahren zur Produktionssteuerung im Rahmen von ▷ Computer-Aided Manufacturing, das aus der Numerical-Control-Technik (▷ Numerical Control [NC]) ent-

wickelt worden ist. Dabei übernimmt der Rechner folgende Aufgaben:
- *Versorgung* von Maschinen mit *NC-Programmen,*
- *Feststellen von Betriebsarten* der Maschinen,
- *Führen* der NC-Maschine,
- *Zusammenstellung* aller *relevanten Messdaten.*

Durch den Einsatz von DNC kann die manuelle Verteilung von NC-Lochstreifen vermieden werden. Ausserdem ist eine zeitgerechte Verteilung von Steuerungsinformationen auf verschiedene NC-Maschinen möglich.

Direkte Kosten
Syn. für ▷ Einzelkosten

Direkter Absatz
▷ Absatzweg

Direktion
Die Direktion stellt die oberste Führungsstufe dar, die sich als Teil der ▷ Unternehmensführung primär mit der Umsetzung der ▷ Unternehmenspolitik befasst.
In einer ▷ Aktiengesellschaft kann die Geschäftsführung vom Verwaltungsrat allein wahrgenommen oder zusätzlich einem ▷ Delegierten des Verwaltungsrats oder an Drittpersonen übertragen werden. Letztere werden als Direktoren oder Generaldirektoren bezeichnet. Im Gegensatz zu den Delegierten sind die Direktoren im Allgemeinen nicht Mitglieder des Verwaltungsrats, haben jedoch aufgrund ihrer Tätigkeit oft einen Informationsvorsprung und somit eine starke Stellung im Unternehmen.

Direktmarketing
Unter Direktmarketing *(Direct Marketing)* versteht man alle Massnahmen, die eine persönlich adressierte Ansprache eines (potenziellen) Kunden beinhalten. Das Direktmarketing basiert auf einer umfangreichen Datenbank, die zur Akquisition neuer Kunden und zur Auswertung von Bestellungen oder Kundenfeedbacks benützt wird. Das Direktmarketing entstand aus dem Versandhandel (▷ Einzelhandelsformen).
Ein wichtiges Ziel des Direktmarketings ist die «ewige» Kundenbindung, die mit Kontaktketten, d.h. durch einen mehrstufigen Dialog (Versandbrief, Telefon, Besuch) aufgebaut und gefestigt wird. Durch die Speicherung kundenbezogener Daten können Marktsegmente (▷ Marktsegmentierung) gebildet und Kunden gezielt angesprochen werden. Das Ansprechen der Kunden erfolgt über Werbesendungen aufgrund von Adresslisten, durch das Telefon oder über Massenmedien mit der Möglichkeit einer sofortigen Reaktion durch den Kunden (z.B. Coupon, Grüne Nummer). Zu den wichtigsten Instrumenten des Direktmarketings gehören die ▷ Direktwerbung und der Telefonverkauf (▷ Telefonmarketing). Eine zunehmende Bedeutung gewinnen das ▷ Teleshopping und das ▷ Electronic Shopping.

Direktorialprinzip
Beim Direktorialprinzip hat eine einzige Person die Kompetenzen und das Recht, Führungsentscheidungen zu treffen und das Unternehmen nach aussen zu vertreten, wie dies z.B. beim ▷ Chief Executive Officer (CEO) der Fall ist. In einer Singularinstanz (▷ Instanz) ist das Direktorialprinzip immer erfüllt.

Vorteil des Direktorialprinzips ist eine schnellere Entscheidungsfindung als beim ▷ Kollegialprinzip, bei dem die Leitung aus mehreren Personen besteht. Nachteil kann die eingeengte Sichtweise dieser Person sein, die eine starke Stellung innehat.

Direktverkauf
▷ Absatzweg

Direktvertrieb
▷ Absatzweg

Direktwerbung
Unter Direktwerbung als Teil des ▷ Direktmarketings versteht man das direkte Ansprechen der Kunden. Es sind zwei Arten zu unterscheiden:
- adressierte Direktwerbung an ausgewählte Gruppen,
- unadressierte Postwurfsendungen in Quartieren, Gemeinden, Städten, Kantonen oder im ganzen Land.

Dabei wird oft der ▷ Response der Kunden, d.h. die Rücklauf- und Bestellquote, statistisch genau ausgewertet, um spätere Aktionen zu verbessern. Die zunehmende Bedeutung und der Erfolg der Direktwerbung hat folgende Ursachen:
- kundenindividuelles Ansprechen aufgrund sorgfältig ausgewählten Adressmaterials,
- ▷ Werbemittel besonders wirkungsvoll gestaltbar (▷ AIDA-Ansatz),
- bequeme Art der Bestellung,
- keine direkten Einflüsse der Konkurrenz.

Die Werbesendung selbst bezeichnet man als ▷ Direct Mail oder Mailing.

Disagio
Das Disagio bezeichnet die Differenz zwischen dem Nennwert und dem Ausgabekurs eines Wertpapiers. Bei Aktien ist eine Ausgabe unter dem Nennwert gemäss Art. 624 OR nicht möglich. Ein Disagio kommt deshalb nur bei festverzinslichen Wertpapieren vor (▷ Anleihensobligation). Daneben spricht man auch im Kreditgeschäft von einem Disagio, wenn der Kredit nicht zum Nennbetrag des Darlehens ausbezahlt wird, sondern z.B. nur zu 95%. Da trotzdem 100% des Darlehens zurückgezahlt werden müssen, beinhaltet das Disagio neben den Zinsen zusätzliche Kreditkosten, die jedoch bereits im Bezugsjahr steuerlich geltend gemacht werden können. Ein Disagio ermöglicht, den Zinssatz und damit die laufende Belastung zu reduzieren.
▷ Agio

Discounted-Cash-Flow-Methode (DCF)
Mit der *DCF*-Methode ermittelt man den Preis für ein Unternehmen als Differenz aus den Werten des Gesamtkapitals und des Fremdkapitals des Unternehmens.
Der Unternehmenswert wird errechnet, indem die entziehbaren Einzahlungsüberschüsse, die für Zahlungen an Eigen- und Fremdkapitalgeber zur Verfügung stehen, mit dem gewichteten durchschnittlichen Kapitalkostensatz (▷ Weighted Average Cost of Capital, WACC) des Unternehmens diskontiert werden.
Das Bewertungsmodell der DCF-Methode nach dem *Entity-Konzept* (indirekte Herleitung des Unternehmenswerts über den Unternehmensgesamtwert) ist grundsätzlich zweistufig:
1. Ermittlung des Unternehmensgesamtwerts auf folgende Weise: (a) Die für Zahlungen an die Eigen- und Fremdkapitalgeber entziehbaren Einzahlungsüberschüsse (▷ Free Cash Flow) werden bei unterstellter vollständiger Eigenfinanzierung ermittelt und (b) mit den gewichteten

	Jahr 1	Jahr 2	Jahr 3	Jahr 4	Jahr 5	Folgejahre
■ Gewinn vor Zinsen	48,0	50,0	52,0	58,0	65,0	70,0
■ Abschreibungen	36,0	38,0	38,0	40,0	40,0	40,0
■ Veränderung des operativen Nettoumlaufvermögens	−4,0	−5,0	−6,0	−6,0	−5,0	0,0
■ Investitionen im Anlagevermögen	−40,0	−33,0	−54,0	−32,0	−30,0	−40,0
Free Cash Flows [FCF]	**40,0**	**50,0**	**30,0**	**60,0**	**70,0**	**70,0**
FCF-Barwerte Jahre 1–5 [20 %]	33,33	34,72	17,36	28,94	28,13	350,00[1]
FCF-Barwerte Jahre 6ff. [20 %]						140,66[2]
Barwertsumme (FCF Jahr 1–5)	142,4					
Residualwert Jahr 5	140,7					
Unternehmenswert brutto	**283,1**					
– Wert Fremdkapital	−120,0					
Unternehmenswert (netto)	**163,1**					
Annahmen: ■ Kapitalkosten 20 % ■ Fremdkapital im Jahr 0 beträgt 120 1 Barwert der Folgejahre zu Beginn des Jahres 6 2 Barwert der Folgejahre auf das Jahr 0 abgezinst						

▲ Abb. 45 Beispiel Discounted-Cash-Flow-Methode (Zahlen in Mio. US-$) (Volkart 2001, S. 35)

durchschnittlichen Kapitalkosten (WACC) kapitalisiert.
2. Ermittlung des Werts des Eigenkapitals, indem der Unternehmensgesamtwert um den Wert des Fremdkapitals reduziert wird. Damit kann der Unternehmenswert mit folgender Formel berechnet werden:

$$U = EK = GK - FK = \sum_{t=1}^{T} \frac{FCF_t}{(1 + WACC)^t} - FK$$

U: Unternehmenswert; EK: Marktwert des Eigenkapitals; FK: Marktwert des Fremdkapitals; GK: Marktwert des Unternehmens (= EK + FK); FCF_t: Free Cash Flow zum Zeitpunkt t; WACC: Weighted Average Cost of Capital

◄ Abb. 45 zeigt die Bestimmung des Unternehmenswerts auf Basis des Cash Flow anhand eines einfachen fiktiven Beispiels.

Discount-Geschäft
▷ Einzelhandelsformen

Discount-Preise
Syn. für ▷ Promotionspreise

Diskont
▷ Diskontkredit

Diskontierung
Unter Diskontierung *(Abzinsung)* versteht man die Berechnung des Gegenwartswerts (▷ Barwert) einer Zahlung, die erst in der Zukunft anfällt, wie dies z. B. bei einem Wechsel oder bei zukünftigen Einzahlungsüberschüssen einer Investition der Fall ist. Zur Berechnung des Barwerts Z_0 einer zukünftigen Zahlung Z_t in t Jahren wird die Zahlung Z_t mit dem ▷ Abzinsungsfaktor v_t multipliziert:

$$Z_0 = Z_t \cdot \frac{1}{(1+i)^t} = Z_t \cdot v_t$$

Diskontierungsfaktor
Syn. für ▷ Abzinsungsfaktor

Diskontierungszinssatz
Syn. für ▷ Kalkulationszinssatz

Diskontinuitäten

Unter Diskontinuitäten versteht man Entwicklungen in der Umwelt, die durch unstetig (diskontinuierlich) verlaufende Muster gekennzeichnet sind. Fallen diese Diskontinuitäten sehr stark aus und findet keine oder nur eine ungenügende Reaktion statt, kann das ▷ System Unternehmen aus dem Gleichgewicht und somit in Schwierigkeiten geraten. Diskontinuitäten zeichnen sich durch folgende Eigenschaften aus:
- das Ereignis, das zu einer Diskontinuität geführt hat, ist unerwartet aufgetreten und völlig neuartig (z.B. neue Technologie, neuer gesellschaftlicher Trend),
- hohe Geschwindigkeit der Umweltveränderung,
- hohe Unsicherheit bei der Beurteilung der Wirkung einer Diskontinuität,
- zunehmende Komplexität der Umwelt und der Umweltbeziehungen.

Diskontinuitäten führen häufig dazu, dass Unternehmen in eine Krise geraten. Deshalb ist das frühzeitige Erkennen ▷ schwacher Signale mit Hilfe eines ▷ Frühwarnsystems von grosser Bedeutung. Reagiert das Unternehmen zu spät, muss es über ein gutes ▷ Krisenmanagement verfügen, um die entstandene Krise erfolgreich zu bewältigen.

Diskontkredit

Beim Diskontkredit werden noch nicht fällige, in Wechselform gekleidete Forderungen eines Lieferanten (▷ Wechsel) unter Abzug der Zinsen (Diskontsatz plus Risikoanteil) von einer Bank aufgekauft. Der Kunde ist der Bezogene, der Lieferant der Aussteller und die Bank des Lieferanten die *Remittentin*. Die auf dem Wechselbetrag berechneten und auf diesem in Abzug gebrachten Kreditzinsen bezeichnet man als *Diskont*, den Vorgang als ▷ Diskontierung (Abzinsung). Die Bank gewährt dem Lieferanten eine sog. *Diskontlimite*. Diese bestimmt den Höchstbetrag, für welchen die Bank bereit ist, die vom Lieferanten auf den Kunden gezogenen ▷ Wechsel zu diskontieren. Diese Limite hängt von der ▷ Bonität des Lieferanten ab. Der Diskontkredit ist aufgrund der hohen Sicherheit des Wechselgeschäfts ein sehr zinsgünstiger Kredit. Seine praktische Bedeutung ist jedoch in der Schweiz, z.B. im Vergleich zu Deutschland, gering.

Diskontlimite
▷ Diskontkredit

Diskontpolitik

Die Diskontpolitik ist ein Instrument der ▷ Notenbankpolitik zur Steuerung der Geldmenge. Damit können sowohl der Diskontsatz, d.h. der Zins, zu dem die Notenbank ▷ Wechsel höchster Bonität ankauft, als auch die Rediskont-Kontingente variiert werden. Letztere bezeichnen die Grenze, bis zu der ein Kreditinstitut Wechsel an die Nationalbank zur Refinanzierung verkaufen kann. Im Mittelpunkt steht jedoch der Diskontsatz, da er die Geldbeschaffung der Banken verteuert oder verbilligt, was direkt Auswirkungen auf die Geldmarktzinssätze hat (▷ Diskontkredit). Eine Veränderung des Diskontsatzes hat immer auch eine wichtige psychologische Wirkung, da ein solcher Entscheid als klare Absichtserklärung der Nationalbank zur Steuerung der Geldmenge bzw. der damit verbundenen gesamtwirtschaftlichen Grössen (▷ Inflation) gilt. Im Gegensatz zu manchen Ländern ist die Diskontpolitik in der Schweiz ohne Bedeutung (▷ Geldpolitik).

Disposition
Syn. für ▷ Bedarfsrechnung

Dispositive Planung
▷ Planungssystem

Dispositives Recht
Beim dispositiven Recht handelt es sich um rechtliche Normen, die nicht zwingend sind und die nur dann eintreten, wenn – z. B. in den Statuten einer Aktiengesellschaft – keine anderen Vereinbarungen getroffen worden sind.

Dissonanz, kognitive
Kognitive Dissonanz liegt dann vor, wenn kognitive Elemente wie Wissen, Erfahrung, Einstellung, Meinungen nicht miteinander vereinbar sind. Da der Mensch nach innerem kognitiven Gleichgewicht (Konsonanz) strebt, möchte er das Ungleichgewicht (Dissonanz) abbauen, da er diese Dissonanz als unangenehm empfindet.
Oft stellt man sich nach einem Kauf die Frage, ob die getroffene Entscheidung richtig war. So wurde z. B. ein Kunde durch den Kauf eines Produkts enttäuscht (funktionale Mängel, Qualitätsmängel, Produkt entspricht nicht den Erwartungen) bzw. er hat sich für eine Option entschieden, die sich nach dem Kauf als nicht die beste herausgestellt hat. Nun möchte er dieses Ungleichgewicht beseitigen (Reduktion der Dissonanz). Er sucht nach positiven Informationen, die seinen Kauf bestätigen bzw. seine Kaufentscheidung unterstützen und meidet Informationen über die nicht gewählten Alternativen. Längerfristig kann er sein Verhalten gegenüber dem gekauften Produkt verändern, indem er allmählich eine positive Einstellung zu diesem entwickelt (Konsonanz).
Ziel eines Anbieters sollte es sein, solche Ungleichgewichte gar nicht erst entstehen zu lassen, indem er z. B. dem Kunden ein Umtauschrecht zugesteht (Geld oder Gutschein) oder durch Werbemassnahmen ein positives Bild vermittelt und damit positive Entscheidungen fördert.

Distribution
Unter der Distribution *(Vertrieb)* versteht man die Gestaltung des Weges, den ein Produkt vom Hersteller zum Käufer oder Verbraucher nimmt. Zu unterscheiden ist zwischen akquisitorischer und physischer Distribution:

■ *Akquisitorische Distribution:* Die Produkte sind so zu «verteilen», dass sie optimal wahrgenommen werden und viele Kunden gewonnen (akquiriert) werden können. Dies erfolgt v. a. durch die Gestaltung der Absatzkanäle (▷ Absatzwege, z. B. ▷ Einzel- und ▷ Grosshandel).

■ *Physische Distribution (Distributionslogistik):* Ziel ist die Erfüllung der Lieferverpflichtung aufgrund eines abgeschlossenen Kaufvertrags. Dafür müssen Lager, Verpackungsmaterial und Transportmittel zur Verfügung stehen, um das Produkt rechtzeitig und unbeschädigt zu liefern (▷ Logistik).
Bei der Gestaltung der physischen Distribution müssen immer die Auswirkungen auf die akquisitorische Distribution beachtet werden und umgekehrt. Während bei der physischen Distribution die technischen Probleme und die Kostenseite im Vordergrund stehen, wird bei der akquisitorischen Distribution deren Wirkung auf den Kunden und den Umsatz stark beachtet.

Distributionsgrad
Der Distributionsgrad gibt die Verfügbarkeit eines Produkts zu einem bestimmten Zeitpunkt oder während einer bestimmten Zeitperiode wieder.

Ein Distributionsgrad von 70% im Lebensmittel-Einzelhandel bedeutet, dass 70% aller Lebensmittel-Einzelhandelsgeschäfte die entsprechende Marke führen.

Distributionskanal
Syn. für ▷ Absatzmethode

Distributionslogistik
▷ Distribution
▷ Logistik

Distributionsmix
▷ Marketing-Mix

Distributionspolitik
Die Distributionspolitik umfasst sämtliche Massnahmen zur ▷ Distribution eines Produkts. Sie ist ein Element des ▷ Marketing-Mix.

Diversifikation
Unter Diversifikation (*Produktdiversifikation, Diversifikationsstrategie*) versteht man die Aufnahme neuer Produkte ins Absatzprogramm. Ziel ist die Wahrnehmung neuer Marktchancen, die Risikoverteilung und die Realisierung von Synergien. Die Aufnahme neuer Produkte kann aufgrund der eigenen Forschungs- und Entwicklungsarbeiten, durch Lizenznahme oder durch den Kauf eines anderen Unternehmens (▷ Akquisition) erfolgen. Man unterscheidet drei Formen der Diversifikation:
1. *Horizontale Diversifikation:* Erweiterung des Absatzprogramms mit Produkten, die in einem sachlichen Zusammenhang mit den bisherigen Produkten stehen (z.B. gleiche Werkstoffe oder gleiche Abnehmer).
2. *Vertikale Diversifikation:* Aufnahme von Produkten ins Absatzprogramm, die bisher von einem Lieferanten bezogen wurden (vorgelagerte vertikale Diversifikation) oder die von den bisherigen Kunden hergestellt wurden (nachgelagerte vertikale Diversifikation).
3. *Laterale Diversifikation:* Die neuen Produkte weisen keine Verwandtschaft mit den bisherigen Produkten auf. Diese Art der Diversifikation bedeutet einen Vorstoss in völlig neue Märkte.

Diversifikationsinvestition
Von Diversifikationsinvestitionen spricht man, wenn zusätzliche ▷ Investitionen in ▷ Betriebsmittel notwendig sind, mit denen die neuen Leistungen im Rahmen einer ▷ Diversifikation erstellt werden können.

Diversifikationsstrategie
Syn. für ▷ Diversifikation

Dividende
Die Dividende ist der von der Generalversammlung festgelegte Gewinnanteil, der an die Aktionäre oder Inhaber von ▷ Partizipationsscheinen ausgeschüttet wird. Dividenden – wie auch ▷ Tantiemen – dürfen nur aus dem Bilanzgewinn (▷ Gewinn) bezahlt werden, nachdem die Zuweisung an die gesetzlichen und statutarischen ▷ Reserven vorgenommen worden ist. Neben der Höhe der Dividende ist auch die Form der Dividende (▷ Bar-, ▷ Stock-, ▷ Naturaldividende) festzulegen.

Dividendenpolitik
Bei der Dividendenpolitik geht es um die Fragen, in welcher Form (▷ Bar-, ▷ Stock- oder ▷ Naturaldividende) die ▷ Dividende ausbezahlt wird und wie hoch der Gewinnanteil ist, der zur Ausschüttung gelangt. Obschon rechtlich die ▷ Generalversammlung über die Verwendung des Bilanz-

gewinns entscheidet, ist es in der betrieblichen Praxis der ▷ Verwaltungsrat. Dieser arbeitet einen Dividendenvorschlag aus, den die Generalversammlung i.d.R. bestätigt. Der Verwaltungsrat muss sich dabei sowohl die Interessen des Unternehmens als auch diejenigen der Aktionäre vergegenwärtigen. Einerseits werden durch die Dividendenzahlungen dem Unternehmen ▷ liquide Mittel entzogen, was die ▷ Selbstfinanzierung einschränkt. Andererseits muss das Unternehmen eine Dividende bezahlen, um die Forderungen der Aktionäre nach einer Verzinsung des eingesetzten Kapitals zu erfüllen. Diese Forderung steht bei grossen Publikumsgesellschaften weniger im Vordergrund, wenn geringe Dividendenrendite durch steigende Aktienkurse ausgeglichen werden kann. Werden allerdings die Dividendenzahlungen als unangemessen beurteilt, kann sich dies sowohl in einem unerwünschten Kursrückgang als auch in Schwierigkeiten bei zukünftigen Kapitalerhöhungen äussern.

In der Praxis treten zwei grundsätzlich verschiedene Ausrichtungen der Dividendenpolitik auf:

1. *Grundsatz stabiler Dividenden:* Die Dividende pro Aktie wird im Sinn einer Dividendenkontinuität über eine lange Zeitspanne möglichst konstant gehalten. Damit richtet man sich in erster Linie an den langfristig orientierten Anleger, dem eine stabile Dividende wichtiger ist als extreme Kursschwankungen.

2. *Grundsatz der gewinnabhängigen Dividende:* Die Dividende wird den Bewegungen des Jahresgewinns angepasst. Damit hat der Aktionär direkt am Erfolg oder Misserfolg des Unternehmens teil.

In den letzten Jahren ist als Folge der starken Shareholder-Value-Orientierung (▷ Shareholder Value) eine Ausrichtung am Grundsatz der gewinnabhängigen Dividende beobachtbar.

Daneben gibt es noch weitere Kriterien, nach denen sich eine Dividendenpolitik ausrichten kann: (1) Prinzip der Substanzerhaltung des Unternehmens (Berücksichtigung inflationsbedingter Preissteigerungen), (2) Ausrichtung auf die Konkurrenz und (3) Berücksichtigung der allgemeinen Kapitalmarktlage und des Zinsniveaus.

Division
▷ Divisionalorganisation

Divisionalisierung
▷ Divisionalorganisation

Divisionalorganisation
Bei der Divisionalorganisation *(Spartenorganisation, Objektorganisation)* erfolgt die ▷ Stellenbildung nach Produkten oder Produktgruppen *(Divisionalisierung).* Es werden *Sparten* oder *Divisionen* gebildet, die alle wichtigen betrieblichen Funktionen wie Materialwirtschaft, Produktion oder Marketing selbst wahrnehmen. Oft werden sie von *Zentralabteilungen (Service Center)* wie z.B. Finanz- und Rechnungswesen, Forschung und Entwicklung oder Informatik unterstützt. Von den ▷ Stäben unterscheiden sie sich dadurch, dass sie nicht nur Sachaufgaben der übergeordneten, sondern auch der nachgeordneten ▷ Instanzen übernehmen. Zentralabteilungen haben fachtechnische Anordnungsbefugnisse in ihrem Arbeitsbereich.

Voraussetzung zur Bildung einer Divisionalorganisation ist ein eher heterogenes Produktionsprogramm. Die einzelnen Sparten können als ▷ Cost-Center-, ▷ Profit-Center- oder ▷ Investment-Center-Organisation auftreten.

Vorteile der Divisionalorganisation sind die grosse Flexibilität in Bezug auf Marktanforderungen und die Möglichkeit der Förderung von Nachwuchskräften, denen die Verantwortung für einen Produktbereich übertragen werden kann. Zudem ist die Motivation der Führungskräfte einer Sparte wegen der Möglichkeit der eindeutigen Ergebniszuordnung tendenziell höher. Kritisch bei der Divisionalorganisation sind die Marktinterdependenzen zwischen den verschiedenen Sparten (z. B. gegenseitige Konkurrenz) und die eher schlechte Ressourcennutzung (z. B. ungenügende Ausnutzung der ▷ Economies of Scale). Ein häufiger unternehmensinterner Konfliktherd ist die Festsetzung der Verrechnungspreise für den gegenseitigen Produktaustausch (Güter, Dienstleistungen).

Divisionskalkulation
▷ Kalkulationsverfahren

DJII
Abk. für Dow Jones Industrial Index
▷ Dow Jones Index

DNC
Abk. für ▷ Direct Numerical Control

Document Management
Als Document Management bezeichnet man das computerunterstützte Erstellen, Verwalten, Publizieren und Archivieren von Dokumenten aller Art in einem Unternehmen. Ein Document-Management-System erlaubt es, neue Dokumente zu erstellen oder bereits gedruckte Dokumente in elektronischer Form zu speichern. Die im System gespeicherten Dokumente können editiert und weiterverarbeitet und in verschiedenen Ausgabeformaten für verschiedene Medien publiziert werden (Papier, elektronische Online- und Offline-Medien). Ein Document-Management-System erlaubt das Suchen nach Dokumenten anhand einer Vielzahl beschreibender Kriterien, die Versionierung und eine differenzierte Benutzerverwaltung (Zugriffssicherheit).

DOE
Abk. für ▷ Design of Experiments

Dogs
▷ Portfolio-Management

Dominanz des Minimumsektors
Nach dem Grundsatz der Dominanz des *Minimumsektors* ist der schwächste betriebliche Bereich Ausgangspunkt für die kurzfristige Produktionsplanung (▷ Ausgleichsgesetz der Planung).

Double Loop Learning
▷ Organisationales Lernen

Double Sourcing
Beim Double Sourcing erfolgt der Bezug der Produkte von einem Haupt- und einem Zweitlieferanten. Der Vorteil liegt in der Absicherung des Ausfallrisikos, das bei einem einzigen Hauptlieferanten besteht und für das Unternehmen bei einem ▷ Single Sourcing zur substanziellen Bedrohung werden kann.

Dow Jones Index
Der Dow Jones Index (korrekte Bezeichnung: Dow Jones Industrial Index, *DJII*) ist der bekannteste Aktienindex und neben dem ▷ Standard & Poor's 500 Index das führende Börsenbarometer der New Yorker Börse (NYSE). Er besteht seit 1897 und setzt sich aus den 30 wichtigsten, d. h.

umsatzstärksten Aktien aus den Bereichen Industrie, Transport und Versorgung zusammen. Breiter gefasste Marktindices geben zwar ein exakteres Bild der Börsenentwicklung, beeinflussen das psychologische Geschehen an den Weltbörsen jedoch deutlich weniger stark als der DJII.
▷ Index

Downgrade
Die Begriffe Downgrade und ▷ Upgrade beziehen sich auf Analysteneinschätzungen zu einzelnen Finanzinstrumenten. Bei einem Downgrade bekommt z. B. eine Aktie eine schlechtere Bewertung. Diese Änderung in der Einschätzung durch einen Analysten hat meist deutliche Auswirkungen auf den Kurswert (▷ Kurs) eines Titels.

Drei-Säulen-Konzept
Die schweizerische Altersvorsorge basiert auf einem Drei-Säulen-Konzept, nämlich (1) der ▷ Alters- und Hinterlassenenversicherung/▷ Invalidenversicherung, (2) der ▷ beruflichen und (3) der ▷ privaten Vorsorge.
▷ Soziale Sicherheit

Drill-down-Analyse
▷ Data Mart

Dritte Säule
▷ Private Vorsorge
▷ Drei-Säulen-Konzept

Drive-in
Der Drive-in ist ein in Dienstleistungsbetrieben vorkommendes Bedienungsprinzip (Banken, Restaurants), bei welchem der Kunde sein privates Verkehrsmittel nicht zu verlassen braucht, um eine Ware zu bestellen, zu bezahlen und in Empfang zu nehmen (z. B. McDonald's Drive-in).

Drugstore
Der Drugstore ist ein in den USA weit verbreiteter Betriebstyp (▷ Einzelhandelsformen), der neben Drogeriewaren auch andere Warengruppen führt (z. B. Süsswaren, Bücher, Zeitschriften, Schreibwaren, Schmuck).

DSS
Abk. für ▷ Decision Support System

Dual Branding
▷ Co-Branding

Due Diligence
In ihrer ursprünglichen Interpretation umfasst die Due Diligence die Prüfung des Emissionsprospekts eines Unternehmens bei einem Verkauf oder bei einem öffentlichen Angebot von Aktien bzw. einem ▷ Going Public, damit der Investor sich ein genaues Bild über die Qualität des Unternehmens machen kann.
In ihrer heutigen Interpretation wird die Due Diligence in unterschiedlichen Kontexten angewendet, z. B. bei der Prüfung der Chancen und Risiken einer Kapitalvergabe durch Venture-Capital-Gesellschaften, bei Unternehmensakquisitionen und -fusionen, bei der Bonitätsprüfung vor einer Kreditvergabe oder bei der Prüfung von Emissionsprospekten von Kapitalanlagegesellschaften.
Traditionelle Prüfungsbereiche sind die Financial Due Diligence, die Legal Due Diligence und die Tax Due Diligence. Neben die traditionellen Prüfungsbereiche sind in den letzten Jahren weitere getreten wie die Cultural Due Diligence, die Commercial Due Diligence, die Environmental Due Diligence und die ▷ Human Resource Due Diligence. Diese neuen Prüfungsbereiche finden besonders bei der Vergabe von Venture Capital und bei Unterneh-

mensakquisitionen und -fusionen zunehmend Anwendung.
- *Financial Due Diligence:* Prüfung der Qualität eines Unternehmens aus finanzieller Perspektive.
- *Cultural Due Diligence:* Evaluation kulturbezogener Chancen und Risiken eines Unternehmens in unterschiedlichen Kontexten.
- *Tax Due Diligence:* Prüfung eines Unternehmens aus steuerlicher Perspektive in unterschiedlichen Kontexten.
- *Legal Due Diligence:* Prüfung rechtlicher Chancen und Risiken eines Unternehmens.
- *Commercial Due Diligence (Market Due Diligence, Strategy Due Diligence):* Prüfung der strategischen Chancen und Risiken einer Unternehmens.
- *Environmental Due Diligence:* Prüfung der ökologischen Chancen und Risiken einer Unternehmens. Angesichts der ökologischen Folgen unternehmerischer Entscheidungen ist für manche Unternehmen – z. B. in der Pharmaindustrie – eine Environmental Due Diligence zwingender Bestandteil der Chancen- und Risikoprüfung zur Beurteilung der Qualität eines Unternehmens.
- ▷ *Human Resources Due Diligence:* Analyse personalbezogener Chancen und Risiken (Mitarbeitende und Management).

Dumping-Preis

Von Dumping-Preisen spricht man, wenn inländische Produkte unter den ▷ Selbstkosten oder ausländische Produkte unter ihrem im Ausland üblichen Preis verkauft werden. Diese aggressive Preispolitik dient dazu, die Konkurrenz aus dem Markt zu drängen. In gewissen Staaten bestehen Anti-Dumping-Zölle zum Schutz der einheimischen Wirtschaft, falls ausländische Unternehmen mit Dumping-Preisen arbeiten.

Du-Pont-Schema

Das vom amerikanischen Chemiekonzern Du Pont de Nemours & Co. entwickelte Du-Pont-Schema (▶ Abb. 46) ist das in der Praxis bekannteste ▷ Kennzahlensystem. Es zeichnet sich durch eine konsequente (und dadurch etwas einseitige) Ausrichtung auf die ▷ Gesamtkapitalrentabilität (Return on Investment, ROI) aus. Als Analyseinstrument ist das Du-Pont-Schema insofern sehr gut geeignet, als damit aufgezeigt werden kann, wie sich die verschiedenen Bestandteile von ▷ Bilanz und ▷ Erfolgsrechnung in ihrem Zusammenspiel auf den ROI auswirken. Durch die Zerlegung dieser Kennzahl in ▷ Umsatzrentabilität und ▷ Kapitalumschlagshäufigkeit werden die wesentlichen Einflussfaktoren des ROI verdeutlicht.

Als Nachteil erweist sich die Tatsache, dass die Passivseite der Bilanz unberücksichtigt bleibt. Das Du-Pont-Schema enthält weder Kennzahlen zur ▷ Kapitalstruktur noch Angaben bezüglich der ▷ Anlagedeckungsgrade.

Primär stellt das Du-Pont-Schema auf die Analyse und Kontrolle finanzwirtschaftlicher Grössen ab, es ist aber auch zur Planung in Form von Budgets vorgesehen. Werden Budgetwerte in das System eingesetzt, so erhält man Soll-Kennzahlen, die als Vorgabewerte fungieren und nach Ablauf der Budgetperiode im Rahmen einer Soll-Ist-Analyse wertvolle Informationen geben.

Weil das Du-Pont-Schema die Fülle des für betriebswirtschaftliche Planungs-, Steuerungs- und Kontrollzwecke relevanten Zahlenmaterials übersichtlich komprimiert, eignet es sich sehr gut als Führungsinstrument.

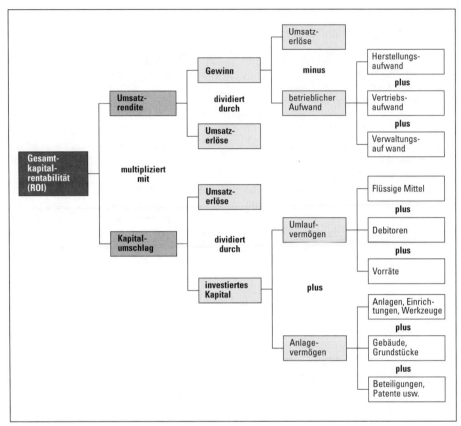

▲ Abb. 46 Du-Pont-Schema

Durchlaufzeit

Die Durchlaufzeit der ▷ Auftragsabwicklung umfasst die Zeitspanne, die ein Erzeugnis von der Auftragsauslösung bis zur Fertigstellung benötigt. Je nach Betrachtungsweise kann dies die gesamte Zeitspanne vom Kundenauftrag bis zur Auslieferung an den Kunden sein oder nur die reine Produktionszeit in Fertigung und Montage. Die Durchlaufzeit kann in die ▷ Auftragszeit (Bearbeitungszeit), die Transportzeit und die ▷ Liegezeit unterteilt werden (▶ Abb. 47). Dabei wird deutlich, dass nur ca. 5% der Durchlaufzeit auf die Auftragszeit entfallen, in der die eigentliche Bearbeitung erfolgt. Rationalisierungsmassnahmen (▷ Rationalisierung) zur Verkürzung der Durchlaufzeit sollten deshalb in der Transport- und ▷ Liegezeit ansetzen, weil hier die grössten Effekte zu erzielen sind.

Geplante Durchlaufzeiten bilden die Grundlage für die Termin- und Kapazitätsplanung des Unternehmens. Dabei liegt die Schwierigkeit in der richtigen Schätzung und den in der Praxis häufig auf-

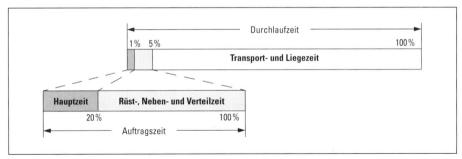

▲ Abb. 47 Verteilung der Durchlaufzeit (nach Eversheim 1990a, S. 116)

tretenden Schwankungen in der Höhe der Durchlaufzeit. Aus der daraus resultierenden Unsicherheit entsteht das sog. *Durchlaufzeit-Syndrom*, welches durch eine zu frühe Eingabe von Aufträgen in das PPS-System (Produktionsplanung und -steuerung, ▷ PPS-Systeme) hervorgerufen wird. An den Arbeitsstationen kann es zu Überlastungen kommen, Aufträge bleiben liegen und müssen dann als Eilaufträge vorgezogen werden. Das Durchlaufzeit-Syndrom verursacht hohe Kosten und administrative Aufwendungen (▷ Dilemma der Ablaufplanung).

Die Durchlaufzeit ist neben ▷ Kosten, ▷ Kapazitäten und ▷ Qualität ein entscheidender Wettbewerbsfaktor. Massnahmen zur Senkung von Durchlaufzeiten werden in der Praxis deshalb immer häufiger durchgeführt. (▷ Durchlaufzeit-Optimierung, ▷ Total Quality Management).

Durchlaufzeit-Optimierung

Die Durchlaufzeit-Optimierung dient der Verkürzung des Prozesses der ▷ Auftragsabwicklung und erhöht damit die Wettbewerbsfähigkeit des Unternehmens in *Entwicklung*, Produktion (▷ Produktionswirtschaft) und *Service*. Eine Optimierung kann auf verschiedene Weise erfolgen:
- Einsatz von CAx-Techniken (▷ Computer-Integrated Manufacturing),
- Implementierung moderner Produktionskonzepte, z. B. ▷ Simultaneous Engineering, ▷ Just-in-Time-Konzept,
- Reorganisation der unternehmerischen Prozesse innerhalb der ▷ Auftragsabwicklung (▷ Business Reengineering).

Welche Durchlaufzeitpotenziale im Einzelnen in der Praxis erzielt werden können, hängt in starken Mass von der Branche ab.

Durchlaufzeit-Syndrom
▷ Durchlaufzeit

Durchschnittsmethode

Die Durchschnittsmethode ist eine Bewertungsmethode für Lagerbestände. Dabei werden die ▷ Anschaffungs- oder ▷ Herstellungskosten von ▷ Vorräten als durchschnittlich gewichtete ▷ Kosten ähnlicher Vorratsgegenstände zu Beginn der Periode sowie die Anschaffungs- oder Herstellungskosten ähnlicher, während der Periode gekaufter oder hergestellter Vorratsgegenstände ermittelt. Der gewogene Durchschnitt kann je nach den Gegebenheiten des Unternehmens auf Basis der Berichtsperiode oder gleitend bei jeder zusätzlich erhaltenen Lieferung berechnet werden (▷ First-in-First-out, ▷ Last-in-First-out).

Duty-free Shop
▷ Einzelhandelsformen

Dynamik
Unter Dynamik versteht man die Veränderungen eines Systemzustandes im Lauf der Zeit. Das Ausmass der Dynamik kann mittels der *Varianz* gemessen werden, die durch (1) die Häufigkeit von Veränderungen, (2) die Stärke dieser Veränderungen sowie (3) die Regelmässigkeit des Auftretens von Veränderungen bestimmt wird. Dynamik verstärkt das Problem der ▷ Komplexität, da die verfügbare Reaktionszeit bei zunehmender Dynamik sinkt, während aufgrund der wachsenden Komplexität eine immer höhere Reaktionszeit benötigt wird. Eine besondere Herausforderung stellt heute die Dynamik der Kundenbedürfnisse mit der sich ständig verkürzenden Produktlebenszeit (▷ Produktlebenszyklus) dar. Hinzu kommt die gesamtwirtschaftliche (makroökonomische) und politische Dynamik (z.B. Zusammenbruch des Ostblocks), die starke Veränderungen zur Folge haben.

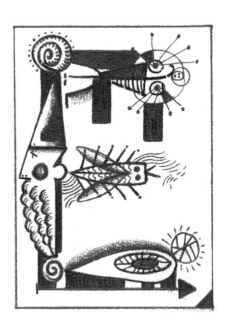

EAI
Abk. für ▷ Enterprise Application Integration

EAN
EAN bedeutet *Europäische Artikel-Nummerierung*. Es handelt sich dabei um ein Artikelnummerierungs- und Identifikations-System zur Unterstützung von elektronischen ▷ *Warenwirtschaftssystemen*. Die EAN besteht aus einer meist 13-stelligen Zahlenreihe (▷ *EAN-Code*), der sich unterhalb des Strichblocks (▷ Strichcode) befindet.
In den USA existiert eine andere Artikelnummerierung, der 11-stellige Universal Product Code (UPC).

EAN-Code
Der *EAN*-Code (▷ EAN) besteht aus einem Strichcode mit einer 13-stelligen Zahlenreihe, welcher Informationen über Herkunftsland, Hersteller und individuelle Artikelnummer einer Ware enthält. Die ersten beiden Ziffern sind das Länderkennzeichen, die fünf folgenden Ziffern die Betriebsnummer des Herstellers und die weiteren fünf Ziffern die individuelle Artikelnummer des Produzenten. Die letzte Ziffer ist eine Prüfziffer, die aus den vorherstehenden Ziffern errechnet wird und eine fehlerlose Datenerfassung ermöglicht. Als Beispiel sei der Strichcode des Choco-Drinks der Migros gedeutet, der mit dem EAN-Code 76 10200 03527 1 versehen ist:
- 76: Ländercode
- 10200: Betriebsnummer des Migros-Genossenschafts-Bundes (MGB)
- 03527: Interne Artikelidentifikationsnummer des MGB für den Abruf von Daten und Preisen aus einer Datenbank
- 1: Kontrollziffer.

Earnings Before Interest and Taxes (EBIT)

Als *EBIT* bezeichnet man den Gewinn vor Zinsen und Steuern. Aufgrund länderspezifischer Zinsstrukturen und Steuergesetze stellt der EBIT eine beliebte internationale Vergleichsgrösse dar. Der Einbezug dieser Grösse ermöglicht einen sinnvollen Vergleich der ▷ Rentabilität von Unternehmen unterschiedlicher Länder. Insbesondere bei Vergleichen zwischen ausländischen ▷ Tochtergesellschaften innerhalb eines ▷ Konzerns wird oft auf den EBIT zurückgegriffen.

Earnings Before Interest, Tax, Depreciation and Amortization (EBITDA)

Bei Earnings Before Interest, Tax, Depreciation and Amortization *(EBITDA)* handelt es sich um den Betriebsgewinn (▷ Gewinn) vor Zinsen, Steuern und ▷ Abschreibungen auf den Sachanlagen (▷ Anlagevermögen) und dem ▷ Goodwill.

Dies entspricht in einer verkürzten Form der indirekten Cash-Flow-Berechnung (▷ Cash Flow) zum Fonds ▷ Nettoumlaufvermögen und zeigt damit den Mittelzufluss aus dem Umsatzbereich (▷ Mittelflussrechnung).

Earnings per Share (EPS)

Earnings per Share *(EPS)* bedeutet ▷ Gewinn pro ▷ Aktie. Aufgrund der Vorschriften von ▷ Swiss GAAP FER, ▷ IFRS und ▷ US GAAP ist der Gewinn pro Aktie auf zwei Arten zu ermitteln:
- Für das *unverwässerte Ergebnis pro Aktie (Basic Earnings per Share)* wird der vergangene oder der zukünftig geschätzte Jahresgewinn (▷ Gewinn) durch den Durchschnitt der ausstehenden Aktien der Berichtsperiode dividiert.
- Für das *verwässerte Ergebnis pro Aktie (Diluted Earnings per Share)* werden auch die aus der vollständigen Ausübung von Wandel- und Optionsrechten (▷ Wandelanleihe, ▷ Optionsanleihe) künftig auszugebenden Aktien einberechnet. Damit wird die potenzielle ▷ Kapitalverwässerung durch die Ausgabe neuer Aktien berücksichtigt.

E-Banking
▷ Electronic Banking

EBIT
Abk. für ▷ Earnings Before Interest and Taxes

EBITDA
Abk. für ▷ Earnings Before Interest, Tax, Depreciation and Amortization

EBS
Abk. für Elektronische Börse Schweiz
▷ Schweizer Börse (SWX)

E-Business
▷ Electronic Business

Ecart
Als Ecart bezeichnet man die Spanne zwischen zwei Grössen, z.B. zwischen Geld- und ▷ Briefkurs, zwischen den Kursen alter und neuer Aktien oder zwischen den Kursen für ▷ Namen- und ▷ Inhaberaktien.

E-Commerce
▷ Electronic Commerce

Economic Value Added (EVA)
Der Economic Value Added *(EVA)* ist eine Finanzkennzahl zur Messung und Beurteilung der für den Aktionär erzielten Wertschöpfung. Sie lässt sich als *absolute* Kennzahl wie folgt berechnen:

> EVA = NOPLAT − IC · WACC
>
> NOPLAT: Net Operating Profit Less Adjusted Taxes, d.h. der um die Steuern adjustierte Betriebsgewinn; IC: (Invested) Capital, d.h. das gesamthaft in den operativen Prozessen gebundene Vermögen, unabhängig, ob es sich dabei um Eigen- oder Fremdkapital handelt; WACC: Weighted Average Cost of Capital, d.h. die Kosten des Eigen- und Fremdkapitals unter Berücksichtigung des Anteils des Eigen- und Fremdkapitals an der Bilanzsumme

Damit misst EVA die Wertschöpfung, die entsteht, wenn der um die Steuern adjustierte Betriebsgewinn (NOPLAT) die geforderte Verzinsung des investierten Kapitals (IC multipliziert mit WACC) übersteigt.

Als *relative* Kennzahl lautet die Formel:

> $$\text{EVA} = \frac{\text{NOPLAT}}{\text{IC}} - \text{WACC}$$
> $$= \text{ROIC} - \text{WACC}$$

Bei der relativen Kennzahl wird somit die aus dem korrigierten Betriebsgewinn resultierende Investitionsrendite *(Return on Invested Capital ROIC)* mit dem finanzierungsseitig relevanten Kapitalkostensatz *WACC* verglichen.

Als Besonderheit bei der Berechnung dieser Kennzahl ist zu erwähnen, dass Forschungs- und Entwicklungsausgaben aktiviert, d.h. als Investitionen betrachtet werden, und ebenso vorgenommene Goodwill-Abschreibungen rückgängig gemacht und zum Betriebsgewinn addiert werden. EVA wird häufig als Kennzahl zur Messung des ▷ Shareholder Value herangezogen.

Economies of Scale

Mit Economies of Scale *(Betriebsgrösseneffekt)* wird das empirisch nachweisbare Phänomen bezeichnet, dass die Stückkosten mit zunehmender Betriebsgrösse (▷ Betriebsgrössenvariation) sinken und damit die ▷ Wirtschaftlichkeit steigt. Ursachen dafür liegen im höheren Spezialisierungsgrad (▷ Scientific Management; ▷ Spezialisierung), der entweder zu niedrigeren variablen Stückkosten *(Stückkostendegression)* oder zur Verteilung der gesamten fixen Kosten auf eine grössere Menge führt. Beispiele für typische Kostensenkungspotenziale sind:

- Einkauf von *grossen Mengen,*
- Einsatz des *Fliessprinzips* in der Fertigung (▷ Fliessfertigung),
- bessere *Logistiksysteme* dank grösseren Absatzzahlen,
- *effizientere Lagerhaltung,*
- *Marktmacht* gegenüber Lieferanten.

Die Economies of Scale werden in der Praxis gemeinsam mit Erfahrungskurveneffekten (▷ Erfahrungskurve) als Argumente für die Notwendigkeit des Wachstums eines Unternehmens genannt. Allerdings lassen sich die Grössenvorteile keineswegs immer erzielen, weil der Wandel vom Anbieter- zum Nachfragermarkt zu einer Erhöhung der Produktvarianten und damit zu immer kleineren Losgrössen (▷ Fertigungslos) führt.

Economies of Scope

Economies of Scope *(Verbundvorteile)* liegen vor, wenn verschiedene Produkte von einem einzigen Unternehmen kostengünstiger produziert werden können als wenn jedes Produkt von einem einzelnen Unternehmen hergestellt und vermarktet wird. Das bedeutet, dass die vorhandenen ▷ Ressourcen und das Know-how zur Herstellung von mehreren Gütern gebraucht werden können, ohne dass die Nutzung für ein Produkt die Nutzung für andere Produkte ausschliesst (z.B. Grundlagenforschung, Distributionskanäle). Das Konzept der Economies of Scope weist im Gegensatz zum Konzept der ▷ Economies of Scale nicht auf Mengen-, sondern auf Diversifikationspotenziale hin (▷ Synergie), wobei die gesamte ▷ Wertkette betrachtet wird.

Economiesuisse

Economiesuisse ist ein breit abgestützter Dachverband von Schweizer Arbeitgeberorganisationen. Er wurde im Jahr 2000 gegründet als Zusammenschluss des *Schweizerischen Handels- und Industrievereins* (mit dem Exekutivorgan Vorort) und der *wf, Gesellschaft zur Förderung der schweizerischen Wirtschaft*. Economiesuisse vertritt die Mitglieder im politischen Prozess sowohl auf nationaler als auch auf internationaler Ebene. Schwerpunkte der wirtschaftspolitischen Lobbyarbeit sind dabei die Aussenwirtschaftspolitik, Finanz- und Steuerpolitik, Bildungs- und Forschungspolitik, Energie-, Umwelt- und Infrastrukturpolitik. Economiesuisse arbeitet eng mit dem *Schweizerischen Arbeitgeberverband* zusammen, der sich hauptsächlich mit Fragen der Arbeitsmarkt- und Sozialpolitik befasst.

ECR

Abk. für ▷ Efficient Consumer Response

ECU

ECU ist die Abkürzung für European Currency Unit (Europäische Währungseinheit) und gleichzeitig der Name einer alten französischen Münze. Der ECU ist der Vorläufer des ▷ Euros.

EDI

Abk. für ▷ Electronic Data Interchange

EDIFACT

Abk. für ▷ Electronic Data Interchange for Administration, Commerce and Transport

EDV

Abk. für ▷ Elektronische Datenverarbeitung

Effektivität

Unter Effektivität versteht man, dass die richtigen Dinge gemacht werden. Während die ▷ Effizienz von einer unternehmensinternen Betrachtung ausgeht und mit der ▷ Produktivität gemessen werden kann, ist die Effektivität das Resultat einer (externen) Marktbewertung. Zur Messung der Effektivität wird deshalb die ▷ Wirtschaftlichkeit herangezogen.

Efficient Consumer Response (ECR)

Unter Efficient Consumer Response *(ECR)* versteht man wörtlich eine effiziente Reaktion auf die Kundennachfrage. Einerseits ist ECR eine Philosophie, andererseits eine Methode zur effizienten Gestaltung der Wertschöpfungskette (kundenorientierte Prozesskette). Es ist ein ganzheitliches, branchenübergreifendes Konzept, bei dem alle Beteiligten von der Herstellung bis zum Endkunden zusammenarbeiten.
Das ECR-Konzept basiert auf zwei zentralen Säulen: Einerseits die Logistikseite (Supply-Side; Logistikoptimierung), andererseits die Marketingseite (Demand-Side; Optimierung der Marketingaktivitäten bzw. Planung und Steuerung von strategischen Sortimentseinheiten).
Beim ECR geht es um die Optimierung der gesamten Lieferkette (Wertschöpfungskette [▷ Wertkette]) zwischen Herstellern und Vertriebspartnern (interorganisatorische Kooperation) im Distributionskanal. ECR zielt v.a. auf die Optimierung und Automatisierung von Waren- und Informa-

tionsströmen unter der Voraussetzung des Austausches interner wie externer Daten aller Beteiligten ab.

Beim ECR stehen die Erkennung und Deckung des Kundenbedarfs, die Steigerung der Kundenzufriedenheit, Effizienzsteigerungen entlang der Wertschöpfungskette, die Gewinnung von Marktanteilen, die Optimierung der Logistikkette sowie Umsatzsteigerungen im Vordergrund.

ECR beinhaltet vier Basisstrategien: Auf der Logistikseite ▷ Efficient Replenishment, auf der Marketingseite ▷ Efficient Store Assortment, ▷ Efficient Promotion und ▷ Efficient Product Introduction (verschiedentlich finden sich diese drei Strategien auch unter dem Begriff ▷ Category Management).

Efficient Product Introduction (EPI)

Die Efficient Product Introduction *(EPI)* ist eine der vier Basisstrategien des ▷ Efficient Consumer Response (ECR). Sie bezieht sich auf die Marketingseite (Demand-Side) und umfasst die effiziente Produktneueinführung und -entwicklung von Hersteller und Handel. Durch eine effiziente Kooperation bei Neuprodukten (Entwicklung) soll die Floprate reduziert werden. Die gemeinsame Ausrichtung der verschiedenen Marketinginstrumente soll die Einführung neuer Produkte besser und effizienter gestalten sowie die damit verbundenen Kosten der Neueinführung reduzieren.

Efficient Promotion

Die Efficient Promotion *(EP)* ist eine der vier Basisstrategien des ▷ Efficient Consumer Response (ECR) und bezieht sich auf die Marketingseite (Demand-Side). Sie hat eine effiziente Verkaufsförderung (Abbau von Ineffizienzen bei der Verkaufsförderung) zum Ziel. Dabei werden die verschiedenen Aktivitäten von Hersteller und Handel koordiniert, um allgemein eine Steigerung der Effizienz und Effektivität von Aktionen, niedrige Warenbestände beim Lieferanten (niedrige Lagerkosten) und schnellere Reaktionsmöglichkeiten auf Kundenverhalten zu erreichen.

Efficient Replenishment

Das Efficient Replenishment *(ER)* ist eine der vier Basisstrategien des ▷ Efficient Consumer Response. Es bezieht sich auf die Angebotsseite (Supply-Side; Logistik) und bedeutet effiziente Nachlieferung bzw. effizienten Warennachschub (Auffüllen der Regale). Diese Strategie hat zum Ziel, den Kunden mit dem richtigen Produkt am richtigen Ort, zur richtigen Zeit, in der richtigen Menge, in der richtigen Qualität und zum richtigen Preis zu versorgen. Dabei sollen Ineffizienzen des Waren- und Informationsflusses entlang der Wertschöpfungskette bereinigt werden. Dies wiederum erfordert eine Zusammenarbeit zwischen Hersteller und Handel. Voraussetzung ist die Übermittlung von Lager- und Verkaufsdaten seitens des Handels, damit der Hersteller eine kontinuierliche Warenversorgung gewährleisten kann. Hauptkomponenten sind das ▷ Just-in-Time-Konzept, das automatische Bestellwesen mit dem Ziel geringer Warenverluste, Reduktion der Warenbestände und Vermeidung von Bestandeslücken.

Efficient Store Assortment (ESA)

Das Efficient Store Assortment *(ESA)* ist eine der vier Basisstrategien des ▷ Efficient Consumer Response (ECR). Es bezieht sich auf die Marketingseite (Demand-Side) und beabsichtigt eine Optimierung der Sortimente und Regalflächen (▷ Space Management) bzw. eine effiziente Sortimentsgestaltung zwischen Hersteller und

Handel. Ziel ist z.B. die Steigerung der Kundenzufriedenheit, der Flächenproduktivität, der Warenumschlagshäufigkeit.

Effizienz

1. Im betriebswirtschaftlichen Sinn bedeutet Effizienz, die Dinge richtig zu machen, d.h. möglichst kostengünstig. Im Vordergrund steht ein sparsamer Ressourceneinsatz. Die Effizienz wird mit der ▷ Produktivität gemessen. Im Gegensatz zur ▷ Effektivität sagt sie aber nichts über die ▷ Wirtschaftlichkeit aus.
2. Im volkswirtschaftlichen Sinn bedeutet Effizienz die Umsetzung des ▷ ökonomischen Prinzips. Effizienz kann immer nur *relativ* bestimmt werden und richtet sich auf das *Ergebnis* von Aktivitäten, Verfahren oder Regeln. So ist z.B. Verfahren A effizienter als Verfahren B, wenn durch A bei gegebenem Mitteleinsatz ein höheres Ziel (z.B. höherer Produktions-Output) erreicht werden kann, *oder* mit A ein gegebenes Ziel mit weniger Mitteleinsatz erreichbar ist als mit B. Neben diesem allgemeinen Konzept der Effizienz gibt es in der Ökonomie auch den Begriff der Pareto-Effizienz (▷ Pareto-Kriterium).

EFTPOS

Abk. für ▷ Electronic Funds Transfer at the Point of Sales

EG

Abk. für Europäische Gemeinschaft
▷ Europäische Union

Eidgenössische Bankenkommission

▷ Bankgeschäfte

Eigene Aktien

▷ Aktienrückkauf

Eigenfinanzierung

Unter Eigenfinanzierung versteht man die
▷ Beteiligungsfinanzierung und die
▷ Selbstfinanzierung. Im Gegensatz zur Fremdfinanzierung (▷ Kreditfinanzierung) handelt es sich um eine Finanzierung mit ▷ Eigenkapital, hauptsächlich in Form von Kapitaleinlagen der Eigentümer oder nicht ausgeschütteter Gewinne.
▷ Finanzierungsarten

Eigenfinanzierungsgrad

Der Eigenfinanzierungsgrad zeigt, wie gross der Anteil des ▷ Eigenkapitals am ▷ Gesamtkapital eines Unternehmen ist.

$$\text{Eigenfinanzierungsgrad} = \frac{\text{Eigenkapital}}{\text{Gesamtkapital}} \cdot 100$$

Je höher das unternehmerische Risiko ist, das eingegangen wird, umso höher sollte das Eigenkapital im Verhältnis zum Gesamtkapital sein. Dieser Grundsatz sollte gerade auch in prosperierenden Zeiten beachtet werden, in denen aufgrund tiefer Fremdkapitalzinsen Anreize bestehen, die ▷ Eigenkapitalrentabilität durch Senkung des Eigenfinanzierungsgrads zu erhöhen (▷ Leverage-Effekt). Die Höhe des notwendigen Eigenkapitals hängt zudem von der unternehmensspezifischen Vermögensstruktur ab (▷ Anlagedeckungsgrade).
In der schweizerischen Praxis ist der Eigenfinanzierungsgrad in den letzten 30 Jahren von durchschnittlich ca. 50–70% auf 20–35% zurückgegangen. Allerdings hängt die Höhe dieser Kennzahl wesentlich von der Branche ab. Weisen z.B. Banken einen Eigenfinanzierungsgrad von ca. 10–20% aus, so beträgt dieser bei anlagenintensiven Produktionsunternehmen meist ca. 30–40%.

Eigenkapital

Das Eigenkapital umfasst das Kapital, das dem Unternehmen von aussen durch die Eigentümer (▷ Beteiligungsfinanzierung) oder von innen durch das selbst erarbeitete Kapital (▷ Selbstfinanzierung) unbefristet bzw. bis zur Auflösung des Unternehmens zur Verfügung steht. Das tatsächliche Eigenkapital ist keine reale Grösse, sondern die rechnerische Differenz zwischen dem ▷ Vermögen (▷ Aktiven) und den Verbindlichkeiten (▷ Fremdkapital). Es ist demzufolge abhängig von der Bewertung der Aktiven und Passiven. In der Bilanz einer ▷ Aktiengesellschaft setzt sich das Eigenkapital aus dem einbezahlten (liberierten) sowie aus dem nicht einbezahlten ▷ Aktien- und ▷ Partizipationskapital, den ▷ Reserven (gesetzliche, statutarische, freiwillige) und dem Bilanzgewinn (▷ Gewinn) bzw. dem ▷ Gewinnvortrag zusammen. Nicht bilanzierungsfähig sind hingegen das *genehmigte (autorisierte)* und das *bedingte Kapital* (▷ Kapitalerhöhung).

Dem Eigenkapital kommen verschiedene Funktionen zu:

- Das Eigenkapital bildet die Basis zur Finanzierung des Unternehmensvermögens.
- Das Eigenkapital hat die aus der allgemeinen Unternehmenstätigkeit anfallenden Risiken zu tragen. Es soll Verluste auffangen und dem Gläubiger als Sicherheit dienen. Das Eigenkapital hat in diesem Sinn eine Existenzsicherungsfunktion.
- Bei ▷ Gesellschaften zeigt das Eigenkapital die Beteiligungs- und Haftungsverhältnisse auf und bildet die Grundlage für die Gewinnverteilung.
- Die Höhe des Eigenkapitals bestimmt die Kreditfähigkeit. Sie beeinflusst in starkem Mass auch das Finanzimage eines Unternehmens.
- Aus Sicht der Kapitalgeber dient das Eigenkapital dazu, ihr Vermögen in einem Unternehmen Ertrag bringend anzulegen.

Eigenkapitalrentabilität

Damit ein Unternehmen langfristig in der Lage ist, auf dem Markt als attraktive Geldanlagemöglichkeit in Betracht gezogen zu werden, ist eine angemessene Verzinsung des ▷ Eigenkapitals von grösster Bedeutung. Die Eigenkapitalrentabilität *(Return on Equity)* wird in der Praxis meist nach folgender Formel berechnet:

- $\text{Eigenkapitalrentabilität}_{netto} = \dfrac{\text{Jahresgewinn}}{\text{ø Eigenkapital der Periode}} \cdot 100$

- $\text{Eigenkapitalrentabilität}_{brutto} = \dfrac{\text{Jahresgewinn + EK-Zinsen}}{\text{ø Eigenkapital der Periode}} \cdot 100$

Die Rentabilität hängt bei konstantem Eigenkapital direkt von der Höhe der ▷ Gesamtkapitalrentabilität im Vergleich zu den Fremdkapitalzinsen sowie dem Eigenkapitalanteil am Gesamtkapital ab (▷ Leverage-Effekt).

Die Güte der Eigenkapitalrentabilität misst sich einerseits am Branchendurchschnitt, andererseits an alternativen Anlagemöglichkeiten unter Berücksichtigung des unternehmerischen Risikos. Neben dem risikofreien Zinssatz für Kapitalanlagen erwarten die Eigenkapitalgeber einen Zuschlag, der als Entschädigung für das eingegangene Risiko betrachtet wird. Diese Risikoprämie variiert je nach Unternehmen und ist von verschiedenen Faktoren (z. B. Branche, Konkurrenzverhältnisse, Gewinnschwankungen, Umwelteinflüsse usw.) abhängig.

Eigenmarke
Syn. für ▷ Handelsmarke

Eigenwechsel
▷ Wechsel

Eignungstest
Eignungstests sind schriftliche oder mündliche Prüfungen, um das Wissen und die Fähigkeiten einer Person zu erfassen. Sie finden Anwendung, wenn die Eignung von Bewerbern für eine Aufgabe oder Stelle abzuklären ist.
▷ Assessment Center

Einfache Gesellschaft
Eine einfache Gesellschaft ist die vertragliche Verbindung von zwei oder mehreren Personen zur Erreichung eines gemeinsamen Zweckes mit gemeinsamen Kräften oder Mitteln (Art. 530 Abs. 1 OR). Sie ist die allgemeinste Form einer Personenvereinigung, die immer dann zur Anwendung kommt, «sofern dabei nicht die Voraussetzungen einer anderen durch das Gesetz geordneten Gesellschaft zutreffen» (Art. 530 Abs. 2 OR). Die rechtlichen Anforderungen sollten deshalb so einfach wie möglich sein und hauptsächlich ▷ dispositives Recht enthalten. Diese sehr freie gesetzliche Ordnung hat zur Folge, dass diese Gesellschaftsform nicht verwendet werden darf, wo grössere wirtschaftliche Risiken eingegangen werden können, nämlich bei der Führung eines ▷ kaufmännischen Unternehmens. Die einfache Gesellschaft wird vielfach nur vorübergehend zur Abwicklung einzelner Geschäfte verwendet. Eine spezielle Form der einfachen Gesellschaft ist die ▷ stille Gesellschaft.

Einführungsinterview
Einführungsinterviews *(Vorstellungsgespräche)* dienen im Rahmen der ▷ Personalauswahl einem ersten Informationsaustausch und einer Vorselektion. Sie haben zum Ziel, den Bewerbern einen Einblick ins Unternehmen zu geben, die Anforderungen zu präzisieren und die zukünftigen Aufgaben vorzustellen. Dies ermöglicht den Bewerbern zu entscheiden, ob sie ihre Bewerbung weiter aufrechterhalten oder zurückziehen sollen. In einem solchen Gespräch ist es dem Unternehmen möglich, den aus den schriftlichen Bewerbungsunterlagen gewonnenen Eindruck zu überprüfen und einen Einblick in die aktuelle Situation der Bewerber zu erhalten. Da die Einstellung eines Mitarbeitenden oft mit erheblichen Kosten verbunden ist, bedienen sich grosse Unternehmen verschiedener Hilfsmittel, z.B. ▷ Assessment Center oder Einstellungstests, zur Absicherung ihrer Einstellungsentscheidung. Falls die Beurteilung für beide Seiten positiv ausfällt, findet als nächste Stufe des Bewerbungsvorgangs das ▷ Einstellungsinterview statt.

Einheit der Auftragserteilung, Prinzip der
▷ Einliniensystem

Einheit des Auftragsempfangs, Prinzip der
▷ Einliniensystem

Einheitstheorie
▷ Vollkonsolidierung

Einkaufsteam
Syn. für ▷ Buying Center

Einkaufszentrum
▷ Einzelhandelsformen

Einkommen

Die primären Empfänger von Einkommen – im volkswirtschaftlichen Sinn – sind die privaten Haushalte. Diese tauschen die in ihrem Besitz befindlichen ▷ Produktionsfaktoren auf den ▷ Faktormärkten gegen Arbeitseinkommen (Löhne und Gehälter), Kapitaleinkommen (in Form von Zinsen, Dividenden als Entgelt für ▷ Kapitalleistungen) und Bodenrenten (Bodenzins). Im Rahmen der volkswirtschaftlichen Gesamtrechnung (früher: Nationale Buchhaltung) versteht man unter dem Einkommen der Unternehmen die unverteilten Gewinne der Unternehmen.

Das *verfügbare Einkommen* der privaten Haushalte berechnet sich aufgrund des am Faktormarkt erzielten Einkommens, *abzüglich* der an den Staat fliessenden finanziellen Leistungen (Steuern, Abgaben, Sozialversicherungsbeiträge usw.) und *zuzüglich* der vom Staat erhaltenen Leistungen (Renten, Arbeitslosenunterstützung, Beihilfen usw.). Für die effektive ▷ Kaufkraft der Konsumenten ist das verfügbare Einkommen abzüglich des Sparanteils massgeblich.

Einkommenselastizität

▷ Elastizität

Einkommensverteilung

Die Verteilung der ▷ Einkommen in einer Volkswirtschaft kann nach verschiedenen Aspekten untersucht werden. Unter *primärer* Einkommensverteilung versteht man diejenige Verteilung des ▷ Volkseinkommens, die sich direkt aus dem Produktionsprozess ergibt, ohne dass der Staat in die Verteilung eingreift. Die *sekundäre* Einkommensverteilung ergibt sich *nach* staatlicher Umverteilung (▷ Staatsaufgaben) aufgrund der Verteilung der verfügbaren ▷ Einkommen. Die *funktionale* Einkommensverteilung zeigt die Verteilung der Einkommen auf die ▷ Produktionsfaktoren, während die *personale* Einkommensverteilung die Verteilung der Einkommen auf die Wirtschaftssubjekte oder Gruppen von Wirtschaftssubjekten wiedergibt.

Die personale Einkommensverteilung wird üblicherweise anhand der *Lorenzkurve* dargestellt. Diese zeigt die prozentuale Verteilung der Einkommen auf die Haushalte. ▶ Abb. 48 zeigt z.B., dass 60% der Haushalte *vor* staatlicher Umverteilung etwa 20% der Einkommen einer Volkswirtschaft erhalten, während diese *nach* Umverteilung 40% bekommen. Anhand der Lorenzkurve kann also auch die Wirkung staatlicher Umverteilung gezeigt werden. Die *theoretische* Gleichverteilung der Einkommen (45°-Linie in ▶ Abb. 48) ist in der Praxis kaum erreichbar, weil dazu so starke Umverteilungsmassnahmen (v.a. sehr progressive Steuern) nötig wären, dass der Leistungsanreiz der Wirtschaftssubjekte stark gemindert würde (wodurch die gesamten Einkommen stark sinken) oder dass die Wirtschaftssubjekte abwan-

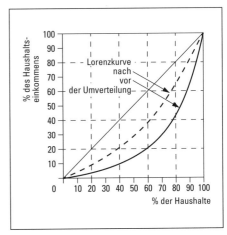

▲ Abb. 48 Lorenzkurven der Einkommensverteilung (Basseler et al. 1995, S. 676)

dern würden (was beides zu einem Verlust an wirtschaftlichem Output führen würde).

Einliniensystem

Das Einliniensystem beruht auf dem organisatorischen Prinzip, dass jede Stelle nur eine einzige vorgesetzte Stelle (Instanz) hat, von der sie Anordnungen erhält oder der gegenüber sie rechenschaftspflichtig ist (▶ Abb. 49). Man spricht deshalb vom Prinzip der *Einheit der Auftragserteilung* bzw. vom Prinzip der *Einheit des Auftragsempfangs*. Beim idealtypischen Einliniensystem (▷ administrativer Organisationsansatz) umfassen die Verbindungswege sowohl Entscheidungs- als auch Mitteilungswege (▷ Kommunikationsweg) und entsprechen somit dem formalen ▷ Dienstweg. Eine solche absolute Regelung aller Kommunikationsbeziehungen ist in vielen Fällen nicht sinnvoll. Deshalb werden Querverbindungen *(Fayol'sche Brücke)* zugelassen. Diese verbinden Stellen auf gleicher hierarchischer Ebene (Instanzen) miteinander, sind aber ausschliesslich Mitteilungswege. Vorteile des Einliniensystems sind eine straffe Regelung der Kommunikationsbeziehungen, Klarheit und Übersichtlichkeit, Einfachheit sowie klare Abgrenzung von Kompetenzen und Verantwortung. Nachteile sind Starrheit, Länge und Umständlichkeit der formalen Dienstwege sowie eine starke Belastung der Zwischeninstanzen.

Einmannaktiengesellschaft

Einmannaktiengesellschaften sind ▷ Aktiengesellschaften, bei denen eine einzelne Person sämtliche Aktien auf sich vereinigt.

Einnahmen

Als Einnahmen bezeichnet man alle Zunahmen der ▷ liquiden Mittel während einer Betrachtungsperiode. Im Gegensatz zu den ▷ Einzahlungen werden bei den Einnahmen Gutschriften (▷ Debitoren) und Verpflichtungen (▷ Kreditoren) aus dem Verkaufsumsatz einbezogen. Beispiele: Verkauf von Waren und Dienstleistungen gegen Rechnung, Aufnahme eines Darlehens, Umwandlung eines Lieferantenkredits in ein Darlehen.
▷ Einzahlungen

Einstandspreis

▷ Beschaffungskosten

Einstandswert

Syn. für ▷ Anschaffungskosten
▷ Warenaufwand

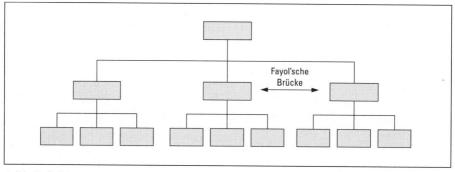

▲ Abb. 49 Einliniensystem

Einstellungsinterview

Das Einstellungsinterview (Einstellungsgespräch) dient im Rahmen der ▷ Personalauswahl dazu, die aus den Bewerbungsunterlagen, den ▷ Einführungsinterviews und den ▷ Eignungstests gewonnenen Informationen zu ergänzen. Zudem tritt man in die erste Phase des Verhandlungsprozesses über die Beitrags- und Anreizstrukturen wie Lohn-, Arbeitszeit- und Ferienzeitfestlegungen.

Einstellungsstopp

Syn. für ▷ Personalstopp

Einstellungstest

▷ Personalauswahl

Einzahlungen

Als Einzahlungen bezeichnet man Zuflüsse an ▷ liquiden Mitteln (Zahlungsmitteln) während einer Betrachtungsperiode. Beispiele: Bareinlagen des Geschäftsinhabers in die Kasse, Aufnahme eines Barkredits, Barverkauf von Gütern oder Dienstleistungen, Zahlungseingang eines Debitors auf das Bankkonto.
▷ Einnahmen

Einzelarbeitsvertrag

Einzelarbeitsverträge *(Einzelvertrag)* (Art. 319ff. OR) sind Vereinbarungen zwischen Arbeitnehmer und Arbeitgeber. Es handelt sich im Gegensatz zu den ▷ Gesamtarbeitsverträgen um Verträge, bei denen die meisten Anstellungsbedingungen im Rahmen der gesetzlichen Möglichkeiten (Arbeitsgesetz) frei ausgehandelt werden können.

Einzelfertigung

Die Einzelfertigung ist ein ▷ Fertigungstyp, bei dem von einem Produkt nur eine *einzige* Einheit angefertigt wird. Ein Unternehmen mit Einzelfertigung arbeitet i.d.R. *auftrags*bezogen und geht auf die individuellen Kundenwünsche ein. Beispiele sind die Baubranche oder der Grossmaschinenbau.

Einzelhandel

Der Einzelhandel *(Detailhandel)* übernimmt sämtliche Aktivitäten, die beim Verkauf von Gütern und ▷ Dienstleistungen an den Endverbraucher anfallen. Der Einzelhandel kauft als ▷ Absatzmittler Waren ein und verkauft diese i.d.R. ohne zusätzliche Bearbeitung an den Endkunden. Damit handelt es sich wie beim ▷ Grosshandel um einen indirekten ▷ Absatzweg. Im Einzelhandel haben sich eine ganze Reihe von Formen (▷ Einzelhandelsformen) herausgebildet.

Einzelhandelsformen

Eine Systematisierung der Formen des Einzelhandels kann anhand der drei Kriterien Sortiment, Preis und Verkaufsort vorgenommen werden.
1. Nach dem Sortiment lassen sich folgende Formen unterscheiden:
- *Spezialgeschäfte* mit einem sehr engen Sortiment.
- *Fachgeschäfte* bieten zusätzlich Beratung an.
- *Warenhäuser* liegen meist im Stadtzentrum und bieten ein breites und tiefes Warensortiment an.
- *Supermärkte* bieten Artikel des täglichen Bedarfs im Lebensmittel- und Non-Food-Bereich zu tiefen Preisen an. Typisch ist das Selbstbedienungsprinzip.
- *Einkaufszentren (Shopping Center)* sind eine Standort-Kooperation mehrerer unabhängiger Einzelhandelsunternehmen. Eine Verwaltungsgesellschaft baut das Zentrum und vermietet die Räumlichkeiten an die unabhängigen Unternehmen.

- *Gemischtwarengeschäfte* sind die typischen Läden, die Waren verschiedener Branchen ohne grosse Auswahlmöglichkeiten anbieten. Sie sind vorwiegend in ländlichen Gebieten oder in Aussenquartieren von Städten zu finden.

2. Nach der Preisbetonung lassen sich folgende Formen unterscheiden:
- *Discount-Geschäfte* verkaufen an «Low Cost»-Standorten («Low Cost Place») in einfacher funktionaler Atmosphäre Markenartikel. Das Sortiment ist nach dem Gesichtspunkt des raschen Lagerumschlags zusammengestellt. Sie bieten wenig Serviceleistungen, aber tiefe Preise.
- Beim *Lagerhausverkauf* erbringt der Kunde einen grossen Teil der Distributionsleistungen selber, kann dafür aus einem grossen Sortiment auswählen. Diese Form hat sich v.a. beim Verkauf von Möbeln und Gartenartikeln durchgesetzt.
- *Katalog-Schauraum (Catalog Showroom):* In speziell dafür vorgesehenen Verkaufsabteilungen oder in eigens dafür konzipierten Geschäften kann der Kunde nach Katalog oder anhand von Einzelmustern seine Bestellung aufgeben und erhält die Ware (z.B. Gepäckstücke, Kameraausrüstungen oder Elektrowaren) entweder zugestellt oder ab Lager ausgehändigt. Die Verkaufspreise sind relativ tief, bedingt durch die vergleichsweise geringen Personal-, Service- und Verlustkosten.
- *Boutiquen* sind kleinere Fachgeschäfte mit stark zielgruppenorientierter Laden- und Sortimentsgestaltung und i.d.R. eher hohem Preisniveau.
- *Fachmärkte* sind eine Weiterentwicklung des Konzepts der Fachgeschäfte. Sie bieten ein branchenspezifisches, tiefes und breites Sortiment nach dem Selbstbedienungsprinzip an und sind deshalb preislich günstig.
- *Duty-free Shops* sind Geschäfte, in denen die Artikel ohne Zölle und andere Einfuhrabgaben erhältlich sind.

3. Nach dem Ort des Verkaufs lassen sich folgende Formen unterscheiden:
- *Märkte* im ursprünglichen Sinn, die in einem regelmässigen zeitlichen Turnus stattfinden und v.a. frische Lebensmittel anbieten.
- Beim *Telefonverkauf* (▷ Telefonmarketing) wird der Kunde über das Telefon angesprochen.
- Im *Versandhandel* erfolgt das Angebot i.d.R. schriftlich, die Bestellung schriftlich (Post) oder mündlich (Telefon). Traditionellerweise wird mit Katalogen und Prospekten gearbeitet, doch wird heute ein nicht unerheblicher Teil des Umsatzes über Video- bzw. Bildschirmtext-Systeme erzielt (▷ Teleshopping, ▷ Electronic Shopping, ▷ Internet).
- *Automatenverkauf:* Diese vollmechanisierte Form des Absatzes bietet den Vorteil des 24-Stunden-Betriebs. Ihre Grenze liegt in der Grösse und Verderblichkeit bestimmter Produkte sowie in der Störanfälligkeit der Automaten.
- Der *Hausierer* ist eine sehr alte Form des persönlichen Verkaufs im Konsumgüterbereich und ist heute kaum noch anzutreffen.
- *«Tupperware-Party»:* Eine Person lädt Bekannte und andere Interessierte ein, denen Tupperware- oder andere Produkte (z.B. Pfannen, Kosmetik) präsentiert und verkauft werden.
- Das ▷ *Teleshopping* bezeichnet den Einkauf aufgrund von Anreizen, die über das Fernsehen vermittelt werden. Die Einkäufe werden telefonisch getätigt.

In der Praxis lassen sich diese Formen des Einzelhandels nicht immer eindeutig nach den drei Kriterien Sortiment, Preis und Verkaufsort einordnen. Oft treffen zwei oder drei Kriterien gleichzeitig zu (z.B. ist das Möbelhaus Ikea ein Fachgeschäft, doch zeichnet es sich auch durch tiefe Preise und teilweise durch Verkauf ab Lager aus). Dies kann insbesondere auch bei neuen Formen des Einzelhandels wie ▷ Factory Outlets, ▷ Convenience Stores und ▷ Verbrauchermärkten beobachtet werden.

Einzelkosten
Einzelkosten oder *direkte Kosten* können im Rahmen der ▷ Betriebsbuchhaltung eindeutig einem einzelnen Produkt (= ▷ Kostenträger) zugerechnet werden. Es besteht eine kausale Beziehung zwischen der Entstehung eines Produkts und dem Verbrauch von Gütern und Dienstleistungen, die direkt gemessen werden kann (z.B. Materialkosten).

Einzelteil
Syn. für ▷ Teil

Einzelunternehmen
Das Einzelunternehmen ist dadurch charakterisiert, dass eine einzelne Person Eigentümerin ist, die Kapital und Leitung dem Unternehmen zur Verfügung stellt. Rechtlich gesehen handelt es sich bei dieser Person um einen ▷ Kaufmann.
▷ Rechtsform

Einzelvertrag
Syn. für ▷ Einzelarbeitsvertrag
▷ Normalarbeitsvertrag

EIS
Abk. für Executive Information System
▷ Managementinformationssystem

Eisenhower-Tableau
Syn. für ▷ Prioritätenmatrix

Eiserner Bestand
Der eiserne Bestand bezeichnet den Sicherheitsbestand in der ▷ Lagerhaltung.

Elastizität
Die Elastizität charakterisiert die Beziehung zwischen den Veränderungen zweier Grössen, z.B. zwischen der Nachfrage nach einem Gut und seinem Preis (*Preiselastizität* der Nachfrage) (▶ Abb. 50).

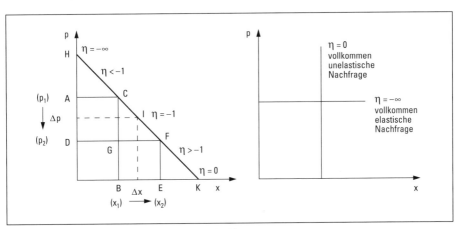

▲ Abb. 50 Preis-Absatzfunktion und Preiselastizität der Nachfrage

Eine hohe Preiselastizität liegt vor, wenn sich eine kleine Preisänderung stark auf die Nachfrage auswirkt. In einem freien Markt ist eine hohe Preiselastizität die Regel, jedoch gibt es auch schlecht substituierbare Güter, z.B. Grundnahrungsmittel (Butter, Brot), deren Nachfrage relativ unabhängig von Preisschwankungen ist. Preiselastizitäten können auch für das Angebot berechnet werden (Preiselastizität des Angebots).
Neben der Preiselastizität wird v.a. die Beziehung zwischen Einkommensveränderungen und Nachfrage untersucht (*Einkommenselastizität der Nachfrage*). Die Einkommenselastizität eines Guts entscheidet über die Entwicklung der Nachfrage nach dem Gut und somit über die wirtschaftliche Zukunft des Herstellers. Während bei Agrarprodukten die Einkommenselastizität < 1 ist, diese also mit steigendem Einkommen an Bedeutung verlieren, gewinnen Industrieprodukte und Dienstleistungen zusätzliche Anteile am Gesamtkonsum (Einkommenselastizität > 1). Güter mit negativer Einkommenselastizität werden inferiore Güter genannt.
Die Preis- und Einkommenselastizität der Nachfrage berechnet sich nach den beiden folgenden Formeln:

- Preiselastizität der Nachfrage =

$$e_{p_i, x_i} = \frac{dx_i}{x_i} : \frac{dp_i}{p_i} = \frac{dx_i}{dp_i} \cdot \frac{p_i}{x_i}$$

- Einkommenselastizität der Nachfrage =

$$e_{y, x_i} = \frac{dx_i}{x_i} : \frac{dy}{y} = \frac{dx_i}{dy} \cdot \frac{y}{x_i}$$

x_i: Absatzmenge des Guts i; p_i: Absatzpreis des Guts i; y: Einkommen

E-Learning
▷ Electronic Learning

Electronic Banking
Als Electronic Banking *(E-Banking)* bezeichnet man das Erledigen aller Arten von Bankgeschäften auf elektronischem Wege (online) durch den Bankkunden selber. Nicht nur Online-Wertschriftenhandel fällt unter das E-Banking, sondern auch das Erledigen von Einzahlungen, das Terminieren von Daueraufträgen, das Abrufen des Kontenstands, das Verschieben von Geld von einem Konto auf ein anderes, das Verschaffen des Überblicks über die letzten Kontobewegungen usw., das alles während 24 Stunden am Tag. Electronic Banking findet statt an Kundenselbstbedienungsautomaten (Bancomat, Contomat), über das Internet oder durch beleglosen Datenträgeraustausch.

Electronic Business
Electronic Business *(E-Business)* ist jener Teil der allgemeinen Unternehmensstrategie, der neue Geschäftsmodelle entwickelt, in deren Mittelpunkt die Realisierung von E-Commerce-Anwendungen (▷ Electronic Commerce) steht. Unternehmerische Kommunikations- und Geschäftsprozesse werden auf elektronischem Weg unter Einsatz neuer Medien wie ▷ Internet, ▷ Intranet und Extranet abgewickelt. Vielfach wird der Begriff E-Business auch synonym zum Begriff E-Commerce verwendet.

Electronic Cash
Syn. für ▷ Point-of-Sales Banking

Electronic Commerce
Unter Electronic Commerce *(E-Commerce)* versteht man einerseits den Verkauf

von Produkten und Dienstleistungen über das Internet, andererseits die Bereitstellung von Angeboten, die Abwicklung von Bestellungen, die Bezahlung, das Einholen von Informationen usw. via Internet.
▷ World Wide Web

Electronic Data Interchange (EDI)

Unter Electronic Data Interchange *(EDI)* ist der elektronische (papierlose) Austausch von Dokumenten (z.B. Texte, Bilder, Grafiken) unter Verwendung strukturierter, standardisierter Übertragungsformate zu verstehen. Der elektronische (digitale) Transfer ermöglicht einen kostengünstigen und raschen sowie präzisen Austausch standardisierbarer Informationen zur Erledigung routinemässiger Interaktionen zwischen Geschäftspartnern. Der elektronische Austausch von Dokumenten wird zumeist über Netzwerke (Internet) und daran angeschlossene Terminals (Computer) abgewickelt.

Electronic Data Interchange for Administration, Commerce and Transport (EDIFACT)

EDIFACT (eigentlich: UN/EDIFACT) ist ein von der Uno geschaffener Standard für den hardware- und softwareunabhängigen Austausch von Daten (z.B. Preislisten, Bestellungen, Rechnungen) zwischen Geschäftspartnern. Dadurch soll die Übermittlung von Transaktionsdaten schneller und zuverlässiger (d.h. fehlerfreier) werden. Auch im Austausch mit Behörden kann EDIFACT eingesetzt werden: Statt z.B. die Zolldokumente als Formulare einzureichen, können die Spezifikationen eines Transports elektronisch an die Zollbehörde übermittelt werden.
▷ Electronic Data Interchange

Electronic Funds Transfer at the Point of Sales (EFTPOS)

In Geschäften, die über *EFTPOS-Geräte* und -Anschluss verfügen, kann der Kunde seine Einkäufe bargeldlos (z.B. ec-direct-Karte, Postcard) bezahlen. Damit soll eine Rationalisierung beim Kassenverkehr, eine Reduzierung des Bargeld-Handlings mit hohen Bargeld-Kassenbeständen (Sicherheitsaspekt) sowie vermehrte Flexibilität und grössere Bequemlichkeit zugunsten der Kunden erreicht werden.

Electronic Learning

Electronic Learning *(E-Learning)* ist der Oberbegriff für jegliche Formen elektronisch gestützten Lernens. Dazu gehören *Computer-Based Training (CBT)*, *Computer-Assisted Learning (CAL)* und auf Intra- und Internet-Technologie basierende Lernformen des *Web-Based Training (WBT)*.

Electronic Mail

Unter Electronic Mail *(E-Mail,* elektronische Post) versteht man den Austausch von Daten und Informationen mittels Computern über Internet, Firmennetzwerke oder andere öffentliche und private Telekommunikationsnetze. Im Gegensatz zum Briefverkehr benützen die zwei «Brief-» Partner kein Papier, sondern verschicken ihre Botschaften zwischen zwei elektronischen Briefkästen (Mailbox). Um E-Mail versenden und empfangen zu können, benötigt man einen Computer, ein Modem und die Zugangsberechtigung zu einem Computer-Netzwerk. Der Vorteil der E-Mail gegenüber der Briefpost ist die extreme Schnelligkeit. Gegenüber einem Telefongespräch besteht der Vorteil darin, dass der Empfänger nicht gestört wird, sondern selbst bestimmen kann, wann er empfangene Nachrichten liest.

Electronic Procurement

Electronic Procurement *(E-Procurement)* bezeichnet die Nutzung nationaler oder globaler elektronischer Marktplätze zur Optimierung des Beschaffungswesens in einem Unternehmen. Das Ziel einer E-Procurement-Strategie ist das Ausnützen optimaler Losgrössen (▷ Losgrösse, optimale) und Beschaffungskonditionen, das Management des Beschaffungsrisikos, die Minimierung von Lager-haltungskosten und die Unterstützung einer optimalen Anzahl von Lieferanten.
▷ Supplier Relationship Management
▷ Business-to-Business

Electronic Shopping

Electronic Shopping *(Online-Shopping)* ist ein Teilbereich des ▷ Electronic Commerce und bedeutet den Verkauf von Waren und Dienstleistungen an Endkunden via Internet.

Elektronische Börse Schweiz (EBS)
▷ Schweizer Börse (SWX)

Elektronische Datenverarbeitung (EDV)

Elektronische Datenverarbeitung *(EDV)* ist die traditionelle Bezeichnung für alle computerunterstützte Verarbeitung und Speicherung von Daten. Dazu zählen sämtliche Hardware, Software und Netzwerkeinrichtungen. Der Begriff wird immer mehr durch den der ▷ Informationsverarbeitung abgelöst, der dem erweiterten Aufgabenbereich und der Tatsache, dass immer vielfältigere Datentypen verarbeitet werden, eher gerecht wird.

Elektronisches Portemonnaie

Das elektronische Portemonnaie ist eine Plastikkarte, die mit einem Chip versehen ist und am Bancomaten mit einem Betrag zulasten eines Kontos des Konteninhabers aufladbar ist. Die im Chip gespeicherte Geldsumme kann jederzeit über einen Bancomaten wieder auf das persönliche Bankkonto zurücktransferiert werden.
Das elektronische Portemonnaie ermöglicht den bargeldlosen Zahlungsverkehr. Beim Zahlungsvorgang schiebt der Kunde die Karte in ein Terminal, dem Besitzer des Geräts wird der Betrag gutgeschrieben.
Sowohl für die Karteninhaber als auch für die Banken ergeben sich Vorteile. Letztere versprechen sich insbesondere Kosteneinsparungen, weil der Personalaufwand für das Bargeld-Handling und die Sicherheitsvorkehrungen gesenkt werden können. Für den Karteninhaber ist der Vorteil verbunden, jederzeit auch kleinste Beträge bargeldlos mit der Karte bezahlen zu können. Da der auf den Chip geladene Geldbetrag jedoch beim Einkauf durch das blosse Einschieben der Karte in einen Terminal und Bestätigen (ohne Sicherheitscode) des Betrags um die Kaufsumme reduziert wird, geht mit dem Verlust der Karte auch der Restbetrag auf dem Chip verloren. Der Rationalisierungsersparnis der Banken und der gesteigerten Flexibilität des Karteninhabers steht das Sicherheitsrisiko um den Restbetrag auf dem Chip gegenüber, welcher durch den Besitzer der Karte jederzeit und ohne sich identifizieren zu müssen durch Warenkäufe gelöscht werden kann.

Elementaraufgabe
▷ Aufgabenanalyse

E-Mail
▷ Electronic Mail

Emanzipation

Die Emanzipation ist im Rahmen der Produktionsmengenplanung eine Methode zur Anpassung der Produktion an saisonale

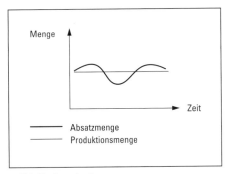

▲ Abb. 51 Emanzipation

Absatzschwankungen. Die produzierte Menge wird konstant gehalten, sodass ein ständiger Lagerauf- und -abbau stattfindet (◄ Abb. 51). Die Kapazitätsauslastung ist hoch, es entstehen aber hohe Lagerbestände und demzufolge hohe ▷ Lagerkosten.
▷ Eskalation
▷ Synchronisation

Emergenz
Emergenz ist eine Charakteristik von ▷ Systemen, neue Eigenschaften zu entwickeln. Diese können nicht aus den bekannten Eigenschaften der Komponenten des Systems abgeleitet werden, sondern beruhen auf der Struktur der Kopplung dieser Komponenten.

Emerging Markets
Als Emerging Markets werden Länder bezeichnet, deren Volkswirtschaft sich auf dem Weg vom Entwicklungsland zu einer Industrienation befindet. Diese Volkswirtschaften zeichnen sich durch hohen Investitionsbedarf, grosses Arbeitspotenzial und tiefe Lebenshaltungskosten aus. Beispiele sind Nationen in Südostasien, Lateinamerika und Osteuropa.

Emission
Unter einer Emission ist die Ausgabe von neuen Wertpapieren am Kapitalmarkt zu verstehen. Die ▷ Aktien oder ▷ Obligationen werden potenziellen Käufern über eine Bank oder ein Bankenkonsortium, über Inserate oder direkte Ansprache angeboten. Für den Anleger ist der Erwerb von Wertpapieren aus einer Emission frei von Börsenabgaben, wodurch sich der Kauf verbilligt.
Von entscheidender Bedeutung für eine erfolgreiche Platzierung ist die Festlegung des Emissionskurses (▷ Ausgabekurs). Neben der Einhaltung der rechtlichen Vorschriften gilt es, weitere Faktoren (z.B. Aufnahmebereitschaft des Markts, Bilanzwert je Aktie, Börsenkurs, stille Reserven, Steuern) zu beachten.
Herrscht an der Börse eine positive Stimmung, so kann oft beobachtet werden, dass der Börsenkurs bereits in den ersten Tagen nach der Börseneinführung deutlich über dem Emissionskurs liegt. Allerdings kann dies auch darauf hindeuten, dass das Unternehmen den Emissionskurs zu tief angesetzt hat.
▷ Kapitalerhöhung
▷ Agio
▷ Disagio

Emissionen
Unter Emissionen versteht man den an der Quelle (Entstehungsort) gemessenen Ausstoss von Schadstoffen (z.B. die am Auspuffrohr eines Fahrzeugs gemessenen Abgase; ▷ externe Effekte). Von den Emissionen sind die daraus entstehenden Wirkungen auf die Umwelt (▷ Immission) zu unterscheiden.

Emissionsagio
▷ Agio

Emissionskurs
Syn. für ▷ Ausgabekurs

Emissionspreis
Syn. für ▷ Ausgabekurs

Empowerment
Unter Empowerment *(Ermächtigung)* versteht man die Erhöhung des Handlungsspielraums eines Mitarbeitenden. Es umfasst alle Massnahmen, die den Mitarbeitenden ermächtigen, im Unternehmen persönliche Verantwortung für die Zielerreichung des Gesamtunternehmens und für die dazu notwendigen organisatorischen und sozialen Prozesse zu übernehmen. Die Einführung von Empowerment bedingt gleichzeitig strukturelle und kulturelle Veränderungen.

EN
Abk. für ▷ Europäische Norm

End-of-the-Pipe-Lösung
▷ Umweltpolitik
▷ Vorsorgeprinzip

Energiebilanz
▷ Stoff- und Energiebilanz

Enterprise Application Integration (EAI)
Enterprise Application Integration *(EAI)* nennt man die Integration der im Unternehmen verwendeten Systeme mit dem Ziel, durchgängige Geschäftsprozesse optimal zu unterstützen. EAI-Applikationen sind plattformübergreifend, unterstützen mehrere Programmiersprachen, verwenden offene Standards und verknüpfen die einzelnen Komponenten der Applikation über eine einheitliche Schnittstelle.
▷ Middleware
▷ Application Services

Enterprise Resource Planning (ERP)
Enterprise Resource Planning *(ERP)* ist die integrierte softwareunterstützte Planung aller dem Unternehmen zur Verfügung stehenden Ressourcen (Kapital, Mitarbeitende, Zeit). Ziel ist die optimale Nutzung sämtlicher Ressourcen, die Realisierung aller Kosteneinsparungspotenziale und die Standardisierung aller operativen Prozesse.

Entgelt
Unter Entgelt ist der monetäre Bestandteil des ▷ Lohns zu verstehen.

Entgeltpolitik
Die Entgeltpolitik *(Lohnpolitik)* ist Teil der betrieblichen Personalpolitik. Es geht dabei um Grundsätze und Methoden der Entlohnung von Mitarbeitenden. Die Entgeltpolitik dient einerseits als ▷ Motivation und Anreiz der Beschäftigten, andererseits beeinflusst sie auch den Leistungswillen der Mitarbeitenden. Es sollte der Grundsatz «gleicher Lohn für gleiche Leistung» gelten. Höhere Anforderungen und höhere Verantwortung sind mit steigender Entlohnung (Anreiz) verbunden. Bezüglich der Vergütung sollte Transparenz herrschen.

Entity-Konzept
▷ Discounted-Cash-Flow-Methode (DCF)

Entlassung
▷ Kündigung

Entlohnungssystem
Das Entlohnungssystem bestimmt die Lohnhöhe und die Lohnzusammensetzung aus Grundlohn (▷ Lohnform), Leistungslohn (▷ Mitarbeiterbeteiligung) sowie ▷ Sozialleistungen.
Entlohnungssysteme von Führungskräften enthalten neben dem Grundlohn oft er-

Entrepreneur
▷ Intrapreneurship

Entscheidung
Unter einer *Entscheidung i.e.S.* versteht man die Wahl derjenigen Handlungsalternative (-variante), die der Entscheidungsträger zur Realisierung eines Zieles am besten findet.
Unter einer *Entscheidung i.w.S.* ist nicht nur der eigentliche Entscheidungsakt, sondern auch der gesamte ▷ Entscheidungsprozess zu verstehen. Zuerst müssen die Handlungsmöglichkeiten vorliegen, und der Einfluss der Umweltbedingungen darauf muss geklärt sein. Daraus wird die enge Verknüpfung von ▷ Planung und Entscheidung sichtbar. Die möglichen Handlungen und die möglichen Umweltzustände ergeben das Entscheidungsfeld. Aus diesem lassen sich die Resultate (Konsequenzen) der zur Auswahl stehenden Alternativen ableiten. Um sie beurteilen zu können, ist es nötig, die Konsequenzen an den Ziel- oder Nutzenvorstellungen des Entscheidungsträgers zu messen.
Folgende Entscheidungsarten können unterschieden werden:
- innovative Entscheidungen und Routineentscheidungen,
- Entscheidungen bei sicheren und unsicheren Erwartungen,
- Kollektiventscheidungen und individuelle Entscheidungen,
- rationale und nichtrationale Entscheidungen,
- bewusste und unbewusste Entscheidungen,
- Entscheidungen in unterschiedlichen Funktionsbereichen wie Marketing, Produktion, Finanzen usw.,
- strategische und operative Entscheidungen.

Entscheidungsbaum
Der Entscheidungsbaum ist eine Methode zur Darstellung und Quantifizierung einer komplexen Entscheidungssituation (▷ Operations Research). Er zeigt die finanziellen Konsequenzen einer oder mehrerer Entscheidungen auf das verfolgte Ziel. Neben den zu treffenden Entscheidungen können gleichzeitig Entwicklungen berücksichtigt werden, auf die man als Entscheidungsträger keinen Einfluss hat, denen jedoch bestimmte Wahrscheinlichkeiten zugeteilt werden können (sog. Zufallsereignisse).

Entscheidungsdelegation
Syn. für ▷ Delegation

Entscheidungsdezentralisation
Das Merkmal ▷ Entscheidung einer Organisationsstruktur beruht auf der Unterscheidung zwischen Entscheidungsaufgaben und Durchführungs- bzw. Realisierungsaufgaben. *Entscheidungszentralisation* bedeutet deshalb eine Trennung dieser beiden Aufgaben (Verteilung auf unterschiedliche Hierarchiestufen), während bei der Entscheidungsdezentralisation die Entscheidungen von den Stellen getroffen werden, die auch die Ausführung übernehmen.
▷ Delegation
▷ Dezentralisation

Entscheidungskompetenz

Die Entscheidungskompetenz gibt den Mitarbeitenden das Recht, in einem definierten Rahmen über Ziele, Massnahmen (Handlungsalternativen) und Ressourceneinsatz zu entscheiden (▷ Kompetenz).

Entscheidungsmethodik

Die Entscheidungsmethodik i. w. S. entspricht dem allgemeinen ▷ Problemlösungsprozess. Die Entscheidungsmethodik i. e. S. umfasst die Entscheidungsinstrumente.

Entscheidungsprozess

Der Entscheidungsprozess als sachlogisches Vorgehen wird in folgende Phasen unterteilt: (1) Problemerkenntnis und -definition, (2) Zielsetzung, (3) Alternativensuche, (4) Alternativenbewertung, (5) Wahl der geeigneten Alternative, (6) Implementierung der Entscheidung und (7) Evaluation der Resultate.
▷ Problemlösungsprozess
▷ Entscheidung

Entscheidungsregeln

Entscheidungsregeln strukturieren das Vorgehen bei Unsicherheit und Risiko. Da ihnen jeweils unterschiedliche Annahmen über die Risikoeinstellung bzw. Risikobereitschaft zugrunde liegen, führt deren Anwendung beim gleichen Entscheidungsproblem zu unterschiedlichen Resultaten. Deshalb kann eine Entscheidungsregel auch nicht richtig oder falsch sein, sondern nur die Risikobereitschaft eines Entscheidungsträgers richtig oder falsch widerspiegeln, d. h. für diesen geeignet sein oder nicht. Im Folgenden werden fünf verschiedene Entscheidungsregeln betrachtet.

1. *Maximaler Gesamterwartungswert:* Der jeweilige Ergebniswert einer jeden Alternative wird mit der Wahrscheinlichkeit des Eintretens einer bestimmten Umweltsituation multipliziert. Man wählt dann jene Alternative, deren gewichteten Ergebniswerte aller Umweltsituationen die grösste Summe und somit den maximalen Gesamterwartungswert aufweist. Damit haben die unwahrscheinlichsten Werte einen relativ kleinen Einfluss auf die Entscheidung. Der Entscheidungsträger ist bei Anwendung dieser Regel durch eine mittlere Risikofreudigkeit gekennzeichnet, da die Extremwerte nicht besonders untersucht und somit weder die möglichen negativen noch die möglichen positiven Folgen der Wahl einer Alternative beachtet werden.

2. *Minimax-Regel:* Die Gefahr der Enttäuschung wird minimiert. Es ist jene Alternative zu wählen, deren kleinstes Ergebnis (aller Umweltsituationen) grösser ist als das kleinste Ergebnis jeder anderen zur Auswahl stehenden Alternative. Diese Regel ist für einen grossen Pessimisten mit geringer Risikobereitschaft geeignet. Man rechnet mit dem schlechtesten Fall, für den der Gewinn maximiert werden soll. Mögliche positive Resultate der zur Auswahl stehenden Alternativen werden ausser Acht gelassen.

3. *Maximax-Regel:* Diese Regel steht im Gegensatz zur Minimax-Regel. Gewählt wird jene Alternative, deren grösstes Ergebnis (aller Umweltsituationen) grösser ist als das grösste Ergebnis jeder anderen zur Auswahl stehenden Alternative. Diese Regel wird vom Optimisten angewandt, der keine Rücksicht auf die möglichen negativen Konsequenzen seines Handelns nimmt.

4. *Pessimismus-Optimismus-Regel:* Diese Regel – nach ihrem Erfinder auch *Hurwicz-Regel* genannt – strebt einen Kompromiss aus den beiden zuvor behandelten Entscheidungsregeln an. Es werden sowohl die Minima als auch die Maxima berücksichtigt, indem beide mit dem Pessimismus-Optimismus-Faktor α gewichtet werden. Dieser Wert liegt zwischen 0 und 1 und drückt die pessimistische Einstellung des Entscheidungsträgers zur Unsicherheit der Umweltsituation aus. Das grösste Ergebnis jeder Alternative wird mit dem subjektiven Faktor α, jedes kleinste Ergebnis mit dem Faktor $1 - \alpha$ gewichtet. Vorteilhaft ist jene Alternative, deren Summe aus den beiden Werten am grössten ist. Mit $\alpha = 1$ und $\alpha = 0$ umfasst diese Regel auch die Maximax- und die Minimax-Regel.

5. *Minimax-Risiko-Regel:* Die Minimax-Risiko-Regel oder *Savage-Niehans-Regel* berücksichtigt nicht direkt die Höhe der Ergebnisse, sondern berechnet indirekt die relativen Nachteile daraus. Damit muss für jede Umweltsituation die Differenz bestimmt werden zwischen dem grösstmöglichen Ergebnis und den Ergebnissen der anderen Alternativen. Der Entscheidungsträger wählt jene Alternative, bei der die maximal mögliche Enttäuschung, nicht die beste Alternative gewählt zu haben, am geringsten ist. Dies ist bei jener Alternative der Fall, bei welcher der grösstmögliche Nachteil verglichen mit den grösstmöglichen Nachteilen der übrigen Alternativen am kleinsten ist. In dieser Entscheidungsregel kommt zwar ein vorsichtiger Pessimismus zum Ausdruck; es ist aber auch eine gewisse Risikobereitschaft vorhanden.

Entscheidungsweg
▷ Kommunikationsweg

Entscheidungszentralisation
▷ Entscheidungsdezentralisation

Entsorgung
Die Entsorgung umfasst die Sammlung, den Rücktransport und die Aufbereitung des Abfalls, um diesen zu lagern oder zu vernichten. In einem weiteren Sinn umfasst die Entsorgung auch die Weiterverwendung (▷ Recycling) des Abfalls. Anzustreben sind integrierte Entsorgungssysteme, d.h. die Entsorgung muss über die verschiedenen Phasen des ▷ ökologischen Produktlebenszyklus nach dem ▷ Vorsorgeprinzip ökologisch optimiert werden. Dazu ist die Zusammenarbeit verschiedener Institutionen (z.B. Produzenten, Handel, Konsumenten) notwendig. Entsprechende Verbundlösungen sind im Recycling oft unumgänglich. Beispiel: Bereits bei der Entwicklung von Produkten muss darauf geachtet werden, dass die Produkte recycling- und entsorgungsfreundlich sind. Ansatzpunkte sind:
- Einsatz schadstoffarmer Werkstoffe,
- Minimierung des Werkstoffeinsatzes,
- Erhöhung der Lebensdauer,
- Demontagefreundlichkeit,
- Kennzeichnung der Bauteile,
- Reduktion der Anzahl der Bauteile,
- Reduktion der Werkstoffvielfalt,
- Einsatz recyclingfreundlicher Werkstoffe,
- Vermeidung von Verpackungen bzw. Verwendung von recyclingfähigen, biologisch abbaubaren Verpackungen.

Entwicklungszeit
Unter der Entwicklungszeit versteht man die Zeit, die in der ▷ Forschung und Entwicklung benötigt wird, um ein marktgerechtes und produktionsreifes Produkt zu entwickeln. Der Entwicklungszeit

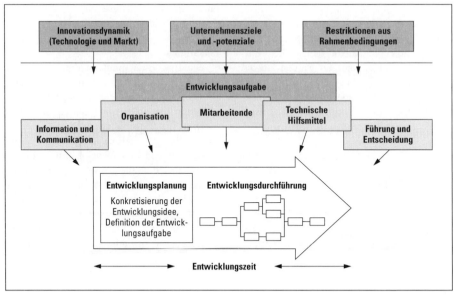

▲ Abb. 52 Einflussgrössen auf die Entwicklungszeit (nach Kupsch/Marr 1991, S. 1083)

kommt im Rahmen von ▷ Innovationen entscheidende Bedeutung zu. Durch ihre Verkürzung kann ein früher ▷ Markteintritt realisiert werden, und damit können die Erfolgschancen des Produkts am Markt erhöht werden (▷ Time-to-Market). Die Einflussfaktoren auf die Entwicklungszeit werden aus ◀ Abb. 52 deutlich. In der betrieblichen Praxis macht sich die Verkürzung der Entwicklungszeit dadurch bemerkbar, dass die ▷ Produktlebenszyklen in den meisten Industriezweigen kürzer werden.

Environmental Due Diligence
▷ Due Diligence

EO
Abk. für ▷ Erwerbsersatzordnung

EP
Abk. für ▷ Efficient Promotion

EPI
Abk. für ▷ Efficient Product Introduction

E-Procurement
▷ Electronic Procurement

EPS
Abk. für ▷ Earnings per Share

Equity-Methode
Bei der Equity-Methode handelt es sich im Rahmen der ▷ Konzernrechnung um eine Bewertungsvorschrift für nicht konsolidierte Beteiligungen, nicht um eine Konsolidierungsmethode. Unternehmen, an denen die Muttergesellschaft eine Beteiligung von 20% bis unter 50% der Stimmanteile hält, werden in der Konzernbilanz mit ihrem anteiligen Eigenkapital eingesetzt und um das anteilige Ergebnis gemäss Konzernrechnung korrigiert (▷ assoziiertes Unternehmen). Da bei ▷ Voll- und

▷ Quotenkonsolidierung die einbezogenen Einzelabschlüsse auf Basis einheitlicher Kontierungs- und Bewertungsgrundsätze aggregiert werden, wäre es unsachgemäss, die Beteiligungen bei der Equity-Methode zu historischen, oft nicht mehr repräsentativen Anschaffungswerten (▷ Anschaffungskostenmethode) zu erfassen. Eine kritische Neubewertung der Beteiligungen hat daher jährlich zu erfolgen.

Equity-Theorie
Syn. für ▷ Gleichgewichtstheorie

ER
Abk. für ▷ Efficient Replenishment

Ereignisse nach dem Bilanzstichtag
Als Ereignisse nach dem Bilanzstichtag gelten vorteilhafte oder nachteilige Ereignisse, die zwischen dem Bilanzstichtag und dem Tag liegen, an dem der Abschluss zur Veröffentlichung freigegeben wird. Es wird dabei zwischen zwei Arten von Ereignissen unterschieden:
1. Ereignisse, die substanzielle Hinweise über Bedingungen liefern, die bereits am Bilanzstichtag bestanden haben *(berücksichtigungspflichtige Ereignisse nach dem Bilanzstichtag)*, und
2. Ereignisse, die Bedingungen anzeigen, die nach dem Bilanzstichtag entstanden sind *(nicht berücksichtigungspflichtige Ereignisse nach dem Bilanzstichtag)*.

Erfahrungskurve
Das von der Boston Consulting Group 1966 entwickelte Modell der Erfahrungskurve zeigt, dass die Kosten pro hergestellte Produktionseinheit mit zunehmender Erfahrung sinken (▶ Abb. 53). Als Mass für die gewonnene Erfahrung dient die kumulierte Produktionsmenge. Das Erfahrungskurven-Konzept stellt eine Erweiterung der ▷ *Lernkurve* dar. Diese beruht darauf, dass mit zunehmender Ausbringungsmenge sowohl die Fertigungszeiten als auch die Fehlerquoten und damit die Lohnkosten sowie als Folge die Produktionskosten sinken. Im Gegensatz zu den ▷ *Economies of Scale* steht bei der Erfahrungskurve der zeitliche Aspekt gegenüber dem reinen Mengenaspekt im Vordergrund.

Als Ursachen für die Kostenreduzierung bei zunehmender Ausbringungsmenge werden genannt:
- Übergang zu rationelleren Fertigungsverfahren, die aufgrund des technischen Fortschritts zur Verfügung stehen und infolge einer Kostendegression zu Kostensenkungen führen.
- Übergang zu rationelleren Organisationsformen der Fertigung, z.B. Einführung des Fliessprinzips.
- Verminderte Personalkosten durch Lerneffekte bei wachsenden Ausbringungsmengen und Einführung verbesserter Arbeitsmethoden.
- Effizientere Lagerung von Material, Halb- und Fertigfabrikaten.
- Rationellere Distributionsverfahren.
- Allgemeine Fixkostendegression.

Wesentlich ist die empirisch beobachtbare Tatsache, dass mit jeder Verdoppelung der kumulierten Ausbringungsmenge die Kosten um einen nahezu konstanten Faktor zwischen 20% und 30% zurückgehen (▶ Abb. 53). Allerdings stellt sich diese Kostenreduktion nicht automatisch ein. Es handelt sich lediglich um ein Kostenreduzierungspotenzial, das erkannt und mit gezielten Massnahmen ausgeschöpft werden muss.

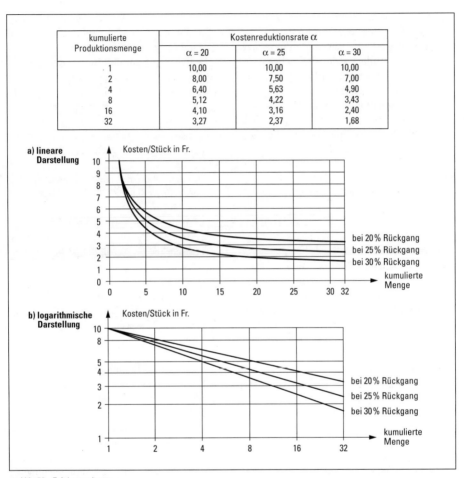

▲ Abb. 53   Erfahrungskurve

Erfahrungsobjekt

In der Betriebswirtschaftslehre werden mit dem Erfahrungsobjekt die Wirtschaftseinheiten festgelegt, die untersucht werden sollen. Historisch gesehen waren dies v. a. die Industriebetriebe, doch werden heute genauso Dienstleistungsunternehmen (Banken, Handel, Versicherungen usw.) und ▷ Non-Profit-Organisationen (▷ New Public Management) einbezogen.

Erfolgsanalyse

▷ Bilanz- und Erfolgsanalyse

Erfolgsbeteiligung

Die Erfolgsbeteiligung als Form der ▷ Mitarbeiterbeteiligung besteht darin, dass ein Teil des Lohns vom Unternehmenserfolg abhängig ist. Basisgrössen der Erfolgsbeteiligung sind Leistungs-, Umsatz- oder Gewinnwerte des gesamten Unternehmens oder einer Sparte (Division, Profit Center). In der Praxis besonders verbreitet ist eine *Gewinnbeteiligung* der Mitarbeitenden. Die Erfolgsbeteiligung soll ein Anreiz für höhere Leistungen sein und wird v. a. bei Führungskräften eingesetzt, kann sich jedoch auch auf alle Mitarbeitenden beziehen. Sie ist abhängig von der Zielsetzung und -erreichung des Unternehmens.

Erfolgsrechnung

Die Erfolgsrechnung *(Gewinn- und Verlustrechnung)* ist eine übersichtliche Zusammenstellung aller Aufwendungen und Erträge während einer Abrechnungsperiode und hat zum Ziel, über die Unternehmenstätigkeit Rechenschaft abzulegen und den Periodenerfolg (▷ Gewinn oder ▷ Verlust als Differenz zwischen ▷ Ertrag und ▷ Aufwand) zu ermitteln.

Als obligatorischer Bestandteil der ▷ Jahresrechnung ist die Erfolgsrechnung eine Zeitraumrechnung, die alle erfolgswirksamen Geschäftsvorfälle einer Periode berücksichtigt. Die Erfolgsrechnung ist eine Hilfsrechnung zur ▷ Bilanz: Sie zeigt die Geschäftsvorfälle, die einseitige Zu- oder Abgänge in der Bilanz bewirken. Damit erklärt sie die in Herstellung und Vertrieb von Gütern und Dienstleistungen begründete Veränderung des Eigenkapitals während einer Periode. Ist diese Veränderung positiv, so spricht man von einem Gewinn, andernfalls von einem Verlust.

Bezüglich der Gliederung der Erfolgsrechnung wird vom Gesetzgeber in Art. 663 OR u. a. die Trennung der betrieblichen von den betriebsfremden und ausserordentlichen Aufwendungen und Erträgen verlangt (▷ Aufwand). Aufgrund dieser Gliederung empfiehlt sich die Staffelform zur Darstellung der Erfolgsrechnung (▶ Abb. 54). Gegenüber der Kontenform weist sie den Vorteil auf, dass durch die

	Produktionsertrag
+	Handelsertrag
+	Dienstleistungsertrag
+	Übriger Betriebsertrag
±	Eigenleistungen und Eigenverbrauch
±	Bestandesänderungen angefangene und fertige Arbeiten
−	Ertragsminderungen
=	**Betriebsertrag aus Lieferungen und Leistungen**
−	Aufwand für Material, Waren und Drittleistungen
−	Personalaufwand (inkl. Arbeitsleistungen Dritter)
=	**Bruttoergebnis**
−	Sonstiger Betriebsaufwand (z. B. Raumaufwand, Unterhalt und Reparaturen, Energie- und Entsorgungsaufwand, Verwaltungsaufwand)
±	Betrieblicher Finanzerfolg
−	Abschreibungen (ordentliche, betriebliche)
±	Betriebliche Nebenerfolge (z. B. Erfolg aus Nebenbetrieben, Finanzanlagen und betrieblichen Liegenschaften, Veräusserungen)
=	**Betriebsergebnis**
±	Ausserordentlicher und betriebsfremder Erfolg (z. B. Erfolg aus betriebsfremden Finanzanlagen oder betriebsfremde Liegenschaften)
=	**Unternehmensergebnis vor Steuern**
−	Direkte Steuern des Unternehmens
=	**Unternehmensergebnis (Gewinn/Verlust)**

▲ Abb. 54 Erfolgsrechnung in Staffelform

systematische Auflistung von Aufwands- und Ertragskonten Zwischenergebnisse (Bruttogewinn, Betriebsgewinn, Jahresgewinn) ausgewiesen werden können, wodurch die Erfolgsrechnung an Aussagekraft gewinnt.

Die Vorschriften des Aktienrechts (Art. 663 OR) gehen implizit von der Darstellung der Erfolgsrechnung nach dem *Gesamtkostenverfahren* aus, indem sie ausdrücklich eine Aufteilung des Aufwands nach Material- und Warenaufwand, Personalaufwand, Finanzaufwand und Abschreibungen verlangen. Bei strenger Beachtung des Bruttoprinzips werden beim Gesamtkostenverfahren sämtliche Aufwands- und Ertragsgrössen unsaldiert in die Erfolgsrechnung aufgenommen. Die daraus resultierende *Bruttoerfolgsrechnung* stellt dem Umsatzertrag und den übrigen Erträgen die entsprechenden Aufwendungen gegenüber. Beim *Umsatzkostenverfahren* hingegen wird der Aufwand in Herstellungs-, Vertriebs- und Verwaltungsaufwand gegliedert, wodurch sich eine teilweise Verrechnung von Erträgen mit den dazugehörigen Aufwendungen ergibt.

Die Erfolgsrechnung ist – wie auch die Bilanz – einerseits ein Instrument der finanziellen Führung, andererseits aber auch Informationsquelle für externe Anspruchsgruppen.

Eine Sonderform stellt die ▷ kurzfristige Erfolgsrechnung dar, die aufgrund der Daten der ▷ Betriebsbuchhaltung die ▷ Deckungsbeiträge einzelner Produkte oder Produktgruppen ausweist.

Erfolgsziel
▷ Formalziel

Ergebniskontrolle
▷ Kontrollbereiche

Ergebnisverantwortung
Als Ergebnisverantwortung bezeichnet man die ▷ Verantwortung für die Resultate unternehmerischen Handelns. Getragen wird diese Verantwortung meist von Führungskräften. Voraussetzung ist die Möglichkeit der kausalen Zuordnung von Ergebnissen. Sie kann sich neben der Renditeverantwortung auch auf Ertrags-, Aufwands- und Umsatzgrössen sowie auf Ausbringungsleistungen beziehen. Organisatorische Gestaltungsmöglichkeiten zur Unterstützung der Ergebnisverantwortung sind vorwiegend die ▷ Divisionalorganisation und die Bildung von ▷ strategischen Geschäftseinheiten (▷ Profit-Center-Organisation). Sie kann sich sowohl auf das Gesamtunternehmen als auch auf einzelne Teilbereiche beziehen.

Ergonomie
Die Ergonomie beschäftigt sich als Teilgebiet der Arbeitswissenschaft mit der optimalen Gestaltung von Arbeit und Arbeitsbedingungen unter Einbeziehung der körperlichen Eigenschaften des Menschen. Berücksichtigt werden Aspekte der Arbeitsphysiologie, -psychologie, -soziologie, -medizin und -technik. Ziel ist eine möglichst geringe Belastung bzw. Beanspruchung des arbeitenden Menschen durch ungünstige Einflüsse sowie die Anpassung der Arbeit an den Menschen. Die Ergebnisse ergonomischer Studien haben sowohl Auswirkungen auf den Arbeitsplatz und die Arbeitszeit (Schicht, Pausen) als auch auf die Aufgabe selbst.

Erhebung
Die Erhebung ist ein Verfahren der Marktforschung, um Daten über das Verhalten von Marktteilnehmern und Kunden zu erhalten. Es werden die Voll- und Teilerhebung unterschieden. Bei der ▷ *Vollerhebung* werden alle Marktteilnehmer untersucht. Dies ist jedoch nur beschränkt möglich, wie z.B. bei Lieferantenbefragungen oder Befragungen von Kunden bei der Auftrags- und Einzelfertigung. Meist ist der Markt so gross, d.h. setzt sich aus so vielen Marktteilnehmern zusammen, dass niemals alle Informationsträger befragt, beobachtet oder gar getestet werden können. Die Kosten und die Zeitdauer für eine solche Vollerhebung wären zu gross, ganz abgesehen davon, dass gar nicht alle Marktteilnehmer erfasst oder erreicht werden können. Wie aus der Stichprobentheorie bekannt, ist dieses Vorgehen auch gar nicht nötig. Es genügt, wenn unter Beachtung bestimmter Auswahlregeln eine

beschränkte Zahl von Versuchspersonen ausgewählt wird. Stimmt die Struktur dieser Gruppe oder Stichprobe mit derjenigen sämtlicher Informationsträger überein, so können die gewünschten Informationen aus einer ▷ *Teilerhebung* gewonnen werden. Die Übereinstimmung zwischen Stichprobe und Grundgesamtheit bezeichnet man als *Repräsentanz*. Um die Repräsentanz einer Stichprobe gegenüber der Grundgesamtheit zu gewährleisten, stehen zwei verschiedene Methoden zur Verfügung, die sich aufgrund unterschiedlicher Auswahlregeln ergeben, nämlich das ▷ Random-Verfahren und das ▷ Quota-Verfahren.

Erholungszeit
▷ Auftragszeit

Erinnerungserfolg
▷ Werbeerfolgskontrolle

Erkenntnisobjekt
Unter dem Erkenntnisobjekt ist derjenige Teil des ▷ Erfahrungsobjekts zu verstehen, der mit Hilfe eines sog. Auswahl- oder Abgrenzungskriteriums zum konkreten Forschungsproblem gemacht wird. In der Betriebswirtschaftslehre gelten z.B. die Gewinnmaximierung bzw. das ▷ ökonomische Prinzip als solche Abgrenzungskriterien.

Erlebnisgesellschaft
In der Erlebnisgesellschaft spielt der Erlebniswert eines Angebots (Produkt, Dienstleistung) eine grössere Rolle als die Funktion des Produkts oder der Dienstleistung an sich. Deshalb kommt der emotionalen Seite eines Angebots eine grosse Bedeutung zu, was im Rahmen des ▷ Erlebnismarketings ausgenutzt wird.

Erlebnismarketing
Erlebnismarketing zielt darauf ab, den Einkauf durch den Einsatz gezielter Massnahmen für den Kunden zu einem persönlichen Erlebnis werden zu lassen. Die potenziellen Kunden werden in erster Linie über Emotionen angesprochen. Die Verwirklichung des Erlebnismarketings erfolgt z.B. durch die Gestaltung von Produkten (Design, Verpackung), durch eine emotionale Kommunikation oder durch Events (▷ Event-Marketing).

Erlös
Syn. für ▷ Umsatz

Ermächtigung
Syn. für ▷ Empowerment

ERP
Abk. für ▷ Enterprise Resource Planning

Ersatzinvestition
Bei Ersatzinvestitionen werden alte, defekte oder verbrauchte Anlagen durch neue, gleiche oder zumindest gleichartige Anlagen ersetzt.

Erstmarke
▷ Markenartikel

Ertrag
Der Ertrag bezeichnet in der ▷ Finanzbuchhaltung den durch die Erstellung und den Verkauf von Gütern und Dienstleistungen entstandenen und in Geld bewerteten Wertzuwachs einer Periode. Er umfasst den Erlös des Outputs aus dem Leistungserstellungsprozess sowie den Zuwachs an ▷ Vermögenswerten: z.B. Verkauf von Gütern oder Dienstleistungen bar oder gegen Rechnung, Kurssteigerungen von Wertschriften, Verkauf einer Maschine über

ihren Buchwert hinaus oder Auflösung nicht mehr benötigter Rückstellungen.
Der Ertrag kann wie folgt unterteilt werden:
- *Betriebliche* Erträge *(Zweckertrag)* sind betriebstypisch und wiederkehrend. Sie stammen aus der angestammten Geschäftstätigkeit des Unternehmens.
- *Nichtbetriebliche (betriebsfremde)* Erträge sind wiederkehrend, aber nicht betriebstypisch. Sie ergeben sich häufig aus der Nutzung nichtbetrieblicher Vermögenswerte oder entstehen durch die Veräusserung von ▷ Anlagevermögen.
- *Ausserordentliche* Erträge sind nicht wiederkehrend, da sie aufgrund eines ausserordentlichen Ereignisses auftreten.

Ertragsbilanz
▷ Zahlungsbilanz

Ertragsgesetz
▷ Grenzertrag

Ertragswert
Der Ertragswert berechnet sich aus dem gesamten Einzahlungsüberschuss, der einem Investor aus einem Investitionsprojekt in Zukunft zufliesst. Spezielle Bedeutung kommt dem Ertragswert im Rahmen der ▷ Unternehmensbewertung zu, wo er als Zukunftserfolgswert eines Unternehmens bezeichnet wird. Der Ertragswert lässt sich anhand folgender Grundformel berechnen:

$$E_0 = \sum_{t=1}^{\infty} NE_t \frac{1}{(1+i)^t}$$

E_0: Unternehmenswert im Zeitpunkt t_0;
NE: zukünftige Einzahlungsüberschüsse (Nettoeinzahlungen);
t: Zeitindex; i: Diskontierungszinssatz

Der Einzahlungsüberschuss setzt sich dabei für den Investor im Wesentlichen aus folgenden Elementen zusammen:
- *Ausschüttungen* des Unternehmens an Investoren (insbesondere Dividenden).
- *Kapitalrückzahlungen* (Kapitalrückzüge, Veräusserungserlöse, inkl. Bezugsrechte, Liquidationserlöse).
- *Kapitaleinzahlungen* (Einlagen der Gesellschafter).
- *Zusätzliche Zahlungen,* die sich indirekt im Verkehr mit Dritten aus dem Eigentum am Unternehmen ergeben (z.B. Abgeltung für ein Verwaltungsratsmandat in einem anderen Unternehmen).

Da Einzahlungsüberschüsse in der Praxis schwierig zu ermitteln sind, haben sich verschiedene praxisorientierte ▷ Ertragswertmethoden entwickelt (▷ Ertragswertmethode, ▷ Discounted-Cash-Flow-Methode).

Ertragswertmethode
Die Ertragswertmethode ist eine praxisorientierte Methode zur Berechnung des ▷ Ertragswerts eines Unternehmens. Unter der Annahme, dass der zukünftige Gewinn mit genügend grosser Sicherheit vorausgesagt werden kann, es sich bei diesem um den nachhaltig erzielbaren Gewinn handelt und zudem seine Höhe konstant bleibt, kann der Ertragswert E mit folgender Formel berechnet werden:

$$E = \frac{Gewinn}{i}$$

i: Diskontierungszinssatz

Unter der Annahme einer begrenzten Lebensdauer n muss die Formel um den Liquidationswert ergänzt werden:

$$E = a_{\overline{n}|} G + \frac{L_n}{(1+i)^n}$$

$a_{\overline{n}|}$: Barwertfaktor; G: Gewinn;
L: Liquidationswert;
n: Lebensdauer des Unternehmens

Sind die Gewinne zudem jährlich schwankend, sieht die Formel folgendermassen aus:

$$E = \sum_{t=1}^{n} \frac{G_t}{(1+i)^t} + \frac{L_n}{(1+i)^n}$$

t: Zeitindex

Als Diskontierungszinssatz wird oft der landesübliche Zinssatz für langfristiges Kapital genommen, der durch einen Zuschlag für das Unternehmerrisiko erhöht werden kann. Andere Möglichkeiten wären eine Branchenrendite, die der durchschnittlichen ▷ Gesamtkapitalrentabilität aller Unternehmen einer Branche entspricht, oder die Aktienrendite branchengleicher Unternehmen.
Anstelle des Gewinns wird – besonders in den USA – auch der ▷ Cash Flow herangezogen (▷ Discounted-Cash-Flow-Methode). Diese Berechnung liefert tendenziell höhere Unternehmenswerte als eine Bewertung anhand der Gewinne.

Erweiterungsinvestition

Von Erweiterungsinvestitionen spricht man, wenn zusätzliche Anlagen beschafft werden, um das bereits vorhandene Leistungspotenzial in quantitativer Hinsicht zu vergrössern.

Erwerbsersatzordnung (EO)

Die Erwerbsersatzordnung *(EO)* ist eine staatliche Ausgleichskasse, die eine Entschädigung für den Verdienstausfall infolge Militärdienst entrichtet.

Erwerbsquote

Die Erwerbsquote definiert das Verhältnis zwischen Erwerbstätigen und Gesamtbevölkerungszahl. Beeinflusst wird dieses Verhältnis z.B. von der Altersstruktur und vom Anteil erwerbstätiger Frauen. In der Schweiz betrug 2002 die Erwerbsquote 67,8% (gemessen an der Bevölkerung ab 15 Jahren).

Erzeugnisgeometrie

Die Erzeugnisgeometrie beschreibt die ▷ Komplexität der im Rahmen von Produktionsprozessen auftretenden technischen Aufgaben in Planung und ▷ Konstruktion. Dabei wird zwischen Produkten mit einfacher, mittlerer und komplexer Geometrie unterschieden. Zusammen mit der ▷ Kongruenz ist die Erzeugnisgeometrie eine Erklärungsvariable für die Gestaltung der ▷ Erzeugnisstruktur.

Erzeugnisgliederung

Syn. für ▷ Erzeugnisstruktur

Erzeugnisstruktur

Als Erzeugnisstruktur *(Erzeugnisgliederung)* bezeichnet man die für ein bestimmtes Produkt typischen hierarchischen Beziehungen zwischen ▷ Teilen und ▷ Baugruppen. Die Struktur kann entweder grafisch (Strukturbaum) oder tabellarisch (▷ Stückliste) dargestellt werden. Ihren Charakter erhält die Erzeugnisstruktur durch die ihr zugrunde liegende Strukturtiefe (Gliederungstiefe) und Strukturbreite. Mit Hilfe von Erzeugnisstrukturen soll u.a. erreicht werden:

■ *Ordnung* der Informationen: Strukturierung der Teile und Gruppen des Erzeugnisses.

■ *Reduktion* der Informationsmenge: Vereinfachte Wiederverwendungsmöglichkeiten und Standardisierung.
■ *Erleichterung* der Informationsverarbeitung: Systematisierung der Unterlagen für EDV-Einsatz.
Erzeugnisstrukturen leisten nur dann einen Beitrag zur Vereinfachung des Arbeitsablaufs, wenn sie standardisiert und vereinheitlicht sind.
Erzeugnisstrukturen werden innerhalb des Auftragsabwicklungsprozesses (▷ Auftragsabwicklung) von der ▷ Arbeitsvorbereitung (AVOR) erstellt und dienen als Instrument der Arbeitsplanung.

ESA
Abk. für ▷ Efficient Store Assortment

E-Shopping
▷ Electronic Shopping

Eskalation
Die Eskalation ist im Rahmen der Produktionsmengenplanung eine Methode zur Anpassung der Produktion an saisonale Absatzschwankungen. Durch eine treppenförmige Anpassung (▶ Abb. 55) der Produktion an den Absatz wird versucht, eine optimale Kombination zu finden, bei der die Summe der Kosten für die ▷ Lagerhaltung und der Kosten für die Betriebsbereitschaft ein Minimum erreicht. Die Eskalation ist eine Mischform der Methoden der ▷ Synchronisation und der ▷ Emanzipation mit dem Ziel, einen optimalen Kompromiss zwischen beiden Ansätzen zu finden. Eine Eskalationsstrategie ist für Unternehmen empfehlenswert, deren Lagerhaltungskosten etwa den Kosten möglicher Produktionsausfälle entsprechen.

Eskomptierung
Von Eskomptierung spricht man, wenn sich Informationen zu zukünftigen Ereignissen, wie z. B. ein möglicher Umsatzrückgang oder eine Veränderung des Zinsniveaus, in den ▷ Kursen von ▷ Wertpapieren bereits widerspiegeln. Die klassische Finanzmarkttheorie geht davon aus, dass sämtliche Nachrichten sofort bei Bekanntwerden allen Marktteilnehmern verfügbar sind und sofort zu Kursveränderungen führen, d. h. in den Kursen sofort eskomptiert sind. Da diese Informationen theoretisch gleichzeitig sämtlichen Marktteilnehmern zur Verfügung stehen, ergeben sich keine Informationsvorsprünge, die durch einzelne Investoren systematisch genutzt werden können (Informationseffizienz).

ESPRIT
Abk. für European Strategic Programme for Research and Development in Information Technology
▷ CIM-Förderung

Ethik
▷ Unternehmensethik

Ethik-Audit
Unter einem Ethik-Audit *(Social Audit)* versteht man eine interne Kontrollinstitution, welche das ethische Verhalten eines Unternehmens systematisch überwacht

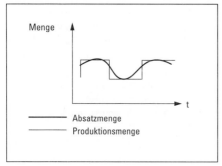

▲ Abb. 55 Eskalation

und beurteilt. Der Ethik-Audit ist eine Ergänzung zu externen Institutionen wie ▷ Social Accountability 8000 oder ▷ Global Compact.

ETL

Abk. für ▷ Extract/Transform/Load

EU

Abk. für ▷ Europäische Union

Eurex

Die Eurex *(European Exchange)* ist eine Aktiengesellschaft mit Sitz in Zürich mit dem Unternehmenszweck «gemeinsame Organisation und Betrieb eines europäischen Clearing-Hauses für standardisierte ▷ Optionen und ▷ Futures». Die Deutsche Börse und die Schweizer Börse teilen sich das Aktienkapital zu je 50%.

Die Eurex entstand 1998 aus der Fusion der ▷ Swiss Options and Financial Futures Exchange (SOFFEX) mit der Deutschen Terminbörse (DTB).

Euribor

Der Euribor *(European Interbank Offered Rate)* ist der wichtigste Referenzzinssatz in den Ländern der Europäischen Union, die den ▷ Euro eingeführt haben, für kurzfristige Geldanlagen unter Geschäftsbanken, d.h. der Zinssatz, zu dem europäische Banken untereinander kurzfristig Geld ausleihen.
▷ Libor

Euro

Der Euro ist die Einheitswährung der *Europäischen Union* (ohne Dänemark, Griechenland, Grossbritannien und Schweden). Er wurde am 1. Januar 1999 in Form von Buchgeld eingeführt, seit Januar 2002 sind auch Noten und Münzen in Umlauf. Bis zu diesem Zeitpunkt waren auch die jeweiligen nationalen Währungen als Zahlungsmittel noch gültig. Vorläufer des Euro war der ECU (European Currency Unit).

Euromarkt

Als Euromarkt wird der internationale europäische Kreditmarkt bezeichnet. Im Unterschied zu den nationalen Märkten ist er weit gehend frei von direkten Steuern und nationalstaatlichen Gesetzen. Er wird aufgegliedert in den Eurogeldmarkt (üblicherweise Kredite von bis zu 90 Tagen), den mittelfristigen Kreditmarkt (mit Kreditlaufzeiten zwischen 1 und 5 Jahren) sowie den Eurokapitalmarkt (internationale Anleihen mit Laufzeiten zwischen 5 und 15 Jahren). Bankdepositen, Bankkredite und Wertpapiere werden in Währungen ausserhalb der betreffenden Staaten angelegt und gehandelt. Der Euromarkt kann daher auch als Auslandmarkt für Währungen bezeichnet werden. Auf diesem werden z.B. US-Dollar oder Schweizer Franken Eurodollar bzw. Eurofranken genannt.

Der Euromarkt erfreut sich in den letzten Jahren steigender Beliebtheit, was mit den besseren Zinskonditionen, dem begrenzten Kreditvolumen auf den nationalen ▷ Geld- und ▷ Kapitalmärkten, nationalen Kreditrestriktionen sowie steuerlichen Vorteilen zusammenhängt.

Europäische Artikel-Nummerierung
▷ EAN

Europäische Norm (EN)

Die Europäischen Normen *(EN)* sind technische Standards und Normen für Produkte und Produktionsprozesse, die vom *Comité Européen de Normalisation (CEN, Europäisches Komitee für Normung, Euro-*

pean Committee for Standardization) herausgegeben werden und die von europäischen Unternehmen freiwillig angewendet werden. Ziele der Standardisierung sind: Förderung des freien Handels, Abbau von Handelshemmnissen; Sicherstellung von Interoperabilität und Kompatibilität von Produkten und Komponenten; Mitarbeiter-, Konsumenten- und Umweltschutz; Verbreitung der Resultate von Forschungs- und Entwicklungsprogrammen; Vereinfachung des öffentlichen Beschaffungswesens.

Das Comité Européen de Normalisation wurde 1961 von den nationalen Normungsbehörden der Mitgliedsländer der Europäischen Union und der EFTA gegründet. Analog dazu gibt es auf weltweiter Ebene die ▷ International Organization for Standardization, welche die ISO-Normen publiziert. Es werden grosse Anstrengungen unternommen, die Normen der verschiedenen Körperschaften zu harmonisieren. Normen, die in beiden Regelwerken enthalten sind, heissen z.B. «ISO EN 14000».

Europäische Option
Eine europäische Option gibt das Recht (aber nicht die Pflicht), zu einem bestimmten Zeitpunkt vom bzw. an den Verkäufer (Stillhalter) eine bestimmte Menge eines definierten Guts zu einem vereinbarten Preis zu kaufen oder zu verkaufen. Im Gegensatz zur ▷ amerikanischen Option kann die europäische Option nur zu einem bestimmten Zeitpunkt (meist am letzten Handelstag) ausgeübt werden.
▷ Option

Europäisches Komitee für Normung
▷ Europäische Norm (EN)

Europäische Union (EU)
Die Europäische Union *(EU)* ist ein Zusammenschluss von 15 europäischen Ländern mit dem Ziel, einen gemeinsamen Wirtschaftsraum ohne Zölle oder sonstige Hemmnisse des freien Verkehrs von Waren, Personen und Kapital zu schaffen (▷ Binnenmarkt). Gründungsmitglieder waren Belgien, Deutschland, Frankreich, Italien, Luxemburg und die Niederlande. Nach fünf Beitrittswellen (1973: Dänemark, Irland und Grossbritannien; 1981: Griechenland; 1986: Spanien und Portugal; 1995: Österreich, Finnland und Schweden; 2004: Estland, Lettland, Litauen, Polen, Tschechische Republik, Slowakei, Ungarn, Slowenien, Malta, Zypern) zählt die EU 25 Mitgliedstaaten.

Europäische Währungsunion
▷ Euro

European Committee for Standardization
▷ Europäische Norm (EN)

European Exchange
▷ Eurex

European Interbank Offered Rate
▷ Euribor

EVA
Abk. für ▷ Economic Value Added

Event-Marketing
Events sind Veranstaltungen und Aktivitäten im Rahmen eines Erlebnismarketings, die häufig am ▷ Point of Sale (POS) oder im Unternehmen selbst stattfinden. Sie dienen der Unterstützung des Verkaufs (▷ Verkaufsförderung) oder den ▷ Public Relations. Als Beispiele sind zu nennen: Degustationen, Demonstrationen, Autogrammstunden mit bekannten Persönlich-

keiten (Buchautoren, Sportler), Kundenfeste und «Tag der offenen Tür», Sportveranstaltungen.

Eventualverpflichtung
▷ Bedingtes Fremdkapital

Executive Development
Syn. für ▷ Management Development

Executive Information System (EIS)
Engl. für ▷ Managementinformationssystem

Executive Search
Unter Executive Search versteht man die systematische Suche von Führungskräften, i.d.R. für das mittlere und obere Management. Die Ansprache erfolgt über eine direkte Kontaktaufnahme mit den potenziellen Kandidaten. Da diese Methode in den meisten Fällen ein Abwerben vom bisherigen Arbeitgeber bedeutet, wird oft etwas abschätzig von *Head Hunting* gesprochen. Executive Search bietet sich immer dann an, wenn die Stellenbesetzung ein diskretes Vorgehen erfordert oder wenn eine Suche über Stelleninserate von vornherein aussichtslos ist. Es wird heute von vielen Personal- und ▷ Unternehmensberatungen angeboten.

Exercise Price
Engl. für ▷ Ausübungspreis

Exformation
Bei der Exformation handelt es sich um eine Unterscheidung, die für den Beobachter keinen Unterschied macht und somit nicht relevant ist. Sie kann deshalb vernachlässigt werden. Exformation ist letztlich *Komplexitätsreduktion*.
▷ Konstruktivismus

Expatriate
Als Expatriates bezeichnet man Führungskräfte und Spezialisten, die im Rahmen zeitlich befristeter Projekte (von einigen Monaten bis zu mehreren Jahren) im Ausland tätig sind.

Experiment
Ein Experiment ist eine Untersuchung, bei der unabhängige Variablen einzeln oder gruppenweise isoliert verändert werden, um deren Wirkung auf eine abhängige Variable bestimmen zu können. Das Ziel besteht in der Gewinnung von Informationen über Ursachen-Wirkungs-Zusammenhänge. Das Experiment läuft unter im Voraus genau festgelegten und kontrollierten Bedingungen ab.
Neben unabhängigen Variablen (z.B. Marketinginstrumente) wirken aber auch nicht steuerbare Einflussfaktoren (z.B. Marketingmassnahmen der Konkurrenz), sog. exogene Variablen, auf die unabhängige Variable (z.B. Umsatz).

Experimentelle Ökonomie
▷ Behavioral Finance

Experten-Coaching
▷ Coaching
▷ Coaching-Kultur

Exponentielle Glättung
Die exponentielle Glättung ist ein Verfahren zur Trendextrapolation. Das Prinzip aller Trendverfahren besteht darin, beobachtete Werte – z.B. Umsatz- oder Materialbedarfszahlen – mit dem Faktor Zeit zu verknüpfen. Daraus wird eine Zeitreihenanalyse abgeleitet, bei der bewusst die einzelnen Komponenten ausser Acht gelassen werden, welche diese Werte beeinflusst haben. Man nimmt an, dass die in der Vergangenheit festgestellte Wirkung (z.B.

Umsatzwerte), welche sich aufgrund verschiedener Ursachen ergibt, einer Gesetzmässigkeit unterliegt, die auch für die Zukunft Gültigkeit haben wird.
Ausgegangen wird von Planungsperioden gleicher Länge, die mit t = 0, 1, 2, ... bezeichnet werden. Sodann werden die schwankenden X_t-Werte laufend erfasst, um mit ihnen einen neuen mittleren Wert Y_t zu bestimmen, der als Prognosewert für die Periode t+1 herangezogen wird. Dabei wird der Mittelwert Y_{t-1} bzw. die Prognose für die Periode t um einen Bruchteil α ($0 < \alpha < 1$) des Prognosefehlers ($X_t - Y_{t-1}$) korrigiert. Die Formel lautet:

$$Y_t = Y_{t-1} + \alpha \cdot (X_t - Y_{t-1})$$

X_t: beobachtete Zeitreihe (z.B. tatsächlich erzielter Umsatz) für t = 1, 2, 3, ...;
Y_t: Mittelwert für die Periode t = 0, 1, 2, ... und Prognose für t + 1, t + 2, t + 3, ...; α: Glättungskonstante; t: Zeitindex

Bei $X_t > Y_{t-1}$ wird der alte Mittelwert nach oben oder bei $X_t < Y_{t-1}$ nach unten angepasst bzw. aktualisiert, während sich das Ausmass der Korrektur über die Glättungskonstante α steuern lässt. Dies soll anhand eines Beispiels veranschaulicht werden, das für $\alpha = 0,1$, $\alpha = 0,2$ und $\alpha = 0,3$ berechnet wird. Das Verfahren muss mit einem Anfangswert initialisiert werden, der hier $Y_0 = 10$ beträgt (vgl. ▶ Abb. 56). Für t = 1 und t = 2 sowie $\alpha = 0,1$, $\alpha = 0,2$ und $\alpha = 0,3$ sind die Berechnungen in ▶ Abb. 57 erläutert. Dabei wird in jedem Schritt auf eine Stelle gerundet.
Der Anfangswert Y_0 lässt sich bei einer bereits existierenden Zeitreihe leicht bestimmen. Bei einer neu beginnenden Zeitreihe muss er geschätzt werden. Aus ▶ Abb. 58 ist ferner ersichtlich, dass die Mittelwerte Y_t bei grossen Schwankungen der X_t-Werte umso stärker reagieren, je grösser die α-Werte sind.
Um allzu grosse Schwankungen des Mittelwerts Y_t zu vermeiden, werden i.d.R. α-Werte zwischen 0,1 und 0,3 verwendet. Selbstverständlich könnten für die Bestimmung eines optimalen α-Werts Methoden der Fehlerrechnung herangezogen werden.

t	X_t	Y_t		
		$\alpha = 0,1$	$\alpha = 0,2$	$\alpha = 0,3$
0		10,0	10,0	10,0
1	18	10,8	11,6	12,4
2	5	10,2	10,3	10,2
3	10	10,2	10,2	10,1
4	8	10,0	9,8	9,5
5	13	10,3	10,4	10,6
6	15	10,8	11,3	11,9
7	19	11,6	12,8	14,0
8	14	11,8	13,0	14,0
9	1	10,7	10,6	10,1

▲ Abb. 56 Beispiel einer exponentiellen Glättung

t	Y_t
1	$\alpha = 0,1$: 10,8 = 10 + 0,1 · (18 – 10) $\alpha = 0,2$: 11,6 = 10 + 0,2 · (18 – 10) $\alpha = 0,3$: 12,4 = 10 + 0,3 · (18 – 10)
2	$\alpha = 0,1$: 10,2 = 10,8 + 0,1 · (5 – 10,8) $\alpha = 0,2$: 10,3 = 11,6 + 0,2 · (5 – 11,6) $\alpha = 0,3$: 10,2 = 12,4 + 0,3 · (5 – 12,4)

▲ Abb. 57 Erläuterungen

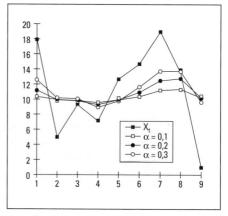

▲ Abb. 58 Grafische Darstellung

Exposure

Ein Exposure stellt das effektive Engagement in einem bestimmten ▷ Basiswert dar, das durch den Erwerb eines ▷ Derivats eingegangen worden ist. Die Umrechnung des Derivats in den Basiswert ermöglicht z.B. die Aussage, wie vielen Aktien bzw. welchem Aktienwert eine bestimmte ▷ Option zurzeit entspricht. Die einzelnen Exposures verschiedener Derivate können zu einem Gesamt-Exposure zusammengefasst werden, das eine Abschätzung des eingegangenen Risikos erlaubt.

Externe Effekte

Externe Effekte sind Nebenwirkungen wirtschaftlichen und gesellschaftlichen Handelns. Nach Wirkung und Entstehung können vier Arten unterschieden werden (▶ Abb. 59).

Externe Effekte berühren den Verursacher häufig nur indirekt, während die Umwelt oder Dritte direkt davon betroffen sind. Problematisch sind negative Folgewirkungen (negative externe Effekte) in der belebten und unbelebten Natur (z.B. Belastung von Lebewesen, Landschaft, Boden, Luft und Wasser), in der Gesellschaft (z.B. Auswirkungen auf den Zusammenhalt der Bevölkerung) sowie bei Bauten, Anlagen usw.

Beim einzelnen Menschen sind finanzielle sowie direkte und indirekte psychische und physische Belastungen zu unterscheiden. Beispiel: Die Luftbelastung führt zu Ernteeinbussen für Landwirte, zu Krankheitskosten (Atemwegprobleme) bei empfindlichen Personen, zu Schäden an Gebäuden usw. Eine Belangung der Schädiger ist wegen der komplizierten Beweisführung oft nur sehr schwierig oder überhaupt nicht möglich. Die Betroffenen (oft die Allgemeinheit) müssen die Folgekos-

Wirkung \ Entstehung	in Produktion	in Konsum
negative	Abwasser einer Fabrik	privates Autofahren
positive	Obstbauer und Imker	Haus neu streichen

▲ Abb. 59 Arten externer Effekte

ten der Luftverschmutzung tragen (▷ Gemeinlastenprinzip).

Negative externe Effekte führen wirtschaftlich zu einer Verfälschung der Wettbewerbsverhältnisse und zu einer Fehlverteilung der ökologischen Produktionsfaktoren. Wer umweltbelastend produziert und Kosten externalisieren kann, profitiert von geringeren Produktionskosten. Die ▷ ökologische Knappheit von Umweltgütern wird unterschätzt. Als Folge werden übermässig viele umweltschädliche Produkte hergestellt. Dieser Effekt wird dadurch gefördert, dass viele Umweltgüter keinen (z.B. Luft) oder einen nur geringen Preis haben (z.B. Energie). Dies führt dazu, dass mit der Umwelt weniger haushälterisch umgegangen wird, als dies für eine ▷ nachhaltige Entwicklung notwendig wäre. In Zukunft müssen Lösungen gefunden werden, wie die Folgen negativer externer Effekte internalisiert, d.h. dem Verursacher zugewiesen werden können (konsequente Realisierung des ▷ Verursacherprinzips).

Externe Revision

Als externe Revision *(Aussenrevision)* bezeichnet man im Rahmen der ▷ Revision
▪ die private (betriebliche) Revision, bei der die aktienrechtliche ▷ Revisionsstelle prüft, ob Buchführung und ▷ Jahresrechnung sowie der Antrag des Verwaltungsrats über die Verwendung des Bilanz-

gewinns (▷ Gewinn) Gesetz und Statuten entsprechen (Art. 728 Abs. 1 OR) sowie
- die staatliche Revision (z.B. Steuerrevision).

Extract/Transform/Load (ETL)

Extract, Transform und Load (ETL) sind Funktionen innerhalb eines ▷ Data Warehouse bzw. ▷ Data Mart. Dabei geht es darum, Daten aus verschiedenen Quellen auszuwählen (Extract), sie entsprechend den Anforderungen der Datenbasis zu transformieren (Transform) und in das Data Warehouse einzuspeisen (Load). ETL ist eine wichtige Komponente im Data Warehousing, da es bestimmt, welche Daten in welcher Form ins Data Warehouse aufgenommen werden. Ein ETL-System muss alle im Unternehmen verwendeten Datenformate lesen können. ETL-Systeme können sehr komplex sein und müssen insbesondere das Problem lösen, dass Daten in unterschiedlichen Abständen aktualisiert werden.

Extrapolation

Unter Extrapolation wird die Fortschreibung von Daten- oder Zeitreihen in die Zukunft verstanden. Schätzungen von Umsatz- oder Gewinnveränderungen beruhen häufig auf Extrapolationen. Unternehmerische Entscheide sollten jedoch nicht davon ausgehen, Trends aufgrund von Vergangenheitsperioden festzulegen, sondern sich an den Veränderungen des Markts orientieren. Eine Methode der Trendextrapolation ist die ▷ exponentielle Glättung.

Extrinsische Motivation

Extrinsisch bedeutet, dass die Motivation von Faktoren bestimmt ist, die ausserhalb des Leistungsprozesses liegen. Der Mitarbeitende wird durch äussere ▷ Anreize (Geld, Ansehen, Anerkennung, Status) motiviert bzw. für seine Leistung belohnt, im Gegensatz zu einer ▷ intrinsischen Motivation.

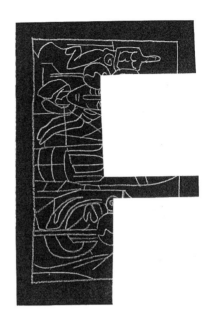

F&E
Abk. für ▷ Forschung und Entwicklung

Fabrikladen
Beim Verkauf ab Fabrik *(Fabrikverkauf)* erwirbt der Kunde das Produkt zu günstigen Preisen direkt beim Hersteller. Oft sind die Waren mit kleinen Fehlern behaftet und die Serviceleistungen sehr eingeschränkt (Kleider, Geschirr und Kochtöpfe, landwirtschaftliche Produkte).
▷ Factory Outlets

Fabrikplanung
Unter Fabrikplanung werden alle Tätigkeiten zusammengefasst, welche dem technisch zweckmässigen Ablauf des Produktionsprozesses dienen. Ziel der Fabrikplanung ist die Gewährleistung eines möglichst störungsfreien Zusammenwirkens aller am ▷ Produktionsprozess beteiligten ▷ Stellen. Sie stützt sich in der Hauptsache auf Daten der Arbeitsplanung. Die Durchführung lässt sich in drei Phasen aufteilen:
■ *Vorplanung:* Ist-Analyse und Schätzung des vorhandenen und zukünftigen Bedarfs an Fabrikfläche.
■ *Strukturplanung:* Erstellung eines Ideal-Layouts («grüne Wiese») auf Basis der Anforderungen und Anpassung der Planungsunterlagen an die «realen» Rahmenbedingungen (Grob-Layout).
■ *Feinplanung:* Konkretisierung der Strukturplanung durch Erstellung eines Fein-Layouts.
Wichtigste Bezugsgrösse der Planungsdurchführung ist die zugrunde liegende Betriebsfläche.

Fabrikverkauf
Unter Fabrikverkauf versteht man den Verkauf von Produkten durch eigene

Geschäfte des Herstellers direkt an den Endkunden unter Ausschluss des Handels. Es werden zwei Formen unterschieden: (1) Verkauf ab Fabrik (▷ Fabrikladen); (2) Verkauf in ▷ Factory Outlets.

Fach-Coaching
▷ Coaching

Fachgeschäft
▷ Einzelhandelsformen

Fachkommission für Empfehlungen zur Rechnungslegung
▷ FER
▷ Swiss GAAP FER

Fachkompetenz
▷ Managementkompetenz

Fachmarkt
Der Fachmarkt ist eine Form des Fach- bzw. Spezialgeschäfts mit erweitertem Angebot (▷ Einzelhandelsformen). Er führt eine ganz bestimmte Warengruppe, wobei das Sortiment sehr breit und tief ist (bedarfsorientiertes Sortiment). Die Vorteile liegen in der grossen Auswahl, Aktualität des Sortiments, kompetenten Beratung bei Bedarf (z.T auch Selbstbedienung), aggressiven Preispolitik, intensiven Werbung und grossen Verkaufsfläche.

Unterschieden wird zwischen dem *Discount-Fachmarkt,* der mit beschränkten Dienstleistungen sehr preisaggressiv auftritt, und dem *Fachgeschäfts-Fachmarkt* mit erstklassigen Markenartikeln und intensiven Dienstleistungen (Beratung und Service). Beim *Mehrfach-Fachmarkt* wird das Produktangebot um mehrere Hauptsortimente erweitert.

Beispiele: Media Markt (Unterhaltungselektronik), Ikea (Haushaltseinrichtung), Toys 'R' Us (Spielzeugmarkt).

Facility Management
Facility Management ist die strategische Ausrichtung im Management, die verschiedene betriebswirtschaftliche und technische Funktionen zu einem Konzept der *Gebäude-* und *Anlagenbewirtschaftung* vereinigt *(Immobilienmanagement).* Ziel ist es, das Kerngeschäft des Unternehmens mit der notwendigen ▷ Logistik, der Infrastruktur, den Services und der ▷ Technologie zu versorgen.

Von grosser Bedeutung ist eine zentrale Datenorganisation, durch die alle Informationen über die bewirtschafteten Objekte zugunsten einer betrieblichen Effizienzsteigerung koordiniert werden können.

Factoring
Factoring bezeichnet den Ankauf von Forderungen aus Warenlieferungen oder Dienstleistungen. Der Factor (meist eine Bank oder deren Tochtergesellschaft) verwaltet diese Forderungen, bevorschusst sie für die Zeit zwischen deren Übernahme und dem effektiven Geldeingang und übernimmt das Delkredererisiko. Das Factoring dient der kurzfristigen Finanzierung, da sich durch den Verkauf von Forderungen die Liquidität unmittelbar verbessert.

Je nach Ausgestaltung des Factoring-Vertrags übernimmt der Factor zusätzliche Aufgaben wie Währungs- und Transferrisiko, Inkasso und Mahnwesen sowie Debitorenbuchhaltung und Statistik.

Nach den erbrachten Leistungen des Factors unterscheidet man zwischen *echtem* Factoring mit Einschluss des Delkredererisikos und *unechtem* Factoring, bei dem das Delkredererisiko ausgeschlossen wird. Je nachdem, ob der Factor oder der Factoring-Nehmer gegenüber den Kunden auftritt, ergibt sich ein *offenes* Factoring, bei dem für den Kunden ersichtlich ist, dass der Lieferant die Forderungen an einen

Factor abgetreten hat, oder ein *stilles* bzw. *verdecktes* Factoring, bei dem die Abtretung der Forderungen dem Kunden verborgen bleibt.

Factory Outlets

Factory Outlets sind Läden der Hersteller, die – im Gegensatz zu den eigentlichen ▷ Fabrikläden – fernab von den Produktionsstätten liegen. Die Hersteller von zumeist Markenartikeln (v. a. Textilien, Sportartikel, Hi-Fi-Geräte, Möbel) setzen auf diese Weise ihre überschüssige Ware (Auslaufmodelle, Restposten) zu tieferen Preisen (bis zu 30%) als im Handel ab. Es handelt sich um eine Form des Fabrikverkaufs.

Auf Service wie Beratung und Bedienung wird verzichtet. Die Verkaufsräume sind schlicht ausgestattet, jedem Hersteller wird ein Platz zugeordnet. Diese Vertriebsform ist v. a. in den USA bekannt, kommt aber auch in Europa auf. Meistens werden Factory Outlets zu einem *Factory Outlets Park* (Center) zusammengefasst.

Vorteile für die Hersteller sind tiefe Kosten für Präsentation und Ausstattung der Verkaufsräume. Der Hersteller kann vom Know-how des Betreibers eines Factory Outlets profitieren, da er meistens wenig Erfahrung als Einzelhändler hat.

Factory Outlets Park
▷ Factory Outlets

Factory Warehouse Center

Das Factory Warehouse Center entspricht dem ▷ Factory Outlet mit dem Unterschied, dass die Markenware – wie beim Factory Outlet – nicht durch den Hersteller selbst, sondern durch den Betreiber des jeweiligen Center verkauft wird.

Fähigkeitsprofil

Das Fähigkeitsprofil *(Qualifikation)* zeigt die Fähigkeiten, Erfahrungen und Fachkenntnisse des Mitarbeitenden und ist das Gegenstück zum ▷ Anforderungsprofil. Es erlaubt einen Vergleich zwischen den notwendigen Anforderungen für eine ▷ Stelle und den Fähigkeiten eines tatsächlichen oder potenziellen Stelleninhabers. Es ermöglicht, sowohl den Stelleninhaber zu qualifizieren als auch die Stelle selbst in Bezug auf die Anforderungen zu beurteilen.

Fahrerloses Transportsystem (FTS)

Fahrerlose Transportsysteme *(FTS)* sind Fahrzeuge mit eigenem Antrieb, die durch Steuerungssysteme *automatisch* geführt werden. Ihre Bewegungen werden über Induktionsschleifen gesteuert.

FTS dienen der Vereinfachung und ▷ Rationalisierung der innerbetrieblichen ▷ Logistik und werden in den Bereichen ▷ Lager, ▷ Fertigung und ▷ Montage eingesetzt. Der automatische innerbetriebliche Transport mit FTS ist ein massgeblicher Baustein von ▷ Computer-Aided Manufacturing (CAM).

Failure Mode and Effects Analysis (FMEA)

Die *FMEA (Fehlermöglichkeits- und Einflussanalyse)* ist eine Methode zur Fehlervorbeugung (▷ Qualitätssicherung). In Teamarbeit werden mögliche Fehlerquellen aus Hersteller- und aus Kundensicht analysiert und ihr Risiko bewertet. Mit der *Risikoprioritätszahl (RPZ)* wird die Wahrscheinlichkeit des Auftretens eines Fehlers, die Schwere der Auswirkungen auf den Kunden und die Wahrscheinlichkeit des Entdeckens vor Auslieferung zum Ausdruck gebracht. Sie dient dazu, besonders risikoreiche Fehlerquellen zu erfassen und zu eliminieren. Bei der FMEA wird

i.d.R. ein Analyseraster verwendet, bei dem jedes Produkt in seine Bauteile zerlegt und diese systematisch bewertet werden.
Die Erfahrung zeigt, dass ein Grossteil der Fehler, die in der Fertigung auftreten (ca. 70–80%), bereits bei der Konstruktion hätten vermieden werden können. Die FMEA erleichtert durch den vorgegebenen Raster und durch den Beizug verschiedener Fachleute aus Entwicklung, Produktion und Verkauf die Abstimmung verschiedener Funktionsbereiche und verhindert das Entstehen von Fehlern (▷ Total Quality Management, ▷ Simultaneous Engineering). Neben der Konstruktions-FMEA wird die Prozess-FMEA angewandt, die Fertigungsverfahren und Prozessparameter analysiert.
In der betrieblichen Praxis hilft die FMEA, Qualitätsprobleme rechtzeitig zu erkennen, deren Auftreten zu verhindern und hohe Folgekosten durch gezielte Massnahmen zu vermeiden.

Fair Presentation
▷ True and Fair View

Fair Value
Als Fair Value bezeichnet man den Betrag, zu dem ein ▷ Vermögenswert zwischen sachverständigen, vertragswilligen und voneinander unabhängigen Geschäftspartnern getauscht werden könnte.

Fake
Engl. für Fälschung, Nachahmung
▷ Produktpiraterie

Faktormarkt
Auf den Faktormärkten bieten die privaten Haushalte die in ihrem Eigentum befindlichen ▷ Produktionsfaktoren im ▷ Tausch gegen ▷ Einkommen an. Die beiden wichtigsten Faktormärkte sind der ▷ Arbeitsmarkt und der ▷ Kapitalmarkt. Daneben gibt es eine ganze Reihe weiterer Faktormärkte für Boden, Rohstoffe, Energie, Informationen usw.

Fallen Angel Bond
Syn. für ▷ Junk Bond

Familienaktiengesellschaft
▷ Kleinaktiengesellschaft

FASB
Der FASB *(Financial Accounting Standards Board)* ist die in den USA für die Erstellung der allgemein anerkannten Rechnungslegungsstandards zuständige Organisation. Die vom FASB festgelegten «Generally Accepted Accounting Principles» (▷ US GAAP) werden sowohl von der amerikanischen Börsenaufsicht (SEC) als auch vom Prüferberufsstand (AICAP) anerkannt.

Fat Man Strategy
▷ Raider

Fayol, Henri
▷ Administrativer Organisationsansatz

Fayol'sche Brücke
▷ Einliniensystem

FCF
Abk. für ▷ Free Cash Flow

F&E
Abk. für ▷ Forschung und Entwicklung

Fehler
Fehler sind alle Abweichungen von einer geplanten oder erwarteten Leistung. Ein Fehler kann auf Nichtwissen oder auf Irrtum (inkl. Nachlässigkeit) beruhen. Wann

ein Fehler vorliegt, hängt vom Toleranzbereich der Vorgabe ab; ist dieser unklar, bleibt die Beurteilung immer subjektiv. Im Rahmen des ▷ Qualitätsmanagements werden Methoden entwickelt, um Fehler zu vermeiden, zu entdecken und zu analysieren (▷ Failure Mode and Effects Analysis, ▷ Ishikawa-Diagramm).

Fehler, grundlegende
▷ Grundlegende Fehler

Fehlerkosten
▷ Qualitätskosten

Fehlermöglichkeits- und Einflussanalyse
Syn. für ▷ Failure Mode and Effects Analysis (FMEA)

Fehlerverhütungskosten
▷ Qualitätskosten

Fehlmengenkosten
Unter Fehlmengenkosten versteht man jene Kosten, die beim Fertigungsprozess durch mangelnde Versorgung mit den notwendigen Gütern entstehen. Es handelt sich um ▷ Qualitätskosten i.w.S. Es wird zwischen *zeit-* und *mengen*abhängigen Fehlmengenkosten unterschieden.

- Zeitabhängige Kosten ergeben sich aus Verzögerungen im Produktionsablauf und durch Nichteinhaltung von Lieferterminen. Dies sind insbesondere Konventionalstrafen bei Nichtlieferung und durch Auftragsverluste entgangene Gewinne. Daraus lassen sich auch die sog. Goodwill-Verluste ableiten, die nur geschätzt werden können, die jedoch einen erheblichen Einfluss auf die Gestaltung der Kundenbeziehungen haben können.
- Mengenabhängige Kosten entstehen aus Preisdifferenzen bei der Beschaffung der Fehlmengen (z.B. erhöhte Transportkosten, teurere Güter), sowie bei Produktionsunterbruch (Leerkosten nicht eingesetzter Maschinen und Mitarbeitender).

Ziel des Managements muss es sein, die Fehlmengenkosten zu minimieren. Dies ist durch eine Optimierung der Lagerhaltung zu erreichen, wobei die Summe der Fehlmengen- und der Lagerhaltungskosten so gering wie möglich zu halten ist (▷ Beschaffungsarten).

In der betrieblichen Praxis kommt den Fehlmengenkosten, insbesondere den Goodwill-Kosten, grosse Aufmerksamkeit zu. Durch Ansätze wie ▷ Total Quality Management und ▷ Kanban-Systeme wird der Entstehung von Fehlmengenkosten vorgebeugt.

Fehlzeiten
Unter Fehlzeiten *(Absentismus, Ausfallzeiten)* versteht man jede Abwesenheit vom Arbeitsplatz. Gründe können Urlaub, staatspolitische Pflichten, Krankheit und Unfall, betriebliche Weiterbildung sowie unentschuldigtes Fernbleiben sein. Eine Analyse der Fehlzeiten ist für das Unternehmen wichtig, um einerseits die Kosten von Fehlzeiten zu kennen und andererseits Massnahmen zur Reduktion bzw. Vermeidung von Fehlzeiten ergreifen zu können. Die Höhe der Fehlzeiten ist z.B. abhängig von Konjunktur, Branche, Mitarbeiterqualifikation, Betriebsklima, privaten Umständen, Arbeitsbedingungen.

Feldbeobachtung
Feldbeobachtungen sind eine Form der ▷ Beobachtung im Rahmen der Marktforschung – im Gegensatz zur ▷ Laborbeobachtung – und finden unter natürlichen Bedingungen am Verkaufsort statt. Beobachtet werden das Verhalten der Käufer vor einem Gestell in einem Selbstbedienungsladen, aber auch die Reaktion

auf bestimmte Verkaufsargumente beim direkten Kundenkontakt im Verkaufsgespräch.

FER

Die FER *(Fachkommission für Empfehlungen zur Rechnungslegung)* ist eine unabhängige Stiftung, die 1984 von der Schweizerischen Treuhand-Kammer errichtet wurde. Sie setzt sich aus Fachleuten aus Wirtschaft, Politik und Wissenschaft zusammen und verfolgt durch die Publikation ihrer Fachempfehlungen, der ▷ *Swiss GAAP FER,* folgende Ziele:

- Mit den Fachempfehlungen will man die Aussagekraft und Vergleichbarkeit der Einzelabschlüsse sowie der Konzernrechnungen erhöhen und deren Gleichwertigkeit mit internationalen Rechnungslegungsgrundsätzen erreichen.
- Die Fachempfehlungen ergänzen und konkretisieren die geltenden gesetzlichen Bestimmungen zur Rechnungslegung; sie setzen Richtlinien zu Einzelthemen.
- Die Fachempfehlungen umfassen zwei Teile: die «Empfehlung» und die «Erläuterungen». Die «Empfehlung» enthält die Regeln, die in den «Erläuterungen» näher ausgeführt werden.
- Die Fachempfehlungen lassen verschiedene Lösungen zu, sofern eine gleichwertige Information sichergestellt ist. Sie vertreten Lösungen, die sowohl theoretisch und fachlich korrekt als auch praxisbezogen und wirtschaftlich sind.

Fertigung

Mit Fertigung wird die betriebliche Abteilung bezeichnet, in der alle Tätigkeiten zur physischen Herstellung von Produkten ausgeführt werden. Dazu gehören Drehen, Bohren, Schweissen und andere Arbeiten. Der Begriff Fertigung wird oft synonym zu Produktion verwendet. Die Fertigung steht innerhalb der ▷ Wertkette zwischen der ▷ Beschaffung und der ▷ Montage.

In der Fertigung werden mit Unterstützung der von ▷ Arbeitsvorbereitung und ▷ Konstruktion bereitgestellten Informationen aus den Rohmaterialien, ▷ Halbfabrikaten und Bauteilen sowie den ▷ Hilfs- und ▷ Betriebsstoffen Einzelteile hergestellt. Für den Fertigungsprozess werden qualifiziertes Personal, Fertigungsmittel (z.B. Werkzeugmaschinen), Räume (▷ Fabrikplanung) sowie Mess-, Lager- und Transporteinrichtungen benötigt. Das Ergebnis sind Fertigteile, Produkte und Abfälle, die gelagert oder dem ▷ Recycling zugeführt werden.

Der Fertigungsbereich ist aus betriebswirtschaftlicher Sicht von grosser Bedeutung, da hier die meisten Kosten im Rahmen der ▷ Auftragsabwicklung entstehen.

Fertigung, auftragsbezogene

▷ Auftragsbezogene Fertigung

Fertigung, belastungsorientierte

▷ Belastungsorientierte Auftragsfreigabe

Fertigungsinsel

Fertigungsinseln sind organisatorisch zusammengefasste Teileinheiten innerhalb der Fertigung, die eine Produktart (Teilefamilie) bearbeiten (objektorientierte Organisation). Arbeitsplanung und -steuerung erfolgen nicht durch eine zentrale ▷ Arbeitsvorbereitung, sondern dezentral. Die Mitarbeitenden einer Fertigungsinsel bilden eine (teil-)autonome Arbeitsgruppe (▷ autonome Arbeitsgruppe) mit weit gehend aufgehobener Arbeitsteilung (im Sinn der Verrichtungsspezialisierung [▷ Spezialisierung]). ▶ Abb. 60 zeigt beispielhaft den Aufbau von Fertigungsinseln.

Die objektorientierte Organisation verkürzt die ▷ Durchlaufzeiten, verringert den

Fertigungslos

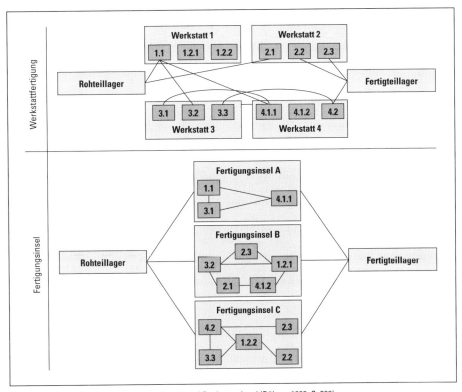

▲ Abb. 60 Materialfluss bei Werkstattfertigung und Fertigungsinsel (Bühner 1999, S. 289)

innerbetrieblichen Transportaufwand, erhöht die Transparenz des Fertigungsprozesses und ermöglicht vielfältigere Aufgaben für die Mitarbeitenden (▷ Job Enrichment). Ausserdem gewährleistet die Einführung von Fertigungsinseln eine höhere ▷ Flexibilität.

Fertigungslos

Als Fertigungslos bezeichnet man jene Menge einer Sorte oder Serie, die hintereinander und ohne Umstellung oder Unterbrechung des Produktionsprozesses hergestellt wird. Die Grösse eines Fertigungsloses hängt vom ▷ Fertigungstyp ab (▷ Losgrösse, optimale).

Die *Losgrösse* beeinflusst die Fähigkeit eines Unternehmens, Skaleneffekte (▷ Economies of Scale) zu realisieren, entscheidend. Die zunehmende Konkurrenz auf den Absatzmärkten zwingt jedoch Unternehmen häufig, durch ▷ Diversifikation ihrer Produktpalette kleinere und damit unwirtschaftlichere Losgrössen zu produzieren. In zahlreichen Branchen der Investitions- und Gebrauchsgüterindustrie lässt sich eine Tendenz in Richtung «Losgrösse 1» ausmachen, was nicht ohne Folgen für die Wirtschaftlichkeit bleibt (▷ Mass Customization).

Fertigungsorganisation
▷ Organisationstypen der Fertigung

Fertigungsplanung
▷ Fertigungssteuerung

Fertigungssteuerung

Fertigungsplanung und *-steuerung* sind Aufgaben innerhalb der ▷ Arbeitsvorbereitung. Die Begriffe werden oft synonym zu Produktionsplanung und -steuerung (▷ PPS-Systeme) verwendet. Während die Fertigungsplanung auftragsunabhängig die Produktionsmittel und -prozesse gestaltet, werden in der Fertigungssteuerung die vorliegenden Aufträge umgesetzt. Hierfür werden konkrete Produktionspläne (Termine, Kapazitäten) und Fertigungspapiere erstellt, aufgrund derer die einzelnen Arbeitsstellen ihre Aufgaben verrichten. Die Ziele der Fertigungssteuerung sind die Minimierung der Durchlaufzeiten und die Auslastung der Kapazitäten.

Grundsätzlich kann zwischen zentraler und dezentraler Fertigungssteuerung unterschieden werden. Je zentraler die Steuerung erfolgt, desto höhere Ansprüche werden an das Informationssystem gestellt. Dabei werden alle Produktionsmengen und -termine pro Arbeitsplatz zentral vorgegeben (▷ Material Requirements Planning). Dies ist am ehesten in der Fliessfertigung zu verwirklichen. Da mit zunehmenden Produktvarianten die Komplexität steigt, treten bei zentraler Steuerung als Nachteile längere Durchlaufzeiten und

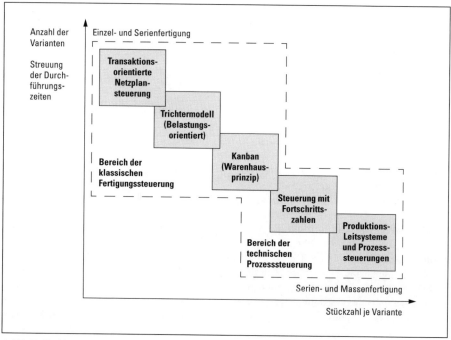

▲ Abb. 61 Verfahren der Fertigungssteuerung (Wiendahl 1989, S. 253)

Leerkapazitäten auf. Deshalb werden dezentrale Konzepte bevorzugt (z.B. ▷ belastungsorientierte Auftragsfreigabe).
Je nachdem, ob die Auslösung eines Auftrags vor oder nach der Kundenbestellung erfolgt, spricht man von Push- oder Pull-Systemen. Zu den bekanntesten Pull-Systemen zählt ▷ Kanban, bei dem die Produktion erst einsetzt, wenn am Ende der Kette ein Produkt aus dem Lager genommen wird. Erfolgt die Produktion in Erwartung eines zukünftigen Kundenauftrags, spricht man von Push-Systemen (z.B. ▷ Material Requirements Planning, ▷ Fortschrittszahlenkonzept). Je genauer die Prognose stimmt, desto weniger Lager häufen sich an.
Grundsätzliche Unterschiede in der Fertigungssteuerung treten auch auf, wenn auftragsbezogen (▷ Just-in-Time-Konzept) oder auf Lager produziert wird.
◀ Abb. 61 zeigt verschiedene Verfahren der Fertigungssteuerung.
▷ Belastungsorientierte Auftragsfreigabe
▷ Netzplantechnik

Fertigungsstrasse
▷ Technischer Fortschritt
▷ Fliessfertigung

Fertigungssynchrone Beschaffung
▷ Beschaffungsarten
▷ Just-in-Time-Konzept

Fertigungstiefe
Unter Fertigungstiefe wird der Anteil der ▷ Wertschöpfung an einem Produkt verstanden, für den ein Unternehmen verantwortlich ist. Dabei kann zwischen einer vollständigen Fertigung von der Gewinnung des Rohmaterials bis zum Verkauf des Endprodukts (hohe Fertigungstiefe) oder nur einer Teilfertigung, z.B. in Form der Endmontage und des Verkaufs (niedrige Fertigungstiefe), unterschieden werden. Die Erhöhung der Fertigungstiefe in Richtung Rohmaterialgewinnung wird als *Rückwärtsintegration,* eine Erhöhung in Richtung Vertrieb und Verkauf als *Vorwärtsintegration* bezeichnet. Der (strategische) Entscheid über die Fertigungstiefe kann mit einem langfristigen ▷ Make-or-Buy-Entscheid verglichen werden.
Verschiedene Strategien sind zu unterscheiden:
- *Innovationsstrategie:* Steigerung der vertikalen Integration in der Produktion durch Erhöhung der Fertigungstiefe bei strategisch wichtigen Produkten.
- *Variations-* oder *Konzentrationsstrategie:* Erhöhung des Anteils an Zukaufteilen für bestimmte Produkte oder bestimmte Leistungen.
- *Kooperationsstrategie:* Langfristige Verträge mit Partnerunternehmen und enge Zusammenarbeit bei der Leistungserstellung.

Die Fertigungstiefe beeinflusst das im Unternehmen verfügbare Know-how, die Herstellungskosten (▷ Economies of Scale) und die Flexibilität. Eine geringe Fertigungstiefe führt i.d.R. zu einer Intensivierung der Lieferantenbeziehungen (Kooperationsstrategien). Welche Fertigungstiefe im Einzelfall richtig ist, hängt von der Wettbewerbssituation auf Absatz- und ▷ Beschaffungsmärkten sowie von den spezifischen Anforderungen ab, welche die Herstellung der Produkte erfordert.
In der industriellen *Praxis* spielt die Fertigungstiefe eine bedeutende Rolle. Durch die Verringerung der Fertigungstiefe werden i.d.R. erhebliche Kosten- und Effizienzvorteile realisiert. Jedoch hat sich gezeigt, dass eine Auslagerung von Fertigungs- oder Montagebereichen langfris-

tig zum Verlust betrieblichen Know-hows und damit zu einer geringeren Wettbewerbsfähigkeit führen kann.

Fertigungstyp

Der Fertigungstyp bestimmt die Zahl der Fertigungseinheiten, die in einem nicht unterbrochenen Produktionsprozess hergestellt werden. Abgrenzungskriterium unterschiedlicher Fertigungstypen ist die Häufigkeit der Wiederholung eines bestimmten Fertigungsvorganges.

Grundsätzlich lässt sich eine Einteilung in ▷ Einzelfertigung, bei der individuelle Leistungseinheiten hergestellt werden (Losgrösse von 1), und ▷ Mehrfachfertigung vornehmen. Je nach produzierter Menge lässt sich letztere in ▷ Massenfertigung und Serienfertigung unterteilen. Die Serienfertigung kann weiter in die (reine) ▷ Serienfertigung, ▷ Sortenfertigung und ▷ Chargenfertigung differenziert werden (▶ Abb. 62).

Die unterschiedlichen Fertigungstypen sind in der Praxis oft mit bestimmten ▷ Organisationstypen der Fertigung verbunden. Zum Beispiel führt die Einzelfertigung oft zur ▷ Werkstattfertigung, die Massenfertigung eher zur ▷ Fliessfertigung. Mit Zunahme des Computer-Einsatzes (▷ Computer-Integrated Manufacturing) ist dieser Zusammenhang jedoch immer weniger gegeben, da moderne Produktionsanlagen auch bei Fliessfertigung geringe Losgrössen zulassen (▷ Mass Customization).

Fertigungsverfahren

Syn. für ▷ Organisationstypen der Fertigung

Festgeld

Als Festgeld bezeichnet man Kundeneinlagen, die den Banken mit einem festen Verfalltermin zur Verfügung stehen. Festgelder sind i.d.R. von Unternehmen, der öffentlichen Hand oder Privatanlegern vorübergehend nicht benötigte ▷ liquide Mittel. Oft sind es auch sog. «Wartegelder», die kurz- bis mittelfristig angelegt werden, um zu einem späteren, bezüglich Rentabilität günstigeren Zeitpunkt in andere Finanzanlagen investiert zu werden.

Die Anlagedauer kann zwischen einem Monat und mehreren Jahren liegen, wobei v.a. Geschäfte von drei, sechs oder zwölf Monaten sehr verbreitet sind. Als untere Limite setzen die Banken meist einen Be-

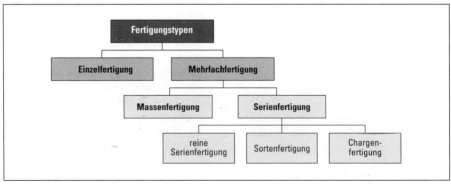

▲ Abb. 62 Fertigungstypen

trag von Fr. 100 000, im Einzelfall auch von Fr. 50 000 fest. Die Verzinsung richtet sich nach der Anlagedauer und den Verhältnissen auf den ▷ Geldmärkten. Insbesondere bei kleinen Festgelddepots werden die Zinssätze in der Praxis meist unter den Banken abgesprochen.

FFS
Abk. für ▷ Flexibles Fertigungssystem

FFZ
Abk. für ▷ Flexible Fertigungszelle

Field Research
Engl. für Primärmarktforschung
▷ Marktforschungsmethode

Fifo
Abk. für ▷ First-in-First-out
▷ Prioritätsregeln

Filiale
Filialen sind Niederlassungen eines Unternehmens an verschiedenen Orten. Sie werden von einer Zentrale aus beliefert und geführt. Man trifft sie v. a. im Handel (z. B. Filialen von Warenhäusern) und im Dienstleistungsbereich (z. B. Bankfilialen) an.

Filialkette
Die Filialkette ist eine Unternehmensform, die über eine grössere Zahl gleichartiger Filialgeschäfte (▷ Filiale) verfügt. Diese werden von einer Grosseinkaufszentrale mit einem einheitlichen Warensortiment beliefert. Die Filialen erlauben eine flächendeckende Präsenz und Kundennähe, während der zentrale Einkauf und die Zentralisierung administrativer Aufgaben Kosteneinsparungen ermöglichen (▷ Divisionalorganisation). Sie ist eine typische Konzentrationsform des Gross- und Einzelhandels.

Financial Accounting Standards Board
▷ FASB

Financial Auditing
▷ Interne Revision

Financial Due Diligence
▷ Due Diligence

Financial Future
▷ Future

Financial Leasing
Als Ausprägungsform des ▷ Leasings ist das Financial Leasing *(Finanzierungsleasing)* ein vollwertiger Investitions- und Finanzierungsvorgang. Charakteristisch ist die – im Verhältnis zur wirtschaftlichen Nutzungsdauer des Investitionsobjekts – langfristig unkündbare Grundmietzeit. Da das Leasinggut i. d. R. während der Grundmietzeit vollständig amortisiert wird, geht das Investitionsrisiko – im Gegensatz zum ▷ Operating Leasing – auf den Leasingnehmer über. Das Financial Leasing wird folgendermassen abgewickelt:
1. Der Leasingnehmer wählt die für ihn geeigneten Objekte aus und informiert den Leasinggeber über seine Wahl.
2. Der Leasinggeber bestellt und/oder kauft die vom Leasingnehmer gewünschten Leasinggegenstände und schliesst mit ihm einen Vertrag ab. Dieser regelt: (a) die Grundmietzeit, (b) die monatlichen Leasingraten, die sich aus folgenden Komponenten zusammensetzen: Zins für die Finanzierung des Leasingobjekts, Abschreibung des Leasingobjekts, Verwaltungskosten, Risikokosten im Fall einer Insolvenz des Leasingnehmers, Wartungs-

und Reparaturkosten (falls diese im Leasingvertrag eingeschlossen wurden) sowie Gewinnanteil zugunsten der Leasinggesellschaft, (c) die einmalige Leasinggebühr bei Vertragsabschluss (0,5%–5% des Kaufpreises) sowie (d) die Möglichkeiten am Ende der Vertragsdauer (Kauf oder Rückgabe des Leasingobjekts).

Indirekt am Leasinggeschäft beteiligt sind somit der Produzent der Leasingobjekte, wobei beim Herstellerleasing Produzent und Leasinggesellschaft identisch sind, sowie die Finanzierungsinstitutionen (Banken, Versicherungen), über die sich die Leasinggesellschaften refinanzieren (▶ Abb. 63).

International kontroverse Ansichten bestehen bezüglich der Bilanzierung des Leasingguts eines Financial-Leasing-Geschäfts. Seit einigen Jahren gewinnt die Meinung an Bedeutung, dass das Leasinggut sei bei jener Vertragspartei zu bilanzieren, welche den grössten Teil des Investitionsrisikos trage. Für das Financial Leasing hätte dies die Konsequenz, dass der Leasinggegenstand stets beim Leasingnehmer zu bilanzieren wäre.

Financial Times Stock Exchange Index

Der Financial Times Stock Exchange Index (*FTSE,* umgangssprachlich *«Footsie»* genannt) ist ein Aktienindex der Londoner Börse, der die 100 wichtigsten Unternehmen Grossbritanniens umfasst.

Finanzbuchhaltung

Die Finanzbuchhaltung erfasst die wertmässigen Beziehungen des Unternehmens nach aussen. Es wird der gesamte vermögensrelevante Geschäftsverkehr mit Kunden, Arbeitnehmern, Lieferanten, Banken, Staat und anderen Institutionen festgehalten.

Ziel der Finanzbuchhaltung ist es, die Bestände (und deren Veränderungen) an Geldmitteln, Forderungen, Vorräten, Mobilien, Immobilien, Finanzvermögen und immateriellem Vermögen auf der einen Seite sowie die Verbindlichkeiten des Unternehmens auf der anderen Seite und

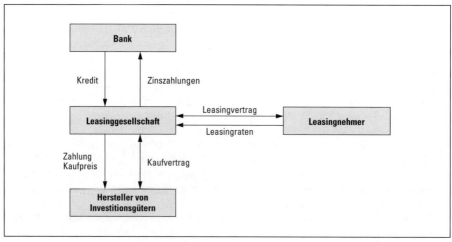

▲ Abb. 63 Abwicklung des Leasinggeschäfts

letztlich den Unternehmenserfolg zu ermitteln. Aufgrund dieser allgemeinen Charakterisierung erfüllt die Finanzbuchhaltung folgende zwei Aufgaben:
1. *Buchführung:* Chronologische und systematische Erfassung und Aufzeichnung aller vermögensrelevanten Geschäftsvorgänge anhand von Belegen im ▷ Journal und im ▷ Hauptbuch.
2. *Rechnungslegung:* Darstellung der Ergebnisse der Buchführung anhand der (a) ▷ *Bilanz:* Ermittlung der Vermögens- und Schuldverhältnisse zu einen bestimmten Zeitpunkt; (b) ▷ *Erfolgsrechnung:* Ausweis des Erfolgs einer einzelnen Geschäftsperiode im Sinn einer Zeitraumrechnung; (c) ▷ *Mittelflussrechnung:* Nachweis der Ursachen der Veränderung einzelner, ausgewählter Bilanzpositionen während einer Geschäftsperiode.

Finanzholding
▷ Holdinggesellschaft

Finanzielle Mittel
Unter finanziellen Mitteln werden i.d.R. die ▷ liquiden Mittel verstanden, wobei der Begriff ▷ Liquidität unterschiedlich weit gefasst werden kann.

Finanzierung
Dem Begriff Finanzierung werden drei verschiedene Inhalte zugeordnet:
- *Objektfinanzierung:* Bereitstellen von ▷ finanziellen Mitteln zur Anschaffung von ▷ Betriebsmitteln (z.B. Maschinen).
- *Unternehmensfinanzierung* (= Finanzierung i.e.S.): Versorgung des gesamten Unternehmens mit finanziellen Mitteln zur Aufrechterhaltung des betrieblichen Umsatzprozesses, z.B. wenn die Beschaffung eines Betriebsmittels zu einem zusätzlichen Kapitalbedarf führt, da durch dessen Inbetriebnahme Auswirkungen auf andere betriebliche Bereiche (z.B. Werkstoffe, Debitorenbestände) zu erwarten sind.
- ▷ *Finanzmanagement* des Unternehmens (= Finanzierung i.w.S.): Finanzierung als umfassende unternehmerische Funktion. Diese beinhaltet alle mit der Kapitalbeschaffung, der Kapitalverwaltung, dem Kapitaleinsatz und der Kapitalrückzahlung zusammenhängenden Massnahmen.

Finanzierung aus Abschreibungsrückflüssen
Bei der Finanzierung aus Abschreibungsrückflüssen findet eine Vermögensumschichtung statt, indem der Nutzleistungsabgang der ▷ Betriebsmittel (Abschreibung) über den Verkauf von Produkten in ▷ liquide Mittel umgewandelt wird. Man spricht deshalb auch von einer *Verflüssigungsfinanzierung*. Die freigesetzten Mittel können bis zum Zeitpunkt der ▷ Ersatzinvestition in neue Betriebsmittel investiert werden. Dadurch wird die Produktionskapazität erhöht, die unter bestimmten Voraussetzungen sogar auf Dauer konstant gehalten werden kann. Dieser Sachverhalt wird als *Kapazitätserweiterungseffekt* oder *Lohmann-Ruchti-Effekt* bezeichnet. Der theoretisch maximale Kapazitätsausweitungsfaktor K beträgt:

$$K = 2 \cdot \frac{n}{n+1}$$

n: Nutzungsdauer

Um einen maximalen Kapazitätserweiterungseffekt in der Praxis zu erreichen, sind eine Reihe von Voraussetzungen zu erfüllen:
- Die *Abschreibungsgegenwerte* müssen tatsächlich über die verkauften Produkte in Form von flüssigen Mitteln ins Unterneh-

men zurückfliessen und für eine Neuinvestition zur Verfügung stehen.
- Die zurückgeflossenen Mittel müssen *sofort* in neue Betriebsmittel *reinvestiert* werden.
- Die *Betriebsmittel* müssen so weit *teilbar* sein, dass die Investitionen auch tatsächlich vorgenommen werden können. Bei Grossanlagen ist dies oft nicht möglich.
- Neben den Betriebsmitteln müssen auch *Werkstoffe* gekauft und u. U. weiteres *Personal* eingestellt werden. Dazu sind zusätzliche finanzielle Mittel notwendig, die ebenfalls vorhanden sein oder beschafft werden müssen.
- Schliesslich müssen die auf den neuen Maschinen zusätzlich hergestellten *Produkte abgesetzt* werden können. Werden diese z. B. nur auf Lager produziert, so ergeben sich daraus keine liquiden Mittel.

Finanzierung, optimale

Bei der optimalen Finanzierung (optimale Kapitalstruktur) geht es um (1) die Frage des Verhältnisses zwischen ▷ Fremd- und ▷ Eigenkapital, (2) die Bestimmung der konkreten Kapitalform innerhalb dieser beiden Kapitalarten (z. B. ▷ Aktienkapital oder ▷ Partizipationskapital, Bankkredite oder ▷ Anleihensobligationen), sowie (3) um den Einsatz (Verwendung) dieses Kapitals.

Eine optimale Kapitalstruktur hängt primär von den verfolgten Unternehmenszielen ab. Von grosser Bedeutung sind die Erzielung eines ▷ Gewinns sowie die Sicherung der ▷ Liquidität:
- Die Erzielung eines *Gewinns* bedeutet, dass das Unternehmen nicht nur seine Kosten deckt, sondern darüber hinaus einen Gewinn erwirtschaftet, der ein Entgelt für das eingegangene unternehmerische Risiko ist, ein Zeugnis für ein erfolgreiches Management ausstellt sowie über die Selbstfinanzierung einen Beitrag zur weiteren Unternehmensentwicklung leistet.
- Die Sicherung der *Liquidität* ist darauf ausgerichtet, dass das Unternehmen jederzeit über genügend ▷ liquide Mittel verfügt, um einerseits bestehende Verpflichtungen erfüllen und andererseits neue eingehen zu können.
- Sowohl die Gewinnerzielung als auch die Liquiditätswahrung dienen der langfristigen *Sicherheit* des Unternehmens. Diese schliesst sowohl die Existenzsicherung des Unternehmens als auch die Sicherheit der Gläubiger ein. Ein Unternehmen hat deshalb seinen Kapitalbedarf so zu decken, dass durch die finanzwirtschaftlichen Entscheide die Gewinnerzielung unterstützt wird (▷ Rentabilität), es jederzeit seinen finanziellen Verpflichtungen nachkommen kann (Liquidität) und das Unternehmensvermögen ausreicht, um die Verpflichtungen gegenüber Fremdkapitalgebern erfüllen zu können (Garantie).

Neben diesen Haupt- oder Unternehmenszielen gibt es eine Reihe weiterer ▷ Finanzierungsregeln, die sich unter Berücksichtigung der Unabhängigkeit, der ▷ Flexibilität, des ▷ Risikos und der ▷ Public Relations (Finanzimage) ergeben.
▷ Finanzziele

Finanzierungsanlass

Nach dem Anlass, der zu einer ▷ Finanzierung führt, unterscheidet man i. d. R. zwischen Gründungs-, Wachstums-, Übernahme- und Sanierungsfinanzierung.

Finanzierungsarten

Betrachtet man alle Möglichkeiten zur Geld- bzw. Kapitalbeschaffung, so können die in ▶ Abb. 64 aufgeführten Vorgänge unterschieden werden.

- Bei der ▷ *Aussenfinanzierung* erhält das Unternehmen das Kapital über den ▷ Geld- oder ▷ Kapitalmarkt. Wird das Kapital durch die Eigentümer als Beteiligungskapital zur Verfügung gestellt, so handelt es sich um eine ▷ *Beteiligungsfinanzierung*. Wird das Kapital nur für eine bestimmte Zeitdauer zur Nutzung überlassen, so liegt eine ▷ *Kreditfinanzierung* vor. Im Fall der Veräusserung von Vermögenswerten handelt es sich um eine reine *Vermögensverflüssigung* ohne Auswirkung auf das Kapital eines Unternehmens.
- Im Rahmen der ▷ *Innenfinanzierung* findet bei der ▷ *Selbstfinanzierung* eine Finanzierung über die Einbehaltung von erzielten Gewinnen statt, während die ▷ *Finanzierung aus Abschreibungsrückflüssen* die Bereitstellung von finanziellen Mitteln durch Verflüssigung der in den abzusetzenden Gütern gebundenen Abschreibungsgegenwerte beinhaltet.

Da die nicht ausgeschütteten Gewinne in Form von ▷ stillen oder offenen ▷ Reserven zusammen mit den Einlagen der Eigentümer das ▷ Eigenkapital des Unternehmens bilden, handelt es sich bei der Beteiligungsfinanzierung und Selbstfinanzierung um eine ▷ *Eigenfinanzierung*, im Gegensatz zur ▷ Kreditfinanzierung, die in ihrer Gesamtheit das ▷ Fremdkapital darstellt und somit als *Fremdfinanzierung* bezeichnet werden kann.

	Kapitalzuführung		Vermögensverflüssigung
	Fremdkapital	Eigenkapital	
Aussenfinanzierung	Kreditaufnahme	Beteiligungsfinanzierung	Vermögensliquidation
Innenfinanzierung	Mittelbindung aus Rückstellungsbildung	Selbstfinanzierung	Abschreibungsrückflüsse

▲ Abb. 64 Finanzierungsarten

Finanzierungsleasing
Syn. für ▷ Financial Leasing

Finanzierungsregeln
Die Finanzierungsregeln beziehen sich entweder auf das Verhältnis zwischen ▷ Fremd- und ▷ Eigenkapital (vertikale Finanzierungsregeln, ▷ Finanzierungsverhältnis) oder auf die Beziehungen zwischen Vermögen und Kapital (horizontale Finanzierungsregeln, ▷ goldene Finanzierungsregel, ▷ goldene Bilanzregel).
Neben den klassischen Finanzierungsregeln, die primär auf Liquidität und Rentabilität ausgerichtet sind, sollte eine Finanzierung auch Aspekte des ▷ Risikos und der ▷ Flexibilität beachten. Der Grundsatz der risikoangepassten Finanzierung sagt, dass der ▷ Eigenfinanzierungsgrad umso höher sein muss, je risikoreicher die Geschäftstätigkeit des Unternehmens ist. Eine flexible Finanzierung bedeutet, dass ein Unternehmen fähig ist, sich jederzeit an schwankende Kapitalbedürfnisse sowie an sich dauernd ändernde Bedingungen des ▷ Geld- und ▷ Kapitalmarkts anzupassen.

Finanzierungsverhältnis
Das Finanzierungsverhältnis ist eine Kennzahl zur Analyse der ▷ Kapitalstruktur. Sie informiert über das Verhältnis zwischen ▷ Fremd- und ▷ Eigenkapital.

$$\text{Finanzierungsverhältnis} = \frac{\text{Fremdkapital}}{\text{Eigenkapital}}$$

Als Faustregel wird oft ein Verhältnis von 1:1 oder 2:1 gefordert. Dieses Verhältnis berücksichtigt allerdings weder die Vermögensstruktur noch die zukünftigen Ein- und Auszahlungsströme. Indirekt lassen sich aber bezüglich der Liquidität doch gewisse Rückschlüsse ziehen oder zumindest

Vermutungen anstellen. Je höher z. B. der
▷ Verschuldungsgrad ist, umso höher werden i. d. R. die liquiditätsbelastenden Auszahlungen ausfallen, und umso kleiner wird die Möglichkeit einer zusätzlichen Verschuldung sein.

Im Zusammenhang mit dem ▷ Leverage-Effekt hat das Finanzierungsverhältnis einen wesentlichen Einfluss auf die ▷ Eigenkapitalrentabilität. Die Finanzierung mit Fremd- und Eigenkapital muss immer wieder vor dem Hintergrund existenzieller Risiken der Geschäftstätigkeit überprüft werden. Je grösser das unternehmerische Risiko, desto kleiner sollte der Wert des Finanzierungsverhältnisses ausfallen.

▷ Eigenfinanzierungsgrad
▷ Verschuldungsgrad

Finanzkontrolle

Die Finanzkontrolle umfasst einerseits die laufende Überwachung der Einzahlungs- und Auszahlungsströme und andererseits den Vergleich der geplanten Zahlen (Soll-Werte) mit den effektiven Zahlen (Ist-Werte) der ▷ Finanzbuchhaltung. Bei Abweichungen sind sofort Massnahmen zu ergreifen, um grössere Fehlbeträge oder Überschüsse zu vermeiden (▷ Cash Management). Eine weitere Aufgabe ist die Auswertung der Abweichungen. Werden die effektiven Werte analysiert, so können die Ursachen für die Abweichungen erkannt werden. Darüber hinaus ergeben sich neue Erkenntnisse für die ▷ Finanzplanung. Die Finanzkontrolle kann sich entweder auf finanzielle Tatbestände zu einem bestimmten Zeitpunkt (statisch) oder auf die finanzielle Entwicklung während einer bestimmten Periode (dynamisch) beziehen.

Bei der statischen Finanzkontrolle stehen Kennzahlen im Vordergrund, die für einen Zeit- oder Unternehmensvergleich berechnet werden. Finanzpläne (Finanzplanung) und ▷ Mittelflussrechnungen hingegen sind Instrumente der dynamischen Finanzkontrolle.

Finanzlage

▷ Vermögens-, Finanz- und Ertragslage

Finanzmanagement

Unter Finanzmanagement (veraltet: Finanzwesen, Finanzwirtschaft) versteht man die finanzielle Führung des Unternehmens. Im Mittelpunkt steht die Festlegung der ▷ Finanzziele, der ▷ Finanzierungsart sowie die ▷ Finanzplanung und die ▷ Finanzkontrolle.

Finanzmarkt

Auf den Finanzmärkten werden verschiedene Arten von verbrieften und unverbrieften finanziellen Forderungen (Forderungstitel inkl. Kredite, Geld, Aktien usw. [▷ Kreditmarkt]) gehandelt. Diese Transaktionen können der ▷ Finanzierung, der ▷ Spekulation oder der Absicherung von Risiken dienen. Wichtig sind heute auch sog. *Finanzmarktderivate* (Optionen, Futures usw.), die v. a. im Dienste der beiden letztgenannten Ziele stehen.

Finanzplan

▷ Finanzplanung

Finanzplanung

Aufgabe der Finanzplanung ist es, einerseits den Geld- und ▷ Kapitalbedarf, der sich aus der Geschäftstätigkeit ergibt, zu bestimmen, und andererseits Möglichkeiten zur Deckung dieses Geld- und Kapitalbedarfs aufzuzeigen. Letzteres geschieht mit Hilfe von *Finanzplänen,* wobei je nach Zielsetzung und Betrachtungszeitraum zwischen kurz- und langfristigen Finanzplänen unterschieden wird.

▪ *Kurzfristige Finanzpläne* sind ein Instrument, um die Zahlungsbereitschaft zu jedem Zeitpunkt zu gewährleisten. Im Mittelpunkt steht die ▷ Liquidität, betrachtet werden die Zahlungseingänge und -ausgänge für einen Zeitraum von drei bis zwölf Monaten. Je nach Unternehmen und Situation umfassen diese Pläne auch kürzere Perioden. Gerade Banken oder Warenhäuser rechnen wegen der kurzfristig starken Schwankungen mit Tagen oder Wochen. Aus der kurzfristigen Finanzplanung sind die Überschüsse oder Fehlbeträge ersichtlich. Es ist Aufgabe des ▷ Cash Management, die Zahlungsströme nicht nur zu überwachen, sondern auch rechtzeitig jene Massnahmen zu ergreifen, die sich aufgrund der kurzfristigen Prognoserechnung aufdrängen.

▪ Der *langfristige Finanzplan* ergibt sich i.d.R. aus den Teilplänen der anderen Unternehmensbereiche (z.B. Absatz-, Produktions- und Personalplan). Er dient nicht in erster Linie der Sicherung der jederzeitigen Zahlungsbereitschaft, sondern zeigt, wie zukünftige Geschäftstätigkeiten finanziert werden können. Gerade für Unternehmen, die sich in einer starken Wachstumsphase befinden, ist es wichtig, dass die Ausweitung der Unternehmenstätigkeiten auch kapitalmässig abgesichert ist. Der langfristige Finanzplan zeichnet sich auch dadurch aus, dass er Finanzentscheide enthält, die wegen ihrer langfristigen Auswirkungen eine sorgfältige Planung bedingen, z.B. ▷ Kapitalerhöhungen, Veräusserungen von ▷ Beteiligungen oder Aufnahme von Obligationenanleihen (▷ Anleihensobligationen). Bei der Aufstellung eines langfristigen Finanzplans kann vom Gewinn in der Planerfolgsrechnung ausgegangen werden. Dieser wird um die nicht liquiditätswirksamen Aufwendungen und Erträge sowie um die Gewinnausschüttungen korrigiert. Dadurch erhält man den Netto-Cash-Flow. Dieser zeigt den Mittelzufluss aus der betrieblichen Tätigkeit. Analog zu einer ▷ Mittelflussrechnung, welche die Ursachen für die Veränderung bestimmter Bilanzpositionen aufzeigt, müssen neben dem ▷ Cash Flow die anderen Mittelbeschaffungsvorgänge sowie sämtliche Mittelverwendungsvorgänge erfasst werden. Aus einer solchen ganzheitlichen Rechnung werden Überschüsse oder Unterdeckungen ersichtlich. Sind diese Abweichungen erheblich, müssen weitere Massnahmen zum Ausgleich der beschafften und verwendeten Mittel ergriffen werden. Ein langfristiger Finanzplan als dynamische Rechnung vermag zwar die Ursachen eines Mittelüberschusses bzw. einer -unterdeckung aufzuzeigen, damit liegen aber noch keine Aussagen über die Vermögens- oder Kapitalstruktur vor. Somit ist auch kein Einblick in das Ausmass einer optimalen Finanzierung (▷ Finanzierung, optimale) gegeben. Dafür sind ergänzende Informationen notwendig, beispielsweise aus einer Planbilanz oder aus zusätzlichen Rechnungen (z.B. ▷ Debitorenanalyse, ▷ Lagerumschlagshäufigkeit).

Finanzpolitik
  ▷ Fiskalpolitik

Finanzwesen
  Veraltet für ▷ Finanzmanagement

Finanzwirtschaft
  Veraltet für ▷ Finanzmanagement

Finanzziele

Aus den allgemeinen ▷ Unternehmenszielen lassen sich folgende Finanzziele ableiten:
- *Gewinnerzielung* auf dem zur Verfügung stehenden Kapital,
- *Aufrechterhaltung* der *Zahlungsbereitschaft* (▷ Liquidität), um jederzeit den finanziellen Verpflichtungen nachkommen zu können,
- *Kapitalversorgung,* damit der angestrebte leistungswirtschaftliche Umsatzprozess ermöglicht wird,
- *Bereitstellung von Risikokapital* (Eigenkapital), um auftretende Verluste auffangen zu können und
- Schutz des Unternehmens vor unerwünschten Einflüssen, d.h. Bewahrung der *Unabhängigkeit.*

Firma

Firma ist im rechtlichen Sinn der Name, unter dem ein Unternehmen seine Geschäftstätigkeiten abwickelt. Firma ist somit gleichbedeutend mit Geschäftsname. In der Umgangssprache wird aber unter Firma häufig das Unternehmen selbst verstanden. Die Firma kann durch Eintrag ins Handelsregister geschützt werden (Art. 944ff. OR).

Firmenmehrwert

Syn. für ▷ Goodwill

First-in-First-out (Fifo)

Die Fifo-Bewertungsmethode für Lagerbestände basiert auf der Annahme, dass die zuerst angeschafften Vorräte zuerst verkauft worden sind und folglich die am Ende der Berichtsperiode verbleibenden Gegenstände diejenigen sind, die unmittelbar vorher gekauft oder hergestellt worden sind.
▷ Durchschnittsmethode
▷ Last-in-First-out

Fischgräten-Diagramm

Syn. für ▷ Ishikawa-Diagramm

Fiskalpolitik

Der Begriff der Fiskalpolitik umfasst in einem *engeren Sinn* als Teil der Finanzpolitik die Einnahmenseite des Staats *(Steuer- und Abgabenpolitik).* Hierbei geht es in erster Linie darum, welche Abgaben (z.B. Benutzungsgebühren) und Steuern (z.B. direkte oder indirekte Steuern) zu welchem Satz und mit welcher Progression auf welchen Sachverhalten (wirtschaftlicher Verkehr, Tätigkeit oder Besitz) erhoben werden sollen. Ziel ist die Bereitstellung der für die Erfüllung der ▷ Staatsaufgaben nötigen finanziellen Mittel.
Im *weiteren Sinn* kann Fiskalpolitik mit *Finanzpolitik* gleichgesetzt werden und umfasst das Bestreben des Staats, durch Veränderungen staatlicher Einnahmen *und* Ausgaben die Erfüllung von Staatsaufgaben sicherzustellen sowie den Wirtschaftsablauf zu stabilisieren. Dabei geht es in erster Linie um die gesamtwirtschaftlichen Ziele der Vollbeschäftigung und der Geldwertstabilität (▷ Ziele, gesamtwirtschaftliche).
Unter *antizyklischer* Fiskalpolitik versteht man das Bestreben, Einnahmen und Ausgaben des Staats nicht zu jedem Zeitpunkt, sondern nur über den Konjunkturzyklus (▷ Konjunktur) hinweg in Einklang zu bringen. Gemäss dieser Idee sind ▷ Budgetdefizite in den Phasen des Abschwungs und der Rezession zulässig, während entsprechende Überschüsse in Zeiten des Aufschwungs und der Hochkonjunktur erzielt werden müssen, um zu einem ausgeglichenen Budget über den Konjunkturzyklus hinweg zu gelangen. In der Praxis hat sich die antizyklische Fiskalpolitik in der Vergangenheit kaum bewährt, da Politiker zwar bei einem Abschwung im Hinblick

auf die Wählerschaft versucht sind, die Staatsausgaben zu erhöhen bzw. Steuern zu senken, aber bei einem Aufschwung kaum bereit sind, die Ausgaben entsprechend zu kürzen oder die Steuern zu erhöhen.

Fixe Kosten

Fixe Kosten sind – im Gegensatz zu den ▷ variablen Kosten – dadurch gekennzeichnet, dass sie mindestens während einer bestimmten Zeitdauer nicht auf Beschäftigungsschwankungen reagieren. Sie fallen unabhängig vom ▷ Beschäftigungsgrad an und sind deshalb konstant (z.B. Miete, Versicherungsgebühren). Sie können unterteilt werden in:
- *Absolut fixe Kosten:* Sie bleiben unabhängig von Beschäftigungsschwankungen konstant.
- *Sprungfixe Kosten:* Sie sind nur für bestimmte Beschäftigungsintervalle fix – deshalb werden sie auch *intervallfixe Kosten* genannt – und steigen treppenförmig an. Je kürzer die Beschäftigungsintervalle sind, desto mehr nähern sich die sprungfixen den variablen Kosten an.

Aufgrund des effektiven Beschäftigungsgrads können zudem sog. Leer- und Nutzkosten unterschieden werden.
- *Leerkosten* entstehen bei Unterbeschäftigung. Infolge ungenutzter Kapazitäten können sie nicht auf die erstellten Produkte verrechnet werden.
- *Nutzkosten* werden demzufolge den effektiv produzierten Einheiten zugerechnet. Sie betragen 100%, wenn eine Maschine voll ausgelastet ist, und null, wenn sie stillsteht. Sie verhalten sich umgekehrt proportional zu den Leerkosten, d.h. je grösser die Nutzkosten, umso kleiner sind die Leerkosten und umgekehrt.

Flächenproduktivität

Unter Flächenproduktivität als Kennzahl der ▷ Produktivität versteht man das Verhältnis des ▷ Umsatzes eines Unternehmens zur Verkaufsfläche in Quadratmetern.

Flexibilität

Flexibilität bedeutet die Fähigkeit eines *Systems,* auf dynamische Entwicklungen (▷ Dynamik) reagieren zu können.
▷ Flexibilität der Leistungserstellung

Flexibilität der Leistungserstellung

Unter Flexibilität der Leistungserstellung wird die Fähigkeit eines Unternehmens verstanden, sich im Rahmen der Produktion auf wechselnde Umweltsituationen einstellen zu können.
Flexibilität der Leistungserstellung ist ein wichtiger Wettbewerbsfaktor. Sie hilft, *Entwicklungszyklen* zu verkürzen (▷ Innovationsmanagement), *Kundenbedürfnisse* besser und schneller erfüllen zu können (▷ Customer Focus) und eine hohe ▷ *Lieferbereitschaft* zu gewährleisten. Folgenden Aspekten sollte besondere Aufmerksamkeit geschenkt werden: (1) Analyse des Handlungsspielraums für flexible Produktionskonzepte. (2) Überprüfung der ▷ Wirtschaftlichkeit der geplanten Massnahmen zur Flexibilisierung. (3) Schätzung der notwendigen Anpassungszeit der Produktion. Aus diesen Punkten ergeben sich die Flexibilisierungspotenziale eines Unternehmens.
Der Einsatz von ▷ Computer-Integrated Manufacturing (CIM) erhöht die Flexibilität der Produktion insbesondere durch Produktionsplanungs- und -steuerungssysteme (▷ PPS-Systeme) sowie ▷ Computer-Aided Manufacturing (CAM).

Flexibilitätsoption
▷ Realoption

Flexible Arbeitszeit
Im Konzept der flexiblen Arbeitszeit ist die ▷ Arbeitszeit (wie auch die ▷ Betriebszeit) nicht mehr starr, sondern bezüglich Dauer und Lage innerhalb einer bestimmten Zeitperiode veränderbar. Dabei stellt sich die Frage nach dem Grad der Autonomie: Wer bestimmt Dauer und Lage der Arbeitszeit (Arbeitgeber, Arbeitnehmer oder beide zusammen)?
Flexible Arbeitszeiten sind eine Abkehr von Uniformität (Standardisierung) und Fremdbestimmung der Arbeitszeit sowie von Gleichzeitigkeit (alle Mitarbeitenden sind gleichzeitig anwesend).
Eine spezielle Form der flexiblen Arbeitszeit ist die ▷ gleitende Arbeitszeit.

Flexible Fertigungssteuerung
Bei der flexiblen Fertigungssteuerung werden der Austausch der Werkzeuge und Werkstücke, die Ein- und Auslagerung der Werkstücke sowie die Transporte automatisiert und integriert. Je nach Umfang der Aktivitäten unterscheidet man ▷ flexible Fertigungszellen und ▷ flexible Fertigungssysteme.

Flexible Fertigungszelle (FFZ)
Flexible Fertigungszellen *(FFZ)* sind Maschinen, welche die automatisierte Bearbeitung verschiedener Werkstücke in *beliebiger* Reihenfolge ermöglichen. Dadurch können unproduktive Zeiten (▷ Liegezeit) besser genutzt werden, und die Flexibilität in der ▷ Kapazitätsplanung wird höher.
FFZ sind im Rahmen von ▷ Computer-Aided Manufacturing die Grundlage zur Bildung von ▷ flexiblen Fertigungssystemen (FFS). Sie erschliessen dem Unternehmen ein erhebliches ▷ Rationalisierungspotenzial. Haupteinsatzgebiet ist die Teilefertigung in kleinen Serien.

Flexible Pensionierung
Unter der flexiblen Pensionierung versteht man das Abweichen von einem starren (fixen) Pensionierungsalter, wobei folgende Varianten möglich sind:
- *Gleitende Pensionierung,* d.h. das stufenweise Ausscheiden aus dem Erwerbsleben bis zum Erreichen der Altersgrenze.
- *Relative flexible Pensionierung:* Vorzeitiger Austritt aus dem Erwerbsleben innerhalb gewisser Bandbreiten (z.B. zwischen 60 und 65) vor Erreichen der Altersgrenze.
- *Absolute flexible Pensionierung* bedeutet eine Flexibilisierung der Altersgrenze sowohl nach unten als auch nach oben (z.B. zwischen 60 und 70 Jahren).

Flexibles Fertigungssystem (FFS)
Flexible Fertigungssysteme *(FFS)* umfassen im Rahmen von ▷ Computer-Aided Manufacturing hoch automatisierte Fertigungseinrichtungen (▷ flexible Fertigungszellen und ▷ Bearbeitungszentren), die miteinander verbunden sind und ein einheitliches Transportsystem haben. Nicht nur – wie bei flexiblen Fertigungszellen – der Austausch von Werkzeugen und Werkstücken wird automatisch ausgeführt, sondern darüber hinaus werden auch Ein- und Auslagerungen sowie die dazu notwendigen Transporte automatisch durchgeführt. FFS setzen sich zusammen aus einem Bearbeitungssystem, einem Materialflusssystem und einem Informationssystem, das die Steuerung übernimmt.
Flexible Fertigungssysteme ermöglichen die automatische Bearbeitung von Werkstücken ohne bedeutende Unterbrechun-

gen. Damit kann die Bearbeitungszeit für einen Auftrag in der ▷ Fertigung erheblich gesenkt werden. Empirische Studien haben ergeben, dass die Einführung von FFS erhebliche ▷ Rationalisierungspotenziale erschliesst. So wurden z.B. die ▷ Durchlaufzeiten in der Fertigung im Durchschnitt um ca. 65% reduziert, während die Stückkosten um ca. 30% und die Kosten für die ▷ Qualitätssicherung um ca. 40% sanken.

Fliessbandfertigung

Die Fliessbandfertigung (▷ Fertigungstyp) ist eine Methode der ▷ Taktfertigung, bei der sich das Werkstück kontinuierlich oder ruckartig auf einem Fördersystem (Fliessband) vorwärts bewegt. Die Mitarbeitenden müssen sich der Taktzeit anpassen, um einen gleichmässigen Produktionsablauf zu gewährleisten.

In der betrieblichen Praxis wird das Fliessbandprinzip besonders im Montagebereich angewandt, wird aber aufgrund der Monotonie der Arbeit stark in Frage gestellt und häufig durch moderne Konzepte wie z.B. ▷ Fertigungsinseln ersetzt.
▷ Fliessfertigung

Fliessfertigung

Bei der Fliessfertigung als ▷ Fertigungstyp entspricht die Anordnung der Arbeitsplätze und Anlagen der Reihenfolge der am Produkt durchzuführenden Tätigkeiten. Man spricht auch von einer *Fertigungsstrasse*. Voraussetzung für die Anwendung des *Fliessprinzips* ist eine Massen- oder Grossserienfertigung, damit für längere Zeit ohne grössere Modifikationen produziert werden kann, da i.d.R. Spezial- und/oder Einzweckmaschinen nötig sind.
▶ Abb. 65 zeigt beispielhaft die Gestaltung der Fliessfertigung.

Die Fliessfertigung hat gegenüber der ▷ Werkstattfertigung verschiedene *Vorteile*: (1) Verkürzung der ▷ Durchlaufzeiten durch Verringerung der innerbetrieblichen Transportwege, (2) Abbau von Zwischenlagern und (3) transparenter Produktionsprozess.

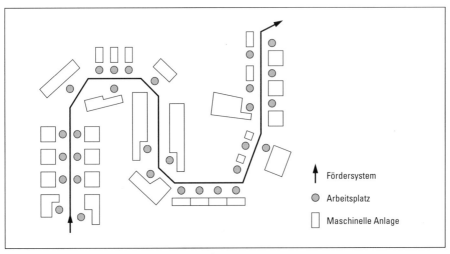

▲ Abb. 65   Fliessfertigung (Reichwald/Dietel 1991, S. 435)

Demgegenüber ergeben sich folgende *Nachteile:* (1) Die meist notwendigen Spezialmaschinen bedingen einen hohen Kapitalbedarf und verursachen hohe Fixkosten, sind (2) anfällig für Störungen im Produktionsprozess, und (3) es können soziale und psychische Probleme infolge Monotonie bei der Arbeit entstehen. Bei der Fliessfertigung werden die ▷ Strassenfertigung und die ▷ Taktfertigung unterschieden. Ein Beispiel für die Fliessfertigung ist die ▷ Fliessbandfertigung.

Fliessprinzip
▷ Fliessfertigung

Floating-Rate-Anleihe
▷ Anleihensobligation

Fluktuation
▷ Personalfluktuation

Fluktuationsrate
Die Fluktuationsrate berechnet sich als Quotient aus der Anzahl Austritte zum durchschnittlichen Personalbestand während einer Zeitperiode. Ziel der Personalpolitik sollte es sein, die Fluktuationsrate möglichst tief zu halten, da Personalwechsel mit hohen Kosten verbunden sind.

Flüssige Mittel
Syn. für ▷ liquide Mittel

FMEA
Abk. für ▷ Failure Mode and Effects Analysis

Föderativverband des Personals öffentlicher Verwaltungen und Betriebe (FÖV)
▷ Gewerkschaft
▷ Verhandlungsgemeinschaft Bundespersonal (VGB)

Fonds
Unter einem Fonds versteht man die Zusammenfassung bestimmter Aktiv- und Passivkonten zu einer buchhalterischen Einheit, über die separat abzurechnen ist. Je nach Informationsbedürfnissen des Unternehmens können die unterschiedlichsten Fonds gebildet werden. Die ▷ Mittelflussrechnung informiert über die Veränderung der Fondsbestände und analysiert deren Ursachen. In der schweizerischen Praxis sind v. a. zwei Fonds von übergeordnetem Interesse:

■ Der Fonds ▷ *Nettoumlaufvermögen (NUV)* wurde in der Vergangenheit häufig verwendet, besitzt heute aber einen geringeren Stellenwert, raten doch verschiedene Rechnungslegungsstandards (▷ Swiss GAAP FER, ▷ IFRS, ▷ US GAAP) von dessen Verwendung ab. Da die Liquidität durch das Nettoumlaufvermögen in einem umfassenden Sinn definiert wird, eignet sich der Fonds NUV weniger für das kurzfristige Liquiditätsmanagement. Die Abgrenzung des Fonds, die Bewertung der einzelnen Positionen sowie die Existenz ▷ stiller Reserven sind weitere Probleme. Die Vorteile des Fonds NUV liegen im strategischen Bereich, vermag er doch Geldbeschaffungs-«Potenziale» aufzuzeigen.

■ Der Fonds *«flüssige Mittel»* besteht aus Zahlungsmitteln (Kasse, Bank, Post) und Zahlungsmitteläquivalenten (z. B. Kassaeffekten), deren Fristigkeiten maximal drei Monate betragen sollten. In der Praxis ist er der weitaus am häufigsten verwendete Fonds, eignet er sich doch vorzüglich als Instrument des kurzfristigen Liquiditätsmanagements. Zu seiner Popularität haben zweifellos die Vorgaben verschiedener Rechnungslegungsstandards beigetragen. Dass die Bewertung der Fondspositionen sowie deren Abgrenzung keine grossen

Probleme bereiten, ist ein weiterer Vorteil. Da zudem kaum eine Gefahr der Verfälschung der Rechnung durch eine entsprechende «Stille-Reserven-Politik» besteht, eignen sich Mittelflussrechnungen mit dem Fonds «flüssige Mittel» auch für internationale Branchenvergleiche. Die Nachteile dieses Fonds liegen im strategischen Bereich, vermögen doch entsprechende Mittelflussrechnungen keine Geldbeschaffungs-«Potenziale» aufzuzeigen.

«Footsie»
▷ Financial Times Stock Exchange Index

Forderungen aus Lieferungen und Leistungen
Syn. für ▷ Debitoren

Forderungsabtretung
Syn. für ▷ Zession

Fordismus
▷ Scientific Management

Forfaitierung
Unter Forfaitierung wird der Ankauf von später fällig werdenden Forderungen aus Warenlieferungen oder Dienstleistungen – meist Exportgeschäften – unter Ausschluss des Rückgriffs auf vorherige Forderungseigentümer verstanden. Die Forfaitierung beinhaltet einen Vertrag zwischen einem Lieferanten (meist Exporteur) und einem Forfaiteur. Dieser verpflichtet sich, die Forderungen aus Warenlieferungen des Exporteurs zu diskontieren. Im Unterschied zum ▷ Diskontkredit lässt sich der Exporteur vom Importeur einen ▷ Wechsel auf dessen Namen ausstellen. Damit handelt es sich um einen Eigenwechsel. Der Kunde (Importeur) ist somit sowohl Bezogener als auch Aussteller, der Forfaiteur der Wechselnehmer. Ein Rückgriff auf den Einreicher (Exporteur) ist somit ausgeschlossen, sodass der Kreditwürdigkeit des Schuldners eine grosse Bedeutung zukommt. Vielfach wird deshalb eine Garantieerklärung (häufig durch ein sog. Bankaval (▷ Aval) einer bekannten internationalen Bank oder einer anderen angesehenen Institution (z. B. der öffentlichen Hand) verlangt.

Ein wesentlicher Vorteil der Forfaitierung für den Lieferanten ist die Liquiditätsverbesserung und die Entlastung der ▷ Bilanz von mittelfristigen Debitorenbeständen und/oder Eventualverpflichtungen. Weitere Vorteile für den Exporteur liegen in der Übertragung des politischen Risikos, des Transferrisikos, des Währungsrisikos und des Delkredererisikos auf den Forfaiteur. Dafür entstehen höhere Kosten, die neben dem Zinssatz für die Gewährung eines Kredites auch ein Entgelt für die eingegangenen Risiken enthalten. Dieser Risikosatz ist je nach politischer und wirtschaftlicher Lage des Schuldnerlands des Importeurs unterschiedlich hoch und bewegt sich zwischen 0,5 % und 3,5 % jährlich. Aus dem Zins- und Risikosatz ergibt sich der sog. Forfaitierungssatz.

Formale Organisation
▷ Organisation

Formalisierung
Unter Formalisierung versteht man die schriftliche Fixierung von Aktivitäten, Arbeitsabläufen und Problemlösungsprozessen.

Formalziel
Formalziele sind übergeordnete Ziele, an denen sich die ▷ Sachziele auszurichten haben und in denen i. d. R. der Erfolg des unternehmerischen Handelns zum Ausdruck kommt. Deshalb werden die Formalziele auch als *Erfolgsziele* bezeichnet.

Typische Formalziele sind die ▷ Produktivität, die ▷ Wirtschaftlichkeit sowie die ▷ Rentabilität bzw. der ▷ Gewinn. ▷ Zielsystem des Unternehmens

Forschungs- und Entwicklungsintensität

Die Forschungs- und Entwicklungsintensität misst das Verhältnis von Forschungs- und Entwicklungsaufwand zum Umsatz eines Unternehmens:

$$\text{F\&E-Intensität} = \frac{\text{F\&E-Aufwand}}{\text{Umsatz}} \cdot 100$$

Eine hohe F&E-Intensität weist auf eine innovative Branche hin, in der ständig neue Produkte oder Prozesse zu entwickeln sind. Niedrige Werte sind für Branchen typisch, deren Produktlebenszyklen lang sind und deren Märkte eine geringe ▷ Dynamik aufweisen. In der Schweiz weisen die Branchen Chemie (14,2%), Elektronik (7,8%) und Maschinen (5,7%) eine hohe F&E-Intensität auf. Bereiche wie Bau, Papier oder Nahrungsmittel sind weniger F&E-intensiv.

Forschung und Entwicklung (F&E)

Aufgabe der Forschung und Entwicklung (F&E) innerhalb eines Unternehmens ist die Bereitstellung von Produkt- und Prozess-Innovationen zur Erhaltung und Verbesserung der Wettbewerbsfähigkeit. Aufgrund der beschränkten Lebensdauer fast aller Güter (▷ Produktlebenszyklus) ist jedes Unternehmen gezwungen, regelmässig neue Produkte zu entwickeln, um bisherige zu ersetzen. Zudem dient die F&E aber auch der Rationalisierung (Prozessverbesserungen), der Qualitätsverbesserung und der Kostensenkung. Insgesamt kann die F&E in drei Bereiche gegliedert werden:

1. In der *Grundlagenforschung* werden Materialien und Zusammenhänge untersucht, ohne dass sich eine direkte Anwendung abzeichnen würde. Im Vordergrund steht die Deckung von Wissenslücken mit einer sehr langfristigen Perspektive. Sie wird v.a. an Universitäten oder anderen staatlichen Forschungsstellen sowie in sehr grossen Unternehmen betrieben.
2. Die *angewandte Forschung* ist marktnäher als die Grundlagenforschung. Hier werden konkrete Produktziele verfolgt und grundsätzliche Lösungen entwickelt, mit denen bestehende Bedürfnisse abgedeckt werden könnten.
3. In der *Entwicklung* werden bestehende Produkte weiterentwickelt und an individuelle Kundenbedürfnisse angepasst. In der Praxis konzentriert sich der grösste Teil der F&E auf diesen Bereich, da innerhalb überschaubarer Zeit verkaufsfähige Produkte entstehen können und das Risiko von Fehlinvestitionen am geringsten ist.

Klare F&E-Ziele sind Ausgangspunkt für die Erarbeitung von F&E-Srategien. Folgende Zielsetzungen werden unterschieden:

1. *Offensive* F&E-Strategie: Ziel ist die Erreichung von Marktführerschaft durch neuartige Produkte mit überlegener Technik. Man will als erster Anbieter eines neuen Produkts auf dem Markt auftreten.
2. *Defensive* F&E-Strategie: Neue Produkte werden erst auf den Markt gebracht, wenn der Marktführer bereits aufgetreten ist (Follower Position).
3. *Absorptive* F&E-Strategie: Imitation von Ideen anderer Unternehmen, deshalb geringe Bedeutung für Innovationen und geringe Ausgaben für F&E.

F&E ist sehr kostenintensiv. Je nach Branche schwanken die F&E-Aufwendungen der schweizerischen Industrie zwischen 0,8% (Bau) und 14,2% (Chemie) des Umsatzes. Eine hohe ▷ Forschungs- und Entwicklungsintensität schlägt sich langfristig in einer starken Marktposition und einem hohen Return on Investment (▷ Gesamtkapitalrentabilität) nieder. Dieser Sachverhalt wird auch durch empirische Studien wie z. B. die Profit Impact on Market Strategies (▷ PIMS-Modell) bestätigt.

Aufbauorganisatorisch kann die F&E als Stabsabteilung, als Hauptabteilung (am meisten verbreitet) oder dezentral angesiedelt sein.
▷ Innovationsmanagement

Fortbildung
Syn. für Weiterbildung
▷ Personalausbildung

Fortführungswert
▷ Unternehmensfortführung

Fortschrittszahlenkonzept
Das Fortschrittszahlenkonzept ist ein modernes Konzept zur Produktionsplanung und -steuerung (▷ PPS-Systeme, ▷ Fertigungssteuerung). Es basiert auf der Idee, dass alle am Produktionsprozess beteiligten Unternehmensbereiche und Zulieferer laufend über den Bedarfsverlauf *informiert* sind, sodass eine Just-in-Time-Zulieferung von ▷ Teilen und ▷ Baugruppen für die ▷ Montage erfolgen kann (▷ Just-in-Time-Konzept).

Voraussetzung für die Ermittlung von Fortschrittszahlen ist, dass eine Aufgliederung des Produktionsprozesses in einzelne Produktions- und Logistikschritte möglich ist. Damit lässt sich der Output und Input an Rohstoffen, Teilen oder Endprodukten für jeden Schritt und für eine bestimmte Periode berechnen. Die kumulierten Mengen für jeden Schritt werden als *Fortschrittszahlen (FZ)* bezeichnet. In ▶ Abb. 66 sind z. B. die Fortschrittszahlen für die beiden

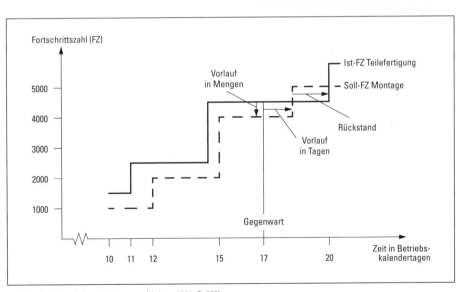

▲ Abb. 66 Fortschrittszahlenkonzept (Heinen 1991, S. 605)

Produktionsschritte Teilefertigung und Montage eingetragen, wobei die für die Montage benötigten Teile in der Fertigung erstellt werden. Ein Vergleich zwischen Soll- und Ist-FZ zeigt den jeweiligen Projektstand bzw. den sich daraus ergebenden Handlungsbedarf an.

Das Fortschrittszahlenkonzept eignet sich, ebenso wie ▷ Management Resources Planning und ▷ Kanban, für den Einsatz in montageorientierter Serien- und Massenfertigung.

Forward

Als Forward bezeichnet man das klassische ▷ Termingeschäft, welches nicht standardisiert ist, sondern individuell ausgehandelt wird (▷ Over-the-Counter). Forwards sind unbedingte Termingeschäfte, da für beide Vertragsparteien eine unbedingte Verpflichtung zu Leistung und Gegenleistung besteht.

Forward Integration

Engl. für ▷ Vorwärtsintegration
▷ Unternehmensverbindung

Fourastié'sches Gesetz

▷ Sektoren, wirtschaftliche

Franchisee

▷ Franchising

Franchising

Unter Franchising versteht man eine vertraglich geregelte Kooperation zwischen zwei rechtlich selbständigen Unternehmen, bei welcher der Franchise-Geber *(Franchisor)* dem Franchise-Nehmer *(Franchisee)* gegen ein Entgelt das Recht gewährt, Güter und Dienstleistungen unter einem bestimmten Warenzeichen zu vertreiben. Beispiele sind McDonald's, Inlingua Sprachschulen oder Hertz.

Der Franchisor stellt dem Franchisee je nach Ausgestaltung des Franchise-Vertrags Folgendes zur Verfügung: Handelsname und Marke seines Unternehmens, Methoden und Techniken der Geschäftsführung (Organisation, Führungskonzept, Rechnungswesen), Produktionsverfahren oder Rezeptur, Belieferung mit Waren, Marketingkonzepte und Personalschulung. Auf der anderen Seite verpflichtet sich der Franchisee gegenüber dem Franchisor zu einer einmaligen Zahlung beim Eintritt, periodischen Zahlungen (Royalties) (ca. 5–7% des Umsatzes) sowie der Anwendung der vom Franchisor vorgeschriebenen Geschäftsführungsmethoden.

Franchisor

▷ Franchising

Frauenförderung

Unter Frauenförderung werden alle Massnahmen verstanden, die dazu beitragen, dass Frauen die gleichen beruflichen Möglichkeiten haben wie Männer. Dazu dienen auch die in der Bundesverfassung und im Gleichstellungsgesetz festgeschriebenen Vorgaben der Gleichstellungspolitik. Trotz beruflich guter Qualifikationen sind Frauen in Führungspositionen noch wenig vertreten, verdienen in vergleichbaren Positionen immer noch deutlich weniger als Männer, haben grosse Nachteile bei Einstellung und Aufstieg, weil sie als weniger flexible Arbeitskräfte gelten und weil typische Frauenberufe oft mit geringen Verdienstmöglichkeiten und begrenzten Aufstiegsmöglichkeiten verbunden sind.

Ziele betrieblicher Frauenförderung sind die Verbesserung der Chancengleichheit von Frauen im Erwerbsleben, Lohngleichheit, Förderung partnerschaftlichen Verhaltens am Arbeitsplatz, Verbesserung der Startchancen, gezielter Abbau struktureller

Benachteiligungen am Arbeitsplatz, Einbezug aller Führungskräfte für die Umsetzung von Frauenförderung und die Wahrung der Interessen von Frauen in betrieblichen Krisensituationen sowie die Förderung von Frauen in Führungspositionen. Unterstützt wird Letzteres oft durch sog. Mentoring-Programme (▷ Mentoring), die Frauen den Aufstieg in höhere Führungspositionen erleichtern. Dabei werden sie von erfahrenen Führungsfrauen aus Wirtschaft und Politik persönlich beraten und begleitet («Personal Partnership»).

Zur Frauenförderung gehören Instrumente (Massnahmen) wie z. B. umfassende Personal- und Organisationsentwicklung, flexible Arbeitszeitregelungen, Verhinderung von Benachteiligung bei Teilzeitbeschäftigung und Beurlaubung, flachere Hierarchien, mehr Autonomie und Mitgestaltung, Erarbeitung individueller Regelungen zur besseren Vereinbarkeit von Beruf und Familie, neue Arbeitsformen und Arbeitsabläufe, geschlechtsneutrale Stellenbeschreibungen, und seitens des Unternehmens Reaktionen auf sozio-kulturelle Veränderungen und gesellschaftlichen Wertewandel als integrierter Bestandteil der Unternehmenskultur.

Neben der Verbesserung von Aufstiegschancen und der Erweiterung von Führungskompetenzen gibt es verschiedene Netzwerke von Managerinnen. In der Schweiz sind das z. B. European Women's Management Development Network, Women Innovation-Network, BPW Business and Professional Women, das Frauennetzwerk zur Arbeitssituation, das nefu-ch Netzwerk Unternehmerinnen, Wirtschaftsfrauen Schweiz. In Deutschland besteht das Frauennetzwerk Connecta e. V., in dem Frauen einander in ihrer beruflichen und persönlichen Kompetenz fördern. Ein respektvoller Umgang mit anderen Menschen, Lebensformen und Kulturen ist dabei eine Grundmaxime.

Free Cash Flow (FCF)

Ausgehend vom ▷ Cash Flow, welcher den durch die Geschäftstätigkeit generierten flüssigen Mitteln entspricht (▷ Mittelflussrechnung), erhält man durch Abzug der Nettoinvestitionen im Anlagevermögen den Free Cash Flow *(FCF)*.

Free-Cash-Flow-Zahlen sind wichtige Führungsgrössen, zeigen sie doch den einem Unternehmen nach Berücksichtigung der Investitionen verbleibenden Finanzüberschuss. Dieser bildet einerseits die Basis für zukünftige Wertsteigerungen und dient andererseits als Anzeiger der Liquiditätserhaltung. Deshalb wird der Free Cash Flow oft zur Bewertung von Unternehmen herangezogen (▷ Discounted-Cash-Flow-Methode). Zudem stellt er einen wertvollen Frühwarnindikator dar, weil er mögliche Negativentwicklungen schneller signalisiert als Gewinnausweise. Der Free Cash Flow kann auch als nicht reinvestierter Cash Flow bezeichnet werden, der das Ausschüttungspotenzial eines Unternehmens aufzeigt. Aus diesem Grund sind Unternehmen mit einem hohen Free Cash Flow oft von ▷ Raidern oder ▷ Leveraged Buyouts bedroht.

Free Float

Als Free Float bezeichnet man den Anteil der ▷ Aktien eines Unternehmens, der sich im freien Handel befindet.

Free Software Foundation

▷ Open-Source-Software

Freie Güter

Freie Güter sind im Unterschied zu ökonomischen Gütern unbegrenzt verfügbar (▷ Güter, ökonomische). Meist werden unter diesem Begriff ▷ Umweltgüter wie Luft und Wasser subsummiert. Allerdings ist durch das Bevölkerungswachstum und die zunehmende Industrialisierung die Tendenz festzustellen, dass auch bisher freie Güter immer mehr zu knappen werden und es somit immer weniger freie Güter gibt. Ein Beispiel bleibt die Sonnenenergie, die frei und unbegrenzt zur Verfügung steht. Der besondere Unterschied zu ▷ öffentlichen Gütern besteht darin, dass freie Güter nicht knapp sind. Bei freien Gütern besteht (wie bei öffentlichen Gütern) keine ▷ Konkurrenz im Konsum und keine Anwendbarkeit des ▷ Ausschlussprinzips.

Freie Reserven
▷ Reserven.

Freihandel
Unter Freihandel wird in der ▷ Aussenwirtschaft ein Handel ohne Zölle, Quoten und andere Handelshemmnisse verstanden. Freihandel beruht auf bi- oder multilateralen Vereinbarungen zwischen Staaten. Abkommen wie das ▷ General Agreement on Tariffs and Trade (GATT) werden als *Freihandelssystem* bezeichnet.
Grundsätzlich sind sich Ökonomen darüber einig, dass Freihandel international die optimale Strategie der Handelspolitik ist, da damit alle Vorteile internationaler Arbeitsteilung (▷ komparative Vorteile) genutzt werden können.
Für eine Einschränkung des Freihandels sprechen folgende Argumente:
■ Schutz militärisch-strategisch wichtiger Produktionsbetriebe,
■ Erhaltung der Autonomie eines Landes, z.B. in der Landwirtschaft,
■ Vermeidung zu grosser Spezialisierung.

Freihandelssystem
▷ Freihandel

Freiwillige Reserven
▷ Reserven

Fremdfinanzierung
Syn. für ▷ Kreditfinanzierung

Fremdkapital
Das Fremdkapital zeigt in der ▷ Bilanz den Umfang des von Dritten für eine bestimmte Zeitdauer überlassenen Kapitals bzw. die Ansprüche Dritter auf das Vermögen des Unternehmens *(Verbindlichkeiten, Schulden).* Die Fremdkapitalgeber haben i.d.R. Anspruch auf Verzinsung und Rückzahlung des Kapitals zu einem vereinbarten Termin. Das Fremdkapital umfasst alle Schuldverpflichtungen des Unternehmens und ist durch folgende Merkmale charakterisiert: (1) Entstehungsgrund des Schuldverhältnisses (z.B. Warenlieferungen), (2) Höhe des Schuldbetrags, (3) Höhe der Verzinsung und (4) Rückzahlungszeitpunkt. Das Fremdkapital erfüllt v.a. zwei Funktionen:
■ *Kapitalbedarfsdeckung:* Mit dem Fremdkapital wird jener Teil des Kapitalbedarfs gedeckt, für den die Eigenkapitalgeber nicht aus eigener Kraft aufkommen können oder wollen.
■ *Elastizität des Gesamtkapitals:* Höhere Flexibilität des Unternehmens, indem dieses sich durch Aufnahme oder Rückzahlung von Fremdkapital sofort dem jeweiligen Kapitalbedarf oder den wechselnden Kapitalmarktbedingungen anpassen kann.

Fremdkapital, bedingtes
▷ Bedingtes Fremdkapital

Fremdkapitalkosten

Als Fremdkapitalkosten werden ▷ Zinsen und weitere im Zusammenhang mit der Aufnahme von ▷ Fremdkapital angefallene ▷ Kosten eines Unternehmens bezeichnet.

Fremdkontrolle

Bei einer Fremdkontrolle steht der Kontrollierende in keinerlei Beziehung zum Objekt oder zur Person, das bzw. die er zu kontrollieren hat.

Freundliche Übernahme

▷ Akquisition

Friedensabkommen

Am 19. Juli 1937 kam zwischen dem Arbeitgeberverband Schweizerischer Maschinen- und Metallindustrieller (ASM) (▷ Arbeitgeberorganisation) und dem Schweizerischen Metall- und Uhrenarbeitnehmerverband (SMUV, ▷ Gewerkschaft) eine erste Vereinbarung in der Maschinenindustrie zustande, die für diese Branche jegliche Kampfmassnahmen ausschliesst. Die Verpflichtung der Sozialpartner auf den «absoluten» *Arbeitsfrieden* bedeutet in erster Linie den Verzicht auf Streiks und Aussperrungen während der Laufzeit eines ▷ Gesamtarbeitsvertrags. Die relative ▷ Friedenspflicht hingegen bedeutet, dass nur über vertraglich geregelte Angelegenheiten nicht gestreikt werden darf, während über Fragen, die vertraglich nicht geregelt sind, Arbeitskämpfe zulässig sind. Dieses Friedensabkommen wurde zum Vorbild für viele Gesamtarbeitsverträge in anderen Branchen.

Friedenspflicht

Unter der Friedenspflicht im Zusammenhang mit ▷ Gesamtarbeitsverträgen versteht man die Tatsache, dass «jede Vertragspartei verpflichtet ist, den *Arbeitsfrieden* zu wahren und sich insbesondere jeder Kampfmassnahme zu enthalten, soweit es sich um Gegenstände handelt, die im Gesamtarbeitsvertrag geregelt sind; die Friedenspflicht gilt nur unbeschränkt, wenn dies ausdrücklich bestimmt ist.» (Art. 357a, Abs. 2 OR).

Friendly Take-over

Engl. für Freundliche Übernahme
▷ Akquisition

Fringe Benefits

Fringe Benefits sind zusätzliche, meist nicht finanzielle Leistungen zum eigentlichen Lohn (z. B. Dienstwagen, Lunch-Checks, Eintrittskarten für sportliche und kulturelle Anlässe, Eintritte Fitness-Center).

Fristenkongruenz

▷ Goldene Bilanzregel
▷ Goldene Finanzierungsregel
▷ Anlagedeckungsgrade

Fristenparallelität

▷ Goldene Bilanzregel
▷ Goldene Finanzierungsregel

Frühstückskartell

▷ Kartell

Frühwarnindikator

Frühwarnindikatoren geben Hinweise auf zukünftige Entwicklungen, die für das Unternehmen relevant sind. Externe Frühwarnindikatoren stammen aus der Umwelt des Unternehmens (z.B. ökonomische, technologische, soziale, ökologische oder politische Indikatoren). Interne Indikatoren umfassen Kennzahlen aus dem Finanz-, Produktions-, Marketing- und Personalbereich. Eine wichtige Rolle spielt dabei das Konzept der ▷ schwachen

Signale, da die meisten Entwicklungen zuerst nur schwach wahrnehmbar sind. Für die systematische Erfassung und Beurteilung von Frühwarnindikatoren wird oft ein ▷ Frühwarnsystem aufgestellt.

Frühwarnsystem

Frühwarnsysteme haben die Aufgabe, im Rahmen des strategischen Managements mit Hilfe von ▷ Frühwarnindikatoren Entwicklungen frühzeitig zu erkennen, die das Unternehmen nachhaltig beeinflussen oder sogar ▷ Krisen auslösen können. Besonders wichtig ist das Erkennen von ▷ Diskontinuitäten und Trendbrüchen. Dadurch ist das Unternehmen in der Lage, zukünftige Chancen und Risiken rechtzeitig wahrzunehmen und darauf zu reagieren. Ein Frühwarnsystem unterstützt die ▷ Unternehmens- und ▷ Umweltanalyse. Folgende Entscheidungen stehen bei der Implementierung eines Frühwarnsystems im Vordergrund: (1) Festlegen der Beobachtungsfelder, (2) Bestimmung von ▷ Frühwarnindikatoren, (3) Identifikation der Frühwarninformationen, (4) Gewichtung und Interpretation der Frühwarninformationen und (5) Beschliessen und Einleiten von Massnahmen.

Frustrator

▷ Zwei-Faktoren-Theorie

FTS

Abk. für ▷ Fahrerloses Transportsystem

FTSE

Abk. für ▷ Financial Times Stock Exchange Index

Führung

Unter Führung *(Management, Leitung)* ist die Steuerung, Gestaltung und Entwicklung des Unternehmens zu verstehen. Diese Aufgabe umfasst die Führung des Gesamtunternehmens (▷ Unternehmensführung) oder einzelner Teilbereiche sowie die Mitarbeiterführung. In der Betriebswirtschaftslehre gibt es verschiedene Führungsmodelle (▷ Managementmodell), um die vielfältigen Aspekte und Dimensionen des Führungsphänomens zu erfassen und zu analysieren (▷ St. Galler Managementkonzept, ▷ St. Galler Managementmodell, neues, ▷ Zürcher Ansatz).

Führungsfunktionen

Der Führungsaufgabe können vier Funktionen zugewiesen werden, nämlich ▷ Planung, ▷ Entscheidung, ▷ Anordnung (Aufgabenübertragung) und ▷ Kontrolle.

Führungsgrundsätze

Führungsgrundsätze sind allgemein gehaltene Richtlinien, die alle Führungskräfte ihrem Handeln zugrunde legen sollten. Sie dienen dazu, Präferenzen für die Arbeit zu setzen, gemeinsam zu verfolgende Absichten festzuhalten, widerstreitende Interessen auszugleichen und einmal festgelegte Ziele durchsetzen zu helfen.
Während das ▷ Unternehmensgrundsätze das Verhalten des gesamten Unternehmens gegenüber seiner Umwelt (Kunden, Lieferanten, Mitarbeitende, Staat usw.) betreffen, beziehen sich die Führungsgrundsätze primär auf das Verhältnis zwischen Vorgesetzten und Untergebenen. Solche Grundsätze werden häufig in einem ▷ Leitbild festgehalten.

Führungsinstrumente

Führungsinstrumente sind Hilfsmittel zur Wahrnehmung der ▷ Führungsfunktionen (▷ Führung). Dazu zählen z. B. Pläne (Finanzplan [▷ Finanzplanung] oder ▷ Marketingplan), Investitionsrechenverfahren (▷ Investitionsrechnung), Organisationsinstrumente (z.B. ▷ Organigramm) oder ▷ Führungsstil.

Führungsmodell

Syn. für ▷ Managementmodell

Führungsstil

Unter Führungsstil versteht man ein bestimmtes Verhalten von Vorgesetzten bei der Führung ihrer Mitarbeitenden. Führungsstile lassen sich aufgrund des Beteiligungsgrads der Untergebenen am Entscheidungsprozess in einem Kontinuum beschreiben (▶ Abb. 67). Am einen Ende befindet sich der kooperative, am anderen Ende der *autoritäre Führungsstil*.

■ *Autoritärer Führungsstil:* Der Vorgesetzte trifft alle Entscheidungen ohne jegliche Mitsprachemöglichkeiten der Untergebenen selber und gibt diese in Form von Befehlen weiter.

■ *Kooperativer Führungsstil:* Die Initiative und Selbständigkeit der Mitarbeitenden werden durch Delegation von ▷ Entscheidungskompetenz und Verantwortung gefördert und durch ▷ Partizipation am Führungsprozess motiviert.

Es ist offensichtlich, dass die Charakterisierung aufgrund eines einzigen Kriteriums (Beteiligung am Entscheidungsprozess) eine zu starke Vereinfachung ist. Deshalb ist eine mehrdimensionale Betrachtungsweise angezeigt. Häufig ist der anzuwendende Führungsstil von der jeweiligen Situation abhängig. Deshalb spricht man von einem *situativen Führungsstil*. Als wichtigste Situationsvariablen, d.h. Faktoren, welche den jeweils zu wählenden Führungsstil bestimmen, werden die Eigenschaften der Vorgesetzten (Führungsqualitäten, Führungserfahrung, Menschenbild), die Eigenschaften der Unter-

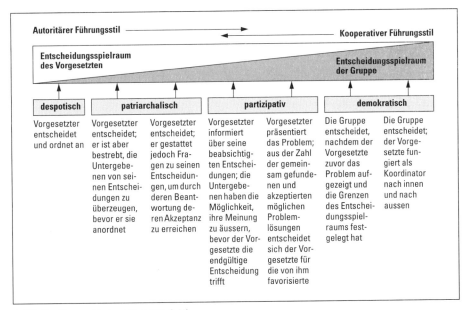

▲ Abb. 67   Führungsstile (nach Zepf 1972, S. 28)

stellten (Fachwissen, Bedürfnis nach persönlicher Entfaltung, Interesse an der Problemstellung) und die Art der Problemstellung (Komplexität, Novität, Relevanz) genannt. Weitere situative Gegebenheiten können eine Rolle spielen wie z.B. Gruppenstrukturen, organisatorische Regelungen (Organisationsform und -instrumente) oder zur Verfügung stehende Zeit.

Führungstechnik

Führungstechniken *(Managementmethode, Managementtechnik)* sind konkreter als ▷ Unternehmens- und ▷ Führungsgrundsätze oder ▷ Managementmodelle. Sie berücksichtigen zwar meistens nur einen spezifischen Aspekt der Führung (z.B. Zielvorgabe, ▷ Delegation), doch zeigen sie z.T. sehr ausführlich deren Auswirkungen auf die gesamte Organisation und Führung eines Unternehmens. Sie finden in der Praxis in Form von ▷ «Management-by-»-Konzepten eine grosse Verbreitung. Auch wenn eine Vielzahl solcher Techniken existiert, werden v.a. das ▷ Management by Objectives (Führung durch Zielvorgabe bzw. durch Zielvereinbarung), das ▷ Management by Exception (Führung durch Abweichungskontrolle und Eingriff nur im Ausnahmefall), das ▷ Management by Delegation (Führung durch Delegation von Aufgaben, Kompetenzen und Verantwortung), und das Management by System (Führung durch eine umfassende Systemsteuerung) häufig genannt.

Führungsverhalten

▷ Verhaltensgitter

Führungsziele

Die Führungsziele bestimmen die Art und Weise der Steuerung und Gestaltung eines Unternehmens (▷ Führung). Im Vordergrund stehen deshalb Ziele in Bezug auf
- die Gestaltung des ▷ Problemlösungsprozesses mit seinen verschiedenen Phasen (z.B. Führung durch Zielvorgabe, ▷ Management by Objectives),
- die einzusetzenden ▷ Führungsfunktionen wie ▷ Planung, ▷ Entscheidung, ▷ Anordnung und ▷ Kontrolle (z.B. Zeithorizont der Planung, Förderung der Selbstkontrolle),
- den anzuwendenden ▷ Führungsstil (z.B. kooperativer Führungsstil).

Basis für die Führungsziele bilden das Unternehmensleitbild (▷ Leitbild) und die ▷ Unternehmenspolitik.

Fund

Engl. für ▷ Anlagefonds

Fundamentale Aktienanalyse

▷ Aktienanalyse

Funktionalorganisation

Bei der Funktionalorganisation *(Verrichtungsorganisation)* erfolgt die ▷ Stellenbildung nach den betrieblichen Hauptfunktionen (z.B. Produktion, Marketing oder Personal) (▶ Abb. 68). Die Vorteile der Funktionalorganisation liegen in der optimalen Ressourcennutzung (z.B. ▷ Economies of Scale), während das Bereichsdenken (Ressortegoismus) und der hohe Koordinationsaufwand zwischen den Funktionen grosse Nachteile sind. Die Funktionalorganisation ist häufig bei neu gegründeten Unternehmen, Einproduktunternehmen oder Unternehmen mit einer homogenen Produktlinie anzutreffen. In der Praxis wird die Funktionalorganisation meistens durch Stäbe ergänzt (▷ Stablinienorganisation).

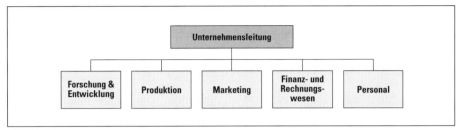

▲ Abb. 68 Funktionalorganisation

Funktionendiagramm

Das Funktionendiagramm zeigt in Matrixform das funktionelle Zusammenwirken mehrerer Stellen bei der Bewältigung einer Aufgabe. Es ist so angelegt, dass die eine Dimension der Matrix die an einer Aufgabe beteiligten Stellen, die andere die zu bewältigenden (Teil-)Aufgaben aufführt (▶ Abb. 69). Dabei ist von Bedeutung, welche spezifischen Funktionen einer einzelnen Stelle bei der Erledigung einer (Teil-)Aufgabe zugeordnet sind. Die wichtigsten Funktionen sind: Initiative ergreifen, Planen, Entscheiden, Mitspracherecht, Anordnen, Ausführen, Kontrollieren. In knapper und übersichtlicher Form werden die wesentlichen Aufgaben und Kompetenzen einer Stelle sowie das Zusammenwirken verschiedener Stellen bei der Erfüllung einer Aufgabe ersichtlich. Allerdings ist es nicht möglich, komplexe Beziehungen darzustellen. Zur genaueren Umschreibung und Abgrenzung von Aufgaben, Kompetenzen und Verantwortung bedarf es oft ergänzender organisatorischer Hilfsmittel (▷ Organigramm, ▷ Stellenbeschreibung).

Aufgaben \ Stellen	Verwaltungsrat	Geschäftsleitung	Bereiche					Bemerkungen
			Forschung & Entwicklung	Produktion	Marketing	Administration	
Festlegung der Unternehmenspolitik	E	P	M	M	M	M	
Erstellen der 5-Jahrespläne ■ Umsatzentwicklung ■ Kosten-Ertragsentwicklung ■ Investitionen	E E E	P	P	P	P P P	P	
Jahresbudget erstellen ■ Umsätze ■ betriebliche Kosten ■ Investitionen		E E E	P	P P	P P	P	bis 10.11.
Aufstellen und Überwachen der Jahresaktionspläne		A					
Erarbeiten von Führungskennziffern						A	
P = Planen, E = Entscheiden, M = Mitspracherecht, A = Ausführen							

▲ Abb. 69 Beispiel Funktionendiagramm (Nauer 1993, S. 171)

Funktionsmeistersystem

Das Funktionsmeistersystem als Organisationssystem des ▷ Scientific Management gemäss Taylor unterscheidet zwei hierarchische Ebenen: die Funktionsmeister auf der Führungs- und die Arbeiter auf der Ausführungsebene. Die Führungsebene wird in *Meister des Arbeitsbüros* (Arbeitsverteiler, Unterweisungsbeamter, Zeit- und Kostenbeamter, Aufsichtsbeamter) und in *Ausführungsmeister* (Verrichtungsmeister, Geschwindigkeitsmeister, Prüfmeister, Instandhaltungsmeister) eingeteilt.

Sowohl jeder Arbeiter als auch jeder Meister ist auf eine bestimmte Tätigkeit spezialisiert, deshalb müssen alle Arbeiter jedem Funktionsmeister unterstellt sein. Damit ergibt sich das ▷ Mehrliniensystem. Eine Beurteilung des Funktionsmeistersystems zeigt, dass dem Vorteil der kurzen Mitteilungs- und Entscheidungswege sowie dem grossen Spezialwissen aufgrund der starken Spezialisierung die Nachteile von Weisungskonflikten und eines grossen Koordinationsaufwands gegenüberstehen. Zudem besteht die Gefahr der Arbeitsmonotonie.

Fusion

Unter Fusion als Form einer ▷ Unternehmensverbindung versteht man betriebswirtschaftlich die völlige *Verschmelzung* von zwei oder mehreren Unternehmen zu einer neuen wirtschaftlichen Einheit (Beispiel: Ciba und Sandoz zu Novartis oder SBV und UBS zur United Bank of Switzerland). Nach der Art der Verschmelzung unterscheidet man handelsrechtlich (Art. 748, 749 OR) zwischen einer ▷ Kombination und einer ▷ Annexion. Von der Fusion ist eine ▷ Quasi-Fusion zu unterscheiden, bei der lediglich das Aktienkapital der zu übernehmenden Firma erworben wird.

Fussgängerzonen

In vielen Städten werden verkehrsfreie Einkaufsstrassen geschaffen, um die Attraktivität des Einkaufens zu erhöhen. Sie sind ein wichtiger Bestandteil im Rahmen des ▷ Stadtmarketings.

Future

Ein Future ist ein unbedingtes, standardisiertes ▷ Termingeschäft, welches beide Vertragsparteien dazu verpflichtet, eine genau definierte Menge eines ▷ Basiswerts zu einem bei Vertragsabschluss festgelegten Preis an einem vereinbarten Datum zu kaufen bzw. zu verkaufen. Diese Pflicht ist charakteristisch für den Future, im Gegensatz zu den ▷ Optionen, bei welchen nur ein Recht und keine Pflicht verbrieft ist. Durch den hohen Grad an Standardisierung bezüglich Betrag, Menge und Erfüllungstermin ist ein weltweiter Börsenhandel möglich.

Haupttypen von Futures sind Commodity Futures und Financial Futures. Während *Commodity Futures* aus Warentermingeschäften auf Handelsobjekten wie Landwirtschaftsprodukte oder Rohstoffe bestehen, sind *Financial Futures* Terminkontrakte für Devisen, Zinsen und Indices.

- *Devisen-Futures* sind Kontrakte, die den Tausch eines fixierten Geldbetrages in eine andere Währung zu einem festgelegten Wechselkurs an einem späteren, standardisierten Fälligkeitstag regeln.
- *Zins-Futures* sind Kontrakte, die den Tausch eines zinstragenden Wertpapiers zu einem fixierten Preis an einem späteren, festgelegten Fälligkeitstag regeln.
- *Index-Futures* sind Kontrakte, die den Tausch eines diversifizierten Korbes von Wertpapieren, welcher durch einen ▷ Index repräsentiert wird, regelt. Dieser Tausch (Kauf bzw. Verkauf) erfolgt an

einem im Voraus festgelegten Fälligkeitstag.

Der Future findet hauptsächlich als Absicherungsinstrument (▷ Hedging) oder zu Spekulationszwecken Verwendung. Da mit dem Abschluss eines Futures immer eine Erfüllungspflicht verbunden ist, sind mit solchen Geschäften erhebliche Risiken verbunden.

Fuzzy Logic

Fuzzy Logic ist eine Methode, die dazu dient, Unschärfen mathematisch zu beschreiben und handhabbar zu machen. Sie zeichnet sich durch die Fähigkeit aus, unklare Faktoren und ungewisse Situationen approximativ zu schätzen. Mit der Prämisse (wenn ...) wird jeweils die Situation eines Vorgangs erfasst, während die Konsequenz (dann ...) angibt, wie es weitergehen soll.

Fuzzy Logic wird heute sowohl bei Konsumgütern (z.B. Videokameras, Klimaanlagen, Staubsauger) als auch bei industriellen Anlagen (z.B. U-Bahn, Industrieroboter) angewandt.

FZ

Abk. für Fortschrittszahl
▷ Fortschrittszahlenkonzept

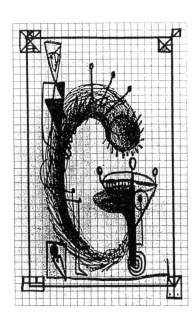

GAAP
Abk. für Generally Accepted Accounting Principles
▷ US GAAP
▷ Swiss GAAP FER
▷ IFRS

Game Theory
Engl. für ▷ Spieltheorie

Gangbarkeit
Syn. für ▷ Viabilität

Ganzheitliches Denken
Ganzheitliches Denken heisst, eine Situation in ihrer ganzen ▷ Komplexität zu erfassen. Dies bedingt insbesondere die Fähigkeit des *vernetzten Denkens,* d.h. eine Problemsituation aus verschiedenen Perspektiven und unter Berücksichtigung aller relevanten Einflussfaktoren zu beleuchten (▶ Abb. 70). Besonders deutlich kommt das ganzheitliche Management im ▷ systemischen Management zum Ausdruck.

Gap-Analyse
Die Gap-Analyse stellt die erwarteten Prognosewerte (z.B. in Bezug auf Umsatz, Cash Flow, Gewinn) bei Fortführung der bisherigen Strategie den geplanten Zielwerten (Soll-Werte) gegenüber. Mit den Jahren vergrössert sich i.d.R. die Abweichung zwischen diesen Werten, d.h. eine Ziellücke entsteht (▶ Abb. 71).
Die Gap-Analyse ist ein relativ einfaches und beschränktes Instrument, da die Zielwerte und v.a. die Prognosewerte aufgrund der unsicheren Daten sowie vieler und nicht quantifizierbarer Einflussgrössen

Die Bausteine des ganzheitlichen Denkens

1. **Ganzheit und Teil:** Was interessiert, sind Ganzheiten, die von einer Umwelt abgrenzbar sind. Viele verschiedene Ganzheiten führen untereinander verknüpft zu einem grösseren Ganzen und bilden so eine Hierarchie von Systemen. Aber das einzelne Ganze ist nicht etwas objektiv Gegebenes. Es ist aus verschiedenen Perspektiven unterschiedlich abgrenzbar. So ist auch das Ziel und der Zweck eines Handlungssystems nicht a priori gegeben.

2. **Vernetztheit:** Die Teile, aber auch die Systeme selbst sind auf vielfältige Art und Weise untereinander verknüpft. Daraus entsteht für uns, die in solchen Systemen entscheiden und handeln, die Dynamik und die Unbestimmtheit. Der «Aufbau» des Systems ist der Produzent jedes Verhaltens des Systems.

3. **Offenheit:** Die Offenheit des Systems bewirkt, dass vielfältige Wechselwirkungen nicht nur zwischen den Elementen oder Teilen innerhalb des Systems bestehen, sondern auch zwischen dem System und seiner Umwelt. Die Offenheit bewirkt auch, dass kein System völlig unabhängig ist, sondern immer auch von der Umwelt beeinflusst wird. Es muss sich einpassen in seine Umwelt, aber auch Einfluss nehmen, um zu überleben.

4. **Komplexität:** Soziale Systeme sind nicht einfach kompliziert, zum Beispiel wie Maschinen. Sie können ausserordentlich viele Verhaltensweisen produzieren, je nach den Interaktionen, die im System möglich und erlaubt sind. Hier liegt einerseits das Verhaltenspotenzial, das so wichtig für das Überleben in einer sich ständig verändernden Umwelt ist. Es ist andererseits aber auch die sich aus dem Aufbau und der Dynamik ergebende Eigenschaft, welche uns die prinzipiellen Grenzen des exakten Wissenkönnens, des Prognostizierens zukünftiger Zustände und des «Machens» vor Augen führt.

5. **Ordnung:** Trotz der hohen Komplexität ist jedoch eine Ordnung zu erkennen. Aufgrund von Regeln oder Regelhaftigkeiten entstehen Verhaltensmuster. Solche Verhaltensmuster sind häufig nicht das Resultat bewusster Gestaltung, sondern das Resultat der Wechselwirkungen und sich ergebenden Regelhaftigkeiten. Zumindest sind Ordnungsmuster nicht auf einen Ursprung, beispielsweise auf den Organisator oder den Planer, reduzierbar.

6. **Lenkung:** Auf der Geordnetheit – auch in dynamischer Sicht im Sinn von Verhaltensmuster – beruht die Fähigkeit von Systemen, sich selbst unter Kontrolle halten zu können, bestimmte Zustände und Prozesse anderen vorzuziehen. Systeme sind also gelenkt, oder besser «lenkig». Lenkungsfunktionen finden im System selbst statt und können auf verschiedenste Weisen ausgestaltet sein. Lenkungsmechanismen können in einem dynamischen System im Laufe des Zusammenwirkens der Teile von selbst entstehen, aber auch von Menschen bewusst geschaffen werden.

7. **Entwicklung:** Soziale Systeme sind zweck- und zielgerichtet. Zweck und Ziele können sich im Laufe der Zeit und des Zusammenwirkens von Menschen und im Zusammenwirken mit der Umwelt jedoch ändern. Soziale Systeme weisen eine wertbehaftete, sinngebende Dimension auf und haben die Fähigkeit, sich in Frage zu stellen, indem sie ihre eigenen Ziele, Strukturen und Verhaltensweisen beurteilen und verändern. Sie können lernen und ihre Lernfähigkeit verbessern.

▲ Abb. 70 Bausteine des ganzheitlichen Denkens (Probst/Gomez 1989, S. 5)

schwierig zu bestimmen sind. Zudem lassen sich nicht direkt Normstrategien ableiten, wie dies z.B. beim Produkt-Portfolio (▷ Portfolio-Management) der Fall ist. Trotzdem ist diese Methode in der Praxis verbreitet, weil sie

▪ zu einer sorgfältigen Analyse der Faktoren zwingt, welche die zukünftige Entwicklung des Unternehmens beeinflussen,

▪ deutlich macht, dass ohne entsprechende Massnahmen der Gewinn (Cash Flow) meistens stark abnimmt,

▪ die Suche nach Strategien fördert, mit denen die Ziellücke geschlossen werden kann.

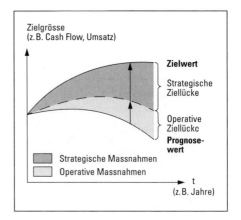

▲ Abb. 71 Gap-Analyse

Garantiekapital

Als Garantiekapital einer AG wird das nicht einbezahlte ▷ Eigenkapital bezeichnet. Es ergibt sich aus der Differenz zwischen dem vertraglich oder statutarisch festgelegten Eigenkapital und dem einbezahlten (liberierten) Eigenkapital. Das Garantiekapital ist eine zusätzliche Sicherheit (Garantie) für die Gläubiger, da sich die Aktionäre bei der Zeichnung verpflichtet haben, im Bedarfsfall den gesamten Ausgabepreis der Aktie zu bezahlen. In der ▷ Bilanz der Aktiengesellschaft erscheint es auf der Aktivseite als Korrekturposition zum aufgeführten ▷ Aktienkapital.

Garantieschäden

Bei Garantieschäden *(Gewährleistungsschäden)* handelt es sich um Schäden am Produkt, für welche das Unternehmen die Garantieleistung für eine bestimmte Frist übernommen hat. Garantieschäden sind von Mangelfolgeschäden zu unterscheiden, die der ▷ Produktehaftpflicht unterliegen.

Gatekeeper

▷ Buying Center

GATS

Abk. für ▷ General Agreement on Trade in Services

GATT

Abk. für ▷ General Agreement on Tariffs and Trade

GAV

Abk. für ▷ Gesamtarbeitsvertrag

Gearing

▷ Hebelwirkung

Gebäudebewirtschaftung

▷ Facility Management

Gebrauchsgut

▷ Konsumgut

Gebrauchstauglichkeit

Gebrauchstauglichkeit ist die «Eignung eines Guts für seinen bestimmungsgemässen Verwendungszweck aufgrund von objektiv und nicht objektiv feststellbaren Gebrauchseigenschaften, deren Beurteilung sich aus individuellen ▷ Bedürfnissen ableitet» (nach ▷ Deutscher Industrienorm). Der Begriff spielt im Zusammenhang mit dem Konsumenten- oder Verbraucherschutz eine wichtige Rolle.

Gebundene Reserven

▷ Reserven

«Gefallener Engel»

▷ Junk Bond

Gegenstromprinzip

Beim Gegenstromprinzip laufen die initiierten Prozesse gleichzeitig in zwei Richtungen ab (z.B. Parallelität der ▷ Topdown- und ▷ Bottom-up-Planung).

Gegenwartswertmethode

Syn. für ▷ Kapitalwertmethode

Gehalt

Syn. für ▷ Lohn

Geld

Die Existenz von Geld ist eine grundlegende Voraussetzung für das Funktionieren entwickelter Volkswirtschaften. Technisch gesprochen reduziert Geld die Anzahl der nötigen Tauschpreise (▷ Tausch) gegenüber einer reinen Tausch-

wirtschaft erheblich: Bei einer Menge von n Gütern müssen in einer Tauschwirtschaft $n \cdot (n-1)$ Preise festgelegt werden, während in einer Geldwirtschaft lediglich n Preise nötig sind. (1) Damit erfüllt Geld die erste von drei volkswirtschaftlichen Funktionen: die Funktion als *Recheneinheit* (auch *Numéraire* genannt). Geld macht den Wert von Gütern und Leistungen einfacher vergleichbar.
(2) Als zweite Funktion dient Geld als *Wertaufbewahrungsmittel*. Dies bedeutet, dass im Unterschied zur reinen Tauschwirtschaft nicht sofort ein Tauschpartner gefunden werden muss. In dieser Funktion überwindet Geld die *zeitliche* Inkompatibilität von Tauschwünschen und erleichtert das ▷ Sparen in Form von allgemein anerkannten Zahlungsmittel (anstatt in Form von Gütern).
(3) Die dritte und volkswirtschaftlich bedeutendste Funktion erfüllt Geld als allgemein anerkanntes *Zahlungsmittel* für Güter. Es überwindet die *sachliche* Inkompatibilität von Tauschwünschen, indem bei einem Tausch nicht erst eine Gegenpartei gefunden werden muss, die für das angebotene Gut (▷ Güter, ökonomische) ein gewünschtes anderes Gut zu tauschen bereit ist. Stattdessen werden Güter gegen ein allgemein anerkanntes Zahlungsmittel getauscht.
Als «Geld» im volkswirtschaftlichen Sinn lässt sich alles definieren, was diese drei Funktionen erfüllt, v. a. wenn es als allgemeines Zahlungsmittel anerkannt ist, und über gewisse stoffliche Eigenschaften (wie gute Teilbarkeit, gute Lagerbarkeit, geringe Kopierbarkeit) verfügt. So übernahmen in früheren Zeiten z.B. Salz, Gewürze und Edelmetalle die Rolle des Gelds. Heute überwiegen nichtmaterielle Formen wie Kredit- oder ▷ Buchgeld (▷ Geldschöpfung).

Geldakkord

Der Geldakkord *(Stückakkord)* ist eine Form des ▷ Akkordlohns, bei welchem dem Mitarbeitenden für jedes hergestellte Stück ein bestimmter Geldbetrag vergütet wird. Dieser Geldsatz je Mengeneinheit ergibt sich aus der Division des ▷ Akkordrichtsatzes durch die Normalmenge/Stunde.

Geldflussrechnung

Bei der Geldflussrechnung handelt es sich um eine ▷ Mittelflussrechnung mit dem ▷ Fonds «flüssige Mittel». Dieser Fonds wird von den meisten Rechnungslegungsstandards (▷ IFRS, ▷ US GAAP, ▷ Swiss GAAP FER) zur Anwendung vorgeschrieben. Er umfasst neben Zahlungsmitteln auch Zahlungsmitteläquivalente, deren Restlaufzeit allerdings maximal drei Monate betragen sollte. Geldflussrechnungen informieren nicht nur über die Veränderung des Bestands an flüssigen Mitteln während einer bestimmten Periode, sondern können auch deren Ursachen aufzeigen.

Geldkurs

Der Geldkurs ist derjenige Kurs, zu dem eine Bank bereit ist, Wertpapiere oder Devisen zu *kaufen*. Will ein Kunde also Wertpapiere oder Devisen «in Geld verwandeln», bekommt er deren Wert gemäss dem Geldkurs ausbezahlt oder gutgeschrieben.
▷ Briefkurs

Geldmarkt

Auf dem Geldmarkt treffen sich Angebot und Nachfrage nach kurz- und mittelfristigen Mitteln. Die Fälligkeit dieser Gelder beträgt weniger als ein Jahr. Die Unternehmen können auf diesem Markt kurzfristig ihre Liquiditätsüberschüsse anlegen oder umgekehrt Liquiditätsengpässe überbrücken. In der Schweiz hat der Geldmarkt eine relativ geringe Bedeutung, wobei v. a. das sog. *Call-Geld* (das täglich abgerufen werden kann) und das ▷ Fest- oder Termingeld (auf einen bestimmten Verfalltag) zu erwähnen sind. Call-Geld-Transaktionen werden beinahe ausschliesslich unter Banken getätigt, während den Termingeldmarkt auch Unternehmen anderer Branchen (Industrie, Versicherung, Handel) benützen. Die ▷ Bonität der Schuldner wird vorausgesetzt, weshalb für Geldmarktgeschäfte keine besonderen Sicherheiten geleistet werden müssen. Der Geldmarkt ist Teil des ▷ Kreditmarkts.

Geldmenge

Die Geldmenge eines Landes wird durch die ▷ Geldschöpfung der ▷ Notenbank und des Bankensystems bestimmt. Die Geldmenge wird anhand verschiedener Konzepte rechnerisch zu sog. *Geldmengenaggregaten* zusammengefasst. Grundlage für diese Berechnungen bildet die ▷ Notenbankgeldmenge, d. h. jene Geldmenge, welche die Notenbank direkt beeinflussen kann. Rechnet man zur Notenbankgeldmenge die sofort verfügbaren Zahlungsmittel in Form von Sichteinlagen bei Banken und Finanzinstituten hinzu, erhält man das Geldmengenaggregat *M1*. Es gibt die in einer Wirtschaft sofort verfügbaren Zahlungsmittel wieder und ist damit ein Mass für die innere ▷ Liquidität einer Volkswirtschaft. Werden noch die inländischen Spareinlagen, Depositen- und Einlagehefte bei Geschäftsbanken in inländischer Währung dazugerechnet, ergibt sich das Geldmengenaggregat *M2*. Es umfasst diejenigen Mittel, die mittelfristig als Zahlungsmittel zur Verfügung stehen. Bei weiterer Addition um die übrigen inländischen Termineinlagen ergibt sich das Geldmengenaggregat *M3*, welches alle tatsächlichen und potenziellen Zahlungsmittel einer Volkswirtschaft umfasst.

▶ Abb. 72 zeigt die Zusammensetzung und den Umfang der genannten Geldmengenaggregate für die Schweiz im August 2003 gemäss der Definition der Schweizerischen Nationalbank (SNB).

Geldpolitik

Unter Geldpolitik versteht man alle Massnahmen, die mit Hilfe von monetären Instrumenten (▷ Notenbankpolitik, Instrumente der) darauf gerichtet sind, die gesamtwirtschaftlichen Ziele (▷ Ziele, gesamtwirtschaftliche) zu erreichen. Dabei steht häufig das Ziel der Geldwertstabilität im Vordergrund. Träger der Geldpolitik ist v. a. die ▷ Notenbank.

Geldschöpfung

Die Geldschöpfung (wie auch die Geldvernichtung) erfolgt hauptsächlich durch die ▷ Notenbank eines Landes sowie durch das Bankensystem. Die *Notenbank* schöpft ▷ Geld, indem sie die ▷ Notenbankgeldmenge z. B. durch den Kauf ausländischer Währung (Devisen) gegen Guthaben bei der Notenbank auf dem internationalen Devisenmarkt erhöht. Geldschöpfung entsteht im *Bankensystem* durch Kreditvergabe, indem eingelegte Gelder von den Banken teilweise als Kredite weitergegeben werden. Diese dienen ihrerseits als Einlagen und werden teilweise erneut in Form von Krediten weitergegeben. Das Ausmass dieser Art der Geldschöpfung hängt von der Höhe des Anteils der Einlagen ab, den die Banken als Reserve aus Sicherheitsgründen zurückbehalten, d. h. den sie nicht als Kredit weitergeben. Durch staatliche Vorschriften über Mindestreserven der Banken kann diese Art der Geldschöpfung beeinflusst werden.

▷ Notenbankpolitik, Instrumente der

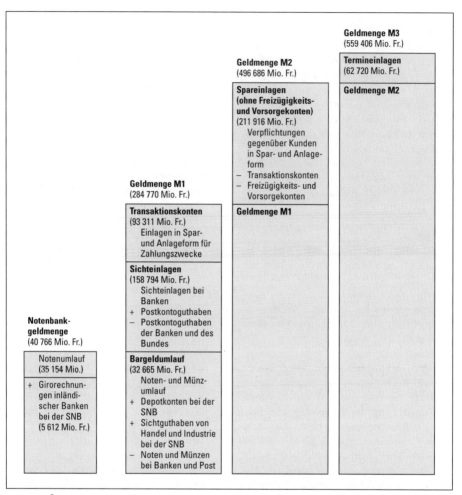

▲ Abb. 72 Übersicht über die Geldmengenaggregate (Quelle: Schweizerische Nationalbank, August 2003)

Geldwertstabilität
▷ Inflation
▷ Ziele, gesamtwirtschaftliche

Gemeinkosten

Gemeinkosten oder *indirekte Kosten (Overheads)* können im Rahmen der ▷ Betriebsbuchhaltung dem einzelnen Produkt nicht direkt zugerechnet werden, weil sie gemeinsam für mehrere Leistungen anfallen, oder weil die Einzelverrechnung zu umständlich und kostspielig wäre (z.B. Raum- oder Verwaltungskosten). Gemeinkosten werden deshalb in der ▷ Kostenartenrechnung zuerst einer ▷ Kostenstelle weiterverrechnet (▷ Kostenstellenrechnung), bevor sie in der ▷ Kostenträgerrechnung den einzelnen Produkten (▷ Kostenträgern) über Zuschlagssätze zugeordnet werden.

Gemeinkostenwertanalyse (GWA)

Die Gemeinkostenwertanalyse *(GWA, Overhead Value Analysis)* hat zur Aufgabe, Gemeinkosten im administrativen Bereich zu senken. Dies geschieht durch eine Überprüfung der Verwaltungsaufgaben aller Kostenstellen auf Vereinfachungsmöglichkeiten hin. Dabei wird folgendermassen vorgegangen:

1. *Vorbereitung:* Nach der Entscheidung, in welchen Abteilungen die Gemeinkostenwertanalyse durchgeführt wird, wird das Wertanalyseteam zusammengesetzt, das für die Durchführung verantwortlich ist, und ein verbindlicher Terminplan festgelegt. Eine wichtige Voraussetzung ist die Vorgabe von Zielgrössen zur Kosteneinsparung. Oft wird ein Ziel von 40% vorgegeben, um die grundsätzliche Hinterfragung aller Aufgaben zu erreichen.
2. *Analyse:* In der Ist-Analyse werden alle Verwaltungsaufgaben genau erfasst, um zu erfahren, welche Leistungen die grössten Kosten verursachen. Anschliessend werden Rationalisierungsideen im Umfang der Zielvorgabe entwickelt und deren Realisierbarkeit bewertet.
3. *Realisation:* Die Praxis zeigt, dass Massnahmen der Gemeinkostenwertanalyse oft nur dann erfolgreich sind, wenn sie sich rasch umsetzen lassen. Da die Analyse häufig mit einem Personalabbau verbunden ist, muss die Unternehmensleitung frühzeitig signalisieren, dass die Mitarbeitenden weiter im Unternehmen beschäftigt werden können. Andernfalls führen die Massnahmen zu Widerständen (▷ Barrieren), die das ganze Projekt scheitern lassen können.

In der Regel lassen sich durch eine Gemeinkostenwertanalyse 10–20% der Verwaltungsgemeinkosten einsparen. Ein weiterer Vorteil besteht in der systematischen, grundsätzlich angelegten Überprüfung der Verwaltungsaufgaben. Ein Nachteil liegt in der Beschränkung auf den gegenwärtigen Stand der Verwaltungsaufgaben. Neue, für die Zukunft möglicherweise notwendige Aufgaben werden nicht betrachtet. Ein weiteres Problem ist, dass Abteilungen, die bisher sparsam waren, gegenüber ausgabefreudigen «bestraft» werden können. Zudem führen Veränderungen im Besitzstand sowie Entlassungen zu Widerständen, denn Rationalisierungsmassnahmen wirken allgemein demotivierend.

Gemeinlastenprinzip

Bei Umweltschäden wird oft nicht der Verursacher dieser Schäden verantwortlich gemacht, sondern die Allgemeinheit hat die Folgen und die entsprechenden Kosten zu tragen. Diese Tatsache begünstigt Umweltschäden und provoziert negative ▷ externe Effekte. Soll die Umweltzerstörung gestoppt werden, müssen Lösungsansätze auf der Basis des ▷ Verursacherprinzips realisiert werden.

Gemeinschaftswerbung

Bei der Gemeinschaftswerbung handelt es sich um einen horizontalen oder vertikalen Zusammenschluss mehrerer Werbender zu einer Werbegemeinschaft oder einer allgemeinen Vereinigung, der noch weitere Aufgaben zukommen (z.B. Kartell, Verband). Beispiele dafür sind Werbung für Käse und Bier oder für eine bestimmte (touristische) Region.

Gemischte Holdinggesellschaft

▷ Holdinggesellschaft

Gemischtfertigung

Gemischtfertigung ist ein ▷ Fertigungstyp, der auftragsbezogene und vorratsbezogene ▷ Fertigung kombiniert. Dieser Fertigungstyp ist relativ häufig anzutreffen, da die auftragsbezogene Fertigung und die vorratsbezogene Fertigung in der Praxis *selten* in reiner Ausprägung zu finden sind. Allgemein gilt, dass in der Einzel- und Kleinserienfertigung stärker kundenspezifisch, in der Gross- und Massenfertigung eher vorratsbezogen produziert wird.

Gemischtwarengeschäft
▷ Einzelhandelsformen

Genehmigte Kapitalerhöhung
▷ Kapitalerhöhung

Genehmigtes Kapital
▷ Kapitalerhöhung
▷ Eigenkapital

General Agreement on Tariffs and Trade (GATT)

Das General Agreement on Tariffs and Trade *(Allgemeines Zoll- und Handelsabkommen, GATT)* widmet sich in periodisch wiederkehrenden Verhandlungen der Vereinbarung von Regeln zur Abwicklung des Welthandels mit Gütern und zum Abbau von Handelshemmnissen. Durch die achte Handelsrunde, die sog. Uruguay-Runde (1986–1994), wurde das GATT – neben dem Dienstleistungsabkommen GATS (▷ General Agreement on Trade in Services) und dem Abkommen über geistiges Eigentum TRIPS (▷ Trade-Related Aspects of Intellectual Property Rights) – zu einem von drei Grundverträgen der ▷ World Trade Organization (Welthandelsorganisation, WTO). Der Goods Council der WTO ist verantwortlich für die Umsetzung der GATT-Abkommen über Landwirtschaft, Gesundheit, Textilwaren, technische Handelshemmnisse, Investitionen, Dumping, Zollwerte, Subventionen, Ursprungsbezeichnungen, Importlizenzen und Schutzklauseln.

General Agreement on Trade in Services (GATS)

Das General Agreement on Trade in Services *(Dienstleistungsabkommen, GATS)* ist ein multilaterales Abkommen, das den Begriff ▷ Dienstleistung definiert und die Verpflichtungen der Vertragspartner der ▷ World Trade Organization (Welthandelsorganisation, WTO) bezüglich des Dienstleistungshandels festlegt. Die allgemeinen Verpflichtungen entsprechen jenen der WTO. Weiter gehend beschäftigt sich das GATS mit den Bedingungen des Marktzutritts und der Regelung der Abkommen über den Verkehr natürlicher Personen, den See- und Luftverkehr, die Telekommunikation und die Finanzdienste.
Als Folge der Erstarkung der nichttarifären Handelshemmnisse (Dumping, Subventionen), des Fehlens einer gemeinsamen Ordnung für den rapide anwachsenden Dienstleistungshandel sowie der ausufernden Sonderbestimmungen und des zunehmenden Regionalismus infolge neuer Integrationsblöcke, ist durch die achte Handelsrunde des ▷ General Agreement on Tariffs and Trade (Allgemeines Zoll- und Handelsabkommen, GATT) die WTO gegründet worden. Der Geltungsbereich des GATS umfasst die meisten Staaten des WTO.

General Public License
▷ Open-Source-Software

Generalversammlung (GV)

Die Generalversammlung *(GV)* ist das oberste Organ sowohl der ▷ Aktiengesellschaft als auch der ▷ Genossenschaft.

Bei der Aktiengesellschaft stehen der Generalversammlung die folgenden unübertragbaren Befugnisse zu (Art. 698 Abs. 2 OR): (1) Festsetzung und Änderung der ▷ Statuten, (2) Wahl der Mitglieder des Verwaltungsrats und der Revisionsstelle, (3) Genehmigung des ▷ Jahresberichts und der ▷ Konzernrechnung, (4) Genehmigung der ▷ Jahresrechnung sowie Beschlussfassung über die Verwendung des Bilanzgewinns, insbesondere Festsetzung der ▷ Dividende und der ▷ Tantieme, (5) Entlastung der Mitglieder des Verwaltungsrats sowie (6) Beschlussfassung über die Gegenstände, die der Generalversammlung durch das Gesetz oder die Statuten vorbehalten sind.

Die Generalversammlung fasst ihre Beschlüsse und vollzieht ihre Wahlen, soweit das Gesetz oder die Statuten es nicht anders bestimmen, mit der absoluten Mehrheit der vertretenen Aktienstimmen (Art. 703 OR).

Für die in Art. 704 Abs. 1 OR aufgeführten Geschäfte braucht es zwei Drittel der vertretenen Stimmen und das absolute Mehr der vertretenen Aktiennennwerte: (1) Änderung des Gesellschaftszwecks, (2) Einführung von ▷ Stimmrechtsaktien, (3) Beschränkung der Übertragbarkeit von ▷ Namenaktien, (4) genehmigte oder bedingte ▷ Kapitalerhöhung, (5) Kapitalerhöhung aus Eigenkapital, gegen Sacheinlage oder zwecks Sachübernahme sowie die Gewährung besonderer Vorteile, (6) Einschränkung oder Aufhebung des Bezugsrechts, (7) Verlegung des Sitzes der Gesellschaft sowie (8) Auflösung der Gesellschaft ohne Liquidation.

Die ordentliche Generalversammlung findet alljährlich innerhalb von sechs Monaten nach Abschluss des Geschäftsjahrs statt (Art. 699 Abs. 2 OR). Ausserordentliche Generalversammlungen können neben dem Verwaltungsrat auch von einem oder mehreren Aktionären, die zusammen mindestens 10% des Aktienkapitals vertreten, verlangt werden. Aktionäre, die Aktien im Nennwert von 1 Mio. Franken vertreten, können die Traktandierung eines Verhandlungsgegenstands verlangen (Art. 699 Abs. 3 OR).

Generationenvertrag

Als Generationenvertrag bezeichnet man das System, dass die im Erwerbsleben stehende Generation über ihre Beiträge direkt die Altersrenten der Pensionierten finanziert (z.B. bei der ▷ Alters- und Hinterlassenenversicherung). Diese Finanzierungsform entspricht dem *Ausgaben-Umlageverfahren*. Im Gegensatz dazu werden beim *Kapitaldeckungsverfahren* die zukünftigen Ansprüche des Versicherten durch ihn selber finanziert (z.B. bei der ▷ beruflichen Vorsorge).

Generic Concept of Marketing

Das Generic Concept of Marketing betrachtet das allgemeine Marketingkonzept unter dem Aspekt jeglicher Art von sozialen Tauschprozessen (Transaktionen) zwischen Parteien. Der Tausch schliesst den Austausch ideeller und materieller Werte mit ein.

Generika

Generika *(Weisse Produkte, No-Name Products)* sind Produkte, bei denen der Hersteller nicht bekannt ist oder nur vermutet werden kann. Sie zeichnen sich neben einer einfachen und sachlichen Beschriftung durch einen Preis aus, der bis zu 50% unter demjenigen des entsprechenden Markenartikels liegen kann. Zu den Generika zählen insbesondere auch die Nachahmer-Produkte auf dem Pharmamarkt, die nach Ablauf des Patentschutzes zugelassen werden. Ein bekanntes Beispiel ist das von Roche hergestellte Valium, das als Generika-Produkt durch Konkurrenten zu 3% des ursprünglichen Preises angeboten wurde.

Genossenschaft

Die Genossenschaft ist eine als Körperschaft organisierte Verbindung einer nicht geschlossenen Zahl von Personen oder Handelsgesellschaften, die in der Hauptsache die Förderung oder Sicherung bestimmter wirtschaftlicher Interessen ihrer Mitglieder in gemeinsamer Selbsthilfe bezweckt. Genossenschaften haben kein festes Grundkapital, um keinem Interessenten die Mitgliedschaft zu verwehren (Art. 828 OR). Die Statuten regeln die Beitrags- und Leistungspflicht (Art. 867 OR). Für die Verbindlichkeiten der Genossenschaft haftet ausschliesslich das Genossenschaftsvermögen, sofern die Statuten nichts anderes vorschreiben (Art. 868 OR).

Gentlemen's Agreement
▷ Kartell

Genussschein

Der Genussschein ist ein Beteiligungspapier, das nach Art. 657 OR keine Mitgliedschaftsrechte, sondern nur Ansprüche auf einen Anteil am Reingewinn, am Liquidationsergebnis oder auf den Bezug von neuen Aktien verleiht. Der Genussschein darf keinen Nennwert haben. Das Gesetz sieht diese Form von Beteiligungspapieren für jene Personen vor, die mit dem Unternehmen durch frühere Kapitalbeteiligungen oder als Aktionär, Gläubiger, Arbeitnehmer sowie in ähnlicher Weise verbunden sind (Art. 657 Abs. 1 OR). Diese relativ offene Formulierung führte in der Praxis zu verschiedenen Formen:

▪ Abgeltung von *Gründerleistungen*. Dies hat für die Gesellschaft den Vorteil, dass sie keine flüssigen Mittel einsetzen muss. Genussscheine, welche bei der Gründung der Gesellschaft ausgegeben werden, werden auch als Gründungsanteilscheine bezeichnet.

▪ Entschädigung der Gläubiger bei *Sanierung*, da diese mit einem Pfändungsverzicht zur Erhaltung und Weiterführung des Unternehmens beitragen. Diese Sanierungsgenussscheine lassen den Inhaber an einer verbesserten zukünftigen Ertragslage teilhaben.

▪ *Dividendenpolitische Gründe*, um eine indirekte Dividendenerhöhung zu bewirken. Die Genussscheine können als von den Aktien getrennte Papiere ausgegeben werden oder untrennbar mit der Aktie verbunden sein.

Gesamtarbeitsvertrag (GAV)

Gesamtarbeitsverträge *(GAV;* BRD: *Tarifvertrag)* sind kollektive Arbeitsverträge zwischen den ▷ Sozialpartnern, d.h. zwischen Arbeitnehmern und Arbeitgebern einer Branche (Art. 356ff. OR). Dem Gesamtarbeitsvertrag sind alle Mitglieder der Parteien, die den Vertrag abschliessen, unterstellt. Seit 1914 kann der Bundesrat die Gesamtarbeitsverträge (Art. 110 Abs. 2 BV) für alle Arbeitnehmer und Arbeitgeber einer Branche oder Region allgemeinverbindlich erklären. Im Vordergrund stehen Lohn- und Arbeitszeitregelungen. Die Vertragsparteien sind an die ▷ Friedenspflicht gebunden.

Gesamtkapital
Als Gesamtkapital eines Unternehmens wird die Summe aus ▷ Eigen- und ▷ Fremdkapital bezeichnet. Die Höhe des effektiven Gesamtkapitals ist aus der ▷ Bilanz ersichtlich, sofern die Aktiven zum ▷ Fair Value bewertet sind, also die ▷ stillen Reserven aufgelöst worden sind.

Gesamtkapitalrentabilität
Die Gesamtkapitalrentabilität ist neben der ▷ Eigenkapitalrentabilität eine wichtige ▷ Kennzahl. Sie zeigt, wie wirtschaftlich ein Unternehmen in der vergangenen Geschäftsperiode gearbeitet hat. Sie kann entweder brutto oder netto berechnet werden:

- Gesamtkapitalrentabilität$_{brutto}$ =
$$\frac{\text{Jahresgewinn} + \text{FK-Zins} + \text{EK-Zins}}{\text{ø Gesamtkapital der Periode}} \cdot 100$$

- Gesamtkapitalrentabilität$_{netto}$ =
$$\frac{\text{Jahresgewinn}}{\text{ø Gesamtkapital der Periode}} \cdot 100$$

Die Gesamtkapitalrentabilität ist eine wichtige Grösse von Kennzahlensystemen. Im ▷ Du-Pont-Schema wird die Gesamtkapitalrentabilität z.B. als *Return on Investment (ROI)* bezeichnet und in die beiden Kennzahlen ▷ *Umsatzrentabilität* und ▷ *Kapitalumschlagshäufigkeit* aufgeteilt:

$$\text{Return on Investment (ROI)} = \underbrace{\frac{\text{Jahresgewinn}}{\text{Umsatz}}}_{\text{Umsatzrentabilität}} \cdot \underbrace{\frac{\text{Umsatz}}{\text{Kapital}}}_{\text{Kapitalumschlagshäufigkeit}} \cdot 100$$

Diese Zerlegung zeigt, wie der ROI erhöht werden kann.
Der ROI ist auch eine beliebte Kennzahl zur Berechnung der Rentabilität einzelner Projekte.

Gesamtkostenverfahren
▷ Kurzfristige Erfolgsrechnung
▷ Erfolgsrechnung

Geschäftsbereich
Der Begriff Geschäftsbereich bezeichnet entweder eine ▷ Abteilung (z.B. Sparte) oder eine ▷ strategische Geschäftseinheit des Unternehmens.

Geschäftsbericht
Vom Verwaltungsrat eines Unternehmens wird gemäss Art. 662 OR die jährliche Erstellung eines Geschäftsberichtes verlangt. Dieser besteht aus der ▷ Jahresrechnung, dem ▷ Jahresbericht und einer allfälligen ▷ Konzernrechnung.

Geschäftseinheit
▷ Strategische Geschäftseinheit

Geschäftsfeld
▷ Strategisches Geschäftsfeld

Geschäftsleitung
Der Begriff Geschäftsleitung wird synonym einerseits zum Begriff ▷ Unternehmensführung, andererseits zum Begriff ▷ Direktion verwendet.

Geschäftsmehrwert
Syn. für ▷ Goodwill

Geschäftsplan
Syn. für ▷ Business-Plan

Gesellschaft

Eine Gesellschaft nach schweizerischem Gesellschaftsrecht (Art. 530 Abs. 1 OR) ist eine vertraglich begründete, der Erreichung eines bestimmten gemeinsamen Zweckes dienende privatrechtliche Vereinigung von zwei oder mehreren Personen.

Die wichtigsten *Gesellschaftsformen* sind die ▷ einfache Gesellschaft, die ▷ Kollektivgesellschaft, die ▷ Kommanditgesellschaft, die ▷ Aktiengesellschaft, die ▷ Kommanditaktiengesellschaft, die ▷ Gesellschaft mit beschränkter Haftung, die ▷ Genossenschaft und der ▷ Verein.

Zur besseren Unterscheidung werden die Gesellschaften in *Körperschaften* und in *Rechtsgemeinschaften* (▶ Abb. 73) unterteilt. Wesensmerkmal der Körperschaft ist, dass der Vereinigung von Mitgliedern selbst die Rechtspersönlichkeit zukommt, d.h. sie als juristische Person behandelt wird. Damit tritt sie im Rechtsverkehr als Trägerin von Rechten und Pflichten auf. Durch ihre Organe kann sie Eigentum erwerben, Schulden eingehen, klagen und beklagt werden. Die Rechtsgemeinschaft ist demgegenüber nicht eine eigene Rechtspersönlichkeit, sondern die einzelnen Mitglieder bilden gemeinsam die Rechtsträger.

▷ Rechtsform

Gesellschaft mit beschränkter Haftung (GmbH)

Die Gesellschaft mit beschränkter Haftung *(GmbH)* ist eine Gesellschaft, in der sich zwei oder mehrere Personen oder Handelsgesellschaften mit eigener Firma und einem im Voraus bestimmten Kapital *(Stammkapital)* vereinigen. Jeder Gesellschafter ist, ohne dass seine Beteiligung als Aktie behandelt wird, mit einer Einlage *(Stammanteil)* am Stammkapital beteiligt. Er haftet über seine *Stammeinlage* hinaus für die Verbindlichkeiten der Gesellschaft in den vom Gesetz festgelegten Fällen bis höchstens zum Betrage des eingetragenen Stammkapitals. Im Übrigen ist er zu keinen anderen als den statutarischen Leistungen verpflichtet (Art. 772 OR).

Gesellschaftsformen

▷ Gesellschaft

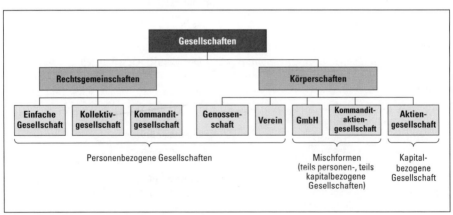

▲ Abb. 73 Gesellschaftsformen nach schweizerischem Recht

Gesellschaftsorientiertes Marketing
Syn. für ▷ Societal Marketing

Gesetz des abnehmenden Grenzertrags
▷ Grenzertrag

Gesetz des abnehmenden Grenznutzens
▷ Grenznutzen

Gesetzliche Reserven
▷ Reserven

Gewährleistungsschäden
Syn. für ▷ Garantieschäden

Gewerkschaft
Gewerkschaften sind Interessensorganisationen der Arbeitnehmer *(Arbeitnehmerverbände, Arbeitnehmerorganisationen)*. Allgemeine Ziele der Gewerkschaften sind die Verbesserung der Stellung sowie der Schutz der Arbeitnehmer in wirtschaftlicher und sozialer Hinsicht (z.B. Sicherung von Arbeitsplätzen, optimale ▷ Arbeitsbedingungen, Rechtsschutz, berufliche Weiterbildung). Gewerkschaften schliessen mit den ▷ Arbeitgeberorganisationen ▷ Gesamtarbeitsverträge (GAV) ab. Die einzelnen Gewerkschaften und Berufsorganisationen haben sich meist zu Dachverbänden zusammengeschlossen. Die drei bedeutendsten sind:
- *Schweizerischer Gewerkschaftsbund* (SGB),
- *Travail Suisse* (vormals *Vereinigung Schweizerischer Angestelltenverbände* [VSA] und *Christlichnationaler Gewerkschaftsbund* [CNG]) und
- *Verhandlungsgemeinschaft Bundespersonal* (ehemals *Föderativverband des Personals öffentlicher Verwaltungen und Betriebe* [FÖV]).

Daneben existieren einzelne Arbeitnehmerverbände, die nirgends angeschlossen sind, wie etwa der Dachverband Schweizer Lehrerinnen und Lehrer (LCH), der Zentralverband Staats- und Gemeindepersonal Schweiz (ZV) der Schweizerische Bankpersonalverband (SBPV).

Gewinn
Der Gewinn ist die positive Differenz zwischen ▷ Ertrag und ▷ Aufwand. Ist diese Differenz negativ, so resultiert ein ▷ Verlust. Wie aus ▶ Abb. 74 ersichtlich ist, lassen sich sowohl aus handelsrechtlicher wie auch aus betriebswirtschaftlicher Sicht verschiedene Gewinngrössen unterscheiden.

Handelsrechtliche Gewinngrössen		Betriebswirtschaftliche (kaufmännische) Gewinngrössen		
Jahresgewinn	Bilanzgewinn	Bruttogewinn	Betriebsgewinn	Unternehmensgewinn

▲ Abb. 74 Gewinngrössen

Das Handelsrecht unterscheidet zwischen Jahres- und Bilanzgewinn:
- Der *Jahresgewinn* resultiert aus der handelsrechtlichen ▷ Erfolgsrechnung als positive Differenz zwischen sämtlichen Erträgen und Aufwendungen einer Geschäftsperiode.
- Der *Bilanzgewinn* ist der Gewinn, der für die Ausschüttung an die Eigentümer zur Verfügung steht. Er entspricht der Summe aus aktuellem Jahresgewinn/Jahresverlust (nach Bildung und Auflösung gesetzlicher und/oder statutarischer ▷ Reserven) und ▷ Gewinnvortrag/Verlustvortrag.
Ausgehend von einer gestaffelten ▷ Erfolgsrechnung unterscheidet man zwischen folgenden kaufmännischen Gewinngrössen:

■ *Bruttogewinn (Bruttoverlust):* Die Differenz zwischen betrieblichem Ertrag aus Lieferungen und Leistungen sowie Anschaffungs- oder Herstellungsaufwand der verkauften Produkte und Dienstleistungen. Insbesondere für Handelsunternehmen stellt der Bruttogewinn (als Differenz zwischen Nettoerlös aus dem Warenverkauf und dem ▷ Warenaufwand) eine wichtige Gewinngrösse dar.

■ *Betriebsergebnis:* Addiert man zum Bruttogewinn die übrigen betrieblichen Erträge und subtrahiert davon die übrigen betrieblichen Aufwendungen (inkl. Verwaltungs- und Vertriebsaufwand), so resultiert das Betriebsergebnis (*Betriebsgewinn* bzw. Betriebsverlust).

■ *Unternehmensergebnis:* Im Vergleich zum Betriebsergebnis beinhaltet das Unternehmensergebnis (*Unternehmensgewinn* bzw. -verlust) auch den ausserordentlichen und betriebsfremden Erfolg sowie die direkten Unternehmenssteuern. Der kaufmännische Unternehmensgewinn entspricht dem handelsrechtlichen Jahresgewinn.

Um die Aussagekraft der staffelförmigen Erfolgsrechnung weiter zu steigern, können Unternehmen sowohl auf der Ebene des Brutto- als auch des Betriebsergebnisses noch weitere Gewinnstufen unterscheiden (▷ Erfolgsrechnung, EBIT [▷ Earnings Before Interest and Taxes], EBITDA [▷ Earnings Before Interest, Tax, Depreciation and Amortization]).

Gewinnbeteiligung
▷ Erfolgsbeteiligung

Gewinngrenze
▷ Kostenverläufe

Gewinnmaximum
▷ Kostenverläufe

Gewinn pro Aktie
▷ Earnings per Share

Gewinnschwelle
▷ Kostenverläufe

Gewinn- und Verlustrechnung
Syn. für ▷ Erfolgsrechnung

Gewinnvergleichsrechnung
Bei der Gewinnvergleichsrechnung wird aus mehreren Investitionsmöglichkeiten diejenige Variante ausgewählt, die den grössten Gewinn verspricht. Im Gegensatz zur ▷ Kostenvergleichsrechnung bezieht die Gewinnvergleichsrechnung die Erlösseite in die Überlegungen ein. Dieses Verfahren empfiehlt sich immer dann, wenn die zur Auswahl stehenden Investitionsprojekte unterschiedliche Erlöse aufweisen, die sich aufgrund unterschiedlicher quantitativer und/oder qualitativer Absatzmengen ergeben.

Haben die zur Diskussion stehenden Investitionsvarianten eine unterschiedliche Nutzungsdauer oder erfordern sie unterschiedlich hohe durchschnittliche Kapitaleinsätze, so ist zu untersuchen, wie die nicht verwendeten finanziellen Mittel eingesetzt werden können und welchen Gewinn sie abwerfen. Man spricht in diesem Zusammenhang von sog. ▷ Differenzinvestitionen. Um weitere Informationen und Entscheidungsunterlagen zu erhalten, kann eine ▷ Break-even-Analyse durchgeführt werden. Diese untersucht, bei welcher kritischen Ausbringungsmenge die Gewinne von zwei Investitionsalternativen gleich gross sind.

Gewinnvortrag

Der Gewinnvortrag entspricht demjenigen Teil des Bilanzgewinns aus dem Vorjahr, welcher weder ausgeschüttet noch den eigentlichen ▷ Reserven zugewiesen wurde und damit im laufenden Jahr wieder zur Verteilung ansteht. Der Gewinnvortrag ist Bestandteil des ▷ Eigenkapitals eines Unternehmens und wird in der Bilanz als «Unterkonto» der Reserven aufgeführt. Ist er negativ, so spricht man von einem *Verlustvortrag*. Im Rahmen des Jahresabschlusses wird der Gewinnvortrag dem Jahresgewinn zugeschlagen und wird Bestandteil des Bilanzgewinns.
▷ Gewinn

Gewinnziel

Das Gewinnziel kann entweder absolut als Differenz zwischen Ertrag und Aufwand oder relativ als Relation zwischen ▷ Gewinn und dem zur Erwirtschaftung dieses Gewinns eingesetzten ▷ Kapitals definiert werden. Im zweiten Fall spricht man von der ▷ Rentabilität.

Giralgeld

Syn. für ▷ Buchgeld

Glattstellung

Als Glattstellung bezeichnet man die Auflösung einer Handelsposition (z.B. in Aktien oder Devisen) am Markt. Die Auflösung erfolgt durch einen Marktteilnehmer, indem dieser zu bereits eingegangenen Kontrakten das notwendige Gegengeschäft in Bezug auf den gleichen ▷ Basiswert tätigt. So hat z.B. ein Händler nach dem Verkauf einer ▷ Call-Option (Short Position) zur Glattstellung dieses Geschäftes eine Call-Option auf den gleichen Basiswert zu kaufen (Long Position). In Analogie zu diesem Vorgang müsste ein Händler nach einem Leerverkauf (Short Position) zur Glattstellung seiner Position den Basiswert erwerben. Mit der Glattstellung einer Position allein kann noch keine Aussage über den Gewinn aus den Transaktionen gemacht werden.

Glaubwürdigkeit

Die Glaubwürdigkeit als zentrales Leitmotiv unternehmerischen Handelns bedeutet, dass sich das Unternehmen das Vertrauen und die Akzeptanz seiner ▷ Anspruchsgruppen erhalten oder erhöhen muss (▷ Social Responsiveness), um langfristig überleben zu können. Dazu ist eine bewusste und aktive Glaubwürdigkeitsstrategie notwendig, die aus drei Handlungselementen besteht (► Abb. 75):
1. *Kommunikatives Handeln:* Die verschiedenen Anspruchsgruppen des Unternehmens werden als echte Kommunikationspartner verstanden. Sie sind nicht nur Informationsempfänger des Unternehmens, sondern auch Informationssender (▷ schwache Signale, ▷ Frühwarnsystem). Das Unternehmen hat die Bedürfnisse und Wertvorstellungen seiner Anspruchsgrup-

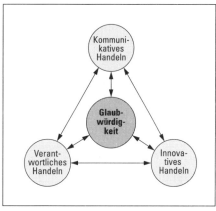

▲ Abb. 75 Konstitutive Elemente der Glaubwürdigkeit

pen abzuklären und in sein Handeln zu integrieren. Zum Informationsaustausch dienen die ▷ Public Relations.

2. *Verantwortliches Handeln:* Das Unternehmen übernimmt die Konsequenzen für sein bisheriges Handeln (z. B. Entschädigung für einen angerichteten Schaden) und für das zukünftige Handeln (z. B. Vermeidung von Umweltbelastungen).

3. *Innovatives Handeln:* Das Unternehmen findet für bestehende Probleme bessere und für neuartige Probleme gute Lösungen, um Akzeptanz bei den Anspruchsgruppen zu erreichen.

Gleichgewichtstheorie

Die Gleichgewichtsthcoric *(Equity-Theorie)* besagt, dass Mitarbeitende Vergleiche anstellen zwischen ihren Beiträgen (z. B. Ausbildung, Arbeitsleistung) und den daraus resultierenden Ergebnissen (z. B. Bezahlung) einerseits und den Beiträgen und Ergebnissen ihrer Kollegen in der gleichen Arbeitssituation andererseits. Für das Individuum besteht ein Gleichgewicht, wenn das Verhältnis zwischen den eigenen Beiträgen und den daraus sich ergebenden Erträgen demjenigen der Arbeitskollegen entspricht. Besteht ein Ungleichgewicht für das Individuum, entsteht bei ihm eine innere Spannung, die es motiviert, diese Spannung zur Wiederherstellung des Gleichgewichts zu vermindern. Das Individuum wird je nach Ausgangssituation seine Beiträge oder deren Ergebnisse erhöhen oder verringern. Bei der praktischen Anwendung der Gleichgewichtstheorie steht die Beziehung zwischen der Leistung und dcr finanziellen Entlohnung im Vordergrund.

Gleichordnungskonzern

Von einem Gleichordnungskonzern – im Gegensatz zu einem ▷ Subordinationskonzern – spricht man, wenn ein ▷ Konzern zwar eine einheitliche Leitung hat, aber kein Abhängigkeitsverhältnis zwischen den einzelnen Konzerngesellschaften besteht. Der Gleichordnungskonzern ist in der Praxis sehr selten.

Gleitende Arbeitszeit

Die gleitende Arbeitszeit – als Form der ▷ flexiblen Arbeitszeit – ist eine Arbeitszeitform, bei der die feste Vorgabe von Arbeitsbeginn und -ende zugunsten von flexiblen Lösungen aufgegeben wird. Die tägliche Arbeitszeit wird in eine *Gleit-* und in eine *Blockzeit* aufgeteilt. Während der Blockzeit (Kernzeit) besteht eine obligatorische Anwesenheitspflicht für alle Mitarbeitenden. Die Gleitzeit gibt dem Mitarbeitenden den Spielraum, Arbeitsbeginn und Arbeitsende grundsätzlich frei zu wählen. Die vorgegebene Arbeitszeit muss aber innerhalb einer gegebenen Bandbreite während einer bestimmten Abrechnungsperiode erfüllt werden.

Es gibt Unternehmen, die auf dic Fcstlegung von Kernzeiten verzichten. Für die Erledigung eines bestimmten Arbeitsvolumens ist ein Team verantwortlich. Dem einzelnen Mitarbeitenden erwächst ein umfangreicher Dispositionsspielraum und gleichzeitig eine Verantwortung gegenüber dem Kollektiv. Der Verzicht auf Kernzeiten ist allerdings nicht in allen Fällen geeignet. Bestimmte betriebliche Aufgaben setzen zu ihrer Erfüllung fixe Präsenzzeiten voraus (z. B. Verkäufer im Detailhandel, Chauffeure im öffentlichen Verkehr).

Gleitende Pensionierung
▷ Arbeitszeitflexibilisierung

Gleitzeit
▷ Gleitende Arbeitszeit

Global Compact

Der Global Compact *(UN Business Global Compact)* ist ein Vertrag zwischen den ▷ United Nations und privaten Unternehmen mit dem Ziel, zentrale Werte in Bezug auf Menschenrechte, Arbeitsbedingungen und Umgang mit der Natur einzuhalten und zu verbreiten. Er wurde im Jahre 2000 aufgesetzt und ist offen für jedes Unternehmen, das sich auf diese Werte verpflichtet. Es gibt allerdings keine formalen Verträge oder gar Zertifizierungen, sondern die Unternehmen sind dazu aufgerufen, freiwillig ihre Ziele und Massnahmen auf der Web-Site der International Chamber of Commerce (ICC) zu publizieren und diese mit konkreten Aktionen umzusetzen.

Globales Marketing

Globales Marketing bezeichnet das Marketing zur Bearbeitung des Weltmarkts bzw. ein Marketing für mehrere Länder auf der Basis einer weit gehenden Standardisierung von Marketingmassnahmen, jedoch mit der bewussten Zielsetzung suboptimaler nationaler Strategien, um eine optimale weltweite Strategie zu erreichen. In Bezug auf eine Marktbearbeitung stehen nicht nationale Wünsche und Bedürfnisse im Vordergrund, sondern die Erzielung von Economies of Scale (Grössenvorteile) aufgrund einer standardisierten Massenproduktion. Man spricht in diesem Zusammenhang auch von einer geozentrischen Ausrichtung, was bedeutet, dass sich das Unternehmen bezüglich dem relevanten Markt am Weltmarkt orientiert. Ziel ist somit eine möglichst weit gehende Standardisierung der verschiedenen Massnahmen.

Eine solche globale Sichtweise stützt sich auf drei Thesen: (1) *Konvergenzthese,* die besagt, dass in den Industrienationen das Markt-, Angebots- und Nachfrageverhalten nur geringfügig voneinander abweichen bzw. eine Homogenisierung der Bedürfnisse stattfindet; (2) *Standardisierungsthese,* die bedeutet, dass bei Produkten, Instrumenten und Prozessen auf eine Anpassung an nationale, lokale Besonderheiten weit gehend verzichtet werden kann (Synergie- und Degressionseffekte aufgrund der Produktion einer Vielzahl einheitlicher Produkte); (3) *Zentralisierungsthese,* wonach alle Entscheidungen bezüglich Vermarktung zentral getroffen werden.

Globalisierung

Unter Globalisierung versteht man aus *volkswirtschaftlicher Sicht* die weltweite Angleichung einerseits der Produktionsbedingungen und andererseits der Absatzmärkte. Diese Entwicklung ergibt sich im Zug einer zunehmenden Integration zuvor abgegrenzter Wirtschaftsräume zu gemeinsamen Märkten (▷ Europäische Union) und weil – aufgrund sinkender Transport- und Informationskosten – ▷ Produktionsfaktoren (v. a. Kapital, Wissen, aber auch Arbeit) und ökonomische Güter (▷ Güter, ökonomische) *mobiler* werden. Dadurch herrscht heute in vielen Bereichen nicht nur Konkurrenz auf lokalen ▷ Faktor- und ▷ Absatzmärkten, sondern es besteht *globaler Wettbewerb* um Kunden und zwischen Produktionsstandorten.

Unter Globalisierung wird aus *betriebswirtschaftlicher Sicht* die Internationalisierung (▷ Internationalisierungsstrategie) der Aktivitäten von Unternehmen verstanden. Durch eine Globalisierung können Unternehmen sowohl Vorteile bei den ▷ Economies of Scale als auch bei den ▷ Economies of Scope realisieren.

Global Sourcing

Unter Global Sourcing werden im Rahmen der ▷ Beschaffungspolitik moderne Kon-

zepte verstanden, die darauf abzielen, weltweit komparative Kostenvorteile für das Unternehmen auszuschöpfen. Die global zu beschaffenden Ressourcen können dabei unterschiedlicher Natur sein, d.h. neben Rohstoffen kann auch Know-how oder Fertigungskapazität beschafft werden.
Global-Sourcing-Strategien werden zunehmend von ▷ multinationalen Unternehmen verfolgt, die durch Ausnützung moderner Kommunikations- und Logistiksysteme die spezifischen Vorteile einzelner Länder und Regionen ausnützen können. Global Sourcing spielt insbesondere bei der Minimierung des ▷ Beschaffungsmarktrisikos eine entscheidende Rolle.
▷ Local Sourcing
▷ Single Sourcing

GmbH

Abk. für ▷ Gesellschaft mit beschränkter Haftung

Going Concern

Engl. für ▷ Unternehmensfortführung

Going Private

Unter einem Going Private *(Reverse IPO)* versteht man den umgekehrten Vorgang des ▷ Going Public, nämlich die Umwandlung einer Publikumsgesellschaft in eine private Aktiengesellschaft (z.B. Hilti 2003). Diese erfolgt durch Rückkauf der Aktien durch eine private Aktiengesellschaft (im Rahmen einer Konzernbildung), durch eine Familie oder durch die Geschäftsleitung. Wird der Rückkauf der Aktien in erster Linie mit fremden Mitteln (Bankkredite) finanziert, spricht man von einem ▷ Leveraged Buyout.
Es können drei Gründe für ein Going Private genannt werden:

1. Das Unternehmen bzw. dessen Geschäftsleitung will verhindern, dass es von einer anderen Gesellschaft übernommen, in einen neuen Konzern integriert sowie einer neuen Unternehmenspolitik unterstellt wird.
2. Es kann vorkommen, dass ein Unternehmen durch die Börse (aufgrund der zu tiefen Börsenkurse) unterbewertet wird. Besitzt es z.B. unterbewertete Liegenschaften (▷ stille Reserven), so können nichtbetriebsnotwendige Liegenschaften liquidiert und der Erlös ausgeschüttet werden.
3. Die Geschäftsleitung will sich des Drucks der Aktionäre und der Öffentlichkeit entledigen, die sich oft an einem kurzfristigen Gewinndenken orientieren. Anders als in der Schweiz veröffentlichen die amerikanischen Unternehmen einen vierteljährlichen Gewinnausweis. Da die Quartalsdividende stark gewinnabhängig festgelegt wird, findet der Quartalsgewinn bei der Beurteilung eines Unternehmens grosse Beachtung.

Vom Going Private ist das ▷ Management Buyout zu unterscheiden.

Going Public

Unter einem Going Public, in den USA auch als *Initial Public Offering* bekannt, versteht man die Umwandlung einer privaten Aktiengesellschaft in eine ▷ Publikumsaktiengesellschaft. Ein bisher geschlossener Kreis von Eigenkapitalgebern (z.B. Familien-AG) sucht neue Kapitalgeber, indem Beteiligungspapiere der Gesellschaft einem breiten Anlagepublikum offeriert werden.
Hauptmotiv ist meistens ein ungedeckter (zukünftiger) Kapitalbedarf, der weder durch Zuschüsse der bisherigen Aktionäre noch durch ▷ Selbstfinanzierung oder Kredite gedeckt werden kann. Gerade bei kleineren Unternehmen, die sich noch in einer

starken Wachstumsphase befinden und demzufolge einen grossen Kapitalbedarf haben, sind die Aktionäre oft nicht in der Lage, zusätzliches Kapital zur Verfügung zu stellen. Daneben gibt es eine Reihe weiterer Gründe, die den Ausschlag zugunsten eines Going Public geben können:
- Die bisherigen Eigentümer wollen sich ganz oder teilweise aus dem Unternehmen zurückziehen.
- Eine Verbreiterung des Aktionärskreises bedeutet gleichzeitig auch eine Verteilung des Unternehmensrisikos.
- Die bisherigen Aktionäre erhalten die Möglichkeit, einen Teil ihres Aktienbesitzes zu realisieren, da die Handelbarkeit der Aktien erst nach der Öffnung gegeben ist.
- Ein Going Public erleichtert eine ▷ Mitarbeiterbeteiligung.

Ein erfolgreiches Going Public hat oft zur Folge, dass Fremdkapital zu günstigeren Konditionen beschafft werden kann. Ferner trägt die Erhöhung des Bekanntheitsgrads zu einem positiven Public Relations-Effekt bei.

Folgende Grundvoraussetzungen sollten erfüllt sein: (1) Qualität und Kontinuität des Managements, (2) klar formulierte Ziele und Strategien (z.B. in Bezug auf Produkte und Märkte) und ein klares Führungskonzept (z.B. in Bezug auf das Planungs- und Kontrollsystem), (3) günstige Gewinnaussichten, (4) gute Finanzlage, d.h. genügende Liquidität, gutes Verhältnis von Eigenkapital zu Fremdkapital sowie gute Vermögenssubstanz (stille Reserven), (5) minimale Unternehmensgrösse und (6) gewisser Bekanntheitsgrad des Unternehmens.

Goldene Bilanzregel

Die goldene Bilanzregel ist eine ▷ Finanzierungsregel, die besagt, dass die ▷ Aktiven mit entsprechend fälligen ▷ Passiven finanziert sein sollten, also mindestens *Fristenkongruenz* oder *Fristenparallelität* bestehen soll. In der Praxis wird dieses Prinzip v.a. bei der Kreditgewährung durch Banken beachtet. Allerdings muss beachtet werden, dass zwischen der rechtlichen Kündigungsfrist von Darlehen und der effektiven betriebswirtschaftlichen Kapitalüberlassungsdauer zuweilen grosse Unterschiede bestehen (z.B. bei Hypotheken).
▷ Goldene Finanzierungsregel

Goldene Finanzierungsregel

Die goldene oder *klassische Finanzierungsregel* verlangt, dass zwischen der Dauer der Bindung der Vermögensteile, d.h. der Dauer der einzelnen Kapitalbedürfnisse, und der Dauer, während der das zur Deckung der Kapitalbedürfnisse herangezogene Kapital zur Verfügung steht, Übereinstimmung bestehen muss. Diese Regel beruht auf dem Prinzip der *Fristenparallelität* oder *Fristenkongruenz* zwischen Vermögen und Kapital. Deren Befolgen gibt allerdings noch keine Sicherheit für eine ausreichende Liquidität. Die Regel berücksichtigt lediglich die zu einem bestimmten Zeitpunkt vorhandenen Fristen ohne Berücksichtigung des finanz- und güterwirtschaftlichen Prozesses. Werden z.B. durch den Verkauf von Gütern und Dienstleistungen finanzielle Mittel freigesetzt, so stehen diese i.d.R. nicht oder nur teilweise zur Rückzahlung von Kapital zur Verfügung, sondern sie müssen erneut in den Produktionsprozess investiert werden. In der Praxis wird dieses Prinzip v.a. bei der Kreditgewährung durch Banken beachtet (▷ goldene Bilanzregel). Zu erwähnen ist, dass die aus der Bilanz ersichtlichen Fristen vielfach nicht mit den effektiven übereinstimmen. Die der goldenen Finanzierungsregel zugrunde liegende bilanztechnische oder rechtliche

Betrachtungsweise vernachlässigt, dass kurz- oder mittelfristig ausgeliehenes Fremdkapital oft langfristig zur Verfügung steht (z. B. Darlehen).

Goodwill

Ist der ▷ Ertragswert eines Unternehmens grösser als der ▷ Substanzwert, so bezeichnet man die Differenz als Goodwill *(Geschäfts- oder Firmenmehrwert)*. Dieser beinhaltet sämtliche immateriellen ▷ Vermögenswerte, die nicht bilanziert oder nicht bilanzierungsfähig sind (z. B. qualifizierte Mitarbeitende, gute Absatzorganisation oder in der Forschung aufgebautes Know-how). Der Goodwill wird durch eine Vielzahl von Faktoren beeinflusst und kann personen- oder sachbezogen sein.

▪ Der *personenbezogene* Goodwill beruht auf persönlichen, subjektiv bedingten Faktoren wie z. B. einer guten Qualität des Managements, einem guten Image des Unternehmens in der Öffentlichkeit oder guten Beziehungen zu Lieferanten und Kapitalgebern.

▪ Der *sachbezogene* Goodwill wird durch sachliche, objektgebundene Faktoren beeinflusst wie z. B. günstiger Standort (bezüglich Kunden, Arbeitskräften), gute Unternehmensorganisation oder führende Marktstellung.

Eine weitere Unterscheidung, die v. a. für die Bilanzierung des Goodwills von Bedeutung ist, beruht auf der Art der Entstehung:

▪ Beim *derivativen* Goodwill handelt es sich um den käuflich erworbenen Goodwill. Dieser kann in der Bilanz aufgeführt werden, sollte aber möglichst rasch abgeschrieben werden, weil der Käufer nicht mit Sicherheit sagen kann, wie lange der durch die Übernahme des Unternehmens geschaffene Goodwill erhalten bleibt. Für den personenbezogenen Goodwill wird eine Abschreibungsdauer von 3 Jahren, für den sachbezogenen Goodwill von 5 bis 8 Jahren genannt.

▪ Der *originäre* Goodwill stellt den selbst geschaffenen Goodwill dar, der nicht bilanziert werden darf, da sonst ein nicht realisierter Gewinn ausgewiesen würde. Falls der Ertragswert kleiner ist als der Substanzwert, entsteht ein negativer Goodwill, ein sog. ▷ Badwill.

Goodwill-Rentendauer, Methode der verkürzten

Syn. für ▷ Übergewinnverfahren

Google

Google ist zur Zeit die wichtigste Suchmaschine im ▷ Internet. Suchmaschinen helfen dem Benutzer, Informationen im World Wide Web gezielt und rasch anhand von Stichwörtern und weiterer Kriterien zu finden. Google greift dabei auf einen Index zurück, der auf Tausenden von Servern verteilt ist und Schlüsselbegriffe von Milliarden von Webseiten enthält. Google bewältigt hunderte von Millionen von Suchanfragen pro Tag, mehrere Tausend pro Sekunde.

Der Name Google geht auf das Wort Googol zurück, das der Neffe des Mathematikers Edward Kasner genannt hatte, als dieser ihn nach einem Namen für eine sehr grosse Zahl fragte. Ein Googol entspricht der Zahl 10^{100}, einer 1 mit 100 Nullen.

GoR

Abk. für ▷ Grundsätze ordnungsmässiger Rechnungslegung

GPL

Abk. für General Public License
▷ Open-Source-Software

Grafologie

Die Grafologie interpretiert die Handschrift einer Person (Handschriftenanalyse). Aus dem Schriftbild bzw. den Schriftbildbewegungen wird auf die Eigenschaften des Schreibers geschlossen (Persönlichkeit, Charakter, Temperament, Loyalität, Zuverlässigkeit, Reife, Leistungsvermögen usw.). Sie wird bei der Stellenbewerbung und bei der Berufs- und Laufbahnplanung herangezogen, ist allerdings aus wissenschaftlicher Perspektive nicht unumstritten.

Gratifikation

Die Gratifikation ist eine freiwillige Zahlung des Arbeitgebers an den Arbeitnehmer. Diese kann an gewisse Bedingungen geknüpft sein wie z.B. Arbeitsleistung, Betriebstreue, Geschäftsgang. Die Höhe der Gratifikation kann von Jahr zu Jahr variieren.

Die Gratifikation ist nicht zu verwechseln mit dem 13. Monatslohn, der ein fester Bestandteil des Lohns darstellt. Bei Beendigung eines Arbeitsverhältnisses vor Jahresende wird der 13. Monatslohn «pro rata temporis» ausbezahlt, die Gratifikation kann vom Arbeitgeber jedoch ganz gestrichen werden. Ein Anspruch auf Gratifikation besteht nur, wenn dies im individuellen Arbeitsvertrag oder im ▷ Gesamtarbeitsvertrag festgehalten ist.

Probleme bzw. Unklarheiten entstehen dann, wenn die während Jahren regelmässig und vorbehaltlos ausbezahlte Gratifikation eines Tages plötzlich ausbleibt (Vorliegen einer stillschweigenden Vertragsabrede).

Gratisaktie

Gratisaktien sind neu ausgegebene Aktien, die aus Gesellschaftsmitteln liberiert werden. Die Aktionäre erhalten in einem bestimmten Verhältnis zu ihren bisherigen Aktien neue Anteile, für die sie keine Leistung einbringen müssen. Der Begriff Gratisaktie ist insofern irreführend, als der Anspruch des Aktionärs auf das Vermögen der Gesellschaft nicht erhöht wird. Die ▷ Stockdividende ist ein typisches Beispiel für eine Gratisaktie.

Folgende Gründe können eine Aktiengesellschaft dazu bewegen, Gratisaktien auszugeben:

- Ein Missverhältnis zwischen dem nominellen Aktienkapital und dem gesamten Eigenkapital soll behoben werden.
- Der durch die Ausgabe von Gratisaktien resultierende Kursrückgang kann aus markttechnischen Gründen oder im Hinblick auf eine Fusion angestrebt werden.
- Obwohl der Aktionär einen höheren Dividendenbetrag erhält, muss das Unternehmen den Dividendensatz nicht erhöhen, was gegenüber der Öffentlichkeit psychologisch günstig ist.
- Das Unternehmen kann dem Aktionär einen Reingewinnanteil zukommen lassen, ohne dass flüssige Mittel ausgeschüttet werden müssen.

Bei einer Kapitalerhöhung aus Gesellschaftsmitteln wird der dazu notwendige Betrag den Reserven der Gesellschaft entnommen. Dies können offene, gesetzlich nicht gebundene Reserven, der Gewinnvortrag oder der verfügbare Reingewinn des laufenden Jahres sein.

Dass Gratisaktien in der Schweiz relativ selten ausgegeben werden, hängt mit der Steuergesetzgebung zusammen, unterliegen Gratisaktien doch der Einkommenssteuer.

Grauer Markt

Von einem grauen Markt spricht man, wenn Produkte unter Umgehung des offiziellen ▷ Absatzwegs zu günstigeren Konditionen *(Graumarktpreis)* verkauft werden (z. B. Flugtickets). Im Gegensatz zum ▷ Schwarzmarkt muss der graue Markt nicht illegal sein.

Graumarktpreis
▷ Grauer Markt

Greeks
Greeks sind Risikokennzahlen von ▷ Optionen, benannt nach den Buchstaben des griechischen Alphabets (Delta, Gamma, Theta, Vega, Rho). Sie zeigen, wie sich der Wert einer Option in Abhängigkeit von Schwankungen der wertbestimmenden Parameter der Option verändert. Diese Parameter sind der ▷ risikolose Zinssatz, die ▷ Volatilität des ▷ Basiswerts, die Laufzeit der Option, der aktuelle Marktwert des Basistitels sowie der ▷ Ausübungspreis der Option. Mathematisch gesprochen entsprechen diese Kennzahlen der Ableitung des Optionswerts nach einem der erwähnten Parameter.
▷ Delta-Faktor

Greenshoe
Greenshoe bezeichnet die Möglichkeit einer Emissionsbank, bei Neu-Emissionen von ▷ Aktien über das ursprüngliche Emissionsvolumen hinaus Aktien zuzuteilen. Diese Aktien werden der Bank aus dem Aktienbestand der Altaktionäre zum Emissionskurs (▷ Ausgabekurs) zur Verfügung gestellt. Diese Möglichkeit dient v. a. der Kursstabilisierung bei stark nachgefragten Emissionen. Dieses Verfahren wurde erstmals bei der Greenshoe Manufacturing Company angewandt, woher auch die Bezeichnung stammt.

Grenzertrag
Der Grenzertrag entspricht dem zusätzlichen Ertrag (Output), der aus dem Einsatz einer zusätzlichen Einheit eines ▷ Produktionsfaktors (Input) entsteht.

Das *Gesetz des abnehmenden Grenzertrags (Ertragsgesetz)* besagt, dass der Ertrags*zuwachs* mit zunehmendem Einsatz *eines* Produktionsfaktors ab einem gewissen Niveau des Faktoreinsatzes abnehmen kann (abnehmender Grenzertrag). *Unterhalb* dieses auch als Optimum bezeichneten Niveaus kann der Grenzertrag allerdings auch *zunehmen*.

Dem Gesetz des abnehmenden Grenzertrags in der Produktion entspricht beim Konsum das Gesetz des abnehmenden ▷ Grenznutzens.

Grenzkosten
Grenzkosten sind die (Produktions-)Kosten einer zusätzlichen Ausbringungseinheit. Um die Höhe der Grenzkosten zu erhalten, sind jeweils die Mengendifferenzen und die entsprechenden Kostendifferenzen zu ermitteln. Praktisch entsprechen sie den ▷ variablen Kosten einer zusätzlichen Einheit. Daraus resultiert folgende mathematische Funktion:

$$\text{Grenzkosten} = \frac{\Delta K}{\Delta x}$$

Die Grenzkosten sind dann von Interesse, wenn ein Unternehmen darüber entscheiden muss, einen zusätzlichen Auftrag anzunehmen oder nicht. In der Regel nimmt es den Auftrag an, falls die zusätzlichen Erträge zumindest die Grenzkosten decken.
▷ Grenznutzen
▷ Direct Costing

Grenznutzen
Der Grenznutzen entspricht dem *zusätzlichen* Nutzen den der Konsum einer zusätzlichen Einheit eines ökonomischen Guts stiftet (▷ Güter, ökonomische).

Üblicherweise ist davon auszugehen, dass der Grenznutzen mit Zunahme der konsumierten Menge abnimmt *(Gesetz des abnehmenden Grenznutzens)*. Für den Konsum bedeutet dies z. B., dass das erste Glas Wasser für einen verdurstenden Menschen einen sehr grossen Nutzen hat, während der *zusätzliche* Nutzen aus jedem zusätzlichen Glas laufend sinkt bis der Grenznutzen vielleicht sogar negativ wird (wenn zusätzliches Wasser die Gesundheit beeinträchtigt).

Dem Gesetz des abnehmenden Grenznutzens beim Konsum entspricht in der Produktion das Gesetz des abnehmenden ▷ Grenzertrags.

Grenzplankostenrechnung

Die Grenzplankostenrechnung ist eine auf ▷ Plankosten basierende Form des ▷ Direct Costing. Als Teilkostenrechnung wird – im Unterschied zur flexiblen Plankostenrechnung (▷ Plankostenrechnung) – die Trennung von ▷ fixen und ▷ variablen Kosten konsequent auch auf die innerbetriebliche Leistungsverrechnung und auf die ▷ Kostenträger angewandt. Diese Trennung führt zu einer verursachergerechten Kostenverrechnung auf die Kostenträger (die fixen Kosten werden direkt in das Betriebsergebnis übernommen und sind nicht Gegenstand der Gemeinkostenverrechnung). Damit werden die zentralen Mängel der ▷ Vollkostenrechnung behoben.

Da nur die variablen Kosten als Vorgabegrössen (▷ Plankosten) geplant werden, ist die Grenzplankostenrechnung im Vergleich zur flexiblen Plankostenrechnung auf Vollkostenbasis gegenüber Beschäftigungsschwankungen unempfindlich. Die verrechneten Plankosten entsprechen den variablen Sollkosten. Damit ist eine aussagekräftige und vereinfachte Kostenkontrolle (▷ Abweichungsanalyse) für die ▷ Kostenstellen bei gleichzeitiger klarer und fairer Verantwortungszuweisung möglich (▶ Abb. 76). Da keine Beschäftigungsabweichung mehr möglich ist, zeigt der

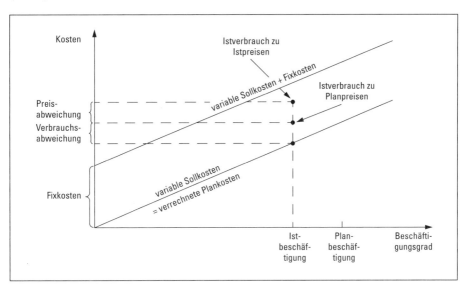

▲ Abb. 76 Abweichungsanalyse bei der Grenzplankostenrechnung (Schellenberg 2000a, S. 369)

Vergleich von Istverbrauch zu Planpreisen und verrechneten Plankosten (= Sollkosten) direkt die Verbrauchsabweichung. Diese ist gleichzeitig die zentrale Kontrollgrösse für die Kostenstellenleiter, welche nur die variablen Kosten beeinflussen können.

Grenzprodukt der Arbeit
▷ Arbeitsnachfrage

GROI
Abk. für Guaranteed Return on Investment
▷ Hybride Finanzinstrumente

Grosshandel
Der Grosshandel ist ein ▷ Absatzmittler, der Waren einkauft und sie an Wiederverkäufer, Weiterverarbeiter und an Grossverbraucher weiterverkauft. Im Gegensatz zum ▷ Einzelhandel werden grössere Mengen vermittelt und die Absatzgebiete sind grösser. Dafür sind die Werbung, die Verkaufsatmosphäre und z.T. auch der Standort von geringer Bedeutung. Traditionelle Formen des Grosshandels nach dem Umfang des Warenangebots sind:
- *Sortimentsgrosshandel:* Breites Sortiment aus mehreren bedarfsverwandten Branchen.
- *Spezialgrosshandel:* Tiefes Sortiment meist nur einer Branche.
- *Bedarfsorientierter Grosshandel:* Sortiment nach Bedarfsgruppen (z.B. Do-it-yourself-Bedarf).

Spezielle Formen des Grosshandels sind ▷ Cash and Carry und ▷ Rack Jobber. Daneben existieren verschiedene Kooperationsformen zwischen Gross- und Einzelhandel, z.B. Einkaufsgesellschaften selbständiger Detaillisten oder Konsumgenossenschaften.

Grosskundenmanagement
Syn. für ▷ Key Account Management

Grossverteiler
Grossverteiler sind Einzelhändler, die neben Funktionen des ▷ Einzelhandels auch Funktionen des ▷ Grosshandels (z.B. Warenverteilung) übernehmen. Ein Grossverteiler besitzt i.d.R. ein Filialnetz, das mindestens regional stark verbreitet ist. Zusätzlich unterhält er oft eigene Produktionsstätten. Beispiele sind Migros, Coop, und landwirtschaftliche Genossenschaften, die den Einkauf für die von den Bauern benötigten Produktionsmittel zentralisiert betreiben.

Grundkapital
Der Begriff Grundkapital wurde im neuen Aktienrecht durch ▷ Aktienkapital ersetzt.

Grundkosten
▷ Kosten

Grundlegende Fehler
Im Rechnungswesen versteht man unter grundlegenden Fehlern solche, die in der aktuellen Berichtsperiode entdeckt worden und so bedeutend sind, dass die Abschlüsse (▷ Jahresrechnung) einer oder mehrerer früherer Perioden zum Zeitpunkt ihrer Veröffentlichung nicht mehr als verlässlich angesehen werden können.

Grundnutzen
Der Grundnutzen bietet dem Käufer – im Gegensatz zum ▷ Zusatznutzen aufgrund von ▷ Zusatzleistungen – den eigentlichen Nutzen, den er aus dem Gebrauch des Objekts ziehen kann. Der *Produktkern* selbst ist das eigentliche Produkt, die (physikalische) Substanz.

Grundpfandverschreibung
▷ Hypothekardarlehen

Grundsätze ordnungsmässiger Rechnungslegung (GoR)
Die Grundsätze ordnungsmässiger Rechnungslegung *(GoR)* sind ein System von Regeln, die dazu bestimmt sind, den Informationsfluss im ▷ Rechnungswesen des Unternehmens zu lenken und die gewünschte Qualität der Informationen – Wahrheit, Klarheit und Rechtzeitigkeit – zu gewährleisten. Durch die Befolgung der GoR soll die ▷ Jahresrechnung einen möglichst sicheren Einblick in die wirtschaftliche Lage bieten, ohne ein besseres als das den tatsächlichen Verhältnissen entsprechende Bild zu zeigen. Als Grundsätze ordnungsmässiger Rechnungslegung gelten gemäss Art. 662a Abs. 2 OR:
- Vollständigkeit der Jahresrechnung,
- Klarheit und Wesentlichkeit der Angaben,
- Vorsicht,
- Fortführung der Unternehmenstätigkeit,
- Stetigkeit in Darstellung und Bewertung,
- Unzulässigkeit der Verrechnung von Aktiven und Passiven sowie von Aufwand und Ertrag.

Im Vergleich zu internationalen Rechnungslegungsstandards (▷ IFRS, ▷ US GAAP) ermöglicht der Grundsatz der Vorsicht nach schweizerischem Recht die Legung von ▷ stillen Reserven. Die aktienrechtlichen GoR stellen damit nicht sicher, dass der Jahresabschluss ein den tatsächlichen Verhältnissen entsprechendes Bild der Vermögens-, Finanz- und Ertragslage des Unternehmens vermittelt (▷ Swiss GAAP FER, ▷ True and Fair View).

Grundzeit
▷ Auftragszeit

Gruppe
Eine *Gruppe im organisatorischen Sinn* ist durch folgende Merkmale gekennzeichnet: (1) mehr als zwei Personen, (2) Face-to-Face-Kontakte möglich, (3) Mindestmass an Interaktionen und Kontakten zwischen den Gruppenmitgliedern, (4) zeitlich längeres Bestehen der Kontakte, (5) gemeinsames Wollen und Tun sowie (6) das Bestehen eines Wir-Gefühls.

Gruppen sind soziale Einheiten mit eigenen Wertvorstellungen, die nicht nur das Verhalten der Mitglieder beeinflussen, sondern auch das Verhalten anderer Gruppen sowie der ganzen Organisation selbst und somit der Unternehmensziele. Neben formalen Gruppen existieren in einem Unternehmen auch informale Gruppen. Diese spielen eine wichtige Rolle im Zusammenhang mit der informalen Organisation (▷ Organisation).

Gruppenakkord
Der Gruppenakkord ist eine spezielle Form des ▷ Akkordlohns, bei der sich der erzielte Akkordlohn nach der Leistung einer ganzen Gruppe und nicht nach der individuellen Leistung eines Mitarbeitenden richtet. Grundsätzlich ist beim Gruppenakkord gleich wie beim Einzelakkord zu verfahren, doch ergeben sich Probleme bei der Verteilung des erzielten Akkordlohns, da eine Aufteilung nach der anteiligen Arbeitsleistung sehr schwierig ist.

Gruppenarbeit
Gruppenarbeit ist die Zusammenarbeit mehrerer Mitarbeitender an einer gemeinsamen Aufgabe. Die Effizienz der ▷ Gruppe ist stark von der Zusammensetzung, vom Lohnsystem, von der Kommunikations- und Teamfähigkeit der Mitglieder, vom Einbezug der Gruppe bei der Zielformulierung und vom gezielten Ein-

satz der spezifischen Fähigkeiten der Teammitglieder abhängig. Die Gruppenarbeit stellt neue Anforderungen an die Führungskräfte (neues Rollenverständnis).

Gruppenfertigung

Die Gruppenfertigung als ▷ Organisationstyp der Fertigung ist eine Kombination der ▷ Werkstatt- und ▷ Fliessfertigung. Die gesamte Produktion wird in fertigungstechnische Einheiten aufgeteilt, die eine sog. Funktionsgruppe bilden. Innerhalb einer solchen Funktionsgruppe wird das Fliessprinzip angewandt, d.h. die Arbeitsplätze und Maschinen sind nach der Bearbeitungsreihenfolge angeordnet. Funktionsgruppen mit Fliessfertigung können für die Produktion von Einzelteilen eingesetzt werden, die einen grossen Anteil des gesamten Produktionsprogramms bilden, während die übrigen Einzelteile in Werkstattfertigung produziert werden. Die Fertigungsstruktur kann so zusammengesetzt sein, dass sämtliche Halb- oder Fertigfabrikate v.a. aus Teilen zusammengesetzt sind, die in den einzelnen Funktionsgruppen gefertigt werden. Man spricht in diesem Fall vom ▷ Baukastenprinzip.

Gruppenprinzip

Das Gruppenprinzip *(Zentrenfertigung)* ist ein ▷ Organisationstyp der Fertigung, bei dem die Produktionsmittel lokal zusammengefasst sind und die Werkstücke möglichst komplett bearbeitet werden können. Bei der Einführung des Gruppenprinzips in der ▷ Fertigung sind folgende Aspekte zu berücksichtigen:

■ *Ähnlichkeitsbildung* der Arbeitsobjekte: Zusammenfassung von Werkstücken, die mit den gleichen Fertigungsmitteln (z.B. Werkzeugmaschinen) bearbeitet werden können.

■ Fertigungs*segmentierung:* Bildung von Ablauffamilien zur gemeinsamen Bearbeitung.

■ *Selbststeuerung* der Fertigungssegmente: Delegation von Aufgaben an die betroffene Arbeitsgruppe.

Zu den Fertigungsprinzipien nach dem Gruppenprinzip zählen u.a. ▷ Fertigungsinseln, ▷ flexible Fertigungszellen (FFZ) und das ▷ flexible Fertigungssystem (FFS).

Guaranteed Employment

Syn. für ▷ Life Employment

Gültigkeit

Syn. für ▷ Validität

Güter

▷ Güter, ökonomische
▷ Öffentliche Güter
▷ Freie Güter
▷ Private Güter
▷ Club-Güter
▷ Individualgüter
▷ Kollektivgüter
▷ Homogene Güter
▷ Heterogene Güter
▷ Investitionsgut
▷ Konsumgut
▷ Komplementärgut
▷ Substitutionsgut

Güterangebot

▷ Gütermarkt
▷ Angebot

Gütermarkt

Der Gütermarkt umfasst ▷ Angebot und ▷ Nachfrage aller in einer Volkswirtschaft produzierten ökonomischen Güter (▷ Güter, ökonomische), d.h. des gesamten ▷ Bruttosozialprodukts einschliesslich der

erforderlichen Vorleistungen. Als Anbieter der neu produzierten Güter treten auf dem Gütermarkt die Unternehmen auf, während die Nachfrager aus privaten Haushalten (▷ Konsumgut) *und* Unternehmen (▷ Vorleistungen, ▷ Investitionsgut) bestehen.
Die *Nachfrage* auf dem Gütermarkt (gesamtwirtschaftliche Nachfrage, *Güternachfrage*) richtet sich nach dem Preisniveau. Dabei ist einerseits ein *Substitutionseffekt* zu berücksichtigen, der darin besteht, dass z.B. mit sinkendem Preisniveau Güter relativ zu bestehenden Aktiva (Immobilien, Wertpapiere) billiger werden, wodurch die Güternachfrage tendenziell steigt. Andererseits gibt es einen *Vermögenseffekt*, der darin besteht, dass bei sinkendem Preisniveau für neu produzierte Güter der reale Wert des vorhandenen Finanzvermögens steigt. Durch diese Vermögenssteigerung steigt auch die Nachfrage nach neuproduzierten Gütern, sodass beide Effekte in derselben Richtung, d.h. auf eine höhere Güternachfrage bei sinkendem Preisniveau (und umgekehrt), wirken. Daneben hat auch der ▷ Zins langfristig Einfluss auf die Güternachfrage (v.a. jene nach Investitionsgütern).
Das *Angebot* auf dem Gütermarkt (gesamtwirtschaftliches Angebot, *Güterangebot*) richtet sich nach moderner Vorstellung ebenfalls nach dem Preisniveau bzw. nach den von den Unternehmen in einzelnen Teilmärkten erwarteten Preisen. Dies bedeutet, dass die Unternehmer versuchen, den Preis richtig zu prognostizieren und diesen Preis mit den Produktionskosten alternativer Produktionsmengen vergleichen. Folglich bieten sie jene Gütermenge an, die bei erwartetem Preis und gegebener Kostenstruktur den maximalen Gewinn erbringt.

Ein *Gütermarktgleichgewicht* ergibt sich, wenn sich die Bestimmungsgründe für die Güternachfrage (Einkommen, Preisniveau, Zinssatz) gerade so einstellen, dass diese gleich gross ist wie das Güterangebot der Unternehmen. In der Praxis ist zu erwarten, dass ein solches Gleichgewicht aufgrund der vielfältigen Bestimmungsgründe von Güternachfrage und -angebot nicht leicht erreicht wird. Deshalb sind entsprechende Veränderungen der Lagerbestände und Preisanpassungen zu beobachten.

Güternachfrage
▷ Gütermarkt
▷ Nachfrage

Güter, ökonomische

Als ökonomische Güter *(knappe Güter, Wirtschaftsgüter)* lässt sich die Gesamtheit aller Mittel zur Befriedigung menschlicher ▷ Bedürfnisse verstehen, die folgende Kriterien erfüllen:

- Sie dienen der Bedürfnisbefriedigung direkt (z.B. Brot) oder indirekt (z.B. Backofen).
- Sie sind knapp und werden nachgefragt (▷ Nachfrage).
- Sie sind faktisch verfügbar und können rechtlich auf andere übertragen werden.

Gemäss dieser allgemeinen Definition umfassen ökonomische Güter sämtliche materiellen Leistungen (wie ▷ Produkte, Waren), aber auch ▷ Dienstleistungen. Nicht unter diese Definition fallen die ▷ freien Güter, weil sie nicht knapp sind. Es besteht neben der Unterscheidung nach der *Erscheinungsform* (Produkte und Dienstleistungen) eine Reihe weiterer gebräuchlicher Unterscheidungen. So kann einerseits aufgrund der *Verwendungsart* zwischen ▷ Konsum- und ▷ Investitionsgütern, andererseits aufgrund ihrer *Beziehung zueinander* ▷ Komplementärgüter und ▷ Substitutionsgüter unterschieden werden. Zudem ist, je nachdem, ob ein Gut individuelle oder kollektive Bedürfnisse befriedigt, zwischen ▷ Individualgütern und ▷ Kollektivgütern zu unterscheiden. In Abhängigkeit davon, ob sich das ▷ Ausschlussprinzip anwenden lässt und ob ▷ Konkurrenz im Konsum besteht, kann schliesslich zwischen ▷ privaten Gütern, ▷ Club-Gütern und ▷ öffentlichen Gütern differenziert werden.

GV
Abk. für ▷ Generalversammlung

GWA
Abk. für ▷ Gemeinkostenwertanalyse

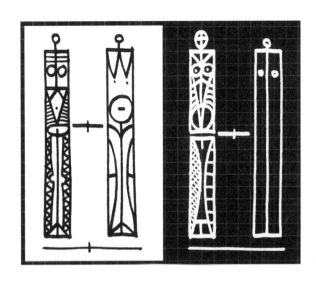

Halbfabrikate

Halbfabrikate sind Zwischenprodukte zur Herstellung von Endprodukten. Es werden ▷ Teile und ▷ Baugruppen unterschieden, die innerhalb des betrieblichen Produktionsprozesses in den Bereichen ▷ Fertigung und ▷ Montage erstellt und weiterverarbeitet werden.

Handel

Die Organisationen, welche ein Glied in der Absatzkette zwischen Produzent und Verbraucher bilden, bezeichnet man als Handel. Dieser erfüllt in erster Linie eine Dienstleistungsfunktion. Es wird zwischen ▷ Gross- und ▷ Einzelhandel unterschieden. Die wichtigsten *Handelsfunktionen* sind:
- *Überbrückungsfunktion:* (1) Funktion der *räumlichen* Überbrückung (Transportfunktion), d.h. der Handel übernimmt die Aufgabe, die Ware vom Produzenten an den Ort des Einkaufs oder Einsatzes zu transportieren oder transportieren zu lassen. (2) Funktion der *zeitlichen* Überbrückung (Lagerfunktion). Da Produktion und Verbrauch zeitlich selten miteinander übereinstimmen, werden entweder beim Produzenten oder beim Handel Lager gebildet. (3) Funktion der *finanziellen* Überbrückung bzw. Kreditfunktion, z.B. Delkrederehaftung der Einkaufsverbände, Teilzahlungsgeschäft im Einzelhandel. (4) Funktion der *Risikoübernahme*. Die bei der Erfüllung der Absatzwegfunktionen eingegangenen Risiken werden vom Handel getragen.
- *Warenfunktion:* (1) *Quantitative* Warenfunktion (Mengenfunktion). Beim quantitativen Mengenausgleich besteht eine Spannung zwischen der produzierten (angebotenen) und der verbrauchten

(nachgefragten) Menge. Daraus ergeben sich zwei Funktionen. Entweder erfolgt (a) die Produktion in vielen kleinen Unternehmen und der Handel sammelt die Teilmengen (Sammelfunktion), oder (b) im umgekehrten Fall die Aufteilung einer grossen Menge eines Grossproduzenten in kleinere Mengen (Verteilfunktion). (2) *Qualitative* Warenfunktion (Weiterbehandlung). Durch weitere Behandlung kann der Händler die Waren formen und das Angebot den Bedürfnissen der Käufer anpassen. (3) Funktion des *Sortimentsausgleichs*. Dank der Sortimentsfunktion des Handels kann der Käufer nicht nur unterschiedliche Waren gleichzeitig einkaufen, er kann auch verwandte Produkte vergleichen und auswählen.

▪ Funktionen des *Makleramts:* Dazu zählen Interessenwahrungsfunktion, Beratungsfunktion, Informationsfunktion und Markterschliessungsfunktion.

Handel, ambulanter
▷ Ambulanter Handel

Handelsbilanz, betriebswirtschaftliche
▷ Bilanz

Handelsbilanz, volkswirtschaftliche
▷ Zahlungsbilanz

Handelsform
Es werden zwei Hauptformen des Handels unterschieden: der ▷ Grosshandel und der ▷ Einzelhandel (Detailhandel). Als Synonym zu Handelsform wird auch der Ausdruck *Betriebsform* oder *Betriebstyp* verwendet.

Handelsfunktionen
▷ Handel

Handelshemmnisse, nichttarifäre
Unter nichttarifären Handelshemmnissen versteht man alle nicht auf Zöllen beruhenden Massnahmen zum Schutz der inländischen Wirtschaft vor Importen. Beispiele sind Mengenbeschränkungen für Importgüter (Importkontingente), besondere technische Vorschriften für Importgüter oder spezielle, aufwendige administrative Bestimmungen (z. B. Import nur über einen bestimmten Hafen möglich).

Handelsmarge
Die Handelsmarge *(Bruttogewinnquote)* als Kennzahl bei Warenhandelsbetrieben zeigt den prozentualen Anteil des Bruttogewinns (▷ Gewinn) am Verkaufserlös:

$$\text{Handelsmarge} = \frac{\text{Bruttogewinn}}{\text{Warenverkaufserlös}} \cdot 100$$

Handelsmarke
Handelsmarken, auch *Eigenmarken* genannt, werden von grossen Handelsunternehmen oder -gruppen angeboten, um ein billigeres Produkt als den entsprechenden ▷ Markenartikel anzubieten, die Kunden an das Handelsunternehmen zu binden (ein Markenartikel kann auch bei der Konkurrenz gekauft werden), wenig bekannte Markenartikel zu ersetzen oder Lücken im eigenen Sortiment zu schliessen, die nicht durch Markenartikel ausgefüllt werden können (z. B. bei einem Boykott eines Markenartikelherstellers).

Handelsmarketing
Als Handelsmarketing wird das Marketing des Handels gegenüber seinen Nachfragern bezeichnet. Es handelt sich um ein endkundengerichtetes Marketing der

Händler mit dem Ziel einer dauerhaften Befriedigung von Kundenbedürfnissen und aktiver Gestaltung der Märkte. Im Gegensatz zum Herstellermarketing (produktbezogen) ist das Handelsmarketing unternehmensbezogen, d. h. die Handelsleistung, eine Kombination von fremderstellter Sachleistung und eigens ergänzter Dienstleistung, steht im Vordergrund.

Handelsregister

Das schweizerische Handelsregister ist ein amtliches Verzeichnis der Daten aller registrierten Unternehmen und der involvierten Personen. Es enthält alle Angaben, die zu kennen für die Öffentlichkeit wichtig ist und die vom Gesetzgeber verlangt werden. Die aktuellen Änderungen werden im Schweizerischen Handelsamtsblatt (SHAB) publiziert.

Handelsreisender

Der Handelsreisende *(Reisender, Verkäufer im Aussendienst, Aussendienstmitarbeiter)* als ▷ Absatzorgan ist ein Angestellter des Unternehmens und als solcher dessen Weisungen unterworfen. Er besucht regelmässig seine Kunden und bezieht dafür häufig ein festes Salär, seltener ausschliesslich eine umsatzabhängige *Kommission*. In den meisten Fällen werden die beiden Formen der Entlöhnung kombiniert, um die Vorteile beider Systeme auszunützen.

Handelsspanne

Die Handelsspanne ist eine Kennzahl, mit der die Wertschöpfung des Handels gemessen wird. Sie kann absolut oder relativ berechnet werden. Die absolute Handelsspanne ergibt sich aus der Differenz zwischen dem Verkaufs- und dem Einstandspreis.

> Absolute Handelsspanne =
> Verkaufspreis − Einstandspreis

Bei der Handelsspanne als Verhältniszahl unterscheidet man je nach der im Nenner stehenden Grösse zwischen *Abschlagsspanne* (Handelsspanne i. e. S) und *Aufschlagsspanne*, auch *Kalkulationsaufschlag* genannt.

> ■ Abschlagsspanne =
> $$\frac{\text{Verkaufspreis} - \text{Einstandspreis}}{\text{Verkaufspreis}} \cdot 100$$
>
> ■ Kalkulationsaufschlag =
> $$\frac{\text{Verkaufspreis} - \text{Einstandspreis}}{\text{Einstandspreis}} \cdot 100$$

Sowohl die absolute als auch die relative Handelsspanne können für das Unternehmen als Ganzes, für eine Warengruppe oder für einen einzelnen Artikel berechnet werden.

▷ Handelsmarge

Handelsvertreter

Der Handelsvertreter – in der Schweiz *Agent* genannt – ist ein selbständiger Gewerbetreibender, der seine Tätigkeit im Wesentlichen frei gestalten und seine Arbeitszeit selbst bestimmen kann (Art. 418a–r OR). Er verkauft Waren oder Dienstleistungen des Lieferanten gegen Provision in dessen Namen und auf dessen Rechnung. Er erwirbt die Ware nicht als Eigentum und übernimmt keine mit dem Eigentum von Waren verbundenen Risiken (Verderb der Ware, Änderung der Mode, Preisänderungen, Zahlungsunfähigkeit des Kunden).

Handwerkliche Fertigung

Die handwerkliche Fertigung als ▷ Organisationstyp der Fertigung zeichnet sich dadurch aus, dass ein Produkt vollständig an einem *einzigen* Arbeitsplatz von *einer* Person hergestellt wird. Der handwerkliche Arbeitsplatz ist mit allen notwendigen Maschinen und Werkzeugen ausgerüstet, wobei teilweise einzelne grössere Anlagen von mehreren Stelleninhabern genutzt werden können.

Ihr *Vorteil* liegt in der grossen ▷ Flexibilität, die durch die hohe Qualifikation der Arbeitskräfte (▷ Fähigkeitsprofil) und der vielseitig verwendbaren Maschinen und Werkzeuge erreicht wird. Zu beachten ist aber, dass die *Kosten* der handwerklichen Fertigung höher liegen als bei den anderen Fertigungsverfahren.

Hang Seng Index

Der Hang Seng Index ist der wichtigste ▷ Aktienindex an der Börse von Hongkong.

Hard Discounter

Der Hard Discounter ist eine Unterform des Discount-Prinzips. Er ist charakterisiert durch eine sehr aggressive Preispolitik und durch ein stark reduziertes Sortiment (500–1000 Artikel). Das Schwergewicht liegt bei Eigenmarken, ergänzt durch Markenartikel.
▷ Soft Discounter

Hardware

Als Hardware bezeichnet man die Gesamtheit der physischen Baueinheiten der Informationstechnik (▷ Informationsverarbeitung). Die Hardware gliedert sich in die Zentraleinheit, die den Prozessor, d.h. die eigentliche Rechnereinheit, enthält, und die Peripherie, d.h. die Ein- und Ausgabegeräte, sowie die Speicher.

Harte Wirklichkeit

Unter harter Wirklichkeit versteht man – im Gegensatz zur ▷ weichen Wirklichkeit – jenen Bereich der Wirklichkeit, der durch die Art und Weise, wie ein Beobachter ihn beschreibt, gar nicht oder nur unbedeutend beeinflusst wird. Typisches Beispiel ist der technisch-naturwissenschaftliche Bereich.

Hauptbuch

Das Hauptbuch umfasst alle ▷ Konten der ▷ Finanzbuchhaltung eines Unternehmens.
▷ Kontenplan

Hauptkostenstelle

▷ Kostenstellen

Haushalt, öffentlicher

▷ Öffentlicher Haushalt

Haushaltsbudget

▷ Budget

Haushaltspanel

Unter einem Haushaltspanel versteht man die wiederholte Befragung von Haushalten über ihre Einkaufsgewohnheiten. In der Schweiz wird das bekannteste Haushaltspanel von der Firma IHA-GfK (Hergiswil) organisiert. Es erfasst etwa 2300 Haushalte, die über ihre Einkäufe (Produkte, Verpackungsgrösse, Preise, Einkaufsort) ein Tagebuch führen, welches in regelmässigen Abständen für über 90 Warengruppen ausgewertet wird.

Hausierer

▷ Einzelhandelsformen

Hausse

Unter einer Hausse wird – im Gegensatz zur ▷ Baisse – das generelle Ansteigen der Kurse an der Börse verstanden. Ein Haussier spekuliert «à la hausse» und geht von zukünftig steigenden Kursen aus. Entsprechend seiner Einschätzung der Börsenentwicklung baut er mit ▷ Kassa- und ▷ Termingeschäften die Positionen in seinem Portefeuille auf.

Hawthorne-Effekt
▷ Human-Relations-Bewegung

Hawthorne-Experiment
▷ Human-Relations-Bewegung

Head Hunting
▷ Executive Search

Hebelwirkung
Die Hebelwirkung ist eine Eigenschaft von Optionen. Sie besteht darin, dass ein Investor durch den Kauf einer ▷ Option ein Vielfaches des Gewinnpotenzials einer wertäquivalenten Investition in den Basiswert erzielen kann. Die Hebelwirkung lässt sich als *Leverage-Faktor (Gearing)* mit folgender Formel berechnen:

$$\text{Leverage-Faktor} = \frac{\text{Kurs des Basiswerts}}{\text{Optionspreis}}$$

Die mit dem Kauf von Optionen verbundene Hebelwirkung widerspiegelt die Attraktivität und das Risiko einer Option. Von einem ▷ Leverage-Effekt wird auch bei der Erhöhung der ▷ Eigenkapitalrentabilität durch Erhöhung des Fremdkapitals gesprochen.

Hedge
Als Hedge wird der vollzogene Kauf oder Verkauf (▷ Hedging) von derivativen Finanzprodukten bezeichnet, wenn die Position zum Zweck der Risikoabsicherung vor ungünstigen Preisveränderungen bereits erworbener Produkte des Finanz- und Gütermarkts (Portefeuille) eingegangen wird.

Hedge-Fonds
Ein Hedge-Fonds ist ein ▷ Anlagefonds, der in Bezug auf die Anlagepolitik keinen gesetzlichen oder sonstigen Beschränkungen unterliegt. Hedge-Fonds investieren in jede Art von Wertpapieren (▷ Aktien, ▷ Derivate, ▷ Devisen, ▷ Obligationen oder ▷ Commodities). Charakteristisch für einen Hedge-Fonds ist der Einsatz von Derivaten wie ▷ Optionen, ▷ Futures oder ▷ Swaps, die eine starke ▷ Hebelwirkung aufweisen. Hedge-Fonds haben entgegen ihrem Namen nichts mit Absicherungsgeschäften (▷ Hedging) zu tun. Sie streben unter Verwendung sämtlicher Anlageformen eine möglichst rasche Vermehrung des eingesetzten Kapitals an. Hedge-Fonds bieten die Chance auf eine hohe Rendite, bergen aber auch ein entsprechend hohes Risiko des Kapitalverlusts.

Hedging
Unter dem Hedging versteht man die Absicherung eines Waren-, Devisen- oder Wertpapier-Exposures (▷ Exposure) gegen Preisänderungsrisiken mit Hilfe von ▷ Termingeschäften. Die Grundidee ist, ein bestehendes Portefeuille mit Hilfe von Terminkontrakten so zu ergänzen, dass Verluste aus Preisänderungen durch Gewinne aus den Termingeschäften ausgeglichen werden. Hedging-Transaktionen sind somit nicht Spekulations-, sondern Absicherungsgeschäfte.

Heimarbeit
▷ Telearbeit

Helpdesk
Ein Helpdesk ist eine – meist unternehmensinterne – Support-Organisation, welche die Mitarbeitenden bei Informatikproblemen berät und unterstützt.
▷ Hotline

Herstellermarke
▷ Markenartikel

Herstellungskosten
Die Herstellungskosten der Produktion setzen sich aus Materialeinzelkosten und Materialgemeinkosten, Einzellöhnen, Sondereinzelkosten der Fertigung sowie Fertigungsgemeinkosten zusammen. Sie werden im Rahmen der ▷ Kostenträgerrechnung für die einzelnen ▷ Kostenträger (Produkte, Produktgruppen) ermittelt. Ausgehend von den *Herstellungskosten der Produktion* lassen sich unter Berücksichtigung der Bestandeszu- und -abnahmen der Erzeugnisse in Arbeit die *Herstellungskosten der fertig gestellten Erzeugnisse* ermitteln (▶ Abb. 77). Um die *Herstellungskosten der abgesetzten Erzeugnisse* zu berechnen, müssen auch die Bestandesveränderungen der fertigen Erzeugnisse berücksichtigt werden. Fertig gestellte und zu aktivierende interne Leistungen gilt es dabei zu subtrahieren.

	Materialkosten (Einzel- und Gemeinkosten)
+	Fertigungskosten (Einzel- und Gemeinkosten)
=	**Herstellungskosten der Produktion**
–	Bestandeszunahme der Erzeugnisse in Arbeit oder
+	Bestandesabnahme der Erzeugnisse in Arbeit
=	**Herstellungskosten der fertig gestellten Erzeugnisse (Ausstoss)**
–	Bestandeszunahme der fertigen Erzeugnisse oder
+	Bestandesabnahme der fertigen Erzeugnisse
–	fertige zu aktivierende interne Leistungen
=	**Herstellungskosten der abgesetzten Erzeugnisse**

▲ Abb. 77   Schema für die Ermittlung der Herstellungskosten der abgesetzten Erzeugnisse

Die Herstellungskosten der abgesetzten Erzeugnisse können dann den Verkaufserlösen der abgesetzten Erzeugnisse gegenübergestellt werden, um den Periodenerfolg zu ermitteln (▷ kurzfristige Erfolgsrechnung).

Herstellungskosten von Vorräten
▷ Vorräte

Herzberg, Frederick
▷ Zwei-Faktoren-Theorie

Heterogene Güter
Heterogene Güter unterscheiden sich dadurch voneinander, dass sie unterschiedliche Kundenbedürfnisse befriedigen und somit nicht substituierbar sind (▷ Substitutionsgut). Im Gegensatz zu ▷ homogenen Gütern ist die ▷ Kreuzpreiselastizität bei heterogenen Gütern klein.

High Involvement
High Involvement bedeutet, dass ein potenzieller Käufer eine aktive, systematische, gezielte Suche nach Produkten bzw. Produkt- und Markeninformationen vornimmt, um eine Kaufentscheidung schlüssig abstützen zu können. Der Konsument verwendet für die Auswahl von Produktalternativen und für die Informationsgewinnung viel Zeit und Energie. Dies betrifft v. a. komplexe Entscheidungsprozesse mit erhöhtem Risiko (finanziell, sozial, psychologisch). Ein High Involvement erfolgt v. a. bei Gütern wie Autos, Möbel, Luxusuhren, Immobilien.
▷ Low Involvement

High-Yield Bond
High-Yield Bonds sind – wie ▷ Junk Bonds – Anleihen mit einem hohen Bonitätsrisiko (▷ Bonität). Es sind schon zum Zeitpunkt der Emission spürbar risiko-

behaftete Titel – entweder aufgrund des Geschäftsrisikos oder wegen der Kapitalstruktur des Unternehmens. Sie werden jedoch mit einem dem grösseren Ausfallrisiko entsprechenden höheren Zinscoupon ausgegeben (und daraus folgend einer erhöhten ▷ Yield to Maturity). Im Gegensatz dazu sind Junk Bonds Anleihen, deren Bonität erst während der Laufzeit drastisch gefallen ist – sog. Fallen Angels.

Hilfskostenstelle
▷ Kostenstellen

Hilfsstoffe
Hilfsstoffe sind ▷ Werkstoffe (Repetierfaktoren), die bei der Produktion in das Produkt eingehen, jedoch *keinen* wesentlichen Bestandteil des Produkts bilden (z. B. Leim bei Möbeln, Grundiermittel).

Hochkonjunktur
▷ Konjunktur

Höchstarbeitszeit
▷ Arbeitszeit

Höchstpreise
Höchstpreise werden vom Staat zur Verbilligung bestimmter Güter (▷ Güter, ökonomische), v. a. in Notzeiten, festgelegt. Sofern sie unter dem Marktpreis (▷ Preis) liegen, kommt es zu einem Unterangebot bzw. einer Übernachfrage, was regelmässig zur Entstehung eines ▷ Schwarzmarkts führt.

Holdinggesellschaft
Die Holdinggesellschaft ist die übergeordnete Gesellschaft eines ▷ Konzerns. In der Praxis lassen sich die *reine* und die *gemischte* Holdinggesellschaft unterscheiden.

1. Grundlegendes Merkmal der *reinen* Holdinggesellschaft ist das Halten und Verwalten von Beteiligungen an ihren Tochtergesellschaften. Je nach dem Grad des Eingriffs in die Unternehmenspolitik der unterstellten Gesellschaften können vier Formen unterschieden werden, die im allgemeinen Sprachgebrauch teilweise synonym verwendet werden.

■ Die *Beteiligungsholding* beschränkt sich auf das Verwalten von Beteiligungen. Unterstützung leistet sie höchstens im Verwaltungs- und Finanzbereich. Diese Form der Holding nähert sich stark einem ▷ Anlagefonds an.

■ Die *Finanzholding* übernimmt neben den Aufgaben einer Beteiligungsholding das Finanzmanagement (Kapitalbeschaffung und -zuteilung, ▷ Cash Management) für ihre Tochtergesellschaften.

■ Die *Strategieholding* erstellt eine Gesamtstrategie und übernimmt zusätzlich wichtige unternehmenspolitische Funktionen der Tochtergesellschaften. Neben dem Finanzmanagement werden auch weitere Bereiche zentralisiert (z. B. Personalmanagement).

■ Bei der *Managementholding* erfolgt eine starke Führung und Koordination der unterstellten Gesellschaften durch die Holding. Neben den Aufgaben einer Strategieholding werden weitere wichtige Dienstleistungen zentral abgewickelt (z. B. Einkauf, EDV). Die zentralen Bereiche können auch rechtlich verselbständigt werden.

2. Die *gemischte* Holdinggesellschaft entsteht dadurch, dass ein Unternehmen (*Stammhaus*) durch Aktienübernahme bereits bestehende Gesellschaften teilweise oder vollständig übernimmt oder neue Tochtergesellschaften gründet. Das Stammhaus behält seine ursprüngliche Tätigkeit bei.

Holprinzip

Das Holprinzip ist ein Verfahren der *Fertigungssteuerung*. Innerhalb der Produktionskette löst die letzte Produktionsstufe (z.B. Endmontage) neue Fertigungsaufträge aus, indem sie durch Entnahme von Teilen oder Baugruppen aus einem Pufferlager der jeweils vorgelagerten Stelle einen Verbrauch von Material anzeigt. Die vorgelagerten Produktionsstufen erstellen auf dieser Basis die verbrauchten Materialien neu.

Der Vorteil des Holprinzips gegenüber einer zentralen Produktionsplanung und -steuerung (▷ PPS-Systeme) liegt in der dezentralen Steuerung des Materialflusses in kleinen Regelkreisen. Dadurch können umfangreiche Planungsmassnahmen vermieden und Kosten eingespart werden. Das Holprinzip ist die Basis für moderne Konzepte wie das ▷ Just-in-Time-Konzept und ▷ Kanban.

Homepage
▷ World Wide Web

Home Shopping System
▷ Teleshopping
▷ Virtual Shopping

Homogene Güter

Homogene (gleichartige) Güter unterscheiden sich in Produkteigenschaften oder Kundennutzen wenig oder gar nicht von denjenigen konkurrierender Produkte (▷ Substitutionsgut).

Zur Unterscheidung verschiedener Güter in homogene oder ▷ heterogene Güter kann die ▷ Kreuzpreiselastizität beigezogen werden. Ist die Kreuzpreiselastizität zweier Güter klein, handelt es sich um heterogene Güter, während grosse Kreuzpreiselastizitäten bei homogenen Gütern gemessen werden.

Hotline

Eine Hotline ist eine telefonische Support-Organisation, die ein Hersteller eines Produkts oder ein Erbinger einer Dienstleistung seinen Kunden – gratis oder gegen Entgelt – zur Verfügung stellt. Die Mitarbeitenden der Hotline beraten und unterstützen die Kunden bei Problemen, geben Produktauskünfte und nehmen z.T. Bestellungen (z.B. für Verbrauchsmaterial) entgegen.
▷ Helpdesk

HRM
Abk. für Human Resources Management
▷ Personalmanagement

Humanisierung der Arbeit

Die Humanisierung der Arbeit soll durch neue Formen der Arbeitsorganisation (z.B. ▷ Job Enrichment) dazu beitragen, die extreme Arbeitsteilung (▷ Spezialisierung) zu überwinden und die Arbeitsinhalte menschlicher zu gestalten. Sie ist eine Reaktion auf die starke ▷ Arbeitsteilung, die sich aus dem ▷ Scientific Management ergeben hatte und deren Nachteile zunehmend erkannt wurden.

Humankapital
Syn. für ▷ Human Resources

Human-Relations-Bewegung

Die Human-Relations-Bewegung war eine Antwort auf die Thesen des ▷ Scientific Management. Ausgangspunkt der Human-Relations-Bewegung waren die *Hawthorne-Experimente* der General Electric Company, die in der kurzen Phase der Prosperität nach dem Ersten Weltkrieg durchgeführt wurden. Diese Zeit ist (in den USA) gekennzeichnet durch zunehmenden Wohlstand und abnehmende Gefahr der Arbeitslosigkeit bei den werktätigen Massen. Damit treten durch den aufkommenden Wohlfahrtsstaat Existenz- und Sicherheitsbedürfnisse gegenüber sozialen Bedürfnissen in den Hintergrund. Obschon in den Hawthorne-Werken der General Electric Company in Chicago in bemerkenswert fortschrittlicher Weise für das materielle Wohl der Angestellten gesorgt wurde, blieben viele Arbeiter mürrisch und unzufrieden. Deshalb wurde der Psychologe Elton Mayo 1924 beauftragt, zunächst ganz konventionell (im Sinn des ▷ Scientific Management) mögliche Zusammenhänge zwischen Leistung und Helligkeit am Arbeitsplatz zu erforschen. Für die Erforschung der Beziehung zwischen Beleuchtung und Arbeitsleistung bildete Mayo zwei voneinander getrennte Gruppen von Arbeitern. Für die erste Gruppe, die sog. Kontrollgruppe, wurde die Beleuchtung während des gesamten Experiments konstant gehalten, während die andere Gruppe zum Arbeiten stärkeres Licht erhielt. Wie erwartet stieg die Leistung dieser Gruppe. Gänzlich unerwartet stieg aber auch die Leistung in der Kontrollgruppe. Die erstaunten Tester liessen daraufhin ihre Experimentalgruppe bei schwächerem Licht arbeiten – abermals stieg die Leistung. Offensichtlich spielte ein Faktor eine Rolle, der die Arbeitenden unabhängig vom Grad der Beleuchtung zu mehr Leistung anspornte. Um diesen Faktor zu erforschen, wurden zwischen 1927 und 1932 unter der Leitung der Harvard-Professoren Elton Mayo und Fritz J. Roethlisberger die Arbeitsbedingungen von weiblichen Arbeitskräften bei der Herstellung von Telefon-Relais systematisch variiert. Jede dieser Veränderungen wurde ungefähr für jeweils drei Monate aufrechterhalten. Erstaunlich an den Ergebnissen dieser Experimente war die Tatsache, dass unabhängig von der Art der Veränderung der Arbeitsbedingungen (Verschlechterung oder Verbesserung) die Leistung anstieg. Diese Studien zeigten deutlich, dass nicht allein die physikalisch messbaren Arbeitsbedingungen das Verhalten der Arbeiter bestimmen. Die Erklärung der steigenden Produktivität der Arbeiter trotz Verschlechterung der Arbeitsbedingungen liegt vielmehr in einer neuen Form der Zusammenarbeit, hervorgerufen durch die Beachtung und Aufmerksamkeit seitens der Forscher. Dieser Sachverhalt wird heute in der Sozialpsychologie als *Hawthorne-Effekt* bezeichnet. Folgende Entdeckungen und Schlussfolgerungen ergeben sich aus den Hawthorne-Experimenten:

■ Das Produktionsergebnis wird durch soziale Normen in der Arbeitsgruppe mitbestimmt und nicht nur durch physiologische Leistungsgrenzen.

■ Nichtfinanzielle Anreize und Sanktionen beeinflussen das Verhalten der Arbeiter bedeutend und begrenzen zum grossen Teil die Wirkungen finanzieller Anreize.

■ Häufig handelt oder reagiert ein Arbeiter nicht als Individuum, sondern als Mitglied einer Gruppe.

■ Die Bedeutung der Führung in Bezug auf Festsetzung und Erzwingung von Gruppennormen und der Unterschied zwischen formeller und informeller Führung wurde erkannt.

■ Die Bedeutung der Kommunikation zwischen verschiedenen Rangstufen und die Aufklärung der Mitarbeitenden über die Notwendigkeit bestimmter Arbeitsabläufe wurde erkannt.

Zusammenfassend kann gesagt werden, dass keine mechanistisch-kausale Beziehung zwischen objektiven Arbeitsgegebenheiten und Leistung besteht. Daraus wurde die etwas einseitige Forderung nach Arbeitszufriedenheit als wichtigster Faktor hoher Produktivität abgeleitet. Das Hauptverdienst der Human-Relations-Bewegung ist die Überwindung des mechanistischen Menschenbilds.

Human Resource Due Diligence

Unter Human Resource Due Diligence versteht man die Analyse personalbezogener Chancen und Risiken (Mitarbeitende und Management), die – z.B. bei der Vergabe von Venture Capital oder bei Unternehmensakquisitionen und -fusionen – die Qualität und damit den Wert eines Unternehmens beeinflussen können.

Neben operativen Kriterien wie Mitarbeiterstruktur, Personalkosten, Personalinformationssysteme und Verträge können überprüft werden:
- aktuelle Fähigkeiten und Potenzial von Mitarbeitenden und Management (▷ Management Audit),
- personalpolitische Grundsätze,
- Personalmanagementinstrumente,
- Personal-Controlling.

Eine typische Human Resource Due Diligence verläuft wie folgt:
- Ermittlung der Human-Resource-bezogenen Anforderungen im betrachteten Prüfungskontext,
- Festlegung der Prüfungsbereiche für die Human Resource Due Diligence (Auswahl von Kriterien),
- Fixierung des Zeitpunkts/der Zeitpunkte für die Prüfung,
- Ernennung des Verantwortlichen für Human Resource Due Diligence,
- Durchführung der Human Resource Due Diligence,
- Interpretation der Ergebnisse der Prüfung,
- Ableitung von Schlussfolgerungen bezüglich der Qualität des Unternehmens.
▷ Due Diligence

Human Resources

Unter den Human Resources *(Humankapital)* versteht man die menschliche Arbeitskraft, d.h. die gegenwärtigen und zukünftigen Fähigkeits- und Leistungspotenziale der Mitarbeitenden.

Human Resources Management (HRM)

Engl. für ▷ Personalmanagement

Human Resources Portfolio

Das Human Resources Portfolio wurde in Anlehnung an das strategische Produkt-Portfolio entwickelt (▷ Portfolio-Management). Es differenziert zwischen Leistungsverhalten und Entwicklungspotenzial der Mitarbeitenden (▶ Abb. 78). Damit können spezifische Personalentwicklungsmassnahmen ergriffen werden. Ein weiteres Portfolio integriert bzw. kombiniert Mitarbeiterpotenziale (Qualität) mit der strategischen Bedeutung einzelner Geschäftsfelder (▷ strategisches Geschäftsfeld) (▶ Abb. 79) oder den ▷ Abteilungen eines Unternehmens. Es deckt strategisch wichtige Geschäftsfelder auf, in denen wenig Potenzial zur Verfügung steht (Strategie: Personal ausbauen), oder verweist

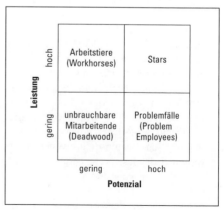

▲ Abb. 78 Human Resources Portfolio I

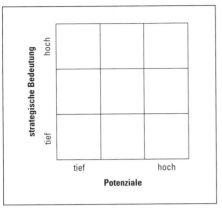

▲ Abb. 79 Human Resources Portfolio II

auf brachliegendes Humanpotenzial in strategisch weniger wichtigen Geschäftsfeldern (Strategie: Personal abbauen). Für die einzelnen Portfolio-Felder können wie beim Produkt-Portfolio Normstrategien entwickelt werden (z. B. Erhöhung der Anforderungen an die Mitarbeitenden, Ausbau neuer Tätigkeitsfelder, Abbau gewisser Personalgruppen).

Hurwicz-Regel
▷ Entscheidungsregeln

Hybride Finanzinstrumente
Hybride Finanzinstrumente sind Wertpapiere, die aus einer Kombination von Grundinstrumenten (z. B. ▷ Aktien oder ▷ Obligationen) und derivativen Instrumenten (▷ Derivate) entstehen. Eine der Komponenten ist immer ein derivatives Instrument. Ein Beispiel für ein standardisiertes hybrides Finanzinstrument, konstruiert für den Kleinanleger, ist der *GROI* (Guaranteed Return on Investment) der UBS. Er ist eine Kombination aus einer Investition in eine sichere Anlage (z. B. in Obligationen) und in ▷ Optionen.

Hybride Finanzinstrumente werden oft entsprechend den individuellen Wünschen und Bedürfnissen der (Gross-)Kunden ausgestattet. Massgeschneiderte hybride Finanzinstrumente bergen aber das Risiko, wegen der individuellen Ausgestaltung schlechter handelbar zu sein als Standardinstrumente. Auch ist das Risiko von nichtstandardisierten hybriden Finanzinstrumenten schwierig zu beurteilen.

Hygiene-Faktoren
▷ Zwei-Faktoren-Theorie

Hypercompetition
Hypercompetition bezeichnet den sich verstärkenden Wettbewerb in Bezug auf Kosten, Preise, Entwicklungsgeschwindigkeit, ▷ Time-to-Market und Erhältlichkeit von Produkten. Diese Entwicklung wurde durch die ▷ Globalisierung verstärkt. Zu erwähnen sind in diesem Zusammenhang insbesondere die erhöhte Verfügbarkeit von Ressourcen sowie die gesunkenen Eintrittsbarrieren für neue Wettbewerber.

Hypothek
Der Begriff Hypothek bezeichnet das ▷ Pfandrecht an einem Grundstück zur Absicherung einer Forderung.

Hypothekardarlehen
Von einem Hypothekardarlehen spricht man, wenn Liegenschaften über eine ▷ Hypothek zur Sicherung eines langfristigen Darlehens dienen. Zu unterscheiden ist zwischen einer Grundpfandverschreibung und einem Schuldbrief.
■ Bei einer *Grundpfandverschreibung* wird nach Art. 824 ZGB eine beliebige, gegenwärtige oder zukünftige Forderung grundpfandrechtlich sichergestellt. In der Terminologie der Banken spricht man von einer

direkten Hypothek, weil das belastete Grundstück unmittelbar zur Sicherung der Forderung (Darlehen) dient. Sie wird auch als *Sicherungshypothek* bezeichnet. Die Grundpfandverschreibung wird v.a. zur Sicherung eines ▷ Kontokorrentkredites während der Bauphase eines Gebäudes gewählt, wenn der notwendige Darlehensbetrag noch nicht feststeht. Sobald die genaue Darlehenssumme bekannt ist, kann ein Schuldbrief errichtet werden.

▪ Beim *Schuldbrief* hat der Gläubiger ein Faustpfandrecht an einem Hypothekartitel, bei dem die in Form eines Wertpapiers verbrieften Forderungen durch ein Grundpfand sichergestellt sind. Er ist entweder auf den Namen des Gläubigers oder auf den Inhaber ausgestellt. Aufgrund der nur mittelbaren grundpfändlichen Sicherung liegt eine *indirekte Hypothek* vor, die man wegen der leichten Handelbarkeit der Schuldbriefe *Verkehrshypothek* nennt.

Hysteresis-Effekt
▷ Konjunktur

IAS
Abk. für International Accounting Standards
▷ IFRS

IASB
Das *International Accounting Standards Board* ist eine unabhängige, privatrechtliche Organisation mit Sitz in London, die internationale Rechnungslegungsstandards setzt. Das IASB wurde im Jahr 1973 als International Accounting Standards Committee *(IASC)* gegründet und 2001 in International Accounting Standards Board umbenannt. Ziel des IASB ist es, durch die Erarbeitung von Rechnungslegungsnormen eine weltweite Harmonisierung der finanziellen Berichterstattung zu verwirklichen (▷ IFRS). Oberstes Gebot des IASB ist die ▷ True and Fair View, welche verlangt, dass die Jahresrechnungen von Unternehmen ein den tatsächlichen Verhältnissen entsprechendes Bild der ▷ Vermögens-, Finanz- und Ertragslage widerspiegeln. Das IASB kooperiert mit nationalen Fachgremien, um eine Konvergenz der Rechnungslegungsvorschriften weltweit zu erreichen.

IASC
Abk. für International Accounting Standards Committee
▷ IASB

Ideeenmanagement
▷ Betriebliches Vorschlagswesen

IFRS
Die *International Financial Reporting Standards* (IFRS, früher *IAS [International Accounting Standards]*) sind Rechnungs-

legungsvorschriften, die vom ▷ IASB herausgegeben werden.
Ziele eines nach den IFRS erstellten Jahresabschlusses ist es, Informationen über die ▷ Vermögens-, Finanz- und Ertragslage sowie Veränderungen in der Vermögens-, Finanz- und Ertragslage eines Unternehmens zu geben, die für einen weiten Adressatenkreis bei dessen wirtschaftlichen Entscheidungen nützlich sind.
Zu diesen wirtschaftlichen Entscheidungen gehören auch Entscheidungen, die es ermöglichen, Anteile an einem Unternehmen zu erwerben, zu halten oder zu veräussern, sowie Entscheidungen, die dazu dienen, die Unternehmensleitung zu bestätigen oder zu ersetzen.
Die von den Abschlussadressaten getroffenen wirtschaftlichen Entscheidungen erfordern eine Beurteilung der Fähigkeit des Unternehmens, Zahlungsmittel (▷ liquide Mittel) und ▷ Zahlungsmitteläquivalente zu erwirtschaften sowie die Abschätzung des Zeitpunkts und die Wahrscheinlichkeit ihres Entstehens.
Die Anwendung der IFRS führen zu einer Vermittlung eines den tatsächlichen Verhältnissen entsprechenden Bildes der Vermögens-, Finanz- und Ertragslage des Unternehmens (▷ True and Fair View).
In jenen Fällen, bei denen die Befolgung einer Anforderung in einem Standard irreführend wäre, ist das Abweichen von einer Vorschrift notwendig, um eine den tatsächlichen Verhältnissen entsprechendes Bild zu vermitteln.
Der Aufbau der einzelnen Rechnungslegungsstandards folgt einer festgelegten Struktur. Jeder Standard ist gegliedert in: Zielsetzung, Anwendungsbereich, Definitionen, eigentliche Bestimmungen (Standard), Zeitpunkt des Inkrafttretens und Anhang.

Die IFRS gestatten in manchen Fällen zwei unterschiedliche Bilanzierungsmethoden für identische Geschäftsvorfälle und Ereignisse. Die eine Methode wird als *Benchmark-Methode* und die andere als die *alternativ zulässige Methode* bezeichnet.
Im Gegensatz zu den ▷ Swiss GAAP FER beinhalten die IFRS sehr detaillierte Regelungen.

Illiquidität

Unter Illiquidität versteht man jenen Zustand, in dem ein Unternehmen seinen Zahlungsverpflichtungen nicht mehr oder nur noch teilweise fristgerecht nachkommen kann. Illiquidität führt zu einer Schädigung des Rufs des Unternehmens, was die Finanzierungsmöglichkeiten zur Überbrückung der Illiquidität noch stärker einschränkt. Ist der Zustand der Illiquidität von langer Dauer, droht die Zahlungsunfähigkeit *(Insolvenz)* und als Folge der Konkurs.
Liquiditätsprobleme treten auf, wenn (1) die notwendigen finanziellen Mittel nicht beschafft werden können, (2) der Unternehmenserfolg ausbleibt, (3) die Finanzplanung die Einzahlungs- und Auszahlungsströme falsch berechnet hat oder (4) die Finanzkontrolle versäumt hat, rechtzeitig Fehlbeträge festzustellen und Massnahmen zu ergreifen, um diese Lücken zu schliessen.

Image

Das Image ist das von Mitgliedern der verschiedensten ▷ Anspruchsgruppen subjektiv wahrgenommene Erscheinungsbild oder Verhalten eines Unternehmens, einer Person oder eines Gegenstands (Produkts). Entsprechend unterscheidet man:

- *Corporate Image (Unternehmensimage):* Dieses ergibt sich als Resultat der ▷ Corporate Identity. Wesentliche Einflussfaktoren sind die ▷ Managementphilosophie und die ▷ Unternehmenskultur.
- *Personal Image:* Individuelles Image, das ein einzelner Mitarbeitender durch sein Auftreten, sein Benehmen, seine Kleidung und seine Sprache erzeugt.
- *Produkt- oder Markenimage:* Image eines Produkts, das durch die ▷ Marketinginstrumente geschaffen worden ist (z.B. Preis, Verpackung, Markennamen, Erhältlichkeit).

Damit wird die Wichtigkeit eines Image für das Unternehmen in Bezug auf das ▷ Kaufverhalten von Konsumenten deutlich, denn ein positives Image erlaubt eine eindeutige Positionierung gegenüber der Konkurrenz und wirkt absatzfördernd. Ein positives Image fördert aber auch die Akzeptanz bei allen Anspruchsgruppen, sofern es glaubwürdig wirkt (▷ Glaubwürdigkeit).

IMF
Abk. für International Monetary Fund
▷ Internationaler Währungsfonds

Imitation
▷ Innovation

Immission
Die Einwirkung der durch ▷ Emissionen akkumulierten Schadstoffe auf Menschen, Tiere und Pflanzen (z.B. die Wirkung der gesamten Luftbelastung an einem bestimmten Ort) wird als Immission bezeichnet. Schadstoffe können – insbesondere durch Wasser und Wind – an andere Orte getragen werden und dort negative Auswirkungen haben. Die Verfrachtung von Schadstoffen wird als *Transmission* bezeichnet.

Immissionsgrenzwertmethode
Syn. für Methode der ▷ kritischen Volumina

Immobilienmanagement
Syn. für ▷ Facility Management

Imponderabilien
Imponderabilien sind von einem Entscheidungsträger schlecht erfassbare, «unwägbare» Einflussfaktoren. Sie spielen z.B. bei Investitionsvorhaben neben den rein quantitativen Faktoren eine bedeutende Rolle (z.B. Einfachheit und Unfallsicherheit bei der Bedienung von Maschinen, Hitze oder Lärmbelästigung, Einhaltung von Lieferterminen).

Inbound Call
Inbound Calls sind eingehende Anrufe von Kunden und Interessenten, die von eigenen Mitarbeitenden oder von Call Center Agents (▷ Call Center) entgegengenommen werden.
▷ Outbound Call

Incentives
Engl. für ▷ Anreize

Index
Ein Index ist ein statistisches Instrument, welches die durchschnittliche Veränderung einer Vielzahl von Einzelentwicklungen in einer einzigen Zahlenreihe zusammenfasst. Der Zweck eines Index ist es, eine meist im Verlauf der Zeit sich vollziehende Entwicklung darzustellen und beurteilbar zu machen. Beispiele sind der Schweizerische Konsumentenpreisindex, der ▷ Dow Jones Index oder der ▷ Swiss Performance Index.

Index-Future
▷ Future

Indikatoren der Konjunktur

Zur Feststellung des Verlaufs eines Konjunkturzyklus (▷ Konjunktur) kann die zeitliche Entwicklung von drei Arten von Indikatoren herangezogen werden.
1. *Vorlaufende Indikatoren* sind jene Grössen, die der konjunkturellen Entwicklung (gemessen an den mitlaufenden Indikatoren) zeitlich vorauslaufen. Typisch hierfür ist die Entwicklung der Auftragsbestände (v. a. in der Industrie und im Baugewerbe). Aber auch Angebot und Nachfrage von Arbeitskräften bei Firmen, die Arbeitskräfte auf Zeit (temporär) vermitteln, geben gute Hinweise auf die künftige Entwicklung, weil Teilzeitangestellte meist als Erste entlassen, aber auch als Erste wieder beschäftigt werden.
2. *Mitlaufende Indikatoren* geben den aktuellen Zustand der Konjunktur wieder. Dieser wird an der Entwicklung des ▷ Bruttoinlandprodukts (BIP) gemessen. Das relative Niveau der Produktion und der Kapazitätsauslastungsgrad in einer ▷ Branche oder einem Sektor (▷ Sektoren, wirtschaftliche) können als Indikator für den aktuellen konjunkturellen Zustand in bestimmten Bereichen der Wirtschaft dienen.
3. *Nachlaufende Indikatoren* sind v. a. die ▷ Arbeitslosigkeit und die ▷ Preise. Beide reagieren meist nur verzögert auf die konjunkturelle Entwicklung. So «überschiessen» die Preise in der Hochkonjunktur den Konjunkturverlauf, während die Arbeitslosigkeit auch zu Beginn des Aufschwungs noch hoch sein kann.

Indirekte Kosten
Syn. für ▷ Gemeinkosten

Indirekter Absatz
▷ Absatzweg

Individualgüter
Individualgüter dienen als ökonomische Güter (▷ Güter, ökonomische) der individuellen (privaten) Bedürfnisbefriedigung einzelner Personen.
▷ Kollektivgüter

Indossament
Das Indossament besteht i. d. R. aus einem vom Aussteller (Indossanten) unterzeichneten Übertragungsvermerk auf der Rückseite (in dosso) der Urkunde und ist eine Anweisung an den Schuldner, die Summe an den neuen Berechtigten (Indossatar) zu zahlen. Das Indossament wird bei der Übertragung von ▷ Orderpapieren verwendet.

Industrial Marketing
Engl. für ▷ Investitionsgütermarketing

Industrieroboter
Industrieroboter sind universell einsetzbare Automaten, die Bewegungsabläufe ausführen. Sie sind hinsichtlich der Bewegungsfolge und Wege bzw. Winkel frei programmierbar und gegebenenfalls sensorgeführt. Als Teil des ▷ Computer-Aided Manufacturing (CAM) leisten sie einen entscheidenden Beitrag zur Erhöhung der ▷ Produktivität in Industrieunternehmen. Industrieroboter spielen eine wichtige Rolle bei der ▷ Automatisierung von ▷ Fertigung und ▷ Montage. Ihr Vorteil gegenüber starren Bedienungsgeräten ist ihre Fähigkeit, auch komplizierte Bewegungsabläufe bei der Werkstück- und Werkzeughandhabung auszuführen. Einerseits erhöhen sie dabei die Arbeitssicherheit, andererseits beschleunigen sie den Arbeitsplatzabbau in der industriellen Fertigung und Montage. Eingesetzt werden Industrieroboter z. B. für Schweissarbei-

ten, für die Bestückung von Leiterplatten oder beim Lackieren.

Industrieunternehmen

Das Industrieunternehmen ist ein Sachleistungsbetrieb. Als industrielle Betriebe im Sinn des Gesetzes (Art. 5 Abs. 2 Arbeitsgesetz) gelten in der Schweiz «Betriebe mit fester Anlage von dauerndem Charakter für die Herstellung, Verarbeitung oder Behandlung von Gütern oder für die Erzeugung, Umwandlung oder Übertragung von Energie, sofern (1) die Arbeitsweise oder die Arbeitsorganisation durch Maschinen oder andere technische Einrichtungen oder durch serienmässige Verrichtungen bestimmt werden und für die Herstellung, Verarbeitung oder Behandlung von Gütern oder für die Erzeugung, Umwandlung oder Übertragung von Energie wenigstens sechs Arbeitnehmer beschäftigt werden, oder (2) die Arbeitsweise oder die Arbeitsorganisation wesentlich durch automatisierte Verfahren bestimmt werden, oder (3) Leben oder Gesundheit der Arbeitnehmer besonderen Gefahren ausgesetzt sind.»

Inflation

Inflation bezeichnet im Allgemeinen die Zunahme des gesamtwirtschaftlichen Preisniveaus über einen längeren Zeitraum. Als Mass für Inflation wird in der Schweiz meist die Entwicklung des Index der Konsumentenpreise verwendet, der allerdings nur die Preisentwicklung eines Teils der Komponenten des ▷ Bruttoinlandprodukts, nämlich des Konsums, erfasst. Inflation kann auf verschiedene Weise entstehen:

■ *Geldmengeninduzierte Inflation* entsteht, wenn die Geldmenge stärker als die reale Gütermenge wächst. Diese Erklärung setzt voraus, dass die erhöhte Geldmenge zu einer erhöhten Güternachfrage führt und diese nicht vollumfänglich befriedigt werden kann (Nachfrageinflation). So führt eine erhöhte Güternachfrage z.B. in einer Situation der ▷ Vollbeschäftigung lediglich zu Preissteigerungen.

■ *Nachfrageinflation* bedeutet, dass die Güternachfrage beim bestehenden Preisniveau und Vollbeschäftigung das Güterangebot übersteigt, sodass reine Preissteigerungen resultieren.

■ *Angebotsinflation* entsteht, wenn Kostensteigerungen über die Preise an die Nachfrage weitergegeben werden können (Kostendruckinflation), oder wenn die Anbieter einen höheren Gewinnaufschlag durchsetzen können (Gewinndruckinflation). Wenn die erhöhten Preise ihrerseits zu höheren Löhnen bzw. Lohnkosten führen (Indexierung der Löhne, d.h. Inflationsausgleich), kann es zur gefürchteten *Lohn-Preis-Spirale* kommen, welche allerdings durch einen preisinduzierten Rückgang der Güternachfrage sowie durch ein langsames Geldmengenwachstum gebremst werden kann.

■ *Importierte Inflation* kann auf drei Arten entstehen: (1) Die Nachfrageinflation (siehe oben) beruht auf einer erhöhten Nachfrage aus dem Ausland (importierte Nachfrageinflation). (2) Die Angebotsinflation (siehe oben) beruht auf Kosten- oder Gewinndruck aus dem Ausland (importierte Angebotsinflation). (3) Bei festen ▷ Wechselkursen führen Ertragsbilanzüberschüsse zu einer Geldmengenerhöhung im Inland, da die ▷ Notenbank den Exporteuren die Devisenüberschüsse zum fixen Paritätskurs gegen inländische Währung abkaufen muss (aussenhandelsinduzierte Inflation unter fixen Wechselkursen).

In der Praxis überlagern sich die verschiedenen Gründe für Inflation meist, sodass sich oft keine eindeutige Ursache identifizieren lässt.
Die *Auswirkungen* von Inflation sind v. a. im Hinblick auf die Beschäftigung (▷ Arbeitslosigkeit), die ▷ Einkommens- und Vermögensverteilung sowie das Wachstum interessant (▷ Wachstum, wirtschaftliches). Heute wird davon ausgegangen, dass ein negativer Zusammenhang zwischen Inflation und Arbeitslosigkeit nur kurzfristig besteht, d. h. langfristig wird die Arbeitslosigkeit durch andere Gründe bestimmt. Einkommensempfänger werden durch Inflation nur dann wirklich benachteiligt, wenn ihre Einkommen weniger stark steigen als die Preise, die sie bezahlen müssen (z. B. bei nicht preisindexierten Altersrenten). Vermögensbesitzer werden durch Inflation nur dann benachteiligt, wenn diese überraschend ist, weil die erwartete Inflation bereits bei der Bildung der Realzinsen (▷ Zins) berücksichtigt wird. Bezüglich ihrer Wirkung auf das Wachstum zeigen neuere Untersuchungen, dass Inflationsraten von weniger als 10% im internationalen Durchschnitt über längere Zeiträume (30 Jahre) praktisch keine negativen Auswirkungen auf das Wachstum haben. Dieser allgemeine Befund ist allerdings nicht unbestritten und die Ergebnisse für einzelne Länder können vom allgemeinen Durchschnitt deutlich abweichen.

Inflation-Linked Bond

Inflation-Linked Bonds sind Anleihen, die eine reale Verzinsung garantieren. Somit wird der Anleger für den während der gesamten Laufzeit erlittenen inflationsbedingten Wertverlust entschädigt. Der Nominalwert der Anleihe wird entsprechend der Inflationsrate der jüngsten Vergangenheit angepasst. Der Teuerungsausgleich erfolgt i. d. R. halbjährlich.
Die Rendite von Inflation-Linked Bonds ist bei Inflation tiefer als diejenige von Staatsanleihen, da sich Letztere an der erwarteten Inflation ausrichtet. Deshalb entspricht die Differenz der Renditen von Inflation-Linked Bonds und Staatsanleihen i. d. R. der Inflationserwartung des Markts.

Inflationsrate

Die Inflationsrate bezeichnet die monatliche oder jährliche relative Änderung des Preisniveaus (▷ Inflation).

Informale Organisation

Die informale ▷ Organisation umfasst alle Strukturen und Abläufe, die nicht formal, d. h. durch offizielle organisatorische Regelungen festgelegt sind. Sie ist entweder komplementär oder substituierend zur formalen Organisation. Ursachen dieser Erscheinung sind:
- menschliche Eigenheiten (z. B. Sympathie, gemeinsame Interessen),
- sozialer Status der Mitarbeitenden eines Unternehmens,
- die zu lösende Aufgabe,
- die Arbeitsbedingungen (z. B. Zeitdruck).

In der Praxis bestehen formale und informale Organisationsstrukturen meist nebeneinander. Über die Auswirkungen einer informalen Organisation auf die bewusst gestaltete Organisationsstruktur können keine allgemeinen Aussagen gemacht werden. Sie hängen von der jeweiligen Situation und den Zielen einer Organisation ab. Wichtig ist es aber, sich dieser informalen Organisation bewusst zu werden sowie positive Auswirkungen zu fördern, hemmende Konflikte jedoch zu beseitigen.

Informatik

Informatik ist die Wissenschaft von der Daten- bzw. ▷ Informationsverarbeitung und befasst sich mit der Informations- und Kommunikationstechnik in verschiedenen Fachdisziplinen bzw. Anwendungsbereichen.

Informationen

Informationen sind Angaben über Sachverhalte oder Vorgänge, die schriftlich, bildlich oder akustisch übermittelt werden können. Es sind somit Botschaften, die im Zusammentreffen mit Erfahrungen, Vorstellungen, Absichten, Engagement *Wissen* erzeugen können. Wissen ist somit nicht nur kontextbezogen, sondern auch subjektbezogen. Informationen sind aber ein notwendiges Medium für die Bildung von Wissen. ▶ Abb. 80 versucht den Zusammenhang zwischen Zeichen, Daten, Informationen und Wissen an einem Beispiel deutlich zu machen.

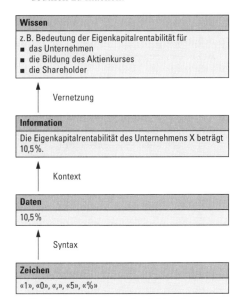

▲ Abb. 80 Beziehungen zwischen Zeichen, Daten, Informationen und Wissen

Informationsasymmetrie
▷ Principal Agent Theory

Informationsmanagement

Das Informationsmanagement gestaltet die betriebliche ▷ Informationsverarbeitung. Es hat die Aufgabe, die Möglichkeiten der Computer- und Kommunikationstechnik zu erkennen und für das Unternehmen nutzbar zu machen.

Seit den 90er Jahren liegt der Schwerpunkt der Informationstechnologie auf der elektronischen Kommunikation. Immer mehr Personen innerhalb und zwischen Unternehmen tauschen mit Hilfe der computerunterstützten Kommunikation Informationen aus. Parallel zur Verbreitung der Computer- und Kommunikationstechnik in den Unternehmen hat sich mit dem Informationsmanagement eine neue Führungsaufgabe entwickelt.

Informationsmanagement ist nicht auf Grossunternehmen beschränkt. Durch die breite Verfügbarkeit der Computer- und Kommunikationstechnik ist diese Aufgabe auch für Klein- und Mittelbetriebe von Bedeutung.

Informationssystem
▷ Informationsverarbeitung

Informationstechnik
▷ Informationsverarbeitung

Informationstechnologie
▷ Informationsverarbeitung

Informationsverarbeitung

Die betriebliche Informationsverarbeitung (elektronische Datenverarbeitung, EDV, *Information Technology, IT*) teilt sich auf in die Informationstechnik und das Informationssystem:

■ Die *Informationstechnik* umfasst die Produkte, die zum Einsatz kommen, um

Informationen elektronisch zu verarbeiten: ▷ Hardware, ▷ Software sowie ▷ Netzwerke.

■ Das *Informationssystem* eines Unternehmens umfasst seine manuellen und computerunterstützten Tätigkeiten und Beziehungen. Das computerunterstützte Informationssystem wird mit den Produkten der Informationstechnik realisiert.

Informationsweg
Syn. für ▷ Kommunikationsweg

Informationswerkstatt
Syn. für ▷ Lernstatt

Information Technology (IT)
Engl. für Informationstechnologie
▷ Informationsverarbeitung
▷ Elektronische Datenverarbeitung

Informeller Investor
Syn. für ▷ Business Angel

Inhaberaktien
Inhaberaktien sind rechtlich gesehen ein ▷ Inhaberpapier. Der Gesellschaft sind somit die Eigentümer nicht bekannt. Dem Vorteil der leichten Übertragbarkeit und Geltendmachung steht der Nachteil gegenüber, dass auch ein nicht berechtigter Inhaber aufgrund des blossen Aktienbesitzes die darin beurkundeten Rechte geltend machen kann.

Inhaberpapier
Ein ▷ Wertpapier gilt als Inhaberpapier, wenn aus dem Wortlaut oder der Form der Urkunde ersichtlich ist, dass der jeweilige Inhaber als rechtmässiger Eigner der verbrieften Rechte anerkannt wird (Art. 978 Abs. 1 OR). Die Übertragung der Rechte wird durch blosse Übergabe vollzogen.

Ein typisches Beispiel eines Inhaberpapiers ist die Banknote.

Inhaltstheorien
Inhaltstheorien sind ▷ Motivationstheorien, die eine umfassende Liste möglicher ▷ Motive aufstellen, die zu einem bestimmten Handeln führen. Sie sind von den *Prozesstheorien* zu unterscheiden, die nicht erklären, welche Motive wirksam sind, sondern wie sie ihre Wirkung entfalten. Die bekanntesten Inhaltstheorien stammen von Maslow (▷ Bedürfnispyramide) und Herzberg (▷ Zwei-Faktoren-Theorie).

Inhouse-Beratung
▷ Interne Unternehmensberatung

Inhouse-Consulting
▷ Interne Unternehmensberatung

Initial Public Offering
Syn. für ▷ Going Public

Innenfinanzierung
Bei der Innenfinanzierung erfolgt die Kapitalzuführung nicht von aussen (▷ Aussenfinanzierung), sondern durch das Unternehmen selbst. Es werden drei Formen der Innenfinanzierung unterschieden: die Finanzierung (1) durch Freisetzung von Abschreibungsgegenwerten (▷ Finanzierung aus Abschreibungsrückflüssen), (2) durch nicht ausgeschütteten Gewinn (▷ Selbstfinanzierung) oder (3) durch Rückstellungen.

Innengesellschaft
▷ Stille Gesellschaft

Innere Kündigung

Die innere Kündigung *(Burn-out-Syndrom)* ist keine offizielle ▷ Kündigung eines Arbeitsvertrags (Ausscheiden aus dem Unternehmen), sondern eine Art (persönliche) Verweigerung des ▷ Involvements für das Unternehmen. Der Mitarbeitende hält sich strikt an das Prinzip «Dienst nach Vorschrift». Es fehlen Engagement, Eigeninitiative, Einsatzbereitschaft und Kreativität. Die Arbeit wird zur reinen Pflichtübung.

Das Phänomen der inneren Kündigung kann bei allen Mitarbeitenden, unabhängig von der hierarchischen Stufe, beobachtet werden. Mögliche Auslöser sind: Führungsverhalten des Vorgesetzten, starre Organisationsstrukturen, Fremdbestimmung, zu geringer Handlungsspielraum des Mitarbeitenden, Übergehen des Mitarbeitenden, keine Delegation, ungenügende Information. Folgen sind: frustrierte, demotivierte und resignierende Mitarbeitende. Oft werden seitens der Vorgesetzten die Zeichen und Symptome der inneren Kündigung zu spät erkannt bzw. man schenkt solchen Situationen zu lange zu wenig Beachtung. Anzeichen einer inneren Kündigung sind negative Äusserungen über die Firma, nicht loyales Verhalten gegenüber der Firma, zunehmende Abwesenheit oder steigende Ausschussquote.

Zu umgehen ist eine solche Situation durch regelmässige ▷ Mitarbeitergespräche, die zur Pflicht eines jeden Vorgesetzten gehören. Neben einem partizipativen ▷ Führungsstil sowie einer offenen Informations- und Kommunikationspolitik sind auch das ▷ Coaching und das Mentoring (▷ Personalentwicklung) wichtige Instrumente.

Innerer Wert

Unter dem inneren Wert einer Aktie versteht man den Nettosubstanzwert (▷ Substanzwert) des Unternehmens pro Aktie. Er entspricht somit dem Eigenkapital je Aktie, das sich aus der Summe von Grundkapital (Aktien- und Partizipationsscheinkapital), offenen und stillen Reserven sowie Gewinnvortrag, dividiert durch die Anzahl der Aktien und Partizipationsscheine, errechnet. Wegen der stillen Reserven lässt sich der innere Wert nur annäherungsweise bestimmen. In den meisten Fällen ist er nicht identisch mit dem Börsenkurs einer Aktie, denn in die Börsenkurse gehen auch Gewinnerwartungen der Marktteilnehmer ein, die ein Unternehmen gar nicht bilanzieren darf. Die Berechnung des inneren Werts einer Aktie beruht auf der alleinigen Betrachtung des Substanzwerts. Die Differenz zum Ertragswert – der ▷ Goodwill oder ▷ Badwill – findet bei der Berechnung des inneren Werts keine Berücksichtigung. Bei der Entstehung von Marktpreisen (für Aktien z. B. an der Börse) spielen Erwartungen über Gewinn- bzw. Verlustpotenzial eines Unternehmens eine wichtige Rolle. Insofern ist eine Differenz zwischen Marktpreis und innerem Wert nicht nur verständlich, sondern durchaus wünschenswert. Bei Aktien, die nicht an der Börse gehandelt werden, steht mit dem inneren Wert allerdings eine nützliche Bewertungsgrösse zur Verfügung, denn es existieren keine Marktpreise für solche Wertpapiere.

Innovation

Unter Innovation ist die Einführung einer neuen Problemlösung zu verstehen. Dabei kommt es nicht nur auf die absolute Neuerung *(Invention,* Erfindung), sondern auf die relative Neuerung in Bezug auf ein

Unternehmen an. Auch die Nachahmung *(Imitation)* kann für ein Unternehmen eine Innovation sein. Unterschieden werden drei Arten von Innovationen:
1. *Produktinnovationen* (inkl. Dienstleistungen): Ein Unternehmen bringt ein Produkt auf den Markt, das bisher nicht im Produktionsprogramm enthalten war (herstellerbezogene Sichtweise). Der Entwicklung neuer Produkte kommt eine sehr grosse Bedeutung zu.
2. *Verfahrensinnovationen:* Geplante erstmalige Anwendungen von neuen ▷ Prozessen in der Leistungserstellung (inkl. neue organisatorische Prozesse).
3. *Sozialinnovationen:* Geplante Änderungen im Humanbereich zur Verbesserung der Leistungsbereitschaft (▷ Leistungsverhalten) der Mitarbeitenden, z.B. im Bereich der Aus- und Weiterbildung, des Anreizsystems oder des Führungsverhaltens.

Zwischen den drei Innovationsarten bestehen Interdependenzen, da den Produktinnovationen oft Verfahrens- und Sozialinnovationen (instrumental) folgen.

Aufgrund der Wichtigkeit müssen in einer Wettbewerbswirtschaft Innovationen gezielt gefördert werden (▷ Innovationsmanagement). Zur Planung werden verschiedene Phasen unterschieden wie z.B. die Ideengenerierung, Ideenakzeptanz und Ideenumsetzung. Während in der Phase der Ideengenerierung kreativitätsfördernde Instrumente (▷ Kreativität) eingesetzt werden müssen, steht bei der Ideenumsetzung eine straffe Planung und ein ▷ Projektmanagement im Vordergrund (▷ Simultaneous Engineering). Innovationen entstehen jedoch selten in einem sequentiellen Ablauf, sondern verschiedene Phasen wiederholen sich während des gesamten Prozesses in unterschiedlicher Reihenfolge und Intensität. Oft stellen sich einer Innovation Hindernisse technischer und menschlicher Art in den Weg (▷ Barrieren).

Innovationsmanagement

Das Innovationsmanagement beschäftigt sich mit der Umsetzung von ▷ Innovationen von der Ideenfindung bis zur Markteinführung. Neue Produkte und Dienstleistungen müssen rechtzeitig im Markt eingeführt werden, das Produkt muss die Kundenbedürfnisse treffen und die gesamte Entwicklung darf nicht zu teuer werden. Somit werden Zeit- (▷ Time-to-Market), Kosten- und Qualitätsziele verfolgt. Eine Schwierigkeit im Innovationsmanagement liegt in der grossen Bedeutung von Produktinnovationen für die zukünftige Wettbewerbsfähigkeit bei gleichzeitig hoher Unsicherheit über den Innovationserfolg.

Innovationsmanagement ist nicht nur eine Aufgabe der ▷ Forschung und Entwicklung, sondern sämtliche Funktionsbereiche werden einbezogen und müssen koordiniert werden. Wichtig ist bei einem effizienten Innovationsmanagement die differenzierte Ausgestaltung der Organisation und des Führungsstils. Während zur Ideengenerierung offene Strukturen und ein lockerer Führungsstil empfohlen werden, sind zur Ideenumsetzung häufig eine straffe Organisation und Führung notwendig. Die Schwierigkeit, ein für alle Phasen des ▷ Innovationsprozesses geeignetes Managementkonzept zu finden, wird als «organisatorisches Dilemma» bezeichnet. Massnahmen und Konzepte in den einzelnen Phasen des Innovationsmanagements sind:
1. Ideenfindung: ▷ betriebliches Vorschlagswesen, ▷ Qualitätszirkel und Kreativitätstechniken (▷ Kreativität).

2. Ideenbewertung: Scoring-Modelle (▷ Nutzwertanalyse) und Auswertung von Ergebnissen der ▷ Marktforschung.
3. Ideenumsetzung: organisatorische Konzepte des ▷ Simultaneous Engineering und Prinzipien des ▷ Projektmanagements.
Als phasenübergreifende Konzepte werden besonders das Promotoren-Modell bzw. das ▷ Intrapreneurship diskutiert, bei dem persönliche Verantwortung für eine Innovation während des gesamten Prozesses wahrgenommen werden muss. Mit einem solchen Modell sollen die negativen Effekte der Arbeitsteilung überwunden werden.
Um bisher erfolgreiche Produkte und Verfahren in Frage zu stellen, müssen bei allen Mitarbeitenden ▷ Barrieren – meist aufgrund von Gewohnheiten – überwunden werden. Innovationen stehen oft auch die Strukturen des Unternehmens selbst im Wege.

Innovationsprozess

Der Innovationsprozess umfasst alle zeitlich aufeinander folgenden Arbeitsschritte von der ursprünglichen Idee bis zur serienmässigen Produktion und zum Verkauf. Als grobe Einteilung gelten die drei Phasen (1) Ideenfindung, (2) Ideenbewertung und -auswahl sowie (3) Ideenumsetzung.
Im engeren Sinn wird unter Innovationsprozess nur die Phase der Ideenumsetzung verstanden, wobei hier eine Unterteilung in folgende Schritte möglich ist: (1) Idee, (2) Konzept, (3) Entwurf, (4) Entwicklung der Serie, (5) Produkteinführung, (6) Serienproduktion und (7) Verkauf. Aufgrund dieser Schritte können zeitlich und inhaltlich klare Meilensteine gesetzt werden (z.B. Prototypenbau), mit deren Hilfe der Innovationsprozess gesteuert und kontrolliert werden kann. Zur Beschleunigung der Innovationsprozesse laufen die einzelnen Phasen teilweise parallel ab (▷ Simultaneous Engineering).
Dem Innovationsprozess geht die Generierung von ▷ Innovationen durch die Verbindung von Ideen und Erfindungen, Bedürfnissen und technologischen Möglichkeiten voraus.

Innovationsstrategie

▷ Fertigungstiefe

Innovationszyklus

Der Innovationszyklus entspricht der Zeit, die zwischen den verschiedenen Produktgenerationen vergeht. In den meisten Branchen findet eine Verkürzung des Produktlebenszyklus statt, sodass ein bestehendes Produkt immer schneller durch ein neues und besseres ersetzt werden muss (▷ Produktlebenszyklus).

Input-Output-Bilanz

Syn. für ▷ Stoff- und Energiebilanz

Insider-Geschäfte

Setzen Personen (Insider) Informationen über Unternehmen, die sie aufgrund ihrer beruflichen Stellung früher als die anderen Börsenteilnehmer besitzen, gezielt an der ▷ Börse ein, um damit einen Gewinn zu erzielen, spricht man von Insider-Geschäften. Im Rahmen von Insider-Geschäften können diese Informationen vom Insider selbst genutzt oder an einen sog. «Tippee» weitergereicht werden.

Insolvenz

▷ Illiquidität

Instanz

Instanzen sind *Leitungsstellen,* denen ausführende ▷ Stellen untergeordnet sind. Ist eine Instanz von einer einzigen Person besetzt, spricht man von einer *Singular-*

instanz oder dem ▷ Direktorialprinzip. Sind mehrere Personen beteiligt, wird von einer *Pluralinstanz* gesprochen. Pluralinstanzen können nach dem Direktorial- oder ▷ Kollegialprinzip geführt werden.

Instanzenbild
▷ Stellenbeschreibung

Institutionenökonomie
▷ Neue Institutionenökonomie

Instrumente der Wirtschaftspolitik
▷ Wirtschaftspolitik

Integration
▷ Koordination

Integrierter Umweltschutz
▷ Vorsorgeprinzip

Interactive Voice Response (IVR)
▷ Call Center

Interdependenz
Interdependenz bedeutet gegenseitige Abhängigkeit und ist charakteristisch für eine arbeitsteilige (▷ Spezialisierung) und international verflochtene Wirtschaft (▷ Globalisierung).
Von *strategischer* Interdependenz wird in Situationen gesprochen, wo gegenseitige Abhängigkeit dazu führt, dass Personen oder Unternehmen ihr Verhalten aufeinander ausrichten. Wie beim Schachspiel richten z.B. in Märkten mit wenigen Anbietern (Oligopol, Duopol, ▷ Marktformen) diese ihr Verhalten aneinander aus und versuchen, das Verhalten der oder des anderen möglichst gut zu antizipieren. Die ▷ Spieltheorie analysiert Situationen strategischer Interdependenz.

Interessengemeinschaft
Unter einer Interessengemeinschaft (IG) versteht man eine ▷ Unternehmensverbindung auf meist horizontaler Ebene und auf vertraglicher Basis. Die beteiligten Unternehmen bleiben sowohl rechtlich als auch wirtschaftlich selbständig, mit Ausnahme des Bereichs der konkreten Zusammenarbeit, in dem die Entscheidungsfreiheit im Rahmen der Vereinbarungen eingeschränkt ist. Als rechtliche Form eignet sich die ▷ einfache Gesellschaft. In der Schweiz ist die Interessengemeinschaft – im Gegensatz zu Deutschland – selten anzutreffen.

Interessengruppen
Syn. für ▷ Anspruchsgruppen

Interessentheorie
▷ Vollkonsolidierung

Interkulturelle Kompetenz
Interkulturelle Kompetenz – als Teil der ▷ Sozialkompetenz – besteht in der Fähigkeit, bei der Zusammenarbeit mit Menschen aus fremden Kulturen deren spezifische Konzepte der Wahrnehmung, des Denkens und des Handelns zu erfassen und zu begreifen sowie schliesslich zu lernen, damit umzugehen.
▷ Multikulturelles Management

Interkulturelles Management
Syn. für ▷ Multikulturelles Management

Internal Rate of Return (IRR)
Engl. für ▷ Interner Zinssatz, Methode des

International Accounting Standards Board
▷ IASB

International Accounting Standards Committee
▷ IASB

Internationaler Währungsfonds (IWF)
Der Internationale Währungsfonds *(IWF, International Monetary Fund, IMF)* wurde nach dem Zweiten Weltkrieg aufgrund des Abkommens von Bretton Woods gegründet und bezweckte, den Wiederaufbau der Wirtschaft durch eine Neuordnung des *Internationalen Währungssystems (IWS)* zu unterstützen. Der IWF hat folgende Ziele:
1. Förderung der Zusammenarbeit in der Währungspolitik durch eine ständige Institution.
2. Erleichterung und Förderung eines ausgeglichenen Wachstums des Welthandels.
3. Förderung der Stabilität der Währungen, d.h. Erhaltung geordneter Wechselkursverhältnisse und Vermeiden von Abwertungen zur Verbesserung der Wettbewerbsstellung.
4. Einführung eines multilateralen Zahlungssystems zwischen den Mitgliedern und Beseitigung von Devisenbeschränkungen, welche das Wachstum des Welthandels hindern.
5. Bereitstellen von finanziellen Mitteln zur Überwindung von Zahlungsbilanzungleichgewichten, damit nicht zu Massnahmen gegriffen wird, welche die Wohlfahrt beeinträchtigen.
6. Verminderung von Dauer und Ausmass der Zahlungsbilanzungleichgewichte.

Internationales Währungssystem (IWS)
▷ Internationaler Währungsfonds (IWF)

International Financial Reporting Standards
▷ IFRS

Internationalisierung
▷ Globalisierung

Internationalisierungsgrad
Der Internationalisierungsgrad zeigt, in welcher Form und wie stark sich ein Unternehmen international betätigen will. Diese Frage hängt eng mit dem ▷ Standort, der verfolgten ▷ Internationalisierungsstrategie und dem Eingehen von ▷ Unternehmensverbindungen zusammen. In Abhängigkeit von der Kapital- und Managementleistung können verschiedene Internationalisierungsstufen unterschieden werden (▶ Abb. 81):
- Export: Absatz der im Inland hergestellten Güter im Ausland.
- Lizenzvertrag: Nutzung von Rechten (z.B. Patent, Warenzeichen) oder betrieblichem Know-how durch ein ausländisches Unternehmen gegen Entgelt.
- ▷ Franchising: Als Sonderform des Lizenzvertrags ist das Franchising ein Ko-

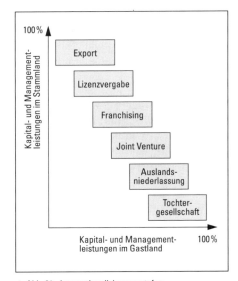

▲ Abb. 81 Internationalisierungsstufen (Schierenbeck 1995, S. 45)

operationsvertrag zwischen zwei Unternehmen, bei dem das eine Unternehmen dem anderen gegen Entgelt ein ganzes Bündel von Know-how zur Verfügung stellt und ihm erlaubt, Güter oder Dienstleistungen unter einem bestimmten Warenzeichen zu vertreiben.
- ▷ Joint Venture: Gründung eines rechtlich selbständigen Unternehmens mit einem ausländischen Partner.
- Auslandniederlassungen: rechtlich unselbständige Unternehmen im Ausland (z. B. Verkaufsniederlassungen).
- Tochtergesellschaften: rechtlich selbständige Unternehmen im Ausland.

Internationalisierungsstrategie

Internationalisierungsstrategien sind Massnahmen, um seine Geschäftstätigkeiten ins Ausland auszudehnen. Zunächst ist eine Entscheidung über den ▷ Internationalisierungsgrad zu treffen. Grundsätzlich ist ein Unternehmen entweder nur an Exporten bzw. an einer kostengünstigen Produktion interessiert, oder die Zielsetzung besteht im systematischen Ausbau zu einem ▷ multinationalen Unternehmen.

Bei den multinationalen Unternehmen kann weiter zwischen einer kostenorientierten Internationalisierung (▷ Economies of Scale) und einer nutzenorientierten Internationalisierung (▷ Economies of Scope) unterschieden werden. Im ersten Fall wird die Welt als ein globaler Markt für standardisierte Güter betrachtet (z. B. Coca-Cola, McDonald's). Im zweiten Fall versucht die Unternehmensleitung, verstärkt auf die nationalen Unterschiede einzugehen, um den spezifischen lokalen Anforderungen entsprechen zu können.

Eine Internationalisierungsstrategie bringt verschiedene Vorteile gegenüber einer nationalen Orientierung:

- Vergrösserung des Absatzmarkts,
- verbesserter Zugang zu den Beschaffungsmärkten,
- Ausnutzen komparativer Kostenvorteile, insbesondere bei den Kosten für die Arbeitskräfte,
- Ausnutzen von spezifischem Know-how,
- Profitieren von regionalen Wirtschaftsförderungsmassnahmen,
- Zugang zum internationalen Kapitalmarkt,
- Minimierung der Steuerbelastung.

Wie gut diese Vorteile genutzt werden, hängt stark von der gewählten Form der Internationalisierung ab (▷ Internationalisierungsgrad). Bei dieser Wahl ist das Spannungsfeld zwischen einer adäquaten Berücksichtigung der lokalen Märkte und der Effizienzsteigerung (▷ Effizienz) durch ▷ Standardisierung interner Abläufe von zentraler Bedeutung.

International Monetary Fund

Engl. für ▷ Internationaler Währungsfonds

International Organization for Standardization (ISO)

Die International Organization for Standardization *(ISO)* ist eine internationale Normenvereinigung, der weltweit 2000 nationale Vereinigungen angeschlossen sind. Ziel dieser Organisation ist die Schaffung einheitlicher Normungsstandards, welche helfen, internationale Produktvorschriften transparenter zu machen. Weltweit bekannt sind die Normenreihen zu den Managementsystemen ▷ ISO 9000 (Qualitätsmanagement) und ISO 14000 (Umweltmanagement).
▷ Europäische Norm (EN)
▷ Deutsche Industrienorm (DIN)

Interne Bilanz
▷ Bilanz

Interne Kontrolle

Die interne Kontrolle umfasst alle Überwachungsmassnahmen, die in die betrieblichen Arbeitsabläufe integriert sind, d.h. arbeitsbegleitend erfolgen oder unmittelbar vor- oder nachgelagert sind.
Die interne Kontrolle umfasst den Vergleich zwischen gefordertem und tatsächlichem Handlungsvollzug sowie die Massnahmen zur Verhinderung, Aufdeckung und Korrektur einer festgestellten Abweichung bzw. eines Fehlers. Die Geschäftsleitung ist für die Anordnung und für die dauernde Wirksamkeit dieser Massnahmen verantwortlich. Nicht in den Bereich der internen Kontrolle fallen alle Massnahmen, bei denen die Geschäftsleitung kein oder kein massgebliches Weisungsrecht besitzt. Ferner sind davon alle überwachenden Tätigkeiten ausgenommen, die nicht in die betrieblichen Arbeitsabläufe integriert sind wie die Tätigkeit von Aufsichtsorganen und die ▷ Revision.
Ziel der internen Kontrolle ist die Sicherung eines ordnungsgemässen Ablaufs des betrieblichen Geschehens. Das interne Kontrollsystem unterstützt und sichert insbesondere:
- eine ordnungsmässige sowie effiziente Geschäftsführung,
- die Einhaltung der geschäftspolitischen Grundsätze,
- den Schutz des Geschäftsvermögens,
- die Verminderung und Aufdeckung von Fehlern und Unregelmässigkeiten,
- die Zuverlässigkeit und Vollständigkeit der Buchführung sowie
- die zeitgerechte Rechnungslegung mit zuverlässigen finanziellen Informationen.

Einen Überblick über das Instrumentarium der internen Kontrolle vermittelt ▶ Abb. 82. Die internen Kontrollmassnahmen können in zwei Gruppen aufgeteilt werden:
1. Selbsttätige Kontrollen, welche in den betrieblichen Abläufen durch organisatorische oder technische Massnahmen integriert sind. Diese Kontrollen greifen automatisch in die Arbeiten ein und garantieren die geplante Abwicklung.
2. Kontrolltätigkeit der Führungskräfte (Geschäftsleitung und Kader) sowie deren Beauftragte. Diese Kontrollen beruhen auf

Organisatorische Massnahmen Selbsttätige, manuelle und programmierte Kontrollen		Unabhängige Kontrollen durch das Management	
Kontrolle durch die gewählte Organisation selbst, z.B. ■ selbsttätige Kontrollen ■ Instanzengliederung ■ Funktionentrennung ■ Regelung der Arbeitsabläufe ■ manuelle Kontrollen ■ programmierte Kontrollen	Kontrolle durch die Anwendung technischer Hilfsmittel, z.B. ■ Messeinrichtungen ■ Sicherungsvorrichtungen ■ Rechen- und Datenverarbeitungssysteme	Kontrolle durch Geschäftsleitung und Kader ■ nach freiem, persönlichem Ermessen ■ gestützt auf interne Weisungen	Kontrolle durch Beauftragte (Delegationsprinzip) ■ Assistenten, Stabsstellen, Ausschüsse, Sekretariate, Projektorganisationen ■ externe Fachleute und Berater
Organisatorische Hilfsmittel			
Organisationsplan, Ablauf- und Funktionendiagramm, Handbuch, Formular- und Belegwesen, Kontierungsvorgaben, Nummern- und Abstimmkreise, Zeitstempel, Unterschriftenregelung, Visaordnung, Sperrcodes usw.		Geschäftsreglemente, Pflichtenhefte, Stellenbeschreibungen, Budgets, Vorschlags- und Antragswesen, Terminliste usw.	

▲ Abb. 82 Instrumente der internen Kontrolle (Treuhand-Kammer 1998, S. 174)

der Fachkenntnis und/oder auf der Autorität ihrer Träger und sind mit der Führungsverantwortung verbunden. Sie werden von den Führungskräften nach freiem persönlichen Ermessen oder gestützt auf Geschäftsreglemente vorgenommen. In mittleren und kleineren Betrieben dominiert i.d.R. die Kontrolle durch die Geschäftsleitung und das Kader. Grössere Unternehmen und Organisationen können dagegen ihre internen Arbeitsabläufe sowohl in technischer als auch in organisatorischer Hinsicht so ausbauen, dass eine selbsttätige Sicherung weit gehend möglich wird. Die Wahl des geeigneten Instrumentariums hängt von den betrieblichen Gegebenheiten, dem geforderten Sicherheitsgrad und den daraus entstehenden Kosten ab.

Interne Revision

Die interne Revision (Innenrevision) ist ein durch einen unternehmerischen Entscheid geschaffenes und gestaltetes Element der Führung, in dessen institutionellem, funktionellem und instrumentalem Rahmen Mitglieder einer Organisation betriebliche Vorgänge und Tatbestände innerhalb dieser Organisation systematisch analysieren und beurteilen. Sie ist ein Instrument, das die Geschäftsleitung im Bereich der Überwachung und Kontrolle einsetzt. Sie wird dadurch von Überwachungsaufgaben entlastet, von ihrer generellen Überwachungspflicht jedoch nicht entbunden. Die interne Revision unterscheidet sich von der ▷ internen Kontrolle v.a. dadurch, dass sie nicht an den täglichen Arbeitsablauf gebunden ist. Sie setzt bei ihrer Tätigkeit die Schwerpunkte nach eigenem Ermessen und prüft auch, inwieweit die selbsttätigen Sicherungen und die Überwachung durch Mitarbeitende funktionieren (▷ interne Kontrolle). Sie übernimmt also keine Kontrollen im Arbeitsablauf der einzelnen Fachbereiche.

Die Tätigkeit der internen Prüfer erstreckt sich auf das gesamte Unternehmen mit allen Stabs- und Linienstellen im In- und Ausland. Von der Prüfung ausgenommen ist lediglich der Aufgabenbereich jener Instanz, welcher die interne Revision unterstellt ist. Die interne Revision beurteilt besonders, ob

- das interne Kontrollsystem dem Stand des Unternehmens angepasst ist und richtig funktioniert,
- die Geschäftsabwicklung den Dispositionen der Unternehmensleitung und der allgemeinen Geschäftspolitik entspricht,
- die Tätigkeiten im Unternehmen systematisch, ordnungsgemäss, richtig, sicher, wirtschaftlich und zweckmässig organisiert sind,
- die Berichterstattung der verschiedenen Stellen an die Unternehmensleitung termingerecht, systematisch und verständlich ist sowie
- die Vermögenswerte gegenüber Verlusten jeglicher Art optimal gesichert sind.

Zudem können der internen Revision jegliche Sonderuntersuchungen übergeben werden. Die ordentlichen Aufgaben können unterteilt werden in

- *Financial Auditing:* Ergebnisprüfung im Rahmen des Finanz- und Rechnungswesens,
- *Operational Auditing:* Verfahrens- oder Systemprüfung in allen Funktionsbereichen,
- *Management Auditing* (▷ *Management Audit):* Führungsprüfung, d.h. Beurteilung der Fähigkeit und des Verhaltens von Führungskräften, und Prüfung der Geschäftsführung,
- *Post Investment Auditing:* Projektprüfung, z.B. bei grösseren Anlageinvestitio-

nen, Einzelaufträgen, Werbekampagnen oder Forschungsprojekten.

Prüfungsgegenstand bilden vorrangig diejenigen Bereiche, die für die Sicherung der Existenz und Wettbewerbsfähigkeit des Unternehmens zentrale Bedeutung haben und deshalb intensiver überwacht werden müssen. Die Bestimmung der Prüfungsgegenstände hat in Übereinstimmung mit den von der Unternehmensleitung vorgegebenen Zielsetzungen zu erfolgen. Sowohl die interne Revision als auch das ▷ Controlling befassen sich mit der Ergebnisprüfung aufgrund des Rechnungs- und Berichtswesens des Unternehmens. Das Controlling befasst sich – neben der Steuerung der Unternehmensprozesse – mit der Interpretation der Resultate und lässt der Unternehmensleitung innert nützlicher Frist alle notwendigen Informationen in entscheidungsgerechter Form zukommen. Die interne Revision dagegen überprüft das Rechnungs- und Berichtswesen auf ihre Gesetzmässigkeit und Richtigkeit und verschafft den Entscheidungsträgern das Vertrauen, sich auf diese Informationen verlassen zu können.

Interner Zinssatz, Methode des

Der interne Zinssatz oder *Internal Rate of Return (IRR)* ist derjenige Zinssatz, bei dem der Kapitalwert NPV (▷ Kapitalwertmethode) null beträgt. Er entspricht somit der internen oder effektiven Verzinsung einer Investition.

$$(1) \quad I_0 = \sum_{t=1}^{n} \frac{e_t - a_t}{(1+i)^t} + \frac{L_n}{(1+i)^n}$$

t: Zeitindex, wobei t = 1, 2, ..., n;
n: Nutzungsdauer der Investition in Jahren;

i: Diskontierungszinssatz (Kalkulationszinssatz);
I_0: Auszahlungen im Zusammenhang mit der Beschaffung des Investitionsobjekts, z. B. Kaufpreis einer Maschine, Auszahlungen für Transport oder Kosten für das Anlernen der Mitarbeitenden;
a_t: Auszahlungen während der Nutzungsdauer, fällig am Ende der jeweiligen Zeitperiode t wie z. B. Zahlungen für Repetierfaktoren, Löhne, Reparaturen;
e_t: Einzahlungen während der Nutzungsdauer, fällig am Ende der jeweiligen Zeitperiode t; in erster Linie Erlöse aus dem Verkauf der erstellten Leistungen;
L_n: Liquidationserlös am Ende der Nutzungsdauer

Zur Ermittlung des internen Zinssatzes i muss Gleichung (1) nach i aufgelöst werden. Bei Investitionsprojekten mit mehr als zwei Nutzungsperioden ergeben sich erhebliche mathematische Schwierigkeiten, sodass mit Näherungslösungen gearbeitet werden muss. Man geht dabei wie folgt vor:
1. Man bestimmt einen Kalkulationszinssatz, bei dem der damit berechnete Kapitalwert möglichst nahe bei null liegt, aber noch positiv ist.
2. Man wählt einen zweiten Kalkulationszinssatz, bei dem sich ebenfalls ein Wert nahe bei null, allerdings ein negativer ergibt.
3. Man nimmt die beiden ermittelten Werte und berechnet mit Hilfe der Interpolation den Zinssatz, bei dem der Kapitalwert gerade null wird.

Eine Vereinfachung ergibt sich, wenn mit konstanten Rückflüssen gerechnet werden kann. Dann vereinfacht sich Formel (1) zu:

$$(2) \quad a_{\overline{n}|} = \frac{I_0}{e - a} \quad \text{wobei} \quad L_n = 0$$

$a_{\overline{n}|}$: Abzinsungssummenfaktor

Der interne Zinssatz ist die Rentabilität (vor Abzug der Zinsen), mit der sich der jeweils noch nicht zurückgeflossene Kapitaleinsatz jährlich verzinst. Man geht davon aus, dass die jährlichen Rückflüsse, die über die interne Verzinsung hinausgehen, zur Rückzahlung des Investitionsbetrags benützt werden. Die Vorteilhaftigkeit eines Investitionsprojektes ist gewährleistet, wenn der interne Zinssatz über dem geforderten Mindestzinssatz liegt. Werden mehrere Investitionsprojekte miteinander verglichen, so wird jenes mit dem höchsten internen Zinssatz gewählt.

Internet

Das Internet ist ein nichtkommerzieller, weltweiter Verbund von Computer-Netzwerken. Zur Benutzung des Internets benötigt man einen Computer, ein Modem und die Einwahlberechtigung bei einem Internet-Serviceanbieter *(Provider)*. Die via Internet verfügbaren Dienste sind vielfältiger Natur, so u. a. Kommunikation mittels ▷ Electronic Mail (E-Mail), Informations- und Suchdienste via ▷ World Wide Web (WWW), Filetransfer (Downloads), themenbezogene (z.T. moderierte) Diskussionsforen (Newsgroups), private und öffentliche Online-Konferenzen (Chat), Zugang zu Bibliotheken und (kommerziellen) Datenbanken.

Internet-Portal

Internet-Portale sind spezielle Einstiegsseiten auf dem ▷ World Wide Web, die auf ein bestimmtes Thema fokussiert sind und i. d. R. Bestandteile verschiedener Anbieter kombinieren. Ein *Portal* bietet auf einer einzigen Plattform verschiedene Online-Dienstleistungen, Inhalte verschiedener Anbieter, Suchmöglichkeiten, Archive, Newsletters und News-Tickers, aber auch Online-Diskussionen (Chat) und Unterhaltendes zum Thema. Portale sind ideale Eintrittspforten ins Internet, um gezielt Informationen zu einem Thema zu finden. Der Betreiber des Portals garantiert Qualität, Aktualität und Relevanz der angebotenen Informationen.

Interne Unternehmensberatung

Die interne Unternehmensberatung (auch *Inhouse-Beratung* bzw. *Inhouse-Consulting*) bezeichnet die Erbringung von Unternehmensberatungsleistungen (▷ Unternehmensberatung) durch Organisationseinheiten eines Unternehmens, dessen primäres Geschäftsziel nicht in der Unternehmensberatung selbst besteht. Sie erbringt ihre Dienstleistungen im Allgemeinen für das Unternehmen, zu dem sie gehört, sie kann aber auch am externen Markt agieren.

Intervallfixe Kosten
▷ Fixe Kosten

Intervention

Intervention ist eine von aussen initiierte Einflussnahme auf ein System, indem das für das ▷ System relevante Umfeld (Kontext) verändert wird. Das betroffene System (z.B. Mitarbeitende, Unternehmen) bestimmt die Bedeutung einer Intervention nach seinen internen Regeln und damit gemäss seiner Geschichte (z.B. der Unternehmenskultur). Interventionen werden z.B. in der ▷ Unternehmensberatung und beim ▷ Coaching gemacht. Dazu stehen verschiedene Interventionstechniken zur Verfügung (z.B. ▷ Reframing).

Interventionspunkt
▷ Bandbreite

Interview
Syn. für ▷ Befragung

In-the-Money
Eine ▷ Call-Option befindet sich In-the-Money, wenn der Tageskurs des ▷ Basiswerts über dem ▷ Ausübungspreis liegt. Eine ▷ Put-Option befindet sich In-the-Money, wenn der Tageskurs des Basiswerts unter dem Ausübungspreis liegt.

Intranet
Werden die vom ▷ Internet bekannten Dienste über ein lokales Computer-Netzwerk für die firmeninterne Kommunikation genutzt, spricht man von einem Intranet.

Intrapreneurship
Intrapreneurship ist ein Konzept, welches das unternehmerische Denken und Handeln bei den Mitarbeitenden fördert, um die Kundenorientierung (▷ Customer Focus) und die Innovationsfähigkeit zu verbessern. Eine besondere Rolle spielt dabei die Persönlichkeit des *Intrapreneurs* (auch Product Champion). Er ist der unternehmerische Typ, der Unternehmer *(Entrepreneur)*, der seine Ideen im Unternehmen selbst – auch gegen interne Widerstände – und am Markt durchsetzen will. Er hat häufig engen Kundenkontakt und misst seinen Erfolg am Markt und nicht an der Anerkennung durch Kollegen aus wissenschaftlichen oder technischen Bereichen, wie dies oft bei Ingenieuren in Forschung und Entwicklung der Fall ist. Die Rolle des Intrapreneurs wird nicht explizit zugewiesen, sondern es werden Freiräume geöffnet, in denen sich besonders engagierte Mitarbeitende entfalten können. Wer tatsächlich als Intrapreneur auftritt, kann kaum gesteuert werden.
Intrapreneurship ist ein Konzept, dessen Umsetzung dazu führt, verkrustete, starre Strukturen zu überwinden. Es kann jedoch eine geplante Produktentwicklung kaum ersetzen, da es zu wenig konkret ist. Das bekannteste Unternehmen, das Intrapreneurship gezielt einsetzt, ist 3M.

Intrinsische Motivation
Intrinsisch bedeutet, dass die Motivation sich aus dem Leistungsprozess selbst ergibt. Nicht die Belohnung von aussen, z.B. durch Geld (Lohn) oder durch Anerkennung eines Dritten, wirkt motivierend, sondern die Aufgabe bzw. Tätigkeit an sich. Die innere Befriedigung entsteht durch die Persönlichkeitsentfaltung bzw. Selbstverwirklichung, ohne dass von aussen Einfluss ausgeübt wird, wie dies bei der ▷ extrinsischen Motivation der Fall ist.

Intuition
Unter Intuition versteht man das unmittelbare, nicht rationalisierende Erfassen einer komplexen Situation oder eines komplexen Prozesses. Die Intuition spielt bei Entscheidungen unter Unsicherheit und Zeitdruck eine wichtige Rolle, da in solchen Situationen Probleme nicht vollständig analysierbar sind und aufgrund ungenügend determinierter Entscheidungsgrundlagen gehandelt werden muss.

Invalidenversicherung (IV)
Die Invalidenversicherung *(IV)* ist Bestandteil der 1. Säule der obligatorischen Vorsorge mit den Elementen ▷ Alters- und Hinterlassenenversicherung (AHV), Invalidenversicherung (IV) und ▷ Erwerbs-

ersatzordnung (EO). Sie ist für alle Erwerbstätigen obligatorisch, wobei Arbeitnehmer und Arbeitgeber je die Hälfte der Beiträge beisteuern. Bei teilweiser oder vollständiger Erwerbsunfähigkeit wird ein Teil des Erwerbsausfalls durch eine Rente gedeckt.

Inventar

Das Inventar ist ein genaues, in Einzelheiten gehendes Verzeichnis (Nachweis) aller ▷ Vermögenswerte und Schulden (▷ Fremdkapital) eines Unternehmens nach Mengen und Werten. Es sind alle Barbestände, Forderungen, Schulden aller Art, Vorräte und Anlagevermögen im Detail zu erfassen, zu belegen und zu bewerten.

Invention

▷ Innovation

Inventur

Als Inventur bezeichnet man den Vorgang zur Erstellung eines ▷ Inventars. Die Differenz zwischen dem aufgrund der Buchhaltung errechneten und dem physisch vorhandenen Bestand ist die Inventurdifferenz. Diese kann durch fehlerhafte Fakturierung, Verwechslungen bei der Auslieferung, Verzählen bei der Inventur oder Verderb und Schwund der Ware verursacht werden.

Inverse Zinsstruktur

▷ Zinsstruktur, inverse

Investition

Der Investitionsbegriff wird in der betriebswirtschaftlichen Theorie und in der unternehmerischen Praxis unterschiedlich verwendet. Betrachtet man in erster Linie das Investitionsobjekt, so bedeutet Investition jede Festlegung vorhandener oder beschaffbarer finanzieller Mittel in ▷ Vermögenswerte des Unternehmens. Die Investitionsvorgänge sind damit die der ▷ Finanzierung unmittelbar folgende Phase. Je nach Umfang der betrachteten Investitionsobjekte ergeben sich zwei verschieden weit gefasste Begriffe:

1. *Investition i.w.S.:* Vermögenswerte, in welche investiert wird, sämtliche Unternehmensbereiche, unabhängig von ihrer bilanziellen Erfassung oder Erfassbarkeit. Dazu gehören: das ▷ Umlaufvermögen (z.B. Vorräte, Forderungen), das ▷ Anlagevermögen in materieller (z.B. Maschinen, Grundstücke), immaterieller (z.B. Patente und Lizenzen) und finanzieller (z.B. Beteiligungen) Hinsicht, Informationen (z.B. Informationssysteme des Rechnungswesens), das Humanvermögen (z.B. Ausbildung von Mitarbeitenden) oder das Knowhow (z.B. ▷ Forschung und Entwicklung). Es handelt sich um alle Investitionen, die ein Leistungspotenzial, d.h. einen erwarteten zukünftigen Nutzenzugang, enthalten.

2. *Investition i.e.S.:* Beschränkung auf einen ganz bestimmten Unternehmensbereich oder eine bestimmte Art von Gütern, in die investiert wird. Man versteht darunter v.a. den Einsatz finanzieller Mittel in das materielle Anlagevermögen.

Investitionen, volkswirtschaftliche

Aus volkswirtschaftlicher Sicht bedeuten Investitionen den Einsatz von ▷ Produktionsfaktoren zur Erhaltung (Ersatzinvestitionen, Reinvestitionen), Ausdehnung (Erweiterungsinvestitionen) und Verbesserung (Rationalisierungsinvestitionen) des reproduzierbaren volkswirtschaftlichen Sachvermögens. Durch Investitionen wird ein Teil des volkswirtschaftlichen Güterangebots (▷ Gütermarkt) künftiger Verwendung zugeführt und damit gegenwärtigem ▷ Konsum vorenthalten.

Betrachtet man eine geschlossene Volkswirtschaft oder die Weltwirtschaft, müssen die Investitionen genau dem ▷ Sparen entsprechen (I = S), da die Summe aller produzierten Güter (bestehend aus ▷ Investitions- und ▷ Konsumgütern; I + C) einerseits ▷ Einkommen (Y) ist, welches andererseits nur für Konsum oder Sparen (C + S) verwendet werden kann, sodass gilt:

- Einkommensentstehung: $I + C = Y$
  und
- Einkommensverwendung: $C + S = Y$,
  sodass
- $I = S$

Die Umwandlung von Sparen in Investitionen erfolgt weit gehend indirekt, d. h. über den Finanzsektor (v. a. Banken).

Investitionsantrag
▷ Investitionsplanung

Investitionsarten
Je nach Abgrenzungskriterium lassen sich verschiedene Arten von ▷ Investitionen unterscheiden:
- Ausgehend vom *Investitionsobjekt* kann zwischen Sachinvestitionen (materiell oder immateriell) und Finanzinvestitionen unterschieden werden.
- Ist der *zeitliche Ablauf* das Abgrenzungskriterium, so lassen sich Gründungsinvestitionen und laufende Investitionen unterscheiden. Laufende Investitionen sind je nach *Investitionszweck* bzw. *Investitionsmotiv* ▷ Ersatzinvestitionen, ▷ Rationalisierungsinvestitionen, ▷ Erweiterungsinvestitionen, ▷ Umstellungsinvestitionen oder ▷ Diversifikationsinvestitionen. Die einzelnen Investitionszwecke lassen sich allerdings in der betrieblichen Praxis nicht immer genau abgrenzen oder es spielen mehrere Motive gleichzeitig eine Rolle. Weitere Investitionsmotive sind die Einhaltung gesetzlicher Vorschriften sowie soziale Anliegen der Mitarbeitenden.

Investitions-Controlling
Syn. für ▷ Investitionskontrolle
▷ Controlling

Investitionsentscheidung
Meistens stehen mehrere Investitionsvorschläge zur Auswahl, aus denen unter Berücksichtigung des Investitionsbudgets mittels zweckmässiger Investitionsrechenverfahren (▷ Investitionsrechnung) die vorteilhaftesten Investitionsanträge ausgewählt werden müssen. Vorteilhaft heisst in diesem Fall, dass die aus der Investitionspolitik vorgegebenen Zielkriterien am besten erfüllt werden. Dabei stellt sich das Problem, dass aufgrund mehrerer Ziele und den daraus resultierenden Zielkonflikten Kompromisse gemacht werden müssen. Nicht selten werden für einzelne Vorhaben Varianten berechnet, die sich aufgrund einer wahrscheinlichen, optimistischen oder pessimistischen Zukunftsbeurteilung ergeben. Dadurch kann das Risiko, das mit der Wahl eines bestimmten Investitionsprojektes eingegangen wird, besser abgeschätzt werden. Wird schliesslich ein Entscheid gefällt, so stellt sich in der Praxis die Frage der Übertragung der Entscheidungskompetenzen auf die Entscheidungsträger und deren Verantwortung. Je nach Grösse des Unternehmens und Höhe der Investitionssumme erfolgt eine differenzierte Regelung. So können beispielsweise dem Verwaltungsrat oder dem Verwaltungsratsausschuss einer grösseren Publikumsgesellschaft die Kompetenzen über das gesamte Investitions-

budget sowie über einzelne grössere Investitionsprojekte (z.B. über 1 Mio. Fr.) vorbehalten sein, während der Generaldirektion Entscheidungen über mittelgrosse Investitionsbeträge (z.B. Fr. 100 000 bis 1 Mio.) übertragen und Entscheidungen über kleinere Investitionen direkt von den betroffenen Abteilungs- und Bereichsleitern getroffen werden können. Je höher der Investitionsbetrag, desto eher sind bei der Entscheidungsfindung übergeordnete Instanzen zu konsultieren.

Investitionsentscheidungsprozess

Der Ablauf bei der Beschaffung und Inbetriebnahme eines Investitionsobjekts verläuft in der Praxis – in Anlehnung an die allgemeinen Führungsfunktionen – nach folgenden Phasen: ▷ Investitionsplanung, ▷ Investitionsentscheidung, ▷ Investitionsrealisierung, ▷ Investitionskontrolle.

Investitionsgut

Investitionsgüter als ökonomische Güter (▷ Güter, ökonomische) unterscheiden sich von ▷ Konsumgütern dadurch, dass sie nicht nur einen Nutzen stiften, sondern dass aus diesem Nutzen ein Rückfluss in Form von Geld an den Besitzer des Investitionsguts erfolgt. Mit diesen Rückflüssen kann die Investition wieder erwirtschaftet werden. Man kann sagen, dass sie sich «selbst verflüssigt». Es handelt sich damit um eine ▷ Finanzierung aus Abschreibungsrückflüssen. Ein Auto stellt z.B. für einen Taxifahrer ein Investitionsgut dar, da er über den Erlös seiner Fahrten die leistungsorientierten Abschreibungen auf seinem Auto erwirtschaften kann. Investitionsgüter haben somit ein Nutzenpotenzial, das i.d.R. über mehrere Zeitperioden genutzt werden kann, während ▷ Vorleistungen direkt ins Produkt eingehen.

Investitionsgüter befriedigen – im Gegensatz zu Konsumgütern – menschliche Bedürfnisse nur indirekt.

Investitionsgütermarketing

Das Investitionsgütermarketing oder *Industrial Marketing* befasst sich mit dem ▷ Marketing von ▷ Investitionsgütern. Gegenüber dem ▷ Konsumgütermarketing charakterisiert es sich durch folgende Merkmale:
- die Nachfrage nach Investitionsgütern ist aus der Nachfrage nach Konsumgütern abgeleitet,
- geringere Anzahl von Käufern (wenige Grosskunden),
- professionalisierter Einkaufsprozess (▷ Kaufverhalten von Organisationen),
- Kollektiventscheidungen (▷ Buying Center),
- direkte Beziehung zwischen Lieferanten und Kunden,
- grosses Gewicht des persönlichen Verkaufs,
- stärkere internationale Ausrichtung.

Investitionskontrolle

Die Investitionskontrolle *(Investitions-Controlling)* als letztes Element der Steuerung des Investitionsentscheidungsprozesses erfüllt verschiedene Funktionen. Grundsätzlich kann zwischen einer *Ausführungskontrolle,* d.h. der Kontrolle der Tätigkeiten, und einer *Ergebniskontrolle,* d.h. der Kontrolle der Ergebnisse, unterschieden werden. Grundlage einer Wirtschaftlichkeitskontrolle bildet die ▷ Investitionsplanung. Diese Daten, insbesondere diejenigen der ▷ Investitionsrechnungen, sind Vorgabewerte, mit denen die effektiven Zahlen verglichen und Abweichungen interpretiert werden können. Die Investitionskontrolle dient in erster Linie als Soll-

Ist-Analyse, daneben aber auch als Grundlage für zukünftige Investitionsplanungen und -entscheidungen. Die Durchführung der Investitionskontrolle wird je nach Betrag und Bedeutung des Investitionsprojekts verschieden ausfallen. Insbesondere muss über die Stelle, welche die Kontrolle durchführt (z.B. Geschäftsleitung, Rechnungswesen, Finanz- oder Produktionsabteilung), sowie den Zeitpunkt und die Intensität entschieden werden. Je nach Zweck der Kontrolle wird diese in sehr kurzen Zeitabschnitten (z.B. tägliche Kontrolle der Betriebsbereitschaft einer Anlage) oder in grösseren Zeitabständen (z.B. Erfolgskontrolle mit Hilfe der Rentabilität) stattfinden.

Investitionsplanung

Die Investitionsplanung schafft die Grundlagen für die nachfolgenden Phasen, d.h. für die ▷ Investitionsentscheidung, die ▷ Investitionsrealisierung und die ▷ Investitionskontrolle. Innerhalb des ▷ Investitionsentscheidungsprozesses kommt der Investitionsplanung eine grosse Bedeutung zu. Sie kann ihrerseits in mehrere Teilphasen gegliedert werden:

■ *Anregungsphase:* In einer ersten Phase wird es darum gehen, konkrete Investitionsmöglichkeiten zu erkennen.

■ *Abklärung der Realisierbarkeit:* Liegen Vorschläge für Investitionen vor, so müssen die Auswirkungen überprüft werden. Anhand der Investitionsziele lassen sich spezifische Bewertungskriterien ableiten. Darauf aufbauend können drei Analysen vorgenommen werden. (1) *Technische Prüfung:* Ausarbeitung eines technischen Anforderungskataloges für das Investitionsobjekt und Vergleich mit den vorhandenen technischen Möglichkeiten der in Frage kommenden Investitionsobjekte.

(2) *Wirtschaftliche Prüfung:* Abklärung der wirtschaftlichen Aspekte und Auswirkungen von Investitionsvorhaben, insbesondere Ermittlung des Kapitalbedarfs, Schätzung der Kosten und Erlöse sowie Bestimmung der wirtschaftlichen Nutzungsdauer. Mit Hilfe der ▷ Investitionsrechnungen lässt sich eine quantitative Analyse durchführen. Aus betriebswirtschaftlicher Sicht steht die wirtschaftliche Analyse im Vordergrund. (3) *Soziale Prüfung:* Betrachtung der Auswirkungen einer Investition auf die unmittelbar betroffenen Mitarbeitenden (z.B. Lärm) oder die Umwelt (z.B. Abfälle). Neben den rein quantitativen Merkmalen von Investitionsvorhaben spielen in der Praxis auch die nicht oder nur schlecht quantifizierbaren Einflussfaktoren eine bedeutende Rolle. Sie werden als ▷ Imponderabilien bezeichnet, d.h. seitens des Entscheidungsträgers «unwägbare» Faktoren. Oft werden mehrere Investitionsvarianten ausgearbeitet und miteinander verglichen. Als Hilfsmittel dient dazu die ▷ Nutzwertanalyse, die sowohl technische und wirtschaftliche als auch soziale Faktoren bewertet.

■ *Investitionsantrag:* Hat sich aufgrund der Investitionsanalyse eine Variante herauskristallisiert, die den Zielvorstellungen des Antragstellers entspricht, wird ein Investitionsantrag an den oder die Entscheidungsträger eingereicht. Dieser muss alle entscheidungsrelevanten Informationen enthalten.

Investitionsrealisierung

Die Investitionsrealisierung ist der letzte Schritt im Rahmen des ▷ Investitionsentscheidungsprozesses (▷ Investitionsentscheidung). Neben Aufträgen, die in unmittelbarem Zusammenhang mit der Beschaffung eines

Investitionsobjekts stehen, betreffen weitere Vorbereitungen verschiedene Unternehmensbereiche, z.B.:
- Bereitstellen des Kapitals in Form liquider Mittel (Wahl der Finanzierungsform),
- Bereitstellen der notwendigen Räumlichkeiten (evtl. Neubauten),
- Schulung der Mitarbeitenden,
- Bedienungsmanual schreiben,
- Marketingmassnahmen für neue Produkte einleiten,
- Orientierung der Verkaufsorganisation,
- Beschaffung von Repetierfaktoren und
- Anstellung neuer Mitarbeitender.

Investitionsrechenverfahren
▷ Investitionsrechnung

Investitionsrechnung
Investitionsrechnungen erfassen und bewerten die quantitativen Aspekte einer Investition oder eines Investitionsprojekts. Sie sind ein wesentliches Instrument zur Planung und Kontrolle eines Investitionsentscheides, der sich auf die Wirtschaftlichkeit einer Investition abstützen will. *Investitionsrechenverfahren* lassen sich in drei Gruppen einteilen (▶ Abb. 83):

1. Die *statischen Verfahren* berücksichtigen die Unterschiede des zeitlichen Anfalls der jeweiligen Rechnungsgrössen nicht und verzichten damit auf ein Ab- oder Aufzinsen. Man rechnet mit Jahresdurchschnittswerten. Es handelt sich um relativ einfache Rechnungen, die sich aus den Informationen des betrieblichen Rechnungswesens ableiten lassen. Sie werden aber – wohl gerade wegen ihrer Einfachheit – in der Praxis häufig angewandt. Zu den statischen Verfahren zählen die ▷ Kostenvergleichs-, die ▷ Gewinnvergleichs-, die ▷ Rentabilitäts- und die Amortisationsrechnung (▷ Pay-back-Methode).

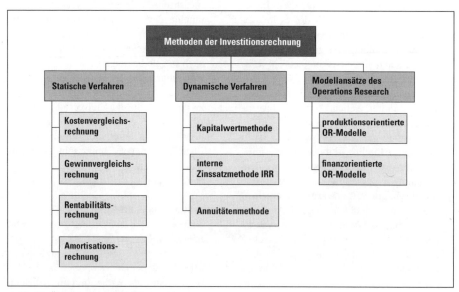

▲ Abb. 83 Übersicht Investitionsrechenverfahren

2. Die *dynamischen Verfahren* versuchen, die unterschiedlichen Zahlungsströme während der gesamten Nutzungsdauer zu erfassen. Anstelle von Kosten- und Nutzengrössen treten Auszahlungen und Einzahlungen; damit entfallen bestimmte Notwendigkeiten der buchhalterischen Abgrenzung (z. B. bei Abschreibungen). Diese zeitlich unterschiedlich anfallenden Einzahlungs- und Auszahlungsströme werden vergleichbar, indem sie auf einen bestimmten Zeitpunkt abgezinst werden. Zu den dynamischen Verfahren zählen die ▷ Kapitalwertmethode, die Methode des internen Zinssatzes (▷ interner Zinssatz, Methode des) und die ▷ Annuitätenmethode.

3. Die *Modellansätze des Operations Research* berücksichtigen mit umfassenden Entscheidungsmodellen die Interdependenzen zwischen verschiedenen Funktionsbereichen wie Absatz, Produktion, Finanzierung und Investition. Sie weisen i.d.R. ein hohes Abstraktionsniveau auf und eignen sich aufgrund ihrer allgemein theoretischen Ausrichtung nur beschränkt für konkrete Anwendungen.

Investitionsstrategien
▷ Portfolio-Management

Investitionsverhältnis
Im Rahmen einer Grobanalyse der Vermögensstruktur eines Unternehmens informieren verschiedene Kennzahlen über das Verhältnis zwischen ▷ Umlauf- und ▷ Anlagevermögen. Je nach Interesse wird dabei das Verhältnis an sich (Investitionsverhältnis) oder ein spezifischer Vermögensteil (Umlauf- oder Anlagevermögen) ins Zentrum gerückt.
Beim *Investitionsverhältnis IV* interessiert die Relation zwischen Umlauf- und Anlagevermögen:

$$IV = \frac{Umlaufvermögen}{Anlagevermögen}$$

Die *Umlaufintensität UI* zeigt den prozentualen Anteil des Umlaufvermögens am Gesamtvermögen:

$$UI = \frac{Umlaufvermögen}{Gesamtvermögen} \cdot 100$$

Die *Anlageintensität AI* gibt den Anteil des Anlagevermögens am Gesamtvermögen an:

$$AI = \frac{Anlagevermögen}{Gesamtvermögen} \cdot 100$$

Sowohl Zahlenverhältnisse als auch die konkrete Gliederung des Vermögens sind abhängig von der Branche, von der Finanzierungsart des Vermögens (z. B. Leasing) und dem individuellen Anteil betrieblicher und nichtbetrieblicher Vermögenswerte, sodass die Angabe allgemein gültiger Richtwerte unangebracht ist.

Investivlohn
Der Investivlohn ist eine mögliche Form der ▷ Kapitalbeteiligung der Mitarbeitenden. Ein Teil der Lohnsumme wird aufgrund einer Tarifvereinbarung den Arbeitnehmern nicht ausbezahlt, sondern muss für einen gewissen Zeitabschnitt gespart werden. Das gesparte Kapital kann in Form von Aktien, Beteiligungen oder Genossenschaftsanteilen abgegeben werden.

Investment-Center-Organisation
Die Investment-Center-Organisation zeichnet sich dadurch aus, dass die Gewinnverantwortung und die Entscheidungskompetenz für Investitionsvorhaben innerhalb

einer ▷ Divisionalorganisation bei den einzelnen Sparten liegt. Der übergeordneten Unternehmensleitung kommt nur noch die Aufgabe der Beschaffung der finanziellen Mittel zu.

Investment-Fonds
Syn. für ▷ Anlagefonds

Investor Relations
Professionell gestaltete Investor Relations gehören bei aussenorientierten Gesellschaften zu den Kernaufgaben der finanziellen Führung. Neben Geschäftsbericht, Presseinformationen und fallweisen Informationen in Emissions- und anderen Prospekten stehen die regelmässig durchzuführenden Bilanzpressekonferenzen, Finanzanalysten-Präsentationen und Analysten-Treffen, manchmal auch eigentliche *Road Shows*, d. h. professionell gestaltete öffentliche Firmenpräsentationen, im Vordergrund.

▷ Treasurer

Involvement
Mit Involvement bezeichnet man die Identifikation mit seiner Arbeit oder mit dem Unternehmen, für das man arbeitet, sowie das damit verbundene Engagement. Das Involvement ist abhängig vom Interesse für eine Arbeit oder ein Unternehmen, von monetären und nichtmonetären ▷ Anreizen bzw. dem Nutzen, der sich aus dem Involvement ergibt, sowie von den möglichen Auswirkungen beim Ausbleiben eines Involvements (z.B. Gefahr des Arbeitsplatzverlusts).

IRR
Abk. für Internal Rate of Return
▷ Interner Zinssatz, Methode des

Ishikawa-Diagramm
Das Ishikawa-Diagramm *(Fischgräten-Diagramm, auch Ursache-Wirkungs-Diagramm)* ist eine Möglichkeit, im Rahmen der ▷ Qualitätssicherung Ursachen und Auswirkungen von ▷ Fehlern darzustellen (▶ Abb. 84).

Um die oftmals komplexen Zusammenhänge zwischen kleinen Fehlern und deren Auswirkungen, die zu weiteren Fehlern und schliesslich zu Schäden führen, zu strukturieren, werden die Ursachen in vier oder sechs Bereiche gegliedert. Diese sind Mensch, Maschine, Material und Methode (4 M) sowie Umwelt und Unterlagen (2 U).

Jedem Bereich können Einflusselemente zugeordnet werden, z.B. Ausbildung (bei Menschen) oder Wartung (bei Maschinen). Mit Hilfe des Diagramms können Massnahmen wirkungsvoller umgesetzt werden, da die tatsächlichen Ursachen eines Fehlers leichter erkannt werden können.

ISO
Abk. für ▷ International Organization for Standardization
▷ ISO 9000

ISO 9000
Die Normenreihe ISO 9000ff. beschreibt Massnahmen zur Fehlervorbeugung und -entdeckung in einem Industrieunternehmen (▷ Qualitätssystem). Dadurch soll die Qualitätsfähigkeit eines Unternehmens von aussen überprüfbar sein (▷ Auditing) und verbessert werden (▷ Total Quality Management). Das Qualitätssystem wird bei der ▷ ISO-Zertifizierung durch eine akkreditierte, d.h. staatlich anerkannte Stelle *(Auditorenstelle)*, z.B. die Schweizerische Vereinigung für Qualitäts- und Management-Systeme (SQS), überprüft.

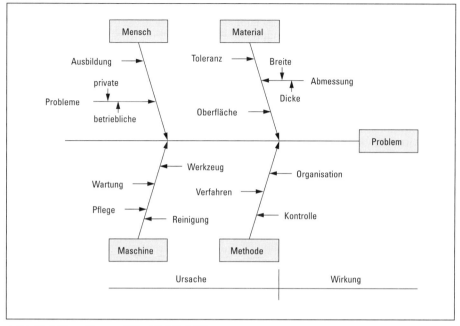

▲ Abb. 84 Ishikawa-Diagramm (Wiendahl 1989, S. 366)

Die erfolgreich bestandene Prüfung führt zum *Qualitätszertifikat,* das zwei Jahre gültig ist. In regelmässigen Abständen wird das System von der Zertifizierungsstelle überprüft, um die Beibehaltung der Qualitätssicherungsmassnahmen zu gewährleisten. Zertifikate sind je nach Umfang der einbezogenen Unternehmensteile in drei Stufen erteilt: (1) ISO 9001 (Entwicklung, Produktion, Montage und Kundendienst), (2) ISO 9002 (Produktion und Montage) und (3) ISO 9003 (Endprüfung). Neben effizienteren Prozessen und kürzeren ▷ Durchlaufzeiten versprechen sich Unternehmen auch positive Imageeffekte von einer Zertifizierung.

ISO-Zertifizierung

Eine ISO-Zertifizierung bedeutet eine Zertifizierung nach einer ISO-Norm (▷ ISO 9000) durch eine anerkannte ▷ Zertifizierungsstelle.

Issue Management

Unter Issue Management wird die Entwicklung und Umsetzung von Massnahmen verstanden, mit denen Unternehmen wirtschaftliche, gesellschaftliche und ökologische Problembereiche (Issues) bewältigen.
Bei *Issues* handelt es sich um einzelne Streitfragen bzw. um Differenzen hinsichtlich der Erwartungen von verschiedenen, für die Unternehmen relevanten Gruppen (▷ Anspruchsgruppen). Sie können marktliche, d.h. wirtschaftliche Problemberei-

che oder aussermarktliche, d.h. gesellschaftliche und ökologische Problembereiche betreffen. Das Issue Management grenzt sich von der reaktiven Issue-Bewältigung, dem sog. Krisenmanagement, insbesondere dadurch ab, dass die Unternehmen durch die ständige Beobachtung der Umsysteme sowie das Einsetzen geeigneter Analyseinstrumente Issues frühzeitig erkennen können. Auf diese Weise bleibt der Handlungsspielraum eines Unternehmens für die Issue-Bewältigung gewahrt. Der Aspekt der aktiven oder gar proaktiven Mitgestaltung bei der Bewältigung von wirtschaftlichen, gesellschaftlichen und ökologischen Problemen fällt beim reaktiven Krisenmanagement weit gehend weg.

Issues
▷ Issue Management

Istkosten
Als Istkosten bezeichnet man diejenigen ▷ Kosten, die in der vergangenen Abrechnungsperiode für einen ▷ Kostenträger, eine ▷ Kostenstelle oder eine ▷ Kostenart tatsächlich angefallen sind. Die Kosten werden anhand der effektiv verbrauchten Mengen erfasst und mit den effektiven Preisen der verbrauchten Produktionsfaktoren bewertet. Die Berechnung der Istkosten bildet die Basis für die Erstellung der ▷ Istkostenrechnung und für sämtliche ▷ Abweichungsanalysen.

Istkostenrechnung
Eine Istkostenrechnung beruht auf ▷ Istkosten. Dies bedeutet, dass von der ▷ Kostenarten- über die ▷ Kostenstellen- bis zur ▷ Kostenträgerrechnung die tatsächlich angefallenen Kosten der Periode verrechnet werden. Wie die ▷ Plankostenrechnung kann sie als ▷ Vollkostenrechnung oder als ▷ Teilkostenrechnung ausgestaltet werden. Die Istkostenrechnung mit vollen Kosten ist die klassische Form der Kosten- und Leistungsrechnung (▷ Betriebsbuchhaltung) und ist das in der Praxis mit Abstand am häufigsten angewandte ▷ Kostenrechnungssystem.

Da die Istkostenrechnung die tatsächlichen Kosten und Leistungen einer Abrechnungsperiode erfasst, ist sie Grundlage jeder Kosten- und Erlöskontrolle, auf die nicht verzichtet werden kann (▷ Abweichungsanalyse). Im Rahmen der ▷ Finanzbuchhaltung und der Substanzwertberechnung liefert sie Informationen zur Bewertung von Lagerbeständen an fertigen und unfertigen Erzeugnissen. Die Frage, ob die Istkosten wirtschaftlich gerechtfertigt sind, kann die Istkostenrechnung nicht beantworten, ist sie doch nicht in der Lage, Sollvorgaben für den effizienten Ressourceneinsatz zu machen (▷ Plankostenrechnung), um allfällige Abweichungen feststellen und analysieren zu können.

Der gewichtigste Nachteil der Istkostenrechnung ist die Vergangenheitsorientierung, weshalb sie als alleinige Basis für Entscheidungen über zukünftige Aktivitäten ungeeignet ist. Zwar ist die Entwicklung in der Zukunft nicht unabhängig von der Vergangenheit, eine Trendextrapolation von Vergangenheitszahlen kann jedoch leicht zu falschen Schlussfolgerungen führen, was insbesondere durch das Beispiel der ▷ Kostenremanenz immer wieder bestätigt wird. Da die Istkostenrechnung erst am Ende einer Rechnungsperiode erstellt werden kann, wird sie oft als schwerfällig und zeitintensiv bezeichnet. Die notwendigen Führungsinformationen vermag sie daher nicht zeitgerecht zur Verfügung zu stellen. Mit einer ▷ Normalkostenrechnung oder einer ▷ Plankostenrechnung kann dieser Nachteil der Istkostenrechnung kompensiert werden.

IT
Abk. für Information Technology
▷ Informationsverarbeitung
▷ Elektronische Datenverarbeitung

ITIL
Abk. für ▷ IT Infrastructure Library

IT Infrastructure Library
Der unter dem Kürzel ITIL bekannt gewordene Leitfaden «IT Infrastructure Library» wurde in Norwich (England) im Auftrag der britischen Regierung entwickelt und ist zum De-facto-Standard im Bereich ▷ Service Management für den Betrieb von IT-Dienstleistungen geworden. Er enthält eine umfassende, öffentlich verfügbare Fachdokumentation von Standardprozessen zur Planung, Erbringung und Unterstützung von IT-Serviceleistungen. Neben den Leitfäden in Buchform bietet ITIL eine Reihe von weiteren Produkten in den Bereichen Training, Coaching, Berufsprüfungen und Beratung.

IV
Abk. für ▷ Invalidenversicherung

IWF
Abk. für ▷ Internationaler Währungsfonds

IWS
Abk. für Internationales Währungssystem
▷ Internationaler Währungsfonds

Jahresabschluss
Syn. für ▷ Jahresrechnung

Jahresarbeitszeit
Unter der Jahresarbeitszeit versteht man die gesamte effektive Arbeitszeit während eines Jahres in Stunden, d.h. nach Abzug von Ferien und Feiertagen. Im Rahmen einer ▷ Arbeitszeitflexibilisierung wird den Mitarbeitenden ein Mitspracherecht bei der Verteilung von Dauer und Lage der Arbeitszeit eingeräumt.

Jahresbericht
Der Jahresbericht ist gemäss Art. 662 OR obligatorischer Bestandteil des ▷ Geschäftsberichts. Diese verbale Beschreibung des vergangenen Geschäftsjahrs nimmt auf den Geschäftsverlauf sowie die wirtschaftliche und finanzielle Lage des Unternehmens Bezug.

Mit der *Darstellung des Geschäftsverlaufs* werden die Leser des Jahresberichts über Rahmenbedingungen der Unternehmenstätigkeit, Absatzentwicklung, Beschaffung, Investitionstätigkeit, Human Resources, Forschung und Entwicklung sowie andere bedeutende Vorgänge informiert.

Da die ▷ Jahresrechnung hauptsächlich vergangenheitsorientiert ist, soll die Darstellung der wirtschaftlichen und finanziellen Lage zukunftsorientiert sein und aufzeigen, dass das Unternehmen fähig ist, in der Zukunft zu bestehen und seine Verbindlichkeiten fristgerecht zu erfüllen.

Der Bericht der Revisionsstelle sowie Informationen über im Geschäftsjahr eingetretene Kapitalerhöhungen bilden weitere Bestandteile des Jahresberichts (Art. 663d Abs. 2 OR).

Jahresgewinn
▷ Gewinn

Jahresrechnung
Die Jahresrechnung *(Jahresabschluss)* vermittelt Informationen über die Vermögens-, Finanz- und Ertragslage eines Unternehmens. Gemäss Art. 662 OR ist die Jahresrechnung obligatorischer Bestandteil des vom Verwaltungsrat jährlich zu erstellenden ▷ Geschäftsberichts. Sie setzt sich aus ▷ Bilanz, ▷ Erfolgsrechnung und ▷ Anhang zusammen, wird aber häufig noch durch eine (freiwillige) ▷ Mittelflussrechnung ergänzt.

Informationsempfänger sind einerseits das Unternehmen selbst, andererseits aber auch die ▷ Anspruchsgruppen (z.B. Kapitalgeber, Mitarbeitende, Behörden), denen das Unternehmen Rechenschaft abzulegen hat.

Die Aufstellung der Jahresrechnung hat gemäss den ▷ Grundsätzen ordnungsmässiger Rechnungslegung (GoR) zu erfolgen, sodass die Vermögens-, Finanz- und Ertragslage möglichst zuverlässig beurteilt werden kann. Da das schweizerische Aktienrecht unter dem Primat des Gläubigerschutzes steht und deshalb die Bildung und Auflösung von ▷ stillen Reserven fast unbeschränkt zulässt (Art. 669 OR), ermöglichen handelsrechtliche Jahresrechnungen i.d.R. keine Beurteilung der tatsächlichen Vermögens-, Finanz- und Ertragslage (▷ True and Fair View, ▷ IASB). Nebst der Anwendung der Grundsätze ordnungsmässiger Rechnungslegung verlangt der Gesetzgeber von den Unternehmen auch die Angabe der jeweiligen Vorjahreszahlen.

JiT
Abk. für ▷ Just-in-Time-Konzept

Job Enlargement
Job Enlargement *(Aufgabenerweiterung)* bedeutet, dass dem Mitarbeitenden zusätzliche Aufgaben übertragen werden. Damit wird die ▷ Arbeitsteilung teilweise rückgängig gemacht. Dies führt aber nicht zwangsläufig zu einer Verminderung der Produktivität, da die Arbeitsmonotonie stark zurückgeht, der Mitarbeitende einen grösseren Sinnzusammenhang in seiner Arbeit erkennt und die negativen Auswirkungen einer starken Arbeitszerlegung abgeschwächt werden.

Job Enlargement bedeutet keine vollständige Überwindung der Nachteile einer starken Arbeitszerlegung, da zwar das Aufgabenspektrum ausgeweitet wird, dem Mitarbeitenden aber keine zusätzliche Entscheidungskompetenz und Verantwortung eingeräumt werden, wie dies beim ▷ Job Enrichment der Fall ist.

▷ Humanisierung der Arbeit

Job Enrichment
Durch Job Enrichment *(Aufgabenbereicherung)* wird die Arbeit durch Führungsaufgaben (Planungs-, Entscheidungs-, Anordnungs- und Kontrollaufgaben) erweitert. Dies führt zu einer verstärkten ▷ Delegation, die den Vorgesetzten entlastet. Aus Sicht des Mitarbeitenden werden durch die Aufgabenbereicherung die Nachteile der ▷ Arbeitsteilung teilweise überwunden, indem eine höhere Persönlichkeitsentfaltung und Selbstverwirklichung ermöglicht wird (▷ Bedürfnispyramide). Dies kann zu Produktivitätssteigerungen führen.

▷ Job Enlargement

Job Rotation
Mit Job Rotation *(Arbeitsplatzwechsel)* wird ein geplanter Wechsel von Arbeitsaufgaben und Arbeitsplatz angestrebt. Da-

mit wird die Arbeitsmonotonie verringert, und die soziale Isolation des Einzelnen wird vermindert, weil das soziale Umfeld seines Arbeitsplatzes regelmässig wechselt.

Job Sharing
Job Sharing (Partner-Teilzeitarbeit) ist eine Form der Teilzeitarbeit. Mehrere Arbeitskräfte teilen sich in eine oder mehrere Stellen, wobei das Team als Ganzes für die Aufgabenerfüllung verantwortlich ist. Dieses ist in der Aufteilung der Arbeitszeit im vorgegebenen Rahmen autonom.

Job Shop Layout
Engl. für ▷ Werkstattfertigung

Joint Venture
Als Joint Venture bezeichnet man eine rechtlich selbständige Gesellschaft, an der zwei Partnerunternehmen zur Erreichung ihrer Kooperationsziele beteiligt sind. Schwierigkeiten ergeben sich bei Joint Ventures v. a. bei der Führung. Bei Gleichberechtigung der beteiligten Partner besteht die Gefahr von Patt-Situationen. Diese versucht man dadurch zu umgehen, dass jeder Partner auf seinem Spezialgebiet die endgültigen Entscheidungen treffen kann (so z. B. der eine im Bereich Absatz, der andere im Bereich Forschung und Entwicklung oder Produktion). Joint Ventures werden häufig von Unternehmen aus verschiedenen Ländern abgeschlossen, um die spezifischen Vorteile und Kenntnisse der jeweiligen Unternehmen zu verbinden und auszunützen.

Journal
Im Rahmen der Buchhaltung werden alle buchungswürdigen Geschäftsvorfälle oder Buchungssachverhalte anhand der Belege

Journal			
Datum	Buchungssatz (Soll/Haben)	Text	Betrag

▲ Abb. 85 Journal

in einem sog. Journal chronologisch aufgezeichnet. Die Aufzeichnungen werden mit den zugehörigen Kommentaren und Buchungssätzen versehen (◂ Abb. 85).

Junk Bond
Als Junk Bond *(Fallen Angel Bond, «Gefallener Engel»)* wird eine ▷ Obligation bezeichnet, deren ▷ Rating zurückgestuft (▷ Downgrade) wurde, weil die ▷ Kreditwürdigkeit des Emittenten sich stark verschlechterte.
▷ High-Yield Bond

Juristische Person
Syn. für ▷ Körperschaft

Just-in-Time-Konzept (JiT)
Das Just-in-Time-Konzept *(JiT, Produktion auf Abruf)* hat das Ziel, die Lagerhaltung auf ein Minimum zu reduzieren, indem genau soviel angeliefert *(fertigungssynchrone Beschaffung)* oder produziert wird, wie tatsächlich benötigt wird. Auf Zwischenlager kann jedoch nur verzichtet werden, wenn alle Lieferungen absolut pünktlich und in der geforderten Qualität eintreffen. Jeder Fehler oder jede zeitliche Verzögerung wirkt sich sonst auf den gesamten Wertschöpfungsprozess aus. Dies stellt sehr hohe Anforderungen an Arbeitsorganisation und ▷ Fertigungssteuerung. Dabei werden sowohl Pull- (z. B. ▷ Kanban) als auch Push-Prinzipien (z. B.

▷ Material Requirements Planning) eingesetzt.
Die Umsetzung des JiT-Konzepts wird durch folgende Gestaltungsprinzipien unterstützt:

1. *Vorverlagerung von Erkenntnisprozessen:* Dies erweist sich deshalb als sinnvoll, weil die Beschaffung produktions- und entwicklungsspezifischer Informationen zu Beginn des F&E-Prozesses spätere Rückfragen und zusätzliche Schleifen vermeiden hilft. Informationsbeschaffung zu späteren Zeitpunkten führt zu überproportionalen Kosten und hohen Zeitverlusten in der Produktion. Die Vorverlagerung kann mit Hilfe der Methode der ▷ Failure Mode and Effects Analysis (FMEA) erfolgen.

2. *Schaffung beherrschbarer (deterministischer) Prozesse:* Diese zeichnen sich gegenüber stochastischen Prozessen dadurch aus, dass sie gut planbar sind. Ihr Anteil kann durch kontinuierliche innerbetriebliche Lernprozesse erhöht werden. Die Wirksamkeit dieser Lernprozesse ist in hohem Mass abhängig von der Qualität der Rückkopplungen (▷ Regelkreis).

3. *Parallelisierung unternehmerischer Aktivitäten:* Ziel dieses Prinzips ist die Entkoppelung von Prozessen und damit die Möglichkeit der simultanen Bearbeitung. Der höhere Planungsaufwand lässt sich durch die Zeiteinsparungen der Parallelisierung i.d.R. rechtfertigen.

4. *Integration von Aktivitäten:* Dadurch sollen Pufferzeiten (▷ Metra Potential Method) reduziert bzw. vermieden werden. Die ▷ Arbeitsteilung wird reduziert, was eine entsprechend höhere Qualifikation der Mitarbeitenden bedingt. Durch die Integration lassen sich Hindernisse in der Kommunikation und Liegezeiten verringern.

5. *Beschleunigung von Aktivitäten:* Mit neuen Maschinen und Werkzeugen werden Bearbeitungszeiten reduziert. Dabei ist die Nutzung moderner Informationssysteme (Produktionsplanung- und steuerung, ▷ PPS-Systeme) von Vorteil.

In der betrieblichen *Praxis* gewinnen JiT-Konzepte zunehmend an Bedeutung (▷ Lean Production). Die Einführung von JiT deckt i.d.R. Schwächen auf, deren Elimination zu Kosten- und Zeitvorteilen führt (▷ Durchlaufzeit). Somit können Verbesserungspotenziale genutzt werden. JiT hat den Nachteil, dass unerwartete Nachfragesteigerungen nicht schnell befriedigt werden können. Als Vorteil gilt die flexiblere Erfüllung von Kundenwünschen und die höhere Variantenvielfalt.

Kader
Mit dem Begriff Kader wird eine bestimmte hierarchische Führungsstufe bezeichnet. Der Begriff wird allerdings sehr uneinheitlich verwendet und ist weder gesetzlich noch betriebswirtschaftlich eindeutig definiert. Zum Kader können – je nach Grösse des Unternehmens – nur jene Mitarbeitenden zählen, die Aufgaben der obersten Führungsebene übernehmen (▷ Direktion, ▷ Vorstand, ▷ Geschäftsleitung, ▷ Unternehmensführung), oder auch jene der mittleren und unteren Führungsebenen.

Kaderschulung
Syn. für ▷ Management Development

Kaduzierung
Als Kaduzierung bezeichnet man die Annullierung von Kapitalanteilen. Kommt ein Aktionär seiner ▷ Liberierungspflicht (Pflicht zur Einzahlung des gezeichneten Aktienkapitals) nicht nach, so verliert der Aktionär auf Beschluss des Verwaltungsrats seine bereits geleisteten Teilzahlungen (sog. ▷ Kaduzierungsgewinn aus Sicht der Aktiengesellschaft) und der Verwaltungsrat kann an Stelle der ausgefallenen Titel neue Aktien ausgeben (Art. 681 Abs. 2 OR). Dabei verliert der säumige Aktionär auch seine Mitgliedschaftsrechte und muss für einen möglichen Schaden aus seiner Pflichtverletzung aufkommen.

Kaduzierungsgewinn
Als Kaduzierungsgewinn bezeichnet man Mehrerlöse aus Einzahlungen für ausgefallene Aktien (▷ Kaduzierung).

Kaizen

Unter Kaizen (japanisch für Verbesserung) wird der Prozess der ständigen Verbesserung verstanden *(Continuous Improvement)*. Es handelt sich um laufende kleinere Verbesserungen am Produkt und bei Produktionsprozessen, weniger jedoch um grosse Entwicklungssprünge (▷ Innovation, ▷ Business Reengineering). Im Mittelpunkt von Kaizen steht jeder Mitarbeitende. Sein Wissen soll über das ▷ betriebliche Vorschlagswesen, ▷ Qualitätszirkel oder spezielle Projekte gezielt genützt werden. Gute Anregungen werden prämiert, und es wird ein Anreiz geschaffen, sich aktiv am Verbesserungsprozess zu beteiligen.

Kalkulation

Mit der Kalkulation *(Kostenträgerstückrechnung)* werden die Kosten einer einzelnen Unternehmensleistung ermittelt, z.B. die Kosten eines Produkts oder einer Serie von Produkten, damit die Gesamtkosten des Unternehmens – ausgehend von der ▷ Kostenartenrechnung – verursachergerecht auf die einzelnen Leistungseinheiten (▷ Kostenträger) verteilt werden können. Die Kalkulation ist eine objektbezogene Kostenrechnung und dient folgenden Zwecken:
- Ermittlung der Kosten zur *Kontrolle des Unternehmensverhaltens,*
- Kostenermittlung zum Zweck der *Preisstellung,*
- *Errechnung der Inventarwerte* von Halbfabrikaten und selbsterstellten Anlagen,
- Beschaffung von *Unterlagen für andere Zwecke* des Rechnungswesens (Planungsrechnung, Betriebsvergleich).

Nach dem Zeitpunkt der aufzustellenden Rechnung unterscheidet man zwischen einer ▷ Vor-, ▷ Zwischen- und ▷ Nachkalkulation.
▷ Kalkulationsverfahren

Kalkulationsaufschlag
▷ Handelsspanne

Kalkulationsverfahren

Die zahlreichen Kalkulationsverfahren lassen sich auf zwei Grundformen zurückführen:
- *Divisionskalkulation:* Die Gesamtkosten des Betriebs werden ohne Differenzierung zwischen ▷ Einzel- und ▷ Gemeinkosten durch die hergestellten oder abgesetzten Stückzahlen dividiert. Verfeinerte Verfahren teilen die Gesamtkosten des Unternehmens auf (z.B. in ▷ Kostenarten [▷ Kostenartenrechnung]) und rechnen die Teilbeträge differenziert den ▷ Kostenträgern zu. Eine besondere Stellung im Rahmen der Divisionskalkulation kommt der Kostenzurechnung bei ▷ Kuppelprodukten zu. Eine ▷ Kostenstellenrechnung ist bei sämtlichen Divisionskalkulationsverfahren nicht unbedingt erforderlich, wird aber trotzdem in den meisten Fällen zur Kontrolle der Kostenstellen (Verantwortungsbereiche) gemacht.
- *Zuschlagskalkulation (progressive Kalkulation):* Einzelkosten und Gemeinkosten werden bei diesem Verfahren getrennt. Die Einzelkosten rechnet man den Leistungen direkt zu. Die Gemeinkosten werden mit Hilfe von mehr oder weniger differenzierten Kalkulationssätzen auf die Leistungen verteilt. Bei diesem Verfahren ist die Kostenstellenrechnung – abgesehen von ganz einfachen Formen der Zuschlagskalkulation – unbedingt notwendig, da hier die Kalkulationssätze gebildet werden.

Die Wahl des Kalkulationsverfahrens hängt einerseits vom Produktionsprogramm ab (Einproduktebetrieb vs. Mehrproduktebetrieb), andererseits vom gewählten ▷ Fertigungstyp.

Kalkulationszinssatz

Der Kalkulationszinssatz *(Diskontierungszinssatz, Kapitalisierungszinssatz)* ist derjenige Zinssatz, mit dem Zahlungsströme unterschiedlicher Perioden auf den Wert der Gegenwart diskontiert werden. Der Kalkulationszinssatz wird z.B. bei der dynamischen ▷ Investitionsrechnung und bei der Berechnung des ▷ Ertragswerts im Rahmen der Unternehmensbewertung angewandt. Grundsätzlich stehen drei Möglichkeiten offen, diesen Zinssatz zu bestimmen:
1. Man legt die *Finanzierungskosten* zugrunde und geht davon aus, dass die Investition mindestens eine Rentabilität erzielen müsste, welche für das eingesetzte Kapital bezahlt werden muss.
2. Man nimmt die *Rentabilität,* die auf alternativen Anlagen erzielt werden könnte, seien es sachähnliche oder sachfremde Investitionsprojekte.
3. Man gibt eine *Zinsrentabilität* vor, die man unter Berücksichtigung verschiedener Faktoren (z.B. Marktchancen, Risiko) erreichen möchte.

Kalkulatorische Kosten

Kalkulatorische Kosten sind ▷ Kosten, die zwar in der ▷ Erfolgsrechnung überhaupt nicht oder in anderer Höhe auftreten. Es lassen sich zwei Arten unterscheiden:
- *Zusatzkosten:* Kosten, die zwar in der Kostenrechnung (▷ Betriebsbuchhaltung), nicht aber in der Erfolgsrechnung verrechnet werden (z.B. kalkulatorische Zinsen auf dem Eigenkapital oder der kalkulatorische Unternehmerlohn).
- *Anderskosten:* Kosten, die in der Kostenrechnung anders, d.h. aufgrund der effektiven Wertverzehre, bewertet werden (z.B. kalkulatorische Abschreibungen, kalkulatorische Mieten).

Kalkulatorische Leistungen

Kalkulatorische Leistungen sind ▷ Leistungen, die in der ▷ Erfolgsrechnung überhaupt nicht oder in anderer Höhe auftreten. Es lassen sich zwei Arten unterscheiden:
- *Zusatzleistungen:* Leistungen, die zwar in der Kosten- und Leistungsrechnung (▷ Betriebsbuchhaltung), nicht aber in der Erfolgsrechnung verrechnet werden (z.B. innerbetriebliche Leistungen).
- *Andersleistungen:* Leistungen, die in der Kosten- und Leistungsrechnung anders, d.h. aufgrund der effektiven Wertvermehrung, bewertet werden (z.B. Auflösung oder Bildung stiller Reserven).

Kalkulatorischer Ausgleich

Syn. für ▷ Mischkalkulation

Kanban

Kanban ist ein Verfahren der ▷ Fertigungssteuerung (▷ Fertigung). Die Fertigungsaufträge und der Materialfluss zwischen verschiedenen Produktionseinheiten werden dabei nicht zentral geplant und vorgegeben, sondern durch den Verbrauch einer einzelnen Arbeitsstation ausgelöst. Die benötigte Menge an Material, Einzelteilen oder Baugruppen wird aus dem zugehörigen Zwischenlager herausgenommen und auf einer Karte (japanisch: Kanban) notiert. Ist eine bestimmte kumulierte Verbrauchsmenge erreicht, wird diese Karte an diejenige Station weitergeleitet, die für die Produktion dieses Materials verantwortlich ist. Dort wird das (in der Vergangenheit) verbrauchte Material oder die verbrauchten Baugruppen hergestellt und an die auftraggebende Station weitergeleitet. Mit diesem Prinzip sollen die Zwischenlager möglichst klein gehalten werden.
Kanban gehört zu den Pull-Verfahren (▷ Holprinzip). Alle Produktionsprozesse

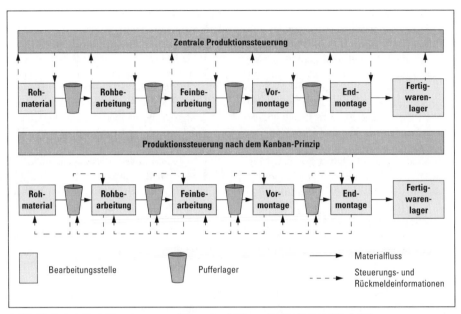

▲ Abb. 86　Zentrale Produktionssteuerung und Steuerung mit Hilfe von Kanban (Heinen 1991, S. 607)

werden in einzelne Regelkreise zerlegt, die sich selbst steuern. Der Informationsfluss erfolgt in der umgekehrten Richtung der Prozesskette (▷ Wertkette) (◀ Abb. 86).
Für die Einführung von Kanban gelten gewisse Bedingungen:
- Anwendung des Fliessprinzips (▷ Fliessfertigung),
- geringe Umrüstzeiten,
- ausgebildetes Wartungs- und Instandhaltungspersonal und
- hoher Qualitätsstandard.

Der Vorteil von Kanban liegt in der Reduktion aller Lagerbestände, der Nachteil in der Abhängigkeit von internen oder auch externen Lieferanten, da ein Lieferverzug oder Qualitätsmängel sofort zu Störungen im Produktionsablauf führen. Schwierigkeiten entstehen aber v. a. dann, wenn spezifische Kundenwünsche erfüllt werden sollen oder sich das Produktionsprogramm ändert (▷ Just-in-Time-Konzept).

Kapazität

Als Kapazität einer Anlage bezeichnet man ihr Leistungsvermögen in quantitativer und qualitativer Hinsicht. Bezüglich der *quantitativen* Kapazität sind drei Formen zu unterscheiden:

1. Die technisch-wirtschaftliche *Maximalkapazität*, die aus technischen Gründen nicht überschritten werden kann oder aus wirtschaftlichen Gründen nicht überschritten werden sollte, da sonst die Gefahr stark erhöhter Störanfälligkeit, hoher Ausschussquoten oder sehr grossen Materialverschleisses besteht.

2. Die technisch-wirtschaftliche *Minimalkapazität*, die technisch nicht unterschritten werden kann, weil die Maschine an eine Minimalkapazität gebunden ist, oder die wirtschaftlich – z.B. aufgrund eines überdurchschnittlich hohen Betriebsstoffverbrauchs – nicht unterschritten werden sollte.

3. Die wirtschaftliche oder *optimale* Kapazität, die i.d.R. zwischen technisch-wirtschaftlicher Maximal- und Minimalkapazität liegt. Bei dieser Kapazität erreicht eine Anlage ihren optimalen Wirkungsgrad, da der bewertete Faktorverbrauch für eine bestimmte Leistungsmenge/Zeiteinheit am kleinsten ist.

Kapazitätsanpassung

Bei Veränderungen des ▷ Beschäftigungsgrads muss ein Unternehmen seine Produktionskapazität an die veränderte Situation anpassen. Dabei gilt es, einerseits Leerkapazitäten und andererseits Terminverzögerungen zu vermeiden. Unter der Annahme, dass die Betriebsgrösse nicht verändert wird, d.h. die Zahl der Betriebsmittel gleich bleibt, können eine externe Anpassungsform und drei interne Anpassungsformen unterschieden werden, die allein oder kombiniert anwendbar sind. Interne Massnahmen sind:

1. Bei der *zeitlichen Anpassung* wird die Betriebszeit entweder erhöht (z.B. Überstunden) oder verkürzt (z.B. Kurzarbeit).
2. Bei der *Anpassung der Intensität* wird die Nutzungsintensität der Betriebsmittel variiert, z.B. höhere Geschwindigkeit.
3. Bei der *quantitativen Anpassung* wird die Anzahl der eingesetzten Betriebsmittel variiert, ohne dass sich der Gesamtbestand an Betriebsmitteln ändert. Dabei gilt es zwei Fälle zu unterscheiden: (a) Bei der *rein quantitativen Anpassung* liegen Maschinen gleicher Beschaffenheit bezüglich technischer Eigenschaften (Intensität, Genauigkeit, Ausschussquoten) vor. Es spielt für ein Unternehmen keine Rolle, welche Faktoren es bei einer Veränderung des Beschäftigungsgrads zuerst ausscheidet bzw. in Betrieb nimmt (▶ Abb. 87). (b) Bei der *quantitativ-selektiven Anpassung* besteht ein Auswahlproblem, weil die vorhandenen Maschinen unterschiedliche technische Eigenschaften und eine unterschiedliche Kostenstruktur haben. In diesem Fall müssen zuerst die unproduktivsten Betriebsmittel ausgeschieden bzw. die produktivsten eingesetzt werden (▶ Abb. 88). Als externe Lösung ist zusätzlich zu diesen internen Massnahmen bei einem Beschäftigungsanstieg auch eine Fremdvergabe möglich (▷ Make-or-Buy-Entscheid, ▷ Outsourcing).

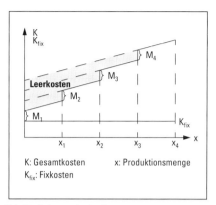

K: Gesamtkosten   x: Produktionsmenge
K_{fix}: Fixkosten

▲ Abb. 87 Rein quantitative Anpassung

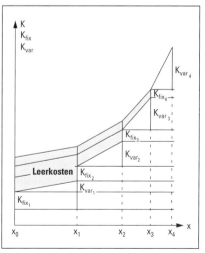

▲ Abb. 88 Quantitativ-selektive Anpassung

Neben diesen kurz- bis mittelfristigen Anpassungen an Beschäftigungsschwankungen kann als langfristige Massnahme die Betriebsgrösse durch Veränderung der Zahl der Betriebsmittel angepasst werden (▷ Betriebsgrössenvariation).

Kapazitätsausnutzungsgrad

Syn. für ▷ Beschäftigungsgrad

Kapazitätserweiterungseffekt

▷ Finanzierung aus Abschreibungsrückflüssen

Kapazitätsplanung

Die Kapazitätsplanung ist Teil der Produktionsplanung und -steuerung (▷ PPS-Systeme). Ihre Aufgabe ist es, die notwendigen Produktionskapazitäten für die vorliegenden Produktionsaufträge bereitzustellen und gleichzeitig für eine hohe Kapazitätsauslastung der Betriebsmittel zu sorgen, da ein Konflikt zwischen maximaler Kapazitätsauslastung und Minimierung der Durchlaufzeiten besteht (▷ Dilemma der Ablaufplanung).

Kapital

Das Kapital verkörpert den in Geldeinheiten ausgedrückten Wert der im Unternehmen insgesamt vorhandenen Vermögensteile und zeigt die Ansprüche der Kapitalgeber an diesem Vermögen. Aus bilanztheoretischer Sicht (▷ Bilanz) stellt das Kapital zukünftige Zahlungen an Gläubiger und Unternehmenseigentümer ohne weitere Gegenleistung der Empfänger dar (▷ Passiven). Während bei den Verbindlichkeiten gegenüber Dritten von ▷ Fremdkapital gesprochen wird, handelt es sich beim durch Anteilseigner zur Verfügung gestellten Kapital um ▷ Eigenkapital.
In der Volkswirtschaftslehre spricht man von Realkapital als einer der ▷ Produktionsfaktoren. Zum Realkapital gehören alle Maschinen, Anlagen, Immobilien und die Infrastruktur einer Volkswirtschaft.

Kapitalaufrechnungsdifferenz

▷ Kapitalkonsolidierung
▷ Konzernrechnung

Kapitalbedarf

Der Kapitalbedarf eines Unternehmens setzt sich aus dem Finanzierungsbedarf für das ▷ Umlauf- und ▷ Anlagevermögen zusammen. Der Kapitalbedarf für Letzteres ergibt sich aufgrund der Preise oder Kostenvoranschläge für die ▷ Betriebsmittel. Da diese Güter über eine längere Zeitperiode genutzt werden, entsteht ein langfristiger Kapitalbedarf, d.h. das Kapital wird für längere Zeit benötigt. Demgegenüber handelt es sich bei der Finanzierung des Umlaufvermögens um einen kurzfristigen Kapitalbedarf. Bei dessen Ermittlung ist zu beachten, dass die Produktion und der Absatz von Gütern und damit die Ein- und Auszahlungen zeitlich auseinander fallen. Zusätzlich müssen noch die Zahlungsfristen der Kunden sowie die Zahlungsfristen des Unternehmens gegenüber den Lieferanten in die Planung des Kapitalbedarfs einbezogen werden.

Kapitalbeteiligung der Mitarbeitenden

Bei der Kapitalbeteiligung als Form der ▷ Mitarbeiterbeteiligung besitzen die Mitarbeitenden einen Teil des ▷ Eigen- oder ▷ Fremdkapitals des Unternehmens. Bei einer Eigenkapitalbeteiligung partizipieren die Mitarbeitenden am ▷ Gewinn und ▷ Verlust des Unternehmens, während eine Fremdkapitalbeteiligung (z.B. über Darlehen) konstante Zinszahlungen unabhängig vom Geschäftsverlauf garantiert. Eine mögliche Form der Eigenkapitalbeteiligung ist der ▷ Investivlohn.

Kapitaldeckungsverfahren
▷ Berufliche Vorsorge
▷ Generationenvertrag

Kapitalerhöhung
Unter einer Kapitalerhöhung versteht man die Erhöhung des ▷ Aktienkapitals einer Gesellschaft durch die bisherigen oder durch neue Gesellschafter. Gemäss schweizerischem Obligationenrecht stehen der Aktiengesellschaft drei Formen der Kapitalerhöhung *(Aktienkapitalerhöhung)* zur Verfügung:

- *Ordentliche* Kapitalerhöhung (Art. 650 OR): Die Erhöhung des Aktienkapitals wird von der ▷ Generalversammlung beschlossen. Sie ist vom ▷ Verwaltungsrat innerhalb von drei Monaten durchzuführen.
- *Genehmigte* Kapitalerhöhung (Art. 651 ff. OR): Unter *genehmigtem* oder *autorisiertem Kapital* versteht man einen bestimmten Kapitalbetrag, über den der Verwaltungsrat aufgrund eines Generalversammlungsbeschlusses bis zu einem von ihm bestimmten Zeitpunkt neue Aktien herausgeben darf. Die Frist zur Erhöhung des Kapitals ist auf zwei Jahre begrenzt, und das genehmigte Kapital darf nicht mehr als die Hälfte des bisherigen Aktienkapitals umfassen. Der Vorteil des genehmigten Kapitals liegt darin, dass das komplizierte und aufwendige Verfahren der Kapitalerhöhung umgangen und deshalb schneller auf veränderte Marktverhältnisse reagiert werden kann.
- *Bedingte* Kapitalerhöhung (Art. 653 ff. OR): Von *bedingtem Kapital* spricht man, wenn die Generalversammlung beschliesst, in den Statuten den Gläubigern von neuen Anleihen sowie den Arbeitnehmern Rechte auf den Bezug neuer Aktien einzuräumen (Wandel- und Optionsrechte). Den bisherigen Aktionären wird ein Vorwegzeichnungsrecht eingeräumt, das nur bei Vorliegen eines wichtigen Grundes eingeschränkt werden darf. Der Nennwertbetrag, um den das Aktienkapital erhöht werden kann, darf die Hälfte des bisherigen Aktienkapitals nicht übersteigen.

Kapitalexport
Zunahme der inländischen Forderungen gegenüber dem Ausland (▷ Zahlungsbilanz).

Kapitalflussrechnung
Bei der Kapitalflussrechnung handelt es sich um eine ▷ Mittelflussrechnung mit dem ▷ Fonds ▷ Nettoumlaufvermögen (NUV). Die Bedeutung dieser Art von Mittelflussrechnung ist heute relativ gering, raten doch verschiedene Rechnungslegungsstandards (▷ Swiss GAAP FER, ▷ IFRS, ▷ US GAAP) explizit von der Verwendung des Fonds NUV ab. Früher wurden Mittelflussrechnungen häufig generell als Kapitalflussrechnungen bezeichnet.

Kapitalimport
Abnahme der inländischen Forderungen gegenüber dem Ausland (▷ Zahlungsbilanz).

Kapitalisierungsfaktor
Syn. für ▷ Barwertfaktor

Kapitalisierungszinssatz
Syn. für ▷ Kalkulationszinssatz

Kapitalkonsolidierung
Als Kapitalkonsolidierung bezeichnet man im Rahmen der ▷ Konzernrechnung das gegenseitige Aufrechnen der Beteiligung der Muttergesellschaft und des Eigenkapitals der Tochtergesellschaft in der konsolidierten Bilanz. Die Differenz zwischen diesen beiden Grössen ist die *Kapitalaufrechnungsdifferenz (KAD)*, wobei zwei Fälle zu unterscheiden sind:

■ Ist der buchmässige Wert des Eigenkapitals der Tochtergesellschaft höher als der Buchwert der Beteiligung in der Muttergesellschaft, resultiert eine *passive* Kapitalaufrechnungsdifferenz, die als besonderer Posten des Eigenkapitals des ▷ Konzerns aufgeführt wird. Eine passive Kapitalaufrechnungsdifferenz kann folgende Gründe haben: (1) Die Tochtergesellschaft hat eine nur unbefriedigende Ertragskraft und/oder ungünstige Zukunftsaussichten. (2) Die Bilanz der Tochtergesellschaft enthält überbewertete Aktiven bzw. unterbewertete Passiven, was gegen die aktienrechtlichen Bewertungsvorschriften verstossen würde. (3) Die Mutter hat die Beteiligung zu einem vorteilhaften Preis («Lucky Buy») erworben. Während im letzten Fall die Kapitalaufrechnungsdifferenz Eigenkapitalcharakter hat (Konsolidierungsreserve), ist sie in den ersten beiden Fällen eine Wertberichtigung zum Eigenkapital oder eine Rückstellung.

■ Ist der Buchwert der Beteiligung in der Muttergesellschaft höher als das buchmässige Eigenkapital der Tochtergesellschaft, entsteht eine *aktive* Kapitalaufrechnungsdifferenz, die auf der Aktivseite der Konzernbilanz unter der Bezeichnung ▷ Goodwill aufgeführt wird. Eine aktive Kapitalaufrechnungsdifferenz kann folgende Gründe haben: (1) Die Bilanz der Tochtergesellschaft enthält stille Reserven. (2) Die erworbene Gesellschaft enthält immaterielle Werte, die sie als nicht originären Goodwill aktivieren kann. (3) Aufgrund hoher Ertragskraft, günstiger Zukunftsaussichten oder zu erwartender Synergieeffekte wurde beim Beteiligungserwerb ein den anteiligen Substanzwert übersteigender Preis bezahlt (Goodwill). (4) Die Beteiligung wurde zu einem überhöhten Preis erworben, wodurch die Aufrechnungsdifferenz Verlustcharakter hat und möglichst rasch abgeschrieben werden muss. In den ersten drei Fällen entspricht die aktive Kapitalaufrechnungsdifferenz einem Plus an Aktiven und damit einem effektiven Mehrwert, der in der konsolidierten Bilanz als Reserve ausgewiesen wird.

Die Konsolidierungspraxis unterscheidet zwei Verfahren, um die Kapitalaufrechnungsdifferenzen zu berechnen bzw. auszuweisen:

■ *Angelsächsische Methode:* Bei der Erstkonsolidierung einer Beteiligung wird der Beteiligungsbuchwert gegen das im Zeitpunkt des Beteiligungserwerbs ausgewiesene Eigenkapital aufgerechnet, bei den Folgekonsolidierungen immer mit den Kapitalreserven im Zeitpunkt des Erwerbs: die Kapitalaufrechnungsdifferenz bleibt damit unverändert. Die seit der Konzerneingliederung erwirtschafteten Gewinne werden wie die Gewinnreserven der Muttergesellschaft in die Konzernbilanz aufgenommen. Diese zeigen somit an, welchen Anteil die Tochtergesellschaft seit ihrer Konzernzugehörigkeit zur Verstärkung der Eigenkapitalbasis des Konzerns beigetragen hat.

■ *Deutsche Methode:* Bei jeder Konsolidierung einer Beteiligung wird der Beteiligungsbuchwert gegen das im Einzelabschluss der Tochtergesellschaft am jeweiligen Bilanzstichtag ausgewiesene Eigenkapital aufgerechnet. Veränderungen der offenen Reserven der Tochtergesellschaft erscheinen nicht in der Konzernbilanz, sondern bewirken eine Veränderung der Kapitalaufrechnungsdifferenz. Jede Veränderung des ausgewiesenen Eigenkapitals der Tochtergesellschaft verändert somit die Kapitalaufrechnungsdifferenz, welche sich durch kumulierte Gewinne der

Tochtergesellschaft von der Aktivseite auf die Passivseite der Konzernbilanz verschieben kann.

Die beiden Methoden sind also im Rahmen der Erstkonsolidierung identisch und unterscheiden sich erst bei den Folgekonsolidierungen. Obwohl in der Schweiz beide Methoden erlaubt sind, befürwortet die Lehre einhellig die «angelsächsische Methode», da die «deutsche Methode» als nicht mehr ordnungsgemäss betrachtet wird.

Kapitalkosten

Unter Kapitalkosten versteht man jene Kosten, die für die Beschaffung und Überlassung von ▷ Fremd- und ▷ Eigenkapital anfallen.

Aus Sicht der Kostenrechnung (▷ Betriebsbuchhaltung) führt jede Nutzung von in betrieblichem Vermögen investiertem Kapital zu Kosten. Die für die Überlassung des Kapitals verlangte Gebühr (Zins) wird je nach Rechtsstellung des Kapitalgebers oder der Rechtsform des Unternehmens unterschiedlich behandelt. Grundsätzlich werden in der ▷ Finanzbuchhaltung nur tatsächlich verrechnete Zinsen auf dem Fremdkapital als Aufwand gebucht. Bei ▷ Kollektiv- und ▷ Kommanditgesellschaften lässt das Gesetz eine Verzinsung von Kapitaleinlagen der Gesellschafter (Eigenkapitalzinsen) ausdrücklich zu (Art. 558f. OR und Art. 611 OR). Für die Kostenrechnung ergibt sich das Problem, dass zunächst das betriebliche (kalkulatorische) Kapital bestimmt werden muss, um anschliessend die zu verrechnenden kalkulatorischen Zinsen für das Eigen- *und* das Fremdkapital zu erheben.

Im Rahmen der finanziellen Unternehmensführung entsprechen die Kapitalkosten der minimal geforderten Rendite (▷ Rentabilität) auf dem investierten Kapital. Da aus Sicht der Unternehmensführung eine Unterscheidung in Fremd- und Eigenkapital oft schwierig ist, kommt in der Praxis oft der durchschnittliche Kapitalkostensatz (▷ Weighted Average Cost of Capital [WACC]) zur Anwendung.
▷ Kalkulatorische Kosten
▷ Weighted Average Cost of Capital

Kapitalleistungen

In der Volkswirtschaftslehre versteht man unter Kapitalleistungen (Kapitaldienstleistungen) die Leistungen, die Kapital erbringt. Diese Leistungen des Kapitals werden dem Kapitalgeber in Form von Zinsen, Dividenden usw. (Kapitaleinkommen) abgegolten. In Rahmen der ▷ Zahlungsbilanz und bei der Abgrenzung zwischen ▷ Bruttoinland- und ▷ Bruttosozialprodukt spielen v.a. *grenzüberschreitende* Kapitalleistungen eine Rolle und sind klar vom eigentlichen Kapitalverkehr (z.B. Kauf und Verkauf von Wertpapieren) zu unterscheiden.

Kapitalmarkt

Neben dem ▷ Arbeitsmarkt ist der Kapitalmarkt der zweite wichtige ▷ Faktormarkt, auf dem der ▷ Produktionsfaktor (Finanz-) Kapital angeboten und nachgefragt wird. Der Kapitalmarkt lässt sich als Teil des ▷ Kreditmarkts verstehen. Er dient dem Handel von mittel- bis langfristigen Mitteln, die eine Fälligkeit von über einem Jahr aufweisen. Allerdings bedeutet ein Kapitalmarktgeschäft nicht unbedingt eine langfristige Verpflichtung für die beteiligten Partner. Während das Unternehmen bei der Ausgabe von Beteiligungspapieren eine langfristige Verfügbarkeit anstrebt, kann der Kapitalgeber durch den Verkauf dieser Papiere an der Börse die Pflichten und Rechte auf einen neuen Kapitalgeber übertragen und somit eine Bindung von nur kurzer Dauer eingehen. Wichtige Teilmärkte des Kapitalmarkts sind der Wertpapiermarkt (Obligationen, Beteiligungspapiere), der Hypothekarmarkt und der Markt für sonstige langfristige Darlehen. Wichtige Träger des Kapitalmarkts sind die Effektenbörsen sowie das Bankensystem, die für einen reibungslosen Handel zeichnen.

Kapitalstruktur

Mit Kapitalstruktur bezeichnet man die Zusammensetzung des Kapitals eines Unternehmens. Sie zeigt, wie ein Unternehmen finanziert wird (▷ Finanzierung, optimale). Zur Analyse der Kapitalstruktur stehen verschiedene Kennzahlen zur Verfügung: ▷ Finanzierungsverhältnis, ▷ Verschuldungsgrad, ▷ Eigenfinanzierungsgrad, ▷ Selbstfinanzierungsgrad, ▷ Kreditorenanalyse.

Kapitalumschlagshäufigkeit

Die Kapitalumschlagshäufigkeit *(Capital Turnover)* entspricht dem Verhältnis von ▷ Umsatz zu ▷ Gesamtkapital. Sie ist insofern von Bedeutung, als sie einen Hinweis auf die Wirtschaftlichkeit der Kapitalverwendung gibt. Zusammen mit der ▷ Umsatzrentabilität bildet die Kapitalumschlagshäufigkeit die Basis zur Berechnung des ROI (▷ Gesamtkapitalrentabilität).

Kapitalverkehrsbilanz

▷ Zahlungsbilanz

Kapitalverwässerung

Unter einer Kapitalverwässerung versteht man die Verminderung des Reserveanteils pro Aktie. Das Problem der Kapitalverwässerung entsteht v.a. im Zusammenhang mit einer ▷ Kapitalerhöhung, falls der Preis für die neuen Aktien unter dem ▷ inneren Wert der Aktie liegt. Um eine Kapitalverwässerung zu verhindern, sollte der Ausgabepreis neuer Aktien (▷ Ausgabekurs) dem inneren Wert entsprechen, was aus verschiedenen Gründen oft nicht der Fall ist. Um die bisherigen Aktionäre für eine Kapitalverwässerung zu entschädigen, wird ihnen daher meist ein ▷ Bezugsrecht zugestanden.

Kapitalwert

▷ Kapitalwertmethode

Kapitalwertmethode

Die Kapitalwertmethode *(Gegenwartswertmethode, Net Present Value Method, Barwertmethode)* ist eine Investitionsrechnung, die den zeitlich unterschiedlichen Anfall der Zahlungsströme berücksichtigt (dynamische Methode). Alle während der Lebensdauer eines Investitionsobjekts (▷ Investition) verursachten Ein- und Auszahlungen werden deswegen auf den heutigen Zeitpunkt abgezinst. Die Differenz aus den abgezinsten Ein- und Auszahlungen bezeichnet man als *Kapitalwert* oder *Net Present Value* (NPV) einer Investition. Die allgemeine Formel zur Berechnung des Kapitalwerts K_0 lautet:

$$K_0 = \sum_{t=1}^{n} \frac{e_t - a_t}{(1+i)^t} + \frac{L_n}{(1+i)^n} - I_0$$

t: Zeitindex, wobei t = 1, 2, ..., n;
n: Nutzungsdauer der Investition in Jahren;

i: Diskontierungszinssatz (▷ Kalkulationszinssatz);
I_0: Auszahlungen im Zusammenhang mit der Beschaffung des Investitionsobjekts (z. B. Kaufpreis einer Maschine, Auszahlungen für Transport und Installation oder Kosten für das Anlernen der Mitarbeitenden) zu Beginn der ersten Periode;
a_t: Auszahlungen während der Nutzungsdauer, fällig am Ende der jeweiligen Zeitperiode t wie z. b. Zahlungen für Repetierfaktoren, Löhne, Reparaturen;
e_t: Einzahlungen während der Nutzungsdauer, fällig am Ende der jeweiligen Zeitperiode t. Es handelt sich in erster Linie um Erlöse aus dem Verkauf erstellter Leistungen;
L_n: Liquidationserlös durch Verkauf des Investitionsobjekts am Ende der Nutzungsdauer

Aus der Kapitalwertformel wird ersichtlich, dass die Höhe des Kapitalwerts von der Höhe und zeitlichen Verteilung der jährlichen Ein- und Auszahlungen sowie der Höhe des ▷ Kalkulationszinssatzes abhängig ist. Der Wahl des Kalkulationszinssatzes kommt ein besonderes Gewicht zu: Je höher der Kalkulationszinssatz ist, desto kleiner wird der Kapitalwert.
Eine einzelne Investition erweist sich immer dann als vorteilhaft, wenn deren Kapitalwert positiv ist. Damit ist über die geforderte Mindestverzinsung (Kalkulationszinssatz) ein Überschuss erwirtschaftet worden. Bei einem Vergleich zwischen mehreren Investitionsprojekten wird man sich für jenes mit dem grössten Kapitalwert entscheiden.

Karriereplanung
Syn. für ▷ Laufbahnplanung

Kartell
Unter einem Kartell versteht man eine vertraglich oder auf andere Weise abgesprochene Kooperation von rechtlich selbständig bleibenden Unternehmen zur Beschränkung des Wettbewerbs.
Kartelle auf *horizontaler* Stufe, d. h. auf der gleichen Produktionsstufe, können verschiedene Formen annehmen:
1. *Preiskartell:* Die Mitglieder haben sich an feste Preise oder an Mindestpreise zu halten (horizontale Preisbindung).
2. *Konditionenkartell:* Die Mitglieder müssen dieselben Zahlungsbedingungen, Rabatte, Garantien usw. anbieten.
3. *Gebietskartell:* Der gesamte Markt wird in einzelne Gebiete aufgeteilt, an die sich die Mitglieder halten müssen.
4. *Mengenkartell:* Jedes Mitglied erhält eine Produktions- oder Verkaufsquote, die nicht über- oder unterschritten werden darf.
5. *Submissionskartell:* Die Mitglieder sprechen die Offerten bei öffentlichen Ausschreibungen untereinander ab.
Vertikale Wettbewerbsbeschränkungen beziehen sich auf verschiedene Produktionsstufen. Folgende Erscheinungsformen können unterschieden werden:
1. *Preisbindung der zweiten Hand:* Der Produzent schreibt dem Händler den Endpreis vor (vertikale Preisbindung).
2. *Exklusive Lieferverträge:* Der Lieferant verlangt vom Abnehmer das alleinige Lieferrecht (oder umgekehrt).
3. *Koppelungsverträge:* Beim Bezug eines Guts oder einer Dienstleistung muss gleichzeitig ein anderes Gut oder eine andere Dienstleistung bezogen werden.
In der Schweiz sind Kartelle dem Kartellgesetz (KG) unterstellt. Allerdings spricht dieses nicht von Kartellen, sondern von *Wettbewerbsabreden.* Nach Art. 4 KG handelt es sich bei Wettbewerbsabreden um

«rechtlich erzwingbare oder nicht erzwingbare Vereinbarungen sowie aufeinander abgestimmte Verhaltensweisen von Unternehmen gleicher oder verschiedener Marktstufen, die eine Wettbewerbsbeschränkung bezwecken oder bewirken». Diese Definition schliesst sowohl die horizontalen wie auch die vertikalen Abreden ein. Es ist nicht nötig, dass ein Vertrag im herkömmlichen Sinn abgeschlossen wird. Vielmehr genügt es, wenn verschiedene Unternehmen ihr Marktverhalten aufeinander abstimmen (sog. *Gentlemen's Agreement* oder *Frühstückskartell*).

Wettbewerbsabreden sind unzulässig, wenn sie den Wettbewerb beseitigen oder in ungerechtfertigter Weise beschränken (Art. 5 Abs. 1 KG). In der Praxis wird zwischen sog. harten und weichen Kartellen unterschieden:

1. *«Harte Kartelle»:* Als harte Kartelle gelten Preis-, Mengen- und Gebietsabsprachen zwischen Unternehmen der gleichen Produktionsstufe. Es handelt sich gemäss Art. 5 Abs. 3 KG um Abreden über (a) die direkte oder indirekte Festsetzung von Preisen, (b) die Einschränkung von Produktions-, Bezugs- oder Liefermengen, (c) die Aufteilung von Märkten nach Gebieten oder Geschäftspartnern. In Art. 5 Abs. 3 KG stellt das Gesetz die Vermutung auf, dass Preis-, Mengen- und Gebietsabsprachen zwischen Unternehmen der gleichen Produktionsstufe den Wettbewerb beseitigen. In der Praxis dürfte es sehr schwierig sein, diese Vermutung zu widerlegen.

2. *«Weiche Kartelle»:* Wettbewerbsabreden sind auch unzulässig, wenn sie den Wettbewerb «erheblich beeinträchtigen und sich nicht durch Gründe der wirtschaftlichen Effizienz rechtfertigen lassen» (Art. 5 Abs. 1 KG). Kooperationsabreden sind «gerechtfertigt, wenn sie

(a) notwendig sind, um die Herstellungs- und Vertriebskosten zu senken, Produkte oder Produktionsverfahren zu verbessern, die Forschung oder die Verbreitung von technischem oder beruflichem Wissen zu fördern oder um Ressourcen rationeller zu nutzen; und (b) den beteiligten Unternehmen in keinem Fall Möglichkeiten eröffnen, wirksamen Wettbewerb zu beseitigen.» (Art. 5 Abs. 2 KG). Beispiele für gerechtfertigte Wettbewerbsabreden sind Rationalisierungsabreden zwischen kleinen und mittleren Unternehmen, Zusammenarbeitsformen im Bereich Forschung und Entwicklung sowie Vertikalabreden, die dazu beitragen, die Vertriebs- und Transaktionskosten zu senken.

Somit liegt bei den harten Kartellen in den meisten Fällen ein offensichtlicher Verstoss gegen das Wettbewerbsrecht vor, während die Beurteilung der Unzulässigkeit weicher Kartelle schwieriger ist.

Kassageschäft

Das Kassageschäft *(Comptant-Geschäft)* umfasst – im Gegensatz zum ▷ Termingeschäft – jenen Börsenhandel von Wertpapieren und Devisen, welcher sofort oder ganz kurz nach Vertragsabschluss erfüllt werden muss. Spätestens zehn Bankwerktage nach Vertragsabschluss haben sowohl Lieferung als auch Zahlung zu erfolgen. In der Schweiz kommt dem Kassageschäft grosse Bedeutung zu, werden doch über zwei Drittel aller Börsentransaktionen «per Kassa» abgewickelt.

Kassaliquidität

▷ Liquidität

Kassaobligation

Bei Kassa- oder *Kassenobligationen (Kassa-* oder *Kassenscheine)* handelt es sich um auf runde Beträge (Tausender)

lautende mittelfristige ▷ Obligationen, deren Ausgabe i.d.R. laufend erfolgt. Sie sind ein typisches Finanzierungsmittel der Banken, werden gelegentlich aber auch von Handels- und Industrieunternehmen sowie von öffentlich-rechtlichen Körperschaften ausgegeben. Sie haben eine feste Laufzeit von 3 bis 8 Jahren und sind meistens in Fr. 1000 oder Fr. 5000 gestückelt. Die Konditionen richten sich nach dem allgemeinen Zinsniveau und der Laufzeit.
Für den Ausgeber von Kassaobligationen bieten sich folgende Vorteile:
- Die Ausgabe von Kassaobligationen kann dem jeweiligen Kapitalbedarf angepasst werden, indem die Abgabe gefördert oder gebremst wird.
- Die Zinskonditionen können rasch den Schwankungen des Kapitalmarkts angepasst werden.
- Die Ausgabe erfolgt ohne grossen Aufwand durch Information (Prospekte, Rundschreiben) der Kunden.

Kassaschein
Syn. für ▷ Kassaobligation

Kassationskollegialität
▷ Kollegialprinzip

Kassenobligation
Syn. für ▷ Kassaobligation

Kassenschein
Syn. für ▷ Kassaobligation

Katalog-Schauraum
▷ Einzelhandelsformen

Kauferfolg
▷ Werbeerfolgskontrolle

Käufergruppe
▷ Zielgruppe

Käufermarkt
Bei einem Käufermarkt ist im Gegensatz zum ▷ Verkäufermarkt die Nachfrage kleiner als das Angebot, sodass der Käufer die Verkaufsbedingungen, insbesondere den Preis, wesentlich beeinflussen kann.

Käuferrolle
▷ Kaufverhalten von Konsumenten

Kaufkraft
Unter Kaufkraft versteht man diejenige Menge an Gütern, die mit einer bestimmten Menge inländischer Währung (z.B. einer Einheit) erworben werden kann.
▷ Kaufkraftparität

Kaufkraftparität
Die Kaufkraftparität misst das Verhältnis der ▷ Kaufkraft zwischen zwei Währungen. Die Kaufkraftparität des Inlands gegenüber dem Ausland gibt an, wie viele inländische Geldeinheiten im Inland die gleiche Kaufkraft haben, wie *eine* ausländische Geldeinheit im Ausland. Kaufkraftparitäten ermöglichen den Vergleich von in unterschiedlichen Währungen ausgedrückten Grössen und liefern oft bessere Ergebnisse als ein Vergleich über den ▷ Wechselkurs (z.B. beim Vergleich des ▷ Bruttoinlandprodukts verschiedener Länder). Da sich die Kaufkraft immer auf bestimmte Güter bezieht, gibt es keine allgemeine Kaufkraftparität, sodass für Vergleiche (je nach Fragestellung) immer bestimmte Güter oder Güterbündel (Warenkörbe) herangezogen werden müssen.
▷ Abwertung

Kaufmann
Als Kaufmann bezeichnet das schweizerische Obligationenrecht denjenigen, welcher ein Handels-, Fabrikations- oder ein anderes nach kaufmännischer Art geführ-

tes Gewerbe (allein) betreibt (Art. 934 Abs. 1 OR). Als Gewerbe gilt dabei eine selbständige (im eigenen Namen), regelmässige und auf dauernden Erwerb gerichtete wirtschaftliche Tätigkeit (Verordnung über das Handelsregister, Art. 52).

Kaufmännisches Unternehmen

Das kaufmännische Unternehmen lässt sich umschreiben als ein selbständiger, organisierter Geschäftsbetrieb, der sich regelmässig mit dem Handel oder der Fabrikation von Gütern beschäftigt oder einer anderen, die Berücksichtigung kaufmännischer Grundsätze erfordernden Tätigkeit nachgeht und der einen Jahresumsatz von mindestens Fr. 100 000 erzielt.

Kaufverhalten von Konsumenten

In Bezug auf das Kaufverhalten von Konsumenten können vier Typen unterschieden werden:

1. *Rationalverhalten:* Der Käufer handelt als Homo oeconomicus. Er hat klare Ziele, die er durch Gewinnung und Verwertung der verfügbaren Informationen erreichen will. In einem rationalen Problemlösungsprozess stellt er mehrere Alternativen auf und versucht diese zu bewerten. Diejenige, die seinen Nutzen maximiert, wird er auswählen.

2. *Gewohnheitsverhalten:* Der Käufer verzichtet darauf, bei jedem Kauf eine neue Entscheidung zu treffen. Er verhält sich nach einem – meistens aufgrund seiner Erfahrung – bewährten Muster. Es handelt sich um Routine-Entscheidungen.

3. *Impulsverhalten:* Der Käufer lässt sich von seinen augenblicklichen Gefühlen und Eingebungen leiten. Er verzichtet auf Informationen und handelt spontan.

4. *Sozial abhängiges Verhalten:* Der Käufer entscheidet nicht aufgrund eigener Informationen und Erfahrungen, sondern lässt sich von den Wertvorstellungen seiner Umwelt (Freunde, Mitarbeitende, berühmte Leute) leiten.

Bei vielen Produkten sind mehrere Personen am Kaufentscheid beteiligt. Es können die *Käuferrollen* des Initiators, des Einflussnehmers, des Entscheidungsträgers, des Käufers und des Benutzers unterschieden werden.

Einen umfassenderen Ansatz, welche Einflussfaktoren den Kaufprozess bestimmen, zeigt das Stimulus-Response-Modell auf (▷ Black-Box-Modell).

▷ Kaufverhalten von Organisationen

Kaufverhalten von Organisationen

Das Kaufverhalten von Organisationen unterscheidet sich vom ▷ Kaufverhalten von Konsumenten in folgender Hinsicht:

- Es handelt sich im Allgemeinen um kollektive Entscheidungen, an deren Zustandekommen unterschiedliche Stellen oder Abteilungen (▷ Buying Center) beteiligt sind.
- In die Kaufentscheidungen fliessen unterschiedliche Zielsetzungen ein, die sich widersprechen können.
- Der Einkaufsprozess ist an die vom Unternehmen vorgegebenen Bedingungen und Einschränkungen gebunden.

Aufgrund dieser Unterschiede verlangen die Kaufentscheidungen von Organisationen die Berücksichtigung einer grösseren Anzahl von Einflussfaktoren, und sie dauern länger als Kaufentscheidungen von Konsumenten.

Keiretsu

Keiretsu (wörtlich übersetzt: Ordnung, Folge) ist eine japanische Organisationsform, die vom Ministerium für Internationalen Handel und Industrie (Miti) mit dem Wort *Unternehmensgruppen* (Corporate

Groups) gleichgesetzt wird. Dabei sind folgende Formen zu unterscheiden:
- *Vertikale Keiretsu:* Ein Endhersteller – i.d.R. ein Industrieunternehmen – hat ein mehrstufiges Unterlieferantennetz aufgebaut. Beispiele: Autoindustrie (Toyota, Nissan) und Apparateindustrie (Hitachi, Matsushita).
- *Horizontale Keiretsu:* In einer Unternehmensgruppe sind Firmen aus unterschiedlichen Branchen vertreten. Die japanische Wettbewerbsbehörde (Fair Trade Commission) untersucht periodisch das Verhalten der «sechs grossen Unternehmensgruppen» (Mitsubishi, Mitsui, Sumitomo, Fuyo, Dai-Ichi-Kangyo und Daiwa).
- *Keiretsu in der Distribution:* Ein Endhersteller – i.d.R. ein Industrieunternehmen – verfügt über ein eigenes, mit Exklusivverträgen oder mit ähnlichen Auflagen gesichertes Verkaufsnetz. Beispiele: Autoindustrie und Apparateindustrie.

Kennzahlen

Kennzahlen geben in absoluter und relativer Form konzentrierte Informationen über wichtige betriebliche Sachverhalte. Sie entstehen, indem relevante quantitative Daten ausgewählt, miteinander verglichen und ausgewertet werden. Kennzahlen haben in der betrieblichen Praxis eine grosse Verbreitung gefunden und sind für die Führung eines Unternehmens unentbehrlich. Sie können für alle betrieblichen Funktionen gebildet werden und dienen als vorzügliche Analyse-, Planungs-, Entscheidungs- und Kontrollinstrumente. Verbreitet sind Kennzahlen v.a. im Rechnungswesen im Rahmen der ▷ Bilanz- und Erfolgsanalyse, wo Kennzahlen zur Analyse der Vermögensstruktur, der Kapitalstruktur, der Deckungsverhältnisse, der ▷ Liquidität und der Ertragslage berechnet werden. Häufig werden Kennzahlen auch zu komplexen ▷ Kennzahlensystemen zusammengefasst, um den Aussagewert im Vergleich zu einzelnen Kennzahlen zu steigern.

Kennzahlensystem

Da viele ▷ Kennzahlen einzeln betrachtet nur eine geringe Aussagekraft besitzen, werden diese oft in Kennzahlensystemen zusammengefasst, um Beziehungen und Zusammenhänge aufzuzeigen.
Durch die Anwendung von Kennzahlensystemen erhält die Geschäftsleitung die Möglichkeit, kausale Zusammenhänge sowie Ursachen und Wirkungen positiver und negativer Faktoren auf den Unternehmenserfolg zu erkennen. Kennzahlensysteme vermindern die Unsicherheit bei der Entscheidungsfindung und sind im Rahmen des Führungsprozesses ein wertvolles Instrument zur Planung und Kontrolle des betrieblichen Geschehens. Zudem sind Kennzahlensysteme in der Lage, Ansatzpunkte zur Verbesserung der Wirtschaftlichkeit aufzuzeigen.
Viele der in der Praxis relevanten Kennzahlensysteme enthalten eine (z.B. das ▷ Du-Pont-Schema oder das ▷ ZVEI-Kennzahlensystem) oder allenfalls zwei (z.B. das ▷ Rentabilitäts-Liquiditäts-Kennzahlensystem) übergeordnete Kennzahlen, welche die Informationen des jeweiligen Systems in komprimierter Form wiedergeben und Rückschlüsse auf das oberste Ziel eines Unternehmens ermöglichen. In vielen Fällen ist dies entweder die ▷ Gesamt- oder aber die ▷ Eigenkapitalrentabilität. Die Geschäftsleitung sollte aber beachten, dass die Übernahme von in der Praxis bereits bestehenden Systemen oft nicht zweckmässig ist, weil dadurch den betriebsspezifischen Informationsbedürfnissen zu wenig Rechnung getragen wird. Wichtig ist auch, dass ein Kennzahlen-

system ausbaufähig ist, damit Korrekturen und Erweiterungen vorgenommen werden können, ohne das Basismodell (die Grundstruktur) zu verletzen.

Kernarbeitszeit

Unter der Kernarbeitszeit *(Blockzeit)* wird der Zeitraum verstanden, in dem alle Beschäftigten an ihrem Arbeitsplatz anwesend sein müssen (Anwesenheitspflicht). Vor allem in Verbindung mit der ▷ gleitenden Arbeitszeit ist die Kernarbeitszeit von Bedeutung.

Kernfunktionen

Kernfunktionen sind diejenigen betrieblichen Funktionen, die im Rahmen der Wertkette unmittelbar zur Leistungserstellung beitragen und einen unmittelbaren Kundennutzen erzeugen. Sie sind von den
▷ Supportfunktionen abzugrenzen.
▷ Business Reengineering
▷ Wertkette

Kerngeschäft

Unter dem Kerngeschäft eines Unternehmens versteht man jene Geschäftsbereiche, für welche das Unternehmen das zur erfolgreichen Geschäftsführung notwendige Know-how (▷ Kernkompetenz) besitzt bzw. erarbeitet hat.

Kernkompetenz

Unter Kernkompetenz versteht man das Potenzial eines Unternehmens, das den Aufbau von Wettbewerbsvorteilen in verschiedenen Geschäftsbereichen ermöglicht. Es handelt sich um die in einem Unternehmen vorhandenen, langfristig aufgebauten Kompetenzen in Produkt-, Markt- oder Prozess-Know-how, die eine Basis für die Entwicklung neuer *Kern-* und *Endprodukte* bilden (▶ Abb. 89).

Durch Verknüpfung verschiedener Kernkompetenzen mit Hilfe von ▷ Innovationen können neue ▷ strategische Geschäftsfelder erschlossen werden. Innovationspro-

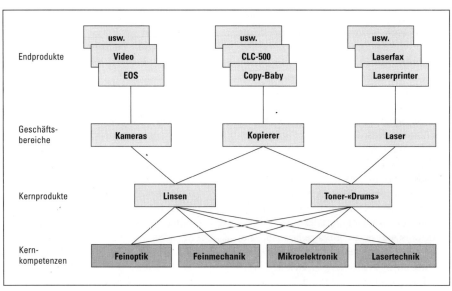

▲ Abb. 89   Kernkompetenzenbaum für Canon

zesse führen zur Entwicklung von sog. *Kern*produkten, z.B. Motoren. Diese Produkte können in verschiedenen Geschäftsbereichen eingesetzt werden (z.B. Motoren für Automobile, Schiffe und Rasenmäher bei Honda) und sodann den Kundenbedürfnissen entsprechend modifiziert und als *End*produkte auf den Markt gebracht werden.

Zur Identifikation von unternehmerischen Kernkompetenzen dienen folgende Kriterien: (1) Kernkompetenzen öffnen den Zugang zu *verschiedenen* Produkte-Märkten, (2) sie werden vom Kunden als *Vorzug* (Nutzen) eines Endprodukts wahrgenommen, (3) sie sind für die Wettbewerber nur *schwer* zu imitieren, (4) sie sind schwer substituierbar (z.B. durch ▷ Outsourcing). Ziel des Managements muss es sein, einerseits die Anzahl vorhandener Kernkompetenzen nach strategischen Gesichtspunkten zu erhöhen und andererseits bestehende Kompetenzen so miteinander zu verknüpfen, dass innovative Prozesse in Gang kommen.
▷ Strategische Erfolgsposition

Kernprodukt
▷ Kernkompetenz

Kernprozess
Kernprozesse sind im Rahmen des ▷ Business Reengineering bzw. der Prozessorganisation definiert als ein Bündel funktionsübergreifender Tätigkeiten, die darauf ausgerichtet sind, einen Kundennutzen zu schaffen. ▷ Kernfunktionen, die von grosser strategischer Bedeutung für das Unternehmen sind, werden gezielt miteinander verbunden. Bei einer solchen Prozessorientierung sollte die Zahl der zu definierenden Kernprozesse zwischen 5 und 8 liegen.

Key Account Management
Key Account Management *(Schlüssel-* oder *Grosskundenmanagement)* bezeichnet das Bestreben von Unternehmen, bei ihren Marketingbemühungen die Bedürfnisse von Gross- oder Schlüsselkunden(-gruppen) stärker zu berücksichtigen und diesen Kunden eine besonders gute Betreuung zukommen zu lassen. Das Key Account Management wirkt sich v.a. in der Gestaltung der Marketingorganisation aus, indem vermehrt eigene organisatorische Einheiten (▷ Stellen, ▷ Abteilungen) für die Schlüsselkunden gebildet werden.
Während das Key Account Management im Handel eine relativ neue Entwicklung ist, wird es beim ▷ Investitionsgütermarketing schon lange angewandt.

Keynesianismus
Der Keynesianismus ist eine ökonomische Lehrmeinung, benannt nach ihrem Begründer John Maynard Keynes (1883 bis 1946). Charakteristisch für keynesianische Modelle sind die Annahmen, dass (1) die Marktkräfte aufgrund verschiedener Unvollkommenheiten (v.a. Rigiditäten) zu schwach sind, um das Hauptziel, die ▷ Vollbeschäftigung, zu erreichen, und dass (2) Konjunkturschwankungen (▷ Konjunktur) in erster Linie durch Schwankungen im privaten ▷ Konsum ausgelöst werden, weshalb es Aufgabe des Staats sei, die fehlende ▷ Nachfrage durch ▷ Staatsausgaben im Sinn einer konjunkturellen Steuerung zu kompensieren.
▷ Schulen ökonomischen Denkens

KGV
Abk. für ▷ Kurs-Gewinn-Verhältnis

Klassische Finanzierungsregel
Syn. für ▷ Goldene Finanzierungsregel

Klassische Ökonomie
▷ Schulen ökonomischen Denkens

Kleinaktiengesellschaft
Klein- oder *Familienaktiengesellschaften* sind ▷ Aktiengesellschaften, welche wenige Gesellschafter und oft ein minimales ▷ Aktienkapital haben und deren Mitglieder durch persönliche (oft verwandtschaftliche) Beziehungen untereinander verbunden sind.

Kleinserienfertigung
Die Kleinserienfertigung ist – wie die ▷ Einzelfertigung – ein ▷ Fertigungstyp, bei dem Produkte kundenspezifisch und in kleinen Losgrössen (▷ Fertigungslos) hergestellt werden. In der Regel entspricht die Kleinserienfertigung der ▷ Werkstattfertigung, ▷ flexiblen Fertigungszellen oder ▷ flexiblen Fertigungssystemen.
Der Wandel von Anbieter- zu Nachfragermärkten hat zu einer grösseren Bedeutung der Einzel- und Kleinserienfertigung geführt. Probleme von Kleinserienfertigern sind zu viele ▷ Varianten und daraus resultierend unwirtschaftliche Losgrössen.

Knappe Güter
Syn. für ▷ Güter, ökonomische

Knowledge Discovery in Data Bases
Syn. für ▷ Data Mining

Knowledge Management
Engl. für ▷ Wissensmanagement

Koalitionstheorie
Cyert/March formulierten 1963, basierend auf der ▷ Anreiz-Beitrags-Theorie, die These vom Unternehmen als politischer Koalition, an der verschiedene ▷ Anspruchsgruppen beteiligt sind. Das Unternehmen selbst stellt eine Koalition von Individuen dar, die wiederum verschiedenen Subkoalitionen (z. B. Mitarbeitende mit gleicher Arbeit, Mitglieder der Firmenfussballmannschaft) angehören. Es wird unterstellt, dass alle Organisationsmitglieder Individualziele haben, die in einem Verhandlungsprozess in globale, übergeordnete Organisationsziele (Koalitionsziele) umgewandelt werden. Die dabei auftretenden Interessengegensätze müssen beseitigt werden, indem über die zu leistenden Beiträge und die dafür angebotenen monetären und nichtmonetären Anreize ein Ausgleich geschaffen wird.

Kognitive Dissonanz
▷ Dissonanz, kognitive

Kollegialprinzip
Von einem Kollegialprinzip – im Gegensatz zum ▷ Direktorialprinzip – spricht man, wenn in einer Pluralinstanz (▷ Instanz) Entscheidungen gemeinsam getroffen werden. Dadurch werden die einzelnen Personen entlastet und verschiedene Aspekte bei der Entscheidungsfindung berücksichtigt. Der Nachteil liegt i. d. R. beim höheren Zeitaufwand zur Entscheidungsfindung und im grösseren Konfliktpotenzial. Nach der Art und Weise, wie die Entscheidungen getroffen werden, unterscheidet man:
- *Primatkollegialität:* Der Vorsitzende als «Primus inter pares» hat bei Abstimmungen mehr Gewicht und kann letztlich seinen Willen durchsetzen.
- *Abstimmungskollegialität:* Eine einfache oder qualifizierte Mehrheit entscheidet, wobei allen Anwesenden die gleiche Stimmkraft zukommt.
- *Kassationskollegialität:* Zur Gültigkeit von Beschlüssen ist Einstimmigkeit erforderlich.

■ *Ressortkollegialität:* Die Verantwortlichkeiten der Mitglieder der Pluralinstanz sind auf den eigenen Fachbereich eingeschränkt.

Kollektivgesellschaft

Die Kollektivgesellschaft ist eine Gesellschaft, in der zwei oder mehrere natürliche Personen, ohne Beschränkung ihrer Haftung gegenüber den Gesellschaftsgläubigern, sich zum Zwecke vereinigen, unter einer gemeinsamen Firma ein Handels-, ein Fabrikations- oder ein anderes nach kaufmännischer Art geführtes Gewerbe zu betreiben (Art. 552 OR).

Kollektivgüter

Kollektivgüter dienen als ökonomische Güter (▷ Güter, ökonomische) zur Befriedigung der Bedürfnisse mehrerer Individuen gleichzeitig und werden i.d.R. durch eine Gruppe, ein Kollektiv oder durch die ganze Gemeinschaft (Staat) erstellt oder finanziert. Beispiele sind Strassen, Museen, Theater usw. (vgl. auch ▷ Club-Güter).
▷ Individualgüter

Kollokationsplan
▷ Konkurs

Kombination von Unternehmen

Bei einer Kombination werden zwei oder mehrere Unternehmen zusammen geschlossen, die ein völlig neues Unternehmen bilden. Es handelt sich um eine ▷ Fusion durch Neubildung.

Kommanditaktiengesellschaft

Die Kommanditaktiengesellschaft ist eine Gesellschaft, deren Kapital in Aktien zerlegt ist und bei der ein oder mehrere Mitglieder den Gesellschaftsgläubigern unbeschränkt und solidarisch gleich einem Kollektivgesellschafter haftbar sind. Für die Kommanditaktiengesellschaft kommen, soweit nicht etwas anderes vorgesehen ist, die Bestimmungen über die Aktiengesellschaft zur Anwendung (Art. 764 OR).

Kommanditär
▷ Kommanditgesellschaft

Kommanditgesellschaft

Die Kommanditgesellschaft ist eine Gesellschaft, die zwei oder mehrere Personen zum Zwecke vereinigt, ein Handels-, ein Fabrikations- oder ein anderes nach kaufmännischer Art geführtes Gewerbe unter einer gemeinsamen Firma in der Weise zu betreiben, dass wenigstens ein Mitglied als *Komplementär* unbeschränkt, ein oder mehrere Mitglieder aber als *Kommanditäre* nur bis zum Betrage einer bestimmten Vermögenseinlage, der *Kommanditsumme*, haften (Art. 594 OR).

Kommanditsumme
▷ Kommanditgesellschaft

Kommission
▷ Reisender

Kommissionär

Kommissionäre kaufen und verkaufen im eigenen Namen, jedoch auf Rechnung und Gefahr ihrer Auftraggeber. Als Vergütung erhalten sie eine umsatzabhängige Kommission, die mit steigendem Umsatz fallen kann. Kommissionsgeschäfte (Art. 425–443 OR) werden häufig im Wertpapiergeschäft und im Handel mit Agrarprodukten und Rohstoffen (Import- und Exporthandel) getätigt.

Kommunikation

Unter Kommunikation versteht man den Austausch von verbalen oder nonverbalen Botschaften. Zu den verbalen Botschaften eines Unternehmens gehören etwa Inserate oder Werbespots, zu den nonverbalen das ▷ Corporate Design. Die Kommunikation spielt bei der ▷ Kommunikationspolitik als Element des Marketing-Mix sowie bei der ▷ Glaubwürdigkeit des Unternehmens eine wichtige Rolle.

Kommunikationsmix
▷ Marketing-Mix

Kommunikationsmodell
▷ Kommunikationsprozess

Kommunikationspolitik

Die Kommunikationspolitik als Element des ▷ Marketing-Mix übermittelt den gegenwärtigen und potenziellen Kunden sowie der am Unternehmen interessierten ▷ Anspruchsgruppen Informationen über die Produkte und das Unternehmen, um optimale Voraussetzungen zur Befriedigung von Bedürfnissen zu schaffen sowie die Akzeptanz und die ▷ Glaubwürdigkeit des Unternehmens zu erhöhen. Im Rahmen der Kommunikationspolitik sind folgende Elemente zu beachten:
1. *Kommunikationssubjekt:* Mit wem wird kommuniziert?
2. *Kommunikationsobjekt:* Was soll mitgeteilt werden? Handelt es sich z.B. um Informationen über einzelne Produkte oder über das Unternehmen als Ganzes?
3. ▷ *Kommunikationsprozess:* Welches Vorgehen wird im Umgang mit Partnern gewählt? Wie sollen die Kommunikationsbeziehungen gestaltet werden?

Wichtige Instrumente sind die ▷ Public Relations, die ▷ Werbung, die ▷ Verkaufsförderung, der persönliche ▷ Verkauf, das ▷ Sponsoring, das ▷ Direktmarketing, die Gestaltung des Designs (▷ Corporate Design, ▷ Produktdesign) und die Teilnahme an ▷ Messen.

Kommunikationsprozess

Jeder Kommunikationsprozess gibt Antwort auf folgende Fragen: Wer (Sender) sagt was (Botschaft) zu wem (Empfänger) auf welchem Kanal (Medium) mit welcher Wirkung (Effekt)? Daraus lässt sich ein *Kommunikationsmodell* ableiten (▶ Abb. 90). Die einzelnen Elemente lassen sich folgendermassen umschreiben:
- *Sender:* Institution (Person, Unternehmen), welche die Botschaft aussendet.
- *Verschlüsselung:* Prozess der Umwandlung der gedanklichen Botschaft in eine fassbare Gestalt (z.B. Sprache, bildliche Darstellung).
- *Botschaft:* Summe der Darstellungen, die mittels der Medien übermittelt werden.
- *Medien:* alle Möglichkeiten, um die Botschaft vom Sender zum Empfänger zu transportieren.
- *Entschlüsselung:* Fassbare Gestalt der Botschaft wird in den gedanklichen Ausdruck zurückgewandelt.
- *Empfänger:* Instanz (Person, Organisation), die die Botschaft erhält.
- *Wirkung:* Reaktionen der Empfänger nach Erhalt der Botschaft.
- *Rückmeldung:* alle Reaktionen der Empfänger, die an den Sender zurückgegeben werden.
- *Störsignale:* alle Einflüsse, die eine negative Wirkung auf den Kommunikationsprozess ausüben.

Vorausgesetzt, der Sender weiss, wen er ansprechen soll, besteht das Problem der Botschaftsübertragung darin, dass der Sender und der Empfänger eine möglichst weit gehende Übereinstimmung ihrer Sprache und Erfahrungswelten aufweisen

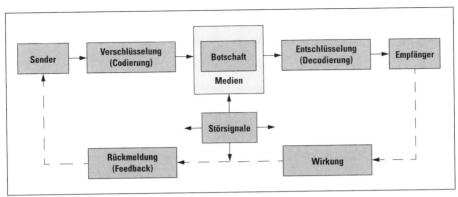

▲ Abb. 90 Elemente des Kommunikationsprozesses (Kotler/Bliemel 2001, S. 884)

müssen, um Missdeutungen und Unverständnis der Botschaft zu vermeiden.
Die wichtigsten Störsignale beim Empfänger sind die selektive Wahrnehmung (die Empfänger nehmen nur einen Teil der Botschaft und ihrer Reize wahr), die selektive Verzerrung (es wird nur das wahrgenommen, was man wahrhaben will) und die selektive Erinnerung (es wird nur ein kleiner Teil der Botschaft im Gedächtnis gespeichert).

Kommunikationsweg

Kommunikationswege bzw. *Informationswege* sind Verbindungswege zwischen (organisatorischen) ▷ Stellen. Sie können in Mitteilungs- und Entscheidungswege aufgeteilt werden:
▪ *Reine Mitteilungswege* können horizontal, vertikal und diagonal durch die Organisationsstruktur gehen. Sie sind meistens zweiseitig und werden zum Austausch von Informationen benutzt.
▪ *Entscheidungswege* dienen der Willensbildung und Willensdurchsetzung. Sie können weiter differenziert werden in:
(a) *Anrufungswege:* Eine Stelle bedarf zur Erfüllung einer bestimmten Aufgabe der Entscheidung einer anderen Stelle. Der Anrufung werden auch die Rückfrage, der Vorschlag, der Antrag und die Beschwerde zugeordnet. Während die Anrufungswege sowohl horizontal als auch vertikal verlaufen, sind *Beschwerdewege* nur vertikal, wobei meist Zwischeninstanzen übersprungen und direkt höhere Instanzen (z. B. Personal- oder Abteilungschef) angerufen werden. (b) *Mitsprachewege:* Mehrere Stellen sind an einer Entscheidung beteiligt. Der Grad der Entscheidungsbeteiligung kann unterschiedlich gross sein. (c) *Anordnungswege* sind im Gegensatz zu den Anrufungs- und Mitsprachewegen nur vertikal. Es geht um die direkten Anordnungen einer Instanz an die ihr unterstellte Stelle.
Sind die Kommunikationswege festgelegt, welche die Organisationsmitglieder verbindlich einhalten müssen, so spricht man vom formalen ▷ Dienstweg.

Komparative Vorteile

Das Prinzip der komparativen Vorteile (nach David Ricardo, 1772–1823) besagt, dass für die Nutzung der Vorteile einer ▷ Spezialisierung bereits relative Unterschiede in den Produktionsbedingungen (die zu relativen Kostenvorteilen führen) ausreichend sind. Dies bedeutet, dass für die Arbeitsteilung zwischen zwei oder mehr *Produzenten* (d.h. z.B. einzelne Personen, Fabriken oder auch Länder) nicht die absoluten, sondern die *relativen* (sog. komparativen) Produktionsunterschiede bzw. -vorteile massgebend sind. Diese Unterschiede können sich aus unterschiedlichen Ausstattungen (Maschinen, Technologien usw.), Fähigkeiten oder auch klimatischen und geografischen Bedingungen ergeben und zu unterschiedlichen Produktionskosten führen. Sobald solche Unterschiede bzw. relativen Vorteile existieren, ist für alle Beteiligten eine Spezialisierung auf jene Produkte oder Tätigkeiten vorteilhaft, bei deren Produktion oder Durchführung für sie die grössten komparativen (Produktions-)Vorteile bestehen. Die Vorteile der Spezialisierung wiederum können nur zum Tragen kommen, wenn im Anschluss an die spezialisierte Produktion ein freier ▷ Tausch der produzierten Leistungen stattfinden kann. Hierin liegt die ökonomische Begründung für den ▷ Freihandel.

Beispiel: Man nehme an, dass unter den gegebenen Produktionsbedingungen und bei gegebenem Einsatz der Produktionsmittel in einem Land A drei Arbeitsstunden für die Produktion einer Einheit eines Guts X und 4 Stunden für eine Einheit eines Guts Y benötigt werden, während in einem Land B für die Produktion einer Einheit X nur 1 und für eine Einheit Y nur 2 Stunden notwendig sind. Beide Länder produzieren und konsumieren beide Güter. Es ist ersichtlich, dass Land B bei der Produktion *beider* Güter einen *absoluten* Vorteil hat. Dennoch ist eine Spezialisierung von Land A auf das Gut Y und Land B auf das Gut X (mit anschliessendem Tausch) vorteilhaft, weil A bei Spezialisierung auf Y pro Arbeitsstunde lediglich auf $1/4$ X verzichten muss, während B für die Produktion von Y pro Arbeitsstunde auf 1 X verzichten müsste. Anders ausgedrückt: Für die Produktion einer Einheit Y muss A nur auf $3/4$ X verzichten, B dagegen auf 2 X. Somit ist es für Land B vorteilhaft, sich auf das (im Vergleich zu Gut Y relativ effizienter produzierte) Gut X zu spezialisieren und anschliessend die benötigten Y gegen die produzierten X zu tauschen. Aufgrund der Nutzung der komparativen Vorteile durch Spezialisierung steigt somit die Gesamtmenge der produzierten Güter.

Kompensationsgeschäft

Von einem Kompensationsgeschäft spricht man, wenn Unternehmen oder staatliche Organisationen Leistungen nur dann erwerben, wenn der Vertragspartner sich verpflichtet, Gegengeschäfte mindestens teilweise zu garantieren. Kompensationsgeschäfte kommen häufig bei Rüstungsgeschäften zustande, wenn sich der ausländische Lieferant verpflichtet, im Inland Aufträge zur Teilelieferung oder Montage zu vergeben.

Kompetenz

Als Kompetenz im organisatorischen Sinn bezeichnet man die Rechte und Befugnisse, alle zur Aufgabenerfüllung erforderlichen Handlungen und Massnahmen vornehmen zu können oder ausführen zu lassen. Zu unterscheiden ist die organisatorische Kompetenz von der ▷ Managementkompetenz, bei der es um Fähigkeiten von Führungskräften geht.

Eine genaue Umschreibung der Kompetenzen (Rechte und Befugnisse) ist v.a. dann erforderlich, wenn mehrere Stellen gleichzeitig bei einer Aufgabenerfüllung mitwirken. Die Kompetenzen einer Stelle werden häufig im ▷ Funktionendiagramm und in der ▷ Stellenbeschreibung festgehalten. Folgende Kompetenzen können unterschieden werden:

- *Antragskompetenz:* Der Mitarbeitende erhält das Recht, Entscheidungsunterlagen zu erstellen und einen materiellen Vorschlag einzureichen (z. B. Werbebudget). Der Entscheid selbst wird von der übergeordneten Instanz gefällt.
- *Ausführungskompetenz:* Die Mitarbeitenden haben das Recht bzw. die Pflicht, die ihnen übertragenen Aufgaben auszuführen. Sofern keine anders lautenden Vorschriften bestehen, können sie Vorgehen und Arbeitsmethodik selbst wählen.
- *Verfügungskompetenz:* Die Mitarbeitenden müssen über die erforderlichen Mittel zur Aufgabenerfüllung verfügen.
- *Entscheidungskompetenz:* Die Mitarbeitenden haben das Recht, zwischen Handlungsalternativen zu wählen (z. B. Büromaterialeinkauf, Einstellung neuer Mitarbeitender).
- *Anordnungskompetenz:* Das Recht, eine konkrete Aufgabe im Namen einer übergeordneten Instanz weiter zu delegieren.

Komplementär
▷ Kommanditgesellschaft

Komplementärgut
Während sich ▷ Substitutionsgüter ersetzen, sind Komplementärgüter solche ökonomischen Güter (▷ Güter, ökonomische), die gemeinsam konsumiert werden müssen, damit sie überhaupt einen Nutzen erbringen. Beispiele sind Autos und Autoreifen, linke und rechte Schuhe.

Komplexes System
Ein komplexes System ist ein offenes und anpassungsfähiges ▷ System, das aus zahlreichen Elementen besteht, die durch nichtlineare Wechselwirkungen miteinander verknüpft sind und eine organisierte und dynamische, d. h. sich entwickelnde Einheit bilden. Offen heisst, dass ein System mit seiner Umwelt durch Material-, Energie- oder Informationsflüsse kommuniziert. Nicht-linear heisst, es bestehen keine kausalen Zusammenhänge zwischen Input und Output, somit kann der Output bzw. das Verhalten auf einen bestimmten Input (Reiz) nicht vorausgesagt werden. Es bestehen zahlreiche Verflechtungen, Überlappungen oder Kreuzungen zwischen Input und Output, die sich verstärken, abschwächen oder sogar gegenseitig aufheben. Komplexe Systeme sind fähig, sich der Umwelt anzupassen, sich zu entwickeln und zu lernen (▷ Selbstorganisation), im Gegensatz zu ▷ trivialen Systemen.

Komplexe Systeme können drei Zustände annehmen:

- Der *geordnete* Zustand zeichnet sich dadurch aus, dass das System blockiert, starr ist. Beispiel: Bürokratie.
- Beim *chaotischen* Zustand ist ein System völlig instabil. Es kann weder stabilisierende Strukturen bilden, noch sich entwickeln. Beispiele: Börsencrash, politisch-gesellschaftliche Revolution.

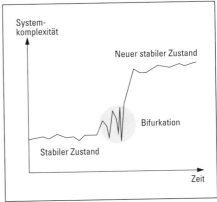

▲ Abb. 91 Entwicklungsverlauf eines komplexen Systems (Gandolfi 2001, S. 70)

- Befindet sich das System im Grenzbereich zwischen geordnetem und chaotischem Zustand, spricht man von einem *komplexen* Zustand. Für diesen wurde der Begriff «on the edge of the chaos» (am Rande des Chaos) geprägt. In diesem Zustand kann sich das System am besten anpassen und entwickeln, es ist auch besonders kreativ. Beispiele: Unternehmen in einem tiefgreifenden Change-Prozess nach einer Krise; Jungunternehmen mit neuer Geschäftsidee, z.B. ▷ Corporate Incubators.

Wie ◀ Abb. 91 zeigt, verläuft die Entwicklung eines komplexen Systems sehr dynamisch, wobei sich stabile und instabile Zustände abwechseln. Die Übergangsphase bezeichnet man als ▷ Bifurkation. In dieser chaotischen Phase setzt sich eine kleine Veränderung oder Fluktuation durch und versetzt das System in einen neuen stabilen Zustand.

Komplexität

Komplexität bezeichnet nach Willke (2000) den Grad der Vielschichtigkeit, Vernetzung und Folgelastigkeit eines Entscheidungsfeldes:

- *Entscheidungsfeld* deutet darauf hin, dass es keine Komplexität an sich gibt, sondern nur in Bezug auf ein bestimmtes Problem, welches für ein bestimmtes ▷ System in einer bestimmten Situation ▷ Selektionen erfordert.
- *Vielschichtigkeit* bedeutet den Grad der funktionalen Differenzierung eines sozialen Systems und die Zahl der bedeutsamen Referenzebenen (z.B. in einem Unternehmen: Individuum, Gruppe, Organisation).
- *Vernetzung* heisst Art und Grad wechselseitiger Abhängigkeiten zwischen den einzelnen Teilen und zwischen den Teilen und dem Ganzen.
- *Folgelastigkeit* meint Zahl und Gewicht der durch eine bestimmte Entscheidung in Gang gesetzten Kausalketten oder Folgeprozesse innerhalb des betrachteten Systems.

Aufgrund dieser Eigenschaften ist keine vollständige oder genaue Analyse eines Entscheidungsfeldes möglich. Diese Erkenntnis ist Ausgangspunkt des systemischen Denkens (▷ systemisches Management) und der Betrachtung des Unternehmens als ein ▷ komplexes Systems.

Die Komplexität einer Aufgabe ergibt sich aus der Anzahl, Unterschiedlichkeit und Verknüpfung ihrer Teilaufgaben. Der Umgang mit Komplexität ist eine der grundlegenden Aufgaben des Managements (▷ Führung), da durch Komplexitätsvermeidung oder Komplexitätsreduktion betriebliche Abläufe (▷ Ablauforganisation) vereinfacht werden können. Dadurch lassen sich erhebliche Kostensenkungs- und Durchlaufzeitpotenziale erschliessen.

Komplexitätsreduktion

▷ Exformation

Kompliziertes System

Komplizierte Systeme sind ▷ Systeme, die sich aus vielen Systemelementen zusammensetzen, die stark miteinander verknüpft sind. Die Beziehungen zwischen den Systemelementen bleiben aber – im Gegensatz zu einem ▷ komplexen System – im Zeitablauf stabil. Dies ergibt eine spezifische Steuerungssituation. Das Verhalten eines komplizierten Systems ist somit deterministisch und letztlich berechenbar. Man spricht deshalb auch von einem ▷ trivialen System. Zur Lösung komplizierter Probleme ist Spezialistenwissen notwendig, aber es gibt eine technisch beste Lösung. Beispiele: Kaffeemaschine, Erstel-

len einer Offerte, Programmierung einer Software, Ausfüllen der Steuererklärung, Konstruktion einer Uhr. Durch die Zunahme an Kompliziertheit entsteht aber nie Komplexität.
▷ Triviales System

Konditionenkartell
▷ Kartell

Konditionen-Mix
▷ Marketing-Mix

Konditionenpolitik
Die Konditionenpolitik als Element des ▷ Marketing-Mix umfasst die Entscheidungen über das Entgelt für die angebotenen Produkte oder Dienstleistungen sowie die damit verbundenen Bezugsbedingungen. Sie gliedert sich in die ▷ Preispolitik, die ▷ Rabattpolitik, die Transportbedingungen, die Absatzfinanzierung, die Zahlungsbedingungen sowie den *Kundendienst*. Da diese Instrumente mit den Kaufakten unmittelbar zusammenhängen, sind sie im Gegensatz zu den Instrumenten der ▷ Produkt- und ▷ Distributionspolitik relativ kurzfristig variierbar. Dies trifft v.a. auf die Preis- und Rabattpolitik zu.

Konglomerat
Unter dem Begriff Konglomerat (Konglomeratskonzern) versteht man einen ▷ Konzern, der eine ausgesprochen starke ▷ Diversifikation seiner Geschäftstätigkeiten aufweist. Dies bedeutet, dass seine Tochtergesellschaften in völlig verschiedenen Branchen tätig sind.

Kongruenz
Unter Kongruenz im Rahmen der ▷ Fertigung versteht man die Ähnlichkeit zwischen Konstruktions- und Fertigungsdokumenten. Je höher die Übereinstimmung dieser Arbeitspapiere ist, desto weniger ist die Erstellung gesonderter Unterlagen durch die ▷ Arbeitsvorbereitung notwendig.

Konjunktur
Grundlage für jede ▷ Produktion bildet das Produktionspotenzial einer Wirtschaft (▷ Produktionsfaktoren). Seine Veränderung über die Zeit wird als Trend oder Trendwachstum (▷ Wachstum, wirtschaftliches) bezeichnet. Schwankt die tatsächliche Auslastung des Produktionspotenzials mit einer gewissen Regelmässigkeit, wird dies als Konjunktur oder Konjunkturzyklus bezeichnet. Idealtypisch lassen sich vier Phasen dieses Zyklus unterscheiden (▶ Abb. 92): (1) In einer *Rezession* herrschen tiefe Kapazitätsauslastungen, hohe Lagerbestände und hohe ▷ Arbeitslosigkeit. Das Vertrauen in die wirtschaftliche Entwicklung und die Bereitschaft zu ▷ Investitionen sind gering. (2) Der *Aufschwung* ist gekennzeichnet durch einen allmählichen Anstieg der Verkäufe (zunächst v.a. von Konsumgütern), einhergehend mit einem Lagerabbau. Zunächst langsam, dann beschleunigt steigen auch Produktion (Output) und Gewinne. Aufgrund des steigenden Vertrauens in die Wirtschaftsentwicklung wird nicht nur mehr konsumiert, sondern bei zunehmender Auslastung der bestehenden Kapazitäten und Abbau der Lager auch mehr investiert. Die Arbeitslosigkeit nimmt im Aufschwung meist verzögert ab, und es war in den letzten Dekaden in verschiedenen Ländern zu beobachten, dass sie nicht mehr auf das Niveau vor der Rezession sinkt (sog. *Hysteresis-Effekt*). (3) Die Phase der *Hochkonjunktur* charakterisiert sich durch ein hohes Konsumniveau,

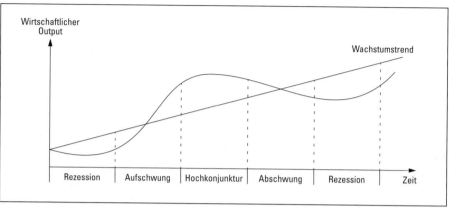

▲ Abb. 92 Schematische Darstellung des Konjunkturzyklus (nach Basseler et al. 1995, S. 708)

Kapazitätsengpässe und grosse Investitionstätigkeit. Sofern die Kapazitäten nicht entsprechend der Nachfrage ausgeweitet werden können, kommt es zu ▷ Inflation, welche ihrerseits die Nachfrage dämpft. (4) Im *Abschwung* sinken Nachfrage, Produktion, Investitionen und Gewinne, wobei die Lagerbestände stetig zunehmen. Meist beginnt die folgende Rezession zunächst langsam (Konsum- und Investitionsrückgang aufgrund negativer Erwartungen) und entwickelt sich dann schneller (Rückgang der Produktion, Freisetzung von Arbeitskräften).
In der Praxis sind vielerlei Abweichungen von diesem idealtypischen Grundmuster festzustellen. Insbesondere sind die Übergänge fliessend und einzelne ▷ Branchen können unterschiedlich stark betroffen sein. So ist z. B. die Baubranche regelmässig stärker von konjunkturellen Schwankungen betroffen als beispielsweise die Versicherungsbranche. Zudem ist es in der Praxis oft schwierig, zwischen den strukturellen Problemen einer Branche (z. B. des Tourismus) und konjunkturellen Schwankungen zu unterscheiden. Da sich beide Effekte überlagern, wird mit Massnahmen der ▷ Konjunkturpolitik ein notwendiger ▷ Strukturwandel oftmals behindert.
▷ Indikatoren der Konjunktur

Konjunkturpolitik

Die Konjunkturpolitik ist Teil der ▷ Wirtschaftspolitik und der ▷ Prozesspolitik.

Konkurrenz

Es wird von Konkurrenz *(Wettbewerb)* gesprochen, wenn mehrere Marktteilnehmer als Anbieter (Angebotskonkurrenz) oder als Nachfrager (Nachfragekonkurrenz) auftreten. In beiden Fällen gilt, dass die Konkurrenz mit der Zahl der Marktteilnehmer zunimmt, sodass die Marktmacht des einzelnen Teilnehmers abnimmt. *Angebotskonkurrenz* zwingt die Unternehmen zu effizienter Produktion und führt zu sinkenden Gewinnen. ▷ *Kartelle* im Sinn von Mengen-, Preis-, Gebietsabsprachen und ähnlichen Vereinbarungen dienen deshalb der Minderung oder Ausschaltung von Konkurrenz zwecks Erhöhung der Gewinne oder Marktanteile. *Nachfragekonkurrenz* liegt in der Praxis häufiger vor als

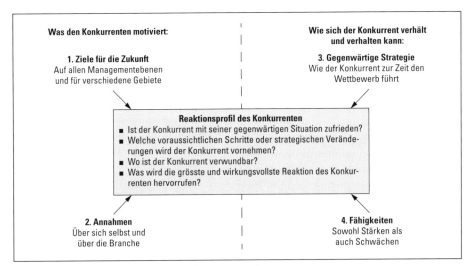

Abb. 93 Elemente einer Konkurrentenanalyse (nach Porter 1999)

Angebotskonkurrenz und bedeutet, dass die Marktmacht der Nachfrager (v.a. jene der Konsumenten) oft gering ist.
▷ Konkurrenz im Konsum

Konkurrenzanalyse

Die Konkurrenzanalyse umfasst die Untersuchung der für ein Unternehmen relevanten Hauptkonkurrenten, insbesondere deren Ziele, Strategien, Annahmen und Fähigkeiten (◀ Abb. 93). Fehlen die Ressourcen für eine systematische und umfassende Konkurrenzanalyse, kann eine grobe Untersuchung anhand der Checkliste in ▶ Abb. 94 vorgenommen werden.

Konkurrenz im Konsum

Konkurrenz im Konsum bedeutet, dass der ▷ Konsum eines Guts (▷ Güter, ökonomische) durch eine Person die Konsummöglichkeiten einer anderen Person bezüglich dieses Guts schmälert. Dies ist bei den meisten Konsumgütern der Fall. So kann z.B. ein Stück Kuchen nur von einer Person gegessen werden. Bei einigen Gütern besteht allerdings keine Konkurrenz im Konsum. Fernseh- oder Radiosendungen können z.B. bei gegebener Sendeleistung in einem bestimmten Gebiet von beliebig vielen Personen konsumiert werden, ohne dass sie ihre Konsummöglichkeiten gegenseitig schmälern würden. Dies gilt insbesondere auch für rein ▷ öffentliche Güter (z.B. Landesverteidigung), wo zudem das ▷ Ausschlussprinzip nicht anwendbar ist. Keine Konkurrenz im Konsum besteht definitionsgemäss auch bei rein ▷ freien Gütern, die prinzipiell unbeschränkt zur Verfügung stehen. Ob Konkurrenz im Konsum tatsächlich besteht, ist letztlich eine Frage der Anzahl der Konsumenten. So kann z.B. eine historische Stadt, ein Golfplatz oder eine Strasse durch viele gleichzeitig genutzt oder konsumiert werden, ohne dass Konkurrenz im Konsum entsteht. Steigt die Zahl der Nutzer über ein gewisses Mass, entsteht allerdings Konkurrenz im Konsum.

Wettbewerber / Kriterien	Konkurrent A	Konkurrent B	Konkurrent ...
Erkennbare Strategie ■ Produktpolitik ■ Preispolitik ■ Marktstrategie ■ wichtige Investitionen ■ Konzernstrategie ■ Wachstumsziele ■ Rentabilitätsziele			
Umsatz/Trend ■ insgesamt ■ pro Produktgruppe			
Marktanteil/Trend ■ insgesamt ■ pro Produktgruppe			
Gewinnsituation			
Kostenstruktur			
Finanzkraft			
Fähigkeiten in den relevanten Bereichen ■ Produkte ■ Produktion ■ Kapazitäten ■ F&E ■ Absatz, Verkauf ■ Technischer Service ■ Marketing ■ Personal ■ Finanzen ■ Führung ■ Organisation ■ Planungssysteme ■ Informatik ■ Zugang zu Ressourcen			
Hauptstärken			
Hauptschwächen			

▲ Abb. 94   Checkliste zur Konkurrentenanalyse

Konkurrenzklausel

Die Konkurrenzklausel ist eine schriftliche Vereinbarung zwischen Arbeitgeber und Arbeitnehmer, die es dem Arbeitnehmer für eine bestimmte Zeit nach Beendigung des Arbeitsverhältnisses untersagt, in seinem bisherigen Aufgabengebiet für ein Konkurrenzunternehmen tätig zu sein.

Konkurs

Als Konkurs bezeichnet man die zwangsweise Auflösung des Gesamtvermögens eines im ▷ Handelsregister eingetragenen Schuldners bzw. das Löschen der Gesellschaft aus dem Handelsregister. Mit der Eröffnung des Konkurses werden alle Schulden zur Zahlung fällig. Das gesamte Vermögen des Schuldners dient als Konkursmasse zur Befriedigung sämtlicher Gläubiger, es wird beschlagnahmt, konkursamtlich liquidiert und in der Reihenfolge des *Kollokationsplans* (Rangordnung der Forderungen) an die Gläubiger verteilt. Der Konkurs ist gleichbedeutend mit der wirtschaftlichen Vernichtung des Schuldners.

Konnossement

Ein Konnossement *(Bill of Lading)* ist ein Wertpapier, das im Seefrachtverkehr verschiffte Ware verkörpert. Es bestätigt den Empfang der zu befördernden Ware durch den Reeder und verbrieft dem legitimierten Inhaber einen schuldrechtlichen Anspruch auf Auslieferung der Ware im Bestimmungshafen. Das Konnossement als Traditionspapier ersetzt die Übergabe der eigentlichen Ware.

Konsolidierung

▷ Konzernrechnung

Konsortium

Konsortien sind ▷ Unternehmensverbindungen auf vertraglicher Basis zur Abwicklung von genau abgegrenzten Projekten. Im Unterschied zur ▷ Partizipation tritt das Konsortium nach aussen in Erscheinung (Aussengesellschaft). Als Rechtsform eignet sich die ▷ einfache Gesellschaft am besten. Bekannt sind v.a. Bankenkonsortien, die entweder zum Zwecke der Emission von Obligationen oder Aktien (Emissionskonsortium) oder zur Vergabe von grösseren Krediten (Kreditkonsortium) gebildet werden. Aber auch in der Industrie werden häufig Konsortien gebildet, um Grossprojekte zu realisieren (z. B. Bauprojekte). Dies ermöglicht in vielen Fällen erst die Durchführung eines Projektes und verteilt das mit Grossaufträgen verbundene Risiko (z. B. Aufträge aus politisch instabilen Ländern) auf mehrere Partner.

Konstruktion

Die Konstruktion steht am Anfang des Auftragsabwicklungsprozesses (▷ Auftragsabwicklung). In der Konstruktion werden die für die Leistungserstellung wichtigen Informationen in Form von Zeichnungen und ▷ Stücklisten dokumentiert. Nach ihrem Charakter lassen sich Konstruktionstätigkeiten in zwei Klassen unterteilen:

- *Angebotskonstruktion:* Erstellung einer Grobkonstruktion für *potenzielle* Kunden. Auf eine Kosten verursachende Detaillierung wird verzichtet, wenn die Wahrscheinlichkeit einer definitiven Auftragserteilung gering ist. Angebotskonstruktionen fallen insbesondere bei Einzel- und Kleinserienfertigern an.
- *Entwicklungskonstruktionen* liegen i. d. R. umfangreiche Marktstudien zugrunde. Diese bilden die Grundlage der Entwicklungen von neuen Produkten. Entwicklungskonstruktionen sind für Serienfertiger typisch. Der Ablauf der Konstruktionstätigkeiten lässt sich folgendermassen darstellen (nach VDI, Verein Deutscher Ingenieure):

1. *Planen:* Festlegen der Aufgabe und Umschreiben des Entwicklungsauftrags.
2. *Konzipieren:* Ausarbeitung der Anforderungsliste, Erarbeiten von Konzeptvarianten und technisch-wirtschaftliche Bewertung der Konzeptvarianten.
3. *Entwerfen:* Entwürfe erstellen, Bewertung und Schwachstellenanalyse.
4. *Ausarbeiten:* Optimierung, Ausarbeitung der Ausführungsunterlagen, Kostenkontrolle.

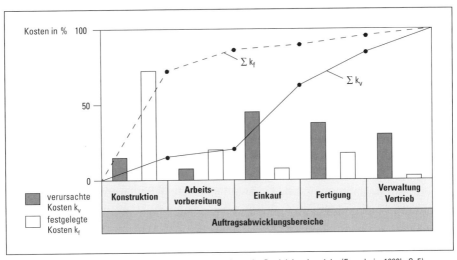

▲ Abb. 95 Qualitative Kostenfestlegung und Kostenverursachung der Produktionsbereiche (Eversheim 1990b, S. 5)

Nach Abschluss der jeweiligen Tätigkeiten erfolgt eine Freigabe oder eine Überarbeitung, falls keine Freigabe erfolgen kann. Die Bedeutung der Konstruktion im Rahmen der Auftragsabwicklung liegt in der Tatsache begründet, dass ein sehr hoher Prozentsatz der *Kosten* der Auftragsabwicklung (bis zu 80 %) bereits durch die Konstruktionsabteilung *verursacht* werden (◄ Abb. 95). Rationalisierungsmassnahmen in diesem Bereich sollten deshalb auf diesen Aspekt ausgerichtet werden.

Konstruktivismus

Der Konstruktivismus ist eine Erkenntnistheorie, die sich mit der Frage beschäftigt, wie wir zu unseren Erkenntnissen bzw. zu unserem Wissen kommen. Der Konstruktivismus geht davon aus, dass gewisse Zweifel an dem Glauben angebracht sind, dass Wissen und Wirklichkeit übereinstimmen. Der Konstruktivismus postuliert, dass Wissen nicht das Ergebnis eines Abbildes im Sinn eines Entdeckens der objektiv vorliegenden Wirklichkeit ist, sondern das Ergebnis eines Erfindens der Wirklichkeit. Das menschliche Gehirn erzeugt kein fotografisches Abbild von Wirklichkeit, sondern es schafft mit Hilfe von Sinneswahrnehmungen ein eigenes Bild der Welt. Wahr ist, was wahr-genommen wird. Der Konstruktivismus verleugnet die Wirklichkeit selbst nicht. Er behauptet nur, dass die Aussagen über die Wirklichkeit dem eigenen Erleben, der eigenen Geschichte, der eigenen Entwicklung und den eigenen (beschränkten) physischen Möglichkeiten der Wahrnehmung entspringen. Aufgabe des Konstruktivismus ist es deshalb zu zeigen, wie ▷ Wirklichkeitskonstruktionen gemacht werden. Mit anderen Worten: Der Konstruktivismus nimmt Abschied von der absoluten Wahrheit.

Die Aussagen des Konstruktivismus haben weitreichende Konsequenzen für die Betriebswirtschaftslehre und für das Management. Sie zeigen, dass Management nicht in erster Linie bedeutet, die Wirklichkeit richtig zu sehen und zu erkennen und daraus die richtigen Schlussfolgerungen für die Führung von Mitarbeitenden und Unternehmen zu ziehen, sondern dass bereits in der Betrachtung der unternehmerischen Wirklichkeit diese konstruiert bzw. erfunden wird. Dies heisst letztlich, dass Führungskräfte viele Möglichkeiten haben, Unternehmen zu entwickeln und zu gestalten, da Management letztlich die Konstruktion bzw. Erfindung von Führung ist. Die konstruktivistische Perspektive hat schon in einige konkrete Bereiche der Betriebswirtschaftslehre Eingang gefunden, z. B. im Marketing (▷ Erlebnismarketing) oder im ▷ Coaching (▷ systemisch-konstruktivistisches Coaching) von Führungskräften.

Konsum

Der Konsum ist neben ▷ Produktion und ▷ Tausch eine der drei grundlegenden wirtschaftlichen Aktivitäten. In der Ökonomie wird der Konsum üblicherweise den privaten Haushalten zugeordnet, während die Produktion Aufgabe der Unternehmen ist. Der inländische Konsum ist die wichtigste Komponente der Verwendungsseite des ▷ Bruttoinlandprodukts. Gemäss keynesianischer Theorie (▷ Keynesianismus, ▷ Schulen ökonomischen Denkens) sind Konjunkturschwankungen (▷ Konjunktur) bzw. gesamtwirtschaftliche Instabilitäten auf Schwankungen im privaten Konsum bzw. der privaten ▷ Nachfrage zurückzuführen.

Konsumentenbewegung

Syn. für ▷ Konsumerismus

Konsumentenrente

Die Konsumentenrente bezeichnet als ökonomische ▷ Rente die Differenz zwischen der ▷ Zahlungsbereitschaft der Konsumenten und dem von ihnen tatsächlich bezahlten Preis. Diese Rente ergibt sich, weil der aktuelle Preis nur ausnahmsweise genau dem entspricht, was ein Konsument maximal zu zahlen bereit wäre und beschreibt somit die Summe aller Konsumentennutzen, die ein ökonomisches Gut (▷ Güter, ökonomische) stiftet. Zusammen mit der ▷ Produzentenrente erfasst die Konsumentenrente den Beitrag eines Guts zur gesamtwirtschaftlichen Wohlfahrt.

Konsumentenschutz

Syn. für ▷ Konsumerismus

Konsumentenschutz-Organisationen

Die Konsumentenschutz-Organisationen sind in der Schweiz Mitte der 50er Jahre (v. a. auf Initiative von Frauen- und Arbeitnehmerorganisationen) entstanden, obwohl bereits 1905 das erste Lebensmittelgesetz zum Schutz von Konsumenten in Kraft gesetzt wurde. 1961 wurde das Konsumentinnenforum Schweiz (KF), 1964 die Stiftung für Konsumentenschutz (SKS) und der Schweizerische Konsumentinnenbund *(SKB)* gegründet. Konsumentenschutz-Organisationen entstanden aus dem Bedürfnis nach mehr Transparenz, neutraler Information und Schutz vor unlauteren Verkaufsmethoden. 1981 wurde in der Schweiz ein Gesetzesartikel in die Bundesverfassung (Art. 31^{sexies} BV) aufgenommen.

Die Stiftung für Konsumentenschutz hat als erste Organisation Konsumtests in der Schweiz durchgeführt. Dies verlieh ihr eine wichtige Stellung in Politik und Gesellschaft. Verstärkt wurde die Bedeutung dieser Institution u. a. durch die Veröffentlichung von zahlreichen Tests und Merkblättern.

Konsumentenverhalten

▷ Kaufverhalten von Konsumenten

Konsumerismus

Unter dem Konsumerismus versteht man organisierte Gruppen von Verbrauchern, die das Ziel verfolgen, die Rechte und die Macht der Kunden gegenüber den Unternehmen zu stärken (▷ Anspruchsgruppen). Die Massnahmen solcher Gruppen reichen von der Mobilisierung der Bevölkerung über Boykottaufrufe bis zur Durchsetzung gesetzlicher Regelungen. Der Konsumerismus, auch *Consumerism (Konsumentenschutz, Verbraucherbewegung, Verbraucherschutz)* oder *Konsumentenbewegung* genannt, entstand in den 60er Jahren in den USA und hat sich mittlerweile auch in der übrigen Industriewelt ausgebreitet. In der Schweiz vertritt v. a. der Schweizerische Konsumentinnenbund (SKB) die Verbraucheranliegen (▷ Konsumentenschutz-Organisationen).

Konsumgut

Konsumgüter sind Güter (▷ Güter, ökonomische), die von Endverbrauchern gekauft werden. Dabei wird zwischen *Verbrauchs-* und *Gebrauchsgütern* unterschieden:

- Verbrauchsgüter sind Güter, die bei einem einzelnen produktiven oder konsumtiven Einsatz verbraucht werden. Wirtschaftlich gesehen gehen sie dabei unter oder in das Produkt ein (z. B. Milch, Energie).
- Gebrauchsgüter erlauben eine längerfristige Nutzung (z. B. Kleider, Lastwagen).

Konsumgüter stiften, wie alle ökonomischen Güter, einen Nutzen, haben aber im Gegensatz zu ▷ Investitionsgütern keinen geldwerten Rückfluss für den Besitzer. Ein

Auto ist für eine Privatperson, falls es nicht geschäftlich genutzt wird, kein Investitions-, sondern ein Konsumgut, d.h. es stiftet zwar einen Nutzen, bringt aber daneben keine Erträge. Unter diesem Aspekt sind Ausgaben für eine Armee aus volkswirtschaftlicher Sicht reiner Konsum, obwohl sie Sicherheit stiften und Arbeitsplätze schaffen.

Konsumgütermarketing

Das Konsumgütermarketing lässt sich in Abgrenzung zum ▷ Investitionsgütermarketing durch folgende Merkmale charakterisieren: originäre Nachfrage, grosse Anzahl von Käufern, vorwiegend Individualentscheidungen, grösstenteils indirekter Absatz über den ▷ Handel und anonyme Marktkontakte. Eine detaillierte Abgrenzung gegenüber dem Investitionsgüter- und Dienstleistungsmarketing zeigt ▶ Abb. 96.

Kontenplan

Unter einem Kontenplan versteht man ein sinnvoll, übersichtlich und betriebsindividuell aufgebautes System von Konten (▷ Konto) im Rechnungswesen. In einem Kontenplan werden Klassen und Gruppen von Konten gebildet, damit die anfallenden Geschäfte möglichst effizient, zuverlässig und übersichtlich dargestellt werden können. Da sich die Kontenpläne gleichartiger Unternehmen sehr ähnlich sind, wurden für verschiedene Branchen «Standard-Kontenpläne» erstellt. Solche Standard-Kontenpläne – auch *Kontenrahmen* genannt – dienen vielen Unternehmen und/oder sogar ganzen Branchen als Grobraster für die Individualisierung ihres Kontenplans.

Kontenrahmen

▷ Kontenplan

Kontingenz

Als Kontingenz bezeichnet man die Möglichkeit und Notwendigkeit, aus mehreren Alternativen auswählen zu können und zu müssen, d.h. eine Selektion zu treffen. Damit werden Alternativen ausgeschieden, die ebenfalls möglich und nützlich gewesen wären, was oft mit dem charakteristischen Satz für die Kontingenz umschrieben wird: «Es könnte auch anders sein.»

Konto

Konten sind ein Hilfsmittel zur Erfassung von buchungswürdigen Geschäftsvorfällen. Für alle Positionen von ▷ Bilanz und ▷ Erfolgsrechnung werden Konten geführt. Die Konten zeigen den Wert der Bestände sowie die Bewegungen auf den einzelnen Positionen. Aufgrund der Zugehörigkeit der Positionen zu Bilanz oder Erfolgsrechnung wird zwischen *Bestandes-* und *Erfolgskonten* unterschieden. Jedes Konto weist zwei Seiten auf, die als *Soll* und *Haben* bezeichnet werden. Jeder Geschäftsvorfall berührt mindestens zwei Konten, wobei der Eintrag im einen Konto auf der Soll-Seite, im anderen auf der Haben-Seite erfolgt. Am Ende der Rechnungsperiode wird der Saldo jedes Kontos in die Bilanz bzw. Erfolgsrechnung übernommen. Dabei gilt die Regel, dass Konten, deren Saldo im Soll steht, in der Bilanz auf der Passivseite bzw. in der Erfolgsrechnung auf der Ertragsseite erscheinen, während Konten mit einem Saldo im Haben in der Bilanz als Aktivkonten bzw. in der Erfolgsrechnung als Aufwandkonten geführt werden.

▷ Kontenplan

Konsumgütermarketing	Investitionsgütermarketing	Dienstleistungsmarketing
▪ Zielmärkte: anonyme Märkte, Personen, Haushalte ▪ anonyme Massenkommunikation ▪ intensive Werbeaufwendungen im Rahmen einer konsequenten Markenpolitik ▪ mehrstufiger Vertrieb unter Berücksichtigung unterschiedlicher Vertriebskanäle ▪ Handel spielt wesentliche Rolle als Vermittler, verfolgt Eigeninteressen; hat Machtansprüche ▪ handelsgerichtete Marketingkonzeption, um der zunehmenden Nachfragemacht der Handelsunternehmen gerecht zu werden ▪ direkter Vertrieb relativ gering ▪ Preiskämpfe, ausgelöst durch zunehmenden Wettbewerb ▪ kurze Innovationszyklen infolge wachsenden Wettbewerbsdrucks ▪ «Me-too-Produkte» (z. B. Gattungsmarken), mit deren Hilfe Imitatoren bei technologisch ausgereiften Produkten durch niedrige Preise Marktanteile zu gewinnen versuchen ▪ differenzierter Einsatz von Marketingmethoden (z. B. psychologische Produktdifferenzierungen) ▪ Marketingmassnahmen richten sich auf Massenmärkte (Massenmarketing) ▪ Kaufentscheidung erfolgt nutzenmaximierend (rational), aber auch emotional ▪ Kaufentscheidung: individuell oder durch Gruppen (Familien-/Haushaltmitglieder) ▪ Produktmanager kümmern sich um bestimmte Marken ▪ Kundengruppenmanager konzentrieren sich auf die Zusammenarbeit mit Grosskunden (Key Accounts)	▪ oft Individuallösungen für den Kunden (Individualmarketing) ▪ geringere Anzahl von Kunden ▪ Systemlösungen, die nicht nur aus einem einzelnen Produkt, sondern aus einem Paket von Produkt und Serviceleistungen bestehen (Beratung, Schulung, Wartung) ▪ Produktentwicklungen in Zusammenarbeit mit Kunden ▪ Organisation der Nachfrager in Einkaufsgremien (Buying Centers), welche die Kaufentscheidung der industriellen Abnehmer treffen (Kollektiventscheidung) ▪ Direktvertrieb als Absatzweg im Vordergrund (ohne Handel) ▪ hoher Stellenwert der individuellen und persönlichen Kommunikation mit der Kundschaft ▪ Massenwerbung von geringer Bedeutung ▪ bedeutende Rolle der persönlichen Beziehungen ▪ Preiskämpfe eher selten ▪ Spannungsfelder zwischen Technik, Vertrieb und Marketing erfordern spezielle organisatorische Lösungen ▪ Kaufentscheidungsprozesse erfolgen rational (Kosten-Nutzen-Überlegungen)	▪ Dienstleistungen sind immateriell, weder lagerbar (Informationen sind z. b. lagerfähig) noch transportfähig (Coiffeur) und häufig nicht «sichtbar» bzw. konkret fassbar ▪ Dienstleistungen sind nicht standardisiert ▪ Bereitstellung des Dienstleistungspotenzials (hauptsächlich menschliche Fähigkeiten) erfordert permanente Massnahmen zur Qualifikation, Schulung und Motivation des Personals ▪ aktive Beteiligung der Kunden an der Leistungserstellung ▪ Kommunikation ist expliziter Bestandteil der Dienstleistung ▪ konstante «Dienstleistungsqualität» ist zentrales Marketingproblem ▪ Leistungen müssen zum Teil materialisiert werden (verpacktes Essbesteck im Flugzeug als Symbol für Hygiene) ▪ Leistungsmerkmale oft nicht objektiv nachprüfbar; Imagemerkmale des Unternehmens und des Leistungserbringers (Seriosität, Vertrauens- und Glaubwürdigkeit) spielen bei der Kaufentscheidung eine besondere Rolle ▪ Dienstleistungsqualität objektiv schwer nachprüfbar; «credence qualities» und «experience qualities» sind von höherer Bedeutung als «search qualities»; Mund-zu-Mund-Kommunikation wichtige Determinante bei der Wahl eines Dienstleisters ▪ Aufbau bestimmter Leistungstypen als «Markenartikel» (Dienstleistungsmarken); Markierungsprobleme aufgrund der Intangibilität von Dienstleistungen

▲ Abb. 96 Besonderheiten des Konsumgüter-, Investitionsgüter- und Dienstleistungsmarketings (in Anlehnung an Bruhn 2003, S. 34 ff.)

Kontokorrentkredit

Der Kontokorrentkredit ist dadurch gekennzeichnet, dass der Kreditnehmer bis zu einer von der Bank festgesetzten Limite frei über Geldmittel verfügen kann. Der Vorteil dieser Kreditform liegt darin, dass nur auf dem tatsächlich in Anspruch genommenen Kreditbetrag ein Zins bezahlt werden muss. Der Kontokorrentkredit eignet sich deshalb besonders bei sich wiederholendem, aber in seiner Höhe wechselndem Kapitalbedarf. Wird der Kredit ohne besondere Sicherheiten (z. B. Grundstück) gewährt, handelt es sich um einen *Blanko-*

kredit. In diesem Fall richtet sich die Kreditlimite nach dem ausgewiesenen Eigenkapital und beträgt i.d.R. 20–40% davon. Der Zinssatz auf einem Blankokredit ist ungefähr 0,5% höher als bei einem *gedeckten Kredit.* Als Deckung kommen bestimmte Vermögenswerte oder die Verpflichtung von Dritten in Frage. Je nach Art des Vermögensgegenstands (z.B. Waren, Gebäude) existieren in der Praxis verschiedene spezifische Kreditformen.

Kontraktmarketing

Syn. für ▷ Vertikales Marketing

Kontrollbereiche

Um eine gezielte ▷ Kontrolle verwirklichen zu können, d.h. Informationen für die zukünftige Planung zu erhalten, sind folgende Kontrollbereiche zu unterscheiden:

- *Prämissenkontrolle:* Die Kontrolle untersucht, inwieweit das unternehmerische Handeln auf korrekten Annahmen basiert, ob die Ausgangsdaten noch zutreffen oder ob neue Entscheidungsgrundlagen erarbeitet werden müssen.
- *Zielkontrolle:* Es muss überprüft werden, ob die gesetzten Ziele realistisch waren oder ob man die Ziele zu hoch oder zu tief angesetzt hat.
- *Massnahmenkontrolle:* Es wird untersucht, inwieweit die durchgeführten Massnahmen geeignet waren, die angestrebten Ziele zu erreichen.
- *Mittelkontrolle:* Die Höhe der Mittel und der zweckmässige Einsatz wird kontrolliert, zudem die Einhaltung des Budgets.
- *Verfahrenskontrolle:* Kontrolle der Verfahren, die im Rahmen des finanz- und leistungswirtschaftlichen Umsatzprozesses eingesetzt werden. Es handelt sich z.B. um Fertigungsverfahren oder Kapitalbeschaffungsvorgänge.

- *Ergebniskontrolle:* Im Mittelpunkt steht die Kontrolle der erzielten Resultate. Folgende Phasen werden unterschieden: (1) Ermitteln der Ist-Resultate: Welches sind die tatsächlich realisierten Ergebnisse? (2) Vergleich zwischen Ist-Resultaten und Soll-Resultaten: Wie hoch ist der Zielerfüllungsgrad? (3) Durchführung einer Abweichungsanalyse: Warum weichen die tatsächlichen von den angestrebten Ergebnissen ab?
- *Verhaltenskontrolle:* Diese umfasst die Kontrolle des Verhaltens der einzelnen Mitarbeitenden (z.B. Mitarbeiterqualifikation) sowohl in Bezug auf die erbrachte Leistung als auch auf das soziale Verhalten gegenüber Mitarbeitenden, Kunden oder anderen umweltrelevanten Institutionen (z.B. Lieferanten, Kapitalgeber).
- *Führungskontrolle:* Auch die Aufgabenerfüllung der Führungskräfte selbst muss kontrolliert werden. Dies beinhaltet die Kontrolle der Führungsprozesse (z.B. Planungs- und Entscheidungsprozesse), der Führungsorganisation (z.B. Aufteilung der Kompetenzen, Unternehmensorganisation) und der Führungsinstrumente (z.B. Pläne, ▷ Stellenbeschreibung, angewandtes ▷ Investitionsrechenverfahren). Eine Methode zur Führungskontrolle ist das ▷ Management Audit.

Kontrolle

Aufgabe der Kontrolle ist es, die tatsächlich realisierten Ergebnisse mit den angestrebten Ergebnissen zu vergleichen, um daraus den Zielerfüllungsgrad zu erkennen. Damit lässt sie einerseits Rückschlüsse auf die ▷ Effizienz und ▷ Effektivität des unternehmerischen Handelns zu, andererseits liefert sie wesentliche Informationen für die ▷ Planung, indem aus der Analyse der Abweichungen neue Erkenntnisse für das zukünftige Verhalten abgeleitet werden können. Somit wird auch die enge Verknüpfung von Planung und Kontrolle ersichtlich. Neben einem *Soll-Ist-Vergleich*, d. h. einem Vergleich der geplanten mit den effektiv erreichten Ergebnissen, geben auch *Ist-Ist-Vergleiche* Informationen über den Erfolg des eigenen Handelns. Ist-Ist-Vergleiche können wie folgt durchgeführt werden:

- Eine *branchenorientierte* Kontrolle vergleicht die Resultate des eigenen Unternehmens mit denjenigen von Unternehmen der gleichen Branche (Konkurrenten) oder mit dem Durchschnitt der ganzen Branche.
- Die *mitarbeiterbezogene* Kontrolle vergleicht die Ergebnisse der Mitarbeitenden, die eine gleiche oder zumindest ähnliche Arbeit ausführen, miteinander.
- Bei einer *vergangenheitsorientierten* Kontrolle werden die Ist-Werte der Vergangenheit mit denjenigen der Gegenwart verglichen. Ein Vergleich über mehrere Jahre hat den Vorteil, dass die neuesten Ergebnisse im Rahmen einer Entwicklung gesehen und deshalb relativiert werden.

Bei einer Analyse der Kontrolle unter führungstechnischen Aspekten können drei Problembereiche unterschieden werden:

1. *Kontrollsubjekt:* Welche Personen oder Stellen werden mit Kontrollaufgaben betraut? Bei der Bestimmung des Kontrollsubjekts kann weiter zwischen einer ▷ Selbst- und ▷ Fremdkontrolle differenziert werden.
2. *Kontrollprozesse:* Wie ist der Ablauf der Kontrolle, und welche Phasen sind zu unterscheiden?
3. *Kontrollinstrumente:* Welche Führungsinstrumente können bei der Kontrolle eingesetzt werden? Zum Vergleich der Ist-Zahlen können verschiedene Pläne (z.B. ▷ Finanz-, Personalplanung [▷ Personalbedarf], ▷ Absatzplanung) oder betriebliche ▷ Kennzahlen (z.B. ▷ Lagerumschlagshäufigkeit, ▷ Produktivität, ▷ Liquidität) herangezogen werden.

▷ Kontrollbereiche
▷ Kontrollgrundsätze

Kontrolle, interne

▷ Interne Kontrolle

Kontrollgrundsätze

An die ▷ Kontrolle werden gewisse Anforderungen gestellt, um Zweckmässigkeit und Erfolg zu garantieren. Folgende Grundsätze sind zu nennen:

1. Grundsatz der *Relevanz:* Die Kontrolle bezieht sich nur auf jene Bereiche, die für die zukünftige Steuerung des Unternehmens von Bedeutung sind.
2. Grundsatz der *Genauigkeit:* Je genauer die Kontrollergebnisse sind, umso präzisere Aussagen können über das Kontrollobjekt gemacht werden.
3. Grundsatz der *Aktualität:* Die Kontrolle hat sich an der aktuellen Situation auszurichten, sonst läuft sie Gefahr etwas zu bemängeln, was bereits behoben worden ist.
4. Grundsatz der *Eindeutigkeit:* Die Kontrollergebnisse sollen eindeutig zugeordnet werden können (z.B. Mitarbeitende, Abteilung). Dies ist besonders wichtig bei der Abgrenzung der Verantwortlichkeiten.
5. Grundsatz der *Effizienz:* Die Kontrolle darf niemals Selbstzweck sein. Sie hat sich am Nutzen auszurichten, den sie für das zukünftige Handeln bringt.

Der letzte Grundsatz steht über allen anderen Grundsätzen, die aufgrund vorliegender Zielkonflikte niemals alle gleichzeitig befolgt werden können. Deshalb ist immer zu überlegen, welcher Grundsatz bei der jeweiligen Problemstellung im Vordergrund stehen soll.

Kontrollspanne

Unter der Kontrollspanne *(Leitungsspanne)* wird die Anzahl der einem Vorgesetzten unterstellten Mitarbeitenden verstanden. Sie wird von folgenden Faktoren beeinflusst:

- *Häufigkeit* und *Intensität* der Beziehungen: Nicht die theoretisch möglichen, sondern nur die relevanten Beziehungen sind entscheidend.
- *Unterstützung* des Vorgesetzten: Je stärker der Vorgesetzte durch persönliche Assistenten oder Stäbe unterstützt wird, umso grösser kann die Kontrollspanne sein.
- *Führungsstil:* Bei einem partizipativen Führungsstil – verbunden mit einer Delegation von Aufgaben und einer klaren Definition von Kompetenzen und Verantwortung – wird eine Entlastung erreicht, die eine grössere Leitungsspanne erlaubt.
- *Eigenschaften der beteiligten Personen:* Fachliche Qualifikation und charakterliche Fähigkeiten beeinflussen den Umfang der notwendigen Beziehungen stark.
- *Art der Aufgaben:* Komplexität, Interdependenz und Gleichartigkeit der Aufgaben der Untergebenen sind zu beachten.
- *Produktionstechnologie:* Je grösser die Mechanisierung und Automatisierung im Produktionsprozess ist, umso mehr nehmen die Führungsaufgaben des Vorgesetzten ab.
- *EDV-Einsatz:* Die Belastung des Vorgesetzten kann durch entsprechende Datenbanken oder computerunterstützte Entscheidungsinstrumente vermindert werden.
- *Verfügbarkeit und Kosten von Führungskräften:* Besteht auf dem Arbeitsmarkt ein knappes Angebot an Führungskräften oder verursachen diese hohe (Personal-)Kosten, so besteht die Tendenz zu einer hohen Kontrollspanne.

Die Frage der Grösse der Kontrollspanne ist eng verbunden mit der Frage nach der Tiefe der Leitungsgliederung, d. h. mit der Anzahl Managementebenen. Im Gegensatz zur Kontrollspanne handelt es sich dabei um eine vertikale Spanne. Bei gleich bleibender Mitarbeiterzahl führt eine Verkleinerung der Kontrollspanne zu einer Vergrösserung der vertikalen Spanne und umgekehrt.

Kontrollverhältnis

Syn. für ▷ Beherrschung

Konvergenzthese

▷ Globales Marketing

Konversion

Wird eine bestehende, aber auslaufende ▷ Anleihensobligation in eine neue umgewandelt, so spricht man von einer Konversion. Diese erfolgt, wenn die Laufzeit der Anleihe zu Ende ist und der Schuldner das Geld weiterhin benötigt, um seinen Kapitalbedarf zu decken, oder wenn sich die Marktverhältnisse derart geändert haben, dass der Schuldner die neue Anleihe zu günstigeren Bedingungen aufnehmen und die alte kündigen kann. Der Obligationär kann selber darüber entscheiden, ob er eine Barauszahlung vorzieht oder die neuen Obligationen zeichnen will.

Konvertibilität

Üblicherweise wird eine Währung als *konvertibel* bezeichnet, wenn auf diese Währung lautende Zahlungsmittel (Münzen, Banknoten oder Devisen) durch den Inhaber frei in jede andere Währung umgewechselt werden können. Die Konvertibilität kann, wie beim Schweizer Franken, uneingeschränkt sein oder verschiedenen Beschränkungen unterliegen. So kennen einige Länder nur die *externe* Konvertibilität (oder Ausländerkonvertibilität). Diese bedeutet, dass nur «Ausländer» (wobei das Domizil und nicht die Staatsbürgerschaft massgebend ist) inländische Währung frei umtauschen können. Beispielsweise durften bis Oktober 1979 in England domizilierte Personen ihre inländischen Pfund-Guthaben i.d.R. nur mit Bewilligung der Bank von England (▷ Notenbank) über die Landesgrenze mitnehmen.

Konzentrationsstrategie
▷ Fertigungstiefe

Konzern
Ein Konzern ist die Zusammenfassung rechtlich selbständiger Unternehmen unter einer einheitlichen Führung, wobei die wirtschaftliche Selbständigkeit dieser Einheiten weit gehend aufgegeben wird. Der Zusammenschluss erfolgt i.d.R. über eine Kapitalbeteiligung. Die beherrschende Gesellschaft, die *Muttergesellschaft,* ist eine ▷ Holdinggesellschaft, deren Hauptzweck im Halten und Verwalten von zumeist Mehrheitsbeteiligungen an rechtlich selbständigen Unternehmen, den *Tochtergesellschaften,* besteht.

Konzernprüfer
Hat eine Gesellschaft eine ▷ Konzernrechnung zu erstellen, so prüft der Konzernprüfer, d.h. eine besonders befähigte ▷ Revisionsstelle, ob die Konzernrechnung mit dem Gesetz und den Konsolidierungsregeln übereinstimmt. Für den Konzernprüfer gelten sinngemäss die Bestimmungen über die Unabhängigkeit und die Aufgaben der Revisionsstelle, ausgenommen die Bestimmung über die Anzeigepflicht im Fall offensichtlicher Überschuldung.

Konzernrechnung
Um einen sicheren Einblick in die ▷ Vermögens-, Finanz- und Ertragslage eines ▷ Konzerns zu gewinnen, ist die Erstellung einer Konzernrechnung notwendig, die alle Tochtergesellschaften umfasst. Weder die Summe der Einzelabschlüsse aller Tochtergesellschaften noch die ▷ Jahresrechnung der Muttergesellschaft vermögen nämlich i.d.R. zuverlässige Auskünfte über die wirtschaftliche Lage des Gesamtkonzerns zu liefern. Der Grund dafür liegt darin, dass die Einzelabschlüsse von Konzerngesellschaften (Mutter und Tochter) von konzerninternen Transaktionen beeinflusst sind. So werden z.B. die Konditionen für Leistungen zwischen Konzerngesellschaften oft von der ▷ Holdinggesellschaft vorgegeben (sog. *Verrechnungspreise*), was Gewinnverschiebungen unter den Konzerngesellschaften zur Folge haben kann. Als Mehrheitsaktionärin ihrer Tochtergesellschaften kann die Muttergesellschaft zudem die Finanzierungsstrukturen der Tochtergesellschaften und/oder deren Gewinnausschüttung massgeblich beeinflussen.
Dies führt dazu, dass das Jahresergebnis der Holdinggesellschaft kein zuverlässiges Indiz für die Ertragskraft des Konzerns ist. Die Vermögens-, Finanz- und Ertragslage des Konzerns, welcher eine wirtschaftliche Einheit bildet, muss deshalb durch eine eigene Rechnung festgestellt werden. Für die Konzernrechnung werden in den Buchhaltungen der einzelnen Konzerngesellschaften folgende Positionen und Vorgänge eliminiert:
- gegenseitige Forderungen und Schulden der konsolidierten Unternehmen,
- gegenseitige Aufwendungen und Erträge der konsolidierten Unternehmen aus Lieferungen und Leistungen, Zinsen oder Lizenzgebühren usw.,

- Gewinnausschüttungen innerhalb des Konzerns (Dividenden von konsolidierten Unternehmen),
- Gewinne und Verluste aus konzerninternen Lieferungen und Leistungen,
- das Beteiligungskonto der Muttergesellschaft bzw. kapitalmässige Verpflichtungen sowie das entsprechende Eigenkapital der konsolidierten Tochtergesellschaften.

Durch die Elimination dieser konzerninternen Vorgänge werden in der Konzernrechnung nur jene Transaktionen erfasst, die sich zwischen dem Konzern – als fiktive Einheit – und aussenstehenden, nicht zu konsolidierenden Unternehmen abspielen. Wie der Einzelabschluss umfasst auch die Konzernrechnung folgende obligatorischen Bestandteile: Konzernbilanz, Konzernerfolgsrechnung und Konzernanhang. Auf fakultativer Basis werden in der Praxis zudem häufig eine Konzernmittelflussrechnung und ein Eigenkapitalnachweis publiziert.

Die gesetzlichen Vorschriften zur Konzernrechnung beschränken sich auf die Regelung der *Konsolidierungspflicht* (Art. 663e und f OR) sowie auf den Verweis über die Anwendung der ▷ Grundsätze ordnungsmässiger Rechnungslegung (Art. 663g Abs. 1 OR). ► Abb. 97 zeigt den Entscheidungsbaum für die Konsolidierung gemäss schweizerischem Aktienrecht.

Bei der Abgrenzung des *Konsolidierungskreises* geht es um die Frage, welche Konzernunternehmen in die Konsolidierung einzubeziehen sind. Ausschlaggebend für die Konsolidierungspflicht ist die Zusammenfassung mehrerer Gesellschaften unter einheitlicher Leitung (Art. 663e Abs. 1 OR). Obwohl die Abgrenzung der einheitlichen Leitung auf vielfältige Weise erfolgen kann, steht für die Mehrzahl der Konzerne das Kriterium des Stimmanteils im

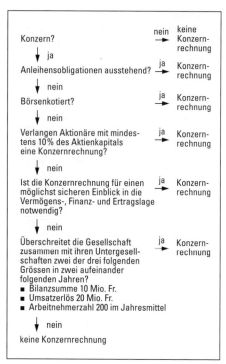

▲ Abb. 97 Entscheidungsbaum für die Konsolidierung gemäss schweizerischem Aktienrecht

Vordergrund. In der Lehre gelten daher folgende Richtlinien:

- *Mehrheitsbeteiligungen* (über 50% Stimmanteile) erfordern eine ▷ Vollkonsolidierung, wobei der Erfassung von Minderheitsansprüchen an Eigenkapital und Ergebnis der Tochtergesellschaften besondere Aufmerksamkeit geschenkt werden muss.
- ▷ *Joint Ventures* (2 Partner mit je 50% Stimmanteilen) sind gemäss der Voll- oder der ▷ Quotenkonsolidierung zu erfassen.
- *Assoziierte Unternehmen* (20% bis unter 50% Stimmanteile) werden im Normalfall nicht in den Konsolidierungskreis einbezogen, im Konzernabschluss jedoch mit der sog. ▷ Equity-Methode bewertet.

■ *Minderheitsbeteiligungen* (weniger als 20% Stimmanteile) sind nicht zu konsolidieren und werden üblicherweise zum Anschaffungswert (um Abschreibungen korrigiert, falls aus Gründen der Bilanzvorsicht notwendig) bewertet (▷ Anschaffungskostenmethode).

Nur Beteiligungen mit mindestens 50% Stimmanteile sind somit zu konsolidieren. Von der Konsolidierungspflicht abgewichen werden darf nur, falls die Tochtergesellschaft (1) in einer stark verschiedenen Branche (Banken, Versicherungen) tätig ist, (2) für die Beurteilung der wirtschaftlichen Lage des Konzerns von geringer Bedeutung ist, (3) in der nächsten Geschäftsperiode weiterveräussert wird, (4) sich in Liquidation befindet oder (5) nur mit einem unverhältnismässigen Aufwand konsolidiert werden könnte.

Damit eine Konsolidierung technisch durchgeführt werden kann, müssen bei den zu konsolidierenden Konzerngesellschaften folgende *Voraussetzungen* erfüllt sein:
■ einheitliche Kontenpläne und Kontierungsrichtlinien,
■ einheitlicher Abschlusstermin und homogene Rechnungsperioden,
■ einheitliche Bewertungsgrundsätze (Anschaffungswerte oder Tageswerte für Aktiven und Passiven).

Bei der Durchführung der Konsolidierung, die eine Elimination aller konzernintern relevanten Transaktionen erfordert, gilt es, der ▷ Kapitalkonsolidierung besondere Aufmerksamkeit zu schenken. Vor allem die durch die Verrechnung der Beteiligung der Muttergesellschaft mit dem Eigenkapital der Tochtergesellschaft i.d.R. resultierende Differenz (*Kapitalaufrechnungsdifferenz* [▷ Kapitalkonsolidierung]) muss im Rahmen der Kapitalkonsolidierung analysiert und sachgerecht behandelt werden.

Kooperation

Unter Kooperation versteht man eine freiwillige, auf vertraglicher Vereinbarung beruhende Zusammenarbeit rechtlich und wirtschaftlich selbständiger Unternehmen. Ziele von Kooperationen sind die Schaffung von ▷ Wettbewerbsvorteilen sowie die Erhaltung oder Verbesserung der eigenen Wettbewerbsstärke. Im Zug des verschärften Wettbewerbs und der zunehmenden Globalisierung gewinnen Kooperationen (▷ strategische Allianz) eine verstärkte Bedeutung.

Man unterscheidet vertikale (ungleiche Produktionsstufe) und horizontale (gleiche Produktionsstufe) Kooperationen.

Kooperationsstrategie
▷ Fertigungstiefe

Kooperativer Führungsstil
▷ Führungsstil

Koordination

Unter Koordination (*Integration*) versteht man die optimale Abstimmung der betrieblichen Teilaufgaben zum Zwecke einer optimalen Aufgabenerfüllung im Hinblick auf die Sicherung und Erreichung der Unternehmensziele. Im Vordergrund steht, die Gesamtleistung des Unternehmens zu gewährleisten.

Körperschaft

Körperschaften sind Gesellschaftsformen (▷ Gesellschaft), die – im Gegensatz zu den ▷ Rechtsgemeinschaften – als sog. *juristische Personen* über eine eigene *Rechtspersönlichkeit* verfügen. Es sind dies die ▷ Aktiengesellschaft, die ▷ Gesellschaft mit beschränkter Haftung (GmbH), die ▷ Genossenschaft, der ▷ Verein und die ▷ Kommanditaktiengesell-

schaft. Körperschaften werden durch ihre Organe tätig; die Aktivitäten der Organe werden als Handeln der juristischen Person betrachtet. Sie können daher in ihrem eigenen Namen (▷ Firma) Eigentum erwerben oder veräussern, Verträge abschliessen, vor Gericht klagen oder beklagt werden.
▷ Rechtsform

Kosten

Unter Kosten versteht man die bewerteten Güter- und Dienstleistungsabgänge, die aus der betrieblichen Leistungserstellung entstehen. Die Kosten bilden zusammen mit der ▷ Leistung die Basis der ▷ Betriebsbuchhaltung.

Ausgehend vom ▷ Aufwand in der ▷ Finanzbuchhaltung stellt nur der ordentliche betriebliche Aufwand (Zweckaufwand) Kosten dar (► Abb. 98).

Entspricht der Zweckaufwand dem effektiven Wertverzehr, so spricht man von *Grundkosten*. Denjenigen Teil des Zweckaufwands, der nicht dem effektiven Wertverzehr entspricht, bezeichnet man als *Anderskosten*. Zusammen mit den *Zusatzkosten*, die in der Kosten-, nicht aber in der Erfolgsrechnung verrechnet werden, bilden die Anderskosten die ▷ *kalkulatorischen Kosten*.

Kosten sind daher nur derjenige Teil des Aufwands, welcher ordentlich, betrieblich und periodenbezogen ist.

Je nachdem, ob die Beschäftigung (▷ Beschäftigungsgrad) einen direkten Einfluss auf die Kosten ausübt oder nicht, können ▷ *fixe* und ▷ *variable Kosten* unterschieden werden.

Nach der Verrechenbarkeit der Kosten auf die einzelnen Produkte unterscheidet man zwischen ▷ *Einzelkosten* und ▷ *Gemeinkosten*.

Aufwand					
neutraler Aufwand		Zweckaufwand			
nichtbetrieblicher Aufwand	ausserordentlicher Aufwand	Aufwand = Kosten	Aufwand > Kosten	Aufwand < Kosten	
z.B. Liegenschaftenaufwand, Zins, Wertschriftenaufwand	z.B. a.o. Verluste aus Veräusserungen von Anlagevermögen	z.B. Löhne, Energie, Mieten u.v.m.	Bildung stiller Reserven, Periodenabgrenzung	Auflösung stiller Reserven, Periodenabgrenzung	
		Kosten = Aufwand	Kosten < Aufwand	Kosten > Aufwand	z.B. innerbetriebliche Kosten, kalkulatorische Zinsen auf investiertem Eigenkapital, kalkulatorisches Risiko
		Grundkosten	Anderskosten		Zusatzkosten
			kalkulatorische Kosten		
Kosten					

▲ Abb. 98 Abgrenzung von Aufwand und Kosten (Schellenberg 2000a, S. 264)

Kostenarten

Eine Kostenart umschreibt eine Gattung des innerbetrieblichen Güter- oder Dienstleistungsverzehrs. Die Gliederung der Kostenarten folgt in groben Zügen der Gliederung der Aufwandarten, fällt aber meist weniger detailliert aus. Positionen, die im Hinblick auf Planung und Kontrolle der betrieblichen Abläufe nicht wesentlich sind, werden zusammengefasst. Da es kein allgemein gültiges Gliederungsschema für die Kostenarten gibt, entspricht die Gliederung meist den individuellen Gegebenheiten eines Unternehmens.

Ein verbreitetes Gliederungsschema teilt die Kosten folgenden Kostenarten zu: Personalkosten (z.B. Löhne, Gehälter), Werkstoffkosten (z.B. Rohstoffkosten, Kosten für Betriebsstoffe), Betriebsmittelkosten (z.B. Abschreibungen), Dienstleistungskosten (z.B. Transportkosten, Beratungskosten), Kapitalkosten (z.B. Fremdkapitalkosten), Gebühren (z.B. Gebühren für Baugesuche) und Steuern (z.B. Ertrags- und Kapitalsteuern).

Kostenartenrechnung

Die Kostenartenrechnung zeigt, welche Kosten während einer bestimmten Periode in der ▷ Betriebsbuchhaltung entstanden sind. Dabei werden alle Kosten nach ▷ Kostenarten gesammelt und gegenüber dem ▷ Aufwand in der Finanzbuchhaltung abgegrenzt. Je nach ▷ Kostenrechnungssystem muss für eine weitere Verrechnung dieser Kosten auf einzelne Produkte (▷ Kostenträger) zudem eine Aufteilung in ▷ Einzel- und ▷ Gemeinkosten, sowie in ▷ variable und ▷ fixe Kosten vorgenommen werden.

Kosteneinflussfaktoren

Die Kostenstruktur eines Unternehmens wird von einer Vielzahl von Faktoren beeinflusst. Grundsätzlich wird zwischen entscheidungsfeldbedingten und entscheidungsträgerbedingten Einflussfaktoren unterschieden:

- *Entscheidungsfeldbedingte* Faktoren sind die vom Unternehmen i.d.R. nicht beeinflussbaren Daten, die durch die jeweilige Umweltsituation fest vorgegeben sind. Hierzu zählen z.B. die Marktpreise sowie die Qualität der Produktionsfaktoren (technische Daten).
- *Entscheidungsträgerbedingte* Einflussfaktoren kann das Unternehmen durch seine Entscheidungen wesentlich beeinflussen. Es handelt sich häufig um Entscheidungen über den Beschäftigungsgrad, die Auftragsgrössen, die zeitliche Ablaufplanung und die zeitliche Produktionsverteilung.

Kostenführerschaft

Die Kostenführerschaft ist eine ▷ Wettbewerbsstrategie, die darauf abzielt, durch eine Reihe von Massnahmen einen umfassenden Kostenvorsprung innerhalb einer Branche zu erlangen:

- aggressiver Aufbau von Produktionsanlagen effizienter Grösse,
- energisches Ausnutzen erfahrungsbedingter Kostensenkungspotenziale,
- strenge Kontrolle der variablen Kosten und der Gemeinkosten,
- Vermeidung von unbedeutenden Kunden,
- Kostenminimierung in Bereichen wie Forschung und Entwicklung, Service, Vertreterstab, Werbung usw.

Diese Strategie ermöglicht es einem Unternehmen, entweder durch Preissenkungen seinen Umsatz zu vergrössern oder bei konstanten Preisen den Gewinn zu erhöhen.

Kostenfunktion

Kostenfunktionen zeigen den funktionalen Zusammenhang zwischen ▷ Kosteneinflussfaktoren und Kostenhöhe. Ausgehend von der allgemeinen ▷ Produktionsfunktion $x = f(r_1, r_2, ..., r_n)$ bewertet man die verschiedenen Faktoreinsatzmengen $\{r_1, r_2, ..., r_n\}$ mit ihren als konstant angenommenen Faktorpreisen $\{p_1, p_2, ..., p_n\}$. Auf diese Weise erhält man die allgemeine Kostenfunktion:

$$k = r_1 p_1 + r_2 p_2 + ... + r_n p_n$$

Um adäquate Aussagen über die jeweiligen Beziehungen zwischen Kosteneinflussfaktoren und der Kostenhöhe machen zu können, wurden in der Theorie verschiedene Produktionsfunktionen mit den dazugehörenden Kostenfunktionen entwickelt.

▷ Produktionsfunktion Typ A
▷ Produktionsfunktion Typ B
▷ Produktionsfunktion Typ C

Kostenrechnung

Syn. für ▷ Betriebsbuchhaltung

Kostenrechnungssysteme

Das Bestreben, Kosteninformationen zu erhalten, welche der Unternehmensleitung als optimale Entscheidungsgrundlagen dienen, hat zur Ausprägung verschiedener Kostenrechnungssysteme geführt. Alle diese Systeme basieren auf ▷ Kosten und ▷ Leistungen, unterscheiden sich jedoch anhand der beiden Kriterien *Zeitbezug* (welche Kosten sollen verrechnet werden?) und *Verrechnungsumfang* (welcher Teil der Kosten soll auf die ▷ Kostenträger verrechnet werden?). Nach dem Kriterium Zeitbezug wird zwischen ▷ Ist-, ▷ Normal- und ▷ Plankostenrechnungen unterschieden. Anhand des Kriteriums Verrechnungsumfang unterscheidet man zwischen ▷ Vollkostenrechnungen und ▷ Teilkostenrechnungen.
Die beiden Kriterien oder Dimensionen werden kombiniert. Voll- und Teilkostenrechnungssysteme können damit auf vergangenheitsbezogenen ▷ Ist- oder ▷ Normalkosten beruhen oder auf zukunftsbezogenen ▷ Plankosten aufbauen, wie die Matrixdarstellung in ▶ Abb. 99 zeigt.

Umfang Zurechnung auf Kostenträger \ Art (Zeitbezug) der Wertverzehre	Tatsächlich entstandene Wertverzehre **Istkosten**	erfahrungsgemäss zu erwartende und tatsächlich entstandene Wertverzehre **Normal- und Istkosten**	planungsgemäss zulässige und tatsächlich entstandene Wertverzehre **Plan- und Istkosten**
sämtliche Kosten der Betrachtungsperiode (volle Kosten)	klassische Vollkostenrechnung (zu Istkosten)	Normalkostenrechnung	starre und flexible Vollplankostenrechnung
Teil der Kosten der Betrachtungsperiode: nur variable Kosten	Direct Costing (zu Istkosten)		Grenzplankostenrechnung
nur Einzelkosten	Rechnung mit relativen Einzelkosten und -erlösen		Rechnung mit relativen Einzelkosten und -erlösen

▲ Abb. 99 Systeme der Kosten- und Leistungsrechnung im Überblick (Heinen/Dietel 1991, S. 1205)

Normalkostenrechnungen werden beinahe immer als Vollkostenrechnungen geführt. Die Unterscheidung in Voll- und Teilkostenrechnungen ergibt sich nur im Rahmen der Istkostenrechnung sowie der Plankostenrechnung.

Kostenremanenz

Remanente Kosten sind Kosten, die zwar kurzfristig veränderbar wären, aufgrund situativer Einflüsse aber bei einem rückläufigen Beschäftigungsgrad nicht entsprechend angepasst und gesenkt werden können. Das Phänomen der Kostenremanenz kann man v. a. bei sprungfixen, seltener bei ▷ variablen Kosten beobachten (▶ Abb. 100), wenn z. B. die Mitarbeitenden aus Angst vor einer Entlassung bei einem Beschäftigungsrückgang ihren Arbeitsaufwand vergrössern oder qualifiziertes Personal Hilfsarbeiten übernehmen muss.

Kostenstellen

Unter einer Kostenstelle versteht man einen betrieblichen Teilbereich, der kostentechnisch als selbständige Einheit abgerechnet wird. Kostenstellen sind Orte der Kostenentstehung. Sie sollten so gebildet werden, dass eine exakte Abgrenzung zwischen den einzelnen Kostenstellen möglich ist, damit ihnen die angefallenen Kosten verursachergerecht zugerechnet werden können. Folgende Möglichkeiten stehen zur Verfügung:
- *geografische Gesichtspunkte* (z. B. Betrieb I, Betrieb II, Lager A, Lager B);
- *Funktionsbereiche* (z. B. Einkauf, Lager, Fertigung, Verwaltung oder Fräserei, Stanzerei, Dreherei, Schlosserei, Schleiferei);
- *Verantwortungsbereiche* (z. B. Verkauf Inland, Export);
- *rechnungstechnische Gesichtspunkte.*

Die vier Kriterien der Kostenstellenbildung schliessen sich gegenseitig nicht aus.

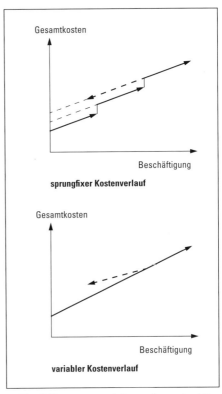

▲ Abb. 100 Kostenremanenz bei sprungfixen und variablen Kosten

Bei der Erstellung eines konkreten Kostenstellenplans können sie kombiniert werden, wobei geografische und funktionale Gesichtspunkte in jedem Fall nur sekundäre Bedeutung haben.
Nach abrechnungstechnischen Gesichtspunkten unterscheidet man zwischen *Hauptkostenstellen* (Endkostenstellen) und *Hilfskostenstellen* (Vorkostenstellen). Während die Kosten der Hauptkostenstellen direkt auf die ▷ Kostenträger verrechnet werden, erfolgt die Verrechnung der Hilfskostenstellen über weitere Kostenstellen.
▷ Kostenstellenrechnung

Kostenstellenrechnung

Die in der ▷ Kostenartenrechnung erfassten Kosten werden nach Möglichkeit direkt auf die ▷ Kostenträger überwälzt. Dies ist jedoch nur bei ▷ Einzelkosten, nicht aber bei ▷ Gemeinkosten möglich. Aufgabe der Kostenstellenrechnung ist es deshalb, die Gemeinkosten zunächst verursachergerecht auf die Orte ihrer Entstehung – die ▷ Kostenstellen – zu verrechnen. Die Kostenstellenrechnung erfüllt folgende Funktionen:

- *Kostenlokalisierungsfunktion:* Ermittlung des Orts der Entstehung der Kostenträger-Gemeinkosten.
- *Kostenkontrollfunktion:* Innerbetriebliche Überwachung und Planung der Kosten und der Wirtschaftlichkeit in den einzelnen Organisationseinheiten.
- *Kostenvermittlungsfunktion:* Aufbereitung der Daten für eine möglichst differenzierte und verursachergerechte Zuteilung der Kostenträger-Gemeinkosten auf Produkte und Dienstleistungen.

Die Kostenstellenrechnung gliedert sich in vier Schritte:
1. *Kostenstellenbildung:* Gliederung des Unternehmens in Kostenbezirke.
2. *Primärkostenrechnung:* Verteilung der Kostenträger-Gemeinkosten (Kostenstellen-Einzelkosten und Kostenstellen-Gemeinkosten) nach dem Verursacherprinzip auf die Kostenstellen.
3. *Innerbetriebliche Leistungsverrechnung* oder *Sekundärkostenrechnung:* Verrechnung von gegenseitigen Leistungen zwischen den Kostenstellen und Verteilung der Hilfskostenstellen auf die Hauptkostenstellen.
4. *Bildung von Zuschlagssätzen:* Mit Zuschlagssätzen lassen sich die in den Hauptkostenstellen erfassten Kostenträger-Gemeinkosten auf die Kostenträger verrechnen.

Der ▷ Betriebsabrechnungsbogen (BAB) ist das klassische Instrument zur Durchführung und Darstellung der Kostenstellenrechnung.

Kostenträger

Kostenträger sind die vom Unternehmen erstellten Leistungen wie z.B. Produkte, Dienstleistungen, Produktgruppen oder andere abgrenzbare Objekte (z.B. Entwicklung eines neuen Produkts). Kostenträger sind Kalkulationsobjekte, deren Kosten in der ▷ Kostenträgerrechnung ermittelt werden.

Kostenträgerrechnung

Die Kostenträgerrechnung als Element der ▷ Betriebsbuchhaltung kann in eine Kostenträgerzeit- und in eine Kostenträgerstückrechnung unterteilt werden:

- *Kostenträgerzeitrechnung* (▷ kurzfristige Erfolgsrechnung): Die ▷ Einzel- und ▷ Gemeinkosten einer bestimmten Periode werden auf die einzelnen ▷ Kostenträger verrechnet.
- *Kostenträgerstückrechnung:* Grundsätzlich können die Kosten jeder Einzelleistung (z.B. einem Produkt für einen bestimmten Kunden) zugerechnet werden. Das kann zweckmässig sein, wenn nur eine ganz kleine Anzahl unterschiedlicher Leistungen in einer Periode erbracht wird. Sobald aber die Zahl und Vielfalt der Leistungen grösser wird, ist dieses Verfahren unzweckmässig, da der Rechenaufwand zunehmen und Informationen unübersichtlich würden. Abhilfe verschafft in diesem Fall die *Kostenträgerstückrechnung* (▷ Kalkulation). Sie kann als Sonderrechnung aufgrund der Daten aus der ▷ Kostenarten- und ▷ Kostenstellenrechnung durchgeführt werden und bietet eine verlässliche Grundlage für die ▷ Preispolitik.

Kostenträgerstückrechnung
Syn. für ▷ Kalkulation
▷ Kostenträgerrechnung

Kostenträgerzeitrechnung
Syn. für ▷ kurzfristige Erfolgsrechnung
▷ Kostenträgerrechnung

Kosten- und Leistungsrechnung
Syn. für ▷ Betriebsbuchhaltung

Kostenvergleichsrechnung
Die Kostenvergleichsrechnung ermittelt die Kosten von zwei oder mehreren Investitionsprojekten und stellt sie einander gegenüber. Kriterium für die Vorteilhaftigkeit einer Investition ist die Höhe der Kosten. Man entscheidet sich für die Investitionsvariante mit den tiefsten Kosten. Grundsätzlich wird mit den Kosten pro Rechnungsperiode oder den Kosten pro Leistungseinheit gerechnet. Der Erlös wird nicht berücksichtigt, da man davon ausgeht, dass er für alle betrachteten Investitionsvorhaben gleich gross ist, einer einzelnen Investition nicht zugerechnet oder überhaupt nicht gemessen werden kann. In die Kostenvergleichsrechnung gehen nur Kosten ein, die durch das jeweilige Investitionsprojekt verursacht werden (Verursacherprinzip). Entscheidungsrelevant sind:

- Die *Betriebskosten* (K_b), die ausbringungsabhängig anfallen (▷ variable Kosten), d. h. die Lohn-, Material-, Instandhaltungs-, Energie-, Raum- und Werkzeugkosten.
- Die *Kapitalkosten,* die ausbringungsunabhängig anfallen (▷ fixe Kosten). Sie setzen sich aus den Abschreibungen (K_a) pro Zeitperiode und den Zinskosten (K_z) auf dem durchschnittlich gebundenen Kapital zusammen.

Unter Annahme eines kontinuierlichen Nutzungsverlaufes und somit linearer Abschreibungen, betragen die gesamten Periodenkosten K:

$$K = K_b + \frac{I - L}{T} + \frac{I + L}{2} \cdot \frac{p}{100}$$

I: Investitionsbetrag (Kapitaleinsatz);
L: Liquidationserlös des Investitionsobjekts am Ende der Nutzungsdauer;
T: Laufzeit des Investitionsprojekts;
p: Zinssatz (in %/Jahr)

Die Kosten pro Leistungseinheit (k) betragen:

$$k = \frac{K}{x}$$

Bei einer Investitionsentscheidung sind nicht nur die Kosten für eine bestimmte Kapazitätsauslastung von Bedeutung, sondern auch diejenigen bei alternativen Kapazitätsauslastungen. Insbesondere ist für den Entscheidungsträger von Interesse, bei welcher Ausbringungsmenge (x) zwei Alternativen die gleichen Kosten verursachen. Dieser Output kann mit Hilfe einer ▷ Break-even-Analyse ermittelt werden.

Kostenverläufe
Obwohl theoretisch verschiedene Kostenverläufe denkbar sind, ist die Annahme eines *s-förmigen Gesamtkostenverlaufs,* abgeleitet aus der ▷ Produktionsfunktion Typ A (Ertragsgesetz; ▷ Grenzertrag), in Theorie und Praxis sehr verbreitet. Davon ausgehend lassen sich die sog. kritischen Kostenpunkte ermitteln (▶ Abb. 101):
1. *Betriebsminimum* (P_1) und *Betriebsmaximum* (P_2): Punkt P_1 und P_2 geben die Grenze an, die nicht unter- bzw. über-

Kostenverläufe

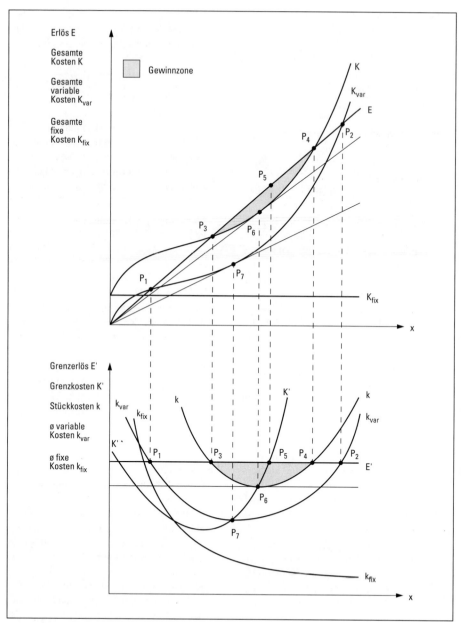

▲ Abb. 101 Kostenverläufe

schritten werden sollte, weil dadurch die ▷ fixen Kosten nicht und die ▷ variablen Kosten nur teilweise gedeckt würden. Wenn ein Unternehmen langfristig insbesondere Punkt P_1 nicht erreicht, muss eine Betriebsschliessung in Erwägung gezogen werden.

2. *Gewinnschwelle* (P_3) und *Gewinngrenze* (P_4): Diese beiden Punkte, auch Nutzschwelle und Nutzgrenze genannt, signalisieren den Eintritt in bzw. den Austritt aus der Gewinnzone. Punkt P_3 bezeichnet man auch als ▷ Break-even-Punkt (▷ Break-even-Analyse).

3. *Gewinnmaximum* (P_5): In diesem Punkt erwirtschaftet das Unternehmen den maximalen Gesamtgewinn, weil bis zu diesem Punkt jede zusätzlich produzierte Einheit zwar einen abnehmenden, aber positiven Gewinnbeitrag beisteuert.

4. *Optimaler Kostenpunkt* (P_6): An diesem Punkt arbeitet das Unternehmen mit den geringsten Stückkosten und somit am wirtschaftlichsten. Die Stückkosten sind gleich den ▷ Grenzkosten, wodurch der Gewinn pro Stück maximal ist.

5. *Preisuntergrenze* (P_7): Variiert man nicht die Menge, sondern den Preis, ist Punkt P_7 jene Grenze, auf die der Stückpreis maximal gesenkt werden darf. In P_7 sind zwar die variablen, nicht aber die fixen Kosten gedeckt. Fällt der Preis unter P_7, so ist auch ein Teil der variablen Kosten nicht mehr gedeckt; bewegt er sich zwischen P_6 und P_7, so ist wenigstens ein Teil der betrieblichen fixen Kosten gedeckt. Würde ein Unternehmen auf längere Sicht keine höheren Preise erzielen, so müsste ebenfalls eine Betriebsschliessung in Betracht gezogen werden.

KOZ-Regel

Abk. für Kürzeste Operationszeit
▷ Prioritätsregeln

Kreativität

Unter Kreativität versteht man die Fähigkeit eines Menschen, etwas Neues, bisher nicht Dagewesenes zu schaffen. Das reicht von neuen Ideen und Problemlösungsprozessen bis zu neuen Produkten. Voraussetzung für kreatives Denken sind sowohl die Fähigkeiten des Individuums selbst als auch seine situativen Rahmenbedingungen (z.B. ▷ Betriebsklima). Oft müssen traditionelle Denkweisen und Verhaltensmuster verlassen werden (▷ Barrieren), um neue Ideen zu entwickeln. Dies kann durch Kombination mit Erfahrungen und Wissen aus anderen Lebens- und Tätigkeitsbereichen, von bekannten mit unbekannten Elementen oder durch die Schaffung von völlig neuen Mustern geschehen. Ein wichtiges Hilfsmittel zur Förderung der Kreativität – neben organisatorischen Möglichkeiten (z.B. Delegation) – sind die *Kreativitätstechniken*. Zu den analytischen Methoden zählt die ▷ Morphologie, zu den intuitiven das ▷ Brainstorming, die ▷ 635-Methode sowie die ▷ Synektik.

Kreativitätstechnik

▷ Kreativität

Kreditfähigkeit

▷ Bonität

Kreditfinanzierung

Unter Kreditfinanzierung *(Fremdfinanzierung)* versteht man die Finanzierung mit ▷ Fremdkapital. Im Gegensatz zum ▷ Eigenkapital wird das Fremdkapital von Dritten nur für eine bestimmte Zeitdauer

Märkte für kurz- und mittelfristige Kredite				Märkte für mittel- bis langfristige Kredite	
Geldmärkte			Märkte für Bankkredite und Bankeinlagen		
Märkte für Notenbankgeld zwischen Geschäftsbanken	Märkte für Geldmarktpapiere			Kapitalmärkte	Märkte für Hypothekarkredite
	mit Rückkaufzusage der Notenbank	ohne Rückkaufzusage der Notenbank			

▲ Abb. 102 Wichtige Kreditmärkte

zur Nutzung überlassen. Die Fremdkapitalgeber haben i.d.R. Anspruch auf Verzinsung und Rückzahlung des Kapitals zu einem vereinbarten Termin. Die Kreditfinanzierung ist – wie auch die ▷ Beteiligungsfinanzierung – eine Form der ▷ Aussenfinanzierung.

Kurzfristige Formen der Kreditfinanzierung sind der ▷ Lieferantenkredit, der ▷ Kundenkredit, der Bankkredit, die ▷ Forfaitierung und das ▷ Factoring. Mittelfristig steht die Finanzierung über ▷ Darlehen oder über ▷ Kassaobligationen zur Verfügung. Langfristige Finanzierungsmöglichkeiten sind das ▷ Hypothekardarlehen und die verschiedenen Formen der ▷ Anleihensobligation. Eine neuere Finanzierungsform ist das ▷ Leasing.

Kreditgeld
▷ Buchgeld

Kreditmarkt
Unter dem Begriff Kreditmärkte werden sämtliche Märkte zusammengefasst, auf denen Kredite aller Art angeboten und nachgefragt werden. Dabei kann unterschieden werden zwischen kurz- und mittelfristigen Krediten, die v.a. auf dem ▷ Geldmarkt gehandelt werden, und langfristigen Krediten, die v.a. in Form von Wertpapieren auf dem ▷ Kapitalmarkt ge-

handelt werden. Daneben bestehen Märkte für weitere langfristige Kredite (z.B. Hypotheken). Die Übergänge zwischen den verschiedenen Kreditmärkten sind in der Praxis fliessend. ◀ Abb. 102 gibt eine Übersicht der wichtigsten Kreditmärkte.

Kreditoren
Als bedeutende Position des kurzfristigen ▷ Fremdkapitals stellen die Kreditoren noch ausstehende Forderungen der Lieferanten dar *(Verbindlichkeiten aus Lieferungen und Leistungen)*. Während die Lieferung von Gütern oder Leistungen an das Unternehmen bereits erfolgte, steht die Bezahlung noch aus.

Im Fall kurzfristiger Liquiditätsengpässe wird die Bezahlung der Kreditoren oft zurückgestellt, was das Unternehmen aber meist teuer zu stehen kommt, da Skonti (▷ Skontosatz) und ▷ Rabatte in solchen Fällen nicht ausgenützt werden können. Einer umfassenden ▷ Kreditorenanalyse kommt daher grosse Bedeutung zu.

Kreditorenanalyse
Die Kreditorenanalyse gibt im Rahmen der ▷ Bilanz- und Erfolgsanalyse Auskunft über die Effizienz der Kreditorenbewirtschaftung. Von grosser Bedeutung sind v.a. die folgenden Kennzahlen:

- ø *Kreditorenbestand* =

  $$\frac{\text{Anfangsbestand (Fr.)} + \text{Schlussbestand (Fr.)}}{2}$$

- *Kreditorenumschlag* =

  $$\frac{\text{Einstandswert der auf Rechnung gekauften Waren}}{\text{ø Kreditorenbestand}}$$

- *Kreditorenfrist* =

  $$\frac{360}{\text{Kreditorenumschlag}}$$

Mit diesen Kennzahlen kann überprüft werden, inwiefern die dem Kreditnehmer zugestandenen Zahlungskonditionen auch tatsächlich eingehalten worden sind und welche Abweichungen sich ergeben haben. Allzu hohe durchschnittliche Zahlungsfristen sind oft versteckte Kostenverursacher; so können z.B. Skonti (▷ Skontosatz) und ▷ Rabatte bei Nichtbeachtung der Zahlungskonditionen nicht geltend gemacht werden (bei 2% Skonto für 20 Tage ergibt sich ein Jahreszins von 36,735%).
Da sowohl die aufgeführten Kennzahlen der Kreditorenanalyse als auch jene der ▷ Debitorenanalyse in einem engen Zusammenhang zur ▷ Liquidität stehen, sollten sie stets gleichzeitig beurteilt werden.
▷ Kreditoren

Kreditorenbestand
▷ Kreditorenanalyse

Kreditorenfrist
▷ Kreditorenanalyse

Kreditorenumschlag
▷ Kreditorenanalyse

Kreditwürdigkeit
▷ Bonität

Kreuzpreiselastizität
Die Kreuzpreiselastizität *(Triffin'scher Koeffizient)*, die sich als Verhältnis der relativen Änderung der Nachfragemenge eines Guts und der sie bewirkenden relativen Änderung des Preises eines anderen Guts errechnet, kann als Massstab für die Intensität von Konkurrenzbeziehungen hinzugezogen werden. Sie wird mit folgender Formel berechnet:

$$T = \frac{\Delta x_B}{x_B} : \frac{\Delta p_A}{p_A} = \frac{\Delta x_B}{\Delta p_A} \cdot \frac{p_A}{x_B}$$

T: Kreuzpreiselastizität (Triffin'scher Koeffizient); x_B: Nachfragemenge der Guts B; p_A: Preis des Guts A

Bei homogenen Gütern, welche im Vergleich zueinander hohe Kreuzpreiselastizitäten aufweisen, ist eine Konkurrenzbeziehung feststellbar, während zwischen heterogenen Gütern – mit im Vergleich zu anderen Gütern tiefen Kreuzpreiselastizitäten – keine Konkurrenzbeziehung existiert. Substituierende Güter haben demnach hohe Kreuzpreiselastizitäten, Komplementärgüter wesentlich geringere. Nimmt der Triffin'sche Koeffizient bei der Berechnung den Wert Null an, so spricht man von einer Substitutionslücke. Bei $T = \infty$ hingegen ist von homogener (vollständiger, atomistischer) Konkurrenz die Rede, bei $0 < T < \infty$ von heterogener Konkurrenz.

Krise
Bei Krisen handelt es sich um Situationen, die durch folgende Merkmale gekennzeichnet sind:

- Die Existenz des Unternehmens ist gefährdet.
- Die zur Verfügung stehende Reaktionszeit ist sehr kurz.
- Das Management ist vom Eintreten eines Ereignisses und der daraus resultierenden Krise meistens überrascht, weil es eine andere Entwicklung erwartet hat.
- Der Ausgang der Krise ist ungewiss.

Krisen treten häufig auf, wenn ▷ Diskontinuitäten nicht erkannt und ▷ schwache Signale übersehen werden. Aufgrund der grossen Folgen einer Krise ist es wichtig, entweder Krisen durch ein ▷ Frühwarnsystem zu verhindern oder ein wirkungsvolles ▷ Krisenmanagement einzusetzen, um die Krise erfolgreich zu bewältigen. Krisen sind allerdings nicht nur Bedrohungen, sondern eröffnen auch Chancen, z. B. neue Produkte zu entwickeln oder neue Märkte zu bearbeiten.

Krisenmanagement

Unter Krisenmanagement i.e.S. versteht man sämtliche Massnahmen zur erfolgreichen Bewältigung einer ▷ Krise, i.w.S. geht es auch um die frühzeitige Krisenerkennung und -vermeidung (▷ Frühwarnsystem). Unternehmen können sich mit folgenden organisatorischen Massnahmen auf Krisen vorbereiten:
- Aufbau eines Krisen-Kommunikationsnetzes sowie eines Zentrums für die Evaluation und Verbreitung von Informationen, das alle Hierarchieebenen einschliesst und mit allen Unternehmenseinheiten direkt in Verbindung steht.
- Aufteilung der Verantwortlichkeiten innerhalb der Geschäftsleitung auf drei Gruppen: die erste Gruppe erarbeitet wirkungsvolle Reaktionen auf die überraschenden Ereignisse und setzt diese um; die zweite Gruppe sichert die Aufrechterhaltung eines guten Betriebsklimas (die erste und die zweite Gruppe benutzen das Krisen-Kommunikationsnetz); die dritte Gruppe sorgt für die Weiterführung eines möglichst störungsfreien Tagesgeschäfts.
- Aufbau einer «Strategic Task Force», die hierarchie- und funktionsübergreifend zusammengesetzt ist und in direktem Kontakt mit der Geschäftsleitung steht. Sie hat die Aufgabe, die von der Geschäftsleitung beschlossenen Massnahmen und Aktionen umzusetzen.

Kritischer Pfad

▷ Kritischer Weg
▷ Critical Path Method

Kritischer Weg

Der kritische Weg entspricht der minimal möglichen Projektdauer bei einem ▷ Netzplan. Sämtliche Projektschritte auf dem kritischen Weg haben eine ▷ Pufferzeit von null.
▷ Netzplantechnik
▷ Critical Path Method

Kritische Volumina

Die Methode der kritischen Volumina *(Immissionsgrenzwertmethode)* kann bei der Erstellung von ▷ Ökobilanzen für die Bewertung der Stoff- und Energieflüsse verwendet werden. Sie beruht auf Überlegungen zur zulässigen Höchstkonzentration verschiedener Substanzen in der Umwelt entsprechend ihrer Schädlichkeit. Um das Profil einer Belastungssituation zu erstellen (z.B. für die Produktion eines Kilogramms eines Packstoffes), werden die ermittelten Umwelteinwirkungen in vier Kategorien zusammengefasst: (1) Energieverbrauch, (2) Wasserbelastung, (3) Luftbelastung und (4) feste Abfälle.

Der gesamte Energieverbrauch sowie das totale Deponievolumen der festen Abfälle kann in cm³/kg erfolgen. Um die verschiedenen Wasser- und Luftbelastungen zu je einer Kennzahl zusammenzufassen, wird auf die geltenden gesetzlichen Grundlagen zurückgegriffen (z. B. Luftreinhalteverordnung). Wie gross muss nun ein Luft- bzw. Wasservolumen sein, um eine vorliegende Belastung beim geltenden Grenzwert aufnehmen zu können? Die entsprechende Menge wird als «kritische Luftmenge» (in m³) bzw. «kritische Wassermenge» (in dm³) bezeichnet. Die Formel für die Berechnung der kritischen Mengen lautet wie folgt:

$$\text{Kritisches Volumen} = \frac{\text{Emission}}{\text{Grenzwert}}$$

Die Angaben über kritische Luft- und Wassermengen sind Rechengrössen. Je problematischer ein Schadstoff ist, desto tiefer ist der Grenzwert und desto grösser wird das kritische Volumen einer bestimmten Emission.
Aus den errechneten Volumenwerten kann nicht gefolgert werden, dass die Natur auch tatsächlich im entsprechenden Ausmass verschmutzt ist. Es kann nur festgestellt werden, dass grundsätzlich eine entsprechende Volumenmenge durch den Schadstoff bis zum gegebenen Grenzwert belastet werden *kann*.

Kultur-Sponsoring
▷ Sponsoring

Kundenakquisition
▷ Akquisition

Kundenbarometer
▷ Kundenzufriedenheit

Kundenbeziehungsmanagement
Unter Kundenbeziehungsmanagement – oder Kundenbindungsmanagement (auch *Customer Bonding* genannt) – versteht man die optimale Gestaltung der Kundenbeziehungen mit dem Ziel erfolgreicher, langfristiger Geschäftsbeziehungen. Voraussetzung dafür ist, die Kunden zu kennen. Das Kundenbeziehungsmanagement ist ein strategischer und damit kritischer Erfolgsfaktor, im Gegensatz zum ▷ Customer Relationship Management, das eher den operativen (technischen) Teil verkörpert. Ziel sollte es sein, Kunden zu gewinnen und danach eine langfristige, stabile und erfolgreiche Kundenbeziehung herzustellen. Das Kundenbeziehungsmanagement hat sich den strategischen Unternehmenszielen unterzuordnen; die Integration in den Kontext der Unternehmensziele ist ein weiterer wichtiger Aspekt.
Das Management von Kundenbeziehungen ist ein Prozess, bei dem an erster Stelle der potenzielle Kunde steht. Nach dem ersten Kauf ist es wichtig, durch Folgekäufe eine dauerhafte Bindung des Kunden zu erzielen (▷ Cross Selling). Wenn die Kunden durch Mehrfachkäufe treu bleiben, sollte das Ziel angestrebt werden, den Umsatz pro Kunden gezielt zu erhöhen (Up-Selling). Schliesslich sollte die Reaktivierung verlorener Kunden (z. B. durch Abwanderung, Unzufriedenheit) versucht werden.
Erfolgreiches Kundenbeziehungsmanagement bzw. die daraus resultierende Kundenbindung hat verschiedene Effekte: Es können Umsatzsteigerungen und Kosteneinsparungen erzielt werden, zudem besteht eine geringere Preissensibilität bei den Kunden, und diese haben ein grösseres Vertrauen, empfehlen die Unternehmung bzw. deren Leistungen weiter.

Kundenbindung

Unter Kundenbindung versteht man die Massnahmen eines Unternehmens, Transaktionen mit den Kunden zu fördern, zu festigen und auszubauen. Grundlage dazu ist eine positive Einstellung seitens des Kunden (▷ Kundenzufriedenheit) mit dem Ziel, Folgekäufe bzw. Wiederholungskäufe zu erreichen. Es geht um die Gestaltung und Förderung des tatsächlichen Verhaltens (Kaufverhalten, Weiterempfehlung) und der zukünftigen Verhaltensabsicht (Wiederkaufabsicht). Damit soll eine möglichst stabile Beziehung des Kunden zum Unternehmen erzielt werden. Daraus resultieren bei längerer Bindung des Kunden an das Unternehmen ökonomische Vorteile. Ursachen der Kundenbindung sind vielfältigster Natur: So bewirken *vertragliche* (aufgrund eines Vertrags kein Wechsel des Anbieters möglich, z.B. Leasingvertrag), *ökonomische* (hohe Wechselkosten), *technische* (Abhängigkeit vom Anbieter, z.B. Computer) und auch *psychologische* (persönliche Beziehungen) Erfolgsfaktoren eine Bindung.

Im Fokus steht die Umsetzung einer konsequenten Kundenorientierung, bei der (im Gegensatz zum traditionellen Marketing) systematisch nachgefragt wird, welche Massnahmen den Kunden langfristig an das Unternehmen binden *(Kundenloyalität)*. Dabei ist die Kundenbetreuung *(Customer Care)* bzw. das Management von Kundenkontakten mittels verschiedener Marketinginstrumente ein wichtiger Bestandteil. Im Zentrum der Aktivitäten steht die Steigerung des Ertragspotenzials bestehender Kunden. (▷ Customer Lifetime Value).

Für eine erfolgreiche Kundenbindung ist es eine wesentliche Voraussetzung, die Kunden, ihre Loyalitätsmotive und ihre Wechselabsichten genau zu kennen. Erst mit diesen Informationen können geeignete Marketinginstrumente zur erfolgreichen Kundenbindung eingesetzt werden bzw. lässt sich die Bindung aktueller Kunden beeinflussen. Oft ist die Kundenbindung sowohl Zielgrösse bzw. wichtiges Unternehmensziel als auch Kontrollgrösse. Erfolgreiche Kundenbindungsmassnahmen orientieren sich an den Marketinginstrumenten wie z.B. Zusammenarbeit mit dem Kunden bei der Produktentwicklung, Zusatzangebote bzw. Wartungsverträge oder Garantien, Mengen- und Treuerabatte, Kundenclubs oder -karten, Kundenzeitschriften, Events, ▷ Direct Mails, 24-Stunden-Service, kundennahe Standorte, ▷ Beschwerdemanagement, ▷ Cross Selling.

Kundenbindungsmanagement

Syn. für ▷ Kundenbeziehungsmanagement

Kundendienst

▷ Konditionenpolitik
▷ Zusatzleistungen

Kundenfrequenz

Die Kundenfrequenz errechnet sich aus Anzahl Kunden pro Zeiteinheit. Die Erhebung der Kundenfrequenz ist notwendig, weil aus Kosten- und Produktivitätsüberlegungen eine quantitative Anpassung der betrieblichen Infrastruktur an den in der Zeit schwankenden Kundenstrom nötig ist. Sie bildet eine wesentliche Grundlage für die betriebliche ▷ Logistik (z.B. Personaleinsatzplanung). Aus der Aufzeichnung der Kundenfrequenz werden Regelmässigkeiten ersichtlich.

Kundengruppe

▷ Zielgruppe

Kundenintegration
▷ Customer Process Management

Kundenkarte
Die Kundenkarte ist eine Kreditkarte, die ein Kunde in nur einem Handelsunternehmen (z.B. Warenhaus) als Zahlungsmittel einsetzen kann. Mit der Abgabe von Kundenkarten an die Stammkunden will ein Handelsunternehmen die Kundenbeziehungen durch Vereinfachung des Zahlungsvorgangs verstärken. Zudem gelangen die Kreditkarteninhaber in den Besitz einiger Vorteile (z.B. Rabatte, günstigere oder exklusive Einkaufsmöglichkeiten). Heute ist die Tendenz zu beobachten, dass in vielen Handelsunternehmen am ▷ Point of Sale sowohl mit einer Kundenkarte als auch mit Bankkreditkarten bezahlt werden kann (Electronic Cash [▷ Point-of-Sales Banking]).

Kundenkredit
Bei einem Kundenkredit zahlt der Kunde entweder bei Bestellung oder bei teilweiser Fertigung einen Teil des Verkaufspreises. Kundenanzahlungen sind v.a. in der Investitionsgüterindustrie (Maschinenindustrie) und im Baugewerbe üblich. Damit kann das Unternehmen einen Teil der Finanzierung und die daraus entstehenden Zinskosten dem Kunden überwälzen, da diese Anzahlungen zinslos zur Verfügung stehen. Die Rückzahlung erfolgt nicht in Geld, sondern in Waren. Die Kundenanzahlungen können sogar den kurzfristig benötigten Kapitalbedarf für die Produktion des Auftrags übersteigen, sodass die Mittel kurzfristig angelegt werden können und einen Zinsertrag abwerfen. Diese kurzfristig zur Verfügung stehenden Mittel dürfen aber auf keinen Fall als langfristig gebundenes Kapital in ▷ Betriebsmittel investiert werden. Neben der Finanzierungsfunktion übernehmen Kundenanzahlungen zusätzlich die Funktion der Verminderung des Unternehmerrisikos. Sie geben dem Produzenten eine gewisse Sicherheit, dass der Auftraggeber die bestellten Produkte abnimmt. Sollte der Kunde trotzdem nachträglich auf eine Lieferung verzichten, so ist die Anzahlung eine Entschädigung für mögliche Verluste bei einer anderen Verwertung dieser Produkte.

Kundenloyalität
▷ Kundenbindung

Kundenorientierung
Syn. für ▷ Customer Focus
▷ Lean Production

Kundenwert
Syn. für ▷ Customer Lifetime Value (CLTV)

Kundenzufriedenheit
Kundenzufriedenheit entsteht, wenn die wahrgenommene Leistung (Ist-Leistung) mit den Erwartungen (Soll-Leistung) übereinstimmt bzw. keine Differenz zwischen erwarteter Bedürfnisbefriedigung und erfüllter Bedürfnisbefriedigung besteht (= Ausmass der Bedürfnisbefriedigung). Eine positive Wirkung von Kundenzufriedenheit ist die Kundenloyalität (Wiederkaufverhalten des Kunden, Weiterempfehlungsverhalten gegenüber Dritten, Bereitschaft, weitere Produkte des Unternehmens zu kaufen [▷ Cross Buying]) und das Preisverhalten (Preisbereitschaft und -toleranz, Preissuchverhalten, Preiskenntnis). Kundenzufriedenheit löst Wiederkäufe aus, zufriedene Kunden wandern nicht ab, und Kundenzufriedenheit kann als Massstab zur Bewertung der eigenen Marke-

tingmassnahmen herangezogen werden (Kontroll- sowie Orientierungsfunktion). Kundenzufriedenheit lässt sich mit quantitativen und qualitativen Verfahren messen. Zu den quantitativen Verfahren zählen u. a. Erfassung von Umsatz und Marktanteil, Verkaufsanalysen, *Kundenbarometer,* Focus Groups, *Customer Satisfaction Index, Customer Service Audit.* Zu den qualitativen zählen u. a. *Mystery Customer Research,* Analyse der Kundenloyalität, Auswertung von Reklamationen und Garantiefällen (▷ Beschwerdemanagement).
▷ Confirmation-Disconfirmation-Modell

Kündigung

Die Kündigung ist die normale Art, einen Dauervertrag aufzulösen. Fehlt im ▷ Vertrag eine Vereinbarung über die Kündigungsfristen, so gelten die im Gesetz für jede Vertragsart (z. B. Kauf-, Miet-, Arbeits- oder Darlehensvertrag) ergänzend vorgesehenen Fristen. Beim Arbeitsvertrag (▷ Kündigung des Arbeitsvertrags) dürfen für die beiden Parteien keine unterschiedlichen Kündigungsfristen vorgesehen werden.

Kündigung des Arbeitsvertrags

Unter Kündigung versteht man entweder das freiwillige Ausscheiden des Arbeitnehmers aus einem Unternehmen oder die unfreiwillige *Entlassung* (Freistellung) des Arbeitnehmers durch den Arbeitgeber. Wer als Arbeitnehmer oder Arbeitgeber den Arbeitsvertrag auflösen will, muss eine Kündigungsfrist einhalten. Nach Art. 335c OR kann «das Arbeitsverhältnis im ersten Dienstjahr mit einer *Kündigungsfrist* von einem Monat, im zweiten bis und mit dem neunten Dienstjahr mit einer Frist von zwei Monaten und nachher mit einer Frist von drei Monaten je auf das Ende eines Monats gekündigt werden». Art. 336 OR regelt den Kündigungsschutz für beide Parteien eines Arbeitsvertrags. Will die eine oder andere Partei die vereinbarte oder gesetzlich vorgeschriebene Frist nicht einhalten, ist dazu gemäss Art. 337 OR ein wichtiger Grund nötig.

Kuppelprodukt

Ein Kuppelprodukt ist ein Erzeugnis, das im Rahmen des betrieblichen Produktionsprozesses bei der ▷ Fertigung von ▷ Teilen oder ▷ Baugruppen zusätzlich gewollt oder ungewollt entsteht. Kuppelprodukte fallen häufig in der chemischen Industrie an und können selten direkt verwendet werden. Durch Weiterverarbeitung oder ▷ Recycling wird versucht, unerwünschte Kuppelprodukte wieder dem Produktionskreislauf zuzuführen.

Kurs

Als Kurs *(Kurswert)* bezeichnet man den Marktpreis für an der ▷ Börse gehandelte ▷ Wertpapiere, ▷ Devisen und ▷ Waren. Der Kurs kommt aufgrund von Angebot und Nachfrage zustande und bezieht sich auf die jeweils übliche Handelseinheit. Bei festverzinslichen Wertpapieren wird der Kurs in Prozenten des Nominalwerts angegeben.

Kurs-Gewinn-Verhältnis

Das Kurs-Gewinn-Verhältnis *(KGV, Price Earning Ratio)* entspricht dem Verhältnis des ▷ Kurses einer ▷ Aktie zum Jahresgewinn je Aktie. Als Kennzahl der Finanzanalyse gibt das Kurs-Gewinn-Verhältnis einen Vergleichsmassstab für die Preiswürdigkeit einer Aktie. Auch bei der Bewertung von Unternehmen vermag diese Kennzahl wertvolle Informationen zu liefern, da sie Hinweise auf Über- oder Unterbewertungen gibt. Allerdings hat sie den Nachteil, dass sie relativ statisch ist. Deshalb wird das KGV oft in Beziehung zum Gewinnwachstum gesetzt (▷ PEG-Ratio).

Kurswert

Syn. für ▷ Kurs

Kurzarbeit

Von Kurzarbeit im Rahmen von Massnahmen der ▷ Arbeitszeitverkürzung spricht man, wenn in Zeiten schlechter Wirtschaftslage (im Gegensatz zur ▷ Teilzeitarbeit) die Arbeitszeit während einer befristeten Zeitdauer reduziert wird (tägliche Verkürzung der Arbeitszeit, Wegfall eines ganzen Wochenarbeitstages). Mit dem Einverständnis der Betroffenen kann meistens gerechnet werden, da sonst die Entlassung droht. Kurzarbeit ist zeitlich immer beschränkt, d.h. es besteht – seitens des Arbeitgebers – die Absicht zur Rückkehr zur üblichen Arbeitszeit. Ziel ist die Vermeidung von Entlassungen und somit von Arbeitslosigkeit. Kurzarbeit ist beim Arbeitsamt melde- und genehmigungspflichtig.

Bei Kurzarbeit wird der Lohn entsprechend der Reduktion der Arbeitszeit gekürzt, der Mitarbeitende hat jedoch Anspruch auf Versicherungsleistungen (als Ausgleich für die Reduktion des Lohns). Beispiel: Monatslohn Fr. 5000, Lohnkosten bei 80% belaufen sich für die Firma auf Fr. 4000, ausbezahlter Lohn Fr. 4800, d.h. der Rest (die ausgefallenen Arbeitsstunden) wird zu 80% durch die Arbeitslosenkasse gedeckt. Verlust für den Arbeitnehmer Fr. 200.

Gemäss Statistik neigen Firmen in Zeiten der Rezession eher dazu, Mitarbeitende zu entlassen, als Kurzarbeit einzuführen.

Kurzfristige Erfolgsrechnung

Die kurzfristige Erfolgsrechnung *(Kostenträgerzeitrechnung)* ermittelt den sachzielbezogenen Periodenerfolg. Sie unterscheidet sich von der finanzbuchhalterischen ▷ Erfolgsrechnung durch folgende Merkmale:

- Im Gegensatz zur Erfolgsrechnung, die i.d.R. nur einmal pro Jahr erstellt wird, führt man die kurzfristige Erfolgsrechnung mehrmals im Jahr für kürzere Abrechnungszeiträume durch.
- Die kurzfristige Erfolgsrechnung basiert auf Kosten und Leistungen und ist damit frei von nichtbetrieblichen, ausserordentlichen und periodenfremden Aufwendungen und Erträgen sowie handels- oder steuerrechtlichen Bewertungsansätzen. Sie ist deshalb nicht durch «Manipulationen», die der dividendenpolitischen oder steuerlichen Gewinnbewirtschaftung dienen, verfälscht.
- Die kurzfristige Erfolgsrechnung ist nach verkauften Leistungen (Produkte oder Produktgruppen) gegliedert, um die Erfolgsquellen des Unternehmens aufzudecken.

Die Aussagekraft der kurzfristigen Erfolgsrechnung ist somit um einiges grösser als die der handelsrechtlichen Erfolgsrechnung.

Das Kernproblem der kurzfristigen Erfolgsrechnung sind die Lagerbestandesveränderungen, die bewirken, dass Produktions- und Absatzmenge einer Periode nicht miteinander übereinstimmen. Da sich die ausgewiesenen Kosten auf die gefertigten Güter und die Dienstleistungsmenge beziehen, die Leistungen (Erlöse) jedoch auf die abgesetzte Menge, sind Kosten und Leistungen nicht unmittelbar vergleichbar. Die Erlöse müssen um die bewerteten Bestandeszunahmen und die ausgewiesenen Kosten um die bewerteten Bestandesabnahmen ergänzt werden.

In der Praxis haben sich zwei Formen der kurzfristigen Erfolgsrechnung entwickelt. Sie unterscheiden sich, abgesehen von der Darstellung, nur in der Aussagekraft:

- Das *Umsatzkostenverfahren* gliedert sowohl Erlöse als auch Kosten der abgesetzten Produkte nach den Erfolgsquellen des Unternehmens (Produkte, Abnehmer, Regionen usw.).
- Das *Gesamtkostenverfahren* zeigt nur die Erlöse der unterschiedlichen Erfolgsquellen sowie die Bestandesveränderungen. Die Gesamtkosten werden diesen Erlösen, nach Einzel- und Gemeinkosten gegliedert, gegenübergestellt. Der Gesamterfolg kann somit nicht in Teilerfolge aufgespalten werden.

Beide Verfahren zeigen jedoch denselben Periodenerfolg.

KVP

Abk. für «kontinuierlicher Verbesserungsprozess» (▷ Kaizen)

Kybernetik 1. Ordnung

Kybernetik 1. Ordnung, auch als *systemische Perspektive* bezeichnet, geht davon aus, dass Prozesse bzw. Entwicklungen nicht auf bestimmte Personen oder Ereignisse zurückgeführt werden können, sondern durch zirkuläre ▷ Rückkopplung entstehen.

Kybernetik 2. Ordnung

Kybernetik 2. Ordnung, auch als *systemisch-konstruktivistische Perspektive* (▷ Konstruktivismus) bezeichnet, geht davon aus, dass die Beschreibung der Wirklichkeit und die Wirklichkeit selbst einander wechselseitig beeinflussen und nicht – wie dies im Alltagsverständnis angenommen wird – die vermeintliche Wirklichkeit einseitig die Beschreibung (weil wir irrtümlicherweise davon ausgehen, dass Wirklichkeit objektiv gegeben ist). Aufgrund dieser systemisch-konstruktivistischen Perspektive wird Wirklichkeit als Folge von ▷ Selektion erfunden bzw. konstruiert (▷ Wirklichkeitskonstruktion). Auf die Betriebswirtschaftslehre übertragen bedeutet dies, dass Unternehmen bzw. Führungskräfte in hohem Masse ihre Realität selber erschaffen und die eigene Zukunft nicht nur adaptiv, sondern unausweichlich auch kreativ mitgestalten.

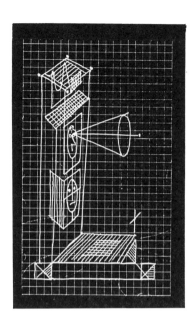

Laborbeobachtung

Laborbeobachtungen finden als Form der ▷ Beobachtung im Rahmen der Marktforschung unter künstlich geschaffenen Bedingungen in speziell dafür eingerichteten Räumen von Marktforschungsinstitutionen statt. Damit können unerwünschte Einflüsse, wie sie bei ▷ Feldbeobachtungen auftreten (z.B. Einwirkungen durch das Verkaufspersonal), eliminiert werden. Trotzdem besteht die Gefahr, dass Testpersonen ein verändertes Verhalten zeigen, das vom Verhalten in realen Situationen (z.B. preisbewusstes Einkaufen) abweicht.

Labortest

Ein Labortest ist ein ▷ Test, der in einer künstlich geschaffenen und vom Forscher stark beeinflussbaren Situation durchgeführt wird. Diese Testart erlaubt, eine einzelne Situationsvariable zu verändern und deren Wirkung auf die Versuchsperson festzustellen.

Ladenöffnungszeiten

In der Schweiz werden die Ladenöffnungszeiten in kantonalen Gesetzen und Verordnungen geregelt, weil auf Bundesebene kein einheitliches Ladenschlussgesetz existiert. Ausnahmeregelungen bestehen insbesondere für Flughäfen und Bahnnebenbetriebe der Schweizerischen Bundesbahnen (SBB) (Regelung durch den Bund).

Lager

Rein physisch betrachtet ist das Lager ein Ort, i.d.R. ein Gebäude oder ein Raum, in dem Güter gelagert bzw. ▷ *Lagerbestände (Vorräte)* gehalten werden.

Betrachtet man den Materialfluss in einem ▷ Industrieunternehmen, so gibt es drei verschiedene Lagerstufen:
1. *Eingangslager* fangen den Güterzufluss aus der Umwelt auf, wenn der momentane Bedarf der Fertigung kleiner ist als der Güterfluss oder der zukünftige Bedarf grösser ist als der zukünftige Güterzufluss.
2. *Zwischenlager (Fertigungslager)* entstehen während des Produktionsprozesses und dienen als Puffer zwischen den verschiedenen Fertigungsstufen. Die Höhe der Zwischenlager hängt sehr stark von der Lösung des ▷ Dilemmas der Ablaufplanung ab. Je stärker das Prinzip der maximalen Kapazitätsauslastung verfolgt wird, umso eher entstehen Zwischenlager.
3. *Fertigwarenlager* (Absatzlager) fallen nach Beendigung des Produktionsprozesses an. Sie gleichen die Spannungen zwischen Produktions- und Absatzmenge aus, wie sie z.B. aufgrund konjunktureller oder saisonaler Schwankungen auftreten.

Lagerbestand

Unter dem Lagerbestand *(Bestand, Vorräte)* werden ungenutzte Ressourcen verstanden, die für das Unternehmen einen positiven Wert darstellen.
Optimale Lagerbestände sind sowohl für den Handelsbetrieb als auch für den Industriebetrieb von Bedeutung. Hohe Lagerbestände vermitteln eine gewisse Sicherheit, sind jedoch mit (oft unterschätzten) hohen Lagerhaltungs- und Kapitalbindungskosten verbunden und deshalb eine Liquiditätsbelastung. Zu tiefe Lagerbestände führen zu Unterbrüchen in der Versorgung der Produktion und/oder des Markts mit den benötigten Gütern, verärgern Kunden und führen oft zu teuren Nachbestellungen bei den Lieferanten. Als Kennzahl zur Überprüfung des Lagerbestands dient der durchschnittliche Lagerbestand (bei gleichmässigen Zu- und Abgängen):

$$\varnothing \text{ Lagerbestand} = \frac{\text{Anfangsbestand (Fr.)} + \text{Endbestand (Fr.)}}{2}$$

oder:

$$\varnothing \text{ Lagerbestand} = \frac{\text{Anfangsbestand (Fr.)} + 12 \text{ Monatsendbestände (Fr.)}}{13}$$

Weitere Kennzahlen zur Planung und Überprüfung des Lagerbestands sind die ▷ Lagerumschlagshäufigkeit, die Lagerdauer (▷ Lagerdauer, durchschnittliche) und der ▷ Lieferbereitschaftsgrad.

Lagerdauer, durchschnittliche

Die durchschnittliche Lagerdauer ist eine Kennzahl zur Planung und Kontrolle des ▷ Lagerbestands und gibt an, wie lange eine Materialgruppe durchschnittlich im ▷ Lager ist und welchen Materialbedarf ein durchschnittlicher Lagerbestand zeitlich abdeckt.
Grossen Einfluss auf die durchschnittliche Lagerdauer hat die ▷ Lagerumschlagshäufigkeit, wie folgende Formel zeigt:

$$\varnothing \text{ Lagerdauer} = \frac{360}{\text{Lagerumschlagshäufigkeit}}$$

Die Berechnung dieser Kennzahl gibt wertvolle Hinweise auf die ▷ Wirtschaftlichkeit und ▷ Effizienz der Lagerhaltung. Sie spielt auch unter dem Gesichtspunkt des Kostenmanagements eine wichtige Rolle. Hohe Lagerdauern führen zu hohen ▷ Lagerkosten und werfen die Frage auf, ob die gelagerten Materialien nicht anders als über das Lager beschafft werden können (▷ Beschaffungsarten).

Lagerhaltung

Im Rahmen der betrieblichen Lagerhaltung muss die Aufrechterhaltung des Materialflusses für die betriebliche Leistungserstellung gewährleistet sein. Dabei sind Wirtschaftlichkeitsaspekte, die sich aus den Kosten der Lagerhaltung einerseits und den Kosten eines Produktionsunterbruchs andererseits ergeben, massgeblich. Nach den Motiven können folgende Arten von Lagern unterschieden werden:

■ *Sicherheits- oder Reservelager,* auch *eiserner Bestand,* werden eingerichtet, wenn entweder Unsicherheiten des Beschaffungsmarkts ausgeschaltet werden sollen oder der Materialbedarf der Fertigung nicht genau vorhersagbar ist. Sie übernehmen damit eine Ausgleichsfunktion zwischen Beschaffung und Fertigung.

■ Von *spekulativer Lagerhaltung* spricht man, wenn ein Unternehmen aufgrund grosser Preisschwankungen auf dem Beschaffungsmarkt ein Lager aufbaut. Diese Lager werden aber nicht aus Spekulationsgründen angelegt, sondern um die Kosten möglichst konstant zu halten bzw. den Verkaufspreis der eigenen Endprodukte stabil zu halten.

■ Bei der *antizipativen Lagerhaltung* sind die Beschaffungs- und Einsatzdaten bekannt, die notwendigen Materialien stehen aber nicht jederzeit zur Verfügung. Das heisst, ein Gut kann nur zu einem bestimmten Zeitpunkt erstanden werden, z.B. wenn ein Produkt nur an bestimmten Daten lieferbar ist oder nur einmal erhältlich ist. Im letzteren Fall spricht man auch von einer *saisonalen Lagerhaltung* (z.B. Konservenindustrie, Modebranche).

■ *Produktive Lager* erfüllen gleichzeitig eine Produktivfunktion. Solche Lager machen als Teil des Produktionsprozesses einen bestimmten Reifungs- oder Gärungsprozess durch (z.B. Holz, Wein).

■ *Rechtliche Vorschriften* können ein Unternehmen zum Halten von Lagerbeständen, sog. Pflichtlagern, zwingen.

Moderne Produktionskonzepte wie das ▷ Just-in-Time-Konzept und ▷ Lean Production führen zu einer Neubeurteilung der Lagerhaltung. Immer häufiger stellt sich die Frage, ob sich durch Auslagerung der Lagerhaltung auf vorgelagerte Stufen der ▷ Wertkette (z.B. Lieferanten) nicht entscheidende Kosteneinsparungen realisieren lassen.

Lagerhausverkauf

▷ Einzelhandelsformen

Lagerkosten

Die Höhe der Lagerkosten (auch: Lager*haltungs*kosten) wird durch die eingelagerte Menge, deren Wert sowie die Dauer der Lagerung bestimmt. Sie umfassen Raumkosten (Miete, Abschreibungen gemäss Beanspruchung – z.B. auf Lagergestellen, Gebäuden –, Beleuchtung, Heizung, Klimaanlage usw.), Unterhaltskosten (z.B. Kontrollen), Zinskosten für das im Lager gebundene Kapital, Versicherungen sowie Lagerrisiko (Wertminderung durch Schwund, Verderb). Hinzu kommen die Kosten für die Ein- und Auslagerung.

Lagerorganisation

▷ Lagerplanung

Lagerplanung

In der betrieblichen Lagerplanung wird die wirtschaftliche, d.h. zeitlich und räumlich richtige Lagerung der beschafften und produzierten Güter festgelegt. Die Lagerplanung ergänzt im Rahmen der ▷ Materialwirtschaft die ▷ Beschaffungsplanung. Die Umsetzung der Lagerplanung *(Lagerorganisation)* richtet sich nach dem Materialfluss im Unternehmen:

- *Einlagern:* Kontrolle des gelieferten Materials (Stichproben, Festlegung des Lagerorts innerhalb des Lagers, Lagerung in Hochregallagern, Regalen u. Ä.).
- *Bereitstellen:* Bereitstellen von Material für den Produktionsprozess nach dem ▷ Holprinzip oder dem *Bring*prinzip und Festlegen des Bereitstellungs- und Transportrhythmus.
- *Verwalten:* Führen der Bestandsverzeichnisse und Sicherstellung des Informationsflusses.
- *Kontrolle:* Bestandkontrolle (▷ Bestellpunktsystem; ▷ Bestellrhythmussystem) und Bestellung, um der Unterschreitung des kritischen Lagerbestands vorzubeugen.

Moderne Beschaffungskonzepte wie das ▷ Just-in-Time-Konzept stellen erhöhte Anforderungen an die Lagerplanung. Für eine kontinuierliche Aufrechterhaltung des Materialflusses ist eine enge Kooperation mit den Lieferanten notwendig. Deshalb muss sichergestellt sein, dass alle relevanten Daten (Lagermengen usw.) jederzeit verfügbar sind.
▷ Lager
▷ Lagerhaltung

Lagerumschlag
Syn. für ▷ Lagerumschlagshäufigkeit

Lagerumschlagshäufigkeit
Die Lagerumschlagshäufigkeit, auch nur *Lagerumschlag* genannt, ist ein wichtiges Planungs- und Kontrollinstrument in der ▷ Materialwirtschaft.

$$\text{Lagerumschlag} = \frac{\text{Einstandswert der verkauften Ware}}{\text{ø Lagerbestand}}$$

Er wird für einzelne Materialgruppen berechnet und gibt an, wie häufig der ▷ Lagerbestand pro Jahr durch Ein- und Auslagerung ausgewechselt wird. Zudem bildet die Lagerumschlagshäufigkeit die Basis zur Berechnung der Lagerdauer (▷ Lagerdauer, durchschnittliche).

LAN
Abk. für Local Area Network
▷ Netzwerk

Last-in-First-out (Lifo)
Die Lifo-Bewertungsmethode für Lagerbestände basiert auf der Annahme, dass die zuletzt angeschafften oder hergestellten ▷ Vorräte zuerst verkauft worden sind und folglich die am Ende der Berichtsperiode in den Vorräten verbleibenden Gegenstände diejenigen sind, die zuerst angeschafft oder hergestellt worden sind.
▷ Durchschnittsmethode
▷ First-in-First-out

Laufbahnplanung
Bei der individuellen Laufbahnplanung *(Karriereplanung)* geht es entweder um die Umschreibung der zukünftigen Aufgaben und Funktionen oder um die Bestimmung der Stellen, für welche die betreffenden Mitarbeitenden vorgesehen sind.

Laufkarte
Syn. für ▷ Ablaufkarte

LCA
Abk. für Life Cycle Analysis
▷ Ökobilanz

Lean Education

Mit Lean Education sind effiziente und effektive Weiterbildungsmassnahmen gemeint. Damit werden einerseits erhebliche Kosten eingespart (▷ Effizienz) und andererseits der Nutzen der Aus- und Weiterbildung gesteigert (▷ Effektivität). Voraussetzung ist eine klare Bedarfsanalyse, die von den Zielen und Anforderungen des Unternehmens sowie den Fähigkeiten und dem Wissen der Mitarbeitenden ausgeht. Dies führt zu einem *Lean Learning*, d. h. der Mitarbeitende beschränkt sein Lernen auf Ausbildungsinhalte, die für die Erfüllung seiner Aufgaben einen Nutzen stiften.

Lean Learning
▷ Lean Education

Lean Management

Lean Management ist die Weiterentwicklung der ▷ Lean Production («schlanke Produktion»), wie sie in der japanischen Automobilindustrie (Toyota) beobachtet worden ist. Ziel des Lean Management ist es, jegliche Ressourcenverschwendung (jap. muda) zu vermeiden und alle Leistungen, die nicht zur Produktivität beitragen, zu eliminieren. Es bezieht aber auch den Kunden, den Lieferanten und den Mitarbeitenden mit ein und wird so zu einem umfassenden Managementsystem, das durch folgende Leitgedanken charakterisiert werden kann:
1. *Proaktives Denken:* Künftige Handlungen vorausschauend initiativ durchdenken und gestalten.
2. *Sensitives Denken:* Mit allen verfügbaren Sensoren die Umwelt erfassen und darauf reagieren.
3. *Ganzheitliches Denken:* Die Wirkung auf das Ganze bedenken und Mut zur Komplexität beweisen.

Arbeitsprinzipien des Lean Management
1. **Gruppe, Team**: Die Aufgaben werden in der Gruppe oder im Team erledigt. Der Konsensgedanke ist bei der Lösung der Aufgabe dominant, interner Wettbewerb wird vermieden.
2. **Eigenverantwortung**: Jede Tätigkeit wird in Eigenverantwortung durchgeführt. Den Rahmen dazu bilden die Standards, die für jede Tätigkeit erstellt werden. Kann die geforderte Qualität nicht eingehalten werden, wird der Arbeitsfluss unterbrochen und Hilfe angefordert.
3. **Feedback**: Alle Aktivitäten, vom einzelnen bis zum komplexen Funktionsbereich, werden von einem aussergewöhnlich intensiven Feedback begleitet. Die Reaktionen von Aussenwelt, System oder Anlagen dienen zur Steuerung des eigenen Handelns.
4. **Kundenorientierung**: Alle Aktivitäten sind streng auf den Kunden orientiert. Die Wünsche des Kunden haben erste Priorität im Unternehmen.
5. **Wertschöpfung hat Priorität**: Die wertschöpfenden Tätigkeiten haben erste Priorität im Unternehmen. Das gilt für alle verfügbaren Ressourcen.
6. **Standardisierung**: Formalisierung und Standardisierung der Arbeitsgänge durch einfache schriftliche und bildliche Darstellungen.
7. **Ständige Verbesserung**: Die ständige Verbesserung aller Leistungsprozesse bestimmt das tägliche Denken.
8. **Sofortige Fehlerbehebung an der Wurzel**: Jeder Fehler wird als Störung des Prozesses angesehen, dem bis auf die eigentliche Ursache nachzugehen ist.
9. **Vorausdenken, Vorausplanen**: Nicht die erfolgreiche Reaktion, sondern die Vermeidung künftiger Probleme gilt als Ideal. Das Denken erfolgt wie bei einem Schachspieler über mehrere Züge im Voraus.
10. **Kleine, beherrschte Schritte**: Die Entwicklung erfolgt in kleinen, beherrschten Schritten. Das Feedback auf jeden Schritt steuert den nächsten. Die Geschwindigkeit wird durch die schnelle Folge der Schritte erhöht.

▲ Abb. 103 Arbeitsprinzipien des Lean Management (nach Bösenberg/Metzen 1993, S. 68)

4. *Potenzialdenken:* Alle verfügbaren Ressourcen erschliessen und nutzen.
5. *Ökonomisches Denken:* Jede Verschwendung vermeiden, sparsam wirtschaften.

Die Umsetzung erfolgt mit bekannten Konzepten wie ▷ Kaizen (ständige Verbesserung), ▷ Kanban (produktionsinterne *Kundenorientierung*), ▷ Just-in-Time-Konzept

(gleichmässiger, lagerloser Materialfluss in der Fertigung), ▷ Total Quality Management (umfassende Qualitätsorientierung) sowie ▷ Qualitätszirkel (Form der Arbeitsorganisation und der Mitarbeiterbeteiligung).
Lean Management kann durch zehn spezifische Arbeitsprinzipien charakterisiert werden, wie sie in ◀ Abb. 103 dargestellt sind.

Lean Production

Lean Production («schlanke Produktion») ist ein vom MIT (Massachusetts Institute of Technology) geprägter Begriff, der das nach dem Zweiten Weltkrieg von Toyota entwickelte Produktionssystem kennzeichnet. Kernelemente der Lean Production sind neben der parallelen Produktentwicklung (▷ Simultaneous Engineering) und einer Internationalisierung der Produktion (▷ Global Sourcing) v. a.:
- *Kundenorientierung:* Der Kunde steht im Mittelpunkt aller Bemühungen *(Customer Focus).*
- *Lieferantenbeziehungen:* Die Lieferanten werden in das Produktionssystem einbezogen (▷ Just-in-Time-Konzept).
- *Qualitätsverantwortung:* Die Qualitätsverantwortung wird an die einzelnen Mitarbeitenden delegiert.

Weitere Kennzeichen der Lean Production sind ▷ flexible Fertigungssysteme und autonome Fertigungseinheiten sowie eine enge Zusammenarbeit zwischen Produktion, ▷ Forschung und Entwicklung und ▷ Marketing.
Ziel der Lean Production ist eine Erhöhung der *Wettbewerbsfähigkeit* durch Senkung der Produktionskosten und Verbesserung der Produktqualität bei gleichzeitig verkürzten Innovationszeiten. Dabei soll das Unternehmen mit weniger Hierarchiestufen auskommen und den Anteil der Verwaltungsaufgaben verkleinern. Damit wird ein Übergang zu einem umfassenden ▷ Lean Management deutlich.

Leasing

Leasing bezeichnet eine Vereinbarung, bei welcher der Leasinggeber dem Leasingnehmer gegen Zahlung einer Leasinggebühr das Recht auf Nutzung eines ▷ Vermögenswerts für einen vereinbarten Zeitraum überträgt. Je nach Situation sind zusätzliche Vereinbarungen damit verbunden.

Leasing ist keine Finanzierung im eigentlichen Sinn (Beschaffung finanzieller Mittel). Betriebswirtschaftlich kommt das Leasing einer ▷ Kreditfinanzierung jedoch sehr nahe. Sowohl der Fremdkapitalgeber als auch der Leasinggeber ermöglichen die Beschaffung und Nutzung von Gütern. Während im ersten Fall zuerst die finanziellen Mittel zur Beschaffung von Potenzialfaktoren (▷ Betriebsmittel) zufliessen, werden sie im zweiten Fall direkt zur Verfügung gestellt. Beiden Formen ist gemeinsam, dass während der Nutzungsdauer meistens regelmässig finanzielle Mittel abfliessen, sei es als Zinszahlungen oder als Leasinggebühren.

Da das Leasinggeschäft im Schweizer Recht nicht ausdrücklich geregelt ist, wird es meist als Gebrauchsüberlassungsvertrag sui generis oder als Mietvertrag mit verschiedenen zusätzlichen Vertragselementen betrachtet.

In der Praxis existieren verschiedene Formen von Leasinggeschäften:
- Aufgrund der Verteilung des Investitionsrisikos zwischen Leasinggeber und -nehmer unterscheidet man zwischen *Finanzierungsleasing* (▷ Financial Leasing) und ▷ *Operating Leasing.* Während beim Operating Leasing das Investitionsrisiko beim Leasinggeber bleibt, geht es beim Finan-

zierungsleasing auf den Leasingnehmer über. Diese Unterscheidung ist für die Bilanzierung des Leasinggegenstands von Bedeutung, verlangen doch die Rechnungslegungsstandards (▷ US GAAP, ▷ IFRS und ▷ Swiss GAAP FER) beim Finanzierungsleasing die Aktivierung des Leasinggegenstands sowie die Passivierung der entsprechenden Leasingverbindlichkeit beim Leasingnehmer.

■ Aufgrund der Art des Leasingobjekts wird zwischen *Konsumgüter-* und *Investitionsgüterleasing* unterschieden.

■ Eine Spezialform ist das *Herstellerleasing,* bei dem der Produzent des Leasinggegenstands selbst – und nicht eine separate Leasinggesellschaft – die Position des Leasinggebers einnimmt.

■ Aufgrund des Rückzahlungsumfangs während der Grundmietzeit werden *Voll-* und *Teilamortisationsverträge* unterschieden.

Das Leasing weist folgende *Vorteile* auf:

■ Leasing ermöglicht eine fast 100-prozentige Objekt-Fremdfinanzierung von Vertragsbeginn an.

■ Die Kostenplanung wird erleichtert. Dem Leasingnehmer sind dank der Fixierung der Leasingrate die Kosten genau bekannt, sofern die Leasinggesellschaft das Zinserhöhungsrisiko trägt.

■ Leasing ist für rasch expandierende kleinere und mittlere Unternehmen mit begrenzten Verschuldungsmöglichkeiten (Borrowing Power) oft die einzig echte Finanzierungsalternative. Fester Zins und feste Kreditdauer lassen die Leasingfinanzierung mit einer Finanzierung durch ▷ Anleihensobligationen vergleichen, sodass Leasing auch als «Obligationenanleihe der kleinen Firmen» bezeichnet wird.

■ Der Leasingnehmer erspart sich die Umtriebe, welche mit dem Verkauf nicht mehr benötigter Anlagegüter im Allgemeinen verbunden sind.

■ Ist die Unternehmensleitung wohl für einmalige grössere Anschaffungen, aber nicht für periodische Aufwendungen an die Zustimmung von übergeordneten Instanzen (z.B. Verwaltungsrat, bei Tochtergesellschaften Holding) gebunden, so kann sie auf Leasing ausweichen, ohne das vorgegebene Investitionsbudget zu belasten oder zu überschreiten.

■ Der Abschluss eines Leasingvertrags ist im Allgemeinen leichter zu bewerkstelligen als die Aufnahme eines entsprechenden Kredites. Dank Leasing kann ein Investitionsentscheid u.U. rascher gefällt werden.

Folgende *Nachteile* sprechen gegen das Leasing:

■ Die Leasingrate enthält neben den eigentlichen Objektkosten auch weitere Kosten- und Gewinnanteile des Leasinggebers.

■ Die feste Verzinsung kann in umsatzschwachen Zeiten zu Liquiditätsproblemen führen.

■ Da bei einer herkömmlichen Vertragsgestaltung beim Leasingobjekt kein Vermögenseigentum besteht, hat der Leasingnehmer im Allgemeinen auch keinen Anspruch auf einen Anteil am Verkaufserlös des Leasinggebers.

Leasingverhältnis, unkündbares

Ein unkündbares Leasingverhältnis (▷ Leasing) kann nur aufgelöst werden, wenn:

■ ein unwahrscheinliches Ereignis eintritt,

■ der Leasinggeber seine Einwilligung dazu gibt,

■ der Leasingnehmer mit demselben Leasinggeber ein neues Leasingverhältnis über denselben oder einen entsprechenden ▷ Vermögenswert eingeht oder

■ durch den Leasingnehmer ein so hoher zusätzlicher Betrag zu zahlen ist, dass schon bei Vertragsbeginn die Fortführung des Leasingverhältnisses hinreichend sicher ist.

Lebenslauf

Der Lebenslauf als Teil der ▷ Bewerbungsunterlagen sollte die persönliche und berufliche Entwicklung des Bewerbers oder der Bewerberin vollständig wiedergeben. Er umfasst die berufliche Entwicklung (Arbeitsplatzwechsel, Positionsveränderungen, Berufswechsel), soziale Aspekte (Familie, Freizeit, ausserberufliche Verpflichtungen) sowie individuelle (physische und psychische) Merkmale.

Lebensstil

Lebensstile *(Life Styles)* sind Verhaltensmuster, die sich aus den individuellen Werten der Konsumenten ergeben. Das Lebensstilkonzept ist ein umfassender Ansatz, der die ganze Lebensführung und -einstellung eines Menschen berücksichtigt. Lebensstile werden mit den Variablen Aktivitäten (Activities), Interessen (Interests) und Meinungen (Opinions) – man spricht deshalb vom *AIO-Ansatz* – erfasst. Ziel der Lebensstilforschung ist das Aufspüren möglichst homogener Marktsegmente bezüglich des Lebensstils der tatsächlichen und potenziellen Kundschaft. Das Lebensstilkonzept gewinnt an Bedeutung, weil die traditionellen Kriterien der ▷ Marktsegmentierung die heutigen Entwicklungen auf den Märkten (▷ Globalisierung mit gleichzeitiger Regionalisierung der Bedürfnisse, ▷ Wertewandel) nicht mehr genügend erfassen. In der Schweiz werden die Lebensstile sowie deren Veränderung über die Zeit durch die Längsschnittanalyse «Das psychologische Klima der Schweiz» erfasst.

Leerkosten

Leerkosten sind ▷ fixe Kosten, die aufgrund von ▷ Leerzeiten, d.h. nicht genutzten Kapazitäten, entstehen.

Leerverkauf

Syn. für ▷ Short Position

Leerzeit

Leerzeiten sind Zeiten, in denen ▷ Betriebsmittel und Arbeitskräfte nicht genutzt werden bzw. ausgelastet sind. Sie führen zu ▷ Leerkosten.

Legal Due Diligence

▷ Due Diligence

Leiharbeit

Syn. für ▷ Personal-Leasing

Leistung

Leistungen sind mit Geld bewertete, sachzielbezogene (d.h. betriebliche) Güter- und Dienstleistungserstellungen (Wertvermehrung) eines Unternehmens pro Periode. Die Leistungen bilden zusammen mit den ▷ Kosten die Basis der ▷ Betriebsbuchhaltung.
Die Abgrenzung zwischen ▷ Erträgen der ▷ Erfolgsrechnung und Leistungen lässt sich analog zur Abgrenzung von ▷ Aufwand und Kosten vornehmen (▶ Abb. 104). Leistungen sind stets ordentlich, periodenbezogen und sachzielbezogen, was zur Folge hat, dass weder nichtbetriebliche noch ausserordentliche Erträge Leistungen sind. Jene Erträge, die auch Leistungen darstellen, bezeichnet man als Zweckerträge. Entspricht der Zweckertrag der effektiven Wertvermehrung, so spricht man von *Grundleistungen*. Denjenigen Teil des Zweckertrags, der nicht der effektiven Wertvermehrung entspricht, bezeichnet man als *Andersleistungen*. Zusammen

Ertrag						
neutraler Ertrag		Zweckertrag				
nichtbetrieblicher Ertrag	ausserordentlicher Ertrag	Ertrag = Leistung	Ertrag > Leistung	Ertrag < Leistung	
z.B. Liegenschaftenertrag, Zinsertrag, Wertschriftenertrag	z.B. a.o.Gewinne aus Veräusserungen von Anlagevermögen	z.B. Umsatzerlöse	Auflösung stiller Reserven, Periodenabgrenzung	Bildung stiller Reserven, Periodenabgrenzung	
			Leistung = Ertrag	Leistung < Ertrag	Leistung > Ertrag	z.B. innerbetriebliche Leistungen
			Grundleistung	Andersleistung		Zusatzleistung
				kalkulatorische Leistung	
Leistung					

▲ Abb. 104 Abgrenzung von Ertrag und Leistung (nach Schellenberg 2000a, S. 266)

mit den *Zusatzleistungen*, die in der Kosten- und Leistungs-, nicht aber in der Erfolgsrechnung verrechnet werden, bilden die Andersleistungen die ▷ *kalkulatorischen Leistungen*.

Leistungsbereitschaft
▷ Leistungsverhalten

Leistungsbewertung
Während die ▷ Arbeitsbewertung den Schwierigkeitsgrad einer Aufgabe bzw. einer Stelle ermittelt und bewertet, versucht die Leistungsbewertung, die persönliche Leistung eines Mitarbeitenden zu erfassen und zu beurteilen. Die Leistungsbewertung erfüllt damit den Grundsatz der Leistungsgerechtigkeit (▷ Lohngerechtigkeit), indem unterschiedliche Leistungsbeiträge bei Aufgaben mit gleichem Schwierigkeitsgrad zu unterschiedlichen Entgelten führen. Im Mittelpunkt steht die Erfassung der persönlichen Leistung, die zu einer ▷ Normalleistung ins Verhältnis gesetzt wird. Eine eindeutige Beurteilung der Leistung ist dann gegeben, wenn quantitative Grössen wie Menge und Zeit betrachtet werden. Neben dem quantitativen Leistungsergebnis kommen aber auch das Ergebnis in qualitativer Hinsicht (Leistungsgüte, Fehlerhäufigkeit) sowie das Leistungsverhalten (Führungs- und Motivationsfähigkeit) als Beurteilungskriterien in Frage.

Leistungsbilanz
▷ Zahlungsbilanz

Leistungsbild
▷ Stellenbeschreibung

Leistungsfähigkeit
Die Leistungsfähigkeit bezeichnet die Fähigkeit eines Menschen, eine bestimmte Leistung zu erbringen. Unterschieden werden körperliche, geistige und psychische Leistungsfähigkeit.
▷ Leistungsverhalten
▷ Personalauswahl

Leistungsgrad
Der Leistungsgrad bezeichnet das Verhältnis zwischen der persönlichen Leistung des Mitarbeitenden zu einer definierten ▷ Normalleistung. Er spielt eine wichtige Rolle bei der ▷ Leistungsbewertung.

Leistungslohn

Beim Leistungslohn handelt es sich um einen Lohn, der nicht aufgrund der Arbeitszeit (▷ Zeitlohn), sondern nur aufgrund der erbrachten Leistung berechnet wird, wie dies beim ▷ Akkordlohn und teilweise auch beim ▷ Prämienlohn der Fall ist.

Leistungspotenzial

Unter dem Leistungspotenzial versteht man die Fähigkeiten der Mitarbeitenden, den Anforderungen einer ▷ Stelle gegenwärtig und in Zukunft gerecht werden zu können. Es umfasst die Persönlichkeitsmerkmale, die körperlichen und geistigen Fähigkeiten sowie die Kenntnisse und Erfahrungen der Mitarbeitenden. Das gegenwärtige Leistungspotenzial spielt bei der qualitativen Personalbedarfsermittlung (▷ Personalbedarfsermittlung, qualitative) und der ▷ Personalauswahl eine Rolle, während das zukünftige Leistungspotenzial v. a. bei der ▷ Personalentwicklung zu beachten ist.

Leistungsrechnung

▷ Betriebsbuchhaltung

Leistungstest

Leistungstests werden als Instrument der Personalselektion im Rahmen der psychologischen Einstellungstests eingesetzt. Mit den Leistungstests sollen Merkmale untersucht werden, die einen Rückschluss auf die zu erwartende Leistung erlauben, und die zeigen, inwieweit der Getestete seine Intelligenz, sein Wissen und seine Erfahrung in eine bestimmte Leistung umzusetzen vermag. Im Vordergrund stehen die Merkmale Konzentration, Aufmerksamkeit, Ausdauervermögen, Genauigkeit und Arbeitsintensität.

Leistungsverhalten

Die Leistung wird beeinflusst durch die *Leistungsfähigkeit* und die *Leistungsbereitschaft*. Erstere ist abhängig von den angeborenen und erworbenen Fähigkeiten, letztere von der individuellen Einstellung zur Leistungserbringung. Besteht eine Differenz zwischen der Leistungsfähigkeit und der effektiven Leistung, so ist diese durch geeignete Massnahmen der Aus- und Weiterbildung zu beheben. Die Leistungsbereitschaft andererseits kann durch eine entsprechende Motivation beeinflusst werden. Den Zusammenhang zwischen Motivation und Leistungsverhalten erklären verschiedene ▷ Motivationstheorien. Die *Inhaltstheorien* (Maslow [▷ Bedürfnispyramide], Herzberg [▷ Zwei-Faktoren-Theorie]) zeigen, durch welche Einflussfaktoren ein bestimmtes Verhalten erzeugt wird, und die *Prozesstheorien,* wie ein bestimmtes Verhalten im Individuum entsteht, gelenkt, erhalten und abgebrochen werden kann.

Leistungswille

▷ Personalauswahl

Leistungsziele

Die Leistungsziele als Kategorie der ▷ Sachziele beziehen sich auf den leistungswirtschaftlichen Umsatzprozess und hängen mit der Leistungserstellung und -verwertung direkt zusammen. Im Vordergrund stehen die Markt- und Produktziele. Daneben sind aber alle anderen betrieblichen Funktionen des leistungswirtschaftlichen Prozesses einzubeziehen. Insbesondere sind dies die ▷ Materialwirtschaft, die ▷ Produktionswirtschaft und das ▷ Marketing.

Leitbild

Das *Unternehmensleitbild* enthält die grundsätzlichen und damit allgemein gültigen Vorstellungen über Sinn und Zweck des Unternehmens. Es umreisst die Verhaltensweisen des Unternehmens gegenüber den Mitarbeitenden sowie der Umwelt und ist ein Leitsystem, an dem sich alle unternehmerischen Tätigkeiten orientieren sollen (▶ Abb. 105).

Das Leitbild als grundlegende Willenskundgebung der Unternehmensleitung hat als Teil der ▷ Unternehmenspolitik verschiedene Funktionen:

- *Klärung des Selbstverständnisses:* Das Leitbild gibt dem Unternehmen eine eindeutige Identität, eine ▷ Corporate Identity. Daraus können zwei weitere Funktionen abgeleitet werden:
1. *Legitimationsfunktion:* Die Aufklärung über das unternehmerische Handeln soll Vertrauen und ▷ Glaubwürdigkeit und somit die Legitimationsbasis für wirtschaftliches Handeln schaffen.
2. *Kommunikationsinstrument:* Das Leitbild als Teil der Corporate Identity soll in schriftlicher Form die wichtigsten Verhaltensgrundsätze sowohl nach innen (Mitarbeitende) als auch nach aussen (gesellschaftliche Anspruchsgruppen) kommunizieren.
- *Orientierungsrahmen:* Das Unternehmensleitbild legt die grundlegende zukünftige strategische Ausrichtung fest.
- *Motivation und Kohäsion:* Gemeinsame Werte geben den Mitarbeitenden Sicherheit und verbinden sie mit ihren Arbeitskollegen.
- *Gestaltung der Unternehmenskultur:* Das Leitbild erleichtert den Übergang von einer bestehenden Ist-Kultur zu einer erwünschten Soll-Kultur.
- *Entscheidungs- und Koordinationsfunktion:* Das Unternehmensleitbild erleichtert

- Welche **Bedürfnisse** wollen wir mit unseren Marktleistungen (Produkten, Dienstleistungen) befriedigen?
- Welchen grundlegenden Anforderungen sollen unsere **Marktleistungen** entsprechen (Qualität, Preis, Neuheit usw.)?
- Welche **geografische Reichweite** soll unser Unternehmen haben (lokaler, nationaler, internationaler Charakter)?
- Welche **Marktstellung** wollen wir erreichen?
- Welche Grundsätze sollen unser **Verhalten gegenüber unseren Marktpartnern** (Kunden, Lieferanten, Konkurrenten) bestimmen?
- Welches sind unsere grundsätzlichen Zielvorstellungen bezüglich Gewinnerzielung und **Gewinnverwendung**?
- Welches ist unsere grundsätzliche Haltung gegenüber dem **Staat**?
- Wie sind wir gegenüber wesentlichen **gesellschaftlichen Anliegen** eingestellt? (Umweltschutz, Gesundheitspflege, Armutsbekämpfung, Entwicklungshilfe, Kunstförderung usw.)
- Welches ist unser **wirtschaftliches Handlungsprinzip**?
- Wie stellen wir uns grundsätzlich zu **Anliegen der Mitarbeitenden**? (Entlöhnung, persönliche Entwicklung, soziale Sicherung, Mitbestimmung, finanzielle Mitbeteiligung usw.)
- Welches sind die wesentlichsten **Grundsätze der Mitarbeiterführung**, die in unserem Unternehmen gelten sollen?
- Welches sind unsere **technologischen Leitvorstellungen**?

▲ Abb. 105 Fragenliste zum Leitbild (Ulrich 1987, S. 94)

den Entscheidungsprozess und fördert die Koordination und Abstimmung zwischen verschiedenen Teilbereichen, weil es die verschiedenen Interessen ausgleicht.

Leitung
Syn. für ▷ Führung

Leitungsprinzip
Das Leitungsprinzip legt fest, ob die Unternehmensleitung eine Singular- oder Pluralinstanz ist. Im Fall der Singularinstanz entspricht sie immer dem ▷ Direktorialprinzip, während die Pluralinstanz nach dem ▷ Kollegial- oder dem Direktorialprinzip gestaltet werden kann.
▷ Instanz

Leitungsspanne
Syn. für ▷ Kontrollspanne

Leitungsstelle
▷ Instanz

Leitungssystem
Die Kommunikationsbeziehungen zwischen den einzelnen ▷ Stellen eines Unternehmens werden als Leitungssystem bezeichnet. Sie ergeben sich aus der ▷ Arbeitsteilung und dienen zum einen zur Anordnung von Entscheidungen, zum anderen zur Rückmeldung von Ergebnissen und Informationen. Grundsätzlich lassen sich zwei Leitungssysteme zwischen ▷ Instanzen und ausführenden Stellen unterscheiden, nämlich das ▷ Einliniensystem und das ▷ Mehrliniensystem.

Lenkungsabgabe
▷ Umweltpolitik

Lernkurve
Die Lernkurve bringt zum Ausdruck, dass mit zunehmender Ausbringungsmenge sowohl die Fertigungszeiten als auch die Fehlerquote und damit die Lohnkosten sowie – als Folge davon – die Produktionskosten sinken. Dieses Phänomen wird v. a. auf das Lernen der Arbeiter durch häufige Übung zurückgeführt. Die Lernkurve ist die Basis der ▷ Erfahrungskurve. Im Gegensatz zu dieser werden bei der Lernkurve nur die direkten Fertigungskosten und nicht indirekte Overhead-Kosten (z. B. Kapital-, und Verwaltungskosten) berücksichtigt.

Lernstatt
Als Lernstatt (auch *Informationswerkstatt*) bezeichnet man ein Modell, bei dem Mitarbeitende in kleinen Gruppen selbst ausgewählte Themen und Probleme bearbeiten (z. B. Vermittlung und Austausch von Wissen und Erfahrungen, Diskussion persönlicher Probleme, Aufzeigen von Auswirkungen technologischer Veränderungen). Die Lernstatt ist nicht nur eine Form der arbeitsplatznahen Weiterbildung, sondern soll auch die Prozesse und Strukturen optimieren, die Zusammenarbeit verbessern, die Betriebssicherheit erhöhen und allgemein die Identifikation mit dem Unternehmen verstärken.

Das Konzept ist anfangs der 70er Jahre in Deutschland entstanden, um die ausländischen Arbeitskräfte sowohl fachlich als auch sozial zu integrieren. Dazu wurden Gruppen – mit ursprünglich zehn ausländischen Mitarbeitenden – gebildet, die sich während der Arbeitszeit freiwillig trafen, um über ihre Probleme am Arbeitsplatz zu sprechen, konkrete Fragen zu stellen (z. B. über den Gebrauch von Werkzeugen, Ausfüllen eines Formulars) sowie soziale Umgangsformen zu üben. Hauptziele des Lernstatt-Konzepts sind deshalb die Vermittlung zusätzlicher Informationen sowie die Förderung der Zusammenarbeit und Kommunikation (▷ Sozialkompetenz). Die Gruppe wird von zwei Moderatoren mit entsprechender Ausbildung geleitet.

Das Modell wurde später weiterentwickelt und auf alle Betriebsangehörigen ausgedehnt. Die Zielsetzung wurde auf die Analyse und Lösung konkreter Probleme aus dem eigenen Arbeitsbereich ausgeweitet.

Lernstattkonzepte unterscheiden sich von ▷ Qualitätszirkeln dadurch, dass sie auch verhaltensbezogene Aspekte berücksichtigen. Die Lernstatt kann in der ▷ Personal- und ▷ Organisationsentwicklung eingesetzt werden.

Lern- und Veränderungskultur
▷ Coaching-Kultur

Leveraged Buyout

Wird der Rückkauf der Aktien im Rahmen eines ▷ Going Private in erster Linie mit fremden Mitteln (Bankkrediten) finanziert, spricht man von einem Leveraged Buyout. Diese Vorgehensweise ermöglicht die Übernahme einer Gesellschaft mit wenig Eigenkapital, wobei auf die liquiditäts- und u. U. rentabilitätsbelastenden Zinszahlungen hingewiesen werden muss.

Leveraged Management Buyout
▷ Management Buyout

Leverage-Effekt

Der Leverage-Effekt zeigt die Hebelwirkung, welche die Beschaffung von zusätzlichem ▷ Fremdkapital auf die ▷ Eigenkapitalrentabilität hat, solange der Fremdkapitalzinssatz kleiner als die ▷ Gesamtkapitalrentabilität ist. Aus folgender Formel wird die Hebelwirkung des Fremdkapitals zugunsten der Eigenkapitalrentabilität ersichtlich:

$$r_e = r_g + \frac{FK}{EK}(r_g - r_f)$$

EK: Eigenkapital; FK: Fremdkapital;
r_g: Gesamtkapitalrentabilität;
r_e: Eigenkapitalrentabilität;
r_f: Fremdkapitalzinssatz

Umgekehrt verschlechtert sich die Eigenkapitalrentabilität, sobald die Gesamtkapitalrentabilität kleiner wird als der Fremdkapitalzinssatz.
Die maximale Ausnutzung des Leverage-Effekts stösst allerdings an verschiedene Grenzen:
■ Die Fremdkapitalzinsen sind Schwankungen ausgesetzt. Bei einem Anstieg des allgemeinen Zinsniveaus werden auch die Fremdkapitalzinsen und die Fremdkapitalkosten höher. Ist die Differenz zwischen Gesamtkapitalrentabilität und Fremdkapitalzinssatz klein, so besteht für das Unternehmen insofern ein erhöhtes Risiko, als ein positiver Leverage-Effekt sehr rasch in einen negativen umschlagen kann.
■ Fremdkapital kann nicht beliebig beschafft werden. In der Praxis zeigt sich, dass die Kreditfähigkeit eines Unternehmens sehr stark von der Höhe des ▷ Eigenkapitals beeinflusst wird. Je stärker der Kreditnehmer verschuldet ist, desto grösser ist die Gefahr einer ▷ Überschuldung. Der Fremdkapitalgeber wird deshalb nicht oder nur zu höheren Zinssätzen bereit sein, zusätzliche Kredite zu gewähren.
■ Eine Fremdkapitalaufnahme ist mit laufenden Zinszahlungen und einer Rückzahlung oder sogar mehreren Teilrückzahlungen verbunden. Diese Zahlungen können die ▷ Liquidität erheblich belasten. Es handelt sich um einen klassischen Zielkonflikt zwischen Gewinnstreben und Sicherheitsstreben, der mit dem Satz «der Siedepunkt der Rentabilität ist der Gefrierpunkt der Liquidität» veranschaulicht werden kann.

Leverage-Effekt des Wissens
▷ Wissensstrategien

Leverage-Faktor
▷ Hebelwirkung

Liberierung

Unter Liberierung versteht man die Bezahlung von Wertpapieren (▷ Aktien, ▷ Obligationen), die ein Anleger bereits gezeichnet hat und die ihm aus einer ▷ Emission zugeteilt worden sind. Die Liberierung muss bis zum *Liberierungstermin* erfolgen, ansonsten die Ansprüche des Zeichners für ungültig erklärt und die Titel frei an andere Interessenten verkauft werden können (Art. 681 OR).

Liberierungspflicht
Gemäss Art. 680 Abs. 1 OR ist der Aktionär eines Unternehmens verpflichtet, den von ihm gezeichneten Betrag zu liberieren (▷ Liberierung). Die Liberierungspflicht ist die einzige Pflicht eines Aktionärs und kann von ihm entweder durch Bar- oder durch Sacheinlage erfüllt werden.

Liberierungstermin
▷ Liberierung

Libor
Libor ist die Abkürzung für *London Interbank Offered Rate*. Der Libor ist der täglich ermittelte Zinssatz, zu welchem sich Banken in London (am ▷ Geldmarkt) gegenseitig Liquidität in verschiedenen Währungen für bestimmte Zeiträume (eine Woche bis zwölf Monate) verschaffen (Interbankengeldhandel). Der Dreimonats-Libor in Schweizer Franken spielt bei der Geldpolitik der Schweizerischen ▷ Nationalbank (SNB) seit 2000 eine wichtige Rolle (▷ Notenbankpolitik, Instrumente der). An den Libor sind einige Finanzinstrumente gekoppelt, so z.B. Floating-Rate-Anleihen (▷ Anleihensobligation).
▷ Euribor

Lieferantenbeziehung
Ein wichtiges Ziel der ▷ Materialwirtschaft ist das Streben nach guten Lieferantenbeziehungen, d.h. Termintreue, Flexibilität, hohe Qualität, Interesse an Weiterentwicklung (Konkurrenzfähigkeit). Gute Lieferantenbeziehungen sind dann besonders wichtig, wenn im Rahmen eines ▷ Just-in-Time-Konzepts keine oder nur geringe ▷ Lagerbestände gehalten werden.

Lieferantenbeziehungsmanagement
Syn. für ▷ Supplier Relationship Management

Lieferantenkredit
Beim Lieferantenkredit räumt der Lieferant seinem Abnehmer eine bestimmte Zahlungsfrist ein. Das Zahlungsziel liegt meistens im Bereich von 30 bis 90 Tagen. Der Lieferantenkredit ist insofern vorteilhaft, als er im Vergleich zu Bankkrediten nahezu formlos und ohne besondere Sicherheiten gewährt wird. Andererseits kann der Lieferantenkredit den Kunden teuer zu stehen kommen, sofern der Skonto (▷ Skontosatz) nicht abgezogen werden kann. Mit dem Lieferantenkredit sollte in erster Linie das (kurzfristige) Umlaufvermögen finanziert werden, damit dem Grundsatz der Fristenkongruenz (▷ Anlagedeckungsgrade) Rechnung getragen wird. Empirische Untersuchungen zeigen, dass die Finanzierung von langfristig gebundenem Vermögen mit Lieferantenkrediten häufig zur ▷ Illiquidität führt.

Lieferantenpolitik
Im Rahmen der Lieferantenpolitik überprüfen und verbessern die Hersteller das ▷ Qualitätssystem der Lieferanten (Lieferantenbeurteilung, ▷ Auditing), beteiligen die Lieferanten frühzeitig an der Produktentwicklung (▷ Simultaneous Engineering) und reduzieren die Eingangslager durch kontinuierlichen Materialzufluss (▷ Just-in-Time-Konzept).
▷ Lieferantenbeziehung

Lieferbereitschaft
Lieferbereitschaft bezeichnet die Fähigkeit des Unternehmens, die vom Markt geforderten Produkte liefern zu können. Die Gewährleistung einer hohen Lieferbereitschaft ist ein wichtiger Aspekt der Kundenzufriedenheit und damit der langfristigen Wettbewerbsfähigkeit eines Unternehmens. Die Höhe der Lieferbereitschaft

wird mit dem ▷ Lieferbereitschaftsgrad ermittelt.

Lieferbereitschaftsgrad

Der Lieferbereitschaftsgrad ist eine wichtige Kennzahl zur Überprüfung der ▷ Lieferbereitschaft auf allen Stufen der *Wertkette*, d. h. sowohl der betriebsinternen wie auch der betriebsexternen Logistik.

Beim Absatz (Vertrieb) drückt der Lieferbereitschaftsgrad aus, in welchem Ausmass ein Unternehmen die gewünschten bzw. bestellten Gütermengen liefern kann.

Der Lieferbereitschaftsgrad wird mit folgender Formel berechnet:

$$\text{Lieferbereitschaftsgrad} = \frac{\frac{\text{sofort lieferbare Menge}}{\text{Zeiteinheit}}}{\frac{\text{bestellte Menge}}{\text{Zeiteinheit}}} \cdot 100$$

Ein Lieferbereitschaftsgrad von unter 100% bedeutet, dass das Unternehmen eine Bestellung nicht oder nur teilweise ausführen kann. Je höher der Lieferbereitschaftsgrad über 100% liegt, desto grösser ist die Wahrscheinlichkeit, auch bei zusätzlichen, nicht vorhergesehenen Aufträgen liefern zu können.

Der Lieferbereitschaftsgrad als Kontrollinstrument der ▷ Lagerhaltung lässt sich durch die zwei Kennzahlen *Anforderungsbereitschaftsgrad* und *Mengenbereitschaftsgrad* berechnen:

- Anforderungsbereitschaftsgrad =
$$\frac{\text{Anzahl der sofort ausgeführten Anforderungen}}{\text{Anzahl Anforderungen/Jahr}} \cdot 100$$

- Mengenbereitschaftsgrad =
$$\frac{\text{Sofort ausgelieferte Menge}}{\text{Gesamte angeforderte Menge}} \cdot 100$$

Lieferservice

Der Lieferservice *(Lieferzuverlässigkeit)* ist ein wichtiger Wettbewerbsfaktor und umfasst folgende Komponenten:

- räumliche und zeitliche Verfügbarkeit von Gütern für potenzielle Abnehmer,
- kurze Lieferzeiten,
- Flexibilität (bezüglich Zeitpunkt, Ort der Lieferung, Liefermenge),
- Erhältlichkeit von Ersatzteilen,
- Installations- und Reparaturdienste,
- Einhaltung der vertraglich garantierten Qualität der Ware,
- sorgfältige Lieferung,
- Bereitschaft, defekte Ware schnell zu ersetzen,
- Vollständigkeit des Sortiments.

Lieferzeit

▷ Beschaffungszeit

Lieferzuverlässigkeit

Syn. für ▷ Lieferservice

Liegezeit

Unter Liegezeit *(Wartezeit)* ist jene Zeit zu verstehen, in der das Material nicht bearbeitet wird. Aus Kostengründen (insbesondere ▷ Kapitalkosten) muss die Liegezeit möglichst kurz gehalten werden. Allerdings entsteht dadurch oft ein Zielkonflikt mit der Forderung nach einer möglichst hohen Kapazitätsauslastung (▷ Dilemma der Ablaufplanung).

Life Employment

Mit Life Employment *(Long-term Employment, Permanent Employment, Guaranteed Employment)* bezeichnet eine lebenslange Anstellung bei einem Unternehmen, auch wenn diese nicht rechtlich geregelt ist, sondern meistens nur faktisch zutrifft. Life Employment hat v.a. in Japan eine grosse Tradition, die aber heute immer weniger gepflegt wird. Zudem ist zu beachten, dass sich die Arbeiterschaft in Japan in drei Gruppen gliedert: (1) Reguläre Arbeitnehmer (Arbeitsvertrag ohne zeitliche Restriktionen), (2) Zeitarbeiter (Aushilfskräfte, jederzeit kündbar, Arbeitsvertrag maximal 1 Monat) und (3) Tagelöhner (keine schriftlichen Arbeitsverträge).

Life Cycle Analysis (LCA)
▷ Ökobilanz

Life Style
Engl. für ▷ Lebensstil

Lifo
Abk. für ▷ Last-in-First-out
▷ Prioritätsregeln

Lineare Abschreibung
▷ Abschreibungsverfahren

Line Extension
Unter Line Extension versteht man im Rahmen der Markenpolitik, dass eine bestehende Marke auf ein neues Produkt oder eine Produktvariante einer bereits etablierten Produktgruppe ausgeweitet wird. Line Extensions sind Varianten, die in bestehende Produktgruppen integriert werden; der Markentransfer erfolgt zwischen Produkten der gleichen Produktkategorie. Line Extension ist dann gegeben, wenn z.B. der Marmeladenhersteller Fruitsmell AG unter dem Markennamen Fitslim zusätzlich zu den Sorten Himbeere, Johannisbeere, Waldbeere, Heidelbeere die neue Geschmacksrichtung Orange einführt.

Linienstelle
Eine Linienstelle verfügt im Gegensatz zur Stabsstelle (▷ Stab) über Anordnungs- und Weisungsbefugnisse gegenüber nachgeordneten Organisationseinheiten.

Linking Pin Model
Beim Linking Pin Model von *Likert* basiert die Organisationsstruktur auf Teams, die sich jeweils überlappen. Dieses System von Gruppen wird durch Verbindungsmitglieder (Linking Pins) zusammengehalten (▶ Abb. 106). Die Verbindungsmitglieder gehören zwei Gruppen gleichzeitig an und ihre Aufgabe ist es, neben ihrer eigentlichen Sachaufgabe die vertikale wie auch die horizontale Koordination und Kooperation aufrecht zu halten und zu fördern. Likert gibt für diese Organisationsstruktur folgende Prinzipien vor:

■ Prinzip der *«Supportive Relationships»*: Fruchtbare zwischenmenschliche Beziehungen beruhen auf gegenseitigem Vertrauen, gegenseitiger Unterstützung und Hilfe.

■ Prinzip des *«Group Decision Making»*: Sämtliche Gruppenmitglieder partizipieren aktiv am Entscheidungsprozess, indem sie ihr praktisches und theoretisches Wissen einbringen. Das Modell von Likert wird deshalb oft auch als *Partizipationsmodell* bezeichnet. Für den Fall, dass eine Gruppe nicht gemeinsam zu einem Entscheid kommt, fällt der Gruppenleiter den Stichentscheid, wobei er sich nach Möglichkeit auf eine Gruppenmehrheit abstützen sollte.

■ Prinzip der *«Group Methods of Supervision»*: Die Gruppe sorgt selber für ein reibungsloses Funktionieren der Zusammenarbeit und sämtliche Gruppenmitglieder sind gruppenintern in der gleichen Art und Weise für die Erfüllung der Aufgabe verantwortlich. Nur die Verantwortung gegenüber der nächsthöheren Ebene liegt beim Gruppenleiter.

■ Prinzip der *«High Performance Aspirations»*: Ziel der Gruppenbildung und deren Gestaltung sollte es sein, über die Erreichung der Gruppenziele auch die individuellen Bedürfnisse zu befriedigen.

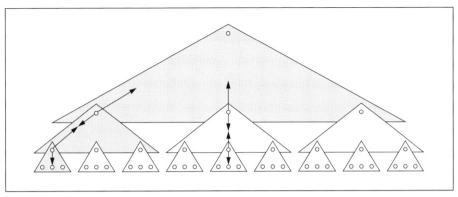

▲ Abb. 106 Linking Pin Model

Liquidationswert

Der Liquidationswert entspricht dem voraussichtlichen Verkaufspreis, den man bei der freiwilligen Veräusserung einzelner Vermögensteile eines Unternehmens lösen könnte. Bei einer ▷ Unternehmensbewertung eignet sich der Liquidationswert als Bewertungsansatz für Unternehmen, die nicht mehr weitergeführt werden.
▷ Zerschlagungswert
▷ Unternehmensfortführung

Liquide Mittel

Unter den liquiden Mitteln *(flüssige Mittel, Zahlungsmittel)* versteht man die Summe aus den Kassabeständen *(Barmittel)*, den Checks sowie den jederzeit abrufbaren Post- und Bankguthaben (▷ Sichteinlagen). Je nach Liquiditätsgrad (▷ Liquidität) werden auch ▷ Festgelder, Wertschriften (▷ Wertpapier) und ▷ Wechsel dazugezählt.

Liquidität

Die Liquidität *(Zahlungsfähigkeit)* bezeichnet die Fähigkeit, fällige Zahlungsverpflichtungen uneingeschränkt erfüllen zu können. Die Liquidität eines Unternehmens muss jederzeit gewährleistet sein, denn bei ▷ Illiquidität besteht Konkursgefahr. Die Liquidität kann statisch oder dynamisch gemessen werden.
■ Eine *statische Analyse* bezieht sich auf einen bestimmten Zeitpunkt. Die notwendigen Daten können direkt der ▷ Bilanz entnommen werden. Zudem kann entweder die absolute oder die relative Liquidität gemessen werden. Bei der *absoluten Liquidität* berechnet man einen bestimmten *Liquiditätsfonds* (▷ Fonds), der jene Bilanzpositionen zusammenfasst, die für ein Unternehmen bezüglich seiner Liquidität von Bedeutung sind. In der Regel werden drei *Liquiditätsstufen* berechnet:

■ Liquiditätsstufe 1 *(Bar- oder Kassaliquidität)* =
liquide Mittel – kurzfristiges Fremdkapital

■ Liquiditätsstufe 2 =
liquide Mittel + Geldforderungen – kurzfristiges Fremdkapital

■ Liquiditätsstufe 3 (Nettoumlaufvermögen, Net Working Capital) =
Umlaufvermögen – kurzfristiges Fremdkapital

Unter der *relativen Liquidität* versteht man das Verhältnis zwischen Vermögensteilen und Verbindlichkeiten. Sie wird durch folgende *Liquiditätsgrade* ausgedrückt:

- Liquiditätsgrad 1 *(Cash Ratio)* = $\dfrac{\text{liquide Mittel}}{\text{kurzfristiges Fremdkapital}} \cdot 100$

- Liquiditätsgrad 2 *(Quick Ratio)* = $\dfrac{\text{liquide Mittel + Forderungen}}{\text{kurzfristiges Fremdkapital}} \cdot 100$

- Liquiditätsgrad 3 *(Current Ratio)* = $\dfrac{\text{Umlaufvermögen}}{\text{kurzfristiges Fremdkapital}} \cdot 100$

Für den Liquiditätsgrad 1 wird in der Fachliteratur ein Erfahrungswert von 20–40% genannt. Für die beiden anderen Kennzahlen gelten folgende grobe Erfahrungswerte: Liquiditätsgrad 2 sollte 100% betragen, und Liquiditätsgrad 3 sollte bei ungefähr 150 bis 200% liegen.

- Eine *dynamische Analyse* zeigt die Veränderung eines Fonds (z.B. flüssige Mittel, Nettoumlaufvermögen) während einer bestimmten Zeitdauer. Sie kann in Form eines Finanzplanes (▷ Finanzplanung) dargestellt werden, in dem z.B. sämtliche Einzahlungen (Einnahmen) und Auszahlungen (Ausgaben) für einen bestimmten Zeitabschnitt einander gegenübergestellt werden.

Liquiditätsfonds
▷ Liquidität

Liquiditätsgrad
▷ Liquidität

Liquiditätsmanagement
Syn. für ▷ Cash Management

Liquiditätsstufe
▷ Liquidität

Listenpreis
Mit dem Listenpreis wird jener Preis vorgegeben, der als Basis für die Kalkulation von Vergünstigungen im Rahmen der Rabatt- und Konditionenpolitik dient. Zumeist handelt es sich um den vom Hersteller vorgegebenen Preis, welchen der Verbraucher zu bezahlen hat.

Lizenz
Die Lizenz ist das Recht, ein ▷ Patent auszuwerten und zu nutzen.

Local Area Network (LAN)
▷ Netzwerk

Local Sourcing
Local Sourcing ist eine Strategieform im Rahmen der ▷ Beschaffung und verkörpert eine entgegengesetzte Strategie zum ▷ Global Sourcing. Merkmal ist die lokale bzw. regionale Beschaffung. Die Vorteile resultieren u.a. aus den kürzeren Transportdistanzen, einer engeren und intensiveren Kommunikation sowie hoher Flexibilität bezüglich Lieferterminen.

Lock-up-Klausel
▷ Raider

Lockvogelangebot
Von Lockvogelangeboten spricht man, wenn Produkte durch spezielle Aktionen zu Tiefstpreisen *(Lockvogelpreise)* angeboten werden, um dadurch mehr Kunden anzuziehen. Über das Lockvogelangebot soll der Verkauf anderer Produkte gefördert werden. Das Lockvogelangebot ist rechtlich dann eine unlautere Handlung, wenn ausgewählte Produkte wiederholt

unter dem Einstandspreis angeboten werden und auf die Angebote in der Werbung besonders hingewiesen und damit der Kunde über die Leistungsfähigkeit des Anbieters oder seiner Konkurrenten getäuscht wird.

Lockvogelpreis
▷ Lockvogelangebot

Logistik
Aufgabe der Logistik ist die zielgerichtete Gestaltung und Steuerung des physischen Warenflusses eines Unternehmens. Sie setzt sich – ausgehend vom leistungswirtschaftlichen Güterprozess – aus drei *Logistiksystemen* zusammen:
1. Das *physische Versorgungssystem* sorgt für den physischen Nachschub von Input-Faktoren für das Unternehmen.
2. Das *innerbetriebliche Logistiksystem* befasst sich mit der physischen Versorgung des Transformationsprozesses des Unternehmens.
3. Die *Distributionslogistik* (▷ Distribution) leitet den Output des Unternehmens an andere soziale Systeme der Umwelt (Konsumenten, Staat, Unternehmen) weiter.

Logistikkonzept
Das Logistikkonzept umfasst den Aufbau der logistischen Versorgungskette zwischen dem Beschaffungsmarkt und dem Absatzmarkt (▷ Logistik), um den Kunden bedarfsgerecht zu versorgen. Sie betrachtet sowohl den Materialfluss als auch den begleitenden Informationsfluss. Ziel eines Logistikkonzeptes ist es, bei minimaler Durchlaufzeit und kleinstmöglichen ▷ Lagerbeständen dem Kunden das richtige Produkt in der richtigen Menge an den richtigen Ort und zur richtigen Zeit zu liefern.

Logistiksysteme
▷ Logistik

Lohmann-Ruchti-Effekt
▷ Finanzierung aus Abschreibungsrückflüssen

Lohn
Der Lohn *(Gehalt, Salär)* ist das den Arbeitnehmern ausbezahlte Entgelt als Gegenleistung dafür, dass sie ihre Arbeitskraft zur Verfügung stellen. Davon sind die ▷ Erfolgsbeteiligung, die ▷ Sozialleistungen und die Prämien des ▷ betrieblichen Vorschlagswesens zu unterscheiden.
▷ Lohnform
▷ Lohngerechtigkeit

Lohnform
Durch die Lohnform werden individuelle Leistungsunterschiede berücksichtigt. Zugleich ist sie ein Anreizinstrument. Wegen der vielen Einflussfaktoren, die auf die Leistung (Arbeitsproduktivität) einwirken, sind die Zusammenhänge zwischen Lohnform und Leistung nicht eindeutig bestimmbar. Bewertungsgrundlagen für eine Systematisierung sind in erster Linie die Leistungszeit und die Leistungsmenge. Daraus ergeben sich die Lohnformen ▷ Zeitlohn, ▷ Akkordlohn und ▷ Prämienlohn.

Lohngerechtigkeit
Bei der Frage nach der Lohngerechtigkeit geht es um die Bestimmung der absoluten und der relativen Lohnhöhe.
■ *Absolute* Lohnhöhe: Wie wird der von einem Unternehmen geschaffene Wert (Wertschöpfung) auf die Produktionsfaktoren Arbeit und Kapital verteilt? Dieses Verteilungsproblem kann unter historischen, sozialen, politischen und philosophischen Aspekten gesehen werden, wobei

auch die jeweilige Situation auf dem Arbeitsmarkt eine entscheidende Rolle spielt.
- *Relative* Lohnhöhe: Wie verteilt sich die auf die Arbeitnehmer entfallende Lohnsumme auf die einzelnen Mitarbeitenden? Da es nicht möglich ist, die betriebliche Wertschöpfung verursachergerecht den einzelnen Mitarbeitenden zuzuordnen, und da verschiedene Aspekte bei der Verteilung einer bestimmten Gesamtlohnsumme eine Rolle spielen, versucht man, das Verteilungsproblem durch Berücksichtigung verschiedener Gerechtigkeiten zu objektivieren. Im Vordergrund stehen folgende Kriterien: (1) *Anforderungsgerechtigkeit:* Berücksichtigung des Schwierigkeitsgrads der Arbeit. (2) *Leistungsgerechtigkeit:* Der vom Mitarbeitenden erbrachte Leistungsbeitrag steht im Vordergrund. (3) *Verhaltensgerechtigkeit:* Das Verhalten gegenüber anderen Mitarbeitenden, gegenüber den Einrichtungen und Arbeitsmitteln des Unternehmens sowie gegenüber der Öffentlichkeit wird einbezogen. (4) *Sozialgerechtigkeit:* Berücksichtigung sozialer und sozialpolitischer Anliegen (z. B. Lohnfortzahlung bei Krankheit oder Unfall, grosszügige Mutterschaftsversicherung).

Lohngruppenverfahren

Das Lohngruppenverfahren dient der ▷ Arbeitsbewertung. Eine abgestufte Anzahl von Lohngruppen oder Lohnklassen gibt die unterschiedlichen Schwierigkeitsgrade der Arbeiten wieder. Die einzelnen Stufen werden inhaltlich umschrieben und oftmals durch sog. Richtbeispiele ergänzt, welche eine Einordnung erleichtern (▶ Abb. 107). Anschliessend werden alle Arbeitsplätze einer bestimmten Gruppe bzw. Klasse zugerechnet. Die Vorteile des Lohngruppenverfahrens liegen wie beim Rangfolgeverfahren in der leichten Handhabung und Verständlichkeit. Es setzt allerdings eine exakte Definition der Lohngruppenmerkmale und eine Umschreibung der Richtbeispiele voraus, da sonst Fehlzuordnungen möglich sind. Zudem besteht die Gefahr der Nivellierung der Lohnsätze, falls zu wenig Lohngruppen gewählt wurden.

Lohngruppe I	Arbeiten, die nach kurzer Einarbeitungszeit und Unterweisung durchgeführt werden (81 %)
Lohngruppe II	Arbeiten, die bei gleicher Voraussetzung über die Anforderungen der ersten Gruppe hinausgehen (82,4 %)
Lohngruppe III	Arbeiten, die Kenntnisse und Fertigkeiten voraussetzen und eine Anlernung erfordern (85,3 %)
Lohngruppe IV	Arbeiten, die bei gleicher Voraussetzung über die Anforderungen der vorherigen Gruppe hinausgehen (88,6 %)
Lohngruppe V	Arbeiten, die umfassende Sach- und Arbeitskenntnisse und Fertigkeiten voraussetzen, wie sie durch Sonderausbildung oder entsprechende Erfahrung erreicht werden (90,5 %)
Lohngruppe VI	Arbeiten, die ein Spezialkönnen voraussetzen, das entweder durch eine abgeschlossene zweijährige Ausbildung oder lange Erfahrung erreicht wird (94,5 %)
Lohngruppe VII	Facharbeiten, die ein Können voraussetzen, das durch eine fachliche und abgeschlossene Ausbildung erreicht wird, oder Arbeiten, die gleichwertige Spezialfähigkeiten und -kenntnisse erfordern, auch ohne abgeschlossene Ausbildung (100 % = Ecklohn)
Lohngruppe VIII	Schwierige Facharbeiten, die besondere Fähigkeiten und langjährige Erfahrung voraussetzen (110 %)
Lohngruppe IX	Besonders schwierige und hochwertige Facharbeiten, die grosse Selbständigkeit und Verantwortungsbewusstsein voraussetzen (120 %)
Lohngruppe X	Äusserst hochwertige Facharbeiten, die überragendes Können, völlige Selbständigkeit und weitere Qualifikationen erfordern (133 %)

▲ Abb. 107 Lohngruppen der Metallindustrie der neuen deutschen Bundesländer

Lohnkosten
Syn. für ▷ Arbeitskosten

Lohnnebenkosten
Zu den Lohnnebenkosten (auch *Lohnzusatzkosten, Personalzusatzkosten* genannt) gehören die gesetzlichen, vertraglichen und betrieblichen Kosten (Sozialkosten). Es sind dies v.a. die Sozialversicherungsbeiträge der Arbeitgeber, Entgeltfortzahlung im Krankheitsfall, Versicherungen gegen betrieblichen Unfall, die betriebliche Altersvorsorge, Zuschläge für Nacht-, Sonntags- und Feiertagsarbeit, Verpflegungskosten, Anteil an Arbeitslosenversicherung, Anteil an Pflege- und Krankenversicherung. Im Ländervergleich ist eine unterschiedliche Höhe der Lohnnebenkosten zu beobachten, was Auswirkungen auf die Wettbewerbsfähigkeit eines Landes hat. Die Folge ist eine zunehmende Verlagerung der Produktion in Billiglohnländer.

Lohnpolitik
Syn. für ▷ Entgeltpolitik

Lohn-Preis-Spirale
▷ Inflation

Lohnsatzdifferenzierung
Bei der Lohnsatzdifferenzierung werden für unterschiedliche Anforderungen unterschiedliche Lohnsätze bestimmt. Ausgangspunkt ist eine definierte (Normal-) Leistung, die vom Mitarbeitenden erwartet wird. Aufgrund der Anforderungsgerechtigkeit (▷ Lohngerechtigkeit) sollten steigende Arbeitswerte höhere Lohnsätze zur Folge haben. Nicht beantwortet bleibt aber die Frage, wie ausgeprägt die Lohnsatzdifferenzierung vorgenommen werden soll. Je nach dem Ziel, das man mit der Lohnsatzdifferenzierung verfolgt, wird stärker oder schwächer differenziert (▶ Abb. 108).

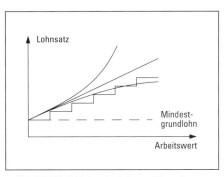

▲ Abb. 108 Möglichkeiten der Lohnsatzdifferenzierung

Lohnzusatzkosten
Syn. für ▷ Lohnnebenkosten

Lombardkredit
Der Lombardkredit ist ein kurzfristiger Kredit gegen Verpfändung von beweglichen und marktgängigen Vermögenswerten. Da die verpfändeten Gegenstände im Bedarfsfalle leicht realisierbar sein müssen, kommen als Deckung v.a. Kontoguthaben in frei austauschbaren Währungen, börsenkotierte Wertschriften (▷ Aktien, ▷ Obligationen), Edelmetalle sowie Lebensversicherungspolicen in Frage. Die maximale Kreditlimite wird aufgrund der aktuellen Werte (▷ Kurse) berechnet, wobei zur Abdeckung des Kurs- und Währungsrisikos eine Sicherheitsmarge abgezogen wird. Diese richtet sich bei Wertpapieren nach der Art und Qualität dieser Papiere.

Lombardpolitik
▷ Notenbankpolitik, Instrumente der

London Interbank Offered Rate
▷ Libor

Long Position
Eine Long Position ist ein im Hinblick auf steigende ▷ Kurse getätigter Kauf von an

der Börse gehandelten Wertpapieren, Devisen, Edelmetallen, Waren (Commodities), Financial Futures oder Optionen. Im Gegensatz zur Long Position steht die ▷ Short Position.

Long-term Employment
Syn. für ▷ Life Employment

Lorenzkurve
▷ Einkommensverteilung
▷ ABC-Analyse

Losgrösse
▷ Fertigungslos

Losgrösse, optimale
Bei einer ▷ Serien- und ▷ Sortenfertigung muss die optimale Losgrösse (▷ Fertigungslos) – auch *Andler'sche Losgrösse* genannt – festgelegt werden. Will man nach einer produzierten Serie eine neue auflegen, so muss der Produktionsprozess unterbrochen und die Produktionsanlage neu eingerichtet werden (▷ Liegezeit, ▷ Rüstzeit). Durch diese Arbeiten fallen Kosten an, die von der Grösse des Fertigungsloses unabhängig sind. Sie werden als *auflagefixe* Kosten bezeichnet und umfassen die Kosten für das Einrichten der Produktionsanlagen für einen neuen Produktionsprozess. Je grösser das Fertigungslos ist, desto grösser ist die Gesamtstückzahl, auf die sich die auflagefixen Kosten verteilen, d.h. desto kleiner sind die auflagefixen Kosten pro Einheit (*Auflagendegression,* ▷ Economies of Scale). Grosse Fertigungslose haben allerdings hohe Lagerbestände zur Folge, die Lagerkosten sowie Zinskosten auf dem gebundenen Kapital verursachen. In diesem Fall spricht man von *auflageproportionalen* Kosten, weil diese Kosten direkt von der Anzahl produzierter Einheiten abhängig und für jedes Stück gleich gross sind. Die optimale Losgrösse x_{opt} entspricht der Menge, bei der unter Berücksichtigung der auflagefixen und auflageproportionalen Kosten ein Minimum an Kosten pro Fertigungseinheit anfällt (▶ Abb. 109):

$$x_{opt} = \sqrt{\frac{200\, M\, (H_{fix} + L_{fix})}{h_{var}\, q}}$$

M: Gesamtzahl der während eines Jahres herzustellenden Einheiten eines bestimmten Produkts; H_{fix}: fixe Herstellungskosten; L_{fix}: fixe Lagerkosten; x: Anzahl Einheiten pro Fertigungslos; h_{var}: variable Herstellungskosten für eine Einheit; q: Lager- und Zinskostensatz in %/Jahr.

Es ist zu beachten, dass in der betrieblichen Wirklichkeit die Annahmen dieses Modells nur bedingt zutreffen:
■ Es wird unterstellt, dass nur ein Produkt auf einer Anlage aufgelegt wird.
■ Bei der Produktion fällt kein Ausschuss an, und es gibt keinen Lagerschwund (Verderb, Diebstahl).

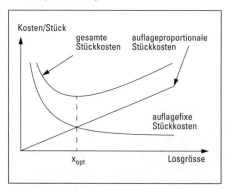

▲ Abb. 109 Ermittlung der optimalen Losgrösse

- Die Kapazität der Produktionsanlage ist so gross, dass die optimale Losgrösse überhaupt hergestellt werden kann.
- Es sind ausreichende Lagerkapazitäten vorhanden.
- Die Kosten verändern sich in der Planperiode nicht.
- Der Absatz der hergestellten Produkte verläuft kontinuierlich.

Low Involvement

Low Involvement impliziert eine begrenzte, wenig intensive Inormationsbeschaffung. Bei Low-Involvement-Käufen handelt es sich meistens um Produkte des täglichen Bedarfs; sie sind für den Konsumenten von untergeordneter Bedeutung und weisen nur geringe Risiken auf. Trotzdem muss diesen Produkten aus Marketingsicht Aufmerksamkeit geschenkt werden, indem sie entsprechend platziert (z.B. Süsswaren im Bereich der Kassenzonen) oder durch Aktionen (z.B. «3 für 2») attraktiver gemacht werden.
▷ High Involvement

LOZ-Regel

Abk. für Längste Operationszeit
▷ Prioritätsregeln

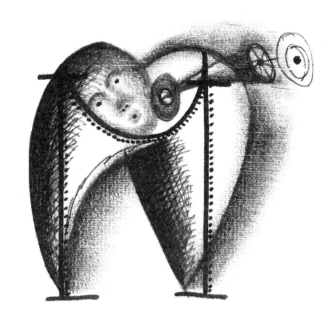

M&A
Abk. für ▷ Mergers and Acquisitions
▷ Fusion
▷ Akquisition

Mailing
Syn. für ▷ Direct Mail

Make-or-Buy-Entscheid
Beim Make-or-Buy-Entscheid geht es um die Frage, welche Produkte ein Unternehmen selbst herstellen soll bzw. welche es zukaufen will. Folgende Kriterien können als Entscheidungshilfe herangezogen werden:
- *Kosten:* Die Kosten eines Fremdbezugs und der Eigenfertigung sind einander gegenüberzustellen. Einen Ansatz zur Erfassung der Kosten liefert die Transaktionskostentheorie (▷ Transaktionskosten).
- *Produkt:* Voraussetzung für den Fremdbezug ist, dass ein in quantitativer und qualitativer Hinsicht entsprechendes Produkt auf dem Beschaffungsmarkt angeboten wird.
- *Produktionskapazität:* Stehen ungenutzte Maschinen zur Verfügung, so erscheint eine Eigenfertigung zur Minimierung der Leerkosten sinnvoll.
- *Finanzielle Mittel:* Sind neue Produktionsanlagen zu kaufen, so ist abzuklären, ob das dafür notwendige Kapital vorhanden ist oder beschafft werden kann.
- *Lieferant:* Lieferanten sollten sich durch folgende Eigenschaften auszeichnen: Zuverlässigkeit (insbesondere Termintreue), bestimmtes Qualitätsniveau, Flexibilität (z.B. bei Absatzschwankungen), Interesse an Forschung und Weiterentwicklung.

- *Unabhängigkeit:* Je grösser die Aufträge sind und je weniger Lieferanten in Frage kommen, desto grösser wird die Abhängigkeit des Unternehmens gegenüber dem Lieferanten.
- *Mitarbeitende:* Aus sozialpolitischen Überlegungen kann das Unternehmen eine Vollbeschäftigung einem Personalabbau bei bestehenden Kapazitäten vorziehen, obschon eine Fremdfertigung aus wirtschaftlichen Gründen gerechtfertigt wäre.
- *Marktentwicklung:* Oft stehen nicht kurzfristige, sondern langfristige wirtschaftliche Überlegungen im Vordergrund. So könnte sich z. B. eine nicht kostendeckende Eigenfertigung langfristig lohnen, wenn die Marktpreise für die zu beschaffenden oder abzusetzenden Produkte steigen werden.
- *Know-how:* Dem Unternehmen geht Know-how verloren, das sich dafür der Lieferant erwirbt.

Obschon der Entscheid über das ▷ Produktionsprogramm grundsätzlich langfristiger Natur ist, gibt es auch einige kurzfristige Einflussfaktoren. So können sich z. B. kurzfristige Programmänderungen aufgrund rasch wechselnder Nachfrage oder plötzlichen Ausfalls eines Lieferanten ergeben.

Makler

Makler suchen Käufer und Verkäufer von Produkten (meistens Grundstücke, Versicherungen und Finanzdienstleistungen) und vermitteln ihnen gegen eine Maklerprovision den Abschluss von Geschäften (Art. 412 – 418 OR).

Makroökonomische Theorie

Die makroökonomische Theorie befasst sich – im Gegensatz zur ▷ mikroökonomischen Theorie – mit volkswirtschaftlichen Aggregaten (Bruttosozialprodukt, Beschäftigung usw.) sowie Gruppen von Wirtschaftssubjekten (Haushalte, Unternehmen, Staat) und deren Modellierung. Mit Hilfe der makroökonomischen Theorie wird versucht, gesamtwirtschaftliche Zusammenhänge zu analysieren und wirtschaftspolitische Handlungsvorschläge abzuleiten. Hauptforschungsfelder der makroökonomischen Theorie sind gesamtwirtschaftliche Phänomene wie:

- ▷ Konjunktur und Wachstum (▷ Wachstum, wirtschaftliches),
- ▷ Aussenwirtschaftstheorie,
- ▷ Arbeitslosigkeit,
- ▷ Inflation.

Management
Syn. für ▷ Führung

Management Accounting

Der Begriff Management Accounting wird unterschiedlich verwendet:

- Einerseits wird er als Synonym zum ▷ Rechnungswesen verwendet.
- Andererseits wird darunter die Versorgung der Unternehmensleitung mit Kosteninformationen verstanden, sodass diese über optimale Entscheidungsgrundlagen verfügt (▷ Betriebsbuchhaltung).

Management Appraisal
Syn. für ▷ Management Audit

Management Audit

Unter Management Audit (*Management Auditing, Management Appraisal*) ist die Beurteilung der Leistung und des Potenzials von Führungskräften zu verstehen. Eine solche Überprüfung kann, je nach Anlass, von der ▷ internen Revision, dem direkten Vorgesetzten oder von externen Dritten (z. B. Personalberatungsfirmen) durchgeführt werden. Mögliche Anlässe für ein Management Audit sind im Rahmen von Restrukturierungen (z. B. im Rahmen von Unternehmensakquisitionen und -fusionen) die Leistungsbeurteilung, die Potenzialdiagnose oder die Beurteilung von Führungskräften.

Neben ökonomischen Kriterien (▷ Kennzahlensystem) können überprüft werden:
- der Einsatz fachtechnischer Kenntnisse,
- die Gestaltung und Verwendung von Führungs- und Informationsinstrumenten,
- die Organisation, Koordination und Kontrolle des Arbeitsvollzugs im eigenen Zuständigkeitsbereich und
- die Ausnützung des Handlungsspielraums im Hinblick auf die Erfüllung der Zielvorgaben und des daraus resultierenden Handlungserfolgs.

Solche Prüfungen verlangen von den damit beauftragten Personen ein hohes Mass an unternehmerischem Denken und Einfühlungsvermögen.

Management Auditing
Syn. für ▷ Management Audit

Management Buyout
Als Management Buyout wird der Erwerb eines ganzen Unternehmens oder von Teilen davon durch die Angehörigen der bisherigen Geschäftsleitung bezeichnet, meist unter umfangreicher Beanspruchung von ▷ Fremdkapital. Ziel ist die unternehmerische Freiheit, verbunden mit der Absicht, die Existenz des Unternehmens langfristig zu sichern.

Meistens ist damit die Erwartung verbunden, dass eine Wertsteigerung des Unternehmens und somit des eingesetzten Kapitals erreicht werden kann. Da eine solche Übernahme – wie beim ▷ Going Private – sehr häufig mit geringem Eigenkapitaleinsatz und hohen Krediten erfolgt, spricht man von einem *Leveraged Management Buyout*.

Management by Delegation
Grundgedanke des Management by Delegation ist die ▷ Führung durch ▷ Delegation von Aufgaben, Kompetenzen und Verantwortung. Die Durchsetzung des Konzepts erfordert die Berücksichtigung folgender Aspekte:
- Die Mitarbeitenden erhalten einen eindeutig definierten Aufgabenbereich mit entsprechenden Kompetenzen, in dem sie selbständig handeln und entscheiden können.
- Die unternehmerischen Entscheidungen werden auf jene organisatorische Ebene verlagert, auf der sie am besten getroffen werden können.
- Die Führungskräfte mit Weisungsbefugnis sind nur für ihre eigenen Entscheidungen verantwortlich; die Verantwortung als Vorgesetzter beschränkt sich lediglich auf die Führungsverantwortung, d. h. auf die Dienstaufsicht und die Erfolgskontrolle.

Management by Exception
Beim Management by Exception erfolgt die ▷ Führung durch Abweichungskontrolle und Eingreifen nur im Ausnahmefall. Der Mitarbeitende arbeitet so lange selbständig, bis vorgeschriebene Toleranzen überschritten werden oder das Auftreten nicht vorhergesehener Ereignisse (Ausnahmefall) ein Eingreifen der übergeordneten Instanz erfordert. Diese behält sich nur für Ausnahmefälle die Entscheidung vor. Ansonsten sind Verantwortung und Kompetenz für die Durchführung aller normalen Aufgaben unter der Voraussetzung delegiert, dass bestimmte, klar definierte Ziele angestrebt werden. Dieses Konzept erfordert:
- Festlegung von Zielen und Soll-Werten bzw. Bestimmung von Bewertungsmassstäben und Auswahl von Erfolgskriterien,

- Entwicklung von Richtlinien für Normal- und Ausnahmefälle,
- Bestimmung des Umfangs der Kontrollinformationen,
- Vergleich von Soll und Ist und Durchführung der Abweichungsanalyse.

«Management-by»-Konzepte

Unter «Management-by»-Konzepten versteht man Managementtechniken (Führungsempfehlungen für Vorgesetzte), die i.d.R. nur einen spezifischen Aspekt oder Teilbereich der Führung (Delegation, Zielvorgabe) berücksichtigen. Zu den in der Praxis bekanntesten «Management-by»-Konzepten gehören ▷ Management by Objectives, ▷ Management by Exception und ▷ Management by Delegation.

Management by Motivation

Beim Management by Motivation steht die Leistungsstimulation über nichtmonetäre Anreize (▷ Anreizsystem) im Vordergrund. Dazu gehören die Beteiligung der Mitarbeitenden an der Zielvereinbarung, die Selbstkontrolle und die Erweiterung des autonomen Handlungsspielraums. Es werden v.a. die Bedürfnisse befriedigt, die an der Spitze der ▷ Bedürfnispyramide angesiedelt sind.

Management by Objectives

Die Leitlinie des Management by Objectives ist die ▷ Führung durch Zielvorgabe bzw. durch *Zielvereinbarung*. Vorgesetzte und Untergebene erarbeiten gemeinsam Zielsetzungen für alle Führungsebenen (zielorientiertes Management). Es werden nur ▷ Ziele ohne Vorschriften zur Zielerreichung festgelegt. Die Auswahl der Ressourcen fällt vollständig in den Aufgabenbereich der Aufgabenträger.
Grundpfeiler dieses Führungsmodells ist der arbeitsteilige Aufgabenerfüllungsprozess und die Delegation von Entscheidungs- und Weisungsbefugnissen mit der dazugehörigen Verantwortung.

Management Compensation

Als Management Compensation bezeichnet man Gehalts- und Bonuszahlungen sowie Abgangsentschädigungen für Angehörige des Managements.

Management Development

Unter Management Development *(Kaderschulung, Executive Development, Supervisory Development)* versteht man alle Massnahmen, die zum Ziel haben, die ▷ Managementkompetenzen der Führungskräfte ständig den neuen Anforderungen anzupassen und auf zukünftige Herausforderungen hin zu entwickeln.
▷ Personalausbildung
▷ Personalentwicklung

Managementholding
▷ Holdinggesellschaft

Managementinformationssystem (MIS)

Unter einem Managementinformationssystem *(MIS, Executive Information System, EIS)* versteht man ein computerunterstütztes Informationssystem, das dem Management relevante interne und externe Informationen in aufbereiteter Form zur Verfügung stellt. Grundlage sind umfassende Datenbanken.
▷ Informationsmanagement
▷ Data Warehouse

Managementkompetenz

Unter Managementkompetenz versteht man jene Fähigkeiten, die ein Manager zur Erfüllung seiner Aufgaben besitzen sollte. Es handelt sich im Wesentlichen um vier Kompetenzen:

- *Fachkompetenz:* Aktuelles Fachwissen zur Bewältigung der konkreten betrieblichen Sachaufgaben in den verschiedenen Funktionsbereichen eines Unternehmens wie z.B. Marketing, Logistik, Finanz- und Rechnungswesen oder Personal.
- *Methodenkompetenz:* Unabhängig von konkreten Sachaufgaben ist die Kenntnis betriebswirtschaftlicher Methoden und Instrumente nötig, z.B. die Instrumente der Problemlösungs- und Entscheidungsmethodik.
- ▷ *Sozialkompetenz:* Im Umgang mit anderen Menschen, Gruppen oder der Gesellschaft als Ganzes braucht ein Manager spezifische Fähigkeiten wie z.B. kommunikative, interkulturelle (▷ interkulturelle Kompetenz) oder ethische Kompetenzen.
- *Systemkompetenz:* Mit der zunehmenden Vernetzung und ▷ Komplexität steigt der Bedarf, einerseits das ganze System Unternehmen und dessen Veränderung über die Zeit zu verstehen und andererseits das Unternehmen in einem grösseren Systemzusammenhang zu sehen, um die Einflüsse der Umwelt auf das Unternehmen – und umgekehrt – erkennen zu können. Dazu gehören z.B. Kenntnisse über politische, rechtliche und gesamtwirtschaftliche Entwicklungen.

Managementlehre
▷ Betriebswirtschaftslehre

Managementmethode
Syn. für ▷ Führungstechnik

Managementmodell
Integrierte Managementmodelle *(Führungsmodelle)* versuchen, das Führungsphänomen in seiner Ganzheit unter allen relevanten Aspekten sowohl in Bezug auf die Gesamtsteuerung des Unternehmens und seiner Teilbereiche als auch in Bezug auf die Führung des einzelnen Mitarbeitenden zu erfassen. In der Schweiz sind zwei solche ganzheitliche Führungssysteme bekannt:
- Der ▷ Zürcher Ansatz zur Führungslehre, der von Edwin Rühli zu Beginn der 70er Jahre entwickelt worden ist.
- Das St. Galler Managementmodell wurde von Hans Ulrich erstmals Ende der 60er Jahre vorgestellt. Bleicher entwickelte daraus in den 90er Jahren das ▷ St. Galler Managementkonzept. Rüegg-Stürm veröffentlichte 2002 unter dem Namen «neues St. Galler Managementmodell» eine überarbeitete und erweiterte Fassung (▷ St. Galler Managementmodell, neues).

Management of Change
Syn. für ▷ Change Management

Managementphilosophie
Unter der Managementphilosophie *(Unternehmensphilosophie)* werden die grundlegenden Einstellungen, Überzeugungen und Werthaltungen verstanden, welche das Denken und Handeln der Führungskräfte in einem Unternehmen beeinflussen. Bei diesen Grundhaltungen handelt es sich stets um Normen, um Werturteile, die aus den verschiedensten Quellen stammen und ebenso durch ethische und religiöse Überzeugungen wie auch durch die Erfahrungen in der bisherigen Laufbahn geprägt sein können.

Management Resources Planning (MRP II)
Das Management Resources Planning *(MRP II)*, auch *Manufacturing Resources Planning* genannt, ist eine Methode zur Produktionsplanung und -steuerung (▷ PPS-Systeme), welche die gesamte Logistikkette des Unternehmens umfasst. MRP II ist eine sinnvolle Erweiterung des Konzepts ▷ Material Requirements Plan-

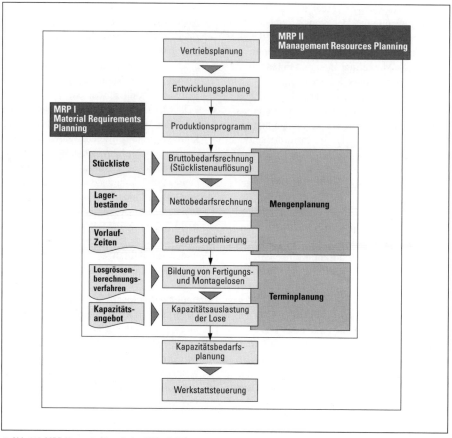

▲ Abb. 110 MRP-Konzepte (Eversheim 1990a, S. 71)

ning (MRP I) im strategischen Bereich und bei der Planungsumsetzung (◄ Abb. 110).
▷ Logistik

Managementtechnik
Syn. für ▷ Führungstechnik

Managerial Grid
▷ Verhaltensgitter

Mangelfolgeschäden
▷ Produktehaftpflicht

Manufacturing Resources Planning (MRP II)
Syn. für ▷ Management Resources Planning

Marge
Der Begriff Marge (lat. margo: Grenze, Abstand, Spielraum) wird im Banken- und Börsengeschäft mit verschiedenen Bedeutungen verwendet:
1. Die Zinsmarge bezeichnet die Spanne zwischen Passiv- und Aktivzinssätzen der Bank.

2. Beim Arbitragegeschäft (▷ Arbitrage) an der Börse ist die Marge die Differenz zwischen Kursen oder Zinssätzen auf verschiedenen Märkten.

3. Am häufigsten wird der Begriff Marge bei der Belehnung von Werten durch eine Bank verwendet. Die Marge lässt sich aus der Differenz zwischen Verkehrswert der durch den Kreditnehmer zur Verfügung gestellten Sicherheit und der Beleihungsgrenze errechnen.

Margenspekulation

Die Margenspekulation ist eine Börsenspekulation (▷ Spekulation) auf Kreditbasis. Der Kunde muss auf seiner eingegangenen Position lediglich einen Einschuss (▷ Margin), die sog. Margendeckung leisten. Beim Broker nimmt er gegen die Verpfändung der eingegangenen Position (z. B. ▷ Aktien, ▷ Futures, ▷ Optionen) einen Kredit auf. Für mögliche Wertveränderungen seiner Positionen hat er die Margendeckung zu leisten. Gelingt es dem Kunden nicht mehr, die Kursverluste aufzufangen und bleibt die Nachdeckung aus, so löst der Broker die Position seines Kunden auf.

Margin

Die Margin ist der Einschuss, der bei einer Bank oder bei einem Broker für den Kauf oder Verkauf eines Terminkontrakts (▷ Termingeschäft) als Sicherheit deponiert werden muss (▷ Margenspekulation). Die Maintenance Margin, ein kleinerer Betrag als die Margin, muss jederzeit vorhanden sein, um einen Terminkontrakt zu halten.

Marke

Eine Marke *(Warenzeichen)* ist ein Name, ein Zeichen oder ein Symbol, mit dem Produkte gekennzeichnet werden, um deren Einmaligkeit auszudrücken (▷ Markenartikel). Marken können markenrechtlich vor Nachahmung geschützt werden.

Markenallianz
▷ Co-Branding

Markenartikel

Produkte werden als Markenartikel bezeichnet, wenn sie folgende Merkmale aufweisen:
- Markierung durch eine ▷ Marke,
- gleich bleibende oder stetig steigende Qualität,
- gleich bleibende Abpackmengen,
- gleich bleibende Aufmachung (Produktdesign),
- markenbezogene Verbraucherwerbung,
- weite Verbreitung im Absatzmarkt sowie
- hoher Bekanntheitsgrad.

Die Vorteile des Markenartikels liegen für den Konsumenten in einer raschen und eindeutigen Identifikation unter den verschiedenen Angeboten, in der Garantie eines konstant hohen Qualitätsniveaus sowie in einem geringeren Risiko und einer Vereinfachung des Kaufs. Für das Unternehmen spielen der Aufbau eines Markenimages (▷ Image) und die damit verbundene Markenloyalität eine wichtige Rolle, da damit eine Differenzierung gegenüber der Konkurrenz sowie ein gewisser Schutz vor Preisschwankungen gegeben ist. Markenartikel sind ein wichtiges Instrument zur Schaffung und Erhaltung des ▷ akquisitorischen Potenzials. Zudem ermöglicht das Warenzeichen den rechtlichen Schutz gegen Imitationen durch die Konkurrenz. Markenartikel von Produzenten *(Herstellermarken)* sind abzugrenzen von den ▷ Handelsmarken. Ferner sind Erst- und Zweitmarken zu unterscheiden. *Erst-*

marken sind im Gegensatz zu den ▷ Zweitmarken die originären Markenartikel. Mehrere Markenartikel lassen sich unter einem ▷ Markendach zusammenfassen.

Markendach

Unter einem Markendach, auch *Markenfamilie* genannt, versteht man die Zusammenfassung mehrerer Produkte unter einer gemeinsamen ▷ Marke. Dadurch wird ein Multiplikationseffekt von bereits erfolgreich am Markt eingeführten ▷ Markenartikeln auf neue Produkte erzielt.

Markenfamilie

Syn. für ▷ Markendach

Markenimage

▷ Image

Markenname

Der Markenname ist – im Gegensatz zum ▷ Markenzeichen – der verbale Teil der ▷ Marke (z. B. Opel, Lego).

Markenzeichen

Das Markenzeichen stellt – im Gegensatz zum ▷ Markennamen – den nichtverbalen, visuellen Teil der ▷ Marke (z. B. Mercedes-Stern, Adidas-Streifen) dar.

Market Due Diligence

▷ Due Diligence

Marketing

Dem Marketing können zwei Bedeutungen zugeordnet werden.
Erstens grenzt man damit ein betriebswirtschaftliches Teilgebiet ab. Es handelt sich um eine unternehmerische Funktion wie die Produktion oder die Finanzierung. Im Mittelpunkt steht die Erstellung eines ▷ Marketingkonzepts und dessen Umsetzung (▷ Marketing-Management).

Zweitens steht das Marketing für eine bestimmte Denkhaltung, die im betrieblichen Handeln zum Ausdruck kommt. Anhand einer historischen Betrachtung können folgende Entwicklungsphasen aufgeführt werden:

1. Phase der *Produktionsorientierung*. In den USA bereits zu Beginn dieses Jahrhunderts und in Europa v. a. nach dem Zweiten Weltkrieg konnte beobachtet werden, dass die Nachfrage das Angebot überstieg. Obschon mit den Methoden des ▷ Scientific Management zu Beginn dieses Jahrhunderts der Grundstein für eine rationelle Massenproduktion gelegt wurde, vermochte die industrielle Produktion den Bedarf an Gütern nicht zu befriedigen. Zunehmende Bevölkerungszahlen, steigende Einkommen, Ausbau von Verteilorganisationen (Gross- und Einzelhandel), allgemeiner Nachholbedarf und sinkende Preise sind mögliche Erklärungen. Diese Situation entsprach einem typischen ▷ *Verkäufermarkt:* alles, was produziert wurde, konnte ohne Probleme verkauft werden. Betriebswirtschaftliche Entscheidungen waren deshalb beinahe ausschliesslich auf die Produktion und die Materialwirtschaft ausgerichtet. Die Beschaffung der Rohstoffe und die kostengünstige Herstellung der Produkte standen im Vordergrund. Diese vorrangige Bedeutung der Produktionswirtschaft kann mit dem Grundsatz *Primat der Produktion* umschrieben werden.

2. Phase der *Verkaufsorientierung*. In einer zweiten Phase zeigte sich bei zunehmender Spezialisierung (▷ Arbeitsteilung) und technischem Fortschritt sowie der damit verbundenen Rationalisierungen eine ▷ Marktsättigung. Diese Sättigungserscheinungen hatten eine stärkere Konkurrenz unter den Marktanbietern zur Folge, die v. a. zu sinkenden Preisen führte.

Verbunden mit hoher Arbeitslosigkeit und Tiefhaltung der Löhne (USA), welche das Konsumentenverhalten stark beeinflussten, konnten viele Unternehmen ihre Produkte nicht mehr absetzen. In den Mittelpunkt unternehmerischen Handelns rückte deshalb die letzte Phase des betrieblichen Umsatzprozesses, und das *Primat des Absatzes* wurde zum Grundsatz. Neben der Herabsetzung der Preise versuchte man mittels Werbung, Ausstattung der Produkte mit ▷ Markennamen (▷ Markenartikel) sowie Ausbau und Verbesserung des Aussendiensts den Umsatz zu steigern. Die Entscheidungen im Produktionsbereich waren aber immer noch Ausgangspunkt der Entscheidungen für andere Bereiche. Die Absatzabteilung hatte primär die Aufgabe, mit den verfügbaren Massnahmen und Mitteln die produzierten Güter abzusetzen.
3. Phase der *Marktorientierung*. In der dritten Phase genügte es nicht mehr, qualitativ gute Produkte kostengünstig zu produzieren und sie mit Hilfe erhöhter Verkaufsanstrengungen abzusetzen. Es sollte nur das produziert werden, was auch tatsächlich abgesetzt werden kann, oder mit anderen Worten, auch tatsächlich nachgefragt wird. Es erfolgte deshalb eine verstärkte Ausrichtung auf die Bedürfnisse der Kunden und somit eine Marktorientierung. Oberstes Prinzip wurde das *Primat des Markts,* auf das sich sowohl die Produktion (Leistungserstellung) als auch der Absatz (Leistungsverwertung) auszurichten hatten (▷ *Käufermarkt).* Damit ist das Marketing nicht mehr nur eine einzelne unternehmerische Funktion, sondern eine Denkhaltung, die alle anderen Funktionen einbezieht.
4. Phase der *Umweltorientierung.* In den 70er bis 90er Jahren erhielt der Marketingbegriff eine zusätzliche Ausweitung. Das Marketing hat sich nicht nur auf die Bedürfnisse der effektiven und potenziellen Abnehmer auszurichten, sondern hat darüber hinaus die gesamte für das Unternehmen relevante Umwelt einzubeziehen. Die Bedürfnisse der Arbeitnehmer, Kapitalgeber, Lieferanten und des Staats sowie ökologische oder gesellschaftliche Aspekte sind ebenso zu berücksichtigen wie diejenigen der Kunden. Diese Denkhaltung wird mit dem Begriff ▷ Societal Marketing umschrieben.

Marketing-Controlling

Das Marketing-Controlling soll gewährleisten, dass Indikatoren zur Aufdeckung von Problemen und Chancen im Marketing systematisch überprüft werden. Vorher festgelegte Schlüsseldaten werden dabei periodisch in Soll-Ist-Vergleichen überprüft und bewertet. Bei Planabweichungen über vorher definierte Toleranzgrenzen hinaus werden Korrektivmassnahmen zur Schliessung der Lücken eingeleitet. Dem Marketing-Controlling lassen sich die Jahresplankontrolle, die Aufwands- und Ertragskontrolle, die Effizienzkontrolle (z.B. ▷ Werbeerfolgskontrolle) sowie die Strategiekontrolle (▷ Marketingstrategie) zuordnen.
▷ Controlling

Marketingforschung

Syn. für ▷ Marktforschung

Marketinginstrumente

Unter Marketinginstrumenten versteht man Massnahmen, die der Realisierung der Marketingziele dienen. Bekannt ist die Einteilung in ▷ Produkt-, ▷ Distributions-, ▷ Konditionen- und ▷ Kommunikationspolitik, die auch als *4-P-Modell* (Product, Place, Price, Promotion) bezeichnet wird. Den kombinierten Einsatz dieser Instrumente bezeichnet man als ▷ Marketing-

Mix. Insbesondere bei erschwertem Marktzutritt ist dieses Modell um die Massnahmen des ▷ Megamarketings (Political Power, Public Relations) zu erweitern.

Marketingkonzept

Das Marketingkonzept *(Marketingplan)* enthält die folgenden Schritte: (1) Analyse der Marketingsituation (Stärken/Schwächen, Chancen/Risiken, Prognosen, Trends usw.), Festlegung des relevanten ▷ Markts und der Marktsegmente (▷ Marktsegmentierung); (2) ▷ Marketingziele; (3) ▷ Marketingstrategien; (4) Überlegungen zum ▷ Budget; (5) ▷ Marketinginstrumente (Marketingmassnahmen); (6) ▷ Marketing-Controlling.

Marketing-Management

Unter Marketing-Management versteht man die Gestaltung und Umsetzung eines ▷ Marketingkonzepts.

Marketing-Mix

Unter dem Marketing-Mix versteht man die Kombination und Abstimmung der verschiedenen ▷ Marketinginstrumente. Ziel ist es, diejenige Kombination von Marketinginstrumenten zu wählen, die dem Unternehmen in Bezug auf das angestrebte Marketingziel den grössten Nutzen stiftet. Daneben findet man den Begriff Sub-Marketing-Mix, der nur eine Gruppe von Marketingmassnahmen umfasst. Ausgehend von der Einteilung der Marketinginstrumente kann zwischen einem *Produkt-, Distributions-, Konditionen-* und *Kommunikationsmix* unterschieden werden.

Bei der Gestaltung des Marketing-Mix sind folgende Aspekte zu beachten: (1) Die Vielzahl denkbarer oder möglicher Kombinationen, (2) zeitliche Interdependenzen und sachliche Interdependenzen, (3) Synergieeffekte, (4) Qualität des Instruments,

(5) Kosten-Nutzen-Verhältnis, (6) Verhalten der Konkurrenz, (7) Phase des Produktlebenszyklus, (8) Quantifizierung des Nutzens sowie (9) Konsistenz der Instrumente mit den Zielen.
▷ Marketingkonzept

Marketingplan

Aus langfristiger Sicht entspricht der Marketingplan dem ▷ Marketingkonzept. Kurzfristig enthält er die Massnahmen (Aktionspläne) zur Realisierung des Marketing-Mix.

Marketingplanung

▷ Absatzplanung

Marketingpolitik

Die Marketingpolitik als Teil eines ▷ Marketingkonzepts legt die ▷ Marketingziele und -massnahmen (▷ Marketinginstrumente) fest und stellt die dazu notwendigen Ressourcen bereit.

Marketingstrategie

Eine Marketingstrategie legt primär die Positionierung im Markt in Bezug auf das Absatzgebiet, das Produkt (Kundennutzen), die Zielgruppe (Kundensegment) oder die Wettbewerber fest.
Die Marketingstrategien zeigen das grundsätzliche Vorgehen, wie die strategischen ▷ Marketingziele eines Unternehmens zu erreichen sind. Dabei geht es einerseits um
- die *Marktwahl* (In welchen Märkten/Teilmärkten soll das Unternehmen tätig sein und welche strategischen Entscheidungen hinsichtlich der Marketinginstrumente sind zu treffen?) und um
- die *Marktbearbeitung* (z.B. Qualitäts-, Kostenführerschaft, Differenzierungs- und Konzentrationsstrategie; ▷ Wettbewerbsstrategien).

Strategie-Ebenen	Strategische Ausrichtung	Strategische Basisoptionen
Marktfeldstrategie	Produkt-Markt-Matrix: ■ Marktdurchdringung ■ Marktentwicklung ■ Produktentwicklung ■ Diversifikation	Entspricht einer bewussten Auswahl und Kombination von produkt- und marktbezogenen Gestaltungspotenzialen.
Marktstimulierungsstrategie	Bestimmung der Art und Weise der Marktbeeinflussung bzw. Bestimmung der zu bearbeitenden Marktschicht.	Entspricht weitgehend einem Qualitäts- (Präferenz- bzw. Markenartikelstrategie) oder Preiswettbewerb (Discount-Strategie).
Marktparzellierungsstrategie	Festlegung von Art und Grad der Differenzierung der Marktbearbeitung.	Entspricht weitgehend der Abdeckung von Märkten, in denen ein Unternehmen tätig werden will mittels einer Massenmarkt- oder Marktsegmentierungsstrategie.
Marktarealstrategie	■ Bestimmung der Art und Stufen des Markt- bzw. Absatzraumes; ■ Strategie ist ausgerichtet auf die Festlegung der Markt- und Absatzräume.	Entspricht dem Domestic Marketing (lokal, regional, überregional, national) und dem International Marketing (multinational, international, weltweit).

▲ Abb. 111 Grundraster der Marketingstrategien (in Anlehnung an Becker 2000)

◄ Abb. 111 zeigt eine Einteilung der Marketingstrategien mit dem dazugehörenden strategischen Basisoptionen.

Marketingüberbau
▷ Zusatznutzen

Marketingziele
Die Marketingziele leiten sich aus den übergeordneten strategischen ▷ Unternehmenszielen ab (▷ Unternehmenspolitik, ▷ Unternehmensstrategie). Typische Marketingziele beziehen sich auf den Umsatz, den Marktanteil, die (geografischen) Märkte, die Produkte oder die Kunden (Zielgruppe).

Market Value Added (MVA)
Als Market Value Added *(MVA)* bezeichnet man die Differenz zwischen der ▷ Börsenkapitalisierung und dem eingesetzten Kapital. Der MVA stellt somit die Verbindung zwischen externer Marktbewertung und interner Unternehmensbewertung her. Unternehmen mit positivem MVA haben Aktionärswerte geschaffen, solche mit negativem Aktionärswerte vernichtet.

Theoretisch entspricht der MVA der Summe aller abdiskontierten zukünftigen EVA (▷ Economic Value Added).

Markierung
Unter Markierung versteht man die Kennzeichnung eines Produkts mit einem speziellen Produktnamen oder Symbol, dem Firmennamen oder -zeichen sowie sonstigen Merkzeichen. Je nach Grad der Markierung wird unterschieden zwischen anonymer Ware, markierter Ware und ▷ Markenartikeln.

Markt
Auf dem Markt findet die Leistungsverwertung, d.h. der Tausch der hergestellten ökonomischen Güter (▷ Güter, ökonomische) gegen Forderungen und Geld statt. Dieser ist aber nicht irgendein abstraktes Gebilde, sondern besteht in erster Linie aus Menschen, welche durch ihr Verhalten den Markt konstituieren. Im Laufe der Zeit und je nach Blickwinkel hat der Begriff Markt verschiedene Bedeutungen erhalten:
■ In der ursprünglichen Bedeutung ist das Wort Markt identisch mit dem *Ort*, an dem Käufer und Verkäufer zum Austausch von

Gütern und Dienstleistungen zusammentreffen. Diese klassische Form findet sich heute nur noch an bestimmten Wertschriftenbörsen und auf Wochenmärkten.

■ Aus volkswirtschaftlicher Sicht umfasst der Markt die Gesamtheit der Nachfrager und Anbieter, die an den Austauschprozessen einer bestimmten Art von Gütern beteiligt sind. Entscheidend ist nicht mehr der geografische Ort des Zusammentreffens, sondern der ökonomische Aspekt des Tauschs in Bezug auf Preise, Mengen, Kosten, Zeiträume oder Gebiete.

■ Die Betriebswirtschaftslehre betrachtet als Markt alle Personen und Organisationen, die bereits Käufer sind oder als zukünftige Käufer in Frage kommen (▷ Zielgruppe). Die Nachfrageseite steht somit im Vordergrund. Die Anbieterseite, d.h. das unternehmenseigene Angebot und dasjenige der Konkurrenz, wird als ▷ Branche bezeichnet.

■ Unter dem Absatzmarkt versteht man die Gesamtheit jener Bedarfsträger (▷ Bedarf), an die sich das Unternehmen als tatsächliche oder potenzielle Abnehmer seiner Leistungen wendet, um sie durch die Gestaltung seines Angebots und dem aktiven Einsatz seiner ▷ Marketinginstrumente zum Kauf seiner Leistungen zu veranlassen. Das Gegenstück zum Absatzmarkt ist der ▷ Beschaffungsmarkt oder ▷ Faktormarkt, auf dem die Produktionsfaktoren Arbeit, Kapital, Ressourcen und Informationen beschafft werden.

Marktanalyse

Eine Marktanalyse untersucht alle für das Unternehmen relevanten Märkte, also die ▷ Absatzmärkte, die ▷ Beschaffungsmärkte, den ▷ Kapitalmarkt sowie den ▷ Arbeitsmarkt.

Marktanteil

Unter dem Marktanteil eines Unternehmens versteht man den prozentualen Anteil des Unternehmensumsatzes am gesamten ▷ Marktvolumen eines bestimmten Markts (wertmässig):

$$\text{Marktanteil} = \frac{\text{Umsatz eines Unternehmens}}{\text{Marktvolumen}} \cdot 100$$

Der Marktanteil kann absolut oder relativ zum grössten bzw. zu den drei grössten Wettbewerbern gemessen werden (mengenmässig):

$$\text{mengenmässiger Marktanteil} = \frac{\text{Absatzmenge}}{\text{Gesamtabsatz}}$$

Der Marktanteil zeigt die relative Stärke eines Unternehmens im Vergleich zu seinen Konkurrenten. Er hängt primär von zwei Faktoren ab: einerseits vom Marktvolumen und andererseits von den eigenen Marketinganstrengungen. Die Berechnung des Marktanteils und dessen Beobachtung über die Zeit gibt daher bessere Hinweise auf den Markterfolg eines Unternehmens als eine reine Umsatzbetrachtung.

Marktdurchdringung, Strategie der

▷ Produkt-Markt-Strategien

Markteffizienz

Von Markteffizienz spricht man in der Volkswirtschaftslehre dann, wenn auf einem Markt ein Tauschergebnis erzielt wird, bei welchem ein Marktteilnehmer nur dann besser gestellt werden kann, wenn gleichzeitig ein anderer Marktteilnehmer schlechter gestellt wird (▷ Pareto-Kriterium).

Markteintritt

Als Markteintritt bezeichnet man jenen Zeitpunkt, zu dem ein Unternehmen ein neues Produkt auf dem Markt anbietet. Vom Zeitpunkt des Markteintritts eines Unternehmens hängt entscheidend ab, welchen ▷ Marktanteil ein neues Produkt erobern kann. Untersuchungen haben ergeben, dass ein früher Markteintritt die besten Voraussetzungen schafft, ▷ Marktführer zu werden.
Der zunehmende Wettbewerbsdruck der letzten Jahre erfordert einen frühen Markteintritt. Deshalb wurden neue Konzepte erarbeitet (z. B. ▷ Simultaneous Engineering), die einen frühen Markteintritt ermöglichen sollen.
▷ Time-to-Market

Marktentwicklung, Strategie der
▷ Produkt-Markt-Strategien

Marktformen

In der volkswirtschaftlichen Theorie werden Marktformen danach unterschieden, wie viele Anbieter bzw. Nachfrager auf einem Markt auftreten. Aufgrund der Anzahl Marktteilnehmer lassen sich Monopol-, Oligopol- und Polypolmodelle unterscheiden. ▶ Abb. 112 zeigt neun mögliche Marktformen für vollkommene Märkte. Entsprechend lässt sich diese Einteilung auch für unvollkommene Märkte darstellen. Die wichtigste Änderung betrifft dabei die Verwendung des Begriffs *polypolistische* oder *monopolistische Konkurrenz (Polypol)* für die Situation «viele kleine Anbieter und viele kleine Nachfrager auf einem unvollkommenen Markt».

Marktforschung

Die Marktforschung *(Marketingforschung)* als Teil des Marketings ist die systematische Gewinnung und Auswertung von Informationen über die Marktteilnehmer und die Entwicklungen des Markts. Ziel ist das Bereitstellen von objektiven Informationen und Analysen, die als Grundlage für die Gestaltung und Steuerung der Marketingmassnahmen dienen. Zu den wichtigsten Aufgaben der Marktforschung gehören:
- Frühzeitiges Erkennen und Abschätzen von Risiken *(Frühwarnfunktion)*,
- Aufspüren und Antizipieren von Chancen und Entwicklungen *(Innovationsfunktion)*,
- Unterstützung der Unternehmensführung in der Phase der Willensbildung *(Entscheidungsfunktion)*,
- Ermöglichen der Objektivierung von Sachverhalten *(Unsicherheitsreduktions-Funktion)*,
- Unterstützung der Zielbildung und der Lernprozesse *(Strukturierungsfunktion)*,
- Auswahl der für das Unternehmen relevanten Informationen *(Selektionsfunktion)*.

Die Marktforschung wird in eine Primär- und in eine Sekundärmarktforschung unterteilt (▷ Marktforschungsmethode).

Nachfrager \ Anbieter	viele kleine	wenige mittelgrosse	ein grosser
viele kleine	atomistische Konkurrenz	Angebots-Oligopol	Angebots-Monopol
wenige mittelgrosse	Nachfrage-Oligopol	bilaterales Oligopol	beschränktes Angebots-Monopol
ein grosser	Nachfrage-Monopol	beschränktes Nachfrage-Monopol	bilaterales Monopol

▲ Abb. 112 Marktformen auf vollkommenen Märkten

Marktforschungsmethode

Unter Marktforschungsmethoden fasst man alle Methoden zusammen, die dazu dienen, die für das Unternehmen relevanten Informationen über das Marktgeschehen zu gewinnen und auszuwerten. Die Marktforschungsmethoden lassen sich in Methoden der Primär- und der Sekundärmarktforschung unterteilen.

Die *Primärmarktforschung (Field Research)* ist jener Teil der ▷ Marktforschung, der mit Hilfe spezieller Erhebungstechniken Informationen für die Analyse einer bestimmten Problemstellung (durch eine eigens dafür konzipierte ▷ Erhebung) gewinnt. Da die Primärmarktforschung sich auf spezifische Problemsituationen bezieht und eine hohe Spezialisierung erfordert, wird sie häufig von spezialisierten Marktforschungsinstituten durchgeführt. Die Resultate der Primärmarktforschung zeichnen sich durch Genauigkeit und hohe Aussagekraft aus. Die Kosten der Primärmarktforschung sind höher als bei der Sekundärmarktforschung, hängen jedoch stark von der gewählten Erhebungstechnik ab. Zu den Methoden der Primärmarktforschung gehören die ▷ Befragung, der ▷ Test und die ▷ Beobachtung.

Die *Sekundärmarktforschung (Desk Research)* stützt sich auf bereits vorhandene Informationen im Unternehmen selbst (z.B. alte Marktforschungsunterlagen) oder Veröffentlichungen statistischer Ämter. Die Sekundärmarktforschung bildet vielfach die Grundlage für ein Marktforschungskonzept, bevor die eigentliche Marktforschung in Form einer Primärerhebung (Primärmarktforschung) durchgeführt wird. Sie ist meist kostengünstiger als die Primärmarktforschung.

Marktführer

Der Marktführer einer Branche ist das Unternehmen mit dem grössten ▷ Marktanteil. Die Branche richtet ihr Verhalten i.d.R. am Marktführer aus. In der Preisgestaltung übernimmt er oft die ▷ Preisführerschaft.

Marktgleichgewicht

Ein Marktgleichgewicht besteht, wenn alle Anbieter und Nachfrager in einem Markt ihre Tauschwünsche zum bestehenden Marktpreis realisieren können. Dies bedeutet, dass keine *Überschussnachfrage* und keine *Überschussangebote* bestehen. Bei freier Interaktion der Marktteilnehmer (▷ Tausch) stellt sich in vollkommenen Märkten immer ein Marktgleichgewicht ein, weil im Fall einer Überschussnachfrage die Preise so lange *steigen* (und die Zahl der Nachfrager so lange sinkt), bis die Überschussnachfrage verschwunden ist, bzw. weil im Fall eines Überschussangebots die Preise so lange sinken (und damit die Zahl der Anbieter so lange sinkt), bis das Überschussangebot verschwunden ist.

Marktkapazität

Unter der Marktkapazität versteht man die Summe der Bedarfsträger multipliziert mit ihrem durchschnittlichen Bedarf an einem bestimmten Gut.
▷ Absatzmarkt

Marktorientierung

▷ Marketing

Marktpotenzial

Das Marktpotenzial zeigt die maximal mögliche Nachfrage nach einem Gut. Es handelt sich um eine hypothetische Grösse, welche die theoretische Auf-

nahmefähigkeit eines Markts zeigt und die unter bestimmten Bedingungen effektiv erreicht werden kann. Damit das Marktpotenzial realisiert werden kann, müssen folgende Voraussetzungen gegeben sein:
- Alle in Frage kommenden Käufer müssen über das erforderliche Einkommen verfügen, um das Produkt zu erwerben.
- Das ▷ Bedürfnis nach diesem Gut muss vorhanden sein und sich in einem ▷ Bedarf äussern.
- Die Marketinganstrengungen müssen auf das gesamte Marktpotenzial ausgerichtet sein und die maximal mögliche Wirkung zeigen. So müssen z.B. alle potenziellen Abnehmer das Produkt kennen und darüber informiert sein, oder das Produkt muss für den potenziellen Kunden erhältlich sein.

Das effektiv realisierte Marktpotenzial wird als ▷ Marktvolumen bezeichnet. Bei einer starken Marktdurchdringung stimmen Marktpotenzial und Marktvolumen weit gehend überein.

Marktrisikoprämie

Die Marktrisikoprämie stellt die Entschädigung für zusätzlich eingegangenes ▷ Risiko eines Aktieninvestors dar. Sie kann unterschiedlich berechnet werden, entspricht aber im Grundsatz der Differenz zwischen der Rendite (▷ Rentabilität) eines Markt-Portfolios von Aktien und dem ▷ risikolosen Zinssatz.

Marktsättigung

Von Marktsättigung oder gesättigten Märkten spricht man, wenn sich das ▷ Marktvolumen dem ▷ Marktpotenzial annähert. Damit wird deutlich, dass das Wachstum der gesättigten Märkte sehr gering ist. In solchen Märkten kann es zu einem Preiszerfall kommen (Kampf um Marktanteile) oder es findet ein nicht-preislicher Wettbewerb über Qualitäten, Zusatzleistungen und Werbung statt. Gesättigte Konsumgütermärkte (z.b. für Waschmittel, Bier) erkennt man häufig an einer grossen Werbeaktivität.

Marktsegmentierung

Unter Marktsegmentierung versteht man die Aufteilung des Gesamtmarkts in homogene Käufergruppen, die aber in ihrer Abgrenzung zu anderen Käufergruppen möglichst heterogen sind. Hauptziel ist es, mit Hilfe von ▷ Marktsegmentierungskriterien eine solche Aufteilung zu wählen, die eine effiziente und effektive Marktbearbeitung ermöglicht. Je besser diese Aufteilung gelingt, desto leichter fällt es einem Unternehmen, die ▷ Marketinginstrumente zielgruppenorientiert einzusetzen, d.h. eine möglichst grosse Übereinstimmung zwischen den Bedürfnissen, die ein Unternehmen zu decken vermag, und den Bedürfnissen, die eine bestimmte Käufergruppe auszeichnet, zu erreichen.

Marktsegmentierungskriterien

Marktsegmentierungskriterien dienen dazu, Märkte in homogene Teilmärkte aufzuteilen. Die wichtigsten Kriterien sind:
- *geografische Merkmale:* Gebiet, Bevölkerungsdichte, Sprache,
- *demografische Merkmale:* Alter, Geschlecht, Haushaltsgrösse, Einkommen, Beruf, Nationalität, Religion, Bildung,
- *sozialpsychologische Merkmale:* Persönlichkeit, soziale Schicht,
- *verhaltensbezogene Merkmale:* allgemeines Verhalten, produktbezogenes Verhalten,
- *Life-Style-Merkmale:* Analyse der Lebensgewohnheiten, des Lebensstils und auch der Lebensstationen (Single, verheiratet, mit/ohne Kinder, junges Paar, älteres Paar usw.).

Seit einiger Zeit gewinnen die sozialpsychologischen und verhaltensbezogenen Merkmale deutlich an Gewicht gegenüber den geografischen und demografischen Kriterien. Das Konzept der ▷ Lebensstile versucht diese neuen Entwicklungen zu erfassen.
▷ Marktsegmentierung

Marktstellung
Die Marktstellung eines Unternehmens bezeichnet die Stellung unter den Wettbewerbern der gleichen Branche. Sie wird meistens mit Hilfe des ▷ Marktanteils gemessen.

Markttest
Bei einem Markttest werden in einem geografisch begrenzten und gut abgrenzbaren Teilmarkt, dem sog. *Testmarkt*, entweder ein neues Produkt mit einem vollständigen ▷ Marketing-Mix (▷ Produkt-Markttest) oder ein einzelnes Marketinginstrument vor dem endgültigen Einsatz erprobt. Der Testmarkt sollte eine möglichst ähnliche Struktur aufweisen wie der Gesamtmarkt, damit richtige Schlüsse aus den Testresultaten gezogen werden.

Marktversagen
In der Volkswirtschaftslehre spricht man von Marktversagen, wenn einer der folgenden Gründe vorliegt: (1) Vorliegen von asymmetrischer Information, (2) Vorliegen von Marktmacht (Monopole, ▷ Kartelle), (3) Bestehen von ▷ externen Effekten, (4) keine Durchsetzbarkeit des Ausschlussprinzips (▷ öffentliche Güter). Die Folge ist, dass Güter (▷ Güter, ökonomische) nicht oder nicht mehr in der gewünschten Art bzw. im gewünschten Umfang vom Markt hervorgebracht werden.

Was erwünscht oder unerwünscht ist, ist eine politische Frage. Derartige Fragen können z.B. die Umwelt-, Bildungs- und Sozialpolitik betreffen. Wird Marktversagen festgestellt, kann das Marktergebnis so verändert werden, dass ein besseres Ergebnis die Konsequenz ist. Dabei ist zu beachten, dass die Markteingriffe (▷ Subventionen, Auflagen, Höchstpreise) nicht selber zu weiteren unerwünschten Folgen führen, die u.U. noch negativer als das ursprüngliche Marktergebnis sind. Man spricht in einem solchen Fall von ▷ Staatsversagen.

Markt, vollkommener
Ein Markt wird als vollkommen bezeichnet, wenn alle der nachfolgend aufgeführten Merkmale erfüllt sind:
1. *Maximumprinzip:* Alle Marktteilnehmer handeln nach dem Maximumprinzip, d.h. die Käufer streben nach Nutzenmaximierung, die Unternehmer nach Gewinnmaximierung (▷ ökonomisches Prinzip). Dabei werden bei der Preisbildung übergeordnete bzw. staatliche Eingriffe ausgeschlossen.
2. *Wettbewerb (vollkommene Konkurrenz):* Es besteht eine grosse Zahl von Anbietern und Nachfragern.
3. Unendlich grosse *Reaktionsgeschwindigkeit:* Es treten keine zeitlichen Verzögerungen bei Preis- und Mengenanpassungen auf.
4. *Homogenitätsbedingung:* Sowohl auf der Angebots- als auch auf der Nachfrageseite fehlen örtliche, zeitliche, persönliche oder sachliche Präferenzen.
5. *Markttransparenz:* Es herrscht vollkommene Markttransparenz, d.h. alle Marktteilnehmer sind vollkommen informiert.
Ist mindestens eines dieser Merkmale nicht erfüllt, handelt es sich um einen *unvollkommenen Markt*.

Marktvolumen

Unter dem Marktvolumen versteht man den effektiv realisierten Umsatz (meist die Menge) eines bestimmten Produkts. In gesättigten Märkten stimmen Marktvolumen und ▷ Marktpotenzial weit gehend überein.

Marktwachstums-Marktanteils-Matrix
▷ Portfolio-Management

Marktwirtschaft, soziale

Die Idee einer sozialen Marktwirtschaft stammt vom deutschen Politiker Ludwig Erhard und dem Ökonomen Alfred Müller-Armack. Sie geht davon aus, dass der «soziale Fortschritt» grundsätzlich am besten «auf der Basis der Wettbewerbswirtschaft» durch «freie Initiative» und «marktwirtschaftliche Leistungen» gesichert werden kann. Hinzu kommt ein «vielgestaltiges und vollständiges System sozialen Schutzes».

Das Attribut «sozial» meint zwei Dinge: Erstens schafft die Marktwirtschaft die wirtschaftlichen Voraussetzungen für einen «Wohlstand für alle», d. h. sie ermöglicht ein maximales ▷ Bruttosozialprodukt. Zweitens soll aus «sozialen Gründen» überall dort in Märkte eingegriffen werden, wo das Marktergebnis (insbesondere die ▷ Einkommensverteilung) nicht den gesellschafts- oder sozialpolitischen Vorstellungen entspricht.

In der Praxis sind die zwei theoretisch klar trennbaren Schritte (erstens Leistungserstellung nach Marktprinzipien, zweitens staatliche Umverteilung des Marktergebnisses nach sozialen Gesichtspunkten) eng miteinander verknüpft, weil der erste Schritt (die Produktion) bereits durch den zweiten (die Umverteilung v. a. durch progressive Steuern und durch Sozialversicherungen) beeinflusst wird. So ist es einsichtig, dass die Leistungsanreize umso stärker sinken, je stärker die anschliessende Umverteilung von Einkommen, Gewinnen und Vermögen ist. Deshalb wird in einer *sozialen* Marktwirtschaft i. d. R. nicht das theoretisch grösstmögliche Sozialprodukt erwirtschaftet. Umstritten ist allerdings, inwieweit die sozialpolitisch motivierten Eingriffe durch Sicherung des *sozialen Friedens* ihrerseits die Voraussetzungen für eine marktwirtschaftliche Entwicklung verbessern, d. h. der Nettoeffekt von staatlichen Eingriffen (Umverteilung) einerseits und der Sicherung des sozialen Friedens andererseits, ist a priori nicht eindeutig. Die Erfahrungen in einigen Ländern mit starken sozialpolitischen Eingriffen bzw. starker Umverteilung zeigen aber, dass deren negative Effekte überwiegen können.

Mark-up Pricing
▷ Preisbestimmung

Maschinenproduktivität

Unter Maschinenproduktivität als Kennzahl der ▷ Produktivität versteht man das Verhältnis zwischen der hergestellten Produktionsmenge und dem dafür benötigten zeitlichen Maschineneinsatz.

Maslow, Abraham
▷ Bedürfnispyramide

Mass Customization

Mass Customization ist die flexible Angebotsgestaltung von Massengütern, indem die jeweiligen Produkte und Dienstleistungen in mehreren unterschiedlichen Leistungsausprägungen angeboten werden. Durch die Berücksichtigung der spezifischen Anforderungen der Kunden wird eine grösstmögliche Individualisierung der Leistung erzielt. Im Extremfall ist jeder

Kunde ein Segment (Segment of One), was im Dienstleistungs- wie im Investitionsgüterbereich bereits seit langem praktiziert wird. Nicht der grösstmögliche Verkauf von Produkten steht im Vordergrund; der Fokus liegt auf dem ▷ Customer Lifetime Value. Klassische Beispiele sind nach individuellen Massen angefertigte Levi's-Jeans oder massgeschneiderte Hemden.
▷ Customized Marketing

Massenentlassung

Unter Massenentlassung versteht man die ▷ Kündigung einer grossen Zahl von Mitarbeitenden (z.B. Schliessung einer gesamten Abteilung, Schliessung eines [Teil-]Betriebs in einem Konzern aufgrund der Verlagerung ins Ausland). Solche Massnahmen sind i.d.R. unternehmens- und nicht mitarbeiterbedingt und bezwecken die Aufrechterhaltung der übrigen Arbeitsplätze oder die Sicherung der Existenz des gesamten Unternehmens. Wichtig und notwendig ist bei der Massenentlassung die Ausarbeitung eines ▷ Sozialplans.

Massenfertigung

Die Massenfertigung ist ein ▷ Organisationstyp der Fertigung, bei der von einem einzigen Produkt (*einfache* Massenfertigung) oder von mehreren Produkten (*mehrfache* Massenfertigung) über eine längere Zeit Einheiten in sehr grosser Zahl (▷ Fertigungslos) hergestellt werden. Der gleiche Fertigungsprozess wird ständig wiederholt. Die Massenfertigung eignet sich besonders gut bei einer weit gehenden ▷ Automatisierung des Fertigungsprozesses (▷ Computer-Aided Manufacturing). Massenfertigung hat i.d.R. eine starke Arbeitsplatzspezialisierung (▷ Arbeitsteilung) zur Folge.

Massgeblicher Einfluss

Als massgeblichen Einfluss bezeichnet man die Möglichkeit eines Gesellschafters (z.B. des Aktionärs), an den geschäftspolitischen Entscheidungen eines Unternehmens mitzuwirken, ohne jedoch die Entscheidungsprozesse beherrschen zu können (▷ Beherrschung). Ein massgeblicher Einfluss wird unter den ▷ IFRS immer dann angenommen, wenn der Anteil des Gesellschafters am stimmberechtigten Eigenkapital des Unternehmens (▷ Aktienkapital) zwischen 20% und unter 50% liegt.

Unternehmen, welche einem massgeblichen Einfluss unterliegen, werden als ▷ assoziierte Unternehmen bezeichnet und sind im Rahmen der ▷ Konzernrechnung mit der ▷ Equity-Methode zu bilanzieren.

Master of Business Administration (MBA)

Der Titel «Master of Business Administration» *(MBA)* wird in den USA nach einem zweijährigen Studium in Betriebswirtschaftslehre an einer Universität verliehen. Die ursprüngliche Absicht des MBA-Studiums lag darin, nach einigen Jahren Berufspraxis eine zusätzliche akademische Ausbildung anzubieten. Allerdings ist diese ursprüngliche Idee eines MBA-Studiums als Managementweiterbildung seit den 70er Jahren stark verwässert worden, weil an vielen amerikanischen Business Schools unmittelbar an das College-Studium ein MBA-Studium angeschlossen werden kann. Ziel des Studiums ist es aber nach wie vor, praxisorientiertes betriebswirtschaftliches Wissen zu vermitteln. Es handelt sich um eine breit gefächerte Ausbildung, mit welcher der Absolvent das für die Praxis notwendige Managementwissen und -instrumentarium erwerben kann.

Im Sinn der Managementweiterbildung (und nicht als Grundausbildung) übernahmen auch die ersten europäischen

Junior-MBA-Programme		Executive-MBA-Programme	
Merkmale	■ Vollstudium auf dem Campus ■ akademisch ■ keine oder geringe Berufserfahrung ■ intensiv und interaktiv ■ hohe Studiengebühren, hohe Nebenkosten ■ kaum Entsendung durch Firmen ■ attraktiv für Hochschulabsolventen ■ Auswahl nach GMAT (Graduate Management Admission Test) und TOEFL (Test of English as a Foreign Language)	Merkmale	■ berufsbegleitend ■ berufserfahrene Fach- und Führungskräfte ■ Alter zwischen 30 und 40 Jahren ■ oft Entsendung durch Firmen ■ Auswahl nach beruflicher Erfahrung und Managementpotenzial ■ hoher Praxisbezug ■ Projektarbeit mit Bezug auf das Unternehmen ■ keine Berufsunterbrechung, geringe Ausfallzeiten ■ hohe Studiengebühren, geringe Nebenkosten
Formen		Formen	
a) Zweijährige Vollzeitprogramme	■ ursprüngliche Form der Ausbildung ■ typisch für die USA ■ Durchschnittsalter 26 bis 28 Jahre	a) Part-Time-Executive-Programme	■ 18 bis 36 Monate ■ regelmässig einzelne Lehrveranstaltungen an Abenden oder Wochenenden ■ lokales Teilnehmerumfeld ■ geringe Internationalität
b) Einjährige Vollzeitprogramme	■ Weiterentwicklung des US-Modells ■ typisch für Europa ■ sehr intensiv ■ Durchschnittsalter 28 bis 30 Jahre	b) Modulare Programme	■ 18 bis 36 Monate ■ verteilt auf mehrere ein- bis vierwöchige Präsenzmodule ■ Wechsel von On-the-Job- und Off-the-Job-Perioden ■ hohe Verträglichkeit mit dem Beruf ■ internationale Zusammenarbeit ■ intensiv und interaktiv
c) Part-Time-Programme	■ 18 bis 36 Monate ■ höheres Durchschnittsalter der Teilnehmer ■ gewisse Berufserfahrung ■ Eigenfinanzierung durch berufliche Tätigkeit ■ relativ verschult ■ weniger intensiv und interaktiv als ein Vollzeitprogramm ■ geringe Internationalität ■ kostengünstiger ■ lokale Schule	c) Distance-Learning-Programme	■ Fernstudium ■ Unterstützung durch einzelne Workshops ■ 36 bis 48 Monate ■ sehr flexibel ■ wenig interaktiv ■ geringe Internationalität ■ keine Abwesenheitszeiten

▲ Abb. 113 Überblick MBA-Typen (nach Schneider 1994, S. 30f.)

Business Schools dieses Modell der praxisorientierten Zusatzausbildung für Akademiker, insbesondere für solche mit einem nichtwirtschaftswissenschaftlichen Abschluss. Gerade wegen der starken Praxisorientierung war und ist dieses Studium aber auch für Absolventen europäischer wirtschaftswissenschaftlicher Lehrgänge attraktiv, da diese eher theoretisch ausgerichtet sind. Allerdings lassen sich Doppelspurigkeiten nicht vermeiden. Um solche Überschneidungen zu verhindern, sind viele europäische MBA-Kurse von kürzerer Dauer als die amerikanischen.

In der Folge haben sich sowohl in den USA als auch in Europa verschiedene Formen von MBA-Programmen entwickelt (◄ Abb. 113). Vom ursprünglichen Junior MBA ist v.a. der Executive MBA abzugrenzen. Dieser richtet sich aus-

Materialbedarf

schliesslich an Führungskräfte der mittleren und oberen Führungsebene. Er ist deshalb kein eigentliches Zweitstudium, sondern ein berufsbezogenes Weiterbildungsprogramm. Bei den Kursteilnehmern handelt es sich i.d.R. um Fachspezialisten, die immer mehr allgemeine Managementaufgaben übernehmen müssen. Da sie aufgrund ihrer Erstausbildung nicht darauf vorbereitet sind und kurze Seminare oder Kurse vielfach nur beschränkt oder punktuell weiterhelfen, drängen sich solche umfassenden Executive-Programme geradezu auf. Wesentlich ist das berufsbegleitende Konzept, bei dem sich On-the-Job- mit Off-the-Job-Lernphasen abwechseln. Dies erlaubt den Kursteilnehmern, das neuerworbene Wissen sofort in der Praxis umzusetzen. Das Verfassen einer Projektarbeit ermöglicht die Bearbeitung und Lösung eines konkreten unternehmerischen Problems aus dem eigenen Umfeld.

Materialbedarf

Der Materialbedarf ist jene Menge an Material, die zu einem bestimmten Termin oder für eine bestimmte Periode benötigt wird, um ein bestimmtes Fertigungsprogramm realisieren oder eine vorgegebene Aufgabe erfüllen zu können.
In der ▷ Materialbedarfsrechnung wird der Materialbedarf nach verschiedenen Kriterien gegliedert (► Abb. 114). Ausgangspunkt ist der Primärbedarf an Produkten, für die mit Hilfe von ▷ Stücklisten der Sekundärbedarf ermittelt werden kann.

Materialbedarfsprognosemethoden

Um den ▷ Materialbedarf aufgrund von Vergangenheitswerten zu prognostizieren, sind verschiedene Methoden entwickelt worden.
1. Die *Methode der Mittelwertbildung* ist einfach, hat aber den Nachteil, dass sie nur bei konstantem Verbrauchsverlauf zu brauchbaren Resultaten führt. Sobald saisonale Schwankungen auftreten oder ein steigender bzw. ein fallender Trend zu beobachten ist, versagt diese Methode. Man unterscheidet i.d.R. zwischen folgenden Mittelwerten: (a) *Arithmetisches Mittel:* Alle Vergangenheitsdaten werden be-

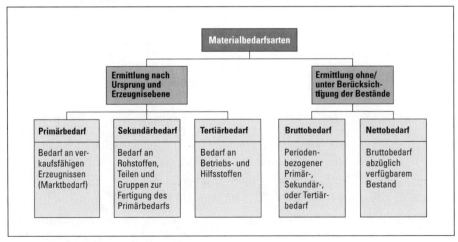

▲ Abb. 114 Materialbedarfsarten (Hartmann 1990, S. 182)

rücksichtigt und gleich gewichtet. Da mit wachsender Anzahl Perioden der Einfluss der jüngsten Periode stark abnimmt, wird sie kaum verwendet. (b) *Gleitendes Mittel:* Nur eine bestimmte Anzahl vorausgegangener Perioden wird berücksichtigt:

$$V_{t+1} = \frac{1}{n} \sum_{t=1}^{n} I_t$$

V_{t+1}: gleitender Mittelwert, der den Prognosewert des Verbrauchs für die nächste Planperiode darstellt;
I_t: Ist-Verbrauch für die Periode t;
t: Periode in der Vergangenheit;
n: Anzahl berücksichtigter Perioden

Auch diese Methode hat den Nachteil, dass alle berücksichtigten Vergangenheitswerte gleich gewichtet werden. Dieser Nachteil lässt sich aber mit einer entsprechenden Gewichtung der einzelnen Werte beseitigen.
2. Bei der *Methode der ▷ exponentiellen Glättung* wird für die Ermittlung des zukünftigen Materialverbrauchs folgende Formel verwendet:

$$V_t = V_{t-1} + \alpha(I_t - V_{t-1})$$

Der neue Prognosewert V_t ergibt sich somit aus dem Prognosewert der laufenden Periode V_{t-1} zuzüglich der mit dem Glättungsfaktor α gewichteten Differenz zwischen dem tatsächlichen Ist-Verbrauch I_t und dem prognostizierten Materialverbrauch V_{t-1}. Dabei werden die Vergangenheitswerte umso stärker berücksichtigt, je grösser der Glättungsfaktor α – der einen Wert zwischen 0 und 1 annehmen kann – gewählt wird, da die Gewichtungsfaktoren exponentiell abnehmen.

Materialbedarfsrechnung

Aufgrund der zu erstellenden Güterart, der Herstellungsmenge und der Fertigungstermine werden in der Materialbedarfsrechnung die Materialmengen berechnet, die für die Produktion bereitgestellt werden müssen. Ausgangspunkt der Berechnung des ▷ Materialbedarfs bildet das *Fertigungsprogramm*, das seinerseits aus dem ▷ Absatzprogramm abgeleitet ist. Zur Ermittlung der effektiven Beschaffungsmenge wird folgendermassen vorgegangen:

Materialbedarf einer Materialart pro Planperiode (inkl. Ausschuss, Schwund, direkter Weiterverkauf) (= Bruttobedarf)
+/− Lagerveränderungen
− bestellte, aber noch nicht gelieferte Mengen
= Beschaffungsmenge (= Nettobedarf)

Zur Ermittlung des Bruttobedarfs stehen verschiedene Methoden zur Verfügung:
■ *Subjektive Schätzungen:* Der Umfang (Menge sowie Wert) der zu beschaffenden Güter rechtfertigt eine genaue Berechnung mit Hilfe aufwendiger Verfahren nicht oder die notwendigen Informationen für mathematische Prognosemethoden stehen nicht zur Verfügung.
■ *Deterministische Bedarfsermittlung aufgrund des Fertigungsprogramms:* Grundlage der Materialbedarfsbestimmung bilden die Kundenaufträge oder die Produktionspläne sowie die Fertigungsvorschriften.
■ *Stochastische Bedarfsermittlung aufgrund des Verbrauchs in der Vergangenheit:* Mit Hilfe mathematisch-statistischer Methoden (Mittelwertmethode, ▷ exponentielle Glättung) wird der Bedarf für die Zukunft prognostiziert (▷ Materialbedarfsprognosemethoden).

Materiality
Engl. für ▷ Wesentlichkeit

Material Requirements Planning (MRP I)

Das Material Requirements Planning *(MRP I)* ist eine Methode zur Planung und Steuerung in der Produktion. Dabei wird die *Termin-* von der *Mengen*planung strikt getrennt. Mit der Mengenplanung wird der aktuelle Materialbedarf ermittelt. Die Terminplanung fasst die Aufträge zu Losen (▷ Fertigungslos) zusammen und bezieht sie in die ▷ *Kapazitätsplanung* ein.

Das MRP-I-Konzept wird sinnvollerweise durch das ▷ Management Resources Planning ergänzt, da dadurch sowohl strategische Aspekte als auch die Planungsdurchsetzung berücksichtigt werden.

Materialwirtschaft

Alle Vorgänge innerhalb eines Unternehmens, die der Bereitstellung von Material für den Produktionsablauf dienen, sind Gegenstand der Materialwirtschaft, d.h. alle betrieblichen Stufen der Wertschöpfung von der Beschaffung bis zum Vertrieb (▷ Wertkette). Die Materialwirtschaft kann auch als innerbetriebliche *Dienstleistungs*funktion aufgefasst werden.

Die grosse Bedeutung der Materialwirtschaft für Industrieunternehmen ergibt sich aus den hohen Kosten für die Materialbeschaffung und -bereitstellung einerseits und der Kapitalbindung durch Lagerhaltung andererseits (▷ Kapitalkosten).

Aufgabenbereiche der Materialwirtschaft sind:

- *Beschaffung (Einkauf):* Sicherstellung einer ungebrochenen Versorgung des Produktionsablaufs mit benötigten, nicht selbst produzierbaren Gütern unter Wahrung der ▷ Wirtschaftlichkeit.
- *Bevorratung:* Gewährleistung der optimalen Materialbereitstellung (▷ Lagerhaltung).
- *Entsorgung* (▷ Recycling): Umweltgerechte Lagerung oder Weiterverarbeitung von im Produktionsprozess anfallenden Abfall- und Überschussmaterialien.
- *Verteilung* (▷ Logistik): Alle Aufgaben, die beim Transport von Gütern zu den Abnehmern anfallen.

Entscheidend für eine erfolgreiche Materialbewirtschaftung ist, dass es gelingt, einen hohen ▷ Lieferbereitschaftsgrad zu realisieren. Daneben sind eine Minimierung der ▷ Beschaffungskosten, der Kosten der Kapitalbindung (Zinskosten) und eine optimale Auslastung der *Kapazitäten* anzustreben.

In der betrieblichen *Praxis* haben sich die Anforderungen an die Materialwirtschaft erhöht. Modelle wie das ▷ Just-in-Time-Konzept oder ▷ Lean Production erfordern ein absolut zuverlässiges Materialmanagement. Auf gute Zusammenarbeit mit den Zulieferern (▷ Lieferantenbeziehung) sind moderne Unternehmen deshalb zunehmend angewiesen.

Materialwirtschaft, Ziele der

In Bezug auf die ▷ *Sachziele* der ▷ Materialwirtschaft stehen die Bereitstellung der für die Produktion notwendigen Güter in der gewünschten Art, Menge und Qualität zum richtigen Zeitpunkt am richtigen Ort im Vordergrund. Bei den *Formalzielen* liegt das Hauptaugenmerk auf einer hohen Wirtschaftlichkeit, d.h. die Gesamtkosten, die sich aus den ▷ Beschaffungskosten, den ▷ Lagerkosten, den innerbetrieblichen Transportkosten und den ▷ Fehlmengenkosten zusammensetzen, müssen minimiert werden. Diesen beiden Hauptzielen stehen folgende *Nebenziele* gegenüber:

- das Sicherheitsstreben, das sich in einem hohen ▷ Lieferbereitschaftsgrad äussert,
- das Liquiditätsstreben, das sich in wenig gebundenem Kapital zeigt,
- das Streben nach hoher Flexibilität, das sich in einer grossen Anpassungsbereit-

schaft an veränderte Rahmenbedingungen zeigt und
- das Streben nach dauernden guten ▷ Lieferantenbeziehungen, das sich in einem seltenen Wechsel der Lieferanten äussert.

Matrixorganisation

Die Matrixorganisation ist eine Mehrlinienorganisation (▷ Mehrliniensystem). Sie ist dadurch gekennzeichnet, dass Stellen auf der gleichen hierarchischen Stufe nach zwei (oder mehreren) Kriterien *gleichzeitig* gebildet werden, also z. B. nach Produkten oder Produktgruppen, Funktionen, Regionen und Projekten (▶ Abb. 115).

Voraussetzungen für die Wahl einer Matrixorganisation sind: (1) eine vielfältige, dynamische und unsichere Umwelt, (2) mindestens zwei Gliederungsmerkmale sind bei den zu bewältigenden Aufgaben gleichbedeutend, (3) die beteiligten Menschen müssen offen gegenüber anderen Menschen sein und Bereitschaft zur Konfliktlösung zeigen sowie (4) ein kooperativer Führungsstil, (5) eine bestimmte Grösse des Unternehmens.

Das zentrale organisatorische Problem der Matrixorganisation besteht in der eindeutigen Abgrenzung der Aufgaben, Kompetenzen und Verantwortung zwischen den beiden hierarchisch gleichwertigen Leitungsebenen. Bei einer Gliederung nach Produkten (oder Projekten) und Funktionen wird meistens folgende Regelung getroffen: Der Produkt- oder Projektmanager hat die Aufgabe, seine Produkte oder Projekte quer durch alle Funktionen zu betreuen und zu koordinieren. Er befasst sich mit Fragen des *Was?* und des *Wann?* in Bezug auf die Produkte oder Projekte. Beim Funktionsmanager treten die Fragen des *Wie?*, die seinen Funktionsbereich betreffen, in den Vordergrund.

Der *Hauptvorteil* der Matrixorganisation besteht darin, dass sie eine starke organisatorische Integration der verschiedenen

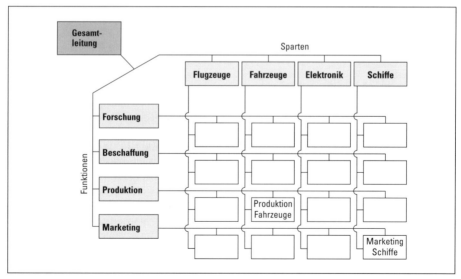

▲ Abb. 115 Matrixorganisation

Unternehmensbereiche bewirkt. Weitere Vorteile sind: Motivation durch Partizipation am Problemlösungsprozess, umfassende Betrachtungsweise der Aufgaben, Spezialisierung nach verschiedenen Gesichtspunkten, Entlastung der Leitungsspitze (Entscheidungsdelegation), direkte Verbindungswege.

Nachteile sind die ständige Konfliktaustragung, unklare Unterstellungsverhältnisse, die Gefahr von «faulen» (schlechten) Kompromissen, die verlangsamte Entscheidungsfindung (Zeitverlust), hoher Kommunikations- und Informationsbedarf.

Matrix-Projektorganisation
▷ Projektorganisation

Maximax-Regel
▷ Entscheidungsregeln

Maximumprinzip
▷ Ökonomisches Prinzip

MBA
Abk. für ▷ Master of Business Administration

Mechanisierung
▷ Technischer Fortschritt

Mediation
Unter Mediation versteht man ein freiwilliges, aussergerichtliches Verfahren zur Lösung von Konflikten. Die am Konflikt beteiligten Parteien begeben sich in diesen Prozess mit der Absicht und dem Willen, selbst aktiv an der Lösung und Überwindung der Meinungsdifferenzen zu arbeiten. Unterstützt werden sie dabei durch einen Mediator, der als unvoreingenommene und unabhängige Person den Prozess begleitet.

Megamarketing
Das Konzept des Megamarketings ergänzt die traditionellen ▷ Marketinginstrumente (4 P: Product, Place, Price, Promotion) durch die beiden Elemente *politische Einflussnahme (Political Power)* und *Öffentlichkeitsarbeit (*▷ *Public Relations)*. Politische Einflussnahme bedeutet die Beeinflussung staatlicher Stellen zugunsten des Unternehmens, während Public Relations Goodwill für das Unternehmen in der Öffentlichkeit und eine positive Einstellung der Öffentlichkeit dem Unternehmen gegenüber zu schaffen versucht.

Mehrfachfertigung
Die Mehrfachfertigung als ▷ Fertigungstyp zeichnet sich dadurch aus, dass von einem Produkt mehrere Einheiten hergestellt werden. Entsprechend dem Umfang der Mehrfachfertigung unterscheidet man ▷ Massenfertigung, ▷ Serienfertigung, ▷ Sortenfertigung und ▷ Chargen- bzw. Partiefertigung.

Mehrliniensystem
Das idealtypische Mehrliniensystem, wie es Taylor vorgeschlagen hat (▷ Scientific Management), beruht auf dem Prinzip der Mehrfachunterstellung. Im Unterschied zum ▷ Einliniensystem ist jede Stelle mehreren übergeordneten Stellen (▷ Instanzen) unterstellt. Das Prinzip der Einheit der Auftragserteilung wird durch das Prinzip des kürzesten Wegs ersetzt. Das Mehrliniensystem nutzt die Vorzüge einer Arbeitsplatzspezialisierung (▷ Arbeitsteilung), die kürzesten Wege zwischen den einzelnen Stellen und motiviert der beteiligten Personen durch Ausrichtung auf spezifische Fähigkeiten. Dem stehen als Nachteile die Gefahr der Aufgabenüberschneidungen, Kompetenz- und Verantwortlichkeitskon-

flikte und das Entstehen komplexer Systeme bei wachsender Stellenzahl gegenüber.

Mehrthemenumfrage
Syn. für ▷ Omnibusumfrage

Mehrwertsteuer
Die Mehrwertsteuer ist eine Verbrauchssteuer, die auf Umsätzen im Inland und auf Einfuhren von Gegenständen erhoben wird. Der Unternehmer kann von seiner Steuerschuld die Steuerbelastung auf den von ihm bezogenen Gütern und Dienstleistungen abziehen. Dank dieser «Vorsteuer» bezahlt der Unternehmer per saldo nur für den von ihm geschaffenen Mehrwert bzw. die von ihm erzielte Wertschöpfung Steuern. In der Schweiz wurde die Mehrwertsteuer 1995 eingeführt.

Meldebestandssystem
▷ Bestellpunktsystem

Meldemenge
▷ Bestellpunktsystem

Mengenbereitschaftsgrad
▷ Lieferbereitschaftsgrad

Mengenrabatt
Mengenrabatte sind ein Instrument der ▷ Preisdifferenzierung. Sie können auf eine bestimmte Bestellmenge pro Auftrag gewährt werden oder sie werden verrechnet, wenn innerhalb einer Zeitperiode eine bestimmte Bestellmenge oder -summe erreicht wird.

Mengenübersichtsstückliste
Die Mengenübersichtsstückliste ist ein Verzeichnis, in dem die Mengen aller Einzelteile, die in ein Erzeugnis eingehen, aufgeführt werden. Die Zugehörigkeit der Teile zu den einzelnen Fertigungsstufen geht aus dieser Liste nicht hervor, wohl aber wird die Dispositionsstufe für jedes Einzelteil aufgeführt. Eine Dispositionsstufe entspricht der niedrigsten Fertigungsstufe, in der ein Teil Verwendung findet. Damit eignet sich die Mengenübersichtsstückliste in erster Linie als Unterlage für die Materialdisposition.

Mentoring
Beim Mentoring – als einer speziellen Form des ▷ Coachings – betreut eine ältere, erfahrene Führungskraft eine junge oder neu in die Organisation eingetretene Person. Ziele sind neben fachlicher Unterstützung auch eine schnellere und bessere Integration in die neue Organisationskultur.
▷ Personalentwicklung

Merchandising
▷ Verkaufsförderung

Mergers and Acquisitions (M&A)
Das aus dem angelsächsischen Sprachgebrauch übernommene Begriffspaar Mergers and Acquisitions *(M&A)* steht für die deutschen Ausdrücke ▷ Fusionen und Übernahmen (▷ Akquisition). Es umfasst alle Fragen und Probleme, die mit der Übernahme und der Fusion von Unternehmen zusammenhängen.
▷ Unternehmensverbindung

Messe
Eine Messe *(Ausstellung)* ist eine zeitlich begrenzte Veranstaltung einzelner oder mehrerer Branchen zur Präsentation ihrer Produkte. Gleichzeitig werden persönliche Beziehungen zwischen Hersteller, Handel und Endverbraucher gepflegt. Messen finden im Allgemeinen in regelmässigen zeit-

lichen Abständen jeweils am gleichen Ort statt. Wegen der direkten persönlichen Beziehungen zwischen Anbietern und Nachfragern ist die Teilnahme an einer Messe ein wichtiges Element der ▷ Kommunikationspolitik, und der *Messeauftritt* muss sich in das Konzept einer umfassenden ▷ Corporate Communications einfügen.

Metadaten
Metadaten bedeuten «Informationen über vorhandene Daten» im Zusammenhang mit einem ▷ Data Warehouse oder ▷ Data Mart. Typische Metadaten sind: ursprüngliche Dateiquelle, Ersteller, Erstellungsdatum, Bearbeitungsdatum, Format, Periodiziät, Aktualität, Qualität, Grad der Aggregation usw.

Metaplanung
Unter Metaplanung versteht man die Planung der Planung. Darunter fällt die Entwicklung und Durchführung eines ▷ Planungskonzepts.

Methode 635
▷ 635-Methode

Methodenkompetenz
▷ Managementkompetenz

Me-too-Produkt
Me-too-Produkte sind Nachahmungen bzw. Imitationen von erfolgreichen Konkurrenzprodukten. Sie sind leicht austauschbar und haben im Vergleich zum Original kaum ein eigenständiges Markenprofil. Ziel solcher Me-too-Produkte ist die Gewinnung von Marktanteilen durch niedrige Preise; sie profitieren vom Goodwill der Herstellermarke.
▷ Me-too-Strategie

Me-too-Strategie
Bei der Me-too-Strategie konzentriert sich ein Unternehmen auf die Nachahmung bereits am Markt existierender Produkte (Me-too-Produkte). Sie unterscheiden sich nicht wesentlich von den etablierten Konkurrenzerzeugnissen. Ziel einer solchen Imitationsstrategie ist die Einsparung von Forschungs- und Entwicklungs- sowie Marketingkosten. Durch diese Senkung der Kosten gewinnt ein Unternehmen preispolitischen Handlungsspielraum (v. a. für Preissenkungen) und erzielt auf diese Art und Weise systematische Wettbewerbsvorteile.

Metra Potential Method (MPM)
Die Metra Potential Method *(MPM)* ist ein in den USA entwickeltes Verfahren der ▷ Netzplantechnik, das die Lösung komplexer ablauforganisatorischer Fragestellungen ermöglicht.
Das Vorgehen bei der Erstellung von MPM-Netzplänen ist weit gehend analog zur ▷ Critical Path Method (CPM). Bei der CPM wird jedem Vorgang ein Pfeil, bei der MPM ein Knoten zugeordnet.

Mid Cap
Mit dem Begriff Mid Cap werden die Titel mittlerer Unternehmen bezeichnet, die eine mittlere Marktkapitalisierung, d. h. eine grössere als ▷ Small Caps und eine kleinere als ▷ Blue Chips, aufweisen.

Middleware
Als Middleware bezeichnet man ▷ Software, die Systeme und Datenbanken auf unterschiedlichen Hardwareplattformen (▷ Hardware) und Betriebssystemen (▷ System-Software) miteinander verbindet. Sie stellt die Grundlage für ▷ *Application Services* und die ▷ *Enterprise Application Integration* dar.

Mietkaufvertrag

Die Definition eines Leasingverhältnisses (▷ Leasing) umfasst Vertragstypen für die Miete eines ▷ Vermögenswerts, die dem Mieter bei Erfüllung der vereinbarten Konditionen eine Option zum Erwerb der Eigentumsrechte an dem Vermögenswert einräumen. Diese Verträge werden manchmal als Mietkaufverträge bezeichnet (▷ Financial Leasing).

Mikroökonomische Theorie

Die mikroökonomische Theorie als Teil der Volkswirtschaftslehre befasst sich – im Gegensatz zur ▷ makroökonomischen Theorie – mit dem Verhalten einzelner Wirtschaftssubjekte. Dabei geht sie von idealtypischen Modellen über das durchschnittliche Verhalten der privaten Haushalte (Haushaltstheorie) und der Unternehmen (Unternehmenstheorie, Theory of the Firm) aus. Sie untersucht das Verhalten dieser Einheiten anhand von Entscheidungssituationen, die aufgrund eines Kosten-Nutzen-Kalküls bewältigt werden. Typische (nutzenmaximierende) Entscheidungen der privaten Haushalte sind jene zwischen Arbeit und Freizeit, Konsum und Sparen sowie zwischen Gütern. Unternehmen treffen gewinnmaximierende Entscheidungen bezüglich Investitionen, Faktorerwerb (▷ Faktormarkt), Produktionsmengen und Güterpreisen (▷ Gütermarkt).

Minderheitsanteil

In der ▷ Konzernrechnung werden die ▷ Bilanzen und ▷ Erfolgsrechnungen aller Konzerngesellschaften so zu einem einzigen Jahresabschluss (▷ Jahresrechnung) zusammengefasst, als ob es sich um ein einziges Unternehmen handeln würde. Falls die Konzernobergesellschaft (▷ Holdinggesellschaft) nicht (direkt oder indirekt) 100% des Aktienkapitals aller Konzerngesellschaften besitzt, existieren in diesen Gesellschaften sog. *Minderheitsgesellschafter*, welche ihrerseits Ansprüche auf das ▷ Eigenkapital und den ▷ Gewinn dieser Konzerngesellschaften haben. Diese Ansprüche werden in der Konzernrechnung in Bilanz und Erfolgsrechnung als sog. Minderheitsanteile oder *Ansprüche Dritter* am Kapital und Erfolg des Konzerns ausgewiesen.

Minderheitsbeteiligung

Von einer Minderheitsbeteiligung spricht man, wenn sich ein Unternehmen mit weniger als 50% am Kapital eines anderen Unternehmens beteiligt. Bei ▷ strategischen Allianzen sind Minderheitsbeteiligungen häufig anzutreffen. Ist ein Unternehmen in der Lage, aufgrund seines Kapitalanteils oder aufgrund vertraglicher Vereinbarungen einen ▷ massgeblichen Einfluss auf die Minderheitsbeteiligung auszuüben, so ist diese in der ▷ Konzernrechnung als ▷ assoziiertes Unternehmen aufzuführen und nach der ▷ Equity-Methode zu bilanzieren.

Minderheitsgesellschafter

▷ Minderheitsanteil

Mindestleasingzahlungen

Im ▷ Anhang zur Jahresrechnung muss der Gesamtbetrag der nicht bilanzierten Leasingverbindlichkeiten (▷ Leasing) offen gelegt werden. Diese Leasingverbindlichkeiten entsprechen den zukünftig erwarteten Mindestleasingzahlungen. Diese umfassen sämtliche Zahlungen, die der Leasingnehmer während der Laufzeit des Leasingverhältnisses zu leisten hat oder zu denen er herangezogen werden kann.

Besitzt der Leasingnehmer für den ▷ Vermögenswert eine Kaufoption zu einem Preis, der erwartungsgemäss deutlich günstiger ist als der zum möglichen Optionsausübungszeitpunkt beizulegende Zeitwert, sodass bereits bei Leasingbeginn die Optionsausübung hinreichend sicher ist, dann umfassen die Mindestleasingzahlungen die während der Laufzeit des Leasingverhältnisses zu zahlenden Mindestleasingraten sowie die für die Ausübung dieser Kaufoption erforderliche Zahlung.

Mindestreserve
▷ Notenbankpolitik, Instrumente der

Mindestreservenpolitik
▷ Notenbankpolitik, Instrumente der

Minimax-Regel
▷ Entscheidungsregeln

Minimax-Risiko-Regel
▷ Entscheidungsregeln

Minimumprinzip
▷ Ökonomisches Prinzip

Minimumsektor
▷ Dominanz des Minimumsektors

MIS
Abk. für ▷ Managementinformationssystem

Mischkalkulation
Die Mischkalkulation ist ein Verfahren zur Preisgestaltung im Produkt-Mix. Jedes ▷ Sortiment umfasst Produkte, die nicht voll kostendeckend sind (▷ Deckungsbeitrag) oder nur einen geringen Gewinnaufschlag zulassen, während andere Produkte mit einem höheren Gewinnaufschlag verkauft werden. Dadurch wird in einem ausgeglichenen Sortiment, das sich gesamthaft möglichst optimal an den Marktchancen orientiert, ein preispolitischer Ausgleich geschaffen. Dieses Verhalten wird auch als *kalkulatorischer Ausgleich* bezeichnet.
Durch eine Mischkalkulation werden oft einzelne Produkte verbilligt, um Kunden anzuziehen und sie zum Kauf von anderen Produkten mit normalen Gewinnzuschlägen zu bewegen (z.B. Verkauf von billigem Benzin bei Einkaufszentren).

Mitarbeiterbeteiligung
Bei einer Mitarbeiterbeteiligung werden die Mitarbeitenden am finanziellen Ergebnis des Unternehmens beteiligt. Ziele sind
- die Stärkung des unternehmerischen Denkens und Handelns und damit der Verantwortung der Belegschaft am Gesamtergebnis des Unternehmens,
- die Steigerung der Motivation,
- die stärkere Bindung an das Unternehmen und
- die Schaffung von Wettbewerbsvorteilen bei der Personalbeschaffung.

Diese Ziele können durch eine ▷ Erfolgs- sowie eine ▷ Kapitalbeteiligung der Mitarbeitenden erreicht werden (▷ Investivlohn).

Mitarbeitergespräch
Das Mitarbeitergespräch *(Beurteilungsgespräch)* ist ein offizielles Gespräch zwischen einem Mitarbeitenden und einem Vertreter des Managements, meistens dem direkten Vorgesetzen. Es wird in regelmässigen Abständen (z.B. einmal pro Jahr) oder beim Eintritt bzw. Verlassen des Unternehmens geführt. Themen von Mitarbeitergesprächen sind: (1) Leistungs- und Verhaltensbeurteilung (Feedback über

1. Beurteilung des Leistungsverhaltens

Leitbildgerechte Dimensionen	(–)*	Leitbildgerechte Ausprägung	(–)*
(1) Persönlichkeits-Kompetenz			
1.1 Integrität	nicht legal	legitim ——————— legal	nicht legitim
1.2 Stressresistenz	unbeweglich	beständig ——————— flexibel	unberechenbar
1.3 Innovationsfähigkeit	überaktiv	kreativ ——————— lernfähig	zeitgeizig
(2) Fach-Kompetenz			
2.1 Unternehmerisches Handeln	riskant	proaktiv ——— wohlkalkulierend	risikoscheu
2.2 Ganzheitliches Handeln	haarspalterisch	differenziert ——— ganzheitlich	unrealistisch
2.3 Berufliches Können	einseitig	fachkompetent ——— generalistisch	oberflächlich
(3) Sozial-Kompetenz			
3.1 Zuhörfähigkeit	überheblich	aktiv zuhörend ——— lernfreudig	passiv hörend
3.2 Offenheit	brutal offen	konstruktiv offen ——— diskret	verschlossen
3.3 Teamfähigkeit	einzelgängerisch	selbstständig ——— kooperativ	anpasserisch
(4) Führungs-Kompetenz			
4.1 Zielorientierung	unzufrieden	erfolgsorientiert ——— zufrieden	anspruchslos
4.2 Ressourcen-Management-Fähigkeit	autoritär	bestimmt ——————— tolerant	durchsetzungsschwach
4.3 Führungs-Vorbildlichkeit	unglaubwürdig	motivierend ——— konstruktiv offen	manipuliert

2. Beurteilung der Zielerreichung im vergangenen Jahr

Zielart	Messbare Zielbeschreibung	Grad der Zielerreichung (übertroffen / erreicht / nicht erreicht)	Zukunftsmassnahme mit Zeitangabe
1. Teamziele 1.1 1.2			
2. Individualziele 2.1 2.2			

3. Gesamtbeurteilung

■ Zufriedenheit mit der gegenwärtigen Tätigkeit	
■ Persönliche Anliegen	Evtl. Anliegen der Familie an die Firma
■ Besondere Stärken	
■ Entwicklungsfähige Bereiche	

Vorschläge zur individuellen Entwicklung	Verantwortliche/r	Datum
1.		
2.		
3.		

4. Ziele für das nächste Jahr

Zielart	Messbare Zielbeschreibung	Datum
1. Teamziele 1.1 1.2		
2. Individualziele 2.1 2.2		

(–)* stellen Überschreitungen der angestrebten (dunkel schraffierten) Leitplanken dar

▲ Abb. 116 Bogen Mitarbeitergespräch (Hilb 2003, S. 88 ff.)

Stärken und Schwächen) (▷ Personalbeurteilung); (2) zukünftige Entwicklungsmöglichkeiten des Mitarbeitenden (▷ Laufbahnplanung, Beförderungen); (3) Massnahmen zur Beseitigung von Defiziten oder zur Vorbereitung auf neue Aufgaben (▷ Personalausbildung, ▷ Personalentwicklung); (4) Vereinbarung neuer Ziele (▷ Management by Objectives). Das Ergebnis eines Mitarbeitergesprächs wird meist schriftlich festgehalten (◀ Abb. 116). Voraussetzung für die volle Wirksamkeit von Mitarbeitergesprächen ist eine Vertrauenskultur, die eine offene Kommunikation ermöglicht.

Mitspracheweg
▷ Kommunikationsweg

Mitteilungsweg
▷ Kommunikationsweg

Mittelflussrechnung
Die Mittelflussrechnung hat sich in den vergangenen Jahren zu einer gleichrangigen dritten Abschlussrechnung neben ▷ Bilanz und ▷ Erfolgsrechnung entwickelt. Ziel einer Mittelflussrechnung ist es, die Investitionsvorgänge, die Finanzierungsmassnahmen sowie die Liquiditätsentwicklung innerhalb einer vergangenen oder zukünftigen Geschäftsperiode aufzuzeigen. Diese Investitions- und Finanzierungsvorgänge sowie Liquiditätsentwicklungen werden immer auf eine frei gewählte, jedoch für das Unternehmen besonders aussagekräftige Kontengruppe der Bilanz bezogen. Diese Kontengruppe wird ▷ Fonds genannt. Wie die Erfolgsrechnung, welche die Ursachen für Gewinn oder Verlust einer Betrachtungsperiode ausweist, ist auch die Mittelflussrechnung eine Bewegungsrechnung. Im Gegensatz zur Erfolgsrechnung erklärt die Mittelflussrechnung jedoch die Ursachen für die Veränderungen des ihr zugrunde liegenden Fonds.

Die Wahl des Fonds ist neben der Gliederung und der Wahl der Cash-Flow-Berechnungsmethode (▷ Cash Flow) eines der drei Kernprobleme, über die sich ein Unternehmen bei der Erstellung der Mittelflussrechnung klar sein muss. Da keine gesetzlichen Vorschriften bezüglich einer solchen freiwilligen Abschlussrechnung bestehen, ist die konkrete Gestaltung in der Praxis äusserst vielfältig. Bezüglich der Gliederung haben sich aber zwei Darstellungsformen durchgesetzt:

1. Gliederung nach Mittelherkunft und -verwendung nach folgendem Schema:

	Fondszuflüsse	**Mittelherkunft** aus Finanzierungen, Desinvestitionen und aus dem unternehmerischen Umsatzprozess
−	Fondsabflüsse	**Mittelverwendung** für Investitionen und Definanzierungen ausserhalb des Fonds
=	Fondsveränderung	Veränderung der durch den Fonds definierten **Liquidität**

2. Heute weitaus beliebter ist allerdings eine Aufteilung der fondsverändernden Ursachen in Umsatzbereich (Geschäftstätigkeit), Investitionsbereich und Finanzierungsbereich (▶ Abb. 117).
Der Vorteil dieser Darstellungsart liegt in der starken Anlehnung an die traditionellen Abschlussrechnungen Bilanz und Erfolgsrechnung. Während die umsatzbedingten Fondsbeiträge die Erfolgsrechnung beinhalten, beschreibt der Investitionsbereich die Veränderungen der Aktivseite der Bilanz, der Finanzierungsbereich die der Passivseite. Damit erfährt der Cash Flow − als Fondsbeitrag aus der Umsatztätigkeit des Unternehmens − eine stärkere formelle Gewichtung.

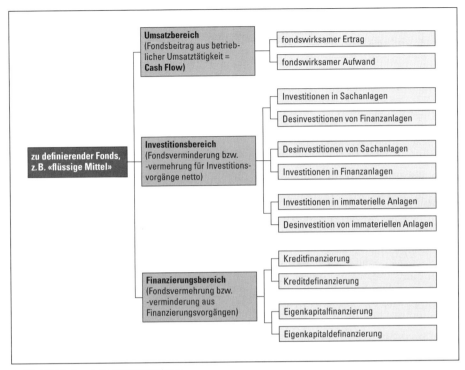

▲ Abb. 117 Gliederung der Mittelflussrechnung

Die Mittelflussrechnung gilt heute in vielen Unternehmen als wichtigstes Instrument der finanziellen Führung (im Sinn der Planung, Entscheidung und Kontrolle finanzwirtschaftlicher Tatbestände). Sie wird daher auch durch aussenstehende Analytiker für die Beurteilung von Unternehmen erstellt. Insbesondere die Tatsache, dass verschiedene Rechnungslegungsstandards (▷ Swiss GAAP FER, ▷ IFRS, ▷ US GAAP) eine Mittelflussrechnung vorschreiben, zeigt deren Bedeutung als Instrument für zwischenbetriebliche Vergleiche.
▷ Geldflussrechnung
▷ Kapitalflussrechnung

Mittelwertverfahren

Das Mittelwertverfahren, auch *Praktikermethode* genannt, ist im Rahmen der ▷ Unternehmensbewertung eine Kombination zwischen der reinen ▷ Ertragswertmethode und der ▷ Substanzwertmethode. Allgemein formuliert lautet die Formel:

$$U = \frac{a \cdot E + b \cdot S}{a + b}$$

U: Unternehmenswert;
S: Substanzwert; E: Ertragswert;
a, b: Gewichtungsfaktoren

Eine in der Praxis verbreitete Variante gewichtet den ▷ Ertragswert doppelt so stark wie den ▷ Substanzwert:

$$U = \frac{2E + S}{3}$$

Ist der Ertragswert kleiner als der Substanzwert, so wird in der Praxis nicht das Mittelwertverfahren angewandt, sondern man stützt sich allein auf den Ertragswert als massgebende Grösse.

Mobbing

Mobbing bedeutet, dass ein Mitarbeiter durch andere Mitarbeitende terrorisiert wird (z.B. durch Gerüchte verbreiten, Miesmachen, Schikanieren). Ist der Vorgesetzte der Schikanierer, spricht man von ▷ Bossing, verschwören sich die Mitarbeitenden gegen den Vorgesetzten, von ▷ Staffing. Mobbing ist auf allen Führungsstufen zu beobachten. Wird Mobbing nicht rechtzeitig erkannt oder werden keine Massnahmen dagegen ergriffen, lässt die Motivation nach, die Leistung verringert sich und das Arbeitsklima verschlechtert sich. Dies kann zu Krankheit oder zu Kündigungen der betroffenen Mitarbeitenden führen.

Modigliani-Miller-Theorem

Modigliani/Miller verneinen einen Zusammenhang zwischen ▷ Kapitalkosten und ▷ Verschuldungsgrad eines Unternehmens. In ihrem Modell unterstellen sie, dass der Kapitalkostensatz unabhängig vom Verschuldungsgrad linear und konstant verläuft. Die geforderte Rendite der Fremdkapitalgeber ist ebenfalls linear und konstant, sodass daraus eine steigende Eigenkapitalrentabilität folgt. Dies wird damit begründet, dass der Eigenkapitalgeber bei zunehmendem Verschuldungsgrad für das finanzielle Risiko entschädigt

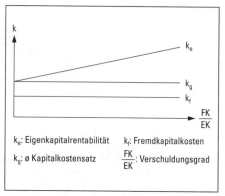

▲ Abb. 118 Modigliani-Miller-Modell

wird. In ◄Abb. 118 wird deutlich, dass sich der optimale Verschuldungsgrad aufgrund der Kostenverläufe nicht bestimmen lässt. Unternehmen mit gleichen Gewinnerwartungen und gleichen Unsicherheitsrisiken haben unabhängig vom Verschuldungsgrad die gleichen Kapitalkosten und somit auch den gleichen Unternehmenswert.

Monetarismus
▷ Schulen ökonomischen Denkens

Monopol
▷ Marktformen

Montage

Die Montage ist der abschliessende Bereich der ▷ Auftragsabwicklung, wo die von der Fertigung bereitgestellten Einzelteile (▷ Teil) zu ▷ Baugruppen und Endprodukten zusammengesetzt werden.
Die Montage arbeitet nach den von ▷ Konstruktion und ▷ Arbeitsvorbereitung bereitgestellten ▷ Stücklisten und Arbeitsplänen (▷ Werkstattpapier). Im Montagebereich wird heute noch vielfach manuell gearbeitet. Die ▷ Betriebsmittel sind überwiegend relativ einfach einsetzbare Werk-

zeuge und Vorrichtungen. Die hohen Kosten des Montagebereichs, bezogen auf einen Gesamtauftrag, ergeben sich aus dem hohen Anteil an qualifizierten Facharbeitern und der hohen Arbeitsstundenzahl. Auf die Montage entfällt ungefähr ein Drittel der ▷ Durchlaufzeit des Auftragsabwicklungsprozesses.

Ziel des Industriebetriebs sollte eine möglichst *montagegerechte Produktgestaltung* sein. Damit soll erreicht werden: Minimierung der Montagezeit, Einsatz einfacher und zuverlässiger Betriebsmittel in der automatischen Montage, Erzielung einer möglichst hohen Wiederholhäufigkeit. Voraussetzung dafür sind eine montagegerechte Produktstrukturierung (▷ Stückliste), eine Standardisierung der Bauteile und eine montagegerechte Konstruktion.

Montierte Produkte verlassen nach abschliessender Qualitätsprüfung den Produktionsbereich und gelangen in den Aufgabenbereich von ▷ Logistik und Vertrieb (▷ Distribution).

Montageplanung

Die Montageplanung ist in starkem Masse abhängig von den *Produktionsbedingungen*. Diese lassen sich anhand verschiedener Kenngrössen spezifizieren: (1) Teilevielfalt (hoch/gering), (2) Teilegeometrie (unterschiedlich/konstant), (3) Teilewert (hoch/gering), (4) Losgrösse (gross/klein), (5) Abhängigkeit von Kundenwünschen, (6) Materialbereitstellung (auftragsabhängig/bedarfsbezogen).

Bei ▷ Montage grosser Stückzahlen ist es sinnvoll, die gleich bleibenden Montageanforderungen bei der Montageplanung detailliert zu berücksichtigen. In der Einzel- und Kleinserienproduktion ergeben sich komplexere Anforderungen an die Planung, sodass versucht wird, möglichst universell einsetzbare Betriebsmittel bereitzustellen. Von den Mitarbeitenden ist in diesen Fällen eine höhere Qualifikation und Flexibilität gefordert.

Montagestruktur

Die Montagestruktur beschreibt die personellen, organisatorischen und technischen Zusammenhänge für die Montage eines bestimmten Produktprogramms.

Moral Hazard

Unter Moral Hazard (moralisches Risiko) versteht man die Gefahr, dass die moralische Einstellung nach Eingehen eines Vertrags nachlässt und dies zu einem Nachteil des Vertragspartners führt. Verursacht wird eine solche Verhaltensänderung nach Vertragsabschluss durch Nachlässigkeit oder ungleiche Verteilung der Informationen (Informationsasymmetrie) zwischen den Vertragspartnern. Moral Hazard ist typisch für das Principal-Agent-Problem (▷ Principal Agent Theory).

Morphologie

Bei der Morphologie als analytische Kreativitätsmethode wird ein Problem in seine Problemelemente und deren mögliche Problemlösungen zerlegt und als Matrix im sog. *Morphologischen Kasten* dargestellt (▶ Abb. 119). Durch die Vielfalt der möglichen Kombinationen lassen sich neue Lösungsmöglichkeiten generieren.
▷ Kreativität

Problemelemente (Produktfunktionen)	mögliche Problemlösungen (Funktionsträger)		
Teilproblem 1	Lösung 1a	Lösung 1b	Lösung 1c
Teilproblem 2	Lösung 2a	Lösung 2b	Lösung 2c
Teilproblem 3	Lösung 3a	Lösung 3b	Lösung 3c
Teilproblem 4	Lösung 4a	Lösung 4b	Lösung 4c

▲ Abb. 119 Morphologischer Kasten

Morphologischer Kasten
▷ Morphologie

Motiv
Als Motiv bezeichnet man eine isolierte Verhaltensbereitschaft, die latent vorhanden, aber noch nicht aktualisiert ist. Im Gegensatz zu den ▷ Bedürfnissen, die generell das Empfinden eines Mangels ausdrücken, stellt ein Motiv bereits die inhaltliche Ausprägung eines Bedürfnisses im Hinblick auf ein angestrebtes Ziel dar. Um Motive zu aktualisieren, ist eine ▷ Motivation notwendig.

Motivation
Unter Motivation versteht man die Aktivierung oder Erhöhung der Verhaltensbereitschaft (▷ Motiv) eines Menschen, bestimmte Ziele, welche auf Bedürfnisbefriedigung ausgerichtet sind, zu erreichen. Damit es zu einer erhöhten Verhaltensbereitschaft kommen kann, sind Aktivierungsmassnahmen (▷ Anreize) notwendig. Diese kommen entweder von der Person selbst (z.B. körperliche Anreize) oder aus der Umwelt (z.B. Werbung, Geld, sozialer Kontakt). Motive, etwas zu tun, sind zwar immer vorhanden, werden aber erst wirksam, wenn sie durch innere Zustände körperlicher oder seelischer Art angesprochen werden. Der Motivationsprozess (▶ Abb. 120) verläuft folgendermassen: (1) Es ist eine allgemeine Mangelempfindung vorhanden. (2) Es besteht eine zielgerichtete latente Bereitschaft zur Bedürfnisbefriedigung. (3) Die Spannung zwischen dem Empfinden eines Mangels und der Bereitschaft zu dessen Befriedigung steigt, d.h. der Bereitschaftsgrad wird erhöht. (4) Die Aktivierung bzw. die Spannung wird so stark, dass sie zu einem bestimmten Verhalten führt. (5) Das Resultat des Verhaltens ist die Bedürfnisbefriedigung. Je nach Befriedigungsgrad führt es zu einer Korrektur des Motivs oder einer erneuten Aktivierung und somit zu einem neuen Verhalten.

Motivationstheorien
Ausgangspunkt der Motivationstheorien ist die Frage nach dem «Warum» des menschlichen Verhaltens. Die Motivationstheorien nehmen an, dass die Gründe für ein bestimmtes, beobachtbares Verhalten des Menschen in ihm selbst vorhanden sind. Das Verhalten kann nicht unmittelbar von der Umwelt bestimmt werden, sondern höchstens mittelbar, indem die Umwelt auf die im Menschen bereits vorhandenen ▷ Motive einwirkt. Um diese Motive zu aktualisieren, ist eine ▷ Motivation notwendig.

Für das Unternehmen ist es wichtig zu wissen, welche ▷ Bedürfnisse und Motive im Menschen vorhanden sind, damit es diese durch geeignete Anreize aktivieren kann, denn für das Verhalten eines Menschen

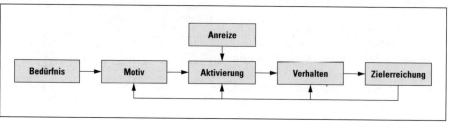

▲ Abb. 120 Einfaches Motivationsmodell

sind nur diejenigen Anreize bestimmend, die eine Befriedigung der aktuellen Bedürfnisse versprechen.
Von Bedeutung ist die Unterscheidung von Inhalts- und Prozesstheorien:
1. *Inhaltstheorien* versuchen aufzudecken, *was* im Individuum oder seiner Umwelt ein bestimmtes Verhalten erzeugt und aufrechterhält. Sie zeigen mögliche Bedürfnisse auf, fassen diese in Kategorien zusammen und legen die Beziehungen untereinander offen. Zu diesen Theorien gehören jene von Maslow (▷ Bedürfnispyramide) und Herzberg (▷ Zwei-Faktoren-Theorie).
2. *Prozesstheorien* versuchen zu erklären, *wie* ein bestimmtes Verhalten erzeugt, gelenkt, erhalten und abgebrochen werden kann. Ihnen geht es weniger um das Aufzählen konkreter Bedürfnisse als vielmehr um das Aufzeigen des Motivationsprozesses. Zu diesen Theorien gehört die ▷ Gleichgewichtstheorie.
Alle Theorien sind letztlich darauf ausgerichtet, die Zusammenhänge zwischen Bedürfnissen, Motiven, Leistung und Arbeitszufriedenheit des Mitarbeitenden aufzuzeigen.

Motivatoren
▷ Arbeitszufriedenheit
▷ Zwei-Faktoren-Theorie

MPM
Abk. für ▷ Metra Potential Method

MRP I
Abk. für ▷ Material Requirements Planning

MRP II
Abk. für ▷ Management Resources Planning

Multichannelling
Als Multichannelling bezeichnet man die Möglichkeit von Kunden, über verschiedene Medien mit dem Anbieter eines Produkts oder einer Dienstleistung Kontakt aufzunehmen, um Informationen über das Angebot zu bekommen, Bestellungen zu tätigen und nach dem Kauf Feedback zu geben oder Unterstützung in Anspruch zu nehmen. Der Kunde kann wählen zwischen den Kommunikationskanälen Internet, E-Mail, Telefon, Brief, Fax, interaktive Kundenterminals und persönliche Beratung am ▷ Point of Sale.

Multikulturelles Management
Multikulturelles Management *(interkulturelles Management)* beschäftigt sich mit Problemen, die beim Aufeinandertreffen von unterschiedlichen und einander fremden Kulturen auf die Geschäftstätigkeiten entstehen, sowie mit den Managementaufgaben, die sich daraus ergeben. Insbesondere geht es darum, bei den von dieser Problematik betroffenen Mitarbeitenden die ▷ interkulturelle Kompetenz zu fördern.

Multimedia
Durch Multimedia wird die gleichzeitige Verarbeitung von Texten, Bildern, Klängen und Filmen in einer Computer-Anwendung möglich. Die Nutzer können interaktiv auf das System zugreifen. Multimedia wird nicht nur in der Forschung und Entwicklung (von Fahrzeugen, Flugzeugen und komplizierten Maschinen) verwendet (z. B. ▷ Computer-Integrated Manufacturing, ▷ Computer-Aided Design, ▷ Produktionsplanung und ▷ Produktionssteuerung), sondern zunehmend auch in der Ausbildung (Computer-Based Learning) und im Marketing (Produktpräsentationen).

Multinationales Unternehmen

Multinationale Unternehmen verfolgen eine stark ausgeprägte ▷ Internationalisierungsstrategie und besitzen deshalb mehrere ausländische Tochtergesellschaften. Multinationale Unternehmen müssen sich in starkem Masse mit Fragen und Problemen des ▷ multikulturellen Managements auseinander setzen.

Multiple Sourcing

Multiple Sourcing ist eine Strategieform in der ▷ Beschaffung, die im Gegensatz zum ▷ Single Sourcing steht und eine Weiterführung des ▷ Double Sourcing darstellt. Hauptmerkmal ist, dass die zu beschaffenden Mengen auf mehrere Lieferanten verteilt sind. Die Vorteile liegen im geringeren Ausfallrisiko und einer stärkeren Verhandlungsposition aufgrund der geringeren Abhängigkeit. Nachteil ist ein geringerer Spielraum beim Aushandeln der Konditionen wegen der kleineren Mengen.

Multiplikatoreffekt (Multiplikatorprinzip)

Der Multiplikatoreffekt (Multiplikatorprinzip) besagt, dass ▷ Investitionen das ▷ Volkseinkommen nicht nur in Höhe der ursprünglichen Investition, sondern um ein Vielfaches erhöhen, weil Investitionen zu zusätzlichem Einkommen führen, die (in Abhängigkeit von der ▷ Sparquote) den ▷ Konsum steigern, was wiederum zu höheren Einkommen bei den Produzenten der Konsumgüter führt usw. Umgekehrt bewirkt ein Rückgang der Investitionen einen überproportionalen Rückgang des Konsums, was zu einem Abschwung der ▷ Konjunktur führen kann.

Der Multiplikatoreffekt beschreibt also die Wirkung von Investitionen auf das Volkseinkommen und damit die Nachfrage, wogegen das ▷ Akzeleratorprinzip die Wirkung von Nachfrageschwankungen auf Investitionen erklärt. Beide Wirkungen verstärken bestehende Tendenzen zum Auf- oder Abschwung der Konjunktur.

Muttergesellschaft

Die Muttergesellschaft ist jene Gesellschaft, welche die Mehrheit an anderen Gesellschaften, den ▷ Tochtergesellschaften, hält.

▷ Holdinggesellschaft

MVA

Abk. für ▷ Market Value Added

Mystery Customer Research

▷ Kundenzufriedenheit

Nachfolgeplanung

Unter Nachfolgeplanung versteht man die Planung des Führungskräftenachwuchses (Spitzenpositionen bzw. Nachfolgeregelung), v.a. in Familienunternehmen. Oft sind es Nachkommen (Erben, Verwandte) des Unternehmensgründers, die in eine solche Position hineinwachsen oder ohne Vorbereitung diese Position besetzen müssen. Heute wird auf früh- und rechtzeitige Nachfolgeplanung Wert gelegt. Findet sich kein geeigneter Nachfolger innerhalb der Familie, sollte eine Übergangslösung angestrebt werden. Sind keine potenziellen Nachfolgekandidaten verfügbar, müssen rechtzeitig anderweitige Massnahmen eingeleitet werden, und es muss z.B. ein Nachfolger ausserhalb der Unternehmerfamilie gesucht werden.

Nachfrage

Unter Nachfrage wird eine (homogene) Menge von ökonomischen Gütern (▷ Güter, ökonomische) verstanden, die auf einem ▷ Markt zu einem bestimmten Zeitpunkt gekauft oder getauscht werden kann. Die Höhe der nachgefragten Menge richtet sich auf einem freien Markt (▷ Marktformen) ohne staatliche Regulierung und ohne Zugangsbarrieren nach dem ▷ Preis. Steigt der Preis, wird sie kleiner, die Anzahl der Nachfrager auf dem Markt sinkt.

Nachfragefunktion

▷ Nachfragekurve

Nachfragekurve

Die Nachfragekurve stellt den Zusammenhang zwischen dem Preis und der nachgefragten Menge eines Guts *(Nachfrage-*

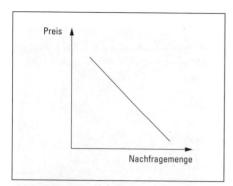

▲ Abb. 121 Nachfragekurve

funktion) grafisch dar. In einem freien Markt ist die Nachfragekurve eine *fallende* Funktion des Preises (◄ Abb. 121). Je flacher die Kurve ist, desto schneller reagieren die Nachfrager auf höhere Preise mit sinkender Nachfragemenge (hohe ▷ Elastizität).

In der *Mikroökonomie* (▷ Mikroökonomische Theorie) beschreibt die Nachfragekurve nur den Markt eines einzelnen Guts, während bei *makroökonomischer* Betrachtung die Nachfragekurven für alle Güter einer Volkswirtschaft aggregiert werden.

Nachfragemacht des Handels

Unter der Nachfragemacht des Handels versteht man die Fähigkeit des Handels, seine Interessen gegenüber den Herstellern wahrzunehmen und auszubauen. Diese hat in den letzten Jahren zugenommen wegen des zunehmenden Konzentrationsprozesses im Handel. Die Hersteller tätigen ihren Umsatz nicht mehr mit einer Vielzahl von Kleinkunden, sondern zusehends mit einigen wenigen Grosshändlern (▷ Grosshandel).

Nachhaltige Entwicklung

Leitlinie für das gesamte wirtschaftliche und gesellschaftliche Verhalten kann nur eine Entwicklung sein, die auf unbegrenzte Zeit möglich ist *(Sustainable Development)*.

Der Mensch muss sich so verhalten, dass er nicht die Umwelt, sein gesellschaftliches und wirtschaftliches Umfeld und damit seine eigene Zukunft zerstört. In Bezug auf die ökologische Umwelt muss er Wege finden, seine Bedürfnisse zu erfüllen, ohne die Grundlagen für nachfolgende Generationen zu zerstören. Das Kriterium der Nachhaltigkeit gilt sowohl für ganze Volkswirtschaften als auch in entsprechender Weise für einzelne Unternehmen. Eine nachhaltige Wirtschaftsweise verlangt, dass bei Produkten die Umweltbelastung über den gesamten ▷ ökologischen Produktlebenszyklus minimiert wird.

Das Prinzip der Nachhaltigkeit bedeutet in Bezug auf die Natur, dass deren Substanz in quantitativer und qualitativer Hinsicht erhalten werden muss. Dies ist nur möglich, wenn von den regenerierbaren Ressourcen nicht mehr verbraucht werden, als durch natürliche Prozesse in der gleichen Periode regeneriert werden. Zudem dürfen

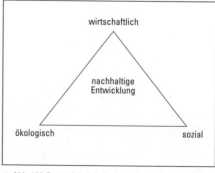

▲ Abb. 122 Perspektiven einer umfassend nachhaltigen Entwicklung

nicht mehr Schadstoffe freigesetzt werden, als das betroffene Ökosystem bewältigen kann (Notwendigkeit der Berücksichtigung der ▷ ökologischen Knappheit). Eine nachhaltige Entwicklung ist jedoch nicht nur in ökologischer Hinsicht ein Muss. Auch in sozialer Perspektive (Mitarbeitende des Unternehmens und Gesellschaft) sowie in wirtschaftlicher Hinsicht (betriebs- und volkswirtschaftlich) sind längerfristig tragfähige Lösungen von zentraler Bedeutung (◀ Abb. 122).

Nachkalkulation

Mit der Nachkalkulation versucht man im Rahmen der ▷ Kalkulation ex post festzustellen, wie hoch die Kosten für die Herstellung eines Produkts tatsächlich waren. Damit kann man überprüfen, ob die entstandenen Kosten mit den vorkalkulierten Beträgen übereinstimmen (▷ Vorkalkulation). Die Resultate der Nachkalkulation dienen der Bewertung des Bestands an fertigen Erzeugnissen und der Erfassung des wirtschaftlichen Erfolgs pro Einzelleistung. Gleichzeitig werden mit der Nachkalkulation neue Unterlagen für die nächsten Vorkalkulationen gewonnen (▷ Controlling).

Nachlassstundung

Nachlassstundung bedeutet für einen Schuldner im Rahmen des ▷ Nachlassverfahrens den Zahlungsaufschub, d.h. eine Verschnaufpause für das Zahlen der fälligen Schulden. Es wird ein Sachwalter eingesetzt, unter dessen Aufsicht die Geschäfte des im Nachlassverfahren steckenden Unternehmens weitergeführt werden. Während dieser Zeit sind keine Betreibungshandlungen möglich, bestehende Schulden dürfen wegen möglicher Gläubigerbevorteilung nicht getilgt werden (▷ Amortisation).

Nachlassverfahren

Das Nachlassverfahren ist ein wichtiges Instrument zur ▷ Sanierung von Unternehmen. Es tritt anstelle der ▷ Zwangsvollstreckung und verhindert so den ▷ Konkurs. Es wird dann durchgeführt, wenn Aussicht auf die Wiederherstellung einer gesunden und intakten Vermögensstruktur und Ertragslage des betreffenden Unternehmens besteht. Der Antrag zur Durchführung eines Nachlassverfahrens kommt i.d.R. vom Schuldner.

Nachlassvertrag

Als Nachlassvertrag bezeichnet man die vertragliche Regelung der ▷ Nachlassstundung (siehe auch ▷ Nachlassverfahren). Für die Annahme des Nachlassvertrages benötigt der Schuldner die qualifizierte Zustimmung der Gläubiger der 3. Konkursklasse, d.h. eine Mehrheit der Gläubiger dieser Kategorie, die zusammen mindestens zwei Drittel der Forderungen halten oder ein Viertel der Gläubiger, die mindestens drei Viertel der Forderungen vertreten. Die konkursprivilegierten Forderungen (Forderungen der 1. und 2. Konkursklasse) müssen voll gedeckt sein, sonst kommt der Nachlassvertrag nicht zustande.

Nachtarbeit

Unter Nachtarbeit ist die von der tageszeitlichen Normalarbeitszeit verschobene ▷ Arbeitszeit gemeint. Gemäss Art. 16 Abs. 2 Arbeitsgesetz gilt als Nachtarbeit im Sommer die Zeit zwischen 20 Uhr und 5 Uhr, im Winter zwischen 20 Uhr und 6 Uhr. Unterschiedliche Formen von Nachtarbeit sind dauernde oder unregelmässige Nachtarbeit.

Nachwuchsprodukte

▷ Portfolio-Management

Nahe stehende Unternehmen und Personen

Unternehmen und Personen werden als nahe stehend betrachtet, wenn eine der Parteien über die Möglichkeit verfügt, die andere Partei zu beherrschen (▷ Beherrschung) oder einen ▷ massgeblichen Einfluss auf deren Finanz- und Geschäftspolitik auszuüben.

Namenaktie

Namenaktien sind – im Gegensatz zu den ▷ Inhaberaktien – Aktien, die nicht durch blosse Übergabe übertragen werden, sondern die der Eintragung des Erwerbers in ein von der Gesellschaft geführtes ▷ Aktienbuch bedürfen. Kann sich jeder Erwerber einer Namenaktie ins Aktienbuch aufnehmen lassen, so spricht man von *gewöhnlichen Namenaktien*. Sollen aber unerwünschte Aktionäre von der Ausübung der Mitgliedschaftsrechte ausgeschlossen werden, kann dies durch die Ausgabe von *vinkulierten Namenaktien* geschehen. Eine Ablehnung eines Namenaktionärs ohne Angabe von Gründen ist jedoch unzulässig (Art. 685 OR). Bei der Regelung der Ablehnungsgründe wird zwischen nicht börsenkotierten und börsenkotierten Namenaktien unterschieden:

■ Im Fall nicht börsenkotierter Namenaktien ist eine Ablehnung dann möglich, wenn dem Aktienerwerber ein in den Statuten genannter Grund entgegengehalten werden kann. Als wichtige Gründe gelten Bestimmungen über die Zusammensetzung des Aktionärskreises, die im Hinblick auf den Gesellschaftszweck oder die wirtschaftliche Selbständigkeit des Unternehmens eine Verweigerung rechtfertigen (Art. 685b Abs. 1 und Abs. 2 OR).

■ Bei Gesellschaften mit börsenkotierten Namenaktien (▷ Publikumsaktiengesellschaften) kann das Unternehmen einen Erwerber als Aktionär ablehnen, wenn die Statuten eine prozentmässige Begrenzung der Namenaktien vorsehen und diese Begrenzung überschritten wird (Art. 685d Abs. 1 OR).

Bei den Namenaktien handelt es sich – entgegen dem irreführenden Wortlaut – in juristischer Terminologie nicht um ▷ Namen-, sondern um ▷ Orderpapiere. Allerdings kann die Namenaktie auch als Rektapapier (Namenpapier) ausgestattet werden.

Namenpapier

Ein «echtes» Namenpapier kann nur durch Abtretung (▷ Zession) übertragen werden. Im Gegensatz zur gewöhnlichen ▷ Namenaktie, bei der nur die formelle Eintragungsberechtigung (d.h. eine ununterbrochene Reihe von ▷ Indossamenten) nachgewiesen werden muss, hat der Erwerber einer *Rektaaktie* zusätzlich die materielle Eintragungsberechtigung nachzuweisen. Während die gewöhnliche Namenaktie in der juristischen Terminologie ein ▷ Orderpapier ist, verkörpert die Rektaaktie ein Namenpapier. Rektaaktien sind in der Praxis selten anzutreffen.

Nationalbank

In der Schweiz trägt die ▷ Notenbank die offizielle Bezeichnung *Schweizerische Nationalbank (SNB)*. Sie hat die Rechtsform einer spezialgesetzlichen Aktiengesellschaft nach Bundesrecht. Die Aktien befinden sich zu ca. 55% im Besitz der Kantone, Kantonalbanken sowie weiterer öffentlich-rechtlicher Institutionen und zu ca. 45% in Privatbesitz. Der Bund besitzt keine Aktien der SNB. Die Aktionärsrechte beschränken sich im Wesentlichen auf die Abnahme von Jahresbericht und -rechnung. Mindestens zwei Drittel des Reingewinns gehen an die Kantone. Die SNB ist organisatorisch unabhängig und führt gemäss Art. 99 der Bundesverfassung eine Geld- und Währungspolitik, die dem Gesamtinteresse des Landes dient. In der Praxis bedeutet dies, dass zwischen Regierung und Direktorium der SNB Konsultationsgespräche zur Abstimmung der ▷ Geldpolitik im Hinblick auf wirtschaftspolitische Ziele stattfinden, ohne dass aber ein gegenseitiges Weisungsrecht bestünde. Die Schweizerische Nationalbank übt das in der Verfassung verankerte Geld- und Währungsmonopol aus und hat sich auf die Erhaltung der Geldwertstabilität, d.h. einer ▷ Inflation von maximal 2 %, verpflichtet.

Naturaldividende

Bei einer Naturaldividende werden Produkte des Unternehmens an die Aktionäre abgegeben. In der Schweiz ist dies bei vielen Transportunternehmen (z. B. Bergbahnen) der Fall, die Fahrkarten gratis abgeben oder Vergünstigungen gewähren. Andere Formen der Dividendenausschüttung (▷ Stockdividende, ▷ Bardividende) sind in der Praxis jedoch verbreiteter.

Natürliche Ressourcen
▷ Ressourcen

NAV
Abk. für ▷ Normalarbeitsvertrag

NC
Abk. für ▷ Numerical Control

Nebenwert
Syn. für ▷ Small Cap

Nennwert
Der Nennwert einer ▷ Aktie *(Nominalwert)* ist die Teilsumme des ▷ Aktienkapitals. Diese beträgt gemäss Art. 622 Abs. 4 OR mindestens 1 Rappen.

Der Nennwert einer ▷ Obligation entspricht dem Betrag, auf den eine einzelne Teilschuldverschreibung einer Obligationenanleihe (▷ Anleihensobligation) lautet. In der Regel beträgt dieser Fr. 5000 oder 100 000.

Neo-klassische Ökonomie
▷ Schulen ökonomischen Denkens

Net Present Value
▷ Kapitalwertmethode

Net Present Value Method
Engl. für ▷ Kapitalwertmethode

Netting
▷ Cash Management

Nettosubstanzwert
▷ Substanzwertmethode

Nettoumlaufvermögen (NUV)
Das Nettoumlaufvermögen *(NUV, Net Working Capital)* berechnet sich als Differenz zwischen Umlaufvermögen und kurzfristigem Fremdkapital. Es zeigt die relativ kurzfristig verfügbaren Mittel, welche das Unternehmen nach Begleichung der kurzfristigen Schulden zur freien Verfügung hat. Im Rahmen der Liquiditätsanalyse (▷ Liquidität) bildet das NUV die Basis zur Berechnung des Liquiditätsgrades 3. In der Vergangenheit wurde das NUV zudem oft als ▷ Fonds einer ▷ Mittelflussrechnung bestimmt.

Net Working Capital
Engl. für ▷ Nettoumlaufvermögen

Netzplan
Ein Netzplan zeigt die zur Realisierung eines Projektes wesentlichen Vorgänge und Ereignisse sowie deren logische und

zeitliche Abhängigkeiten auf. Wird der Netzplan angewandt, spricht man von ▷ Netzplantechnik.

Netzplantechnik

Die Netzplantechnik ist ein Instrument zur Strukturierung, Planung, Steuerung und Überwachung von komplexen Projekten mit Hilfe von ▷ Netzplänen.
In der Praxis haben sich verschiedene Netzplantechniken entwickelt. In den USA sind die ▷ Critical Path Method (CPM) und die ▷ Project Evaluation and Review Technique (PERT), in Europa die ▷ Metra Potential Method (MPM) verbreitet. Diese Verfahren weisen zwar z.T. Unterschiede auf, und es gibt eine Vielzahl von Weiterentwicklungen, doch beruhen alle auf den *gleichen* Grundprinzipien.
Je nach Informationsstand und -bedürfnis können bei der Planung und Durchführung von Projekten mit Hilfe der Netzplantechnik vier Phasen unterschieden werden: (1) *Strukturplanung:* Übersichtliche Darstellung der logischen Ablaufstruktur eines Projektes. (2) *Terminplanung:* Minimierung der Projektdauer und Einhaltung vorgegebener Termine. Die Terminplanung zeigt insbesondere die Pufferzeiten und den ▷ kritischen Weg. (3) ▷ *Kapazitätsplanung:* Optimale Kapazitätsauslastung unter Berücksichtigung vorhandener ▷ Kapazitäten und Kapazitätsbelegungen. (4) *Kostenplanung:* Minimierung der Projektkosten.
Die Netzplantechnik eignet sich besonders gut für Projekte, die komplex sind, hohe Kosten verursachen, unter grossem Zeitdruck stehen, und an die hohe Anforderungen bezüglich ▷ Flexibilität und *Genauigkeit* (Termineinhaltung) der Durchführung gestellt werden. Allerdings sind die Voraussetzungen für einen wirkungsvollen Einsatz der Netzplantechnik nicht immer gegeben. Bei erstmalig durchgeführten Projekten ist es oft schwierig, die Dauer der einzelnen Vorgänge genau abzuschätzen. Deshalb bleibt die Netzplantechnik meist auf Projekte beschränkt, deren Elemente relativ gut abgrenzbar sind.
Moderne Software-Pakete erlauben, auf der Zeitplanung aufbauend, die Kapazitäts- und Kostenplanung einzubeziehen.

Netzwerk

Der Begriff Netzwerk wird sowohl im ▷ Informationsmanagement als auch in der ▷ Organisation verwendet.
Im Informationsmanagement bestehen Netzwerke aus ▷ Hardware und ▷ Software, die an verschiedenen Orten verteilt und durch Datenübertragungseinrichtungen miteinander verbunden sind. Für die Übermittlung von Daten werden z.B. Kupfer-, Koaxial- und Glasfaserkabel sowie Funk und Infrarot verwendet. Ein Netzwerk, das in einem Gebäude oder einem zusammenhängenden Gebäudekomplex installiert ist, bezeichnet man als *Local Area Network (LAN)*, ein kabelloses Netzwerk als *Wireless LAN (WLAN)*. Ein *Wide Area Network (WAN)* verbindet Unternehmen miteinander, die z.B. auf verschiedenen Kontinenten domiziliert sind (Beispiel: Telefonnetz).
In der Organisationslehre werden drei Typen von Netzwerken unterschieden (▶ Abb. 123):
■ Das *interne* Netzwerk besteht aus unabhängigen Profit Centers (▷ Profit-Center-Organisation).
■ Im *stabilen* Netzwerk umgibt sich ein führendes Unternehmen mit zahlreichen Zulieferern, die einen Grossteil der ▷ Wertschöpfung am Produkt erbringen.
■ Das *dynamische* Netzwerk ist die extremste Form des ▷ Outsourcings von betrieblichen Funktionen. Je nach Projekt

oder Auftrag arbeiten für ein Projekt verschiedene Partner zusammen (▷ virtuelles Unternehmen).

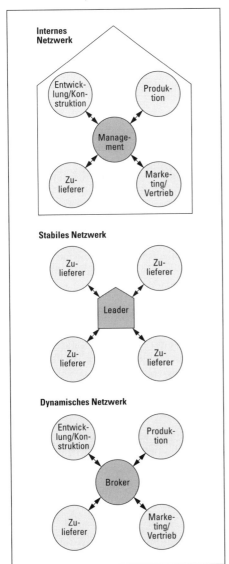

▲ Abb. 123 Netzwerktypen (Mertens/Faisst 1996, S. 281)

Neue Institutionenökonomie

Die Neue Institutionenökonomie ist ein Ansatz der ökonomischen Forschung, der sich aus verschiedenen Bausteinen zusammensetzt, die jeweils unterschiedliche Aspekte institutioneller Arrangements (wie z. B. Verträge oder mündliche Vereinbarungen) untersuchen.

Ausgangspunkt für die Entwicklung dieser Ansätze ist ein Aufsatz von Ronald Coase (1937), in dem dieser zeigt, dass unter bestimmten Umständen die Koordination ökonomischer Aktivitäten innerhalb eines Unternehmens der Koordination derselben Aktivitäten am Markt vorzuziehen ist. So kann es vorteilhaft sein, bestimmte Vorleistungen, die zur Herstellung eines Guts notwendig sind, in dem Unternehmen zu erbringen, das dieses Gut produziert. Die Alternative – die Vorleistung am Markt zu beziehen – ist vergleichsweise schlechter, weil sie mit Kosten (wie z. B. Kosten der Informationsbeschaffung) verbunden ist. Die Ursachen, die dazu führen, dass die Koordination ökonomischer Aktivitäten durch bestimmte Institutionen (wie z. B. Unternehmen) der Koordination durch andere Institutionen (wie z. B. den Markt) vorzuziehen ist, ergeben sich aus der Art der zu koordinierenden Aktivitäten sowie aus bestimmten markt- und unternehmensbezogenen Konstellationen.

Ausgehend von diesem Gedanken entwickelte sich in den 60er Jahren des 20. Jahrhunderts der Forschungsansatz der Neuen Institutionenökonomie. Die bekanntesten Ansätze sind die ▷ Property Rights Theory, der ▷ Transaktionskostenansatz sowie die ▷ Principal Agent Theory. ▶ Abb. 124 zeigt die drei Ansätze im Überblick.

Merkmal \ Ansatz	Property Rights Theory	Transaktionskostenansatz	Principal Agent Theory
Untersuchungsgegenstand	Gestaltung und Verteilung von Verfügungsrechten	Transaktionsbeziehungen	Principal-Agent-Beziehungen
Untersuchungseinheit	Individuum	Transaktion	Individuum
Verhaltensannahmen	■ Individuelle Nutzenmaximierung	■ Individuelle Nutzenmaximierung ■ Begrenzte Rationalität ■ Opportunismus ■ Risikoneutralität	■ Individuelle Nutzenmaximierung ■ Beschränkte Rationalität ■ Risikobereitschaft/ Risikoaversion
Gestaltungsvariable	Handlungs- und Verfügungsrechtssystem	Koordinationsmechanismus	Vertrag oder Vereinbarung
Beschreibung der Austauschbeziehung	Keine spezifische Beschreibung	Beschreibung mit Hinweis auf Häufigkeit und Unsicherheit der Transaktion und auf Problematik transaktionsspezifischer Investitionen	Beschreibung mit Hinweis auf ungleiche Informationsverteilung, die Verteilung von Risiken und bestehenden Unsicherheiten

▲ Abb. 124 Überblick über die Ansätze der Neuen Institutionenökonomie

Neurolinguistisches Programmieren

Neurolinguistisches Programmieren *(NLP)* ist ein komplexes System ganzheitlicher und effektiver Kommunikations- und Verhaltenstechniken. NLP setzt Worte, Gedanken und Verhaltensweisen einer Person in Beziehung zu ihren bewussten oder unbewussten Zielen. NLP wird als Instrument bzw. Inverventionstechnik (▷ Intervention) in der persönlichen Beratung eingesetzt, z. B. beim ▷ Coaching.

New Economy

Als New Economy bezeichnet man die neuen Unternehmen aus den Bereichen Internet, Telekommunikation, Biotechnologie und E-Commerce (Hightech-Unternehmen). Nach exponentiellen Kursanstiegen in den 90er Jahren sind die Aktienkurse dieser Unternehmen massiv unter Druck geraten.
▷ Old Economy

New Public Management

Unter New Public Management (wirkungsorientierte Verwaltungsführung) versteht man einen umfassenden Ansatz zur Gestaltung der Strukturen und zur Steuerung der Abläufe in der öffentlichen Verwaltung. Ziel dieses neuen Ansatzes in der Verwaltung ist der Übergang von einer Input- zu einer Output-Betrachtung, d. h. die Betonung liegt nicht mehr auf der Mittelzuteilung und dem Ressourceneinsatz, sondern auf der Produkt- und Nutzenorientierung.

NGO

Abk. für ▷ Non-Governmental Organization

Nicht garantierter Restwert

Der nicht garantierte Restwert ist derjenige Teil des ▷ Restwerts eines Leasinggegenstands (geschätzt zu Beginn des Leasingverhältnisses), dessen Realisierung durch den Leasinggeber nicht gewiss ist oder nur durch eine mit dem Leasinggeber verbundene Partei gewährleistet wird (▷ Leasing).

Nichtregierungsorganisation
▷ Non-Governmental Organization

Nichttarifäre Handelshemmnisse
▷ Handelshemmnisse, nichttarifäre

«Niemandslandtheorie»
▷ Vollkonsolidierung

NIH-Syndrom
Abk. für ▷ Not-invented-here-Syndrom

NIT-Syndrom
Abk. für ▷ Not-invented-there-Syndrom

NLP
Abk. für ▷ Neurolinguistisches Programmieren

Nominalkapital
Unter dem Nominalkapital versteht man den Betrag, auf den das ausgegebene und gezeichnete ▷ Aktienkapital lautet. Er entspricht der Summe der ▷ Nennwerte aller ausstehenden ▷ Aktien.

Nominalwert
Syn. für ▷ Nennwert

Nominalzins
Der Nominalzins bezeichnet den Preis für die Überlassung von ▷ Kapital als absoluten Prozentsatz des überlassenen Kapitals (▷ Zins, ▷ Realzins).

No-Name Products
Syn. für ▷ Generika

Non-Governmental Organization (NGO)
Non-Governmental Organizations *(NGO, Nichtregierungsorganisationen)* sind Organisationen, welche einerseits die Anliegen, Interessen oder Ansprüche von Stakeholdern (▷ Anspruchsgruppen) wahrnehmen und andererseits benachteiligte Gruppen der Gesellschaft oder auch die Natur aktiv unterstützen (z.B. Caritas, Greenpeace, WWF). Sie verstehen sich als Sprachrohr, Vertreter oder Anwalt der *Zivilgesellschaft* oder der Natur (Tiere, Pflanzen, Landschaft, Gewässer, Atmosphäre). In den letzten Jahren sind diese Organisationen im Zug der Globalisierung verstärkt in Erscheinung getreten. Im Rahmen der Erhaltung oder Erhöhung der eigenen ▷ Glaubwürdigkeit ist es für ein Unternehmen wichtig, die Anliegen der NGO wahrzunehmen und in seinem Handeln zu berücksichtigen.

Non-Profit-Marketing
Im Gegensatz zum Business-Marketing bzw. Profit-Marketing (klassisches Konsum- und Investitionsgütermarketing) beschäftigt sich das Non-Profit-Marketing mit nichtkommerziellen Leistungen, deren Ziel nicht die Gewinnerzielung ist. Die Denkweise des Marketings soll z.B. auf Theater, Universitäten, Museen, Behörden, aber auch auf gemeinnützige oder wohltätige Organisationen übertragen werden.

Non-Profit-Organisation (NPO)
Non-Profit-Organisationen *(NPO)* sind private oder staatliche Organisationen, deren Zweck in der Erreichung ideeller Ziele liegt. Die Gewinnerzielung hat nur einen geringen oder überhaupt keinen Stellenwert, im Vordergrund steht die Bedürfnisbefriedigung bzw. die Bedarfsdeckung. ▶ Abb. 125 zeigt neben einer Gegenüberstellung der staatlichen und privaten Non-Profit-Organisationen eine Gliederung der privaten Non-Profit-Organisationen nach wirtschaftlichen, soziokulturellen, politischen und karitativen Aspekten.

Arten \ Merkmale		Aufgaben	Formen
Staatliche NPO	Gemeinwirtschaftliche NPO	Erfüllung demokratisch festgelegter *öffentlicher Aufgaben* (auf Bundes-, Kantons-, Gemeindeebene), Erbringung konkreter Leistungen für die Bürger (Mitglieder)	■ Öffentliche Verwaltungen ■ Öffentliche Betriebe: □ Verkehr, Post, Energie □ Spital, Heim, Anstalt □ Schule, Universität □ Museum, Theater, Bibliothek
Private NPO	Wirtschaftliche NPO	Förderung der *wirtschaftlichen Interessen* der Mitglieder	■ Wirtschaftsverband ■ Arbeitnehmerorganisation ■ Berufsverband ■ Konsumentenorganisation ■ Genossenschaft
	Soziokulturelle NPO	Gemeinsame Aktivitäten im Rahmen *kultureller, gesellschaftlicher Interessen,* Bedürfnisse der Mitglieder	■ Sportvereine ■ Freizeitvereine ■ Kirche, Sekte ■ Spiritistische Zirkel ■ Theater, Musik
	Politische NPO	Gemeinsame Aktivitäten zur Bearbeitung und Durchsetzung *politischer (ideeller) Interessen* und Wertvorstellungen	■ Politische Partei ■ Natur-, Heimat-, Umweltschutzorganisationen ■ Politisch orientierte Vereine ■ Organisierte Bürgerinitiative
	Karitative NPO	Erbringung *karitativer Unterstützungsleistungen* an bedürftige Bevölkerungskreise (Wohltätigkeit, Gemeinnützigkeit)	■ Hilfsorganisationen für Betagte, Behinderte, Geschädigte, Süchtige, Arme, Benachteiligte ■ Entwicklungshilfe-Organisationen ■ Selbsthilfegruppen mit sozialen Zwecken

▲ Abb. 125 Non-Profit-Organisationen (nach Schwarz 1992, S. 18)

Normalarbeitsvertrag (NAV)

Der Normalarbeitsvertrag wird von staatlichen Behörden erstellt (Bund, Kanton). Er regelt einheitlich die Arbeitsverhältnisse für Berufsstände, die zu wenig stark organisiert sind, um einen eigenen ▷ Gesamtarbeitsvertrag (GAV) zu erstellen.

Normalkosten

Als Normalkosten bezeichnet man Kosten, die sich aus dem Durchschnitt der ▷ Istkosten vergangener Perioden ergeben. Die Berechnung der Normalkosten bildet die Basis für die Erstellung der ▷ Normalkostenrechnung.

Normalkostenrechnung

Die Normalkostenrechnung ist ein Vollkostensystem (▷ Vollkostenrechnung). Sowohl bei der innerbetrieblichen Leistungsverrechnung als auch im Rahmen der Kostenträgerstückrechnung (▷ Kalkulation) werden Verrechnungssätze verwendet, die auf den ▷ Normalkosten beruhen. Damit können die Kosten für die erzeugten Güter und Dienstleistungen bereits während der laufenden Periode abgerechnet werden. Im Vergleich zur ▷ Istkostenrechnung wird eine erhebliche Beschleunigung des Verfahrens erreicht, da Führungsinformationen frühzeitig zur Verfügung stehen. Da nicht mit Ist-Verrechnungssätzen gerech-

net wird, können sich allerdings Differenzen zwischen den verrechneten Kosten (Istmenge × Normalkosten) und den tatsächlichen Kosten (Istmenge × Istkosten) ergeben.
Der entscheidende Nachteil der Normalkostenrechnung liegt darin, dass sie vergangenheitsorientiert ist. ▷ Normalkosten eignen sich nicht als Massstab für die Wirtschaftlichkeit der Leistungserbringung. Die Normalkostenrechnung ist deshalb als Basis für Entscheidungen über zukünftige Aktivitäten nicht geeignet. Die ▷ Plankostenrechnung behebt diese Mängel.
▷ Kostenrechnungssysteme

Normalleistung
Unter einer Normalleistung versteht man die Leistung, die von jedem geeigneten, geübten und eingearbeiteten Mitarbeitenden über eine längere Zeitperiode erbracht werden kann. Sie bildet die Grundlage für die ▷ Arbeitsbewertung und den ▷ Akkordlohn. Sie ergibt sich aus der Erfahrung, aufgrund einer Konvention oder aus arbeitsanalytischen Untersuchungen.

Normatives Management
Das normative Management beschäftigt sich mit den generellen Zielen des Unternehmens, mit Prinzipien, Normen und Strategien, die darauf ausgerichtet sind, die Lebens- und Entwicklungsfähigkeit des Unternehmens sicherzustellen. Das normative Management stellt die oberste Ebene des ▷ St. Galler Managementkonzepts dar und umfasst die ▷ Unternehmensverfassung, die ▷ Unternehmenspolitik sowie die ▷ Unternehmenskultur. Es bildet die Grundlage für das ▷ strategische und ▷ operative Management.

Normstrategie
▷ Portfolio-Management

Normung
Unter Normung versteht man: (1) Die einheitliche, überbetriebliche (national oder international gültige) Festlegung von Grössen, Sorten, Güteklassen, Abmessungen, Formen, Farben, Qualitäten bestimmter Teile und Erzeugnisse, (2) die verbindliche Definition technischer und organisatorischer Begriffe sowie (3) die Festlegung mathematischer und physikalischer Symbole. Die Normung ist für den Produzenten mit verschiedenen Vorteilen wie tiefe Herstellungskosten und vereinfachte Materialwirtschaft, aber auch mit Nachteilen wie Verharren auf den bisherigen Materialien und Techniken verbunden.

Notenbank
Die Notenbank (▷ Nationalbank, *Zentralbank*) besitzt das Notenausgabemonopol eines Landes. Dieses Monopol beinhaltet das ausschliessliche Recht zur Ausgabe von Banknoten und Münzen und macht die Notenbank im Inland unbegrenzt liquide und somit zur letzten Quelle der Liquidität der Geschäftsbanken. Aufgaben der Notenbanken sind die Geldversorgung und meist die Erhaltung der Geldwertstabilität (▷ Inflation). Daneben kann eine Notenbank auch versuchen, den ▷ Wechselkurs zu beeinflussen (Wechselkursziel, Währungspolitik) oder ein bestimmtes Zinsniveau zu erhalten.
Steht für eine Notenbank die Erhaltung der Geldwertstabilität im Vordergrund, muss sie versuchen, die ▷ Geldmenge möglichst genau an der Entwicklung des Wirtschaftswachstums (reale Gütermenge) auszurichten, denn nur wenn Geldmenge und reale Wirtschaft in demselben Ausmass wachsen, kann Inflation mit inländischen Mitteln verhindert werden. In der Praxis hat es sich in den meisten Situationen (d.h. abgesehen von Krisensituationen) als sinn-

voll erwiesen, dass die Notenbank primär Geldwertstabilität anstrebt. Eine klare Prioritätsordnung ist nötig, weil Notenbanken mit nur *einer* Einflussgrösse (der ▷ Notenbankgeldmenge) in aller Regel *nicht gleichzeitig* Geldwert-, Wechselkurs-, Zins- und andere Ziele (z.B. Wirtschaftswachstum [▷ Wachstum, wirtschaftliches]) verfolgen können. Die einsetzbaren Instrumente sind meist am besten zur Erreichung von Geldwertstabilität geeignet (▷ Notenbankpolitik, Instrumente der).

Im Weiteren hat es sich in der Praxis als günstig erwiesen, wenn Notenbanken von Regierungen weit gehend *unabhängig* agieren können, weil so der Gefahr der Ankurbelung der Notenpresse zur Reduktion von Staatsverschuldung (▷ Budgetdefizit, staatliches) oder der einseitigen Beeinflussung der ▷ Geldpolitik durch Partikularinteressen (z.B. der Exportindustrie) am besten vorgebeugt werden kann.

Notenbankgeldmenge

Die Notenbankgeldmenge *(Zentralbankgeldmenge)* ist jener Teil der ▷ Geldmenge, den die ▷ Notenbank *direkt* beeinflussen kann. Sie besteht in der Schweiz nach der Definition der Schweizerischen ▷ Nationalbank (SNB) von 1995 aus dem Notenumlauf zuzüglich der Girorechnungen inländischer Banken bei der SNB. Die Notenbankgeldmenge der Schweiz betrug Mitte 2003 ca. 41 Mrd. Fr.

Notenbankpolitik, Instrumente der

Zur Erreichung ihrer Ziele stehen einer ▷ Notenbank in erster Linie folgende Instrumente zur Verfügung:

■ *Diskont- und Lombardpolitik:* Durch Festlegung des Satzes, zu dem die Notenbank Wechsel (Diskontsatz) zum Rediskont entgegennimmt oder zu dem sie gegen andere Wertpapiere Kredit gewährt (▷ Lombardkredit, Lombardsatz), kann sie die Attraktivität dieser Transaktionen beeinflussen. Eine Senkung des Satzes führt zu mehr Liquidität und einer Erhöhung der Geldmenge, während eine Erhöhung das Gegenteil bewirkt. In der Schweiz ist der Einsatz von Lombardkrediten nur in Ausnahmefällen möglich.

■ *Offenmarktpolitik:* Im Rahmen der Offenmarktpolitik kauft oder verkauft die Notenbank (meist gesetzlich definierte) Wertpapiere. Bei Inflationstendenzen verkauft sie Wertpapiere, um dem Markt Zahlungsmittel zu entziehen bzw. die Geldmenge zu senken. Käufe wirken umgekehrt. Bei der SNB haben solche Geschäfte nie eine bedeutende Rolle gespielt.

■ *Devisengeschäfte:* Devisenmarktoperationen sind bei vielen Notenbanken das wichtigste Instrument zur Steuerung der ▷ Geldmenge. Kauft die Notenbank ausländische Währungen (▷ Devisen) gegen inländische Währung (in Form von Guthaben bei der Notenbank), wird dadurch die ▷ Notenbankgeldmenge erhöht. Der Verkauf von Devisen gegen inländische Währung vermindert dagegen die Geldmenge. Devisengeschäfte sind ein einfaches und wirksames Instrument der Notenbank, mit welchem grosse Veränderungen der Geldmenge in kurzer Zeit bewirkt werden können. Manche Notenbanken setzen dieses Instrument gelegentlich zur Stützung des ▷ Wechselkurses ein. In der Praxis hat sich dies nur mässig bewährt, da für Stützungskäufe (zur Verhinderung eines Wertverfalls der inländischen Währung) meist nicht genügend Devisenreserven zur Verfügung stehen. So können auch bedeutende Notenbanken den Marktkräften höchstens kurzfristig entgegenwirken.

■ *Mindestreservenpolitik:* Da die Banken gesetzlich verpflichtet sind, *Mindestreserven* in Form zinsloser Guthaben bei der Nationalbank als Sicherheit zu hinterlegen, beeinflusst die geforderte Höhe dieser Reserven die Möglichkeiten zur Kreditvergabe. Erhöhungen der Mindestreservensätze verringern die Kreditvergabemöglichkeiten der Banken und senken damit deren Möglichkeiten zur ▷ Geldschöpfung, was die Geldmenge tendenziell senkt.

■ *Inflationsprognose und Zinsband:* Die Schweizerische ▷ Nationalbank (SNB) verwendet seit 2000 ein neues geldpolitisches Konzept, bei dem aufgrund einer mittelfristigen Inflationsprognose ein operationelles Zielband für einen von ihr gewählten Referenzzinssatz, den Dreimonats-Libor (▷ Libor), festgelegt wird. Durch ▷ Repo-Geschäfte, d.h. Kauf oder Verkauf von Wertpapieren auf Zeit, wird der Dreimonats-Libor im festgelegten Zinsband gehalten, indem die SNB Liquidität schafft oder abschöpft. Hierdurch wird die Geldversorgung der Banken indirekt gesteuert.

Not-invented-here-Syndrom

Beim Not-invented-here-Syndrom (NIH-Syndrom) werden nur solche Erkenntnisse und Erfindungen (▷ Innovationen) wahrgenommen und anerkannt, die man selber («here», d.h. Gruppe, Abteilung, Unternehmen) geschaffen hat.

Not-invented-there-Syndrom

Das Not-invented-there-Syndrom (NIT-Syndrom) besagt, dass man nur solche Erkenntnisse und Erfindungen (▷ Innovationen) wahrnimmt und anerkennt, die an einem bestimmten Ort («there», z.B. einer berühmten Universität oder einem renommierten Forschungszentrum) geschaffen wurden.

NPO

Abk. für ▷ Non-Profit-Organisation

Null-Coupon-Anleihe

Syn. für ▷ Zero-Bond

Nullfehlerprinzip

▷ Total Quality Management (TQM)

Nullserie

Bei Investitionsgütern wird vor der Aufnahme der Serienproduktion eine Nullserie, auch *Pilot-* oder *Vorserie* genannt, hergestellt. Sie dient dazu, mögliche Mängel, die sich bei einer serienmässigen Herstellung ergeben können, zu beheben und letzte Korrekturen vorzunehmen.
Eine Nullserie ermöglicht auch, einen breiter angelegten ▷ Markttest durchzuführen, indem diese Produkte zukünftigen Abnehmern kostenlos abgegeben werden. Damit kann eine Beurteilung aufgrund eines Einsatzes beim Kunden und in der fortlaufenden Produktion berücksichtigt werden.
▷ Innovationsprozess

Numéraire

Numéraire ist ein Synonym für Geld in der Funktion als Recheneinheit (▷ Geld).

Numerical Control (NC)

Die Numerical-Control-Technik *(NC,* Nummerische Kontrolle) ermöglicht den Einstieg in die *automatisierte* ▷ Fertigung (▷ Computer-Aided Manufacturing), indem sie die für den Bearbeitungsvorgang notwendigen geometrischen und technischen Daten automatisch in die Arbeitsmaschinen einspeist (NC-Lochstreifen). NC-Maschinen werden durch sog. NC-Programme gesteuert, welche von der ▷ Arbeitsvorbereitung (AVOR) erstellt werden. Die Programme enthalten alle für die Bearbeitung des Werkstücks notwendigen Informationen.

Weiterentwicklungen der bereits Ende der 60er Jahre eingeführten NC-Technik sind ▷ Computerized Numerical Control (CNC) und ▷ Direct Numerical Control (DNC).

Nutzenpotenzial

Unter einem Nutzenpotenzial versteht man einen möglichen Nutzen für Bezugsgruppen, den ein Unternehmen mit seinen spezifischen Fähigkeiten (▷ Kernkompetenzen) erschliessen kann. Aufgabe der Unternehmensführung ist es, attraktive Nutzenpotenziale zu erkennen und zu realisieren. Nutzenpotenziale können aus den verschiedensten Unternehmensbereichen stammen. Am bekanntesten ist das ▷ Marktpotenzial, das in Form von unerschlossener Nachfrage besteht.

Nutzkosten
▷ Fixe Kosten

Nutzschwelle
Syn. für ▷ Break-even-Punkt

Nutzschwellenrechnung
Syn. für ▷ Break-even-Analyse

Nutzungsdauer

Die Nutzungsdauer bezeichnet im Rechnungswesen:
- entweder den Zeitraum, über den ein abschreibungsfähiger ▷ Vermögenswert voraussichtlich vom Unternehmen genutzt wird,
- oder die voraussichtlich durch den Vermögenswert im Unternehmen zu erzielende Anzahl an Produktionseinheiten oder ähnlichen Grössen.

▷ Abschreibung

Nutzungswert

Als Nutzungswert bezeichnet man im Rechnungswesen den ▷ Barwert der geschätzten künftigen ▷ Cash Flows, die aus der fortgeführten Nutzung eines ▷ Vermögenswerts und seinem Abgang am Ende seiner ▷ Nutzungsdauer erwartet werden.

Nutzwertanalyse

Die Nutzwertanalyse ist neben der ▷ Investitionsrechnung ein wichtiges Verfahren zur Bewertung von ▷ Investitionen. Sie kann immer dann eingesetzt werden, wenn es um die Bewertung von Alternativen geht. Sie erlaubt die Berücksichtigung eines Zielbündels (▷ Ziele) und den Einbezug qualitativer Faktoren (▷ Imponderabilien, ▷ Standortwahl).

Bei der Nutzwertanalyse werden alle entscheidungsrelevanten Faktoren (Kriterien) aufgelistet und nach ihrer Bedeutung für das Unternehmen gewichtet. Diese Kriterien werden in Muss- und Wunschkriterien unterteilt. Erfüllt eine Projektalternative ein *Musskriterium* nicht, scheidet sie automatisch aus dem Auswahlprozess aus, unabhängig von der Güte anderer Kriterien. Bei einem Wunschkriterium ist hingegen nur der Erfüllungsgrad von Bedeutung.

Darauf folgt eine Bewertung der Faktoren für jede einzelne Projektalternative, wobei der Bewertung eine bestimmte Punkteskala zugrunde liegt. Die Multiplikation der Gewichtung mit der Bewertung ergibt den Nutzen des betreffenden Faktors, die Summe aller (Teil-)Nutzen der verschiedenen Faktoren den Gesamtnutzen der jeweiligen Projektalternative. ▶ Abb. 126 zeigt eine Nutzwertanalyse bei einer Standortwahl.

Standortanforderung	Gewichtung	Standort A		Standort B		Standort C		Standort D	
		X	R	X	R	X	R	X	R
1 Zentrale Verkehrslage (z. B. Autobahn- und Flughafennähe)	8	5	40	1	8	3	24	3	24
2 Günstiger Arbeitsmarkt (z. B. qualifizierte Facharbeiter, Arbeitskraftreserven)	15	5	75	5	75	1	15	3	45
3 Verfügbares Industriegelände (z. B. Fläche, zukünftige Erweiterungsmöglichkeiten)	16	3	48	3	48	5	80	5	80
4 Günstige Versorgung und Entsorgung (z. B. Versorgung mit Elektrizität, Gas, Wasser, Kanalisation)	10	1	10	3	30	1	10	3	30
5 Annehmbare rechtliche Auflagen (z. B. Bauvorschriften)	10	5	50	5	50	3	30	1	10
6 Geringe Steuerbelastung (z. B. tiefe Steuersätze, Steuererleichterungen)	25	3	75	5	125	1	25	3	75
7 Günstige Förderungsmassnahmen (z. B. staatliche Subventionen, kommunale Wirtschaftsförderung)	8	3	24	1	8	5	40	3	24
8 Gute Lebensbedingungen (z. B. Sozial-, Bildungs- und Freizeiteinrichtungen)	8	3	24	1	8	3	24	5	40
Gesamtnutzen der Alternativen	100		346		352		248		328
Festlegung der Präferenzordnung der Alternativen			2. Rang		**1. Rang**		4. Rang		3. Rang

X = Bewertung (gut = 5, befriedigend = 3, schlecht = 1)   R = Nutzen pro Standortfaktor
Hinweis: *unabdingbare Forderungen*, d. h. Muss-Kriterien (z. B. Mindestfläche), wurden nicht berücksichtigt.

▲ Abb. 126 Nutzwertanalyse für Industriebetriebe (nach Müller-Hedrich 1992, S. 45)

Hauptvorteil der Nutzwertanalyse ist eine Objektivierung des Entscheids, d. h.
- alle Entscheidungsträger legen ihre Ziele und Argumente offen,
- umstrittene Bewertungen werden deutlich,
- die Gefahr der Vernachlässigung wichtiger Faktoren nimmt ab.

NUV
Abk. für ▷ Nettoumlaufvermögen

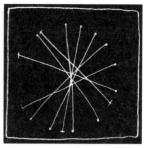

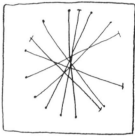

Objektivität

Unter Objektivität wird in der wissenschaftlichen Arbeit die Unabhängigkeit des Untersuchungsgegenstands (Objekt) von (bewussten oder unbewussten) Einflüssen der Untersuchungsperson (Subjekt) verstanden. Im Zusammenhang mit einzelnen Untersuchungsschritten wird differenziert zwischen:

- *Durchführungsobjektivität,* d.h. die Unabhängigkeit des Versuchsleiters oder Interviewers bei der Abwicklung der Erhebung. Sie wird z.B. durch schriftliche Anweisungen, standardisierte Fragen- und Antwortmöglichkeiten, Verbot eigener Formulierungen durch Interviewer usw. erreicht.
- *Auswertungsobjektivität,* d.h. die Unabhängigkeit der untersuchenden Person, z.B. durch standardisierte Kategorien bei der Auswertung offener Antwortmöglichkeiten, standardisierte Messverfahren, einheitliche Skalen usw.
- *Interpretationsobjektivität,* d.h. die Sicherstellung der Einheitlichkeit von Folgerungen, die aus Messergebnissen zu erzielen sind, z.B. durch Angabe von Grenzen der Messwerte, die zu einer Interpretationsalternative führen (Angabe des Signifikanzniveaus) usw.

Die Objektivität ist neben der ▷ Reliabilität und der ▷ Validität ein Kriterium, die Genauigkeit einer ▷ Marktforschungsmethode zu beurteilen.

Objektorganisation

Syn. für ▷ Divisionalorganisation

Obligation

Die Obligation *(Bond)* ist die Teilschuldverschreibung einer ▷ Anleihensobligation. Physisch ist sie das Papier (Schuldurkunde), auf dem das eingegangene Schuldverhältnis beurkundet ist. Der Begriff wird in der Umgangssprache häufig als Synonym für Anleihensobligation verwendet.

Obligationenanleihe

Syn. für ▷ Anleihensobligation

OE

Abk. für ▷ Organisationsentwicklung

OECD

Die *Organisation für wirtschaftliche Zusammenarbeit und Entwicklung (Organization for Economic Co-operation and Development, OECD)* ist 1960 aus der OEEC (Organization for European Economic Cooperation) hervorgegangen. Die OECD, die ihren Hauptsitz in Paris hat, zählt 24 Mitgliedstaaten, zu welchen auch die Schweiz gehört. Sie ist die bedeutendste Organisation der westlichen Industriestaaten. Ihre Mitgliedstaaten kommen für etwa zwei Drittel der weltweiten Produktion von Gütern und Dienstleistungen sowie für 95% der weltweiten Entwicklungshilfe auf. Weil es nach dem Zweiten Weltkrieg in Europa an Rohstoffen und Devisen für den Wiederaufbau mangelte, unterbreiteten die USA das Angebot finanzieller Hilfeleistung unter der Voraussetzung, dass in Europa eine Organisation die wirtschaftliche Entwicklung koordiniere. Um diese Bedingung zu erfüllen, wurde 1947 die OEEC gegründet, welche für die Verteilung der amerikanischen Wirtschaftshilfe die Verantwortung übernahm (Marshall-Plan). Als 1960 die Ziele der OEEC erreicht waren (Produktionssteigerung, Liberalisierung und Förderung des internationalen Handels, Konvertibilität der Währungen, Vollbeschäftigung u.a.), änderte diese ihre Statuten und es entstand die Nachfolgeorganisation OECD.

Als wichtigste Ziele der OECD gelten:
- die nachhaltige Förderung des Wohlstands in den Mitgliedstaaten (Wirtschaftswachstum, optimales Beschäftigungsniveau und Preisstabilität),
- das Erreichen eines gesunden Wirtschaftswachstums von Mitglied- und Nichtmitgliedstaaten (v.a. in Entwicklungsländern) und
- die Förderung des Welthandels.

Die Zusammenarbeit innerhalb der OECD basiert auf dem Dialog und dem ständigen Meinungsaustausch zwischen Regierungsvertretern über wirtschafts-, wissenschafts- und sozialpolitische Tätigkeiten des Staats.

Zu den Erfolgen der OECD zählen die Gründung des Umweltschutzkomitees 1970, die Entstehung der Internationalen Energie-Agentur zur Schaffung von Markttransparenz im Energiesektor sowie als Kontaktstelle zur OPEC (Organization of Petroleum Exporting Countries) und die einflussreiche Stellung des Entwicklungshilfeausschusses.

Offenmarktpolitik

Die Offenmarktpolitik ist ein Instrument der ▷ Notenbank zur Steuerung der ▷ Geldmenge und umfasst den Kauf und Verkauf von Wertpapieren durch die Notenbank.

Öffentliche Güter

Unter öffentlichen Gütern *(Public Goods)* versteht man in der Ökonomie Güter (▷ Güter, ökonomische), bei denen das

▷ Ausschlussprinzip *nicht* anwendbar ist und *keine* ▷ Konkurrenz im Konsum besteht. Hierin besteht der Unterschied zu ▷ privaten Gütern und eine Übereinstimmung mit ▷ freien Gütern.
Rein öffentliche Güter gibt es wenige, da sich das Ausschlussprinzip mit entsprechendem Aufwand fast immer anwenden lässt. So ist es nicht nur bei Theatern und Museen (▷ Kollektivgüter), sondern auch z.B. bei Strassen prinzipiell möglich, Nichtzahler von der Nutzung auszuschliessen. Auch besteht meist ab einer gewissen Zahl von Konsumenten Konkurrenz im Konsum (z.B. auf Strassen). Als gutes Beispiel für ein öffentliches Gut bleibt die Landesverteidigung, weil Nichtzahler (der Steuern) kaum ausgeschlossen werden können und keine Konkurrenz im Konsum der Schutzleistung besteht. Bei vielen Gütern, die gemeinhin als «öffentlich» angesehen werden, handelt es sich um Kollektiv- oder ▷ Club-Güter.

Öffentlicher Betrieb

Als öffentliche Betriebe bezeichnet man staatliche Betriebe *(Staatsbetriebe)*. Wichtigste Tätigkeitsbereiche von öffentlichen Betrieben sind: Ver- und Entsorgung (Gas, Wasser, Kehricht), Verkehr (Bahn, Schifffahrt, Strasse), Kreditwirtschaft (Nationalbank, Kantonalbanken), Versicherung (Sozialversicherung, AHV/IV), Information (Radio, Fernsehen) sowie Kommunikation (Post, Telefon).
Weitere Bereiche mit den verschiedenen Institutionen sind Kultur (Theater, Museen), Bildung (Schulen, Universitäten), Erholung und Freizeit (Sportanlagen, Schwimmbäder), Gesundheit und Pflege (Krankenhäuser, Heime) sowie Schutz und Sicherheit (Armee, Gefängnisse). Diese können ihre Kosten i.d.R. nicht oder nur teilweise durch selbsterwirtschaftete Erträge decken und müssen somit durch Steuergelder finanziert werden (▷ Subventionen).
▷ Non-Profit-Organisation

Öffentlicher Haushalt

1. Einerseits wird unter dem Begriff öffentlicher Haushalt allgemein der Staat mit allen Gebietskörperschaften (Bund, Kantone/Länder, Gemeinden) und allen Verwaltungseinheiten sowie den ▷ Parafisci verstanden.
2. In der Finanzwissenschaft wird andererseits unter öffentlichem Haushalt der *Haushaltsplan* verstanden. Dieser dient
■ der Feststellung von staatlichen Einnahmen und Ausgaben zur Ermittlung von ▷ Budgetdefiziten oder -überschüssen;
■ der Zuteilung der vorgesehenen Ausgaben sowie der erwarteten Einnahmen auf die Verwaltungseinheiten;
■ der Vorlage zur budgetären Beschlussfassung zuhanden des Parlaments.

Öffentliche Verwaltung

Unter öffentlicher Verwaltung versteht man die Gesamtheit der ausführenden Einheiten eines Staates, die im Rahmen gegebener Gesetze, Verordnungen und Richtlinien tätig wird. Sie umfasst im Sinn der *Gewaltenteilung* die nicht zur Legislative (Gesetzgebung) und Judikative (Rechtsprechung) gehörenden Institutionen. Dabei ist es üblich, die Regierung selbst nicht zur Verwaltung zu zählen. Die öffentliche Verwaltung stellt somit nur einen Teil der Exekutive dar. Ihre Aufgabe besteht im Vollzug der Anordnungen des anderen Teils der Exekutive, also der Regierung.

Öffentlichkeitsarbeit

Syn. für ▷ Public Relations

Offertbearbeitung

Die Offertbearbeitung *(Angebotsbearbeitung)* ist ein betrieblicher Prozess, durch welchen das Unternehmen Aufträge am Markt gewinnt. Mit Hilfe des Vertriebs (▷ Distribution) werden Angebote (▷ Offerten) an Nachfrager abgegeben. Bei standardisierten Produkten ist die Offertbearbeitung einfach und kann allein durch die Vertriebsmitarbeiter durchgeführt werden. Bei komplexeren Produkten, z.B. im Werkzeugmaschinenbau, ist sie aufwendiger.

Eine Offertbearbeitung kann ausgelöst werden durch anonymen Marktbedarf, konkrete Anfragen von Kunden oder durch öffentliche Ausschreibung von Aufträgen.

Die Offertbearbeitung gliedert sich in Angebotsplanung und Auftragsplanung. Gegenstand der *Angebotsplanung* sind:
- *Technische Planung:* Spezifikation der gewünschten Eigenschaften des Produkts,
- *Terminplanung:* Grobplanung der ▷ Durchlaufzeit und des Liefertermins,
- *Angebotskalkulation:* Kostenfestlegung und Preiskalkulation mit Hilfe von Zuschlagssätzen,
- *Juristische Beratung:* Insbesondere Festlegung von Konventionalstrafen und Zahlungsmodi.

Die *Auftragsplanung* folgt auf einen erfolgreichen Offertabschluss. Sie stellt den Informationsfluss zwischen den an der ▷ Auftragsabwicklung beteiligten Bereichen sicher.

Offerte

Unter einer Offerte wird im Gegensatz zu einem ▷ Auftrag ein einseitig bindender Vorschlag des Anbieters an einen oder mehrere Nachfrager verstanden, ein Gut oder eine Dienstleistung mit angegebenen Eigenschaften zu einem bestimmten Zeitpunkt zu einem bestimmten Preis zu liefern. Akzeptiert der Nachfrager eine Offerte, kommt ein *Auftrag* zustande, der im Rahmen der ▷ Auftragsabwicklung erledigt wird.

Offerten werden i.d.R. vom Vertrieb (▷ Distribution) erstellt und – falls notwendig – von der Geschäftsleitung genehmigt. Die Erstellung einer Offerte erfordert ein hohes Produkt- und Produktions-Know-how der beteiligten Mitarbeitenden, da Irrtümer in der Preis- oder Terminfestlegung bei Zustandekommen eines Auftrags zu hohen ▷ Kosten führen können. Ziel des Unternehmens sollte es sein, Offerten schnell und genau zu erstellen und dabei eine hohe Umwandlungsrate UR zu erzielen.

$$UR = \frac{\sum \text{Aufträge/Periode}}{\sum \text{Offerten/Periode}}$$

Eine hohe Umwandlungsrate ist für das Unternehmen wichtig, da die Bearbeitung und Erstellung von Offerten betriebliche Ressourcen bindet und keine direkten Erlöse bringt.

Bei der Erstellung einer Offerte stehen häufig die Ziele Präzision und Zeit miteinander in Konflikt. Dieser Konflikt kann durch den Einsatz von ▷ Computer-Integrated Manufacturing gemildert werden.
▷ Offertbearbeitung

Off-Price Stores

Bei Off-Price Stores als Form des ▷ Einzelhandels werden ▷ Markenartikel zu tieferen Verkaufspreisen als in anderen Einzelhandelsunternehmen (▷ Einzelhandelsformen) verkauft. Der Off-Price Store ist eine preisaggressive Handelsform, die i.d.R. nur qualitativ hochwertige Markenprodukte anbietet. Das Sortiment kann jedoch auch veraltete oder leicht fehlerhafte Waren umfassen.

Öko-Audit

Der Öko-Audit *(Umwelt-Audit, Umweltbetriebsprüfung)* überprüft und dokumentiert das ganze ▷ Umweltmanagementsystem systematisch, regelmässig und sachorientiert. Es wird z.B. überprüft, ob das Umweltmanagement mit der Umweltpolitik und den geltenden rechtlichen Vorschriften übereinstimmt. Ein Öko-Audit umfasst folgende Prüffelder:
- Prüfung der ▷ ökologischen Effizienz,
- Prüfung des ▷ ökologischen Produktlebenszyklus,
- Prüfung der Funktionsbereiche (z.B. Marketing, Materialwirtschaft) auf Umweltaspekte,
- Prüfung ökologisch orientierter Vorgehensstrategien.

Ökobilanz

Unter einer Ökobilanz wird eine Zusammenstellung und Bewertung von Stoff- und Energieflüssen verstanden. Mit Hilfe von Ökobilanzen können ganze Produkte oder Teile davon (z.B. Verpackungen), aber auch ganze Systeme (z.B. Produktionsprozesse, Unternehmen, Städte oder Regionen) auf ihre ökologischen Auswirkungen hin untersucht werden. Die relevanten Umweltauswirkungen werden mit dem Ziel erfasst, die ▷ ökologische Effizienz mit entsprechenden Massnahmen zu verbessern. Auf der Grundlage von Ökobilanzen können z.B. ökologische Schwächen und Gefahren erkannt, Entscheidungsalternativen bewertet und verglichen, Verbesserungsmassnahmen überwacht und über Erreichtes informiert werden. Grundlage für die Erstellung einer Ökobilanz ist eine ▷ Stoff- und Energiebilanz.

Das Wort «Bilanz» täuscht in der Hinsicht, als es sich bei der Ökobilanz nicht um eine Bestandesrechnung im Sinn der Bilanz in der ▷ Finanzbuchhaltung handelt. Es geht vielmehr um Stoff- und Energieflüsse über einen bestimmten Zeitraum. Damit liegt die Ökobilanz näher bei der Erfolgsrechnung. Im englischen Sprachraum wird – in Anspielung auf den ▷ ökologischen Produktlebenszyklus – entsprechend meist von *Life Cycle Analysis (LCA)* gesprochen. Die Erstellung einer Ökobilanz umfasst folgende Schritte:
- Umweltschutzziele formulieren,
- Rahmenbedingungen festlegen: Untersuchungsgegenstand (z.B. Produkt, Verfahren), Systemabgrenzungen nach dem ökologischen Produktlebenszyklus und den zu untersuchenden ▷ Umwelteinwirkungen (Bilanzraum, -grenzen),
- Daten systematisch erfassen und darstellen (▷ Stoff- und Energiebilanz),
- Umwelteinwirkungen beschreiben und darstellen (Wirkungsbilanz),
- Umwelteinwirkungen quantitativ und qualitativ bewerten,
- Erkenntnisse in Empfehlungen und konkrete Massnahmen umsetzen,
- Bericht erstellen.

Für die quantitative Bewertung der Umwelteinwirkungen gibt es verschiedene Modelle. Beispiele sind das Konzept der ▷ ökologischen Knappheit bzw. der Einsatz von ▷ Umweltbelastungspunkten und die Methode der ▷ kritischen Volumina.

Öko-Controlling

Das Öko-Controlling *(Umwelt-Controlling)* ist jener Teil eines ▷ Umweltmanagementsystems, mit dem die Unternehmenstätigkeit im Hinblick auf ihre ökologisch-ökonomische Effektivität und Effizienz (▷ ökologische Effizienz) kontinuierlich zielgerichtet gesteuert wird. Umweltinformationen werden gesammelt, bewertet und entscheidungsorientiert aufbereitet. Dazu ist es notwendig, Einzelmassnahmen zu koordinieren und Suboptimierungen zu vermeiden. Ökologische Transparenz soll z.B. ermöglichen, die Produktkalkulation ökologiegerecht zu gestalten. Umweltberichterstattung und ▷ Ökobilanz sind wichtige Instrumente des Öko-Controllings.

Ökoeffizienz
▷ Ökologische Effizienz

Ökofaktor
Ökofaktoren *(Umweltbelastungsfaktor)* werden bei der Berechnung von ▷ Umweltbelastungspunkten für ▷ Ökobilanzen eingesetzt.

Der Ökofaktor einer bestimmten Belastung errechnet sich aus der Beziehung zwischen der gesamten herrschenden und der maximal zulässigen Umwelteinwirkung in einem bestimmten Gebiet.

$$\text{Ökofaktor} = \frac{1}{Fk} \cdot \frac{F}{Fk} \cdot c$$

Fk: kritischer Fluss: ökologisch gerade noch als zulässig erachtete Emissions- oder Verbrauchsmenge pro Zeiteinheit (z.B. Jahr) in einem bestimmten Gebiet (z.B. Schweiz); F: Ist-Fluss: effektive Emissions- oder Verbrauchsmenge pro Zeiteinheit; $c = 10^{12}$: Konstante zur Vermeidung von sehr kleinen Zahlen

Der erste Faktor 1/Fk zeigt, dass Verbrauchsmengen stets an der kritischen Gesamtbelastung für das betreffende Gebiet zu messen sind. Mit diesem Faktor wird erreicht, dass eine besonders belastende Umwelteinwirkung stärker ins Gewicht fällt. Der zweite Faktor F/Fk gewichtet die effektive Belastung im Verhältnis zur kritischen. Diese Gewichtung ist linear gewählt. ▶ Abb. 127 zeigt ein Beispiel.

Kritischer Fluss (Fk): 67 200 t/Jahr (gemäss Luftreinhaltekonzept der Schweiz)
Ist-Fluss (F): 191 000 t/Jahr (gemäss BUWAL)

$$\text{Ökofaktor} = \frac{1}{67\,200} \cdot \frac{191\,000}{67\,200} \cdot 10^{12}$$

= 42,3 Umweltbelastungspunkte (UBP) pro Gramm NO_x-Emission

▲ Abb. 127 Berechnung des Ökofaktors für die NO_x-Emissionen (Stickoxide) in der Schweiz

Ökoinventar
Syn. für ▷ Stoff- und Energiebilanz

Ökologie
Unter Ökologie versteht man das Zusammenspiel zwischen der belebten und der unbelebten Welt. Eine grosse Zahl verschachtelter Kreisläufe und dynamischer Fliessgleichgewichte ermöglicht stabile Lebensformen. Das ökologische System ist allerdings sehr empfindlich (▷ ökologische Knappheit). Es setzt der Wirtschaft Grenzen, die nur kurzfristig und mit entsprechenden Folgeproblemen überschritten werden können. Der Mensch ist und bleibt Teil der Natur. Sein Wohlergehen und seine Zukunft sind darum vom Wohlergehen dieser vielfältigen Natur abhängig. Wortgeschichtlich stammen die beiden Begriffe Ökonomie und Ökologie vom griechischen Wort «oikos» ab. Dieses bedeutet «Haus» bzw. «Haushalt». In der Ökonomie wird der Wirtschaftshaushalt, in der Ökologie der Naturhaushalt betrachtet. In beiden Fällen geht es um haushälterisches Verhalten. Da das wirtschaftliche System vom ökologischen System abhängig ist, ist ein ▷ ökologisch bewusstes Management auf die Dauer eine Muss-Bedingung für wirtschaftliches Verhalten (▷ nachhaltige Entwicklung).

Ökologisch bewusstes Management

Ökologisch bewusstes Management orientiert sich im Sinn einer ▷ nachhaltigen Entwicklung an den Kreisläufen der Natur und berücksichtigt die Endlichkeit der ökologischen Umwelt. Die ökologischen Belastungen und Risiken werden in allen Tätigkeitsbereichen erfasst und über alle Stufen des ▷ ökologischen Produktlebenszyklus hinweg minimiert. Umweltschutz ist eine Querschnittsaufgabe der Unternehmensführung, d.h. er muss in allen unternehmerischen Funktionen berücksichtigt werden. Für ein effizientes Umweltmanagement (▷ Umweltmanagementsystem, ▷ ökologische Effizienz) ist es notwendig, dass ein Gesamtkonzept erstellt wird, das alle Handlungsebenen umfasst:
1. *Normatives Management (Umweltpolitik):* z.B. Entwicklung eines speziellen Ökologie-Leitbilds bzw. Aufnahme ökologieorientierter Aspekte in das bestehende Leitbild.
2. *Strategisches Management:* z.B. ▷ Öko-Controlling und ▷ Öko-Audit, Produktlinienanalyse, Umweltverträglichkeitsprüfung.
3. *Operatives Management:* z.B. Stoff- und Energieflussrechnung, Kennziffern und Indikatoren, Abfallbuchhaltung.

Ökologische Effizienz

Analog zur ökonomischen Effizienz (▷ Wirtschaftlichkeit), bei der das Verhältnis zwischen Ertrag und Aufwand (bewerteter Output und Input) bestmöglich gestaltet werden soll, müssen der Stoff- und Energiefluss bzw. überhaupt die Umweltbeeinträchtigung ökologisch optimiert werden.
Die heute dominanten Zielsetzungen, aber auch das vielfältige Instrumentarium zur Lenkung und Kontrolle des Wirtschaftsgeschehens sind v.a. auf die Optimierung von Kapital und Arbeit ausgerichtet. Dass die Wirtschaft aber in übergeordnete Systeme eingreift, wird ebenso vernachlässigt wie die Verschwendung von ▷ Ressourcen. Ein Unternehmen erhöht seine Ökoeffizienz, wenn es z.B. Arbeitsmethoden zur Materialersparnis verbessert, problematische Materialien substituiert, auf umweltbelastende Technologien und Produkte verzichtet, die Effizienz im Ressourceneinsatz erhöht oder Produkte mit einem Minimum an Energie herstellt (▷ ökonomisches Prinzip). Grundlage für die Beurteilung ist eine ▷ nachhaltige Entwicklung. Teilbereiche der Ökoeffizienz sind:

- *Ressourceneffizienz* (z.B. Energie, Wassereinsatz) und Energieeffizienz,
- *Emissionseffizienz* (z.B. CO_2-Ausstoss),
- *Abfalleffizienz* (z.B. Anfall von Siedlungsabfällen) und
- *Risikointensität* (z.B. Unfallgefahren).

Bei der Ökoeffizienz muss jeweils zwischen ökologischer Produkteffizienz und ökologischer Funktionseffizienz unterschieden werden. Zur Beurteilung der ökologischen Produkteffizienz wird die Umweltbelastung je Produkteinheit ermittelt (Beispiel: Energieverbrauch pro Tonne hergestellter Verpackung). Für die Beurteilung der ökologischen Funktionseffizienz muss die spezifische Bedürfnisbefriedigung berücksichtigt werden.

Ökologische Knappheit

Die ökologische Knappheit bezieht sich auf das ▷ ökologische Kapital. Sie entspricht dem Verhältnis zwischen der bestehenden und der maximal zulässigen Umweltbeanspruchung in einer bestimmten Region. Dementsprechend ist sie politisch-gesellschaftlich definiert. Es können z.B. Luftbelastungsgrenzwerte durch eine Behörde festgesetzt werden (▷ Ökofaktor). Ein solches Vorgehen ist notwendig, da nur

wenige Umweltgüter einen Markt, einen Marktpreis oder einen Eigentümer haben, der sich um einen nachhaltigen Einsatz bemüht (▷ nachhaltige Entwicklung). Verschwendung und Übernutzung sind die Folge. Die ökologische Knappheit bezieht sich auf folgende Aspekte:
- *Kumulativknappheit:* Wie gross sind die verbleibenden Vorräte nicht regenerierbarer Ressourcen (Energie, Rohstoffe)? Wie gross ist die akkumulierte Menge an nicht abbaubaren Schadstoffen?
- *Ratenknappheit:* Wie gross ist die Erneuerungskraft der Natur bei regenerierbaren Energien und Rohstoffen? Wie gross ist sie bei abbaubaren Schadstoffen?

Ökologischer Produktlebenszyklus

Ökologische Betrachtungen müssen Gesamtbetrachtungen sein. Der ökologische ▷ Produktlebenszyklus muss deshalb bei ökologischen Produktbeurteilungen zwingend berücksichtigt werden: Angefangen bei der Bereitstellung der Rohstoffe und Energien über die Auswirkungen der Produktionstätigkeit, die verschiedenen Transporte, die Folgewirkungen des Konsums bis hin zur Entsorgung der Abfälle müssen alle Auswirkungen auf die Umwelt (d.h. die gesamte Umweltbelastung bzw. ▷ Schadschöpfung) in die Überlegungen einbezogen werden. Jede Stufe erbt eine bestimmte Umweltbelastung von den Vorstufen. Die akkumulierte Umweltbelastung ist somit «von der Wiege bis zur Bahre» zu berücksichtigen (*Schadschöpfungskette* [▷ Schadschöpfungsprozesse]).

Für den Aufbau eines ▷ ökologisch bewussten Managements können aus dem ökologischen Produktlebenszyklus folgende Konsequenzen abgeleitet werden:
- Für die Erfassung der verschiedenen ▷ Umwelteinwirkungen ist ein Umwelt-Informationssystem notwendig.
- Die Realisierung von Lösungen, die eine ▷ nachhaltige Entwicklung verfolgen, erfordert eine umfassende Kooperation. Um z.B. ein tragfähiges Recycling-System (▷ Recycling) aufzubauen, kann sich eine Kooperation mit Akteuren wie dem Handel, den Konsumenten und den Herstellern von Vorprodukten (vertikale Kooperation) oder sogar mit der Konkurrenz (horizontale Kooperation) als notwendig erweisen.

Ökologisches Kapital

Unter dem ökologischen Kapital werden die natürlichen Ressourcen (Wasser, Boden, Erdöl, Fischbestände usw.), die Aufnahmefähigkeit der Medien (Boden, Wasser, Luft) für Zivilisationsrückstände sowie die generelle Widerstands- und Regenerationsfähigkeit natürlicher Systeme verstanden (▷ ökologische Knappheit).

Ökologisches Rechnungswesen

Im ökologischen Rechnungswesen werden ökologisch relevante Input-, Transformations- und Output-Prozesse der Unternehmenstätigkeit erfasst, dargestellt und bewertet (Beispiel: ▷ Schadschöpfungsrechnung). Die traditionelle Rechnungslegung kann im Hinblick auf Umweltaspekte differenziert und bei Bedarf durch eine eigenständige ökologische Rechnungslegung erweitert werden.

Ökologische Verpackung

▷ Verpackung, ökologische

Ökologische Zielbereiche

In Unternehmen lassen sich die folgenden ökologischen Zielbereiche unterscheiden:
- *Ressourcenziele* (▷ Ressourcen): Knappe Ressourcen (z.B. Material, Energie) müssen erhalten oder zumindest geschont werden.

- *Emissionsziele:* Belastende ▷ Emissionen (v.a. Abluft, Abwasser, Bodenbelastung, Lärm und Strahlen) sollen nach dem ▷ Vorsorgeprinzip möglichst vermieden oder vermindert werden.
- *Abfallziele:* Abfälle sollen nach dem Vorsorgeprinzip möglichst vermieden oder vermindert werden.
- *Risikoziele:* Potenzielle Gefahren sollen vermindert werden. Zusätzlich ist zu überlegen, wie eventuelle Störfälle verhindert oder zumindest begrenzt werden können.

Diese Ziele müssen über den ganzen ▷ ökologischen Produktlebenszyklus hinweg eingehalten werden.

Ökologische Ziele
▷ Ökologische Zielbereiche

Ökomarketing
Für ein umfassendes Ökomarketing müssen alle ▷ Marketinginstrumente im Hinblick auf ihre Umweltorientierung überprüft werden. Dabei spielen auch ▷ Ökobilanzen eine bedeutende Rolle.
In der ▷ *Produktpolitik* sind die folgenden Faktoren zu beachten:
- Ökologiegerechte Produkte sind langlebig, schonen die Ressourcen, sind wartungsfreundlich, vielseitig einsetzbar, gesundheitlich unbedenklich und recyclingfähig. Bei der Gestaltung muss der ▷ ökologische Produktlebenszyklus umfassend berücksichtigt werden.
- Bei einer Überprüfung des Sortiments sind von Massnahmen zur Verbesserung von Produkten über die Eliminierung von Produkten bis hin zur Neuprodukteinführung alle Möglichkeiten zu prüfen.
- Verpackungen sollten auf ein Minimum beschränkt werden und mehrfach verwendbar sein. Die Materialien sollten regenerierbar sein, sich für das Recycling eignen und gut abbaubar sein.
- Der Transparenz der Leistung und der ▷ Glaubwürdigkeit kommt in Bezug auf das Markenimage (▷ Image) und evtl. verwendete Ökosignete eine grosse Bedeutung zu.

In der ▷ *Distributionspolitik* ist die Bedeutung der Retrodistribution zu beachten. Die Verteilsysteme sind im Hinblick auf das Recycling durch Rückführungssysteme für Verpackungen, ausgediente Produkte usw. zu ergänzen. Für deren Aufbau werden i.d.R. ▷ Kooperationen notwendig. In der Logistik sind die Wahl ressourcenschonender Transportmittel (z.B. Bahn) sowie die Optimierung der Abläufe zu beachten. Systeme mit langen Transportwegen (z.B. wegen zentralisierter Unternehmensstrukturen) sind ökologisch nicht effizient.

Im Rahmen der ▷ *Konditionenpolitik* stellt sich die Frage, inwiefern eventuelle Mehrkosten der Produktion auf die Konsumenten überwälzt werden können. Dies hängt von der Preiselastizität der Nachfrage (▷ Elastizität) ab. Dabei sind häufig Divergenzen feststellbar zwischen der bekundeten und der tatsächlichen Preisbereitschaft. Eine Möglichkeit, um umweltfreundliche Produkte zu fördern, ist die ▷ Mischkalkulation zugunsten umweltfreundlicher Produkte. Wenn der Kunde für ökologiegerechte Produkte mehr zu bezahlen hat, müssen ihm die umweltbezogenen Produktvorteile glaubhaft transparent gemacht werden. Damit ist die ▷ *Kommunikationspolitik* gefordert, die Vertrauen schaffen muss. Als Zusatznutzen lassen sich Vorteile wie soziale Anerkennung, Prestige, Gesundheitsaspekte (z.B. biologischer Anbau) oder finanzielle Vorteile (z.B. billigere Nachfüllpackungen) vermarkten. Zudem achten je länger je mehr Konsumenten darauf, ob ein Unternehmen auch einen Entsorgungsservice anbietet.

Beim Ökomarketing ist die Übereinstimmung von Wort und Tat besonders wichtig. Der gesamte ▷ *Marketing-Mix* muss in Bezug auf die Ökologieorientierung eine glaubwürdige Einheit bilden. Öko-«Rosinen» und Pseudo-Ökologieorientierung (z.B. Ökobotschaften in der Kommunikation ohne entsprechende Marktleistungen und ohne entsprechendes Verhalten) sind mit Risiken verbunden, da die Sensibilität in der Gesellschaft für Missbräuche von Ökologie-Argumenten steigt. Die gesellschaftliche Akzeptanz ist jedoch für die Zukunftssicherung eines Unternehmens unerlässlich.

Ökonomische Rente
▷ Rente

Ökonomisches Prinzip
Jedes Unternehmen versucht, aufgrund der Knappheit der Güter nach dem ökonomischen Prinzip *(Rationalprinzip)* zu handeln. Dieses kann drei Ausprägungen annehmen:

- *Maximumprinzip:* Mit einem gegebenen Input an ▷ Produktionsfaktoren soll ein möglichst hoher Output erzielt werden.
- *Minimumprinzip:* Ein vorgegebener Output soll mit einem möglichst kleinen Input an Produktionsfaktoren realisiert werden.
- *Optimumprinzip* bzw. *Extremumprinzip:* Input und Output sollen so aufeinander abgestimmt werden, dass das ökonomische Problem nach den festgelegten Kriterien optimal gelöst wird. Weder Input noch Output sind vorgegeben.

Wegen ihrer grossen Bedeutung für die Praxis stehen bei der Verfolgung des ökonomischen Prinzips die drei Erfolgsziele ▷ Produktivität, ▷ Wirtschaftlichkeit sowie ▷ Rentabilität bzw. ▷ Gewinn im Vordergrund.

Öko-Sponsoring
▷ Sponsoring

OLAP
Abk. für ▷ Online Analytical Processing

Old Economy
Zur Old Economy gehören jene Unternehmen, die nicht zu den Wachstumswerten (Hightech-Titel) gezählt werden. Es sind also Firmen, die in traditionellen Branchen arbeiten.

Der Begriff Old Economy wurde erfunden, nachdem man die exorbitanten Aktienkurssteigerungen der ▷ New Economy (Internet, Telekommunikation und Biotechnologie) nicht erklären konnte und postulierte, dass eine neue Generation von Unternehmen neuen ökonomischen Regeln folge.

▷ Blue Chip

Oligopol
▷ Marktformen

Omnibusumfrage
Die Omnibusumfrage ist eine Befragungstechnik (▷ Befragungsformen), an der sich verschiedene Auftraggeber mit verschiedenen Fragestellungen beteiligen. Sie wird deshalb auch als *Beteiligungs-* oder *Mehrthemenumfrage* bezeichnet. Diese Umfrageart ist dann sinnvoll, wenn ein Unternehmen einen relativ geringen, aber spezifischen Informationsbedarf hat und dieser Informationsbedarf nicht durch eine vorhandene ▷ Standarderhebung abgedeckt werden kann oder die Kosten für eine separate Erhebung unverhältnismässig hoch ausfallen würden.

One-to-One-Marketing
Syn. für ▷ Customized Marketing

Online Analytical Processing (OLAP)

Als Online Analytical Processing *(OLAP)* bezeichnet man eine Technologie, die es erlaubt, grosse Datenmengen in grossen multidimensionalen Datenbanksystemen (▷ Datenbank) interaktiv zugänglich zu machen und zu analysieren. Auf speziellen OLAP-Servern werden komplexe Rohdaten aus dem Unternehmen konsolidiert und entsprechend den Informationsbedürfnissen in verschiedenen Aggregationsstufen aufbereitet und abgespeichert.
▷ Data Warehouse
▷ Data Mart

Online-Shopping
▷ Electronic Shopping

Open-Source-Software

Im Gegensatz zu proprietärer ▷ Software handelt es sich bei Open-Source-Software um Programme, bei denen der Autor auf die kommerzielle Verwertung seines ▷ Urheberrechts verzichtet. Charakteristisch und namensgebend für Open-Source-Software ist die Offenlegung und Weitergabe des Quellencodes aller Programme. Unter Beachtung der Auflagen und Nutzungsbestimmungen des Urhebers (der Lizenz) können Open-Source-Programme ohne besonderes Entgelt vom Benutzer verwendet, weiterentwickelt und an Dritte weitergegeben werden. Ein faktischer Standard der Nutzungsbestimmung von Open-Source-Software ist die *General Public License (GPL)* der *Free Software Foundation* (Boston, Massachusetts), die – in Abgrenzung zum Copyright des «normalen» Urheberrechts – *Copyleft* genannt wird. Die GPL regelt die Bedingungen, unter denen der Quellcode weiterentwickelt und in eigene kommerzielle Produkte integriert werden darf. Jede Weiterentwicklung des Codes muss ebenso der GPL unterstellt werden, eine kommerzielle Verwertung dieser übernommenen Programmteile ist untersagt.
Kommerzielle Dienstleistungen mit Open-Source-Software beinhalten in der Praxis über das blosse Zurverfügungstellen der Programme hinausgehende Dienste (Schulung und Erstellung von Dokumentation, Implementierung und Beratung, eigene Programme, die nicht der GPL unterliegen).
Bekannte Beispiele von Open-Source-Software sind das Betriebssystem Linux von Linus Torvalds, die Büro-Software Open Office, der Internet-Browser Mozilla oder der Web-Server Apache. Als Open-Source-Software gibt es nicht nur zahlreiche Anwendungen für Privatanwender, sondern auch Pakete mit Lösungen für alle Bereiche eines Unternehmens, die im Leistungsumfang kommerziellen Produkten ebenbürtig sind.

Operating Leasing

Als Operating Leasing bezeichnet man jene Leasinggeschäfte, bei denen das Investitionsrisiko beim Leasinggeber verbleibt. Die Grundmietzeit eines solchen Leasinggeschäfts ist im Verhältnis zur wirtschaftlichen ▷ Nutzungsdauer entsprechender Leasinggegenstände relativ kurz, sodass der Leasinggeber keine Voll-, sondern nur eine Teilamortisation erzielt. Aus juristischer Sicht ist Operating Leasing nichts anderes als ein Mietvertrag mit besonderen Serviceleistungen.
Der Verbleib des Investitionsrisikos beim Leasinggeber ist für die Bilanzierung des Leasinggegenstands von entscheidender Bedeutung. Anders als beim ▷ Financial Leasing wird das Operating Leasing in der Bilanz des Leasing*gebers* erfasst.
▷ Leasing

Operating System
Engl. für Betriebssystem
▷ System-Software

Operational Auditing
▷ Interne Revision

Operations Management
Engl. für ▷ Produktionswirtschaft

Operations Research
Das Operations Research *(Unternehmensforschung)* stellt *quantitativ* ermittelte Entscheidungsunterlagen für die ▷ Unternehmensführung bereit. Dabei kommen mathematische Verfahren zur Anwendung.
Zur Lösung von Problemen des Operations Research wird folgendermassen vorgegangen:
1. Problemformulierung und Analyse des zu untersuchenden Systems.
2. Aufstellen eines Entscheidungsmodells durch Modellierung der grundlegenden logischen Abhängigkeiten.
3. Herleitung von Lösungen aus dem Modell unter Zuhilfenahme der ▷ Elektronischen Datenverarbeitung.
4. Überprüfung des Modells und der Lösung hinsichtlich ihrer Wirklichkeitstreue.
5. Anpassung des Modells an zeitliche Veränderungen (Dynamisierung).
6. Umsetzung der erzielten Lösungen durch das Management.
Mit Operations Research lassen sich Fragestellungen lösen, die bei intuitiven Methoden zu suboptimalen Ergebnissen führen würden. Haupteinsatzgebiete der Unternehmensforschung sind die Lineare Optimierung, die Mehrzieloptimierung, die ▷ Netzplantechnik und die *Lagerhaltungsmodelle* (▷ Losgrösse, optimale).
In der *Praxis* gelangen Operations-Research-Modelle immer häufiger zur Anwendung. Sie sind jedoch mit hohen personellen Kosten verbunden und müssen sich aus Gründen der ▷ Wirtschaftlichkeit rechtfertigen.

Operative Planung
▷ Planungssystem

Operatives Management
Beim operativen Management steht die ökonomische Perspektive der leistungs-, finanz- und informationswirtschaftlichen Prozesse im Mittelpunkt. Zum Aspekt der wirtschaftlichen ▷ Effizienz tritt der soziale Aspekt des Mitarbeiterverhaltens. Dieser spielt v.a. im Kooperationsverhalten sowie in der vertikalen und horizontalen Kommunikation eine Rolle (▷ St. Galler Managementkonzept).

OPM
Abk. für ▷ Option Pricing Model

Opportunitätskosten
Der Begriff der Opportunitätskosten steht für eines der wichtigsten und grundlegendsten Konzepte der Volkswirtschaftslehre. Opportunitätskosten entstehen dadurch, dass bei gegebenen Mitteln zu einem bestimmten Zeitpunkt immer nur eine Alternative realisiert werden kann. Sie sind Verzichtskosten, indem der Entscheid *für* eine bestimmte Alternative (z.B. für Aktien) immer auch den *Verzicht* auf die Realisierung einer anderen Alternative (z.B. Kauf von Immobilien) bedeutet. Opportunitätskosten bezeichnen also den *Nutzenentgang* durch Nichtrealisierung der zweitbesten Alternative, wenn die beste Alternative realisiert wird. Alles, was jemand tut oder besitzt, hat Opportunitätskosten. Diese Erkenntnis steckt hinter dem Slogan «time is money» und hat unter

Ökonomen zum geflügelten Wort geführt: «There ain't no such thing as a free lunch» (auch ein geschenktes Mittagessen hat Opportunitätskosten). Für die Praxis wichtig sind v. a. auch Veränderungen der Opportunitätskosten. So entstehen z.B. während eines Vollzeitstudiums erhebliche Opportunitätskosten in Form von Lohnausfällen. Steigen nun die Löhne deutlich, ist jemand evtl. nicht länger gewillt, die Opportunitätskosten zu tragen und bricht sein Studium zugunsten der Erwerbstätigkeit ab.

Optimale Bestellmenge
▷ Bestellmenge, optimale

Optimale Finanzierung
▷ Finanzierung, optimale

Optimale Kapitalstruktur
▷ Finanzierung, optimale
▷ Kapitalstruktur

Optimale Losgrösse
▷ Losgrösse, optimale

Optimaler Kostenpunkt
▷ Kostenverläufe

Optimumprinzip
▷ Ökonomisches Prinzip

Option
Eine Option gibt das Recht (aber nicht die Pflicht), innerhalb einer festgelegten Optionsfrist vom (oder an den) Verkäufer (Stillhalter) eine bestimmte Menge eines definierten Guts (z.B. eines Wertpapiers) zu einem vereinbarten Preis zu kaufen (▷ Call-Option) oder zu verkaufen (▷ Put-Option). Optionen sind normalerweise standardisiert und werden an den Börsen gehandelt. Sie werden hauptsächlich auf Aktien, Zinsen, Indices oder Währungen ausgegeben. Heute finden sich selbst Optionen auf die Kursentwicklung einer anderen Option (sog. Compoptions). Optionen werden zur Absicherung (▷ Hedging), zur ▷ Spekulation oder zur Steigerung der Rendite eines bestehenden Portefeuilles (als Stillhalter) verwendet. Werden Optionen zu Spekulationszwecken gekauft, bilden sie ein hohes Risiko, da sie nach Ablauf der Optionsfrist wertlos verfallen können. Zudem sind die Kursausschläge der Optionen ungleich höher als die der ▷ Basiswerte.
▷ Derivat
▷ Amerikanische Option
▷ Europäische Option

Optionalsystem
Das Optionalsystem ist ein Verfahren der ▷ Bestellmengenplanung, das versucht, die Vorzüge des ▷ Bestellpunktsystems und des ▷ Bestellrhythmussystems miteinander zu verbinden. Neben dem rechnerischen Maximalbestand (Richtbestand) sind auch der Kontrollrhythmus und die Meldemenge festgelegt. Die Bestellmenge ist variabel. Im Gegensatz zum Bestellrhythmusverfahren besteht ein Wahlrecht, ob an den im Voraus bestimmten Kontrollzeitpunkten eine Bestellung aufgegeben werden soll oder nicht. Schematisch ist beim Optionalsystem folgendermassen zu verfahren:
1. Feststellung, ob die geplante Meldemenge erreicht ist oder nicht,
2. Ergänzung der Lagermenge auf die Höhe des vereinbarten Richtbestands, falls die Meldemenge unterschritten ist. Sind die verfügbaren und bestellten Mengen grösser als die gemeldeten, wird eine Bestellung auf den nächsten Kontrollzeitpunkt verschoben.

Option Pricing Model (OPM)

Das Option Pricing Model *(OPM)* gehört zur Gruppe der Kapitalmarktmodelle (▷ Capital Asset Pricing Model) und dient der Bewertung (Pricing) von ▷ Optionen. Der in der Praxis am weitesten verbreitete Ansatz stammt von Black und Scholes, der folgende Einflussfaktoren berücksichtigt: Laufzeit der Option, risikofreier Zinssatz, Ausübungspreis (Strike Price), aktueller Kurswert des ▷ Basiswerts, Standardabweichung des Basiswerts sowie eventuelle Dividendenzahlungen (bei Optionen auf Aktientitel).

An der Verwendung des OPM zur Bewertung von Optionen wird kritisiert, dass die dem Ansatz zugrunde liegenden Annahmen zum Verhalten der Investoren und zur Funktionsweise der Finanzmärkte nicht die Realität widerspiegeln und die praktischen Anwendungsmöglichkeiten einschränken. Neben der Anwendung für die Optionsbewertung wird das OPM u.a. auch für die Bestimmung des risikogerechten Zinssatzes im Bereich der Kommerzkreditvergabe, zur Unternehmensbewertung und für die Beurteilung von Investitionsprojekten (speziell für Projekte in der ▷ Forschung und Entwicklung) verwendet. Für diese Anwendungsgebiete sind dem OPM in der Praxis jedoch gewisse Grenzen gesetzt, da die benötigten statistischen Daten entweder nicht vorhanden oder nur ungenau schätzbar sind.

Optionsanleihe

Eine Optionsanleihe *(Bond with Warrant, Stock Warrant Bond)* ist eine ▷ Anleihensobligation, bei welcher der Käufer zusätzlich zum Anspruch auf Zinszahlungen und Tilgung das Recht erhält, während einer bestimmten Frist zu einem im Voraus fixierten Preis eine bestimmte Anzahl Beteiligungspapiere zu erwerben. Obschon die Optionsanleihe der ▷ Wandelanleihe sehr nahe verwandt ist, besteht ein bedeutender Unterschied darin, dass das Wahl- oder Optionsrecht bei der Optionsanleihe in einem separaten Wertpapier verbrieft ist. Dieser Bezugsschein, auch *Optionsschein* oder ▷ Warrant genannt, entspricht vom Charakter her einer ▷ Option. Für die Optionsanleihe existieren drei verschiedene Kurse bzw. Börsennotierungen: (1) Kurs der ursprünglichen Anleihe, d.h. inklusive Optionsschein. (2) Kurs der Anleihe ohne Optionsschein. Eine solche Obligation entspricht einer gewöhnlichen Obligation und hat auch den gleichen Kurs. (3) Kurs für den Optionsschein.

In den Kurslisten der Banken steht die Zusatzbezeichnung «cum» für den Handel der Anleihe mit Optionsschein und die Bezeichnung «ex» für den Handel ohne Optionsschein. Wird nur der Optionsschein gehandelt, so erscheint der Titel in den Kurslisten unter dem Abschnitt «Optionen».

Das Optionsrecht führt zu einem tieferen Zinscoupon. Die tiefere Verzinsung des eingesetzten Kapitals muss der Investor in Kauf nehmen, da ihm der Optionsschein die Möglichkeit gibt, am zukünftigen Erfolg des Unternehmens zu partizipieren. Optionsanleihen werden häufig in einer Hausse-Phase (▷ Hausse) emittiert.

Optionsdelta

Syn. für ▷ Delta-Faktor

Optionsprämie

Als *absolute Optionsprämie* bezeichnet man die Differenz zwischen dem aktuellen Börsenkurs einer ▷ Aktie und dem Preis, den man für diese Aktie beim Bezug über den Optionsschein (Preis des Optionsscheins plus Optionspreis der Aktie) bezahlen müsste. Die Optionsprämie entspricht daher dem Marktpreis einer ▷ Option. Die *prozentuale Optionsprämie* gibt in Prozenten an, um wie viel der Kauf einer Aktie beim Bezug über den Optionsschein in Relation zum Kassakurs günstiger zu stehen kommt, als der Kauf dieser Aktie zum Kassakurs an der Börse. Die Optionsprämie ist von verschiedenen Faktoren abhängig wie z.B. der Börsenverfassung, dem Erfolg des Unternehmens, den Zukunftsaussichten der Branche oder den Kapitalmarktbedingungen. In der Praxis betragen die Prämien meistens 0–30%, wobei im Ausnahmefall auch negative Prämien zu beobachten sind.

Optionsschein
Syn. für ▷ Warrant
▷ Optionsanleihe

Orderpapier
Orderpapiere sind Schuldurkunden (z.B. Wertpapiere), bei denen sich der Schuldner dem Besitzer der Urkunde zu einer Leistung verpflichtet. Ein Orderpapier wird – im Gegensatz zu einem ▷ Namenpapier – durch ▷ Indossament übertragen.

Order Point System
Engl. für ▷ Bestellpunktsystem

Ordnungspolitik
Die Ordnungspolitik ist Teil der ▷ Wirtschaftspolitik. Sie legt die *Rahmenbedingungen* fest, innerhalb derer sich die wirtschaftlichen Aktivitäten abspielen. Auf (Wirtschafts-)Verfassungsebene werden folgende Aspekte geregelt:
- Koordinationsmechanismus der wirtschaftlichen Aktivitäten (Markt, Plan oder Mischformen),
- Eigentumsverhältnisse (privat, kollektiv oder gemischt),
- Wirtschaftsfreiheit (freie Wahl der Aktivitäten oder staatlich eingeschränkt),
- Aufgaben des Staats (▷ Staatsaufgaben),
- Wettbewerbs- bzw. Kartellrecht,
- staatliche Leistungen (Sicherheit, Infrastruktur, Bildung, Sozialwerke usw.) und deren Finanzierung (Steuern, Verschuldung),
- Kompetenzverteilung zwischen Akteuren (v. a. Regierung, Parlament, Verwaltung, Volk, Judikative, Notenbank) und zwischen den Gebietskörperschaften (Bund, Kantone/Länder, Gemeinden).

Organigramm
Das Organigramm stellt die ▷ Organisationsstruktur des Unternehmens zu einem bestimmten Zeitpunkt vereinfacht dar, wobei Rechtecke Stellen symbolisieren und die Verbindungslinien den Dienstweg und die Unterstellungsverhältnisse zeigen (▶ Abb. 128). Das Organigramm gibt je nach Ausgestaltung und Beschriftung folgende Informationen: (1) Eingliederung der Stellen in die Gesamtstruktur des Unternehmens, (2) Art der Stelle (Instanz, Ausführungsstelle, Stab, Zentrale Dienste), (3) Unterstellungsverhältnisse (Dienstweg), (4) weitere Beziehungen zwischen den Stellen (z. B. als Mitglied eines Ausschusses), (5) Bereichsgliederung, Zusammensetzung einer Abteilung und Stellenbezeichnung, (6) je nach Zweck die Namen der Stelleninhaber, die Mitarbeiterzahl, die Kostenstellennummern sowie weitere Informationen.

Das Organigramm ist eines der verbreitetsten Instrumente zur grafischen Darstellung der hierarchischen Organisationsstruktur des Unternehmens, weil es einen raschen Überblick ermöglicht. Allerdings ist es ein

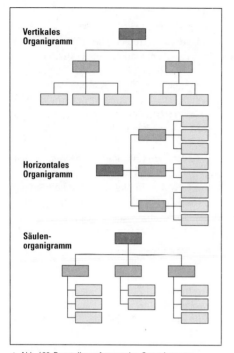

▲ Abb. 128 Darstellungsformen des Organigramms

Organisation

Der Begriff Organisation wird sowohl umgangssprachlich als auch betriebswirtschaftlich unterschiedlich verwendet. Betriebswirtschaftlich stehen folgende Interpretationen im Vordergrund:

1. *Gestalterischer Aspekt:* Das Unternehmen *wird* organisiert, d.h. die Tätigkeit des Gestaltens steht im Vordergrund. Der Organisation in diesem Sinn kommt eine Gestaltungsfunktion zu. Die ▷ Organisationsentwicklung ist eine mögliche Vorgehensweise unter partizipativem Einbezug der Mitarbeitenden.

2. *Instrumentaler Aspekt:* Das Unternehmen *hat* eine Organisation. In der Regel hat jedes Unternehmen eine bewusst geschaffene Ordnung, mit der bestimmte Ziele erreicht werden sollen. Organisation in dieser Bedeutung hat eine Ordnungsfunktion. Sie dient als Instrument zur Erreichung der ▷ Unternehmensziele. Diese Ordnung bezieht sich auf die Strukturen (▷ Aufbauorganisation) und Prozesse (▷ Ablauforganisation), die sehr eng zusammenhängen. Beide betrachten das gleiche Objekt, wenn auch unter verschiedenen Aspekten. Sie bedingen sich gegenseitig und bauen aufeinander auf: Die Aufbauorganisation liefert den organisatorischen Rahmen, innerhalb dessen sich die Arbeitsprozesse vollziehen können. Ein solcher Rahmen lässt sich nur dann sinnvoll festlegen, wenn genaue Vorstellungen über die Arbeitsprozesse bestehen, die sich darin vollziehen sollen. ▶ Abb. 129 zeigt diesen Zusammenhang.

3. *Institutionaler Aspekt:* Das Unternehmen *ist* eine Organisation; diese Betrachtungsweise befasst sich mit der Frage, welche in der Realität vorkommenden Gebilde als Organisation bezeichnet und somit von einer ▷ Organisationslehre untersucht wer-

sehr einfaches ▷ Organisationsinstrument, das nur einen sehr beschränkten Eindruck gibt. Insbesondere zeigt es nicht die detaillierte Aufgabenverteilung und die spezifischen Funktionen bei der Bearbeitung gemeinsamer Aufgabenkomplexe. Deshalb werden Organigramme häufig mit zusätzlichen Organisationsinstrumenten (z.B. ▷ Stellenbeschreibung, ▷ Funktionendiagramm) ergänzt und kombiniert. Da es schwierig ist, komplexe Beziehungsgefüge grosser und sehr stark gegliederter Unternehmen auf vernünftigem Raum aufzuzeichnen, beschränkt man sich oft auf die obersten hierarchischen Stufen und stellt einzelne (Unter-) Abteilungen separat dar.

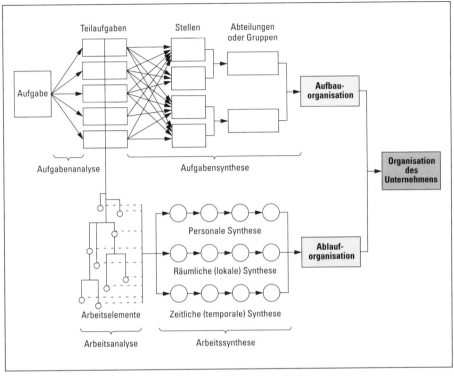

▲ Abb. 129 Zusammenhang Aufbau- und Ablauforganisation (Bleicher 1991, S. 49)

den. Neben dem Unternehmen sind auch öffentliche Betriebe und Verwaltungen, religiöse, karitative, militärische oder andere gesellschaftliche Institutionen Gegenstand der Betriebswirtschaftslehre und auch einer Organisationslehre.

Die bewusst gestaltete Organisation stellt die formalen Strukturen und Abläufe eines Unternehmens dar *(formale Organisation)*. Neben dieser fest vorgegebenen Ordnung bilden sich in der betrieblichen Wirklichkeit in unterschiedlichem Ausmass informale Strukturen, die neben oder anstelle der formalen Organisation wirksam werden (▷ informale Organisation).

Organisationales Lernen

Organisationales Lernen bezeichnet den Prozess der Veränderung der organisationalen Wert- und Wissensbasis, um die Problemlösungs- und Handlungskompetenz zu erhöhen sowie den Bezugsrahmen einer Organisation zu verändern. Im Zentrum steht der Aufbau einer unternehmensspezifischen Wissensbasis, d.h. der Aufbau von Wissen, das von allen Unternehmensmitgliedern geteilt wird.

Obschon organisationales Lernen über Individuen und deren Interaktionen erfolgt, ist es nicht der Summe der individuellen Lernprozesse und -ergebnisse gleichzu-

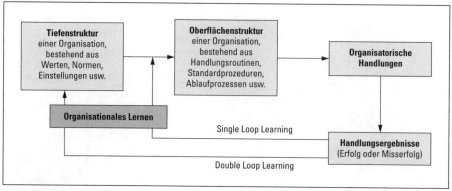

▲ Abb. 130 Basismodell der Lernprozesse

setzen. Denn einerseits wird nicht alles individuelle Wissen weitergegeben (z.B. aus Gründen der Macht, Angst oder Frustration), andererseits kann durch die Weitergabe von individuellem Wissen neues Wissen entstehen (Synergieeffekte). Je nach Konstellation kann die Summe des individuellen Wissens grösser oder kleiner als das organisationale Wissen sein.

Bei organisationalen Lernprozessen wird zwischen *Single Loop Learning* und *Double Loop Learning* unterschieden (◄ Abb. 130). Beim Single Loop Learning werden die erkannten Probleme mit den vorgegebenen Werten und Zielen verglichen, um geeignete Aktionen zur Lösung der Probleme einleiten zu können. Das *Double Loop Learning* hinterfragt die Werte und Ziele zusätzlich kritisch. Falls diese nicht mehr geeignet sind, wird ein neuer Bezugsrahmen geschaffen (▷ Reframing). Diese Unterscheidung macht deutlich, dass Lernen auf zwei Ebenen erfolgt. Single Loop Learning beschäftigt sich mit der Oberflächenstruktur, d.h. mit der Gesamtheit aller organisatorischen Regeln, welche die Strukturen und Prozesse festlegen, die offiziell dokumentiert, autorisiert und somit gleichsam an der «Oberfläche» der Organisation sichtbar sind. Das Double Loop Learning setzt bei den Tiefenstrukturen an, dem «organisatorischen Unbewussten», das sich aus Unternehmenskultur, kognitiven Strukturen und etablierten Individual- und Gruppeninteressen zusammensetzt.

▷ Wissensmanagement

Organisation für wirtschaftliche Zusammenarbeit und Entwicklung
▷ OECD

Organisationsentwicklung (OE)

Unter Organisationsentwicklung *(OE)* versteht man eine Form des geplanten Wandels, bei dem drei Hauptziele im Vordergrund stehen:

1. *Effizienz von Organisationen:* Eine verbesserte Anpassungsfähigkeit und ein verbessertes Problemlösungsverhalten soll die Effizienz von Organisationen steigern.

2. *Förderung der Persönlichkeit:* Dadurch dass der Mitarbeitende in den organisatorischen Gestaltungsprozess einbezogen wird und er über die ihn betreffenden Veränderungen mitentscheiden darf, werden die Voraussetzungen zur Selbstentfaltung geschaffen (▷ Humanisierung der Arbeit).

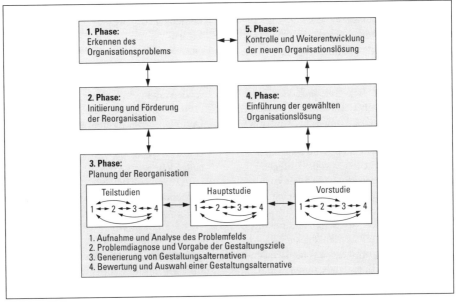

▲ Abb. 131 Aktivitäten im organisatorischen Gestaltungsprozess

3. *Harmonisierung der individuellen Ziele mit den Organisationszielen:* Beide Ziele müssen so aufeinander abgestimmt werden, dass Zielkonflikte minimiert und die Ziele gegenseitig akzeptiert werden.

Die drei Ziele versucht man einerseits durch Trainings auf individueller Ebene und in Gruppen, andererseits durch Veränderungen der Unternehmensorganisation zu erreichen. Neben betriebswirtschaftlichen werden auch psychologische und verhaltenswissenschaftliche Erkenntnisse berücksichtigt. Vorteile sind neben der Partizipation die kurze Inkubationszeit bei der Umsetzung der Strategie, die geringen Reibungsverluste sowie die Lernprozesse für die Betroffenen. Der Nachteil liegt in der relativ langen Zeitdauer zur Erarbeitung der Strategie. Konträr geht die ▷ Bombenwurf-Strategie vor. ◀ Abb. 131 zeigt ein Phasenmodell zur Entwicklung und Steuerung von organisatorischen Gestaltungsprozessen im Rahmen der Organisationsentwicklung.
▷ Business Reengineering
▷ Change Management

Organisationsformen

In der Betriebswirtschaftslehre können die folgenden wesentlichen Organisationsformen unterschieden werden:
■ ▷ Funktionalorganisation,
■ ▷ Holdinggesellschaft,
■ ▷ Matrixorganisation,
■ ▷ Netzwerk,
■ ▷ Projektorganisation,
■ Spartenorganisation (▷ Divisionalorganisation),
■ ▷ Stablinienorganisation,
■ ▷ Team(-Organisation),
■ ▷ Tensor-Organisation.

Organisationsgrad

Der Organisationsgrad beschreibt das Verhältnis zwischen allgemeinen und spezifischen organisatorischen Regelungen innerhalb eines Unternehmens. Eine *allgemeine* Regelung legt bestimmte Sachverhalte dauerhaft fest. Bei einer *speziellen* Regelung hingegen hat der jeweilige Mitarbeitende einen grösseren Entscheidungsspielraum, da er jede Situation der Problemlösung entsprechend neu angehen kann.

Je grösser die Gleichartigkeit, Regelmässigkeit und Wiederholbarkeit betrieblicher Prozesse ist, desto mehr allgemeine Regelungen können festgelegt werden und desto weniger spezielle Anordnungen müssen getroffen werden, oder, anders formuliert, mit abnehmender Veränderlichkeit betrieblicher Tatbestände nimmt die Tendenz zur allgemeinen Regelung zu. Diesen Sachverhalt bezeichnet man als das *Substitutionsprinzip der Organisation*.

Die organisatorische Aufgabe besteht darin, das organisatorische Optimum oder Gleichgewicht zu finden, das durch das Substitutionsprinzip ermittelt werden kann. Dies ist dann erreicht, wenn alle gleichartigen und sich wiederholenden betrieblichen Vorgänge allgemeinen und keinen speziellen Regelungen folgen (◄ Abb. 132). Der organisatorische Rationalisierungsprozess hat das Optimum noch nicht erreicht, wenn zu wenig sich repetierende Vorgänge allgemein geregelt werden *(Unterorganisation)*. Andererseits ist das Optimum überschritten, wenn ungleichartige Tatbestände mit allgemeinen Regeln gelöst werden, obwohl sie fallweise zu behandeln wären *(Überorganisation)*.

Organisationshandbuch

▷ Organisationsinstrument

Organisationsinstrument

Organisationsinstrumente sind Hilfsmittel zur organisatorischen Gestaltung der ▷ Aufbau- und ▷ Ablauforganisation. Sie können in einem *Organisationshandbuch* festgehalten werden. Die wichtigsten Instrumente der Aufbauorganisation sind das ▷ Organigramm, die ▷ Stellenbeschreibung und das ▷ Funktionendiagramm. Zu den am häufigsten gebrauchten Instrumenten der Ablauforganisation zählen die ▷ Ablaufkarte, das ▷ Balkendiagramm und der ▷ Netzplan.

Organisationskultur

Syn. für ▷ Unternehmenskultur

Organisationslehre

Die Organisationslehre versucht zu zeigen, wie einerseits die Gesamtaufgabe des Unternehmens, die von Menschen und Maschinen arbeitsteilig erfüllt werden muss, sinnvoll in Teilaufgaben gegliedert werden und wie andererseits diese Teilaufgaben zueinander in Beziehung gesetzt werden, damit die Ziele des Unternehmens optimal erreicht werden.

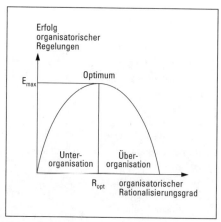

▲ Abb. 132 Optimaler Organisationsgrad
(Kieser 1981, S. 72)

Organisationsstruktur

Eine formale Organisationsstruktur ist ein System von dauerhaften Regelungen, die den Rahmen bzw. die Ordnung zur zielgerichteten Steuerung des Verhaltens und der Prozesse in Organisationen bilden. Zur formalen Organisationsstruktur zählen die ▷ Aufbau- und die ▷ Ablauforganisation. Oft wird die Organisationsstruktur mit der Aufbauorganisation gleichgesetzt.

Neben der formalen besteht eine ▷ informale Organisation, die wichtige Koordinations- und Kommunikationsfunktionen ausserhalb des Regelungssystems des Unternehmens übernimmt.

Organisationstypen der Fertigung

Die Organisationstypen der Fertigung *(Fertigungsverfahren)* bestimmen die innerbetriebliche Standortwahl, die organisatorische Gestaltung der Bearbeitungsreihenfolge der Erzeugnisse und die Zuordnung der Aufgaben zu den Arbeitsplätzen. Werden Maschinen und Arbeitsplätze zu fertigungstechnischen Einheiten zusammengefasst, so lassen sich die in ▶ Abb. 133 aufgeführten Fertigungsverfahren unterscheiden. Heute dominieren die Fertigungsprinzipien *mit* Teiledurchlauf gegenüber jenen ohne Teiledurchlauf.

▷ Baustellenfertigung
▷ Fliessfertigung
▷ Gruppenfertigung
▷ Handwerkliche Fertigung
▷ Strassenfertigung
▷ Taktfertigung
▷ Werkbankprinzip
▷ Werkstattfertigung

Organisationsziele

Die Organisationsziele gestalten die ▷ Aufbau- und ▷ Ablauforganisation eines Unternehmens. Übergeordnete Ziele sind die ▷ Effizienz und die ▷ Effektivität. Daraus lassen sich weitere Ziele ableiten wie z.B. Kundenorientierung (▷ Customer Focus), Flexibilität, Motivation der Mitarbeitenden und Führbarkeit des Unternehmens. Dabei ist zu beachten, dass sich die Ziele z.T. widersprechen.

OTC

Abk. für ▷ Over-the-Counter

Outbound Call

Von Outbound Calls spricht man, wenn der Call Center Agent (▷ Call Center) bzw. der eigene Mitarbeitende Kunden, Interessenten oder neue Zielpersonen zwecks aktiven Verkaufs, Umfragen u.a. anruft.
▷ Inbound Call

Out-of-the-Money

Als Out-of-the-Money bezeichnet man eine ▷ Call-Option, bei welcher der Tageskurs des ▷ Basiswerts niedriger ist als der ▷ Ausübungspreis oder eine ▷ Put-Option, bei welcher der Tageskurs des Basiswerts über dem Ausübungspreis liegt.

▲ Abb. 133 Organisationstypen der Fertigung

Outplacement

Das Outplacement ist eine unterstützende Massnahme bei der Entlassung von Mitarbeitenden, v. a. Führungskräften. Ein spezialisierter, externer Personalberater hilft dem Ausscheidenden, aus einem (sicheren) Arbeitsverhältnis heraus durch eine gezielte Marketingstrategie für seine Person eine adäquate neue Stelle zu finden oder neue sinnvolle Betätigungsfelder zu erschliessen. Damit sollen die psychischen und finanziellen Folgen einer Entlassung so weit als möglich gemindert werden. Ziel ist es, eine einvernehmliche Trennung zwischen dem betroffenen Mitarbeitenden und dem Unternehmen zu erreichen.
▷ Outplacement-Beratung
▷ Personalfreistellung

Outplacement-Beratung

Die Outplacement-Beratung ist eine mögliche Form, im Rahmen einer Entlassung (v. a. bei Führungskräften) durch einen speziellen (externen) Personalberater eine zumindest sozialverträgliche Trennung zu vollziehen. Dem Betroffenen wird damit professionelle Hilfe für einen Neuanfang geboten. Damit können mögliche Spannungen und Vertrauensprobleme vermindert werden, indem der gekündigte oder freigestellte Mitarbeitende durch kompetente Personalbetreuer beraten wird, um bald einen neuen Arbeitsplatz zu finden.
Die Betreuung ist vielseitig und beinhaltet psychologische, juristische und arbeitsrechtliche Aspekte, die Ermittlung von Stärken/Schwächen, Hilfe bei der Erstellung von Bewerbungsschreiben/-unterlagen, Vermittlung von Weiterbildungsmassnahmen, Standortbestimmung für den Arbeitsmarkt, Coaching usw. In Gesprächen werden Probleme, Wünsche und Fragen des Betroffenen besprochen, in einer gründlichen Abklärung werden die vorhandenen Leistungspotenziale und Berufsorientierungen eruiert oder mögliche Laufbahnalternativen und Karrierewege erarbeitet. Durch die Möglichkeit einer Outplacement-Beratung zeigt das Unternehmen seine soziale Verantwortung. Zugleich dient diese Massnahmen der Imagepflege im Arbeitsmarkt und für verbleibende Mitarbeitende.
▷ Outplacement

Outsourcing

Als Outsourcing bezeichnet man die Auslagerung von Leistungen, die ein Unternehmen erbringt, an externe Stellen. Dabei wird nach dem Prinzip, dass ein Unternehmen sich auf seine ▷ Kernkompetenzen konzentrieren soll, geprüft, welche Aufgaben in eine eigene neue Firma ausgelagert werden sollen bzw. welche externen Spezialisten diese Aufgaben übernehmen könnten (▷ Make-or-Buy-Entscheid). Bei der Neugestaltung und Auslagerung von gewissen Funktionen spielt das ▷ Business Reengineering eine wichtige Rolle.

Overheads

Engl. für ▷ Gemeinkosten

Overhead Value Analysis

Engl. für ▷ Gemeinkostenwertanalyse

Overreporting

Im Rahmen der Panelerhebung (▷ Panel) ergeben sich Messverzerrungen, indem Haushalte, die regelmässig Aufzeichnungen über ihren Konsum machen, z. B. ihr Verhalten ändern, preisbewusster werden oder sich stärker an bekannten Marken orientieren. Folge ist ein untypisches Kaufverhalten. Ein Problem ist das Overreporting, d.h. einzelne Panelmitglieder geben aus Prestigegründen mehr Käufe an, als sie tatsächlich getätigt haben. Das Gegenteil ist ▷ Underreporting.

Over-the-Counter (OTC)

Die Bezeichnung Over-the-Counter *(OTC)* stammt aus dem amerikanischen Sprachgebrauch und hat zwei Bedeutungen.
1. Sie bezeichnet den ausserbörslichen Wertpapierhandel. Dieser ist weder organisiert noch an Ort oder Zeit gebunden. Da ein grosser Teil des ausserbörslichen Wertpapierhandels über Telefon abgewickelt wird, bezeichnet man OTC oft auch vereinfachend als Handel am Telefon.
2. Rezeptfreie Arzneimittel werden ohne ärztliches Rezept «über den Ladentisch» nicht nur in Apotheken und Drogerien, sondern in den USA auch in Supermärkten (▷ Einzelhandelsformen) verkauft.

Palastorganisation

Mit Palastorganisation wird eine auf Stabilität ausgerichtete Organisationsform bezeichnet, die sich – im Gegensatz zur ▷ Zeltorganisation – durch folgende Merkmale auszeichnet:
- ▷ Einliniensystem mit vielen hierarchischen Führungsebenen,
- starke Spezialisierung (▷ Arbeitsteilung mit stark funktionaler Gliederung) sowie
- geringe Produkt- und Marktorientierung.

Panel

Unter einem Panel versteht man die wiederholte Befragung *(Umfrage)* der gleichen Auskunftspersonen oder -stellen. Ziel ist die Ermittlung bestimmter Einstellungen, Erwartungen oder Verhaltensweisen, insbesondere deren Veränderungen über einen längeren Zeitraum. Die Befragung findet meist in regelmässigen Abständen statt. Wichtige Panels in der Schweiz sind das ▷ Haushalts- und das ▷ Detailhandelspanel.

Beim Panel entstehen Probleme wie (1) hohe Verweigerungsrate (viele Personen sind nicht bereit, die Berichtsbogen auszufüllen, da Aufwand zu hoch), (2) Panelsterblichkeit (Tod, Umzug, Aufgabe usw., soziale Drop-out-Rate), (3) Paneleffekte wie stärkeres Bewusstwerden über Einkaufshäufigkeit, was zu einer Verhaltensänderung führen kann, oder es werden aus Prestigegründen mehr Einkäufe notiert als effektiv getätigt (▷ Overreporting), oder Ermüdungserscheinungen führen zu fehlerhaften Eintragungen (▷ Underreporting).

Paradigma

Als Paradigma bezeichnet man in der Wissenschaft nach Thomas S. Kuhn (1978) eine wissenschaftliche Leistung, die Theorie, Gesetze, Modelle, Anwendungen, Hilfsmittel und konkrete Beispiele umfasst und dadurch ein Vorbild für weitere Forschung abgibt, und die zu einer bestimmten festgefügten Tradition wissenschaftlicher Forschung wird (z. B. Relativitätstheorie).

In der Wirtschaft wird der Begriff auch im Sinn eines allgemeinen Bezugsrahmens interpretiert, der ein Denk- oder Handlungsmodell vorgibt (z. B. ▷ Shareholder Value Management).

Parafisci

Bei den Parafisci handelt es sich um Körperschaften zwischen dem öffentlichen und dem privaten Bereich. Im Unterschied zu privaten Institutionen nehmen Parafisci öffentliche Aufgaben wahr und verfügen häufig über Finanzquellen mit Zwangscharakter. Die Beschäftigten haben oft eine beamtenähnliche Stellung, und häufig erfolgt eine gesonderte Rechnungslegung. Beispiele: staatliche Renten-, Arbeitslosen-, Kranken-, Unfallversicherungen (Sozialfisci), Landeskirchen (Kirchenfisci).

Pareto-Kriterium

Das Pareto-Kriterium besagt, dass ein Zustand sog. *pareto-optimal* ist, wenn keiner der Betroffenen mehr besser gestellt werden kann, ohne dass ein anderer schlechter gestellt wird. Freiwilliger ▷ Tausch führt immer zu einem Pareto-Optimum, weil alle Beteiligten bei der Verfolgung ihres eigenen Nutzens einen Anreiz haben, so lange zu tauschen, bis sich keiner mehr durch Tausch besser stellen kann. Freiwilliger Tausch ist also ein pareto-effizientes Mittel zur Steigerung der Wohlfahrt. Das Pareto-Kriterium wird nach dem italienischen Ökonomen und Soziologen Vilfredo Pareto (1848–1923) benannt.
▷ Effizienz

Park & Ride-System

Bei einem städtischen Park & Ride-System *(P & R-System)* werden am Stadtrand Parkplätze zur Verfügung gestellt, von denen aus die Innenstadt bequem mit öffentlichen Verkehrsmitteln erreicht werden kann. Diese Massnahme unterstützt die Bemühungen für eine verkehrsfreie Innenstadt (▷ Stadtmarketing).

Die Einrichtung eines P & R-Systems soll den ökologischen Aspekten der Mobilitätsproblematik gerecht werden. Die Innenstadt soll von Lärm und Abgasen befreit werden, was die Attraktivität der Stadt steigert. In der Parkplatzgebühr ist die Benützung der öffentlichen Verkehrsmittel inbegriffen.

Partiarisches Darlehen

Bei einem partiarischen Darlehen erhält der Gläubiger neben einer festen Verzinsung auch einen Anteil am Geschäftsgewinn. Oft ist im Darlehensvertrag kein fester Zins oder nur ein Zins in bescheidener Höhe vorgesehen. Das partiarische Darlehen ist von der ▷ stillen Gesellschaft zu unterscheiden, was aber in der Praxis oft schwierig ist.

Partiefertigung

Syn. für ▷ Chargenfertigung

Partizipation

Der Begriff Partizipation hat zwei Bedeutungen:
- Im Rahmen der *Führungs- und Organisationslehre* spricht man von Partizipation, wenn zwei oder mehr Personen gemein-

sam entscheiden und gleichzeitig unterschiedlichen Führungsebenen des Unternehmens angehören. Der Hauptvorteil der Partizipation liegt in einer höheren Motivation der Mitarbeitenden durch gemeinsame Entscheidungen und in einer besseren Nutzung ihres Leistungs- und Fähigkeitspotenzials.

▪ Bei einer *Unternehmensverbindung* in Form einer Partizipation verpflichten sich die Beteiligten (Partizipienten), Geschäfte (z.B. Einkauf eines grösseren Warenpostens) im eigenen Namen, aber auf gemeinsame Rechnung abzuschliessen. Die Partizipation tritt nach aussen nicht in Erscheinung und ist somit eine Innengesellschaft. Sie umfasst meist nur wenige Partner. Als Rechtsform eignet sich die ▷ einfache Gesellschaft. Partizipationsgeschäfte wurden früher v.a. im Warenhandel abgeschlossen, haben aber heute an Bedeutung verloren.

Partizipationskapital

Als Partizipationskapital bezeichnet man die Summe der Nennwerte aller ▷ Partizipationsscheine. Das Partizipationskapital wird zum ▷ Eigenkapital des Unternehmens gerechnet. Es kann im Verfahren der genehmigten oder bedingten ▷ Kapitalerhöhung geschaffen werden und darf das Doppelte des ▷ Aktienkapitals nicht übersteigen (Art. 656b Abs. 1 OR).

Partizipationsschein

Nach Art. 656a Abs. 1 und 2 OR «können die Statuten ein ▷ Partizipationskapital vorsehen, das in Teilsummen (Partizipationsscheine) zerlegt ist. Diese Partizipationsscheine werden gegen Einlage ausgegeben, haben einen ▷ Nennwert und gewähren kein ▷ Stimmrecht.» Vermögensrechtlich sind Partizipationsscheine den ▷ Aktien i.d.R. gleichgestellt.

Der Partizipationsschein kann in Familienaktiengesellschaften (▷ Kleinaktiengesellschaften) zur Erleichterung von Erbteilungen eingesetzt werden. Vorteilhaft wäre dieses Instrument auch bei der Beschaffung von zusätzlichem Kapital, da mittels Partizipationsscheinen kein Stimmrecht ausgeübt werden kann. Das Interesse der Finanzmärkte für diese Form des Risikokapitals ist jedoch gering, weil viele Benachteiligungen für die Partizipanten damit verbunden sind.

Partner-Teilzeitarbeit

Syn. für ▷ Job Sharing
▷ Teilzeitarbeit

Passiven

Die Passiven zeigen, wer dem Unternehmen Kapital zur Verfügung gestellt hat bzw. wer über rechtliche Ansprüche auf Teile des Vermögens (▷ Aktiven) verfügt. Die Passivseite der ▷ Bilanz gibt Auskunft über die Herkunft der Mittel. Bei bestimmten Passivkonten (z.B. ▷ Rückstellungen) hat allerdings niemand effektiv Kapital zur Verfügung gestellt. Die Höhe der Passivseite einer Bilanz hängt auch vom Geschäftserfolg des Unternehmens ab: Erzielt das Unternehmen in einem Geschäftsjahr einen Gewinn, der nicht vollständig in Form von Dividenden ausgeschüttet wird, so erhöht dieser als Gewinnvortrag die Passivseite einer Bilanz.
Bei den Passiven wird grundsätzlich unterschieden zwischen ▷ Fremd- und ▷ Eigenkapital. Die Gliederung der Passivseite erfolgt i.d.R. nach Fristigkeiten der einzelnen Positionen, wobei in der Schweiz – im Gegensatz zu den ▷ IFRS oder ▷ US GAAP – zuerst das Fremd- und anschliessend das Eigenkapital aufgeführt wird.

Patent

Ein Patent wird zum Schutz von Erfindungen erteilt. Erfindungen sind patentierbar, wenn:
- eine erfinderische Tätigkeit vorliegt,
- sie neuartig sind, d.h. eine Erfindung gilt als neu, falls sie nicht zum Stand der ▷ Technik gehört,
- deren Erfolg nicht zufällig eintritt und jederzeit bei Wiederholung im gleichen Umfang wieder erzielt werden kann,
- die gewerbliche Anwendbarkeit garantiert ist.

▷ Urheberrecht

Pausenregelung

Nach Art. 15 des Arbeitsgesetzes ist «die Arbeit durch Pausen von folgender Mindestdauer zu unterbrechen:
- eine Viertelstunde bei einer täglichen Arbeitszeit von mehr als fünfeinhalb Stunden,
- eine halbe Stunde bei einer täglichen Arbeitszeit von mehr als sieben Stunden,
- eine Stunde bei einer täglichen Arbeitszeit von mehr als neun Stunden.

Die Pausen gelten als Arbeitszeit, wenn die Arbeitnehmer ihren Arbeitsplatz verlassen dürfen.»

Pay-back-Methode

Die Pay-back-Methode *(Amortisationsrechnung, Pay-off-Methode, Rückzahlungsmethode)* ist ein statisches Verfahren der ▷ Investitionsrechnung. Es wird die Zeitdauer ermittelt, die benötigt wird, um den Investitionsbetrag durch die Einzahlungsüberschüsse zurückzuzahlen. Ist diese *Wiedergewinnungszeit (Rückflussfrist, Amortisationszeit)* kürzer als die Nutzungsdauer, so lohnt sich die Investition. Vergleicht man zwei alternative Investitionsobjekte mit gleicher Nutzungsdauer, ist dasjenige mit der kürzeren Wiedergewinnungszeit vorzuziehen.

Die Einzahlungsüberschüsse ergeben sich aus den ▷ Einzahlungen abzüglich den ▷ Auszahlungen pro Periode, wobei zum Vergleich zweier Investitionsalternativen nur die Differenzbeträge betrachtet werden.

Für die Berechnung der Wiedergewinnungszeit stehen zwei Methoden zur Verfügung:

1. Bei der *Kumulationsrechnung* werden die Einzahlungsüberschüsse jeder Periode so lange addiert, bis die Summe der kumulierten Werte dem ursprünglichen Investitionsbetrag entspricht. Dieses Vorgehen ist immer dann anwendbar oder sogar notwendig, wenn die Einzahlungsüberschüsse pro Periode nicht konstant sind.

2. Bei der *Durchschnittsmethode* wird der Investitionsbetrag durch die regelmässig anfallenden und gleich bleibenden Einzahlungsüberschüsse dividiert. Dabei wird für die Wiedergewinnungszeit folgende Formel verwendet:

$$\text{Wiedergewinnungszeit} = \frac{\text{Investitionsbetrag}}{\text{jährliche Einzahlungsüberschüsse}}$$

Die Pay-back-Methode weist gegenüber den anderen statischen Methoden der Investitionsrechnung einige Vorzüge auf. Erstens beruht das Verfahren auf liquiditätsorientierten Überlegungen. Zweitens wird folgendem Risiko Rechnung getragen: Je länger die Wiedergewinnungszeit, desto grösser ist das Risiko. Denn je langfristiger die Planung, desto grösser ist die Wahrscheinlichkeit des Eintreffens unvorhergesehener bzw. unvorhersehbarer Ereignisse, welche die vorausgesagten Werte wesentlich verändern können.

Ein Nachteil der Pay-back-Methode besteht darin, dass die Rückflussfrist nichts über die zu erwartende Rentabilität aus-

Pay-off-Methode

sagt. Zudem ergeben sich Probleme beim Vergleich zweier Projekte mit unterschiedlicher Nutzungsdauer.

Pay-off-Methode

Syn. für ▷ Pay-back-Methode

PCAOB

Abk. für Public Company Accounting Oversight Board
▷ Sarbanes-Oxley Act

PEG-Ratio

Die PEG-Ratio *(Price/Earnings to Growth Ratio)* misst das ▷ Kurs-Gewinn-Verhältnis (KGV) in Bezug auf das Gewinnwachstum:

$$\text{PEG-Ratio} = \frac{\text{Kurs-Gewinn-Verhältnis}}{\text{jährliche Wachstumsrate des Gewinns}}$$

Diese Formel wurde entwickelt, weil sog. Wachstumstitel (Hightech-Titel) der ▷ New Economy durch die bisherigen Kennzahlen nicht erfasst werden konnten. Die Wachstumstitel hatten ein sehr schlechtes KGV, dafür höhere Wachstumsraten als die Titel der ▷ Old Economy. Ein hohes Gewinnwachstum relativiert ein hohes KGV.

Für die aus den USA kommende Kennzahl gibt es folgende Richtlinien:
- PEG < 1: Die entsprechende Aktie ist preiswert, da ein hohes Kurs-Gewinn-Verhältnis durch entsprechendes Gewinnwachstum kompensiert wird.
- PEG = 1: normale, akzeptable Bewertung einer Aktie.
- PEG > 1: Die entsprechende Aktie ist teuer, da ein hohes Kurs-Gewinn-Verhältnis nicht durch entsprechendes Gewinnwachstum kompensiert wird.

Beispiel: Eine Aktie hat ein KGV von 15. Die erwarteten Gewinnwachstumsraten der nächsten Jahre liegen bei rund 8%. Damit ergibt sich eine PEG-Ratio von 1,9. Eine faire Bewertung läge bei 1. Wichtig beim Anwenden der PEG ist das Eintreffen der Gewinnprognosen. Deshalb sollte genau überprüft werden, wie häufig diese Prognosen vom entsprechenden Unternehmen eingehalten werden konnten und wie oft die künftigen Gewinne nach unten korrigiert wurden.

Penetrationsstrategie

Bei der Penetrationsstrategie im Rahmen der ▷ Preispolitik handelt es sich um eine flexible Preisfestsetzung, was soviel bedeutet, dass der Preis eines Produkts im Lauf der Zeit sukzessive erhöht wird. Im Gegensatz zur ▷ Abschöpfungsstrategie ist hier eine Abschöpfung der ▷ Konsumentenrente nicht möglich. In der Einführungsphase eines Produkts werden mit relativ niedrigen Preisen möglichst schnell Märkte erschlossen und grosse Absatzmengen bei niedrigen ▷ Stückkosten erzielt (z.B. Swatch). Darüber hinaus wird eine Abschreckung potenzieller Konkurrenten bezweckt. Später sollen die Penetrationspreise sukzessive erhöht werden. Eine solche Politik empfiehlt sich, wenn eine hohe ▷ Elastizität der Nachfrage besteht, sodass bei einer hohen Anlagenausnutzung die Kostendegression (▷ Economies of Scale) wirksam wird.

Pensionierung, flexible

▷ Flexible Pensionierung

People Bills

▷ Raider

Performance Improvement Management (PIM)

Der Ansatz des Perfomance Improvement Management (PIM) betrachtet den Leistungserstellungsprozess aus einer ganz-

heitlichen Perspektive und betont die Notwendigkeit der systematischen Verbindung aller Elemente (Mitarbeitende, Prozesse, Organisation) durch ein effizientes System sowie die Abstimmung der Instrumente untereinander. Drei Kernfragen stehen im Vordergrund:
1. Welche Veränderungen sind durchzuführen, um den Leistungsbeitrag der Mitarbeitenden zum Erreichen der Unternehmensziele zu sichern bzw. zu erhöhen?
2. Wie sind Interdependenzen zwischen der Mitarbeiterleistung, den Arbeitsprozessen sowie den Organisationsstrukturen zu analysieren, und welche Möglichkeiten bestehen zur Planung und Durchführung geeigneter Massnahmen individueller Leistungsverbesserung?
3. Welche Werkzeuge sind anwendbar, um den Erfolg der Massnahmen zu messen und zu bewerten?

Ein wichtiges Basismodell neben dem ▷ Behavior Engineering Model von Gilbert (1996) ist das von Rummler/Brache (1990) entwickelte Drei-Ebenen-Modell. Das Modell unterscheidet die drei Ebenen Aufgabe (Job Level bzw. Performer Level), Prozess und Organisation. Leistung wird auf allen drei Ebenen erbracht. Um eine optimale Leistungsverbesserung zu erzielen, müssen Leistungsdefizite auf allen Ebenen im Unternehmen erfasst und die Organisationseinheiten bestimmt werden, bei denen Performance-Improvement-Massnahmen die grösstmögliche Wirkung entfalten können. Wie ◀ Abb. 134 zeigt, bedarf es neben der vertikalen Abstimmung auch einer horizontalen Ausrichtung.

Performance-Kultur
▷ Coaching-Kultur

Periodenabgrenzung
Ein Grundsatz des Rechnungswesens besagt, dass Aufwendungen (▷ Aufwand) und ▷ Erträge in jener Geschäftsperiode buchhalterisch zu erfassen sind, welcher sie nach ▷ wirtschaftlicher Betrachtungsweise zuzurechnen sind.
Der Zeitpunkt der Erfassung als Aufwand oder Ertrag muss nicht in jedem Fall mit dem Zeitpunkt des entsprechenden Ab- oder Zuflusses von Zahlungsmitteln (▷ liquide Mittel) übereinstimmen. Vielmehr sind insbesondere beim Jahresabschluss diverse Periodenabgrenzungen vorzunehmen (▷ transitorische Aktiven, ▷ transitorische Passiven). Beispielsweise werden im Rahmen der Periodenabgrenzungen Versicherungsprämien für das Folgejahr, welche noch vor Jahresende bezahlt werden müssen, erst dem Folgejahr als Aufwand belastet und die Mieteinnahmen aus der Vermietung von Immobilien, welche im Monat Dezember für den Januar vorausbezahlt werden, erst im Folgejahr als Ertrag erfasst.

Permanent Employment
Syn. für ▷ Life Employment

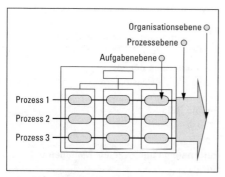

▲ Abb. 134 Abstimmung von Aufgaben-, Prozess- und Organisationsebene (Wittkuhn 2001, S. 40)

Personalabbau

Unter Personalabbau *(Arbeitsplatzabbau)* sind Massnahmen zu verstehen, die dazu führen, dass einzelnen oder einer grösseren Anzahl von Beschäftigten, teilweise Mitarbeitenden ganzer Abteilungen, gekündigt wird, sie freigestellt oder entlassen werden. Dazu zählen auch natürliche Abgänge wie Pensionierung ohne Ersatz (▷ Personalstopp) oder freiwillige ▷ Kündigung eines Arbeitnehmers, ohne dass die Stelle wieder besetzt wird. Personalabbau bzw. ▷ Personalfreistellung ist das letzte Mittel in der Reihe personalpolitischer Massnahmen (▷ Personalpolitik) in einem Unternehmen, wenn ▷ Kurzarbeit, ▷ Arbeitszeitverkürzungen oder freiwillige Reduktion der Arbeitszeit zugunsten der Betroffenen nicht mehr ausreichen.

Personalakquisition

Syn. für ▷ Personalbeschaffung

Personalausbildung

Die Personalausbildung ist neben der ▷ Laufbahnplanung ein Hauptbereich der ▷ Personalentwicklung. Sie umfasst alle personalpolitischen Massnahmen, die eine Verbesserung von Kenntnissen, Fähigkeiten und Verhaltensweisen der Mitarbeitenden zum Ziel haben. Sie bestehen aus der betrieblichen Grundausbildung *(Ausbildung),* die dem Mitarbeitenden die notwendigen Grundkenntnisse und -fähigkeiten vermittelt, um einen Beruf ausüben oder eine Tätigkeit aufnehmen zu können, und aus der betrieblichen *Weiter-* oder *Fortbildung,* die darauf ausgerichtet ist, vorhandenes Wissen und Können zu erweitern und zu vertiefen. Bezieht sich die Ausbildung auf Führungskräfte, spricht man von ▷ Management Development.

Personalauswahl

Die Aufgabe der Personalauswahl im Bereich der ▷ Personalbeschaffung besteht darin, aus den zur Auswahl stehenden Stellenbewerbern diejenigen auszusuchen, welche die Anforderungen der zu besetzenden Stellen am besten erfüllen. Dazu müssen Leistungsfähigkeit, *Leistungswillen,* Entwicklungsmöglichkeiten und ▷ Leistungspotenzial der Bewerber und Bewerberinnen abgeklärt werden. Die Personalauswahl gliedert sich in fünf sich zeitlich folgende Schritte: (1) Auswertung der ▷ Bewerbungsunterlagen, (2) ▷ Einführungsinterview, (3) *Einstellungstests,* (4) ▷ Einstellungsinterview und (5) Einstellung.

Personalbedarf

Der Personalbedarf entspricht der Höhe des Personalbestands, mit dem alle Aufgaben des Unternehmens in quantitativer, qualitativer, zeitlicher und örtlicher Hinsicht erledigt werden können. Die Festlegung des Personalbedarfs *(Personalplanung)* basiert auf qualitativen (▷ Personalbedarfsermittlung, qualitative) und quantitativen Berechnungen (▷ Personalbedarfsermittlung, quantitative).

Personalbedarfsermittlung, qualitative

Die Ermittlung des qualitativen Personalbedarfs umfasst die ▷ Arbeitsanalyse, die ▷ Stellenbeschreibung und das ▷ Anforderungsprofil des Unternehmens. Mit der Arbeitsanalyse werden die Anforderungsarten sowie deren Umfang für die zu lösenden Aufgaben festgelegt. Nachdem die verschiedenen Aufgaben zu einer ▷ Stelle zusammengefasst worden sind, werden in einer ▷ Stellenbeschreibung die entsprechenden Führungs- und Leistungsanforderungen sowie deren Einordnung in die Organisationsstruktur des Unternehmens festgehalten. Anschliessend wird die Anforderungshöhe für einen Arbeitsplatz mit dem ▷ Anforderungsprofil dokumentiert. Aus dem Vergleich der Fähigkeiten eines bisherigen oder potenziellen Stelleninhabers mit dem Anforderungsprofil der Stelle ergibt sich der Deckungsgrad. Bei einer Über- oder Unterdeckung sind Massnahmen der ▷ Personalbeschaffung, des ▷ Personaleinsatzes und der ▷ Personalentwicklung vorzunehmen.

Personalbedarfsermittlung, quantitative

Es ist zwischen Brutto- und Nettopersonalbedarf zu unterscheiden. Der *Bruttopersonalbedarf* umfasst den gesamten Personalbedarf zu einem bestimmten Zeitpunkt, d.h. die notwendige Anzahl Mitarbeitender, um eine bestimmte Unternehmensaufgabe zu erfüllen, während der *Nettopersonalbedarf* die zusätzlich zum vorhandenen Personalbestand notwendigen Mitarbeitenden unter Berücksichtigung der Personalfluktuation bezeichnet

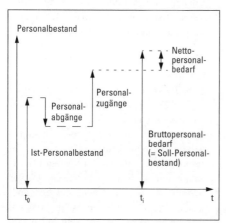

▲ Abb. 135 Personalbedarf

(◄ Abb. 135). Der Nettopersonalbedarf lässt sich wie folgt berechnen:

Bruttopersonalbedarf im Zeitpunkt t_i
(= Soll-Personalbestand in t_i)
− Personalbestand im Zeitpunkt t_0
+ Personalabgänge im Zeitraum t_0 bis t_i
  ▪ feststehende Abgänge
    (Pensionierungen, Kündigungen)
  ▪ statistisch zu erwartende Abgänge
    (Invalidität, Todesfälle)
− Personalzugänge (feststehend) im Zeitraum t_0 bis t_i

= Nettopersonalbedarf

Mit der Berechnung des effektiven Personalbedarfs lassen sich Über- und Unterdeckungen des Personalbestands ermitteln.

Personalbedarfsplanung

▷ Personalbedarfsermittlung, qualitative
▷ Personalbedarfsermittlung, quantitative

Personalbeschaffung

Die Personalbeschaffung *(Personalakquisition)* hat die Aufgabe, die bei der Berechnung des ▷ Personalbedarfs festgestellte Unterdeckung nach Anzahl (quantitativ), Art (qualitativ), Zeitpunkt und Dauer (zeitlich) sowie Einsatzort (örtlich) auszugleichen. Hauptaufgaben der Personalbeschaffung sind die Bereiche ▷ Personalwerbung und ▷ Personalauswahl. Unterstützt wird die Personalbeschaffung durch die Arbeitsmarktforschung und das ▷ Personalmarketing. Grundsätzlich ist zwischen interner und externer Personalbeschaffung zu unterscheiden:

▪ *Interne* Beschaffungsmassnahmen lassen sich in Mehrarbeit in Form von Verlängerung der vertraglichen Arbeitszeit (Überstunden) und in Aufgabenumverteilung, verbunden mit ▷ Beförderungen und ▷ Versetzungen, aufteilen.

▪ *Externe* Beschaffungen mit Bewerbern vom Arbeitsmarkt können in Form von

Neueinstellungen oder durch den Einsatz temporärer Arbeitskräfte vorgenommen werden.
Aufstiegsmöglichkeiten steigern die Motivation und Zufriedenheit vorhandener Mitarbeitender, was – neben Kostengründen – für eine interne Besetzung freier Stellen spricht. Vorteil externer Beschaffung ist die Vermeidung von ▷ Betriebsblindheit.

Personalbestand

Beim Personalbestand handelt es sich um die Anzahl der in einem Unternehmen tätigen Personen. Aus der Berechnung des ▷ Personalbedarfs kann sich eine Personalüberdeckung oder -unterdeckung ergeben, denen mit geeigneten Massnahmen zu begegnen ist (▷ Personalmarketing, ▷ Personalfreistellung).

Personalbeurteilung

Der Personalbeurteilung nimmt in einer systematischen Analyse einerseits eine vergangenheitsbezogene quantitative und qualitative Bewertung, andererseits eine zukunftsbezogene Abklärung des Leistungspotenzials vor. Sie kann nach folgenden Kriterien abgegrenzt werden:
1. *Bewertungsmethode:* Man unterscheidet – ähnlich wie bei der ▷ Arbeitsbewertung – zwischen einem summarischen und einem analytischen Verfahren. Ersteres bewertet den Mitarbeitenden in einem globalen Vorgang ohne Berücksichtigung von einzelnen Leistungen, während letzteres in verschiedenen Bewertungsvorgängen einzelne Leistungsmerkmale beurteilt.
2. *Beurteilungsperson:* Eine Personalbeurteilung kann von verschiedenen Personen durchgeführt werden. Grundsätzlich kommt eine Beurteilung durch den Vorgesetzten allein oder durch den Vorgesetzten und den Mitarbeitenden gemeinsam in Frage.

3. *Beurteilungsvorgehen:* Die Bewertung kann entweder mit Hilfe eines standardisierten Merkmalkatalogs (Check-Liste) oder in einer unstrukturierten Form, bei der die wesentlichen Merkmale und Ereignisse festgehalten werden, durchgeführt werden.
▷ Assessment Center
▷ Mitarbeitergespräch

Personal-Controlling

Das Personal-Controlling (▷ Controlling) ist ein Instrument zur Planung, Steuerung, Kontrolle und Frühwarnung aller personalpolitischen Aktivitäten. Es sollte neben einer Ex-post-Analyse der eingesetzten Instrumente und Massnahmen auch künftige Veränderungen der Rahmenbedingungen im Personalbereich/-marketing (z.B. Arbeitsmarkt, Wertewandel, Technologie, Wirtschaft) einbeziehen. Die wesentlichen Aufgaben – neben Soll-Ist-Vergleichen, Abweichungsanalysen, Verbesserungsmassnahmen – beziehen sich auf die Koordination der einzelnen Aspekte der Personalplanung (Bedarfsplanung, Beschaffung, Einsatz, Freistellung, Entwicklung), deren Flexibilität (aufgrund von Markt- und Umweltentwicklungen) sowie Abstimmung mit den übrigen unternehmerischen Bereichen (Finanzierung, Produktion, Investition usw.).
Das Personal-Controlling soll Effizienz und Effektivität der betrieblichen Abläufe erhöhen. Nicht überwiegend quantitative Daten, sondern auch qualitative Daten sowie Planungs- und Kontrollverfahren (z.B. Assessment Center, Mitarbeitergespräche, -befragungen, Potenzialanalysen) werden beigezogen. Bezugsobjekte des Personal-Controllings sind alle Gebiete des Personalmanagements.

Personaleinarbeitung

▷ Personaleinführung

Personaleinführung

Die Personaleinführung ist im Rahmen des ▷ Personaleinsatzes für die soziale und organisatorische Integration neuer Mitarbeitender in die Arbeitsgruppe und in das Gesamtunternehmen zuständig, während die *Personaleinarbeitung* das Schwergewicht auf die arbeitstechnische Seite der Aufgabe legt. Sowohl Personaleinführung als auch Personaleinarbeitung sind von grosser Bedeutung dafür, wie schnell ein neuer Mitarbeitender die erwartete Normalleistung bringen kann.

Personaleinsatz

Der Personaleinsatz sorgt für die optimale Zuordnung der Mitarbeitenden zu den Aufgaben hinsichtlich Quantität, Qualität, Einsatzzeit und Einsatzort mit dem Ziel, alle Betriebsaufgaben unter Einhaltung der übergeordneten ▷ Sach- und ▷ Formalziele des Unternehmens zu erfüllen.

Der Personaleinsatz befasst sich mit Fragen der ▷ Personaleinführung und -einarbeitung, der Arbeitsplatzspezialisierung, der ▷ Arbeitsteilung, der ▷ Arbeitsplatzgestaltung und der ▷ Arbeitszeitgestaltung.

Personalentwicklung

Unter Personalentwicklung versteht man alle Massnahmen, um die Qualifikation (Kenntnisse, Erfahrungen, Fähigkeiten) der Mitarbeitenden zur Erfüllung der gegenwärtigen oder zukünftigen Aufgaben und Anforderungen zu erhöhen. Ziel der Personalentwicklung ist es, einerseits Mitarbeitenden die entsprechenden Qualifikationen zur Erreichung der strategischen Zielsetzungen zur Verfügung zu stellen und anderseits die im Unternehmen vorhandenen Mitarbeiterpotenziale optimal auszuschöpfen. ▶ Abb. 136 gibt einen Überblick über die verschiedenen Instrumente der Personalentwicklung. Daraus

Konzept	Massnahmen
Into-the-Job	Vorbereitung auf die Übernahme einer neuen Aufgabe oder Position (z.B. Berufsausbildung, Einarbeitung, Trainee-Programm)
On-the-Job	Neue Arbeitsstrukturierung, wird unmittelbar am Arbeitsplatz umgesetzt (z.B. Job Enlargement, Job Enrichment, Projektarbeit)
Near-the-Job	Massnahmen, die in enger räumlicher, zeitlicher und inhaltlicher Nähe zur Arbeit stehen (z.B. Qualitätszirkel)
Off-the-Job	Massnahmen, die in räumlicher, oft auch in zeitlicher und inhaltlicher Distanz zur Arbeit durchgeführt werden (z.B. interne oder externe Seminare, Kongresse)
Along-the-Job	Festlegung des zeitlichen, örtlichen und aufgabenbezogenen Einsatzes, wobei sich der Planungshorizont meist auf zwei bis fünf Jahre erstreckt (Laufbahnplanung)
Out-of-the-Job	Massnahmen, die den Übergang in den Ruhestand vorbereiten sollen (z.B. gleitender Ruhestand, interne Consulting-Tätigkeit)
Parallel-to-the-Job	Massnahmen, die den Mitarbeitenden bei der Erfüllung seiner Aufgaben in Form qualifizierter Beratung unterstützen und motivieren (z.B. Coaching, Mentoring)

▲ Abb. 136 Instrumente der Personalentwicklung

wird auch ersichtlich, dass Personalentwicklung über die klassische *Weiterbildung* hinausgeht, indem sie auch Elemente der Mitarbeitermotivation und -führung (z.B. ▷ Coaching, ▷ Mentoring) enthält sowie zusätzlich die Karriereplanung einschliesst. Dennoch werden die beiden Begriffe Weiterbildung und Personalentwicklung in der Praxis synonym verwendet.

Personalfluktuation

Unter Personalfluktuation versteht man die freiwilligen (Kündigungen der Mitarbeitenden) und unfreiwilligen (Kündigungen des Unternehmens) Arbeitsplatzwechsel. Dazu kommen die Fälle Erreichen der Altersgrenze, Invalidität oder Tod. Diese

Fluktuationen werden durch die ▷ Fluktuationsrate statistisch erfasst. Ziel der ▷ Personalpolitik ist es, die Fluktuationsrate möglichst tief zu halten, da Personalwechsel oft mit hohen Kosten verbunden sind. Bezüglich der Ursachen der Fluktuation müssen drei Formen unterschieden werden: (1) nicht beeinflussbare (Tod, Berufsunfähigkeit, Pensionierung), (2) begrenzt beeinflussbare (Umzug, Weiterbildung, Berufswechsel) und (3) beeinflussbare (Arbeitsbedingungen, Betriebsklima).

Personalfreistellung

Unter Personalfreistellung versteht man alle Massnahmen zur Beseitigung personeller Überdeckungen in quantitativer, qualitativer, zeitlicher und örtlicher Hinsicht. Personalfreistellungsmassnahmen beziehen sich entweder auf die Veränderung oder auf die Beendigung bestehender Arbeitsverhältnisse. Personalfreistellungen können auch durch ▷ Personalstopp vermieden werden. Die Veränderung bestehender Arbeitsverhältnisse kann über ▷ Arbeitszeitverkürzung oder über ▷ Versetzungen erreicht werden.

Massnahmen der Personalfreistellung sind in erster Linie bei langfristigen personellen Überdeckungen aktuell. Kurzfristige Überdeckungen können durch andere Massnahmen (z.B. Arbeitszeitverkürzung) aufgefangen werden.

Personal Image
▷ Image

Personal-Leasing

Unter Personal-Leasing *(Zeitarbeit, Leiharbeit)* versteht man die Methode der ausserbetrieblichen Personalbeschaffung (sog. *Arbeitnehmerüberlassung).* Am Personal-Leasing sind drei Parteien beteiligt: (1) Verleiher/Zeitarbeitsunternehmen (bietet anderen Unternehmen gegen Entgelt einen vorübergehenden Arbeitseinsatz von Personen an), (2) der Entleiher (fordert im Bedarfsfall solche Personen vom Verleiher an) und (3) die Leiharbeitskraft selbst (beschränkter Einsatz im Unternehmen des Entleihers). Personal-Leasing wird als Instrument der Personalplanung verwendet, um einen kurzfristigen Personalbedarf decken zu können, wobei die Kosten für die Einstellung neuer Mitarbeitender wegfallen.

Die Vorteile beim Personal-Leasing sind u. a. geringe Pesonalbeschaffungskosten, kurzfristige Überbrückung personeller Engpässe, kurzfristiger Ausgleich von Spitzenzeiten (Auftragsschwankungen). Nachteile können für die Teamarbeit oder das Betriebsklima oder durch höhere Kosten bei längerer Anstellungszeit entstehen.
▷ Leasing

Personalmanagement

Als Personalmanagement *(Human Resources Management)* bezeichnet man die Gestaltung und Steuerung der personalwirtschaftlichen Aufgaben und Probleme. Im Vordergrund stehen dabei Herleitung und Umsetzung der ▷ Personalpolitik in den Teilbereichen ▷ Personalbedarfsermittlung (qualitative und quantitative), ▷ Personalbeschaffung, ▷ Personaleinsatz, Personalerhaltung und ▷ Personalmotivation, ▷ Personalentwicklung und ▷ Personalfreistellung.

Der Begriff *Human Resources Management* verdeutlicht die wachsende Bedeutung des Personalmanagements. Darunter wird die Gleichwertigkeit der Personalpolitik gegenüber anderen Unternehmensfunktionen und deren Einbindung in das strategische Management verstanden. Die Personalpolitik gestaltet die Entwicklung des Unternehmens massgeblich mit.

Personalmarketing

Das Personalmarketing befasst sich mit der Anwendung des Marketinggedankens bzw. des Marketingkonzepts auf die Personalpolitik. Es ist eine Denkhaltung (abgeleitet aus dem ▷ Marketing), die den derzeitigen und zukünftigen Mitarbeitenden als Kunden betrachtet und somit Ausgangspunkt aller personalpolitischen Aktivitäten ist. Im Wesentlichen geht es im Rahmen der ▷ Personalbeschaffung darum, Bedürfnisse, Erwartungen und Interessen der gegenwärtigen und zukünftigen Mitarbeitenden zu erfassen und Anreize zu schaffen, welche die Beschäftigten zum Bleiben oder neue Mitarbeitende zum Eintritt in das Unternehmen veranlassen (▷ Personalwerbung).

Das Personalmarketing trägt durch den Aufbau eines positiven ▷ Images des Unternehmens zur Schaffung von Wettbewerbsvorteilen auf dem Arbeitsmarkt bei.
▷ Personalmarketing-Massnahmen

Personalmarketing-Massnahmen

Mögliche Massnahmen im Rahmen des ▷ Personalmarketings erfolgen mit Unterstützung der klassischen Marketinginstrumente. Die Anwendungsmöglichkeiten sind vielseitig und vielfältig. So ergeben sich Massnahmen im Rahmen der Werbung (Image, Personal Relations, Public Relations, Information, Sponsoring, Tag der offenen Tür, persönliche und unpersönliche Kommunikation), der ▷ Entgeltpolitik (Gehaltshöhe/-struktur, Vergütungssysteme, ▷ Cafeteria-Systeme, Arbeitszeitmodelle [▷ Arbeitszeitgestaltung], Incentives), der Beschaffung (physische Distribution des Produkts Arbeitsplatz; auch Personal-Leasing, Franchising, Outsourcing) und der Leistungspolitik (Gestaltung des Arbeitsplatzangebots).

Personalmarketing, strategisches

Das Personalmarketing unterteilt sich in einen strategischen und einen operativen Teil. Die strategische Perspektive umfasst die Zielsetzungen für das Personalmarketing, die Arbeitsplatzsegmentierung, die Zielgruppenauswahl und die Positionierung des Unternehmens im Arbeitsmarkt. Das operative Personalmarketing befasst sich eingehend mit der Umsetzung der Strategien, insbesondere die Marketinginstrumente Leistungs-, Kommunikations- und Entgeltpolitik.

Personalmotivation

Aufgabe der Personalmotivation ist es, durch ein ▷ Anreizsystem (1) die Entscheidung potenzieller Mitarbeitender zum Eintritt in das Unternehmen im positiven Sinn zu beeinflussen, (2) vorhandenes Personal an das Unternehmen zu binden und zu verhindern, dass es zu Austrittsentscheidungen kommt, sowie (3) die Mitarbeitenden zu aktivieren, damit deren Leistung den Erwartungen bzw. den Plangrössen entspricht.

Personalplanung
▷ Personalbedarf

Personalpolitik

Unter Personalpolitik versteht man die Festlegung der Ziele, Massnahmen und einzusetzenden Ressourcen im Personalbereich und dessen Teilbereichen ▷ Personalbedarfsermittlung (qualitative und quantitative), ▷ Personalbeschaffung, ▷ Personaleinsatz, Personalerhaltung und ▷ Personalmotivation, ▷ Personalentwicklung und ▷ Personalfreistellung.

Personalstopp

Der Personalstopp *(Einstellungsstopp)* dient dazu, in Zeiten zu hohen Personalbestands Kündigungen durch einen Stopp von Neueinstellungen und durch die interne Besetzung frei gewordener Stellen zu vermeiden.

Personalwerbung

Die Personalwerbung vermittelt als Instrument des ▷ Personalmarketings im Rahmen der ▷ Personalbeschaffung die vom Unternehmen angebotenen Anreize an die Umwelt, um geeignete Mitarbeitende zur Besetzung von freien Stellen zu finden. Je nachdem, ob es um die Gestaltung optimaler Beziehungen zwischen Unternehmen und Arbeitsmarkt oder um die Suche potenzieller Mitarbeitender für eine nicht besetzte Stelle geht, spricht man von mittelbarer oder unmittelbarer Personalwerbung. Die Gestaltung von Inseraten als Werbemedien in Zeitungen und Fachzeitschriften ist von grosser Bedeutung. Es sollte Aufmerksamkeit wecken, die für eine erste Beurteilung der Stelle notwendigen Informationen enthalten und dazu anregen, mit dem Unternehmen Kontakt aufzunehmen. Es sollte folgende Punkte umfassen: Bezeichnung der Stelle, an den Stelleninhaber gestellte Anforderungen, erwartete Qualifikationen, Informationen über Arbeitsort, Führungsstil, Arbeitszeit usw. sowie Beschreibung des Bewerbungsvorgangs.

Je nach Zielgruppe werden Institutionen dazwischengeschaltet, die entweder engen Kontakt mit potenziellen Bewerbern haben oder sich als Spezialisten für Stellenbesetzungen anbieten. Als Beispiele können Ausbildungsinstitutionen (Universitäten, Fachschulen), Berufsverbände sowie Stellenvermittlungs- und Personalberatungsunternehmen genannt werden.

Personalwesen

Syn. für ▷ Personalwirtschaft

Personalwirtschaft

Die Personalwirtschaft *(Personalwesen)* umfasst jenen Bereich des Unternehmens, der sich mit der ▷ Personalpolitik und dem ▷ Personalmanagement (Human Resources Management) befasst.

Personalzusatzkosten

Syn. für ▷ Lohnnebenkosten

Persönlicher Verkauf

▷ Verkauf

Persönlichkeitstest

Persönlichkeitstests versuchen im Rahmen der ▷ Personalauswahl persönliche psychische Merkmale bzw. deren Ausprägung zu messen, die für die Erfüllung der zukünftigen Aufgaben von Bedeutung sind. Es können Eigenschafts-, Interessen-, Einstellungs-, Charakter- oder Typentests unterschieden werden.

PERT

Abk. für ▷ Project Evaluation and Review Technique

Pessimismus-Optimismus-Regel

▷ Entscheidungsregeln

Peter-Prinzip

Das Peter-Prinzip («Hierarchie der Unfähigen») besagt, dass ein Mitarbeitender so lange befördert wird, bis er eine Position erreicht, deren Aufgaben er nicht mehr bewältigen kann (Inkompetenz). Dazu kann es kommen, wenn ein Mitarbeitender seine bisherige Position (Aufgaben) voll erfüllt und aufgrund eines automatischen Beförderungsmechanismus in eine höhere Position aufsteigt, für die er jedoch nicht geeignet ist. Die Qualifikationen des Mitarbeitenden werden nicht mit den Anforderungen für die neue Position verglichen, und ein mögliches Qualifikationsdefizit (z.B. fehlende Sozialkompetenz) wird nicht entdeckt. Dies kann beispielsweise beobachtet werden, wenn ein Mitarbeitender aufgrund sachlicher Erfüllung der Aufgabe auf die nächsthöhere Position als Abteilungsleiter befördert wird und auf der neuen Position versagt, weil er zwar fachlich qualifiziert, jedoch aufgrund mangelnder sozialer Kompetenz nicht in der Lage ist, die Abteilung zu führen.

Pfandrecht

Durch ein Pfandrecht wird eine Forderung (die sog. Pfandforderung) gesichert, indem der Gläubiger (Pfandgläubiger) sich aus dem Erlös der belasteten (verpfändeten) Sache (des Pfandgegenstands) bezahlen lassen kann, wenn der Schuldner die Forderung bei Fälligkeit nicht erfüllt. Der Pfandgläubiger ist im Vorrang vor Gläubigern, die kein Pfandrecht (oder nur ein nachrangiges) am Gegenstand haben, hat jedoch keinen Anspruch auf die Sache selbst. Wenn der Gläubiger die Pfandsache besitzen muss, spricht man vom Besitz- oder Faustpfand, beim besitzlosen Pfand dagegen von ▷ Hypothek oder Verschreibung.

Physische Distribution
▷ Distribution

Pilotserie
Syn. für ▷ Nullserie

PIM
Abk. für ▷ Performance Improvement Management

PIMS-Modell

Das PIMS-Modell *(Profit Impact of Market Strategies)* entstand in den frühen 60er Jahren aufgrund von Untersuchungen der Firma General Electric in der Absicht, jene Faktoren zu identifizieren, welche für den Return on Investment (▷ Gesamtkapitalrendite) und den ▷ Cash Flow verantwortlich sind. Während sich die Untersuchungen vorerst auf etwa 100 Geschäftsbereiche der General Electric selbst beschränkten, wurden im Laufe der Zeit auch andere Unternehmen einbezogen, um verlässlichere Resultate zu erhalten. Heute wird das PIMS-Programm durch das *Strategic Planning Institute (SPI)* betreut, eine autonome Non-Profit-Organisation mit Sitz in Cambridge (Massachusetts). Beteiligt sind weltweit mehr als 300 Unternehmen mit über 3000 ▷ strategischen Geschäftseinheiten. Bis heute wurden 37 Faktoren ausgesondert, die den ROI beeinflussen. Als Schlüsselfaktoren können gelten:

1. ▷ *Marktanteil:* Ein hoher Marktanteil wirkt sich auf Gewinn und Cash Flow positiv aus.

2. *Marktwachstum:* Ein hohes Marktwachstum wirkt sich positiv auf den Gewinn, aber negativ auf den Cash Flow aus.

3. *Investitionsintensität:* Als Massstab für die Investitionsintensität gilt der Betrag, der in Form von Sachanlage- und Umlaufvermögen eingesetzt wird, um einen Dollar (oder eine andere Währungseinheit) Wertschöpfung zu erzeugen. Eine hohe Investitionsintensität wirkt sich deutlich negativ auf Gewinn und Cash Flow aus, weil bei stark automatisierter Fertigung mit hoher Investitionsintensität die Anbieter i.d.R. bemüht sind, ihre grossen Kapazitäten auszulasten. Dies führt gesamtwirtschaftlich gesehen zu einer Überproduktion (d.h. Angebot grösser als

Nachfrage), wodurch häufig ein Preiszerfall ausgelöst wird.

4. *Produktivität:* Ein hoher Umsatz pro Beschäftigten wirkt sich positiv auf Gewinn und Cash Flow aus.

5. *Innovation:* Je besser es einem Unternehmen gelingt, sich von der Konkurrenz (z.B. durch neue Produkte) abzugrenzen, desto positiver ist der Einfluss auf Gewinn und Cash Flow.

6. *Qualität der Produkte:* Wird die Produktqualität durch die Kunden hoch bewertet, so korreliert dies positiv mit Gewinn und Cash Flow.

7. *Vertikale Integration:* Diese wird mit der Wertschöpfung in Relation zum Umsatz gemessen. Eine hohe Integration wirkt sich nur in reifen Märkten positiv auf Gewinn und Cash Flow aus.

Das PIMS-Modell bestätigt empirisch die Grundannahmen des ▷ Portfolio-Managements, dass ein hoher Marktanteil und ein hohes Marktwachstum den Gewinn positiv beeinflussen.

Plankosten

Unter Plankosten *(Standardkosten)* versteht man jene Kosten, die aufgrund sorgfältig geplanter Verbrauchsmengen und Preise bei einer bestimmten Produktionshöhe in der Zukunft entstehen werden. Plankosten haben im Rahmen der ▷ Plankostenrechnung sowohl die Funktion von Verrechnungssätzen als auch die von Kostenvorgaben (Zielwerte oder Standards).

Plankostenrechnung

Der Hauptzweck der Plankostenrechnung *(Standardkostenrechnung, Sollkostenrechnung)* besteht darin, die Kosten, welche bei der Leistungserstellung entstehen, vorauszuschätzen, zu überwachen und Abweichungen von den Vorgaben verursachergerecht zu analysieren.

Der erste Schritt beim Erstellen einer Plankostenrechnung besteht in der Planung der Produktionshöhe (Produktionsniveau). Ausgehend von diesem Planwert werden die Verbrauchsmengen und Preise festgesetzt, die im innerbetrieblichen Rechnungswesen anstelle der tatsächlichen Kosten (▷ Istkosten) verwendet werden. Diese Mengen und Preise haben die Funktion von Sollwerten (Standards), die bei optimalem Verhalten erreicht werden sollen. Ein ständiger Vergleich mit den tatsächlichen Kosten ist unerlässlich. Allfällige Differenzen zwischen Sollwerten und Istkosten werden einer ▷ Abweichungsanalyse unterzogen.

Wie bei der ▷ Normalkostenrechnung kann durch die Verrechnung von ▷ Plankosten eine erhebliche Beschleunigung der Kostenrechnung erreicht werden. Darüber hinaus ermöglicht die Plankostenrechnung eine objektive Kontrolle der Wirtschaftlichkeit der Leistungserbringung.

Es existieren zwei Grundformen der Plankostenrechnung, die sich darin unterscheiden, ob sie bei der Planung der Kostenvorgaben möglichen Abweichungen vom erwarteten Beschäftigungsgrad Rechnung tragen oder nicht.

■ *Starre Plankostenrechnungen* planen die Kostenvorgaben nur für einen einzigen ▷ Beschäftigungsgrad, nämlich die Planbeschäftigung.

■ *Flexible Plankostenrechnungen* hingegen planen die Kostenvorgaben auch für alternative Beschäftigungsgrade, was eine bessere Anpassung der Kostenvorgaben auf die effektive Istbeschäftigung erlaubt.

▷ Kostenrechnungssysteme

Planrevision

▷ Planungsprozess

Planung

Die Planung ist neben der ▷ Entscheidung, der ▷ Anordnung und der ▷ Kontrolle eine wichtige Führungsfunktion und bildet die Grundlage für die anderen drei Funktionen.

■ Als systematische *Entscheidungsvorbereitung* beeinflusst sie wesentlich das zukünftige Verhalten des Unternehmens. Erstens steckt die Planung das mögliche Entscheidungsfeld ab und trifft damit Vorentscheidungen. Sie zeigt mögliche Alternativen auf. Zweitens hängt die Qualität der Entscheidungen zu einem grossen Teil von der Qualität der Planungsunterlagen (z.B. Genauigkeit, Aktualität) ab.

■ Im Rahmen der Realisierung getroffener Entscheidungen bietet die Planung die *Grundlage für Anordnungen,* sei es in Form von zu erreichenden Zielen oder in Form von Instruktionen, wie ein Problem zu lösen sei.

■ Die Planung ermöglicht die *Kontrolle,* da die Zielerfüllung nur durch einen Vergleich zwischen geplanten und tatsächlich erreichten Ergebnissen kontrolliert werden kann.

Die Planung muss eine Vielzahl von Massnahmen aufeinander abstimmen. Damit erfüllt die Planung eine wichtige *Koordinations-* und *Integrationsfunktion.*
▷ Planungskonzept

Planung, Ausgleichsgesetz der
▷ Ausgleichsgesetz der Planung

Planungsdezentralisation
▷ Planungsorganisation

Planungsgrundsätze
Die ▷ Planung, bzw. ein ▷ Planungskonzept muss folgenden Anforderungen genügen:

■ *Vollständigkeit:* Die Planung sollte sämtliche Informationen erfassen und verarbeiten, die für die Steuerung des Unternehmens nützlich sind. Es müssen alle inner- und ausserbetrieblichen Sachverhalte berücksichtigt werden, die für eine Entscheidung von Bedeutung sind.

■ *Relevanz:* Die Planung kanalisiert die Informationsflut und konzentriert sich auf jene Informationen, die für das Unternehmen relevant sind.

■ *Genauigkeit:* Planungsunterlagen müssen nur eine relative Genauigkeit aufweisen, die sich auf die jeweilige Problemlösung bezieht.

■ *Aktualität:* Die Planung sollte die jeweils aktuellsten Daten beschaffen und verarbeiten, die entweder gesammelt oder selbst erhoben werden.

■ *Objektivität:* Alle Daten sollten so objektiv wie möglich erfasst, verarbeitet und dargestellt werden. Eine subjektive Bewertung erfolgt erst bei der Entscheidung. Zugrunde gelegte Annahmen müssen offen gelegt werden.

■ *Flexibilität:* Die Planung sollte der ▷ Dynamik der Umwelt Rechnung tragen und die Pläne flexibel gestalten (Angabe von Bandbreiten, Aufstellen von Eventualplänen).

■ *Klarheit:* Unklare Pläne führen zu Interpretationsschwierigkeiten und Missverständnissen. Deshalb sollten Pläne übersichtlich und der jeweiligen Führungsstufe angepasst formuliert werden.

■ *Realisierbarkeit:* Die Planung sollte bemüht sein, realistische Pläne aufzustellen, die den Umweltbedingungen und den Unternehmensgegebenheiten (z.B. bezüglich vorhandener oder beschaffbarer finanzieller Mittel) entsprechen.

- *Konsistenz:* Der Inhalt der einzelnen Teilpläne sollte aufeinander abgestimmt sein und keine Widersprüche enthalten.
- *Zielbezogenheit:* Die Planung hat sich an bereits vorhandenen Zielen oder beschlossenen Massnahmen auszurichten.
- *Effizienz:* Über die Effizienz der Planung entscheidet das Kosten-Nutzen-Verhältnis der Planung. An diesem Prinzip haben sich auch die anderen Grundsätze auszurichten.

Planungsinstrumente

Planungsinstrumente werden zur Unterstützung und Gestaltung der Planung eingesetzt. Zu nennen sind v. a. die Pläne der verschiedenen betrieblichen Teilbereiche (Investitionsplan [▷ Investitionsplanung], Finanzplan [▷ Finanzplanung], Produktionsplan [▷ Produktionsplanung], Materialbeschaffungsplan [▷ Beschaffungsplanung]). Die Gesamtheit aller Pläne bilden zusammen das ▷ Planungssystem.

Planungskonzept

Das ▷ Planungssystem, der ▷ Planungsprozess und die ▷ Planungsorganisation sind die Elemente eines Planungskonzepts. Auch bei Beachtung der allgemeinen ▷ Planungsgrundsätze kann die Gestaltung eines Planungskonzepts sehr individuell ausfallen.

Planungsorganisation

Die Planungsorganisation ist ein Element des ▷ Planungskonzepts und bezeichnet die am Planungsprozess Beteiligten. *Planungsdezentralisation* bedeutet im Gegensatz zu einer *Planungszentralisation*, dass die Planungsaufgaben auf verschiedene hierarchische Stellen verteilt sind. Vorteile der Planungsdezentralisation sind die bessere Ausnützung von Spezialkenntnissen und Motivationssteigerungen der Mitarbeitenden der beteiligten Stellen. Nachteile sind der Mangel an Einheitlichkeit und die ungenügende Berücksichtigung übergeordneter Interessen.

Planungsprozess

Bei der Gestaltung des Planungsprozesses als Element des ▷ Planungskonzepts geht es um die Frage, wie dieser organisatorisch in das Unternehmen eingegliedert werden soll. Grundsätzlich stehen die Möglichkeiten der ▷ Top-down-Planung und der ▷ Bottom-up-Planung zur Verfügung.

In der Praxis sollten beide Planungsverfahren so kombiniert werden, dass ein zu hoher Detaillierungsgrad und damit eine zu hohe ▷ Komplexität des Bottom-up-Ansatzes ebenso vermieden werden wie eine zu allgemeine und operativ nicht umsetzbare Top-down-Strategie. Häufig wird dieser Problematik zu wenig Beachtung geschenkt, mit der Folge, dass entweder ▷ Effizienz oder ▷ Effektivität der Planung leiden.

Ist eine Planung eingeführt, so wird im Rahmen des Planungsprozesses eine spätere, periodisch durchzuführende *Planrevision* geregelt. Im Vordergrund steht die Periodizität der mittel- bis langfristigen Überarbeitung und Anpassung der Pläne. Als Lösung bieten sich die ▷ rollende Planung und die ▷ Blockplanung an, wobei in der Praxis die beiden Verfahren oft vermischt werden.

Planungssystem

Das Planungssystem als Element des ▷ Planungskonzepts umfasst sämtliche ausgearbeiteten Pläne und zeigt deren Beziehungen zueinander. Es kann von jedem Unternehmen frei gewählt werden, wobei in der Praxis folgende Probleme zu lösen sind:

- *Planungsbezug:* Hier geht es um die Frage, auf welchen Bereich des Unternehmens sich die Planung bezieht. Unterschieden werden kann zwischen einer *Unternehmensplanung,* die auf das Verhalten des Unternehmens als Ganzes ausgerichtet ist, einer *Teilbereichsplanung,* die sich auf einzelne Verantwortungsbereiche (z.B. Abteilungen wie Marketing, Fertigung, Lagerhaltung) beschränkt, sowie einer *Projektplanung,* die als Grundlage zur Durchführung einmaliger Vorhaben (z.B. Entwicklung und Einführung eines neuen Produkts, Erweiterungsbau) vorgesehen ist.
- *Planungstiefe:* Der Detaillierungsgrad eines Plans wird durch die Planungstiefe ausgedrückt. Man unterscheidet zwischen einer Grobplanung, welche die allgemeinen Rahmenbedingungen definiert, und einer Feinplanung, welche die Grundlagen für die Realisierung von Zielen und Massnahmen enthält.
- *Planungszeitraum:* Mit dem Planungszeitraum wird die zeitliche Reichweite der Pläne angegeben. In der Regel unterscheidet man zwischen kurz-, mittel- und langfristigen Zeithorizonten.

- *Planungsstufe:* Mit dem Entscheid über die Planungsstufe wird festgelegt, für welche Führungstufen (z.B. obere, mittlere, untere) Pläne zu erstellen sind.

Unter Berücksichtigung des Planungszwecks, des Detaillierungsgrads, der Fristigkeit und der Führungsstufe sowie weiterer Abgrenzungsmerkmale kann zwischen strategischer, operativer und dispositiver Planung differenziert werden:
- Die *strategische* Planung ist langfristig ausgerichtet und enthält Vorstellungen über die zukünftige Entwicklung des Unternehmens. Sie umfasst die allgemeinen Unternehmensziele und die zu verfolgenden Unternehmensstrategien (insbesondere bezüglich des Produktionsprogramms und der zu bearbeitenden Märkte).
- Bei der *operativen* Planung stehen einzelne Teilbereiche (Finanzen, Produktion usw.) im Vordergrund, für die z.B. ein detaillierter Jahresplan erstellt und ein Grobplan für die nächsten zwei bis drei Jahre beigefügt wird. Bei der operativen Planung handelt es sich um eine mittelfristige Planung.
- Die *dispositive Planung* dient zur Steuerung sich wiederholender Prozesse im

Merkmale / Art der Planung	Strategische Planung	Operative Planung
Hierarchische Stufe	Schwerpunkt auf der obersten Führungsebene	Involvierung aller Stufen; Schwerpunkt mittlere Führungsstufen
Unsicherheit	relativ gross	relativ klein
Art der Probleme	meistens unstrukturiert und relativ komplex	relativ gut strukturiert und oft repetitiv
Zeithorizont	Akzent langfristig	Akzent kurz- bis mittelfristig
Informationsbedürfnisse	primär ausserbetrieblich (Umwelt)	primär innerbetrieblich (Teilbereiche)
Alternativenauswahl	Spektrum der Alternativen grundsätzlich weit	Spektrum eingeschränkt
Umfang	Konzentration auf einzelne wichtige Problemstellungen	umfasst alle funktionellen Bereiche
Grad der Detaillierung	relativ tief; globale Aussagen	relativ hoch; konkrete Aussagen

▲ Abb. 137 Abgrenzung strategische und operative Planung (Schierenbeck 1995, S. 116f.)

Rahmen des finanz- und leistungswirtschaftlichen Umsatzprozesses (z.B. Fertigungssteuerung, Terminplanung, Personaleinsatzplanung, Planung der Bestell- und Lagermengen, kurzfristige Finanzplanung). Daraus wird der kurzfristige Zeithorizont der dispositiven Planung ersichtlich.

◂ Abb. 137 zeigt eine Gegenüberstellung der strategischen und operativen Planung nach verschiedenen Kriterien.

Planungszentralisation
▷ Planungsorganisation

PLM
Abk. für ▷ Product Lifecycle Management

Pluralinstanz
▷ Instanz

Point of Sale (POS)
Der Begriff Point of Sale *(POS)*, auch *Point of Purchase (POP)* genannt, bezeichnet den geografischen Ort des Kaufs bzw. Verkaufs eines Guts.

Point-of-Sales Banking
Point-of-Sales Banking ermöglicht dem Kunden, am ▷ Point of Sale beim Kauf eines Produkts eine Kunden- oder Bankkreditkarte («Plastikgeld») als Zahlungsmittel zu verwenden. Die Zahlungsabwicklung erfolgt unter diversen Sicherheitsvorkehrungen (z.B. persönlicher Identifikationscode, Unterschrift). Der Kaufpreis wird dem Kunden per elektronischem Zahlungsverkehr auf seinem Bank- oder Kundenkonto zugunsten des Verkäufers belastet. Weil der Zahlungsverkehr elektronisch abgewickelt wird, nennt man das Point-of-Sales Banking auch *Electronic Cash*.

Poison Pill
▷ Raider

Poka-Yoke
Der japanische Ausdruck Poka-Yoke ist vom Japaner Shingo entwickelt und bei Toyota erprobt worden. Es handelt sich um ein Bündel von Massnahmen im Rahmen der ▷ Qualitätslenkung, mit denen erreicht werden soll, dass innerhalb eines Prozesses möglichst keine Fehler gemacht werden bzw. dass sich Fehler im Prozess nicht als Mängel im Produkt niederschlagen oder als Störungen in der praktischen Anwendung des Produkts bemerkbar machen.

Politische Rente
▷ Rente

Polypol
▷ Marktformen

Polypolistische Konkurrenz
▷ Marktformen

Pooling
▷ Cash Management

POP
Abk. für Point of Purchase
▷ Point of Sale

Portal
▷ Internet-Portal

Portfolio-Management
Das Portfolio-Management stellt – analog zu den Überlegungen für ein optimales Portfolio von Kapitalanlagen im Finanzbereich – ein optimales *Produkt-Portfolio* für das Unternehmen zusammen. Ausgangspunkt des Produkt-Portfolios ist das Modell des ▷ Produktlebenszyklus. Da Umsatz, Gewinn und Cash Flow in den

einzelnen Phasen des Produktlebenszyklus sehr unterschiedlich ausfallen, sollte sich das Produkt-Portfolio aus Produkten oder Produktgruppen zusammensetzen, die sich in verschiedenen Phasen ihres Lebenszyklus befinden. Sonst läuft ein Unternehmen Gefahr, nur noch nicht Gewinn abwerfende, auslaufende Produkte zu führen, weil es nicht rechtzeitig für neue, Erfolg versprechende Produkte gesorgt hat.

Ziel der Produkt-Portfolio-Analyse ist es, vorhandene oder potenzielle Ressourcen in Produktbereiche zu lenken, in denen die Marktaussichten besonders vorteilhaft sind und in denen das Unternehmen seine Stärken nutzen kann. Andererseits sollte das Unternehmen Ressourcen aus jenen Bereichen abziehen, aus denen es keine Vorteile mehr ziehen kann. Dabei stellen sich zwei Probleme:

1. Zuerst sind die Bereiche, die sog. ▷ strategischen Geschäftseinheiten oder ▷ strategischen Geschäftsfelder zu definieren, in welche das Unternehmen investieren bzw. wo es desinvestieren soll.
2. Es sind Kriterien aufzustellen, nach denen die einzelnen Geschäftsfelder beurteilt werden können.

Relativer Marktanteil (in Bezug auf den stärksten Konkurrenten) und zukünftiges Marktwachstum bilden die Grundlage für die von der Boston Consulting Group entwickelte Marktwachstums-Marktanteils-Matrix, wie sie in ▶ Abb. 138 dargestellt ist. Hieraus ergeben sich vier Portfolio-Kategorien, aus denen sog. *Normstrategien*, d.h. mögliche strategische Verhaltensweisen, und die sinnvolle Aufteilung von Ressourcen (finanzielle Mittel, Sach- und Humankapital) abgeleitet werden können. Diese vier Kategorien sind:

1. *«Stars»:* Diese Produkte befinden sich in einem Markt mit hohem Marktwachs-

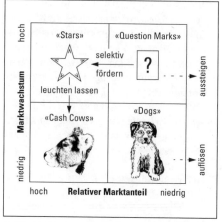

▲ Abb. 138 Marktwachstums-Marktanteils-Matrix

tum. Das Unternehmen hat zwar einen hohen Marktanteil, doch muss es zu dessen Verteidigung weiterhin stark investieren. Deshalb ist eine *Investitionsstrategie* zu verfolgen. Die erzielten Einnahmen reichen meistens nur zur Deckung des neuen Finanzbedarfs aus.

2. *«Cash Cows»:* Bei diesen Produkten sorgt ein hoher Marktanteil und ein niedriges Marktwachstum dafür, dass das Unternehmen erarbeitete Kostenvorteile ausschöpfen kann. Wegen der geringen Wachstumsrate des Markts sollten keine neuen Investitionen in das vorhandene Produkt mehr getätigt, sondern nur noch Gewinne realisiert werden. Es liegt eine ▷ *Abschöpfungsstrategie* vor, deren hohe finanzielle Überschüsse zur Finanzierung anderer Geschäftsfelder dienen.

3. *«Dogs»:* Es handelt sich um Problemprodukte, die aufgrund ihres niedrigen Marktanteils und geringen Marktwachstums nur eine schwache Wettbewerbsstellung einnehmen. Sie werden deshalb als «arme Hunde» oder «lahme Enten» bezeichnet. Eine Verbesserung ihrer Position

könnte nur durch einen unverhältnismässig hohen Einsatz von Ressourcen erreicht werden. Deshalb sind sie aufzulösen. Es empfiehlt sich eine *Desinvestitionsstrategie*.
4. *«Question Marks»*: Am schwierigsten ist eine Beurteilung der sog. *Nachwuchsprodukte*. Sie sind mit einem Fragezeichen zu versehen, weil sie entweder mit erheblichem Ressourceneinsatz gefördert werden müssen, damit sie einen genügenden Marktanteil erreichen *(Investitionsstrategie)*, oder wegen zu geringer Chancen zurückgezogen werden müssen *(Desinvestitionsstrategie)*. Diese Produkte erfordern besondere Aufmerksamkeit, weil sie einerseits einen ausserordentlich hohen Finanzbedarf aufweisen, andererseits die Starprodukte von morgen sein können. Gerade wegen des ersten Sachverhalts muss sich ein Unternehmen auf wenige Produkte beschränken. Ein Misserfolg wiegt schwer und ist für das Unternehmen nicht immer einfach zu verkraften.

POS
Abk. für ▷ Point of Sale

Positionierung
Unter Positionierung wird die Absicht des Unternehmens verstanden, seine Produkte so zu gestalten, dass sie einen festen und dauernden Platz im Bewusstsein der Käufer einnehmen. Mittel zur Positionierung ist die ▷ Differenzierung. Wichtige Positionierungskriterien sind «beste Qualität», «bestes Preis-Leistungs-Verhältnis» oder «tiefster Preis».

Post Investment Auditing
▷ Interne Revision

Postkorbübung
Die Postkorbübung (Postkorbmethode) ist eine weit verbreitete Übung in einem ▷ Assessment Center, welche die Bearbeitung des Posteingangs, meistens durch eine Führungskraft, simuliert. Der Kandidat oder die Kandidatin hat die Aufgabe, den Posteingang, der sich z. B. aus Briefen, Dokumenten und Notizzetteln (meistens 15 bis 20) zusammensetzt, innerhalb eines gegebenen Zeitrahmens zu bearbeiten. Dabei muss er (sie) die unterschiedliche Wichtigkeit und Dringlichkeit erkennen und die daraus resultierenden Entscheidungen und Handlungen strukturieren. Als Hilfe dazu dient oft eine ▷ Prioritätenmatrix.

Potenzialfaktoren
Syn. für ▷ Betriebsmittel

PPS
Abk. für Produktionsplanung und -steuerung
▷ PPS-Systeme

PPS-Systeme
Bei *PPS*-Systemen handelt es sich um integrierte Systeme für die *Produktionsplanung und -steuerung*. PPS-Systeme sind ein bedeutender Baustein der computerintegrierten Fertigung (▷ Computer-Integrated Manufacturing), indem sie die wirtschaftlichen Probleme und Möglichkeiten der Produktion aufzeigen. Im Einzelnen geht es v. a. um die
- Durchlaufzeiten der Produkte,
- Termintreue bei der Auslieferung von Aufträgen,
- Auslastung der Anlagen,
- Auslastung der übrigen Ressourcen und
- Optimierung der Lagerbestände.

Im Vordergrund stehen produktionswirtschaftliche Anliegen, die grossen Einfluss

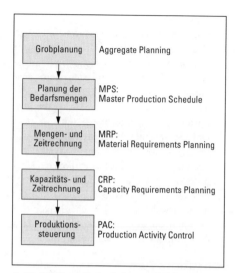

▲ Abb. 139 Hierarchischer Aufbau von PPS-Systemen

auf die Ziele und die Wettbewerbsfähigkeit des Unternehmens haben.

Die ▷ *Produktionsplanung* befasst sich mit der termingerechten Bereitstellung von Materialien und dem Einsatz der in der Fabrik verfügbaren Ressourcen, um geplante Mengen von Endprodukten rechtzeitig für den Vertrieb herstellen zu können. Realisierbare und den Zielvorstellungen des Managements entsprechende Pläne werden dann für die Produktion freigegeben. Damit beginnt die Phase der ▷ *Produktionssteuerung,* in der die für die Realisierung der Pläne notwendigen Aufträge schrittweise freigegeben werden. Die Produktionsfortschritte werden laufend überprüft, und bei Planabweichungen werden Korrekturmassnahmen eingeleitet.

Bei der Produktionsplanung geht es um die Planung zukünftiger Aktivitäten in einem grösseren Rahmen und bei der Produktionssteuerung um die kurzfristige Regelung der Abläufe auf Fabrikebene unter effizienter Nutzung der verfügbaren Ressourcen.

PPS-Systeme umfassen mindestens drei Module, welche die Planung der Bedarfsmengen (Materialbeschaffung), die Kapazitätsrechnung und die Produktionssteuerung zum Gegenstand haben. Sie werden in ◂ Abb. 139 durch zwei weitere Bereiche, die aggregierte Planung und die Mengen- und Zeitrechnung, ergänzt. Gleichzeitig wird die im angelsächsischen Gebiet übliche Terminologie angegeben.

Die PPS wird in der Praxis überwiegend mit Hilfe von spezieller ▷ Software, dem Produktionsplanungs- und -steuerungssystem, durchgeführt.

Praktikermethode

Syn. für ▷ Mittelwertverfahren

Prämienlohn

Der Prämienlohn als ▷ Lohnform setzt sich aus einem festen Grundlohn und einem veränderlichen Zuschlag, der Prämie, zusammen. Die Höhe der Prämie hängt von einer vom Mitarbeitenden über die ▷ Normalleistung erbrachten Mehrleistung ab.

Der Prämienlohn ist sehr vielseitig anwendbar. Im Gegensatz zum ▷ Akkordlohn können zur Berechnung verschiedene Bezugsgrössen und nicht nur die Leistungsmenge gewählt werden. Der Prämienlohn erfüllt die Bedingungen eines anforderungs- und leistungsgerechten Lohns. Die Gewährung eines Grundlohns – neben *Qualitäts-* und Ersparnisprämie – trägt dazu bei, die Gefahr einer Überbeanspruchung von Menschen und Betriebsmitteln möglichst klein zu halten. Als Nachteil ergibt sich beim Prämienlohn die Kompliziertheit des Systems. Oft ist es schwierig, nicht quantifizierbare Bezugsgrössen in eine Prämie einzubeziehen.

Prämienpreise

Im Rahmen der Preisstrategie sind Prämienpreise bzw. *Premium-Preise* – im Gegensatz zu den ▷ Promotionspreisen – relativ hohe Preise, die mit entsprechend hoher Qualität verbunden sind. Zudem sind die meisten anderen ▷ Marketinginstrumente auf Exklusivität ausgerichtet. Beispiele sind exklusive Automarken (Rolls Royce), Hotels (Ritz), Mode (Yves Saint-Laurent, Boss).

Preis

Der Preis ist Ausdruck der relativen Knappheit eines Guts. Marktpreise bestimmen sich aufgrund von ▷ Angebot und ▷ Nachfrage. Für die ▷ Preisbestimmung im Rahmen der ▷ Konditionenpolitik stehen dem Unternehmen verschiedene Strategien zur Verfügung.
▷ Preisdifferenzierung
▷ Preisführerschaft
▷ Preispolitik
▷ Preisstrategie

Preis, administrierter

Von administrierten Preisen spricht man, wenn sich trotz Kosten- oder Nachfrageverschiebungen Preise über längere Zeit nicht ändern. Sie entsprechen aufgrund von Marktunvollkommenheiten (z. B. auf Oligopolmärkten, Oligopol) *nicht* den auf Angebot und Nachfrage beruhenden Gleichgewichtspreisen, die sich bei vollkommener Konkurrenz ergeben.
Administrierte Preise sind von administrativen Preisen, die von Regierungen festgelegt werden, zu unterscheiden.

Preisbestimmung

Die Preisbestimmung hat die Aufgabe, den ▷ Preis für das Produkt des Unternehmens festzulegen. In der Praxis hängt die Preisbestimmung stark von der Risikobereitschaft der Entscheidungsträger, dem Verhalten der Konkurrenz sowie der ▷ Preisstrategie und der Gestaltung der übrigen ▷ Marketinginstrumente ab. Im Einzelfall können folgende Arten der Preisbestimmung unterschieden werden:

- Die *kostenorientierte* Preisbestimmung beruht auf der Kostenrechnung (▷ Betriebsbuchhaltung) des Rechnungswesens und wird als progressive Kalkulation (▷ Kalkulationsverfahren) oder *Mark-up Pricing* bezeichnet. Grundsätzlich ergibt sich der Preis aus den Kosten und einem darauf berechneten Gewinnzuschlag. Dabei wird von einer ▷ Vollkostenrechnung oder einer ▷ Teilkostenrechnung (Deckungsbeitragsrechnung) ausgegangen.

- Bei der *gewinnorientierten* Preisbestimmung versucht das Unternehmen ein Gewinnziel anzugeben, von dem der Preis abgeleitet wird. Voraussetzung ist, dass das Unternehmen neben dem angestrebten Gewinn den Verlauf der Gesamtkostenkurve kennt und über genügend Produktionskapazität verfügt, um die notwendige Absatzmenge herzustellen.

- Grundlage der *nachfrageorientierten* Preisbestimmung (Wertprinzip) sind nicht die Kosten des Verkäufers, sondern der vom Käufer subjektiv empfundene Wert eines Produkts. Das Unternehmen orientiert sich an den Marktdaten bzw. Nachfrageverhältnissen. Je grösser die Nutzenerwartung des Konsumenten für ein Produkt ist, umso höher wird dieses im Vergleich zur Konkurrenz bewertet.

- Bei der *konkurrenz- und branchenorientierten* Preisbestimmung richtet sich das Unternehmen nach den Preisen der Konkurrenz. Es besteht weder ein festes Verhältnis zwischen Preis und Nachfrage noch zwischen Preis und Kosten. Der eigene Preis wird entweder in gleicher Höhe wie der Konkurrenzpreis (= Leitpreis) oder mit einer bestimmten Abweichung (höher oder tiefer) angesetzt. Eine besondere Form der konkurrenzorientierten Preisbildung ist die Preisführerschaft. Bei dieser besteht ein von der Branche anerkannter Preisführer, dem sich die übrigen Unternehmen bei Preisveränderungen sofort anschliessen (z. B. Preis für Benzin). Während manche solche Übereinkünfte nur informell bestehen, handelt es sich beim Preiskartell (▷ Kartell) um eine vertragliche Abmachung, an welche die Vertragsparteien gebunden sind.

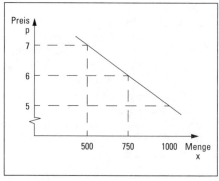

▲ Abb. 140 Horizontale Preisdifferenzierung

Preisbindung der zweiten Hand

Bei einer Preisbindung der zweiten Hand findet eine vertikale Wettbewerbsbeschränkung (▷ Kartell) statt. Der Produzent schreibt dem Händler den Endpreis vor (z. B. Buchhandel).

Preisdifferenzierung

Eine Preisdifferenzierung liegt vor, wenn ein Unternehmen aufgrund bestimmter Kriterien das gleiche Produkt an verschiedene Konsumenten zu unterschiedlichen Preisen verkauft. Mit der Strategie der Preisdifferenzierung wird versucht, durch Bildung von Teilmärkten den Gesamtgewinn des Produzenten zu vergrössern (▷ Produzentenrente, ▷ mikroökonomische Theorie). Unterschieden wird zwischen horizontaler und vertikaler Preisdifferenzierung:

■ Eine *horizontale Preisdifferenzierung* wird dadurch erreicht, dass der Gesamtmarkt in mehrere homogene Käuferschichten unterteilt wird. Da die Käufer verschiedener Schichten für ein bestimmtes Produkt entweder einen höheren oder tieferen Preis zu zahlen bereit sind als die Käufer einer anderen Gruppe, kann das Unternehmen den Preis gemäss den Wert- und Nutzenvorstellungen jeder Käuferschicht festlegen (▶ Abb. 140).

■ Bei der *vertikalen Preisdifferenzierung* wird der Gesamtmarkt in einzelne Teilmärkte zerlegt, wobei sich auf jedem Teilmarkt Käufer aller oder mehrerer Preisschichten befinden. Auf diesen Teilmärkten können unterschiedliche Preise festgelegt werden. Eine solche Preisdifferenzierung ist z. B. dann möglich, wenn die ▷ Elastizität der Nachfrage auf dem Inlandmarkt und dem Auslandmarkt bei gleichem Preis unterschiedlich ist (▶ Abb. 141).

Es können folgende *Arten der Preisdifferenzierung* unterschieden werden:

■ *Räumliche* Preisdifferenzierung: Bei der Differenzierung nach Absatzgebieten erfolgt eine regionale Marktaufspaltung. Bekannt ist v. a. die Unterteilung in einen Inland- und Auslandmarkt im internationalen Handel.

■ *Zeitliche* Preisdifferenzierung: Für das gleiche Produkt werden zu verschiedenen Zeiten unterschiedliche Preise verlangt, was dann möglich ist, wenn die Dringlichkeit der Nachfrage zu verschiedenen Tages- oder Jahreszeiten unterschiedlich gross ist. Ein bekanntes Beispiel ist die Telefongebühr für Tages- und Nachtgespräche.

■ Preisdifferenzierungen nach *Abnahmemengen:* Wird eine bestimmte Abnahmemenge – vielfach während einer im Voraus

Preiselastizität

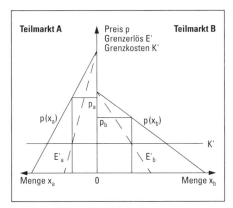

▲ Abb. 141 Vertikale Preisdifferenzierung

festgelegten Zeitperiode – übertroffen, so wird nachträglich ein ▷ Rabatt (Bonus) gewährt.

■ Preisdifferenzierung nach *Auftragsgrösse:* Je nachdem, wie gross ein einzelner Auftrag ist, fällt auch der Preis aus: Je höher die bezogene Menge, umso tiefer der Preis. Beispiele sind die Gewährung von gestaffelten Mengenrabatten (z. B. bei Papier, Getränken).

■ Preisdifferenzierung nach *Absatzwegen* und *Absatzform:* Eine Preisdifferenzierung kann zwischen direktem Verkauf (z. B. ab Fabrik), Gross- und Einzelhandel sowie nach der Art des Geschäfts (Discount-Geschäft, Warenhaus, Fachgeschäft) vorgenommen werden. Vielfach ist mit dieser Art von Preisdifferenzierung die Produktpolitik eng verbunden (z. B. unterschiedlicher Kundendienst, Verwendung unterschiedlicher Verpackungen und Markierungen).

■ Preisdifferenzierung nach *Kundengruppen:* Oft erfolgt eine Preisdifferenzierung nach verschiedenen Gruppen mit ganz bestimmten Merkmalen. Beispielsweise werden Studenten tiefere Preise gewährt.

Preiselastizität
▷ Elastizität

Preisführerschaft

Im Oligopol (▷ Marktformen) spricht man von Preisführerschaft, wenn sich die ganze Branche (oder zumindest grosse Teile davon) an den Preisen eines Unternehmens orientiert. Preisführerschaft kann sich in einem Markt nur dann etablieren, wenn alle Anbieter Vertrauen in die ▷ Preispolitik des Preisführers haben. Kongruente Kostenstrukturen unter den Anbietern und die Kompetenz des Preisführers, mit seinem Preismanagement die Preisfolger nicht zu übervorteilen, sind Voraussetzungen für eine Preisführerschaft.

Unterschieden wird eine dominante und eine barometrische Preisführerschaft. Während die dominante Preisführerschaft in der Marktmacht (▷ Marktführer) des Preisführers gründet, orientieren sich die Marktanbieter bei der barometrischen Preisführerschaft am für sie – je nach Situation – optimalen Preisführer. In beiden Fällen besteht eine stillschweigende Koordination unter Ausschaltung des Wettbewerbsmechanismus, um eine günstige Situation für die Oligopolisten zu erreichen.

Preiskartell
▷ Kartell

Preis-Leistungs-Matrix

Die Preis-Leistungs-Matrix dient dazu, Preis und Qualität eines Produkts oder einer Produktlinie in Relation zur Hauptkonkurrenz grafisch darzustellen. ▶ Abb. 142 zeigt fünf generelle Produkt-Leistungs-Positionen in der Preis-Leistungs-Matrix. Bewegen sich die Produkte oberhalb der Qualitäts-Preis-Diagonalen, so hat das

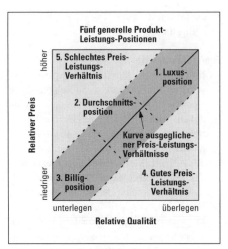

▲ Abb. 142 Preis-Leistungs-Matrix

Unternehmen gegenüber seiner Konkurrenz einen Wettbewerbsnachteil. Dieser kann mit Hilfe einer ▷ Preisstrategie oder einer Qualitätsstrategie (▷ Qualitätsführerschaft) überwunden werden. Reagiert das Unternehmen in einem solchen Fall nicht, wird es ▷ Marktanteile verlieren.

Preispolitik

Die Preispolitik ist ein Teilbereich der ▷ Konditionenpolitik und somit Bestandteil des ▷ Marketing-Mix. Sie umfasst alle absatzpolitischen Massnahmen zur Bestimmung und Durchsetzung der monetären Gegenleistung der Käufer für eine Sach- oder Dienstleistung.
Preispolitische Ziele und Massnahmen sind von internen Rahmenbedingungen (produkttechnische, kapital- und liquiditätsmässige Unternehmenssituation) und externen Umweltbedingungen (z.B. Marktvollkommenheit, Marktorganisation und Preisverhalten der Konsumenten, Steuerwirkungen) abhängig. Ebenso beeinflussen soziale und rechtliche Entwicklungen in der Gesellschaft die unternehmerische Preispolitik.
Als Methoden der Preispolitik haben sich kostenorientierte Kalküle, marktorientierte und marginalanalytische Verfahren etabliert. Das komplexe Entscheidungsfeld und die mannigfaltigen Verflechtungen machen die Preispolitik zum organisatorischen Problem. Entscheidungsträger auf der strategischen Ebene ist i.d.R. die Unternehmens- oder die Marketingleitung, obwohl es vorkommt, dass gewisse (Detail-)Entscheidungen an untere Ebenen delegiert werden (z.B. Preisfestsetzung durch den Aussendienst).

Preispolitische Strategien
▷ Preisstrategie

Preisstrategie

Die Preisstrategie strebt eine langfristige Ausrichtung des Preises an. Sie löst sich von der gegenwärtigen Situation (Zeitperiode) und legt den Preis v.a. in Übereinstimmung mit den übergeordneten ▷ Unternehmenszielen, den ▷ Marketinginstrumenten sowie dem ▷ Produktlebenszyklus fest. In der Praxis sind ▷ Prämien- und ▷ Promotionspreise, ▷ Penetrations- und ▷ Abschöpfungsstrategie sowie ▷ Preisdifferenzierung die häufigsten Strategien.

Preisuntergrenze

Die *langfristige* Preisuntergrenze für ein Produkt liegt dort, wo der Preis die totalen ▷ Stückkosten deckt. Für die *kurzfristige* Preisuntergrenze gilt die Bedingung, dass der Preis den variablen Stückkosten entspricht, was zur Folge hat, dass die ▷ fixen Kosten nicht gedeckt werden. Dieses Vorgehen ergibt sich aus der Überlegung, dass

die Fixkosten kurzfristig nicht verändert werden können und somit ohnehin anfallen. Bei kurzfristigen Überkapazitäten bringt jeder Preis, der über den variablen Stückkosten angesetzt werden kann, einen Beitrag zur Deckung der Fixkosten.
▷ Kostenverläufe
▷ Preisbestimmung
▷ Deckungsbeitrag

Premium-Preis
Syn. für ▷ Prämienpreis

Price Earning Ratio
Engl. für ▷ Kurs-Gewinn-Verhältnis

Price/Earnings to Growth Ratio
▷ PEG-Ratio

Primärmarkt
Der Primärmarkt ist der Markt, auf dem die Platzierung und Syndizierung bei Wertpapieremissionen stattfindet (im Gegensatz zum ▷ Sekundärmarkt).

Primärmarktforschung
▷ Marktforschungsmethode

Primatkollegialität
▷ Kollegialprinzip

Prime Rate
Die Prime Rate ist der Mindestzinssatz für kurzfristige Ausleihungen an erstklassige Schuldner in den Vereinigten Staaten. Sie dient – im Sinn eines Leitzinses – als Gradmesser für das allgemeine Zinsniveau.

Principal Agent Theory
Die Principal Agent Theory als Ansatz der ▷ Neuen Institutionenökonomie behandelt arbeitsteilige Beziehungen zwischen einem Auftraggeber (Prinzipal) und einem Auftragnehmer (Agent). Diese Beziehung kann als Vertragsverhältnis aufgefasst werden, da der Agent bestimmte Handlungen auszuführen hat, für die er eine Vergütung erhält. Auf der anderen Seite erhält der Prinzipal das durch die Handlungen des Agenten entstehende Ergebnis. Die Beziehung zwischen Prinzipal und Agent ist durch ein Informationsgefälle geprägt, d.h. der Agent verfügt i.d.R. über einen höheren Informationsstand als der Prinzipal. Man spricht in diesem Zusammenhang von der *Informationsasymmetrie* zugunsten des Agenten bzw. von ▷ Moral Hazard (moralisches Risiko). Zudem weist der Agent im Gegensatz zum Prinzipal eine erhöhte Risikobereitschaft auf.
Beispiele sind das Verhältnis zwischen Arbeitgeber und Arbeitnehmer (z.B. Versicherungsagenten, Verkäufer, deren *tatsächliche* Arbeitsanstrengungen sich nicht vollständig beobachten lassen), zwischen Kapitalgebern (z.B. Aktionären) und Geschäftsleitung einer Firma oder zwischen Regierung und Verwaltung (die beauftragt ist, Regierungserlasse umzusetzen).
In der Praxis wird dem Principal-Agent-Problem meist durch das Setzen von Anreizen begegnet, die das Verhalten in die gewünschte Richtung beeinflussen (z.B. Prämien, Gewinnbeteiligung). Das zugrunde liegende Problem lässt sich aber in aller Regel nicht vollständig beseitigen.

Prioritätenmatrix
Die Prioritätenmatrix – nach ihrem Erfinder, General Dwight D. Eisenhower, auch *Eisenhower-Tableau* genannt – unterscheidet die zu bewältigenden Aufgaben nach ihrer Wichtigkeit und Dringlichkeit

	B-Aufgaben (Strategie, Effektivität) Planen und rechtzeitig terminieren	A-Aufgaben (Problem, Krise) Sofort erledigen
Wichtigkeit hoch / niedrig	D-Aufgaben	C-Aufgaben (Zeitfresser, Ineffektivität) Reduzieren, eliminieren, delegieren
	niedrig	hoch
	Dringlichkeit	

▲ Abb. 143 Prioritätenmatrix

(◄ Abb. 143). Daraus lassen sich vier Arten von Aufgaben ableiten:
- *A-Aufgaben* sind wichtig und dringlich und müssen deshalb sofort erledigt werden (z.B. Beschwerde eines wichtigen Kunden).
- *B-Aufgaben* sind wichtig, aber nicht sehr dringlich. Solche Aufgaben können warten. Je nach Wichtigkeit können diese Aufgaben – zumindest teilweise – auch an Mitarbeitende delegiert werden (z.B. Aufbau eines ▷ betrieblichen Vorschlagswesens).
- *C-Aufgaben* sind nicht sehr wichtig, müssen aber rasch gelöst werden. Sie sollten nach Möglichkeit an Mitarbeitende delegiert werden (z.B. Erstellen einer Offerte für einen Kunden).
- *D-Aufgaben* sind weder wichtig noch dringlich. Deshalb können sie ohne Probleme in den Papierkorb geworfen werden (z.B. Lesen von anonymen Werbesendungen).

▷ Postkorbübung

Prioritätsaktien
Syn. für ▷ Vorzugsaktien

Prioritätsregeln
Prioritätsregeln dienen der Festlegung der Bearbeitungsreihenfolge von Fertigungsaufträgen im Rahmen der Produktionsplanung und -steuerung (▷ PPS-Systeme). Ziel ist eine gleichmässige Kapazitätsauslastung der ▷ Fertigung bei optimaler *Termintreue*. Allgemein werden folgende Prioritätsregeln unterschieden:
- *Fifo* (First-in-First-out): Bearbeitung der Aufträge nach Reihenfolge des Eingangs,
- *Lifo* (Last-in-First-out): Umgekehrte Reihenfolge des Eingangs,
- *KOZ* (kürzeste Operationszeit): Der Auftrag mit der kürzesten Bearbeitungszeit wird zuerst durchgeführt,
- *LOZ* (längste Operationszeit): Der arbeitsintensivste Auftrag wird zuerst bearbeitet.

Zahlreiche Untersuchungen in der betrieblichen Praxis haben ergeben, dass Fifo- und KOZ-Regeln zur Zielerreichung besonders geeignet sind.

Private Equity
Mit Private Equity bezeichnet man privates Kapital, mit dem Unternehmen finanziert werden, die (noch) nicht an einer Börse kotiert sind. Es wird eingesetzt, um den Start von Unternehmen zu ermöglichen, um neue Produkte oder Technologien zu entwickeln, um neue Märkte zu erschliessen oder eine schwierige Phase zu überwinden (Turnaround). Wird Private Equity bereits bei der Firmengründung (Start-up) oder bei den ersten Expansionsschritten eingesetzt, spricht man i.d.R. von ▷ Business Angels oder ▷ Venture Capital.

Vorteil des Private-Equity Geschäfts ist die höhere Rendite im Vergleich zu jener von kotierten Aktien. Allerdings steht dieser höheren Rendite auch ein höheres Risiko gegenüber, das durch folgende Faktoren begründet wird: (1) der Markt, auf dem sich das Unternehmen bewegt, ist schwierig zu beurteilen, weil es sich oft um neue Geschäftsideen handelt, (2) die Bewertung des Unternehmens ist sehr schwierig, weil keine Substanz vorhanden ist und der Erfolg von den Fähigkeiten und dem Engagement der Manager abhängt, (3) die Liquidität der Investitionen ist sehr eingeschränkt, weil sie nicht über die Börse verkauft werden können, (4) der Anlagehorizont ist u.U. sehr langfristig.

Private Güter

Unter privaten Gütern versteht man in der Ökonomie Güter (▷ Güter, ökonomische), bei denen das ▷ Ausschlussprinzip durchsetzbar ist und ▷ Konkurrenz im Konsum besteht. Hierin besteht der Unterschied zu ▷ öffentlichen Gütern. Die meisten Güter sind private Güter, weil Nichtzahler i.d.R. von deren Nutzung oder Gebrauch ausgeschlossen werden können und der ▷ Konsum durch eine Person den Konsum durch andere Personen schmälert.

Private Vorsorge (3. Säule)

Unter der privaten Vorsorge (Eigenvorsorge) – auch 3. Säule genannt – versteht man die finanzielle Selbstvorsorge auf privater Basis. Sie dient zur Schliessung der Vorsorgelücke, d.h. der Lücke zwischen den gesetzlich garantierten AHV-/Altersrenten und dem zuletzt erhaltenen Einkommen. Diese Lücke wächst mit steigendem Einkommen, da die Leistungen der ▷ Alters- und Hinterlassenenversicherung AHV (1. Säule) begrenzt sind. Angeboten und gefördert wird die private Vorsorge v.a. durch Banken und Versicherungen. Die private Vorsorge ergänzt die 1. und 2. Säule und wird vom Staat steuerlich begünstigt.

▷ Drei-Säulen-Konzept

Problemlösungsprozess

Der Problemlösungsprozess ist ein allgemein gültiges Schema zur Lösung verschiedenartiger Aufgaben und Probleme. Die charakteristischen Phasen dieses Prozesses sind:

1. *Analyse der Ausgangslage:* Es müssen die Grundlageninformationen für den Problemlösungsprozess beschafft werden und zur Verfügung stehen. Die Analyse der Ausgangslage kann aufgeteilt werden in:

- *Problemerkennung:* Zuerst muss das eigentliche Problem erkannt werden, da häufig Probleme nicht a priori fest vorgegeben sind.
- *Problembeschreibung* und *Problemanalyse:* In einem nächsten Schritt muss das Problem bezüglich Art, Ursachen sowie Einflussfaktoren erfasst und beschrieben werden.
- *Problembeurteilung:* Abschliessend muss entschieden werden, ob das Problem gelöst werden soll oder nicht.

2. *Festlegen der Ziele:* Es sind die Ziele zu bestimmen, auf die sich das betriebliche Handeln auszurichten hat. Meistens handelt es sich nicht um ein einziges Ziel, sondern um ein Zielbündel (▷ Zielsystem des Unternehmens).

3. *Festlegen der Massnahmen:* Oft bestehen verschiedene Möglichkeiten, ein bestimmtes Ziel zu erreichen. Es sind die Massnahmen zu wählen, die den höchsten Nutzen bzw. Zielerfüllungsgrad versprechen.

4. *Festlegen der Ressourcen:* Um die Massnahmen durchführen zu können, sind entsprechende Ressourcen einzusetzen. Es handelt sich in erster Linie um personelle und finanzielle Mittel (▷ Budget).

5. *Realisierung und Implementierung:* In einer nächsten Phase müssen die schriftlich festgelegten Massnahmen umgesetzt werden.

6. *Evaluation der Resultate:* Der Ablauf von Problemlösungsprozessen wird ständig überwacht, damit gegebenenfalls Korrekturmassnahmen eingeleitet werden können (▷ Controlling). Am Schluss des Problemlösungsprozesses stehen die erreichten Resultate, die mit den Zielvorgaben verglichen werden müssen (▷ Abweichungsanalyse).

Product Lifecycle Management

Unter Product Lifecycle Management (PLM) versteht man das Management eines Portfolios von Produkten, Prozessen und Dienstleistungen über deren gesamte Lebensdauer (Konzept, Design, Lancierung, Produktion, Nutzung, Entsorgung).

Product Placement

Product Placement meint die gezielte Platzierung von Werbung für Markenprodukte in Medien wie Film, Fernsehen, Radio usw. Das Publikum entwickelt aufgrund akustischer und visueller Eindrücke Assoziationen, die sich auf Produkt und dargestellte Umgebung oder eine mit dem Produkt in Verbindung stehende Person beziehen. Durch die Umgebung des Produkts in der «künstlichen» Welt wird dem Betrachter die Identifikation mit dem Produkt erleichtert und das Bedürfnis zur Nachahmung geweckt.

Produkt

Produkte sind materielle Güter (▷ Güter, ökonomische), die nach der Herstellung durch Konsum über unterschiedlich lange Zeit hinweg ge- und/oder verbraucht werden. Die beiden Phasen der Produktion und des Konsums lassen sich deutlich trennen. Produkte können im Gegensatz zu ▷ Dienstleistungen mehr oder weniger lange gelagert werden.

Produktablösung

Produktablösung ist der Prozess, in welchem ein neues Produkt ein altes ersetzt (z.B. Übergang vom Nadel- zum Laserdrucker). Beide Produkte befriedigen zwar das gleiche Bedürfnis, aber das neue Produkt befriedigt es bedeutend besser als das alte (▷ Produktpolitik). Die Herstellung dieses neuen Produkts ist durch den Erwerb von Know-how möglich geworden, das entweder durch eigene ▷ Forschung und Entwicklung oder über ▷ Lizenzen, ▷ Beteiligungen, ▷ Kooperationen (z.B. ▷ Joint Venture) oder ▷ Akquisitionen beschafft worden ist.

Die Produktablösung verändert das Absatzprogramm eines Unternehmens und ist deshalb Teil der ▷ Produktinnovation.

Produktalteration

▷ Produktmodifikation

Produktdesign

Unter Produktdesign ist die Formwahl und -bestimmung bei der Produktgestaltung zu verstehen. Voraussetzung ist, dass das Produkt formbar ist, was bei vielen Gütern (z.B. Nahrungsmittel, Rohstoffe) nicht gegeben ist. Neben sozial-psychologischen Aspekten wie Mode und Prestige berücksichtigt die Formgebung vielfach auch technisch-funktional orientierte Elemente (z.B. Handlichkeit, Betriebssicherheit). Die Gestaltung eines Produkts im Rahmen des Produktdesigns ist von grosser Bedeutung für den Marktauftritt, das ▷ Image des Produkts und die Wettbewerbsstrategie eines Unternehmens.

Produktdifferenzierung

▷ Produktmodifikation

Produktdiversifikation
Syn. für ▷ Diversifikation

Produktehaftpflicht
Mit Produktehaftpflicht *(Produktehaftung, Produzentenhaftung, Warenhaftpflicht)* bezeichnet man die Verantwortlichkeit des Herstellers, Importeurs oder Lieferanten für Schäden, die deren Produkte infolge Fehlerhaftigkeit dem Benutzer, Verbraucher oder Dritten zugefügt haben. Bei der Produktehaftpflicht geht es nicht um Schäden am fehlerhaften Produkt (Gewährleistungs- oder ▷ Garantieschäden), sondern allein um Schäden als Folge eines Produktefehlers *(Mangelfolgeschäden)*.

Produktehaftung
Syn. für ▷ Produktehaftpflicht

Produktelimination
Neben der ▷ Produktpersistenz, der ▷ Produktmodifikation und der ▷ Produktinnovation ist die Produktelimination eine weitere produktpolitische Möglichkeit. Sie wird zur Straffung des Absatzprogramms angewandt, wobei folgende Fragen beantwortet werden müssen:
1. Welche Produktvarianten sollen eliminiert werden? Es handelt sich um eine Verkleinerung der Produkttiefe, z.B. um die Streichung einer bestimmten Ausführung eines Personenwagenmodells.
2. Welche Produktgruppen sollen aus dem Programm gestrichen werden? Ein Beispiel wäre die vollständige Aufgabe eines Personenwagenmodells.
3. Welche Produktlinie soll aufgelöst werden? Beispielsweise wird beschlossen, keine Lastwagen mehr im Absatzprogramm zu führen.

Produktentwicklung
Unter dem Begriff Produktentwicklung versteht man die Gesamtheit der technischen, markt- und produktionsorientierten Tätigkeiten des Forschungs- und Entwicklungsbereichs (▷ Forschung und Entwicklung) eines industriellen Unternehmens, die auf die Schaffung eines neuen oder eines verbesserten Produkts oder Verfahrens (▷ Prozess) ausgerichtet ist.
▷ Innovation

Produktentwicklung, Strategie der
▷ Produkt-Markt-Strategien

Produktfolgeabschätzung
▷ Produktlinienanalyse

Produktgruppe
Der Begriff Produktgruppe fasst alle Produkte zusammen, die sich nur durch verschiedene Ausführungen eines zugrunde liegenden Modells unterscheiden (z.B. die Modelle des VW Golf). Die Produktgruppe ist eng verwandt mit der ▷ Programmtiefe des Absatzprogramms. Produktgruppen werden zu ▷ Produktlinien zusammengefasst.

Produktimage
▷ Image

Produktinnovation
Unter Produktinnovation versteht man die Veränderung des Absatzprogramms durch Aufnahme neuer Produkte, deren Herstellung durch den Erwerb von neuem naturwissenschaftlich-technischem Wissen ermöglicht wird. Dieses Wissen kann sich ein Unternehmen durch eigene Forschungs- und Entwicklungsarbeiten intern selbst aneignen oder ausserhalb über ▷ Lizenzen, ▷ Beteiligungen, ▷ Kooperation oder Übernahme (▷ Akquisition) eines an-

deren Unternehmens (Kauf) beschaffen. Die Produktinnovation lässt sich in ▷ Produktablösung und Produktdiversifikation (▷ Diversifikation) einteilen.
▷ Innovation

Produktion

Die Produktion von ökonomischen Gütern (▷ Güter, ökonomische) ist neben ▷ Tausch und ▷ Konsum eine der drei grundlegenden wirtschaftlichen Aktivitäten. Produktion bedeutet im volkswirtschaftlichen Sinn *Kombination* von ▷ Produktionsfaktoren sowie deren *Transformation* in ökonomische Güter. Während die Transformation ein vorwiegend technisch bestimmter Prozess ist, gilt die effiziente Kombination der Produktionsfaktoren als wichtiger Teil der unternehmerischen Aufgabe. In der Betriebswirtschaftslehre wird die Produktion – als wichtiger unternehmerischer Teilbereich – als ▷ Produktionswirtschaft bezeichnet.

Produktion auf Abruf

Syn. für ▷ Just-in-Time-Konzept

Produktionsablauf

▶ Abb. 144 gibt einen Überblick über die wesentlichen Phasen des Produktionsablaufs.

Produktionsfaktoren

Als Produktionsfaktoren bezeichnet man in der *Betriebswirtschaftslehre* alle Elemente, die im betrieblichen Leistungserstellungs- und Leistungsverwertungsprozess miteinander kombiniert werden.
Neben den ▷ Betriebsmitteln (Potenzialfaktoren) und den ▷ Werkstoffen (Repetierfaktoren) steht die menschliche Arbeit. Diese erfüllt die vielfältigsten Aufgaben im Unternehmen, wobei zwischen ausführenden und leitenden (= dispositiven)

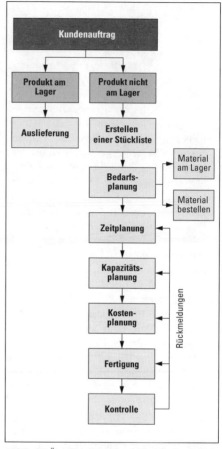

▲ Abb. 144 Überblick Planung und Kontrolle des Produktionsablaufs

Tätigkeiten unterschieden wird. Immer wichtiger werdende Produktionsfaktoren sind ▷ Information und Wissen. Beide sind unerlässlich, um die anderen Produktionsfaktoren sinnvoll und Erfolg bringend miteinander zu kombinieren.
In Bezug auf das Einsatzverhältnis wird zwischen substitutionalen und limitationalen Produktionsfaktoren unterschieden:
1. *Substitutionale* Produktionsfaktoren können bei der Erbringung eines bestimm-

ten Outputs untereinander ausgetauscht werden und stehen in keinem festen Verhältnis zueinander. Je nachdem, ob ein Faktor ganz oder nur teilweise ersetzt werden kann, unterscheidet man zwischen partieller, totaler oder partiell-totaler Substitution. Bei der partiell-totalen Substitution kann z.B. von zwei Produktionsfaktoren der eine vollständig, der andere nur teilweise substituiert werden.

2. *Limitationale* Produktionsfaktoren dagegen stehen zur Erbringung eines Outputs immer in einem gleich bleibenden festen Verhältnis zueinander, z.B. $r_1 : r_2 : r_3 = 1 : 3 : 6$.

Aus *volkswirtschaftlicher* Sicht werden vier Produktionsfaktoren unterschieden, die zusammen das Produktionspotenzial einer Wirtschaft bilden:
1. natürliche Ressourcen (Boden, Rohstoffe, Energie),
2. menschliche Arbeit,
3. ▷ Kapital (Real- und Finanzkapital),
4. Wissen (Informationen).

Produktionsfunktion

Ausgangspunkt für die modellmässige Darstellung der funktionalen Beziehungen zwischen dem Input und Output an ▷ Produktionsfaktoren ist die sog. Produktionsfunktion, die in ihrer allgemeinen Form folgendes Aussehen hat:

$x = f(r_1, r_2, ..., r_n)$

x: Output;
$r_1, r_2, ..., r_n$: Faktoreinsatzmengen

In der Theorie wurden verschiedene spezifische Produktionsfunktionen entwickelt (▷ Produktionsfunktion Typ A, ▷ Produktionsfunktion Typ B, ▷ Produktionsfunktion Typ C).

Produktionsfunktion Typ A

Die Produktionsfunktion Typ A beruht auf dem Gesetz vom abnehmenden Ertragszuwachs, meistens nur Ertragsgesetz (▷ Grenzertrag) genannt. Die aus dem Ertragsgesetz abgeleitete Produktionsfunktion beruht auf verschiedenen Annahmen: (1) Ein konstanter und ein variabler ▷ Produktionsfaktor (oder eine Gruppe variabler Faktoren) werden so kombiniert, dass die Ausbringungsmenge allein durch steigende Mengeneinheiten des variablen Faktors erhöht werden kann. (2) Der variable Produktionsfaktor ist völlig homogen, d.h. alle Einheiten sind von völlig gleicher Qualität und gegenseitig austauschbar. (3) Der variable Produktionsfaktor ist beliebig teilbar. (4) Die Produktionstechnik ist unveränderlich. (5) Es wird nur eine Produktart erzeugt.

Geht man vereinfachend von zwei Einsatzfaktoren r_1 und r_2 aus, so lautet die Produktionsfunktion $x = f(r_1, r_2)$.

Werden zwei Produktionsfaktoren nun so miteinander kombiniert, dass der eine konstant gehalten wird und der andere frei variierbar ist, d.h. $x = f(r_1, r_2)$, wobei $r_2 =$ konstant, dann resultiert eine Ertragsänderung nur durch Variation der Einsatzmengen des variablen Faktors und es ergibt

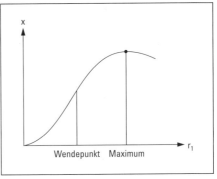

▲ Abb. 145 Gesamtertragskurve Produktionsfunktion Typ A

sich die in ◄ Abb. 145 dargestellte Gesamtertragskurve. Diese bildet den Ausgangspunkt für eine ▷ Break-even-Analyse mit S-förmigem Kostenverlauf.

Produktionsfunktion Typ B

Die Produktionsfunktion Typ B untersucht die funktionalen Beziehungen zwischen der Einsatzmenge an ▷ Produktionsfaktoren und den technischen Eigenschaften, der Intensität sowie der Produktionszeit. Diese Beziehungen werden durch sog. *Verbrauchsfunktionen* festgehalten, welche die funktionalen, technisch bedingten mengenmässigen Beziehungen wiedergeben zwischen (1) der Verbrauchsmenge r des Faktors i (z.B. Energie, Schmiermittel) am Aggregat j und (2) der technischen Leistung des Aggregats j (z.B. Drehzahl, Anzahl Nadelstiche). Die technische Leistung einer Maschine wird auch als Intensität oder Leistungsgrad bezeichnet. Sie kann ausgedrückt werden als

$$d_j = \frac{\text{Leistung des Aggregats j}}{\text{Zeiteinheit}}$$

Zu berücksichtigen sind ausserdem die *technischen Eigenschaften* des jeweiligen Potenzialfaktors (z.B. äussere Form eines Autos, Isolation eines Gefriergeräts), die den Faktorverbrauch bei unterschiedlichen Umweltbedingungen (z.B. Temperatur- und Windverhältnisse, Bodenbeschaffenheit) beeinflussen.

Verbrauchsfunktionen können unterschiedliche Kurvenverläufe haben. Wie ▶ Abb. 146 zeigt, sind drei Grundtypen zu unterscheiden: Der *Faktorverbrauch* ist (1) bei unterschiedlichen Intensitäten d_j konstant, (2) bei ansteigender Intensität d_j progressiv zunehmend oder (3) mit zunehmender Intensität d_j bis zu einem bestimm-

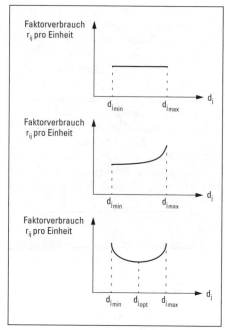

▲ Abb. 146 Grundformen von Verbrauchsfunktionen

ten Optimum abnehmend, dann wieder progressiv zunehmend.

Ein Aggregat weist i.d.R. mehrere Verbrauchsfunktionen auf, die ihren günstigsten *Faktorverbrauch* bei unterschiedlicher Intensität haben. Ein Optimalwert ist dann erreicht, wenn die Summe der mit ihren (konstanten) Preisen bewerteten Verbrauchsmengen der Einsatzfaktoren je Einheit ein Minimum bilden. Beim Beispiel in ▶ Abb. 147 sollen auf einer Drehbank Drehteile aus Stahl gefertigt werden. Während die Drehstahlkosten (= Rohstoffkosten) linear verlaufen und keinen Einfluss auf die Intensität ausüben, haben die bewerteten Verbrauchsfunktionen für Schmiermittel und Energie einen U-förmigen Kurvenverlauf. Die optimale Intensität liegt im Minimum der bewerteten Gesamt-

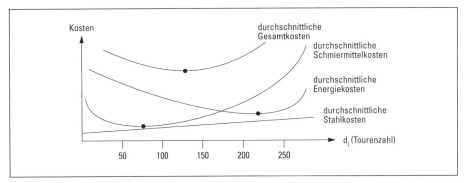

▲ Abb. 147 Optimale Intensität

verbrauchskurve. Mathematisch ergibt sich dieses Minimum, indem man die Kostenfunktion nach d differenziert und gleich null setzt.

Produktionsfunktion Typ C

Die Produktionsfunktion Typ C von Heinen ist eine Weiterentwicklung der ▷ Produktionsfunktion Typ B. Sie gibt die in der betrieblichen Praxis herrschenden Produktionsverhältnisse wirklichkeitsgetreuer und umfassender wieder, indem sie folgende Punkte berücksichtigt: (1) gemischt limitational-substitutionale Faktorbeziehungen statt ausschliesslich limitationale oder substitutionale Beziehungen (▷ Produktionsfaktoren), (2) verstärkte technische Fundierung, (3) Mehrproduktbetrieb und Mehrstufigkeit des ▷ Produktionsprozesses, (4) Einbezug des zeitlichen Ablaufs, (5) Berücksichtigung weiterer produktionswirtschaftlicher Sachverhalte wie Losgrösse (▷ Fertigungslos) oder Ausschussquoten.

Formal kann die *Grundstruktur* der Produktionsfunktion Typ C wie folgt dargestellt werden:

$$r_i = \sum_{j=1}^{m} r_{ij} \, w_j + r_i(t_i)$$

r_i: Verbrauchsmenge des Faktors i (i = 1, 2, ..., n); r_{ij}: Verbrauchsmenge des Faktors i bei einmaligem Vollzug der Teilkombination j (j = 1, 2, ..., m); w_j: Anzahl der Wiederholungen der Teilkombination j; $r_i(t_i)$: rein zeitabhängiger Verzehr des Faktors i (z.B. ruhender Verschleiss)

Der Faktorverbrauch r des Produktionsfaktors i ist davon abhängig, an welcher Teilkombination j der Faktor i beteiligt ist und mit welchem Wiederholungsfaktor w_j die jeweilige Teilkombination j verbunden ist sowie vom zeitbedingten Verschleiss des Faktors r_i.

Produktionskoeffizient

Der Produktionskoeffizient ρ gibt die Menge an, mit der ein ▷ Produktionsfaktor r_i an der Ausbringung x beteiligt ist:

$$\rho_i = \frac{r_i}{x} \quad (i = 1, 2, ..., n)$$

Produktionsplanung

Die Produktionsplanung befasst sich mit der zeitgerechten Bereitstellung von Materialien und dem Einsatz der übrigen verfügbaren Ressourcen, um geplante Mengen der Endprodukte in zukünftigen Perioden herzustellen. Die dazu nötigen Informationen stammen zu einem wesentlichen Teil aus dem Produktionsbereich. Ausgehend von den ▷ Stücklisten erstellt die ▷ Arbeitsvorbereitung Montagepläne (▷ Montageplanung), Fertigungsstücklisten, ▷ Ablaufpläne und Arbeitspläne (▷ Werkstattpapier). Diese liefern wesentliche Informationen für Material- und Kapazitätsrechnungen. Letztere zeigen die voraussichtliche Belastung der einzelnen Arbeitsplätze und Maschinen und stellen diese den verfügbaren Kapazitäten gegenüber, wodurch Über- und Unterbelastungen der einzelnen Arbeitsplätze, Arbeitszentren oder Abteilungen sichtbar werden. Danach können Korrekturmassnahmen wie Über- und Unterzeit, Fremdfertigung oder Terminverschiebungen geplant werden. Die Produktionsplanung ist meist Teil eines umfassenden ▷ PPS-Systems.

Produktionsplanung und -steuerung (PPS)
▷ PPS-Systeme

Produktionsprogramm

Das Produktionsprogramm umfasst die Gesamtheit der von einem Unternehmen herzustellenden Produkte. Demgegenüber steht das ▷ Absatzprogramm, das die Gesamtheit der von einem Unternehmen angebotenen Leistungen enthält. Bei einer Gegenüberstellung des Produktionsprogramms und des Absatzprogramms können grundsätzlich drei Fälle unterschieden werden:

1. Produktionsprogramm und Absatzprogramm sind identisch, wobei diese Übereinstimmung in der Praxis selten anzutreffen ist.
2. Das Produktionsprogramm ist grösser als das Absatzprogramm, wenn das Unternehmen einen Teil seines Produktionsprogramms im Hinblick auf seinen Eigenverbrauch herstellt.
3. Das Absatzprogramm ist grösser als das Produktionsprogramm, wenn das Unternehmen einen Teil seines Absatzprogramms nicht selber herstellt (Eigenfertigung), sondern an Dritte in Auftrag gibt (Fremdfertigung) oder als Handelsware einkauft.

Produktionsprogrammplanung
▷ Produktionsprozess

Produktionsprozess

Der Produktionsprozess schliesst alle unternehmerischen Tätigkeiten zur Erstellung neuer und bestehender Produkte oder Dienstleistungen ein.
Industrielle Produktionsprozesse lassen sich in Programmplanung und ▷ Auftragsabwicklung unterteilen. Dabei legt die *Programmplanung* die unternehmerischen Zielgrössen (Qualität, Kosten, Zeit, Flexibilität) und Mittel (Produktionsfaktoren, Methoden) fest, die für den Leistungserstellungsprozess notwendig sind. Die Auftragsabwicklung umfasst die Bereiche ▷ Konstruktion, ▷ Arbeitsvorbereitung, ▷ Fertigung und ▷ Montage und ist Kernstück des Produktionsprozesses.
Die Entwicklung von Gestaltungsrichtlinien und Methoden zur Steuerung und Überwachung des Produktionsprozesses wird *Produktionssystematik* genannt.

Produktionsstandort

Der Produktionsstandort ist der Ort, an dem ein Unternehmen seine Betriebsstätten errichtet, um Güter oder Dienstleistungen zu produzieren. Der Produktionsstandort entscheidet über die langfristig angestrebte räumliche Verteilung der Produktionskapazitäten eines Unternehmens. Dabei können verschiedene Standortstrategien eingeschlagen werden (▷ Internationalisierungsgrad, ▷ Standortwahl).

Produktionssteuerung

Die Produktionssteuerung umfasst die Ausführung und Durchführung der Pläne der ▷ Produktionsplanung. Wichtigste Aufgaben sind die Lösung der Probleme bei der Festlegung der Reihenfolge der Bearbeitung, die Überwachung der Operationen und die Einleitung kurzfristiger Korrekturmassnahmen. Bei grösseren Störungen ist eine vollständige Neuberechnung der Produktionsplanung in die Wege zu leiten. Die Produktionssteuerung ist Teil eines umfassenden ▷ PPS-Systems.

Produktionssystematik
▷ Produktionsprozess

Produktionswirtschaft

Unter Produktionswirtschaft *(Operations Management)* versteht man die Steuerung und Gestaltung der Operationen und Prozesse zur Transformation von Input-Faktoren (Rohstoffe, Halbfabrikate) zu Zwischen- oder Endprodukten. Wichtige betriebswirtschaftliche Entscheidungen betreffen dabei das ▷ Produktionsprogramm, die Produktionsmenge, den ▷ Fertigungstyp, das Fertigungsverfahren (▷ Organisationstypen der Fertigung) und den gesamten produktionswirtschaftlichen Ablauf (▷ Produktionsablauf).

Produktionsziele

Die ▷ Sachziele der Produktion beziehen sich vorwiegend auf die Güterart, die Produktionsmenge, die Produktqualität und den Zeitpunkt, zu dem die Produkte bereitstehen müssen. Die ▷ Formalziele beziehen sich dagegen auf die ▷ Produktivität und die ▷ Wirtschaftlichkeit. Daneben spielen weitere Zielsetzungen eine grosse Rolle, z.B. die Sicherheit der Mitarbeitenden oder die Flexibilität der Produktionsanlagen.

Produktivität

Produktivität bezeichnet – im Gegensatz zur ▷ Wirtschaftlichkeit – das *mengenmässige* Verhältnis zwischen Input und Output des Produktionsprozesses:

$$\text{Produktivität} = \frac{\text{Ausbringungsmenge}}{\text{Einsatzmenge an Produktionsfaktoren}}$$

Da sich bei der Messung der Produktivität für ein Unternehmen als Ganzes Probleme ergeben, werden meistens Teilproduktivitäten ermittelt. Diese beziehen sich auf einzelne ▷ Produktionsfaktoren, sodass als Einsatzmengen Arbeitsstunden, Maschinenstunden, Materialeinsatz und Verkaufsflächen in Frage kommen. Beispiele:

- Arbeitsproduktivität = $\frac{\text{Anzahl ausgewertete Fragebogen}}{\text{Arbeitsstunde}}$

- Flächenproduktivität = $\frac{\text{Umsatz}}{m^2}$

- Maschinenproduktivität = $\frac{\text{Anzahl Stück}}{\text{Maschinenstunde}}$

Produktkern
▷ Grundnutzen

Produktlebenszyklus
Das Modell des Produktlebenszyklus unterstellt, dass jedes Produkt unabhängig von seiner gesamten absoluten Lebensdauer bestimmte Phasen durchläuft. Es werden fünf Phasen unterschieden (▶ Abb. 148):
1. *Einführungsphase:* Nachdem ein Produkt entwickelt und getestet worden ist, wird es auf dem Markt eingeführt. Während in der Entwicklungsphase lediglich Kosten entstanden sind, stellen sich nun Erlöse ein. Diese sind allerdings bescheiden, da das neue Produkt zuerst bekannt gemacht werden muss.
2. *Wachstumsphase:* Befriedigt das Produkt ein echtes Bedürfnis, so wird der Umsatz stark ansteigen. Mit dem Eintreten in die Wachstumsphase wird i.d.R. die Gewinnschwelle (▷ Break-even-Analyse) überschritten.
3. *Reifephase:* Mit dem Wendepunkt der Umsatzkurve nimmt das absolute Marktvolumen noch zu, doch nehmen die Umsatzzuwachsraten ab. Oft wird in dieser Phase der höchste Gewinn erzielt.
4. *Sättigungsphase:* In dieser Phase kommt das Umsatzwachstum zum Stillstand. Infolge Marktsättigung wird der Konkurrenzkampf grösser. Eine Umsatzausweitung kann nur durch Erhöhung des Marktanteils erreicht werden. Verschiedene Marketingmassnahmen können den Übergang in die letzte Phase verhindern oder hinauszögern (Produktdifferenzierung, neues Design und neue Verpackung, Preisnachlässe). Man spricht in diesem Fall von einem ▷ Relaunch.
5. *Degenerationsphase:* Wenn der Umsatzrückgang nicht mehr aufzuhalten ist, tritt das Produkt in seine letzte Lebensphase. Grund für das Absinken des Umsatzes ist in erster Linie die Ablösung durch neue Produkte, die aufgrund des ▷ technischen Fortschritts bessere (Preis, Qualität) Problemlösungen bieten. Daneben gibt es auch andere Einflüsse (Modeerscheinungen, rechtliche Bestimmungen). Das Modell des Produktlebenszyklus beruht auf einer idealtypischen Betrach-

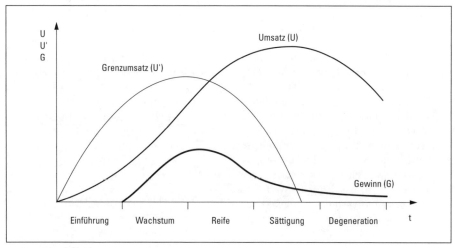

▲ Abb. 148 Produktlebenszyklus

tungsweise. In der Praxis sind exakte Aussagen allerdings nur ex post möglich. Trotzdem vermittelt das Konzept als Denkmodell wertvolle Anregungen. Beispielsweise kann aus dem bisherigen Umsatz- und Gewinnverlauf und unter Berücksichtigung der allgemeinen Rahmenbedingungen die zukünftige Entwicklung bzw. nächste Phase vermutet werden.

Produktlinie

Produktlinien umfassen verschiedene ▷ Produktgruppen (z.B. Autos, Motorräder, Rasenmäher und Generatoren bei Honda). Die Produktlinien stehen in engem Zusammenhang mit der ▷ Programmbreite bzw. mit dem ▷ Absatzprogramm des Unternehmens.

Produktlinienanalyse

Bei einer Produktlinienanalyse *(Produktfolgeabschätzung)* wird die ökologische, soziale und wirtschaftliche Verträglichkeit eines Produkts quantitativ und qualitativ beurteilt. Basis ist der ▷ ökologische Produktlebenszyklus, Massstab eine umfassende Nachhaltigkeit (▷ nachhaltige Entwicklung). Die quantitative Bewertung kann mittels einer ▷ Nutzwertanalyse erfolgen.

Produktmanagement

Das Konzept des Produktmanagements entstand aus dem Bedürfnis nach einem Instrument, das in einer marktorientierten Unternehmenspolitik (▷ Marketing) die Koordination aller von einem Produkt bestimmten Aktivitäten erlaubt. Der *Produktmanager* betreut ein Produkt von der Entstehung bis zur Marktreife. Vorteile des Produktmanagements sind verbesserte unternehmensinterne Produktbetreuung, erhöhte Flexibilität bezüglich der Markterfordernisse und bessere Kundenbetreuung.

Weil immer mehr Märkte kundengruppenbezogene Betreuung erfordern, wird das Produktmanagement zunehmend durch ▷ Key Account Management ergänzt.

Produktmanager

▷ Produktmanagement

Produkt-Markt-Matrix

▷ Produkt-Markt-Strategien

Produkt-Markt-Strategien

Betrachtet man vorhandene oder mögliche Märkte und Produkte eines Unternehmens, so können anhand einer *Produkt-Markt-Matrix* vier Produkt-Markt-Strategien unterschieden werden (▶ Abb. 149):

1. *Marktdurchdringung:* Intensive Bearbeitung bestehender Märkte mit den aktuellen Produkten. Diese kann durch eine Steigerung der Absatzmenge pro Abnehmer oder durch Vergrösserung der Abnehmerzahl erreicht werden. Bei gleich bleibendem Marktvolumen geht das Unternehmenswachstum bei dieser Strategie auf Kosten der Marktanteile anderer Unternehmen.

2. *Marktentwicklung:* Diese Strategie zielt darauf, neue (regionale) Märkte zu bearbeiten, neue Anwendungsmöglichkeiten bestehender Produkte oder neue Käuferschichten zu erschliessen. Im letzteren Fall kommt der ▷ Marktsegmentierung grosse Bedeutung zu.

3. *Produktentwicklung:* Bei dieser Strategie will man mit neuen Produkten die ge-

Produkt \ Markt	gegenwärtig	neu
gegenwärtig	Marktdurchdringung	Marktentwicklung
neu	Produktentwicklung	Diversifikation

▲ Abb. 149 Produkt-Markt-Matrix (Ansoff 1966, S. 132)

genwärtigen Märkte bearbeiten (▷ Innovationsprozess). Die neuen Produkte können das alte ▷ Produktions- bzw. ▷ Absatzprogramm ergänzen oder einzelne Produkte ersetzen.

4. *Diversifikation:* Die Diversifikationsstrategie strebt Wachstum mit neuen Produkten auf neuen Märkten an. Dabei werden folgende Diversifikationsformen unterschieden:

▪ *Horizontale Diversifikation:* Die neuen Produkte stehen in einem sachlichen Zusammenhang mit den bisherigen Produkten (z.B. gleiche Werkstoffe, ähnliche Märkte).

▪ *Vertikale Diversifikation:* Die neuen Produkte beziehen sich auf vorgelagerte (▷ Rückwärtsintegration) oder nachgelagerte (▷ Vorwärtsintegration) Produktionsstufen. Diese Strategie dient v.a. der Unabhängigkeit von Lieferanten sowie Abnehmern und erhöht die ▷ Fertigungstiefe des Unternehmens.

▪ *Laterale Diversifikation:* Bei einer solchen Strategie besteht kein sachlicher Zusammenhang mit der bisherigen Produktion. Freie finanzielle Mittel werden in neue Branchen investiert (z.B. elektronische Geräte, Versicherungen und Kosmetikartikel).

Produkt-Markttest

Beim Produkt-Markttest will man feststellen, ob ein neues Produkt mit dem gewählten ▷ Marketing-Mix auf dem Gesamtmarkt eingeführt werden kann. Die Verkaufsmengen und -werte im Testmarkt geben Hinweise auf mögliche Umsätze im Gesamtmarkt.

Test- und Gesamtmarkt müssen gleiche Strukturen aufweisen. Markttests brauchen auch genügend Zeit, weil Spontankäufe und Neugierkäufe sowie kurzfristige Sondereinflüsse (z.B. Wetter, gesellschaftliche Ereignisse) das Testresultat massgeblich beeinflussen können.

Eine erfolgreiche Einführung im Gesamtmarkt kann man erwarten, wenn die Testergebnisse auf einen stetig wachsenden Anteil von Wiederholungskäufern hinweisen. Schwierig ist die Interpretation unbefriedigender Ergebnisse, weil nicht direkt auf den Erfolg oder Misserfolg einzelner ▷ Marketinginstrumente geschlossen werden kann. Da es sich um ein neues Produkt handelt, stehen keine Vergleichszahlen zur Verfügung. Zusätzliche Abklärungen in ▷ Labortests sind notwendig.

Produkt-Mix
▷ Marketing-Mix

Produktmodifikation

Bei der Produktmodifikation *(Produktvariation)* werden bei grundsätzlich gleichem Produktkonzept (Funktion, Technologie) die ursprünglichen Produkte verändert. Es wird unterschieden zwischen:

1. *Produktalteration:* Das bisherige Produkt wird durch eine neue Ausführung ersetzt. Es handelt sich um eine Produktverbesserung.

2. *Produktdifferenzierung:* Das bestehende ▷ Absatzprogramm wird durch zusätzliche Ausführungen eines Produkts oder einer Produktart ergänzt. Es geht um eine Programmvertiefung. Ziel der Produktdifferenzierung ist es, ein Produkt besser auf die verschiedenen Bedürfnisse potenzieller Kunden (Marktsegmente) abzustimmen.

Produktmodifikation kann sich auch auf Produktelemente beziehen: ästhetische Eigenschaften (z.B. Farbe, Form, Verpackung), symbolische Eigenschaften (z.B. ▷ Markenname) oder ▷ Zusatzleistungen (z.B. Kundendienst, Beratung).

Produktnutzen
Der Produktnutzen ist der Gesamtnutzen eines Produkts, der sich aus dem ▷ Grundnutzen und dem ▷ Zusatznutzen zusammensetzt.

Produktpersistenz
Produktpersistenz bedeutet, dass ein bestehendes ▷ Produktionsprogramm beibehalten wird, weil Marktveränderungen nicht erkannt werden, Marktchancen nicht gesucht werden oder eine Prüfung der Marktsituation ergibt, dass eine Änderung des Programms nicht angezeigt ist.

Produktpiraterie
Unter Produktpiraterie (engl. *fake*) sind Imitationen, Nachahmungen bekannter Markenprodukte (z.B. Uhren wie Rolex, IWC) zu verstehen.

Produktpolitik
Unter der Produktpolitik als Element des ▷ Marketing-Mix versteht man die art- und mengenmässige Gestaltung des Absatzprogramms eines Unternehmens sowie der zusammen mit dem Produkt angebotenen ▷ Zusatzleistungen.
Die Möglichkeiten der Veränderung der Produktpolitik umfassen die ▷ Produktmodifikation, die ▷ Produktinnovation und die ▷ Produktelimination.

Produkt-Portfolio
▷ Portfolio-Management

Produktvariation
Syn. für ▷ Produktmodifikation

Produzentenhaftung
Syn. für ▷ Produktehaftpflicht

Produzentenrente
Eine Produzentenrente können all diejenigen Anbieter in einem Markt realisieren, die ihre Produkte unterhalb des Gleichgewichtspreises angeboten hätten. Da sie aber tatsächlich den höheren Marktpreis (Gleichgewichtspreis) erzielen können, erhalten sie eine ▷ Rente.
Ziel monopolistischer und oligopolistischer Strategien ist es, die Produzentenrente auf Kosten der ▷ Konsumentenrente zu erhöhen.

Profit-Center-Organisation
Bei Profit-Center-Organisationen wird den einzelnen Divisionen einer Spartenorganisation (▷ Divisionalorganisation) die Gewinnverantwortung übertragen. Unter Einhaltung bestimmter Nebenbedingungen (z.B. Qualität der Produkte, Serviceleistungen) ist eine vorgegebene Gewinngrösse zu erreichen. Es kann entweder ein absoluter Gewinn oder ein relativer Gewinn (Rentabilität) vorgegeben werden. Da die einzelnen Divisionen nur beschränkt über die Mittel des Unternehmens verfügen können, ist die Vorgabe einer relativen Kennzahl sinnvoller.

Profit Impact on Market Strategies
▷ PIMS-Modell

Programmbreite
Die Programmbreite (*Sortimentsbreite* beim Handelsunternehmen) bezeichnet – im Gegensatz zur ▷ Programmtiefe – die Anzahl verschiedener ▷ Produktlinien im ▷ Absatzprogramm eines Unternehmens. Die Gestaltung der Programmbreite verteilt das Risiko des Unternehmens und schafft Synergien zwischen den einzelnen Produktlinien.

Programmplanung
▷ Produktionsprozess

Programmtiefe
Die Programmtiefe (*Sortimentstiefe* beim Handelsunternehmen) zeigt – im Gegensatz zur ▷ Programmbreite –, wie viele Ausführungen eines Produkts (▷ Produktgruppe) das ▷ Absatzprogramm eines Unternehmens enthält. Je tiefer ein Programm ist, umso mehr Varianten eines Produkts werden angeboten und umso besser können verschiedene Käufergruppen angesprochen werden. Mit der Programmtiefe kann der Heterogenität des Käufermarkts begegnet werden.

Progressive Kalkulation
▷ Kalkulationsverfahren

Project Evaluation and Review Technique (PERT)
Die Project Evaluation and Review Technique *(PERT)* ist ein Verfahren der ▷ Netzplantechnik, bei welchem – im Gegensatz zur ▷ Critical Path Method (CPM) – die Dauer der einzelnen Vorgänge eines Projekts nicht determiniert sind und geschätzt werden müssen.
Die Berechnung von Beginn- und Endterminen erfolgt bei PERT analog zur CPM-Methode, allerdings wird von Erwartungswerten und Varianzen ausgegangen (z.B. Beta-Verteilung). Ein kritischer Pfad lässt sich mit Hilfe von PERT nicht eindeutig ermitteln, da die Dauer der einzelnen Vorgänge variiert.
Die Project Evaluation and Review Technique erlaubt keine klaren Aussagen für die Projektplanung. Dafür sind ihre Ergebnisse wirklichkeitstreuer als bei deterministischen Methoden.

Projekt
Projekte weisen verschiedene typische Merkmale auf:
- hohe Komplexität der Aufgabenstellung,
- zeitliche Befristung der Aufgabenerfüllung,
- Neuartigkeit der Aufgabenstellung,
- Beteiligung vieler (z.T. auch externer) Stellen an der Aufgabe.

Die zunehmende Veränderung von ▷ Technologien und die Dynamisierung (▷ Dynamik) der Märkte haben die Bedeutung von ▷ *Projektteams* zur Bewältigung solcher Herausforderungen erhöht. Projektarbeit führt zur Auflockerung der Hierarchie sowie zu höherer Motivation der Projektmitglieder.
Ist die Projektmitarbeit mit dem Verlassen der alten Stelle verbunden, muss nach Abschluss des Projekts das Problem der Wiedereingliederung der Projektmitarbeiter gelöst werden. Projektmitarbeiter bekunden häufig Schwierigkeiten, in hierarchisch geprägte Strukturen zurückzukehren.

Projektausschuss
Der Projektausschuss ist für den Ablauf eines ▷ Projekts verantwortlich und überwacht ▷ Projektleiter und ▷ Projektteam. Der Projektausschuss löst Konflikte, die das Projektteam nicht selbst bereinigen kann. Im Projektausschuss sollten alle an einem Projekt beteiligten Parteien vertreten sein.

Projekt-Coaching
▷ Team-Coaching

Projektleiter
Der Projektleiter übernimmt das ▷ Projektmanagement und ist persönlich dafür verantwortlich, dass ein ▷ Projekt in qualitativer, terminlicher und finanzieller Hinsicht dem Projektauftrag entspricht. Die

Fähigkeiten des Projektleiters sind von entscheidender Bedeutung für den Erfolg eines Projektes.

Projektmanagement

Unter Projektmanagement versteht man die Gestaltung und Steuerung des Projektverlaufs, um ▷ Projekte im geplanten Rahmen (Qualität, Kosten, Termine) abzuschliessen. Unterschieden werden die Phasen Projektdefinition, -planung, -durchführung und -evaluation. Je nach Gestaltung der ▷ Projektorganisation kommen dem Projektmanagement unterschiedliche Kompetenzen zu.

Projektorganisation

Die Projektorganisation als Element des ▷ Projektmanagements gliedert zeitlich befristete ▷ Projekte in die bestehende, dauerhafte ▷ Organisationsstruktur ein.

Die Projektorganisation hat im Rahmen der Dynamisierung (▷ Dynamik) der Märkte an Bedeutung gewonnen. Vorteile sind die hohe Flexibilität und die Förderung der Anpassungsfähigkeit des Unternehmens an sich wandelnde Umweltbedingungen. Probleme entstehen bei der Rückkehr der Projektmitarbeiter an ihren angestammten Arbeitsplatz (▷ Projekt).

In der Praxis gibt es drei Formen der Projektorganisation (▶ Abb. 150):

■ *Stab-Projektorganisation (Einfluss-Projektorganisation):* Die Projekteinheit entspricht einem Stab (▷ Stablinienorganisation) und hat keine Weisungsbefugnisse gegenüber den ▷ Linienstellen. Die Aufgaben der Projektstäbe beschränken sich auf Informationsbeschaffung und Entscheidungsvorbereitung für vorgelagerte Linienstellen.

■ *Matrix-Projektorganisation:* Es besteht analog zur ▷ Matrixorganisation eine Kompetenzaufteilung zwischen den Linienstellen und den zeitlich befristeten ▷ Projektleitern. Die Projektleiter erhalten Entscheidungs- und Weisungsbefugnisse über alle Funktionen hinweg.

■ *Reine Projektorganisation:* Das Projekt wird organisatorisch verselbständigt und als eigene ▷ Abteilung oder Unterabteilung in die bisherige Organisationsstruktur eingegliedert. Der Projektleiter hat unbeschränktes Entscheidungs- und Weisungsrecht gegenüber Projektmitarbeitern.

Projektteam

Das Projektteam leistet die eigentliche Projektarbeit und besteht aus vollamtlichen Projektteammitgliedern und Mitarbeitenden, die nur einen Teil ihrer Arbeitszeit in das ▷ Projekt einbringen. Aus Gründen der Effizienz sollten in einem Projektteam maximal sieben Personen zusammenarbeiten.

Promotionspreise

Im Rahmen der ▷ Preisstrategie sind Promotionspreise bzw. *Discount-Preise* – im Gegensatz zu den ▷ Prämienpreisen bzw. Premium-Preisen – tiefe Preise, die das Image eines Niedrigpreisanbieters schaffen (z.B. Denner, Aldi). Kurzfristig werden Promotionspreise bei ▷ Ausverkäufen und bei ▷ Lockvogelangeboten eingesetzt. Die Produkte werden dabei oft unter den ▷ Selbstkosten verkauft (▷ Dumping-Preis).

Property Rights Theory

Die Property Rights Theory als Ansatz der ▷ Neuen Institutionenökonomie geht von der Erkenntnis aus, dass für den Wert eines Guts nicht allein der Besitz und die physischen Eigenschaften dieses Guts relevant sind, sondern insbesondere die damit verbundenen Verfügungsrechte. Dabei handelt es sich um Rechte, welche die Verfüg-

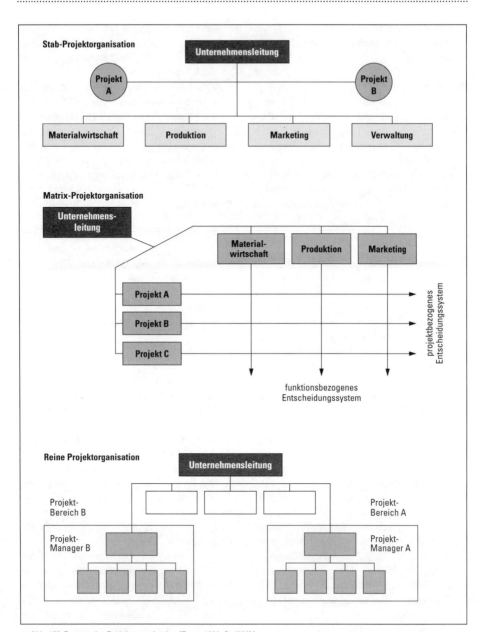
▲ Abb. 150 Formen der Projektorganisation (Frese 1998, S. 479ff.)

barkeit über ein Gut oder die mit diesem Gut in Zusammenhang stehenden Erträge regeln.

Prototyp

Ein Prototyp ist die erste *physische* Ausführung eines neuen Produkts aufgrund von Konstruktionszeichnungen (▷ Innovationsprozess). Prototypen werden in ▷ Einzelfertigung hergestellt und dienen dazu, mögliche Mängel zu beheben und erste Reaktionen von Anwendern zu erhalten. Ziel ist es, das Produkt so weit zu entwickeln, dass es in Serie hergestellt werden kann (▷ Nullserie, ▷ Rapid Prototyping).

Provider
▷ Internet

Prozess

Unter einem Prozess *(Ablauf, Vorgang)* ist die kleinste ablauforganisatorische Einheit (▷ Ablauforganisation) innerhalb eines Unternehmens zu verstehen. Prozesse tragen zur Transformation von Werkstoffen (Produktionsprozesse) oder ▷ Informationen (Dienstleistungsprozesse) bei, haben Beginn- und Endpunkte und sind im Rahmen der betrieblichen Wertschöpfung in sog. *Prozessketten* (▷ Wertkette) eingebettet.

Für das Unternehmen bedeutende Prozesse werden als ▷ *Kernprozesse* bezeichnet (▷ Business Reengineering). Beispiele von Kernprozessen sind ▷ Offertbearbeitung, ▷ Auftragsabwicklung.

Betriebliche Prozesse benötigen *Zeit* und unternehmerische Ressourcen, z. B. Material, Kapital und Personal. Die Berechnung von Prozesszeiten gibt Aufschluss darüber, wo in einer Prozesskette ▷ Durchlaufzeiten verkürzt werden können. Der Blick auf die Ressourcen unter Kosten- und Kapazitätsaspekten ist von hoher Bedeutung.

Prozesse und Prozessorientierung (Business Reengineering) des Unternehmens ermöglichen dem Management gegenüber der klassischen ▷ Aufbauorganisation, Vorgänge innerhalb des Unternehmens eindeutig zu identifizieren, zu gestalten und zu bewerten (▷ Prozesskostenrechnung).

Prozess-Coaching
▷ Coaching
▷ Coaching-Kultur

Prozesskette
Syn. für ▷ Wertkette
▷ Prozess
▷ Simultaneous Engineering

Prozesskostenrechnung

Im Rahmen der ▷ Kalkulation ist die Prozesskostenrechnung *(Activity-Based Costing)* ein Verfahren der Zuschlagskalkulation (▷ Kalkulationsverfahren).

Die Prozesskostenrechnung kann die Kostentransparenz in den indirekten Leistungsbereichen erhöhen, einen effizienten Ressourcenverbrauch sicherstellen, Kapazitätsauslastung aufzeigen, Produktkalkulation verbessern und strategische Fehlentscheidungen verhindern. Diesem Ansatz liegen folgende Gedanken zugrunde:

- Die in den Gemeinkostenstellen (Forschung und Entwicklung, Beschaffung, Logistik, Arbeitsvorbereitung, Produktionsplanung und -steuerung, Qualitätssicherung, Auftragsabwicklung, Vertrieb, Versand, Rechnungswesen usw.) entstehenden Kosten (Kostenträger-Gemeinkosten) sind das Resultat der dort verrichteten Aktivitäten bzw. der dazu bereitgestellten Kapazitäten. Je nach Aggregationsgrad handelt es sich dabei um Teil- oder Hauptprozesse (z. B. Materialbereitstellung) oder um Prozessbereiche (z. B. Auftragsabwicklung).

■ Die Prozesskostenrechnung zeigt die Hauptfaktoren der Kostenentstehung in den Gemeinkostenbereichen auf. Diese Ursachen werden Kostentreiber *(Cost Drivers)* genannt. Dabei werden Teilprozesse zu wenigen abteilungsübergreifenden Hauptprozessen verknüpft, die über ihre Cost Driver das Gemeinkostenvolumen bestimmen. Cost Driver sind letztlich nichts anderes als mengenmässige Bezugsgrössen wie z.B. die jeweilige Anzahl Fertigungsaufträge, Produktvarianten, Bestellungen, Rüstvorgänge, Aufträge oder Ein- und Auslagerungen.

■ Ziel der Prozesskostenrechnung ist die Ermittlung der Kosten eines einmaligen Prozessablaufs, um die Kostenträger verursachergerecht, d.h. entsprechend der Anzahl vollzogener Prozessabläufe, mit den Kosten der Prozesserstellung zu belasten. Im Zentrum stehen dabei abteilungsübergreifende Prozesse wie die ▷ Auftragsabwicklung, die Betreuung einer Variante, die Durchführung einer Produktänderung, die Planung eines Produkts, die Abwicklung eines Versandauftrages oder die Betreuung eines Händlers.

Prozesspolitik

Unter Prozesspolitik versteht man Konjunktur- und Wachstumspolitik durch Beeinflussung gesamtwirtschaftlicher Grössen. *Konjunkturpolitik* zielt auf eine Stabilisierung des Konjunkturzyklus (▷ Konjunktur) durch Beeinflussung der ▷ Inflationsrate (Ziel: Geldwertstabilität, ▷ Inflation) und der ▷ Arbeitslosenquote (Ziel: ▷ Vollbeschäftigung). *Wachstumspolitik* strebt demgegenüber eine kontinuierliche Entwicklung der gesamtwirtschaftlichen Aktivität an (gemessen anhand der jährlichen ▷ Wertschöpfung; ▷ Bruttosozial- oder -inlandprodukt,

▷ Volkseinkommen oder anderer Wohlstandsindikatoren).
Die Prozesspolitik ist Teil der ▷ Wirtschaftspolitik.

Prozesstheorien
▷ Motivationstheorien
▷ Inhaltstheorien

Prüfkosten
▷ Qualitätskosten

Prüfung
Syn. für ▷ Revision

Prüfungsausschuss
Syn. für ▷ Audit Committee

Pseudo-Innovation
Syn. für ▷ Quasi-neue Produkte

Psychologische Ökonomie
▷ Behavioral Finance

Public Company Accounting Oversight Board (PCAOB)
▷ Sarbanes-Oxley Act

Public Goods
Engl. für ▷ Öffentliche Güter

Public Relations
Die Public Relations *(Öffentlichkeitsarbeit)* vermitteln als Element der ▷ Kommunikationspolitik allgemeine Informationen über unternehmerische Tätigkeiten und deren Resultate. Sie schaffen ein Vertrauensverhältnis zur Förderung der Beziehungen zwischen dem Unternehmen und möglichen Partnern (▷ Anspruchsgruppen). Im Rahmen des ▷ Megamarketings beabsichtigen die Public Relations die (einmalige) Beeinflussung der öffentlichen

Meinung zur Erreichung eines kurzfristigen Unternehmensziels (z.B. Eintritt in einen neuen Markt).

Als *Kommunikationssubjekt* kommt die ganze Umwelt in Frage, d.h. Personen, Gruppen, Institutionen, die in einer vorhandenen oder zukünftigen Beziehung mit dem Unternehmen stehen. Diese wird neben Kunden auch Lieferanten, Absatzmittler der eigenen Produkte, Eigen- und Fremdkapitalgeber, Mitarbeitende, Aktivistengruppen, Behörden und Verbände umfassen.

In erster Linie geht es um eine Beschreibung des Unternehmens und seiner Tätigkeiten. Daneben soll auf die Bedeutung des Unternehmens für eine bestimmte Region oder Institution hingewiesen werden. Beispiele für PR-Massnahmen sind: Publikationen von Unternehmensinformationen in Zeitungen und Zeitschriften, Pressekonferenzen (Jahresabschluss, Neuentwicklungen), Betriebsbesichtigungen, Geschäftsberichte, Firmenbroschüren, Auftreten als Sponsor (▷ Sponsoring) von sportlichen und kulturellen Veranstaltungen, Wettbewerbe, Unterstützung öffentlicher Forschungsprojekte sowie Beiträge an gemeinnützige Institutionen. Die Wirksamkeit dieser Massnahmen und somit der Public Relations insgesamt hängt stark von der ▷ Glaubwürdigkeit des Unternehmens ab.

Publikumsaktiengesellschaft

Publikumsaktiengesellschaften sind ▷ Aktiengesellschaften, deren ▷ Aktien breit gestreut, d.h. im Besitz vieler Kapitalanleger sind. Sie erlauben einer breiten Bevölkerungsschicht mit relativ wenig Kapitaleinsatz die Beteiligung an volkswirtschaftlich bedeutenden Unternehmen. Durch die Kotierung an der Börse sind Aktien leichter zu erwerben und wieder zu veräussern.

Publikumsgesellschaft

Syn. für ▷ Publikumsaktiengesellschaft

Pufferzeiten

Mit Pufferzeiten bezeichnet man im Rahmen der Zeitplanung mit Hilfe der ▷ Netzplantechnik die Zeitreserven, um die eine einzelne Tätigkeit (Vorgang) ausgedehnt werden kann, ohne damit den Endtermin des Gesamtprojekts zu beeinflussen.

Pull-Prinzip

▷ Bestellpunktsystem

Pull-Strategie

Die Pull-Strategie bedeutet im Gegensatz zur ▷ Push-Strategie, dass die Marketinganstrengungen direkt auf die Endverbraucher ausgerichtet sind, um einen Nachfragesog beim Handel auszulösen.

Push-Strategie

Die Push-Strategie bedeutet im Gegensatz zur ▷ Pull-Strategie, dass die Marketinganstrengungen auf die nächstfolgende Distributionsstufe ausgerichtet werden. Damit wird das Produkt sozusagen in die Distributionskette (Hersteller; ▷ Grosshandel; ▷ Einzelhandel) «gedrückt».

Put-Option

Eine Put-Option (Put) berechtigt den Käufer, zu einem bestimmten Zeitpunkt (European Put) oder während einer bestimmten Optionsfrist (American Put) dem Verkäufer (Stillhalter) der Put-Option eine bestimmte Anzahl des ▷ Basiswerts (z.B. Aktien) zu einem festgesetzten Preis zu verkaufen. Während der Käufer der Put-Option die Wahl besitzt, die Option auszuüben oder nicht, ist der Verkäufer verpflichtet, die der Put-Option zugrunde liegenden Basiswerte zu übernehmen (kaufen), falls der Käufer die Option einlöst.

Der Käufer einer Put-Option spekuliert auf fallende Kurse des Basiswerts oder verwendet die Option zur Absicherung eines bestehenden Portefeuilles (▷ Hedging).
▷ Option
▷ Call-Option
▷ Option Pricing Model

QFD
Abk. für ▷ Quality Function Deployment

Qualifikation
Syn. für ▷ Fähigkeitsprofil

Qualität
Qualität wird als Gesamtheit von Eigenschaften und Merkmalen eines Produkts oder einer Dienstleistung definiert, die sich auf deren Eignung zur Erfüllung *festgelegter* oder *vorausgesetzter* ▷ Bedürfnisse bezieht (Definition nach ISO 8402). Dabei gilt für den Qualitätsbegriff:

■ Qualität ist nie absolut, sondern stets an die Art und Weise der zu erbringenden Leistung geknüpft.

■ Qualität ist keine physische Grösse und deshalb nur anhand von *Merkmalen* prüfbar.

■ Qualität hat eine multivariante Struktur, lässt also auch Abstufungen zwischen «Qualität – Nicht-Qualität» zu.

■ Qualität ist eine dynamische Grösse. Sie passt sich den Veränderungen der Bedürfnisse der Kunden an.

Der Begriff der Qualität ist vom Begriff der *Perfektion* zu trennen, der sich an einer absoluten Qualität ausrichtet.

Aus Sicht des Kunden ist entscheidend, dass ein Produkt für eine bestimmte *Zeitdauer* seine Funktion erfüllt. Diese Eigenschaft wird mit dem Begriff der ▷ Zuverlässigkeit bezeichnet.

▷ International Organization for Standardization (ISO)

Qualitäts-Audit

Qualitäts-Audits stellen die Funktionsfähigkeit und die Wirksamkeit des firmeneigenen Qualitätssystems oder sogar des gesamten Führungssystems sicher.

Qualitätsförderung

Die Qualitätsförderung hat die Aufgabe, dauernd für Verbesserungen der Qualität der Produkte, Prozesse und des Unternehmens zu sorgen, das Qualitätsbewusstsein in der Belegschaft zu stärken und eine Unternehmenskultur der «permanenten Verbesserung» zu schaffen und zu pflegen (▷ Kaizen). Ihr Ziel ist die Stärkung der Wettbewerbsfähigkeit durch gezielten Wandel.

Qualitätsführerschaft

Mit Qualitätsführerschaft wird eine unternehmerische Strategie bezeichnet, die gegenüber den Wettbewerbern einen *relativen* Qualitätsvorteil erzielen will.

$$\text{relative Qualität} = \frac{\text{eigene Produktqualität}}{\text{Qualität der Konkurrenz}}$$

Die Qualitätsführerschaft unterscheidet sich damit von den Strategien der ▷ Preisführerschaft, der ▷ Kostenführerschaft und der Zeitführerschaft (▷ Time-to-Market).

Qualitätskontrolle

Syn. für ▷ Qualitätsprüfung

Qualitätskosten

Unter Qualitätskosten werden alle Kosten verstanden, die aus der Nichterfüllung von Qualitätsanforderungen entstehen. Drei *Kategorien* von Qualitätskosten müssen unterschieden werden.
1. *Fehlerkosten:* Produkte oder Herstellungsverfahren (▷ Prozesse) entsprechen nicht den im Pflichtenheft oder in den Konstruktionszeichnungen festgelegten Qualitätsstandards. Bei den internen Fehlerkosten handelt es sich z.B. um Ausschuss, Wertminderung oder Nacharbeit. Externe Fehlerkosten sind Garantieleistungen oder auch Imageschäden.
2. *Fehlerverhütungskosten:* Kosten, die durch präventive Massnahmen der Qualitätssicherung entstehen.
3. *Prüfkosten:* Kosten, die sich aus der Kontrolle des Produktionsablaufs oder aus Endproduktkontrollen ergeben.

Der Anteil der Qualitätskosten an den ▷ Selbstkosten hat sich in den vergangenen Jahren stark erhöht und übersteigt in zahlreichen Branchen 10%. Der verstärkte Wettbewerb erfordert zunehmend die Reduzierung von Qualitätskosten.

Qualitätskreis

Der Qualitätskreis (DIN 55 350) veranschaulicht den Begriff ▷ Qualität anhand einer schematischen Darstellung des ▷ Produktlebenszyklus. Er zeigt, dass Qualität nicht auf eine einzelne Funktion im Unternehmen reduziert werden kann, sondern von der Planung über die Realisierung bis zur Nutzung eines Produkts reicht (▶ Abb. 151).

▲ Abb. 151 Qualitätskreis

Qualitätslenkung

Die Qualitätslenkung befasst sich im Rahmen des ▷ Qualitätsmanagements mit vorbeugenden, überwachenden und korrigierenden Tätigkeiten bei der Herstellung von Produkten im Hinblick auf zwei miteinander verknüpfte Ziele:
- Einhaltung von Spezifikationen oder Standards. Ziel ist die Konformität der gelieferten Produkte und der erbrachten Dienstleistungen.
- Beherrschung der Qualität der Prozesse, d.h. das Vermeiden von Fehlern wie Ausschuss, Nacharbeit, Wiederholungen und Korrekturen.

Fünf Aufgaben der Qualitätslenkung führen zur Erreichung dieser beiden Ziele:
1. Die für das Unternehmen wettbewerbsentscheidenden Prozesse sind zu strukturieren. (Diese Aufgabe sollte im Rahmen der Entwicklung von Prozessen durch die ▷ Qualitätsplanung bereits erledigt sein.)
2. Um die Konformität der Produkte und Dienstleistungen mit den geforderten Spezifikationen zu erreichen, müssen bei jedem Makroprozess und Subprozess vier Schritte der Qualitätslenkung durchlaufen werden (▶ Abb. 152).
3. Produkt- und Prozessqualität müssen gemessen und quantitativ in Kennziffern ausgedrückt werden.
4. Die Verantwortlichkeit für das Messen und Prüfen ist festzulegen.
5. Die Messergebnisse sind als Feedback (in einen Regelkreis) zu integrieren (▶ Abb. 152).

Qualitätsmanagement

Ziel des Qualitätsmanagements ist die Sicherstellung des angestrebten *Qualitätsniveaus*. Das Qualitätsmanagement hat die Aufgabe, die Qualitätspolitik festzulegen und zu implementieren. Folgende Aufgaben sind zu unterscheiden:
- ▷ *Qualitätsplanung:* Festlegen der Qualitätsmerkmale in Bezug auf Produkte, Dienstleistungen und Prozesse.
- ▷ *Qualitätslenkung:* Steuerung der Prozesse zur Produktherstellung.
- ▷ *Qualitätssicherung:* Durch aktives Risikomanagement werden Qualitätsfehler vermieden und die Folgen von Qualitätsfehlern vermindert.
- *Kontinuierliche Verbesserung:* Massnahmen zur Erhaltung und *Verbesserung* der Qualität (▷ Kaizen).

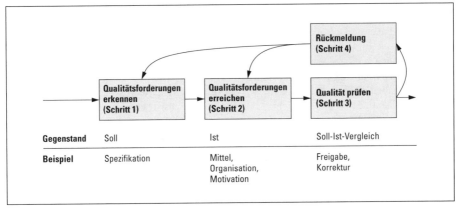

▲ Abb. 152 Schritte der Qualitätslenkung

Qualitätsplanung — Qualitätssicherung

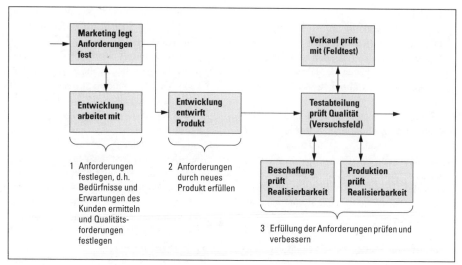

▲ Abb. 153 Qualitätsprozess bei der Entwicklung eines Produkts

Dem Qualitätsmanagement kommt eine immer grössere Bedeutung zu. Der wachsende Anteil der ▷ Qualitätskosten an den gesamten *Herstellungskosten* eines Produkts erfordert ein effektives Qualitätsmanagement. Das Qualitätsmanagement stützt sich u. a. auf Konzepte wie TQM (▷ Total Quality Management), Taguchi (▷ Design of Experiments), ▷ Shingo, FMEA (▷ Failure Mode and Effects Analysis), ▷ Ishikawa-Diagramm und ▷ Quality Function Deployment.

Qualitätsplanung
Aufgabe der Qualitätsplanung im Rahmen der ▷ Qualitätssicherung ist das Auswählen, Klassifizieren und Gewichten der Qualitätsmerkmale sowie das schrittweise Konkretisieren aller Einzelanforderungen an die Beschaffenheit von Produkten oder Dienstleistungen. Inhalt der Qualitätsplanung ist der ▷ Qualitätsprozess.

Qualitätsprämie
▷ Prämienlohn

Qualitätsprozess
Der Qualitätsprozess umfasst den Ablauf der Entwicklung von Produkten und Dienstleistungen. Im Mittelpunkt steht die Festlegung und die Prüfung der Erreichbarkeit des Qualitätsniveaus sowie die Überprüfung des erreichten Qualitätsniveaus (◄ Abb. 153).

Qualitätsprüfung
Die Qualitätsprüfung *(Qualitätskontrolle)* stellt im Rahmen der ▷ Qualitätssicherung fest, ob ein Produkt oder ein Prozess die Qualitätsanforderungen erfüllt.

Qualitätssicherung
Qualitätssicherung verfolgt im Rahmen des Qualitätsmanagements zwei Ziele:
- *Extern:* Nach aussen stellt sie gegenüber Kunden und Öffentlichkeit sicher, dass die angebotenen Leistungen die Kundenbedürfnisse befriedigen und keine Fehler aufweisen, damit sie Vertrauen in die Leistungsfähigkeit des Herstellers gewinnen.

■ *Intern:* Im Unternehmen selber soll gewährleistet werden, dass nicht erfüllte Qualitätsanforderungen bzw. Fehler erkannt und behoben werden, damit Eigentümer, Führung und Mitarbeitende Vertrauen in die Qualitätsarbeit des eigenen Unternehmens gewinnen.

Qualitätsstrategie

Mit Qualitätsstrategie bezeichnet man die Strategie der ▷ Qualitätsführerschaft.

Qualitätssystem

Um die Qualität der Produkte und Dienstleistungen sicherzustellen, muss jedes Unternehmen verschiedene Massnahmen zur Fehlerverhütung, Fehlerentdeckung und schliesslich zur Fehlerbeseitigung ergreifen. Die Gesamtheit dieser Massnahmen wird Qualitätssystem genannt. Ein solches System soll zusätzlich sicherstellen, dass die Produkte gemäss den Kundenanforderungen entwickelt und hergestellt werden. Welche Massnahmen erforderlich sind, hängt vom Unternehmen ab. Innerhalb einer Branche haben sich Standards entwickelt, die zudem vom Auftraggeber überprüft werden (▷ Auditing). Besonders verbreitet sind solche Lieferantenprüfungen in der Automobilzulieferindustrie. Um die Anforderungen an Qualitätssysteme zu vereinheitlichen und ihre ▷ Glaubwürdigkeit zu erhöhen, hat die Industrie mit der internationalen Normenreihe ISO 9000 ff. (▷ ISO 9000) einen anerkannten Bezugsrahmen geschaffen.

Qualitätsteam

Das Qualitätsteam ist neben dem ▷ Qualitätszirkel eine Organisationsform zur Realisierung von Verbesserungsprojekten. Ein Qualitätsteam nimmt sich eines klar definierten betrieblichen Problems an (z.B. Fluktuationsrate in einer Abteilung, Kostenerhöhungen) unter bereichs- bzw. abteilungsübergreifendem Einbezug von Mitarbeitenden verschiedenster Führungsebenen. Als Teamleiter figuriert der durch das Problem unmittelbar betroffene Abteilungsleiter. Er moderiert die Teamsitzungen, an welchen teilzunehmen alle Teammitglieder verpflichtet sind. Die Lösung eines bestimmten Problems erfolgt systematisch unter Anwendung bewährter Methoden, Techniken und Hilfsmittel des Qualitätsmanagements in einer den Erfordernissen der Problemstellung entsprechenden Zeitspanne. Qualitätsteams und Qualitätszirkel sind zwei mögliche Formen der Organisation von Verbesserungsprojekten (▶ Abb. 154). In der Praxis finden sich häufig Mischformen.

Qualitäts-Zertifizierung

▷ ISO 9000

Qualitätszirkel

Ein Qualitätszirkel *(Quality Circle)* besteht aus einer Gruppe von vier bis zehn Mitarbeitenden, die sich freiwillig unter der Führung eines Gruppenleiters von Zeit zu Zeit treffen, um Schwachstellen im Betrieb zu analysieren und Lösungsvorschläge auszuarbeiten (▶ Abb. 154). Damit ist die Problemlösungskapazität und -fähigkeit dort am stärksten ausgebildet, wo die Probleme auch anfallen. Hauptzielsetzungen sind die Verbesserung der betrieblichen Leistungsfähigkeit (z.B. höhere Produktqualität, tiefere Kosten) und die Verbesserung der ▷ Arbeitszufriedenheit und ▷ Motivation. Qualitätszirkel sind nicht auf gewisse Gebiete beschränkt, sondern werden dort eingesetzt, wo Störungen und Schwachstellen in Arbeitsprozessen auftreten.

Merkmale / Organisationsform	Qualitätsteam	Qualitätszirkel
Zusammensetzung	vom Management ausgewählte Mitarbeitende verschiedener Abteilungen und evtl. verschiedener Ebenen	interessierte Mitarbeitende meist einer Abteilung
Teilnahme	Pflicht	freiwillig, aber mit Zustimmung des Managements
Problemauswahl	klare, durch Management vorgegebene Problemstellung	Probleme aus eigenem Arbeitsbereich, von der Gruppe selbständig aufgegriffen
Gruppenleitung, Moderation	zuständige Führungskraft	Moderator durch Gruppe selbst bestimmt
Wirkungsbereich	abteilungsübergreifend	meist begrenzt auf Abteilung
Zeitlicher Ablauf	hängt von Erfordernissen ab	regelmässige, z. B. wöchentliche Sitzungen von 1–2 Stunden
Zeitdauer	begrenzt auf Problemlösung	unbegrenzt, Gruppe kann immer neue Probleme aufgreifen
Dringlichkeit	hoch	niedrig bis hoch
Vorgehensweise	systematisch, Anwendung bewährter Methoden, Techniken und Hilfsmittel der Qualitätsarbeit	

▲ Abb. 154 Qualitätsteam und Qualitätszirkel

Qualitätszirkel sind ein wichtiges Instrument, um das Problemlösungspotenzial der Mitarbeitenden zu nutzen und einen partizipativen Führungsstil zu unterstützen. Sie sind deshalb wichtige Instrumente im Rahmen der ▷ Personal- und ▷ Organisationsentwicklung.

Qualitätszirkel sind eher sachorientiert, während die ▷ Lernstatt auch verhaltensbezogene Komponenten in die Gruppenarbeit einbezieht.
▷ Qualitätsteam

Quality Circle
Engl. für ▷ Qualitätszirkel

Quality Function Deployment (QFD)
Quality Function Deployment (*QFD*, Qualitätsfunktions-Gliederung) ist ein Ansatz im ▷ Qualitätsmanagement mit dem Ziel, Über- oder Unterfunktionalitäten von Produkten den Kundenanforderungen anzupassen (▷ Customer Focus). Dies ist deshalb notwendig, weil Unterfunktionalitäten den Kunden verärgern können und dem Image einer Marke erheblich schaden sowie Überfunktionalitäten dem Kunden keinen Nutzen bringen, dem Unternehmen aber Kosten verursachen.

Quasi-Fusion
Im Gegensatz zur ▷ Fusion nach Art. 748 f. OR, bei der die an der Fusion beteiligten Gesellschaften die wirtschaftliche *und* rechtliche Selbständigkeit aufgeben (handelsrechtliche Fusion), bleibt bei Quasi-Fusionen die rechtliche Selbständigkeit aller betroffenen Gesellschaften erhalten. In der Regel übernimmt eine Gesellschaft eine andere Gesellschaft als ▷ Tochtergesellschaft, indem den fremden Aktionären eigene ▷ Aktien zum Tausch angeboten werden.

Aus Sicht der übernommenen Gesellschaft sprechen folgende Gründe für eine Quasi-Fusion:
- Das Unternehmen bleibt selbständiges Steuersubjekt.

- Handänderungs- und Liquidationssteuern (z.B. Auflösung ▷ stiller Reserven) entfallen.
- Die emotionalen Widerstände seitens der übernommenen Gesellschaft sind wegen Beibehaltung der rechtlichen Selbständigkeit geringer.
- Der mit dem Namen der übernommenen Gesellschaft, in der Tradition des Unternehmens gründende ▷ Goodwill bleibt erhalten.

Quasi-neue Produkte

Quasi-neue Produkte sind aus Sicht des Kunden neuartige Produkte, die jedoch keine echten Innovationen darstellen (z.B. flüssige Waschmittel), oft ▷ Me-too-Produkte oder *Pseudo-Innovationen* genannt.

Question Marks

▷ Portfolio-Management

Quick Ratio

▷ Liquidität

Quota-Verfahren

Das Prinzip des Quota- oder Quotenverfahrens gibt den Interviewern bei statistischen Erhebungen Quoten vor, nach denen sie die zu Befragenden auswählen müssen. Die Quoten entsprechen dabei bezüglich einzelner Merkmale der Struktur der Grundgesamtheit (z.B. 40% der Befragten müssen weiblich sein). Im Rahmen dieser Quoten, die sich meist auf leicht feststellbare demografische oder soziografische Gegebenheiten beziehen (z.B. Geschlecht, Alter, Wohnort, Beruf), können die Interviewer die zu Befragenden völlig frei auswählen.

Dieses Verfahren geht von der These aus, dass bei Übereinstimmung der Stichprobe bezüglich bestimmter vorgegebener Merkmale mit der Grundgesamtheit auch die Aussagen über die Stichprobe mit denjenigen über die Grundgesamtheit übereinstimmen (Strukturisomorphie). Wichtigste Voraussetzung zur Verwendung des Quota-Verfahrens ist daher die Kenntnis der Strukturmerkmale der Grundgesamtheit.

Quotenkonsolidierung

Die Quotenkonsolidierung ist im Rahmen der ▷ Konzernrechnung eine Konsolidierungsmethode, bei der – unter Vernachlässigung der wirtschaftlichen Einheit – sämtliche Positionen der Bilanz und Erfolgsrechnung der Beteiligungsgesellschaft nur zum Beteiligungsprozentsatz (bezogen auf das Aktienkapital), d.h. anteilsmässig, in den Konzernabschluss übernommen werden. Im Gegensatz zur Methode der ▷ Vollkonsolidierung entfällt bei der Quotenkonsolidierung der Ausweis von ▷ Minderheitsanteilen an Eigenkapital und am Ergebnis der Beteiligungsgesellschaft. Praktische Bedeutung erhält die Quotenkonsolidierung bei Joint Ventures (2 Partner mit je 50% Stimmanteilen). Für diesen Fall wird sie von den meisten Rechnungslegungsstandards (▷ Swiss GAAP FER, ▷ IFRS, ▷ US GAAP) zur Anwendung empfohlen.

Rabatt

Rabatte sind Preisnachlässe, die dem Käufer eines Produkts oder einer Dienstleistung gewährt werden. Da Rabatte den Preis verändern, den der Kunde tatsächlich zu bezahlen hat, ist die ▷ Rabattpolitik ein Instrument der ▷ Konditionenpolitik.

Rabattpolitik

Die Rabattpolitik ist ein Element der ▷ Konditionenpolitik. Mit der Rabattpolitik werden folgende Ziele verfolgt: (1) Umsatz- bzw. Absatzausweitung, (2) Erhöhung der Kundentreue, (3) Rationalisierung der Auftragsabwicklung, (4) Steuerung der zeitlichen Verteilung des Auftragseingangs und (5) Sicherung des Images exklusiver und teurer Güter bei gleichzeitiger Möglichkeit, diese preiswert anzubieten.

Rack Jobber

Der Rack Jobber ist eine Form des ▷ Grosshandels, bei der eine Handelsorganisation in Lebensmittelgeschäften und Supermärkten Regale mietet oder eigene Verkaufsstände aufstellen lässt. Diese werden vor Ort von Verkaufsbetreuern überwacht. Die Handelsorganisation übernimmt Artikelauswahl, Einkauf, Lagerhaltung, Warenauszeichnung, Verpackung, Transport und Verkaufsaktionen. Der Verkaufsberater prüft regelmässig den Warenbestand beim Einzelhändler und ergänzt diesen mit fertig abgepackter und ausgezeichneter Ware, die er vom Zentrallager bezieht. Der Vermieter übernimmt meistens Inkasso und Abrechnung, wofür er ein festes Entgelt (Regalmiete) erhält und am Umsatz beteiligt ist. Das Angebot umfasst i.d.R. Waren des Non-Food-Bereichs.

Raider

Als Raider wird eine Person, eine Personengruppe oder ein Unternehmen bezeichnet, die heimlich Beteiligungen an einem anderen Unternehmen (sog. *Target*) erwirbt. Meistens werden bei einem solchen Kaufvorgang zuerst Beteiligungen an der Börse erworben, bevor dann den Aktionären des Targets ein Kaufangebot *(Take-over Bid)* gegen Geld oder Aktien (Aktienumtausch) unterbreitet wird.

Durch Raider vorgenommene Unternehmenskäufe sind *Unfriendly Take-overs (Sneak Attack)*. Dabei wählen Raider mit Vorliebe Targets, bei welchen das Verhältnis von Free Cash Flow pro Aktie zum laufenden Kurs möglichst gross ist, d. h. Titel, von denen sie glauben, dass sie vom Markt zu tief bewertet sind.

Viele Raider zerschlagen nach der Übernahme das Unternehmen in kleinere Teileinheiten, in der Hoffnung, durch den Verkauf dieser Unternehmenseinheiten einen höheren Preis realisieren zu können (▷ Asset Stripping).

In vielen Fällen setzen sich die Targets gegen die Raider zur Wehr. Raider werden mit folgenden Praktiken abgeschreckt:

- *Poison Pills:* Das Target macht hohe Dividendenausschüttungen.
- *Crown Jewel Options:* Das Target räumt einem befreundeten Unternehmen *(White Knight)* das Vorkaufsrecht auf attraktiven Vermögensteilen ein.
- *People Bills:* Das Management des Targets unterzeichnet eine Vereinbarung, die Arbeit im Fall eines Unfriendly Take-over kollektiv niederzulegen.
- *Lock-up-Klauseln:* In den Statuten des Unternehmens sind Klauseln aufgeführt, die eine unfreundliche Übernahme durch Raider erschweren.

Neben diesen Verteidigungsstrategien werden denn auch Massnahmen zur Abwehr eines Unfriendly Take-over Bid ergriffen, bei denen systematisch thesaurierte Free Cash Flows zerstört werden:

- *Fat Man Strategy:* Ein Target akquiriert unrentable Unternehmen.
- *Scorched Earth Policy:* Das durch einen Unfriendly Take-over bedrohte Unternehmen veräussert systematisch viel versprechende Aktiven.

Gelegentlich bemühen sich Raider (v. a. in den USA), Beteiligungen zu erwerben, um diese anschliessend der Geschäftsleitung des Targets zu einem über dem Kurswert liegenden Preis wieder zu verkaufen (Green Mailing).

Random-Verfahren

Das Random-Verfahren *(Zufallsauswahl)* ist ein mathematisches Verfahren, bei dem die Auswahl der Informationsträger zum Zweck statistischer Erhebungen rein zufällig erfolgt. Voraussetzung für die Anwendung dieses Verfahrens ist, dass jedes Element der Grundgesamtheit die gleiche und von null verschiedene Chance haben muss, in die Stichprobe zu gelangen. Für die Zusammenstellung der Stichprobe stehen verschiedene Techniken zur Verfügung: Auswahl durch Auslosen oder Auswürfeln, Auswahl durch Zufallszahlentafeln, systematische Auswahl (z. B. jeder Zehnte einer Einwohnerkartei), Auswahl nach Schlussziffern, sowie Buchstabenauswahl oder Geburtstagsverfahren (z. B. alle Leute, die am gleichen Tag in einem bestimmten Monat geboren sind).

Random-Walk-Hypothese

▷ Aktienanalyse

Rangfolgeverfahren

Das Rangfolgeverfahren als summarisches Verfahren der Reihung im Rahmen der ▷ Arbeitsbewertung bringt sämtliche Ar-

beitsplätze in eine Reihenfolge. Mit Hilfe von ▷ Stellenbeschreibungen werden alle Arbeitsplätze miteinander verglichen und in eine Rangreihe nach dem jeweiligen Schwierigkeitsgrad gebracht.
Der Vorteil dieses Verfahrens liegt in der einfachen Handhabung und leichten Verständlichkeit. Dem stehen eine Reihe von Nachteilen gegenüber: (1) Das Verfahren eignet sich nur für Unternehmen mit einer kleinen Zahl von Arbeitsplätzen mit unterschiedlichem Arbeitsinhalt. (2) Es setzt eine umfassende Kenntnis aller Stellen voraus. (3) Mit dem Aufstellen einer Rangreihenfolge wird noch keine Aussage über die Grösse der Abstände zwischen den einzelnen Arbeitsplätzen gemacht. Somit liefert das Verfahren keine exakte Bezugsgrösse, um aus einem Arbeitswert einen Lohnwert abzuleiten.

Rangreihenverfahren

Das Rangreihenverfahren ist eine analytische Methode der ▷ Arbeitsbewertung. Es wendet das Prinzip der Reihung für jede einzelne Anforderungsart an, indem alle zu bewertenden Arbeitsplätze in eine Rangreihe pro Anforderungsart gebracht werden. Zuoberst auf der Liste steht jene Arbeit, welche bezüglich des Merkmals die höchsten Anforderungen stellt. Zuerst sind die einzelnen Anforderungsarten zu gewichten, um durch Addition der gewichteten Rangreihenplätze den Gesamtarbeitswert zu bilden. Darauf muss jedem Gesamtarbeitswert ein Lohnwert zugeordnet werden. Dabei kann der niedrigste Gesamtarbeitswert mit dem minimal vorgeschriebenen Lohn, der höchste Gesamtarbeitswert mit dem maximal möglichen Lohn versehen werden. Aufgrund dieser beiden Extremwerte lassen sich sämtliche Löhne leicht berechnen. Schwierigkeiten bereitet beim Rangreihenverfahren v.a. die Gewichtung der Anforderungsarten untereinander sowie in Bezug auf die verschiedenen Arbeitsplätze bzw. deren Ausprägung.

Rangrücktrittserklärung

Die Rangrücktrittserklärung ist ein wesentliches Instrument der Sanierung. Als Rangrücktrittserklärung gilt das schriftliche Einverständnis eines oder mehrerer Gläubiger, im Fall der Liquidation seine bzw. ihre Ansprüche erst geltend zu machen, wenn vorher alle anderen Schulden getilgt wurden. Damit erhält solches zur Nutzung überlassenes Kapital betriebswirtschaftlich die Bedeutung von Eigenkapital, obwohl es rechtlich nach wie vor Fremdkapital darstellt. Meist haben Unternehmen auf nachrangigen Schuldverschreibungen höhere Zinsen zu bezahlen.

Rapid Prototyping

Beim Rapid Prototyping (RP) kann durch eine CAD-CAM-Kopplung (▷ Computer-Aided Manufacturing) und den Einsatz von lasergeführten Spezialmaschinen der Prototyp direkt aus der CAD-Konstruktionszeichnung erstellt und (beschränkt) eingesetzt werden. Es lassen sich verschiedene Verfahren unterscheiden:
- *Stereolithografie:* Schichtweises Aushärten eines flüssigen Photopolymers mit Hilfe eines Lasers. Anwendung: Strömungs- und Einbauuntersuchungen.
- *Solid Ground Curing:* Schichtweises Aushärten eines flüssigen Photopolymers über einer Maske mit einer UV-Lampe. Anwendung: Verifikation des Designentwurfs.
- *Laminated Object Manufacturing:* Laserschneiden von selbstklebenden Folienwerkstoffen. Anwendung: Herstellbarkeits- und Montierbarkeitsüberprüfung.

- *Selective Laser Sintering:* Lokales Aufschmelzen eines pulverähnlichen Basismaterials mit Laser. Anwendung: Optimierung der Produktfunktion.
- *Fused Deposition Modeling:* Aufschmelzen eines drahtförmigen Ausgangsmaterials mit einer plottergeführten Düse. Anwendung: Einzelteilfertigung.

Rapid Prototyping ermöglicht es Unternehmen, die ▷ Durchlaufzeit ihrer Prototypenentwicklung entscheidend zu verkürzen. Weitere Potenziale liegen in der Steigerung der Produktqualität und in der früheren Verfügbarkeit von Planungsdaten (▶ Abb. 155).

Um abzuklären, ob die Einführung von RP-Technologie sinnvoll ist, werden Produktspektrum, Entwicklungsabläufe, Prototypenanforderungen und Datenverfügbarkeit analysiert.

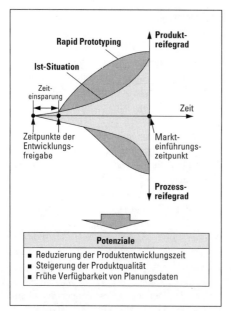

▲ Abb. 155 Potenziale von Rapid Prototyping (nach AWK 1993, S. 2-124)

Die hohen Kosten von Rapid Prototyping müssen sich durch den erwarteten Gewinn aus einem frühen ▷ Markteintritt rechtfertigen lassen. Ein solcher kann insbesondere durch Verbindung von RP mit ▷ Simultaneous Engineering erreicht werden.

Rating

Durch die Vergabe von Ratings klassifizieren Rating-Agenturen (z.B. Standard & Poor's, Moody's) die ▷ Bonität von Unternehmen und somit indirekt auch die Bonität von deren ▷ Emissionen auf den ▷ Geld- und ▷ Kapitalmärkten. Die Ratings sind für die beurteilten Unternehmen insofern von grosser Bedeutung, als sie sich einerseits direkt auf die Höhe des Zinssatzes (z.B. bei ▷ Anleihensobligationen) und andererseits über den Kurs auf die risikogerechte Bildung der Renditen auswirken.

Beim Rating wird eine klassische Bonitätsprüfung mit einer Kreditfähigkeits- und Kreditwürdigkeitsprüfung durchgeführt. Zur Darstellung der Bonität werden Buchstaben oder Zahlen verwendet (z.B. von AAA bis D bei Standard & Poor's). Das Rating erhöht die Transparenz auf den Geld- und Kapitalmärkten, was die Risiken für den Investor verkleinert.

Der Begriff des Ratings wird auch für die *bankinterne Bewertung* von Kreditgesuchen kommerzieller Kunden verwendet.

Rationalisierung

Ziel der betrieblichen Rationalisierung ist es, mit den vorhandenen Ressourcen höhere Outputs zu erreichen (Maximumprinzip) oder bestehende Outputs mit weniger Mitteln zu realisieren (Minimumprinzip) (▷ ökonomisches Prinzip).

In der ▷ Produktionswirtschaft werden beispielsweise mit der Rationalisierung verschiedene Ziele verfolgt, u.a.:

- *Verkürzung* der ▷ Durchlaufzeiten in Konstruktion, Fertigung und Montage.
- Verringerung der *Planungskosten* in Konstruktion und Arbeitsvorbereitung.
- Erhöhung der produktionstechnischen Kapazitäten (▷ Kapazitätsplanung).
- Qualitative Verbesserung der Produkte (▷ Qualität).
- Erhöhung der Flexibilität.

Rationalisierungen können konventionell, d.h. ohne Inanspruchnahme von CIM-Komponenten, oder mit Hilfe von EDV erfolgen. Bei der *Durchführung* von Rationalisierungsmassnahmen kann folgendermassen vorgegangen werden:

1. Analyse des *Ist-Zustands:* Durchführung von Tätigkeitsanalysen, Überprüfung des organisatorischen Ablaufs oder des Produkt- und Teilespektrums. Bei konventionellen Lösungen schliesst sich direkt die Implementierungsphase an.
2. Erstellung eines *Systemkonzepts:* Vorbereitung geeigneter EDV-Lösungen durch Ausarbeitung von Anforderungsprofilen.
3. Auswahl einer geeigneten *CIM-Lösung:* Bewertung mit Verfahren der ▷ Investitionsrechnung (▷ CIM-Investition).
4. *Einführungs-* und *Nutzungsorganisation:* Umsetzung und organisatorische Eingliederung der Lösung in den betrieblichen Ablauf.

Zahlreiche Beispiele aus der Praxis zeigen die Notwendigkeit und die Möglichkeiten von Rationalisierungen im Produktionssektor. Die erheblichen Steigerungen der Produktivität in verschiedenen Industriezweigen und die Verschärfung des internationalen Wettbewerbs sind klare Indikatoren, die für eine Verstärkung der Rationalisierungsbemühungen sprechen.

Rationalisierungsinvestition

Von Rationalisierungsinvestitionen spricht man, wenn noch einsatzfähige Anlagen ausgewechselt werden, um die Kosten zu verringern, qualitativ bessere Produkte herzustellen und damit höhere Verkaufspreise zu erzielen oder die Kostenstruktur zu verbessern (z.B. mit energiesparenden Anlagen).

Rationalisierungspotenzial

Rationalisierungspotenziale sind vorhandene, aber noch nicht erkannte Potenziale, die durch Beheben von Defiziten und durch entsprechende Massnahmen (z.B. EDV-Einsatz, Neugestaltung von Prozessen) erschlossen werden können (▷ Rationalisierung). Sic können durch internen oder externen Vergleich mit besseren Methoden (Best Practices, ▷ Benchmarking) erkannt und quantifiziert werden. Die Realisierung von Rationalisierungspotenzialen ist Teil der ▷ Unternehmensstrategie und führt durch kontinuierliche Verbesserungen (▷ Kaizen) oder durch ▷ Innovationen langfristig zu ▷ technischem Fortschritt und einer Erhöhung von ▷ Wirtschaftlichkeit und ▷ Produktivität.

Rationalprinzip

Syn. für ▷ Ökonomisches Prinzip

Realignment

Engl. für Neufestlegung
▷ Bandbreite

Reallohn

Der Reallohn ist das Verhältnis zwischen dem Geldlohn (Nominallohn), der ausbezahlt wird, und dem aktuellen Preisniveau. Er gibt somit als relativer Preis das Tauschverhältnis zwischen Arbeit und Gütern an. Er widerspiegelt, wie viel Arbeitszeit ein Arbeitnehmer aufwenden muss, um ein bestimmtes Gut zu kaufen, und umgekehrt, welchen Teil der Produktion der Unternehmer dem Arbeitnehmer als Gegenleistung für einen bestimmten Arbeitseinsatz überlassen muss. Der Reallohn legt das Ausmass von ▷ Arbeitsangebot und ▷ Arbeitsnachfrage fest. Reallohnerhöhungen werden durch Produktivitätssteigerungen aufgrund technischen Fortschritts und verbesserter Kapitalausstattung möglich (▷ Arbeitsnachfrage).

Realoption

Unter Realoption versteht man die Möglichkeit, ein Projekt während seiner Laufzeit an geänderte Rahmenbedingungen anzupassen. Dieser Handlungsflexibilität wird ein Wert, eine Option, zugemessen. Der Realoptionsansatz ist eine Weiterentwicklung der klassischen ▷ Investitionsrechnung, weil es bei dieser nicht möglich ist, zukünftige Veränderungen der Rahmenbedingungen zu berücksichtigen. Realoptionen können in sehr unterschiedlicher Form auftreten:

- *Wachstumsoptionen* berücksichtigen, dass durch eine positive Entwicklung während der Laufzeit eine Erweiterung des Projekts stattfinden könnte.
- *Abbruchoptionen* erlauben es, negativen Entwicklungen durch eine Einstellung des Projekts zu begegnen.
- *Flexibilitätsoptionen* verkörpern – insbesondere in Industrieunternehmen – die Möglichkeit, entweder alternative Produktionsfaktoren einzusetzen oder mit der vorhandenen Technologie (▷ Kernkompetenz) neue Produkte zu entwickeln.

Die Bewertung von Realoptionen erfolgt üblicherweise in Anlehnung an die Methoden, wie sie für Finanzoptionen entwickelt worden sind (▷ Option Pricing Model). Allerdings sind diese Standardverfahren nur in wenigen Fällen anwendbar, da sie oft von sehr restriktiven Annahmen ausgehen, welche Realoptionen nicht erfüllen. Deshalb begnügt man sich z. T. mit einfacheren Verfahren wie einer Kombination der ▷ Discounted-Cash-Flow-Methode (▷ Ertragswertmethode) und dem Entscheidungsbaumverfahren (▷ Entscheidungsbaum).

Der Nachteil dieser Methode ist der erhöhte Bewertungsaufwand gegenüber den traditionellen Investitionsrechnungen, dem aber ein grösserer Nutzen durch eine Verbesserung der Entscheidungsfindung gegenübersteht. Realoptionen sind insbesondere auch für die strategische Unternehmensführung von grosser Bedeutung. Neben deren Bewertung ist nämlich das Erkennen und die Erhaltung dieser Optionen entscheidend für den späteren Erfolg eines Projekts. Zudem sollte während der gesamten Projektdauer versucht werden, neue Handlungsoptionen zu gewinnen.

Realverzinsung, negative

▷ Zins

Realzins

Der Realzins ergibt sich aus dem Nominalzins abzüglich der ▷ Inflationsrate (▷ Zins).

Rechnungslegung

▷ Finanzbuchhaltung

Rechnungslegungsstandards

▷ IFRS
▷ Swiss GAAP FER
▷ US GAAP

Rechnungswesen

Das Rechnungswesen dient der quantitativen (zahlenmässigen) Erfassung, Darstellung, Auswertung und Planung des betrieblichen Umsatzprozesses und widerspiegelt die finanziellen Auswirkungen vergangener oder geplanter unternehmerischer Tätigkeiten im Sinn einer Vergangenheits-, Gegenwarts- oder Zukunftsrechnung. Das Rechnungswesen liefert Informationen über die Erreichung der wichtigsten Erfolgs- und Finanzziele des Unternehmens: ▷ Produktivität, ▷ Wirtschaftlichkeit, ▷ Gewinn und ▷ Rentabilität, Kapitaldotation, ▷ Zahlungsbereitschaft (▷ Liquidität) sowie Kapital- und Vermögensstruktur.

Die Gestaltung des Rechnungswesens erfolgt sowohl aufgrund rechtlicher Vorschriften als auch aufgrund betriebswirtschaftlicher Überlegungen. Es erfüllt folgende Aufgaben:

■ *Rechenschaftsablage (Finanzberichterstattung, Reporting):* Das Rechnungswesen gibt Auskunft, wie in einer abgelaufenen Periode gewirtschaftet wurde. Es legt Rechenschaft ab von Verwaltung und Direktion, z.B. gegenüber den Angestellten, den Aktionären, den Gläubigern, der Revisionsstelle, den Finanzanalysten, dem Staat und der Öffentlichkeit.

■ *Gläubigerschutz:* Das Handelsrecht schreibt einen periodischen Ausweis des Vermögens und der Schulden vor. Damit soll der Gläubiger vor allfälligen Verlusten geschützt werden. Als Grundlage bei der Aufstellung dieses Ausweises dient das Prinzip der Bilanzvorsicht, welches in den allgemeinen Buchführungsbestimmungen (Art. 957–964 OR) und im Aktienrecht (Art. 662 ff. OR) verankert ist.

■ *Entscheidungshilfe:* Mit dem Rechnungswesen steht ein ideales Instrument zur Verfügung, welches quantitative Informationen zur Entscheidungsvorbereitung und Entscheidungsdurchführung liefert.

■ *Kontrolle:* Das Rechnungswesen ist in zweifacher Hinsicht ein Kontrollinstrument. Einerseits dient es der internen Kontrolle (Analyse von Soll-Ist-Werten, Zeitvergleichsanalysen); anderseits bildet es die Grundlage für die externe Kontrolle (▷ Revision).

Hauptbereiche			
Gliederung		als Vergangenheitsrechnung	als Planrechnung
Finanzbuchhaltung	Finanzbuchführung	Erfassung aller vermögensrelevanten Vorgänge anhand von Belegen	Schätzung bzw. Vorgabe aller vermögensrelevanten Vorgänge aufgrund von Annahmen über die erwartete Entwicklung und aufgrund von Zielen
	Rechnungslegung	Ermittlung von Bilanz, Erfolgsrechnung und Kapitalflussrechnung anhand tatsächlicher Daten	Ermittlung von Planbilanz, Planerfolgsrechnung und Plankapitalflussrechnung aufgrund von Vorausschätzungen und Vorgaben (Budgetierung)
Betriebsbuchhaltung	Kostenarten-, Kostenstellen-, Kostenträgerrechnung	Ermittlung der tatsächlichen Kosten von Kostenstellen und/oder Kostenträgern pro Periode	Schätzung oder Vorgabe zukünftiger Kosten gegliedert nach Kostenarten (Kostenbudgets), Kostenstellen (Kostenstellenbudgets) oder Kostenträgern (budgetierte Betriebsabrechnung) aufgrund von Trends oder Vorgaben
	Kalkulation	Ermittlung der tatsächlichen Kosten pro Leistungseinheit (Nachkalkulation)	Vorausschätzen der Kosten einer Leistungseinheit aufgrund von Vergangenheitszahlen oder Planzielen (Vorkalkulation)
Ergänzende Bereiche			
■ Betriebsstatistiken ■ Abweichungsanalysen ■ Sonderrechnungen			

▲ Abb. 156 Teilbereiche des Rechnungswesens

- *Memorandum:* Als Tagebuch, in dem alle in Zahlen quantifizierbaren Verbindungen zur Umwelt, aber auch im Innern des Unternehmens erfasst werden, erhält das Rechnungswesen die Funktion eines «Gedächtnisses» der Firma. Es gibt z. B. Auskunft über die Bestände an Debitoren oder die Fälligkeit der Schulden.
- *Rechtshilfe:* Mit der Beweiskraft der Bücher spielt das Rechnungswesen eine wichtige Rolle in der Beweisführung bei Streitfällen.
- *Steuerbasis:* Das Rechnungswesen bildet die Grundlage für die Erhebung verschiedener Steuern an den Staat, z. B. die Kapital-, die Ertrags- und die Mehrwertsteuer.
- *Information der Öffentlichkeit:* Mit dem Rechnungswesen als Publizitätsinstrument kann eine breite Öffentlichkeit über die wirtschaftliche Tätigkeit eines Unternehmens informiert werden.

Das Rechnungswesen gliedert sich in die ▷ Finanzbuchhaltung, die ▷ Betriebsbuchhaltung und die ergänzenden Bereiche (Budgetierung [▷ Budget], Sonderrechnungen [z. B. ▷ Investitionsrechnung], ▷ Abweichungsanalysen und ▷ Betriebsstatistik; ◄ Abb. 156).

Rechtsform

Mit der Wahl der unternehmerischen Rechtsform werden einerseits die rechtlichen Beziehungen des Unternehmens zu seiner Umwelt und andererseits bestimmte Fragen der Organisation des Unternehmens selbst geregelt. Im schweizerischen Obligationenrecht werden die Rechtsformen abschliessend aufgezählt, die gewählt werden können (Numerus clausus): ▷ einfache Gesellschaft, ▷ Kollektivgesellschaft, ▷ Kommanditgesellschaft, ▷ Aktiengesellschaft (AG), ▷ Kommanditaktiengesellschaft, ▷ Gesellschaft mit beschränkter Haftung (GmbH), ▷ Genossenschaft sowie ▷ Verein.

Nach ihrer Rechtsform können Unternehmen in ▷ *Einzelunternehmen* und ▷ *Gesellschaften* unterteilt werden.

Rechtsgemeinschaft

Rechtsgemeinschaften sind ▷ Gesellschaften, die – im Gegensatz zu den ▷ Körperschaften – über keine eigene Rechtspersönlichkeit verfügen. Es sind dies die ▷ einfache Gesellschaft, die ▷ Kollektivgesellschaft und die ▷ Kommanditgesellschaft. Bei den Rechtsgemeinschaften sind die einzelnen Mitglieder (Gesellschafter) die Rechtsträger, d. h. sie erwerben oder veräussern in ihrem Namen für die ▷ Firma Eigentum, schliessen Verträge ab oder können vor Gericht klagen oder verklagt werden.

Rechtspersönlichkeit

▷ Körperschaft

Recycling

Recycling ist der erneute Einsatz von Produktionsrückständen, verbrauchten Produkten und Altstoffen in der Produktion. Es orientiert sich am Kreislaufgedanken der Natur. Erleiden die Stoffe im Verlauf der verschiedenen Teilprozesse merkliche, irreversible Qualitätseinbussen, so wird präzisierend auch von Downcycling gesprochen. Der gesamte Recycling-Kreislauf umfasst die drei Teilkreisläufe Produktionsabfall-Recycling, Produkt-Recycling und Altstoff-Recycling. Je nach dem notwendigen Aufwand für die Aufbereitung (gering oder gross) und der Art des erneuten Einsatzes (bisheriger oder neuer Anwendungsbereich) kann zwischen weiteren Recycling-Arten unterschieden werden.

Referenzen

Referenzen als Teil der ▷ Bewerbungsunterlagen dienen dazu, Informationen bei Personen einzuholen, die den Bewerber gut kennen und eine Beurteilung über seinen Charakter, seine Fähigkeiten und seine Eignung für eine Stelle abgeben können.

Refinanzierung

Als Refinanzierung bezeichnet man Massnahmen der Geldbeschaffung von Kreditinstituten bei anderen Geschäftsbanken und der Notenbank durch Verkauf oder Verpfändung von Wechseln, Effekten und Ausgleichsforderungen.

Reframing

Unter Reframing versteht man die Fähigkeit, ein bestimmtes Ereignis oder Verhalten in einem neuen Rahmen (frame) zu sehen und in einen neuen Rahmen zu setzen. Dadurch verändert sich die Wahrnehmung der Bedeutung dieses Geschehens und damit wird die Voraussetzung geschaffen, dass das Geschehen selbst verändert werden kann. Es ist eine der wirkungsvollsten und häufig benutzten Interventionstechniken (▷ Intervention). Es können zwei Formen des Reframings unterschieden werden:
- Beim *Bedeutungs-Reframing* geht es um die Frage «Wie könnte die Situation oder das Geschehen anders beschrieben und erklärt werden bzw. welche andere Bedeutung könnte man dem Ereignis zuweisen?». Damit spielt die ▷ Kontingenz der ▷ Wirklichkeitskonstruktion und die Interpretation einer Beobachtung eine Rolle.
- Das *Kontext-Reframing* geht von der Frage aus «Wann wäre dieses Verhalten nützlich bzw. wo wäre dieses Verhalten eine Ressource?». Dieses beruht auf der Einsicht, dass fast alle Verhaltensweisen in irgendeinem Kontext sinnvoll sind.

Das Reframing spielt zum Beispiel im Rahmen des ▷ organisationalen Lernens, insbesondere beim Double Loop Learning, eine grosse Rolle.

Regelkreis

Regelkreise sind als offene Verhaltenssysteme selbständig in der Lage, Störungen im Rahmen von Steuerungs- und Regelungsprozessen zu kompensieren, sodass das System selbständig in den Bereich der zulässigen Abweichungen zurückkehrt (▷ Abb. 157). Sie sind im Rahmen von kybernetischen Systemen von zentraler Bedeutung.

Regionalorganisation

Bei der Regionalorganisation werden im Rahmen der ▷ Stellenbildung die Abteilungen auf der zweiten Hierarchiestufe nach geografischen Regionen gegliedert. Vorteile sind die hohe Flexibilität bei der Bearbeitung der einzelnen Märkte von Ländern oder Regionen sowie die hohe Motivation der verantwortlichen Regionalleiter. Nachteile entstehen – aufgrund der geografischen Trennung – bei der gemeinsamen Ressourcennutzung (z.B. fehlende ▷ Economies of Scale).

Reihung

▷ Arbeitsbewertung

Reine Holdinggesellschaft

▷ Holdinggesellschaft

Reisender

Reisender ist die in der Schweiz übliche Bezeichnung für einen ▷ Handelsreisenden.

Rektapapier

▷ Namenpapier

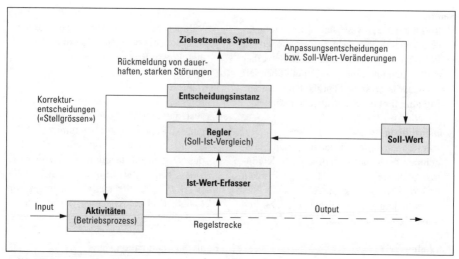

▲ Abb. 157 Anpassung eines Regelsystems durch Anpassungsentscheide des zielsetzenden Systems

Relaunch

Unter einem Relaunch versteht man die Verlängerung des ▷ Produktlebenszyklus durch umfassende Überarbeitung bzw. Veränderung eines Produkts. Relaunch-Strategien werden insbesondere dann angewandt, wenn Produkte in die Reifephase ihres Lebenszyklus eintreten.

Reliabilität

Die Reliabilität ist neben der ▷ Objektivität und der ▷ Validität ein Kriterium, die Genauigkeit einer ▷ Marktforschungsmethode zu beurteilen.
Die Reliabilität zeigt die Zuverlässigkeit einer Messung. Verstanden wird darunter die Genauigkeit im Sinn von Reproduzierbarkeit der Werte bei wiederholter Messung.

Remanente Kosten
▷ Kostenremanenz

Rembourskredit
▷ Akzeptkredit

Remittent
▷ Diskontkredit

Rendite
Syn. für ▷ Rentabilität

Rendite auf Verfall
▷ Yield to Maturity

Rentabilität

Der ▷ Gewinn kann entweder absolut als Differenz zwischen Ertrag und Aufwand oder relativ als Verhältnis zwischen absolutem Gewinn und dem zur Erwirtschaftung des Gewinns eingesetzten Kapital definiert werden. Im letzteren Fall spricht man von der Rentabilität oder *Rendite*.

$$\text{Rentabilität} = \frac{\text{Ertrag} - \text{Aufwand}}{\text{ø eingesetztes Kapital}} \cdot 100$$

Als wichtigste Kennzahl der ▷ Bilanz- und Erfolgsanalyse zeigt die Rentabilität – im Gegensatz zum absoluten Gewinn – auf, wie wirtschaftlich das Unternehmen in der vergangenen Geschäftsperiode gearbeitet hat. Die Güte einer Rentabilität misst sich einerseits am Branchendurchschnitt, andererseits an alternativen Anlagemöglichkeiten unter Berücksichtigung des unternehmerischen Risikos.

Je nach Bezugsgrösse des Gewinns lassen sich unterschiedliche Rentabilitäten berechnen, wobei insbesondere der ▷ Eigenkapital- und der ▷ Gesamtkapitalrentabilität grosse Bedeutung zukommt. Eine weitere Rentabilitätsgrösse ist die Betriebsrentabilität, die dem Verhältnis zwischen betrieblichem Jahresgewinn und dem durchschnittlich eingesetzten betrieblichen Kapital entspricht.

Je nachdem, ob bei der Berechnung der Rentabilitäten mit dem Gewinn vor oder nach Abzug der Zinsen gerechnet wird, lassen sich *Brutto-* und *Nettorentabilitäten* unterscheiden.

Rentabilitäts-Liquiditäts-Kennzahlensystem

Das Rentabilitäts-Liquiditäts-Kennzahlensystem (RL-Kennzahlensystem) geht davon aus, dass die Steuerung der Grössen Erfolg und Liquidität bzw. der sie beeinflussenden Faktoren zu den Hauptaufgaben der Unternehmensführung zählt. Deshalb weist das ▷ Kennzahlensystem zwei gleichberechtigte Spitzenkennzahlen auf: das ordentliche Ergebnis und die Liquidität. Das RL-Kennzahlensystem setzt sich somit aus einem Rentabilitäts- und einem Liquiditätsteil zusammen, wobei jedes dieser Teilsysteme einen allgemeinen und einen Sonderteil umfasst. Während sich in den allgemeinen Teilen ▷ Kennzahlen befinden, die für alle Unternehmen in gleicher Weise benötigt und ermittelt werden, beinhalten die Sonderteile branchenspezifische bzw. firmenindividuelle Kennzahlen.

Die Vorteile des RL-Kennzahlensystems liegen zum einen darin, dass ▷ Rentabilität und ▷ Liquidität gleichberechtigt geplant und kontrolliert werden können. Zum anderen erlaubt der modulare und flexible Aufbau des Systems (allgemeiner Teil/Sonderteil) eine Anpassung an die Branche und die konkrete Unternehmenssituation. Die übersichtliche und knappe Darstellung erlaubt zudem, neben der reinen Analyse und Kontrolle auch konkrete Massnahmen abzuleiten (Handlungsorientierung).

Rentabilitätsrechnung

Benötigen die Investitionsvorhaben eines Unternehmens unterschiedliche Kapitalbeiträge, so ist es sinnvoll, die Rentabilität der Projekte bei der Beurteilung zu berücksichtigen. Ausgehend von der ▷ Kosten- und ▷ Gewinnvergleichsrechnung setzt die Rentabilitätsrechnung den durchschnittlich erzielten Jahresgewinn in Beziehung zum durchschnittlich eingesetzten Kapital. Somit ergibt sich folgende Formel für die Rentabilität R:

$$R = \frac{Ertrag - Aufwand}{\text{ø eingesetztes Kapital}} \cdot 100$$

$$= \frac{Ertrag - Aufwand}{\frac{I + L}{2}} \cdot 100$$

I: Investitionsbetrag;
L: Liquidationserlös

Mit Hilfe der Rentabilitätsrechnung können sowohl mehrere Investitionsmöglichkeiten als auch einzelne Projekte beurteilt werden. Stehen mehrere Varianten zur Auswahl, wird man sich für jene mit der höchsten Rentabilität entscheiden. Geht es hingegen um die Beurteilung eines einzigen Vorhabens, so erweist sich jenes als vorteilhaft, das eine bestimmte, als Zielgrösse vorgegebene Mindestrendite (z. B. den Kapitalmarktzins) übersteigt. Die Rentabilitätsrechnung eignet sich nicht nur für Erweiterungs-, sondern auch für Rationalisierungsinvestitionen (▷ Investitionsarten). Im letzten Fall muss obige Formel wie folgt modifiziert werden:

$$R = \frac{\text{Kostenersparnis/Periode}}{\text{zusätzlicher ø Kapitalbedarf}} \cdot 100$$

Rente

Unter einer *ökonomischen Rente* versteht man in der Volkswirtschaftslehre jedes Einkommen, das aus dem Besitz eines Faktors mit fixem Angebot entsteht. Typisch ist die Bodenrente, weil das Angebot an Boden in einem Land oder auch weltweit mehr oder weniger fix ist.

Neben dieser ursprünglichen Bedeutung wird der Begriff heute auch auf verschiedene andere Sachverhalte angewandt. So entspricht die ▷ Konsumentenrente der Differenz zwischen dem Nutzen eines bestimmten (fixen) Guts und dem dafür bezahlten Preis (Nutzenentgang). Auch wird von einer *politischen Rente* gesprochen, wenn es sich um einen bestimmten (fixen) Vorteil einer staatlichen Aktivität für eine bestimmte Gruppe handelt (▷ Rent Seeking).

Rentenbarwertfaktor

Syn. für ▷ Barwertfaktor

Rent Seeking

Unter Rent Seeking versteht man i.d.R. das Bestreben politischer Akteure, beim Staat durch verschiedene Aktivitäten (Lobbying) eigene Vorteile (d.h. politische ▷ Renten) zu erlangen. Diese Vorteile können in Protektion, ▷ Subventionen, wohlwollenden Gesetzen usw. bestehen. Die Aktivitäten zur Erlangung politischer Renten benötigen personelle und finanzielle Ressourcen. Rent Seeking ist volkswirtschaftlich ineffizient und schädlich, weil diese Ressourcen besser für produktive, d.h. wertschöpfende, Aktivitäten eingesetzt würden, anstatt zur Erlangung von auf politischem Wege geschaffenen Renten.

Auch ist es möglich, dass die Summe der für Rent-Seeking-Aktivitäten eingesetzten Ressourcen den Wert der politischen Renten übersteigt. Dies lässt sich ganz praktisch zeigen, indem man einen 10-Franken-Schein unter mehreren Personen «versteigert». Erfolgen die Gebote für den Schein in einem verschlossenen Umschlag, kommt es häufig vor, dass die Summe der eingesammelten Gebote 10 Franken übersteigt. Der Unterschied zur Praxis des Rent Seeking besteht allerdings darin, dass die eingesetzten Ressourcen (d.h. die Gebote) nicht dem Staat (dem Versteigerer), sondern anderen zugute kommt (was bei diesen zwar Einkommen schafft, aber die Ineffizienz des Ressourceneinsatzes nicht mindert).

Reorganisation

Unter Reorganisation versteht man eine Strukturveränderung (▷ Organisationsstruktur) des Unternehmens. Darunter fallen Änderungen der ▷ Aufbau- und ▷ Ablauforganisation sowie der damit zusammenhängenden ▷ Kompetenzen. Um eine Reorganisation zu realisieren, stehen verschiedene Methoden zur Verfügung (▷ Business Reengineering, ▷ Organisationsentwicklung, ▷ Bombenwurf-Strategie).

Repetierfaktoren

Syn. für ▷ Werkstoffe

Replikation

Replikation ist ein Vorgang, der das Verhalten eines ▷ *Derivats* durch einen oder mehrere ▷ *Basiswerte* nachahmt. Dadurch kann ein Derivat «künstlich» hergestellt werden.

Repo-Geschäft

Das Repo-Geschäft ist ein Geschäft, bei dem der Geldnehmer eigene oder geliehene Wertpapiere an den Geldgeber verkauft. Gleichzeitig wird vereinbart, dass der Geldnehmer Papiere gleicher Art und Menge zu einem späteren Zeitpunkt vom Geldgeber zurückkauft. Aus ökonomischer Sicht handelt es sich beim Repo-Geschäft um ein gesichertes ▷ Darlehen. Dafür entrichtet der Geldnehmer dem Geldgeber einen Zins *(Repo-Satz)*. Repo-Geschäfte haben eine Laufzeit von einem Tag bis zu mehreren Monaten.
▷ Notenbankpolitik, Instrumente der

Reporting

Engl. für Finanzberichterstattung
▷ Rechnungswesen

Repo-Satz

▷ Repo-Geschäft

Reproduktionskosten

Syn. für ▷ Wiederbeschaffungskosten

Reservelager

▷ Lagerhaltung

Reserven

Reserven bezeichnen jenen Teil des ▷ Eigenkapitals, der das ▷ Aktien- bzw. ▷ Partizipationskapital übersteigt. Die Reserven können entweder als sichtbares Eigenkapital offen ausgewiesen oder als verdecktes Eigenkapital nicht bilanziert werden, wobei man im letzteren Fall von ▷ stillen Reserven spricht. Werden die Reserven offen ausgewiesen, so lassen sich verschiedene Arten unterscheiden:

▪ *Gesetzliche Reserven:* Zu diesen gehören die Allgemeine Reserve (Art. 671 OR), die Reserve für eigene Aktien (Art. 671a OR) sowie die Aufwertungsreserve (Art. 671b OR). Zuständig für die Reservezuweisung ist der Verwaltungsrat, welcher die gesetzlichen Vorschriften umzusetzen hat.

▪ *Statutarische Reserven:* Von den Statuten eines Unternehmens vorgesehene Bildung von Reserven für bestimmte Zwecke (Art. 672f. OR). Reserven zur Gründung und Unterstützung von Wohlfahrtseinrichtungen für Arbeitnehmer sind die verbreitetste Form statutarischer Reserven. Zuständiges Organ für die Reservezuweisung ist der Verwaltungsrat.

▪ *Beschlussreserven:* Neben gesetzlichen und statutarischen Reserven durch Beschluss der Generalversammlung gebildet (Art. 674 Abs. 2 OR), z.B. Wiederbeschaffungsreserven, Reserven zur Unternehmensfortführung und Dividendenstabilität oder Reserven zu Wohlfahrtszwecken.

Von Bedeutung ist die Unterscheidung zwischen gebundenen und freien Reserven:

1. *Gesetzlich gebundene Reserven:* Zu diesen gehören Teile der Allgemeinen Reserve, die Reserve für eigene Aktien und die Aufwertungsreserve. Gesetzlich gebunden ist die *Allgemeine Reserve*, soweit sie die Hälfte des Aktien- und Partizipationskapitals nicht übersteigt (Art. 671 Abs. 3 OR i.V.m. Art. 656b Abs. 3 OR und Art. 725 Abs. 1 OR). Dieser Teil der Allgemeinen Reserve darf nur zur Deckung von Verlusten oder für Massnahmen verwendet werden, die geeignet sind, in Zeiten schlechten Geschäftsgangs das Unterneh-

men zu erhalten, der Arbeitslosigkeit entgegenzuwirken oder ihre Folgen zu mildern. Die *Reserve für eigene Aktien* (▷ Aktienrückkauf) kann nur bei Veräusserung oder Vernichtung von eigenen Aktien im Umfang der Anschaffungswerte (▷ Anschaffungskostenmethode) aufgehoben werden (Art. 671a OR). Die *Aufwertungsreserve* kann nur durch Umwandlung in Aktienkapital sowie durch Wiederabschreibung oder Veräusserung der bei ihrer Bildung aufgewerteten Aktiven aufgelöst werden (Art. 671b OR i. V. m. Art. 670 OR).
2. *Statutarisch oder beschlussmässig gebunden* sind diejenigen Reserven, welche bei ihrer Bildung entweder aufgrund der Statuten oder aufgrund eines Generalversammlungsbeschlusses in Zweckbestimmung und Verwendung eingeschränkt werden (Art. 672ff. OR).
3. *Freie Reserven* sind diejenigen Reserven, welche weder gesetzlich noch statutarisch oder beschlussmässig gebunden sind und deshalb zur freien Verfügung der Generalversammlung stehen (z. B. zur Dividendenausschüttung, zur Thesaurierung und damit zur Zuweisung an eine andere Reservenkategorie, als Gewinnvortrag auf die neue Rechnung oder zur Verrechnung mit einem allfälligen Bilanzverlust.

Response

Unter dem Response versteht man die direkte Wirkung einer Marketingaktivität auf das Konsumentenverhalten (z. B. Zusammenhang zwischen Preissenkung und Absatzsteigerung). Wichtig ist der Response v. a. im ▷ Direktmarketing, weil die Reaktionen auf Massnahmen des Direktmarketings einfach zu erfassen sind. Dabei werden die folgenden Kennzahlen unterschieden:

▪ *Anfragequote:* Verhältnis der Anfragen zur Anzahl der verbreiteten Werbesendungen. Eine Anfragequote von 3% gilt als gut.

▪ *Bestellquote:* Verhältnis der Bestellungen zur Anzahl der verbreiteten Werbesendungen.

▪ *Umwandlungsrate:* Verhältnis der Anzahl Bestellungen zur Anzahl der Anfragen.

Ressortkollegialität

▷ Kollegialprinzip

Ressourcen

Unter Ressourcen versteht man sämtliche materiellen und immateriellen Input-Faktoren (▷ Produktionsfaktoren) wie Personal, Finanzen, Material, Wissen, Infrastruktur und Partnerschaften. Als *natürliche Ressourcen* bezeichnet man die aus der natürlichen Umwelt verfügbaren Güter (Rohstoffe, Wasser, Energie usw.).

Ressourcenallokation

Aus betriebswirtschaftlicher Sicht beinhaltet die Ressourcenallokation den optimalen Einsatz der betriebswirtschaftlichen ▷ Produktionsfaktoren ▷ Betriebsmittel (Potenzialfaktoren), ▷ Werkstoffe (Repetierfaktoren), menschliche Arbeitsleistung und ▷ Information zur Erreichung der angestrebten Ziele und Realisierung der ▷ Unternehmensstrategien. In der Praxis ist aber zu beobachten, dass oft nicht sachliche Überlegungen, sondern die formale und informale Machtverteilung für die Mittelverteilung massgebend sind (z. B. im Rahmen von Budgetzuweisungen).
In volkswirtschaftlicher Hinsicht bedeutet *Allokation von Ressourcen* die *Verteilung* der Produktionsfaktoren Arbeit, Boden (inkl. Rohstoffe), Kapital und Information auf die entsprechenden Nutzer (Produzenten). Eine Verteilung kann administrativ festgelegt werden (Planwirtschaft) oder

über den Preismechanismus erfolgen (Marktwirtschaft). Ziel ist die paretooptimale Ressourcenallokation (▷ Pareto-Kriterium), da eine andere Ressourcenverteilung zur Schlechterstellung mindestens eines Individuums führen würde.

Restwert
Der Restwert ist der Nettobetrag, den das Unternehmen am Ende der ▷ Nutzungsdauer nach Abzug der bei Abgang voraussichtlich anfallenden Kosten für einen ▷ Vermögenswert erwartungsgemäss erzielt.
▷ Nicht garantierter Restwert

Retention Management
▷ Customer Relationship Management

Return on Equity (ROE)
Engl. für ▷ Eigenkapitalrentabilität

Return on Invested Capital (ROIC)
▷ Economic Value Added

Return on Investment (ROI)
Engl. für ▷ Gesamtkapitalrentabilität

Reverse IPO
Syn. für ▷ Going Private

Reverse Merger
Unter Reverse Merger versteht man den Kauf eines börsenkotierten Unternehmens, wobei v.a. der Erwerb des Aktienmantels und nicht des eigentlichen Geschäfts im Vordergrund steht. Dieser Weg wird häufig von nicht kotierten Unternehmen gewählt, um auf einfache Art und Weise eine Börsenkotierung zu erreichen und um insbesondere den aufwändigen Prozess einer ▷ Due Diligence und die damit verbundenen Kosten zu umgehen.

Revision
Unter Revision *(Prüfung, Wirtschaftsprüfung)* versteht man ein systematisches Nachprüfen, Analysieren und Beurteilen von Gegenständen, Sachverhalten oder abgeschlossenen Vorgängen. Prüfungsgegenstände sind wirtschaftliche Prozesse und Tatbestände sowie deren Darstellung in der Buchhaltung, Jahresrechnung und anderen finanziellen Ausweisen.

Bei der Revision handelt es sich um eine periodische oder einmalige Untersuchung durch unabhängige Personen, die im Betriebsablauf nicht integriert und am Zustandekommen des Prüfungsgegenstands nicht beteiligt sind. Die Revision untersucht, ob die durch Gesetz, allgemeine Grundsätze der Ordnungsmässigkeit oder unternehmenspolitische Entscheide festgesetzten Normen eingehalten worden sind. Die mit der Prüfung betrauten Stellen haben keine Weisungsbefugnisse. Ihre Aufgabe ist es, zu den geprüften Gegenständen Stellung zu nehmen, das Prüfungsergebnis zutreffend darzulegen und allenfalls Empfehlungen abzugeben.

Die Prüfung dient der Informationsgewinnung und Urteilsbildung. Kern der Tätigkeit ist ein Vergleich des Ist-Zustands mit dem Soll-Zustand (Norm). Dieser Vergleich beinhaltet folgende Aufgaben:
- Aufnahme des Ist-Zustands, z.B. mittels Beobachtungen, Messungen, Aufzeichnungen oder Gesprächen.
- Ableiten des Soll-Zustands als Beurteilungsmassstab aus allgemein gültigen Normen, z.B. aus dem Gesetz oder den Entscheiden bzw. Vorgaben massgebender Instanzen.
- Interpretation und Gewichtung von Abweichungen zwischen Soll- und Ist-Zuständen in ihren Auswirkungen und ihrer Bedeutung sowie Berichterstattung darüber.

Funktion Merkmal	Kontrolle	Revision
Zeitbezogenheit	gegenwartsbezogen	vergangenheitsbezogen
Häufigkeit der Durchführung	ständige Einrichtung	einmaliger Vorgang
Arbeitsweise	durch Mensch oder Automat	nur durch Mensch
Abhängigkeit des Kontrollsubjekts	vom Kontrollobjekt abhängige Personen	vom Kontrollobjekt unabhängige Personen
Einbau in betriebliche Abläufe	eingebaut (systemimmanent)	nicht eingebaut (systemfremd)

▲ Abb. 158 Revision und Kontrolle (Zünd 1982, S. 382)

Wird eine dieser Aufgaben nicht erfüllt, kann nicht mehr von Prüfung gesprochen werden.
Je nach Stellung in Bezug auf das zu prüfende Unternehmen unterscheidet man zwischen ▷ interner und ▷ externer Revision. Die interne Revision ist der Unternehmensleitung unterstellt, die externe Revision ist unabhängig und nicht weisungsgebunden.
Die Revision darf nicht mit der Kontrolle gleichgesetzt werden. Die Unterschiede der beiden Konzepte zeigt ◀ Abb. 158.

Revisionsstelle

Die Revisionsstelle ist das dritte Organ der ▷ Aktiengesellschaft neben der ▷ Generalversammlung und dem ▷ Verwaltungsrat. Ihre Aufgabe ist es zu prüfen, ob die Buchführung und die Jahresrechnung sowie der Antrag über die Verwendung des Bilanzgewinns Gesetz und Statuten entsprechen (Art. 728 OR). Bei Gesellschaften, für die ein besonders befähigter Revisor vorgeschrieben ist (Art. 727b OR), erstellt die Revisionsstelle zuhanden des Verwaltungsrats einen Bericht, worin sie die Durchführung und das Ergebnis ihrer Prüfung erläutert (Art. 729a OR). Für Konzerngesellschaften hat ein besonders befähigter Revisor eine Konzernrechnungsprüfung durchzuführen (Art. 731a OR).
Die Revisoren haben darüber hinaus diverse Einzelprüfungen vorzunehmen. So darf z. B. der Liquidationsgewinn einer aufgelösten Gesellschaft schon nach drei Monaten statt erst nach einem Jahr verteilt werden, wenn ein besonders befähigter Revisor bestätigt, dass die Schulden getilgt sind (Art. 745 Abs. 3 OR). Schliesslich hat die Revisionsstelle auch die Pflicht, bei offensichtlicher Überschuldung den Richter zu benachrichtigen, sofern der Verwaltungsrat dies unterlässt (Art. 729b Abs. 2 OR). Die Statuten können der Revisionsstelle weitere Aufgaben zuordnen (z. B. interne Revisionsaufgaben). Es dürfen ihr aber keine Funktionen übertragen werden, welche zwingend anderen Organen zugeordnet sind oder ihre Unabhängigkeit in Frage stellen (Art. 731 i. V. m. Art. 727c OR).

Revival

Im Gegensatz zum ▷ Relaunch versteht man unter Revival eine sofortige kleinere Veränderung eines Produkts (bzw. seiner Leistungseigenschaften), das sich in der Reife- bzw. Sättigungsphase des ▷ Produktlebenszyklus befindet.

Rezession

▷ Konjunktur

Risiko

Unter dem Risiko versteht man die Wahrscheinlichkeit, dass die tatsächliche Ausprägung eines in Zukunft eintreffenden Ereignisses (z. B. die Rendite am Ende einer Betrachtungsperiode) von ihrem Erwartungswert abweicht. Sowohl die positive, wie auch die negative Abweichung

vom Erwartungswert eines Ereignisses gilt als Risiko.
Das Risiko lässt sich durch die Berechnung der ▷ Standardabweichung des Ereignisses quantifizieren.

Risikoloser Zinssatz

Der risikolose Zinssatz entspricht der Rendite, die durch eine risikolose Anlage erzielt werden kann. In der Praxis wird als risikoloser Zinssatz gewöhnlich die Rendite staatlicher Geldmarktpapiere verwendet.
▷ Kapitalkosten

Risikomanagement

▷ Risk Management

Risikoprioritätszahl (RPZ)

▷ Failure Mode and Effects Analysis (FMEA)

Risk Management

Risk Management *(Risikomanagement)* i.e.S. beschränkt sich auf den Bereich versicherungstechnischer Risiken. Risk Management i.w.S. umfasst sämtliche Tätigkeiten, Prozesse und Instrumente, die der Erkennung, Bewertung, Bewältigung und Überwachung der bedeutenden Risiken (▷ Risiko) dienen und bezieht sich auf alle Unternehmensbereiche (z.B. finanzielle, technische, personelle, strategische, organisatorische, gesellschaftliche, ökologische Risiken).
Je nach Risikopolitik und Einsatz der Instrumente steht entweder (1) die Risikovermeidung oder -begrenzung (prospektive Risikopolitik) oder (2) die Abdeckung der aus den Risiken entstehenden Verluste über Versicherungen oder durch Bildung von Wertberichtigungen oder Rückstellungen (wirkungsbezogene Risikopolitik) im Vordergrund.

RL-Kennzahlensystem

▷ Rentabilitäts-Liquiditäts-Kennzahlensystem

Road Show

▷ Investor Relations

Roboter

▷ Industrieroboter

ROE

Abk. für Return on Equity
▷ Eigenkapitalrentabilität

Rohstoffe

Rohstoffe sind aus unternehmerischer Sicht ▷ Produktionsfaktoren, die als Grundmaterial für das herzustellende Produkt dienen (z.B. Holz) und im Verlauf des Produktionsprozesses ganz oder überwiegend in das Endprodukt eingehen.

ROI

Abk. für Return on Investment
▷ Gesamtkapitalrentabilität

ROIC

Abk. für Return on Invested Capital
▷ Economic Value Added

Rollende Planung

Bei der rollenden Planung wird im Rahmen des ▷ Planungsprozesses die ursprüngliche Planung in einem bestimmten Rhythmus revidiert (z.B. jedes Jahr) und um eine Teilperiode ergänzt. Dadurch unterscheidet sich die rollende Planung von der ▷ Blockplanung.

Rom-Abkommen

▷ Urheberrecht
▷ World Intellectual Property Organization

RP
Abk. für ▷ Rapid Prototyping

RPZ
Abk. für Risikoprioritätszahl
▷ Failure Mode and Effects Analysis (FMEA)

Rückflussfrist
▷ Pay-back-Methode

Rückkopplung
Unter einer Rückkopplung versteht man einen Kreislauf, bei dem das Ergebnis in eine frühere Phase des Ablaufs zurückwirkt und so sein eigenes Entstehen ständig massgeblich beeinflusst und verändert. Grundsätzlich gibt es zwei Arten von Rückkopplungen:
- Bei der *negativen* Rückkopplung wird ein Output produziert, der einen negativen Einfluss auf die Produktion hat, d.h. die Produktion wird gebremst. Beispiele: Thermostat, der die Temperatur des Wassers im Heizkörper reguliert; Konkurrenz, welche hohe Preissteigerungen verhindert und somit die Gewinnmarge beeinflusst. Diese Beispiele zeigen, dass die negative Rückkopplung Systeme stabilisiert. Dies ist bei fast allen Systemen der Technik oder der Natur der Fall.
- Bei der *positiven* Rückkopplung bewirkt das Ergebnis eines Prozesses eine Stimulierung bzw. Verstärkung dieses Prozesses. Es entsteht ein Teufels- bzw. Engelskreis, der sich selber verstärkt. Beispiel: Bei einer ausgeprägten Börsenhausse (wie z.B. zu Beginn der 2000er Jahre) werden aufgrund der steigenden Kurse immer mehr Käufer angezogen, was wieder zu neuen Kurssteigerungen führt.

Rückstellungen
Rückstellungen bezeichnen kurz- bis langfristig erwartete bzw. drohende Verbindlichkeiten gegenüber Dritten, bei welchen das Eintreten, die Höhe und die Person des Empfängers noch ungewiss sind. Sie werden im erwarteten oder geschätzten Betrag auf der Passivseite bilanziert (z.B. Steuer-, Gewährleistungs-, Garantie- oder versicherungstechnische Rückstellungen).

Rückwärtsintegration
Rückwärtsintegration *(Backward Integration)* bezeichnet die Erhöhung der Fertigungstiefe in Richtung Einzelteileherstellung und Rohmaterialgewinnung.
▷ Unternehmensverbindung

Rückzahlungsmethode
▷ Pay-back-Methode

Rüstzeit
Unter der Rüstzeit wird jene Zeitspanne verstanden, die benötigt wird, um eine Produktionsanlage von einem Produkt auf ein anderes umzustellen.
Rüstzeiten fallen an, wenn nach längerem Unterbruch die Maschinen wieder eingerichtet oder bei einem Serien- oder Sortenwechsel umgestellt werden müssen. Ebenso zählt zur Rüstzeit die Zeit zur Herstellung des ursprünglichen Zustands der Maschinen nach Beendigung eines Auftrages (Abrüsten).
▷ Auftragszeit
▷ Durchlaufzeit

S&P-Index
▷ Standard & Poor's 500 Index

SA 8000
Abk. für ▷ Social Accountability 8000

Sabbatical
Ein Sabbatical ist ein bezahlter Langzeiturlaub (häufig 3 bis 12 Monate), der es einem Mitarbeitenden erlaubt, sich weiterzubilden oder persönliche Bedürfnisse (Hobby, Familie usw.) zu befriedigen. Das Arbeitsverhältnis bleibt während des Sabbatical bestehen.

Sachbilanz
Syn. für ▷ Stoff- und Energiebilanz

Sachziele
Sachziele beziehen sich – im Gegensatz zu den ▷ Formalzielen – auf die konkreten betrieblichen Aufgabenstellungen. Sie werden in (1) ▷ Leistungsziele (z.B. Markt- und Produktziele), (2) ▷ Finanzziele, (3) ▷ Führungs- und ▷ Organisationsziele und (4) ▷ soziale Ziele sowie ökologische Ziele (▷ ökologische Zielbereiche) eingeteilt.

Saisonale Lagerhaltung
▷ Lagerhaltung

Salär
Syn. für ▷ Lohn

Sale-and-Leaseback-Transaktion
Sale-and-Leaseback-Transaktionen umfassen die Veräusserung eines ▷ Vermögenswerts durch den Verkäufer und das ▷ Leasing des gleichen Vermögenswerts zurück an den Verkäufer. Die Leasingzahlungen stehen normalerweise in einem

Zusammenhang mit dem Verkaufspreis, da sie in den Verhandlungen gemeinsam festgelegt werden. Sale-and-Leaseback-Transaktionen stellen wirtschaftlich eine Art «nachträgliche Fremdfinanzierung» (▷ Kreditfinanzierung) eines Vermögenswerts dar und dienen v.a. der kurzfristigen Liquiditätsbeschaffung (▷ Liquidität).

Sales Automation
Syn. für ▷ Sales Force Automation

Sales Force Automation
Als Sales Force Automation oder *Sales Automation* bezeichnet man den Einsatz von ▷ Software, die Aussendienstmitarbeiter bzw. Vertreter bei ihren Aufgaben unterstützt. Typische Komponenten sind Zugang zu Kundendaten, Terminverwaltung und E-Mail (▷ Electronic Mail). Die Systeme zur Sales Force Automation sind jenen des ▷ Customer Relationship Management sehr ähnlich.

Sales Promotion
Engl. für ▷ Verkaufsförderung

Sanierung
Gerät ein Unternehmen in eine dauerhafte finanzielle Krise, so werden spezielle Massnahmen zur Beseitigung der (kumulierten) Verluste und zur Wiederherstellung der finanziellen Leistungsfähigkeit notwendig. Solche Vorgänge und Massnahmen werden unter dem Begriff Sanierung zusammengefasst.

Eine Sanierung kann sich aus personalwirtschaftlichen, organisatorischen, produktionswirtschaftlichen, absatzwirtschaftlichen und/oder finanzwirtschaftlichen Gründen aufdrängen. In den ersten vier Fällen sind Massnahmen in den jeweiligen Funktionsbereichen zu ergreifen. Sie werden als operative Sanierungsmassnahmen bezeichnet. Ist die Krise finanzwirtschaftlich begründet, sind sog. finanzielle Sanierungsmassnahmen (Massnahmen der Mittelzufuhr, der Liquiditätsverbesserung und zur Verlustbeseitigung) einzuleiten. Eine finanzielle Sanierung erfolgt i.d.R. nicht freiwillig, sondern wird vom Gesetz (Art. 725 OR) beim Eintreten bestimmter Situationen vorgeschrieben (▷ Unterbilanz, ▷ Überschuldung). Dem Verwaltungsrat, dem bei einer Aktiengesellschaft die Aufgabe zukommt, Sanierungsmassnahmen zu erarbeiten, stehen verschiedene Möglichkeiten offen, eine Unterbilanz oder eine Überschuldung zu beseitigen:

- Auflösung ▷ stiller Reserven auf Aktiven durch Bildung einer Aufwertungsreserve,
- Verrechnung des Verlusts mit statutarischen und gesetzlichen ▷ Reserven,
- Herabsetzung des Aktienkapitals (Herabsetzung des Aktiennennwerts, Verminderung der Anzahl Aktien durch Zusammenlegung von Aktien oder durch freiwillige Ablieferung von Aktien sowie durch Rückkauf von Aktien),
- Zuführung von neuem Eigenkapital (freiwillige Zuzahlung der Aktionäre, Emission neuer Aktien, Aktienkapitalherabsetzung und gleichzeitige Wiedererhöhung),
- aussergerichtlicher, gütlicher oder gerichtlicher ▷ Nachlassvertrag (Zwangsvergleich),
- Erleichterung der Zinsenlast (variable Zinssätze),
- Forderungsverzicht durch Gläubiger,
- Umwandlung von Fremdkapital in Eigenkapital oder
- Rangrücktrittserklärung durch einen oder mehrere Gläubiger.

Finanzielle Sanierungsmassnahmen sind in Absprache mit den Gläubigern zu planen. Über die endgültige Vorgehensweise hat die Generalversammlung zu beschliessen.

Bevor finanzielle Sanierungsmassnahmen ergriffen werden, ist die Frage nach der Sanierungswürdigkeit abzuklären. Sanierungsmassnahmen sind nur dann durchzuführen, wenn die finanzielle Situation des Unternehmens nachhaltig verbessert werden kann.

Sarbanes-Oxley Act

Der US-amerikanische Sarbanes-Oxley Act ist ein Gesetz über die Finanzberichterstattung, das 2002 erlassen wurde, nachdem mehrere grosse Fälle von Bilanzfälschungen, Versagen der Wirschaftsprüfungsgesellschaften und Insider-Geschäften Aufsehen erregt hatten (Enron, WorldCom, Arthur Anderson). Ziel war es, die ▷ Corporate Governance zu stärken und das Vertrauen in die Wirtschaft und den Finanzsektor wieder herzustellen. Die Durchsetzung des Gesetzes wird von der amerikanischen Börsenaufsichtsbehörde Securities and Exchange Commission (SEC) überwacht. Es gilt für alle börsenkotierten Gesellschaften, deren Verwaltungsratsmitglieder und Top-Manager, die ▷ Audit Committees sowie die Wirtschaftsprüfungsgesellschaften. Eine neu geschaffene Behörde, der *Public Company Accounting Oversight Board (PCAOB)* überwacht die Wirtschaftsprüfer bzw. die Wirtschaftsprüfungsgesellschaften.

Wichtige Regelungen dieses umfangreichen Gesetzes sind:
1. Publikumsgesellschaften (Emittenten): ▷ Ad-hoc-Publizität (Meldepflicht); Bericht über das interne Kontrollsystem; Ausweis aller Ausserbilanzgeschäfte; Unvereinbarkeit von Revision und Beratung; Rechenschaftsablage über ethische Grundsätze des Managements im Finanz- und Rechnungswesen; strafrechtliche Sanktionen.
2. Verwaltungsratsmitglieder und Top-Management: eidesstattliche Beglaubigung der Zahlen durch den Chief Executive Officer und den Finanzchef; Verbot der Beeinflussung der externen Revision; Rückzahlungspflicht für variable ▷ Management Compensation, falls eine rückwirkende Korrektur der Konzernrechnung notwendig wird; Berufsverbot im Verfehlensfall.
3. ▷ Audit Committees: Verantwortung für Wahl, Honorierung und Überwachung der externen Revision; Forderung nach Unabhängigkeit und Fachkompetenz; Genehmigung von Leistungen, die nicht die Prüfung betreffen, durch die externe Revision.
4. Wirtschaftsprüfungsgesellschaften (externe Revision): Registrierung beim PCAOB, der die Gesellschaften überwacht und Sanktionsmöglichkeiten hat; Rotationspflicht (alle fünf Jahre) für die Wirtschaftsprüfungsgesellschaft.

Savage-Niehans-Regel
▷ Entscheidungsregeln

SBU
Abk. für Strategic Business Unit
▷ Strategische Geschäftseinheit

Scanning

Scanning ist die artikelspezifische Datenerfassung am ▷ Point of Sale (Verkaufspunkt) mittels eines optischen Beleglesers (Scanner), der als Eingabegerät an die Kasse angeschlossen ist. Das Scanning-System ist mit der elektronischen Datenverarbeitung (EDV) des Handelsbetriebs verbunden. Der Scanner liest die Artikelnummer (▷ EAN), die als 13-stelliger Strichcode auf der Verpackung jedes Produkts aufgedruckt ist. Aufgrund dieser

Nummer wird in einer Datenbank nach dem Preis des Artikels (Price-Look-up-Verfahren) und der genauen Artikelbezeichnung gesucht und ein ausführlicher Kassenzettel gedruckt.
Ein Vorteil von Scanning ist die rasche und genaue Erfassung von Umsatz- und Verkaufszahlen. Diese Daten werden für Lagerkontrolle, Marktforschung, Verkaufsförderung, Warendisposition und Bestellwesen verwendet.

Schadschöpfung

Im Kontrast zum Begriff der ▷ Wertschöpfung, der auf neu geschaffene Werte hinweist, bezeichnet die Schadschöpfung Umweltbelastungen (▷ Umwelteinwirkungen), die insbesondere bei der Produktion von Gütern entstehen. Bei der Beurteilung der Schadschöpfung sind die Prozesse und der ▷ ökologische Produktlebenszyklus zu beachten.

Schadschöpfungs-Deckungsbeitrags-Portfolio

Wird die ▷ Schadschöpfung bzw. die Umweltbelastung eines Produkts mit dem erzielten Deckungsbeitrag in Beziehung gebracht, so lässt sich analog zur Marktwachstums-Marktanteils-Matrix (▷ Portfolio-Management) ein Schadschöpfungs-Deckungsbeitrags-Portfolio erstellen:
- *Green Stars* sind sowohl ökonomisch als auch ökologisch effiziente Produkte und dementsprechend zu fördern.
- *Green Question Marks* sind umweltfreundlich, verursachen aber hohe Kosten oder haben eine geringe Gewinnspanne.
- *Black Cash Cows* haben wegen ihres hohen Deckungsbeitrags eine grosse Bedeutung für das Unternehmen, sind jedoch ökologisch problematisch. Diese Produkte müssen ökologisch verbessert werden.
- *Black Dogs* haben sowohl eine hohe Umweltbelastung als auch einen geringen Deckungsbeitrag. Wenn sie nicht in beiden Bereichen verbessert werden können, sind sie zu eliminieren.

Schadschöpfungskette

▷ Ökologischer Produktlebenszyklus
▷ Schadschöpfungsprozesse

Schadschöpfungsprozesse

Schadschöpfungsprozesse (umweltbelastende Prozesse) sind ökologisch schädliche Stoff- und Energieflüsse (▷ Umwelteinwirkungen). Das Unternehmen als System ist nicht nur produktiv und sozial, sondern auch destruktiv. Jeder Prozess, jedes Produkt ist unausweichlich mit Umweltbelastungen und -zerstörungen verbunden (▷ Schadschöpfung). Werden die Schadschöpfungsprozesse über den gesamten ▷ ökologischen Produktlebenszyklus betrachtet, so spricht man von einer *Schadschöpfungskette*.

Schadschöpfungsrechnung

Die Schadschöpfungsrechnung (Umweltbelastungsrechnung) orientiert sich an der traditionellen Kostenrechnung (▷ Betriebsbuchhaltung). Sie umfasst:
- *Schadschöpfungsarten* (Belastungsarten): Art der Stoff- und Energieflüsse.
- *Schadschöpfungsstellen* (Belastungsstellen): Ort der Entstehung.
- *Schadschöpfungsträger* (Belastungsträger): Je nach Zielsetzung wird ein einzelnes Produkt, eine Produktgruppe oder der gesamte Absatz als Schadschöpfungsträger definiert. Zusätzlich können die Umweltbelastungen nach den Umweltmedien (Wasser, Luft usw.) aufgeschlüsselt werden.

Entsprechend der Finanzbuchhaltung werden die Stoff- und Energieflüsse in einem Kontensystem in einer einfachen oder doppelten Buchhaltung erfasst. Die Verbuchung erfolgt analog zur Buchhaltung (allerdings in physikalischen Einheiten, z. B. kg). Auch die Abgrenzung der Schadschöpfungsstellen und -träger wird entsprechend dem betrieblichen Rechnungswesen vorgenommen.

Die Umlage der Schadschöpfungsarten auf einzelne Schadschöpfungsträger erfolgt analog zur Kostenrechnung. Werden die Schadschöpfungsstellen gleich den ▷ Kostenstellen definiert, so ist es für jede Stelle möglich, die Schadschöpfungswerte den Kosten gegenüberzustellen. Mit diesem Vergleich können bei einer Veränderung von Prozessen die ökonomischen und ökologischen Wirkungen beurteilt werden. Ist bekannt, welche Produkte zu welcher Schadschöpfung führen, lassen sich auch schadschöpfungsreduzierende ▷ Gemeinkosten (z. B. Kläranlagen, Luftfilter) besser auf die ▷ Kostenträger umlegen. Eine genaue Umlage verhindert eine Quersubventionierung umweltbelastender durch weniger umweltbelastende Produkte.

Die fixe Schadschöpfung umfasst als Grundbelastung der Leistungserstellung die Infrastruktur (Herstellung der Anlagen) sowie die Potenzial-Schadschöpfung (z. B. Stromverbrauch des Telefax im Standby-Modus). Die variable Schadschöpfung nimmt mit der Produktionsmenge zu (z. B. Luftbelastung durch den Produktionsprozess). Während die Dienstleistungsbranche einen hohen Anteil an fixer Schadschöpfung aufweist, ist in der Industrie der variable Anteil bedeutender.

Schichtarbeit

Schichtarbeit liegt vor, wenn zwei oder mehrere Gruppen von Arbeitnehmern nach einem bestimmten Zeitplan gestaffelt und wechselweise am gleichen Arbeitsplatz zum Einsatz gelangen (Art. 25 Arbeitsgesetz). Bei der Gestaltung von Schichtarbeit sind die arbeitsmedizinischen und arbeitswissenschaftlichen Erkenntnisse zu beachten. Die Arbeitszeit ist so einzuteilen, dass der einzelne Arbeitnehmer nicht länger als während sechs aufeinanderfolgenden Wochen die gleiche Schicht zu leisten hat. Bei Schichtarbeit wird in der Praxis häufig zwischen Frühschicht, Spätschicht, Nachtschicht (▷ Nachtarbeit) unterschieden.

Schiedswert

▷ Unternehmensbewertung

«Schlanke Produktion»

Syn. für ▷ Lean Production

Schleichende Schäden

Syn. für ▷ Allmählichkeitsschäden

Schlüsselkundenmanagement

Syn. für ▷ Key Account Management

Schlüsseltechnologie

Schlüsseltechnologien sind die besonderen Kenntnisse (▷ Technologie), die ein Unternehmen im Vergleich zu einem anderen hat. Sie beeinflussen – im Gegensatz zu Basistechnologien – die Wettbewerbsfähigkeit innerhalb einer Branche signifikant. Der Besitz von Schlüsseltechnologien führt so lange zu hohen Gewinnen (▷ Cash Flow), bis das Wissen durch Diffusionsprozesse (▷ Diffusion) auf die meisten Wettbewerber übergegangen ist. Schlüsseltechnologien werden durch ▷ Innovationen abgelöst.

Die Pflege von Schlüsseltechnologien ist zu einer der *zentralen* Aufgaben des Managements geworden. Instrumente zur Analyse und strategischen Einordnung von Technologien sind die Portfolio-Analyse (▷ Portfolio-Management) und der ▷ Technologiekalender.

Schmetterlingseffekt

Mit Schmetterlingseffekt wird das Phänomen bezeichnet, dass kleinste Abweichungen oder Veränderungen grosse Auswirkungen haben können. Der Begriff entstand nach der Veröffentlichung eines Aufsatzes von Edward N. Lorenz – dem Begründer der Chaostheorie – mit dem Titel «Kann der Flügelschlag eines Schmetterlings in Brasilien einen Tornado in Texas hervorrufen?». Dieser Effekt ist v. a. in der ▷ Chaostheorie und in der Erklärung von ▷ komplexen Systemen von Bedeutung.

«Schmutziges Floating»
▷ Bandbreite

Schuldbrief
▷ Hypothekardarlehen

Schulden
▷ Fremdkapital

Schulen ökonomischen Denkens

▶ Abb. 159 gibt eine Übersicht der wichtigsten Schulen und Traditionen volkswirtschaftlichen Denkens und ökonomischer Theoriebildung hinsichtlich ihrer wichtigsten Aussagen und Unterschiede, ausgehend von den Klassikern (wie Adam Smith und David Ricardo) über die Ansätze von John Maynard Keynes (1883–1946) und seiner Nachfolger bis zu den Neuen Klassikern (z. B. Paul A. Samuelson) und den Monetaristen (z. B. Milton Friedman und Karl Brunner). Praktische Bedeutung haben heute in der Volkswirtschaftslehre v. a. die modernen Keynesianer und die Neuen Klassiker (Neo-Klassiker). Die Modelle der Keynesianer gehören eher zur ▷ makroökonomischen Theorie, während diejenigen der modernen Klassiker meist mikroökonomisch angelegt sind (▷ mikroökonomische Theorie). Beide Schulen gehen häufig grundsätzlich von Marktgleichgewichten aus, bauen aber in ihren Modellen verschiedene Marktunvollkommenheiten (Rigiditäten) ein. Heute lässt sich verstärkt eine Konvergenz zwischen den ursprünglich stark entgegengesetzten Ansätzen des ▷ Keynesianismus und der (Neuen) Klassik erkennen. Die modernen, d. h. gradualistischen, Monetaristen haben sich ebenfalls den Neuen Klassikern angenähert, wobei Unterschiede in den Annahmen bezüglich der Anpassungsgeschwindigkeiten bzw. der Bedeutung der Fristigkeit von Anpassungen bestehen.
▷ Neue Institutionenökonomic

Schutzzoll

Schutzzölle sollen inländische Industrien und Arbeitsplätze schützen, indem Produkte ausländischer Konkurrenten mit Zöllen verteuert werden. Als «Erziehungszoll» (für «infant industries», d. h. neu entstehende Industriezweige) soll der Schutzzoll der einheimischen Industrie die Möglichkeit geben, auch auf den Weltmärkten konkurrenzfähig zu werden. Im Rahmen der strategischen Handelspolitik werden die einheimischen Industrien hingegen nicht durch Zölle geschützt, sondern durch Subventionen. Beide Massnahmen führen zu Verschiebungen in den internationalen Handelsströmen. Die Einführung von Schutzzöllen gefährdet den ▷ Freihandel.

Merkmal \ Schule	Klassiker	Moderne Keynesianer	Neue Klassiker	Moderne Monetaristen
Grundannahmen	Ökonomische Harmonie aufgrund «natürlicher» Gesetze, die zu einem stabilen Gleichgewicht führen. Preise sind vollkommen flexibel.	Eklektische Mischung der übrigen Schulen.	Wie Klassiker. Wirtschaftssubjekte passen ihre Erwartungen rational aufgrund der angekündigten Geld- und Fiskalpolitik an.	Wie Klassiker. Preise sind aber nicht so flexibel und Erwartungen werden aufgrund von Erfahrung gebildet.
Preise und Inflation	Preise bestimmen sich sofort durch Angebot und Nachfrage simultan. Preisniveau durch Geldmenge bestimmt. Inflation nur bei Vollbeschäftigung möglich.	Preise (insbesondere Löhne) passen sich nur langsam an. Eine gewisse Inflation kann zugunsten von Vollbeschäftigung geduldet werden. Inflation als realwirtschaftliches Phänomen. Zum Teil kann Inflation Gegenstand der Geldpolitik sein, aber nicht vorrangig.	Wie Klassiker. Alle Preise (inkl. Löhne) passen sich sehr schnell an. Erwartungen über makroökonomische Schlüsselgrössen sind wichtig.	Wie Klassiker. Preise passen sich schnell, Löhne weniger schnell an. Inflation als monetäres Phänomen.
Erreichen des Marktgleichgewichts	sehr schnell	langsam	sehr schnell	ziemlich schnell
Erwartungen und ihre Anpassung	implizit rational, sehr schnell	adaptiv, schnell und langsam möglich	explizit rational, sofort	meist adaptiv, verlangsamt
Lange und kurze Frist	Kein grosser Unterschied, da schnelle Anpassung.	Kurze Frist darf nicht vernachlässigt werden.	Kein grosser Unterschied, da sofortige Anpassung.	Nur über die lange Frist können Aussagen erfolgen.
Abweichung vom Vollbeschäftigungs-Output	Immer nahezu Vollbeschäftigung.	Grosse Abweichungen zeitweise möglich.	Immer Vollbeschäftigung bzw. nur freiwillige Arbeitslosigkeit.	Meist keine grossen Abweichungen.
Wirtschaftspolitische Ziele und Instrumente — Primäres Ziel der Wirtschaftspolitik	Wachstum bzw. Reichtum (der Nation)	Vollbeschäftigung, z.T. Geldwertstabilität	Geldwertstabilität	Geldwertstabilität
Angebots- und Nachfragepolitik	Nicht nötig.	Kurzfristig: Nachfrageorientierte Stabilisierungspolitik. Langfristig: Angebotspolitik.	Angebotspolitik entscheidend; Nachfragepolitik unbrauchbar.	Angebotspolitik wichtiger, aber grosse Nachfrageschwankungen sollen vermieden werden.
Geld- und Zinspolitik	Geldangebot abhängig vom Edelmetallzu- und -abfluss. Angebotsänderungen beeinflussen Preise und Beschäftigung. Zinssatz abhängig von Angebot und Nachfrage nach Sparen.	Das staatlich kontrollierte Geldangebot bestimmt aufgrund der staatlichen Liquiditätspräferenz den Zinssatz. Dieser soll tief gehalten werden, um private Investitionen zu induzieren. Zinssatz, nicht Geldangebot, ist Gegenstand von Regulierungen.	Preisniveau hauptsächlich durch Geldangebot bestimmt. Für dieses soll eine kontrollierte, konstante, tiefe Wachstumsrate vorgegeben werden, die z.B. dem realen Wachstumstrend entspricht. Zinssatz kein Gegenstand politischer Eingriffe.	
Fiskalpolitik	Kein Instrument der Wirtschaftspolitik. Budgets sollten ausgeglichen sein.	Primäres Instrument der Wirtschaftspolitik. Staatsausgaben müssen mangelnde private Investitionen ausgleichen, um gewünschte Verteilung und Niveau der Nachfrage zu erreichen. Hohe Staatsausgaben und hohe Steuern nötig.	Ineffektiv als Instrument der Wirtschaftspolitik, da Schocks nur kurzfristige Wirkungen auf Output und Beschäftigung haben. Defizite können Output und Beschäftigung nicht dauerhaft erhöhen.	

▲ Abb. 159 Schulen und Traditionen volkswirtschaftlichen Denkens und ökonomischer Theoriebildung

Schwache Signale

Das Konzept der schwachen Signale geht von der häufig beobachteten Tatsache aus, dass viele für das Unternehmen relevante Entwicklungen und Trends in verschiedenen Umweltbereichen (▷ Umwelt des Unternehmens) zuerst als nur schwach wahrnehmbare Signale bemerkbar sind, bevor sie sich verstärken und auf breiter Front durchsetzen. Aber nicht jedes Signal muss den «Durchbruch» schaffen. Für das einzelne Unternehmen ist es sehr wichtig, diese Entwicklungen möglichst früh und unvoreingenommen zu erfassen, um rechtzeitig reagieren zu können und seine Wettbewerbsposition zu verteidigen oder zu verstärken. Häufig wird aufgrund ihrer Neuartigkeit die Bedeutung von schwachen Signalen verkannt und es kann zu einer ▷ Krise kommen. Durch rechtzeitiges Erkennen lassen sich aber Wettbewerbsvorteile aufbauen. Das Instrument zur Erfassung dieser Signale ist das ▷ Frühwarnsystem mit den entsprechenden Frühwarnindikatoren.

Schwarzmarkt

Der schwarze Markt ist ein illegaler Markt. Er entsteht, wenn staatliche Höchstpreise festgesetzt oder Rationierungen eingeführt werden (z. B. in Notzeiten). Die Güter werden dann ungesetzlich und meist zu sehr hohen Preisen *(Schwarzmarktpreis)* gehandelt.

Schwarzmarktpreis
▷ Schwarzmarkt

Schweizer Börse (SWX)

Die Schweizer Börse *(Swiss Exchange [SWX],* früher *Elektronische Börse Schweiz [EBS]),* ein privates Unternehmen, kontrolliert den offiziellen Börsenhandel der Schweiz. Mit der Einführung eines integrierten, vollautomatischen Handels-, Clearing- und Settlement-Systems für Aktien, Obligationen, Optionen und Fonds ging 1996 die Zeit des A-la-criée-Handels in der Schweiz zu Ende. Grundlage bildete der 1992 gefällte Entscheid der Schweizer Börsen von Basel, Genf und Zürich, eine nationale elektronische Börse, zu etablieren. Ein permanenter Handel für alle Titel sowie die automatische Preisbildung ermöglichen mehr Effizienz, höhere Transparenz und kostengünstige Strukturen im Börsenhandel.

Seit 1998 werden an der SWX auch Eurobonds gehandelt, 1999 wurde das Segment SWX New Market eröffnet. 2001 startete die pan-europäische Blue-Chip-Börse Virt-X als Joint Venture der SWX mit der Londoner Tradepoint Stock Exchange.

Schweizerische Nationalbank (SNB)
▷ Nationalbank

Schweizerischer Arbeitgeberverband
▷ Arbeitgeberorganisation
▷ Economiesuisse

Schweizerischer Bauernverband
▷ Arbeitgeberorganisation

Schweizerischer Gewerbeverband
▷ Arbeitgeberorganisation

Schweizerischer Gewerkschaftsbund (SGB)
▷ Gewerkschaft

Schweizerischer Handels- und Industrieverein
▷ Arbeitgeberorganisation
▷ Economiesuisse

Scientific Management

Ziel des Scientific Management *(Taylorismus)* ist eine Steigerung der Produktivität durch starke Arbeitszerlegung, physiologisch exakte Arbeitsausführung, vernünftige Arbeitszeit (unterbrochen durch kurze Erholungspausen) und leistungsfördernde Lohnmethoden.

Begründer des Scientific Management ist der Ingenieur *Frederick W. Taylor*. Seine Aussagen beruhen auf der Hypothese, dass eine auf den Ingenieurwissenschaften basierende Spezialisierung und eine Entlohnung nach dem Leistungsprinzip eine maximale Produktivität bringen. Dies bedeutet auf Bewegungs- und Zeitstudien beruhende Arbeitsmethoden, starke Spezialisierung auf einzelne Verrichtungen, Trennung von Führungs- und Ausführungsfunktionen, starke Kontrolle, Prinzip des Leistungslohns sowie Ausrichtung nach dem Maximumprinzip (▷ ökonomisches Prinzip). Die organisatorische Konsequenz ist das ▷ Funktionsmeistersystem. Taylor unterstellt, dass Leistungen ausschliesslich wegen des finanziellen Anreizes erbracht werden. Trotz dieser eindimensionalen Betrachtungsweise des Menschen sind die positiven Auswirkungen des Scientific Management nicht zu übersehen. Die Produktionssteigerungen waren ausserordentlich gross und brachten den Beschäftigten eine Verkürzung der Arbeitszeit und Reallohnerhöhungen. Dem Produktivitätsgewinn stehen folgende Nachteile gegenüber: (1) Das instrumentale, mechanistische Menschenbild entwürdigt den Menschen und stellt ihn auf die gleiche Ebene wie die sachlich-maschinellen Anlagen. Dies führt zu einer Zerstörung des traditionellen Handwerkerethos. Liebe zum eigenen Produkt, Qualitätsarbeit, Fleiss, Verantwortungsbewusstsein, Ordentlichkeit, Disziplin und Arbeitszufriedenheit aufgrund der Arbeitstätigkeit (des Arbeitsinhalts) werden nachhaltig beeinträchtigt. Die Arbeit hat im Leben der meisten Arbeiter ihre früher zentrale Bedeutung verloren. Der Lebenssinn und -inhalt verlagert sich zusehends in den Freizeitbereich. (2) Solange das Individuum als eine Art Spezialmaschine eingesetzt wird, gelangen die spezifischen menschlichen Qualitäten nicht zu ihrer Entfaltung. Besonders offensichtlich wird dies bei komplexeren Arbeiten, bei denen der tayloristische Ansatz völlig versagt.

Taylor entwickelte seine Ideen und Grundsätze primär im Hinblick auf die Rationalisierung handwerklicher Arbeit. Henry Ford übertrug 1913 diese Denkweise auf den industriellen Fertigungsprozess bei der Massenproduktion von Automobilen *(Fordismus)*. Mit einer optimalen Anordnung von Mensch und Maschine nach dem Fliessprinzip (▷ Fliessbandfertigung), starken Lohnerhöhungen und der Kürzung der Wochenarbeitszeit erreichte Ford erhebliche Produktivitätssteigerungen. Dies ermöglichte eine Senkung der Verkaufspreise, was wiederum die Voraussetzung für eine Steigerung der Absatzmengen bildete.

SCM

Abk. für ▷ Supply Chain Management

Scorched Earth Policy

▷ Raider

635-Methode

Bei der 635-Methode zur Unterstützung der Suche nach einer (kreativen) Problemlösung haben 6 Teilnehmer 5 Minuten Zeit, um 3 Ideen für die Lösung eines Problems aufzuschreiben. Danach werden die Lösungsblätter an den nächsten Teilnehmer weitergereicht und der Ablauf wiederholt sich. Jeder Teilnehmer kann – neben den eigenen, völlig neuen Lösungsvorschlägen – die Ideen des Vorgängers ergänzen oder verändern. Anschliessend an die sechs Durchgänge werden die Vorschläge selektioniert. Nach 30 Minuten ist die Sitzung beendet; als Ergebnis resultieren $3 \times 6 \times 6 = 108$ Ideen.

Die 635-Methode ist wie das ▷ Brainstorming eine Kreativitätstechnik, die als intuitives Verfahren v. a. im Rahmen der Gewinnung von Produktideen eingesetzt wird.

Seco

Das Seco *(Staatssekretariat für Wirtschaft)* ist das wirtschaftspolitische Kompetenzzentrum des Eidgenössischen Volkswirtschaftsdepartements. Es entstand im Jahr 1999 aus der Zusammenlegung des Bundesamts für Wirtschaft und Arbeit (BWA, Ex-BIGA) mit dem Bundesamt für Aussenwirtschaft (Bawi). Das Seco befasst sich mit der Binnen- und der Aussenwirtschaft und ist nach sechs Leistungsbereichen und drei Querschnittbereichen gegliedert.

Die Leistungsbereiche sind: (1) Welthandel, (2) Integration in den europäischen Markt, (3) Entwicklungszusammenarbeit, (4) Standortförderung, (5) Arbeitsbedingungen, (6) Arbeitsmarkt und Arbeitslosenversicherung.

Querschnittbereiche bearbeiten Aufgaben, die für das ganze Staatssekretariat relevant sind: (1) wirtschaftspolitische Grundlagen (Analysen, Prognosen, Publikationen), (2) Länderpolitik (wirtschaftliche Beziehungen zu einzelnen Ländern), (3) Fachbereiche (Spezialfragen wie internationaler Warenverkehr, nichttarifarische Handelsmassnahmen, öffentliches Beschaffungswesen, Wirtschaftsrecht).

Das Seco ist Ansprechpartner für Kantone, Unternehmen, Wirtschaftsorganisationen und Sozialpartner. Spezialisten des Seco arbeiten nicht nur in Bern, sondern auch in der Ständigen Mission der Schweiz bei den internationalen Wirtschaftsorganisationen sowie im Integrationsbüro, das vom Seco und dem Departement für auswärtige Angelegenheiten gemeinsam getragen wird.

Securities Lending and Borrowing

Securities Lending and Borrowing ist die angelsächsische Bezeichnung für das Ausleihen bzw. Borgen von Wertpapieren während einer bestimmten Zeit. Dies geschieht gegen Bezahlung einer Kommission und gegen Hinterlegung von Sicherheiten in Form von Bankeinlagen oder Wertpapieren.

Sektoren, wirtschaftliche

Traditionell werden drei Wirtschaftssektoren unterschieden, die bei der Entstehung des ▷ Bruttoinlandprodukts beteiligt sind: Als *primärer* Sektor wird die Landwirtschaft (auch Urproduktion genannt) bezeichnet. Ihr Anteil an der Gesamtproduktion hat im Verlauf der Zeit stetig abgenommen. Der *sekundäre* Sektor umfasst die industrielle Produktion. Deren Bedeutung hatte seit der Mitte des letzten Jahrhunderts v. a. gegenüber dem ersten Sektor ständig zugenommen, wird aber etwa mit Beginn der Nachkriegszeit durch den *tertiären* Sektor, die ▷ Dienstleistungen, verdrängt.

Das beschriebene Entwicklungsmuster ist auch unter dem Namen *Fourastié'sches Gesetz* bekannt und in ▶ Abb. 160 schematisch dargestellt. In jüngerer Zeit ist ein

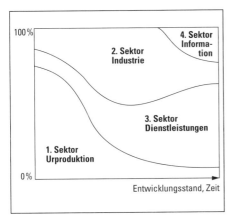

▲ Abb. 160 Fourastié'sches Gesetz

vierter Sektor in Diskussion, der Informationssektor. Da die Leistungen der «Informationsindustrie» (z.B. Software) oft nicht vollständig den Dienstleistungen zugeordnet werden können, aber auch nicht der gängigen Industrieproduktion entsprechen, ist die Abgrenzung eines neuen Sektors zweckmässig.

Sekundärmarkt

Auf dem Sekundärmarkt spielt sich der börsliche und ausserbörsliche Wertpapierhandel ab (im Gegensatz zum ▷ Primärmarkt). Für den Investor ist die Existenz eines Sekundärmarktes von zentraler Bedeutung, da dadurch der Handel und somit ein permanentes Pricing der Titel ermöglicht wird. Fehlt für ein Wertpapier der Sekundärmarkt, so ist dieser Titel in seiner Fungibilität (Handelbarkeit) beschränkt, und in seiner Bewertung ist mit starken Kursausschlägen zu rechnen, was die Investition risikoreicher macht (▷ Börse).

Selbstfinanzierung

Unter Selbstfinanzierung versteht man die Beschaffung von Kapital durch zurückbehaltene selbst erarbeitete Gewinne (▷ Reserven). Sie ist eng mit der ▷ Dividendenpolitik des Unternehmens verbunden. Den Aktionären wird keine oder eine kleinere Dividende ausgeschüttet, als dies aufgrund der Gewinne möglich wäre.

Je nachdem, ob die Selbstfinanzierung aus der Bilanz ersichtlich ist oder nicht, spricht man von einer offenen bzw. verdeckten (stillen) Selbstfinanzierung. Bei der *offenen* Selbstfinanzierung werden die nicht ausgeschütteten Gewinne den verschiedenen Reservekonten zugewiesen (gesetzliche, freiwillige). Die *verdeckte* Selbstfinanzierung dagegen erfolgt durch die Bildung ▷ stiller Reserven.

Folgende Gründe sprechen für die Selbstfinanzierung als ideale Finanzierungsform: (1) Der steigende Kapitalbedarf zur Wahrung des Marktanteils kann nur teilweise durch ▷ Beteiligungs- und Fremdfinanzierung (▷ Kreditfinanzierung) gedeckt werden. (2) Obwohl das Eigenkapital erhöht wird, werden die Beteiligungsverhältnisse nicht tangiert. (3) Die Selbstfinanzierung ist äusserst liquiditätsschonend. (4) Aus steuerlichen Gründen kann es sinnvoll sein, auf eine Ausschüttung der Gewinne zu verzichten. (5) In Zeiten hoher Inflation erlaubt sie die Wahrung der Unternehmenssubstanz.

Obwohl der Aktionär kurzfristig auf die Dividende verzichten muss, profitiert er langfristig, da er über seinen Kapitaleinsatz am Unternehmenswachstum beteiligt ist.

Selbstfinanzierungsgrad

Der Selbstfinanzierungsgrad ist eine Kennzahl im Rahmen der Analyse des ▷ Eigenkapitals. Er zeigt das Verhältnis der Selbstfinanzierung (erarbeitetes Kapital) zum Grundkapital (z.B. Aktienkapital):

$$\text{Selbstfinanzierungsgrad} = \frac{\text{Selbstfinanzierung}}{\text{Grundkapital}} \cdot 100$$

Ein hoher Selbstfinanzierungsgrad erlaubt es dem Unternehmen, eintretende Verluste über die (offene oder verdeckte) Reservenauflösung zu verbuchen und damit zu decken, ohne Gläubigerinteressen zu gefährden. Zudem ist er ein Gradmesser, inwiefern ein Unternehmen fähig ist, aus eigener Kraft das Kapital zu vermehren.

Selbstkontrolle
Bei einer Selbstkontrolle ist der Kontrollierende – im Gegensatz zur ▷ Fremdkontrolle – für den zu kontrollierenden Gegenstand oder Sachverhalt vollständig oder teilweise selbst verantwortlich. Es besteht also eine direkte Beziehung zwischen Kontrollsubjekt (= Person, die kontrolliert) und Kontrollobjekt (= der zu kontrollierende Sachverhalt). Beispielsweise überprüft ein Mitarbeitender die Qualität der von ihm hergestellten Produkte selbst.

Selbstkosten
Die Selbstkosten eines ▷ Kostenträgers (z.B. Produkt) entsprechen den totalen Kosten je Stück, die sich aus den variablen Stückkosten und einem Fixkostenanteil je Stück zusammensetzen. Dazu gehören Materialkosten, Fertigungskosten und Verwaltungs- und Vertriebskosten:

    Materialkosten
  + Fertigungskosten
  + Verwaltungs- und Vertriebskosten
  = Selbstkosten

Zur Kalkulation des Preises wird auf die Selbstkosten i.d.R. ein Gewinnzuschlag berechnet.

Selbstmanagement
Unter Selbstmanagement versteht man das Management der eigenen Person, um effizient und effektiv zu arbeiten sowie eine ausgewogene ▷ Work-Life-Balance zu erreichen. Dabei geht es v.a. darum, die eigenen Tätigkeiten systematisch zu planen und zu kontrollieren. Wichtig ist auch das Setzen von Prioritäten, wie dies z.B. mit der Unterscheidung nach dringlichen und wichtigen Aufgaben gemacht werden kann. Als Hilfsmittel dazu dient die ▷ Prioritätenmatrix.

Selbstorganisation
Unter Selbstorganisation versteht man die Fähigkeit von Systemen, eine innere Ordnung aufrechtzuerhalten, obwohl sich die relevante Umwelt verändert. Selbstorganisation entsteht, wenn ein System eine kritische Komplexität erreicht (▷ komplexes System) und sich Strukturen bilden, die zahlreiche Elemente des Systems einbeziehen und auf harmonische Weise miteinander koordinieren. Das System nimmt Strukturen und Eigenschaften an, die es zuvor gar nicht gegeben hat. Als Beispiel kann der Markt genannt werden, auf dem Millionen von Menschen und eine grosse Zahl von Unternehmen und sonstigen Organisationen tätig sind und wo die verschiedensten Ressourcen (Güter, Kapital, Informationen und Wissen, Arbeit) gehandelt werden.

Selektion
Unter Selektion versteht man die Auswahl von Daten bzw. deren Verknüpfungen, die aufgrund eigener Beobachtungen als relevant definiert werden. Sie spielt besonders bei der ▷ Wirklichkeitskonstruktion eine grosse Rolle.

Selektion, adverse
▷ Adverse Selektion

Self-Fulfilling Prophecy
Unter Self-Fulfilling Prophecy versteht man eine Prognose, die sich deswegen erfüllt, weil alle Beteiligten (z.B. Marktteilnehmer) entsprechend der Voraussage handeln und diese damit Wirklichkeit werden lassen. Beispiele: Börsenhausse, Verknappung von Gütern. Eine wichtige Rolle spielt dabei die positive ▷ Rückkopplung.

Selling Center
▷ Buying Center

Seniorexperten
Seniorexperten sind Fach- und Führungskräfte im Ruhestand, die nach ihrem Ausscheiden aus dem Erwerbsleben ihr Wissen und ihre Erfahrung als Unternehmensberater zu günstigen Bedingungen meist Klein- und Mittelunternehmen (KMU) und Unternehmensgründern zur Verfügung stellen. Sie verfügen über langjährige berufliche Erfahrung, Einfühlungsvermögen, Motivation (Anwendung ihres Wissens, Anerkennung) und Unabhängigkeit. Sie werden oft auch als «Trouble Shooter» eingesetzt.

In der Schweiz existiert die *Adlatus Schweiz, Vereinigung erfahrener Führungskräfte*, mit zur Zeit rund 300 Mitgliedern. Dieser Verein wurde 1982 als gemeinnützige Vereinigung von Führungs- und Fachkräften im Ruhestand gegründet. Er ist v.a. in der Beratung und Unterstützung von Klein- und Mittelbetrieben tätig. Adlatus-Mitglieder arbeiten nach der Auftragsvermittlung auf eigene Rechnung. Die Vermittlung von Seniorexperten für die Beratung von Klein- und Mittelbetrieben in Entwicklungsländern und Osteuropa wird seit 1979 auch von *Swisscontact* angeboten, deren Senior Expert Corps rund 500 Mitglieder zählt.

In Deutschland gibt es den Senior Experten Service (SES) mit zur Zeit über 3000 Mitgliedern, darunter etwa 5 % Frauen.

Sensitivitätsanalyse
Die Sensitivitätsanalyse dient dazu, die Stärke der Veränderung prognostizierter Resultate bei Änderungen der Eingabedaten zu messen. In der ▷ Investitionsrechnung kann z.B. die Sensitivität der Resultate auf Änderungen der Absatzmenge, der Investitionssumme, des Kalkulationszinsfusses oder der Produktlebensdauer überprüft werden.

SEP
Abk. für ▷ Strategische Erfolgsposition

Serienfertigung
Die (reine) Serienfertigung ist ein ▷ Fertigungstyp, bei dem mehrere Stücke eines Produkts hintereinander in einer begrenzten Stückzahl auf den gleichen oder verschiedenen Produktionsanlagen hergestellt werden. Die Serienfertigung liegt zwischen den Extremen Einzel- und Massenfertigung. Es können deshalb *Kleinserien* (nur einige wenige Stücke wie z.B. Einfamilienhäuser, Möbel) und *Grossserien* (über längere Zeit und in sehr hohen Stückzahlen wie z.B. Elektrogeräte und Autos) unterschieden werden.
▷ Fertigungslos

Service Center
Syn. für Zentralabteilung
▷ Divisionalorganisation

Service Level Agreement (SLA)

Service Level Agreements *(SLA)* sind Vereinbarungen zwischen Bezüger und Erbringer *(Service Providers)* einer Dienstleistung, die genau festlegen,
- welche Dienstleistung erbracht wird,
- wie die Menge und Qualität der Leistung gemessen wird,
- welche Service Levels (Qualitätsstandards) akzeptabel bzw. inakzeptabel sind,
- welche Rechte und Pflichten Bezüger und Empfänger der Dienstleistung haben,
- welche Massnahmen in bestimmten Situationen ergriffen werden.

SLA müssen klar definiert und eindeutig messbar sein (z.B. Beantwortung telefonischer Anfragen innerhalb von 24 Stunden).

Service Level Management (SLM)

Service Level Management (SLM) ist der Prozess, welcher die Beziehungen zwischen einem Leistungserbringer und einem Leistungsbezüger formalisiert abbildet und sicherstellt, dass die ▷ Service Level Agreements eingehalten werden und die Dienstleistung effizient erbracht wird.

Service Management

Unter Service Management versteht man standardisierte Prozesse zur Erbringung von Servicedienstleistungen durch darauf spezialisierte Anbieter. Ein weltweiter De-facto-Standard für Service Management ist ITIL (▷ IT Infrastructure Library).

Service Provider

▷ Service Level Agreement (SLA)

Settlor

▷ Trust

SGE

Abk. für ▷ Strategische Geschäftseinheit

SGF

Abk. für ▷ Strategisches Geschäftsfeld

Shareholder Value

Der Shareholder Value ist der Wert, den ein Aktionär durch eine Steigerung des Unternehmenswerts aus seiner Kapitalbeteiligung zieht. Es sind dies primär die Kurssteigerungen auf seinen Aktien und die ausgeschütteten Dividenden.

Shareholder Value Management

Das Shareholder Value Management hat zum Ziel, Werte zu schaffen und damit den Unternehmenswert zu steigern. Dieses Ziel soll v.a. durch die Schaffung von Wettbewerbsvorteilen, Ausnützen der ▷ Kernkompetenzen sowie durch ein optimales ▷ Finanzmanagement erreicht werden. Im Gegensatz zu einem umfassenden Wertmanagement ist es primär auf den Aktionärsnutzen (▷ Shareholder Value) ausgerichtet.

▷ Economic Value Added (EVA)
▷ Market Value Added (MVA)

Shingo

Nach dem Namen des ehemaligen Toyota-Produktionschefs T. Shingo wurde ein Konzept zur Steigerung der Effizienz im Produktionssektor bezeichnet. Kernelemente von Shingo sind das ▷ Just-in-Time-Konzept und ▷ Kanban.
▷ Poka-Yoke

Shop-in-the-Shop

Das Shop-in-the-Shop-Konzept ist eine Form des ▷ Einzelhandels. Der Geschäftsführer (z.B. eines Warenhauses) vermietet einem Konzessionär einen Teil seiner Verkaufsfläche, auf der dieser eine eigene Verkaufseinheit einrichten und sein Warensortiment anbieten kann.

Shopping Center
▷ Einzelhandelsform

Short Position
Der Begriff Short Position *(Leerverkauf)* steht für den Verkauf von ▷ Wertpapieren und Waren (▷ Basiswert), die der Verkäufer noch nicht besitzt. ▷ Spekulation und ▷ Hedging sind die wichtigsten Gründe für den Aufbau einer Leerposition.

Sicherheitsbestand
▷ Bestellrhythmussystem
▷ Bestellpunktsystem

Sicherheitslager
▷ Lagerhaltung

Sicherungshypothek
▷ Hypothekardarlehen

Sichteinlagen
Unter Sichteinlagen *(Sichtgelder)* versteht man einer Bank überlassenes Geld, dessen Rückzahlung jederzeit und ohne Kündigungsfrist verlangt werden kann (z.B. Kontokorrentguthaben auf Sicht). Diese Gelder können deshalb von Banken zur Kreditvergabe nur begrenzt herangezogen werden (▷ Finanzierungsregeln). Sichteinlagen werden gar nicht oder nur sehr tief verzinst.

Sichtgelder
Syn. für ▷ Sichteinlagen

7-S-Modell
Das 7-S-Modell zeigt die sieben wichtigsten Faktoren für die erfolgreiche Gestaltung und Implementierung einer ▷ Unternehmenspolitik. Das Modell wurde aufgrund empirischer Untersuchungen amerikanischer und japanischer Führungskonzepte von Pascale/Athos (1981)

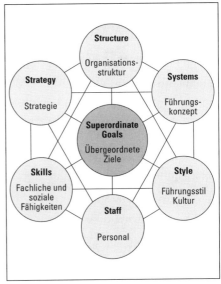

▲ Abb. 161 Erfolgsfaktoren im 7-S-Modell

und Peters/Waterman (1982) entwickelt (◀ Abb. 161).
Das Modell unterscheidet zwei Arten von Faktoren, die für den unternehmerischen Erfolg von Bedeutung sind:
- *weiche* Faktoren wie ▷ Unternehmenskultur, Personal und Fähigkeiten und
- *harte* Faktoren wie Strategie (▷ Unternehmensstrategie), ▷ Organisationsstrukturen und Managementsysteme.

Simultaneous Engineering
Beim Simultaneous Engineering (simultane Fertigung) verlaufen, im Gegensatz zur konventionellen Ablauforganisation, die Produkt- und Prozessentwicklungsarbeiten parallel und fachübergreifend. Alle Tätigkeiten der *Prozesskette* (▷ Wertkette) von der ▷ Marktanalyse bis zur Auslieferung werden von einem ▷ Projektteam gemeinsam geplant, entworfen und verbessert.

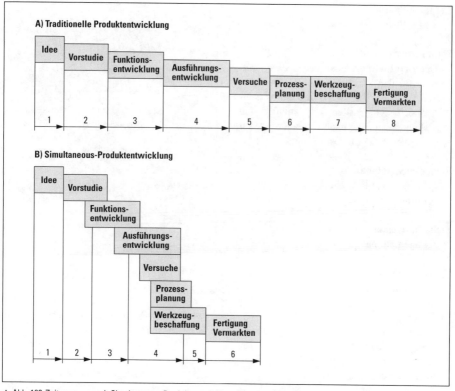

▲ Abb. 162 Zeitvorsprung mit Simultaneous-Produktentwicklung (Beyeler 1993, S. 39)

Für einen wirkungsvollen Ablauf des Simultaneous Engineerings ist ein effizienter und reibungsloser Informationsfluss zwischen allen beteiligen Unternehmenseinheiten nötig.

Ziel des Simultaneous Engineerings ist es, die ▷ Durchlaufzeiten in der Produktentwicklung entscheidend zu verkürzen (◂Abb. 162) und durch einen frühen Markteintritt die Marktführerschaft (▷ Marktführer) bzw. hohe ▷ Marktanteile zu realisieren.

In der Praxis hat sich Simultaneous Engineering im Automobilbau und in verwandten Branchen auf breiter Ebene durchgesetzt.

Single Loop Learning
▷ Organisationales Lernen

Single Sourcing
Single Sourcing ist eine Strategieform der ▷ Beschaffung. Im Gegensatz zum ▷ Global Sourcing beschränkt sich ein Unternehmen auf einen oder möglichst wenige Lieferanten, mit denen es eine langfristige Partnerschaft (z.B. durch Planung und F&E-Kooperation) aufbaut. Vorteil sind tiefe Einkaufspreise infolge grosser Abnahmemengen. Nachteil ist jedoch die Abhängigkeit von den Lieferanten.

Singularinstanz
▷ Instanz

Situativer Ansatz

Der situative Ansatz *(Contingency Approach)* geht davon aus, dass die ▷ Organisationsstruktur eines Unternehmens stark von der Umgebung beeinflusst wird (▶ Abb. 163). Folgende Grundhypothesen liegen ihm zugrunde:
1. Es gibt keine beste Organisationsmethode.
2. Nicht jede Organisationsmethode ist gleich effizient; je nach Situation ist sie mehr oder weniger wirkungsvoll.
3. Die Wahl der Organisationsmethode ist abhängig von der Art der relevanten Umwelt.

Der situative Ansatz versucht deshalb, Zusammenhänge zwischen Organisationsformen und möglichen Umweltsituationen aufzuzeigen. Die Strukturvariablen der Organisation bilden dabei die abhängigen, die Situationsvariablen der Umwelt die unabhängigen Variablen, d.h. die Organisation wird als Funktion ihrer Umwelt betrachtet.

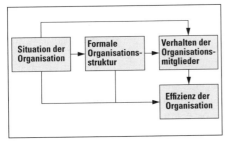

▲ Abb. 163 Grundmodell situativer Ansätze (Kieser/Kubicek 1992, S. 57)

SKB
Abk. für Schweizerischer Konsumentinnenbund
▷ Konsumerismus
▷ Konsumentenschutz-Organisationen

Skimming Pricing
Engl. für ▷ Abschöpfungsstrategie

Skontosatz

Der Skontosatz entspricht dem Zinssatz, den der Kunde für die Gewährung eines ▷ Lieferantenkredites bezahlen muss, wenn er die Frist zur Bezahlung seiner Schuld nicht einhält. In der Praxis ist der Skonto im geschuldeten Betrag eingeschlossen, sodass er abgezogen werden kann, wenn innerhalb der vorgegebenen Frist bezahlt wird.

Die Nichtausnützung des Skontos kommt den Kreditnehmer sehr teuer zu stehen, da der Lieferantenkredit im Normalfall nur während einer kurzen Frist gewährt wird (Zeitspanne zwischen Zahlungsziel und Skontofrist) und weil der Marktzinssatz für kurzfristige Kredite i.d.R. tiefer ist als der Skontoabzug. Der effektive Zinssatz i auf dem Fremdkapital kann nach folgender Formel berechnet werden:

$$i = \left(\frac{S}{100-S}\right) \cdot \left(\frac{360}{Z-SF}\right)$$

S: Skontosatz; SF: Skontofrist; Z: Zahlungsziel

SLA
Abk. für ▷ Service Level Agreement

SLM
Abk. für ▷ Service Level Management

Small Cap

Mit dem Begriff Small Cap *(Nebenwert)* werden die Titel kleinerer Unternehmen bezeichnet, die eine kleine Marktkapitalisierung aufweisen. Sie werden an der Börse oder ausserbörslich gehandelt. Da sich solche Titel oft dem allgemeinen

Markttrend – zumindest teilweise – entziehen können, eignen sie sich gut zur Diversifikation eines Portefeuilles. Banken offerieren Fonds (▷ Anlagefonds), die sich vollständig aus Nebenwerten zusammensetzen.

SMI
Abk. für ▷ Swiss Market Index

SNB
Abk. für Schweizerische ▷ Nationalbank

Sneak Attack
▷ Raider

Snob-Effekt
Bei Produkten, die einen hohen Prestigewert vermitteln, wird ceteris paribus oft das teurere Produkt dem preiswerteren vorgezogen. Durch den hohen Preis wird sozusagen ein hoher Prestigewert erkauft. Solches Käuferverhalten führt zu inversen Preis-Absatzfunktionen, dem sog. Snob-Effekt.

Social Accountability 8000
Social Accountability 8000 *(SA 8000)* ist der erste weltweit gültige Zertifizierungsstandard, der die Unternehmen dazu verpflichten soll, in bestimmten Bereichen der operativen Geschäftsführung soziale bzw. ethische Verantwortung zu übernehmen und dies durch unabhängige Prüfer zertifizieren zu lassen. Dazu wurden in Kooperation von Unternehmen, ▷ United Nations, Zertifizierungsunternehmen und einer Vielzahl von ▷ Non-Governmental Organizations (NGO) Standards erarbeitet, die weltweit konsensfähig sein sollten.
Die Entwicklung der Zertifizierung nach SA 8000 resultierte aus zwei Gründen: (1) Erstens entstand sie aus der Kritik an der Wirksamkeit der bis anhin ergriffenen Ethikmassnahmen (z. B. mangelhafte Überwachung der Umsetzung von Ethikkodizes). (2) Ein zweiter Grund lag aber v. a. in der zunehmenden Sensibilität einzelner ▷ Anspruchsgruppen in Bezug auf die Arbeitsbedingungen, unter denen Unternehmen bzw. deren Zulieferer weltweit produzieren. Dazu beigetragen haben auch die vielen Medienberichte über soziale Missstände in verschiedenen Produktionsstätten in Entwicklungs- und Schwellenländern. Ende 2002 waren 180 Produktionsstätten in 31 Branchen und 30 Ländern nach SA 8000 zertifiziert.

Social Audit
Syn. für ▷ Ethik-Audit

Social Marketing
Engl. für ▷ Sozio-Marketing

Social Responsiveness
Social Responsiveness bezeichnet die Fähigkeit eines Unternehmens, in seinem Handeln für die Ansprüche der Betroffenen empfänglich zu sein und diese Ansprüche so weit als möglich zu berücksichtigen. Social Responsiveness ist eine wichtige Voraussetzung für die Umsetzung einer Glaubwürdigkeitsstrategie (▷ Glaubwürdigkeit).

Societal Marketing
Das Societal-Marketing-Konzept bezeichnet eine umfassende *Gesellschaftsorientierung des Marketings.* Das Unternehmen macht sich zur Aufgabe, die Wünsche, Bedürfnisse und Interessen der Zielmärkte zu bestimmen und deren Ansprüche wirksamer und rationeller als die Konkurrenz zu erfüllen sowie die Wohlfahrt der Konsumenten und der Gesellschaft zu erhalten und zu verbessern. Damit spielen neben rein ökonomischen Aspekten auch gesell-

schaftliche und ökologische Aspekte eine bedeutende Rolle im Marketing.

SOFFEX
Abk. für ▷ Swiss Options and Financial Futures Exchange

Sofortabschreibung
▷ Abschreibungsverfahren

Soft Discounter
Ein Soft Discounter ist eine Unterform des Discounters, der im Vergleich zum ▷ Hard Discounter ein breites Sortiment (1800 bis 2500 Artikel) und eine grössere Auswahl von ▷ Markenartikeln zu höheren Preisen anbietet.

Software
Die Software ist der immaterielle Teil der Informationstechnik (▷ Informationsverarbeitung) und umfasst ▷ Anwendungs-Software und ▷ System-Software.

Soll-Ist-Vergleich
Syn. für ▷ Abweichungsanalyse
▷ Betriebsstatistik

Sollkostenrechnung
Syn. für ▷ Plankostenrechnung

Sonderverkauf
Syn. für ▷ Ausverkauf

SOP
Abk. für ▷ Standard Operating Procedure

S-O-R-Modell
Abk. für Stimulus-Organismus-Response-Modell
▷ Black-Box-Modell

Sorten
▷ Devisen

Sortenfertigung
Eine besondere Form der ▷ Serienfertigung (▷ Fertigungstyp) ist die Sortenfertigung. Bei dieser wird eine begrenzte Stückzahl eines Produkts hergestellt. Im Unterschied zur Serienfertigung liegt bei der Sortenfertigung ein einheitliches Ausgangsmaterial zugrunde und die Endprodukte weisen einen hohen Verwandtschaftsgrad auf. Die verschiedenen Sorten können auf den gleichen Produktionsanlagen mit minimalen produktionstechnischen Umstellungen hergestellt werden. Beispiel für die Sortenfertigung ist die Bekleidungsindustrie, in der Herrenanzüge in unterschiedlicher Grösse oder Stoffqualität hergestellt werden.

Sortiment
Unter dem Begriff Sortiment versteht man das Leistungsangebot eines Handelsunternehmens. Analog zur ▷ Programmtiefe und ▷ Programmbreite werden die beiden Begriffe Sortimentstiefe und Sortimentsbreite verwendet. Man spricht von einem schmalen oder breiten, einem flachen oder tiefen Sortiment.
Ein Artikel (z.B. Margarine) ist die kleinste Einheit des Sortiments. Jeder Artikel unterscheidet sich durch mindestens ein Merkmal (z.B. Farbe, Gewicht, Grösse, Form) von jedem anderen Artikel. Eng verwandte Artikel werden in einer Sorte (z.B. Brotaufstrich), ähnliche Sorten in einer Warengruppe (z.B. Milchprodukte) und ähnliche Warengruppen zu einem Warenbereich zusammengefasst, wodurch sich im Sortiment eine klare Struktur ergibt.
Für ein Handelsunternehmen ist die Zahl der Artikel im Sortiment eine massgebliche Grösse, die über Umfang der Verkaufsfläche, über Kapitalbedarf und Aufwand für die Pflege des Sortiments entscheidet.

Sortimentsbreite
Syn. für ▷ Programmbreite
▷ Sortimentsdimensionen

Sortimentsdimensionen
Der Begriff Sortimentsdimensionen bezeichnet die *Breite* und *Tiefe* eines ▷ Sortiments. Die Breite umfasst die Anzahl der Warengruppen (Produktlinien). Ein Sortiment kann schmal (wenige Warengruppen) oder breit (viele Warengruppen) sein. Unter der Tiefe eines Sortimentes versteht man die Anzahl Artikel und Sorten (Artikel- oder Produktvarianten) innerhalb einer Warengruppe. Hier unterscheidet man zwischen einem flachen (wenige Varianten) und einem tiefen (viele Varianten) Sortiment.

Sortimentsgrosshandel
▷ Grosshandel

Sortimentstiefe
Syn. für ▷ Programmtiefe
▷ Sortimentsdimensionen

Sounding Board
Das Sounding Board ist ein Gremium zur Beratung des Managements. Es setzt sich aus Vertretern verschiedener Bereiche (Wirtschaft, Politik, Wissenschaft) zusammen. Im Gegensatz zum ▷ Aufsichtsrat und ▷ Verwaltungsrat kontrolliert es nicht das Management, sondern wird in einem frühen Stadium in den strategischen Planungsprozess (▷ Planungssystem) einbezogen.
▷ Corporate Governance

Sozialbilanz
Eine Sozialbilanz ist eine Zusammenstellung und Beurteilung von gesellschaftlich positiven und negativen Auswirkungen der Unternehmenstätigkeit. Massstab ist eine sozial nachhaltige Unternehmenstätigkeit (▷ nachhaltige Entwicklung).

Soziale Marktwirtschaft
▷ Marktwirtschaft, soziale

Sozialer Friede
▷ Ziele, gesamtwirtschaftliche
▷ Sozialpolitik

Soziale Sicherheit
Die soziale Sicherheit baut in der Schweiz auf dem sog. ▷ Drei-Säulen-Konzept auf: Die erste Säule betrifft die staatliche Sozialversicherung (AHV, IV, EO), die zweite die ▷ berufliche Vorsorge (BVG-Obligatorium) und die dritte das individuelle Sparen (Selbstvorsorge, Einzelversicherung; ▷ private Vorsorge).
▷ Alters- und Hinterlassenenversicherung (AHV)
▷ Invalidenversicherung (IV)
▷ Erwerbsersatzordnung (EO)

Soziale Ziele
Soziale und ökologische Ziele lassen sich in mitarbeiterbezogene und gesellschaftsbezogene Ziele unterteilen. Mitarbeiterbezogene Ziele versuchen, die Bedürfnisse und Ansprüche der Mitarbeitenden zu erfassen und zu berücksichtigen (z.B. Arbeitsplatzsicherheit, Freizeitgestaltung). Unternehmen haben aber als Teil der Gesellschaft auch einen Beitrag zur Lösung gesellschaftlicher Probleme zu leisten. Neben der Auseinandersetzung mit den Forderungen der ▷ Anspruchsgruppen gehören v.a. die Wahrnehmung ökologischer Verantwortung (▷ Umweltschutzziele) zu den gesellschaftsbezogenen Zielen.
▷ Zielsystem des Unternehmens

Sozialkompetenz		
Selbstbewusstsein Umgang mit sich selbst	**Mündig-Sein** Umgang mit anderen	**Verantwortungsbewusstsein** Umgang mit Gesellschaft und Natur
■ Aufrichtigkeit ■ Kritikfähigkeit ■ Frustrationstoleranz ■ Ambiguitätstoleranz ■ Sensibilität für eigene Bedürfnisse ■ Fähigkeit zum Bedürfnisaufschub ■ Selbststeuerung ■ Rollendistanz	■ Kooperationsfähigkeit ■ Kommunikationsfähigkeit ■ Integrationsfähigkeit ■ Kompromissfähigkeit ■ Toleranz ■ Achtung vor anderen ■ Verständnisbereitschaft ■ Vorurteilsfreiheit ■ Vertrauensbereitschaft ■ Bindungsfähigkeit ■ Partnerschaftlichkeit ■ Solidarität ■ Offenheit ■ Transparenz ■ Fairness ■ Einfühlungsvermögen ■ Konfliktfähigkeit	■ eigene Verantwortung gegenüber gesellschaftlichen Gemeinschaften und der Natur erkennen ■ Moral der gesellschaftlichen Gemeinschaften respektieren ■ eigene Moral entwickeln

▲ Abb. 164 Sozialkompetenz (nach Faix/Laier 1994, S. 62ff.)

Sozialinnovation
▷ Innovation

Sozialkompetenz
Unter Sozialkompetenz als Teil der ▷ Managementkompetenz versteht man die Fähigkeiten und Fertigkeiten eines Menschen, im privaten, beruflichen und gesamtgesellschaftlichen Kontext selbständig, umsichtig und nutzbringend zu handeln. Die Sozialkompetenz setzt sich aus folgenden Faktoren zusammen (◄ Abb. 164):
■ Entfaltung der eigenen Persönlichkeit als Voraussetzung für selbständiges und selbstbewusstes Handeln.
■ Fähigkeit, mit anderen Menschen (Familie, Beruf, Gesellschaft) zu leben und zu arbeiten.
■ Verantwortung zu übernehmen und aktiv als mündiger Bürger an der gesellschaftlichen Entwicklung mitzuwirken.

Sozialkostenabgabe
▷ Umweltpolitik

Sozialleistungen
Sozialleistungen als Teil des ▷ Entlohnungssystems eines Unternehmens sind Leistungen, die primär auf dem Prinzip der Sozialgerechtigkeit (▷ Lohngerechtigkeit) aufbauen. Neben ethischen Zielen der Fürsorge und Wohlfahrt werden folgende Aspekte berücksichtigt: (1) Unmittelbare Leistungssteigerung durch zusätzliche ▷ Anreize, (2) Förderung eines guten ▷ Images des Unternehmens, (3) Sozialleistungssystem des Unternehmens als Eintrittsargument bei der Personalbeschaffung, (4) Förderung der sozialen Integration der Mitarbeitenden, (5) Erfüllung von Forderungen der Gewerkschaften.

Unter *rechtlichen* Aspekten können folgende fünf Arten von Regelungen der betrieblichen Sozialleistungen unterschieden werden: (1) Gesetzliche Regelungen, (2) gesamtarbeitsvertragliche Regelungen, (3) Betriebsvereinbarungen, (4) einzelvertragliche Abmachungen zwischen Unternehmen und einzelnem Mitarbeitendem

und (5) freiwillige Leistungen des Unternehmens.
Betriebliche Sozialleistungen können ein breites Spektrum umfassen: Altersvorsorge, Krankheits- und Unfallversicherung, Schutz vor Arbeitslosigkeit, Wohnungen des Unternehmens, Familien-/Kinderzulagen, Verpflegungsmöglichkeiten, Transportkostenbeiträge, Freizeitgestaltung und Sonderunterstützung (z.B. persönliche Hilfe in Notlagen).

Sozialpartner

Sozialpartner sind die Interessenorganisationen der Arbeitgeber (▷ Arbeitgeberorganisation) und Arbeitnehmer (▷ Gewerkschaft). Sie sind Vertragsparteien in den ▷ Gesamtarbeitsverträgen. Auf Arbeitgeberseite können auch Einzelunternehmen beteiligt sein.

Sozialplan

Ein Sozialplan wird bei Entlassung einer grösseren Zahl von Mitarbeitenden erstellt. Er soll die wirtschaftlichen Nachteile der Mitarbeitenden ausgleichen oder mildern, sofern Leistungen nicht schon gesetzlich oder vertraglich festgelegt sind. Ziel ist es, Härtefälle zu vermeiden (vermindern) und langjährige Loyalität zum Unternehmen zu honorieren.

Ein Sozialplan regelt: Abgangsentschädigungen (nach Dienstalter abgestufte Fortzahlung der Beiträge an die Pensionskasse, Ausrichtung von 1 bis 3 Monatsgehältern nach dem Austrittstermin), aktive Stellenvermittlung, vorzeitige Pensionierung mit Ausgleichszahlungen, längere Kündigungsfristen, Übernahme von Bewerbungskosten, Weitergewährung von Deputaten, Umschulungsmassnahmen usw.

In der Schweiz wird ein Sozialplan – im Gegensatz zu Deutschland – auf freiwilliger Basis meistens zwischen der Gewerkschaft und dem Unternehmen ausgearbeitet.

Sozialpolitik

Die Sozialpolitik umfasst alle staatlichen Massnahmen zur Sicherung des sozialen Friedens und der sozialen Sicherheit. *Sozialer Friede* wird primär durch Umverteilungsmassnahmen (progressive Steuern, Sozialabgaben) angestrebt. Die *soziale Sicherheit* wird durch verschiedene Arten der Sozialversicherung gewährleistet. Wichtige Sozialversicherungen sind: obligatorische ▷ Alters- und Hinterlassenenversicherung (AHV), ▷ Invalidenversicherung (IV), Krankenkassen und ▷ Arbeitslosenversicherung (ALV).

Sozio-Marketing

Von Sozio-Marketing *(Social Marketing)* spricht man, wenn Marketing-Ideen auf das Verhalten von sozialen, karitativen und gesellschaftlichen Institutionen übertragen werden (z.B. Werbekampagne eines Hilfswerks).

Sozio-Sponsoring

▷ Sponsoring

Space Management

Das Space Management befasst sich mit der Aufteilung der Verkaufsfläche. Regalwie Verkaufsfläche sind begrenzte Ressourcen und zugleich erhebliche Kostenfaktoren. Deshalb ist eine optimale Nutzung wichtig, indem Artikel, Sorten, Warengruppen und Warenbereiche aufgrund von Marketingüberlegungen der Verkaufsfläche zugewiesen werden.
Space Management soll die Flächen- bzw. Raumerträge verbessern, die Lagerhaltungskosten reduzieren sowie die Verkäufe und die Sortimentsgestaltung optimieren.

Spam

Unter Spam versteht man unerwünschte Werbe-E-Mails, die gleichzeitig an Tausende von Empfängern versandt werden. Das Wort Spam leitet sich vom Namen einer Fleischkonserve der Firma Hormel ab. Diese Konserve ist in der USA an jeder Ecke erhältlich. Für die Amerikaner steht das rosa Kunstfleisch für ein Produkt ohne jeden Nähr- oder Genusswert. Einer Legende zufolge fand das Wort Spam seinen Weg ins Internet über einen Sketch von Monty Python.

Sparen

Aus volkswirtschaftlicher Sicht bedeutet Sparen Konsumverzicht und ermöglicht Investitionen. Aufgrund der Gleichheit von Sparen und Investitionen in einer (geschlossenen) Volkswirtschaft (▷ Investitionen, volkswirtschaftliche) müssten alle inländischen Investitionen durch das Ausland finanziert werden, falls im Inland überhaupt nicht gespart würde. Dies zeigt die volkswirtschaftlich grundlegende Bedeutung des Sparens bzw. einer positiven ▷ Sparquote.

Sparquote

Die Sparquote misst das Verhältnis zwischen Ersparnis (▷ Sparen) und verfügbarem Einkommen (▷ Einkommen) der privaten Haushalte. Da Sparen Voraussetzung für Investitionen ist (▷ Investitionen, volkswirtschaftliche), kommt der Sparquote prinzipiell eine grosse volkswirtschaftliche Bedeutung zu. So hat sich für verschiedene Länder gezeigt, dass eine hohe Sparquote mit hohen Investitionen und mit gutem Wachstum einhergeht. Die praktische Bedeutung der Sparquote ist allerdings nicht eindeutig, da es unter den reichen Industrieländern sowohl solche mit hoher (Japan, Schweiz) als auch solche mit relativ tiefer Sparquote (USA) gibt. Bei geringer inländischer Sparquote und hoher Investitionstätigkeit im Inland steigt allerdings die Abhängigkeit vom Ausland.

Sparte

Syn. für Division
▷ Divisionalorganisation

Spartenorganisation

Syn. für ▷ Divisionalorganisation

Spekulation

Die Spekulation ist – im Gegensatz zur ▷ Arbitrage – eine risikobehaftete Aktivität zur Erlangung geldwerter Vorteile (Spekulationsgewinne). Die Arbitrage nutzt *räumliche* Preisdifferenzen Gewinn bringend, die Spekulation *zeitliche*. Eine der wohl ältesten Formen der Spekulation ist jene mit Ernteerträgen. Da bei guter Ernte die Preise tief sind, kauft der Spekulant die Ernteerträge auf (was bei mehreren Spekulanten zu Preissteigerungen führt) und verkauft sie mehr oder weniger Gewinn bringend während des Jahres, wenn die Preise normalerweise hoch sind. Damit führt Spekulation zu einem Ausgleich der Preise über die Zeit hinweg, sodass die Preise nicht oder weniger mit den Ernteerträgen schwanken. Auf modernen Märkten wird Spekulation durch ▷ Termingeschäfte (auch Warentermingeschäfte) erleichtert, indem nicht nur aktuell produzierte Güter ge- oder verkauft werden, sondern auch zukünftig erstellte Güter (z.B. zukünftige Ernten). Dies ermöglicht es den Produzenten, ihre Einkommen ausgeglichener zu gestalten und sich gegen Risiken abzusichern (gegen einen Risikoabschlag auf dem Preis für zukünftige Lieferungen).

Spekulation wird häufig negativ bewertet. Sie ist aus volkswirtschaftlicher Sicht i.d.R. wohlfahrtssteigernd, weil sie zukünftige Knappheiten vorwegnimmt (antizipiert) und bereits in der Gegenwart wirksam werden lässt. Sie bewirkt bereits heute einen sorgsamen bzw. effizienten Umgang mit zukünftig knappen Gütern, Ressourcen oder ▷ Produktionsfaktoren. Dies gilt auch und ganz besonders für die *Bodenspekulation:* Spekulanten bezahlen hohe Preise in der Gegenwart nur, wenn sie für die Zukunft entsprechend hohe Gewinne erwarten. Dies bedeutet, dass die Spekulanten zukünftige Preissteigerungen erwarten, die sie durch die Spekulation nur vorwegnehmen. Auch hier werden zukünftige Knappheiten (die v. a. zukünftige Generationen betreffen) durch Spekulation in heutige Preise einbezogen, was bereits heute zu einem sparsamen Umgang mit der begrenzten Ressource Boden führt.

Spekulative Lagerhaltung
▷ Lagerhaltung

Spezialgeschäft
▷ Einzelhandelsform

Spezialgrosshandel
▷ Grosshandel

Spezialisierung
Die Spezialisierung lässt sich aus gesamtwirtschaftlicher wie auch aus betriebswirtschaftlich-organisatorischer Sicht betrachten:
- Aus *gesamtwirtschaftlicher Sicht* ist die Spezialisierung eine Folge der Nutzung ▷ komparativer Vorteile, oder anders ausgedrückt, es ist bei Bestehen komparativer Vorteile möglich, Gewinne durch Spezialisierung zu erzielen. Die *Spezialisierungsgewinne* beruhen auf der Realisierung von Skalenerträgen (▷ Economies of Scale) und schlagen sich in einer Steigerung des Produktions-Outputs nieder. Damit nicht nur die Menge, sondern auch der Nutzen bzw. die Wohlfahrt steigt, ist im Anschluss an die spezialisierte Produktion ▷ Tausch notwendig, was zu *Tauschgewinnen* führt. Aus gesamtwirtschaftlicher Sicht bedeutet Spezialisierung v. a. auch ▷ *Arbeitsteilung,* was einerseits verschiedene ▷ Interdependenzen zur Folge hat, aber andererseits unabdingbare Voraussetzung für die hohe Produktivität einer modernen Wirtschaft ist. Zudem macht (weltweite) Spezialisierung bzw. Arbeitsteilung Tausch bzw. Handeln notwendig, wodurch sich die (weltweiten) Handelsströme erklären.

Die Grundlage einer hochentwickelten Volks- oder Weltwirtschaft kann somit durch folgendes Prinzip erklärt werden: Das Bestehen von Unterschieden in der Ausstattung mit und der Nutzungsmöglichkeiten von ▷ Produktionsfaktoren führt zu komparativen Vorteilen bzw. zu unterschiedlichen Produktionskosten. Diese erlauben wiederum eine zielgerichtete und effiziente Spezialisierung auf Güter mit relativ niedrigen Produktionskosten. Als Folge dieser Arbeitsteilung ist Handel notwendig, um Spezialisierungs- und Tauschgewinne nutzen zu können. Durch diese Wirkungskette begründet sich das Plädoyer der Ökonomen zugunsten von ▷ Freihandel, weil nur durch ihn komparative Vorteile und Spezialisierungs- bzw. Tauschgewinne vollumfänglich realisiert werden können.

- Die Spezialisierung *(Arbeitsplatzspezialisierung)* aus *betriebswirtschaftlich-organisatorischer Sicht* und damit die Zentralisation gleichartiger Tätigkeiten auf eine Stelle oder eine Person ermöglicht Zeit- und Kostenersparnisse durch Lerneffekte und schnellere Einarbeitungszeit in ein begrenztes Tätigkeitsfeld. Sie zeigt damit Rationalisierungsmöglichkeiten auf und reduziert die Anforderungen an die Mitarbeitenden, sodass auch weniger qualifizierte Arbeitskräfte beschäftigt werden können. Die Nachteile sind – neben steigenden Transportzeiten und -kosten – die Arbeitsmonotonie und die Fehlerhäufigkeit, Arbeitsentfremdung und Belastungszunahme, das Nichtausschöpfen der menschlichen Fähigkeitspotenziale und abnehmende Arbeitszufriedenheit.

Heute versucht man eine extrem verrichtungsorientierte Arbeitsteilung, wie dies z.B. das ▷ Scientific Management fordert, zu vermeiden und sucht nach Möglichkeiten, den Forderungen nach ▷ Humanisierung der Arbeit durch eine objektorientierte Arbeitsteilung nachzukommen.
▷ Autonome Arbeitsgruppe
▷ Job Enlargement
▷ Job Enrichment
▷ Job Rotation
▷ Lean Production
▷ Total Quality Management

SPI

Abk. für (1) Strategic Planning Institute (▷ PIMS-Modell) und (2) für ▷ Swiss Performance Index

Spieltheorie

Die Spieltheorie *(Game Theory)* ist ein Ansatz zur Analyse von Verhaltensweisen von Wirtschaftssubjekten in Situationen strategischer ▷ Interdependenz. Die Ergebnisse des Handelns sind nicht allein vom Individuum bestimmt, sondern auch vom Handeln der Mitspieler und möglicherweise von Zufallskomponenten.

Grundsätzlich werden in der Spieltheorie Zwei- und Mehr-Personen-Spiele unterschieden. Manche Spiele sind als Nullsummenspiele ausgelegt, d.h. was ein Akteur verliert, gewinnt der andere Akteur.

Die Spieltheorie hat v.a. in der ▷ mikroökonomischen Theorie grosse Bedeutung erlangt.

S&P-Index
▷ Standard & Poor's 500 Index

Spitzenorganisation

Die Spitzenorganisation bestimmt die organisatorische Gestaltung (▷ Leitungsprinzip) der Unternehmensleitung (▷ Unternehmensführung). Sie legt in der ▷ Unternehmensverfassung die Rechte und die Beziehungen der externen Anspruchsgruppen zum Unternehmen schriftlich fest.
▷ Vorstand
▷ Direktion
▷ Corporate Governance

Sponsor
▷ Sponsoring

Sponsoring

Unter Sponsoring als Teil der ▷ Kommunikationspolitik versteht man die Unterstützung von Personen, Veranstaltungen oder Organisationen durch Geld-, Sach- oder Dienstleistungen.

Hauptziele des *Sponsors* sind der Aufbau und die langfristige Festigung eines positiven ▷ Images des Unternehmens sowie die Förderung der Bekanntheit seiner Produkte. Je nach dem Bereich, aus dem die gesponserten Personen oder Organisationen stammen, wird zwischen *Sport-, Kultur-, Sozio-, Polit- und Öko-Sponsoring* unterschieden.

Sport-Sponsoring
▷ Sponsoring

SRM
Abk. für ▷ Supplier Relationship Management

S-R-Modell

Abk. für Stimulus-Response-Modell
▷ Black-Box-Modell

Staatsaufgaben

Dem modernen Staat werden von Politik und Gesellschaft vielerlei Aufgaben zugewiesen. Aus ökonomischer Sicht unbestritten ist die *Ordnungsaufgabe* (▷ Ordnungspolitik), die in der Schaffung von Ruhe und Ordnung im Innern, Rechtssicherheit sowie äusserer Sicherheit als Voraussetzung für eine funktionsfähige Wirtschaft und Gesellschaft besteht. Daneben kann auch die Bereitstellung kollektiver Güter (▷ Kollektivgüter [v.a. Infrastruktur]) im Sinn einer *Versorgungsaufgabe* dem Staat überantwortet werden. Wird als gesamtgesellschaftliches oder -wirtschaftliches Ziel (▷ Ziele, gesamtwirtschaftliche) der Abbau von Wohlstandsunterschieden zwischen Personengruppen, Regionen und Sektoren (▷ Sektoren, wirtschaftliche) verfolgt, kommt dem Staat auch eine *Umverteilungsaufgabe* zu. Letztlich ist es auch möglich, den Staat im Hinblick auf die Erreichung von ▷ Vollbeschäftigung und Geldwertstabilität (▷ Inflation) mit einer *Stabilisierungsaufgabe* zu betrauen, wobei die Erfahrung der letzten Dekaden darauf hinweist, dass eine eigentliche *Stabilisierungspolitik* am erfolgreichsten ist, wenn sie sich auf stabile und vorhersehbare Rahmenbedingungen im Sinn der Ordnungspolitik sowie auf eine stabile ▷ Geldpolitik (▷ Notenbankpolitik, Instrumente der) konzentriert.
Skeptisch sind Ökonomen auch gegenüber einer übermässigen *Umverteilungspolitik*, v.a. durch progressive Steuern und Sozialabgaben, weil eine solche Umverteilung zwar auf tiefem Niveau zu *sozialem Frieden* und gesellschaftlicher Stabilität beiträgt, aber stets und in steigendem Masse die Leistungsanreize der Wirtschaftssubjekte mindert und Unternehmen wegen einer übermässigen Belastung mit Steuern und Abgaben zur Abwanderung veranlassen kann.

Staatsausgaben

Die Staatsausgaben richten sich nach den Aufgaben, die eine Gesellschaft dem Staat zuweist (▷ Staatsaufgaben). ▶ Abb. 165 zeigt die Staatsausgaben der Schweiz für das Jahr 1999 (Bund, Kantone und Gemeinden zusammen).
Im Zeitablauf ergibt sich tendenziell folgendes Bild: Während der Anteil der Ausgaben für Landesverteidigung abnimmt, steigen die Ausgaben für Bildung und v.a. für Gesundheit und soziale Wohlfahrt deutlich an. Da die Einnahmen (▷ Fiskalpolitik) nicht im selben Masse zugenommen haben, besteht in der Schweiz seit 1990 ein wachsendes Budgetdefizit (▷ Budgetdefizit, staatliches).

	in Mio. Fr.	Anteil Bund in %
■ Allgemeine Verwaltung	7 797	22,4
■ Justiz, Polizei	6 544	7,8
■ Landesverteidigung	5 402	92,3
■ Bildung	21 971	14,9
■ Kultur, Freizeit	3 646	13,2
■ Gesundheit	15 104	1,3
■ Soziale Wohlfahrt	23 143	51,9
■ Verkehr	12 074	57,3
■ Umwelt, Raumordnung	4 819	15,9
■ Landwirtschaft	4 683	89,4
■ Finanzausgaben	10 084	82,5
■ Übrige Ausgaben	4 174	68,9
Total	119 439	38,7

▲ Abb. 165 Ausgaben von Bund, Kantonen und Gemeinden 1999 (Quelle: www.admin.ch/bfs/stat_ch/ber18/du1802.htm)

Staatsbetrieb

Syn. für ▷ Öffentlicher Betrieb

Staatskonsum

Unter Staatskonsum versteht man im Rahmen der volkswirtschaftlichen Gesamtrechnung sämtliche Leistungen staatlicher Tätigkeit (staatlicher Output). Da diese Leistungen (z.B. der Verwaltung, der Justiz) nicht durch den Markt bewertet werden, zieht man die Input-Kosten, welche hauptsächlich aus Löhnen für Staatsangestellte bestehen, für die Bewertung des Outputs heran. Zudem wird fiktiv davon ausgegangen, dass sie vom Staat selbst «konsumiert» werden. Tatsächlich fliessen die staatliche Leistungen aber den privaten Haushalten und den Unternehmen zu.

Staatsquote

Die Staatsquote bezeichnet den Anteil der ▷ Staatsausgaben am ▷ Bruttoinlandprodukt und ist ein Mass für den Umfang staatlicher Aktivität. Steigt die Staatsquote an, steigt die Gefahr des ▷ Crowding-out. In den letzten Jahren ist die Staatsquote in fast allen Industrieländern deutlich angestiegen. In der Schweiz stieg die Staatsquote von 26,4% (1980) auf 30,5% (1995) und auf 37,8% (2000). Die Tendenz ist weiterhin steigend.

Staatssekretariat für Wirtschaft
▷ Seco

Staatsversagen

Von Staatsversagen wird gesprochen, wenn durch staatliche Eingriffe versucht wird, ein ▷ Marktversagen zu beheben, und dabei unerwünschte Nebenwirkungen auftreten. Durch Staatseingriffe in Märkte können zwar gewisse unerwünschte Entwicklungen gemindert werden, aber die negativen Nebenfolgen des Staatseingriffs können zu einem so starken Wohlstandsverlust führen, dass insgesamt ein negativer Saldo resultiert. In vielen Fällen ist es deshalb sinnvoller, mit Marktunvollkommenheit zu leben, als diese mit Staatseingriffen zu bekämpfen, welche zwar Symptome in einem Bereich lindern, aber in anderen Bereichen zu noch schwerwiegenderen negativen Folgen führen.

Ein gutes Beispiel für den staatlichen Eingriff bei einem vermuteten Marktversagen bietet der Wohnungsmarkt. Ein Verteilungsproblem (einkommensschwache, kinderreiche Familien können sich evtl. keine «adäquate» Wohnung leisten) wird durch einen Staatseingriff (Mietzinskontrolle, Kündigungsschutz) bekämpft, was zu verschiedenen negativen Nebenwirkungen führt (z.B. geringer Anreiz zum Bau von Neuwohnungen zur Vermietung an kinderreiche Familien, übergrosse Wohnungen bei Alleinstehenden, Altmietern). Obwohl kein Marktversagen vorliegt, wird staatlicherseits in den Markt eingegriffen, anstatt das Verteilungsproblem (z.B. Stärkung einkommensschwacher Familien) direkt anzugehen (z.B. durch finanzielle Unterstützung Bedürftiger).

Auch nur vermeintliches Marktversagen wird in der Praxis häufig durch ein (z.T. noch grösseres) Staatsversagen ersetzt.

Staatsverschuldung
▷ Budgetdefizit, staatliches

Stab

Als Stab *(Stabsstelle)* wird eine ▷ Stelle bezeichnet, die im Führungsprozess an der Entscheidungsvorbereitung beteiligt ist, aber keine Anordnungsbefugnisse gegenüber Linienstellen besitzt.
▷ Stablinienorganisation

Stabilisierungspolitik
▷ Staatsaufgaben

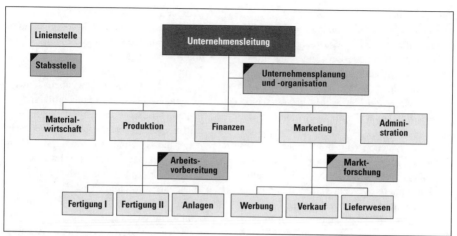

▲ Abb. 166 Schema der Stablinienorganisation

Stablinienorganisation

In der Stablinienorganisation wird das ▷ Einliniensystem durch *Stäbe* (▷ Stab) entlastet (◄ Abb. 166). Diese haben folgende Aufgaben: Beratung und Unterstützung, Informationsverarbeitung und Vorbereitung von Entscheidungen.

Neben diesen Vorteilen ergeben sich neben der Kostenfrage eine Reihe von möglichen Nachteilen: (1) Fehlende Anerkennung der Stäbe wegen der starken Trennung von Entscheidungsvorbereitung, -akt und -durchsetzung, (2) Wissensvorsprung der Stäbe gegenüber den Linienstellen aufgrund ihrer breiten Informationsbasis («graue Eminenzen»), (3) Verlust des Gesamtzusammenhangs wegen des Spezialwissens der Stäbe, (4) Konfliktpotenzial, weil Stäbe im Gegensatz zu den Linienstellen von einem längerfristigen Zeithorizont ausgehen und (5) Gefahr, dass Linienstellen unangenehme Entscheidungen an die Stäbe delegieren, obwohl diese wegen des fehlenden Gesamtzusammenhangs nicht in der Lage sind, die Entscheide zu fällen.

Stab-Projektorganisation

▷ Projektorganisation

Stabsstelle

Syn. für ▷ Stab

Stadtmarketing

Das Stadtmarketing *(City-Marketing)* überträgt die Ideen des kommerziellen Marketings auf eine Stadt, um diese so positiv zu präsentieren, dass zusätzliche Ziel- und Anspruchsgruppen (Besucher, Konsumenten, Kongresse, u. a.) angezogen werden. Gerade im Detailhandel wird die Attraktivität der Innenstädte zur Erfolgskomponente. Die Städte versuchen, ein ganzheitliches Angebot – als Industrie-, Dienstleistungs-, Einkaufs-, Tourismus-, Kongress- und Kulturstandort – aufzubauen, um eine Vielzahl von Leistungen anzubieten. Wie beim herkömmlichen Marketing stehen auch hier Planung, Steuerung und Kontrolle der Beziehungen einer Stadt mit ihren Stakeholdern (z.B. Einwohner, Beschäftigte, Wirtschaft und Gewerbe, Tourismus, Kanton, Gemeinde,

Bund) im Vordergrund. Zu den wichtigsten Elementen eines Stadtmarketings gehören ein besseres Angebot an öffentlichen Verkehrsmitteln, die Infrastruktur, Werbung, Einkaufsatmosphäre und -bequemlichkeit, Freizeitangebote, Grün- und Ruhezonen, Stadtprofil, Parkplatzangebot. Als Beispiele für schweizerische Städte, die ein aktives Stadtmarketing betreiben, können Zürich und Winterthur genannt werden.

Staffing
Staffing ist eine Form des ▷ Mobbings, bei der sich die Mitarbeitenden gegen den Vorgesetzten verschwören.

Staff Promotion
▷ Verkaufsförderung

Stagflation
Von Stagflation wird gesprochen, wenn es bei wirtschaftlicher Stagnation (Nullwachstum oder negatives Wachstum [▷ Wachstum, wirtschaftliches]) zu ▷ Inflation kommt.

Stakeholder
Engl. für ▷ Anspruchsgruppen

Stammaktie
Stammaktien (gewöhnliche Aktien) sind ▷ Aktien, deren Vermögensrechte sich nach dem Umfang der Kapitalbeteiligung richten.

Stammhaus
▷ Holdinggesellschaft

Standardabweichung
Die Standardabweichung ist ein Streuungsmass, das die durchschnittliche Abweichung von im Zeitverlauf schwankenden Merkmalsausprägungen (z. B. Renditen) von ihrem Mittelwert misst. Sie berechnet sich als positive Wurzel der ▷ Varianz.
In der Finanzwirtschaft wird die Standardabweichung zur Quantifizierung des ▷ Risikos verwendet. Dabei kommt folgende Formel zur Anwendung:

$$\sigma = \sqrt{\frac{\sum_{i=1}^{n}(r_i - \bar{r})^2}{n-1}}$$

r_i: Rendite der Anlage zum Zeitpunkt i; $\bar{r}$: durchschnittliche Rendite im betrachteten Zeitraum; n: Anzahl Beobachtungen; σ: Standardabweichung als Risikomass

Standarderhebung
Die Standarderhebung ist eine Methode der ▷ Befragung *(Umfrage)*, die im Gegensatz zur ▷ Ad-hoc-Umfrage in standardisierter Form durchgeführt wird.
Standarderhebungen werden meist von Marktforschungsinstituten durchgeführt und enthalten Fragen zu einem bestimmten Themenkomplex. Die Ergebnisse werden interessierten Unternehmen zum Kauf angeboten. Die Kosten für das einzelne Unternehmen sind geringer als bei eigener Durchführung oder beim Ad-hoc-Auftrag. Dafür erhält es keine spezifischen Informationen und die Konkurrenz kann die Unterlagen ebenfalls erwerben.

Standardisierung
Unter Standardisierung versteht man die Festlegung von sich wiederholenden, gleichartigen Arbeitsabläufen oder Problemlösungsprozessen. Damit wird eine weit gehende Rationalisierung, d.h. möglichst effiziente Gestaltung von Prozessen angestrebt.

Standardisierungsthese
▷ Globales Marketing

Standardkosten
Syn. für ▷ Plankosten

Standardkostenrechnung
Syn. für ▷ Plankostenrechnung

Standard Operating Procedure (SOP)
Als Standard Operating Procedure *(SOP)* bezeichnet man im Rahmen von ▷ Service Level Agreements ein von vornherein festgelegtes, standardisiertes Ablaufschema für vereinbarte Prozesse und Dienstleistungen.

Standard & Poor's 500 Index
Der Standard & Poor's 500 Index *(S&P-Index)* ist ein Börsenindex, der auf vorwiegend an der New York Stock Exchange (NYSE) gehandelten Titeln basiert. Im Gegensatz zum ▷ Dow Jones Index berücksichtigt er die Börsenkapitalisierung zur Gewichtung der Kurse der einzelnen Titel. Dies bewirkt eine hohe positive Korrelation der prozentualen Veränderung zwischen Dow Jones Index und Standard & Poor's 500 Index, weil die 30 Titel des Dow Jones Index im Standard & Poor's 500 Index enthalten sind und diese wegen ihrer massiven Börsenkapitalisierung ein Übergewicht haben.

Standard-Software
▷ Anwendungs-Software

Standort
Der Standort eines Unternehmens entspricht dem *geografischen Ort,* an dem es seine Produktionsfaktoren (Potenzial- und Repetierfaktoren) einsetzt. Ein Unternehmen kann aus verschiedenen Gründen einen oder mehrere Standorte haben.

Je nach geografischer Ausbreitung werden verschiedene Standortkategorien unterschieden. Als Einteilungskriterium dienen der Ort bzw. die Orte der Produktion und des Absatzes der hergestellten Erzeugnisse. Folgende Standortkategorien können gebildet werden:

- *Lokaler Standort:* Die betriebliche Tätigkeit ist in erster Linie auf eine Gemeinde oder eine Stadt beschränkt (z.B. örtliches Gewerbe).
- *Regionaler Standort:* Das Unternehmen ist in einer bestimmten Region eines Landes tätig.
- *Nationaler Standort:* Die Produktions- sowie Vertriebsstätten sind auf ein bestimmtes Land verteilt.
- *Internationaler Standort:* Das Unternehmen produziert zur Hauptsache im Inland, exportiert aber auch in andere Länder.
- *Multinationaler Standort:* Das ▷ multinationale Unternehmen kennt bezüglich Leistungserstellung und Leistungsverwertung keine Grenzen. Es hat in mehreren Ländern Standorte von Tochtergesellschaften (z.B. ABB).

▷ Internationalisierungsstrategie

Standortfaktoren
Bei den Standortfaktoren handelt es sich um jene Faktoren, welche die Wahl des Standorts eines Unternehmens massgeblich beeinflussen. Von Bedeutung sind Standortfaktoren in Bezug auf *Arbeit* (Arbeitskräfte), *Material* (Transportkosten, Zuliefersicherheit und Art des Produkts), *Absatz* (Kundennähe, Konkurrenzsituation, Transportfähigkeit der Produkte und potenzielle Nachfrage), *Verkehr* (Verkehrsinfrastruktur), *Immobilien* (Immobilien- und Mietpreise), *Umwelt* (Umweltverschmutzung und -schutzgesetze) und *Abgaben* (Gebühren und Steuern).

Standortwahl

Bei der Wahl eines Standorts müssen gleichzeitig verschiedene Faktoren berücksichtigt werden. In der Praxis zeigt sich allerdings oft, dass kein Standort die unbedingt nötigen Standortanforderungen erfüllt. Deshalb kann es vorkommen, dass mit einer Standortspaltung die betrieblichen Funktionen auf verschiedene Standorte verteilt werden (z.B. Trennung Produktion und Absatz).

Meist kann ein Unternehmen aus sehr vielen Standorten wählen. Eine Gegenüberstellung der Standortbedingungen und der Standortanforderungen zeigt, welcher Standort einem Unternehmen den grössten Nutzen bringt. Das richtige Verfahren zur Standortbestimmung wäre, den zukünftigen Gewinn bzw. die auf dem eingesetzten Kapital erzielbare Rentabilität jedes Standorts zu berechnen und denjenigen mit dem grössten Gewinn bzw. der höchsten Rentabilität zu wählen. Diese Investitionsrechnung scheitert aber daran, dass viele, z.T. wesentliche Standortfaktoren quantitativ nicht erfassbar sind, sodass die Berechnungen keine schlüssigen Ergebnisse erlauben. Deshalb behilft man sich mit der sog. ▷ Nutzwertanalyse, die auch qualitative Kriterien berücksichtigt.

Stärken-Schwächen-Analyse
▷ Unternehmensanalyse

Stars
▷ Portfolio-Management

Statutarische Reserven
▷ Reserven

Statuten

Unter Statuten versteht man die schriftliche, vom Gesetz vorgesehene Festlegung der Organisation einer Körperschaft (▷ Rechtsform). Das Obligationenrecht sieht für jede Gesellschaft einen minimalen Inhalt vor, der die für das Bestehen der Gesellschaft zwingenden Elemente festlegt (den sog. *absolut notwendigen Statuteninhalt*). Die Einigung über den Statuteninhalt unter allen ursprünglichen Gesellschaftern ist Voraussetzung für das Entstehen der Gesellschaft. Ferner besteht ein gesetzlicher Katalog von Bestimmungen, die der Aufnahme in die Statuten bedürfen, falls sie für die Gesellschafter verbindlich sein sollen (sog. *bedingt notwendiger Statuteninhalt*).

Die ersten Statuten entsprechen noch der übereinstimmenden Willensäusserung aller Gesellschafter. Nachher können sie durch Mehrheitsbeschluss und nur noch in Ausnahmefällen durch übereinstimmende Willensäusserung der Gesellschafter geändert werden (Aktiengesellschaft Art. 703 und 704 OR).

Durch die Statuten erhält jede ▷ Körperschaft eine autonome Satzung, die für den einzelnen Verband die Rechtsverhältnisse im Inneren wie nach aussen regelt. Die Statuten sind nur für die Mitglieder verbindlich, sie können Drittpersonen im Verhältnis zur Gesellschaft keine Rechte verleihen oder Pflichten auferlegen.

Stelle

Eine Stelle ist die kleinste organisatorische Einheit in einem Unternehmen. Sie setzt sich aus verschiedenen Teilaufgaben zusammen (z.B. Schreiben, Telefonieren, Daten eingeben), die einen bestimmten Aufgabenkomplex bilden (z.B. Sekretariatsarbeiten). Es werden *ausführende* Stellen (Ausführungsebene) und *Leitungsstellen* (Führungsebene; ▷ Instanzen) unterschieden. Ausführende Stellen sind einer oder mehreren Stellen (Instanzen) unterstellt und haben keine Weisungsbefugnisse gegenüber anderen Stellen. Leitungsstellen sind anderen Stellen hierarchisch übergeordnet.

Organisatorisch ist die Stelle von einem ▷ Arbeitsplatz, d.h. dem konkreten Ort und Raum der Aufgabenerfüllung zu unterscheiden. Eine Stelle kann von einem oder mehreren gedachten Aufgabenträgern besetzt werden. Sie kann aus mehreren Arbeitsplätzen bestehen und von mehr als einer Person als Aufgabenträger besetzt sein, sofern die Personen die gleiche Aufgabe erfüllen oder die Aufgabe auf mehrere Personen verteilt werden muss.

Stellenbeschreibung

Die Stellenbeschreibung legt die für eine Stelle relevanten Leistungs- und Führungsanforderungen fest und ordnet diese in die Organisationsstrukturen ein. Die Analyse des Stellenbilds führt zu einem *Instanzen-*, *Aufgaben-* und *Leistungsbild* (▶ Abb. 167).

Die Stellenbeschreibung ist im *Personalbereich* in erster Linie ein Hilfsmittel zur Ermittlung des qualitativen Personalbedarfs (▷ Personalbedarfsermittlung, qualitative), zur Besetzung einer Stelle sowie zur Mitarbeiterbeurteilung. Aus *organisatorischer Sicht* legt die Stellenbeschreibung ▷ Aufgaben, ▷ Kompetenzen und ▷ Verantwortung einer Stelle fest.

Stellenbildung

Durch die Stellenbildung wird die Vielzahl der aus der Aufgabenanalyse gewonnenen Aufgaben auf ▷ Stellen verteilt. Dadurch entsteht eine zweckmässige Organisation, welche die Beziehungen zwischen den Stellen innerhalb des Unternehmens und zwischen Unternehmen und Umwelt (▷ Umwelt des Unternehmens) optimal gestaltet. Damit werden die organisatorischen Voraussetzungen geschaffen, um

---

Unternehmen: ....
Beschäftigungsart: ....

I. Instanzenbild
a) *Stellenkennzeichnung*
1. Stellenbezeichnung:
2. Stellennummer:
3. Abteilung:
4. Stelleninhaber:
5. Dienstrang:
6. Gehaltsbereich:

b) *Hierarchische Einordnung*
1. Der Stelleninhaber erhält fachliche Weisungen von:
2. Der Stelleninhaber gibt fachliche Weisungen an:
3. Stellvertretung
   - Stellvertretung des Stelleninhabers:
   - Stellvertretung für andere Stellen:
4. Anzahl der disziplinarisch unterstellten Mitarbeitenden (z.B. Abteilungsleiter, Gruppenleiter, Sachbearbeiter, Meister, Vorarbeiter):
5. Kompetenzen (z.B. Prokura, Handlungsvollmacht):

c) *Kommunikationsbeziehungen*
1. Der Stelleninhaber liefert folgende Berichte ab:
2. Der Stelleninhaber erhält folgende Berichte:
3. Teilnahme an Konferenzen:
4. Die Zusammenarbeit mit folgenden Stellen (intern/extern) ist erforderlich:

II. Aufgabenbild
1. Beschreibung der Tätigkeit
   - Sich wiederholende Sachaufgaben:
   - Unregelmässig anfallende Sachaufgaben:
2. Arbeitsmittel:
3. Richtlinien, Vorschriften:

III. Leistungsbild
a) *Leistungsanforderungen*
1. Kenntnisse, Fertigkeiten, Erfahrungen:
2. Arbeitscharakter (z.B. Genauigkeit und Sorgfalt, Kontaktfähigkeit):
3. Verhalten (z.B. Führungsqualitäten, Durchsetzungsvermögen):

b) *Leistungsstandards*
1. Quantitative Leistungsstandards (z.B. Umsatz):
2. Qualitative Leistungsstandards (z.B. Betriebsklima):

Unterschriften mit Datum:

| Personalleiter | Stelleninhaber | Vorgesetzter |
| .... | .... | .... |

▲ Abb. 167 Schema Stellenbeschreibung
(nach Hentze 1994, S. 206 ff.)

die Unternehmensziele möglichst effizient zu erreichen. Die Stellenbildung erfolgt nach Funktionen bzw. Verrichtungen (▷ Funktionalorganisation), nach Produkten oder Produktgruppen (▷ Divisionalorganisation), nach Regionen (▷ Regionalorganisation), nach Projekten (▷ Projektorganisation) sowie nach Kunden oder Kundengruppen.

Bei einer *sachbezogenen* Organisation werden zuerst die Stellen gebildet und nachher auf konkrete Personen übertragen. Die *personenbezogene* Organisation geht von den vorhandenen Personen aus und schaut, welche Aufgaben ihnen übertragen werden können.

Steuerbilanz
▷ Bilanz

Steuern

Steuern sind Abgaben an den Staat, die ohne direkt messbare Gegenleistungen durch das Gemeinwesen erbracht werden müssen. Es wird unterschieden zwischen *direkten* Steuern (auf Einkommen und Vermögen der natürlichen Personen, auf Ertrag und Kapital bei juristischen Personen) und *indirekten* Steuern (z.B. Erbschafts- und Schenkungssteuern, Handänderungssteuern, ▷ Mehrwertsteuer).

Steuerpolitik
▷ Fiskalpolitik

St. Galler Managementkonzept

Das St. Galler Managementkonzept, das in den 90er Jahren von Bleicher entwickelt wurde, integriert die ▷ Unternehmenspolitik in ein ganzheitliches Managementkonzept. Folgende Dimensionen werden unterschieden (▶ Abb. 168):

1. *Normatives Management:* Generelle Ziele des Unternehmens, Prinzipien, Normen und Spielregeln, die darauf ausgerichtet sind, *Lebens-* und *Entwicklungs*fähigkeit zu sichern. Zentraler Ausgangspunkt ist die unternehmerische ▷ Vision. Es umfasst die drei Bereiche Unternehmenspolitik, ▷ Unternehmensverfassung und ▷ Unternehmenskultur.

2. *Strategisches Management:* Ausbau und Pflege von unternehmerischen Erfolgspotenzialen (▷ strategische Erfolgspotenziale), für die Ressourcen aufgewendet werden müssen. Bestehende Erfolgspotenziale zeigen die im Verlauf der Zeit gewonnenen Erfahrungen eines Unternehmens in Märkten, ▷ Technologien, sozialen Strukturen sowie ▷ Prozessen.

3. *Operatives Management:* Im operativen Management werden die Ziele des normativen und des strategischen Managements umgesetzt. Die ökonomische Perspektive der leistungs-, finanz- und informationswirtschaftlichen Prozesse steht im Mittelpunkt. Zum Aspekt der wirtschaftlichen ▷ Effizienz tritt der soziale Aspekt des Mitarbeiterverhaltens. Dieser spielt v.a. im Kooperationsverhalten sowie in der vertikalen und horizontalen Kommunikation von sozial relevanten Inhalten eine Rolle.

In horizontaler Sicht (▶ Abb. 168) durchziehen drei Aspekte die Dimensionen des Normativen, des Strategischen und des Operativen.

- *Aktivitäten:* Normen werden über unternehmenspolitische Missionen zu strategischen Programmen konkretisiert und in operative Aufträge umgesetzt.

- *Strukturen* werden über alle drei Dimensionen in Form der Verfassung wie der Organisations- und der Managementsysteme sowie der Dispositionssysteme konkretisiert.

- *Verhalten:* Verhalten beruht auf den allgemeinen Werthaltungen und äussert sich in der Unternehmenskultur, im strategischen Denken, Handeln und Lernen sowie in der Art der Kooperation auf der operativen Ebene.

Das St. Galler Managementkonzept liefert in erster Linie einen *Bezugsrahmen* zur Betrachtung, Diagnose und Lösung von Managementproblemen, hilft dem Manager beim Erkennen wesentlicher Probleme und Interdependenzen und gibt Hinweise auf ganzheitliche Problemlösungen.

Das St. Galler Managementkonzept wurde von Rüegg-Stürm (2002) stark überarbeitet und erweitert (▷ St. Galler Managementmodell, neues).

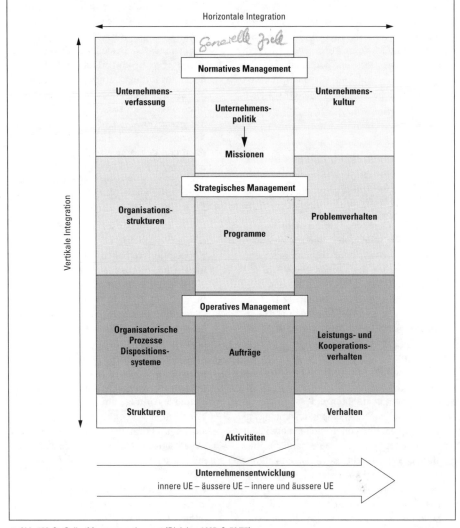

▲ Abb. 168 St. Galler Managementkonzept (Bleicher 1995, S. 72/77)

St. Galler Managementmodell, neues

Das neue St. Galler Managementmodell (▷ Abb. 169) von Rüegg-Stürm (2002) ist eine Weiterentwicklung des St. Galler Managementmodells von Hans Ulrich, das Ende der 60er Jahre als erstes ganzheitliches ▷ Managementmodell auf systemtheoretischen Grundlagen entwickelt worden war. Das neue St. Galler Managementmodell begreift das Unternehmen als ▷ komplexes System und unterscheidet die sechs zentralen Begriffskategorien Umweltsphären, Anspruchsgruppen, Interaktionsthemen, Ordnungsmomente, Prozesse und Entwicklungsmodi:

1. *Umweltsphären* sind zentrale Kontexte der unternehmerischen Tätigkeit. Je nach Branche und Tätigkeitsschwerpunkten sind diese Umweltsphären auf wichtige Veränderungstrends hin zu analysieren.

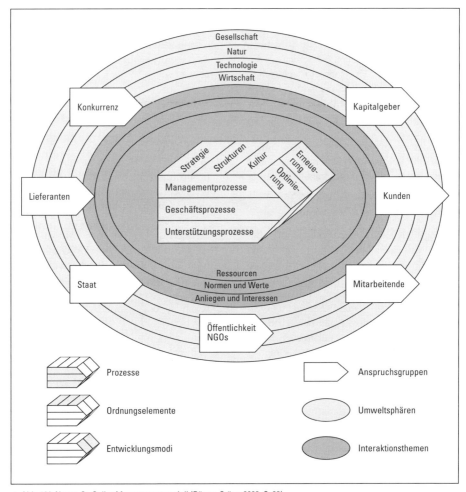

▲ Abb. 169 Neues St. Galler Managementmodell (Rüegg-Stürm 2002, S. 22)

2. ▷ *Anspruchsgruppen* sind organisierte oder nicht organisierte Gruppen von Menschen, Organisationen und Institutionen, die von den unternehmerischen Wertschöpfungs- und manchmal auch Schadschöpfungsaktivitäten betroffen sind.

3. Mit *Interaktionsthemen* werden «Gegenstände» der Austauschbeziehungen zwischen Anspruchsgruppen und Unternehmen bezeichnet, um die sich die Kommunikation des Unternehmens mit seinen Anspruchsgruppen dreht. Dabei werden einerseits personen- und kulturgebundene Elemente (Anliegen, Interessen, Normen und Werte) und andererseits objektgebundene Elemente (Ressourcen) unterschieden. Bei den Interaktionsthemen handelt es sich somit teils um thematische Felder der Auseinandersetzung (im Sinne von Issues [▷ Issue Management]), teils um handelbare Güter und Rechte. Zusammenfassend werden unter Interaktionsthemen verschiedene Typen von Inhalten kommunikativer Prozesse mit den Anspruchsgruppen verstanden.

4. Die unternehmerischen Wertschöpfungsaktivitäten laufen nicht beliebig, sondern in mehr oder weniger geordneten Bahnen ab – auch wenn die entsprechenden Kommunikations- und Handlungsmuster meistens nicht einfach zu erkennen (rekonstruieren) sind. Die *Ordnungsmomente* geben dem organisationalen Alltagsgeschehen eine kohärente Form, indem sie diesem eine gewisse Ordnung auferlegen und auf diese Weise das Alltagsgeschehen auf die Erzielung bestimmter Wirkungen und Ergebnisse ausrichten. Unter einem Ordnungsmoment ist in diesem Sinne eine übergreifende ordnende und strukturierende Kraft zu verstehen, die vergleichbar ist mit den Strukturen (Grammatik, Semantik) einer Sprache.

5. Alle Wertschöpfungsaktivitäten eines Unternehmens und die dazu notwendige Führungsarbeit werden in ▷ *Prozessen* erbracht, die sich durch eine bestimmte sachliche und zeitliche Logik beim Vollzug spezifischer Aufgabenfelder charakterisieren lassen.

6. Die hohe Umweltdynamik, an deren Erzeugung menschliche Neugierde und Kreativität im Allgemeinen und innovative Unternehmen im Besonderen massgeblich beteiligt sind, verlangt von jedem Unternehmen die kontinuierliche Weiterentwicklung. Die *Entwicklungsmodi* beschreiben grundlegende Muster der unternehmerischen Weiterentwicklung.

Stille Gesellschaft

Die stille Gesellschaft ist eine spezielle Form der ▷ einfachen Gesellschaft. Diese ist dadurch charakterisiert, dass jemand (der stille Gesellschafter) an der geschäftlichen Tätigkeit eines anderen (des Hauptgesellschafters) mit einer Kapitaleinlage an Gewinn und Verlust beteiligt ist. Da es sich um eine Gesellschaft handelt, müssen dem Geldgeber minimale Mitwirkungsrechte zustehen. Die stille Gesellschaft tritt nach aussen nicht in Erscheinung, lediglich der Hauptgesellschafter; sie ist somit eine *Innengesellschaft*. Die stille Gesellschaft ist vom ▷ partiarischen Darlehen zu unterscheiden.

Stille Reserven

Stille Reserven sind in der ▷ Bilanz nicht sichtbares ▷ Eigenkapital, das durch Unterbewertung von ▷ Aktiven und/oder Überbewertung von ▷ Passiven entsteht. Dadurch erscheint das Eigenkapital geringer, als es tatsächlich ist, und der ausgewiesene Gewinn verkleinert sich. Die Differenz zwischen dem ausgewiesenen Buchwert der Bilanzposition und den aktienrechtlich zulässigen Höchstbewertungsvorschriften oder den Werten, die sich bei betriebswirtschaftlicher Bilanzierung ergeben (Reproduktionskostenzeitwerte), entspricht verdecktem – oder stillem – Eigenkapital. Stille Reserven sind somit reine Bewertungsdifferenzen in Bilanzpositionen.

Neben diesen stillen Reserven, die bewusst gebildet werden (sog. Absichtsreserven), unterscheidet man noch folgende stille Reserven:

- *Stille Ermessensreserven* entstehen durch übervorsichtige Abschreibungen, andere Wertberichtigungen und Rückstellungen unter Ausnützung von Freiräumen im Rahmen der Grundsätze ordnungsmässiger Rechnungslegung.
- *Stille Schätzungsreserven* werden im Rahmen einer vernünftigen kaufmännischen Entscheidung gebildet und sind weder willkürlich noch beabsichtigt. Die Wahl einer im nachhinein zu kurzen Abschreibungsdauer ist ein Beispiel für eine solche Reservenbildung.
- *Stille Zwangsreserven* ergeben sich ohne Zutun der buchführungspflichtigen Instanz aufgrund gesetzlich vorgeschriebener Bewertungsprinzipien wie z. B. das Anschaffungswertprinzip. Typische Zwangsreserven entstehen somit bei konjunktur- oder geldwertbedingten Wertsteigerungen auf Objekten des Anlage- oder Umlaufvermögens.

Die Bildung oder Auflösung von stillen Reserven ist für Unternehmen aus steuertechnischen, insbesondere aber aus dividendenpolitischen Gründen interessant. Weil Art. 669 Abs. 2 und 3 OR einen grossen Ermessensspielraum bezüglich der Bewertung von Aktiven und Passiven offen lässt, muss die Aussagefähigkeit der nach aussen gerichteten Bilanzen und Erfolgsrechnungen stark relativiert werden.

In der schweizerischen Praxis ist die Bildung und Auflösung stiller Reserven sehr verbreitet, weshalb die ▷ Jahresrechnung oft nicht eine den tatsächlichen Verhältnissen entsprechende ▷ Vermögens-, Finanz- und Ertragslage wiedergibt.

Diese Einschränkung betrifft allerdings nicht die börsenkotierten Gesellschaften: Für diese gilt der Grundsatz der ▷ True and Fair View, wie sie nach ▷ Swiss GAAP FER, ▷ US GAAP oder ▷ IFRS sichergestellt wird.

Stimmrecht

Das Stimmrecht gibt dem Aktionär das Recht, seine Stimme an der Generalversammlung (GV) abzugeben. Es wird nach Massgabe des Anteils am Aktienkapital ausgeübt, sofern statutarisch keine Höchststimmrechte festgelegt sind.

Mit dem Stimmrecht (des Aktionärs) zusammenhängende Rechte sind das Recht
- auf Einberufung einer ▷ Generalversammlung,
- der Teilnahme an der Generalversammlung,
- auf Auskunft durch den Verwaltungsrat,
- auf Einsicht und
- auf Antrag (Art. 656 lit. c Abs. 2 OR).

Das Stimmrecht kann nur über Aktien ausgeübt werden, die bestimmten Anforderungen entsprechen (▷ Stammaktie).

Stimmrechtsaktie

Stimmrechtsaktien gewähren ihrem Eigentümer eine höhere Stimmkraft, als ihm aufgrund seiner Beteiligung am Aktienkapital zustehen würde. Es werden echte und unechte Stimmrechtsaktien unterschieden:

- *Echte* Stimmrechtsaktien haben eine höhere Anzahl von Stimmrechten bei gleichem Nennwert. Sie sind nach schweizerischem Recht nicht zulässig.

■ *Unechte* Stimmrechtsaktien entstehen, wenn Aktien mit unterschiedlichem ▷ Nennwert ausgegeben werden, wobei jeder Aktie eine Stimme zukommt. Diese sind nach schweizerischem Recht zugelassen, müssen aber ▷ Namenaktien und stets voll einbezahlt sein (Art. 693 Abs. 1/2 OR).

Stimulus-Organismus-Response-Modell (S-O-R-Modell)
▷ Black-Box-Modell

Stimulus-Response-Modell (S-R-Modell)
▷ Black-Box-Modell

Stockdividende
Die Stockdividende ist eine *Wertpapierdividende*. Anstelle einer ▷ Bar- oder ▷ Naturaldividende werden – nach Umwandlung von Reserven und Gewinn in Aktienkapital – Wertpapiere abgegeben. Die neuen Aktien (▷ *Gratisaktie*) werden den bisherigen Aktionären in einem bestimmten Verhältnis zu deren bisherigen Kapitalbeteiligung zugeteilt. Für das Unternehmen können sich durch die Ausgabe einer Stockdividende folgende Vorteile ergeben: (1) Durch die Erhöhung des nominellen Aktienkapitals kann eine Anpassung der Eigenkapitalstruktur erzielt werden. (2) Der sich ergebende Kursrückgang der Aktien kann aus markttechnischen Gründen sinnvoll sein. (3) Eine Veränderung des Kurswerts kann im Hinblick auf eine Fusion wünschenswert sein. (4) Psychologisch kann es gegenüber der Öffentlichkeit sinnvoll sein, den Dividendensatz nicht zu erhöhen, was mittels einer Erhöhung des nominellen Aktienkapitals erreicht werden kann. (5) Durch die Ausschüttung einer Stockdividende bleiben die flüssigen Mittel eines Unternehmens unberührt.

Die praktische Bedeutung der Stockdividende ist in der Schweiz – im Gegensatz zu den USA – eher gering.
▷ Dividende

Stock Warrant Bond
Engl. für ▷ Optionsanleihe

Stoff- und Energiebilanz
Eine Stoff- und *Energiebilanz (Ökoinventar, Input-Output-Bilanz, Sachbilanz)* analysiert Input und Output der ▷ Umwelteinwirkungen, die durch einen Prozess oder ein Produkt entstehen. Jedes Produkt benötigt Ressourcen und Energie für die Herstellung und wird früher oder später zu Abfall. Werden die Stoff- und Energieflüsse nach bestimmten Regeln bewertet, so spricht man von einer ▷ Ökobilanz.

Stop-Loss-Order
Die Stop-Loss-Order ist eine Verkaufsorder für Finanztitel, die beim Erreichen eines bestimmten Kurses – dem sog. Stoppkurs – ausgelöst wird. Wenn Aktien längere Zeit nicht beobachtet werden können, verhindern Stop-Loss-Order grössere Verluste. Der Nachteil einer Stop-Loss-Order liegt darin, dass sie bei Erreichen des Limits automatisch in eine unlimitierte Verkaufsorder umgewandelt wird. Der tatsächlich erzielte Verkaufskurs kann deutlich unter dem gesetzten Limit liegen.

Store Erosion
Store Erosion oder Ladenverschleiss entsteht dadurch, dass Ladenlayout, Einrichtung, Erscheinungsbild oder Attraktivität des Standorts an konkurrierende Handelsbetriebe angeglichen werden müssen (ähnlich dem Lebenszyklus von Produkten). Ein ▷ Relaunch kann durch Modernisierung und Umbauten erfolgen.

Store-Test

Im Store-Test wird die Wirkung absatzpolitischer Instrumentarien (▷ Marketinginstrumente) und/oder Produkte getestet. Er wird in speziellen Handelsbetrieben durchgeführt und ist ähnlich aufgebaut wie der ▷ Markttest.

Störfälle

Störfälle sind einzelne, plötzlich eintretende und unvorhergesehene Ereignisse. Beispiel: Explosion und Brand in einem Chemikalienlager. Neben Störfällen sind auch ▷ Allmählichkeitsschäden ein ökologisches Risikopotenzial.

Straight Bond

Der Straight Bond ist die Standardform der ▷ Anleihensobligation. Der Käufer erhält für die Überlassung des Obligationenbetrags das Recht auf Zinszahlung und Tilgung. Für den konservativen Investor ist er das klassische Anlageinstrument, da er mit dieser Investition ein eher kleines Risiko eingeht. Für das emittierende Unternehmen ist er ein gängiges Instrument zur langfristigen Fremdfinanzierung.

Strassenfertigung

Die Strassenfertigung ist Teil der ▷ Fliessfertigung. Die Arbeitsplätze und Produktionsanlagen werden nach der Bearbeitungsreihenfolge geordnet, aber es besteht kein Zeitzwang für die Ausübung der einzelnen Verrichtungen und somit fehlt eine vollkommene zeitliche Abstimmung zwischen den verschiedenen Verrichtungen. Bei Leistungsschwankungen oder Ausfall von Personal und Maschinen kann es zu Stauungen und Wartezeiten im Fertigungsprozess kommen. Es müssen Zwischenlager errichtet werden, die Zins- und Lagerkosten verursachen.

Strategic Business Unit

Engl. für ▷ Strategische Geschäftseinheit

Strategie

Als Strategie wird der Weg zur Erreichung von bereits festgelegten Zielen bezeichnet. Der Begriff wird in zwei Bedeutungen verwendet:

■ *Strategie i.w.S.* als Synonym von ▷ Unternehmenspolitik ist ein langfristig angelegtes, umfassendes Ordnungsmuster, das als Leitlinie die zukünftige Ausrichtung des Unternehmens vorgibt und es diesem ermöglichen soll, sich gegenüber den kommenden Herausforderungen aus der Um- und Innenwelt mit Erfolg zu behaupten. Jede Strategie leitet aus den definierten Zielen die Massnahmen und Mittel zu deren Umsetzung ab.

■ *Strategie i.e.S.* (▷ Unternehmensstrategie) grenzt den Begriff auf die Massnahmen zur Umsetzung der Ziele einer Unternehmenspolitik ein.

Strategieholding

▷ Holdinggesellschaft

Strategietypen

▷ Wettbewerbsstrategien

Strategische Allianz

Eine strategische Allianz ist eine Partnerschaft, in der die Handlungsfreiheit der beteiligten Unternehmen im Bereich der eingegangenen Kooperation massgeblich eingeschränkt ist. Ihre Ziele sind die Wahl attraktiver Märkte, die Verteidigung und der Ausbau von Wettbewerbspositionen sowie die Erhaltung und Stärkung von Know-how (▷ Kernkompetenz). Strategische Allianzen können sowohl zum Wachstum in angestammten Märkten als auch zur ▷ Diversifikation in neue Produkte und Märkte eingegangen werden.

Bereiche strategischer Erfolgspositionen	Beispiele
Produkte und Dienstleistungen	▪ Fähigkeit, Kundenbedürfnisse rascher und besser als die Konkurrenz zu erkennen und damit die Sortimente bzw. Produkte und Dienstleistungen schneller den Marktbedürfnissen anzupassen. ▪ Fähigkeit, eine hervorragende Kundenberatung und einen überlegenen Kundenservice zu bieten. ▪ Fähigkeit, einen bestimmten Werkstoff (z.B. Aluminium) in der Herstellung und der Anwendung besser zu kennen und einzusetzen.
Markt	▪ Fähigkeit, einen bestimmten Markt bzw. eine bestimmte Abnehmergruppe gezielter und wirkungsvoller als die Konkurrenz zu bearbeiten. ▪ Fähigkeit, in einem Markt ein höheres Image (z.B. Qualität) aufzubauen und zu halten.
Unternehmensfunktionen	▪ Fähigkeit, bestimmte Distributionskanäle am besten zu erschliessen und zu besetzen (z.B. Direktvertrieb). ▪ Fähigkeit, durch laufende Innovationen schneller als die Konkurrenz neue, überlegene Produkte auf den Markt zu bringen. ▪ Fähigkeit, überlegene Beschaffungsquellen zu erschliessen und zu sichern. ▪ Fähigkeit, effizienter und kostengünstiger als die Konkurrenz zu produzieren. ▪ Fähigkeit, die bestqualifizierten Mitarbeitenden zu rekrutieren und zu halten.

▲ Abb. 170 Beispiele strategischer Erfolgspositionen (Pümpin/Geilinger 1988, S. 14)

Formen der strategischen Allianz sind vertragliche Vereinbarungen, ▷ Minderheitsbeteiligungen sowie ▷ Joint Ventures. Die Stärken der strategischen Allianz liegen in der Erschliessung neuer Geschäftsbereiche, während die ▷ Akquisition für den Ausbau bestehender Geschäfte besser geeignet ist.

Strategische Erfolgsposition (SEP)

Eine strategische Erfolgsposition *(SEP)* ist eine Fähigkeit, die es dem Unternehmen erlaubt, im Vergleich zur Konkurrenz auch längerfristig überdurchschnittliche Ergebnisse zu erzielen. Strategische Erfolgspositionen können in jedem unternehmerischen Bereich aufgebaut werden, wie ◀ Abb. 170 zeigt.

Strategische Geschäftseinheit (SGE)

Eine strategische Geschäftseinheit *(SGE, Strategischer Geschäftsbereich, Strategic Business Unit [SBU])* ist ein Teilbereich (z.B. Produktgruppe) eines Unternehmens, für die eine eigenständige ▷ Strategie definiert werden kann. Sie ist durch folgende Kriterien charakterisiert:

▪ selbständige, von anderen Bereichen des Unternehmens unabhängige externe Marktaufgabe,
▪ klar bestimmte Anzahl Konkurrenten,
▪ klare Ergebniszuweisung.

Sowohl der Begriff der strategischen Geschäftseinheit als auch derjenige des ▷ strategischen Geschäftsfelds (SGF) beruhen auf dem Gedanken der Segmentierung der Geschäftstätigkeiten anhand von Produkt-Markt-Kriterien. Die SGE grenzt organisatorische Teilbereiche innerhalb des Unternehmens ab (Innenorientierung), die sich auf bestimmte SGF ausrichten. Zunächst müssen also die SGF abgegrenzt werden, bevor darauf aufbauend die SGE festgelegt werden können.

Strategische Planung
▷ Planungssystem

Strategischer Geschäftsbereich
Syn. für ▷ Strategische Geschäftseinheit

Strategisches Controlling
▷ Controlling

Strategisches Geschäftsfeld (SGF)

Unter einem strategischen Geschäftsfeld (SGF) versteht man eine Segmentierung der Umwelt in Geschäftsfelder, auf die sich eine Unternehmensstrategie ausrichtet (Aussenorientierung). Demgegenüber handelt es sich bei den ▷ strategischen Geschäftseinheiten (SGE) um eine organisatorische Abgrenzung von Teilbereichen innerhalb des Unternehmens (Innenorientierung), die sich auf bestimmte SGF ausrichten. Das SGF ist deshalb die originäre Entscheidung, die SGE ergibt sich aus der Definition des SGF.

Strategisches Management

Das strategische Management umfasst alle Aufgaben, die es bei der Bestimmung des Verhaltens des Gesamtunternehmens zu lösen gilt. Aufgrund des strategischen ▷ Problemlösungsprozesses können folgende Aufgaben unterschieden werden:
1. *Ermittlung der Ausgangslage* mit den drei Bereichen ▷ Wertvorstellungs-, ▷ Unternehmens- und ▷ Umweltanalyse.
2. *Formulierung des Unternehmensleitbilds* (▷ Leitbild) basierend auf den Wertvorstellungen; Umschreibung der allgemeinen Grundsätze, auf die sich das zukünftige Verhalten des Unternehmens ausrichtet.
3. *Formulierung der* ▷ *Unternehmenspolitik:* Bestimmung der konkreten ▷ Unternehmensziele, der zu verfolgenden ▷ Unternehmensstrategien sowie der einzusetzenden Mittel (▷ Ressourcenallokation).
4. *Implementierung der Unternehmenspolitik:* Umsetzung der relativ abstrakten und nicht operationalen Formulierungen des Unternehmensleitbilds und der Unternehmenspolitik. Im Vordergrund steht die Kommunikation und Motivation durch die Führungskräfte sowie die Erstellung von Dokumenten.

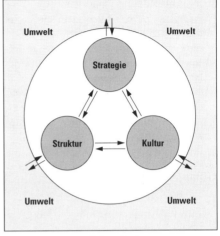

▲ Abb. 171 Strategie – Kultur – Struktur

5. *Evaluation der Resultate:* Die unternehmerischen Resultate des strategischen Problemlösungsprozesses geben Auskunft, ob die Ziele erreicht und die Massnahmen umgesetzt worden sind.

Die Gestaltung und Realisierung der Unternehmenspolitik – besonders Strategie – hängt ebenso stark von der ▷ Unternehmenskultur wie auch von der Unternehmensstruktur (▷ Organisationsstruktur) ab. Hauptaufgabe ist deshalb die Abstimmung dieser drei Elemente, die in ◄ Abb. 171 zum Ausdruck gebracht wird.

Strategisches Marketing

Das strategische Marketing umfasst die Festlegung marktorientierter ▷ Unternehmensziele und ▷ Marketingstrategien, die auf die Marktteilnehmer (Kunden, Handel, Konkurrenten) und die relevante Umwelt (z.B. Öffentlichkeit, Staat, Aktivistengruppen) ausgerichtet sind. Es ist Teil des ▷ strategischen Managements und aufgrund seiner grossen Bedeutung für die Erzielung von Wettbewerbsvorteilen oft der wesentlichste Teilbereich.

Strategisches Personalmanagement

Das strategische ▷ Personalmanagement befasst sich mit der Gestaltung und Steuerung des Humanpotenzials (Human Resources, Humankapital) im Rahmen einer langfristigen ▷ Unternehmenspolitik. Es ist Teil des ▷ strategischen Managements. Das Personal wird als wichtige und wertvolle Unternehmensressource angesehen und ist deshalb ein strategischer Erfolgsfaktor.

Strategy Due Diligence
▷ Due Diligence

Streik

Streiks sind Kampfmassnahmen (z.B. Arbeitsniederlegung), die sich gegen den Arbeitgeber richten. Damit wollen die Arbeitnehmer bessere Arbeitsbedingungen, Arbeitszeitverkürzungen, Lohnerhöhungen usw. erreichen. Ein *organisierter Streik* wird von den Arbeitnehmern beschlossen und durch die Gewerkschaften gelenkt. Ein *Generalstreik* erfasst die gesamte Wirtschaft eines Landes. In der Schweiz fand ein einziger Generalstreik am 11. November 1918 statt. Der *Warnstreik* ist eine kurzfristige Arbeitsniederlegung als Warnung an die Arbeitgeber.
In der Schweiz sind Streiks sehr selten, da diese durch den Arbeitsfrieden – sog. ▷ Friedensabkommen – praktisch ausgeschlossen wurden.

Streuerfolg
▷ Werbeerfolgskontrolle

Strichcode

Der Strichcode ist ein aus Strichen zusammengesetzter Code, der optisch mit Scanner lesbar ist (► Abb. 172). Auf allen (verpackten) ▷ Artikeln befindet sich heute ein Strichcode (▷ EAN-Code) zur Unterstüt-

▲ Abb. 172 EAN in Strichcodedarstellung

zung des elektronischen ▷ Warenwirtschaftssystems (▷ Scanning).

Strike Price
Engl. für ▷ Ausübungspreis

Strukturierungsprinzipien

Die Organisationsform eines Unternehmens ist durch eine Vielzahl von individuellen und situativen Gegebenheiten bestimmt. Trotzdem lassen sich ihre Strukturen auf einige allgemeine Prinzipien zurückführen:
- Prinzip der ▷ Stellenbildung,
- ▷ Leitungsprinzip und
- Prinzip der Aufteilung der Entscheidungskompetenz (▷ Entscheidungsdezentralisation).

Die Kombination dieser Prinzipien (► Abb. 173) ergibt verschiedene Organisationsformen mit spezifischen Eigenschaften, die bestimmte Verhaltensweisen der Orga-

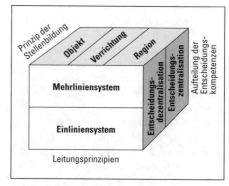

▲ Abb. 173 Strukturierungsprinzipien

nisationsmitglieder bewirken bzw. von diesen verlangen.

Strukturpolitik

Die Strukturpolitik ist Teil der ▷ Wirtschaftspolitik. Sie strebt eine bestimmte Zusammensetzung der Wirtschaft nach Regionen, Branchen und Verteilung an. Sie zielt einerseits auf die wirtschaftliche Unterstützung bestimmter Regionen und Wirtschaftszweige und andererseits auf die Struktur der Verteilung von Einkommen (▷ Einkommensverteilung) und Vermögen innerhalb der Bevölkerung (auch als *Verteilungs-* oder *Umverteilungspolitik* bezeichnet).

Strukturstückliste

Die Strukturstückliste (▶ Abb. 174) zeigt die Zusammensetzung eines Erzeugnisses über alle Fertigungsstufen. Sie liefert die Unterlage für die Terminplanung und die langfristige Materialbereitstellungsplanung. Bei einem mehrstufigen Produktionsprozess kann die Strukturstückliste jedoch umfangreich und unübersichtlich werden und ist eine wenig geeignete Arbeitsunterlage für fertigungstechnische Aufgaben.

Strukturstückliste Produkt A		
Sachnummer	Menge	Fertigungsstufe
A	1	0
c	3	1
d	4	2
e	1	3
f	4	4
3	1	5
4	2	5
5	8	4
1	1	3
6	3	3
2	2	2
8	3	2
9	1	2
1	1	1

▲ Abb. 174 Strukturstückliste

Strukturwandel

Der Strukturwandel ist eine natürliche Begleiterscheinung von Wachstums- und Innovationsprozessen in einer Wirtschaft. Die Produktionsstrukturen wandeln sich laufend, z. B. aufgrund neuer Knappheiten von ▷ Produktionsfaktoren, technischer Neuerungen, geänderter Nachfrage mit steigenden Einkommen bzw. veränderter Altersstruktur der Bevölkerung. Ein typisches Zeichen für den Strukturwandel ist die Veränderung der Anteile der wirtschaftlichen Sektoren (▷ Sektoren, wirtschaftliche) am Sozialprodukt, die v. a. auf die unterschiedliche Entwicklung der Arbeitsproduktivität in den verschiedenen Wirtschaftssektoren zurückzuführen ist und einen deutlichen Wandel der Preisstruktur zwischen den Sektoren bewirkt hat. Während früher ein erheblicher Teil der Arbeitszeit für Einkommen zum Erwerb von (landwirtschaftlichen) Nahrungsmitteln aufgewendet werden musste, ist dieser Anteil bis heute stetig zurückgegangen (▷ Wettbewerbsfähigkeit, internationale).

Obwohl der Strukturwandel ein natürlicher Prozess ist, greift der Staat aufgrund politischen Drucks gut organisierter Interessengruppen immer wieder ein und erschwert die notwendigen Anpassungen (z. B. Landwirtschaft, Schiffsbau, Stahlbau). Meist kann ein Staat aber nicht dauerhaft gegen die (internationalen) Marktkräfte bestehen, sodass manche Branchen nach Abzug der staatlichen Unterstützung (z. B. wegen Mangel an Finanzen) in kurzer Zeit zusammenbrechen können. Lässt man hingegen den Strukturwandel zu, werden unproduktive Betriebe, Bereiche oder Branchen meist unmerklicher und über viel längere Zeiträume hinweg abgebaut, ohne dass es zu einem plötzlichen Kollaps kommen muss.

Stückakkord

Syn. für ▷ Geldakkord

Stückkosten

Stückkosten sind die durchschnittlichen Kosten eines einzelnen Stücks. Sie setzen sich aus den variablen Stückkosten und einem Fixkostenanteil je Stück zusammen. In der ▷ Betriebsbuchhaltung spricht man auch oft von ▷ Selbstkosten.

Stückkostendegression

▷ Economies of Scale

Stückliste

Eine Stückliste zeigt in tabellarischer Form, aus welchen Materialien (▷ Rohstoffen), ▷ Teilen oder ▷ Baugruppen sich ein Endprodukt zusammensetzt. Sie ist im Rahmen der Produktion (▷ Produktionswirtschaft) ein zentrales Steuerungsinstrument.

Voraussetzung für die *Erstellung* von Stücklisten ist die Kenntnis der Struktur des Endprodukts (▷ Erzeugnisstruktur). Diese bildet die Grundlage für die ▷ Stücklistenauflösung.

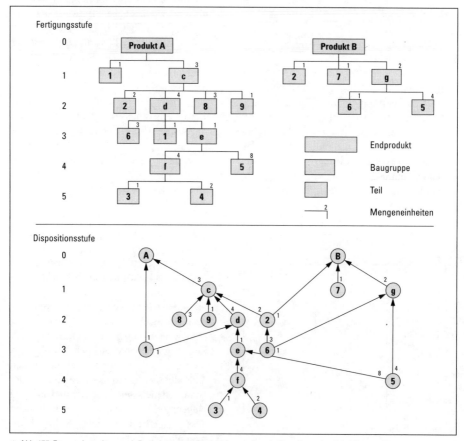

▲ Abb. 175 Erzeugnisstruktur nach Fertigungs- und Dispositionsstufen als Grundlage der Stücklistenauflösung

An eine Stückliste werden unterschiedliche *Anforderungen* gestellt. Sie bildet z. B. eine Informationsgrundlage für (1) die Konstruktionsabteilung zur Prüfung und Durchführung von Änderungen, (2) die Materialdisposition zur Bedarfsermittlung, auf die die Einkaufs- und Lagerhaltungsplanung abstellen, (3) das Lager zur Materialbereitstellung für die Fertigung, (4) die Fertigungssteuerung zur Kontrolle, ob das Material verfügbar ist, (5) die Montagevorbereitung zur Montageanleitung, (6) den Kundendienst als Ersatzteile- und Prüfliste, (7) die Rechnungsabteilung für die Vor- und Nachkalkulation.

Abhängig von den Anforderungen einer *Stelle* können die ▷ Baukastenstückliste, ▷ Strukturstückliste und ▷ Mengenübersichtsstückliste unterschieden werden.

Stücklistenauflösung

Die Stücklistenauflösung ermittelt auf der Grundlage einer ▷ Stückliste den Materialbedarf durch Auflösung nach verschiedenen Stufen. Die Darstellung der ▷ Erzeugnisstruktur und somit auch die Stücklistenauflösung kann nach Fertigungsstufen oder nach Dispositionsstufen vorgenommen werden (◄ Abb. 175):

■ *Auflösung nach Fertigungsstufen:* Die Montage des Endprodukts entspricht der Fertigungsstufe 0. Auf jeder Fertigungsstufe werden jene Baugruppen oder Teile aufgeführt, die unmittelbar in die nächste Fertigungsstufe eingehen. Diese Darstellung ist sehr übersichtlich. Dies spielt insbesondere dann eine Rolle, wenn zwei oder mehr Endprodukte mit gleichen Teilen vorliegen.

■ *Auflösung nach Dispositionsstufen:* Die Dispositionsstufe bezeichnet die tiefste Fertigungsstufe, in der das betreffende Teil Verwendung findet. Diese Darstellung der Bedarfsauflösung ist dann sinnvoll, wenn die gleichen Teile oder Baugruppen auf unterschiedlichen Fertigungsstufen für verschiedene Endprodukte benötigt werden.

Stufenwertzahlverfahren

Das Stufenwertzahlverfahren ist eine analytische Methode der Stufung in der ▷ Arbeitsbewertung. Für jedes Anforderungsmerkmal einer Arbeit werden verschiedene Wertungsstufen festgelegt, die es ermöglichen, der Ausprägung einer bestimmten Anforderung einen Punktewert zuzuordnen (▶ Abb. 176). Die maximale Punktezahl pro Merkmal kann variieren, je nachdem, wie man die jeweiligen Anforderungen eines Merkmals im Vergleich zu den Anforderungen anderer Merkmale gewichtet. Der Gesamtarbeitswert ergibt sich aus der Summe der einzelnen Punkte pro Anforderungsart. Der Lohn kann in analoger Weise zum ▷ Rangreihenverfahren festgelegt werden, indem der Ecklohn (= 100%) abgestuft wird (▶ Abb. 177). Der Vorteil des Stufenwertzahlverfahrens liegt in der einfachen Handhabung für den Bewerter und der guten Verständlichkeit für den Mitarbeitenden. Der Lohnwert wird berechnet, indem die einzelnen Punktewerte addiert und mit einem Geldfaktor multipliziert werden. Häufig kann der der Gesamtpunktzahl entsprechende Lohn einer Tabelle entnommen werden.

Anforderungsart	Wertstufe	Punktzahl
Verantwortung	klein	0,5
	mittel	2
	gross	4
körperliche Belastung	leicht	1
	mittel	2
	mittel/schwer	3
	schwer	4
	äusserst schwer	5

▲ Abb. 176 Beispiel Stufenwertzahlverfahren

Punktzahl des Gesamtarbeitswerts	Lohngruppe	Abstufung in %
bis 5	1	75 %
5–10	2	80 %
10–15	3	86 %
15–20	4	93 %
20–25	5	100 % (Ecklohn)
25–30	6	107 %
30–35	7	115 %
35–40	8	124 %
40–45	9	133 %

▲ Abb. 177 Beispiel Lohnbestimmung

Stufung
▷ Arbeitsbewertung

Subholding
Neben der ▷ Holdinggesellschaft können in einem ▷ Konzern auch andere Gesellschaften die Funktion einer ▷ Muttergesellschaft für eine Anzahl ▷ Tochtergesellschaften übernehmen. Eine Muttergesellschaft, welche ihrerseits von einer Muttergesellschaft beherrscht wird (▷ Beherrschung), wird Subholding genannt.

Submissionskartell
▷ Kartell

Subordinationskonzern
In einem Subordinationskonzern *(Unterordnungskonzern)* – im Gegensatz zu einem ▷ Gleichordnungskonzern – stehen die einzelnen Gesellschaften eines ▷ Konzerns in einem Abhängigkeitsverhältnis zueinander und unterstehen einer zentralen Kontrolle. Diese Form ist in der Praxis die Regel.

Substanzwert
Als Substanzwert bezeichnet man die Summe der Vermögensteile, die sich aus den in der Bilanz aufgeführten Posten des Umlauf- und Anlagevermögens (unter Berücksichtigung von ▷ stillen Reserven) berechnen lässt.
Zur Bestimmung des Substanzwerts stehen die Wertgrössen ▷ Anschaffungs- oder ▷ Herstellungskosten, Reproduktions- oder ▷ Wiederbeschaffungskosten sowie ▷ Liquidationswert und Börsenkurswert zur Verfügung.

Substanzwertmethode
Die Substanzwertmethode ist ein Verfahren der ▷ Unternehmensbewertung. Sie berechnet den Wert des materiellen und immateriellen Unternehmensvermögens, das zur Leistungserstellung benötigt wird (▷ Substanzwert).
Immaterielle Vermögenswerte (z.B. ▷ Patente, ▷ Lizenzen) werden nur dann dem Substanzwert zugerechnet, wenn sie losgelöst vom Unternehmen einen realisierbaren Wert haben. Ist dies nicht der Fall, werden sie zum Goodwill gerechnet. Für die Bewertung der Vorräte ist der aktuelle Tageswert, für das materielle Anlagevermögen, das für die Leistungserstellung eingesetzt wird, der Reproduktionswert massgebend. Nichtbetriebsnotwendige Vermögensteile werden zum Marktwert (Verkehrswert) eingesetzt.
Je nachdem, ob man den Substanzwert vor oder nach Abzug des Fremdkapitals berechnet, handelt es sich um einen *Brutto-* oder *Nettosubstanzwert*. In Theorie und Praxis ist man sich nicht einig, welchen Wert man bevorzugen soll. Die Nettomethode ist einfacher anzuwenden bei Unternehmen, deren Finanzierung fest gegeben ist und nicht leicht geändert werden kann (Grossunternehmen, Konzerne). Bei Klein- und Mittelbetrieben (Einzelfirmen, Familiengesellschaften) hingegen ist die Bruttomethode übersichtlicher. Je nach Wahl des Substanzwerts (brutto oder

netto) ist auch der Ertragswert entsprechend vor oder nach Abzug der Fremdkapitalzinsen zu bestimmen.

Substitutionsgut

Substitutionsgüter sind ökonomische Güter (▷ Güter, ökonomische), die sich gegenseitig zu ersetzen vermögen, weil sie das gleiche Bedürfnis befriedigen können. Beispiele sind Butter und Margarine, Reis und Nudeln, Kohle und Öl usw.

Substitutionsprinzip der Organisation

▷ Organisationsgrad

Subventionen

Subventionen im Sinn finanzieller, staatlicher Zuschüsse sind aus volkswirtschaftlicher Sicht das Gegenteil von Steuern, d. h. Transferzahlungen des Staats. Der Staat leistet vielerlei finanzielle Unterstützungen an ▷ öffentliche Betriebe (z. B. Bahnen, Museen, Theater), um deren Defizite zu decken, aber auch an private Unternehmen, z. B. zur Förderung des Exports oder bestimmter Produkte (v. a. in der Landwirtschaft). Daneben werden z. T. auch Sozialversicherungen (▷ Sozialpolitik) aus allgemeinen Mitteln subventioniert.

Supermarkt

▷ Einzelhandelsformen

Supervision

Bei der Supervision werden einzelne Mitarbeitende oder kleine Gruppen beraten in Bezug auf Auseinandersetzungen in Arbeitsbeziehungen und auf emotionale Faktoren der Arbeit. In der Praxis existiert eine Vielzahl von Methoden, die sich meist verschiedenen psychotherapeutischen Konzepten verpflichtet fühlen.

Supervision ist verwandt mit dem Konzept des ▷ Coachings. Es grenzt sich von diesem wie folgt ab:
- Sowohl bei der Supervision wie auch beim Coaching handelt es sich meistens um eine prozessuale Beratung. In beiden Konzepten geht es um die Auseinandersetzung mit der Person des zu Beratenden in seinem jeweiligen beruflichen Kontext.
- Supervision ist i. d. R. auf die Förderung der ▷ Sozialkompetenz ausgerichtet, während das Coaching auch fachliche Probleme einbezieht und somit ein problem- und sozialorientiertes Lernen (▷ Sozialkompetenz) ermöglicht.

Supervisory Development

Syn. für ▷ Management Development

Supplier Relationship Management (SRM)

Supplier Relationship Management *(SRM, Lieferantenbeziehungsmanagement)* ist als Teil des ▷ Supply Chain Management (SCM) ein umfassender Ansatz zum Management der Geschäftsbeziehungen eines Unternehmens mit den Lieferanten von verwendeten Gütern und Dienstleistungen. Analog zum ▷ Customer Relationship Management, wo es darum geht, die Prozesse zwischen dem Unternehmen und seinen Kunden optimal zu gestalten, werden mit SRM durchgängige Prozesse und optimale Kommunikation in allen Phasen der ▷ Beschaffung gewährleistet. Bestandteile von SRM sind Geschäftsusanzen und spezielle Software-Lösungen für die Beschaffung (▷ Electronic Procurement) sowie standardisierte Datenaustauschformate.

Supply Chain Management (SCM)

Das Supply Chain Management *(SCM)* ist ein ganzheitliches Versorgungssystem und betrifft nicht nur das gesamte Unternehmen (strategisch und operativ), sondern hat die gesamte Lieferkette (Supply Chain) vom Rohstofflieferanten über den Hersteller bis zum Kunden im Blick. SCM steuert die ▷ Beschaffung mit den ▷ Lieferantenbeziehungen umfassend und systematisch. Ziel ist eine Verbesserung der Kostenstrukturen im Bereich von Beschaffung und Lagerhaltung sowie das Ausnützen bzw. Generieren von Wettbewerbsvorteilen. Durch die intensive Zusammenarbeit mit den Lieferanten fliessen deren externe ▷ Wertketten in die Entscheidungen des Unternehmens ein.

Supportfunktionen

Supportfunktionen oder -prozesse erfüllen unterstützende Aufgaben, damit die ▷ Kernprozesse reibungslos ablaufen (z. B. Instandhaltung). Sie haben keine strategische Bedeutung, da sie keinen Wettbewerbsvorteil bringen. Supportfunktionen sind deshalb Kandidaten für das ▷ Outsourcing.
▷ Business Reengineering

Sustainable Development
Engl. für ▷ Nachhaltige Entwicklung

Swap

Ein Swap ist der Austausch von zukünftigen Zahlungsströmen zwischen den Parteien eines Finanzkontraktes. Er entspricht einem Paket von ▷ Termingeschäften und ist ein symmetrisches Instrument (dem Gewinn- steht ein gleich hohes Verlustpotenzial gegenüber).
Die Anwendungsbereiche von Swaps sind beinahe unbegrenzt, wobei in der Praxis folgende Swap-Transaktionen dominieren:
■ *Zinssatz-Swap:* Austausch von variablen gegen fixe Zinszahlungen.
■ *Währungs-Swap:* Austausch einer festverzinslichen Verbindlichkeit in einer Währung X gegen eine festverzinsliche Verbindlichkeit in Währung Y. Partei A zahlt an die Partei B die Zinsen und den Nominalwert am Ende einer Laufzeit in Währung X, während die Partei B der Partei A die Zinsen und den Nominalwert in Währung Y überweist. Die Höhe der Zinszahlungen und Nominalwerte – und somit auch der ▷ Wechselkurs zwischen den beiden Währungen – werden bei Vertragsabschluss festgelegt.
■ *Asset Swap:* Austausch der Renditen von zwei Basiswerten; z. B. zahlt Partei A an Partei B in einem Jahr die Rendite auf einem Aktienindex während dieser Laufzeit, während Partei B der Partei A den Zins für ein einjähriges Festgeld überweist. Der Nominalwert, auf dem die beiden Renditen berechnet werden, wird nicht zwischen den beiden Parteien ausgetauscht.

Swaption
Eine Swaption ist eine ▷ Option auf einen Zinssatz-Swap (▷ Swap).

Swiss Code of Best Practice for Corporate Governance

Swiss Code of Best Practice for Corporate Governance (Swiss Code) setzt Leitlinien und gibt Empfehlungen zur Umsetzung einer ▷ Corporate Governance, primär für schweizerische Publikumsgesellschaften. Corporate Governance wird definiert als die Gesamtheit der auf das Aktionärsinteresse ausgerichteten Grundsätze, die unter Wahrung von Entscheidungsfähigkeit und Effizienz auf der obersten Unternehmensebene Transparenz und ein ausgewogenes Verhältnis von Führung und Kontrolle anstreben. Daneben können aber auch nichtkotierte Gesellschaften oder Organisationen dem Swiss Code zweckmässige Leitlinien entnehmen. Wie auch in anderen

Ländern (▷ Deutscher Corporate-Governance-Kodex) ist der Swiss Code in das Rahmenwerk des geltenden Rechts eingefügt.

Swisscontact
▷ Seniorexperten

Swiss Exchange SWX
Engl. für ▷ Schweizer Börse

Swiss GAAP FER
Die Swiss GAAP FER *(Swiss Generally Accepted Accounting Principles)* werden von der ▷ FER *(Fachkommission für Empfehlungen zur Rechnungslegung)* herausgegeben und sind an der ▷ Schweizer Börse (SWX) seit vielen Jahren als Mindeststandard für kotierte Unternehmen vorgegeben. Die Swiss GAAP FER haben folgende Ziele:
- Die Rechnungslegung nach Swiss GAAP FER soll ein getreues Bild der wirtschaftlichen Lage des berichtenden Unternehmens im Sinn der «Fair Presentation» (▷ True and Fair View) vermitteln.
- Die hierfür notwendigen Grundsätze sind einfach, knapp und leicht verständlich formuliert und damit auch für kleine und mittlere Unternehmen (KMU) anwendbar. Die Swiss GAAP FER sind ausdrücklich nicht so breit angelegt und detailliert formuliert wie die internationalen Rechnungslegungsstandards (▷ IFRS, ▷ US GAAP).
- Die Swiss GAAP FER stellen eine umfassende Regelung der Kernfragen der Rechnungslegung sicher. In erster Linie erfassen sie die Konzernrechnungslegung (▷ Konzernrechnung).
- Die Swiss GAAP FER wollen das Gedankengut der IFRS umsetzen und enthalten deshalb keinerlei Widersprüche zu diesen.
- Die Swiss GAAP FER sind ein in sich geschlossenes Regelwerk. Soweit einzelne Empfehlungen unklar sein sollten, können andere Fachempfehlungen für die Auslegung herangezogen werden (z. B. IFRS). Allerdings ist ausdrücklich davon auszugehen, dass wenn für einzelne Fragen keine Lösung vorgeschrieben ist, die Swiss GAAP FER die Lösung im Rahmen der allgemeinen Zielsetzungen und der übrigen Normen von Swiss GAAP FER bewusst der freien Wahl der Unternehmen überlassen hat. Die ▷ Revisionsstelle bzw. der ▷ Konzernprüfer darf im Zusammenhang mit Prüfung der ▷ Jahresrechnung bzw. der Konzernrechnung nach Swiss GAAP FER also beispielsweise nicht auf der Anwendung einer IFRS-Vorschrift bestehen, nur weil Swiss GAAP FER in diesem Punkt keine Regelung anbietet.
- Eine verbindliche Auslegung der Swiss GAAP FER kann nur durch die Fachkommission (FER) selber erfolgen.

Swiss Generally Accepted Accounting Principles
▷ Swiss GAAP FER

Swiss Market Index (SMI)
Der Swiss Market Index *(SMI)* ist ein auf den Kursen der 23 umsatzstärksten ▷ Aktien basierender ▷ Aktienindex von schweizerischen Unternehmen, die an der Börse kotiert sind (ABB, Algroup, CS Group, Nestlé, Novartis, Roche, Swiss Re, UBS, Zürich Allied u.a.). Grundlage der täglichen Indexberechnung bilden die erzielten Kurse an der Schweizer Börse SWX. Der Swiss Market Index ist (wie auch der ▷ Swiss Performance Index) ein Real-Time-Index; er wird während der Börsenstunden laufend nachgeführt. Die standardisierten Indexoptionen der ▷ Swiss Op-

tions and Financial Futures Exchange (SOFFEX) und der ▷ Eurex (European Exchange) basieren auf dem Swiss Market Index.

Swiss Options and Financial Futures Exchange (SOFFEX)

Die Swiss Options and Financial Futures Exchange *(SOFFEX)* war ein börsenähnlich organisiertes elektronisches Handelssystem für ▷ Optionen auf Aktien, Partizipationsscheinen und Indices sowie für Financial Futures (▷ Future). 1998 fusionierte die SOFFEX mit der Deutschen Terminbörse (DTB) zur ▷ Eurex (European Exchange).

Swiss Performance Index (SPI)

Der Swiss Performance Index *(SPI)* ist eine auf fast allen kotierten inländischen Titeln sowie einigen vorbörslich gehandelten Titeln basierende Indexreihe. Er wird nach den gleichen statistischen Grundsätzen wie der ▷ Swiss Market Index berechnet.

Unterschieden wird nach Titelkategorien (Inhaberaktien, Namenaktien, Partizipationsscheine) und nach Wirtschaftszweigen (Industrie, Dienstleistungen). Neben dem Gesamtindex werden vier Hauptindices, zwei Teilindices und dreizehn Branchenindices berechnet.

Im Gegensatz zum Swiss Market Index ist der Swiss Performance Index dividendenbereinigt. Sobald eine Aktie zum ersten Mal ex Dividende gehandelt wird, wird deren Kurs um die Dividendenzahlung berichtigt, um die Messung der Performance nicht zu beeinträchtigen.

SWX

Abk. für Swiss Exchange
▷ Schweizer Börse

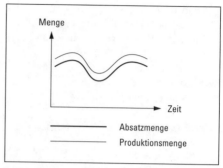

▲ Abb. 178 Synchronisation

Synchronisation

Die Synchronisation ist eine Methode zur Anpassung der Produktion an saisonale Absatzschwankungen im Rahmen der Produktionsmengenplanung. Die Produktionsmengen werden vollständig den Absatzmengen angepasst. Es wird genau jene Menge produziert, die auch abgesetzt werden kann. Dies führt zu einer unterschiedlich starken Auslastung der Kapazitäten, dafür aber zu sehr kleinen Lagerbeständen (◄ Abb. 178).

In der Praxis ist die Synchronisation für Unternehmen dann zu empfehlen, wenn die Lagerhaltungskosten im Vergleich zu den Kosten eines Produktionsausfalls hoch eingestuft werden.

Synektik

Synektik ist eine Methode zur Förderung der ▷ Kreativität in einer Gruppe. Der Gruppenleiter erläutert eingehend das zu lösende Problem. Dann wird im Team diskutiert, um einen Konsens zu finden. Anschliessend wird durch Analogiebildung aus Technik und Natur das Problem verfremdet. Nachdem dieser Schritt mehrmals durchgeführt wurde, werden die Lösungen an das Problem angepasst und auf ihre Realisierbarkeit hin geprüft. Die Gruppe besteht aus fünf bis elf Mitgliedern, die überdurchschnittlich qualifiziert sind und aus verschiedenen Fachrichtungen stammen.

Synektiksitzungen können im Gegensatz zum ▷ Brainstorming mehrere Stunden dauern und sind stärker geregelt. Die Teilnehmer und der Gruppenleiter müssen zudem entsprechend geschult werden.

Synergie

Von Synergien spricht man, wenn die Summe des Ganzen grösser ist als die Summe der Einzelteile. Die Realisierung von Synergieeffekten ist einer der Hauptgründe für die zunehmenden ▷ Unternehmensverbindungen.

System

Ein System ist eine Einheit aus verschiedenen Elementen, die in einer funktionalen Beziehung zueinander stehen. Oft setzt sich ein System aus Subsystemen zusammen. Was allerdings als System definiert und somit als Einheit abgegrenzt wird, ist in hohem Masse von der ▷ Beobachterperspektive abhängig. Je nach Ziel und Interesse des Beobachters sind unterschiedliche ▷ Selektionen zur Definition eines Systems sinnvoll und nützlich.

Es werden ▷ triviale und ▷ komplexe Systeme unterschieden.

System-Coaching

Syn. für ▷ Team-Coaching

Systemische Perspektive

Syn. für ▷ Kybernetik 1. Ordnung

Systemisches Management

Das systemische Management betrachtet Unternehmen als ▷ komplexe und nicht als ▷ triviale Systeme. Dies bedeutet, dass man die Eigenschaften dieser Systeme anerkennt (▷ Rückkopplung, ▷ Emergenz, ▷ Kontingenz, ▷ weiche Wirklichkeiten), insbesondere auch die Tatsache, dass sich diese Systeme nur beschränkt steuern lassen.

Systemisch-konstruktivistische Perspektive

Syn. für ▷ Kybernetik 2. Ordnung

Systemisch-konstruktivistisches Coaching

Beim systemisch-konstruktivistischen Coaching versucht der Coach die Wahrnehmung des Coachees und damit seine Handlungsmöglichkeiten zu erweitern oder zu verändern, indem betriebliche Situationen oder persönliche Beziehungen anders beschrieben, erklärt oder bewertet werden. Aufgabe des Coachs ist es deshalb, zu irritieren, zu stören und zu hinterfragen, um den Anstoss zu neuen und ungewohnten, meist aber erfolgreicheren Denk- und Handlungsmustern zu geben.
▷ Coaching

Systemkompetenz

▷ Managementkompetenz

System-Software

System-Software ermöglicht, überwacht und steuert den Betrieb der ▷ Anwendungs-Software auf der ▷ Hardware eines Computers. Wichtige Komponenten der System-Software sind *Betriebssystem (Operating System)*, Programmiersprachen, Datenbankmanagementsysteme und Dienstprogramme.

Szenario

Ein Szenario stellt einen möglichen Zustand oder eine Lagebeschreibung dar, in der sich das Unternehmen in Zukunft befinden könnte. Bei der Prognose von Szenarien werden neben quantitativen Daten auch qualitative Daten verwendet.

Szenariotechnik

Die Szenariotechnik ist eine Analyse- und Prognosetechnik, bei der die zukünftigen Entwicklungen nicht mehr mittels quantitativer, sondern vorwiegend anhand qualitativer Daten entwickelt werden. Mehrere, in sich konsistente Szenarien (▷ Szenario) werden entworfen und mögliche Wege zu diesen zukünftigen Situationen aufgezeigt. Im Allgemeinen wird neben dem wahrscheinlichsten auch ein pessimistisches und ein optimistisches Szenario entwickelt. Dadurch kann das Unternehmen bereits frühzeitig kritische Situationen erkennen, die notwendigen Anpassungen vornehmen und Massnahmen einleiten. Der Sinn dieser Technik ist es, eine quantitativ schlecht prognostizierbare Zukunft in einem gewissen Rahmen erfassbar zu machen und in Handlungsanleitungen für das Unternehmen umzusetzen.
▷ Schwache Signale
▷ Frühwarnsystem

Taguchi-Methode
Syn. für ▷ Design of Experiments

Take-over
Engl. für ▷ Akquisition

Take-over Bid
▷ Raider

Taktfertigung
Die Taktfertigung ist eine Form der ▷ Fliessfertigung, welche sich die Vorteile des *Fliessprinzips* zunutze macht. Im Gegensatz zur ▷ Strassenfertigung sind die einzelnen Verrichtungen des Produktionsprozesses zeitlich exakt aufeinander abgestimmt. Der gesamte Produktionsprozess wird in gleiche Arbeitstakte (= Taktzeit) aufgeteilt. Die Dauer eines Arbeitsgangs an einer Maschine oder an einem Arbeitsplatz entspricht jeweils der Taktzeit oder einem Vielfachen davon. Spezifischer Vorteil der Taktfertigung ist der Wegfall der Zwischenlager. Da Ausbringungsmenge und Materialverbrauch aufgrund der fest vorgegebenen Produktionsgeschwindigkeit genau berechenbar sind, können die ▷ Lager an Roh-, Hilfs- und Betriebsstoffen (▷ Werkstoffe) sehr klein gehalten werden. Entsprechend dem Grad der ▷ Automatisierung wird zwischen ▷ Fliessbandfertigung und ▷ vollautomatischer Fertigung unterschieden.

Tantieme
Tantiemen sind Gewinnanteile an die Mitglieder des ▷ Verwaltungsrats. Sie werden dem Bilanzgewinn (▷ Gewinn) entnom-

men, nachdem die Zuweisung an die gesetzliche und die statutarische ▷ Reserve erfolgt und eine ▷ Dividende von mindestens 5% an die Aktionäre ausgeschüttet worden ist (Art. 677 OR).

Target
Engl. für Ziel
▷ Raider

Tarifvertrag
▷ Gesamtarbeitsvertrag

Task Force
Task Forces sind ▷ Teams aus Mitarbeitenden und externen Experten, die zur Lösung einer bestimmten Aufgabe (meist strategischer Art) gebildet werden. Die Aufgaben können kurzfristiger Natur sein (z. B. Ausbildungskonzept) oder eine längerfristige Auseinandersetzung mit einem Thema erfordern (z. B. umweltpolitischer Kurs des Unternehmens).

Tausch
Der freiwillige Tausch von ökonomischen Gütern ist neben ▷ Produktion und ▷ Konsum eine der drei grundlegenden wirtschaftlichen Aktivitäten. Er ist Voraussetzung für das Funktionieren der Wirtschaft. Ohne die Möglichkeit, ökonomische Güter (▷ Güter, ökonomische) frei zu tauschen, können die Vorteile der ▷ Arbeitsteilung bzw. der ▷ Spezialisierung, welche in einer effizienteren Produktion liegen, nicht realisiert werden. Die *Freiwilligkeit* des Tauschs garantiert, dass die Marktteilnehmer ihre Tauschwünsche bestmöglich verwirklichen können, wodurch ein paretooptimaler Zustand erreicht wird (▷ Pareto-Kriterium). Freiwilliger Tausch führt immer zu einer Erhöhung der Wohlfahrt. Hierin besteht das wichtigste Argument für ▷ Freihandel.

Tax Due Diligence
▷ Due Diligence

Taylor, Frederick W.
▷ Scientific Management

Taylorismus
Syn. für ▷ Scientific Management

Team
Unter einem Team im organisatorischen Sinn versteht man eine Stelle, deren Aufgabenbereich von einer Gruppe von Personen gemeinsam und weit gehend autonom bearbeitet wird. Es ist zu unterscheiden zwischen (1) Teams als Ergänzung zu einer bestehenden Organisationsstruktur und (2) Teams als konstitutive Elemente einer eigentlichen Teamorganisation (▷ Linking Pin Model). Teams als Ergänzung bestehender Strukturen können als ständige (z. B. Personalausschuss) oder zeitlich befristete Teams (▷ Projektorganisation, ▷ Projektteam) gebildet werden. Neben motivationssteigernden Aspekten führt Teamarbeit zu erhöhter Flexibilität und grösserer Problemlösungskapazität des Unternehmens. Nachteile sind Kompetenzunklarheiten, die Gefahr von faulen Kompromissen sowie die Schwierigkeit, Ergebnisse einzelnen Teammitgliedern zuzuordnen.

Team-Coaching
Beim Team-Coaching *(System-Coaching)* wird eine im beruflichen Funktionszusammenhang stehende Gruppe in ihrem Arbeitsumfeld zu persönlichkeits- und aufgabenbezogenen Themen gecoacht. Eine spezielle Form ist das *Projekt-Coaching*, das zur Vorbereitung, Einführung oder Begleitung eines Projektteams dient.
▷ Coaching

Technik

Unter Technik versteht man die Anwendung von ▷ Technologien zur Lösung von Problemen bei wirtschaftlich verwertbaren Leistungen (Produkten).

Technikfolgenabschätzung

Mit der Technikfolgenabschätzung werden die Haupt- und Nebenwirkungen neuer ▷ Technologien und geplanter Grossinvestitionen in Anlagen systematisch analysiert und beurteilt. Hierzu kann die ▷ Szenariotechnik verwendet werden.

Technische Aktienanalyse

▷ Aktienanalyse

Technischer Fortschritt

Technischer Fortschritt *(technologischer Wandel)* findet seinen Ausdruck in der Einführung neuer *Fertigungsverfahren* im Rahmen von ▷ Innovationsprozessen. Ziel ist, durch Steigerung der ▷ Produktivität der Leistungserstellung bei gegebenen Kosten die Ausbringungsmengen zu erhöhen oder bei gleichen Mengen die Kosten zu senken. Es lassen sich folgende *Stufen* des technischen Fortschritts unterscheiden:
- *Mechanisierung:* Substitution von repetitiven Arbeitsgängen durch Maschinen, deren Steuerung und Überwachung von Facharbeitern ausgeführt wird.
- *Teilautomation:* Ablösung der Steuerungsfunktion zugunsten von Hilfs- bzw Kontrolltätigkeiten.
- *Fertigungsstrasse:* Verbindung separater Aggregate zu einer geschlossenen Kette zur optimalen Ausnützung von Spezialisierungseffekten.
- *(Voll-)Automation:* Übernahme sämtlicher Bedienungs-, Steuerungs- und Überwachungsaufgaben durch Maschinen (Computer).

Grosse, sprunghafte technische Fortschritte können eine industrielle Revolution mit starken Veränderungen in der Branchenstruktur (▷ Branche) und in der Struktur der Volkswirtschaft auslösen.

Technologie

Unter Technologie versteht man natur- oder ingenieurwissenschaftliche Erkenntnisse über Wirkungszusammenhänge. Sie dient zur Lösung von Anwenderproblemen, z.B. zur wirtschaftlichen Herstellung von Produkten oder zur Entwicklung und Nutzung von Produktionsverfahren. Technologien sind Voraussetzung für die ▷ Technik, d.h. die Anwendung von technologischem Wissen.

Betrachtet man die Auswirkungen einer Technologie auf den Wettbewerb, so können folgende Technologien unterschieden werden:
- *Schrittmachertechnologien:* Wesentliche Auswirkungen auf Marktpotenzial, Wettbewerbsdynamik und -struktur.
- *Schlüsseltechnologien:* Beeinflussung der Wettbewerbsfähigkeit eines Unternehmens.
- *Basistechnologien:* Von allen Wettbewerbsteilnehmern geteilte und beherrschte Technologie ohne grosse Auswirkungen auf den Wettbewerb.

▷ Forschung und Entwicklung

Technologiekalender

Ein Technologiekalender dient als Hilfsmittel für die strategische Planung der im Unternehmen heute und in Zukunft einzusetzenden ▷ Technologien. Die Vorgaben ermöglichen dem interessierten Anwender, für bestimmte Fragestellungen im Produktionsbereich relevante Technologien zu finden und zu bewerten. Eine positiv bewertete, zukunftsträchtige Technologie kann

durch Erwerb von ▷ Patenten oder im Rahmen von ▷ Kooperationen mit anderen Firmen ins Technologie-Portfolio des Unternehmens übernommen werden.
In der betrieblichen Praxis wird der strategischen Technologieplanung oft zu wenig Aufmerksamkeit geschenkt. Da die Überlebensfähigkeit eines Unternehmens jedoch langfristig von deren Fähigkeit zu ▷ Innovationen abhängt, werden Hilfsmittel wie der Technologiekalender in Zukunft immer mehr Beachtung finden.

Technologischer Fortschritt
Technologischer Fortschritt *(technologischer Wandel)* findet dann statt, wenn mit Hilfe einer Erfindung der Wirkungsgrad eines bestimmten Prozess-Inputs verbessert werden kann.

Technologischer Wandel
Syn. für ▷ Technischer Fortschritt und ▷ Technologischer Fortschritt
▷ Umwelt des Unternehmens

Teil
Als Teil *(Einzelteil)* bezeichnet man – im Gegensatz zur ▷ Baugruppe – ein einzelnes Element eines Produkts (z.B. Uhrzeiger, Autoscheibe). Teile werden im Fertigungsprozess erstellt und zählen zu den ▷ Halbfabrikaten.

Teilaufgabe
▷ Aufgabenanalyse

Teilautomation
▷ Technischer Fortschritt

Teilbereichsplanung
▷ Planungssystem

Teilerhebung
Bei einer Teil- oder Partialerhebung (▷ Marktforschung) wird – im Gegensatz zur ▷ Voll- bzw. Totalerhebung – nur ein Teil der relevanten Grundgesamtheit berücksichtigt. Das Problem der Teilerhebung besteht in der repräsentativen Auswahl einer Teilmenge, welche die gleichen Merkmale wie die Grundgesamtheit aufweist. Eine Teilerhebung erfolgt meist aus Kosten- oder/und Zeitgründen.
▷ Erhebung

Teileverwendungsnachweis
Der Teileverwendungsnachweis zeigt für jedes Bauteil, in welchen Produkten oder Baugruppen es in welchen Mengen enthalten ist.
Neben den ▷ Stücklisten sind Teileverwendungsnachweise ein wichtiges Instrument der Arbeitsplanung (▷ Arbeitsvorbereitung). Während die Stückliste auf die Frage «woraus besteht ein Erzeugnis?» antwortet, lautet die entsprechende Frage beim Teileverwendungsnachweis «worin ist ein Teil enthalten?».

Teilkostenrechnung
Als Teilkostenrechnung bezeichnet man eine Kostenrechnung (▷ Betriebsbuchhaltung), bei der den ▷ Kostenträgern nur ein bestimmter Teil der Gesamtkosten verrechnet wird. Damit sollen die Nachteile der ▷ Vollkostenrechnung behoben und dem Kostenverursacherprinzip entsprochen werden.
Teilkostenrechnungssysteme (▷ Direct Costing, ▷ Grenzplankostenrechnung) nehmen i.d.R. in der ▷ Kostenartenrechnung ein Kostensplitting nach ▷ variablen und ▷ fixen Kosten vor, da auf die Verrechnung von Fixkosten auf die einzelnen Kostenträger verzichtet wird. Deshalb können der Kostenträgerstückrechnung (▷ Kostenträ-

gerrechnung) nur die variablen Stückkosten, nicht aber die Vollkosten pro Stück entnommen werden. Die Kostenträgerzeitrechnung (▷ Kostenträgerrechnung) wird in der Teilkostenrechnung unter Einbezug der Erlöse zur Deckungsbeitragsrechnung (▷ Direct Costing). Aus der Summe der ▷ Deckungsbeiträge wird der Kostenanteil, welcher in der Teilkostenrechnung nicht auf die Kostenträger verrechnet wurde, gedeckt.
▷ Kostenrechnungssysteme

Teilzeit à la carte

Die Teilzeit à la carte ist die wahlweise Freiheit zur Festlegung des jeweiligen Teilzeitpensums oder kann eine (vorübergehende) Massnahme zur Vermeidung von Entlassungen sein. Dabei wählen die Arbeitnehmer die Dauer ihrer Arbeitszeit (z.B. zwischen 20% und 80% Prozent der üblichen ▷ Arbeitszeit bzw. als Basis die Tages-, Monats- oder Jahresarbeitszeit) und die Lage ihrer Arbeitszeit (z.B. bestimmte Tageszeiten wie Früh-, Spät-, Nachtschicht, Gleittage, -wochen oder -monate) entsprechend ihren Wünschen in Absprache mit dem Unternehmen bzw. Vorgesetzten.

Teilzeitarbeit

Von Teilzeitarbeit spricht man, wenn die im Arbeitsvertrag festgelegte ▷ Arbeitszeit des Arbeitnehmers kürzer ist als die betriebsübliche Arbeitszeit (Normalarbeitszeit) (▷ Arbeitszeitgestaltung).
Das ▷ Seco bezeichnet alle Arbeitszeiten, die unter 90% der Normalarbeitszeit liegen, als Teilzeit. Die Normalarbeitszeit kann tage-, wochen-, stunden- oder halbtageweise unterschritten werden.
Ferner ist zwischen regelmässiger und unregelmässiger Teilzeitarbeit zu unterscheiden. Bei der ersten Form sind Dauer und Terminierung der Arbeitszeit fest vorgegeben. Letztere wird als flexible Teilzeit bezeichnet, weil das Arbeitsverhältnis auf einem Einzelarbeitsvertrag beruht, bei dem Terminierung und Dauer der Arbeitszeit durch Mitarbeitende und Vorgesetzte variabel festgelegt werden können.
Weitere Formen von Teilzeitarbeit sind *Partner-Teilzeitarbeit* (▷ Job Sharing) und *Block-Teilzeitarbeit* (eine Woche Vollzeit, eine Woche Teilzeit, eine Woche Freizeit).

Teilzeitquote

Unter Teilzeitquote versteht man aus volkswirtschaftlicher Sicht den Anteil der Erwerbstätigen mit Teilzeitarbeit an der Gesamtwirtschaft, aus betriebswirtschaftlicher Sicht den Anteil der Teilzeitbeschäftigten an der gesamten Belegschaft eines Unternehmens.

Telearbeit

Unter Telearbeit versteht man die zeitliche wie räumliche (Arbeitsort) Flexibilisierung der Arbeit. Die Arbeitszeit wird in das private Umfeld des Mitarbeitenden *(Heimarbeit)* oder in eigens dafür geschaffene Satellitenbüros verlagert. Damit wird einerseits mehr Nähe zur Familie geschaffen, andererseits besteht die Gefahr der Isolierung (Fehlen von zwischenmenschlichen Kontakten am Arbeitsplatz).
Telearbeit ermöglicht die räumlich dezentrale Ausgliederung bestimmter Tätigkeiten aus dem Unternehmen.
Telearbeit kommt dort zur Anwendung, wo die betriebliche Leistungserstellung nicht an die Infrastruktur des Unternehmens gebunden ist (z.B. Software-Herstellung, Schreibarbeiten, Übersetzungen).
Vorteile für das Unternehmen sind Flexibilität sowie Kosteneinsparungen (Gebäude, Büroausstattung).

Telefonmarketing

Das Telefonmarketing *(Telefonverkauf)* als Instrument des ▷ Direktmarketings bezeichnet den Einsatz des Telefons als Verkaufs- und Informationsbeschaffungsinstrument.

Im Zusammenhang mit der zunehmenden Bedeutung des Direktmarketings wird das Telefonmarketing immer wichtiger. Es ist kostengünstiger als der persönliche ▷ Verkauf. Der Hauptnachteil des Telefonmarketings liegt in der Beschränkung auf die verbale Kommunikation, d. h. Verkäufer und Käufer stehen einander nicht gegenüber.

Telefonverkauf

Syn. für ▷ Telefonmarketing

Teleshopping

Teleshopping ist eine neue Einkaufsmethode, bei der dem Kunden nach einem Fernsehspot, einem längeren Werbefilm oder über Teletext zu Hause die Möglichkeit geboten wird, über eine Telefonnummer das beworbene Produkt (▷ Werbekonzept) unmittelbar zu kaufen *(Home Shopping System).*

Das Produkt wird im Fernsehen realitäts- und praxisnah präsentiert und dessen Handhabung demonstriert (interaktives Fernsehen).

Teleshopping ist nicht auf Privatwohnungen beschränkt. Auch in Supermärkten und Kaufhäusern können interaktive Terminals zur Vorführung verschiedener Produkte installiert werden. Dadurch erhält der Kunde einen besseren Überblick über das Sortiment und kann seine Suchzeit nach einem bestimmten Produkt verkürzen.

Teleshopping ist ein Instrument des ▷ Direktmarketings, das an Bedeutung zunehmen wird.

Temporärarbeit

Unter Temporärarbeit versteht man die zeitlich begrenzte Ausleihe von Arbeitskräften durch spezialisierte Unternehmen an andere Unternehmen. Temporärkräfte sind für Unternehmen eine Möglichkeit, Auftragsspitzen ohne Festanstellungen und kostengünstig überbrücken zu können.

Tender-Verfahren

Das Tender-Verfahren ist eine besondere Verkaufstechnik im Rahmen des Emissionsgeschäfts. Bei diesem Verfahren wird der Preis nicht vom Emittenten, sondern vom Angebot der Anleger bestimmt. Der Interessent gibt neben dem gewünschten Volumen auch den Preis an, den er zu zahlen gewillt ist. Dabei sind pro Zeichner mehrere Angebote mit verschiedenen Preisen und Volumen zulässig.

Nach Ablauf der Zeichnungsfrist erfolgt die Zuteilung der Titel in abnehmender Reihenfolge der angebotenen Preise. Der Emittent berücksichtigt dabei die nötige Anzahl von Offerten, um den von ihm festgelegten Betrag zu erreichen. Bezüglich der Methode der Zuteilung lassen sich zwei Formen des Tender-Verfahrens unterscheiden:

■ Die *holländische Methode* verfolgt ein Einheitspreissystem. Die Zuteilung der Titel erfolgt für alle Anleger zum selben Preis, welcher demjenigen der letzten noch berücksichtigten Offerte entspricht.

■ Gelangt die *amerikanische Methode* zur Anwendung, erfolgt die Zuteilung zu den unterschiedlichen, von den Anlegern offerierten Preisen.

Praktische Bedeutung kommt dem Tender-Verfahren heute v. a. bei Verkäufen von Wertpapieren durch die Zentralbanken zu (▷ Offenmarktpolitik).

Tensor-Organisation

Eine Tensor-Organisation ist eine Mehrlinienorganisation, deren Stellenbildung nach drei gleichwertigen Kriterien erfolgt. Diese sind häufig Funktionen, Produkte (Produktgruppen) und Regionen. Der Hauptvorteil der Tensor-Organisation ist – ähnlich wie bei der ▷ Matrixorganisation – die Integration der verschiedenen Unternehmensbereiche in eine formale ▷ Organisationsstruktur, von der eine hohe Koordinationswirkung ausgeht. Weitere Vorteile sind die Motivation durch Beteiligung am Problemlösungsprozess, eine umfassende Betrachtungsweise der Aufgaben, die Spezialisierung nach verschiedenen Gesichtspunkten, eine Entlastung der Leitungsspitze (Entscheidungsdelegation) sowie direkte Verbindungswege. Nachteile sind die ständige Konfliktaustragung, unklare Unterstellungsverhältnisse, die Gefahr von «faulen» (schlechten) Kompromissen, eine verzögerte Entscheidungsfindung (Zeitverlust) sowie hoher Kommunikations- und Informationsbedarf.

Termineinlagen

Termineinlagen sind Gelder, die einer Bank nur für einen befristeten Zeitraum zur Verfügung gestellt werden.

Termingeschäft

Termingeschäfte sind ein Grundtyp eines ▷ Derivates, bei dem Gewinn- und Verlustmöglichkeiten symmetrisch verteilt sind (Nullsummenspiel).
Bei Termingeschäften verpflichten sich zwei Parteien, zu einem zukünftigen Zeitpunkt eine bestimmte Menge eines ▷ Basiswerts zu einem bestimmten Preis (Terminkurs) zu kaufen bzw. zu verkaufen. Der Vertragsabschluss (Kauf/Verkauf) wird heute getätigt, die Erfüllung (Lieferung/Zahlung) erfolgt in der Zukunft.
Termingeschäfte können bedingter oder unbedingter Natur sein und entweder standardisiert an einer Börse oder ▷ Over-the-Counter gehandelt werden. Abgrenzungskriterium zwischen bedingten und unbedingten Termingeschäften ist das Vorhandensein eines Wahlrechts, das es einem Vertragspartner ermöglicht, sich zu entscheiden, ob er den Kontrakt erfüllen will oder nicht. Beim bedingten Termingeschäft besteht dieses Wahlrecht, beim unbedingten nicht. Beispiele für bedingte Termingeschäfte sind ▷ Optionen und ▷ Swaptions, während ▷ Futures, ▷ Swaps und ▷ Forwards unbedingte Termingeschäfte darstellen.
Der Vorteil von Termingeschäften ist, dass Käufer oder Verkäufer erst am Liquidationstag bezahlen bzw. liefern müssen. Der Käufer ist daher in der Lage, die ▷ Investitionsentscheidung unabhängig von kurzfristigen Liquiditätsengpässen zu treffen.

Terminplanung

▷ Netzplantechnik

Terms of Trade

Die Terms of Trade (das *reale Austauschverhältnis*) geben an, welche Menge an Importgütern mit einer Einheit Exportgüter getauscht bzw. gekauft werden kann. Weil in der Praxis sehr viele verschiedene Güter international getauscht werden, wird meist die sog. Commodity Terms of Trade (CTOT) als Quotient aus dem Preisindex der Exporte und dem Preisindex der Importe in einheimischer Währung berechnet:

$$\text{Commodity Terms of Trade} = \frac{\text{Preisindex der Exporte}}{\text{Preisindex der Importe}}$$

Praktisch relevant ist v. a. die Veränderung der CTOT. Von einer Verbesserung wird gesprochen, wenn die Preise der Exportgüter schneller steigen als jene der Importgüter, also wenn die CTOT steigen.

Test

Beim Test wird eine Situation simuliert, in der vermutete kausale Zusammenhänge zweier oder mehrerer Faktoren durch Veränderung der Testgrösse überprüft und allenfalls bestätigt werden. Tests können entweder unter künstlich geschaffenen (▷ Labortest) oder effektiven Marktbedingungen (▷ Markttest) durchgeführt werden. Bei jedem Test ist die Auswahl der Informationsträger zu beachten.

Testimonial

Unter Testimonial (engl. to testify: Zeugnis ablegen) versteht man eine bekannte, nicht anonyme Person (Star, Prominenter, Experte), die Werbung für ein Produkt betreibt, indem sie vorgibt, das beworbene Produkt selbst einzusetzen, zu nutzen, zu konsumieren oder für dessen Qualität und Funktionalität zu bürgen. Ihre positiven Äusserungen zum Produkt oder zur Dienstleistung können die Präferenzen der Konsumenten oder der Fans für dieses Produkt beeinflussen und ermöglichen eine stärkere Identifikation mit dem Produkt.
Beispiele sind Günter Jauch und Krombacher, Boris Becker und AOL, Verona Feldbusch und Iglo, Franz Beckenbauer und E-Plus.

Testmarkt
▷ Markttest

Theorie X

McGregor definierte in den 50er Jahren unter der Theorie X und der ▷ Theorie Y zwei gegensätzliche Annahmen über die Natur des Menschen. Theorie X geht von folgenden Annahmen aus:
- Der Durchschnittsmensch hat eine angeborene Abneigung gegen Arbeit und geht ihr aus dem Weg, wo er nur kann.
- Weil der Mensch durch Arbeitsunlust gekennzeichnet ist, muss er gezwungen, gelenkt, geführt und mit Strafe bedroht werden, um ihn dazu zu bewegen, das vom Unternehmen verlangte Soll zu erreichen.
- Der Durchschnittsmensch zieht es vor, an die Hand genommen zu werden, drückt sich vor Verantwortung, besitzt verhältnismässig wenig Ehrgeiz und ist v. a. auf Sicherheit ausgerichtet.

Begreift ein Vorgesetzter den Menschen und damit seine Mitarbeitenden (wobei er i.d.R. sich selbst davon ausnimmt) in dieser Weise, so leitet er daraus sein Verhalten als Vorgesetzter ab: Er wird der direkten Anordnung und Kontrolle viel Aufmerksamkeit widmen und um eine Arbeits- und Organisationsgestaltung bemüht sein, die an die Mitarbeitenden möglichst geringe Anforderungen stellt. Die in der Theorie X angelegten Vorurteile bewirken ein Führungsverhalten mit Betonung von Autorität und Kontrolle. Dabei handelt es sich nach McGregor um eine Verkehrung von Ursache und Wirkung. Gibt man den Mitarbeitenden wenig oder gar keine Möglichkeiten, ihre Fähigkeiten einzusetzen und weiterzuentwickeln und besteht nur wenig Möglichkeit, Verantwortung wahrzunehmen, dann werden die Menschen Verhaltensweisen an den Tag legen, die das Menschenbild ihres Vorgesetzten bestätigen und seinen ▷ Führungsstil scheinbar rechtfertigen. Der Teufelskreis hat sich geschlossen.
Als Gegenstück zur Theorie X entwickelte McGregor die ▷ Theorie Y.

Theorie Y

Als Alternativhypothese zur ▷ Theorie X formulierte McGregor die Theorie Y aufgrund folgender Annahmen:
- Die Verausgabung durch körperliche und geistige Anstrengung bei der Arbeit kann als ebenso natürlich gelten wie Spiel oder Ruhe.
- Überwachung und Strafandrohung sind nicht die einzigen Mittel, jemanden zu bewegen, sich für die Ziele des Unternehmens einzusetzen. Zugunsten von Zielen, denen er sich verpflichtet fühlt, unterwirft sich ein Mensch der Selbstdisziplin und Selbstkontrolle.
- Wie sehr er sich verpflichtet fühlt, ist von der Belohnung abhängig, die er für das Erreichen dieser Ziele erhält.
- Der Durchschnittsmensch lernt, bei geeigneten Bedingungen Verantwortung nicht nur zu übernehmen, sondern sogar zu suchen.
- Die Anlage zu einem verhältnismässig hohen Grad an Vorstellungskraft, Urteilsvermögen und Erfindungsgabe für die Lösung organisatorischer Probleme ist in der Bevölkerung weit verbreitet und nicht nur vereinzelt anzutreffen.
- Unter den Bedingungen des modernen industriellen Lebens ist das Vermögen an Verstandeskräften, über das der Durchschnittsmensch verfügt, nur zum Teil genutzt.

Gehört zu den grundlegenden Einstellungen eines Vorgesetzten das Menschenbild Y, so wird er seinen Mitarbeitenden auch Freiraum zur selbständigen Gestaltung zugestehen, sie in Entscheidungsprozesse einbeziehen und eine Arbeits- und Organisationsgestaltung anstreben, die Initiative und Engagement der Mitarbeitenden ermöglicht. Auch in diesem Fall kann beobachtet werden, dass sich der gewählte Führungsstil selbst bestätigt.

Time-Based Management

Unter Time-Based Management versteht man die Gestaltung und Lenkung einer Organisation mit dem Ziel einer effizienten und effektiven Nutzung der Ressource Zeit. Ausgehend von der grossen Bedeutung der Zeit als Wettbewerbsfaktor gilt es, die für den Unternehmenserfolg wichtigen Prozesse zu verkürzen. In der Regel handelt es sich um die Beschaffungszeiten für das Material, die Durchlaufzeiten in der Produktion, die Geschwindigkeit bei der Umsetzung von Kundenwünschen (Erstellen marktfähiger Produkte, ▷ Lieferbereitschaftsgrad, Kundenservice usw.). Angesprochen ist aber die gesamte ▷ Wertkette des Unternehmens, sodass das Zeitmanagement ein wichtiges Element des ▷ Business Reengineering ist.

Time Lag

Unter einem Time Lag versteht man die zeitliche Differenz zwischen Inkraftsetzen und Wirkung einer Massnahme (z.B. ▷ Carry-over-Effekt).

Time-to-Market

Als Time-to-Market bezeichnet man die Zeitspanne zwischen einer ▷ Innovation und dem ▷ Markteintritt. Diese sollte möglichst kurz sein, denn der Erfolg einer Innovation hängt davon ab, als erstes Unternehmen den Markteintritt zu schaffen *(Zeitführerschaft)*. Um rascher als die Konkurrenz mit neuen Produkten auf dem Markt zu erscheinen, sind Unternehmen dazu gezwungen, ihre Produktentwicklungszyklen (▷ Produktentwicklung) zu verkürzen. Die Handlungsmaxime des Time-to-Market ist auf den raschen technologischen Wandel, die Globalisierung der Märkte und die zunehmende Bedeutung der ▷ Me-too-Strategie zurückzuführen.
▷ Entwicklungszeit

Tochtergesellschaft

Eine Tochtergesellschaft ist ein Unternehmen, das von einem anderen Unternehmen (▷ Muttergesellschaft, ▷ Holdinggesellschaft) beherrscht wird. Die ▷ Beherrschung kann aufgrund einer Aktienmehrheit erfolgen oder durch andere Massnahmen sichergestellt werden.

Eine Tochtergesellschaft kann gleichzeitig eine Muttergesellschaft sein, wenn sie selbst wiederum andere Unternehmen beherrscht (▷ Subholding).
▷ Konzern

Top-down-Planung

Bei der Top-down-Planung erfolgt der ▷ Planungsprozess von oberen nach unteren Führungsebenen. Die obersten Führungskräfte des Unternehmens formulieren die allgemeinen Geschäftsgrundsätze und Ziele, welche die Rahmenbedingungen zur Erstellung der Teilpläne für die einzelnen Verantwortungsbereiche abgeben. Das Gegenstück ist die ▷ Bottom-up-Planung.

Top-Management

Unter dem Top-Management versteht man die oberste Führungsstufe des Unternehmens.
▷ Vorstand
▷ Direktion
▷ Spitzenorganisation

Totalerhebung

Syn. für ▷ Vollerhebung

Total Quality Control

Total Quality Control ist die in Japan übliche Bezeichnung von ▷ Total Quality Management.

Total Quality Management (TQM)

Das Konzept des Total Quality Management *(TQM)* umfasst ein sehr weit reichendes Spektrum unternehmerischer Funktionen mit dem Ziel, ▷ Qualität zur zentralen strategischen Erfolgsposition des Unternehmens zu machen. Die Grundprinzipien von TQM basieren auf allgemeinen Orientierungskriterien des ▷ Qualitätsmanagements. Die Bausteine von TQM sind:

1. *Kundenorientierung:* Konsequente Orientierung des unternehmerischen Handelns an den ▷ Bedürfnissen der Kunden (▷ Customer Focus).

2. *Nullfehlerprinzip:* Gilt insbesondere für repetitive Tätigkeiten, aber auch im Rahmen von ▷ Innovationen gilt es, aus ▷ Fehlern zu lernen und entstandene Fehler zu beheben.

3. *Ständige Verbesserung:* Betriebsinterne Förderungsmassnahmen zur kontinuierlichen Verbesserung von Produkten und ▷ Prozessen (▷ Kaizen). In diesem Punkt unterscheidet sich das TQM wesentlich vom Konzept des ▷ Business Reengineering, das eine fundamentale und radikale Umgestaltung der Prozessabläufe fordert.

4. Prinzip der *internen Kunden/Lieferanten:* Nutzung von Anregungen von jeder Stelle des Unternehmens und Eigenverantwortlichkeit der Mitarbeitenden.

Das TQM verlangt von allen Mitarbeitenden ein Denken in Prozessen und betrifft das Unternehmen als Ganzes. Weiterhin ist es zur Implementierung des TQM-Konzepts notwendig, sich auf die wesentlichen, wertschöpfenden Prozesse zu konzentrieren.

Total Quality Management ist ein *vieldimensionales* Konzept. Das bedeutet, dass die Ausrichtung auf Qualitätsziele mittelfristig auch die Erreichung von Kosten- oder Zeitzielen einschliesst, die sich durch die Vermeidung von Fehlern (▷ Qualitätskosten) einerseits und die Verbesserung von Prozessen andererseits ergeben. Ausserdem kann in vielen Fällen die ▷ Flexibilität gesteigert werden. Die angestrebte Erhöhung des Kundennutzens stärkt zudem die Wettbewerbsposition des Unternehmens und kann damit einen Beitrag zur Steigerung des ▷ Marktanteils liefern.

Die Anwendung von TQM in der Praxis hat gezeigt, dass die Umsetzung des Konzepts sehr anspruchsvoll ist und erhebliche unternehmerische Ressourcen bindet. Ein Erfolg kann nur erreicht werden, wenn das Management bereit ist, einen Wandel in der ▷ Unternehmenskultur vorzunehmen und durchzusetzen. Anlass zur Einführung von TQM gibt häufig der verstärkte internationale Wettbewerbsdruck, der Verbesserungen in allen unternehmerischen Bereichen notwendig erscheinen lässt.

TQM

Abk. für ▷ Total Quality Management

Trade-Marketing

Unter Trade-Marketing versteht man ein handelsgerichtetes Marketing, bei dem aus Sicht des Anbieters (Hersteller wie z.B. Coca-Cola oder Procter & Gamble) das Handelsunternehmen als Zielgruppe aller Marketingaktivitäten angesehen wird. Ziel des handelsgerichteten Marketings ist die Unterstützung des Handels z.B. durch spezielle Konditionen, durch kooperative Verkaufsförderungs-Konzepte, gemeinsame Werbekampagnen, Regalflächenoptimierung, Sortimentsverbesserungen.
▷ Vertikales Marketing

Trade-Related Aspects of Intellectual Property Rights (TRIPS)

Das *TRIPS*-Abkommen (Trade-Related Aspects of Intellectual Property Rights, Abkommen über handelsbezogene Aspekte der Rechte an geistigem Eigentum) ist neben dem ▷ General Agreement on Tariffs and Trade (GATT) und dem ▷ General Agreement on Trade in Services (GATS) der dritte Grundvertrag der ▷ World Trade Organization (Welthandelsorganisation, WTO) und umfasst die Bereiche des Rechts über den Handel mit immateriellen Gütern. Beim TRIPS wie auch beim GATT und dem GATS werden die sechs Grundprinzipien der WTO angewandt. Das TRIPS umfasst die Abkommen über Urheberrechte, Marken, Erfindungen, Patente, geografische Bezeichnungen, Muster, Modelle und Geschäftsgeheimnisse. Ebenfalls Bestandteil von TRIPS sind die durch die ▷ World Intellectual Property Organization (WIPO) erarbeiteten Konventionen von Bern (Kunst, Literatur; ▷ Berner Übereinkunft), Paris (Schutz des gewerblichen Eigentums) und Washington (integrierte Schaltungen), aber auch die Regelungen und Bestimmungen über Fälschungen aller Art.

Trading-down

Als Trading-down wird die – im Gegensatz zum ▷ Trading-up stehende – unternehmenspolitische Strategie des Abbaus von Leistungsprogramm (▷ Sortimentsdimensionen) und Leistungsniveau bezeichnet (Senkung der Handelsleistung). Eine solche Strategie liegt vor, wenn ein Unternehmen im oberen Qualitätsbereich versucht, mit Produkten in untere Qualitäts- und damit Preisbereiche vorzudringen.

Mit dieser Strategie werden die prozentualen Kosten in der Industrie und die prozentualen ▷ Handelsspannen im Handel gesenkt. Dazu gehören Preiszugeständnisse. Sowohl das Trading-down als auch das Trading-up führen zu neuen Betriebstypen (▷ Wheel of Retailing).

Trading-up

Unter Trading-up werden (v.a. im Handel) unternehmenspolitische Strategien verstanden, die den Ausbau des Leistungsprogramms (▷ Sortimentsdimensionen) und des Leistungsniveaus zum Ziel haben (Erhöhung der Handelsleistung). Es erfolgt eine Angebotserweiterung mit Produkten eines höheren Qualitäts- und Preisbereichs mit dem Ziel der Erschliessung des Hochpreis-Segments (Automobilbranche: Einstieg von Ford in die obere Mittel- bzw. Oberklasse). Zweck des Trading-up ist die Erhöhung des ▷ Deckungsbeitrags in der Industrie sowie der prozentualen ▷ Handelsspanne im Handel.
▷ Trading-down
▷ Wheel of Retailing

Trainee-Programm

Trainee-Programm steht für die praxisbezogene bzw. berufsorientierte Ausbildung von Hochschulabsolventen (spezielles Programm nach Abschluss des Studiums). Dabei werden Hochschulabsolventen innerhalb eines Unternehmens (z.B. bei Banken, Versicherungen) durch ein Trainee-Programm in die berufliche Erfahrungswelt eingeführt (z.B. ▷ Training on the Job, ▷ Job Rotation, Belegung von Weiterbildungskursen mit Zertifizierung). Neben Job Rotation werden die Teilnehmer frühzeitig auf eine bestimmte Führungsposition vorbereitet. So können sie sich ein umfassendes Bild über die Funktionsweise des Unternehmens machen, nehmen teil an Seminaren und Trainings zur Persönlichkeitsentwicklung, besuchen Get-together-Events mit Geschäftsführern und Vorständen des Unternehmens. Die Dauer eines Trainee-Programms beträgt etwa 12 bis 16 Monate.

Training off the Job

Das Training off the Job gehört zu den Massnahmen der ▷ Personalentwicklung. Dabei erfolgen Weiter- bzw. Zusatzqualifikationen losgelöst von der eigentlichen Aufgabentätigkeit und i.d.R. ausserhalb des Unternehmens. Dies ist z.B. in Form von Kursen, Seminaren, Workshops, Konferenzen, Inhouse-Schulungen der Fall.
▷ Training on the Job

Training on the Job

Beim Training on the Job erfolgt – im Gegensatz zum ▷ Training off the Job (losgelöst von der eigentlichen Arbeitsaufgabe und -tätigkeit) – die Ausbildung und Vermittlung zusätzlicher Qualifikationen im Rahmen der täglichen Aufgabenerledigung am Arbeitsplatz. Sowohl für das Unternehmen wie für den Mitarbeitenden lassen sich wertvolle Schlüsse daraus ziehen, wie sich der Mitarbeitende unter Praxisbedingungen bewährt. Zudem erlaubt die Auswertung von Training on the Job-Programmen eine spezifische Bewertung von Arbeitsplätzen und den damit verbundenen Aufgaben. Training on the Job ist eine wichtige Massnahme im Rahmen der
▷ Personalentwicklung.

Transaktionskosten

Unter Transaktionskosten werden die Kosten für Information (Informationsbeschaffung) und Kommunikation verstanden, die aufgrund der arbeitsteiligen Leistungserstellung im Unternehmen anfallen. Hierunter fallen z.B. Such- oder Vertragserstellungskosten. Bei der optimalen Wahl zwischen Alternativen sind nicht nur die Produktionskosten, sondern auch die Transaktionskosten zu berücksichtigen und zu minimieren.
Der häufigste Anwendungsbereich in der Praxis ist der ▷ Make-or-Buy-Entscheid.

Nachteile solcher Überlegungen sind – wegen der Beschränkung auf Kostenaspekte – die Vernachlässigung strategischer Aspekte (z.B. Know-how-Verlust bei Fremderstellung).
▷ Transaktionskostenansatz

Transaktionskostenansatz
Der Transaktionskostenansatz als Ansatz der ▷ Neuen Institutionenökonomie untersucht und beurteilt unterschiedliche Institutionen im Hinblick auf die mit ihnen verbundenen ▷ Transaktionskosten. Solche Transaktionskosten fallen an für die Anbahnung, Aushandlung und Absicherung von Verträgen oder ähnlichen institutionellen Arrangements. In Abhängigkeit von bestimmten Transaktionseigenschaften (z.B. Komplexitätsgrad oder Häufigkeit) können geeignete institutionelle Arrangements ausgewählt werden, um die mit der Abwicklung der Transaktion verbundenen Kosten zu minimieren.

Transitorische Aktiven
Transitorische Aktiven sind Posten der periodengerechten Rechnungsabgrenzung und müssen in der ▷ Bilanz gesondert ausgewiesen werden (Art. 663a Abs. 4 OR). Sie umfassen bereits getätigte ▷ Auszahlungen für zukünftige Leistungen des Zahlungsempfängers, wobei diese Leistungen jedoch noch nicht (vollumfänglich) erbracht worden sind (z.B. Vorauszahlung von Versicherungsprämien). Zu den transitorischen Aktiven i.w.S. gehören auch die ▷ antizipativen Aktiven.

Transitorische Passiven
Transitorische Passiven sind Posten der periodengerechten Rechnungsabgrenzung und müssen in der ▷ Bilanz gesondert ausgewiesen werden (Art. 663a Abs. 4 OR). Sie umfassen bereits vereinnahmte ▷ Einzahlungen, wobei die dazugehörigen Leistungen jedoch noch nicht (vollumfänglich) erbracht worden sind (z.B. erhaltene Vorauszahlungen für Mieten). Zu den transitorischen Passiven i.w.S. gehören auch die ▷ antizipativen Passiven.

Transmission
▷ Immission

Transport
▷ Distribution

Transportweg
▷ Verbindungsweg

Transportzeit
▷ Beschaffungszeit

Tratte
Als Tratte wird ein *gezogener* ▷ Wechsel verstanden.

Travail Suisse
Am 14. Dezember 2002 wurde in Bern unter dem Namen Travail Suisse eine neue Dachorganisation der Arbeitnehmenden gegründet. Urheber dieser Gründung waren die Verbände und ▷ Gewerkschaften, die vorher dem *Christlichnationalen Gewerkschaftsbund der Schweiz (CNG)* und der *Vereinigung schweizerischer Angestelltenverbände (VSA)* angeschlossen waren.

Treasurer
Die Bezeichnung Treasurer stammt aus dem amerikanischen Sprachgebrauch und bedeutet wörtlich übersetzt «Schatzmeister». Als Vorsteher der *Treasury-Abteilung* ist der Treasurer i.d.R. direkt dem Chief Financial Officer (CFO) unterstellt. Während sich der Controller (▷ Controlling) an erfolgswirtschaftlichen Begriffen (wie z.B. ▷ Wertschöpfung, ▷ Kosten, ▷ Leistungen)

orientiert, ist der Treasurer für die finanzwirtschaftlichen Aktivitäten zuständig. Sein Aufgabengebiet umfasst die Finanzpolitik (▷ Finanzmanagement) des Unternehmens, das ▷ Cash Management, die Devisenbewirtschaftung, die Debitorenüberwachung sowie die Planung und Überwachung der Bilanzstruktur und Kreditwürdigkeit. Der Treasurer befasst sich v. a. mit Zahlungsströmen. Zu seinen Aufgaben gehört zudem die Pflege der Beziehungen zu Banken, Finanzanalysten und zur Finanzpresse *(Investor Relations)*.

Treasury-Abteilung
▷ Treasurer

Treugut
▷ Trust

Triffin'scher Koeffizient
Syn. für ▷ Kreuzpreiselastizität

TRIPS
Abk. für ▷ Trade-Related Aspects of Intellectual Property Rights

Triviales System
Beim trivialen System handelt es sich um ein ▷ System, das auf einen bestimmten Input stets gleich reagiert, also sich wie ein mechanisches System (Maschine) verhält. Solche Systeme sind nicht lernfähig, im Gegensatz zu ▷ komplexen Systemen.

True and Fair View
Nach dem Grundsatz der True and Fair View soll die Rechnungslegung ein den tatsächlichen Verhältnissen entsprechendes Bild der ▷ Vermögens-, Finanz- und Ertragslage eines Unternehmens vermitteln *(Fair Presentation)*. Die Befolgung dieses Grundsatzes wird sowohl von den ▷ Swiss GAAP FER, den ▷ IFRS als auch von den ▷ US GAAP gefordert. Das schweizerische Buchführungsrecht hingegen erlaubt die Bildung und Auflösung ▷ stiller Reserven, sodass ein nur die gesetzlichen Vorschriften einhaltender Jahresabschluss i. d. R. keine zuverlässige Beurteilung der Vermögens-, Finanz- und Ertragslage eines Unternehmens zulässt.

Trust
Der Begriff Trust wird in der betriebswirtschaftlichen Praxis oft für Unternehmensverbindungen gebraucht, die aufgrund einer ▷ Fusion zustande gekommen sind, bei der sowohl die wirtschaftliche als auch die rechtliche Selbständigkeit des übernommenen Unternehmens verloren geht.
Das schweizerische Wettbewerbsrecht hingegen bezeichnet als Trust einen Unternehmenszusammenschluss, der eine marktbeherrschende Stellung innehat. Dabei ist der rechtliche Weg des Unternehmenszusammenschlusses nicht von Belang.
Der Begriff Trust kommt aus dem angelsächsischen Bereich. Ein Trust liegt dann vor, wenn eine natürliche oder juristische Person, der Gründer *(Settlor)*, Vermögenswerte (sog. *Treugut)* dem Treuhänder *(Trustee)* übergibt, der in Zukunft nach der vom Gründer aufgestellten Satzung (Statuten) die Vermögenswerte in eigenem Namen als selbständiger Rechtsträger im Interesse eines oder mehrerer Dritter (Begünstigte) verwaltet oder verwendet.

Trustee
▷ Trust

Tupperware-Party
▷ Einzelhandelsformen

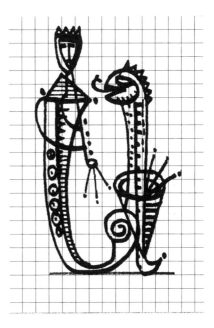

Überbeschäftigung
▷ Beschäftigungsgrad

Überforderung
Ein Mitarbeitender ist überfordert, wenn die Arbeitsaufgabe langfristig weit höhere Anforderungen an ihn stellt, als er aufgrund seiner Qualifikation erbringen kann (▷ Peter-Prinzip). Auswirkungen der Überforderung sind Demotivation, Unsicherheit, Angst um den Arbeitsplatz, Arbeitsunzufriedenheit bis hin zu psychosomatischen Erkrankungen. Eine Möglichkeit der Kompensation von Überforderung besteht in Fort- und Weiterbildungsmassnahmen bzw. in einer sorgfältigen Personalauswahl und -beurteilung bereits im Vorfeld.
▷ Anforderungsprofil
▷ Personalentwicklung
▷ Unterforderung

Übergewinnverfahren
Das Übergewinnverfahren bestimmt den Unternehmenswert aus dem ▷ Substanzwert plus einer Anzahl sog. Übergewinne. Übergewinn ist jener Teil des Gewinns, der über eine normale Kapitalverzinsung hinausgeht. Der Übergewinn ist eigentlich der ▷ Goodwill. Weil Übergewinne nur für eine bestimmte Dauer anfallen und in den Berechnungen entsprechend berücksichtigt werden, wird dieses Verfahren auch *Methode der verkürzten Goodwill-Rentendauer* genannt. Formal lässt sich der Unternehmenswert wie folgt herleiten:

$$U = S + n \cdot (G - i \cdot S)$$

n: Übergewinndauer; S: Substanzwert; G: effektiver (geschätzter) Gewinn; i: Normalrendite; $i \cdot S$: Normalverzinsung oder Normalgewinn; $n(G - i \cdot S)$: Übergewinn

Unter Berücksichtigung der Zinseszinsrechnung ergibt sich:

$$U = S + a_{\overline{n}|} \cdot (G - i \cdot S)$$

$a_{\overline{n}|}$: ▷ Barwertfaktor für die Übergewinndauer n

Diese Methode schlägt vor, den ▷ Ertragswert nur zu berücksichtigen, falls der Substanzwert kleiner als der Ertragswert ist. Bei dieser Methode ist die Bestimmung der Übergewinndauer schwierig. Je nachdem, ob es sich dabei um einen sach- oder personenbezogenen Goodwill handelt, ist die Dauer kürzer oder länger.

«Überkreuz»-Verkauf
Syn. für ▷ Cross Selling

Übernahme
Syn. für ▷ Akquisition

Überorganisation
▷ Organisationsgrad

Überschuldung
Eine Überschuldung liegt vor, wenn das gesamte ▷ Eigenkapital eines Unternehmens rechnerisch durch einen Bilanzverlust (▷ Verlust) aufgebraucht und das ▷ Fremdkapital nicht mehr vollständig durch Vermögensgegenwerte gedeckt ist. Einem überschuldeten Unternehmen droht der Konkurs, der vom Richter aufgeschoben werden kann, wenn der Verwaltungsrat einen überzeugenden Sanierungsplan vorlegen kann (Art. 725a OR).
Da der Verwaltungsrat nach Art. 725 Abs. 1 OR bereits bei einer 50-prozentigen Unterdeckung (▷ Unterbilanz) eine ▷ Generalversammlung einberufen und Sanierungsmassnahmen (▷ Sanierung) beantragen muss, kann davon ausgegangen werden, dass eine Überschuldung nicht plötzlich und unerwartet eintritt. Das Gesetz schützt die Gläubiger, indem es gemäss Art. 725 Abs. 2 OR dem Verwaltungsrat eines Unternehmens vorschreibt, bei begründetem Verdacht einer Überschuldung eine Zwischenbilanz zu Fortführungs- und zu Liquidationswerten zu erstellen und den Richter zu verständigen, sofern nicht Gesellschaftsgläubiger im Ausmass der Überschuldung im Rang hinter die übrigen Gläubiger zurücktreten (▷ Rangrücktrittserklärung).

Überschussangebot
▷ Marktgleichgewicht

Überschussnachfrage
▷ Marktgleichgewicht

Überstunden
Als Überstunden (Art. 321c OR) werden jene Arbeitsstunden bezeichnet, die über die vereinbarte oder übliche Arbeitszeit gemäss ▷ Gesamtarbeitsvertrag oder Einzelarbeitsvertrag hinaus geleistet werden. Kompensiert bzw. entschädigt werden Überstunden durch Freizeit oder – soweit nicht ausdrücklich etwas anderes vereinbart ist – durch einen 25-prozentigen Zuschlag auf den vereinbarten Lohn.
Nach Gesetz dürfen vom Arbeitnehmer Überstunden verlangt werden (Überstundenarbeit muss aber grundsätzlich ange-

ordnet werden), soweit sie notwendig sind, sie der Mitarbeitende zu leisten vermag und sie ihm nach Treu und Glauben zugemutet werden können (Art. 321c OR). Überstunden sind dazu da, vorübergehende Engpässe oder kurzfristige Überlastungen zu überwinden. Sie gelten als Ausnahme und dürfen nicht zur Regel werden. Führungskräfte können i.d.R. Überstunden nicht geltend machen, da diese mit ihrer Funktion verbunden sind und klare Vereinbarungen dazu fehlen. Es wird erwartet, dass sie kostenlos und ohne Anspruch auf Kompensation geleistet werden.

Überzeit
Überzeit wird geleistet, wenn die im Arbeitsgesetz festgesetzte wöchentliche Höchstarbeitszeit (in der Schweiz zur Zeit 45 bzw. 50 Stunden) überschritten wird. Notwendig dazu ist eine behördliche Bewilligung.

Ubiquität
Ubiquitäten sind Güter, die überall vorkommen und i.d.R. freie Güter (▷ Güter, ökonomische) sind (z.B. Luft). Infolge der steigenden Umweltbelastung existieren heute fast keine Ubiquitäten mehr.

Umfrage
▷ Befragung
▷ Ad-hoc-Umfrage
▷ Panel
▷ Omnibusumfrage
▷ Standarderhebung

Umlageverfahren
▷ Generationenvertrag

Umlaufintensität
▷ Investitionsverhältnis

Umlaufvermögen
Das Umlaufvermögen besteht aus Gütern, die zum Zweck der Veräusserung beschafft werden und wieder Geldform annehmen oder bereits in Geldform vorhanden sind. Das Umlaufvermögen wird laufend umgesetzt (Geld – Ware – Forderung – Geld). Weiter gehören zum Umlaufvermögen Vorräte, die innerhalb eines Jahres verbraucht werden (z.B. ▷ Roh-, ▷ Hilfs- und ▷ Betriebsstoffe, ▷ Halbfabrikate), sowie Wertpapiere als Geldanlage, die aufgrund eines geregelten Handels (z.B. Börse) jederzeit in Geld verwandelt werden können (▷ Zahlungsmitteläquivalente).

Umsatz
Der Umsatz *(Erlös)* entspricht dem Produkt aus Verkaufspreisen und Verkaufsmengen in einer Periode. Der Umsatz kann sich auf einzelne Produkte oder auf das gesamte Unternehmen beziehen. Er ist eine der objektivsten und wichtigsten Grössen des zwischenbetrieblichen und zeitlichen Vergleichs und ist Basis für verschiedene ▷ Kennzahlen.

Umsatzgewinnrate
Syn. für ▷ Umsatzrentabilität

Umsatzkostenverfahren
▷ Kurzfristige Erfolgsrechnung
▷ Erfolgsrechnung

Umsatzprozess
Der betriebliche Umsatzprozess beschreibt den Wertschöpfungsprozess (▷ Wertschöpfung) im Unternehmen. Güterwirtschaftlicher (leistungswirtschaftlicher) und finanzwirtschaftlicher Umsatzprozess sind so eng miteinander verknüpft, dass auf eine gedankliche Trennung verzichtet wird. Die Aufschlüsselung des gesamten betrieb-

lichen Umsatzprozesses aufgrund des logischen Ablaufs ergibt folgende Gliederung:
1. Beschaffung von ▷ finanziellen Mitteln.
2. Beschaffung der ▷ Produktionsfaktoren.
3. Kombination der Produktionsfaktoren zu Halb- und Fertigfabrikaten.
4. Absatz der erstellten Erzeugnisse.
5. Rückzahlung finanzieller Mittel. Beschaffung von neuen Produktionsfaktoren und damit Übergang zu Phase 2.

In der betrieblichen Wirklichkeit findet man diese Reihenfolge höchstens bei der Gründung, nachher laufen die einzelnen Phasen simultan ab.

Umsatzrentabilität

Die Umsatzrentabilität *(Umsatzgewinnrate)* entspricht dem Jahresgewinn (▷ Gewinn) in Prozenten des ▷ Umsatzes:

$$\text{Umsatzrentabilität} = \frac{\text{Jahresgewinn} \cdot 100}{\text{Umsatz}}$$

Sie ist als Kennzahl zur Analyse der Ertragslage von grosser Bedeutung und ist zusammen mit der ▷ Kapitalumschlagshäufigkeit Basis zur Berechnung des Return on Investment (▷ Gesamtkapitalrentabilität).

Umstellungsinvestition

Von Umstellungsinvestitionen spricht man, wenn bei einem Ersatz von alten Maschinen anstelle der bisherigen Erzeugnisse neue Produkte hergestellt werden.

Umverteilungspolitik

Syn. für ▷ Strukturpolitik
▷ Staatsaufgaben

Ökologische Umwelt	■ Verfügbarkeit von Energie ■ Verfügbarkeit von Rohstoffen ■ Strömungen im Umweltschutz □ Umweltbewusstsein □ Umweltbelastung □ Umweltschutzgesetzgebung ■ Recycling □ Verfügbarkeit/Verwendbarkeit von Recycling-Material □ Recycling-Kosten
Technologie	■ Produktionstechnologie □ Entwicklungstendenzen in der Verfahrenstechnologie □ Innovationspotenzial □ Automation/Prozesssteuerung/Informationstechnologie/CIM/CAM ■ Produktinnovation □ Entwicklungstendenzen in der Produkttechnologie (Hardware, Software) □ Innovationspotenzial ■ Substitutionstechnologien ■ Informatik und Telekommunikation
Wirtschaft	■ Entwicklungstendenzen des Volkseinkommens in den relevanten Ländern ■ Entwicklung des internationalen Handels ■ Entwicklungstendenzen der Zahlungsbilanzen und Wechselkurse ■ Erwartete Inflation ■ Entwicklung der Kapitalmärkte ■ Entwicklung der Beschäftigung (Arbeitsmarkt) ■ Zu erwartende Investitionsneigung ■ Zu erwartende Konjunkturschwankungen ■ Entwicklung spezifischer relevanter Wirtschaftssektoren
Demografische und sozialpsychologische Entwicklungstendenzen	■ Bevölkerungsentwicklung in den relevanten Ländern ■ Sozialpsychologische Strömungen z.B. Arbeitsmentalität, Sparneigung, Freizeitverhalten, Einstellung gegenüber der Wirtschaft, unternehmerische Grundhaltungen
Politik und Recht	■ Globalpolitische Entwicklungstendenzen ■ Parteipolitische Entwicklung in den relevanten Ländern ■ Entwicklungstendenzen in der Wirtschaftspolitik ■ Entwicklungstendenzen in der Sozialgesetzgebung und im Arbeitsrecht ■ Bedeutung und Einfluss der Gewerkschaften ■ Handlungsfreiheit der Unternehmen

▲ Abb. 179 Analyse des Umfelds

Umweltabgaben
▷ Umweltpolitik

Umweltanalyse
Die Umweltanalyse *(Chancen-Gefahren-Analyse)* erfasst im Rahmen der Analyse der Ausgangssituation bei der Generierung der ▷ Unternehmenspolitik die Entwicklung in den nächsten fünf bis zehn Jahren (evtl. noch längerfristig). Ziel dieser Analyse ist es, Chancen und Gefahren für das Unternehmen einzuschätzen. Sie kann in eine Analyse des allgemeinen Umfelds (◀ Abb. 179) sowie in eine ▷ Markt- und ▷ Branchenanalyse unterteilt werden.
Die Analyse der Umwelt ist oft mit Schwierigkeiten verbunden, weil es keine eindeutige Lösung oder Antwort gibt. Die Auswahl der relevanten Informationen aus einer riesigen Datenmenge ist problematisch. Damit verbunden ist die Unsicherheit von Prognosen. Auf diesem Hintergrund wurde die ▷ Szenariotechnik entwickelt, mit der – ausgehend von vorwiegend qualitativen Daten – mögliche zukünftige Entwicklungen aufgezeigt und in verschiedenen ▷ Szenarien dargelegt werden.

Umwelt-Audit
Syn. für ▷ Öko-Audit

Umweltauflagen
▷ Umweltpolitik

Umweltbelastung
▷ Umwelteinwirkungen

Umweltbelastungsfaktor
Syn. für ▷ Ökofaktor
▷ Umweltbelastungspunkte

Grundlagen:
Umwelteinwirkungen NO_2: 5 kg/Jahr
  SO_2: 10 kg/Jahr
Ökofaktoren NO_x: 42,3 UBP pro Gramm
  SO_x: 23 UBP pro Gramm

Berechnung der Umweltbelastungspunkte:
Umwelteinwirkung · Ökofaktor = Umweltbelastungspunkte (UBP)
5 000 g NO_2/Jahr · 42,3 = 211 500 UBP
10 000 g SO_2/Jahr · 23 = 230 000 UBP
Umwelteinwirkung gesamthaft = 441 500 UBP

▲ Abb. 180 Berechnung Umweltbelastungspunkte

Umweltbelastungspunkte
Zur Bewertung von Stoff- und Energieflüssen im Rahmen von ▷ Ökobilanzen wurde das Konzept der ▷ ökologischen Knappheit mit Umweltbelastungspunkten entwickelt. Die Gewichtung der einzelnen ▷ Umwelteinwirkungen geht bei dieser Methode grundsätzlich von gesetzlich festgelegten Grenzwerten aus. Ziel ist es, die von einem Produktionsprozess ausgehenden vielfältigen Belastungen mit einer einzigen Zahl auszudrücken (Aggregierbarkeit aller Umweltbelastungen). Mit Hilfe eines ▷ Ökofaktors werden die verschiedenen Belastungen so umgerechnet, dass diese in einer einheitlichen Grösse erscheinen, den sog. Umweltbelastungspunkten (UBP). Wie das Beispiel in ◀ Abb. 180 zeigt, multipliziert man die Ökofaktoren mit der effektiv gemessenen Umwelteinwirkung, um die Umweltbelastungspunkte zu erhalten.
Die Umweltbelastungspunkte haben eine gewisse Normwirkung und können für ein Produkt, für ein Unternehmen oder z.B. auch für eine ganze Volkswirtschaft errechnet werden.

Umweltbetriebsprüfung
Syn. für ▷ Öko-Audit

Umwelt-Controlling
Syn. für ▷ Öko-Controlling

Umwelt des Unternehmens
Die Umwelt des Unternehmens lässt sich in verschiedene Umweltbereiche mit unterschiedlichen ▷ Anspruchsgruppen aufteilen (▶ Abb. 181). Zu den Anspruchsgruppen zählen alle Institutionen oder Organisationen, die mit dem Unternehmen direkt oder indirekt, gegenwärtig oder zukünftig in irgendeiner Beziehung stehen.

Die Umwelt kann aber auch in Bereiche unterteilt werden, in denen jeweils ein besonderer Aspekt im Vordergrund steht:

■ Der *ökologische* Bereich schliesst die Natur mit ihren begrenzten ▷ Ressourcen und die Eingriffe des Menschen in die Natur ein. Neben der zunehmenden Schadstoffbelastung ist Folgendes zu beachten: (a) es gibt immer weniger freie Güter (▷ Güter, ökonomische), (b) die Nutzung und Veränderung naturgegebener Stoffe, Kräfte und Lebewesen nehmen zu, (c) rechtliche Umweltschutzregelungen verstärken sich quantitativ und qualitativ, (d) die Kosten zur Verhütung und Behebung umweltgefährdender Aktivitäten steigen (▷ externe Effekte).

■ Zum *technologischen* Bereich gehört die Beobachtung des ▷ technischen Fortschritts. Natur- und Ingenieurwissenschaften an den Hochschulen, aber auch die Forschung und Entwicklung der Konkurrenz sind wichtige Teile der technologischen Umwelt eines Unternehmens. Die grosse Bedeutung dieses Bereichs zeigt sich in folgenden Entwicklungen: (a) Beschleunigung des technologischen Wandels, (b) Verkürzung der ▷ Produktlebenszyklen, (c) Verminderung der Zeitspanne von der Idee zur Produktreife, (d) erhöhter Einsatz an finanziellen Mitteln, (e) erhöhtes Risiko in Forschung und Entwicklung, (f) immer weniger Schutz der eigenen ▷ Technologie (▷ Patent).

■ *Ökonomischer* Bereich: Jedes Unternehmen ist in einen gesamtwirtschaftlichen Prozess eingebettet und von der volkswirtschaftlichen Entwicklung ihres Landes und der Weltwirtschaft abhängig. Je nach Branche, Beschaffungs- oder Absatzmarkt sind für das Unternehmen z.B. Daten bezüglich der Entwicklung der Bevölkerungszahlen *(Bevölkerungsentwicklung, Demografie)*, des ▷ Bruttosozialprodukts, des Konsums der privaten Haushalte, der ▷ Investitionen, der ▷ Inflation, der Beschäftigung wichtig. Für das Unternehmen sind folgende Tendenzen von Bedeutung: (a) Zunahme weltwirtschaftlicher Interdependenzen, (b) abnehmende Aussagekraft von Modellen und Prognosen, (c) zunehmende ▷ Globalisierung der Beschaffungs- und Absatzmärkte.

■ Der *soziale* oder *gesellschaftliche* Bereich betrifft den Menschen als Individuum und in der Gemeinschaft. Er kann in verschiedene Unterbereiche eingeteilt werden, z.B. Familie, Kultur, Recht, Politik, Kirche. Gesellschaftliche Normen und Werte werden immer mehr von Interessengemeinschaften vertreten. Das Unternehmen wird zunehmend als soziales Gebilde mit eigener sozialer Verantwortung betrachtet.

Zwischen einem Unternehmen und seiner Umwelt bestehen viele Beziehungen, die einem ständigen Wandel unterliegen. Jedes Unternehmen muss diese Beziehungen beobachten, Entwicklungen beurteilen und Veränderungen in seinen Entscheidungen berücksichtigen. Damit schafft es gute Voraussetzungen, um wettbewerbsfähig zu bleiben und seine Existenz langfristig zu sichern.

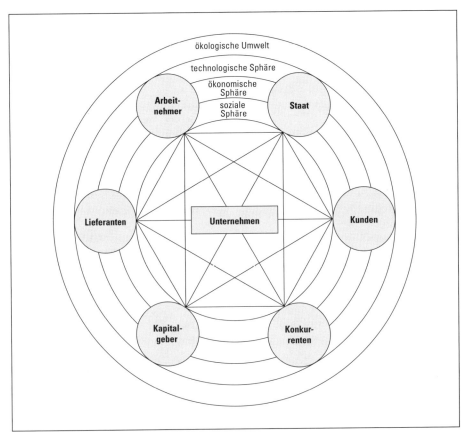

▲ Abb. 181 Umwelt des Unternehmens

Umwelteinwirkungen

Umwelteinwirkungen entstehen sowohl auf der Input- als auch auf der Output-Seite einer Unternehmenstätigkeit. Input-Grössen sind beispielsweise Bodenschätze, Energie, Pflanzen, Tiere, Wasser, Luft und Land, die in den Produktionsprozess einfliessen oder dadurch beeinträchtigt werden (z.B. Landschaft). Output-Grössen sind neben den erwünschten Produkten etwa ▷ Emissionen in die Luft, in den Boden oder in das Wasser, Abfälle, Abwärme, Lärm und Strahlung.

Zur Beurteilung ökologischer Zusammenhänge wird untersucht, welche Einwirkungen wesentlich sind und welche dieser wesentlichen Einwirkungen als positiv bzw. negativ bewertet werden müssen. Es stellen sich folgende Probleme:

■ Als Folge der *Komplexität der Zusammenhänge* ist es in konkreten Situationen oft schwierig, einen klaren Verursacher von Umweltschädigungen zu identifizieren (▷ Verursacherprinzip). Ursache und Wirkungen liegen zeitlich und örtlich oft weit auseinander. Wechselwirkungen, Rück-

koppelungen und unerwartete Wirkungsverläufe führen zu schwer überschau- und vorhersehbaren Nebenwirkungen.
- Die Erfassung von sozialen Kosten (▷ externe Effekte) wird durch *Messprobleme* erschwert. Wie soll z.B. die psychische Belastung eines Menschen durch Lärm gemessen werden?
- Selbst wenn Belastungen erfasst werden können, bleibt das *Problem der Bewertung von Umwelteinwirkungen*. Zu beachten ist dabei, inwieweit Bewertungen naturwissenschaftlich fundiert sind und inwieweit sie von gesellschaftlichen und persönlichen Wertungen abhängen.

Mögliche Ansätze zur Bewertung von Umwelteinwirkungen (▷ Ökobilanz) sind:
- *Kosten und Erträge:* Ökologieprobleme und Massnahmen werden mengen- und geldmässig quantifiziert, Nutzen und Schäden bzw. Kosten und Erträge ermittelt, Schadens- und Schadensvermeidungskosten gegeneinander abgewogen.
- *Kritische Mengen:* Es werden auf der Grundlage ▷ ökologischer Knappheiten kritische Mengen für Stoffflüsse ermittelt, bei deren Überschreitung inakzeptable Wirkungen auftreten.
- *Schädlichkeit:* Mit Hilfe der Naturwissenschaften wird die Schädlichkeit unterschiedlicher Einwirkungen gemessen (z.B. Giftigkeit für den Menschen oder Anreicherung problematischer Stoffe in Pflanzen). Aufgrund der Resultate können Kriterien zur Stoffbeurteilung und Schädlichkeitsklassen entwickelt werden.
- *Grenzwerte:* Die Umwelteinwirkungen werden mit Hilfe vorhandener Grenzwerte gewichtet, die auf einer gesellschaftlich-politischen oder naturwissenschaftlichen Gewichtung beruhen (▷ Umweltbelastungspunkte) können.

Umweltgerechtes Verhalten

Umweltgerechtes Verhalten wird gefördert durch:
1. Aufbau einer Infrastruktur, die umweltgerechtes Verhalten ermöglicht (z.B. Aufstellen von Containern für das ▷ Recycling),
2. Setzen von Handlungsanreizen (z.B. finanzielle Anreize),
3. Schaffen umweltrelevanter Werte (z.B. Wirkung als Vorbild, Diskussion von Wertfragen),
4. Wahrnehmungsverbesserung (z.B. Vorschriften, Bussen, aufmerksam machen auf Folgen),
5. Vermittlung umweltrelevanten Wissens (z.B. Ausbildungsmassnahmen, Umweltforschung).

Umweltgüter

Unter Umweltgütern werden meist die wirtschaftlich nutzbaren Früchte der Natur verstanden wie Boden, Bodenschätze, Wasser, Luft, Flora, Fauna und verschiedene Formen der Energie. Lange wurden viele Umweltgüter als ▷ freie Güter betrachtet, was angesichts der aktuellen Umweltbelastung nicht mehr gerechtfertigt erscheint.

Umwelthaftung

▷ Umweltpolitik

Umweltmanagementsystem

Das Umweltmanagementsystem als Teil des gesamten Managementsystems umfasst die organisatorischen Strukturen, Verantwortlichkeiten und Prozesse für die Realisierung der ▷ Umweltpolitik eines Unternehmens (▶ Abb. 182). Instrumente des Umweltmanagementsystems sind Instrumente der Zielfindung, der Planung, der Weiterbildung, der Organisation, des ▷ Öko-Controllings und des ▷ Öko-Audits.

Umweltmanagement-Verordnung der Europäischen Union

Die Umweltmanagement-Verordnung der ▷ Europäischen Union bietet ein System für das Umweltmanagement (▷ Umweltmanagementsystem) und die Umweltbetriebsprüfung (▷ Öko-Audit), an dem sich Unternehmen freiwillig beteiligen können. Ziel ist die Förderung des betrieblichen Umweltschutzes. Die Verordnung legt den folgenden Ablauf fest:
1. Formulierung einer ▷ Umweltpolitik mit umweltbezogenen Gesamtzielen und Handlungsgrundsätzen,
2. umfassende Analyse der relevanten Wirkungen auf die ökologische Umwelt (Umweltprüfung),
3. Festlegung der Umweltziele,
4. Entwurf eines Umweltprogramms mit konkreten Massnahmen,
5. Aufbau eines ▷ Umweltmanagementsystems, das Organisation, Zuständigkeiten, Abläufe u. a. regelt,
6. Durchführung einer internen Umweltbetriebsprüfung (▷ Öko-Audit),
7. Ausarbeitung einer Umwelterklärung (Bericht), welche die Tätigkeiten des Unternehmens, die Umweltauswirkungen, das Umweltprogramm, die ▷ Umweltpolitik und das ▷ Umweltmanagementsystem beschreibt,
8. externe Prüfung durch unabhängige Umweltexperten und Gültigkeitserklärung.

Elemente	Funktion	Ansatzpunkte
Umweltprüfung	Bestandesaufnahme und Beurteilung der umweltrelevanten Situation (Soll-Ist-Vergleich)	▪ Gesetze ▪ Interne Vorgaben ▪ Bisherige Massnahmen
Umweltpolitik	Klares Bekenntnis der obersten Führung zur Umweltverantwortung und Festlegung der umweltbezogenen Gesamtziele und Handlungsgrundsätze	▪ Leitbild
Umweltziele und Umweltstrategien	Definition von Handlungsfeldern, Zielen und Strategien	▪ Erfolgs- und Risikopotenziale ▪ Strategien ▪ Ziele
Umweltprogramm	Definition konkreter Vorgaben und Massnahmen zur Verwirklichung der Umweltziele	▪ Massnahmen ▪ Mittel ▪ Fristen ▪ Verantwortlichkeiten für Massnahmen
Umweltmanagementkonzept	Aufbau und Sicherung der instrumentellen, organisatorischen und personellen Voraussetzungen zur Umsetzung des Umweltprogramms	▪ Information ▪ Planung ▪ Organisation (inkl. Aufgaben, Verantwortlichkeiten, Kompetenzen) ▪ Controlling ▪ Führung ▪ Dokumentation ▪ Ausbildung
Umwelt-Audit	Prüfung und Beurteilung der Funktionsweise und Angemessenheit des Umweltmanagements	▪ Umweltmanagementsystem ▪ Umweltrecht ▪ Umweltleistung
Umweltkommunikation	Information über Massnahmen und Ergebnisse im Umweltbereich sowie Kommunikation mit Anspruchsgruppen	▪ Intern ▪ Extern ▪ Umweltbericht

▲ Abb. 182 Elemente eines Umweltmanagementsystems

Umweltorientierung
▷ Marketing

Umweltpolitik
Mit der Umweltpolitik wird die grundsätzliche Ausrichtung im Hinblick auf umweltorientierte Anliegen festgelegt. Dies ist sowohl auf unternehmerischer Ebene (▷ ökologisch bewusstes Management,

▷ strategisches Management) als auch auf volkswirtschaftlicher Ebene notwendig.
Auf volkswirtschaftlicher Ebene umfasst die Umweltpolitik sämtliche Ziele und Massnahmen zur Bewältigung der immer grösser werdenden Umweltprobleme wie:
- *Freiwilliger Umweltschutz:* Wünschenswert ist, dass sich Unternehmen und Privatpersonen freiwillig umweltgerecht verhalten. Dieses Verhalten kann durch Information über die Folgen von umweltbelastenden Aktivitäten oder über die Umweltverträglichkeit von Produkten und Prozessen gefördert werden.
- *Technischer Umweltschutz:* Mit Hilfe von Umwelttechnologien sollen die Auswirkungen umweltschädigender Aktivitäten im Nachhinein reduziert werden (Beispiel: Reinigung des Abwassers in der Abwasserreinigungsanlage). Diese sog. *End-of-the-Pipe-Lösungen* führen zu einem problematischen Reparaturverhalten. In Zukunft wird das ▷ Vorsorgeprinzip an Bedeutung gewinnen. Es müssen Technologien entwickelt werden, welche die Umweltbelastung im Verlauf des ▷ ökologischen Produktlebenszyklus minimieren.
- *Planerischer Umweltschutz:* Mit Hilfe vorsorgender Planung können Umweltbelastungen verhindert oder gering gehalten werden (Beispiel: Raumplanung, Verkehrsplanung).
- *Polizeirechtlicher Umweltschutz:* Gebote (z.B. Pflicht zur Abgaskontrolle für Motorfahrzeuge), Verbote (z.B. von ozonschädigenden Fluorchlorkohlenwasserstoffen) und Auflagen (z.B. notwendige Wärmedämmung als Voraussetzung für eine Baubewilligung) zeigen schnelle und grosse Wirkung. Sie bieten jedoch keinen Anreiz, sich freiwillig besser als unbedingt notwendig zu verhalten. Das aktuelle Umweltrecht stützt sich stark auf polizeirechtlichen Umweltschutz.

- *Umweltverträglichkeitsprüfung:* Bei Anlagen, welche die Umwelt erheblich belasten können, müssen die Vereinbarkeit mit dem umweltrelevanten Recht überprüft und ein Umweltverträglichkeitsbericht erstellt werden. Dieser ist öffentlich zugänglich. Die entscheidende Behörde kann Bewilligungen (z.B. Baubewilligung) mit Auflagen verbinden.
- *Vereinbarungslösungen:* Verursacher von Umweltbelastungen und Geschädigte können Lösungen suchen, indem sie miteinander verhandeln. So können Geschädigte den Verursachern Geld für Schutzmassnahmen anbieten. Umgekehrt können Umweltbelaster entstandene Schäden mit Geldzahlungen oder anderen Leistungen ausgleichen (▷ Verursacherprinzip). Vereinbarungslösungen haben für Unternehmen den Vorteil, dass sie selbst bestimmen, wie sie die vorgegebenen Umweltziele erreichen wollen. Dieser Lösungsansatz bietet aber keinen Anreiz, über die Vereinbarung hinaus Umweltschutzmassnahmen zu betreiben.
- *Umweltzertifikate:* Der Staat fixiert die Menge der Umweltbelastung, die er zulassen will. Die Belastungsmenge wird aufgeteilt und in Form von Zertifikaten nach einem bestimmten Schlüssel gratis abgegeben oder versteigert. Umweltzertifikate sind frei handelbare Wertpapiere, die ihre Besitzer dazu berechtigen, während einer bestimmten Periode eine limitierte Anzahl definierter Schadstoffe an die Umwelt abzugeben. Wer die Umwelt belasten will, muss demnach bereit sein, dafür zu bezahlen oder auf die Einnahmen aus dem Verkauf vorhandener Zertifikate zu verzichten. Es entsteht dadurch ein Anreiz zu umweltgerechtem Verhalten. Zum Handeln der Zertifikate kann eine Börse eingerichtet werden.

- *Glockenpolitik:* Es werden Gruppen von Emittenten («Glocken», Emissionsverbund) gebildet, für die der Staat die Gesamtmenge an bestimmten ▷ Emissionen so vorschreibt, dass die Immissionsgrenzwerte (▷ Immission) gemeinsam eingehalten werden können. Diese marktwirtschaftliche Form des Umweltschutzes lässt den Unternehmern viel Freiheit. Umweltschutzinvestitionen können dort vorgenommen werden, wo sie am sinnvollsten sind. Werden durch eine neue Anlage die Emissionen eines Unternehmens erhöht, müssen diese an anderer Stelle überkompensiert werden, sodass sich die Umweltsituation insgesamt verbessern kann.
- *Lenkungsabgaben:* Zu tiefe oder fehlende Preise für Umweltgüter und ▷ externe Effekte führen zu einer Ausbeutung der Natur. Abgaben können ökologisch schädliches Verhalten über erhöhte Kosten unattraktiv machen (z.B. Abgabe auf schädlichen Lösungsmitteln, Energieabgabe). Ökologiebewusstes Verhalten wird dadurch finanziell lohnenswert.
- *Sozialkostenabgaben:* Die bisher von der Allgemeinheit getragenen externen Kosten sollen den Verursachern angelastet werden. Beispiel: Die Kosten der Kehrichtbeseitigung sollen nicht von der Allgemeinheit, sondern über eine Kehrichtsackgebühr von den Verursachern bezahlt werden.
- *Umwelthaftung:* Es ist heute sehr schwierig, Forderungen aus Umweltschäden gegenüber den Verursachern geltend zu machen. So ist es aufgrund der Komplexität der ▷ Umwelteinwirkungen und der unzähligen Emittenten oft unmöglich, (natur-)wissenschaftlich nachzuweisen, wer für einen bestimmten Schaden in welcher Höhe verantwortlich ist. Durch eine Verschärfung der Umwelthaftung können sich Geschädigte leichter wehren. Beispiel: Es wird vom Geschädigten nur der Nachweis eines plausiblen Zusammenhangs und nicht eine naturwissenschaftlich genaue Beweisführung verlangt. Solange das eingeklagte Unternehmen nicht nachweist, dass es nicht Emissionsquelle sein kann, wird davon ausgegangen, dass es Emissionsquelle ist (Beweisumkehr). Wird die Haftung für Umweltschäden verschärft, müssen sich die Verursacher von Umweltschäden dagegen versichern. Die mit zunehmendem Risiko immer höheren Versicherungsprämien bieten einen Anreiz, sich umweltgerecht zu verhalten.

Derzeit überwiegen die Instrumente des polizeilichen und technisch-planerischen Umweltschutzes. Umweltschutz mit marktwirtschaftlichen Instrumenten ist wenig verbreitet, obwohl er aus ökonomischer Sicht den übrigen Ansätzen überlegen ist. Denn nur er setzt Anreize, Ressourcen effizient einzusetzen und Informationen über Vermeidungsmöglichkeiten von Umweltbelastungen zu beschaffen.

Umweltschutzziele

Umweltschutzziele dienen dazu, Umweltbelastungen und den Verbrauch knapper Ressourcen zu vermeiden oder zu verringern. Daraus ergeben sich die Teilziele Ressourcenschutz, Emissionsbegrenzung und Risikobegrenzung (▶ Abb. 183).

Umweltverträglichkeitsprüfung
▷ Umweltpolitik

Umweltzertifikat
▷ Umweltpolitik

Umweltziele
▷ Umweltschutzziele

UN Business Global Compact
Syn. für ▷ Global Compact

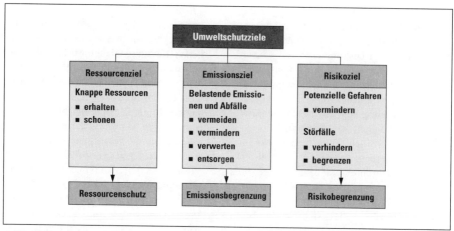

▲ Abb. 183 Umweltschutz als Unternehmensziel (Dyllick 1990, S. 25)

Underreporting
Im Rahmen der Panelerhebung (▷ Panel) ergeben sich Probleme durch Messverzerrungen; eines davon ist das Underreporting, d.h. dass aus Langeweile, wegen Unkonzentriertheit, Faulheit oder Ermüdungserscheinungen falsche bzw. unvollständige Eintragungen gemacht werden. Das Gegenteil davon ist ▷ Overreporting.

Unfreundliche Übernahme
▷ Akquisition

Unfriendly Take-over
Engl. für Unfreundliche Übernahme
▷ Akquisition
▷ Raider

Unique Selling Proposition (USP)
Unique Selling Proposition *(USP)* ist eine ▷ Werbebotschaft mit «einzigartigem Verkaufsversprechen». Damit wird ein spezifischer Nutzen betont, der das Produkt von Konkurrenzangeboten abhebt. Die Unique Selling Proposition muss den ▷ Werbesubjekten den entscheidenden Grund («reason why») zur Bevorzugung des Werbeobjekts (▷ Werbekonzept) verständlich machen.

United Nations
Die United Nations *(Vereinte Nationen)* sind eine Vereinigung fast aller Staaten zur Verhinderung von Kriegen, für Entwicklungszusammenarbeit, zum Schutz der Menschenrechte sowie für verschiedene andere Aufgaben. Sie wurde 1945 in San Francisco gegründet, hat heute ihren Sitz in New York und umfasst 191 Mitgliedstaaten (Stand 2002). Sie wird auch als Organisation der Vereinten Nationen *(UNO)* bezeichnet.

Unkündbares Leasingverhältnis
▷ Leasingverhältnis, unkündbares

UNO
Abk. für ▷ United Nations (Organisation)

Unterbeschäftigung
▷ Beschäftigungsgrad

Unterbilanz
Eine Unterbilanz liegt vor, wenn ein einmaliges Ereignis oder anhaltende ▷ Verluste dazu führten, dass das Haftungssubstrat (▷ Eigenkapital) eines Unternehmens nicht mehr vollständig durch Vermögensgegenwerte gedeckt ist. Es gibt folgende Arten von Unterbilanzen:

■ *Verdeckte Unterbilanz:* Der (tatsächliche) Verlust von Teilen des Eigenkapitals wird in der ▷ Bilanz nicht ausgewiesen, sondern mittels Überbewertung von ▷ Aktiven verdeckt.

■ *Unechte Unterbilanz:* Ein Verlust kann zunächst mit den freien und – wenn diese nicht ausreichen – anschliessend mit der Allgemeinen ▷ Reserve verrechnet werden (Art. 671 Abs. 3 OR und Art. 672 OR). Wird der Verlust hingegen als Berichtigungsposten auf der Aktivseite der Bilanz auf die neue Rechnung vorgetragen und ist das Grundkapital (▷ Aktienkapital plus ▷ Partizipationskapital plus gesetzlich gebundene Reserven [Reserve für eigene Aktien und Aufwertungsreserve]; ▷ Reserven) effektiv noch vollständig durch Vermögensgegenwerte gedeckt, so liegt im Sinn des Gesetzes keine Unterbilanz vor.

■ *Echte Unterbilanz ohne gesetzliche Folgen:* Eine echte Unterbilanz im Sinn des Gesetzes liegt dann vor, wenn die Summe aus Aktienkapital, Partizipationskapital und gesetzlichen Reserven nicht mehr voll gedeckt ist. Solange die Bedingungen von Art. 725 Abs. 1 OR jedoch nicht erfüllt sind, das so definierte Eigenkapital also noch mindestens zur Hälfte gedeckt ist, entstehen aus dieser Unterbilanz keine gesetzlichen Folgen.

■ *Echte Unterbilanz mit gesetzlichen Folgen:* Ist die Hälfte der Summe aus Aktienkapital, Partizipationskapital und gesetzlichen Reserven nicht mehr gedeckt, so muss der ▷ Verwaltungsrat unverzüglich eine ▷ Generalversammlung einberufen, die Aktionäre unterrichten und ihnen Sanierungsmassnahmen unterbreiten.
Eine Unterbilanz kann als Hinweis auf eine mögliche ▷ Überschuldung des Unternehmens aufgefasst werden.

Unterforderung
Ein Mitarbeitender ist unterfordert, wenn er eine höhere Qualifikation besitzt, als er zur Erfüllung seiner Arbeitsaufgabe benötigt. Unterforderung führt ebenso wie ▷ Überforderung zu Demotivation und Arbeitsunzufriedenheit und beeinträchtigt darüber hinaus die Persönlichkeitsentwicklung. Massnahmen gegen Unterforderung sind ▷ Job Enrichment und ▷ Job Enlargement.
▷ Anforderungsprofil

Unternehmen
Das Unternehmen ist ein offenes, dynamisches, komplexes, teilweise probabilistisches, teilweise autonomes, zielgerichtetes und zielsuchendes produktives soziales System, d.h. dass

■ das Unternehmen permanent mit seiner Umwelt in Beziehung steht *(offenes System),*

■ das Unternehmen dauernden Veränderungen unterliegt *(dynamisches System),*

■ das Unternehmen aus vielen Subsystemen und Elementen aufgebaut ist, die in Beziehung zueinander stehen, zahlreiche Rückkoppelungsbeziehungen aufweisen und nicht vollständig erfassbar und beschreibbar sind *(komplexes System),*

- das Zusammenwirken der Elemente nur teilweise determiniert ist *(stochastisches bzw. probabilistisches System)*,
- das Unternehmen innerhalb bestimmter Grenzen entscheiden und damit sein Verhalten mitbestimmen kann *(teilweise autonomes System)*,
- das Unternehmen Ziele verfolgt, die es immer wieder konkretisieren und situationsgerecht wählen muss *(zielgerichtetes, zielsuchendes System)*,
- das Unternehmen Leistungen für Dritte erstellt *(produktives System)* sowie
- im Unternehmen Individuen, Gruppen und soziale Subsysteme auftreten, die das Verhalten des Gesamtunternehmens massgeblich bestimmen *(soziales System)*.

Mit der Wahl der ▷ Rechtsform werden die rechtlichen Beziehungen des Unternehmens zu seiner Umwelt und bestimmte Fragen der Organisation des Unternehmens selbst geregelt.

Unternehmen, assoziiertes
▷ Assoziiertes Unternehmen

Unternehmensanalyse

In der Unternehmensanalyse sollen die *Stärken* und *Schwächen* des Unternehmens untersucht werden. Aus der Analyse der bisherigen Entwicklung und der gegenwärtigen Situation lassen sich strategische Stossrichtungen für die Zukunft ableiten. Im Vordergrund stehen folgende Aspekte:
- Analyse des *Tätigkeitsgebiets:* Aufgrund der dynamischen Entwicklung des Markts, d.h. der Bedürfnisse der Konsumenten, muss sich ein Unternehmen immer wieder überlegen, ob es die richtigen Produkte anbietet. Die Beantwortung dieser Frage eröffnet dem Unternehmen neue Marktchancen, kann aber auch zu einer Einschränkung der bisherigen Tätigkeiten führen. Deshalb sind für jedes Produkt (oder jede Produktgruppe) folgende Fragen zu beantworten: (a) Welchen Nutzen bringt das Unternehmen den Kunden mit seinen Produkten und Dienstleistungen? (b) Welchen Kunden bringt das Unternehmen diesen Nutzen? (c) Welche Verfahren und Technologien setzt das Unternehmen ein, um seinen Kunden diesen Nutzen zu bringen?
- Analyse der eigenen *Fähigkeiten:* Die Fähigkeitsanalyse zeigt, in welchen Bereichen das Unternehmen seiner Konkurrenz überlegen ist (▷ Kernkompetenz) und welche ▷ strategischen Erfolgspositionen es bereits besetzt.
- Analyse der ▷ *Unternehmenspolitik:* Es ist zu überprüfen, inwieweit die bisherigen Ziele sinnvoll und realistisch waren oder sind, ob die zur Verwirklichung dieser Ziele gewählte Strategie geeignet war und ob Ressourcenverteilung und -einsatz zweckmässig und effizient erfolgt sind.
- Analyse der ▷ *Unternehmenskultur:* Diese Analyse prüft die Übereinstimmung zwischen der bestehenden Kultur und der beabsichtigten Unternehmenspolitik. Dadurch können Widerstände und positive Einstellungen lokalisiert werden, welche die Umsetzung der Unternehmenspolitik behindern oder beschleunigen. Daraus ergeben sich Anhaltspunkte zur gegenseitigen Abstimmung von Unternehmenskultur und -politik.
- Analyse der ▷ *Organisationsstruktur:* Neben der Unternehmenskultur muss auch die Organisationsstruktur eines Unternehmens optimal auf die Unternehmensstrategie abgestimmt werden.

▶ Abb. 184 zeigt eine umfassende Checkliste für eine Unternehmensanalyse.

Allgemeine Unternehmensentwicklung	■ Umsatzentwicklung ■ Cash-Flow-Entwicklung/Gewinnentwicklung ■ Entwicklung des Personalbestands ■ Entwicklung der Kosten und der Kostenstruktur (fixe Kosten, variable Kosten)	Forschung und Entwicklung	■ Forschungsaktivitäten und -investitionen ■ Entwicklungsaktivitäten und -investitionen ■ Leistungsfähigkeit der Forschung ■ Leistungsfähigkeit der Entwicklung (Verfahrens-, Produkt-, Software-Entwicklung) ■ Forschungs- und Entwicklungs-Know-how ■ Patente und Lizenzen
Marketing	■ Marktleistung □ Sortiment (Breite und Tiefe des Sortiments, Bedürfniskonformität des Sortiments) □ Qualität – Qualität der Hardware-Leistungen (Dauerhaftigkeit, Konstanz der Leistung, Fehlerraten, Zuverlässigkeit, Individualität usw.) – Qualität der Software-Leistungen (Nebenleistungen, Anwendungsberatung, Garantieleistungen, Lieferservice, individuelle Betreuung der Kunden usw.) – Qualitätsimage ■ Preis □ allgemeine Preislage □ Rabatte, Angebote usw. □ Zahlungskonditionen ■ Marktbearbeitung □ Verkauf □ Verkaufsförderung □ Werbung □ Öffentlichkeitsarbeit □ Markenpolitik □ Image (evtl. differenziert nach Produktgruppen) ■ Distribution □ inländische Absatzorganisation □ Exportorganisation □ Lagerbewirtschaftung und Lagerwesen □ Lieferbereitschaft □ Transportwesen	Finanzen	■ Kapitalvolumen und Kapitalstruktur ■ Stille Reserven ■ Finanzierungspotenzial ■ Working Capital ■ Liquidität ■ Kapitalumschlag □ Gesamtkapitalumschlag □ Lagerumschlag □ Debitorenumschlag ■ Investitionsintensität
		Personal	■ Qualitative Leistungsfähigkeit der Mitarbeitenden ■ Arbeitseinsatz ■ Salärpolitik/Sozialleistungen ■ Betriebsklima ■ Teamgeist/Unité de doctrine ■ Unternehmenskultur
		Führung und Organisation	■ Stand der Planung ■ Geschwindigkeit der Entscheide ■ Kontrolle ■ Qualität und Leistungsfähigkeit der Führungskräfte ■ Zweckmässigkeit der Organisationsstruktur/organisatorische Friktionen ■ Innerbetriebliche Information, Informationspolitik (Rechnungswesen, Marktinformation)
		Innovationsfähigkeit	■ Einführung neuer Marktleistungen ■ Erschliessung neuer Märkte ■ Erschliessung neuer Absatzkanäle
Produktion	■ Produktionsprogramm ■ Vertikale Integration ■ Produktionstechnologie (Zweckmässigkeit und Modernität der Anlagen, Automationsgrad) ■ Produktionskapazitäten ■ Produktivität ■ Produktionskosten ■ Einkauf und Versorgungssicherheit	Know-how in Bezug auf	■ Kooperation ■ Beteiligungen ■ Akquisitionen
		Synergiepotenziale	■ Marketing, Produktion, Technologie usw.

▲ Abb. 184 Checkliste für die Unternehmensanalyse

Unternehmensberatung

Die Unternehmensberatung *(Consulting)* lässt sich beschreiben als geschäftsmässiges Erbringen von Beratungsleistungen hinsichtlich Fragen der ▷ Unternehmensstrategie und der ▷ Organisation sowie der internen ▷ Prozesse und Methoden von Unternehmen und öffentlichen Einrichtungen durch eine unabhängige Partei. Diese breite Begriffsbestimmung umfasst so-

Funktionen/Aufgaben des Unternehmensberaters	Beziehung zwischen Berater und Klient	Typische Projektdauer
1. Informationsvermittlung	distanziert	kurz
2. Diagnose der Situation der beratenen Organisation	↑	↑
3. Entwicklung von Lösungsansätzen für identifizierte Probleme		
4. Präsentation und Diskussion von Handlungsempfehlungen		
5. Unterstützung bei der Implementierung der vorgeschlagenen Massnahmen		
6. Schaffen der notwendigen Bereitschaft und Motivation in der beratenen Organisation für die Umsetzung der vorgeschlagenen Massnahmen		
7. Unterstützung von organisationalem Lernen bei der beratenen Organisation	↓	↓
8. Unterstützung bei der Organisationsentwicklung und beim Aufbau organisationaler Kompetenzen	eng	lang

▲ Abb. 185 Funktionen/Aufgaben des Unternehmensberaters

wohl die allgemeine Managementberatung (z.B. Strategie-, Organisations-, Marketing- und Human-Resources- bzw. Personalberatung) als auch die Informatikberatung und beratungsnahe Informatikdienstleistungen sowie die Personalberatung im Sinn von ▷ Executive Search.
Firmen, die diese Dienstleistungen anbieten, werden ebenso als Unternehmensberatungen bezeichnet.
Die Unternchmensberatungsbranche entstand zu Beginn des 20. Jahrhunderts und hat sich insbesondere seit dem Zweiten Weltkrieg zu einem bedeutenden globalen Sektor entwickelt. Seit Beginn der 80er Jahre ist ein verstärkter Trend zur Einrichtung von internen (Inhouse-)Beratungen (▷ interne Unternehmensberatung) zu beobachten.
Das Spektrum der Dienstleistungen, die unter dem Begriff Unternehmensberatung angeboten werden, lässt sich auf verschiedene Arten differenzieren. Die an Turner (1982) angelehnte Einteilung in ◄ Abb. 185 orientiert sich an den Funktionen bzw. Aufgaben des Unternehmensberaters gegenüber der beratenen Organisation und damit an der Frage, von welchen Beratungsleistungen sich diese Nutzen erhofft.

In den vergangenen Jahren ist eine zunehmende Entkopplung (Unbundling) von Beratungsleistungen zu beobachten, indem die verschiedenen Funktionen von unterschiedlichen externen oder internen Anbietern wahrgenommen werden können.

Unternehmensbewertung

Bei der Unternehmensbewertung geht es um die Bewertung eines Unternehmens als Ganzes oder von Teilen eines Unternehmens (z.B. Tochtergesellschaften). Es handelt sich dabei um eine ▷ Investitionsrechnung, d.h. um die Frage, wie gross der zukünftige Nutzen ist, den man durch den Einsatz von Kapital für eine bestimmte Investition erhält.
Die Bewertung eines ganzen Unternehmens ist v.a. deshalb schwierig, weil der gesamte *Unternehmenswert* i.d.R. höher ist als die Summe der einzelnen *Vermögensteile*. Deshalb sind die zukünftigen *Erfolge*, die auf nicht oder nur schlecht messbaren Faktoren beruhen (z.B. gute Organisation, qualifiziertes Personal) mitzuberücksichtigen. Gerade die Ermittlung des Werts immaterieller Faktoren, deren Gesamtheit als ▷ Goodwill bezeichnet wird, ist ein schwer zu lösendes Problem.

In der Praxis werden v. a. folgende Verfahren der Unternehmensbewertung angewandt: ▷ Substanzwertmethode, ▷ Ertragswertmethode, ▷ Mittelwertverfahren und ▷ Übergewinnverfahren.
Bei der Frage nach dem «richtigen» Unternehmenswert ist festzuhalten, dass es den absolut richtigen Wert nicht geben kann. Bewertungen beruhen i. d. R. auf subjektiven Werten von Individuen. Es existieren in der Betriebswirtschaftslehre keine allgemein anerkannten objektiven Bewertungskriterien. Allerdings lässt sich insofern eine Objektivierung erreichen, indem die Funktion einer Unternehmensbewertung berücksichtigt wird und der Wert in Bezug auf das Ziel einer Unternehmensbewertung gesehen wird. In diesem Sinn können drei Werte unterschieden werden:
1. Der Unternehmenswert ist ein *Schiedswert*, der möglichst losgelöst von den beteiligten Unternehmensparteien ermittelt werden soll. Er beruht auf angemessenen betriebswirtschaftlichen Daten.
2. Der *Entscheidungswert* beruht auf der Erkenntnis, dass zukünftige Situationen nur mit subjektiven Wahrscheinlichkeiten vorausgesagt werden können. Der Entscheidungswert berücksichtigt diese subjektiv gewichteten Daten und vertritt – im Gegensatz zum Schiedswert – die Meinung und auch das Interesse einer bestimmten Partei. Der Zweck seiner Ermittlung ist das Bereitstellen einer Entscheidungsgrundlage.
3. Der *Argumentationswert* ist in dem Sinn ein parteiischer Wert, als er nur bewusst ausgewählte Kriterien berücksichtigt oder in den Vordergrund schiebt. Er wird bei Verhandlungen als Kommunikationsmittel und Beeinflussungsinstrument eingesetzt.

Unternehmenserwerb
▷ Akquisition

Unternehmensethik
Die Unternehmensethik ist ein Teilgebiet der Ethik, eine wissenschaftliche Disziplin der Philosophie. Als solche untersucht sie das moralische Handeln von Menschen und hat folgende Funktionen:
■ Beschreibungs- und Begründungsfunktion *(deskriptive Ethik)*: Die Ethik interessiert die Frage, nach welchen Normen und moralischen Grundsätzen sich Menschen richten oder welche Normen und Regeln überhaupt möglich sind. Sie sagt zunächst nichts darüber aus, was moralisch gut oder schlecht ist, sondern begründet, warum ein bestimmtes Verhalten als gut oder schlecht zu bezeichnen ist.
■ Vorschriftsfunktion *(normative Ethik)*: Im Gegensatz zur deskriptiven Auslegung der Ethik zeigt die normative Richtung, welche Normen und Grundsätze befolgt werden sollen. Die Ethik entwickelt eine eigene Moral – Moral verstanden als Gesamtheit von Normen und Werten –, nach denen die Menschen einer Gesellschaft sich verhalten sollen. Sie gibt Gebote (Du sollst ...) und Verbote (Du sollst nicht ...), bei deren Befolgung ein gutes Leben, gerechtes Handeln und vernünftige Entscheidungen Wirklichkeit werden sollen.
Für eine differenzierte Betrachtung ethischer Fragen hat es sich als zweckmässig erwiesen, nach dem Umfang der Handlungsträger drei Handlungsebenen zu unterscheiden:
1. Auf der *Mikroebene* stehen die Werte und das Handeln des Individuums im Vordergrund. Untersucht wird das Handeln einzelner Menschen in ihren spezifischen Lebensräumen (z. B. Arbeitsplatz) unter den Bedingungen, die das Handeln in diesen Lebensräumen eingrenzen (z. B. Arbeitsbedingungen).
2. Auf der *Mesoebene* wird das Handeln von wirtschaftlichen Organisationen be-

trachtet. Ein Unternehmen setzt sich zwar aus einzelnen Menschen zusammen, die es gestalten und lenken, aber es bildet als Ganzes auch eine wirtschaftliche Einheit und ist als eigenständiges Handlungssubjekt aufzufassen. Ein Unternehmen ist für sein moralisches Verhalten verantwortlich und hat die Konsequenzen für sein Handeln und Tun zu tragen. Es wird zu einer moralischen Person, genauso wie es eine juristische Person ist, und muss deshalb moralische Rechte und Pflichten übernehmen.

3. Auf der *Makroebene* geht es um die Gestaltung der allgemeinen wirtschaftlichen Rahmenbedingungen. Sie fragt nach dem gerechtesten oder besten wirtschaftlichen System, in welchem sich die verschiedenen Organisationen wie Unternehmen, öffentlich-rechtliche Gebilde, Berufsverbände oder Konsumentenvereinigungen bewegen.

Will man das moralische Verhalten eines Unternehmens beurteilen oder dem Management eine Entscheidungshilfe für ethische Fragen geben, so können allgemeine Regeln aus verschiedenen Bereichen (Religion, Gesellschaft, Managerregeln) herangezogen werden wie z.B.:

- *Goldene Regel:* Handle in der Weise, in der du erwartest, dass andere dir gegenüber handeln.
- *Utilitaristisches Prinzip:* Handle in der Weise, dass der grösste Nutzen für die grösste Anzahl Menschen entsteht.
- *Kants kategorischer Imperativ:* Handle in der Weise, dass deine Handlung in einer spezifischen Situation ein allgemeines Verhaltensgesetz sein könnte.
- *Experten-Ethik:* Unternimm nur Handlungen, welche von einem nicht von diesen Handlungen betroffenen Experten-Team als korrekt bezeichnet würden.

- *TV-Test:* Ein Manager sollte immer die Frage stellen, ob er sich wohl fühlen würde, wenn er seine Entscheidungen und Handlungen öffentlich (z.B. im Fernsehen) begründen müsste.

In der betrieblichen Wirklichkeit hat sich jedoch gezeigt, dass solche Regeln sehr schwierig anzuwenden sind, weil deren Interpretation in konkreten Situationen unterschiedlich ausfallen kann. Gerade um die Interessen der verschiedenen ▷ Anspruchsgruppen zu berücksichtigen, wird die ▷ Glaubwürdigkeit zu einem zentralen ethischen Kriterium.

Unternehmensforschung

Syn. für ▷ Operations Research

Unternehmensfortführung

Geht man von der Grundannahme aus, dass das Unternehmen seine Tätigkeit über einen überschaubaren Zeitraum fortführen wird, spricht man im Rechnungswesen von Unternehmensfortführung *(Going Concern).* Es wird angenommen, dass das Unternehmen weder beabsichtigt noch gezwungen ist, sein Vermögen zu liquidieren oder den Umfang seiner Tätigkeit wesentlich einzuschränken.

Solange die Prämisse der Unternehmensfortführung aufrechterhalten werden kann, werden im Rahmen der Rechnungslegung (▷ Finanzbuchhaltung) die ▷ Aktiven und ▷ Passiven zu Fortführungswerten bewertet (▷ Bewertung). Dies bedeutet konkret, dass die ▷ Vermögenswerte in der ▷ Bilanz nicht mit jenem Betrag bewertet werden müssen, den man bei ihrem Verkauf an einen Dritten erzielen würde. Vielmehr darf das Unternehmen die Anschaffungskosten eines Objekts über die erwartete wirtschaftliche ▷ Nutzungsdauer des Objekts in Form von ▷ Abschreibungen verteilen. Der daraus resultierende ▷ Buchwert zu *Fortführungswerten* kann dabei u.U. höher liegen als der Verkaufswert (▷ Liquidationswert) zum gleichen Zeitpunkt. Besteht begründete Besorgnis einer ▷ Überschuldung oder ▷ Illiquidität und ist die Fortführung des Unternehmens nicht mindestens für die Dauer eines Jahres gesichert, so darf die Prämisse der Unternehmensfortführung nicht weiter aufrechterhalten werden. Die Bilanzierung muss in diesem Fall zu Liquidationswerten erfolgen.

Unternehmensführung

Die Unternehmensführung *(Unternehmensleitung)* im institutionellen Sinn besteht aus den obersten Hierarchiestufen eines Unternehmens (▷ Spitzenorganisation, ▷ Corporate Governance). Ihre Aufgabe ist das ▷ strategische Management, besonders die Entwicklung und Umsetzung der ▷ Unternehmenspolitik und der damit verbundenen Führungs- und Überwachungsaufgaben. Bei der Aktiengesellschaft besteht diese aus dem ▷ Verwaltungsrat, dem ▷ Delegierten des Verwaltungsrats sowie den Direktoren.

Unternehmensgrundsätze

Unternehmensgrundsätze regeln das Verhalten des gesamten Unternehmens gegenüber seinen ▷ Anspruchsgruppen (z.B. Kunden, Lieferanten, Mitarbeitende, Staat). Demgegenüber beziehen sich die ▷ Führungsgrundsätze primär auf das Verhältnis zwischen Vorgesetzten und Untergebenen. Solche Grundsätze werden in der Praxis häufig in einem ▷ Leitbild festgehalten.

Unternehmensidentität

Syn. für ▷ Corporate Identity

Unternehmensimage

▷ Image

Unternehmenskultur

Unter Unternehmenskultur *(Organisationskultur, Corporate Culture)* versteht man die Gesamtheit aller Normen, Wertvorstellungen und Denkhaltungen, welche als kollektives Orientierungsmuster das Verhalten der Mitarbeitenden und des Unternehmens bestimmen. ▶ Abb. 186 zeigt die verschiedenen Faktoren einer Unternehmenskultur.

Ziel eines Unternehmens sollte es sein, seine Kultur so zu beeinflussen, dass sie mit den Unternehmensvisionen sowie mit der ▷ Unternehmensstrategie und -struktur optimal übereinstimmt (▷ strategisches Management).

Zur Erfassung und Analyse der Unternehmenskultur dienen folgende Kriterien: Kundenorientierung, Mitarbeiterorientierung, Innovationsorientierung, Flexibilitätsorientierung, Expansionsorientierung, Zeitorientierung, Produktivitätsorientierung, Technologieorientierung, Risikoorientierung und Unité de doctrine.

Um zu beurteilen, ob eine starke oder schwache Unternehmenskultur vorliegt, dienen folgende Merkmale:

1. Der *Verankerungsgrad* gibt an, wie stark der einzelne Mitarbeitende kulturelle Werte und Normen verinnerlicht hat. Je stärker diese Verankerung, desto stärker die verhaltensbeeinflussende Wirkung der Unternehmenskultur.

2. Das *Übereinstimmungsausmass* betont den kollektiven Charakter kultureller Werte und Normen. Je mehr Mitarbeitende diese Werte und Normen teilen, desto breiter ist die Wirkung der Unternehmenskultur.

3. Die *Systemvereinbarkeit* ist der Grad der Harmonie der Unternehmenskultur mit an-

Persönlichkeits-profile der Führungskräfte	■ **Lebensläufe:** Soziale Herkunft; beruflicher Werdegang; Dienstalter; Verweildauer in einer Funktion usw. ■ **Werte und Mentalitäten:** Ideale; Sinn für Zukunftsprobleme; Visionen; Innovationsbereitschaft; Widerstand gegen Veränderungen; Durchsetzungs- und Durchhaltevermögen; Ausdauer; Lernbereitschaft; Risikoeinstellung; Frustrationstoleranz usw.
Rituale und Symbole	■ **Rituelles Verhalten der Führungskräfte:** Beförderungspraxis; Nachwuchs- und Kaderselektion; Sitzungsverhalten; Entscheidungsverhalten; Beziehungsverhalten; Bezugspersonen; Vorbildfunktion usw. ■ **Rituelles Verhalten der Mitarbeitenden:** Besucherempfang; Begrüssung durch Telefonistin; Umgang mit Reklamationen; Wertschätzung des Kunden usw. ■ **Räumliche und gestalterische Symbole:** Erscheinungsbild; Zustand und Ausstattung der Gebäude; Gestalt des Firmenumschwungs; Anordnung, Gestaltung und Lage der Büros (Bürologik); Berufskleidung; Firmenwagen usw. ■ **Institutionalisierte Rituale und Konventionen:** Empfangsrituale von Gästen; Kleidungsnormen; Sitzungsrituale; Parkplatzordnung usw.
Kommunikation	■ **Kommunikationsstil:** Informations- und Kommunikationsverhalten; Konsens- und Kompromissbereitschaft usw. ■ **Kommunikation nach innen und aussen:** Vorschlagswesen; Qualitätszirkel und übrige Mitwirkungsformen; Dienstwege; Öffentlichkeitsarbeit usw.

▲ Abb. 186 Kernfaktoren der Unternehmenskultur (Pümpin/Kobi/Wüthrich 1985, S. 12)

deren Systemen des Unternehmens (z.B. Führungs- und Organisationssystem, Unternehmenspolitik). Je besser die kulturellen Normen und Werte diese Systeme unterstützen, desto besser können diese durchgesetzt und verwirklicht werden.

4. Die *Umweltvereinbarkeit* ist nach aussen gerichtet. Die Werte der Unternehmenskultur sollten nicht im Widerspruch stehen zu den kulturellen Werten des unmittelbaren gesellschaftlichen Umfelds des Unternehmens. Wenn eine Unternehmenskultur sich nicht in Harmonie mit der Gesellschaftskultur entwickelt, besteht Gefahr, dass z.B. die Kundenorientierung verloren geht, das Image des Unternehmens sich verschlechtert oder das Unternehmen als Arbeitgeber unattraktiv wird.

Unternehmensleitbild
Syn. für ▷ Leitbild

Unternehmensleitung
Syn. für ▷ Unternehmensführung

Unternehmenspersönlichkeit
Syn. für ▷ Corporate Identity

Unternehmensphilosophie
Syn. für ▷ Managementphilosophie

Unternehmensplan
Syn. für ▷ Business-Plan

Unternehmensplanung
▷ Planungssystem

Unternehmenspolitik
Unter der Unternehmenspolitik versteht man alle Entscheide, die das Verhalten des Unternehmens nach aussen und innen langfristig bestimmen. Die charakteristischen Merkmale sind (Ulrich 1987):

■ Sie umfasst primär originäre Entscheide, d.h. Entscheide, die nicht aus höherwertigen Entscheidungen abgeleitet werden können.

■ Diese originären Entscheide sind Grundlage für die Entscheidungen in den einzelnen Teilbereichen des Unternehmens und haben den Charakter von Rahmenbedingungen.

■ Diese wegleitenden Entscheidungen fallen in den Aufgabenbereich der obersten Führungsstufe.

- Unternehmenspolitische Entscheide sind allgemein formuliert und beziehen sich auf das Unternehmen als Ganzes. Sie haben einen geringen Konkretisierungsgrad und sind nicht direkt in Handlungen umsetzbar.
- Unternehmenspolitische Entscheide sind langfristiger Natur.

Das Ziel der Unternehmenspolitik besteht darin, die Existenz des Unternehmens durch erfolgreiches Handeln langfristig zu sichern. Daraus lassen sich zwei grundsätzliche Ausrichtungen ableiten:
1. Ein Unternehmen kann nur überleben, wenn es von seinen ▷ Anspruchsgruppen akzeptiert wird. Deshalb hat es sich um ▷ Glaubwürdigkeit zu bemühen. Voraussetzung dafür ist die ▷ Social Responsiveness.
2. Das Unternehmen kann nur bestehen, wenn es ihm gelingt, ▷ Wettbewerbsvorteile aufzubauen und ▷ strategische Erfolgspositionen zu erzielen.

Ausgangspunkt für die Formulierung einer Unternehmenspolitik ist eine ▷ Wertvorstellungs-, ▷ Unternehmens- (Stärken-Schwächen-Analyse) und ▷ Umweltanalyse (Chancen-Risiken-Analyse). Nach dieser Analyse werden in einem Unternehmensleitbild die allgemeinen Grundsätze beschrieben, auf die sich das zukünftige Verhalten des Unternehmens auszurichten hat. Auf dieser Grundlage können konkrete ▷ Unternehmensziele formuliert, zu verfolgende ▷ Unternehmensstrategien entwickelt sowie die einzusetzenden Mittel (▷ Ressourcenallokation) bestimmt werden.

Unternehmensstrategie

Die Entwicklung und Umsetzung einer Unternehmensstrategie sind zentrale Elemente der ▷ Unternehmenspolitik. Auf der Basis der Analyse der Ausgangslage, des Unternehmensleitbilds (▷ Leitbild) sowie der ▷ Unternehmensziele ergeben sich drei Schritte:

1. *Strategieentwicklung:* In einem ersten Schritt wird die grundlegende Ausrichtung des zukünftigen Verhaltens des Unternehmens festgelegt. Je nach der situativen Anforderung lassen sich unterschiedliche Strategien formulieren:

- Bei einem Markteintritt kann entweder eine ▷ Abschöpfungs- oder eine ▷ Penetrationsstrategie gewählt werden.
- Für wachsende Märkte eignet sich der Ansatz der ▷ Produkt-Markt-Strategien.
- Aus der Produkt-Portfolio-Analyse (▷ Portfolio-Management) ergeben sich Normstrategien für das unternehmerische Handeln.
- Die strategische Ausrichtung aufgrund der Wettbewerbskräfte wird mit den ▷ Wettbewerbsstrategien umschrieben.
- Aufgrund des Kooperationsverhaltens ergeben sich verschiedene Strategien (▷ Unternehmensverbindungen, insbesondere ▷ Akquisition, ▷ strategische Allianz, ▷ Joint Venture).

2. *Strategieimplementierung:* Mit einer Reihe von Massnahmen und Instrumenten soll die geplante Strategie erfolgreich implementiert werden.

3. *Strategieevaluation:* Strategien müssen von Zeit zu Zeit aus zwei Gründen überprüft werden: Erstens können sich die internen und externen Gegebenheiten verändert haben, oder zweitens können sich Schwierigkeiten bei der Implementierung aufgrund nicht berücksichtigter Sachverhalte oder Einflüsse ergeben. Beide Gründe führen zu Anpassungen der ursprünglichen Strategie.

Unternehmensverbindung

Bei einer Unternehmensverbindung *(Unternehmenszusammenschluss)* verbinden sich Unternehmen zur Erfüllung einer gemeinschaftlichen Aufgabe. Ziel einer Unternehmensverbindung ist die Realisierung von Synergieeffekten (▷ Synergie) und die Streuung von unternehmerischen Risiken durch ▷ Diversifikation. Häufig steht auch das Unternehmenswachstum im Vordergrund, besonders wenn internes Wachstum aufgrund von gesättigten Märkten schwierig ist.

Bei den verschiedenen Formen von Unternehmensverbindungen werden die ▷ Partizipation, das ▷ Konsortium, das ▷ Kartell, die ▷ Interessengemeinschaft, der ▷ Konzern, das ▷ Joint Venture und die ▷ strategische Allianz unterschieden.

Unternehmensverbindungen können nach drei Kriterien unterteilt werden:

■ Nach dem Merkmal *Produktionsstufe* werden drei Arten unterschieden: (1) Eine *horizontale Unternehmensverbindung* bedeutet eine Verbindung der gleichen Produktions- oder Handelsstufe (z.B. Zusammenschluss mehrerer Warenhäuser oder Schuhfabriken). (2) Bei den *vertikalen Unternehmensverbindungen* sind Unternehmen aufeinander folgender Produktions- oder Handelsstufen vereinigt. Dabei sind zwei Arten möglich. Entweder wird eine vorgelagerte Produktions- oder Handelsstufe angegliedert (z.B. eine Lederfabrik an eine Schuhfabrik) oder umgekehrt eine nachgelagerte angehängt (z.B. ein Schuhverkaufsgeschäft an eine Schuhfabrik). Im ersten Fall spricht man von einer *Vorwärtsintegration (Forward Integration)*, im zweiten von einer *Rückwärtsintegration (Backward Integration)*. Bei der Rückwärtsintegration geht es darum, die ▷ Fertigungstiefe des Unternehmens zu erhöhen oder den Aufbau bestimmter ▷ Kernkompetenzen zu fördern. (3) Bei einer *diagonalen Unternehmensverbindung* sind Unternehmen verschiedener Branchen beteiligt.

■ Bei der Einteilung nach der *Dauer der Unternehmensverbindung* unterscheidet man zwischen vorübergehender und dauernder Unternehmensverbindung. Vorübergehende Unternehmensverbindungen zielen meist darauf ab, ein zeitlich begrenztes Projekt gemeinsam durchzuführen, während dauernde Unternehmensverbindungen auf unbestimmte Zeit gebildet werden. Während bei den vorübergehenden Unternehmensverbindungen die Zusammenarbeit meist keinen grossen Einfluss auf die wirtschaftliche und rechtliche Struktur eines Unternehmens hat, lassen sich bei dauernden Unternehmensverbindungen sehr unterschiedliche Auswirkungen auf die wirtschaftliche und rechtliche Stellung feststellen.

■ Eine weitere Einteilung kann nach der *rechtlichen und wirtschaftlichen Selbständigkeit des Unternehmens* vorgenommen werden. Rechtlich selbständig bedeutet, dass ein Unternehmen seine rechtliche Struktur (▷ Rechtsform) beibehalten kann. Wirtschaftliche Selbständigkeit dagegen heisst, dass ein Unternehmen seine betriebswirtschaftlichen Entscheidungen – insbesondere die für es wesentlichen – ohne Druck von aussen treffen kann.

Unternehmensverfassung

Unter einer Verfassung im Allgemeinen versteht man ein rechtswirksames System von Grundnormen, das die Grundfragen des Bestehens (Existenzzweck, Veränderungs- und Auflösungsmodalitäten), der Zugehörigkeit (Mitgliedschaftsbedingungen), der unentziehbaren Grundrechte aller

Beteiligten (Freiheits-, Teilnahme-, Sozial- und Klagerechte), der Organisation (Organe und ihre Befugnisse, Wahl und Kontrollverfahren) und der Verantwortlichkeiten (Haftung) einer Institution regelt. Entsprechend lässt sich die Unternehmensverfassung als Grundsatzentscheidung über die bewusst gestaltete Ordnung des Unternehmens bezeichnen. Mit konstitutiven Rahmenregelungen definiert sie als «Grundgesetz» des Unternehmens die Gestaltungsräume und -grenzen. Damit legt sie einen generellen Verhaltensrahmen nach innen und nach aussen fest. Die Unternehmensverfassung wird vorerst durch die Rechtsnormen der gesamtwirtschaftlichen Ordnung bestimmt. Dazu zählen die gesetzlichen Vorschriften über die Rechtsformen des Unternehmens im schweizerischen Obligationenrecht. In den Bereichen, die nicht durch den Gesetzgeber vorbestimmt sind, werden diese durch eine eigene Unternehmensverfassung konkretisiert und ergänzt. Neben der Einbindung von Interessenvertretern (Anspruchsgruppen) und der Art der Konfliktlösung steht die Gestaltung der Kompetenzen und der Verantwortlichkeit der Geschäftsleitung im Vordergrund. Dazu dienen folgende Dokumente:

- *Satzung* und *Statuten*, die den spezifischen Zweck, die Aufgabe und die Arbeitsweise wesentlicher Organe des Unternehmens beschreiben.
- *Geschäftsverteilungsplan*, der die Zusammensetzung der Spitzenorgane, ihre Aufgaben und Verantwortung und die Form ihrer Zusammenarbeit konkretisiert.
- *Geschäftsordnung* für die Spitzenorgane, welche die satzungsmässigen und statuarischen Vorschriften in detaillierter Form verfahrensmässig weiter konkretisiert.

Unternehmenswert
▷ Unternehmensbewertung

Unternehmensziele
Unternehmensziele beziehen sich auf das Unternehmen als Ganzes. Es handelt sich um die obersten Ziele, auf die sämtliche unternehmerischen Tätigkeiten ausgerichtet sind. Wichtige Unternehmensziele sind

- der ▷ *Gewinn,* die ▷ *Rentabilität* und die ▷ *Liquidität* als finanzielle Ziele,
- das *Wachstum des Unternehmens,* wobei sich dieses meist auf den ▷ Umsatz bezieht,
- die *Märkte und Marktsegmente,* die mit den Produkten des Unternehmens bearbeitet werden sollen,
- die ▷ *Marktstellung,* die häufig mit dem ▷ Marktanteil gemessen wird,
- die Erhaltung und Verbesserung des unternehmensspezifischen *Know-hows,* das mit den angebotenen Produkten verbunden ist,
- der Einbezug der *Interessen verschiedener* ▷ *Anspruchsgruppen* innerhalb und ausserhalb des Unternehmens. Die verschiedenen Ziele dürfen nicht isoliert betrachtet werden, sondern müssen als ▷ Zielsystem des Unternehmens verstanden werden, das in vielfältiger Weise zusammenhängt. Dabei sind die verschiedenen ▷ Zielbeziehungen zu beachten.

Unternehmenszusammenschluss
Syn. für ▷ Unternehmensverbindung

Unterordnungskonzern
Syn. für ▷ Subordinationskonzern

Unterorganisation
▷ Organisationsgrad

Unverwässertes Ergebnis pro Aktie
▷ Earnings per Share

Upgrade

Die finanzwirtschaftlichen Begriffe Upgrade und ▷ Downgrade beziehen sich auf Analysteneinschätzungen zu einzelnen Finanzinstrumenten. Bei einem Upgrade bekommt eine Aktie eine bessere Bewertung. Diese Änderung in der Einschätzung durch einen Analysten hat meist deutliche Auswirkungen auf den Kurswert (▷ Kurs) eines Titels.

Urheberrecht

Das Urheberrecht (im angelsächsischen Sprachraum *Copyright* genannt) schützt geistige Schöpfungen der Literatur und Kunst, die individuellen Charakter, d.h. eine gewisse Originalität, haben. Es gewährt dem Rechtsinhaber das ausschliessliche Recht zu bestimmen, ob, wann und wie sein Werk verwendet werden darf (Verwertungsrechte: Wiedergabe, Übersetzung, Bearbeitung, Verbreitung, Verkauf, Darstellung und Aufführung, Ausstrahlung und Übertragung). Ein besonderer Fall des Urheberrechts besteht in jedem Angestelltenverhältnis, wobei der Arbeitgeber meist aufgrund von Geschäftsusancen oder expliziter vertraglicher Regelung das Urheberrecht der Arbeiten seiner Mitarbeitenden erhält, sofern ihre Entstehung in Zweckerfüllung des Arbeitsverhältnisses begründet liegt.

Geschützt sind literarische Werke, musikalische Werke, Werke der bildenden Kunst, audiovisuelle Werke, choreografische Werke, Pantomimen, wissenschaftliche Werke, Computer-Programme usw. Geschützt sind ferner Darbietungen von Künstlern (Musik, Schauspiel), Tonträger und Tonbildträger sowie Radio- und Fernsehsendungen. Man spricht in diesem Zusammenhang von verwandten Schutzrechten.

Das Urheberrecht entsteht automatisch und muss nicht wie ein ▷ Patent angemeldet und registriert werden. Es ist auch kein besonderer Vermerk auf dem Werk selber nötig. Bezeichnungen wie «Copyright», «©» oder «alle Rechte vorbehalten» haben keinen Einfluss auf den Schutz.

Der Urheberrechtsschutz erlischt 70 Jahre (bei Computer-Programmen 50 Jahre) nach dem Tod des Urhebers. Die verwandten Schutzrechte erlöschen 50 Jahre nach der Darbietung des Werks durch den Künstler, der Herstellung der Ton- oder Tonbildträger oder der Ausstrahlung der Sendung.

Um den Schutz des Urheberrechts auf internationaler Ebene zu garantieren, haben die meisten Industrieländer die internationalen Abkommen ▷ Berner Übereinkunft (Urheberrecht) und *Rom-Abkommen* (verwandte Schutzrechte) unterzeichnet (▷ World Intellectual Property Organization).

Ursache-Wirkungs-Diagramm

Syn. für ▷ Ishikawa-Diagramm

US GAAP

Die US GAAP *(US-amerikanische Generally Accepted Accounting Principles)* sind Rechnungslegungsvorschriften, die vom ▷ FASB herausgegeben werden.

Die US-amerikanische Bundesbehörde SEC (Securities and Exchange Commission) verlangt, dass alle der SEC einzureichenden Jahresabschlüsse ein uneingeschränktes Wirtschaftsprüfertestat erfordern, welches an die Einhaltung der US GAAP gebunden ist. Damit erhalten die US GAAP faktisch gesetzesartigen Charakter und sind die Grundlage für die Rechnungslegung für US-amerikanische Konzerne.

Ziele einer nach den US GAAP erstellten Unternehmensberichterstattung ist es, für wirtschaftliche Entscheidungen relevante Informationen zu liefern, d.h. den jetzigen und potenziellen Investoren und Kreditgebern und anderen Lesern des Jahresabschlusses beim Treffen von Investitions-, Kredit- und anderen Entscheidungen zu nützen.

Der Jahresabschluss soll dabei helfen, die Beträge, den Zeitpunkt und die Wahrscheinlichkeit zukünftiger ▷ Cash Flows des Unternehmens abzuschätzen.

Zudem sollen Informationen über die wirtschaftlichen Ressourcen, z.B. ▷ Vermögenswerte eines Unternehmens, die Anspruchsberechtigten der Ressourcen (z.B. Gläubiger und Anteilseigner) und die Auswirkungen von Transaktionen, Ereignissen und Umständen, die eine Änderung der Ressourcen und der Anspruchsberechtigten der Ressourcen bewirken, gegeben werden.

Bei den US GAAP handelt es sich um ein sehr detailliertes, umfangreiches und komplexes Regelwerk, das praktisch für jedes Problem eine Lösung bietet.

Wie bei den ▷ Swiss GAAP FER und den ▷ IFRS steht das Ziel der Fair Presentation (▷ True and Fair View) als Generalnorm über allen Vorschriften der US GAAP.

Im Gegensatz zu den IFRS enthalten die Vorschriften praktisch keine Wahlrechte.

US Generally Accepted Accounting Principles
▷ US GAAP

USP
Abk. für ▷ Unique Selling Proposition

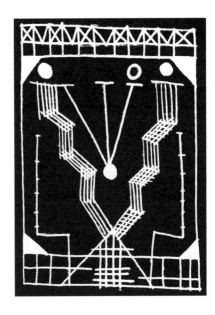

Validität

Validität *(Gültigkeit)* umschreibt, ob ein Messverfahren tatsächlich misst, was es zu messen vorgibt. Zwischen den Messergebnissen und den konkreten untersuchten Merkmalen muss ein kausaler Zusammenhang bestehen.

Value Analysis

Engl. für ▷ Wertanalyse

Value-at-Risk-Konzept

Im Rahmen des Derivate-Reportings ist das Value-at-Risk-Konzept eine Methode der Risikokontrolle. Mittels Value-at-Risk-Berechnungen kann der bei einem vorgegebenen Szenario zu erwartende Verlust aus den eingegangenen Positionen in Geldeinheiten ausgedrückt werden. Die Quantifizierung des absoluten Verlustrisikos dient als Mass für das Risiko eines Portefeuilles. Für die Value-at-Risk-Berechnungen stehen zwei Methoden zur Verfügung:

■ Entweder wird in Form von ▷ *Sensitivitätsanalysen* bzw. *Stress-Simulationen* ein bestimmtes negatives Szenario vorgegeben, indem wichtige Input-Faktoren wie die zu erwartenden Kursrückgänge, die Volatilitätsentwicklung und die Korrelation zwischen einzelnen Anlageformen frei festgelegt werden können bzw. so vorgegeben werden, dass interessante Marktsituationen simuliert werden können (z. B. «Worst Case»-Situationen).

■ Oder die Berechnungen erfolgen aufgrund von historischen Schätzungen, woraus eine *wahrscheinlichkeitsgewichtete* Grösse resultiert.

Die – im Vergleich zu anderen Methoden – hohe Aussagekraft des Value-at-Risk-Konzepts beruht auf stringenteren Annahmen,

der Anwendung eines komplizierten Modells und hohen Anforderungen an die Computer-Leistung.
In der Praxis eignet sich dieses Konzept für höhere Ansprüche, v.a. beim Controlling einer aktiven Treasury-Abteilung eines Unternehmens oder bei der Überwachung der Handelsbestände einer Bank.
▷ Treasurer

Value-Based Management
Engl. für ▷ Wertmanagement

Variable Kosten
Variable Kosten reagieren unmittelbar auf Änderungen des ▷ Beschäftigungsgrads (z.B. Rohstoffkosten). Es sind vier verschiedene Fälle zu unterscheiden:
- *Proportionale* Kosten, die im gleichen Verhältnis wie die Beschäftigungsänderung variieren.
- *Progressive* Kosten, die überproportional, d.h. stärker als die Beschäftigungsänderung steigen.
- *Degressive* Kosten, die unterproportional, d.h. weniger stark als die Beschäftigungsänderung steigen.
- *Regressive* Kosten, die im Gegensatz zu den degressiven Kosten nicht nur relativ, sondern auch absolut sinken (z.B. sinkende Heizkosten in einem zunehmend besetzten Kino).

Je kürzer der relevante Entscheidungszeitraum gewählt wird, desto mehr Kosten sind als fix (▷ fixe Kosten) zu betrachten, d.h. desto weniger können die Kosten an Beschäftigungsschwankungen angepasst werden. Variable und fixe Kosten können deshalb oft nicht eindeutig voneinander abgegrenzt werden, da die Zuteilung zur einen oder anderen Kategorie in erster Linie vom betrachteten Entscheidungszeitraum abhängt.

Variante
Durch Kombination verschiedener Teile und Baugruppen wird ein Produkt zur Variante. Variantenbildung kann aufgrund von Kundenwünschen, technischen Notwendigkeiten oder gesetzlichen Bestimmungen erforderlich sein.
Eine hohe Anzahl an Varianten erhöht die unternehmerische ▷ Komplexität sowohl in der Produktion als auch in der ▷ Forschung und Entwicklung. Mit der Lösung von Variantenproblemen befasst sich das Variantenmanagement (▷ Baukastenprinzip).

Variantenmanagement
▷ Baukastenprinzip

Varianz
Die Varianz ist eine Masszahl zur Charakterisierung der Streuung einer theoretischen oder empirischen Verteilung. Die empirische Varianz ist die Summe aller quadrierten Abweichungen zwischen den beobachteten Merkmalsausprägungen und dem arithmetischen Mittel (aus diesen Merkmalsausprägungen), dividiert durch deren Anzahl.

$$\sigma^2 = \frac{\sum_{i=1}^{n} (x_i - \bar{x})^2}{n - 1}$$

x_i: Merkmalsausprägung zum Zeitpunkt i; $\bar{x}$: arithmetisches Mittel der Merkmalsausprägungen im betrachteten Zeitraum; n: Anzahl Beobachtungen; σ^2: Varianz als Risikomass

Die Quadratwurzel aus der Varianz entspricht der ▷ Standardabweichung.

Variety-Seeking Behaviour

Variety-Seeking Behaviour ist ein im Rahmen der ▷ Kundenzufriedenheit auftretendes Phänomen. Kunden wechseln trotz Zufriedenheit die Marke bzw. den Anbieter. Mit anderen Worten: Trotz Kundenzufriedenheit und ▷ Kundenbindung bzw. Wiederkaufverhalten hat der Kunde das Bedürfnis nach Abwechslung. Daraus folgt, dass zufriedene Kunden nicht unbedingt auch treue Kunden sind, die sich loyal verhalten.

Ausgelöst wird dieses Verhalten durch ein Überangebot von Produkten, durch zunehmende Auswechselbarkeit von Produkten und Dienstleistungen, sinkende Loyalität und zunehmende Verwässerung von Markenidentitäten (z. B. bei Waschmitteln). Im Bereich der Telekommunikation hat sich mittlerweile der Begriff «Churner» etabliert. Ziel ist es deshalb, die Churn Rate (Abwanderungsquote) durch Kundenbindung möglichst tief zu halten.

Es genügt nicht, sich ausschliesslich auf die Kundenzufriedenheit zu fokussieren; flankierende Massnahmen für die Kundenbindung sind ebenso massgebend (persönliche, vertragliche, technisch-funktionale, ökonomische und rechtliche).

Venture Capital

Venture Capital *(Wagniskapital)* ist Risikokapital, das neu gegründeten oder relativ jungen Unternehmen zur Verfügung gestellt wird, weil mangels entsprechender Sicherheiten eine herkömmliche Finanzierung nicht möglich ist.

Verantwortung

Unter Verantwortung im *organisatorischen* Sinn versteht man die Pflicht eines Aufgabenträgers, über die Erfüllung einer Aufgabe persönlich Rechenschaft abzulegen. Aus der Verantwortung ergibt sich die *Verantwortlichkeit,* die eine persönliche Haftung für Fehler im Hinblick auf den Zielerreichungsgrad einschliesst. Voraussetzung zur Wahrnehmung der Verantwortung ist die Übereinstimmung mit den ▷ Aufgaben und den ▷ Kompetenzen.

Die *gesellschaftliche* Verantwortung eines Unternehmens (▷ Unternehmensethik) umfasst drei Aspekte:

1. *Kausale Verantwortung:* Das Unternehmens ist für die Probleme verantwortlich, die es selbst verursacht.
2. *Rollen-Verantwortung:* Als Teil eines übergeordneten Systems hat das Unternehmen auch bestimmte Aufgaben und Pflichten zu übernehmen, die von den ▷ Anspruchsgruppen (Stakeholder) formuliert werden.
3. *Fähigkeitsverantwortung:* Ein Unternehmen ist für Probleme im Rahmen seines wirtschaftlichen Handelns und dessen Auswirkungen verantwortlich, für die es eine Lösung anzubieten in der Lage ist.

Die gesellschaftliche Verantwortung spielt insbesondere für die ▷ Glaubwürdigkeit eines Unternehmens eine grosse Rolle.

Verbindlichkeiten
▷ Fremdkapital

Verbindlichkeiten aus Lieferungen und Leistungen
Syn. für ▷ Kreditoren

Verbindungsweg

Verbindungswege schaffen die Voraussetzung für Koordination und Zusammenarbeit zwischen ▷ Stellen eines Unternehmens. Diese Wege dienen dem Austausch von Informationen oder von physischen Objekten. Es wird zwischen *Transportwegen* und Informations- bzw. ▷ Kommunikationswegen unterschieden.

Verbraucherbewegung
Syn. für ▷ Konsumerismus

Verbrauchermarkt
Verbrauchermärkte bieten ein breites, preisgünstiges Sortiment im Lebensmittel- und/oder im Non-Food-Bereich an. Der Kunde muss sich selbst bedienen. Da Verbrauchermärkte auf sehr grosse Verkaufsflächen ausgerichtet sind, findet man sie zunehmend in den Industriegebieten ausserhalb der Grossstädte. Beispiel: Carrefour.

Verbraucherschutz
Syn. für ▷ Konsumerismus
▷ Gebrauchstauglichkeit

Verbrauchsfunktion
▷ Produktionsfunktion Typ B

Verbrauchsgut
▷ Konsumgut

Verbundvorteile
Syn. für ▷ Economies of Scope

Verbundwerbung
Bei der Verbundwerbung schliessen sich Werbende mit Produkten zusammen, die vom Konsumenten gut miteinander kombiniert werden können (z.B. Coca-Cola und Bacardi, ▷ Komplementärgut).

Verdrängungseffekt
Syn. für ▷ Crowding-out

Verein
Der Verein ist eine Gesellschaft, die nichtwirtschaftliche Zwecke verfolgt, die ein kaufmännisches Unternehmen führen kann und für deren Verbindlichkeiten ausschliesslich das Vereinsvermögen haftet (Art. 60ff. ZGB). Der Verein ist eine spezielle Gesellschaftsform, die als einzige Rechtsform im Zivilgesetzbuch geregelt ist. Obschon der Verein laut Gesetz keine wirtschaftlichen Ziele verfolgen darf (nur politische, religiöse, wissenschaftliche, künstlerische oder andere nicht wirtschaftliche Aufgaben), haben viele Vereinigungen, die ohne einen eigenen kaufmännischen Betrieb zu führen im Interesse ihrer Mitglieder wirtschaftlich tätig sind, die Rechtsform des Vereins gewählt. Zu nennen wären ▷ Kartelle und Berufsverbände. Dies ist nur deshalb möglich, weil das Bundesgericht diese Praxis erlaubte, u.a. mit der Begründung, dass andere geeignete Gesellschaftsformen für Kartelle fehlen.

Vereinigung Schweizerischer Angestelltenverbände (VSA)
▷ Gewerkschaft
▷ Travail Suisse

Vereinte Nationen
▷ United Nations

Verflüssigungsfinanzierung
▷ Finanzierung aus Abschreibungsrückflüssen

Verfügbares Einkommen
▷ Einkommen

Verhaltensgitter
Blake/Mouton gehen davon aus, dass jedes Führungsverhalten einer von zwei Dimensionen zugeordnet werden kann.
1. Die *Sachorientierung* lässt sich an der Ausrichtung auf quantitative und qualitative Sachziele – im Sinn von Leistungs-, ▷ Finanz- und ▷ Formalzielen (▷ Ziele) – erkennen.
2. Die *Menschenorientierung* äussert sich im Bemühen der Führungskräfte um die Sympathie ihrer Mitarbeitenden und er-

zielt Ergebnisse auf der Grundlage von Vertrauen, Respekt, Gehorsam, Mitgefühl oder Verständnis und Unterstützung. Dazu gehört auch das Interesse der Führungskräfte an Fragen der Arbeitsbedingungen, der Gehaltsstruktur, der Sozialleistungen und der Arbeitsplatzsicherheit.

Die beiden Dimensionen können grafisch mit dem zweidimensionalen Verhaltensgitter *(Managerial Grid)* dargestellt werden (▶ Abb. 187).

Die Ausprägung der beiden Dimensionen ist unabhängig voneinander, doch sollten sie nur in Kombination betrachtet werden. Da in jeder Dimension neun verschiedene Ausprägungen möglich sind, ergeben sich daraus 81 unterschiedliche Kombinationen von Menschen- und Sachorientierung. Aus dieser Vielzahl ragen fünf Positionen heraus:

1. Die *9,1-Orientierung* umfasst ein Höchstmass an Sachorientierung, gepaart mit einem niedrigen Mass an Menschenorientierung, und konzentriert sich auf maximalen Output. Sie beruht auf Macht und ▷ Autorität und gewinnt Kontrolle über die Mitarbeitenden, indem diktiert wird, was zu tun ist und wie die Arbeit zu erledigen ist.

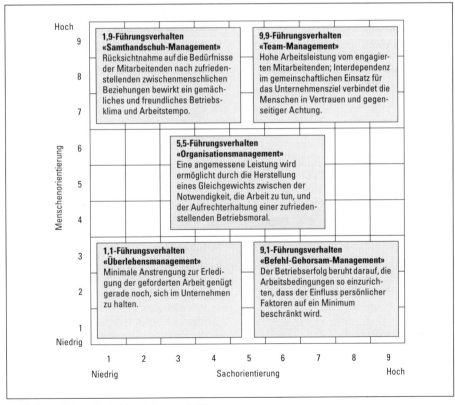

▲ Abb. 187 Verhaltensgitter (Blake/Mouton 1986, S. 28)

2. Die *1,9-Orientierung* ist die Kombination einer niedrigen Sachorientierung mit einer hohen Menschenorientierung und ist darauf ausgerichtet, Arbeitsbedingungen zu schaffen, unter denen der Mensch seine persönlichen und sozialen Bedürfnisse am Arbeitsplatz befriedigen kann, auch wenn dies auf Kosten der erzielten Ergebnisse geht.
3. Die *1,1-Orientierung* zeigt eine geringe Sach- und Menschenorientierung, die wenig oder gar keine Widersprüche zwischen Produktionserfordernissen und den Bedürfnissen der Menschen erkennt, da an beiden sehr wenig Interesse besteht.
4. Die *5,5-Orientierung* kombiniert eine mittlere Sachorientierung mit einer mittleren Menschenorientierung. Wer diesen Führungsstil anwendet, versucht das Dilemma zwischen den Leistungsanforderungen und den Bedürfnissen des Menschen mit Kompromissen zu lösen.
5. Die *9,9-Orientierung* verbindet eine hohe Sach- mit einer hohen Menschenorientierung und strebt im Gegensatz zur 5,5-Orientierung sowohl bezüglich der Sachziele wie auch der Bedürfnisse der Menschen nach dem Optimum. Sie beabsichtigt, qualitativ und quantitativ hochwertige Ergebnisse durch Mitwirkung, Mitverantwortung, gemeinschaftlichen Einsatz und gemeinsame Konfliktlösung zu erreichen.

Verhaltenskontrolle

Die Verhaltenskontrolle beobachtet den einzelnen Mitarbeitenden (z.B. Mitarbeiterqualifikation) sowohl in Bezug auf die erbrachte Leistung als auch auf das soziale Verhalten gegenüber Mitarbeitenden, Kunden oder anderen ▷ Anspruchsgruppen (z.B. Lieferanten, Kapitalgeber).

Verhandlungsgemeinschaft Bundespersonal (VGB)

Nach der Aufhebung des Föderativverbandes (FöV) ist seit dem 1.1.2003 die Verhandlungsgemeinschaft Bundespersonal *(VGB)* massgebender Sozialpartner des Bundes. Die angeschlossenen Verbände behalten ihre Autonomie, Fragen von übergeordnetem Interesse werden jedoch in der VGB bearbeitet, die auch gegenüber dem Arbeitgeber Bund in allgemeinen Fragen als Sozialpartnerin auftritt.
Der VGB gehören folgende Verbände und Gewerkschaften an:
- Personalverband des Bundes (PVB),
- Schweizerischer Verband des Personals öffentlicher Dienste (VPOD),
- Garanto – Verband des Personals der Zollverwaltung.

Die VGB ist mit über 18 000 Mitgliedern die mitgliedstärkste Organisation innerhalb der Bundesverwaltung. Sie ist politisch unabhängig und konfessionell neutral.

Verkauf

Der *(persönliche)* Verkauf schliesst alle Tätigkeiten ein, die einen direkten Verkaufsabschluss (schriftliche Fixierung oder materieller Vollzug) zum Ziel haben. In der ▷ Kommunikationspolitik hat der (persönliche) Verkauf aufgrund des direkten Kontakts zwischen Käufer und Verkäufer eine besondere Bedeutung. Zusätzliche Aufgaben sind die Informationsgewinnung über Kunden und Konkurrenz und die Schaffung eines positiven ▷ Images des Unternehmens und seiner Produkte.

Verkauf ab Fabrik
▷ Fabrikladen
▷ Fabrikverkauf

Verkäufer im Aussendienst

Syn. für ▷ Handelsreisender

Verkäufermarkt

Von einem Verkäufermarkt spricht man, wenn die Nachfrage nach Gütern das Angebot übersteigt. Aufgrund des Nachfrageüberhangs konzentrieren sich betriebswirtschaftliche Entscheidungen fast ausschliesslich auf die Produktion und die Materialwirtschaft, weshalb in einer solchen Situation oft von einem *Primat der Produktion* die Rede ist.

Ursachen für die Entstehung eines Verkäufermarktes können steigende Bevölkerungszahlen, höhere Einkommen, Ausbau von Verteilorganisationen (Gross- und Einzelhandel), allgemeiner Nachholbedarf sowie sinkende Preise sein. Typisches Beispiel eines Verkäufermarktes war Europa nach dem Zweiten Weltkrieg.

Verkaufsförderung

Die Verkaufsförderung *(Absatzförderung, Sales Promotion)* besteht aus allen Massnahmen, welche die Absatzorgane des Herstellers oder des Handels unterstützen, indem sie zusätzliche Kaufanreize bieten. Die Verkaufsförderung ist ein Element der ▷ Kommunikationspolitik des Unternehmens. Während die ▷ Werbung und die ▷ Public Relations mehr auf langfristige Ziele (Produktinformation, Produktimage) ausgerichtet sind, ist die Verkaufsförderung kurzfristiger Natur.

Je nach Zweck und Zielgruppe lassen sich vier Formen der Verkaufsförderung unterscheiden:

- *Dealer Promotion:* Förderung des Verkaufs an den Handel.
- *Merchandising:* Förderung des Verkaufs durch Unterstützung der Verkaufsbemühungen des Handels am Verkaufsort *(Point of Sale, Point of Purchase).*
- *Staff Promotion:* Förderung des Verkaufs durch Unterstützung der eigenen Verkäufer (Aussendienstorganisation).
- *Consumer Promotion:* Förderung des Verkaufs an den Konsumenten (Verbraucher).

Verkaufsniederlassung

Verkaufsniederlassungen sind Zweiggeschäfte (v.a.) von Grossunternehmen, die für Kundenberatung, Verkaufsabschlüsse und Auslieferung aus eigenen Lagern zuständig sein können. Der Grad der Selbständigkeit und die Rechtsform von Verkaufsniederlassungen sind von Unternehmen zu Unternehmen sehr verschieden. Verkaufsniederlassungen findet man häufig bei Automobilfirmen, Banken oder im Detailhandel.

Verkaufsorgan

Syn. für ▷ Absatzorgan

Verkaufsorientierung

▷ Marketing

Verkehrshypothek

▷ Hypothekardarlehen

Verlust

Ein Verlust entsteht, wenn die Aufwendungen (▷ Aufwand) einer Periode die ▷ Erträge derselben Periode übersteigen. Häufigste Ursache von Verlusten ist eine unbefriedigende Entwicklung der Geschäftstätigkeit. Aber auch aus der Bewertung einzelner Bilanzpositionen können Verluste resultieren, lässt doch die Schätzung zukünftiger Aufwendungen (z.B. ▷ Rückstellungen) bzw. Mindererträge (z.B. ▷ Delkredere) einen beträchtlichen Ermessensspielraum offen. Zu unterscheiden gilt es zwischen Jahresverlust und Bilanzverlust:

■ Der *Jahresverlust* zeigt sich in der handelsrechtlichen ▷ Erfolgsrechnung als negative Differenz zwischen sämtlichen Erträgen und Aufwendungen einer Geschäftsperiode. Ein Jahresverlust kann entweder zulasten der freien ▷ Reserven oder – wenn diese nicht ausreichen – mit dem gebundenen Teil der Allgemeinen Reserve verrechnet werden. Der Verlust kann als Vortrag auf die Aktivseite der Bilanz auf die nächste Rechnung vorgetragen werden (im Sinn einer Korrekturposition zum ▷ Eigenkapital, z.B. falls die vorhandenen Reserven für eine vollständige Verrechnung nicht ausreichen).

■ Als *Bilanzverlust* bezeichnet man den auf der Aktivseite ausgewiesenen (allenfalls kumulierten) Verlustvortrag.

Reichen die freien und gebundenen ▷ Reserven zur Deckung anhaltender Jahresverluste nicht mehr aus, droht dem Unternehmen eine ▷ Überschuldung.

Verlustvortrag
▷ Gewinnvortrag

Vermögen
Das Vermögen eines Unternehmens besteht aus der Gesamtheit der materiellen und immateriellen Güter, in die das Kapital eines Unternehmens *umgewandelt* wurde. Kapital und Vermögen sind deshalb in Geldeinheiten ausgedrückt immer gleich gross. Das Vermögen eines Unternehmens wird meistens nach der Dauer der Bindung der in den verschiedenen Vermögensteilen gebundenen finanziellen Mittel gegliedert. Grundsätzlich wird zwischen ▷ Umlauf- und ▷ Anlagevermögen unterschieden.
▷ Aktiven

Vermögens-, Finanz- und Ertragslage
Als Vermögens-, *Finanz-* und *Ertragslage* eines Unternehmens bezeichnet man im Rechnungswesen die Beziehung von Vermögenswerten, Schulden und Eigenkapital, wie sie in der ▷ Bilanz dargestellt wird.

Vermögenswert
Ein Vermögenswert ist eine in der Verfügungsmacht des Unternehmens stehende ▷ Ressource, die ein Ergebnis von Ereignissen der Vergangenheit darstellt und von der erwartet wird, dass dem Unternehmen aus ihr künftiger wirtschaftlicher Nutzen zufliesst.
▷ Aktiven

Vernetztes Denken
▷ Ganzheitliches Denken

Verpackung
Die Verpackung erfüllt im Rahmen der Gestaltung des ▷ Zusatznutzens verschiedene Funktionen. Die wichtigsten sind Informations-, Werbe-, Identifikations-, Schutz-, Lager-, Transport-, Verwendungs- (Unterstützung des Gebrauchs) und Fertigungsfunktion (Unterstützung des Herstellungsprozesses).

Verpackung, ökologische
Ein Produkt besitzt dann eine ökologische Verpackung, wenn dessen Umhüllung mit Informations-, Schutz-, Lager- und Transportfunktion so gewählt und angebracht wird, dass sie volumenarm (z.B. Schlauchbeutel für Milch) und ökologisch abbaubar oder sogar wiederverwendbar ist. Durch die ökologische Verpackung der «Bonjour»-Margarine von Coop können jährlich rund 40 Tonnen Material wie Aluminium-Verbund-Folie und Karton einge-

spart werden. Bei der Migros ergab z.B. die Umstellung der Verpackung bei Quarktorten, die nicht mehr in Alu-, sondern in Kartonformen verpackt werden, eine Einsparung von jährlich rund 5 Tonnen Aluminium.

Verrechnungspreise
▷ Konzernrechnung

Verrichtungsorganisation
Syn. für ▷ Funktionalorganisation

Versandhandel
▷ Einzelhandelsformen

Verschmelzung
▷ Fusion

Verschuldungsgrad
Der Verschuldungsgrad *(Debt Ratio)* bezeichnet das Verhältnis zwischen ▷ Fremd- und ▷ Gesamtkapital eines Unternehmens. Als wichtige Kennzahl der ▷ Kapitalstruktur ist der Verschuldungsgrad einer der Indikatoren, die auf eine mögliche Konkursgefahr hinweisen.

Versetzung
Eine Versetzung bedeutet den Wechsel eines Mitarbeitenden an einen neuen Arbeitsplatz. Versetzungen können vorgenommen werden, wenn in einer Abteilung eine personelle Überdeckung und in einer anderen eine Unterdeckung besteht. Bei einer horizontalen Versetzung bleibt der Mitarbeitende auf der gleichen hierarchischen Stufe, während bei der vertikalen Versetzung ein hierarchischer Auf- oder Abstieg erfolgt. Probleme ergeben sich v. a. bei der Versetzung auf einen tiefer eingestuften Arbeitsplatz, die sich auch auf den Lohn auswirken kann. Vielfach wird dabei allerdings das Prinzip der Besitzstandswahrung angewandt, sodass der Mitarbeitende in Bezug auf die Entlohnung nicht schlechter gestellt sein sollte als vor der Versetzung.

Verteilungspolitik
Syn. für ▷ Strukturpolitik
▷ Staatsaufgaben

Verteilzeit
▷ Auftragszeit
▷ Durchlaufzeit

Vertikales Marketing
Vertikales Marketing (auch *Kontraktmarketing* genannt) ist eine Form der vertikalen Kooperation zwischen Hersteller und Handel. Es bedeutet, dass Hersteller und Handel – trotz grundsätzlich divergierender Interessen (Produktionsorientierung der Hersteller gegenüber Sortimentsorientierung des Handels) – ihre Marketingaktivitäten koordinieren und einen Interessensausgleich schaffen, um gemeinsam am Markt bestehen zu können. Die gemeinsamen Marketingaktivitäten sind auf den Endkunden ausgerichtet.

Die Bedeutung des vertikalen Marketings hat zugenommen, da durch die steigende ▷ Nachfragemacht des Handels die Konsumgüterhersteller gezwungen sind, ihre Marketingaktivitäten sowohl handelsorientiert (▷ Trade-Marketing, ▷ Push-Strategie) als auch verbraucherorientiert *(Consumer Marketing,* ▷ Pull-Strategie) zu gestalten.

Zur Koordination von Marketingaktivitäten zwischen Hersteller und Handel bieten sich Kooperationsstrategien an.

Vertrag

Verträge sind zweiseitige Rechtsgeschäfte, bei denen durch übereinstimmende gegenseitige Willensäusserung von zwei oder mehr Vertragsparteien Rechte und Pflichten festgelegt werden.
▷ Kündigung

Vertragshändlersystem

Das Vertragshändlersystem ist eine Kooperationsform zwischen Hersteller und Händler, bei welcher sich der Händler zur exklusiven Führung des Herstellersortiments, zur Einhaltung von Preisen, Rabatt- und Lieferkonditionen, zur Durchführung von Garantie- und evtl. auch Reparaturarbeiten zu Festpreisen verpflichtet. Weitere vertragliche Abmachungen können Verpflichtungen zur Lagerhaltung, zur Beteiligung an Werbeaufwendungen und die Erzielung eines bestimmten Mindestumsatzes festlegen. Der Hersteller kann dem Händler Gebietsexklusivität einräumen, den Händler durch Werbung und Verkaufshilfen unterstützen, ihn in Fragen der Betriebsführung beraten und dem Personal notwendige Spezialkenntnisse vermitteln. Dieses System findet man bei Autoherstellern wie z. B. Ford und Opel.

Eine weitere Kooperationsform zwischen Hersteller und Händler ist das ▷ Franchising.

Vertrieb

Syn. für ▷ Distribution

Vertriebskanal

Syn. für ▷ Absatzmethode

Vertriebskonzept «vom Fass»

Dieses neue Vertriebskonzept basiert auf Franchisebasis (▷ Franchising): Der Kunde bedient sich bei offen angebotenen Qualitätsprodukten (z. B. Wein, Essig, Öl, Spirituosen) selbst. Der Kunde bringt die eigene Flasche/Karaffe mit in das Verkaufslokal (oder kauft sie dort) und füllt die von ihm gewünschte Flüssigkeit eigenhändig ab. Die qualitativ hochwertigen Produkte stammen i. d. R. direkt vom Erzeuger.

Vertriebsorgan

Syn. für ▷ Absatzorgan

Vertriebsweg

Syn. für ▷ Absatzmethode

Verursacherprinzip

Nach diesem Prinzip soll derjenige für einen (Umwelt-)Schaden verantwortlich gemacht werden, der ihn verursacht hat (▷ Verantwortung). Bei Umweltschäden ist es oft schwierig, den oder die Verursacher eindeutig zu ermitteln. Rechtlich ist die Regelung der Beweisfrage von grosser Bedeutung: Muss das Verschulden des Schädigers nachgewiesen werden oder nicht? In praktischer Hinsicht stellt sich v. a. bei grösseren Schadenspotenzialen die Frage, ob die Verursacher überhaupt in der Lage sind, die Schäden zu bezahlen, bzw. wie eine Bezahlung möglicher Schäden sichergestellt werden kann.

Im Ökologiebereich gewinnt das Verursacherprinzip v. a. wegen der negativen ▷ externen Effekte zunehmend an Bedeutung. Nicht zuletzt wegen der Probleme bei der Realisierung des Verursacherprinzips muss dem ▷ Vorsorgeprinzip vermehrt Beachtung geschenkt werden.

Verwaltung

Der Begriff Verwaltung ist einerseits ein Synonym für die ▷ öffentliche Verwaltung, andererseits wird damit die ▷ Administration eines Unternehmens bezeichnet.

Verwaltungsrat

Der Verwaltungsrat als ▷ Spitzenorganisation einer ▷ Aktiengesellschaft besteht gemäss Art. 707 Abs. 1 OR aus einem oder mehreren Mitgliedern, die Aktionäre sein müssen. Er kann in allen Angelegenheiten Beschluss fassen, die nicht nach Gesetz oder Statuten der Generalversammlung zugeteilt sind (Art. 716 Abs. 1 OR).
Gemäss Art. 716a OR hat der Verwaltungsrat folgende unübertragbare und unentziehbare Aufgaben:
- die Oberleitung der Gesellschaft und die Erteilung der nötigen Weisungen,
- die Festlegung der Organisation,
- die Gestaltung des Rechnungswesens, der Finanzkontrolle sowie der Finanzplanung, sofern diese für die Führung der Gesellschaft notwendig ist,
- die Ernennung und Abberufung der mit der Geschäftsführung und der Vertretung betrauten Personen,
- die Oberaufsicht über die mit der Geschäftsführung betrauten Personen, namentlich im Hinblick auf die Befolgung von Gesetzen, Statuten, Reglementen und Weisungen,
- die Erstellung des Geschäftsberichts sowie die Vorbereitung der Generalversammlung und die Ausführung ihrer Beschlüsse sowie
- die Benachrichtigung des Richters im Fall der ▷ Überschuldung.

Der Verwaltungsrat kann die Vertretung einem oder mehreren Mitgliedern (▷ Delegierter des Verwaltungsrats) oder Dritten (▷ Direktion) übertragen (Art. 718 Abs. 2 OR).

Verwässertes Ergebnis pro Aktie
▷ Earnings per Share

VGB
Abk. für ▷ Verhandlungsgemeinschaft Bundespersonal

Viabilität
Bei der Viabilität *(Gangbarkeit)* handelt es sich um die Gültigkeit von ▷ Wirklichkeitskonstruktionen bzw. der ausgewählten Alternative (▷ Kontingenz), solange sich diese im praktischen Handeln bewähren bzw. nützlich sind. Sie ist ein wichtiges Relevanzkriterium für Wirklichkeitskonstruktionen neben der ▷ Anschlussfähigkeit und der ▷ Zieldienlichkeit.

4-P-Modell
▷ Marketinginstrumente

Vinkulierte Namenaktie
▷ Namenaktie

Viral Marketing
Unter Viral Marketing versteht man ein Kommunikations- und Vertriebskonzept, bei dem die Kunden motiviert werden, digitale Produkte oder Informationen via elektronische Mittel an weitere potenzielle Kunden aus ihrem Bekannten- und Freundeskreis zu schicken und diese ihrerseits zur Weiterleitung der Anbieterleistungen zu animieren. Dahinter steckt die Idee der Mund-zu-Mund-Werbung im Internet, weshalb auch von der Internet-Version der Mund-zu-Mund-Werbung gesprochen wird. Das Wort Viral verweist auf (Computer-)Viren, die sich meistens wie ein Lauffeuer (Schneeballeffekt) verbreiten.

Virtual Private Network (VPN)
Ein Virtual Private Network *(VPN)* benutzt öffentliche Telekommunikationsinfrastrukturen wie z.B. das Internet, um

Filialen oder individuellen Benutzern ausserhalb des Unternehmens sicheren Zugang zum Netzwerk des Unternehmens zu bieten. Die Verbindungen sind durch spezielle Protokolle und Verschlüsselungsmethoden geschützt. Ein VPN ist eine Alternative zur Schaffung eines firmeneigenen Netzwerks mit teuren Standleitungen oder geleasten Verbindungen.

Virtual Shopping

Beim Virtual Shopping (virtuelles Shopping, *Home Shopping System*) wandert der Kunde durch einen dreidimensionalen virtuellen Supermarkt (Kaufhaus). Er betrachtet Produkte, die er per Datenhandschuh auch anfassen kann, legt sie in einen virtuellen Einkaufswagen und geht zur Kasse, wo er bargeldlos bezahlt. Der Kunde kann bei dieser Art des Einkaufens per Mausklick das Warenangebot eines Anbieters auf dem Bildschirm betrachten.

Virtuelles Unternehmen

Ein virtuelles Unternehmen ist eine Kooperationsform rechtlich voneinander unabhängiger Unternehmen, Institutionen und/oder Einzelpersonen, die auf der Basis eines gemeinsamen Geschäftsverständnisses eine Leistung erbringen. Die kooperierenden Einheiten beteiligen sich an der Zusammenarbeit vorrangig mit ihren ▷ Kernkompetenzen und treten bei der Leistungserbringung gegenüber Dritten als einheitliches Unternehmen auf. Dabei wird auf die Institutionalisierung zentraler Managementfunktionen weit gehend verzichtet. Ein virtuelles Unternehmen basiert auf einem ▷ Netzwerk von Kooperationspartnern, die sich zusammenschliessen, um gemeinsam eine sich bietende Wettbewerbschance zu nutzen.

Ein virtuelles Unternehmen ist immer dann sinnvoll, wenn ein einzelnes Unternehmen (1) die notwendigen Kernkompetenzen nicht besitzt, (2) das mit dem Projekt verbundene Risiko nicht eingehen kann oder (3) die entstehenden Kosten nicht übernehmen kann bzw. das notwendige Kapital nicht besitzt.

Vision

Eine Unternehmensvision besteht aus den richtungsweisenden Ideen und allgemeinen Zielen für die zukünftige Unternehmensentwicklung. Sie hat neben dieser orientierenden auch eine motivierende und sinngebende Funktion. Sie bildet den Ausgangspunkt für das ▷ strategische Management, insbesondere für die Strategieentwicklung, -umsetzung und -kontrolle.

Visual Merchandising

Visual Merchandising ist direkte Verkaufsförderung am ▷ Point of Sale (POS) wie z. B. Schaufenstergestaltung, Ladenlayout, Warenpräsentation, Service, Kommunikation mit Kunden, Public Relations. Merchandising ist mehr als nur eine Warenpräsentation. Das Verkaufslokal wird «Showbühne» und «Landeplatz» für den Kunden (▷ Erlebnismarketing).

Volatilität

Die Volatilität gibt die Schwankungsbreite von Kursen (▷ Kurs) um ihren Mittelwert über einen bestimmten Zeitraum an. Gemessen wird die Volatilität durch die ▷ Standardabweichung (▷ Risiko).

Volkseinkommen

Das Volkseinkommen ist die Summe aller während einer Periode unmittelbar in Produktionsprozessen entstandenen Einkommen aus Arbeit und Vermögen, die Inländern zugeflossen sind. Das Volkseinkommen wird nach dem Inländerkonzept berechnet (▷ Bruttoinlandprodukt) und wird auch als *Nettosozialprodukt zu Faktorkosten* bezeichnet. Aus dem ▷ Bruttosozialprodukt (BSP) lässt sich das Volkseinkommen berechnen, indem die gesamtwirtschaftlichen ▷ Abschreibungen sowie die Differenz von indirekten Steuern und ▷ Subventionen der Unternehmen vom BSP abgezogen werden. Das Volkseinkommen pro Kopf ist ein gutes Mass für den Wohlstand eines Landes.

Vollautomatische Fertigung

Bei der vollautomatischen Fertigung werden Werkstücke mit Hilfe der ▷ elektronischen Datenverarbeitung (EDV) automatisch transportiert und in die Lage gebracht, die zu ihrer Bearbeitung notwendig ist (Transferstrasse). Anschliessend erfolgt die automatische Ver- oder Bearbeitung. Auch die Arbeitskontrolle kann von entsprechenden Spezialmaschinen vorgenommen werden. Die menschliche Arbeitskraft programmiert in erster Linie die computergestützten Maschinen (▷ Computer-Integrated Manufacturing) und übt im gesamten Produktionsprozess nur noch eine überwachende Funktion aus.

Vollbeschäftigung

Vollbeschäftigung ist eines der gesamtwirtschaftlichen Ziele (▷ Ziele, gesamtwirtschaftliche). Sie besteht, wenn auf dem ▷ Arbeitsmarkt ein Gleichgewicht in dem Sinn besteht, dass alle Arbeitswilligen Arbeit finden und alle, die Arbeit anbieten, Arbeitswillige finden. Abweichungen vom Ziel der Vollbeschäftigung bedeuten entweder Überbeschäftigung oder Unterbeschäftigung (▷ Arbeitslosigkeit).
▷ Beschäftigungsgrad

Vollerhebung

Bei einer Voll- oder *Totalerhebung* (▷ Marktforschung) werden alle Mitglieder einer Grundgesamtheit befragt. In den meisten Fällen ist eine Vollerhebung aus Kosten- und Zeitgründen ineffizient. In derartigen Fällen bedient man sich einer ▷ Teilerhebung.
▷ Erhebung

Vollkonsolidierung

Bei der Vollkonsolidierung werden im Rahmen der ▷ Konzernrechnung die Positionen von Bilanz und Erfolgsrechnung einer ▷ Tochtergesellschaft vollumfänglich in den Konzernabschluss einbezogen. Die Vollkonsolidierung geht davon aus, dass – ungeachtet der Ansprüche von Minderheitsaktionären – die Muttergesellschaft uneingeschränkte Verfügungsmacht über die Tochtergesellschaft hat. Sie gelangt bei der Konsolidierung von Beteiligungen mit mindestens 50% Stimmanteilen zur Anwendung. Für den auf Minderheiten entfallenden Anteil an Eigenkapital und Jahresgewinn wird in der Konzernbilanz ein Ausgleichsposten ermittelt und gesondert ausgewiesen:
- als *Teil des Eigenkapitals des Konzerns (Einheitstheorie),*
- als *Teil des langfristigen Fremdkapitals des Konzerns (Interessentheorie)* oder
- als *selbständige Position zwischen Eigen- und Fremdkapital des Konzerns («Niemandslandtheorie»).*
▷ Quotenkonsolidierung

Vollkostenrechnung

Im Rahmen der Kostenrechnung (▷ Betriebsbuchhaltung) überwälzen Vollkostensysteme – im Gegensatz zu Teilkostensystemen (▷ Teilkostenrechnung) – die gesamten Kosten einer Periode auf die

▷ Kostenträger, sodass diese einen «gerechten» Anteil der Gesamtkosten, also auch der ▷ Gemeinkosten, tragen. Man unterscheidet zwischen ▷ Ist-, ▷ Normal- und ▷ Plankostenrechnung.

Vorgang

Syn. für ▷ Prozess

Vorkalkulation

Die Vorkalkulation berechnet im Rahmen der ▷ Kalkulation vorausschauend Materialkosten, Fertigungskosten, Verwaltungs- und Vertriebskosten für ein einzelnes Produkt oder für eine Serie (▷ Serienfertigung). Sie dient der Festlegung des Verkaufsprogramms, der Offertstellung und der Preisgestaltung. Weil die Vorkalkulation mit geschätzten Zahlen arbeitet, ist sie eine Näherungsrechnung.

Vorleistungen

Unter Vorleistungen werden ökonomische Güter (▷ Güter, ökonomische) verstanden, die nach ihrer Produktion wieder in die Produktion anderer Güter eingehen (z.B. Halbfabrikate). Der Unterschied zu den ▷ Investitionen besteht darin, dass Vorleistungen noch in derselben Periode, in der sie produziert werden, wieder in den Produktionsprozess eingehen, während ▷ Investitionsgüter der Produktion längerfristig dienen. Auch die Unterscheidung zwischen Vorleistungen und ▷ Konsumgütern ist in der Praxis nicht immer einfach. So kann z.B. Büromaterial einerseits als Vorleistung gelten, aber andererseits auch dem privaten ▷ Konsum dienen.

Vorort

Der Vorort war das Exekutivorgan des Schweizerischen Handels- und Industrievereins, der mit der wf, Gesellschaft zur Förderung der schweizerischen Wirtschaft, zur ▷ Economiesuisse fusionierte.
▷ Arbeitgeberorganisation

Vorräte

Vorräte sind ▷ Vermögenswerte, die
▪ zum Verkauf im normalen Geschäftsgang gehalten werden,
▪ sich in der Herstellung für einen solchen Verkauf befinden oder
▪ als Roh-, Hilfs- und Betriebsstoffe dazu bestimmt sind, bei der Herstellung oder der Erbringung von Dienstleistungen verbraucht zu werden.
Vorräte umfassen zum Weiterverkauf erworbene Waren, wie z.B. von einem Einzelhändler zum Weiterverkauf erworbene Handelswaren, oder Grundstücke und Gebäude, die zum Weiterverkauf gehalten werden. Des Weiteren umfassen Vorräte vom Unternehmen hergestellte Fertigerzeugnisse und unfertige Erzeugnisse sowie ferner Roh-, Hilfs- und Betriebsstoffe vor Eingang in den Herstellungsprozess. Vorräte dürfen höchstens zu den ▷ Anschaffungs- bzw. ▷ Herstellungskosten bilanziert werden. Zu den *Anschaffungs- und Herstellungskosten von Vorräten* gehören alle Kosten des Erwerbs und der Be- und Verarbeitung sowie sonstige Kosten, die angefallen sind, um die Vorräte an ihren derzeitigen Ort und in ihren derzeitigen Zustand zu versetzen. Im Fall eines Dienstleistungsunternehmens beinhalten Vorräte die Kosten der Leistungen für die das Unternehmen noch keine entsprechenden Erträge eingenommen hat.
▷ Lager
▷ Lagerbestand
▷ Lagerhaltung

Vorratsbeschaffung

▷ Beschaffungsarten

Vorratsbezogene Fertigung

Bei der vorratsbezogenen Fertigung *(Vorratsfertigung)* produziert ein Unternehmen aufgrund prognostizierter Absatzmengen auf Vorrat.
▷ Auftragsbezogene Fertigung

Vorratsfertigung

▷ Vorratsbezogene Fertigung

Vorschlagswesen

▷ Betriebliches Vorschlagswesen

Vorserie

Syn. für ▷ Nullserie

Vorsichtsprinzip

Das Prinzip der Vorsicht ist Bestandteil der ▷ Grundsätze ordnungsmässiger Rechnungslegung und verlangt, dass die Chancen aus der Geschäftsentwicklung vorsichtig, die Risiken hingegen reichlich zu bemessen sind. In diesem Sinn dürfen ▷ Vermögenswerte oder ▷ Erträge nicht zu hoch und Verbindlichkeiten (▷ Fremdkapital) oder Aufwendungen (▷ Aufwand) nicht zu niedrig angesetzt werden.
▷ Bewertung
▷ Stille Reserven

Vorsitzender

Der Vorsitzende *(Chairman)* ist diejenige Person, die bei einer Versammlung der ▷ Geschäftsleitung eines Unternehmens den Vorsitz führt (Aktiengesellschaft: Präsident). Der Vorsitzende hat i.d.R. den Stichentscheid bei Abstimmungen, die unentschieden ausgehen.

Vorsorgeprinzip

Vorsorgen bedeutet Problemen vorbeugen. Problematische Auswirkungen sollen möglichst verhindert oder wenigstens vermindert werden. Das Fehlen absoluter wissenschaftlicher Gewissheit darf nicht als Vorwand dazu missbraucht werden, vorsorgliche Massnahmen aufzuschieben. Gerade beim Umweltschutz spielt das Vorsorgeprinzip eine grosse Rolle. *Integrierter Umweltschutz* bedeutet, dass Umweltbelastung an der Quelle bekämpft werden muss, d.h. dort, wo sie entsteht. Produkte müssen so entwickelt werden, dass die spätere Entsorgung optimal gewährleistet ist. *End-of-the-Pipe-Lösungen (additiver Umweltschutz,* ▷ Umweltpolitik) durch am Ende der Prozesse ansetzende Massnahmen (wie Filter, Abwasserreinigungsanlagen usw.) sind suboptimal.
Ausgehend vom Vorsorgeprinzip können vier Stufen für eine sinnvolle Abfall- und Emissionsbegrenzung (▷ Emissionen) formuliert werden: Vermeiden vor Vermindern vor Verwerten vor Entsorgen. Die strikte Einhaltung dieser Stufen ist auch in Bezug auf das Ressourcen- und Risikoziel (▷ ökologische Zielbereiche) von grosser Bedeutung:
- *Vermeiden:* Produktionsprozesse, Produkte usw. sind so zu gestalten, dass belastende Abfälle und Emissionen vermieden werden (z.B. Verzicht auf den Einsatz schädlicher Stoffe, Verzicht auf Verpackungen).
- *Vermindern:* Können Abfälle und Emissionen nicht vermieden werden, so ist die entstehende Menge zu vermindern. Auch hier spielen Produkt- und Prozessgestaltung eine grosse Rolle (z.B. Substituierung von Materialien durch weniger problematische, Verlagerung des Verkehrs von der Strasse auf die Schiene).
- *Verwerten:* Wenn Abfälle und Emissionen weder vermieden noch vermindert werden können, so ist zu prüfen, wie sie

durch unternehmensinternes oder -externes ▷ Recycling verwertet werden können.

■ *Entsorgen:* Sind keine anderen Massnahmen möglich, müssen Emissionen und Abfälle auf möglichst gefahrlose und umweltschonende Weise entsorgt werden können (▷ Entsorgung). Erst an dieser Stelle sind End-of-the-Pipe-Massnahmen ökologisch sinnvoll.

Vorstand

Der Vorstand hat nach deutschem Aktiengesetz die ausschliessliche Zuständigkeit für die Führung eines Unternehmens. Als kollegiale Führungsspitze können die Vorstandsmitglieder diese Zuständigkeit nur gemeinsam ausüben. Zu den nicht delegierbaren Aufgaben des Vorstands gehören die langfristige Festlegung der ▷ Unternehmenspolitik, die Koordinierung der betrieblichen Teilbereiche, die Beseitigung von Störungen im laufenden Betriebsprozess, geschäftliche Massnahmen von aussergewöhnlicher betrieblicher Bedeutung sowie die Besetzung der Führungsstellen im Unternehmen. Andere Tätigkeiten und Entscheidungen können und sollen an nachgelagerte Instanzen übertragen werden.

Vorstellungsgespräch

Syn. für ▷ Einführungsinterview

Vorteile, komparative

▷ Komparative Vorteile

Vorwärtsintegration

Unter der Vorwärtsintegration *(Forward Integration)* versteht man die Eingliederung nachgelagerter Handels- oder Produktionsstufen. Eine solche Eingliederung wird z. B. durch vertikale ▷ Unternehmensverbindungen möglich.

Vorzugsaktien

Vorzugs- oder *Prioritätsaktien* sind in vermögensrechtlicher Hinsicht privilegiert, was sich v. a. auf die ▷ Dividende auswirkt. Vorzugsaktien berechtigen zu einer Dividende in bestimmter Höhe vor Berücksichtigung der gewöhnlichen Stammaktionäre und werden häufig bei Sanierungen ausgegeben.

Vorzugsaktien sind häufig mit einem Entzug oder einer Beschränkung des Stimmrechts des Aktionärs verbunden. Zahlt das Unternehmen die versprochene Dividende bzw. den Dividendenaufschlag nicht, so erlangen die an sich stimmrechtslosen Vorzugsaktien an der ▷ Generalversammlung gleiches Stimmrecht wie die ▷ Stammaktien.

VPN

Abk. für ▷ Virtual Private Network

VSA

Abk. für Vereinigung Schweizerischer Angestelltenverbände
▷ Gewerkschaft
▷ Travail Suisse

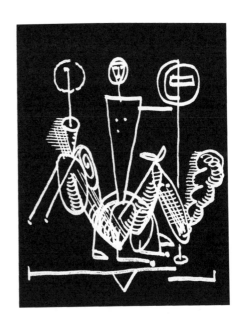

WACC
Abk. für ▷ Weighted Average Cost of Capital

Wachstumsoption
▷ Realoption

Wachstumspolitik
▷ Prozesspolitik

Wachstum, wirtschaftliches
Unter Wachstum versteht man allgemein das Ansteigen des Produktionspotenzials einer Wirtschaft (auch *Trendwachstum* genannt), wogegen die Auslastung dieses Potenzials als ▷ Konjunktur bezeichnet wird. Wirtschaftliches Wachstum ist eines der gesamtwirtschaftlichen Ziele (▷ Ziele, gesamtwirtschaftliche).

Um das Trendwachstum zu berechnen, müssen die aktuellen Veränderungsraten des ▷ Bruttoinlandprodukts (BIP) um die Konjunkturschwankungen bereinigt werden, weshalb nur die langjährigen durchschnittlichen BIP-Veränderungen das volkswirtschaftliche Trendwachstum zeigen. Im Unterschied zum «eigentlichen» volkswirtschaftlichen Wachstum wird in der Praxis häufig auch die einjährige Veränderung des BIP als Wachstum bezeichnet.

Wagniskapital
Syn. für ▷ Venture Capital

Währungspolitik
▷ Notenbank

Währungs-Swap
▷ Swap

WAN
Abk. für Wide Area Network
▷ Netzwerk

Wandelanleihe
Die Wandelanleihe, auch *Wandelobligation* (engl. *Convertible Bond*) genannt, ist eine Spezialform der ▷ Anleihensobligation. Neben den üblichen Ansprüchen auf Zinszahlung und Tilgung haben die Wandelobligationäre das Recht, während einer festgelegten Frist ihre Kapitalforderung in eine bestimmte Anzahl Beteiligungspapiere zu wandeln. An die Stelle seiner Forderung tritt das Beteiligungsrecht (Aktie, Partizipationsschein). Deshalb kann die Wandelobligation nicht als reines Fremdkapital angesehen werden. Bei der Ausgabe der Wandelanleihe trifft dies zwar noch zu, doch wenn der Obligationär von seinem Wandelrecht Gebrauch macht, wird er zum Aktionär. Für das Unternehmen wandelt sich das Fremdkapital in Eigenkapital. Bei der Ausgabe einer Wandelanleihe gehört die Bestimmung der Wandelbedingungen – neben der Festlegung des Emissionszeitpunkts – zu den wichtigsten Entscheidungen. Diese umfassen insbesondere: (1) *Wandlungsverhältnis:* Anzahl Beteiligungspapiere, die mit einer Obligation eines bestimmten Nennwerts bezogen werden können. Entspricht der Nennwert nicht dem Preis für die bezogenen Aktien, hat eine Zuzahlung oder Teilrückzahlung zu erfolgen. (2) *Wandelpreis:* Preis für eine Aktie, die bezogen wird. Dieser kann sich während der Wandelfrist verändern. (3) *Wandlungs- oder Umtauschfrist:* Zeitdauer, während welcher der Obligationär von seinem Wandelrecht Gebrauch machen kann. (4) *Verwässerungsschutzklausel:* Bei einer Kapitalerhöhung während der Wandelfrist wird der Wandelpreis wegen der ▷ Kapitalverwässerung entsprechend angepasst.

Wandelobligation
Syn. für ▷ Wandelanleihe

Warehouse Club
Warehouse Clubs, eine spezielle ▷ Einzelhandelsform, sind anfangs der 80er Jahre in den USA entstanden. In grossen, nüchternen Hallen wird ein enges, aber ständig wechselndes Sortiment von Produkten aus dem Food- und Non-Food-Bereich in Grosspackungen ohne Serviceleistungen angeboten. Zutritt haben nur Personen, die Mitglied sind und eine Gebühr bezahlen. Die Club-Mitglieder können in den Clubs zu Preisen, die durchschnittlich 20–40% unter den Supermarktpreisen liegen, einkaufen.

Waren
Unter Waren versteht man meist materielle Handelsgüter oder Produkte (▷ Güter, ökonomische).

Warenaufwand
Als Warenaufwand *(Einstandswert der verkauften Waren, Warenverbrauch)* wird der effektive Verbrauch an Waren oder Rohmaterial während einer bestimmten Rechnungsperiode bezeichnet. Er ergibt sich aus dem Wareneinkauf und den gemäss Inventar erfassten Bestandesveränderungen.

Warengruppen-Management
Syn. für ▷ Category Management

Warenhaftpflicht
Syn. für ▷ Produktehaftpflicht

Warenhaus
▷ Einzelhandelsformen

Warenkorbanalyse
▷ Data Mining

Warenverbrauch
Syn. für ▷ Warenaufwand

Warenverkehrsbilanz
Warenverkehrsbilanz ist das in der Schweiz gebräuchliche Synonym für Handelsbilanz (▷ Zahlungsbilanz).

Warenwirtschaftssystem
Ein Warenwirtschaftssystem kontrolliert im Handelsbetrieb den gesamten Warenfluss vom Eingang über die Lagerung bis zum Ausgang der Ware, damit die optimale Organisation der Warenbewegungen sowie die Transparenz des Warenflusses gewährleistet ist. Mit dem Warenwirtschaftssystem können weitere EDV-Programme für Bestellwesen, ▷ Inventur, ▷ Rechnungswesen usw. verknüpft werden. Damit steht ein Steuerungsinstrument zur Verfügung, das für jeden Artikel Informationen über Menge und Wert von Beständen, Bestellungen, Lagerzuweisung, Lagerentnahme, Wareneingang/-ausgang usw. liefert und mit dem Effizienzsteigerungen im Handel erzielt bzw. unterstützt werden können. Im Vordergrund stehen die Optimierung der Abläufe wie auch das Bereitstellen von handelsrelevanten Informationen als Entscheidungshilfen (z.B. Marketing, Preispolitik, finanzwirtschaftliche Massnahmen, Sortimentskontrolle, Kundenverhalten sowie Management oder auch Austausch von Daten mit Dritten). Eine der wichtigsten Voraussetzungen ist eine elektronische Erfassung der einzelnen Artikel (▷ EAN).

Unterschieden wird zwischen einem geschlossenen und einem integrierten Warenwirtschaftssystem. Das *geschlossene System* zielt ausschliesslich auf eine innerbetriebliche, effiziente Erfassung, Bearbeitung und Verarbeitung von Warenbewegungen. Das *integrierte System* bezieht stärker die Stakeholder ein (z.B. Lieferanten, Banken, Kunden, Marktforschungsinstitute, Logistik-Dienste), mit denen Informationen und Daten ausgetauscht werden. So entstehen netzwerkartige Informationssysteme, die neue Kooperationspotenziale eröffnen.

Warenzeichen
Syn. für ▷ Marke

Warrant
Der Warrant *(Optionsschein)* ist ein Bezugsschein, der bei einer ▷ Optionsanleihe das Optionsrecht verkörpert. In seiner Ausgestaltung ist er identisch mit einer ▷ Call-Option, allerdings mit dem Unterschied, dass die Laufzeit bedeutend länger ist (bis 3 Jahre). Der Warrant kann losgelöst von der Obligation gehandelt werden.

Wartezeit
Syn. für ▷ Liegezeit

WBT
Abk. für Web-Based Training
▷ Electronic Learning

Web-Based Training (WBT)
▷ Electronic Learning

Web Services
▷ Application Services

Web-Site
▷ World Wide Web

Wechsel

Der Wechsel ist eine schriftliche, unbedingte, aber befristete, vom Schuldgrund losgelöste (sog. abstrakte) Verpflichtung zur Zahlung einer bestimmten Geldsumme zugunsten des legitimierten Inhabers der Urkunde. Wechselverpflichtungen von im Handelsregister eingetragenen Schuldnern unterliegen im Betreibungsfall der sog. «formellen Wechselstrenge», die ein beschleunigtes Betreibungsverfahren ermöglicht. Es werden zwei Formen des Wechsels unterschieden: der gezogene Wechsel (Art. 991 OR) und der Eigenwechsel (Art. 1096 OR).

Der *gezogene Wechsel (Tratte)* wird vom Gläubiger (Wechselaussteller, Trassant) ausgestellt, der den Schuldner (Trassat, *Bezogener*) auffordert, an eine namentlich genannte Person (Remittent, Wechselnehmer) eine bestimmte Geldsumme zu zahlen. Wechselnehmer kann eine Drittperson oder der Wechselaussteller selbst sein, i.d.R. wird es jedoch die Bank des Ausstellers (Gläubigers) sein. Die Beziehungen und Vorgänge zwischen den Beteiligten beim Ausstellen und bei der Weitergabe eines Wechsels verlaufen wie folgt (▶ Abb. 188):

1. Der Aussteller gibt den Wechsel dem Bezogenen zum Akzept, mit seiner Unterschrift geht er die Wechselschuld ein.
2. Der Bezogene sendet den Wechsel akzeptiert an den Aussteller zurück.
3. Der Aussteller gibt den Wechsel dem Wechselnehmer weiter.
4. Vorweisung des Wechsels beim Bezogenen bei Fälligkeit.
5. Mit der Zahlung des Bezogenen erlischt die Wechselschuld.

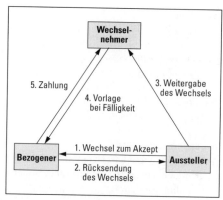

▲ Abb. 188 Ausstellen und Weitergabe eines Wechsels

Ein gezogener Wechsel muss folgende acht *gesetzlichen Bestandteile* enthalten (Art. 991 OR):

1. Die Bezeichnung als Wechsel im Text der Urkunde, und zwar in der Sprache, in der sie ausgestellt ist.
2. Die bedingungslose Anweisung, eine bestimmte Geldsumme zu zahlen.
3. Der Name desjenigen, der zahlen muss (Bezogener bzw. Trassat).
4. Angabe des Verfalldatums.
5. Angabe des Zahlungsorts.
6. Der Name desjenigen, an den oder an dessen Order gezahlt werden soll (Wechselnehmer bzw. Remittent).
7. Die Angabe des Orts und des Datums der Ausstellung des Wechsels.
8. Die Unterschrift des Ausstellers (Trassant).

Der *Eigenwechsel* wird vom Schuldner selbst ausgestellt, der sich darin verpflichtet, an den Gläubiger zu zahlen. Aussteller und Schuldner sind somit identisch. Der Gläubiger wird automatisch zum Remittenten.

Der Wechsel stellt auch ein langfristiges Kreditmittel dar, wie dies v.a. beim ▷ Diskont- und ▷ Akzeptkredit der Fall ist.

Wechselkurs

Der Wechselkurs ist der Preis, zu dem zwei Währungen getauscht werden. Die Höhe des *nominalen* Wechselkurses bestimmt sich aufgrund von Angebot und Nachfrage auf dem Devisenmarkt. Die Nachfrage nach einer Währung entsteht durch den Import von ökonomischen Gütern (▷ Güter, ökonomische), die in dieser Währung bezahlt werden müssen, während das Angebot von Exporteuren ausgeht. Hinzu kommen Angebot und Nachfrage von Geldinstituten (▷ Arbitrage, ▷ Spekulation, Geschäfte der Risikoabsicherung) und von ▷ Notenbanken, die Devisen zur Beeinflussung der ▷ Geldmenge (Geldmengenaggregate) kaufen und verkaufen (▷ Notenbankpolitik, Instrumente der).

Berücksichtigt man, dass im In- und Ausland ein unterschiedliches Preisniveau bestehen kann, ergibt sich nach folgender Formel der reale Wechselkurs.

$$\text{Realer Wechselkurs} = \frac{\text{nominaler Wechselkurs} \cdot \text{ausländisches Preisniveau}}{\text{inländisches Preisniveau}}$$

Steigt der reale Wechselkurs, werden ausländische Güter im Verhältnis zu inländischen teurer, sodass die durchschnittliche Wettbewerbsfähigkeit (▷ Wettbewerbsfähigkeit, internationale) der inländischen Unternehmen steigt. Für die inländische Währung bedeutet dies eine *reale Abwertung*. Ein Sinken des realen Wechselkurses führt umgekehrt zu einer realen Aufwertung der inländischen Währung.

Die bisher beschriebenen Zusammenhänge bestehen in einem *System flexibler Wechselkurse*. Flexible Wechselkurse haben den Vorteil, dass die ▷ Zahlungsbilanz immer ausgeglichen ist und keine Zahlungsbilanzdefizite finanziert werden müssen (Defizite werden über eine Abwertung der Währung ausgeglichen). Dies erhöht die Autonomie und Effizienz der inländischen Wirtschaftspolitik (▷ Wirtschaftspolitik) und führt zu weniger starken ▷ Interdependenzen zwischen Volkswirtschaften. Ebenso wird die Übertragung ausländischer ▷ Inflation durch flexible Wechselkurse vermindert. Der internationale Währungswettbewerb führt zudem tendenziell zu stabileren Währungen. Die Nachteile flexibler Wechselkurse liegen hauptsächlich in Unsicherheiten für Exporteure, Importeure und Investoren (die sich allerdings durch Devisentermingeschäfte weit gehend reduzieren lassen) sowie in möglichen Beschäftigungsproblemen v.a. der Exportindustrie bei starken Wechselkursschwankungen. Der einzige wesentliche Vorteil eines Systems *fixer Wechselkurse* besteht in der Planungssicherheit. Aufgrund der überwiegenden Vorteile sind alle Industrienationen zu einem System flexibler Wechselkurse übergegangen.

Weiche Wirklichkeit

Eine weiche Wirklichkeit ist ein Bereich der Wirklichkeit, der – im Gegensatz zur ▷ harten Wirklichkeit – sehr sensibel auf die Art und Weise reagiert, wie ein Beobachter ihn beschreibt. Eine weiche Wirklichkeit ist z.B. der sozial-interaktive Bereich (wie die Vorgesetzten-Mitarbeiter-Beziehung).

Das Konzept der weichen Wirklichkeit unterstellt die Annahmen des ▷ Konstruktivismus, dass es keine objektive Wirklichkeit gibt und eine Beobachtung immer auch die Wirklichkeit selbst, d.h. die relevante Situation, beeinflusst.

Weighted Average Cost of Capital (WACC)

Der Weighted Average Cost of Capital *(WACC)* ist der gewichtete durchschnittliche Kapitalkostensatz, der sich aufgrund der Kosten des Eigen- und Fremdkapitals unter Berücksichtigung des Anteils des Eigen- und Fremdkapitals an der Bilanzsumme ergibt:

$$WACC = k_{FK} \cdot \frac{FK}{K} + k_{EK} \cdot \frac{EK}{K}$$

k_{FK}: Fremdkapitalkostensatz;
FK: Fremdkapital; K: Gesamtkapital;
k_{EK}: Eigenkapitalkostensatz;
EK: Eigenkapital

▷ Economic Value Added

Weisse Produkte
Syn. für ▷ Generika

Weiterbildung
▷ Personalentwicklung

Welthandelsorganisation
▷ World Trade Organization

Werbebotschaft

Die Werbebotschaft ist ein Element des ▷ Werbekonzepts. Sie enthält die Werbeaussage, die man dem ▷ Werbesubjekt vermitteln will. Der Inhalt kann sich – je nach ▷ Werbeziel – auf unterschiedliche Aspekte des Produkts (z.B. Marke, Eigenschaften oder Nutzen) beziehen.
Nach dem Inhalt der Werbebotschaft kann unterschieden werden zwischen einem *rationalen* Teil mit sachlichen Informationen, die zu kognitivem, d.h. bewusst wahrgenommenem Verhalten führen, und einem *emotionalen* Teil, der ein affektives Verhalten auslöst.
Wie eine Werbebotschaft formuliert ist, hängt primär vom ▷ Werbeziel ab. Eine wesentliche Determinante der Werbebotschaft ist das Werbeobjekt (▷ Werbekonzept). Bei ▷ Investitionsgütern steht die reine Sachinformation im Vordergrund, weil sich der Nutzen des Produkts fast ausschliesslich aus dem betrieblichen Einsatz ergibt. Bei ▷ Konsumgütern dagegen werden den vielfach emotionale Informationen benutzt, um für ein Produkt zu werben.

Werbebudget

Unter dem Werbebudget versteht man entweder die Zusammenfassung der finanziellen Auswirkungen für die Umsetzung eines bestimmten ▷ Werbekonzepts oder die Festlegung der Werbeausgaben für eine Planperiode (z.B. Jahreswerbebudget).
Die Bestimmung des Werbebudgets kann (1) nach einem prozentualen Anteil am Umsatz oder am Gewinn, (2) aufgrund der Konkurrenzsituation sowie (3) nach dem Werbeziel vorgenommen werden. In der Praxis ist – oft aus praktischen Gründen – die Ausrichtung nach dem Umsatz verbreitet, obschon dieses Verfahren aufgrund von sachlichen Überlegungen nicht überzeugt. Deshalb ist eine Orientierung am ▷ Werbeziel bzw. ▷ Werbekonzept vorzuziehen.

Werbeelastizität

Mit der Werbeelastizität misst man die Auswirkungen von zusätzlichen Werbeausgaben auf die Nachfrage.

$$\text{Werbeelastizität} = \frac{\text{Umsatzänderung in \%}}{\text{Werbeaufwandsänderung in \%}} \cdot 100$$

Ist dieser Wert grösser als 1, so handelt es sich um eine elastische Nachfrage, d.h. die Nachfrage reagiert überproportional auf die erhöhten Werbeausgaben.

Werbeerfolgskontrolle

Die Werbeerfolgskontrolle überprüft, in welchem Umfang die angestrebten ▷ Werbeziele erreicht worden sind. Sie dient damit einerseits der Beurteilung eines umgesetzten ▷ Werbekonzepts bzw. der daran beteiligten Mitarbeitenden, liefert aber andererseits gleichzeitig wertvolle Informationen für die Gestaltung zukünftiger Werbekonzepte.
Der Werbeerfolg wird anhand verschiedener ▷ Kennzahlen beurteilt:

- *Berührungs- oder Streuerfolg =*
$$\frac{\text{Zahl der Werbeberührten}}{\text{Zahl der Werbeadressaten}} \cdot 100$$

- *Beeindruckungserfolg =*
$$\frac{\text{Zahl der Werbebeeindruckten}}{\text{Zahl der Werbeberührten}} \cdot 100$$

- *Erinnerungserfolg I =*
$$\frac{\text{Zahl der Werbeerinnerer}}{\text{Zahl der Werbeberührten}} \cdot 100$$

- *Erinnerungserfolg II =*
$$\frac{\text{Zahl der Werbeerinnerer}}{\text{Zahl der Werbebeeindruckten}} \cdot 100$$

- *Kauferfolg =*
$$\frac{\text{Zahl der Bestellungen}}{\text{Zahl der Werbeadressaten}} \cdot 100$$

Die benötigten Daten werden durch die ▷ Marktforschung erhoben.

Werbekonzept

Das Werbekonzept dient zur Gestaltung des ▷ Kommunikationsprozesses zwischen Sender (Werbendem) und Empfänger. Es setzt sich aus folgenden Elementen zusammen:
1. *Werbeobjekt:* Ausgangspunkt ist das Produkt, für das die Werbung gemacht wird.
2. ▷ *Werbesubjekt:* Festlegung der ▷ Zielgruppe, an die sich die Werbung richtet.
3. ▷ *Werbeziel:* Werbeziele müssen in Einklang mit den allgemeinen Marketingzielen sowie den übrigen ▷ Marketinginstrumenten stehen.
4. ▷ *Werbebotschaft:* Der konkrete Inhalt, die Aussage der Werbung wird festgelegt.
5. ▷ *Werbemedien:* Instrumente, mit denen die Werbebotschaft an den Adressaten übermittelt werden soll. Dabei kann zwischen ▷ Werbeträgern und ▷ Werbemitteln unterschieden werden.
6. ▷ *Werbeperiode:* Festlegung der gesamten Zeitdauer des Werbeeinsatzes und die zeitliche Verteilung der Werbung innerhalb einer bestimmten Periode.
7. *Werbeort:* Räumliche Abgrenzung der Werbung, d.h. die Frage, in welchem Gebiet die Werbung durchgeführt werden soll.
8. ▷ *Werbebudget:* Finanzielle Auswirkungen eines konkreten Werbekonzepts.
9. ▷ *Werbeerfolgskontrolle:* Beurteilen der Resultate des Werbekonzepts bzw. Überprüfen, ob die Werbeziele erreicht worden sind.

Werbekostenzuschuss (WKZ)

Werbekostenzuschüsse *(WKZ)* sind finanzielle Beiträge, die der Hersteller dem Handel gewährt. Die Zuschüsse dienen der Abdeckung von Kosten, die dem Handel im Rahmen der Markenwerbung entstehen. Sie werden ihm ohne mengen- oder wertmässige Bedingungen gewährt.

Werbemedien

Die Werbemedien übermitteln im Rahmen des ▷ Werbekonzepts die ▷ Werbebotschaft an die ▷ Werbesubjekte. Bei Werbemedien wird zwischen ▷ Werbemitteln und ▷ Werbeträgern unterschieden, wobei ein Werbemittel meist über verschiedene Werbeträger zur Werbezielgruppe geführt werden kann.

Werbemittel

Werbemittel sind reale, sinnlich wahrnehmbare Erscheinungsformen der Werbebotschaft. Dazu gehören z.B. Inserate, Plakate oder Werbespots. Werbemittel benötigen ▷ Werbeträger, um die Botschaft den ▷ Werbesubjekten zu vermitteln.

Werbeobjekt

▷ Werbekonzept

Werbeperiode

Die Werbeperiode bezeichnet den Zeitraum, über den sich eine bestimmte Werbeaktion erstreckt *(Makro-Terminplanung)*. Die Dauer hängt von folgenden Kriterien ab:
- *Produkt:* Handelt es sich um ein Investitions- oder Konsumgut, ein Gebrauchs- oder Verbrauchsgut?
- *Phase des ▷ Produktlebenszyklus:* In welcher Phase muss das Produkt durch die Werbung unterstützt werden?
- *Marketingziele:* Wozu dient die Werbung (z.B. Rückgewinnung von Marktanteilen)?
- *Marketing-Mix:* Welche Aufgabe kommt der Werbung im Rahmen des gesamten Marketing-Mix zu?
- *Werbeziele:* Welches sind die konkreten Werbeziele, auf die sich der Inhalt der Werbung ausrichtet?
- *Saisonale Schwankungen:* Welche Werbeperioden werden von einer Branche bevorzugt?
- *Konjunkturelle Schwankungen:* Wie wirkt sich die Wirtschaftslage auf die Werbeperiode aus?

An die Festlegung der Werbeperiode schliesst die Einsatzplanung der Werbemittel und -träger innerhalb dieses Zeitraumes an *(Mikro-Terminplanung)*. Dabei gilt es zusätzlich, das Kaufverhalten der Konsumenten, das Konkurrenzverhalten und die Aufnahmebereitschaft der Werbesubjekte zu berücksichtigen.

Werbesubjekt

Unter dem Werbesubjekt versteht man jene Personen, welche die Zielgruppe der Werbung bilden. Nach der Intensität der Werbewirkung können die für die Werbung relevanten Personen in folgende Gruppen eingeteilt werden:
- Die *Werbeadressaten* sind die eigentliche Zielgruppe, auf die die Werbung ausgerichtet ist.
- Die *Werbeberührten* sind mit der Werbung in Kontakt gekommen und somit von der Werbung erreicht worden.
- Die *Werbebeeindruckten* haben die Werbung bewusst oder unbewusst wahrgenommen.
- Die *Werbeerinnerer* sind Werbeberührte, die sich an das Werbeobjekt und seine Eigenschaften auch zu einem späteren Zeitpunkt aktiv oder passiv erinnern können.
- Die *Werbeagierer* sind jene Werbebeeindruckten, die das Werbeobjekt auch tatsächlich kaufen.
- Die *Werbeweitervermittler* sind Werbebeeindruckte, die das Werbeobjekt selber nicht kaufen, aber die Werbung weitervermitteln.

Werbeträger

Oft überlappen sich die einzelnen Gruppen. Zudem wird im Allgemeinen nur ein Teil der Werbesubjekte erfasst, und es treten Streuverluste auf. Aus Kostengründen ist es kaum möglich, alle Werbesubjekte zu erreichen.

Werbeträger

Die Werbeträger sind die Instrumente oder Informationskanäle, über die ▷ Werbemittel an die ▷ Werbesubjekte übermittelt werden. Beispiele sind Zeitungen, Gebäude oder Fernsehanstalten.

Werbeziele

Die Werbeziele beziehen sich auf die Erhöhung des Bekanntheitsgrads, Aufzeigen des Nutzens und der Einsatzmöglichkeiten eines Produkts oder die Positionierung gegenüber Konkurrenzprodukten.

Die Werbeziele sind von den allgemeinen Marketingzielen wie Umsatzsteigerung oder Erhöhung des Marktanteils abzugrenzen. Eine klare Festlegung des Werbeziels ist auch Voraussetzung für eine ▷ Werbeerfolgskontrolle.

Werbung

Im Rahmen der ▷ Kommunikationspolitik vermittelt die Werbung Informationen über Existenz, Eigenschaften, Erhältlichkeit und Bezugsbedingungen (Preis) von Produkten und Dienstleistungen. Der Kunde kann mit diesen Informationen (1) die Übereinstimmung zwischen seinem Bedarf und einem konkreten Angebot überprüfen, (2) sich über das Produkt informieren, ohne das Produkt konkret vor sich haben zu müssen, und damit einen Vorentscheid treffen (Vorselektion), (3) auf ein Produkt aufmerksam werden, auf das er ohne Werbung nicht gestossen wäre, oder (4) unterschiedliche (Konkurrenz-) Angebote vergleichen (Markttransparenz).

Werkbankprinzip

Das Werkbankprinzip ist ein ▷ Organisationstyp der Fertigung. Ein einzelner Mitarbeitender führt alle Bearbeitungsschritte an einem Produkt aus ohne Einsatz von kapitalintensiven Maschinen. In der Praxis ist das Werkbankprinzip v. a. in Handwerksbetrieben anzutreffen.

Werkstattfertigung

Die Werkstattfertigung *(Job Shop Layout)* ist ein ▷ Organisationstyp der Fertigung. Maschinen und Arbeitsplätze mit gleichartigen Arbeitsverrichtungen werden zu einer fertigungstechnischen Einheit, zu einer Werkstatt zusammengefasst (z. B. Dreh-, Fräs-, Bohr-, Schleif-, Spritz-, Montagewerkstatt). Das zu bearbeitende Produkt muss von einer Werkstatt zur anderen zu den entsprechenden Maschinen transportiert werden. Sein Weg wird durch die notwendigen Arbeitsverrichtungen und den Standort der entsprechenden Werkstätten bestimmt.

Die Werkstattfertigung verursacht lange Transportwege und häufig lange Wartezeiten (▷ Durchlaufzeit). Die Zwischenlager verursachen hohe Zins- und Lagerkosten. Hauptprobleme bei der Werkstattfertigung sind die Maschinenbelegung, die Reihenfolge der Bearbeitung und die Terminplanung, um einerseits eine möglichst hohe und gleichmässige Auslastung der Maschinen und Arbeitskräfte und andererseits eine Minimierung der Leer- bzw. Wartezeiten zu erreichen (▷ Dilemma der Ablaufplanung). Die Werkstattfertigung eignet sich in erster Linie für die ▷ Einzel- und die ▷ Kleinserienfertigung, da v. a. Mehrzweckmaschinen eingesetzt werden, die einen Wechsel im Produktionsprogramm in bestimmten Grenzen zulassen. *Vorteile* der Werkstattfertigung sind – ähnlich wie bei der ▷ handwerklichen

Fertigung – die hohe ▷ Flexibilität sowohl in qualitativer (Kundenwünsche) als auch in quantitativer Hinsicht (saisonale Schwankungen) und die hohe ▷ Qualität der Bearbeitung. Als *Nachteile* stehen die langen Transportwege (Transportkosten), die grossen Zwischenlager (Lager- und Zinskosten) und eine ungenügende Auslastung der Kapazitäten (Leerkosten) gegenüber.

Werkstattpapier

Werkstattpapiere *(Arbeitspläne)* enthalten Informationen, welche die Mitarbeitenden zur Herstellung eines Produkts oder einer ▷ Baugruppe benötigen. Neben technischen Spezifikationen sind dies v. a. Angaben über die erforderlichen Maschinen und Arbeitsplätze, die benötigten Werkzeuge und Materialien, die Reihenfolge der verschiedenen Arbeitsgänge und die dafür vorgesehenen Zeiten und Kosten.

Die Werkstattpapiere muss jedes Unternehmen entsprechend seinen spezifischen Anforderungen entwerfen. Ein Werkstattpapier muss einerseits für jedes selbst produzierte Teil, das in das Endprodukt eingeht, und andererseits für jedes Endprodukt, das sich aus verschiedenen Teilen zusammensetzt, erstellt werden. Werkstattpapiere werden in erster Linie in der ▷ Serienfertigung verwendet. In der ▷ Einzelfertigung, zumindest bei Produkten mit geringem Wert, wäre der Aufwand zu gross.

Werkstoffe

Werkstoffe *(Repetierfaktoren)* sind ▷ Produktionsfaktoren, die laufend neu beschafft werden müssen. Sie gehen – im Gegensatz zu den ▷ Betriebsmitteln – in das Produkt ein (▷ Roh- und ▷ Hilfsstoffe) oder werden bei der Herstellung verbraucht (▷ Betriebsstoffe). Werkstoffe lassen sich aufgrund ihrer physikalischen Eigenschaften in vier grosse Gruppen einteilen: Metalle, keramische Stoffe, organische Stoffe (Kunststoffe) und Verbundwerkstoffe (z. B. Beton).

Wertanalyse

Ziel der Wertanalyse *(Value Analysis)* ist es, funktionsgleiche Produkte kostengünstiger herzustellen. Dabei steht die Senkung der variablen Kosten im Vordergrund. Es lassen sich fünf Stufen bei der Durchführung unterscheiden:

1. *Vorbereitung:* Ausgangspunkt für die Wertanalyse ist häufig die ABC-Analyse. In der Regel gibt es nur wenige A-Produkte, die aber dank hoher Wertschöpfung etwa 80 % des Umsatzes erzielen. Bei diesen Gütern wirken sich Kosteneinsparungen am stärksten aus, und durch die Konzentration auf wenige Güter fallen auch die Kosten für die Durchführung der Analyse weniger ins Gewicht. Zudem muss ein Wertanalyseteam mit qualifizierten Mitarbeitenden gebildet und ein Zeitplan erstellt werden.

2. *Ermitteln des Ist-Zustands:* Um den Ist-Zustand möglichst exakt zu erfassen, wird das Wertanalyseobjekt genau beschrieben und in seine Haupt- und Nebenfunktionen aufgeschlüsselt. Dann werden die Herstellungskosten den einzelnen Funktionen zugeordnet. Damit erhält man einen guten Überblick, wo die Kosten hauptsächlich entstehen.

3. *Prüfung des Ist-Zustands:* Um den gleichen Kundennutzen zu garantieren, werden Soll-Funktionen definiert, auf die nicht verzichtet werden kann. Aus dem Vergleich mit den Ist-Funktionen ergeben sich Ansatzpunkte zur Verbesserung.

4. *Ermittlung von Lösungen:* Mit Hilfe von Kreativitätstechniken (▷ Kreativität) wird versucht, alternative Lösungen für die Soll-Funktionen zu finden.

5. *Prüfen der Lösungen:* Für jede Lösung wird geprüft, ob die Soll-Funktionen erfüllt sind. Ziel der anschliessenden Wirtschaftlichkeitsrechnungen (▷ Wirtschaftlichkeit) ist es, die kostengünstigsten Lösungen unter Einhaltung der Soll-Funktionen zu finden. Das Ergebnis wird in einem Bericht zuhanden der Unternehmensleitung dargestellt.

Vorteile der Wertanalyse sind die systematische Vorgehensweise und die i.d.R. hohen Kosteneinsparungen. Sie ist ein in der Praxis bewährtes Instrument. Die Wertanalyse kann auch in der Entwicklungsphase eines Produkts eingesetzt werden, da dort bereits 70–80% der später anfallenden Kosten festgelegt werden (▷ Auftragsabwicklung). Nachteile können durch ein unterqualifiziert besetztes Wertanalyseteam entstehen, da oft nicht die geeignetsten, sondern diejenigen Mitarbeitenden delegiert werden, auf die man am ehesten verzichten kann. Zudem besteht die Gefahr, dass durch das lineare Aufschlüsseln in Haupt- und Nebenfunktionen für den Kunden wichtige, sich überlappende Funktionen übersehen werden, was die Marktstellung des Produkts schwächen kann.

Wertberichtigung

Die Wertberichtigung bezeichnet grundsätzlich die Verminderung des Werts eines ▷ Vermögenswerts in der ▷ Bilanz. Wertberichtigungen auf Anlagen werden ▷ Abschreibungen genannt, Wertberichtigungen auf Debitoren ▷ Delkredere. Zur Erhöhung der Aussagekraft einer Bilanz werden die einzelnen Vermögenspositionen zu den vollen historischen Anschaffungs- bzw. Herstellungswerten bilanziert und die notwendigen Wertberichtigungen als Berichtigungsposten direkt bei den entsprechenden Positionen offen in Abzug gebracht.

Wertewandel

Der Wertewandel als Änderung der Einstellungen und Ansprüche der Menschen kann durch folgende Entwicklungen gekennzeichnet werden:

- grössere Bedeutung hedonistischen Verhaltens,
- stärkere Gewichtung der Selbstverwirklichung,
- gleichzeitige Entwicklung sowohl zum trendbewussten, teuren wie auch zum preisbewussten Einkaufen,
- steigende ökologische Anforderungen an die Produkte,
- ausgeprägteres Qualitätsbewusstsein,
- Zunahme des ▷ Konsumerismus,
- ▷ Globalisierung der Wirtschaft mit gleichzeitig grosser Bedeutung nationaler oder regionaler Werte («think global, act local»).

Das Unternehmen muss – insbesondere im Rahmen des ▷ strategischen Managements und des ▷ Marketings – versuchen, den für es relevanten Wertewandel zu erkennen und darauf zu reagieren, um die Existenz und die Wettbewerbsfähigkeit des Unternehmens zu sichern.

Werthaltung

▷ Wertvorstellungsanalyse

Wertkette

Die Wertkette *(Prozesskette, Wertschöpfungskette)* stellt die unternehmerischen Teilfunktionen in logischer Abfolge dar (▶ Abb. 189). Es werden ▷ Kern- und ▷ Supportfunktionen unterschieden, die zusammen die Gesamtleistung des Unternehmens ergeben. Für jedes Unternehmen stellt sich bei der Betrachtung seiner Wertkette die Frage, bei welchen Teilfunktionen es einen Wettbewerbsvorteil besitzt und welche Leistungen – insbesondere

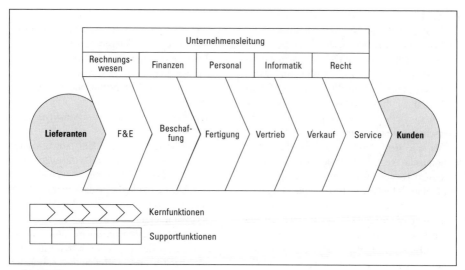

▲ Abb. 189 Wertkette

▷ Supportfunktionen – besser an andere Unternehmen weitergegeben (▷ Outsourcing) werden sollten. Entscheidungskriterium hierfür sind neben Rationalisierungsgesichtspunkten auch die Erzielung eines maximalen Nutzens für den Kunden. ▷ Business Reengineering

Wertmanagement

Wertmanagement *(wertorientierte Führung, Value-Based Management)* bedeutet das Schaffen von Werten sowohl für die Aktionäre (Aktionärsnutzen) als auch für sämtliche ▷ Anspruchsgruppen des Unternehmens. Dieses Konzept geht über das reine ▷ Shareholder Value Management hinaus und berücksichtigt auch den Stakeholder Value. Die Erweiterung des Shareholder-Value-Konzepts erfolgt nicht zuletzt aufgrund der Annahme, dass eine nachhaltige Steigerung des Unternehmenswerts nicht ohne Einbezug der Interessen der Anspruchsgruppen möglich ist.

Wertminderung

Im Rechnungswesen spricht man von einer Wertminderung, wenn der durch Verkauf erzielbare Betrag unter den ▷ Buchwert eines Vermögensgegenstands gesunken ist.

Wertminderungsaufwand

Als Wertminderungsaufwand bezeichnet man den Betrag, um den der ▷ Buchwert eines ▷ Vermögenswerts seinen bei Verkauf erzielbaren Betrag überschreitet.

Wertorientierte Führung

Syn. für ▷ Wertmanagement

Wertpapier

Ein Wertpapier *(Wertschrift)* ist jede Urkunde, mit der ein Recht derart verknüpft ist, dass es ohne die Urkunde weder geltend gemacht noch auf andere übertragen werden kann. Der Schuldner aus einem Wertpapier ist nur gegen Aushändigung der Urkunde zur Leistung verpflichtet. Der

Schuldner wird durch eine bei Verfall erfolgte Leistung an den durch die Urkunde ausgewiesenen Gläubiger befreit (Art. 965f. OR).

Wertpapierdividende
Syn. für ▷ Stockdividende

Wertschöpfung
Der Begriff Wertschöpfung wird in der Betriebswirtschaftslehre und in der Volkswirtschaftslehre unterschiedlich definiert.

■ Unter Wertschöpfung *(Added Value)* versteht man in der *Betriebswirtschaftslehre* die Zunahme des Werts eines Guts durch physische Bearbeitung oder Hinzufügen einer Dienstleistung. Betrachtet man die einzelnen Beiträge zur Wertschöpfung, die von den einzelnen Funktionen eines Unternehmens erbracht werden, in ihrer logischen Reihenfolge, ergibt sich die ▷ Wertkette. Bei einem Dienstleistungsunternehmen besteht die Wertschöpfung in der erbrachten Dienstleistung.

■ In der *Volkswirtschaftslehre* versteht man unter Wertschöpfung die (meist während einer bestimmten Periode) durch produktive Tätigkeit neu geschaffenen Werte. Für eine Volkswirtschaft lassen sich je nach Fragestellung unterschiedliche Arten von Wertschöpfung berechnen (sog. Wertschöpfungsaggregate). Das umfassendste Wertschöpfungsaggregat beinhaltet die Summe aller in einer Volkswirtschaft während einer Periode erzeugten Konsum- und Investitionsgüter (inkl. ▷ Dienstleistungen und ▷ Staatskonsum). Es handelt sich dabei um die Bruttowertschöpfung, die zu Marktpreisen berechnet wird. Wird dabei das Inlandprinzip zugrunde gelegt, wird dieses Wertschöpfungsaggregat als ▷ Bruttoinlandprodukt zu Marktpreisen bezeichnet. Die darin enthaltenen Abschreibungen sind zur Erhaltung der Produktion notwendig. Will man nur die in dieser Periode *neu geschaffenen* Werte ermitteln, muss man die Abschreibungen weglassen und gelangt so zur Nettowertschöpfung zu Marktpreisen, dem *Nettoinlandprodukt zu Marktpreisen*. Soll darüber hinaus die Staatstätigkeit ausgeschieden werden, um die *reine* Wirtschaftskraft zu ermitteln, gelangt man unter Weglassung der Differenz von indirekten Steuern und Subventionen zu Werten in *Faktorkosten*. Wiederum kann man Brutto- oder Nettowerte berechnen – je nachdem, ob man die Abschreibungen mitberücksichtigt oder nicht – woraus sich das Brutto- und das Nettoinlandprodukt zu Faktorkosten ergeben. Letzteres entspricht dem ▷ Volkseinkommen.

Zusammenfassend kann festgehalten werden, dass Bruttowertschöpfung minus Abschreibungen die Nettowertschöpfung ergibt, und dass von Werten zu Marktpreisen die Differenz von indirekten Steuern und Subventionen subtrahiert werden muss, um zu Werten zu Faktorkosten zu gelangen.

Wertschöpfungskette
Syn. für ▷ Wertkette

Wertschrift
Syn. für ▷ Wertpapier

Wertvorstellungsanalyse
Die Wertvorstellungsanalyse dient dazu, die individuellen Wertvorstellungen *(Werthaltung)* des Top-Managements bezüglich der Entwicklung des Unternehmens in einem ersten Schritt mit Hilfe von Wertvorstellungsprofilen (▶ Abb. 190) zu erfassen und danach in einem zweiten Schritt zu harmonisieren.

Wesentlichkeit

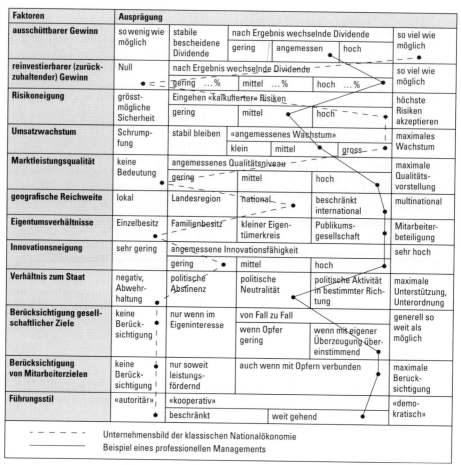

▲ Abb. 190 Beispiele von Wertvorstellungsprofilen (Ulrich 1987, S. 56)

Wesentlichkeit

Der Grundsatz der Wesentlichkeit *(Materiality)* besagt, dass Informationen im Rechnungswesen als wesentlich gelten, wenn ihr Weglassen oder ihre fehlerhafte Darstellung die auf der Basis des Abschlusses (▷ Jahresrechnung) getroffenen wirtschaftlichen Entscheidungen der Adressaten beeinflussen könnten.

Wettbewerb

Syn. für ▷ Konkurrenz

Wettbewerbsabreden

▷ Kartell

Wettbewerbsanalyse

Die Wettbewerbsanalyse (oft Synonym für ▷ Branchenanalyse) wurde von Michael K. Porter entwickelt. Im Rahmen einer Umweltanalyse ermittelt sie die Einflussfaktoren *(Wettbewerbskräfte)*, welche die jeweilige Wettbewerbssituation beeinflussen. Durch die Analyse dieser Faktoren wird es einem Unternehmen möglich, eine Wettbewerbsstrategie zu finden, mit der es sich am besten gegen bestimmte Wettbewerbskräfte schützen oder diese zu seinen Gunsten beeinflussen kann. Wie aus ▶ Abb. 191 hervorgeht, unterscheidet Porter fünf Einflussfaktoren des Branchenwettbewerbs. Sie alle beeinflussen die Wettbewerbsintensität und somit die ▷ Rentabilität einer Branche. Allerdings wirken diese Einflussfaktoren je nach Situation unterschiedlich stark. Dies ist insofern von grosser Bedeutung, als sich die verschiedenen Konstellationen auf die zu wählende Strategie (▷ Wettbewerbsstrategie) auswirken.

Die weiteren Wettbewerbskräfte Arbeitnehmer und Staat führt Porter nicht als eigenständige Einflussfaktoren auf. Die Arbeitnehmer setzt er den Lieferanten gleich, während der Einfluss des Staats auf allen Ebenen wirkt, sodass sein Einfluss jeweils bei den verschiedenen Wettbewerbskräften untersucht werden muss.

Wettbewerbsfähigkeit, internationale

Die Wettbewerbsfähigkeit einer Volkswirtschaft hängt allgemein von jener der einzelnen ▷ Branchen ab. Der ▷ Strukturwandel kann deshalb als Ergebnis unterschiedlicher Wettbewerbsfähigkeit von Branchen gesehen werden. Als Determinanten für die internationale Wettbewerbsfähigkeit geht es *angebotsseitig* um Kosten (Löhne, Produktivität, relative Knappheiten auf

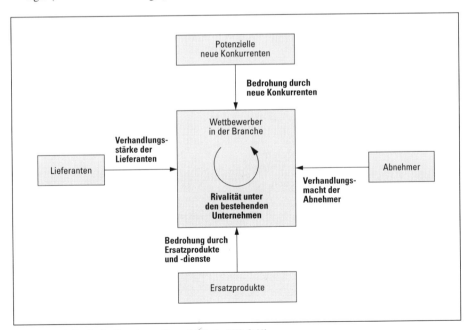

▲ Abb. 191 Triebkräfte des Branchenwettbewerbs (Porter 1999, S. 26)

den Faktormärkten) und Qualitäten (Standards, Innovationen, Forschung und Entwicklung), während *nachfrageseitig* der Sättigungsgrad der Nachfrage sowie die Nachfragepräferenzen und deren Wandel entscheidend sind. Ist der Preisvorsprung ausschlaggebend, d. h. die Fähigkeit, bestimmte Qualitäten billiger anzubieten, wird von *preislicher* Wettbewerbsfähigkeit gesprochen. Ist der Qualitätsvorsprung entscheidend, d. h. die Fähigkeit, die qualitativen Wünsche der Nachfrager besser zu befriedigen, spricht man von *qualitativer* Wettbewerbsfähigkeit.

Zwischen den angebots- und nachfrageseitigen Einflussfaktoren der Wettbewerbsfähigkeit stehen mögliche Marktzutrittsschranken und der ▷ Wechselkurs. Den Rahmen setzen in- und ausländisches Wachstum (▷ Wachstum, wirtschaftliches). Je wettbewerbsfähiger die Branchen eines Landes, umso wettbewerbsfähiger ist dieses Land.

Wettbewerbskräfte
▷ Wettbewerbsanalyse

Wettbewerbsstrategien
Wettbewerbsstrategien sind mögliche strategische Verhaltensweisen, um erfolgreich mit den Wettbewerbskräften (▷ Wettbewerbsanalyse) umzugehen. Obschon solche Strategien letztlich einmalige Konstruktionen sind, welche die besonderen Bedingungen einer Branche widerspiegeln, können nach Porter drei in sich geschlossene *Strategietypen* unterschieden werden. Sie treten getrennt oder, unter bestimmten Voraussetzungen, kombiniert auf (▶ Abb. 192):

■ Die Strategie der *Kostenführerschaft* beruht auf einem umfassenden Kostenvorsprung innerhalb einer Branche, bedingt durch folgende Massnahmen: ag-

		Strategischer Vorteil	
Strategisches Zielobjekt		Singularität aus Sicht des Käufers	Kostenvorsprung
	Ganze Branche	Differenzierung	Umfassende Kostenführerschaft
	Beschränkung auf ein Segment	Konzentration auf Schwerpunkte	

▲ Abb. 192 Strategietypen (Porter 1999, S. 67)

gressiver Aufbau von Produktionsanlagen effizienter Grösse, konsequentes Ausnutzen von Kostensenkungspotenzialen (▷ Erfahrungskurve), strenge Kontrolle der variablen Kosten und der Gemeinkosten, Vermeiden von unbedeutenden Kunden sowie Kostenminimierung in Bereichen wie Forschung und Entwicklung, Service, Vertreterstab, Werbung. Diese Strategie ermöglicht einem Unternehmen, entweder durch Preissenkungen seinen Umsatz zu vergrössern oder bei gleichen Preisen den Gewinn zu erhöhen.

■ Die Strategie der *Differenzierung* besteht darin, ein Produkt oder eine Dienstleistung von denjenigen der Konkurrenzunternehmen abzuheben und eine Produktsituation zu schaffen, die in der ganzen Branche einzigartig ist. Damit schirmt sich ein Unternehmen gegen Preissenkungen der Konkurrenz ab. Ansätze zur Differenzierung sind: gutes Design, einprägsamer ▷ Markenname, einzigartige ▷ Technologie, werbewirksame Aufhänger, hervorragender Kundendienst sowie ein gut ausgebautes Händlernetz. Im Idealfall differenziert sich das Unternehmen auf verschiedenen Ebenen. Nicht zu vernachlässigen sind die dadurch anfallenden Kosten, doch sind sie nicht das primäre strategische Ziel.

■ Die Strategie der *Konzentration* auf Schwerpunkte bedeutet, dass ein Unternehmen sich auf *Marktnischen* fokussiert. Während die Kostenführerschaft- und die Differenzierungsstrategien auf eine branchenweite Umsetzung ihrer Ziele setzen, bevorzugt die Konzentrationsstrategie ein bestimmtes Branchensegment und richtet jede Massnahme auf diesen begrenzten Marktbereich aus. Nischen sind bestimmte Abnehmergruppen, ein bestimmter Teil des Produktionsprogramms oder ein geografisch abgegrenzter Markt. Diese Strategie beruht auf der Prämisse, dass das Unternehmen sein eng begrenztes strategisches Ziel wirkungsvoller oder effizienter erreichen kann als seine Konkurrenten, die sich im breiteren Wettbewerb messen. Als Ergebnis erzielt das Unternehmen gegenüber der Konkurrenz entweder eine Differenzierung (weil es die Anforderungen des besonderen Zielobjekts besser erfüllen kann) oder niedrigere Kosten – oder beides zusammen.

Wettbewerbsvorteil

Unter einem Wettbewerbsvorteil versteht man einen nachhaltig erzielten Vorteil gegenüber der Konkurrenz. Um einen solchen aufzubauen, sind entsprechende ▷ Kernkompetenzen notwendig.

wf, Gesellschaft zur Förderung der schweizerischen Wirtschaft
▷ Arbeitgeberorganisation
▷ Economiesuisse

What-if Analysis
▷ Decision Support System

Wheel of Retailing

Das Wheel of Retailing bezeichnet den Entwicklungsprozess bzw. Lebenszyklus von unterschiedlichen Formen im Einzelhandel (▷ Einzelhandelsformen). Eine neue Handelsform durchläuft eine typische Abfolge von Entwicklungsphasen:
1. *Entstehung:* In der Entstehungsphase wird eine neue Einzelhandelsform mit einer aggressiven Preispolitik den Markt bearbeiten, um sich den Marktzutritt zu verschaffen. Durch Verzicht auf Serviceleistungen, Sortimentsbeschränkung usw. werden tiefere Kosten erreicht.
2. *Aufschwung:* Nach einer Zeit des Erfolgs kommen Konkurrenten (Nachahmer), ein heftiger Preis- und Leistungswettbewerb setzt ein.
3. *Annäherung:* Die Annäherungsphase ist durch das ▷ Trading-up gekennzeichnet, den Übergang vom Preis- zum Nichtpreiswettbewerb und somit den Einsatz anderer Instrumente (▷ Marketinginstrumente, ▷ Strategie). Somit findet eine Annäherung (Assimilation) an andere Einzelhandelsformen statt (Rückzug), da sich die neuen und alten Einzelhandelsform ähnlich werden. Damit steht wieder der Beginn einer neuen Einzelhandelsform an.
4. *Rückzug:* Die durch das Trading-up bewirkte Angleichung der Einzelhandelsform führt zu sinkenden Umsätzen und damit zum Rückzug aus dem Markt. Deshalb muss nach einer neuen Form gesucht werden, das «Wheel of Retailing» beginnt wieder am Anfang eines neuen Lebenszyklus.

White Knight
▷ Raider

Wide Area Network (WAN)
▷ Netzwerk

Wiederbeschaffungskosten

Wiederbeschaffungs- oder *Reproduktionskosten* sind die mutmasslichen Kosten für den Ersatz eines Guts, wobei sich diese

Kosten entweder auf den Bewertungsstichtag oder auf den Tag der Beschaffung beziehen.

Im Rahmen der ▷ Unternehmensbewertung sind die Wiederbeschaffungskosten jene Kosten, die entstehen würden, wenn ein Unternehmen mit der gleichen technischen Leistungsfähigkeit wie das zu bewertende Unternehmen aufgebaut werden müsste.

Wiederbeschaffungswert

Der Wiederbeschaffungswert eines ▷ Vermögenswerts wird üblicherweise aus den ▷ Anschaffungskosten eines vergleichbaren Vermögenswerts abgeleitet, der neu oder gebraucht ist oder der die gleiche Produktionskapazität oder Leistungsfähigkeit aufweist.

Wiedergewinnungsfaktor

Der Wiedergewinnungsfaktor W dient der Umrechnung von ▷ Barwerten mehrerer Jahre in eine äquivalente Reihe jährlich gleich bleibender Zahlungsbeträge (▷ Annuität) und berechnet sich als Kehrwert des ▷ Barwertfaktors $a_{\overline{n}|}$:

$$W = \frac{1}{a_{\overline{n}|}}$$

Wiedergewinnungszeit
▷ Pay-back-Methode

Window Dressing

Verfolgt ein Unternehmen mit seiner Bilanzpolitik das Ziel, das Bilanzbild vor dem Bilanzstichtag möglichst günstig zu gestalten, so spricht man von Window Dressing. Betrieben wird diese «Bilanzkosmetik» mit gesetzlich erlaubten Transaktionen, insbesondere durch Umschichtung von Beständen. Ziel des Window Dressing ist ein Bilanzbild, dessen bedeutende Kennzahlen (wie z.B. der Eigenfinanzierungsgrad oder die Anlagedeckungsgrade) zumindest dem branchenüblichen Durchschnitt entsprechen. Im Bewusstsein der akquisitorischen Wirkung des Finanzierungsbilds nimmt die Unternehmensleitung mit dem Window Dressing allerdings die Gefahr der Irreführung externer Bilanzadressaten in Kauf.

WIPO
Abk. für ▷ World Intellectual Property Organization

Wireless LAN (WLAN)
▷ Netzwerk

Wirklichkeitskonstruktion

Der ▷ Konstruktivismus geht von der Annahme aus, dass die Wirklichkeit, die wir zu sehen glauben, immer eine konstruierte Wirklichkeit ist. Mit anderen Worten: Es gibt keine objektive Wirklichkeit, sondern die Wirklichkeit wird durch den Beobachter einer Situation oder eines Zustands konstruiert bzw. «erfunden», es ist also eine subjektive Wirklichkeit. Diese Erfindung hängt von der Geschichte des Beobachters (z.B. Sozialisierung, Kultur) und der ▷ Selektion relevanter Daten ab.

Eine Wirklichkeitskonstruktion findet dann statt, wenn ich eine Unterscheidung mache, die für mich einen relevanten Unterschied macht. Da es immer mehrere Alternativen gibt, eine Unterscheidung zu machen, muss ich mich für eine entscheiden (▷ Selektion), wohl wissend, dass es noch andere Alternativen gibt, die ebenfalls möglich und zieldienlich gewesen wären (▷ Kontingenz). Allerdings ist damit nicht Beliebigkeit gegeben, denn letztlich entscheidet die Nützlichkeit, die Bewährung in der Praxis, ob eine bestimmte Wirklichkeitskonstruktion sinnvoll ist. Gerade bei ▷ weichen Wirklichkeiten spielt es eine entscheidende Rolle, welche Unterscheidungen ich mache, d. h. was für mich relevant ist und was nicht, denn auf meine Unterscheidungen kann ein System sehr sensibel reagieren. Wichtige Kriterien der Wirklichkeitskonstruktion sind deshalb die ▷ Anschlussfähigkeit, die ▷ Viabilität und die ▷ Zieldienlichkeit.

Wirkungsorientierte Verwaltungsführung
▷ New Public Management

Wirtschaft
Unter Wirtschaft versteht man alle Institutionen und Prozesse, die direkt oder indirekt der Befriedigung menschlicher ▷ Bedürfnisse dienen und sich auf Märkten abspielen.

Wirtschaftliche Betrachtungsweise
Im Rechnungswesen sind Geschäftsvorfälle und andere Ereignisse nach ihrem tatsächlichen wirtschaftlichen Gehalt und nicht allein nach ihrer rechtlichen Gestaltung zu erfassen und darzustellen.

Wirtschaftliche Nutzungsdauer
▷ Nutzungsdauer

Wirtschaftlichkeit
Die Wirtschaftlichkeit ist ein ▷ Formalziel des Unternehmens. Sie drückt – im Gegensatz zur ▷ Produktivität – ein Wertverhältnis aus. Als Wertgrössen dienen Aufwand und Ertrag, die zueinander in Beziehung gesetzt werden.

$$\text{Wirtschaftlichkeit} = \frac{\text{Ertrag}}{\text{Aufwand}}$$

Die Wirtschaftlichkeit macht eine Aussage zur Leistungswirksamkeit der betrieblichen Leistungen, d. h. letztlich zur Bewertung der erbrachten Leistung durch den Markt.

Wirtschaftsbereiche
▷ Sektoren, wirtschaftliche

Wirtschaftsgüter
Syn. für ▷ Güter, ökonomische

Wirtschaftspolitik
Unter Wirtschaftspolitik versteht man allgemein alle staatlichen Massnahmen im Hinblick auf die Erreichung der gesamtwirtschaftlichen Ziele (▷ Ziele, gesamtwirtschaftliche), wobei auch Massnahmen der ▷ Sozialpolitik diesen Zielen dienen können. Differenziert man diese allgemeinen Ziele bezüglich der Wirtschaftspolitik und ihrer Instrumente, ergibt sich folgender wirtschaftspolitischer Zielkatalog:

- *Ordnungspolitische Ziele:* optimale Gestaltung von *Strukturen* (Eigentumsordnung, Aufgabenteilung zwischen Staat und Privatwirtschaft usw.) und *Regeln* (Wettbewerb, Mitwirkung usw.) als Rahmenbedingungen für den wirtschaftlichen Prozess.
- *Wachstumsziele:* quantitative (meist wertschöpfungsorientiert; ▷ Bruttosozialprodukt, ▷ Bruttoinlandprodukt) und qualitative (z. B. Umwelt- und Sozialindikatoren).
- *Stabilitätsziele: innere* Stabilität (Konjunktur, Vollbeschäftigung, Preisniveaustabilität) und *äussere* Stabilität (Zahlungsbilanzgleichgewicht, Versorgungssicherheit/Autonomie).
- *Strukturziele* (regionale, sektorale, verteilungsmässige).

Eine grobe Einteilung der *Bereiche* der Wirtschaftspolitik ist jene in ▷ Ordnungspolitik, ▷ Prozesspolitik und ▷ Strukturpolitik. Folglich besteht zur Erreichung der genannten Ziele eine Reihe wirtschaftspolitischer Instrumente zur Verfügung:

1. *Ordnungspolitische Instrumente*
- Eigentumsbeschränkungen (z.B. Enteignung);
- Beschränkungen der Wirtschaftsfreiheit (z.B. bezüglich Berufswahl und -ausübung, Produktions- und Vertriebsvorschriften, Ladenöffnungszeiten);
- Beschränkungen der Konzentration in Märkten (Wettbewerbspolitik, z.B. Kartellverbote);
- Preis- und Mengenvorschriften (z.B. Mindest- oder Höchstpreise bzw. -mengen, Pflichtlagerhaltung, Kalkulationsvorschriften).

2. *Prozesspolitische Instrumente*
a. *primär konjunkturpolitisch orientiert*
- Finanzpolitik (staatliche Einnahmen und Ausgaben, Verschuldung);
- Geldpolitik (Geldmenge, Wechselkurs: Instrumente der Notenbank);
- Aussenwirtschaftspolitik (internationale Abkommen, Import- und Exportrestriktionen für Waren und Kapital, Exportrisikogarantien und -subventionen, Einwanderungskontrollen usw.);

b. *primär wachstumspolitisch orientiert*
- Arbeitsmarktpolitik (bessere Qualifikation durch Aus- und Weiterbildung, Förderung der beruflichen und räumlichen Mobilität, Deregulierung des Arbeitsmarkts);
- Kapitalmarktpolitik (Zinspolitik, verbilligte Darlehen, internationale Abkommen, Steuererleichterungen, Gesellschafts- und Aktienrecht usw.);
- Technologiepolitik (staatliche Forschung und Entwicklung, Infrastruktur, Subventionen).

3. *Strukturpolitische Instrumente*
a. *branchenorientiert*
- bei den *Produktionskapazitäten* ansetzend: Beschränkungen des Marktzutritts, Bewilligungspflicht für Investitionen, Erweiterungsverbote usw.;
- bei der *Produktion* ansetzend: Qualitätsförderung, Produktivitätssteigerung, Betriebsmittel- und Produktionssubventionen, Produktionsbeschränkungen usw.;
- bei den *Absatzmärkten* ansetzend: Stützungskäufe, Abnahmegarantien, spezifische Marktordnungen usw.;
- bei der *Auslandskonkurrenz* ansetzend: Exportsubventionen, Schutzzölle, Importkontingente und -verbote, Aussenhandelsmonopole usw.;

b. *regionenorientiert*
- Subventionen (z.B. für Berggebiete oder im Bereich der Infrastruktur);
- Finanzausgleich zwischen den Kantonen/Ländern/Gemeinden;

c. *verteilungsorientiert*
- Umverteilung durch progressive Einkommens- und Vermögenssteuern;
- Lohn- und Arbeitsmarktregelungen (v.a. Mindestlöhne, Höchstarbeitszeit);
- Anreize zur Vermögensbildung;
- Sozialtransfers (Fürsorge-, Sozialversicherungs- und Vorsorgesysteme, freies oder subventioniertes staatliches Angebot bestimmter Güter oder Leistungen für bestimmte Gruppen).

Wirtschaftsprüfung
Syn. für ▷ Revision

Wirtschaftssektoren
▷ Sektoren, wirtschaftliche

Wirtschaftswachstum
▷ Wachstum, wirtschaftliches

Wissen
▷ Informationen

Wissenschaftstheorie
Wissenschaftstheorie ist die Lehre und Geschichte von der Wissenschaft. Sie beschäftigt sich mit der Frage, was eine Wissenschaft ist und wodurch sich wissenschaftliche Arbeit auszeichnet. Im Vordergrund stehen folgende Aspekte:
- *Wissenschaftsobjekt:* Welches ist der Untersuchungsgegenstand der Wissenschaft? Welche Phänomene werden untersucht und unter welchen Aspekten werden sie betrachtet?
- *Wissenschaftssubjekte:* Wer führt die wissenschaftliche Arbeit durch? Sind es ausschliesslich Leute an den Hochschulen oder sind es auch Leute in der Praxis?
- *Wissenschaftsfunktion:* Wozu wird Wissenschaft betrieben? Welche Ziele will man mit wissenschaftlicher Arbeit erreichen?
- *Wissenschaftsprozess:* Diese Dimension kann in zwei Bereiche unterteilt werden: (1) *Mikroebene:* Welche Vorgehensweise bietet sich an, um die gewünschten Resultate bzw. gesetzten Ziele zu erreichen? (2) *Makroebene:* Wie verläuft der wissenschaftliche Fortschritt, d.h. die Entwicklung eines wissenschaftlichen Gebietes?
- *Wissenschaftsresultate:* Welches ist das Ergebnis der wissenschaftlichen Bemühungen, was ist der Inhalt der Theorien?

Wissenskultur
▷ Wissensmanagement

Wissensmanagement
Unter Wissensmanagement *(Knowledge Management)* versteht man die zielgerichtete Steuerung und Entwicklung der Ressource Wissen (▷ Informationen) im Unternehmen. In Anlehnung an Probst/Raub/Romhardt (2003) können dabei folgende Bausteine des Wissensmanagements unterschieden werden.

1. *Wissensidentifikation:* Schaffung von Transparenz über die relevanten internen und externen Daten, Informationen und Fähigkeiten.
2. *Wissenserwerb:* Erwerb von Wissen über bestehende Beziehungen (Kunden, Lieferanten, Konkurrenten, Kooperationspartner), Rekrutierung von Experten oder Kauf von innovativen Unternehmen.
3. *Wissensentwicklung:* Produktion von neuen Ideen und Fähigkeiten, welche die Grundlage für neue Produkte und leistungsfähigere Prozesse bilden. Neben spezifischen Abteilungen (z.B. Marktforschung, Forschung und Entwicklung) sind alle Mitarbeitenden und Bereiche angesprochen (▷ organisationales Lernen).
4. *Wissens(ver)teilung:* Prozess der Verarbeitung bereits vorhandenen Wissens innerhalb des Unternehmens. Eine besondere Bedeutung kommt der Umwandlung von implizitem in explizites Wissen zu (▷ Wissensumwandlung).
5. *Wissensumsetzung:* Sicherstellung der Nutzung des vorhandenen Wissens. Diese wird in der Unternehmenspraxis oft durch eine Vielzahl von ▷ Barrieren eingeschränkt (▷ organisationales Lernen).
6. *Wissensbewahrung:* Gezielte Bewahrung von Erfahrungen, Informationen und Dokumenten. Sie erfolgt sowohl durch informationstechnische Speichermedien als auch durch eine entsprechende *Wissenskultur.*

Zur zielgerichteten Steuerung dieser Bausteine des Wissensmanagements bedarf es konkreter Wissensziele auf allen Managementebenen:

■ *Normative Wissensziele* beziehen sich auf die Wissenskultur und auf die Teilung und Entwicklung der vorhandenen Fähigkeiten.
■ *Strategische Wissensziele* definieren den Bedarf an organisationalem Kernwissen zur Sicherung der Wettbewerbsfähigkeit (▷ Wissensstrategien) und die dazu notwendigen Organisationsstrukturen (Wissensstruktur).
■ *Operative Wissensziele* sorgen für die notwendige Umsetzung der Bausteine des Wissensmanagements in allen Bereichen (Erstellen Wissensinfrastruktur, Steuerung von Wissensflüssen, Wissensbroker).

Die Wissensziele sollten so formuliert werden, dass sie auch messbar sind. Allerdings muss dazu das traditionelle Instrumentarium von Indikatoren und Messmethoden aus dem Finanzbereich erweitert werden, wie dies z.B. mit der ▷ Balanced Scorecard gemacht wird.

Wissensstrategien

Wissensstrategien dienen der Realisierung der Wissensziele. Mit Hilfe der beiden Kriterien «Wissensvorsprung gegenüber der Konkurrenz» und «effektive interne Wissensnutzung» können vier Normwissensstrategien abgeleitet werden (► Abb. 193):
1. *Outsourcing:* Bei einem geringen Wissensvorsprung und einer geringen Bedeutung des Wissens bietet sich ein Outsourcing an.
2. *Bewahren/Aufwerten:* Da die Fähigkeit infolge der hohen Nutzung von Bedeutung ist, sollte sie verbessert und in eine Hebelfähigkeit übergeführt werden.
3. *Anwenden:* Das ungenutzte Fähigkeitspotenzial sollte ausgeschöpft werden, um die Wettbewerbsvorteile zu erhöhen.
4. *Übertragen:* Hoher Wissensvorsprung und Erfahrung sollten dazu genutzt werden, das vorhandene Wissen auf neue Pro-

		Anwenden (brachliegende Fähigkeit)	Übertragen (Hebelfähigkeit)
Wissensvorsprung	hoch		
	niedrig	Outsourcen (wertlose Fähigkeit)	Bewahren/Aufwerten (Basisfähigkeit)
		niedrig	hoch
		Wissensnutzung	

▲ Abb. 193 Normwissensstrategien (nach Probst/Raub/Romhardt 2003, S. 51)

dukte oder Märkte zu übertragen und damit einen «*Leverage-Effekt des Wissens*» auszulösen.

Wissensumwandlung

Wissen wird durch Interaktion zwischen implizitem und explizitem Wissen geschaffen. Dieses Zusammenwirken bezeichnen Nonaka/Takeuchi (1997) als Wissensumwandlung, die sich als sozialer Prozess zwischen Menschen ergibt. Sie unterscheiden vier Formen der Wissensumwandlung (► Abb. 194):

1. *Sozialisation* (von implizit zu implizit) ist ein Erfahrungsaustausch, aus dem implizites Wissen gebildet wird (gemeinsame kulturelle Werte, Erwerb technischer Fähigkeiten durch Beobachtung).
2. *Externalisierung* (von implizit zu explizit) ist ein Prozess der Artikulation von implizitem Wissen (z.B. Metaphern, Leitbilder, Modelle, Hypothesen) in explizite Konzepte, d.h. Produkte und Verfahren.

		Zielpunkt	
		implizites Wissen	explizites Wissen
Ausgangspunkt	implizites Wissen	Sozialisation (sympathetisches Wissen)	Externalisierung (konzeptionelles Wissen)
	explizites Wissen	Internalisierung (operatives Wissen)	Kombination (systemisches Wissen)

▲ Abb. 194 Formen der Wissensumwandlung (Nonaka/Takeuchi 1997, S. 75)

3. *Kombination* (von explizit zu explizit) ist ein Prozess der Erfahrung und Verbindung verschiedener Bereiche von explizitem Wissen. Dies erfolgt meistens über Dokumente, Sitzungen, Telefon, Computer-Netzwerke.

4. *Internalisierung* (von explizit zu implizit) ist ein Prozess zur Überführung des expliziten Wissens in implizites Wissen, das dem «Learning by doing» sehr verwandt ist. Als Hilfsmittel dienen oft Dokumente, Handbücher, Datenbanken oder mündliche Geschichte.

WKZ
Abk. für ▷ Werbekostenzuschuss

WLAN
Abk. für Wireless LAN
▷ Netzwerk

Work-Life-Balance
Unter Work-Life-Balance versteht man ein ausgewogenes Gleichgewicht zwischen Beruf und Privatleben. Durch die steigenden Anforderungen am Arbeitsplatz und bei den privaten Verpflichtungen wird es immer schwieriger, dieses Gleichgewicht zu erreichen. Instrumente zur Verbesserung der Work-Life-Balance sind v. a. ▷ Coaching und ▷ Selbstmanagement.

World Intellectual Property Organization (WIPO)
Die World Intellectual Property Organization (WIPO) ist eine internationale Organisation mit Sitz in Genf, die sich dafür einsetzt, dass die Rechte von Urhebern und Besitzern von geistigem Eigentum weltweit geschützt werden (▷ Urheberrecht). Die WIPO ist eine der 16 spezialisierten Agenturen der UNO. 179 Nationen sind Mitglieder der WIPO. Die WIPO administriert 23 internationale Verträge zu verschiedenen Aspekten des Schutzes von geistigem Eigentum (u. a. ▷ Berner Übereinkunft, *Rom-Abkommen*) und bietet verschiedene Dienstleistungen für ihre Mitglieder:
- Unterstützung zur Harmonisierung nationaler Gesetze und administrativer Verfahren bezüglich geistigem Eigentum,
- Dienstleistungen zur internationalen Registrierung gewerblicher Eigentumsrechte,
- Informationsaustausch,
- juristische und technische Unterstützung,
- Unterstützung bei der Lösung privater Urheberrechtsstreitfälle.

World Trade Organization (WTO)
Die World Trade Organization *(Welthandelsorganisation, WTO)* ist die Nachfolgeorganisation des ▷ General Agreement on Tariffs and Trade (Allgemeines Zoll- und Handelsabkommen, GATT) und bildet die Dachorganisation der drei Grundverträge GATT, GATS (▷ General Agreement on Trade in Services) und TRIPS (▷ Trade-Related Aspects of Intellectual Property Rights). Im Gegensatz zum GATT, das rechtlich einen provisorischen Vertrag verkörperte, hat die WTO eine völkerrechtlich eigenständige Rechtspersönlichkeit. Sitz der WTO ist Genf. Im Jahr 2003 waren 146 Staaten Mitglieder der WTO.

Die WTO bzw. die drei ihr zugrunde liegenden multilateralen Abkommen GATT, GATS und TRIPS haben sechs gemeinsame Zielsetzungen:
1. das Prinzip der Meistbegünstigung,
2. das Prinzip der Reziprozität,
3. die Begünstigung wirtschaftlich schwacher Länder,
4. das Inländerprinzip,

5. den Abbau von Handelshemmnissen und
6. den Umweltschutz.
Jedem Nicht-Vertragspartner steht – um Mitglied der WTO zu werden – das Antragsrecht zu. Ist der antragstellende Staat bereit, den geforderten «Preis» (Handelskonzessionen) zu bezahlen, erfordert die Aufnahme die Zustimmung von zwei Dritteln sämtlicher WTO-Mitgliedstaaten. Der Austritt aus der WTO ist jedem Mitglied jederzeit unter Einhaltung einer Kündigungsfrist möglich.

World Wide Web (WWW)

World Wide Web *(WWW)* ist ein Dienst des ▷ Internets, mit dem auf elektronisch gespeicherte Dokumente («Seiten», «Pages») zugegriffen werden kann, die auf Servern weltweit verteilt sind. Die Dokumente können mit der entsprechenden Software *(Browser)* auf den eigenen Computer geladen und betrachtet werden. Sie können vielfältige Verknüpfungen (Links) mit anderen Dokumenten auf anderen Servern enthalten; man spricht deshalb von Hypertext. Durch Anklicken eines Links wird das referenzierte Dokument heruntergeladen und angezeigt. Von diesem Dokument aus kann man wiederum andere Seiten anfordern. Jedes Dokument, auf das im World Wide Web zugegriffen werden kann, ist durch seine Adresse, die URL (Uniform Resource Locator) eindeutig identifizierbar (z.B. http://www.versus.ch). Dokumente können nicht nur Texte, Bilder, audio-visuelle Elemente und kleine Applikationen enthalten, sondern auch als Formulare gestaltet sein, die als Suchmaske für die Recherche in ▷ Datenbanken dienen oder die der Benutzer ausfüllen kann, um z.B. ein Produkt zu bestellen oder weitere Informationen anzufordern. Das World Wide Web gibt Unternehmen die Möglichkeit, sich selbst und ihre Leistungen weltweit vorzustellen. Die Sammlung der Dokumente, die einen Web-Auftritt ausmachen, nennt man *Web-Site,* deren Eingangsseite die *Homepage* des Unternehmens. Können auf dem World Wide Web präsentierte Produkte und Leistungen direkt bestellt werden, spricht man von E-Commerce (▷ Electronic Commerce).

WTO

Abk. für ▷ World Trade Organization

WWW

Abk. für ▷ World Wide Web

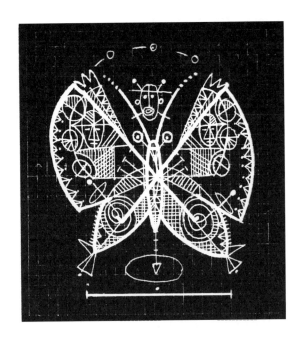

X-Güter
▷ XYZ-Analyse

XYZ-Analyse

Die XYZ-Analyse betrachtet im Rahmen eines Produktionsprozesses während eines längeren Zeitabschnittes (Planperiode) neben dem Gesamtverbrauch an Menge und Wert (▷ ABC-Analyse) zusätzlich die Art des *Verbrauchsverlaufs* einzelner Materialarten. Es lässt sich beobachten, dass der Verbrauch der einen Güter relativ konstant ist, während er bei anderen bestimmten Schwankungen unterliegt oder unregelmässig ist. Daraus können drei Güterklassen abgeleitet werden:

■ *X-Güter:* Regelmässiger, schwankungsloser Bedarfsverlauf. Die Genauigkeit der Prognose ist sehr gross.

■ *Y-Güter:* Steigender oder fallender Bedarfsverlauf, oder der Bedarf unterliegt saisonalen Schwankungen. Sie weisen eine mittlere Prognosegenauigkeit auf.

■ *Z-Güter:* Äusserst unregelmässiger Bedarfsverlauf, der aufgrund zufälliger oder nicht voraussehbarer Einflüsse zustande kommt. Die Prognosegenauigkeit ist dementsprechend tief, und die ▷ Lagerhaltung gewinnt an Bedeutung.

Die XYZ-Analyse dient in erster Linie zur Bestimmung der Beschaffungsart. Für X-Güter ist aufgrund der höheren Prognosegenauigkeit des Bedarfs die fertigungssynchrone Beschaffung (▷ Just-in-Time-Konzept) zu wählen. Für Y-Güter ist es dagegen sinnvoll, die Vorratsbeschaffung vorzusehen, während für Z-Güter die Beschaffung im Bedarfsfall zweckmässig erscheint. Oft wird die XYZ-Analyse mit einer ▷ ABC-Analyse kombiniert (▶ Abb. 195).

Prognose-genauigkeit \ Verbrauchswert	A	B	C
X	Hoher Verbrauchswert Hoher Vorhersagewert	Mittlerer Verbrauchswert Hoher Vorhersagewert	Tiefer Verbrauchswert Hoher Vorhersagewert
Y	Hoher Verbrauchswert Mittlerer Vorhersagewert	Mittlerer Verbrauchswert Mittlerer Vorhersagewert	Tiefer Verbrauchswert Mittlerer Vorhersagewert
Z	Hoher Verbrauchswert Niedriger Vorhersagewert	Mittlerer Verbrauchswert Niedriger Vorhersagewert	Tiefer Verbrauchswert Niedriger Vorhersagewert

▲ Abb. 195 Kombination der ABC-Analyse mit der XYX-Analyse

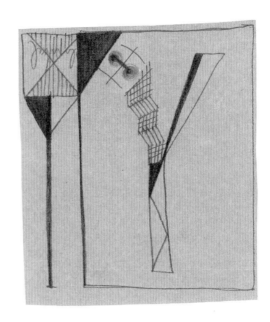

Y-Güter
  ▷ XYZ-Analyse

Yield to Maturity
  Die Yield to Maturity (Rendite auf Verfall) ist die aus den vertraglich vereinbarten Anleihensrückflüssen und dem heutigen Marktpreis ermittelte effektive Verzinsung, d.h. die Internal Rate of Return für ▷ Anleihensobligationen (▷ interner Zinssatz, Methode des).

Zahlungsbereitschaft

Unter Zahlungsbereitschaft versteht man die Fähigkeit eines Unternehmens, seinen Zahlungsverpflichtungen nachzukommen. Der Grad der Zahlungsbereitschaft wird wesentlich durch die Fristenkongruenz zwischen Vermögen und Kapital beeinflusst (▷ goldene Bilanzregel). Aus betriebswirtschaftlicher Sicht wird der Begriff der Zahlungsbereitschaft oft als Synonym für ▷ Liquidität verwendet.

In volkswirtschaftlicher Terminologie wird der Begriff der Zahlungsbereitschaft wörtlich genommen, sodass er den Betrag meint, den ein Nachfrager für ein ökonomisches Gut (▷ Güter, ökonomische) zu zahlen bereit ist. Dieser Begriff ist insofern wichtig, als der an sich nicht direkt messbare Nutzen, den ein Gut stiftet, von Ökonomen aufgrund der Zahlungsbereitschaft *indirekt* ermittelt wird. Die maximale Zahlungsbreitschaft, d.h. der Preis, bei dem ein Nachfrager zwischen Kaufen und Nichtkaufen gerade indifferent ist, gilt als Mass für den Nutzen, den ein bestimmtes Gut für einen bestimmten Nachfrager stiftet.

Zahlungsbilanz

Die Zahlungsbilanz ist eine Statistik der grenzüberschreitenden Leistungs- und Forderungsströme eines Landes während einer Periode. Somit handelt es sich nicht um eine eigentliche Bilanz, wie dies der Name impliziert, sondern um eine Strom- und Flussrechnung, die analog zur betrieblichen ▷ Erfolgsrechnung den aussenwirtschaftlichen Erfolg einer Volkswirtschaft festhält. Einerseits werden die Leistungsströme in Form von Handelswaren (Handelsbilanz; Schweiz: Warenverkehrsbilanz), Dienstleistungen (Dienstleistungsbilanz) und Faktorleistungen (Arbeits- und ▷ Kapitalleistungen) sowie einseitiger Übertragungen (Übertragungsbilanz, z.B. Entwicklungshilfe) in der *Leistungsbilanz* (Schweiz: *Ertragsbilanz*) erfasst. Andererseits werden alle Forderungsströme als «Kapitalverkehr im weiteren Sinne» in *Kapitalverkehrsbilanz* und *Devisenbilanz* erfasst (▶ Abb. 196).

Fügt man Leistungsbilanz und Kapitalverkehrsbilanz (inkl. Devisenbilanz) zu einer Gesamtzahlungsbilanz zusammen, ergeben sich folgende Identitäten: (1) Die Leistungsabflüsse im Inland müssen den Leistungszuflüssen im Ausland (d.h. im Rest der Welt) entsprechen und umgekehrt. Das gleiche gilt analog für Forderungszu- und -abflüsse. (2) Leistungsabflüsse des Inlands führen zu entsprechenden Forderungszuflüssen im Inland bzw. umgekehrt für Leistungszuflüsse. (3) Die Leistungszuflüsse im Inland müssen den Forderungszuflüssen im Ausland entsprechen bzw. umgekehrt für Leistungsabflüsse des Inlands.

Beispiel zu (2): Ein Land, das wertmässig gegenüber dem Rest der Welt per Saldo mehr Leistungen exportiert als es importiert, erwirbt zusätzliche Forderungen gegenüber dem Ausland in gleicher Höhe, was als Kapital*export* bezeichnet wird. Ein umgekehrter Leistungssaldo führt zu einem Kapital*import*.

Die obigen Identitäten zeigen, dass ein sog. *Zahlungsbilanzüberschuss* oder ein *-defizit* definitionsgemäss bei flexiblen ▷ Wechselkursen nicht bestehen kann, weil sich die Werte von Zu- und Abflüssen von Leistungen und Forderungen zwischen dem Inland und dem Rest der Welt stets rechnerisch entsprechen müssen. Wenn also von Zahlungsbilanzüberschuss oder -defizit gesprochen wird, ist damit

Zahlungsbilanz		
Handelsbilanz (CH: Warenverkehrsbilanz)		
Exporte von Sachgütern aus dem Inland		Importe von Sachgütern in das Inland
Dienstleistungsbilanz		
Exporte von Dienstleistungen aus dem Inland		Importe von Dienstleistungen in das Inland
Bilanz der Faktortransaktionen		
Exporte von Arbeit und Kapitalleistungen		Importe von Arbeit und Kapitalleistungen
Übertragungsbilanz		
Transfers zugunsten des Inlands		Transfers zugunsten des Auslands
Kapitalverkehrsbilanz (Kapitalverkehr ohne Notenbank)		**Devisenbilanz** (Kapitalverkehr der Notenbank)
Abflüsse von Forderungen aus dem Inland = **Kapitalimport**	Zuflüsse von Forderungen in das Inland = **Kapitalexport**	Abflüsse von Forderungen aus dem Inland = **Kapitalimport**	Zuflüsse von Forderungen in das Inland = **Kapitalexport**

(Left side labels: D, A: Leistungsbilanz / CH: Leistungsbilanz; CH: Ertragsbilanz; Kapitaltransaktionen i.w.S.)

▲ Abb. 196 Schema der Zahlungsbilanz

Überschuss oder Defizit einer *Teilbilanz* gemeint. So handelt es sich z.B. um ein Handelsbilanzdefizit, wenn wertmässig mehr Waren importiert als exportiert werden. Zahlungsbilanzprobleme sind als Strukturprobleme der aussenwirtschaftlichen Aktivitäten zu verstehen.

Die Unterscheidung zwischen Leistungsbilanz und Kapitalverkehrsbilanz (inkl. Devisenbilanz) ist wichtig, weil sich in den spiegelbildlichen Salden der beiden Bilanzen zeigt, ob und in welchem Mass ein Land in der fraglichen Periode netto seine internationale *Schuldner- oder Gläubigerposition* verändert hat.

Zahlungsfähigkeit
Syn. für ▷ Liquidität

Zahlungsmittel
Syn. für ▷ Liquide Mittel

Zahlungsmitteläquivalente
Zahlungsmitteläquivalente sind kurzfristige, äusserst liquide Finanzinvestitionen, die jederzeit in ▷ liquide Mittel umgewandelt werden können und nur unwesentlichen Wertschwankungsrisiken unterliegen (▷ Umlaufvermögen).

Zeitakkord
Beim Zeitakkord wird dem Mitarbeitenden für jede Erzeugniseinheit eine bestimmte Zeit gutgeschrieben. Diese entspricht der Vorgabezeit, die für die Herstellung eines Stückes bei Normalleistung notwendig ist. Die Berechnung des Lohns für eine bestimmte Zeitperiode ergibt sich wie folgt: Zuerst wird der Minutenfaktor ermittelt, der dem Geldbetrag pro Minute entspricht. Dieser ergibt sich aus der Division des ▷ Akkordrichtsatzes durch 60. Ist die Vorgabezeit pro Stück bekannt, so kann beispielsweise der Stundenverdienst durch Multiplikation des Minutenfaktors mit der Vorgabezeit und den in einer Stunde hergestellten Einheiten berechnet werden.
Der Zeitakkord hat gegenüber dem ▷ Geldakkord den Vorteil, dass bei Lohnänderungen – sowohl realen als auch inflationsbedingten – die Vorgabezeiten nicht neu berechnet werden müssen. Diese ändern sich nur, wenn infolge der Anwendung einer neuen Technologie die Arbeitsprozesse angepasst werden müssen. Sonst muss jeweils nur der Minutenfaktor verändert werden. Ein weiterer Vorzug des Zeitakkords besteht darin, dass die dem Mitarbeitenden vergütete Zeit als Vorgabezeit auch in der Kalkulation und Planung verwendet werden kann. Beispielsweise kann bei der Personalbedarfsermittlung mit Hilfe der Vorgabezeit bei bekannter Produktionsmenge – unter Berücksichtigung von erfahrungsgemäss eintretenden Abweichungen – der Netto- oder Bruttopersonalbedarf berechnet werden.

Zeitarbeit
Zeitarbeit ist ein Sammelbegriff für befristete Arbeitsverträge. Er wird auch als Synonym für ▷ Personal-Leasing verwendet.

Zeitführerschaft
▷ Time-to-Market

Zeitlohn
Beim Zeitlohn wird der Lohn nach der aufgewandten Arbeitszeit berechnet, d.h. er verläuft proportional zur Arbeitszeit des Mitarbeitenden. In der Praxis wird der Zeitlohn v.a. als Stunden-, Wochen- oder Monatslohn berechnet. Obschon sich dessen Berechnung grundsätzlich auf die Anwesenheit und nicht auf die erbrachte Arbeitsleistung bezieht und somit kein unmittelbarer Zusammenhang zwischen diesen beiden Grössen besteht, ist der Zeitlohn ein Leistungslohn. Mit der Festlegung des periodenbezogenen Lohnsatzes wird eine Leistung erwartet, die entweder der ▷ Normalleistung entspricht, oder bei höheren Lohnsätzen auf einem über der Normalleistung liegenden Leistungsgrad beruht. Der reine Zeitlohn bietet i.d.R. keinen grossen Leistungsanreiz, da die effektiv erbrachte Leistung nicht direkt berücksichtigt wird. Trotzdem erweist er sich als vorteilhaft bei Arbeiten, die einen hohen Qualitätsstandard verlangen, die sorgfältig und gewissenhaft ausgeführt werden müssen, bei denen eine grosse Unfallgefahr besteht, deren Leistung nicht oder nur sehr schwer (quantitativ) messbar

ist, (z.B. bei kreativen Aufgaben) und bei denen die Gefahr besteht, dass Mensch oder Maschine überfordert oder zu stark beansprucht würden.

Der Zeitlohn ist immer dann sinnvoll, wenn der Arbeitnehmer die Arbeitsgeschwindigkeit nicht innerhalb bestimmter Grenzen selbst bestimmen kann.

Zeitsouveränität

Unter Zeitsouveränität versteht man die Individualisierung der ▷ Arbeitszeit, d.h. dem Mitarbeitenden wird ein individueller Handlungsspielraum und teilweise Autonomie bei der Festlegung der Arbeitszeit gewährt. Sie ist eine Folge des gesellschaftlichen ▷ Wertewandels und ermöglicht eine stärkere Einflussnahme auf die eigene Tätigkeit nicht nur bezüglich der Arbeitszeit, sondern auch hinsichtlich des Arbeitsorts (Heimarbeit, Telearbeit, Satellitenbüro), des Inhalts und der Organisation der Arbeit. Diese Individualisierung und Flexibilität führen aber zu Spannungen zwischen wirtschaftlichen und sozialen ▷ Zielen (▷ Zielsystem des Unternehmens).

Zeitvergleich
▷ Betriebsstatistik

Zeltorganisation

Die Zeltorganisation ist – im Gegensatz zur ▷ Palastorganisation – eine sehr flexible Organisationsform, die sich aus kleinen Einheiten (Zellen, «Zelten») zusammensetzt, die stark markt- und produktbezogen sind. Da die Zeltstruktur nur für eine befristete Zeit errichtet wird, kann sie sich schnell und effektiv Veränderungen der Umwelt anpassen. Jedoch besteht die Tendenz zur Unterorganisation, wodurch die Vorteile der Zeltorganisation wieder zunichte gemacht werden können.

Zentralabteilung
▷ Divisionalorganisation

Zentralbank
Syn. für ▷ Notenbank

Zentralbankgeldmenge
Syn. für ▷ Notenbankgeldmenge

Zentralisation

Unter Zentralisation (*Zentralisierung*) versteht man im Gegensatz zur ▷ Dezentralisation die Zuordnung gleichartiger Aufgaben auf Personen oder ▷ Stellen (▷ Stellenbildung). Betrachtet man die Aufteilung der Entscheidungskompetenzen, so spricht man von einer Entscheidungszentralisation (▷ Entscheidungsdezentralisation).

Zentralisierung
▷ Zentralisation

Zentralisierungsthese
▷ Globales Marketing

Zentrenfertigung
Syn. für ▷ Gruppenprinzip

Zero-Anleihe
Syn. für ▷ Zero-Bond

Zero-Base Budgeting

Das Zero-Base Budgeting ist eine Analysemethode, um die ▷ Gemeinkosten zu senken und die Ressourcen im Gemeinkostenbereich effizienter zu nutzen. Sie kann in vier Schritten durchgeführt werden:

1. *Vorbereitung:* Ausgangspunkt der Analyse ist nicht das Budget des Vorjahrs, sondern man fängt bei null an. Jede Aufgabe im administrativen Bereich muss neu definiert werden. Dazu werden Verwaltungsbereiche abgegrenzt (oft die Cost Centers

[▷ Cost-Center-Organisation] oder die Profit Centers [▷ Profit-Center-Organisation] des Unternehmens). Die Bereiche sollten auf jeden Fall eine eindeutige Zuordnung der Verantwortung zur Aufgabenerfüllung erlauben sowie ungefähr gleich gross sein, um Vergleiche der Budgetansätze zu ermöglichen und Schwierigkeiten bei der Verteilung zu mindern.

2. *Bildung von Entscheidungseinheiten:* Die einzelnen Aktivitäten werden zu Entscheidungseinheiten zusammengefasst. Dabei werden drei Leistungsstufen unterschieden:

- *Leistungsstufe 1:* Alle Aufgaben, die das Minimalniveau zur ordnungsgemässen Aufgabenerfüllung garantieren.
- *Leistungsstufe 2:* Vermehrter Einsatz finanzieller und personeller Ressourcen, um Verwaltungsaufgaben zeitlich und qualitativ besser zu erfüllen.
- *Leistungsstufe 3:* Zusätzliche, wünschenswerte Funktionen bei der Aufgabenerfüllung.

Durch diese Dreiteilung erhält die Unternehmensleitung einen guten Überblick über die Klassifikation der Aufgaben, die von unbedingt notwendig bis zur «Luxusausführung» reicht. Für alle Funktionen sind auf jeder der drei Leistungsstufen die genauen bzw. die zusätzlich entstehenden Kosten anzugeben, und es sind die Folgen zu beschreiben, die bei der Vernachlässigung der Funktionen entstehen.

3. *Verteilung des Budgets:* Die beschriebenen Aufgabenpakete werden nach Rang klassifiziert und das fest vorgegebene Budget wird gemäss der Rangliste auf die Aufgaben verteilt.

4. *Controlling:* Die Umsetzung der Massnahmen dauert im Allgemeinen ein bis zwei Jahre. Das Controlling muss die korrekte Durchführung gewährleisten, veränderte Anforderungen an die Verwaltung erkennen und bei Bedarf Korrekturmassnahmen einleiten.

Die Vorteile des Zero-Base Budgeting liegen in den Kosteneinsparungen sowie der Motivationsförderung der Mitarbeitenden durch deren Einbezug in die Analyse. Die systematische Auseinandersetzung mit den Verwaltungsaufgaben macht die Gemeinkosten transparenter. Das Beginnen bei null fördert die zukunftsbezogene Neuausrichtung der Verwaltung, weil dadurch tradierte, häufig nicht mehr zeitgemässe Strukturen überwunden werden können. Nachteile sind der hohe Zeit- und Kostenaufwand sowie eine Verschlechterung des Betriebsklimas, da es zu Umbesetzungen oder sogar Entlassungen kommen kann. Das bedeutet, dass Mitarbeitende u.U. an dem Ast sägen, auf dem sie sitzen, was die für das Zero-Base Budgeting wichtige Unvoreingenommenheit schmälert sowie zu Widerständen bei der Umsetzung der Massnahmen führt. Bei den letztlich subjektiven Entscheidungen über die Rangfolge der Verwaltungsaufgaben können wichtige Funktionen, die tief rangiert sind, übersehen werden.

Zero-Bond

Zero-Bonds *(Zero-Anleihen)* sind im Gegensatz zu gewöhnlichen Anleihen (▷ Obligation) nicht mit einem Zinscoupon ausgestattet und werfen deshalb keine jährlichen Zinsen ab. Zinsen und Zinseszinsen werden thesauriert und erst bei Fälligkeit der Schuld in Verbindung mit der Anleihenstilgung dem Anleger ausbezahlt. Es wird unterschieden zwischen der *Zuwachsanleihe* (auch *Zinssammler* genannt) und der echten *Null-Coupon-Anleihe*. Der Zinssammler wird zu einem Kurs von Hundert emittiert, die Rückzahlung erfolgt zu einem Kurs, der, Tilgung, Zins und Zinseszins enthält. Bei der echten Null-Coupon-Anleihe ist im Ausgabepreis ein Diskontabschlag enthalten, welcher Zins und Zinseszins beinhaltet, der Rückzahlungskurs beträgt 100% des Nominalwerts. Zero-Bonds unterliegen deutlich grösseren Kursschwankungen als gewöhnliche Obligationen, da die Zinserträge nicht zum jeweiligen Marktzins angelegt werden können (Zinseszinseffekt).

In den 80er Jahren erfreuten sich Zero-Bonds grosser Beliebtheit, da sie gegenüber gewöhnlichen Anleihen Steuervorteile hatten. Gemäss den heutigen Steuergesetzen besteht jedoch nur noch in Einzelfällen ein steuerlicher Vorteil.

Zerschlagungswert

Der Zerschlagungswert eines ▷ Vermögenswerts entspricht demjenigen Betrag, der beim unfreiwilligen Verkauf an einen Dritten nach Abzug aller mit dem Verkauf verbundenen Kosten gelöst werden kann. Der Zerschlagungswert liegt i.d.R. unter dem ▷ Liquidationswert.

Zertifizierungsstelle

Zertifizierungsstellen *(Auditorenstellen)* sind unternehmensunabhängige Institutionen, die fähig und berechtigt sind, Qualitätssicherungssysteme von Unternehmen zu auditieren und für die Einhaltung bestimmter Normen Zertifikate auszustellen. Die Anforderungen an eine Zertifizierungsstelle sind in der Normenserie EN 45000 (▷ Europäische Norm) festgehalten. Diese fordert Unabhängigkeit und Unparteilichkeit, Nachweis fachlicher Kompetenz, geeignete Infrastruktur und ein Qualitätsmanagement zur Steuerung der Qualität von Dienstleistungen sowie zur Rückverfolgbarkeit von Berichten und Zertifikaten. Die Erfüllung der Anforderungen werden auf Antrag durch die Schweizerische Akkreditierungsstelle (SAS) beim Bundesamt für Metrologie und Akkreditierung überprüft. Diese erteilt auch die Zulassung (Akkreditierung) als Zertifizierungsstelle. Die Akkreditierung muss spätestens nach 5 Jahren neu beurteilt werden.

Für Qualitäts- bzw. Umweltmanagementsysteme sind (Stand 2003) in der Schweiz 23 (für Qualitätssicherungssysteme) bzw. 10 (für Umweltmanagementsysteme) Zertifizierungsstellen zugelassen.

Zession

Die Zession *(Abtretung, Forderungsabtretung)* ist die Übertragung einer Forderung durch Vertrag zwischen dem bisherigen Gläubiger (Zedent) und dem neuen Gläubiger (Zessionar). Bei der Zession sind die Einreden des Schuldners, im Gegensatz zum Indossament, nicht beschränkt.

Zeugnis

Zeugnisse sind Abschlusszeugnisse und Diplome sowie ▷ Arbeitszeugnisse. Abschlusszeugnissen von Schulen oder Hochschulen wird bei der Einstellung von Schulabgängern oder Hochschulabsolventen oft eine grosse Bedeutung zugemessen, die aber im weiteren Verlauf des Berufslebens an Bedeutung verlieren. An ihre Stelle treten die Arbeitszeugnisse. Sie sind Teil der ▷ Bewerbungsunterlagen und bilden eine wichtige Entscheidungshilfe bei der ▷ Personalauswahl.

Z-Güter

▷ XYZ-Analyse

Zielbeziehung

Eine Zielbeziehung versucht die Art der Beziehung zwischen den verschiedenen Zielen des Zielsystems eines Unternehmens zu beschreiben.

Grundsätzlich kann in Bezug auf den Einfluss, den die Umwelt des Unternehmens auf die Ziele ausüben kann, zwischen einer entscheidungsfeldbedingten und einer entscheidungsträgerbedingten Zielbeziehung unterschieden werden.

- *Entscheidungsfeldbedingte* Zielbeziehung: Die jeweilige Entscheidungssituation hängt von den zur Verfügung stehenden Handlungsmöglichkeiten und den das Entscheidungsfeld begrenzenden Daten ab. Die Entscheidungssituation ist fest vorgegeben und kann vom Entscheidungsträger nicht beeinflusst werden.

- *Entscheidungsträgerbedingte* Zielbeziehung: Die subjektiven Wertvorstellungen, die Präferenzen und das Anspruchsniveau des Entscheidungsträgers kommen zum Ausdruck. Der Entscheidungsträger beeinflusst mit seiner Wertung die betrachtete Zielbeziehung.

Darüber hinaus kann zwischen zwei Zielen eine komplementäre, eine konkurrierende oder eine indifferente Beziehung bestehen. Eine Zielbeziehung ist *komplementär*, wenn durch die Erreichung des einen Ziels die Erfüllung des anderen Ziels gesteigert wird. *Konkurrierend* oder *konfliktär* ist sie, wenn die Erfüllung des einen Ziels zu einer Minderung des Zielerreichungsgrads des zweiten Ziels führt. Besteht zwischen zwei Zielen eine Konkurrenz, so ist eine Gewichtung der beiden Ziele notwendig. In diese Gewichtung fliessen die Wertvorstellungen und Ansprüche des Entscheidungsträgers ein. Der Entscheidungsträger schafft durch seine Präferenzen Haupt- und Nebenziele. Beeinflussen sich die beiden Ziele aber gegenseitig nicht, so liegt eine *indifferente* oder *neutrale* Zielbeziehung vor.

Zielbildung

Bei der Zielbildung steht die Frage im Vordergrund, wer in einem Unternehmen die Ziele beeinflusst oder formuliert. Mögliche Personenkreise, die Einfluss auf die Zielbildung nehmen können, sind grundsätzlich alle ▷ Anspruchsgruppen des Unternehmens.

Direkt am Zielbildungsprozess beteiligt sind die internen Anspruchsgruppen (Eigentümer, Management und Mitarbeitende) des Unternehmens. Die Eigentümer leiten ihren Anspruch aus dem Privateigentum ab. Oft aber delegieren sie einen Teil ihrer Rechte und Pflichten an eine Führungsgruppe, d.h. an das Management, welches im Interesse des Unternehmens Führungsaufgaben wahrnimmt und somit i.d.R. am Zielbildungsprozess wesentlich beteiligt ist (z.B. Aktionäre einer Familienaktiengesellschaft, die bei Nachfolgeproblemen die Führung des eigenen Unternehmens auf familienfremde Führungskräfte übertragen). Einfluss auf die Zielbildung haben auch die Mitarbeitenden oder deren Vertreter. Diese beeinflussen den Zielbildungsprozess über Betriebskommissionen oder als Gewerkschaft über die in den ▷ Gesamtarbeitsverträgen verbindlich festgelegten Regelungen. Letztere nehmen als externe Anspruchsgruppen einen indirekten Einfluss auf die Zielbildung. Die externen Anspruchsgruppen können die Unternehmensziele mehr oder weniger stark beeinflussen. Je nach ▷ Managementphilosophie oder spezifischer Situation, in der sich das Unternehmen befindet, wird die eine oder andere Gruppe eine grössere Bedeutung haben (z.B. Banken bei Sanierungen, staatliche Stellen als Vollzugsbehörde der Gesetze).

Zieldienlichkeit

Die Zieldienlichkeit ist im Rahmen des ▷ Konstruktivismus das wichtigste Auswahlkriterium (neben ▷ Viabilität und ▷ Anschlussfähigkeit) für die Konstruktion von Wirklichkeiten. Da wegen der beobachteten Komplexität keine Abbildung der «wirklichen» Wirklichkeit möglich ist, muss stets eine ▷ Selektion getroffen werden, was berücksichtigt werden soll.

Ziele

Ziele sind ein anzustrebender Zustand. Damit sind sie einerseits eine Orientierungshilfe und Vorgabe und andererseits Zweck und Inhalt unternehmerischen Handelns. Die Vielzahl der möglichen Ziele bildet das ▷ Zielsystem des Unternehmens.

Ziele, gesamtwirtschaftliche

Die gesamtwirtschaftlichen Ziele stehen im Dienst allgemeiner gesellschaftlicher Ziele wie Wohlstand, Lebensqualität, Freiheit, Sicherheit, *sozialer Friede*. Aus diesen allgemeinen Maximen können im Hinblick auf die Wirtschaft und insbesondere auf die Wirtschaftspolitik (▷ Wirtschaftspolitik) die folgenden sechs Hauptziele abgeleitet werden.
- *Vollbeschäftigung:* Abwesenheit von unfreiwilliger ▷ Arbeitslosigkeit.
- *Preisstabilität/Geldwertstabilität:* Abwesenheit von ▷ Inflation oder Deflation.
- *Wirtschaftswachstum:* Ausweitung des Produktionspotenzials einer Volkswirtschaft (▷ Wachstum, wirtschaftliches).
- *Sozialer Ausgleich:* Abbau sozialer Unterschiede.
- *Aussengleichgewicht:* Langfristig ausgeglichene ▷ Zahlungsbilanz.
- *Umweltqualität:* Erhaltung einer intakten natürlichen Umwelt (▷ Umweltpolitik).

Ziele, zeitlicher Bezug der

Bei einer eindeutigen Zielformulierung muss angegeben werden, welche Geltungsdauer dieses Ziel hat. Ziele können sich auf kurz- (bis 1 Jahr), mittel- (1 bis 3 Jahre) und langfristige Zeiträume (über 3 Jahre) beziehen. Was kurz-, mittel- oder langfristig ist, hängt aber letztlich von der Art der Entscheidungen ab, die getroffen werden müssen, und nicht von der Anzahl Tage oder Jahre.

Zielgruppe

Unter Zielgruppe versteht man jene Gruppe, auf welche die unternehmerischen Aktivitäten ausgerichtet werden (z.B. die Werbesubjekte im Rahmen eines ▷ Werbekonzepts, *Käufer-* oder *Kundengruppe*), und die man mit den Produkten oder Dienstleistungen ansprechen will.

Zielsystem des Unternehmens

Das Zielsystem umfasst sämtliche Ziele eines Unternehmens. Nach dem Zielinhalt lassen sich in einem solchen Zielsystem Sach- und Formalziele unterscheiden (▶ Abb. 197):
- *Sachziele* beziehen sich auf das konkrete Handeln bei der Erfüllung der betrieblichen Aufgaben und somit auf die Steuerung des betrieblichen ▷ Umsatzprozesses. Sie lassen sich in Leistungsziele, Finanzziele, Führungs- und Organisationsziele, soziale und ökologische Ziele unterteilen. (1) *Leistungsziele:* Zum leistungswirtschaftlichen Umsatzprozess gehören neben eigentlichen ▷ Unternehmenszielen (z.B. Zielmärkte, Umsatzvolumen, ▷ Marktanteil) ▷ Marketingziele, ▷ Produktionsziele und Ziele der Materialwirtschaft (▷ Materialwirtschaft, Ziele der). (2) ▷ *Finanzziele:* Im finanzwirtschaftlichen Umsatzprozess des Unternehmens stehen im Vordergrund: die Versorgung des Unternehmens mit genügend

Zielvereinbarung

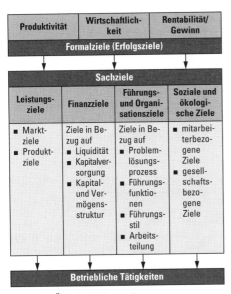

▲ Abb. 197 Übersicht Zielkategorien

Kapital, die Aufrechterhaltung der Zahlungsbereitschaft, um jederzeit den finanziellen Verpflichtungen nachkommen zu können, sowie die Gestaltung einer optimalen Kapital- und Vermögensstruktur. (3) *Führungs- und Organisationsziele:* Optimale Gestaltung und Steuerung des güter- und finanzwirtschaftlichen Umsatzprozesses. Im Vordergrund stehen die Gestaltung der ▷ Problemlösungsprozesse im Unternehmen (z. B. Führung durch Zielvorgabe), die einzusetzenden Führungsfunktionen (▷ Führung), der anzuwendende ▷ Führungsstil sowie die Arbeitsteilung und Zusammenarbeit zwischen den verschiedenen Stellen innerhalb des Unternehmens (z. B. ▷ Dezentralisation). (4) *Soziale (gesellschaftliche) Ziele:* Das Unternehmen als soziales Gebilde ist Teil der Gesellschaft und muss deshalb Forderungen (gesetzlichen wie nichtgesetzlichen) dieser Gesellschaft nachkommen. Beispiele sind etwa die Arbeitsplatzsicherheit oder die Einhaltung von Umweltschutzmassnahmen. ▷ Umweltschutzziele beruhen darauf, dass das Unternehmen ökologische Verantwortung für sein Handeln übernehmen muss. Sie beziehen sich auf die Ressourcenschonung, die Emissionsverminderung, die Abfallreduktion und die Risikobegrenzung.

■ *Formalziele (Erfolgsziele)* sind übergeordnete Ziele, an denen sich die Sachziele auszurichten haben und in denen der eigentliche Sinn des unternehmerischen Handelns zum Ausdruck kommt. In der Praxis sind die drei Erfolgsziele ▷ Produktivität, ▷ Wirtschaftlichkeit und ▷ Rentabilität bzw. ▷ Gewinn von grosser Bedeutung.

Nach dem organisatorischen Bezug werden Unternehmensziele, Bereichsziele, die auf einzelne Teilbereiche des Unternehmens (z. B. Marketing) ausgerichtet sind, und Mitarbeiterziele, die jedem Mitarbeitenden persönlich vorgegeben werden, unterschieden.

Neben dem zeitlichen Bezug der Ziele (▷ Ziele, zeitlicher Bezug der) sind auch die Beziehungen zwischen den einzelnen Zielen zu beachten (▷ Zielbeziehung).

Zielvereinbarung
▷ Management by Objectives (MbO)

Zins
Der Zins bezeichnet den Preis für die zeitweilige Überlassung von ▷ Kapital. Er bildet sich aufgrund von Angebot und Nachfrage auf dem ▷ Kapitalmarkt. Die Höhe des Zinses richtet sich nach der Dauer der Überlassung und nach dem Risiko, dass das Kapital nicht zurückbezahlt wird. Generell gilt, dass die kurzfristigen Zinsen *tiefer* als die langfristigen sind (normale Zinsstruktur; ▷ Zinsstruktur, inverse) und dass die Zinsen für risikoreiches Kapital

(Risikokapital) höher sind als für risikoarmes Kapital (z. B. Staatsanleihe). Zu unterscheiden ist zwischen dem Nominalzins, der den Zins als absoluten Prozentsatz des überlassenen Kapitals ausdrückt, und dem Realzins, der sich aus dem Nominalzins abzüglich der ▷ Inflationsrate ergibt. Bei hoher und v. a. unerwarteter ▷ Inflation kann der Realzins negativ werden, sodass man von *negativer Realverzinsung* spricht, was für die Gläubiger einen Vermögensverlust bedeutet. Der Zins ist Teil der ▷ Kapitalleistungen.

Zinsband
▷ Notenbankpolitik, Instrumente der

Zinsdifferenzengeschäft
Das Zinsdifferenzengeschäft der ▷ Banken beruht auf dem Ausnutzen einer Zinsmarge, welche sich als Differenz zwischen den Zinsen, die die Bank für die Kreditgewährung erhält, und jenen Zinsen, die sie für ihre Refinanzierung bezahlen muss, ergibt. Ein stabiles Zinsdifferenzengeschäft ist für Universalbanken von grosser Bedeutung, garantiert es doch eine nachhaltige Ertragskraft.
▷ Bankgeschäfte

Zins-Future
▷ Future

Zinssammler
▷ Zero-Bond

Zinssatz, risikoloser
Risikoloser Zinssatz

Zinssatz-Swap
▷ Swap

Zinsstruktur, inverse
Eine inverse Zinsstruktur besteht, wenn die kurzfristigen Zinsen *über* den langfristigen Zinsen liegen. Diese Situation kann eintreten, wenn die ▷ Notenbank die Geldmenge (▷ Geldmenge, Geldmengenaggregate) kurzfristig reduziert (▷ Notenbankpolitik, Instrumente der), was zu einer Verringerung der Liquidität führt, worauf die kurzfristigen Zinsen (als Preis für kurzfristig verfügbare finanzielle Mittel) mit einem stärkeren Anstieg reagieren als die langfristigen.

Zivilgesellschaft
▷ Non-Governmental Organization (NGO)

Zufallsauswahl
Syn. für ▷ Random-Verfahren

Zulieferer
Zulieferer (Lieferanten) versorgen Produktions-, Handels- oder Dienstleistungsunternehmen mit den entsprechenden Gütern.

Zürcher Ansatz
Der von Edwin Rühli an der Universität Zürich entwickelte Ansatz definiert Führung als Einflussnahme (Steuerung) bei der multipersonalen Problemlösung. Die wesentlichen Funktionen zur Erfüllung dieser Aufgabe sind Planung, Entscheidung, Anordnung und Kontrolle. Diese vier Funktionen können unter mehr *führungstechnischen* Aspekten oder mehr *menschenbezogenen* Aspekten betrachtet werden (▶ Abb. 198).

Inhalt der Führung sind sämtliche zu lösende Probleme und Aufgaben eines Unternehmens, insbesondere die Entwicklung und Durchsetzung einer ▷ Unternehmenspolitik.

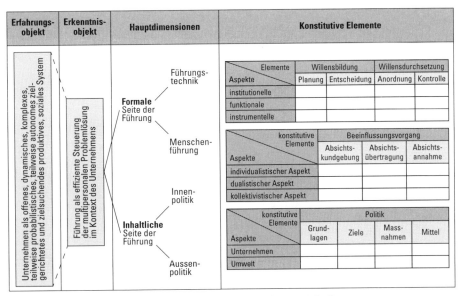

▲ Abb. 198 Hauptdimensionen des Zürcher Ansatzes zur Führungslehre (Rühli 1996, S. 56)

Zusatzkosten
▷ Kosten

Zusatzleistungen
Zusatzleistungen sind Leistungen, die neben dem ▷ Grundnutzen und den verschiedenen ▷ Zusatznutzen mit dem Produkt verkauft werden. Sie werden unter dem Begriff *Kundendienst* zusammengefasst. Der Kundendienst (Dienst am und für den Kunden) umfasst sämtliche Dienstleistungen, die ein Hersteller oder ein Händler vor oder nach dem Absatz eines Produkts erbringt, um das Produkt für einen potenziellen Käufer attraktiv zu gestalten oder die Zufriedenheit nach dem Kauf zu sichern. Die Zusatzleistungen können in folgende Hauptgruppen eingeteilt werden:
- Information und Beratung beim Einkauf,
- Schulung und Instruktion,
- Zustellung und Installation sowie
- Unterhalts-, Reparatur-, Ersatzteil- und Garantiedienst.

Für das gleiche Produkt (mit oder ohne Zusatzleistungen) müssen verschiedene Preise bezahlt werden. Es handelt sich somit um zwei unterschiedliche Produkte, die von unterschiedlichen Kundengruppen nachgefragt werden. Es resultieren zwei verschiedene Marktsegmente, bei denen nicht nur die Produktpolitik, sondern auch die übrigen Massnahmen des ▷ Marketing-Mix voneinander abweichen.

Zusatznutzen
Der Zusatznutzen geht über den ▷ Grundnutzen, d.h. den eigentlichen Gebrauchsnutzen (z.B. Kalorienaufnahme beim Essen) des Produkts hinaus. Er wird durch die sozialpsychologischen Aspekte des *Marketingüberbaus* vermittelt. Dieser setzt sich aus den Elementen ▷ Design, ▷ Verpackung, ▷ Markierung und Gestaltung der

Umweltbeeinflussung zusammen (z. B. gepflegte Atmosphäre im Speiselokal). Neben dem Zusatz- und Grundnutzen kommt auch den ▷ Zusatzleistungen, die zum Produkt gehören, eine grosse Bedeutung zu.

Zuschlagskalkulation
▷ Kalkulationsverfahren

Zuverlässigkeit
Zuverlässigkeit bedeutet, dass ein Produkt eine verlangte Funktion unter festgelegten Bedingungen für einen festgelegten *Zeitraum* erfüllen kann. Die Zuverlässigkeit stellt somit auf die Langzeiteigenschaft von Produkten ab. Sie ist ein wichtiges Element der ▷ Qualität.

Zuwachsanleihe
▷ Zero-Bond

ZVEI-Kennzahlensystem
Das ZVEI-Kennzahlensystem (▶ Abb. 199) wurde vom deutschen Zentralverband der Elektrotechnischen Industrie im Jahre 1970 publiziert und ist wie das ▷ Du-Pont-Schema renditeorientiert. Im Gegensatz zu diesem ist beim ZVEI-Kennzahlensystem jedoch nicht die ▷ Gesamt-, sondern die ▷ Eigenkapitalrentabilität die Spitzenkennzahl.
Das ZVEI-Kennzahlensystem ist sowohl ein Analyse- als auch ein Planungsinstrument:

■ *Analyseinstrument:* Mit Hilfe eines Zeit- und Betriebsvergleichs werden Entwicklungen aufgezeigt. Das System verwendet dafür insgesamt 210 ▷ Kennzahlen, die in 88 Haupt- und 122 Hilfskennzahlen gegliedert werden. Die *Wachstumsanalyse* untersucht das Unternehmenswachstum anhand der vier Indikatoren Vertriebstätigkeit, Ergebnis, Kapitalbindung und Wertschöpfung/Beschäftigung. Die *Strukturanalyse* bildet den Hauptteil des ZVEI-Kennzahlensystems und analysiert die Unternehmenseffizienz anhand von vier Analysesektoren (Rentabilität, Ergebnisbildung, Kapitalstruktur und Kapitalbindung).

■ *Planungsinstrument:* Das ▷ Kennzahlensystem dient dazu, realistische finanzielle Zielsetzungen zu erarbeiten. Der Planungsvorgang vollzieht sich in sechs Schritten: (1) Planung der Hauptkennzahlen; (2) Abstimmung der Hauptkennzahlen untereinander; (3) Berechnung der Hilfskennzahlen; (4) Abstimmung der Hauptkennzahlen mit den Hilfskennzahlen; (5) Auswahl und Planung der Ausgangsplangrösse (absolute Zahl); (6) Berechnung und Abstimmung der übrigen absoluten Zahlen.

Im Vergleich mit dem Du-Pont-Schema erlaubt das ZVEI-Kennzahlensystem eine wesentlich tiefere Analyse, die allerdings auf Kosten der Übersichtlichkeit geht. Dies ist ein entscheidender Nachteil für den Anwender; denn damit verliert dieses Kennzahlensystem die für die praktische Arbeit unbedingt notwendige Handlungsorientierung.

Zwangsvollstreckung
Als Zwangsvollstreckung *(Betreibung)* bezeichnet man das gerichtliche Verfahren (Betreibungsbegehren, Zahlungsbefehl, Pfändungsbegehren, Verwertungsbegehren, Gant) im Rahmen des Schuldbetreibungs- und Konkurs-Gesetzes (SchKG), das angewendet wird, wenn ein Schuldner gesetzliche oder vertragliche Verpflichtungen gegenüber einem oder mehreren Gläubigern nicht freiwillig erfüllt.
Es wird zwischen der Einzel- und Gesamtzwangsvollstreckung unterschieden. Die Einzelzwangsvollstreckung wird von

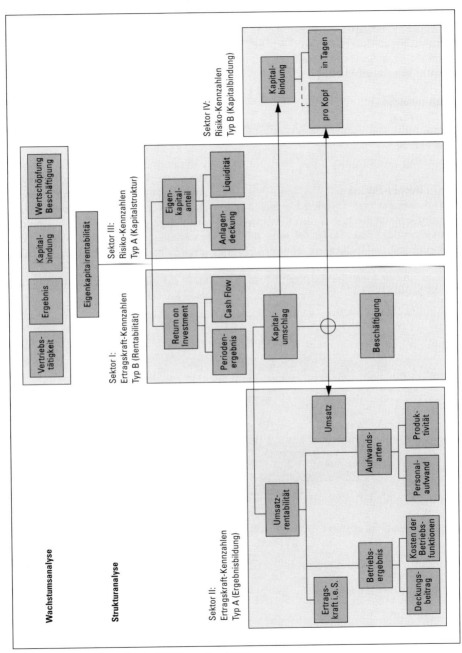

▲ Abb. 199 Schematischer Aufbau des ZVEI-Kennzahlensystems

einem einzelnen Gläubiger gegen einen Schuldner betrieben, während die Gesamtzwangsvollstreckung von der bzw. für die Gesamtheit von Gläubigern gegen einen Schuldner betrieben wird.

Zweckaufwand
▷ Aufwand

Zweckertrag
▷ Ertrag

Zwei-Faktoren-Theorie

Die Zwei-Faktoren-Theorie ist eine ▷ Inhaltstheorie und gehört zu den ▷ Motivationstheorien. Eine Studie bei über 200 Ingenieuren und Buchhaltern führte *Frederick Herzberg* zum Schluss, dass die Faktoren, die zu Arbeitszufriedenheit führen, von jenen zu trennen sind, die zu Arbeitsunzufriedenheit führen. Das Gegenteil von Arbeitszufriedenheit ist Nicht-Arbeitszufriedenheit, das Gegenteil von Arbeitsunzufriedenheit entsprechend Nicht-Arbeitsunzufriedenheit. Faktoren der ersten Dimension nennt Herzberg Motivatoren (intrinsische Faktoren oder Kontentfaktoren), Faktoren der zweiten Dimension Hygiene-Faktoren (extrinsische Faktoren oder Kontextfaktoren) (▶ Abb. 200).

■ *Hygiene-Faktoren* oder *Frustratoren* wirken in der Weise, dass sie im Individuum Arbeitsunzufriedenheit hervorrufen, wenn sie nicht vorhanden sind. Sind diese Faktoren dagegen vorhanden, dann besteht zwar keine Unzufriedenheit, aber die Mitarbeitenden sind trotzdem nicht motiviert. Nach Herzberg beziehen sich Frustratoren nicht auf die Arbeit selbst, sondern auf ihren Kontext.

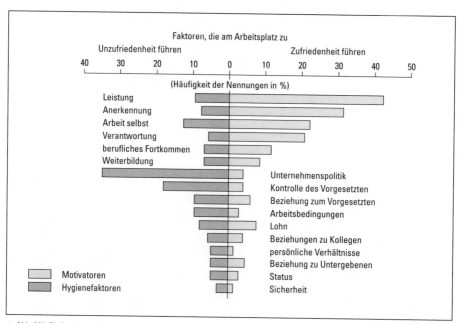

▲ Abb. 200 Einflussfaktoren der Arbeitszufriedenheit (Herzberg 1968, S. 57)

	Motivatoren	
Hygienefaktoren	nicht befriedigend	befriedigend
nicht befriedigend	Unzufriedenheit mit der Arbeit	Unzufriedenheit mit der Arbeit
	–	–
befriedigend	keine Unzufriedenheit	keine Unzufriedenheit
	keine Arbeitszufriedenheit	Arbeitszufriedenheit

▲ Abb. 201 Schema der Zweifaktoren-Theorie von Herzberg

■ Daneben existiert ein zweiter Satz von Arbeitsbedingungen, die sich als *Motivatoren* auf die Arbeit selbst beziehen. Nur sie können im Individuum Motivation aufbauen und eine gute Arbeitsausführung bewirken (z. B. Anerkennung, eigene Verantwortung, interessante Arbeit).
◄ Abb. 201 zeigt das zweigeteilte Kontinuum von Arbeitszufriedenheit/-unzufriedenheit nach Herzberg. Der Zustand der Motivation wird nach Herzberg am besten dadurch erreicht, dass der Aufgabenbereich des einzelnen Mitarbeitenden interessante und stimulierende Tätigkeiten umfasst (▷ Job Enrichment).

Zweite Säule
▷ Berufliche Vorsorge
▷ Drei-Säulen-Konzept

Zweitmarke
Zweitmarken sind Produkte, die in ihrem Aussehen (z. B. Name, Produktgestaltung) keine Ähnlichkeit mit der Erstmarke (▷ Markenartikel) aufweisen, obwohl es sich grundsätzlich um das gleiche Produkt handelt. Mit der Einführung solcher Produkte wird versucht, weitere Marktsegmente zu erschliessen. Häufig sind Zweitmarken Billigprodukte, die nicht über die Absatzkanäle (▷ Absatzmethode) der Erstmarke vertrieben werden. Durch das neue Aussehen und den Wechsel der Absatzkanäle wird ein Verlust des Produktimages (▷ Image) der Erstmarke vermieden.

Zweitplatzierung
Unter Zweitplatzierung eines Produkts versteht man, dass neben dem Stammplatz des Produkts ein weiterer Platz im Handelsgeschäft (z. B. Kassenzone, zusätzliche Verkaufsständer, Körbe) oder im Regal eingerichtet wird. Ziel ist, erhöhte Aufmerksamkeit und Interesse zu erzielen, um zusätzliche Käufe auszulösen. Die Zweitplatzierung kann mit oder ohne Preisaktion erfolgen.

Zwischenbetrieblicher Vergleich
▷ Betriebsstatistik

Zwischenkalkulation
Die Zwischenkalkulation ist im Rahmen der ▷ Kalkulation eine Nachkalkulation für Teile der Leistungserbringung und gelangt bei ▷ Kostenträgern mit periodenübergreifender Produktionsdauer zum Einsatz. Man könnte sie etwas salopp als «Nachkalkulation für Halbfabrikate» bezeichnen. Sie dient zunächst der Bewertung des Bestands an unfertigen Erzeugnissen oder von angefangenen Arbeiten. Im Rahmen grosser und risikoreicher Projekte ist die Zwischenkalkulation ein unentbehrliches Instrument für die Kontrolle der Einhaltung von Budgetvorgaben.

Literatur

Ansoff, Igor W.: Management-Strategie. München 1966

AWK (Aachener Werkzeugmaschinen Kolloquium) (Hrsg.): Wettbewerbsfaktor Produktionstechnik. Düsseldorf 1993

Backhausen, W./Thommen, J.-P.: Coaching. Durch systemisches Denken zu innovativer Personalentwicklung. Wiesbaden 2003

Basseler, U./Heinrich, J./Koch, W.: Grundlagen und Probleme der Volkswirtschaft. 14., überarbeitete und erweiterte Auflage, Köln 1995

Becker, Jochen: Marketing Strategien. München 2000

Beyeler, Andreas: Produktpflichtenheft bringt kürzere Entwicklungszeit und vermehrte Marktorientierung. In: Müller, R./Rupper, P. (Hrsg.): Lean Management in der Praxis. Beiträge zur Gestaltung einer schlanken Unternehmung. Zürich und München/St. Gallen 1993, S. 35–41

Blake, R.R./Mouton, J.S.: The Managerial Grid III. The Key to Leadership Excellence. Houston, Texas 1984 (deutsch: Verhaltenspsychologie im Betrieb. Der Schlüssel zur Spitzenleistung. Völlig überarbeitete und ergänzte Neuauflage, Dusseldorf/Wien 1986)

Bleicher, Knut: Organisation. Strategien – Strukturen – Kulturen. 2., vollständig neu bearbeitete und erweiterte Auflage, Wiesbaden 1991

Bleicher, Knut: Das Konzept Integriertes Management. Das St. Galler Management-Konzept. 3. Auflage, Frankfurt a.M./New York 1995

Böning, Uwe: Der Siegeszug eines Personalentwicklungs-Instruments. Eine 10-Jahres-Bilanz. In: Rauen, Christopher (Hrsg.): Handbuch Coaching. 2., überarbeitete und erweiterte Auflage, Göttingen 2002, S. 21ff.

Bösenberg, D./Metzen, H.: Lean Management. Vorsprung durch schlanke Konzepte. 3., durchgesehene Auflage, Landsberg/Lech 1993

Bruhn, Manfred: Marketing. 6. Auflage, Wiesbaden 2002

Bühner, Rolf: Betriebswirtschaftliche Organisationslehre. 9., bearbeitete Auflage, München/Wien 1999

Buser, T./Welte, B./Wiederkehr, T.: Vom Unternehmen zum Kundenunternehmen. Kunden gewinnen und halten mit dem Customer Care Concept. Zürich 2003

Coase, Ronald H.: The Nature of the Firm. In: Economica, New Series, Vol. 4, 1937, S. 386–405

Credit Suisse: Bulletin 1-03, 2003

Cyert, R.M./March, J.G.: Behavioral Theory of the Firm. Englewood Cliffs, N.J. 1963

Dyllick, Thomas: Ökologisch bewusstes Management. Die Orientierung, Nr. 96, Bern 1990

Erzenzinger, R./Thommen, J.-P.: Marketing. Vom klassischen Marketing zu Customer Relationship Management und E-Business. 2., überarbeitete und erweiterte Auflage, Zürich 2004

Eversheim, Walter: Organisation in der Produktionstechnik. Band 4: Fertigung und Montage. 2., neubearbeitete und erweiterte Auflage, Düsseldorf 1989

Eversheim, Walter: Organisation in der Produktionstechnik. Band 1: Grundlagen. 2., neubearbeitete Auflage, Düsseldorf 1990a

Eversheim, Walter: Organisation in der Produktionstechnik. Band 2: Konstruktion. 2., neubearbeitete und erweiterte Auflage, Düsseldorf 1990b

Faix, W. G./Laier, A.: Soziale Kompetenz. Wettbewerbsfaktor der Zukunft. 2. Auflage, Wiesbaden 1994

Frese, Erich: Grundlagen der Organisation. Konzept – Prinzipien – Strukturen. 7., überarbeitete Auflage, Wiesbaden 1998

Gandolfi, Alberto: Von Menschen und Ameisen. Denken in komplexen Zusammenhängen. Zürich 2001

Gilbert, Thomas F.: Human Competence – Engineering Worthy Performance. Amherst, MA, 1996

Hässig, Kurt: Prozessmanagement. Erfolgreich durch effiziente Strukturen. Zürich 2000

Hartmann, Horst: Materialwirtschaft. Organisation, Planung, Durchführung, Kontrolle. 5., überarbeitete Auflage, Gernsbach 1990

Heinen, E./Dietel, B.: Kostenrechnung. In: Heinen, E. (Hrsg.): Industriebetriebslehre. Wiesbaden 1991, S. 1157–1313

Hentze, Joachim: Personalwirtschaftslehre 1. Grundlagen, Personalbedarfsermittlung, -beschaffung, -entwicklung und -einsatz. 6., überarbeitete Auflage, Bern/Stuttgart/Wien 1994

Herzberg, Frederick: One More Time: How Do You Motivate Employees? In: Harvard Business Review, Vol. 46, January/February 1968, S. 53–63

Hilb, Martin: Integriertes Personal-Management. Ziele – Strategien – Instrumente. 11. Auflage, Neuwied/Kriftel/Berlin 2003

Honegger, Jürg/Vettiger, Hans: Ganzheitliches Management in der Praxis. Zürich 2003

Kaplan, R./Norton, D.: Balanced Scorecard. Strategien erfolgreich umsetzen. Stuttgart 1997

Kieser, Alfred (Hrsg.): Organisationstheoretische Ansätze. München 1981

Kieser, A./Kubicek, H.: Organisation. 3., völlig neu bearbeitete Auflage, Berlin/New York 1992

Kotler, Ph./Bliemel, F.: Marketing-Management. Analyse, Planung, Umsetzung und Steuerung. 10. Auflage, Stuttgart 2001

Kuhn, Thomas S.: Die Struktur wissenschaftlicher Revolutionen. 3. Auflage, Frankfurt 1978

Küpper, Hans-Ulrich: Ablauforganisation. Stuttgart/New York 1977

Kupsch, P.U./Marr, R.: Personalwirtschaft. In: Heinen, Edmund (Hrsg.): Industriebetriebslehre. 9., vollständig neu bearbeitete und erweiterte Auflage, Wiesbaden 1991

Lombriser, R./Abplanalp, P.A.: Strategisches Management. Visionen entwickeln, Strategien umsetzen, Erfolgspotenziale aufbauen. 3., vollständig überarbeitete und erweiterte Auflage, Zürich 2004

Meffert, Heribert: Marketing. Grundlagen der Absatzpolitik. 7., überarbeitete und erweiterte Auflage, Wiesbaden 1986

Mertens, P./Faisst, W.: Virtuelle Unternehmen: Eine Organisationsstruktur für die Zukunft? In: WiSt, Heft 6, Juni 1996, S. 280–285

Meyer, Conrad: Konzernrechnung. Theorie und Praxis des konsolidierten Abschlusses. Zürich 1993

Müller-Hedrich, Bernd W.: Betriebliche Investitionswirtschaft. Systematische Planung, Entscheidung und Kontrolle von Investitionen. 6. Auflage, Stuttgart 1992

Nauer, Ernst: Organisation als Führungsinstrument. Ein Leitfaden für Vorgesetzte. Bern/Stuttgart/Wien 1993

Nonaka, I./Takeuchi, H.: Die Organisation des Wissens. Wie japanische Unternehmen eine brachliegende Ressource nutzbar machen. Frankfurt a.M. 1997

Pascale, R.T./Athos, A.G.: The Art of Japanese Management. Harmondsworth 1981

Peters, Th.J./Watermann, R.H.: In Search of Excellence. New York 1982 (deutsch: Auf der Suche nach Spitzenleistungen. München 1983)

Porter, Michael E.: Competitive Strategy. Techniques for Analyzing Industries and Competitors. New York/London 1980 (deutsch: Wettbewerbsstrategie. 10. Auflage, Frankfurt a.M. 1999)

Probst, G.J.B./Gomez, P. (Hrsg.): Vernetztes Denken. Unternehmen ganzheitlich führen. Wiesbaden 1989

Probst, G./Raub, St./Romhardt, K.: Wissen managen. Wie Unternehmen ihre wertvollste Ressource optimal nutzen. 4. Auflage, Frankfurt a.M. 2003

Pümpin, Cuno: Strategische Erfolgs-Positionen. Methodik der dynamischen strategischen Unternehmensführung. Bern/Stuttgart/Wien 1992

Pümpin, C./Geilinger, U.W.: Strategische Führung. Aufbau strategischer Erfolgspositionen in der Unternehmungspraxis. Die Orientierung, Nr. 76, 2., neu verfasste Ausgabe, Bern 1988

Pümpin, C./Kobi, J.-M./Wüthrich, H.A.: Unternehmenskultur. Basis strategischer Profilierung erfolgreicher Unternehmen. Die Orientierung, Nr. 85, Bern 1985

Reichwald, R./Dietel, B.: Produktionswirtschaft. In: Heinen, Edmund (Hrsg.): Industriebetriebslehre. Wiesbaden 1991, S. 395–623

Rüegg-Stürm, Johannes: Das neue St. Galler Management-Modell. Bern/Stuttgart/Wien 2002

Rühli, Edwin: Unternehmungsführung und Unternehmungspolitik. Band 1. 3., vollständig überarbeitete und erweiterte Auflage. Bern/Stuttgart/Wien 1996

Rummler, G.A./Brache, A.P.: Improving Performance: How to Manage the White Space on the Organization Chart. San Francisco/Oxford 1990

Schellenberg, Aldo: Rechnungswesen. Grundlagen, Zusammenhänge, Interpretationen. 3., überarbeitete und erweiterte Auflage, Zürich 2000a

Schellenberg, Aldo: Wörterbuch Rechnungswesen. Comptabilité, Accounting, Contabilità. Fachbegriffe von A bis Z – deutsch, französisch, englisch, italienisch. Zürich 2000b

Schierenbeck, Henner: Grundzüge der Betriebswirtschaftslehre. 12., überarbeitete Auflage, München 1995

Schmidt, Götz: Methoden und Techniken der Organisation. 12. Auflage, Giessen 2000

Schneider, R.: Der MBA – ein Titel mit vielen Facetten. In: Schwertfeger, B.: Das MBA-Handbuch. Business Schools im Profil. Karrierechancen. Tips und Trends. Düsseldorf u.a. 1994, S. 16–32

Schwarz, Peter: Management in Nonprofit Organisationen. Eine Führungs-, Organisations- und Planungslehre für Verbände, Sozialwerke, Vereine, Kirchen, Parteien usw. Bern/Stuttgart 1992

Staehle, Wolfgang H.: Management. 8. Auflage, München 1999

Treuhand-Kammer (Hrsg.): Schweizer Handbuch der Wirtschaftsprüfung 1998. Band 2. Zürich 1998

Turner, Arthur N.: Consulting is More than Giving Advice. In: Harvard Business Review Nr. 60, September–October 1982, S. 120–129

Ulrich, Hans: Unternehmungspolitik. 2. Auflage, Bern/Stuttgart 1987

Ulrich, P./Fluri, E.: Management. Eine konzentrierte Einführung. 7., verbesserte Auflage, Bern/Stuttgart/Wien 1995

Volkart, Rudolf: Strategische Finanzpolitik. 3., aktualisierte und erweiterte Auflage, Zürich 2001

Volkart, Rudolf: Corporate Finance. Grundlagen von Finanzierung und Investition. Zürich 2003

Wiendahl, Hans-Peter: Betriebsorganisation für Ingenieure. 3., überarbeitete und erweiterte Auflage, München/Wien 1989

Wiendahl, Hans-Peter (Hrsg.): Anwendung der belastungsorientierten Fertigungssteuerung. München/Wien 1992

Willke, Helmut: Systemtheorie. 4. Auflage, Stuttgart 1993

Willke, Helmut: Systemtheorie. Systemtheorie I: Grundlagen – eine Einführung in die Grundprobleme der Theorie sozialer Systeme. 6., überarbeitete Auflage, Stuttgart 2000

Wittkuhn, Klaus D.: Performance-Systeme und ihre Bedeutung für das Unternehmen. In: Wittkuhn, K.D./Bartscher, Th. (Hrsg.): Improving Performance. Leistungspotenziale in Organsationen entfalten. Neuwied/Kriftel 2001, S. 35ff.

Zepf, Günter: Kooperativer Führungsstil und Organisation. Zur Leistungsfähigkeit und organisatorischen Verwirklichung einer kooperativen Führung in Unternehmungen. Wiesbaden 1972

Zimmermann, Hugo: Geld, Bank, Börse. Lexikon der Kapitalanlage. Zürich 2003

Zimmermann, Hugo: Total Börse! Machen Sie mehr aus Ihrem Geld. 4., aktualisierte und erweiterte Auflage, Zürich 2004

Zünd, André: Revisionslehre. Zürich 1982

Der Autor

Jean-Paul Thommen, Dr. oec. publ., ordentlicher Professor für Betriebswirtschaftslehre, insbesondere Organisation und Personal, an der European Business School Schloss Reichartshausen (Deutschland), Titularprofessor der Universität Zürich.

Nach dem Studium an der Universität Zürich arbeitete Jean-Paul Thommen als Assistent und Oberassistent am Institut für betriebswirtschaftliche Forschung der Universität Zürich bei Prof. Dr. Edwin Rühli. 1989 wechselte er als Vollamtlicher Dozent an die Universität St. Gallen. 1993 bis 1995 Assistenzprofessor für Betriebswirtschaftslehre und Direktor des NDU – Nach-Diplom in Unternehmungsführung/ Executive MBA der Universität St. Gallen. In den letzten Jahren Lehraufträge und Lehrstuhlvertretungen an verschiedenen Universitäten im In- und Ausland (Freiburg i.Br., Freiburg i.Ü., Konstanz, St. Gallen, Zürich) sowie Weiterbildungskurse für Firmen und Verbände. Forschungsschwerpunkte: Allgemeine Betriebswirtschaftslehre, systemisches Management, Coaching, Unternehmensethik.

Der Künstler

Michael Wyss wurde 1952 in Luzern geboren. Studium an der Kunsthochschule Berlin und Germanistikstudium an der Freien Universität Berlin. 1980 Meisterschüler bei Prof. Wolfgang Petrick. Aufenthalte in Rom, Paris und New York. Zahlreiche seiner Werke befinden sich in privaten und öffentlichen Sammlungen im In- und Ausland.